Europa 1947

Atlantischer Ozean
NORWEGEN
Bergen
Oslo
GROSS-
BRITANNIEN
Edinburgh
Belfast
IRLAND
Dublin
Manchester
NORDSEE
DÄNEMARK
Kopenhagen
Göt
London
Amsterdam
Berlin
SOWJ.
BESATZUNGS-
ZONE
1 NIEDERLANDE
2 LUXEMBURG
3 SAARLAND
4 SCHWEIZ
Ärmelkanal
Brüssel
BELGIEN
Köln
DEUTSCHLAND
Frankfurt
WESTZONE
TSCHE
Paris
Nantes
München
Golf von
Biscaya
FRANKREICH
Bern
ÖSTERREI
Bordeaux
Lyon
Ljubljana
Mailand
Bilbao
Turin
ITALIEN
Toulouse
Adriatisches
ANDORRA
Marseille
MONACO
SAN
MARINO
Lissabon
PORTUGAL
Madrid
Barcelona
Korsika
SPANIEN
Rom
Tyrrhenisches Meer
Valencia
Balearische Inseln
Neapel
Sevilla
Sardinien
GIBRALTAR
Mittelmeer
Sizilien
MALTA
0
200
400
600
800 km

FINNLAND
WEDEN
Helsinki
Leningrad
Tallinn
olm
OSTSEE
SOWJETUNION
Riga
Moskau
Wilna
Kaliningrad
Danzig
Minsk
Warschau
POLEN
Kiew
Charkow
Krakau
OSLOWAKEI
Bratislava
Budapest
Kischinew
UNGARN
RUMÄNIEN
Belgrad
OSLAWIEN
Bukarest
Sarajevo
Schwarzes Meer
BULGARIEN
Sofia
Tirana
Skopje
Istanbul
ALBANIEN
GRIECHENLAND
Ankara
IRAN
TÜRKEI
Ägäisches Meer
Izmir
isches Meer
Athen
IRAK
SYRIEN
ZYPERN
LIBANON
Kreta

Tony Judt

Die Geschichte Europas
seit dem Zweiten Weltkrieg

Schriftenreihe Band 548

Tony Judt

Die Geschichte Europas seit dem Zweiten Weltkrieg

Aus dem Englischen
von Matthias Fienbork
und Heiner Kober

bpb:
Bundeszentrale für politische Bildung

Bonn 2006
Lizenzausgabe für die
Bundeszentrale für politische Bildung
Adenauerallee 86
53113 Bonn

Umschlaggestaltung: Michael Rechl, Kassel
Umschlagfoto: Christian O. Bruch/buchcover.com

Satz: Greiner & Reichel, Köln
Druck und Bindung: Ebner & Spiegel, Ulm

ISBN 3-89331-681-7

www.bpb.de

Für Jennifer

Aber ist der Vergangenheitscharakter einer Geschichte nicht desto tiefer, vollkommener und märchenhafter, je dichter »vorher« sie spielt?

Thomas Mann, *Der Zauberberg*

Inhalt

Vorwort und Dank

Europa ist der kleinste Kontinent, eigentlich nicht einmal ein Kontinent, sondern nur ein verzweigter Ausläufer Asiens. Europa (ohne Rußland und die Türkei) ist 5,5 Millionen Quadratkilometer groß, das sind weniger als zwei Drittel der Fläche Brasiliens und kaum mehr als die Hälfte der Fläche Chinas oder der USA. Neben Rußland mit seinen 17 Millionen Quadratkilometern mutet Europa geradezu winzig an. Doch in seiner Vielfalt und seinen Gegensätzen ist Europa einzigartig. Es besteht (nach jüngstem Stand) aus 46 Ländern, die meist ihre eigene Sprache haben, manchmal auch verschiedene anderssprachige Volksgruppen ohne eigenen Staat. Alle haben ihre eigene Geschichte, ihre eigene Kultur und ihre eigenen Erinnerungen. Und jede dieser Nationen ist unter den verschiedensten Blinkwinkeln untersucht worden. Nur für den kurzen Zeitraum der 60jährigen europäischen Nachkriegsgeschichte ist allein schon die englischsprachige Sekundärliteratur kaum mehr zu überschauen.

Niemand kann also eine umfassende, gar die endgültige Geschichte des modernen Europas schreiben. Ich selbst bin durch meine Nähe zum Forschungsgegenstand um so weniger für ein solches Unterfangen geeignet. Ich wurde kurz nach Kriegsende geboren, bin Zeitzeuge der meisten Ereignisse, die hier dargestellt werden, kann mich an vieles erinnern, das ich gehört oder gesehen habe, habe vieles persönlich miterlebt. Ob es dadurch leichter wird, die europäische Nachkriegsgeschichte zu verstehen, kann ich nicht sagen, doch ich weiß, daß der distanzierte, nüchterne Blick des Historikers unter solchen Bedingungen nicht ganz einfach ist.

Eine solch titanische Distanz strebe ich auch gar nicht an. Das vorliegende Buch ist ein ausgesprochen persönlicher, subjektiver, gleichwohl um Objektivität und Ausgewogenheit bemühter Blick auf die Geschichte. Das eine oder andere Urteil wird auf *Widerspruch* stoßen, sich als irrig erweisen, keines ist unfehlbar. Es ist meine eigene Sicht, die ich hier präsentiere – einschließlich der Fehler, die sich bei einem Werk solchen Umfangs unweigerlich einschleichen. Wenn die Irrtümer sich in Grenzen halten und zumindest manche Einschätzungen doch von Bestand sind, so verdanke ich das auch den vielen Kollegen und Freunden, die mir mit Rat und Tat zur Seite standen.

Ein Buch dieser Art ruht in erster Linie auf den Schultern anderer Bücher.[1] Zu den Klassikern der modernen Geschichtsschreibung, die mir Vorbild und Ansporn waren, gehören Eric Hobsbawms *Das Zeitalter der Extreme*, George Lichtheims *Europa im Zwanzigsten Jahrhundert*, A. J. P. Taylors *English History 1914–1945* und François Furets *Das Ende der Illusion*. So unterschiedlich diese Werke und ihre Verfasser sein mögen – gemeinsam ist ihnen eine Gewißheit, die das Ergebnis großer Gelehrsamkeit ist, eine intellektuelle Selbstverständlichkeit, die man selten bei ihren Nachfolgern findet – sowie jene stilistische Klarheit, die Vorbild für jeden Historiker sein sollte.

Von den Historikern, deren Arbeiten zur modernen europäischen Geschichte mich am stärksten geprägt haben, seien insbesondere Harold James, Mark Mazower und Andrew Moravcsik genannt. Ebenso beeinflußt haben mich (wie viele andere) Alan S. Milwards gelehrte Studien zur europäischen Wirtschaftsgeschichte der Nachkriegszeit.

Meine Einblicke in die Geschichte Mittel- und Osteuropas (in gesamteuropäischen Darstellungen oft stiefmütterlich behandelt, da ihre Verfasser Westeuropa-Spezialisten sind) verdanken sich den Arbeiten jüngerer Historiker wie Brad Abrams, Catherine Merridale, Marci Shore und Timothy Snyder sowie meinen Freunden Jacques Rupnik und Istvan Deak. Von Timothy Garton Ash habe ich viel über Mitteleuropa und vor allem über die beiden Deutschlands zur Zeit der Ostpolitik gelernt. Im Laufe meiner zahlreichen Gespräche mit Jan Gross (und anhand seiner bahnbrechenden Arbeiten) ist mir nicht nur ein Teil der polnischen Geschichte vertraut geworden, ich habe auch einiges über die Sozialgeschichte von Kriegen gelernt, ein Thema, über das Jan Gross außerordentlich klar und menschlich geschrieben hat.

Die Abschnitte über Italien stützen sich auf die Arbeiten von Paul Ginsborg, diejenigen über Spanien auf den großen Victor Perez-Díaz. An beide geht mein besonderer Dank, ebenso an Annette Wieviorka, deren Analyse der französischen Erinnerung an den Holocaust (*Déportation et Génocide*) meine eigene Darstellung dieser Zeit stark beeinflußt hat. Das letzte Kapitel, »Europa als Lebensstil«, ist beeinflußt von den Arbeiten der Völkerrechtlerin Anne-Marie Slaughter, die in ihrer Studie über »auseinanderbrechende Staaten« nachdrücklich für eine EU-artige Form von supranationaler Regierung plädiert, nicht weil diese unbedingt besser oder ein Idealmodell wäre, sondern weil in der heutigen Welt etwas anderes nicht funktioniert.

Freunde, Kollegen und Hörer aus ganz Europa haben mir mehr über Geschichte und Gegenwart des Kontinents vermittelt, als ich aus Büchern und Archiven hätte herausholen können. Mein besonderer Dank geht an Krzysztof Czyzewski, Peter Kellner, Ivan Krastev, Denis Lacorne, Krzysztof Michalski, Mircea Mihaes, Berti Musliu, Susan Neiman und David Travis. Istvan Rév drängte mich immer wieder, das bedrückende »Haus des Terrors« in Budapest zu besuchen. Meine

New Yorker Freunde und Kollegen Richard Mitten, Katherine Fleming und Jerrold Seigel haben mich großzügig beraten. Dino Butorovic hat meine Darstellung des jugoslawischen Sprachenwirrwarrs kritisch gelesen.

Dank schulde ich Philip Furmansky, Jess Benhabib und Richard Foley, den Dekanen der geisteswissenschaftlichen Fakultät der New York University, die meine eigene Forschungsarbeit und das von mir gegründete Remarque Institute förderten, das sich dem Studium der europäischen Geschichte verschrieben hat. Ich hätte das Remarque Institute – Ort so vieler Workshops und Vorträge, von denen ich profitiert habe – nicht entwickeln können ohne die großzügige Unterstützung von Yves-André Istel. Und ohne die selbstverständliche und tatkräftige Hilfe seines Verwaltungsdirektors Jair Kessler hätte ich nicht das Institut leiten und gleichzeitig dieses Buch schreiben können.

Großen Dank schulde ich auch meinen Agenten Andrew Wylie und Sarah Chalfant. Sie haben ein Projekt begleitet, das länger dauerte und einen größeren Umfang annahm, als sie ahnen konnten. Mein Dank geht an Scott Moyers und Jane Fleming, meine Lektoren bei Penguin Press in New York. Teile von Kapitel 12 und 14 konnten mit freundlicher Unterstützung Leon Wieseltiers erstmals im Feuilleton seiner Zeitschrift *The New Republic* erscheinen (der Politikteil ist eine andere Sache). Besonderen Dank schulde ich Robert Silvers, dem Herausgeber des *New York Review of Books*, der mich in all den Jahren ermunterte, meine politischen und historischen Studien immer weiter auszudehnen, mit allen Risiken, die ein solch lohnendes Abenteuer bereithält.

Mit Ideen und Anregungen haben auch Studenten der New York University zu diesem Buch beigetragen. Paulina Bren, Daniel Cohen und Nicole Rudolph haben mit eigenen historischen Arbeiten meinen Blick erweitert. Jessica Cooperman und Avi Patt haben mir als Forschungsassistenten unschätzbare Dienste geleistet. Michelle Pinto, die mit Simon Jackson für das Zusammentragen der Illustrationen verantwortlich war, hat viele der ungewöhnlichen Aufnahmen (ich nenne nur den eingewickelten Lenin) gefunden. Alex Molot trug das veröffentlichte und unveröffentlichte Datenmaterial zusammen, ohne das ein solches Buch nicht geschrieben werden kann.

Meine Familie lebt nun schon eine ganze Weile mit der europäischen Nachkriegsgeschichte – meine Kinder begleitet sie jedenfalls ihr ganzes junges Leben. Nachsichtig ertrugen sie meine vielen arbeitsbedingten Abwesenheiten, aber sie haben wichtige Dinge zu meinem Buch beigetragen. Daniel verdanke ich den Titel, Nicholas den Hinweis, daß nicht alle guten Geschichten gut ausgehen. Dank schulde ich auch meiner Frau Jennifer – nicht zuletzt für die sorgfältige und konstruktive Durchsicht des Manuskripts. Aber ich verdanke ihr viel, viel mehr. Ihr ist dieses Buch gewidmet.

Einleitung

Jede Zeit ist eine Sphinx, die sich in den Abgrund stürzt, sobald man ihr Rätsel gelöst hat.

Heinrich Heine

Die Umstände (die von einigen Herren als unwichtig angesehen werden!) verleihen in Wahrheit jedem politischen Grundsatz seine charakteristische Farbe und seine besondere Wirkung.

Edmund Burke

Ereignisse, mein Lieber, Ereignisse.

Harold Macmillan

Die Weltgeschichte ist nicht der Boden des Glücks. Die Perioden des Glücks sind leere Blätter in ihr.

Georg Wilhelm Friedrich Hegel

Die Idee, das vorliegende Buch zu schreiben, kam mir im Dezember 1989 auf der Durchreise in Wien. Ich war gerade aus Prag eingetroffen, wo die Schriftsteller und Historiker von Václav Havels Bürgerforum im Begriff waren, einen kommunistischen Polizeistaat zu beseitigen und 40 Jahre real existierenden Sozialismus auf den Müllhaufen der Geschichte zu werfen. Wenige Wochen zuvor hatte sich, völlig unerwartet, die Berliner Mauer geöffnet. In Ungarn und Polen wurde allenthalben über díe Herausforderungen postkommunistischer Politik diskutiert; das alte Regime, eben noch allmächtig, versank in Bedeutungslosigkeit. Die Kommunistische Partei Litauens hatte sich soeben für die sofortige Unabhängigkeit von der Sowjetunion ausgesprochen. Und im Taxi, das mich zum Westbahnhof fuhr, kamen im Radio die ersten Nachrichten von einem Volksaufstand gegen den rumänischen Diktator Nicolae Ceauşescu. Ein Erdbeben erschütterte die erstarrte politische Landschaft Nachkriegseuropas.

Eine Epoche war beendet, ein neues Europa wurde geboren. Das war offensichtlich. Aber mit dem Abschied der alten Ordnung sollten viele vertraute Standpunkte in Frage gestellt werden. Auf ewig Festgefügtes geriet in Bewegung.

Der Kalte Krieg, der Ost-West-Konflikt, der Wettstreit zwischen »Kommunismus« und »Kapitalismus«, die separaten Entwicklungen im wohlhabenden Westeuropa und im Ostblock – all das erschien nun nicht mehr als Produkt ideologischer Notwendigkeit oder der eisernen Logik der politischen Verhältnisse, sondern als zufälliges Ergebnis der Geschichte – und die Geschichte fegte alles beiseite.

Die Zukunft Europas sollte ganz anders aussehen – und auch seine Vergangenheit. Nun erschienen die Jahre zwischen 1945 und 1989 nicht als Schwelle zu einer neuen Epoche, sondern als Zwischenzeit, als Auslaufphase eines noch unerledigten Konfliktes, der 1945 zwar zu Ende gegangen war, dessen Epilog aber weitere 50 Jahre dauerte. Welche Gestalt Europa auch annehmen würde, sein vertrautes Geschichtsbild hatte sich ein für allemal geändert. In diesem kalten mitteleuropäischen Dezember wurde mir klar, daß die europäische Nachkriegsgeschichte neu geschrieben werden mußte.

Zeit und Ort waren günstig. Wien glich 1989 einem Palimpsest von mehreren Schichten komplizierter europäischer Vergangenheiten. Am Beginn des zwanzigsten Jahrhunderts war Wien der Inbegriff von Europa: fruchtbarer, nervöser Mittelpunkt einer illusionstrunkenen Gesellschaft am Rande der Apokalypse. In der Zwischenkriegszeit ging es mit der glanzvollen Metropole stetig bergab: erst degradiert zur verarmten Hauptstadt eines kleinen Reststaates, schließlich abgelegener Außenposten eines Naziimperiums, dem die meisten Wiener enthusiastisch zujubelten.

Nach Kriegsende wurde Österreich dem westlichen Lager zugeschlagen und als »Hitlers erstes Opfer« anerkannt. Dieses doppelt unverdiente Glück eröffnete Wien die Chance, sich seiner Vergangenheit zu entledigen. Rasch verdrängte die Stadt ihre Hitlertreue und nahm, am Rand des sowjetischen Herrschaftsbereiches gelegen, eine neue Identität als Schaufenster und Vorposten der freien Welt an. Aus Sicht der ehemaligen k. u. k. Völker, die nun in der Tschechoslowakei, in Polen, Ungarn, Rumänien und Jugoslawien eingeschlossen waren, stand Wien für »Mitteleuropa«, für eine imaginäre kosmopolitische Zivilgesellschaft, die die Europäer im Laufe des Jahrhunderts irgendwie verlegt hatten. In den letzten Jahren des Kommunismus war Wien eine Art Horchposten der Freiheit, ein Ort von Begegnung und Neuanfang für osteuropäische Flüchtlinge und westliche Brückenbauer.

Das Wien von 1989 war also ein hervorragender Ort zum Nachdenken über Europa. Österreich besaß all die Attribute des etwas selbstzufriedenen Westeuropas der Nachkriegszeit: Wohlstand, ein gut ausgebauter Wohlfahrtsstaat, sozialer Frieden – dank Arbeitsplätzen und Vergünstigungen für alle gesellschaftlichen Gruppen und Parteien-, äußere Sicherheit unter dem stillschweigenden

Schutz des westlichen Atomschirms – während das Land selbst schön »neutral« blieb. Nur wenige Kilometer weiter östlich, jenseits von Leitha und Donau, lag das »andere« Europa grauer Armut und allgegenwärtiger Geheimpolizisten. Der Abstand zwischen diesen beiden Europas zeigte sich sehr schön in dem Kontrast zwischen dem pulsierenden Westbahnhof, von dem aus Geschäftsleute und Ferienreisende in modernen, sauberen Schnellzügen nach München, Zürich oder Paris fuhren, und dem trostlosen, wenig einladenden Südbahnhof, einem heruntergekommenen, düsteren Treffpunkt armer Ausländer, die hier verdreckten, uralten Zügen aus Budapest oder Belgrad entstiegen.

So, wie diese beiden Bahnhöfe unfreiwillig von der Spaltung Europas erzählten – der eine optimistisch dem Westen zugewandt, der andere gleichgültig das osteuropäische Erbe der Stadt eingestehend –, so kündeten die Straßen Wiens von der Kluft des Schweigens, die Europas helle Gegenwart von seiner dunklen Vergangenheit trennte. Die prächtigen Gebäude am Ring erinnerten an die glanzvolle k. u. k. Vergangenheit (auch wenn der Ring für eine mittelgroße europäische Hauptstadt ein wenig zu grandios und zu prachtvoll schien), und Wien war zu Recht stolz auf seine öffentlichen Gebäude und Plätze. Überhaupt schien die Stadt gern an glanzvolle Zeiten zurückzudenken. Nur eben nicht an die jüngste Vergangenheit, da war man ausgesprochen zurückhaltend.

Vor allem, was die Juden anging, die einst viele der Häuser in der Innenstadt bewohnt und das Wiener Kultur- und Geistesleben als Künstler, Musiker, Theaterleute, Schriftsteller, Journalisten entscheidend geprägt hatten. Die ganze Brutalität, mit der die Wiener Juden aus ihren Wohnungen getrieben, in den Osten abtransportiert und ermordet worden waren, ausgelöscht aus der Erinnerung der Stadt, erklärte das schuldbewußte Schweigen der Gegenwart. Das Nachkriegswien – wie das Nachkriegseuropa – war ein eindrucksvolles Gebäude, das auf einer unaussprechlichen Vergangenheit stand. Die schlimmsten Untaten jener Zeit waren an Orten geschehen, die später im sowjetischen Herrschaftsbereich lagen, weshalb sie im Westen so leicht vergessen und im Osten unterschlagen wurden. Mit der Rückkehr Osteuropas würde sich an der Unaussprechlichkeit der Vergangenheit nichts ändern, doch nun würde natürlich über sie gesprochen werden müssen. Nach 1989 sollte nichts mehr so sein wie früher – weder Zukunft noch Gegenwart und erst recht nicht die Vergangenheit.

Das Buch über die Nachkriegsgeschichte, das ich mir im Dezember 1989 vornahm, blieb noch eine ganze Weile ungeschrieben. Vieles kam mir dazwischen – aus heutiger Sicht: zum Glück. Vieles, was inzwischen etwas deutlicher geworden ist, war damals unklar. Archive wurden geöffnet. Die Wirren, mit denen revolutionäre Transformationen zwangsläufig einhergehen, haben sich gelegt, und zumindest einige der langfristigen Auswirkungen von 1989 sind heute zu erkennen. Und die Schockwellen von 1989 verebbten nicht so schnell. Als ich das nächstemal in Wien war, mußte sich die Stadt um Zehntausende Flüchtlinge aus Kroatien und Bosnien kümmern.

Drei Jahre später gab Österreich seine sorgfältig kultivierte Nachkriegsautonomie auf und trat der Europäischen Union bei, deren Entwicklung selbst eine unmittelbare Folge der osteuropäischen Umwälzungen war. Im Oktober 1999 fand ich den Westbahnhof gepflastert mit Wahlplakaten der Freiheitlichen Partei Jörg Haiders, der, trotz seiner unverhohlenen Bewunderung für die »anständigen Männer« der Wehrmacht, die an der Ostfront »ihre Pflicht taten«, bei den Wahlen 27 Prozent erzielte, weil er es verstand, die Ängste verunsicherter Österreicher angesichts der Veränderungen in ihrer Welt zu bedienen. Nach knapp 50 Jahren Ruhe war Wien, wie Europa insgesamt, wieder in die Geschichte eingetreten.

In diesem Buch wird die Geschichte Europas nach dem Zweiten Weltkrieg erzählt, und darum beginnt es mit 1945, der Stunde Null, wie man seinerzeit in Deutschland sagte. Aber wie alles im zwanzigsten Jahrhundert ist auch diese Geschichte überschattet von jenen 30 Jahren Krieg, der 1914 begann, als Europa in die Katastrophe taumelte. Der Erste Weltkrieg war ein barbarisches Gemetzel – die Hälfte der männlichen serbischen Bevölkerung zwischen 18 und 55 starb auf den Schlachtfeldern –, aber er brachte keine Lösung. Deutschland war (entgegen der damals verbreiteten Legende) durch Krieg und Friedensvertrag keineswegs vernichtet; sein Aufstieg zu einer Großmacht, die nur 25 Jahre später fast ganz Europa eroberte, wäre anders kaum zu erklären. Weil Deutschland nur einen Teil seiner Kriegsschuld beglich, hatten die alliierten Sieger einen weit höheren Preis zu bezahlen, so daß Deutschland vergleichsweise stärker dastand als 1913. Die »deutsche Frage«, die eine Generation zuvor mit dem Aufstieg Preußens in Europa aufgetaucht war, blieb ungelöst.

Die kleinen Länder, die 1918 nach dem Zusammenbruch der alten Monarchien entstanden, waren arm, instabil, unsicher, schauten voller Ressentiments auf ihre Nachbarn und träumten von Revanche. Rußland, Deutschland, Österreich, Ungarn und Bulgarien, im Krieg besiegt, sannen auf territoriale Wiedergutmachung. Nach 1918 gab es keine Stabilität in Europa, kein neues Gleichgewicht zwischen den Mächten – bloß ein erschöpfungsbedingtes Interregnum. Die Aggressionen bestanden nach wie vor, verlagerten sich nur vom Schlachtfeld in die Innenpolitik – in nationalistische Polemik, Rassenhaß, Klassenkampf und Bürgerkrieg. In den zwanziger und besonders in den dreißiger Jahren bewegte sich Europa in einer Grauzone zwischen dem Nachbeben eines Weltkriegs und den Vorboten eines neuen Waffengangs.

Die innen- und außenpolitischen Konflikte jener Jahre verschärften sich (und wurden teilweise ausgelöst) durch den Kollaps der europäischen Wirtschaft. Das Wirtschaftsleben war in dreifacher Hinsicht getroffen. Der Erste Weltkrieg hatte den Arbeitsmarkt verzerrt, den Handel zerstört und ganze Regionen und Staaten zugrunde gerichtet. Viele Länder, vor allem in Mitteleuropa, erholten sich nie wieder. Diejenigen, denen ein Aufschwung gelang, stürzten durch die Weltwirtschaftskrise erneut ab. Deflation, Konkurse und angestrengte Versuche, den einheimischen Markt durch Importzölle vor ausländischer Konkurrenz zu schützen, führten nicht nur zu beispielloser Arbeitslosigkeit und Verschwendung industrieller Kapazitäten, sondern auch zu einem Zusammenbruch des Außenhandels (zwischen 1929 und 1936 verringerte sich das Handelsvolumen zwischen Frankreich und Deutschland um 83 Prozent), der mit scharfen außenpolitischen Rivalitäten und Animositäten einherging. Und dann kam der Zweite Weltkrieg, dessen beispiellose Auswirkungen für die *Zivilbevölkerung* und die Wirtschaft der betroffenen Länder im Ersten Teil des vorliegenden Buches dargestellt werden.

Am Ende war eine ganze Zivilisation zerstört. Das Ausmaß der Katastrophe, in die Europa sich gestürzt hatte, war den Zeitgenossen schon damals klar. Links- und Rechtsextreme sahen in der Selbstverstümmelung des bürgerlichen Europa eine Gelegenheit, für etwas Besseres zu kämpfen. Die Dreißiger waren Audens »niederträchtiges, unehrliches Jahrzehnt«, aber sie waren auch ein Zeitalter von Engagement und politischen Überzeugungen, die in den Illusionen und Toten des Spanischen Bürgerkriegs kulminierten. Dies war der Herbst der radikalen Visionen des neunzehnten Jahrhunderts, die nun in die ideologischen Kämpfe einer noch brutaleren Epoche investiert wurden: »Welch enorme Sehnsucht nach einer neuen menschlichen Ordnung herrschte in der Zeit zwischen den Weltkriegen, und welch armselige Unfähigkeit, sich entsprechend zu verhalten.« (Arthur Koestler)

Viele verzweifelten an Europa und flohen – zunächst in die verbliebenen Demokratien Westeuropas und, wenn sie es noch rechtzeitig schafften, weiter nach Amerika. Und manche, wie Stefan Zweig oder Walter Benjamin, nahmen sich das Leben. Am Vorabend der endgültigen Katastrophe schien es für Europa keine Aussichten mehr zu geben. Was im Laufe der Implosion der europäischen Zivilisation verlorengegangen war – ein Verlust, dessen Implikationen Karl Kraus und Franz Kafka schon lange zuvor geahnt hatten – war unwiederbringlich verloren. In Jean Renoirs gleichnamigem Filmklassiker von 1937 bestand *Die große Illusion* jener Epoche darin, das Heil in Krieg und Ehre und Klassenzugehörigkeit und anderen Mythen zu suchen. Doch für aufmerksame Beobachter war die allergrößte Illusion des Kontinents die längst diskreditierte »europäische Zivilisation« selbst.

Angesichts dieser Vorgeschichte mochte es daher verlockend sein, den erstaunlichen Neuanfang Europas nach 1945 in einer selbstzufriedenen, geradezu lyrischen Art und Weise zu erzählen. Und in einem solchen Tonfall wurde besonders vor 1989 die Nachkriegsgeschichte auch tatsächlich überwiegend niedergeschrieben – in der gleichen Sprache, zu der europäische Politiker griffen, wenn sie ihre Erfolge in den zurückliegenden Jahrzehnten schilderten. Das bloße Überleben der Staaten nach dem totalen Krieg, der Neuanfang, die Abwesenheit zwischenstaatlicher Streitigkeiten, die allmähliche Herausbildung und Erweiterung von Institutionen der europäischen Zusammenarbeit, der anhaltende wirtschaftliche Aufschwung und die »Normalisierung« von Wohlstand, Zuversicht und Frieden – all das verführte zu übertriebenen Reaktionen. Europas Aufschwung war ein »Wunder«, das »postnationale« Europa hatte die bitteren Lektionen der jüngsten Geschichte gelernt, und aus der Asche einer mörderischen, selbstmörderischen Vergangenheit war phönixgleich ein friedfertiges Europa erstanden.

Wie so viele Mythen enthält auch diese durchaus sympathische Darstellungsweise der europäischen Nachkriegsgeschichte ein Körnchen Wahrheit, aber sie verschweigt auch vieles. Osteuropa – vom Böhmerwald bis zum Ural, von Tallinn bis nach Tirana – paßt nicht in dieses Bild. Verglichen mit den vorangegangenen Jahrzehnten war die *osteuropäische* Nachkriegszeit zwar friedlich, aber nur dank der unerwünschten Anwesenheit der Roten Armee: Es war der Frieden eines scharf bewachten Gefängnishofs. Und wenn sich der Sowjetblock zu einem Wirtschaftsverband zusammenschloß, der oberflächlich mit der westlichen Gemeinschaft vergleichbar erschien, dann nur, weil Moskau seinen Satelliten »brüderliche« Institutionen und Handelsbeziehungen aufzwang.

Die Nachkriegsgeschichte der beiden Hälften Europas kann nicht getrennt voneinander erzählt werden. Das Vermächtnis des Zweiten Weltkrieges (einschließlich des Ersten Weltkrieges und der Zwischenkriegsjahre) stellte Regierungen und Völker in Ost *und* West vor die schwierige Frage, welcher Weg eine Rückkehr in die Vergangenheit verhindern würde. Eine Option, die Agenda der Volksfrontbewegungen der dreißiger Jahre, war zunächst sehr populär – in *beiden* Teilen Europas (ein Hinweis darauf, daß 1945 keineswegs der komplette Neuanfang war, als der dieses Jahr oft hingestellt wird). In Osteuropa war eine radikale Transformation unumgänglich, eine Rückkehr zur diskreditierten Vergangenheit ausgeschlossen. Aber was sollte an ihre Stelle treten? Der Kommunismus mag der falsche Weg gewesen sein – das Dilemma, dem er begegnete, war durchaus real.

Im Westen wurden radikale Optionen rasch beiseite geschoben, nicht zuletzt auf Grund amerikanischen Geldes (und Druckes). Die Attraktivität von Volksfront (und Kommunismus) verblaßte: Beide waren Rezepte für schwere Zeiten, und in Westeuropa waren die Zeiten nicht mehr so schwer, jedenfalls nach 1952. Und so gerieten die Ungewißheiten der unmittelbaren Nachkriegsjahre in Vergessenheit. Aber die Möglichkeit einer ganz anderen Entwicklung war 1945 durchaus real, sogar sehr wahrscheinlich. Um ein Wiederaufleben der alten Gespenster (Arbeitslosigkeit, Faschismus, deutscher Militarismus, Krieg, Revolution) zu verhindern, schlug Westeuropa den bekannten Weg ein. Das postnationale, sozialstaatliche, kooperative, friedfertige Europa erwuchs nicht aus dem ehrgeizigen, zukunftsweisenden Projekt, wie es heute im verklärenden Rückblick gern dargestellt wird. Europa war das verunsicherte Kind von Angst. Im Schatten der Geschichte führten die europäischen Politiker Sozialreformen durch und schufen neue Institutionen, um die Vergangenheit in Schach zu halten.

Dies wird deutlicher, wenn man sich in Erinnerung ruft, daß im Sowjetblock im Grunde das gleiche Projekt verfolgt wurde. Auch dort ging es vor allem darum, einen Rückfall in frühere Zeiten zu verhindern – wenngleich das in den kommunistisch beherrschten Ländern nicht durch sozialen Fortschritt, sondern durch physische Gewalt bewerkstelligt wurde. Gemäß der These, daß mit der kommunistischen Revolution nicht nur alle Mängel und Unzulänglichkeiten beseitigt würden, sondern auch deren Entstehungsbedingungen, wurde die Geschichte umgeschrieben. Auch diese Behauptung war ein Mythos, bestenfalls eine Halbwahrheit.

Der kommunistische Mythos zeigt jedoch, wie wichtig (und schwierig) der Umgang mit einem belastenden Erbe in *beiden* Hälften Europas war. Der Erste Weltkrieg zerstörte das alte Europa, der Zweite schuf die Bedingungen für ein neues. Nach 1945 lebte ganz Europa aber noch jahrzehntelang im Schatten der Diktatoren und Kriege der unmittelbaren Vergangenheit. Das ist eine der Erfahrungen, die die europäische Nachkriegsgeneration verbindet und sie von den Amerikanern trennt, für die das 20. Jahrhundert völlig andere und insgesamt optimistischere Lehren bereithielt. Und sie ist der Ausgangspunkt für jeden, der die europäische Geschichte vor 1989 und die atemberaubenden Umwälzungen in den Folgejahren verstehen will.

In seinem Tolstoi-Essay unterschied Isaiah Berlin anhand eines berühmten Archilochos-Zitats zwischen zwei Arten intellektueller Betrachtungsweise: »Der Fuchs weiß viele Sachen, der Igel weiß eine große Sache.« Mein Buch ist ganz gewiß kein »Igel«. Ich entwickele hier keine große Theorie der modernen europäischen Geschichte, präsentiere kein übergreifendes Thema, keine geschlossene Geschichte. Daraus folgt aber nicht, daß die europäische Nachkriegsgeschichte keine thematische Gestalt hätte. Im Gegenteil, sie hat viele Erscheinungsformen. Europa kennt viele Sachen.

Dies ist erstens eine Geschichte des Niederganges Europas. Kein europäischer Staat konnte nach 1945 noch eine Hauptrolle auf der internationalen Bühne oder imperialen Status beanspruchen. Die beiden Ausnahmen (die Sowjetunion und teilweise Großbritannien) gehörten ihrem Selbstverständnis nach nur halb zu Europa und hatten am Ende des hier dargestellten Zeitraums ebenfalls deutlich an Gewicht verloren. Die anderen europäischen Staaten waren durch Niederlage und Besatzung gedemütigt. Europa konnte sich nicht aus eigener Kraft vom Faschismus befreien und auch den Kommunismus nicht ohne Hilfe in Schach halten. Das Nachkriegseuropa war von Nichteuropäern befreit beziehungsweise eingekerkert worden. Erst nach jahrzehntelangen Anstrengungen gelang es den Europäern, ihr Schicksal wieder in die eigenen Hände zu nehmen. Von den einstigen Kolonialmächten Großbritannien, Frankreich, Niederlande, Belgien, Portugal blieb im Laufe dieser Jahre nur noch das jeweilige Mutterland, das sich nun Europa zuwendete.

Zweitens: In den späteren Jahrzehnten des 20. Jahrhunderts verblaßten die Vorbilder europäischer Geschichtsschreibung: – die großen Theorien des 19. Jahrhunderts mit ihren Modellen von Fortschritt und Wandel, von Revolution und Transformation, die Grundlagen all jener politischen Projekte und sozialen Bewegungen, die Europa in der ersten Hälfte des 20. Jahrhunderts zerrissen. Auch dies ist eine Geschichte, die nur als gesamteuropäische geschrieben werden kann: das Erlahmen politischer Leidenschaften im Westen (von einigen wenigen Intellektuellen abgesehen) ging, aus den verschiedensten Gründen, im Osten mit dem Verlust politischer Überzeugungen und einer Diskreditierung des offiziellen Marxismus einher. In den achtziger Jahren hatte es kurzzeitig den Anschein, als würde die intellektuelle *Rechte* das ebenfalls im 19. Jahrhundert entwickelte Projekt einer völligen Liberalisierung (Abschaffung der »Gesellschaft«, freies Spiel der Marktkräfte bei minimalistischem Staat) neu auflegen. Doch diese Anwandlung ging vorüber. Nach 1989 hatten weder Linke *noch* Rechte ein umfassendes ideologisches Projekt im Angebot – nur die Aussicht auf Freiheit, ein Versprechen, das sich für die meisten Europäer nunmehr erfüllt hatte.

Drittens: Als bescheidener Ersatz für die erloschenen Ambitionen einer ideologischen Vergangenheit bildete sich – spät und gleichsam beiläufig – das »Modell Europa« heraus. Entstanden aus einer kunterbunten Melange sozialdemokratischer und christdemokratischer Gesetze, war dies ein spezifisch »europäischer« Weg zur Gestaltung der sozialen Verhältnisse in den einzelnen Ländern und der zwischenstaatlichen Beziehungen. Dieser europäische Ansatz war mehr als nur die bürokratische Praxis der Europäischen Union und ihrer Mitgliedsstaaten; heute ist die EU Leuchtturm und Ansporn für Beitrittskandidaten und eine globale Herausforderung für die Vereinigten Staaten und den *american way of life*.

Diese gänzlich unerwartete Verwandlung Europas – von einem (ziemlich belasteten) geographischen Begriff zu einem Vorbild und Magneten für Menschen und Länder – war ein allmählicher Prozeß. Europa war nicht, wie Alexander Wat die Illusionen der polnischen Zwischenkriegspolitiker ironisierte, »zu Größe verurteilt«. 1945 hätte niemand Europas Entwicklung vorhergesagt, nicht einmal 1975. Dieses neue Europa war kein gemeinsam ausgearbeitetes Projekt, niemand nahm sich vor, es zu verwirklichen. Als nach 1992 jedoch klar war, daß Europa diese neue Rolle auf der internationalen Bühne *tatsächlich* spielte, nahm sein Verhältnis vor allem zu den USA eine andere Gestalt an – für Europäer und Amerikaner gleichermaßen.

Dies ist das vierte Thema, das sich durch die Geschichte Nachkriegseuropas zieht: sein schwieriges und von vielen Mißverständnissen begleitetes Verhältnis zu den Vereinigten Staaten. Die Westeuropäer wünschten sich nach 1945 ein Engagement der Amerikaner in Europa und nahmen ihnen dieses Engagement zugleich übel, weil es den Machtverlust Europas signalisierte. Und trotz der amerikanischen Präsenz, vor allem nach 1949, blieben die Unterschiede zwischen den beiden Seiten des »Westens« bestehen. Der Kalte Krieg wurde in Westeuropa völlig anders wahrgenommen als in den panisch reagierenden USA, und die anschließende »Amerikanisierung« Europas in den Fünfzigern und Sechzigern wird oft überzeichnet.

Osteuropa sah Amerika und seine Attribute natürlich ganz anders. Aber auch hier sollte man den Einfluß der USA auf die Osteuropäer (vor und nach 1989) nicht überbewerten. Kritische Stimmen in beiden Hälften Europas – wie etwa der Franzose Raymond Aron oder der Tscheche Václav Havel – betonten immer wieder, daß Amerika kein Modell oder Vorbild für ihre Gesellschaft sei. Und wenn eine junge Generation von Osteuropäern nach 1989 eine Liberalisierung ihrer Länder nach amerikanischem Vorbild anstrebte – möglichst wenig Staat, niedrige Steuern, freier Markt –, durchgesetzt hat sich dieser Trend nicht. Der »amerikanische Moment« Europas lag in der Vergangenheit. Die Zukunft der osteuropäischen »Klein-Amerikas« liegt in der Mitte Europas.

Und schließlich: Europas Nachkriegsgeschichte ist überschattet von Leerstellen, von Schweigen. Der Kontinent war einmal ein bunter Teppich aus Sprachen, Religionen, Völkern und Nationen. Viele Städte, besonders jene am Schnittpunkt alter und neuer Reichsgrenzen wie Triest, Sarajewo, Saloniki, Czernowitz, Odessa oder Wilna, waren genuin multikulturelle Orte, in denen Katholiken, Orthodoxe, Muslime, Juden und andere in vertrautem Nebeneinander lebten. Man sollte dieses alte Europa nicht idealisieren. Der »unglaubliche, fast komische Schmelztiegel von Völkern und Nationalitäten, der im Herzen Europas gefährlich vor sich hinbrodelte« (Tadeusz Borowski) wurde immer wieder von Unruhen, Massakern und Pogromen erschüttert – aber er war real, und er lebt in der Erinnerung fort.

Dieses Europa wurde zwischen 1914 und 1945 beseitigt. Das modernere Europa, das in der zweiten Hälfte des 20. Jahrhunderts entstand, war ordentlicher. Nach Krieg, Besatzung, Grenzverschiebungen, Vertreibung und Völkermord lebten fast alle Menschen nunmehr in ihrem Land, unter den eigenen Leuten. Nach dem Zweiten Weltkrieg hatten die Europäer in beiden Hälften Europas säuberlich abgegrenzte Staaten, in denen religiöse oder ethnische Minderheiten – wie etwa die Juden in Frankreich – nur einen winzigen Teil der Gesamtbevölkerung ausmachten und völlig in das kulturelle und politische Leben integriert waren. Die einzigen Ausnahmen in diesem neuen, homogenen Europa waren Jugoslawien und die Sowjetunion, die ihrerseits aber ein Imperium war und ohnehin nur teilweise zu Europa gehörte.

Doch seit den achtziger Jahren, und vor allem seit dem Ende der Sowjetunion und der Erweiterung der EU, steht Europa vor einer multikulturellen Zukunft. Flüchtlinge, Gastarbeiter, Bewohner der ehemaligen europäischen Kolonien, angelockt durch die Aussicht auf Arbeit und Freiheit, sowie die freiwilligen und unfreiwilligen Migranten aus unterschiedlich autoritären Staaten an den vorgeschobenen Grenzen Europas – sie alle haben London, Paris, Antwerpen, Amsterdam, Berlin, Mailand und viele andere Städte zu kosmopolitischen Weltmetropolen gemacht.

Die Anwesenheit dieser lebenden »Anderen« in Europa – an die 15 Millionen Muslime in der EU, dazu noch einmal 80 Millionen, die in Bulgarien und der Türkei auf den Beitritt warten – verweist nicht nur auf das Unbehagen Europas angesichts einer ständig wachsenden Vielfalt, sondern auch auf die Mühelosigkeit, mit der Europa seine toten »Anderen« aus der Erinnerung getilgt hat. Seit 1989 ist klarer geworden, in welchem Maße die Stabilität Nachkriegseuropas auf den Taten Stalins und Hitlers beruhte. Diese beiden Diktatoren haben gemeinsam, und mit tätiger Unterstützung diverser Kollaborateure während des Krieges, das demographische Terrain eingeebnet, auf dem dann das Fundament zu einem neuen, weniger komplizierten Kontinent gelegt wurde.

Dieses düstere Kapitel blieb in den Darstellungen des europäischen Weges zu Churchills »weitem, lichtem Hochland« in beiden Hälften Nachkriegseuropas ausgespart – mindestens bis in die sechziger Jahre, und dann wurde meist nur von der Vernichtung der Juden durch Deutsche gesprochen. Von gelegentlichen und kontroversen Ausnahmen abgesehen, blieben andere Täter – und andere Opfer – unerwähnt. Der Zweite Weltkrieg beschränkte sich in Geschichte und Gedenken weiterhin auf das vertraute Freund-Feind-Schema: Gut gegen Böse, Antifaschisten gegen Faschisten, Widerstandskämpfer gegen Kollaborateure und so weiter.

Seit 1989, und nachdem tief verwurzelte Hemmungen überwunden sind, kann (trotz Abwehr und mitunter heftigem Leugnen) erkannt werden, welch hoher moralischer Preis für die Wiedergeburt Europas bezahlt wurde. Polen, Franzosen, Schweizer, Italiener, Rumänen und andere können sich inzwischen sehr viel besser darüber informieren, wenn sie es denn wollen, was in ihrem Land noch vor wenigen Jahrzehnten wirklich passierte. Selbst die Deutschen beschäftigen sich wieder mit ihrer Geschichte, was zu paradoxen Ergebnissen führt. Nun steht erstmals das Leid der *Deutschen* im Mittelpunkt, die Opfer britischer Luftangriffe, russischer Soldaten, tschechischer Vertreibung wurden. Die Juden, wird in angesehenen Kreisen wieder leise erklärt, waren nicht die einzigen Opfer …

Ob diese Diskussionen gut oder schlecht sind, steht dahin. Ist all dieses öffentliche Gedenken ein Zeichen politischer Reife? Oder ist es, wie nicht nur Charles de Gaulle wußte, manchmal besser, zu vergessen? Dieser Frage werde ich im Epilog nachgehen. An dieser Stelle möchte ich nur anmerken, daß man diese verstörenden Zwischenrufe der jüngsten Zeit nicht (wie das vor allem in den Vereinigten Staaten geschieht) als schlagenden Beweis für die Erbsünde Europas interpretieren muß, als Zeichen der Unfähigkeit, aus den Verbrechen der Vergangenheit zu lernen, als Zeichen einer unverbesserlichen Nostalgie, einer Sehnsucht, zu den Verhältnissen von 1938 zurückzukehren.

Europa kehrt nicht in seine dunkle Vergangenheit zurück, löst sich vielmehr von ihr. Heute setzt sich Deutschland, wie das übrige Europa, bewußter denn je mit seiner Geschichte des 20. Jahrhunderts auseinander. Das heißt aber nicht, daß es sich in diese Geschichte wieder hineinziehen ließe. Diese Geschichte hört ja nie auf. Wie ich in diesem Buch darlegen werde, lag der lange Schatten des Zweiten Weltkrieges auf dem ganzen Nachkriegseuropa. Er wurde aber nicht vollständig wahrgenommen. Das Schweigen über die jüngste Vergangenheit war die Voraussetzung für den Bau einer europäischen Zukunft. Nach schmerzhaften Diskussionen, fast überall in Europa, ist es vielleicht normal (zumindest jedoch unausweichlich), daß nun auch die Deutschen das Recht für sich in Anspruch nehmen, den offiziellen Gedenkkanon in Frage zu stellen. Damit mögen wir unsere Schwierigkeiten haben, und vielleicht ist es auch kein gutes Zeichen. Trotzdem ist es eine Art Abschluß – 60 Jahre nach Hitlers Tod treten sein Krieg und die Folgen in die Geschichte ein. Die Nachkriegszeit dauerte sehr lange, aber nun wird sie endlich abgeschlossen.

Erster Teil
Nachkriegszeit: 1945–1953

I
Das Vermächtnis des Krieges

> Die europäisierte Welt erlebte keinen langsamen Verfall – andere Zivilisationen zerfielen allmählich, die europäische explodierte gewissermaßen.
>
> *H. G. Wells, War in the Air (1908)*

> Welche menschlichen Probleme der Krieg hinterlassen wird, ist bislang nicht einmal andeutungsweise klar. Nie zuvor hat es so viel Zerstörung, eine solche Auflösung der Existenzbedingungen gegeben.
>
> *Anne O'Hare McCormick*

> Überall ist ein großes Bedürfnis nach Wundern und Heilmitteln. Der Krieg hat die Neapolitaner ins Mittelalter zurückgeworfen.
>
> *Norman Lewis, Naples '44*

Europa bot nach dem Zweiten Weltkrieg ein Bild unbeschreiblichen Elends. Photographien und Dokumentarfilme zeigen Ströme armseliger Zivilisten, die hilflos durch zerstörte Städte und verwüstete Landstriche ziehen. Verwaiste Kinder streifen durch Ruinen, erschöpfte Frauen durchwühlen Trümmerhaufen. Kahlgeschorene Zwangsarbeiter und KZ-Überlebende in gestreifter Häftlingskleidung blicken leblos in die Kamera, krank und ausgezehrt. Selbst die Straßenbahnen, die auf schadhaften Gleisen dahinrumpeln, wenn es gerade Strom gibt, haben etwas Gespenstisches. Alles, mit erkennbarer Ausnahme der wohlgenährten alliierten Besatzungssoldaten, wirkt erschöpft, geschwächt, entkräftet.

Wenn wir begreifen wollen, wie dieser zerstörte Kontinent sich innerhalb weniger Jahre so rasch erholen konnte, muß dieses Bild differenziert werden. Aber es vermittelt einen treffenden Eindruck vom Zustand Europas bei Kriegsende. Die Europäer waren tatsächlich hoffnungslos und erschöpft – mit gutem Grund. Der Krieg, der im September 1939 mit Hitlers Überfall auf Polen begonnen hatte und im Mai 1945 mit der bedingungslosen Kapitulation Deutschlands endete, war ein totaler Krieg. Er erfaßte Soldaten *und* Zivilbevölkerung gleichermaßen.

In den von Deutschland besetzten Ländern, von Frankreich bis zur Ukraine, von Norwegen bis nach Griechenland, litt primär die Zivilbevölkerung unter dem Krieg. Die eigentlichen Kampfhandlungen beschränkten sich auf Anfang und Ende des Konflikts. In der Hauptsache bestand dieser Krieg aus Besatzung, Unterdrückung, Ausbeutung und Vernichtung; Soldaten, SS und Polizisten entschieden über Alltag und Existenz von Millionen Menschen. In manchen Ländern dauerte die Besatzung fast so lange wie der Krieg, überall ging er einher mit Angst und Not.

Anders als der Erste Weltkrieg erfaßte der Zweite, Hitlers Krieg, fast die gesamte Welt. Und er dauerte lange – fast 6 Jahre für diejenigen Länder (Großbritannien, Deutschland), die vom Anfang bis zum Ende beteiligt waren. In der Tschechoslowakei begann er schon mit der Besetzung des Sudetenlands im Oktober 1938. In Osteuropa und auf dem Balkan hörte er mit der deutschen Niederlage keineswegs auf, da (sowjetische) Besatzung und Bürgerkrieg auch nach der Zerschlagung Deutschlands noch lange andauerten.

Besatzungskriege waren in Europa natürlich nichts Neues. Die Schrecken des Dreißigjährigen Kriegs, in dessen Verlauf fremde Söldnerheere das Land plünderten und die Bevölkerung terrorisierten, blieben in Legenden und Märchen über Jahrhunderte lebendig. Noch in den dreißiger Jahren drohten spanische Großmütter unfolgsamen Kindern mit Napoleon. Doch die Besatzung während des Zweiten Weltkrieges wurde besonders eindringlich erlebt. Das hatte nicht zuletzt mit der speziellen Behandlung der unterworfenen Völker durch die Nazis zu tun.

Frühere Besatzungsarmeen – die Schweden im Deutschland des 17. Jahrhunderts, die Preußen in Frankreich nach 1815 – plünderten und mordeten hier und da, gelegentlich. Doch die Bewohner der von den Deutschen nach 1939 besetzten Länder wurden entweder zum Dienst für das Reich gezwungen oder zur Vernichtung ausersehen. Für Europa war dies eine neue Erfahrung. In ihren Kolonien hatten die Europäer die Einheimischen gewohnheitsmäßig versklavt und ausgebeutet. Sie hatten zu Folter, Verstümmelung oder Massenmord gegriffen, um ihre Opfer gefügig zu machen. Doch in Europa selbst war diese Praxis seit dem achtzehnten Jahrhundert weitgehend unbekannt, zumindest westlich der Flüsse Bug und Pruth.

Im Zweiten Weltkrieg wurden zum erstenmal sämtliche Mittel eines modernen europäischen Staates zur Unterwerfung und Ausbeutung anderer Europäer mobilisiert. Die Briten plünderten ihre *eigenen* Ressourcen, um den Krieg zu gewinnen: Bei Kriegsende wendete Großbritannien mehr als die Hälfte seines Bruttosozialprodukts zur Kriegsführung auf. Deutschland dagegen führte den Krieg, zumal in den späteren Jahren, wesentlich mit Hilfe der geplünderten Wirtschaft seiner Opfer (wie seinerzeit Napoleon nach 1805, aber weitaus effizienter). Norwegen, die Niederlande, Belgien, Böhmen-Mähren und vor allem Frankreich leisteten unfreiwillig einen Beitrag zur deutschen Kriegsführung. Bergwerke, Fa-

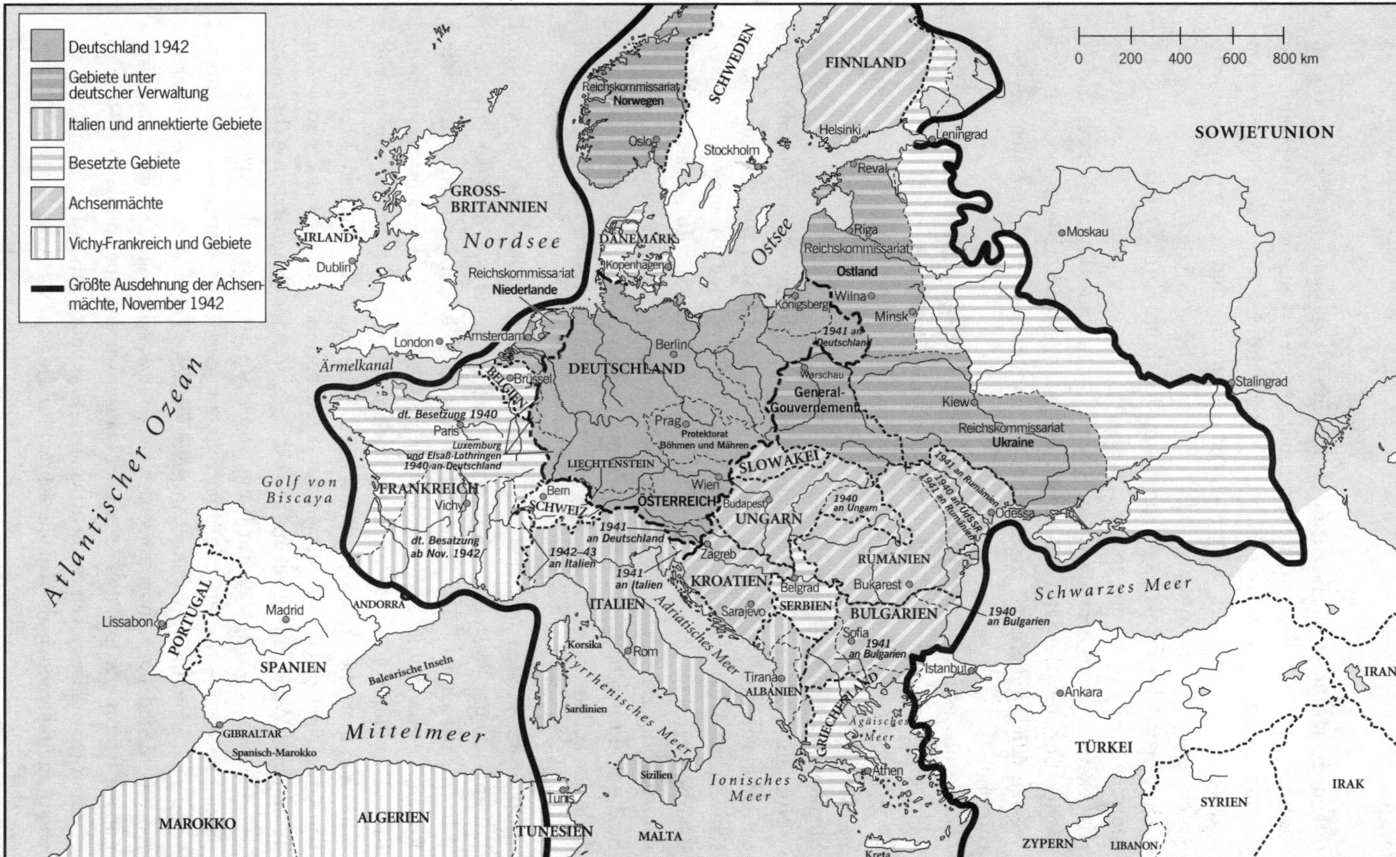

Besetztes Europa: November 1942

briken, Bauernhöfe und Eisenbahnen hatten sich an deutschen Erfordernissen auszurichten, und die Bevölkerung mußte für die deutsche Kriegsproduktion arbeiten, zunächst daheim, später in Deutschland. Im September 1944 hielten sich 7487000 Ausländer in Deutschland auf (die meisten gegen ihren Willen), das entsprach einem Anteil von 21 Prozent aller Beschäftigten.

Die Nazis lebten, solange es ging, vom Reichtum ihrer Opfer – so daß die deutsche Zivilbevölkerung erst 1944 die Folgen der Versorgungsengpässe zu spüren bekam. Doch da befand sich der Krieg schon in seiner Endphase – erst die alliierten Luftangriffe, dann der Vormarsch der alliierten Verbände im Osten und Westen. Und in diesem letzten Kriegsjahr kam es zu den schlimmsten Zerstörungen.

Zeitgenossen bemaßen die Auswirkungen des Krieges nicht anhand von Wirtschaftsbilanzen oder Vergleichen mit den Vorkriegsjahren, sondern nach den Zerstörungen, die sie in ihrer unmittelbaren Umgebung erlebten. Hier müssen wir ansetzen, wenn wir das Trauma verstehen wollen, das aus den Bildern von Elend und Hoffnungslosigkeit spricht.

Nur sehr wenige Städte überstanden den Krieg völlig unversehrt. Der alte Kern einiger berühmter Städte (Rom, Venedig, Prag, Paris, Oxford) blieb – durch stillschweigende Übereinkunft oder Glück – von Luftangriffen verschont. Aber deutsche Bombenflugzeuge hatten schon im ersten Kriegsjahr Rotterdam und Coventry völlig zerstört. In Polen, Jugoslawien und der UdSSR wurden zahllose Städte und Ortschaften von der Wehrmacht dem Boden gleichgemacht. Weite Teile der Londoner Innenstadt, vor allem die Slumviertel im East End, wurden Opfer *des Blitzkrieges* deutscher Bomben.

Doch die größten materiellen Zerstörungen verursachten die beispiellosen Luftangriffe der Westalliierten in den Jahren 1944 und 1945 und der unerbittliche Vormarsch der Roten Armee nach Westen. Die französischen Hafenstädte Royan, Le Havre und Caen wurden von der US-Luftwaffe zerstört. Hamburg, Köln, Düsseldorf, Dresden und Dutzende anderer deutscher Städte wurden von britischen und amerikanischen Bombern in Schutt und Asche gelegt. Minsk war bei Kriegsende zu 80 Prozent zerstört, Kiew bestand nur noch aus rauchenden Trümmern. Warschau wurde im Herbst 1944 von der abziehenden Wehrmacht systematisch zerstört, Haus für Haus, Straße für Straße. Als der Krieg in Europa zu Ende war – als Berlin im Mai 1945 von der Roten Armee eingenommen wurde, nachdem in den vorangegangenen vierzehn Tagen 40000 Tonnen Granaten auf die Stadt abgeschossen worden waren –, war die deutsche Hauptstadt eine einzige Trümmerwüste. 75 Prozent der Häuser waren unbewohnbar.

Zerstörte Städte waren die deutlichsten (und photogensten) Zeugen der Verwüstung und standen als visuelles Kürzel für die Schrecken des Krieges. Weil so viele Häuser zerstört und so viele Menschen obdachlos waren (schätzungsweise 25 Millionen Menschen in der Sowjetunion, 20 Millionen in Deutschland, davon eine halbe Million allein in Hamburg), waren die städtischen Trümmerlandschaften die unmittelbarste Erinnerung an den Krieg, der gerade zu Ende gegangen war. Aber nicht die einzige. Die Verkehrsverbindungen in Westeuropa waren weitgehend zusammengebrochen. Von 12 000 Lokomotiven im Vorkriegsfrankreich waren im Mai 1945 nur mehr 2 800 in Dienst. Viele Straßen, Eisenbahnlinien und Brücken waren gesprengt – von den zurückweichenden Deutschen, den vorrückenden Alliierten oder von Angehörigen der französischen Résistance. Zwei Drittel der französischen Handelsflotte waren versenkt. Allein zwischen 1944 und 1945 verlor Frankreich 500 000 Wohnungen.

Doch die Franzosen – nicht anders als die Briten, Belgier, Niederländer (die 219 000 Hektar Land verloren, das die Deutschen überflutet hatten, und bei Kriegsende nur noch über 40 Prozent der Vorkriegstransportkapazitäten verfügten), Dänen, Norweger (die während der deutschen Besatzung 14 Prozent des Volksvermögens verloren hatten) und selbst die Italiener – hatten vergleichsweise Glück, auch wenn ihnen das nicht klar war. Die wahren Kriegsschrecken hatte Osteuropa erlebt. Die Deutschen behandelten die Westeuropäer mit einem gewissen Respekt, und sei es nur, um sie besser ausbeuten zu können. Diese erwiderten das Kompliment, indem sie die Besatzer kaum behelligten oder bekämpften. In Ost- und Südosteuropa gingen die Deutschen dagegen gnadenlos vor, und nicht nur, weil die Partisanen (vor allem in Griechenland, Jugoslawien und der Ukraine) einen unerbittlichen, wenngleich aussichtslosen Widerstandskampf führten.

Die materiellen Auswirkungen der deutschen Besatzung im Osten, des sowjetischen Vormarsches und der Partisanenkämpfe waren also von einer ganz anderen Dimension als der Kriegsalltag im Westen. In der Sowjetunion wurden im Kriegsverlauf 70 000 Dörfer und 1 700 Städte zerstört, 32 000 Fabriken und 60 000 Kilometer Schienen. In Griechenland gingen zwei Drittel der Handelsflotte verloren, ein Drittel des Waldbestands und 1 000 Dörfer wurden zerstört. Gleichzeitig führten die den Griechen auferlegten Besatzungskosten zu einer Hyperinflation.

Jugoslawien verlor 25 Prozent seiner Weinberge, 50 Prozent des Viehbestands, 60 Prozent der Straßen, 75 Prozent aller Pflüge und Eisenbahnbrücken, ein Fünftel des Wohnraumbestands und ein Drittel seines begrenzten industriellen Reichtums – sowie 10 Prozent der Vorkriegsbevölkerung. In Polen war das Schienennetz zu drei Vierteln zerstört und jeder sechste Bauernhof außer Betrieb. Die meisten Städte konnten kaum funktionieren, wenngleich nur Warschau völlig zerstört war.

Doch selbst diese Zahlen vermitteln bei aller Dramatik nur einen Teil des Bildes, nämlich den schrecklichen physischen Hintergrund. Verglichen mit dem Verlust an Menschenleben, waren die materiellen Schäden unbedeutend. Schätzungen zufolge sollen zwischen 1939 und 1945 36,5 Millionen Europäer an kriegsbedingten Ursachen gestorben sein (das entspricht der gesamten Bevölkerung Frankreichs bei Kriegsausbruch) – eine Zahl, in der weder die natürlichen Todesfälle enthalten sind noch die Kinder, die kriegsbedingt nicht geboren oder gezeugt wurden.

Die Gesamtbilanz ist niederschmetternd (japanische, amerikanische oder andere nichteuropäische Verluste sind in diesen Zahlen nicht enthalten). Im Vergleich dazu nimmt sich die Zahl der Kriegstoten von 1914 bis 1918, so schrecklich sie auch war, eher bescheiden aus. In keinem anderen historischen Konflikt fanden so viele Menschen in so kurzer Zeit den Tod. Bemerkenswert ist aber vor allem der Anteil der Zivilbevölkerung an den Kriegstoten: mindestens 19 Millionen, mehr als die Hälfte. In der UdSSR, in Ungarn, Polen, Jugoslawien, Griechenland, Frankreich, den Niederladen, Belgien und Norwegen starben mehr Zivilisten als Soldaten. Nur in Großbritannien und Deutschland lag die Zahl der militärischen Verluste deutlich über derjenigen der Zivilbevölkerung.

Schätzungen der zivilen Opfer auf sowjetischem Territorium fallen sehr unterschiedlich aus, aber realistischerweise wird man mehr als 16 Millionen Tote vermuten können (etwa das Doppelte der militärischen Verluste – davon allein 78 000 in der Schlacht um Berlin). In den Grenzen von Vorkriegspolen fanden annähernd 5 Millionen den Tod, in Jugoslawien 1,4 Millionen, in Griechenland 430 000, in Frankreich 350 000, in Ungarn 270 000, in den Niederlanden 204 000, in Rumänien 200 000. In diesen Zahlen enthalten, vor allem bei den Angaben für Polen, die Niederlande und Ungarn, sind rund 5,7 Millionen Juden sowie 221 000 Zigeuner (Roma).

Todesursachen im Fall der Zivilbevölkerung waren: Massenvernichtung in Todeslagern, Massaker, Krankheiten, Mangelernährung und Hunger (gezielt oder anderweitig verursacht), Geiseltötungen durch Wehrmacht, Rote Armee und Partisanen aller Art, Vergeltungsmaßnahmen, Luftbombardements, Artilleriebeschuß und Kampfhandlungen, an der Ostfront während des ganzen Krieges, an der Westfront von Juni 1944 (Invasion in der Normandie) bis zum Tod Hitlers im Mai 1945, gezielte Fliegerangriffe auf Flüchtlingstrecks und schonungslose Ausbeutung von Zwangsarbeitern in Rüstungsbetrieben und Gefangenenlagern.

Die größten *militärischen* Verluste erlitt die Sowjetunion mit schätzungsweise 8,6 Millionen Soldaten. In Deutschland waren es 4 Millionen Gefallene, in Italien 400 000 und in Rumänien etwa 300 000 Soldaten, die auf Seite der Achsenmächte an der Ostfront fielen. Gemessen an der Gesamtzahl der Bevölkerung verzeichneten Österreicher, Ungarn, Albaner und Jugoslawen die größten Verluste. Insgesamt (Zivilisten und Soldaten zusammengerechnet) waren Polen, Jugoslawien, die Sowjetunion und Griechenland am schlimmsten betroffen. Polen verlor ein Fünftel der Vorkriegsbevölkerung, darunter einen sehr hohen Anteil der gebildeten Schichten, die von den Nazis gezielt zur Vernichtung ausersehen wurden.[1] Jugoslawien verlor ein Achtel der Vorkriegsbevölkerung, die Sowjetunion ein Elftel, Griechenland ein Vierzehntel. Dagegen lag die Verlustquote in Deutschland bei 1/15, in Frankreich bei 1/77 und in Großbritannien bei 1/125.

Ein großer Anteil besonders bei den sowjetischen Verlusten sind Kriegsgefangene. Die Deutschen nahmen während des Krieges etwa 5,5 Millionen sowjetische Soldaten gefangen, drei Viertel allein in den ersten 7 Monaten nach dem Überfall auf die Sowjetunion, im Juni 1941. Von diesen starben 3,3 Millionen an Unterernährung, Erfrieren und Mißhandlung in deutschen Lagern – in den Jahren 1941 bis 1945 starben mehr Russen in deutschen Kriegsgefangenenlagern als im gesamten Ersten Weltkrieg. Von den 750000 sowjetischen Soldaten, die bei der Eroberung von Kiew im September 1941 gefangengenommen wurden, lebten bei Kriegsende nur noch 22000. Die Sowjets ihrerseits hatten 3,5 Millionen Kriegsgefangene (überwiegend Deutsche, Österreicher, Rumänen und Ungarn), von denen die meisten nach Kriegsende heimkehrten.

Angesichts dieser Zahlen ist es kaum überraschend, daß im Nachkriegseuropa, besonders in Mittel- und Osteuropa, akuter Männermangel herrschte. In der Sowjetunion gab es 20 Millionen mehr Frauen als Männer – ein Mißverhältnis, das zu korrigieren länger als eine Generation dauern würde. Die sowjetische Landwirtschaft hing nun weitgehend von arbeitenden Frauen ab, denn es gab nicht nur keine Männer, sondern auch fast keine Pferde mehr. In Jugoslawien gab es – infolge deutscher Repressalien, bei denen alle männlichen Personen über 15 Jahre erschossen wurden – in vielen Dörfern überhaupt keine erwachsenen Männer. In Deutschland waren bei Kriegsende zwei Drittel aller vor 1918 geborenen Männer nicht mehr am Leben. In Berlin-Treptow (einem Ort, für den detaillierte Angaben vorliegen) gab es im Februar 1946 in der Altersgruppe 19 bis 21 nur 181 Männer, aber 1105 Frauen.

Über diesen Frauenüberschuß, besonders in Nachkriegsdeutschland, ist schon viel geschrieben worden. Die gedemütigten Männer – strahlende Helden von Hitlers Gnaden, degradiert zu einem Haufen zerlumpter, desorientierter Spätheimkehrer, die schließlich einer Generation harter Frauen begegnen, die gelernt hatten, ohne Männer zu überleben und zurechtzukommen – sind keine Fiktion (Bundeskanzler Gerhard Schröder ist nur eines von Abertausenden deutscher Kinder, die nach dem Krieg ohne Vater aufwuchsen). Rainer Werner Fassbinder hat diesen Frauentypus in seinem Film *Die Ehe der Maria Braun* (1979) verewigt, dessen Hauptfigur ihr attraktives Aussehen und ihre zynischen Energien zielgerichtet einsetzt, auch wenn die Mutter vor dem Schaden warnt, den ihre Seele dabei nehmen werde. Doch wenn Fassbinders Maria die Bürde der Desillusionierung einer späteren Generation trug, so hatten die realen deutschen Frauen 1945 mit unmittelbareren Schwierigkeiten zu tun.

Millionen Zivilisten, überwiegend Deutsche, flohen in den letzten Kriegsmonaten vor der vorrückenden Sowjetarmee nach Westen. Der amerikanische Diplomat George Kennan schrieb in seinen Memoiren: »Die Katastrophe, die mit dem Einmarsch der sowjetischen Verbände über diese Regionen hereinbrach, ist in der Geschichte Europas ohne Beispiel. In vielen Gegenden war, laut vorliegenden Berichten, nach dem Durchmarsch der sowjetischen Soldaten von der einheimischen Bevölkerung kaum noch jemand am Leben ... Die Russen behandelten die einheimische Bevölkerung in einer Art und Weise, wie sie seit den Tagen der asiatischen Horden nicht mehr erlebt worden war.«

Opfer waren vor allem Männer (wo es sie noch gab) und Frauen jedweden Alters. Nach Angaben Wiener Ärzte sollen in den drei Wochen nach dem sowjetischen Einmarsch 87 000 Wienerinnen von Sowjetsoldaten vergewaltigt worden sein. In Berlin war die Zahl etwas höher – die meisten Vergewaltigungen fanden in der Zeit zwischen dem 2. und 7. Mai 1945 statt, unmittelbar vor der deutschen Kapitulation. Beides sind vorsichtige Schätzungen, sie enthalten nicht die ungezählten Fälle von Vergewaltigungen in den Dörfern und Städten, die auf dem Weg der nach Deutschland vorrückenden Roten Armee lagen.

Das Verhalten der Rotarmisten war kein Geheimnis. Milovan Djilas, Kampfgefährte Titos und seinerzeit glühender Kommunist, brachte die Angelegenheit bei Stalin zur Sprache, der eine bezeichnende Antwort gab: »Djilas ist doch Schriftsteller! Weiß er nicht, was Menschenleid und Menschenherz ist? Kann er es nicht verstehen, wenn Soldaten, die durch Blut und Feuer und Tod gegangen sind, sich nun mit einer Frau vergnügen wollen?«

Stalin hatte auf seine groteske Art nicht völlig unrecht. In der Sowjetarmee kannte man keinen Urlaub. Viele Soldaten hatten sich drei Jahre lang mühsam und in aufreibenden Märschen nach Westen vorangekämpft. Immer wieder hatten sie von deutschen Greueltaten gehört, deren Spuren gesehen. Die Art und Weise, wie die Wehrmacht Kriegsgefangene, Zivilbevölkerung und Partisanen und überhaupt jeden behandelt hatte, der sich ihnen in den Weg stellte, beim Vormarsch an die Wolga und bis vor die Tore Moskaus und Leningrads, später bei ihrem verlustreichen Rückzug, hatte Land und Leute zutiefst gezeichnet.

Und als die Rote Armee schließlich Mitteleuropa erreichte, stießen die Soldaten auf eine andere Welt. Der Kontrast zwischen Rußland und dem Westen war schon immer groß gewesen – Zar Alexander I. bedauerte es nachträglich, seinen Untertanen gestattet zu haben, sich im Westen umzusehen –, und dieser Gegensatz hatte sich im Laufe des Krieges noch verstärkt. Während deutsche Soldaten den Osten mit Zerstörung und Vernichtung überzogen, ging das Leben in Deutschland weiter, so daß die Zivilbevölkerung sich erst relativ spät über die materiellen Kosten des Krieges klar wurde. Deutschland war eine urbane Welt, mit Strom, Lebensmitteln, Kleidung, Geschäften und Verbrauchsartikeln, ein Land mit relativ wohlgenährten Frauen und Kindern. Für den einfachen russischen Soldaten muß der Kontrast zu seiner zerstörten Heimat gänzlich unfaßbar gewesen sein. Die Deutschen hatten den Russen schreckliche Dinge angetan, nun sollten sie leiden. Ihr Hab und Gut und ihre Frauen standen zur freien Verfügung. Mit stillschweigendem Einverständnis der Kommandeure stürzte sich die Rote Armee auf die Zivilbevölkerung in den eroberten deutschen Gebieten.

Die Rote Armee plünderte und vergewaltigte in Ungarn, Rumänien, in der Slowakei und in Jugoslawien, aber am härtesten traf es deutsche Frauen. In der sowjetischen Besatzungszone wurden 1945 und 1946 zwischen 150000 und 200000 »Russenkinder« geboren, nicht mitgerechnet die zahllosen Abtreibungen mit oft tödlichem Ausgang. Viele dieser Kleinkinder kamen zu der wachsenden Zahl von eltern- und heimatlosen Kindern: menschliches Treibgut.

Allein in Berlin gab es Ende 1945 53000 Waisenkinder. In Rom war der Quirinale-Park ein berüchtigter Treffpunkt von Tausenden verstümmelter, entstellter und ungewollter Kinder. In der befreiten Tschechoslowakei gab es 49000 Waisenkinder, in den Niederlanden 60000, in Polen waren es schätzungsweise 200000, in Jugoslawien 300000. Nur wenige der jüngeren Kinder waren Juden – jüdische Kinder, die die Pogrome und Vernichtungslager überlebt hatten, waren meist halbwüchsige Jungen. Bei der Befreiung von Buchenwald wurden 800 Kinder vorgefunden. In Belsen nur 500, von denen einige sogar den Todesmarsch von Auschwitz überlebt hatten.

Den Krieg zu überleben war eine Sache, den Frieden zu überleben eine andere. Dank der raschen und gut organisierten Hilfe der United Nations Relief and Rehabilitation Administration (UNRRA) und der alliierten Besatzungstruppen konnten große Epidemien und die unkontrollierte Ausbreitung von ansteckenden Krankheiten verhindert werden – die Asiatische Grippe, die Europa nach dem Ersten Weltkrieg heimgesucht hatte, war noch in guter Erinnerung. Doch die Lage war schlimm genug. 1945 mußten die Wiener von 800 Kalorien täglich leben, in Budapest wurden im Dezember 1945 Tagesrationen von nur 556 Kalorien verteilt (Kinder in Krippen erhielten 800 Kalorien). Während des niederländischen »Hungerwinters« von 1944/45, als Teile des Landes bereits befreit waren, lag die wöchentliche Kalorienzufuhr in manchen Regionen unter der *täglichen* Menge, die für die alliierten Soldaten empfohlen wurde. 16000 Niederländer starben, zumeist alte Leute und Kinder.

In Deutschland, wo die Erwachsenen 1940 und 1941 durchschnittlich 2 445 Kalorien pro Tag und 1943 noch 2 078 Kalorien zu sich genommen hatten, war diese Menge im Jahr 1945/46 auf 1 412 gesunken. Doch das war nur ein Durchschnittswert. Im Juni 1945 lag die offizielle Tagesration in der amerikanischen Besatzungszone für »normale« deutsche Verbraucher (außer Schwerarbeiter) bei 860 Kalorien. Diese Zahlen erinnern an die Parole, die zu Kriegszeiten populär war: »Kinder, genießt den Krieg, der Frieden wird fürchterlich!« Doch in Italien war die Lage meist nicht viel besser und in einigen Regionen Jugoslawiens und Griechenlands noch deutlich schlimmer.[2]

Grund dafür waren die Zerstörungen in der Landwirtschaft, die beschränkten Transportmöglichkeiten, vor allem aber die vielen hilflosen, unproduktiven Personen, die ernährt werden mußten. Wo die Bauern tatsächlich Nahrungsmittel produzierten, waren sie nicht geneigt, die Stadtbevölkerung mitzuversorgen. Die meisten europäischen Währungen waren wertlos, und selbst wenn Geld zum Einkaufen auf dem Land vorhanden war, hätten die Bauern wenig damit anfangen können, weil es in den Geschäften nichts zu kaufen gab. Lebensmittel wurden auf dem Schwarzmarkt angeboten, allerdings zu Preisen, die nur Kriminelle, Reiche und Besatzungssoldaten bezahlen konnten.

Also hungerten die Menschen und wurden krank. Ein Drittel der Einwohner von Piräus litt 1945 infolge akuten Vitaminmangels an Trachom. Im Sommer 1945 starben in Berlin 66 von 100 Neugeborenen, nachdem es aufgrund der zerstörten Wasserversorgung zu einem Ausbruch von Dysenterie gekommen war. Im Oktober 1945 berichtete Robert Murphy, der politische Berater der US-Militärregierung in Deutschland, von täglich durchschnittlich 10 Personen, die am Lehrter Bahnhof in Berlin an Erschöpfung, Unterernährung und Krankheiten starben. Im britischen Sektor von Berlin lag im Dezember 1945 die Sterblichkeit von Kleinkindern (unter einem Jahr) bei 25 Prozent, und im selben Monat wurden 1023 neue Fälle von Typhus und 2193 Fälle von Diphtherie registriert.

Im Sommer 1945 stellten verwesende Leichen, vor allem in Berlin, ein enormes Gesundheitsrisiko dar. In Warschau erkrankte ein Fünftel der Bevölkerung an Tuberkulose. Laut einem tschechoslowakischen Bericht vom Januar 1946 war von 700 000 bedürftigen Kindern die Hälfte an Tuberkulose erkrankt. Überall in Europa litten Kinder an Mangelkrankheiten – vor allem Tuberkulose und Rachitis, aber auch Pellagra, Ruhr und Pustelflechte. Für kranke Kinder gab es wenig Hilfe. Für die 90 000 Kinder im befreiten Warschau stand nur ein Krankenhaus mit 50 Betten zur Verfügung. Ansonsten gesunde Kinder starben an Milchmangel (bei den Kämpfen in Süd- und Osteuropa 1944 und 1945 waren Millionen Stück Vieh umgekommen), und chronische Unterernährung war die Regel. Die Kindersterblichkeit in Wien war im Sommer 1945 viermal so hoch wie 1938.

Selbst in den relativ wohlhabenden Vierteln westeuropäischer Städte mußten Kinder hungern, Nahrungsmittel waren streng rationiert.

Verschärft wurde das Problem, die geschundene Zivilbevölkerung (und die Millionen Kriegsgefangenen der ehemaligen Achsenmächte) mit Quartieren, Kleidung, Lebensmitteln und medizinischer Hilfe zu versorgen, durch das beispiellose Ausmaß der Flüchtlingskrise. Das war neu in der europäischen Geschichte. Jeder Krieg beeinträchtigt das Leben der Zivilbevölkerung, Land und Wohnungen werden zerstört, Verkehrswege unterbrochen, Ehemänner, Väter und Söhne werden eingezogen und sterben. Aber im Zweiten Weltkrieg wurden die schlimmsten Dinge durch politische Maßnahmen bewirkt, weniger durch die militärischen Kämpfe an sich.

Stalin setzte seine Politik fort, ganze Völker in andere Teile der Sowjetunion zu deportieren. Mehr als 1 Million Menschen wurde zwischen 1939 und 1941 aus dem sowjetisch besetzten Polen, der westlichen Ukraine und dem Baltikum nach Osten zwangsumgesiedelt. Im selben Zeitraum vertrieben die Nazis 750 000 polnische Bauern aus dem westlichen Polen, deren Land »Volksdeutschen« angeboten wurde, verbunden mit dem Aufruf, »heim ins Reich« zu kommen. Diesem Angebot folgten etwa 120 000 Baltendeutsche, 136 000 Menschen aus dem sowjetisch besetzten Polen, 200 000 aus Rumänien und andere – und alle sollten ihrerseits nur wenige Jahre später vertrieben werden. Hitlers Rassenpolitik (Völkermord und Umsiedlung) in den eroberten Ostgebieten steht also in direktem Bezug zu seinem Projekt, die (im Mittelalter gegründeten) über Osteuropa verstreuten deutschen Siedlungsgebiete dem Reich einzugliedern (und die Leute auf dem Land der Opfer anzusiedeln). Die Deutschen vertrieben die Slawen, vernichteten die Juden und holten sich Zwangsarbeiter aus Ost und West.

Zwischen 1939 und 1943 wurden etwa 30 Millionen Menschen von Stalin und Hitler vertrieben, verschleppt, umgesiedelt und deportiert. Mit dem Rückzug der Achsenarmeen kehrte sich der Prozeß um. Gerade erst angesiedelte Deutsche flohen mit Millionen bereits ansässiger Deutscher Hals über Kopf vor der Roten Armee nach Westen. Wer wohlbehalten in Deutschland ankam, traf dort auf einen endlosen Strom anderer Vertriebener. William Byford-Jones, ein britischer Offizier, schilderte die Lage 1945 so:

»Strandgut! Frauen, die Mann und Kinder verloren haben, Männer, die ihre Frauen verloren haben, Männer und Frauen, die Heim und Kinder verloren haben. Familien, die Höfe und Güter, Geschäfte, Brennereien, Fabriken, Mühlen, Häuser verloren haben. Man sah auch kleine Kinder, allein, ein kleines Bündel tragend, einen armseligen Zettel um den Hals. Sie waren von ihren Müttern getrennt worden, oder ihre Mütter waren gestorben und von anderen Vertriebenen unterwegs begraben worden.«

Aus dem Osten kamen Balten, Ukrainer, Kosaken, Ungarn, Rumänen und andere. Manche flohen vor den Schrecken des Krieges, andere wollten nicht unter kommunistische Herrschaft geraten. Ein Verband von 24000 Kosaken, die mit ihren Familien durch Österreich zogen, erinnerte einen Reporter der *New York Times* an »eine gemalte Szene aus den Napoleonischen Kriegen«.

Aus dem Balkan kamen nicht nur Deutsche, sondern mehr als 100000 Kroaten des faschistischen Regimes von Ante Pavelić, die die Rache von Titos Partisanen fürchteten.[3] In Deutschland und Österreich gab es, neben den Millionen Wehrmachtsoldaten in alliierter Gefangenschaft und den befreiten Insassen deutscher Kriegsgefangenenlager, viele Nichtdeutsche, die in deutschen Verbänden oder unter deutschem Kommando gegen die Alliierten gekämpft hatten: Russen, Ukrainer und andere Soldaten der Wlassow-Armee, Angehörige der Waffen-SS aus Norwegen, den Niederlanden, Belgien und Frankreich sowie Hilfstruppen, KZ-Aufseher und Kriegsfreiwillige aus Litauen, Kroatien, der Ukraine und anderen Ländern. Alle hatten guten Grund, sich vor sowjetischer Vergeltung in Sicherheit zu bringen.

Weiterhin gab es die Millionen ausländischer Zwangsarbeiter, die 1945 die größte Einzelgruppe unter den Displaced Persons (DPs) darstellten. Unfreiwillige *ökonomische* Migration war also die primäre Kriegserfahrung für viele europäische Zivilisten, unter ihnen auch 280000 Italiener, die nach der italienischen Kapitulation im September 1943 zwangsweise nach Deutschland verfrachtet worden waren.

Die meisten »Fremdarbeiter« waren gegen ihren Willen nach Deutschland gebracht worden, aber keineswegs alle. Manche waren freiwillig gekommen – wie jene arbeitslosen Niederländer, die schon vor 1939 ein deutsches Stellenangebot angenommen hatten und dann geblieben waren.[4] Selbst bei den lächerlichen Löhnen, die von deutschen Arbeitgebern während des Krieges bezahlt wurden, verdienten die Männer und Frauen aus Osteuropa, dem Balkan, aus Frankreich und den Benelux-Ländern mehr als daheim. Und sowjetische Arbeiter (von denen es im September 1944 mehr als 2 Millionen im Reich gab) bedauerten nicht unbedingt, in Deutschland zu sein, auch wenn sie dorthin verschleppt worden waren – wie etwa Elena Skrjabina nach Kriegsende erklärte: »Keiner beklagte sich darüber, daß er von den Deutschen zur Arbeit in Industriebetriebe gesteckt worden war. Für alle war das die einzige Möglichkeit, aus der Sowjetunion herauszukommen.«

Die Überlebenden der Konzentrationslager, eine weitere Gruppe von DPs, sahen das ganz anders. Sie hatten die unterschiedlichsten »Verbrechen« begangen – politische oder religiöse Opposition gegen Nationalsozialismus oder Faschismus, bewaffneter Widerstand, Angriffe auf Wehrmachtsoldaten oder militärische Einrichtungen, Verstöße gegen Anordnungen der Besatzungsbehörden, tatsächliche oder fiktive Straftaten, Verstöße gegen die NS-Rassengesetze. Die Lager waren zum Schluß voller Leichenberge, und es herrschten alle möglichen endemischen Krankheiten: Ruhr, Tuberkulose, Diphtherie, Typhus, Lungenentzündung, Gastroenteritis, Wundfieber und viele andere. Aber selbst diesen Überlebenden ging es besser als den Juden, da sie nicht systematisch und kollektiv zur Vernichtung ausersehen worden waren.

Nur wenige Juden überlebten. Vier von zehn starben binnen weniger Wochen nach der Befreiung durch die Alliierten – ihr Zustand überstieg jedes Vorstellungsvermögen. Aber die überlebenden Juden fanden, wie die meisten anderen der Millionen europäischer Heimatloser, ihren Weg nach Deutschland. Dort wurden die alliierten Agenturen und Lager errichtet – und ohnehin konnten sich Juden in Osteuropa noch immer nicht sicher fühlen. Nach mehreren Pogromen im Nachkriegspolen verließen viele der überlebenden Juden das Land für immer: 63 387 polnische Juden trafen allein zwischen Juli und September 1946 in Deutschland ein.

Was sich 1945 ereignete und mindestens ein Jahr zuvor eingesetzt hatte, war also ein beispielloser Fall von ethnischer Säuberung und Bevölkerungstransfer. Das war teilweise das Resultat einer »freiwilligen« ethnischen Trennung: Jüdische Überlebende verließen ein Polen, in dem sie unerwünscht waren und sich unsicher fühlten, Italiener verließen Istrien, um nicht unter jugoslawischer Herrschaft leben zu müssen. Viele ethnische Minderheiten, die mit Besatzungsmächten kooperiert hatten (Italiener in Jugoslawien, Ungarn in Siebenbürgen, das nun wieder zu Rumänien gehörte, Ukrainer in der westlichen Sowjetunion usw.) flohen aus Angst vor Rache (seitens der Mehrheitsbevölkerung oder der vorrückenden Roten Armee) mit der zurückweichenden Wehrmacht und kehrten dann nicht mehr zurück. Es war vielleicht keine Zwangsvertreibung, aber sie hatten kaum eine andere Wahl.

Doch anderswo waren die staatlichen Maßnahmen schon vor Kriegsende in vollem Gang. Den Anfang hatten natürlich die Deutschen gemacht – mit der Deportation und Ermordung der Juden, der massenhaften Vertreibung von Polen und anderen slawischen Völkern. In Siebenbürgen fand zwischen 1939 und 1943 unter deutscher Ägide ein Hin und Her von Ungarn und Rumänen statt. Die sowjetischen Behörden führten mehrere Zwangsumsiedlungen zwischen der Ukraine und Polen durch; eine Million Polen floh aus der westlichen Ukraine oder wurde vertrieben, während zwischen Oktober 1944 und Juni 1946 eine halbe Million Ukrainer aus Polen in die Sowjetunion wanderte. Binnen weniger Monate verwandelte sich eine gemischte Region mit verschiedenen Sprachen, Religionen und Nationalitäten in zwei getrennte, monoethnische Territorien.

160 000 bulgarische Türken wurden in die Türkei ausgewiesen; gemäß einer Vereinbarung vom Februar 1946 wurden 120 000 Slowaken in Ungarn gegen ebenso viele slowakische Ungarn ausgetauscht. Ähnliche Transfers gab es zwischen Polen und Litauen sowie der Tschechoslowakei und der Sowjetunion. 400 000 Personen wurden aus Südjugoslawien in den Norden des Landes umgesiedelt, wo sie den Platz von 600 000 Deutschen und Italienern einnehmen sollten. In all diesen Fällen wurden die jeweiligen Bevölkerungen nicht gefragt. Aber die größte Gruppe waren die Deutschen.

Die in Osteuropa ansässigen Deutschen wären wahrscheinlich in jedem Fall nach Westen geflohen, da sie bei Kriegsende in den Ländern, wo sie seit Jahrhunderten wohnten, nicht mehr erwünscht waren. Angesichts des Bedürfnisses der lokalen Bevölkerungen, ihre deutschen Nachbarn für Krieg und Besatzung zu bestrafen, und weil diese Stimmung von den Nachkriegsregierungen ausgenutzt wurde, war das Schicksal der deutschsprachigen Gemeinden in Jugoslawien, Ungarn, der Tschechoslowakei, Polen, im Baltikum und in der westlichen Sowjetunion besiegelt, und alle wußten es.

Letztlich wurde ihnen keine Wahl gelassen. Schon 1942 hatten die Briten tschechische Forderungen nach einer Vertreibung der Sudetendeutschen nach dem Krieg insgeheim akzeptiert, und Russen und Amerikaner schlossen sich ein Jahr später an. Am 19. Mai 1945 verkündete Präsident Eduard Benesch, daß beschlossen worden sei, »das deutsche Problem in unserer Republik ein für allemal zu lösen«.[5] Besitz von Deutschen (aber auch Ungarn und anderen »Verrätern«) sollte verstaatlicht werden. Im Juni 1945 verloren die Deutschen ihren Grundbesitz, und am 2. August wurde ihnen die tschechoslowakische Staatsangehörigkeit entzogen. Fast 3 Millionen Deutsche, die meisten aus dem Sudetenland, wurden in den nächsten anderthalb Jahren nach Deutschland vertrieben. Etwa 267 000 Menschen kamen bei dieser Vertreibung ums Leben. Während 1930 der Anteil der Deutschen an der Gesamtbevölkerung von Böhmen und Mähren noch bei 29 Prozent gelegen hatte, lag er 1950 bei lediglich 1,8 Prozent.

Aus Ungarn wurden 623 000 Deutsche vertrieben, aus Rumänien 786 000, aus Jugoslawien etwa eine halbe Million und aus Polen 1,3 Millionen. Doch die meisten deutschen Flüchtlinge kamen aus den ehemaligen deutschen Ostgebieten – Schlesien, Ostpreußen, Pommern und Ostbrandenburg. Auf der Potsdamer Konferenz (17. Juli – 2. August 1945) vereinbarten die USA, Großbritannien und die UdSSR, »daß die Überführung der deutschen Bevölkerung, oder Bestandteile derselben, die in Polen, Tschechoslowakei und Ungarn zurückgeblieben sind, nach Deutschland durchgeführt werden muß« (Artikel XIII des Potsdamer Abkommens). Zum Teil wurde damit nur anerkannt, was bereits geschehen war, aber es war auch eine formelle Anerkennung der Konsequenzen, die sich aus der

Verschiebung der polnischen Grenze nach Westen ergaben. Denn in Polen hielten sich inzwischen rund 7 Millionen Deutsche auf, die die polnischen Behörden (und die sowjetischen Besatzungstruppen) loswerden wollten – auch deswegen, damit Polen und andere, die ihr Land in den östlichen Provinzen, die nun zur Sowjetunion gehörten, verloren hatten, ihrerseits in den neuen Westprovinzen angesiedelt werden konnten.

Dies lief auf eine *De-jure*-Anerkennung der neuen Verhältnisse hinaus. Die Deutschen waren aus Osteuropa vertrieben worden – Stalin hatte Ostpreußen, wie im September 1941 versprochen, »wieder dem Slawentum zurückgegeben, seinem rechtmäßigen Besitzer«. Im Potsdamer Abkommen war vereinbart worden, daß »jede Überführung, die stattfinden wird, in ordnungsgemäßer und humaner Weise erfolgen« solle, womit unter den gegebenen Verhältnissen aber kaum zu rechnen war. Einige westliche Beobachter äußerten sich schockiert über die Behandlung der Deutschen. Anne O'Hare McCormick, Korrespondentin der *New York Times*, schrieb am 23. Oktober 1946: »Der Umfang der Umsiedlung und die Bedingungen, unter denen sie stattfindet, sind beispiellos in der Geschichte. Niemand, der diese Schrecken mit eigenen Augen sieht, kann bezweifeln, daß dies ein Verbrechen gegen die Menschheit ist, für das die Geschichte furchtbare Vergeltung fordern wird.«

Die Geschichte hat diese Vergeltung nicht gefordert. Die 13 Millionen Vertriebenen wurden erstaunlich gut in die westdeutsche Gesellschaft integriert, auch wenn die Erinnerung blieb und das Thema in Bayern (wo sich die meisten von ihnen ansiedelten) noch heute zu scharfen Auseinandersetzungen führen kann. Heute mag es etwas befremdlich klingen, wenn die Vertreibung der Deutschen als »Verbrechen gegen die Menschheit« bezeichnet wurde – nur wenige Monate, nachdem sich gezeigt hatte, welche Verbrechen ganz anderen Ausmaßes im Namen ebendieser Deutschen verübt worden waren. Doch die Vertriebenen waren lebendig und präsent, während ihre Opfer, vor allem Juden, fast alle tot waren. Telford Taylor, der US-Ankläger bei den Nürnberger Kriegsverbrecherprozessen, schrieb später, der entscheidende Unterschied zwischen den Vertreibungen der Nachkriegszeit und den Deportationen während der Kriegszeit habe darin bestanden, »daß die Vertreiber die Vertriebenen begleiteten, um für deren Unterbringung in Ghettos zu sorgen und um sie dann entweder zu töten oder zur Zwangsarbeit heranzuziehen«.

Nach dem Ersten Weltkrieg wurden Staatsgrenzen neu gezogen, während die Bevölkerung im großen und ganzen unbehelligt blieb.[6] Nach 1945 war es genau umgekehrt: Von einer wesentlichen Ausnahme abgesehen, blieben die Grenzen weitgehend intakt, und die Menschen mußten umziehen. Westliche Politiker waren der Auffassung, daß der Völkerbund und die Minderheitenklauseln des Versailler Vertrags gescheitert waren und es ein Fehler wäre, sie abermals anzuwenden. Aus diesem Grund akzeptierte man die Umsiedlungen. Wenn man den bestehenden Minderheiten in Mittel- und Osteuropa keinen wirkungsvollen internationalen Schutz garantieren konnte, war eine Umsiedlung in ein passenderes Umfeld die sinnvollere Lösung. Den Begriff »ethnische Säuberung« gab es noch nicht, wohl aber die Realität – und sie löste keineswegs generelle Ablehnung oder peinliche Betretenheit aus.

Die Ausnahme war, wie so oft, Polen. Die territoriale Neuordnung Polens (das Land trat 111 000 Quadratkilometer an die Sowjetunion ab und erhielt dafür 64 000 Quadratkilometer an deutschen Gebieten, besseres Agrarland, östlich der Oder-Neiße-Linie) war dramatisch und für Polen, Ukrainer und Deutsche in den betreffenden Gebieten mit weitreichenden Konsequenzen verbunden. Doch unter den Bedingungen von 1945 war dies ungewöhnlich und sollte eher als Bestandteil einer umfassenden territorialen Neuordnung gesehen werden, die Stalin am Westrand seines Imperiums verfügte: Er nahm sich Bessarabien von Rumänien, die Bukowina und Ruthenien von Rumänien bzw. der Tschechoslowakei, die baltischen Republiken und behielt Karelien, das während des Krieges erobert worden war.

Westlich der neuen sowjetischen Grenzen veränderte sich nur wenig. Bulgarien holte sich von Rumänien einen Teil der Dobrudscha zurück, die Tschechoslowakei erhielt von Ungarn (das sich als besiegte Achsenmacht nicht wehren konnte) drei Dörfer auf dem rechten Ufer der Donau, genau gegenüber von Bratislava. Tito konnte einen Teil ehemals italienischen Territoriums um Triest und in Julisch-Venetien behalten, den seine Truppen bei Kriegsende besetzt hatten. Ansonsten wurde Land, das zwischen 1938 und 1945 besetzt worden war, zurückgegeben und der Status quo ante wiederhergestellt.

Von bestimmten Ausnahmen abgesehen, bestand Europa nunmehr aus Nationalstaaten, die ethnisch homogener waren denn je. Die Sowjetunion blieb natürlich ein Vielvölkerimperium. Jugoslawien behielt, trotz blutiger interethnischer Kämpfe während des Krieges, seine ethnische Vielfalt. Rumänien hatte weiterhin eine große ungarische Minderheit in Siebenbürgen und unzählige (Millionen) Zigeuner. Doch in Polen, dessen Bevölkerung 1938 nur zu 68 Prozent aus Polen bestanden hatte, lebten 1946 fast ausschließlich Polen. In Deutschland lebten fast nur Deutsche (Flüchtlinge und Vertriebene nicht mitgerechnet), in der Tschechoslowakei, deren Bevölkerung vor 1938 aus 22 Prozent Deutschen, 5 Prozent Ungarn, 3 Prozent Ruthenen und 1,5 Prozent Juden bestanden hatte, lebten nun fast ausschließlich Tschechen und Slowaken. Von den 55 000 tschechoslowakischen Juden, die den Krieg überlebt hatten, emigrierten bis 1950 39 000 Personen. Die alte europäische Diaspora – Griechen und Türken auf dem südlichen Balkan und am Schwarzen Meer, Italiener in Dalmatien, Ungarn in Siebenbürgen und auf dem Nordbalkan, Polen in Wolhynien (Ukraine), Litauen und der Bukowina, Deutsche vom Baltikum bis zum Schwarzen Meer, vom Rhein bis an die Wolga und Juden in allen Ländern – verkümmerte und verschwand von der Landkarte. Ein neues, »ordentlicheres« Europa entstand.

Es waren die alliierten Besatzungstruppen, vor allem die Amerikaner, die sich als erste um die DPs und Flüchtlinge in Deutschland kümmerten – sie zusammenführten und in Lagern unterbrachten, mit Nahrungsmitteln und Kleidung versorgten und medizinische Hilfe bereitstellten. Es gab keine andere Autorität – weder in Deutschland noch in Österreich oder Norditalien, wo sich ebenfalls Flüchtlinge aufhielten. Nur die Armee hatte die entsprechenden Ressourcen und organisatorischen Möglichkeiten. Es war eine beispiellose Herausforderung für eine gigantische Militärmaschinerie, die sich, wenige Wochen zuvor, noch völlig auf den Kampf gegen die Wehrmacht konzentriert hatte. Wie General Dwight D. Eisenhower, der alliierte Oberbefehlshaber, am 8. Oktober 1945 in einem Brief an Präsident Harry Truman schrieb, nachdem Kritik an der Behandlung von Flüchtlingen und KZ-Überlebenden durch amerikanische Soldaten laut geworden war: »In einigen Fällen haben wir den Anforderungen nicht genügt. Ich möchte aber darauf hinweisen, daß eine ganze Armee mit dem schwierigen Problem konfrontiert ist, sich vom Kampf auf dem Schlachtfeld umzustellen auf Massenumsiedlung und auf die jetzige Phase mit ihren beispiellosen Versorgungsschwierigkeiten.«

Sobald das Lagersystem etabliert war, fiel die Versorgung und schließlich auch die Repatriierung beziehungsweise Umsiedlung von Millionen DPs in die Verantwortung der United Nations Relief and Rehabilitation Administration (UNRRA). Sie war am 9. November 1943 von Vertretern von 44 späteren UNO-Mitgliedern gegründet worden, die in Washington zusammengekommen waren, um über mögliche Nachkriegsprobleme zu diskutieren. Die UNRRA sollte in der Nachkriegszeit auch tatsächlich eine wesentliche Rolle spielen. Sie gab zwischen Juli 1945 und Juni 1947 10 Milliarden Dollar aus, die fast ausschließlich von den Regierungen der USA, Kanadas und Großbritanniens bereitgestellt wurden. Ein großer Teil dieser Hilfe ging direkt an ehemalige Verbündete in Osteuropa – Polen, Jugoslawien und Tschechoslowakei – und an die Sowjetunion, aber auch an die Verwaltung von DP-Lagern in Deutschland und anderswo. Von den ehemaligen Achsenmächten erhielt nur Ungarn UNRRA-Gelder, allerdings nicht sehr viel.

Ende 1945 unterhielt die UNRRA 227 Lager und Hilfseinrichtungen für DPs und Flüchtlinge in Deutschland, weitere 25 in Österreich und eine Handvoll in Frankreich und den Benelux-Ländern. Im Juni 1946 bestanden 762 solcher Einrichtungen in Westeuropa, größtenteils in den westlichen Besatzungszonen Deutschlands. Auf dem Höhepunkt, im September 1945, lag ohne die Länder der ehemaligen Achsenmächte die Zahl befreiter Zivilisten, die von der UNRRA und anderen alliierten Organisationen versorgt oder repatriiert wurden, bei 6795000 – zu denen noch einmal 7 Millionen unter sowjetischer Verwaltung und viele Millionen vertriebener Deutscher kamen. Den zahlenmäßig größten Anteil bildeten Sowjetrussen (entlassene Kriegsgefangene und ehemalige Zwangsarbeiter). Daneben gab es 2 Millionen Franzosen (Kriegsgefangene, Zwangsarbeiter und Verschleppte), 1,6 Millionen Polen, 700000 Italiener, 350000 Tschechen, über 300000 Niederländer, 300000 Belgier und zahllose andere.

Die UNRRA-Lebensmittellieferungen spielten eine wichtige Rolle vor allem in Jugoslawien: Ohne diese Hilfe hätten viele Menschen in den Jahren 1945 bis 1947 nicht überlebt. In Polen konnte durch UNRRA-Rationen die Kalorienzufuhr bei 60 Prozent des Vorkriegsniveaus, in der Tschechoslowakei bei 80 Prozent gehalten werden. Für die DPs und Flüchtlinge in Deutschland und Österreich war neben der UNRRA auch die International Refugee Organization (IRO) zuständig, die im Dezember 1946 von der UNO-Vollversammlung gegründet worden war.

Auch die IRO wurde weitgehend von den Westalliierten finanziert. In ihrem ersten Jahresbudget (1947) lag der Anteil der USA bei 46 Prozent, der bis 1949 auf 60 Prozent stieg, Großbritannien steuerte 15 Prozent bei, Frankreich 4 Prozent. Nachdem es in der Frage der Zwangsrepatriierung zu Differenzen zwischen Sowjets und Westalliierten gekommen war, wurde die IRO von der Sowjetunion (und später vom Sowjetblock insgesamt) als rein westliches Instrument betrachtet, weshalb sich ihre Aktivität auf Flüchtlinge in westlich besetzten Gebieten beschränkte. Und da sich die IRO um Flüchtlinge kümmerte, kamen auch deutsche Vertriebene nicht in den Genuß dieses Angebotes.

Diese Unterscheidung zwischen Vertriebenen (von denen angenommen wurde, daß sie ein Heim hatten und dorthin zurückkehren würden) und heimatlosen Flüchtlingen war nur eine der vielen diffizilen Klassifizierungsfragen jener Jahre. Die Behandlung dieser Personen entschied sich danach, ob sie Angehörige einer alliierten Nation (Tschechoslowaken, Polen, Belgier usw.) oder eines früheren Feindstaates (Deutschland, Rumänen, Ungarn, Bulgarien usw.) waren. Auch bei der Repatriierung von Flüchtlingen wurde nach ähnlichen Prioritäten vorgegangen. Als erste kamen befreite KZ-Häftlinge aus UNO-Staaten nach Hause, dann befreite Kriegsgefangene aus UNO-Staaten, dann DPs aus UNO-Staaten (in vielen Fällen Zwangsarbeiter), dann DPs aus Italien und schließlich Staatsangehörige ehemaliger Feindstaaten. Deutsche sollten vor Ort integriert werden.

Der Rücktransport von französischen, belgischen, niederländischen, britischen oder italienischen Staatsangehörigen war relativ einfach und nur mit Schwierigkeiten logistischer Art verbunden: feststellen, wer wohin gehen durfte, und Eisenbahnwaggons für den Transport auftreiben. Am 18. Juni 1945 waren von den 1,2 Millionen Franzosen, die sich bei Kriegsende in Deutschland aufhielten, praktisch alle (bis auf 40 550) wieder in Frankreich. Italiener mußten als Angehörige eines ehemaligen Feindstaates etwas länger warten, aber auch deswegen, weil die italienische Regierung keine koordinierten Rückführungspläne hatte. Doch selbst diese Personen waren 1947 heimgekehrt. Im Osten war die Sache sehr viel komplizierter. Manche osteuropäische DPs waren, technisch gesehen, staatenlos und konnten in kein Land heimkehren. Und viele wollten gar nicht nach Hause. Dies sorgte zunächst für Verunsicherung im Westen. Gemäß einer Vereinbarung, die im Mai 1945 in Halle unterzeichnet wurde, sollten alle ehemaligen sowjetischen Kriegsgefangenen und andere Bürger der Sowjetunion repatriiert werden, und man ging davon aus, daß das auch dem Wunsch der betreffenden Personen entsprach. Mit einer Ausnahme: Da die Westalliierten Stalins Annektierung der baltischen Staaten nicht anerkannten, sollten Esten, Letten und Litauer, die sich in DP-Camps in den Westzonen Deutschlands und Österreichs aufhielten, die Möglichkeit erhalten, zwischen Heimkehr oder Verbleib im Westen zu wählen.

Doch nicht nur die Balten wollten nicht heimkehren. Auch viele Sowjetbürger, Polen, Rumänen und Jugoslawen zogen den Aufenthalt in provisorischen Lagern in Deutschland einer Rückkehr in ihre Heimatländer vor. Bei sowjetischen Bürgern hatte das mit der begründeten Angst zu tun, daß jeder, der eine gewisse Zeit im Westen verbracht hatte (und sei es in einem Kriegsgefangenenlager), mit Bestrafung rechnen mußte. Balten, Ukrainer, Kroaten und andere sträubten sich gegen eine Rückkehr in Länder, die mittlerweile faktisch, wenn auch noch nicht nominell, unter kommunistischer Herrschaft standen. Sie fürchteten sich vor Vergeltung wegen realer oder angeblicher Kriegsverbrechen, wollten aber auch einfach im Westen ein besseres Leben führen.

Bis 1946 ignorierten die westlichen Behörden dieses Problem und zogen es vor, die Repatriierung von Sowjetbürgern und anderen Osteuropäern teilweise unter Zwang durchzusetzen. Angesichts sowjetischer Offiziere, die in deutschen Lagern auftauchten, um ihre Leute persönlich auszusortieren, versuchten diese verzweifelt, die französischen, amerikanischen oder britischen Offiziellen davon zu überzeugen, daß sie nicht »heimkehren«, sondern lieber in Deutschland bleiben wollten – ausgerechnet dort. Das gelang ihnen nicht immer: Zwischen 1945 und 1947 schickten die Westalliierten 2 272 000 Sowjetbürger zurück.

Es kam zu schrecklichen Szenen, vor allem in den ersten Nachkriegsmonaten

– wenn russische Emigranten, die nie Sowjetbürger gewesen waren, ukrainische Partisanen und viele andere von britischen und amerikanischen Soldaten abtransportiert und den an der Demarkationslinie wartenden NKWD-Offizieren manchmal buchstäblich in die Arme getrieben wurden.[7] Einmal in sowjetischem Gewahrsam, kamen sie zu den Hunderttausenden anderer repatriierter Sowjetbürger, die mit Ungarn, Deutschen und anderen ehemaligen Feinden nach Sibirien deportiert wurden. 1953 waren insgesamt 5,5 Millionen Sowjetbürger repatriiert worden. Jeder fünfte von ihnen wurde erschossen oder verschwand im Gulag. Viele wurden direkt in die sibirische Verbannung geschickt oder in Arbeitsbataillone gesteckt.

Diese Zwangsrepatriierungen endeten erst 1947, als es mit dem einsetzenden Kalten Krieg zu einer neuen Bereitschaft kam, ehemalige Bewohner aus dem sowjetischen Machtbereich als politische Flüchtlinge anzuerkennen (den 50000 Tschechen, die sich im Februar 1948 während des kommunistischen Umsturzes in Deutschland und Österreich aufhielten, wurde dieser Status sofort zuerkannt). Insgesamt 1,5 Millionen Polen, Ungarn, Bulgaren, Rumänen, Jugoslawen, Sowjetbürger und Juden widersetzten sich also erfolgreich ihrer Repatriierung. Mit den Balten stellten sie die überwältigende Mehrheit von DPs, die sich in den Westzonen Deutschlands und Österreichs sowie in Italien aufhielten. 1951 wurde schließlich die Europäische Menschenrechtskonvention verabschiedet, die solchen Personen Schutz vor Zwangsrepatriierung und Verfolgung bot.

Es blieb allerdings die Frage, was aus den Flüchtlingen und DPs werden sollte. Sie selbst wußten das jedenfalls recht genau. Wie Janet Flanner im Oktober 1948 im *New Yorker* schrieb, »sind die Displaced Persons bereit, überall hinzugehen, nur nicht nach Hause«. Aber wer würde sie nehmen? Westeuropäische Staaten, die, mitten im wirtschaftlichen und materiellen Aufbau, Arbeitskräfte suchten, waren anfangs durchaus bereit, gewisse Gruppen von Staatenlosen aufzunehmen. Belgien, Frankreich und Großbritannien benötigten Bergleute, Bauarbeiter und Arbeitskräfte für die Landwirtschaft. Belgien nahm zwischen 1946 und 1947 22000 DPs (und deren Familien) auf, die in den wallonischen Kohlegruben arbeiten würden. Frankreich nahm 38000 Personen, Großbritannien 86000 Personen, darunter auch viele Veteranen der polnischen Armee und Ukrainer, die in der Division »Galizien« der Waffen-SS gekämpft hatten.[8]

Die Aufnahmekriterien waren einfach – gesucht wurden kräftige (männliche) Arbeiter, und niemand fragte, was Balten, Polen und Ukrainer im Krieg gemacht hatten, wenn sie den Anforderungen genügten. Unverheiratete Frauen waren als Arbeiterinnen und Haushaltshilfen willkommen – doch wurde Mädchen und Frauen, die zum Zweck der Arbeitsaufnahme nach Kanada emigrieren wollten, die Genehmigung verweigert, wenn sich zeigte, daß die Bewerberin studiert hatte. Und niemand wollte ältere Menschen, Waisenkinder oder alleinstehende Mütter mit Kindern haben. Generell wurden Flüchtlinge also nicht mit offenen Armen empfangen – laut Meinungsumfragen brachten ihnen Amerikaner und Westeuropäer wenig Verständnis entgegen. Die meisten wollten eher weniger als mehr Einwanderer aufnehmen.

Ein ganz eigener Fall waren die Juden. Die alliierten Behörden behandelten jüdische DPs zunächst wie alle anderen, steckten sie in Deutschland in Lager, zusammen mit vielen ihrer ehemaligen Peiniger. Im August 1945 sprach sich Präsident Truman schließlich dafür aus, alle jüdischen DPs in der amerikanischen Besatzungszone in separaten Einrichtungen unterzubringen. Einem offiziellen Untersuchungsbericht zufolge waren die bislang integrierten Lager und Zentren ein »unrealistischer Ansatz. Die Praxis, Juden nicht als Juden anzuerkennen, heißt, die Augen vor ihrer noch barbarischeren Verfolgung in der Vergangenheit zu verschließen.« Ende September 1945 befanden sich alle Juden in der US-Zone in separaten Einrichtungen.

Eine Repatriierung nach Osteuropa kam nicht in Frage – niemand in der Sowjetunion, in Polen und anderswo wollte sie wieder zurückbekommen. Auch im Westen waren die Juden nicht sonderlich willkommen, vor allem, wenn sie über eine akademische Bildung verfügten. Und so blieben sie, welche Ironie, in Deutschland. Die Schwierigkeit, einen Ort für die europäischen Juden zu finden, wurde erst mit der Gründung des Staates Israel gelöst. 332 000 europäische Juden emigrierten zwischen 1948 und 1951 nach Israel, entweder von IRO-Zentren in Deutschland oder direkt aus Rumänien, Polen und anderen Ländern. Weitere 165 000 emigrierten nach Frankreich, England, Australien, Nord- und Südamerika.

Dorthin gingen auch die übrigen DPs und Kriegsflüchtlinge, zu denen in den Jahren 1947 bis 1949 eine neue Generation politischer Flüchtlinge aus Osteuropa kam. Insgesamt nahmen die Vereinigten Staaten in diesen Jahren 400 000 Menschen auf, 1953 bis 1957 kamen noch einmal 185 000. Kanada nahm insgesamt 157 000 Flüchtlinge und DPs auf, Australien 182 000 (darunter 60 000 Polen und Balten).

Das alles war eine gewaltige Leistung von beispiellosen Dimensionen. Für manche Personen, vor allem bestimmte Gruppen ethnischer Deutscher aus Jugoslawien und Rumänien, gab es keine Lösung, weil sie nicht unter das Potsdamer Abkommen fielen. Aber im Laufe mehrerer Jahre gelang es den alliierten Militärregierungen und zivilen UN-Organisationen in einem zerstörten, verbitterten, verarmten Kontinent, der sechs furchtbare Kriegsjahre hinter sich hatte und bereits die Spannungen des Kalten Kriegs erlebte, Millionen verzweifelter Menschen aus ganz Europa und vielen unterschiedlichen Nationen und Gemeinschaften zu repatriieren, zu integrieren oder neu anzusiedeln. Ende 1951, als UNRRA und IRO von der neuen United Nations High Commission for Refugees ersetzt wurden, befanden sich in den europäischen DP-Camps nur noch 177 000 Personen – zumeist Alte und Kranke, die niemand haben wollte. Föhrenwald bei München, das letzte DP-Lager in Deutschland, wurde 1957 geschlossen.

Die europäischen DPs und Flüchtlinge hatten nicht nur den Zweiten Weltkrieg überlebt, sondern auch diverse Bürgerkriege. Von 1934 bis 1949 erlebte Europa eine beispiellose Folge mörderischer Konflikte innerhalb der Grenzen bestehender Staaten. Mit der späteren Besetzung verfolgten ausländische Mächte – ob Deutsche, Italiener oder Russen – vielfach die Absicht, ihre politischen Ziele nunmehr gewaltsam durchzusetzen. Und natürlich waren sie nicht neutral. Meistens kooperierten sie mit bestimmten lokalen Gruppen, um einen gemeinsamen Gegner zu bekämpfen. Politische Gruppierungen oder ethnische Minderheiten, die sich bislang benachteiligt fühlten, konnten dank der neuen Verhältnisse nun alte Rechnungen begleichen. Besonders die Deutschen verfuhren gern in dieser Weise, nicht nur, um zu spalten und leichter herrschen zu können, sondern auch, um möglichst wenig Probleme und Kosten mit der Verwaltung der eroberten Gebiete zu haben: Sie konnten sich auf einheimische Kollaborateure stützen, die die Arbeit für sie erledigten.

Seit 1945 wird mit dem Wort »Kollaborateur« eine moralisch verwerfliche Haltung charakterisiert. Aber Konflikte und Bündnisse mit der Besatzungsmacht beruhten oft auf lokalen Verhältnissen, die komplexer und ambivalenter waren, als es das simple Nachkriegsurteil – Kollaborateur oder Widerstandskämpfer – impliziert. Im besetzten Belgien etwa schlugen sich manche Flamen (den Fehler hatten sie schon im Ersten Weltkrieg gemacht), verlockt durch Autonomiezusagen und die Aussicht, die dominierende Rolle der wallonischen Elite im Staat zu brechen, auf die Seite der Deutschen. Hier wie anderswo spielten die Nazis gern die Bevölkerungsgruppen gegeneinander aus, solange es ihren Zielen dienlich war – flämische Kriegsgefangene wurden 1940 entlassen, unmittelbar nach Einstellung der Kampfhandlungen, während Wallonen bis Kriegsende in Kriegsgefangenenlagern blieben.

In Frankreich und Belgien, wie auch in Norwegen, war der Widerstand gegen die Deutschen sehr real, vor allem in den letzten beiden Jahren der Besatzung. Viele junge Männer gingen lieber in den Widerstand, was ihnen weniger riskant erschien, als von den Nazis zur Zwangsarbeit nach Deutschland geschickt zu werden. Doch erst gegen Ende der Besatzungszeit überstieg die Zahl der aktiven Widerstandskämpfer die Zahl derjenigen, die aus Überzeugung, Eitelkeit oder Eigennutz mit den Nazis kooperierten – Schätzungen zufolge stand in Frankreich auf beiden Seiten ungefähr die gleiche Anzahl Männer und Frauen: 160 000, maximal 170 000. Und der Kampf wurde vor allem unter den Franzosen selbst geführt, weniger gegen die Deutschen.

In Italien waren die Verhältnisse komplizierter. Die Faschisten waren seit 20 Jahren an der Macht, als Mussolini im Juli 1943 in einem Palastputsch gestürzt wurde. Vielleicht gab es deshalb nur wenig Widerstand gegen das Regime. Die meisten aktiven Antifaschisten waren im Exil. Als sich Italien nach Mussolinis Sturz offiziell auf die Seite der Alliierten stellte, sah sich der deutsch besetzte Norden zerrieben zwischen einem Marionettenregime (Mussolinis »Republik von Salò«) und einem kleinen, aber mutigen Partisanenwiderstand, der mit den vorrückenden Alliierten kooperierte und von diesen gelegentlich auch unterstützt wurde.

Doch auch dieser Konflikt, von beiden Lagern präsentiert als Kampf zwischen einer Mehrheit ordnungsliebender Italiener und einem kleinen Haufen Terroristen, die mit einer ausländischen Macht im Bunde stehen, war ein regelrechter Bürgerkrieg, in dem viele Italiener auf beiden Seiten kämpften. Die Faschisten von Salò waren tatsächlich wenig repräsentative Kollaborateure eines brutalen Besatzers, aber die Unterstützung durch ihre Landsleute war nicht gering, gewiß nicht geringer als die der kommunistischen Partisanen. Der antifaschistische Widerstand war in Wirklichkeit eine Seite eines inneritalienischen Kampfes, der in den Nachkriegsjahrzehnten praktischerweise einfach unter den Teppich gekehrt wurde.

In Osteuropa waren die Dinge noch komplizierter. Slowaken und Kroaten nutzten die Anwesenheit der Deutschen, um nominell unabhängige Staaten zu errichten, wie sich das separatistische Gruppen und Parteien vor dem Krieg erträumt hatten. In Polen suchten die Deutschen nicht nach Kollaborateuren; aber in den baltischen Staaten und sogar in Finnland wurde die Wehrmacht anfangs begrüßt als Alternative zu Besetzung und Einverleibung durch die Sowjetunion. Vor allem Ukrainer nutzten die deutsche Besatzung, um ihre lang erstrebte Unabhängigkeit zu erreichen, woraufhin in Ostgalizien und der Westukraine ein mörderischer Konflikt zwischen Ukrainern und polnischen Partisanen unter dem Banner eines antideutschen und antisowjetischen Partisanenkampfs stattfand. Unter diesen Bedingungen verloren feine Unterscheidungen zwischen ideologischer Kriegführung, interethnischem Konflikt und Kampf um politische Unabhängigkeit ihre Bedeutung, zumal für die lokale Bevölkerung, die stets das erste Opfer ist.

Polen und Ukrainer kämpften mit der Wehrmacht oder gegen sie, mit der Roten Armee oder gegen sie und untereinander, je nach Ort und jeweiligen Umständen. In Polen kostete dieser Konflikt, der sich nach 1944 in einen Guerillakampf gegen den kommunistischen Staat verwandelte, zwischen 1945 und 1948 rund 30 000 Polen das Leben. In der sowjetisch besetzten Ukraine wurde Roman Schuchewitsch, der letzte Partisanenkommandeur, 1950 in der Nähe von Lviv getötet, aber hier und vor allem in Estland kam es noch jahrelang zu sporadischen Widerstandsaktivitäten gegen die Sowjets.

Doch vor allem auf dem Balkan wurde der Zweite Weltkrieg als Bürgerkrieg von beispielloser Grausamkeit erlebt. In Jugoslawien waren herkömmliche Etiketten wie »Kollaborateur« oder »Widerstandskämpfer« besonders undurchsichtig. Wer war Draža Mihailović, der Anführer der serbischen Tschetniks?[9] Patriot, Widerstandskämpfer, Kollaborateur? Was brachte Männer dazu, gegen die (deutschen, italienischen) Besatzer zu kämpfen? Um Rache an politischen Feinden der Zwischenkriegszeit zu nehmen? Waren es interethnische Konflikte zwischen Serben, Kroaten und Muslimen? Kämpften sie für pro- oder antikommunistische Ziele? Viele Menschen hatten mehr als nur ein Motiv.

So ermordete das Ustascha-Marionettenregime des Kroaten Ante Pavelić Serben (mehr als 200 000) und Muslime. Aber auch Mihailovićs royalistische (überwiegend serbische) Partisanen ermordeten Muslime. Aus diesem Grund, wenn schon aus keinem anderen, kooperierten die bosnischen Muslime zu ihrem eigenen Schutz mit den Deutschen. Titos kommunistische Partisanen verfolgten zwar das strategische Ziel, die deutschen und italienischen Besatzer zu verjagen, aber erst einmal bekämpften sie die Tschetniks – nicht zuletzt, weil dies ein erreichbares Ziel war. Ein Jahrzehnt später, bereits desillusioniert vom Ausgang der Kämpfe zwischen Partisanen und Tschetniks, schrieb Milovan Djilas über die reale Erfahrung von Krieg und Widerstand im besetzten Jugoslawien: »Stundenlang stiegen beide Armeen Felsschluchten hinauf, um der Vernichtung zu entgehen oder um eine kleine Gruppe von Landsleuten zu erledigen, oft Nachbarn, auf einem Gipfel in zweitausend Metern Höhe, in einem ausgehungerten, blutenden, besetzten Land. Das also, dachte ich, war aus all unseren Theorien und Visionen vom Kampf der Arbeiter und Bauern gegen die Bourgeoisie geworden.«

Genau wie Jugoslawien erlebte auch Griechenland den Zweiten Weltkrieg als einen Kreislauf von Invasion, Besatzung, Widerstand, Vergeltung und Bürgerkrieg, der im Dezember 1944 in einem fünfwöchigen Kampf zwischen Kommunisten und Royalisten, verstärkt durch britische Einheiten, kulminierte. Im Februar 1945 wurde ein Waffenstillstand vereinbart. 1946 brachen die Kämpfe erneut aus, sie dauerten nun 3 Jahre und endeten mit der Vertreibung der Kommunisten aus ihren Hochburgen im nordgriechischen Bergland. Niemand bezweifelt, daß der griechische Widerstand schlagkräftiger war als die bekannteren Widerstandsbewegungen in Frankreich und Italien (1943 bis 1944 wurden mehr als 6 000 deutsche Soldaten getötet oder verwundet), aber das Unheil, das er über die griechische Bevölkerung brachte, war sehr viel größer. Die kommunistischen Partisanen und die (vom Westen unterstützte) royalistische Regierung terrorisierten Dörfer, zerstörten Straßen und spalteten das Land auf Jahrzehnte hinaus. Als die Kämpfe im September 1949 eingestellt wurden, waren 10 Prozent der Bevölkerung vertrieben worden. Der griechische Bürgerkrieg war nicht von jener ethnischen Komplexität, die die Kämpfe in Jugoslawien und der Ukraine geprägt hatte, aber der Verlust an Menschenleben war viel höher.

All diese europäischen Bürgerkriege hatten immense Auswirkungen in der Nachkriegszeit. Ganz einfach gesagt: Der Weltkrieg in Europa war 1945 keineswegs zu Ende, nachdem die Deutschen abgezogen waren. Es gehört zu den traumatischen Erfahrungen von Bürgerkriegen, daß der besiegte Feind weiterlebt – und mit ihm die Erinnerung an den Konflikt. Die mörderischen Kämpfe jener Jahre bewirkten aber noch etwas anderes. Zusammen mit der beispiellosen Brutalität der deutschen, später der sowjetischen Besatzer zerstörten sie das Fundament des europäischen Staats. Nichts würde mehr so sein wie früher. Aus dem Zweiten Weltkrieg, aus Hitlers Krieg, wurde (um diesen vielstrapazierten Begriff zu verwenden) eine soziale Revolution im wahrsten Sinne des Wortes.

Zunächst einmal untergrub die kontinuierliche Besetzung durch ausländische Mächte zwangsläufig die Autorität und Legitimität der einheimischen Herrscher. Dem Namen nach autonom, war das Vichy-Regime – wie das slowakische Regime von Pater Józef Tiso oder das Ustascha-Regime von Ante Pavelić – ein abhängiger Agent Hitlers, und die meisten Leute wußten es. Auf der lokalen Ebene konnten sich die niederländischen oder tschechischen Behörden eine gewisse Eigenständigkeit bewahren, allerdings nur, indem sie jeden Konflikt mit den Wünschen ihrer deutschen Herren vermieden. Im Osten ersetzten die Nazis, und später die Sowjets, bestehende Einrichtungen mit eigenen Leuten, es sei denn, sie zogen es vor, lokale Konflikte und Bestrebungen für ihre eigenen Zwecke auszunutzen. Ironischerweise konnten sich nur jene Länder, die als Naziverbündete ihre eigene Regierung hatten (Finnland, Bulgarien, Rumänien und Ungarn), eine gewisse Unabhängigkeit bewahren – zumindest bis 1944.

Mit Ausnahme von Deutschland und Rußland wurde jeder kontinentaleuropäische Staat, den der Zweite Weltkrieg erfaßte, mindestens zweimal besetzt, erst von seinen Feinden, dann von den Befreiungsarmeen. Manche Länder – Polen, die baltischen Staaten, Griechenland und Jugoslawien – wurden innerhalb von 5 Jahren dreimal besetzt. Mit jeder neuen Invasion wurde ein neues Regime eingesetzt, die alte Elite gegen eine neue ausgewechselt. Mancherorts wurde tabula rasa gemacht, die alten Hierarchien waren diskreditiert, ihre Repräsentanten kompromittiert. In Griechenland etwa hatte der Vorkriegsdiktator Metaxas die alte parlamentarische Klasse verdrängt. Die Deutschen räumten Metaxas aus dem Weg. Dann wurden die Deutschen aus dem Land gejagt, und ihre griechischen Helfershelfer waren diskreditiert und schutzlos.

Die Liquidierung der alten Eliten war vielleicht die dramatischste Veränderung. Die Ermordung der europäischen Juden durch die Deutschen war nicht nur per se ein Akt der Zerstörung. Sie hatte tiefgreifende soziale Konsequenzen für die vielen mitteleuropäischen Städte, in denen Juden als Ärzte, Anwälte, Geschäftsleute, Professoren tätig gewesen waren. Später wurde, oft am selben Ort, auch ein anderer wichtiger Teil des Bürgertums beseitigt – die Deutschen. Das Ergebnis war eine radikale Transformation der sozialen Landschaft – und eine Gelegenheit für Polen, Balten, Ukrainer, Slowaken, Ungarn und andere, die Arbeitsplätze (und Wohnungen) der Vertriebenen zu übernehmen.

Dieser Nivellierungsprozeß war Hitlers nachhaltigster Beitrag zur europäischen Sozialgeschichte. Sein Plan war es gewesen, die Juden und die geistige Elite in Polen und der westlichen Sowjetunion zu vernichten, den Rest der slawischen Völker als Sklaven zu unterjochen und Land und Herrschaft neu angesiedelten Deutschen zu übertragen. Doch nach dem Einmarsch der Roten Armee und der Vertreibung der Deutschen zeigte sich, daß die neuen Verhältnisse besonders gut für das wahrhaft radikale Projekt der Sowjets geeignet waren.

Das lag nicht zuletzt an den neuen sozialen Strukturen, die in den Besatzungsjahren zwangsweise eingeführt worden waren, und an dem völligen Zusammenbruch rechtsstaatlicher Verhältnisse. Man darf sich die deutsche Besatzung Kontinentaleuropas nicht vorstellen als eine Zeit, in der unter den Augen einer allwissenden, allgegenwärtigen Macht Ruhe und Ordnung herrschten. Selbst in Polen (von allen besetzten Ländern das am strengste überwachte) ging das gewohnte Leben trotz der neuen Machthaber weiter. Die Polen richteten sich eine parallele Untergrundwelt ein – mit Zeitungen, Schulen, kulturellen Aktivitäten, Wohlfahrtseinrichtungen, Wirtschaftsstrukturen und sogar einer Armee. All diese Dinge waren verboten und wurden unter enormen persönlichen Risiken fortgeführt.

Doch genau das war der entscheidende Punkt. Im besetzten Europa normal zu leben hieß, gegen die Gesetze zu verstoßen – vor allem die des Besatzers (Ausgangssperren, Reisevorschriften, Rassebestimmungen usw.), aber auch gegen etablierte Gesetze und Normen. Die meisten einfachen Leute, die keinen Zugang zu landwirschaftlichen Produkten hatten, waren beispielsweise gezwungen, auf dem Schwarzmarkt (oder per illegalem Tauschhandel) einzukaufen, nur um ihre Familien zu ernähren. Diebstahl – sei es am Staat, an einem Mitbürger oder an einem geplünderten jüdischen Geschäft – war so verbreitet, daß derlei aus Sicht der meisten Leute keine strafbare Handlung mehr war. Und da Polizisten, Gendarmen und Bürgermeister den Besatzer vertraten und mit ihm kooperierten –

und die Besatzungssoldaten selbst organisierte Kriminalität auf Kosten einzelner Zivilisten praktizierten –, verwandelten sich alltägliche Delikte in Widerstandsakte (wenn auch oft erst im Rückblick der Nachkriegsjahre).

Vor allem wurde Gewalt Bestandteil des Alltags. Die Autorität des modernen Staates beruht letztlich auf seinem Gewaltmonopol und der Bereitschaft, diese Macht im äußersten Notfall auch auszuüben. Doch im besetzten Europa war Autorität ausschließlich eine Funktion hemmungslos ausgeübter Macht. Interessanterweise büßte der Staat unter eben diesen Bedingungen sein Gewaltmonopol ein. Partisanengruppen und Armeen konkurrierten um eine Legitimation, die derjenige gewann, der in dem von ihm kontrollierten Gebiet seine Gesetze durchsetzen konnte. Dies galt vor allem in den entlegenen Gebieten Griechenlands und Montenegros und im östlichen Polen, wo die Autorität des modernen Staates ohnehin nicht sehr groß war. Aber am Ende des Weltkrieges galt das auch für Teile Frankreichs und Italiens.

Gewalt führte zu Zynismus. Als Besatzer bereiteten Nazis und Sowjets den Boden für einen Krieg aller gegen alle, im großen und ganzen erfolgreich: Nicht nur Loyalität zum vormaligen Regime oder Staat hatte keine Chance mehr, überhaupt jedes Gefühl von Anstand und Sitte. Wenn der Nachbar vom Staat ungerecht oder brutal behandelt wurde – weil er Jude war oder der Bildungselite oder einer ethnischen Minderheit angehörte oder weil er sich in den Augen des Regimes unbeliebt gemacht hatte oder ohne jeden ersichtlichen Grund – warum sollte man diesem Menschen dann noch respektvoll begegnen? Oft war es klug, sich mit den Behörden vorsorglich gut zu stellen und den Nachbarn anzuschwärzen.

Überall im besetzten (und sogar im unbesetzten) Europa gab es bis zuletzt bemerkenswert viele Fälle von anonymen Anzeigen, persönlichen Beschuldigungen und simplen Gerüchten. In Ungarn, Norwegen, den Niederlanden und Frankreich wurden zwischen 1940 und 1944 ungeheuer viele Denunziationen bekannt. Oft waren sie nicht einmal auf materielle Vorteile aus. Auch unter sowjetischer Herrschaft, namentlich im sowjetisch besetzten Polen von 1939 bis 1941, wurde in alter (jakobinischer) Manier dazu aufgerufen, wachsam zu sein und all jene zu melden, deren Regimetreue zweifelhaft erschien.

Kurzum, jeder hatte guten Grund, vor anderen Angst zu haben. Ständig mußte man damit rechnen, wegen irgendwelcher vermeintlicher Verfehlungen oder unerlaubter Geschäfte denunziert zu werden. Von staatlicher Seite konnte man keinen Schutz erwarten, denn die Machthaber waren oft diejenigen, die sich am allerwenigsten an die Gesetze hielten. Zwischen 1939 und 1945 waren die meisten Europäer rechtlos (juristisch und politisch). Der Staat stand nicht mehr für Recht und Gerechtigkeit. Im Gegenteil, unter Hitlers »Neuer Ordnung« war der

Staat selbst der größte Räuber. Die Einstellung der Nazis zu Leib und Leben ist berüchtigt, aber ihr Umgang mit *Eigentum* könnte sogar ihr wichtigstes praktisches Erbe bei der Gestaltung der Nachkriegswelt gewesen sein.

Unter deutscher Besatzung war Eigentum eine Frage des Zufalls. Den europäischen Juden wurde Geld, Besitz, Haus und Geschäft einfach weggenommen. Ihr Besitz wurde unter Nazis, Kollaborateuren und deren Freunden aufgeteilt, und was noch übrig war, konnten die Nachbarn plündern. Aber von Beschlagnahmung waren weit mehr als nur Juden betroffen. Das »Recht« an Eigentum erwies sich als dünn, beruhte ausschließlich auf dem guten Willen, den Interessen oder Launen der Machthaber.

Bei diesen regelmäßigen Eigentumsverschiebungen gab es Gewinner und Verlierer. Nachdem die Juden und andere ethnische Opfer verschwunden waren, konnten die Einheimischen deren Geschäfte und Wohnungen übernehmen. Am ausgeprägtesten war dieser Prozeß in der »Todeszone« von Odessa bis an die Ostsee, aber es passierte überall – KZ-Überlebende, die 1945 nach Paris oder Prag heimkehrten, mußten oft feststellen, daß ihre Wohnungen von anderen bewohnt waren, die während des Krieges dort eingezogen waren und sich nun weigerten, wieder zu gehen. Auf diese Weise wurden Hunderttausende einfacher Ungarn, Polen, Tschechen, Niederländer, Franzosen und andere zu Komplizen der Nazis, und sei es nur als Nutznießer.

In jedem besetzten Land wurden Fabriken, Fahrzeuge, Grund und Boden, Maschinen und Fertigprodukte zugunsten der neuen Machthaber entschädigungslos enteignet. De facto handelte es sich um großangelegte Verstaatlichung. Vor allem in Mittel- und Osteuropa wurden große private Unternehmen und Banken in den Dienst der NS-Kriegswirtschaft gestellt. Das war nicht immer eine radikale Neuerung. Die katastrophale Wirtschaftspolitik der dreißiger Jahre hatte in der Region zu einem hohen Maß an staatlicher Intervention geführt, und in Polen, Ungarn und Rumänien, wo man sich vor einem Vordringen der deutschen Wirtschaft schützen wollte, war die Zahl der Staatsunternehmen in den Vorkriegs- und ersten Kriegsjahren deutlich angewachsen. In Osteuropa begann die staatlich gelenkte Wirtschaft also nicht erst 1945.

Die Enteignung der Deutschen nach dem Krieg, von Polen bis Jugoslawien, schloß den radikalen Transformationsprozeß ab, den die Deutschen mit der Vernichtung der Juden selbst in Gang gesetzt hatten. Viele Deutsche im Sudetenland, in Schlesien, Siebenbürgen und Nordjugoslawien besaßen ausgedehnte Ländereien. Diese Enteignungen hatten unmittelbare Auswirkungen. In der Tschechoslowakei entsprach der beschlagnahmte Besitz von Deutschen und Kollaborateuren einem Viertel des Nationalvermögens, allein von der Umverteilung des Bodens profitierten mehr als 300000 Bauern, Landarbeiter und deren Familien. Derart weitreichende Maßnahmen können nur als revolutionär bezeichnet werden. Wie der Krieg selbst stellen sie eine radikale Zäsur dar, einen klaren Bruch mit der Vergangenheit und eine Einstimmung auf noch größere Veränderungen in der Zukunft.

Im befreiten Westeuropa gab es nur wenig deutschen Besitz, den man hätte beschlagnahmen können, und der Krieg war nicht als ganz so verheerend erlebt worden wie im Osten. Doch auch im Westen wurde die Legitimation etablierter Macht in Frage gestellt. Die lokalen Behörden in Frankreich, Norwegen und den Benelux-Ländern hatten sich nicht gerade mit Ruhm bekleckert. Im Gegenteil, sie waren den Anordnungen der Besatzer im großen und ganzen sehr eifrig nachgekommen. Für die Verwaltung des besetzten Norwegen brauchten die Deutschen im Jahr 1941 nur 806 Beamte. Frankreich konnten sie mit nur 1 500 ihrer Leute verwalten. Ihr Vertrauen in die französischen Ordnungskräfte war so groß, daß sie (neben eigenem Verwaltungspersonal) lediglich 6 000 deutsche Polizisten und Feldgendarmen entsandten, die die Folgsamkeit einer Nation von 35 Millionen zu gewährleisten hatten. Gleiches galt für die Niederlande. Der deutsche Sicherheitschef von Amsterdam bezeichnete nach dem Krieg die niederländische Polizei als Hauptstütze der Deutschen. »Ohne sie hätte die deutsche Besatzung nicht einmal zehn Prozent ihrer Aufgaben wahrnehmen können.« Dagegen war in Jugoslawien die permanente Präsenz ganzer Divisionen erforderlich, nur um die bewaffneten Partisanen in Schach zu halten.[10]

Dies war ein Unterschied zwischen West- und Osteuropa. Ein anderer war die Art und Weise, wie die besetzten Länder von den Nazis behandelt wurden. Norweger, Dänen, Niederländer, Belgier und Franzosen (und nach dem September 1943 auch die Italiener) wurden gedemütigt und ausgebeutet. Doch solange sie keine Juden oder Kommunisten oder Widerstandskämpfer waren, wurden sie weitgehend in Ruhe gelassen. Daher konnten sich die befreiten Westeuropäer durchaus eine Rückkehr zu den Verhältnissen vorstellen, wie sie vor dem Krieg geherrscht hatten. Ja, sogar die parlamentarischen Demokratien der Zwischenkriegszeit standen nun dank des Nazizwischenspiels etwas weniger schäbig da – Hitler hatte zumindest eine radikale Alternative zu Demokratie und Rechtsstaatlichkeit mit Erfolg diskreditiert. Die erschöpften Westeuropäer wollten vor allem wieder ein normales Leben in einem geordneten Staatswesen führen.

Die Lage im befreiten Westeuropa war schlimm genug. Doch in Mitteleuropa, berichtete John McCloy von der US Control Commission for Germany, herrschte »ein wirtschaftliches, soziales und politisches Chaos ... in seinen Ausmaßen beispiellos in der Geschichte, es sei denn, man geht zurück bis zum Untergang des Römischen Reichs.« In Deutschland mußten die alliierten Militärregierungen alles komplett neu aufbauen: Justiz, Polizei, öffentliche Dienste, Verkehr,

Verwaltung. Aber zumindest standen ihnen die nötigen Ressourcen zur Verfügung. Weiter östlich sah es noch viel schlimmer aus.

An der Teilung des Kontinents war Hitler also mindestens ebenso beteiligt wie Stalin. Die Geschichte Mitteleuropas – des deutschen Reichs, der Donaumonarchie, der nördlichen Gebiete des osmanischen Reichs, selbst der Westprovinzen des Zarenreichs – hatte sich schon immer von der Geschichte der westeuropäischen Nationalstaaten unterschieden. Aber die Unterschiede waren gradueller, nicht prinzipieller Natur. Ungarn, Rumänen, Tschechen, Polen, Kroaten und Balten mögen vor 1939 ein wenig neidisch nach Frankreich oder Holland geschaut haben. Aber sie sahen keinen Grund, in ihrem Land einen ähnlichen Wohlstand und ähnlich stabile Verhältnisse anzustreben. Die Rumänen träumten von Paris. Die Tschechoslowakei war 1937 wirtschaftlich stärker als der österreichische Nachbar, konkurrierte mit Belgien.

Der Krieg änderte alles. Östlich der Elbe erbten die Sowjets und ihre lokalen Vertreter einen Halbkontinent, in dem ein radikaler Bruch mit der Vergangenheit bereits stattgefunden hatte. Was nicht völlig diskreditiert war, war unwiederbringlich zerstört. Exilregierungen konnten aus London nach Oslo, Brüssel oder Den Haag zurückkehren und hoffen, wieder die legitime Macht auszuüben, die sie 1940 hatten abgeben müssen. Aber die alten Machthaber in Bukarest, Sofia, Warschau, Budapest und sogar Prag hatten keine Zukunft. Ihre Welt war durch die transformative Gewalt der Nazis hinweggefegt worden. Es blieb nur, die politische Gestalt der neuen Ordnung zu bestimmen, die nun an die Stelle der untergegangenen Vergangenheit treten mußte.

II
Vergeltung

Belgier und Franzosen und Niederländer wuchsen während des Krieges in der Überzeugung heran, daß es ihre patriotische Pflicht sei, zu betrügen, zu lügen, Schwarzmarktgeschäfte zu betreiben, zu täuschen und zu verdächtigen. Nach fünf Jahren war ihnen diese Haltung in Fleisch und Blut übergegangen.

Paul-Henri Spaak (belgischer Außenminister)

Rache ist sinnlos, aber bestimmte Leute hatten keinen Platz in der Welt, die wir errichten wollten.

Simone de Beauvoir

Möge ein hartes und gerechtes Urteil gesprochen und vollstreckt werden, wie es die Ehre der Nation verlangt und ihr größter Verräter es verdient.

Resolution tschechoslowakischer Widerstandsorganisationen vom November 1946, in der eine strenge Bestrafung Pater Józef Tisos gefordert wird

Um sich als legitime Autorität in einem ordnungsgemäß konstituierten Staat präsentieren zu können, mußten sich die Regierungen des befreiten Europa zunächst mit dem Erbe diskreditierter Regimes auseinandersetzen. Die Nazis und ihre Verbündeten waren besiegt, aber angesichts der Dimension ihrer Verbrechen reichte das natürlich nicht aus. Wenn die Legitimität von Nachkriegsregierungen lediglich auf ihrem militärischen Sieg über den Faschismus beruhte – wie konnten sie dann besser sein als die faschistischen Regimes selbst? Es kam darauf an, deren Aktionen als Verbrechen zu definieren und entsprechend zu bestrafen. Juristisch und politisch war das überzeugend. Doch das Streben nach Vergeltung entsprach auch einem tiefen Bedürfnis. Denn die meisten Europäer hatten den Zweiten Weltkrieg nicht als militärisches Schlachtfeld erlebt, sondern als tägliche Demütigung – Männer und Frauen wurden verraten und erniedrigt, tagtäglich zu kleinen Gesetzwidrigkeiten genötigt, bei denen jeder etwas und viele alles verloren.

Außerdem gab es 1945, mancherorts in deutlichem Gegensatz zur noch lebendigen Erinnerung an den Ersten Weltkrieg, nur wenig, worauf man stolz sein konnte, und vieles, was einem peinlich und mit mehr als nur angedeuteten Schuldgefühlen verbunden war. Die meisten Europäer hatten, wie erwähnt, den Krieg passiv erlebt – als Bewohner eines Landes, das von einer ausländischen Macht besiegt und besetzt und dann von einer anderen Macht befreit worden war. Die einzige Quelle kollektiven Nationalstolzes waren die bewaffneten Widerstandskämpfer, die sich gegen den Eindringling gestellt hatten, weshalb gerade in Westeuropa, wo genuiner Widerstand am wenigsten stattgefunden hatte, der Mythos der Résistance eine besonders große Rolle spielte. In Griechenland, Jugoslawien, Polen oder der Ukraine, wo sehr viele Partisanen gegen die Besatzungstruppen und untereinander gekämpft hatten, waren die Verhältnisse wie üblich komplizierter.

Im befreiten Polen beispielsweise stieß öffentliches Lob für die Partisanen, die nicht nur Antifaschisten, sondern auch Antikommunisten waren, auf das Mißfallen der sowjetischen Behörden. In Jugoslawien waren, wie erwähnt, einige Widerstandsgruppen gleicher als andere – zumindest in den Augen von Marschall Tito und seinen siegreichen kommunistischen Kämpfern. In Griechenland, aber auch in der Ukraine wurden alle bewaffneten Partisanen, derer man habhaft wurde, ins Gefängnis gesteckt oder erschossen.

Kurzum, »Widerstand« war eine unscharfe, beliebig verwendbare Kategorie. Etwas ganz anderes war »Kollaboration«. Kollaborateure konnten überall identifiziert und ausgestoßen werden: Männer und Frauen, die mit dem Besatzer zusammengearbeitet oder mit ihm geschlafen hatten, sich auf die Seite der Nazis oder Faschisten geschlagen, aus der Kooperation mit ihnen politische oder wirtschaftliche Vorteile gezogen hatten. Bisweilen gehörten diese Leute einer religiösen, nationalen oder sprachlichen Minderheit an und waren ohnehin verachtet oder gefürchtet. Und wenngleich es »Kollaboration« bislang nicht als juristisch definierten Straftatbestand gegeben hatte, konnten Kollaborateure wegen Landesverrates vor Gericht gestellt werden, eines konkreten Verbrechens, das hinreichend streng geahndet wurde.

Die Bestrafung von (tatsächlichen oder vermeintlichen) Kollaborateuren begann schon vor Kriegsende, hatte im Grunde schon während des ganzen Krieges stattgefunden, auf privater Basis oder auf Anweisung von Widerstandsgruppen. In dem Zeitraum zwischen dem Rückzug der Deutschen und der faktischen Machtübernahme der Alliierten führten allgemeine Frustration und persönliche Rache, oft gefärbt durch politischen Opportunismus und Streben nach wirtschaftlichen Vorteilen, zu einer kurzen Phase blutiger Vergeltung. Allein in Frankreich wurden rund 10 000 Personen in »außergerichtlichen« Verfahren getötet, oft von unabhängigen Banden bewaffneter Résistance-Kämpfer, namentlich der Milices Patriotiques, die Kollaborationsverdächtige festnahmen und in vielen Fällen kurzerhand erschossen.

Etwa ein Drittel dieser Leute wurde vor der alliierten Invasion am 6. Juni 1944 aus dem Weg geräumt, der Rest starb in den anschließenden 4 Monaten der Kämpfe auf französischem Boden. Diese Zahl ist relativ niedrig, wenn man bedenkt, wieviel Haß und Mißtrauen nach 4 Jahren Besatzung und Vichy-Regime im ganzen Land herrschten. Über diese Vergeltungsaktionen regte sich niemand auf. So erklärte der vormalige französische Premierminister Édouard Herriot: »Frankreich wird erst durch ein Blutbad gehen müssen, bevor Republikaner wieder das Ruder übernehmen können.«

Ähnlich sah es in Italien aus, wo heftige Vergeltungsaktionen, besonders in der Emilia-Romagna und der Lombardei, in den letzten Kriegsmonaten annähernd 15 000 Tote forderten (diese Aktionen dauerten aber noch mindestens 3 Jahre an). Anderswo in Westeuropa ging es weniger blutrünstig zu: In Belgien wurden etwa 265 Männer und Frauen gelyncht oder exekutiert, in den Niederlanden weniger als 100. Dafür waren andere Formen von Vergeltung beliebt. Sehr verbreitet war der Vorwurf der »collaboration horizontale«, wie sie in Frankreich genannt wurde. In den Niederlanden wurden die »moffenmeiden« geteert und gefedert, und in ganz Frankreich ereigneten sich Szenen, wo Frauen, oft am Tag der Befreiung oder kurz danach, nackt und kahlgeschoren durch die Stadt getrieben wurden.

Daß Frauen so häufig (und oft von Frauen) vorgeworfen wurde, sich mit Deutschen eingelassen zu haben, ist aufschlußreich. Diese Beschuldigungen waren in vielen Fällen nicht aus der Luft gegriffen: Sexuelle Dienstleistungen im Austausch für Nahrungsmittel oder Kleider oder private Hilfe der einen oder anderen Art waren eine Möglichkeit, oft die einzige, die Frauen und Familien in Not offenstand. Aber die Häufigkeit des Vorwurfes und die Schadenfreude der Rächenden erinnern daran, daß Männer und Frauen die Besatzung vor allem als Demütigung erlebten. Jean-Paul Sartre hat die Besatzung später in eindeutig sexuell getönter Sprache beschrieben, als Unterwerfung unter den mächtigen Besatzer, und in mehr als einem französischen Roman der vierziger Jahre wurden Kollaborateure als Frauen oder verweichlichte Männer porträtiert, verführt von der männlichen Kraft ihrer germanischen Herren. Sich an gefallenen Frauen zu rächen war eine Möglichkeit, die belastende Erinnerung an individuelle und kollektive Ohnmacht abzuschütteln.

Anarchische Vergeltung gab es auch im befreiten Osteuropa, aber sie nahm dort andere Formen an. Im Westen hatten sich die Deutschen Kollaborateure gesucht, in den slawischen Ländern herrschten sie selbst und mit Gewalt. Die einzige Kollaboration, die sie kurzzeitig förderten, war diejenige lokaler Separatisten, und auch nur, solange dies deutschen Interessen diente. Nach dem Abzug der Deutschen waren daher ethnische Minderheiten die ersten Opfer eines spontanen Volkszorns, der von den sowjetischen Truppen und ihren lokalen Verbündeten nicht unterbunden wurde. Im Gegenteil, spontane (zuweilen weniger spontane) »Abrechnungen« trugen zu einer weiteren Diskreditierung lokaler Eliten und Politiker bei, die kommunistischen Bestrebungen im Wege stehen mochten. In Bulgarien unterstützte die neugegründete Vaterländische Front inoffizielle Vergeltung an Kollaborateuren jeglicher Schattierung, die pauschal als Faschisten bezeichnet wurden, und wer im Verdacht stand, prowestlich eingestellt zu sein, sollte denunziert werden.

In Polen waren es hauptsächlich Juden, gegen die sich der Volkszorn richtete – in den ersten vier Monaten des Jahres 1945 wurden 150 Juden getötet. Im April 1946 war die Zahl auf fast 1200 angestiegen. Kleinere Zwischenfälle gab es in der Slowakei (in Velké Topolcany im September 1945) und in Ungarn (in Kunmadaras im Mai 1946), doch das übelste Pogrom ereignete sich am 4. Juli 1946 in Kielce (Polen), bei dem 42 Juden ermordet und viele verletzt wurden, nachdem Gerüchte von der Entführung und rituellen Tötung eines Kindes aufgekommen waren. In gewisser Weise war auch dies eine Rache an Kollaborateuren, denn viele Polen (darunter auch ehemalige antifaschistische Partisanen) betrachteten Juden als Sowjetsympathisanten.

Wie viele Personen im sowjetisch besetzten Osteuropa oder in Jugoslawien in den ersten Monaten der »privaten« Strafaktionen getötet wurden, ist nicht genau bekannt. Doch nirgendwo dauerten diese Maßnahmen lange an. Es war nicht im Interesse der neuen, längst nicht überall akzeptierten und meist provisorisch zusammengestellten Regierungen, daß unkontrollierte bewaffnete Banden folternd und mordend durch das Land zogen. Die erste Aufgabe der neuen Regierungen bestand darin, ihr Machtmonopol zu behaupten und die Justizorgane aufzubauen. Wenn jemand verhaftet werden sollte, weil er während der Besatzung Straftaten verübt hatte, dann sollte das die Aufgabe der zuständigen Organe sein. Wenn es Prozesse geben sollte, dann sollten sie auf gesetzlicher Grundlage stattfinden. Wenn Blut vergossen werden sollte, dann war dies allein Sache des Staates. Dieser Übergang fand statt, sobald die neuen Machthaber sich stark genug fühlten, die Partisanen zu entwaffnen, die Autorität der neuen Ordnungskräfte durchzusetzen und Forderungen nach strengen Strafen abzuwiegeln.

Die Entwaffnung der Widerstandskämpfer ging, jedenfalls in West- und Mitteleuropa, erstaunlich konfliktfrei über die Bühne. Straftaten, die in den hektischen Monaten unmittelbar nach der Befreiung begangen worden waren, wurden nicht mehr verfolgt. Die provisorische Regierung Belgiens erließ eine Amnestie für alle Straftaten, die von und im Namen der Widerstandsbewegung innerhalb von 41 Tagen nach der Befreiung verübt worden waren. Generell wurde jedoch davon ausgegangen, daß es Aufgabe der neuen staatlichen Behörden sei, die Schuldigen zu bestrafen.

Hier begann das Problem. Wie definierte man »Kollaborateur«? Mit wem und in welcher Absicht hatte er kollaboriert? Abgesehen von eindeutigen Fällen von Mord oder Diebstahl – worin bestand die Schuld der »Kollaborateure«? Jemand mußte für das Leid der Nation bezahlen, aber wie wollte man dieses Leid bestimmen, und wer sollte diese Aufgabe übernehmen? Diese Fragen sahen in jedem Land anders aus, aber für alle galt das Dilemma: Es gab in Europa keinen Präzedenzfall für das, was in den vorangegangenen 6 Jahren passiert war.

Jedes Gesetz, das der Kollaboration beikommen wollte, mußte zwangläufig rückwirkend sein – den Straftatbestand »Zusammenarbeit mit einer Besatzungsmacht« hatte es vor 1939 nämlich nicht gegeben. Gewiß hatte es früher Kriege gegeben, in denen Besatzungsarmeen die Kooperation und Unterstützung der jeweiligen Bevölkerung suchten und auch erhielten, doch abgesehen von ganz speziellen Fällen – etwa bei den flämischen Nationalisten im besetzten Belgien 1914 bis 1918 – galt dies nicht als strafwürdig, sondern einfach als Begleiterscheinung von Krieg.

Bestehendes Recht war nur anwendbar, wenn Kollaboration mit Landesverrat gleichgesetzt wurde. Um ein repräsentatives Beispiel zu nehmen: In Frankreich wurden viele Kollaborateure, unabhängig vom Einzelfall, nach Paragraph 75 des Strafgesetzbuches von 1939 angeklagt und verurteilt – also wegen »Weitergabe von Informationen an den Feind«. Die Beschuldigten hatten aber oft nicht für die Nazis gearbeitet, sondern für das Vichy-Regime, das von Franzosen geleitet und verwaltet wurde und als legitimer Nachfolger der Vorkriegsrepublik galt. Genau wie die Angeklagten in der Slowakei, in Kroatien, dem Protektorat Böhmen und Mähren, in Mussolinis Republik von Salò, im Rumänien des Marschalls Ion Antonescu und im Ungarn der Kriegsjahre, so konnten französische Angeklagte darauf verweisen, daß sie immer nur für die Behörden des eigenen Staates gearbeitet hatten.

Bei ranghohen Polizeioffizieren oder Staatsbeamten, die als Bedienstete von Marionettenregimes den Nazis tatsächlich gedient hatten, war diese Argumentation bestenfalls scheinheilig. Aber unbedeutendere Personen, nicht zu reden von den Tausenden, denen vorgeworfen wurde, in diesen Regimes oder auch in Büros oder Betrieben gearbeitet zu haben, die ihnen verbunden waren, konnten tatsächlich auf ungeklärte Verhältnisse hinweisen. War beispielsweise die Mitgliedschaft in einer Partei, die im Vorkriegsparlament vertreten war, während der Besatzung aber mit den Deutschen kollaboriert hatte, nach dem Mai 1940 strafbar?

Die Exilregierungen Frankreichs, Belgiens und Norwegens hatten jedenfalls in Dekreten strenge Bestrafung für die Nachkriegszeit angekündigt. Mit diesen Erlassen wollte man die Bevölkerung davon abhalten, mit den Nazis zu kooperieren, aber man konnte nicht im voraus alle Fragen individueller und kollektiver Schuld in juristisch einwandfreier Weise klären. Politisch wäre es in den Jahren 1944 bis 1945 von Vorteil gewesen, wenn man Kriegsverbrechen und Kollaboration einem bestimmten, bereits definierten Personenkreis hätte anlasten können: Mitgliedern bestimmter Parteien, militärischer Verbände und staatlicher Dienststellen. Mit diesem Verfahren hätte man viele Einzelpersonen übergangen, deren Bestrafung öffentlich gefordert wurde, und solche Personen erfaßt, deren Vergehen hauptsächlich in Trägheit und Feigheit bestand. Und vor allem wäre diese Praxis auf die Feststellung von Kollektivschuld hinausgelaufen, was für die meisten europäischen Juristen nicht akzeptabel war.

So wurden also Einzelpersonen vor Gericht gestellt, und die Urteile fielen, je nach Zeit und Ort, höchst unterschiedlich aus. Viele Leute wurden ungerecht behandelt. Viele entgingen überhaupt einer Strafe. Staat, Ankläger und Richter waren keineswegs frei von Eigennutz, politischem Kalkül oder Rachegefühlen. Es gab viele Unregelmäßigkeiten und Ironien, das Ergebnis war unvollkommen. Aber wenn wir die Strafverfahren und die gesellschaftliche Katharsis untersuchen, die den Übergang vom Krieg zum Frieden begleiteten, müssen wir immer die Katastrophe mitdenken, die sich gerade zugetragen hatte. Unter den Bedingungen von 1945 ist es erstaunlich, daß es überhaupt wieder rechtsstaatliche Verfahren gab. Nie zuvor hatte ein ganzer Kontinent versucht, einen neuartigen Straftatbestand in solchen Dimensionen juristisch zu bewältigen und die Schuldigen zur Rechenschaft zu ziehen.

Strafmaß und Zahl der Verurteilten unterschieden sich erheblich von Land zu Land. In Norwegen, einem Land mit 3 Millionen Einwohnern, wurden alle Mitglieder der Nasjonal Samling (der Organisation der norwegischen Nationalsozialisten) angeklagt, insgesamt 55 000 Personen, und noch etwa 40 000 andere. 17 000 Personen erhielten Gefängnisstrafen, 30 Todesurteile wurden gesprochen, 25 vollstreckt.

Nirgendwo sonst war dieser Anteil so hoch. In den Niederlanden kamen 200 000 Personen vor Gericht, fast die Hälfte wurde zu Gefängnis verurteilt, manche für das Verbrechen, den Hitler-Gruß verwendet zu haben. 17 500 Beamte wurden entlassen, aber kaum jemand in der freien Wirtschaft. 154 Todesurteile wurden gefällt, davon 40 vollstreckt. In Belgien gab es sehr viel mehr Todesurteile (2 940), doch sehr viel weniger (nur 242) wurden vollstreckt. Fast ebenso viele Kollaborateure erhielten Haftstrafen, aber während die meisten Niederländer bald begnadigt wurden, blieben die Belgier länger in Haft. Und all jenen, die wegen schwerer Verbrechen verurteilt worden waren, blieben die bürgerlichen Rechte auf Lebenszeit aberkannt. Im Gegensatz zum unverwüstlichen Nachkriegsmythos wurden nicht überproportional viele Flamen als Schuldige herausgepickt, aber durch faktische Ausschaltung der (mehrheitlich flämischen) Anhänger der »Neuen Ordnung« konnte die alte Elite (Katholiken, Sozialisten und Liberale) ihre Autorität in Wallonien und Flandern wiederherstellen.

Interessant ist der Kontrast zwischen Norwegen, Belgien, den Niederlanden und Dänemark, deren Regierungen ins Exil gegangen waren, und Frankreich, dessen Vichy-Regime von vielen als rechtmäßige Regierung angesehen wurde. In Dänemark war Kollaboration praktisch unbekannt. Gleichwohl wurden 374 von 100 000 Dänen (0,374 Prozent der Bevölkerung) nach dem Krieg zu Gefängnis verurteilt. In Frankreich, wo es viel Kollaboration gegeben hatte, wurde sie aus eben diesem Grund nur leicht bestraft. Da der Staat selbst der oberste Kollaborateur war, schien es allzu unfair, die kleinen Leute zu verurteilen – um so mehr, als drei Viertel der Richter bei diesen Verfahren selbst im Dienst des Vichy-Regimes gestanden hatten. Am Ende wurde weniger als 0,1 Prozent der Bevölkerung bestraft. Von den 38 000 Verurteilten wurden die meisten 1947 anläßlich einer Teilamnestie entlassen, der Rest (bis auf 1 500) kam 1951 bei einer weiteren Amnestie frei.

Zwischen 1944 und 1951 wurden in Frankreich 6 763 Angeklagte (davon 3 910 in Abwesenheit) wegen Hochverrates und ähnlicher Delikte zum Tode verurteilt. Von diesen Urteilen wurden nur 791 vollstreckt. Die meisten Kollaborateure wurden wegen »dégradation nationale« verurteilt, einem Straftatbestand, der am 26. August 1944, unmittelbar nach der Befreiung von Paris, eingeführt wurde. Janet Flanner bemerkte dazu: »Unwürdiges Verhalten schließt fast alles ein, was den Franzosen gefällt – etwa das Recht, Orden zu tragen; das Recht, Anwalt, Notar, Lehrer, Richter oder auch nur Zeuge zu sein; das Recht, einen Verlag, einen Radiosender, eine Filmgesellschaft zu betreiben; und vor allem das Recht, Direktor einer Versicherung oder Bank zu sein.«

49723 Personen wurden nach dieser Vorgabe verurteilt. 11 000 Beamte (1,3 Prozent der Beamtenschaft, aber weit weniger als die 35 000, die das Vichy-Regime aus dem Dienst entfernt hatte) wurden entlassen oder anderweitig bestraft, aber die meisten waren nach 6 Jahren bereits wieder eingestellt. Die sogenannte »épuration« betraf insgesamt rund 350 000 Personen, deren Leben und Karriere davon nicht sonderlich beeinträchtigt wurde. Niemand wurde für das bestraft, was heute als Verbrechen gegen die Menschheit bezeichnet würde. Für diese Taten, wie für andere Kriegsverbrechen, machte man allein die Deutschen verantwortlich.

In Italien lagen die Dinge aus mehreren Gründen ganz anders. Italien, obschon ehemalige Achsenmacht, durfte mit alliierter Genehmigung Prozesse und Säuberungen in eigener Regie durchführen. Immerhin hatte das Land im September 1943 die Seiten gewechselt. Aber es herrschte beträchtliche Unklarheit darüber, wer vor Gericht gestellt und welche Taten als strafbar gelten sollten. Während in anderen europäischen Ländern die meisten Kollaborateure per definitionem als »Faschisten« angeschwärzt werden konnten, galt dieser Begriff in Italien für eine viel zu große und heterogene Bevölkerungsgruppe. Das Land, das von 1922 bis 1943 von den eigenen Faschisten regiert worden war, war zunächst von Pietro Badoglio befreit worden, einem von Mussolinis Vertrauten, dessen erste antifaschistische Regierung weitgehend aus ehemaligen Faschisten bestand.

Das offenkundig einzige strafbare Verbrechen, das verfolgt werden konnte, war Kollaboration mit dem Feind nach dem 8. September 1943 (dem deutschen Einmarsch). Also wurden die meisten Verfahren im deutsch besetzten Norden und in Zusammenhang mit der Marionettenregierung von Salò erhoben. Schwerpunkt des vielverspotteten Fragebogens von 1944 (der »scheda personale«) war genau der Unterschied zwischen Salò- und Nicht-Salò-Faschisten. Urteile gegen die ersten stützten sich auf das im Juli 1944 von der provisorischen gesetzgebenden Versammlung erlassene Dekret Nr. 159, in dem »besonders schwere Vergehen« aufgeführt werden, »die, obzwar keine Verbrechen, als Verstöße gegen die Normen von Anstand und Schicklichkeit zu gelten haben«.

Mit Hilfe dieser verschwommenen Formulierung wollte man das Problem umgehen, Personen für Handlungen zur Rechenschaft ziehen zu müssen, die sie als Bedienstete der anerkannten staatlichen Behörden begangen hatten. Doch der im September 1944 eingesetzte Oberste Gerichtshof, vor dem die wichtigeren Fälle verhandelt wurden, war mit Richtern und Anwälten besetzt, die selbst mehrheitlich Faschisten gewesen waren, was auch für die Sondergerichte galt, die über die kleinen Staatsdiener zu befinden hatten. Unter diesen Bedingungen konnten all diese Verfahren kaum Respekt in der Bevölkerung finden.

Kein Wunder, daß das Ergebnis niemanden zufriedenstellte. Bis Februar 1946 waren 394 000 Staatsbedienstete befragt, aber nur 1 580 entlassen worden. Die meisten der Befragten erklärten, sie hätten unter dem Zwang der Verhältnisse ein subtiles Doppelspiel gespielt – immerhin war die Mitgliedschaft in der faschistischen Partei für Beamte vorgeschrieben. Da viele derjenigen, die die Befragungen durchführten, genausogut auf der anderen Seite des Tisches sitzen konnten, hatten sie durchaus Verständnis für diese Argumentation. Nach den Verfahren gegen einige hochrangige Faschisten und Generäle schlief die versprochene Säuberung von Regierung und Verwaltung allmählich ein.

Die Kommission, unter deren Aufsicht diese Säuberung durchgeführt werden sollte, wurde im März 1946 aufgelöst, und drei Monate später wurden die ersten Begnadigungen ausgesprochen. Alle Urteile unter 5 Jahren wurden aufgehoben.

Praktisch jeder Präfekt, Bürgermeister und jeder mittlere Beamte, der zwischen 1944 und 1945 aus dem Dienst entfernt worden war, wurde wieder eingestellt oder brauchte seine Geldstrafe nicht zu bezahlen, und die meisten der knapp 50000 Italiener, die wegen faschistischer Aktivitäten verurteilt worden waren, saßen nur kurze Zeit im Gefängnis.[1] Höchstens 50 Personen wurden zum Tode verurteilt und hingerichtet. Nicht enthalten in dieser Zahl sind die 55 Faschisten, die am 17. Juli 1945 im Gefängnis von Schio von Partisanen massakriert wurden.

Während des Kalten Krieges wurde Italiens auffällig reibungsloser Übergang von einer Achsenmacht zum demokratischen Alliierten auf ausländischen (amerikanischen) Druck und den politischen Einfluß des Vatikan zurückgeführt. Die Realität war viel komplizierter. Angesichts der Tatsache, daß Pius XII. beste Beziehungen zu den Faschisten unterhalten hatte und vor den Verbrechen der Nazis in Italien und anderswo die Augen verschlossen hatte, kam die katholische Kirche ziemlich gut weg. Es gab tatsächlich Druck seitens der Kirche. Und die angloamerikanischen Militärs, die überall im Land normale Verhältnisse wiederherzustellen versuchten, sträubten sich in der Tat, kompromittierte Beamte zu entlassen. Und in den Regionen, wo linke Widerstandsgruppen und deren politische Vertreter die Macht hatten, wurden die Säuberungen im großen und ganzen sehr viel konsequenter durchgeführt.

Doch es war der 51jährige kommunistische Parteichef Palmiro Togliatti, der als Justizminister der Nachkriegskoalition die Amnestie von 1946 entwarf. Nach zwei Jahrzehnten Exil und vielen Jahren als hoher Funktionär der Kommunistischen Internationale gab sich Togliatti keinerlei Illusionen hin, was nach dem Krieg möglich war. Nach seiner Rückkehr aus Moskau im März 1944 verkündete er in Salerno, daß seine Partei entschlossen sei, für nationale Einheit und Demokratie zu arbeiten – zur Verwirrung und Überraschung vieler seiner Anhänger.

In einem Land, in dem viele Millionen (und zwar keineswegs nur Rechte) durch ihre Beziehung zum Faschismus kompromittiert waren, versprach sich Togliatti keinen Nutzen davon, die Nation an den Rand eines Bürgerkriegs zu bringen beziehungsweise einen bereits stattfindenden Bürgerkrieg weiter zu verlängern. Sinnvoller erschien es ihm, sich für eine Rückkehr von Ordnung und Normalität einzusetzen, die faschistische Ära auf sich beruhen zu lassen und auf demokratischem Weg um die Macht zu kämpfen. Außerdem hatte Togliatti als prominenter Vertreter der internationalen kommunistischen Bewegung, deren strategische Perspektiven über Italien hinausgingen, die griechischen Verhältnisse vor Augen.

In Griechenland, wo ein Großteil der Elite von Verwaltung und Wirtschaft mit den Besatzern zusammengearbeitet hatte, richteten sich die Säuberungen der Nachkriegszeit aber nicht gegen Rechte, sondern gegen Linke – ein aufschlußreicher Einzelfall. Der Bürgerkrieg von 1944 und 1945 hatte die Engländer davon überzeugt, daß nur die entschlossene Errichtung einer konservativen Regierung für Stabilität in diesem kleinen, aber strategisch wichtigen Land sorgen könne. In einem Land, in dem die revolutionäre Linke sich anschickte, die Macht zu ergreifen, würde jedes Vorgehen gegen Geschäftsleute oder Politiker, die mit den Italienern oder Deutschen kooperiert hatten, schwerwiegende Konsequenzen haben.

Und so waren es nicht mehr die Deutschen, die die Stabilität in der Ägäis und auf dem südlichen Balkan bedrohten, sondern die griechischen Kommunisten und die mit ihnen verbündeten Partisanen. Nur wenige Personen wurden wegen Kollaboration mit den Achsenmächten streng bestraft, aber im Krieg gegen die Linke wurde reichlich Gebrauch von der Todesstrafe gemacht. Da in Athen nicht konsequent unterschieden wurde zwischen den linken Partisanen, die gegen Hitler gekämpft hatten, und den kommunistischen Guerillas, die die Nachkriegsregierung stürzen wollten (oft genug waren es dieselben Leute), wurden eher Widerstandskämpfer als Kollaborateure vor Gericht gestellt und verurteilt – und auf Jahrzehnte vom öffentlichen Leben ausgeschlossen: Selbst ihre Kinder und Enkel bezahlten den Preis, denn vielen wurde bis weit in die siebziger Jahre hinein eine Anstellung im aufgeblähten Staatssektor verweigert.

Die Säuberungen und Prozesse in Griechenland waren also unverhüllt politisch. Doch das galt in gewisser Weise auch für die konventionelleren Verfahren in Westeuropa. Jedes Gerichtsverfahren, das in unmittelbarem Zusammenhang mit Krieg oder Bürgerkrieg steht, ist politisch. Bei den Prozessen gegen Pierre Laval oder Philippe Pétain in Frankreich oder den Polizeichef Pietro Caruso in Italien ging es kaum wie bei einem normalen Strafprozeß zu. In diesen und vielen anderen Verfahren der Nachkriegszeit spielten Rache, Vergeltung und politisches Kalkül eine große Rolle. Das müssen wir bedenken, wenn wir uns den Verfahren in Mittel- und Osteuropa zuwenden.

Für Stalin und die sowjetischen Besatzungsbehörden waren die Prozesse gegen Kollaborateure, Faschisten und Deutsche in erster Linie eine Möglichkeit, die jeweilige politische und soziale Landschaft von allen Elementen zu säubern, die einer kommunistischen Herrschaft im Wege stehen könnten. Das gleiche gilt für Titos Jugoslawien. Viele Menschen wurden faschistischer Verbrechen angeklagt, aber eigentlich bestand ihr Verbrechen einzig darin, daß sie einer falschen Nationalität oder Klasse, einer mißliebigen Religionsgemeinschaft oder Partei angehörten oder in ihrem Ort unerwünschte Bekanntheit genossen. Säuberungen, Enteignungen, Vertreibungen, Haftstrafen und Hinrichtungen, mit denen politische Gegner beseitigt werden sollten, waren wichtige Elemente eines sozialen und politischen Transformationsprozesses. Aber sie richteten sich auch gegen tatsächliche Faschisten und Kriegsverbrecher.

Im Rahmen seiner Maßnahmen gegen die katholische Kirche in Kroatien ließ Tito auch den berüchtigten Zagreber Kardinal Alois Stepinac vor Gericht stellen, einen Apologeten des verbrecherischen Ustascha-Regimes, der sich vermutlich glücklich schätzen konnte, daß er die nächsten vierzehn Jahre unter Hausarrest verbrachte, bevor er 1960 eines natürlichen Todes starb. Draža Mihailović, der Tschetnik-Führer, wurde im Juli 1946 zum Tode verurteilt und hingerichtet. In den zwei Jahren nach der Befreiung Jugoslawiens wurden Zehntausende Nichtkommunisten ermordet. Alle waren Opfer eines politisch motivierten Rachefeldzugs, aber angesichts ihrer Aktivitäten bei den Tschetniks, den Ustascha, der slowenischen Weißen Garde oder den Domobranci wären viele von ihnen in jedem Staat zur hohen Strafen verurteilt worden.[2] Viele ethnische Ungarn wurden wegen Beteiligung an Massakern in der Wojwodina im Januar 1942 hingerichtet oder deportiert, ihr Land unter nichtungarischen Anhängern des neuen jugoslawischen Regimes verteilt. Dies war eine kalkuliert politische Maßnahme, aber in vielen Fällen waren die Beschuldigungen keineswegs aus der Luft gegriffen.

Jugoslawien war ein besonders vertrackter Fall. In Ungarn wurde Kriegsverbrechern, vor allem Anhängern der nazifreundlichen Regimes von Döme Sztójay und Ferenc Szálasi, nach dem Krieg der Prozeß gemacht. Der Anteil von verurteilten Faschisten und Kollaborateuren in Ungarn war nicht höher als in Belgien und den Niederlanden – und zweifellos hatten diese Leute schwere Verbrechen begangen, nicht zuletzt wirkten sie bei der Deportation und Vernichtung Hunderttausender ungarischer Juden mit. Erst später fügten die ungarischen Behörden die Straftatbestände »Sabotage« und »Verschwörung« hinzu, um eine größere Zahl von Oppositionellen und anderen Personen beseitigen zu können, die einer kommunistischen Machtübernahme im Weg stehen würden.

In der Tschechoslowakei verhängten die durch das Retributionsdekret vom 19. Juni 1945 eingerichteten außerordentlichen Volksgerichte 713 Todesurteile, 741mal lebenslänglich und 19 888 kürzere Haftstrafen für »Verräter, Kollaborateure und faschistische Elemente aus den Reihen der tschechischen und slowakischen Nation«. Diese Sprache klingt nach kommunistischem Juristenjargon und läßt schon die Schrecken ahnen, die dem Land bevorstanden. Verräter, Kollaborateure und Faschisten hatte es in der besetzten Tschechoslowakei aber tatsächlich gegeben: Einer von ihnen, Pater Tiso, wurde am 18. April 1947 durch den Galgen hingerichtet. Ob Tiso und andere einen fairen Prozeß bekamen, ob sie in der Atmosphäre der damaligen Zeit einen fairen Prozeß überhaupt bekommen konnten, kann man zu Recht fragen. Aber man hat sie nicht schlechter behandelt als beispielsweise Pierre Laval. Die tschechische Nachkriegsjustiz verwendete gern den beunruhigend vagen Begriff »staatsfeindliches Vergehen«, der vor allem in Verfahren gegen Sudetendeutsche herangezogen wurde. Aber auch die französische Justiz hat sich in jenen Jahren, mit vielleicht weniger Grund, nicht viel anders verhalten.

Wie erfolgreich all diese Verfahren gegen Kollaborateure im befreiten Nachkriegseuropa waren, ist schwer zu beurteilen. Das Muster der Urteile wurde seinerzeit oft kritisiert – wer noch während des Krieges oder unmittelbar nach der Befreiung vor Gericht kam, erhielt tendenziell strengere Strafen als jene, die später angeklagt wurden. Unbedeutende Missetäter, die sich im Frühjahr 1945 verantworten mußten, erhielten sehr viel längere Haftstrafen als hochrangige Kollaborateure, deren Prozeß erst ein Jahr oder noch später stattfand. In Böhmen und Mähren wurde ein recht hoher Prozentsatz der Todesurteile (95 Prozent) vollstreckt, weil das Urteil laut Gesetz binnen 2 Stunden nach Urteilsverkündung vollstreckt werden mußte. Anderswo konnte jeder, der nicht sofort hingerichtet wurde, mit einer Umwandlung seines Urteils rechnen.

Todesurteile waren häufig in der damaligen Zeit, und sie stießen auf wenig Protest. Angesichts der massenhaften Vernichtung von Menschenleben im Krieg schienen diese Urteile weniger extrem (und eher gerechtfertigt) als unter normalen Verhältnissen. Was für sehr viel mehr Empörung sorgte und mancherorts vielleicht den Sinn der ganzen Unternehmung untergrub, war die offenkundige Beliebigkeit der Urteile und der Umstand, daß viele von Richtern verhängt wurden, die aus den Kriegsjahren keineswegs mit sauberer Weste hervorgegangen waren. Schriftsteller und Journalisten, deren politische Einstellung zum Besatzungsregime anhand schriftlicher Äußerungen verfolgt werden konnte, traf es besonders hart. Aufsehenerregende Verfahren gegen Intellektuelle – wie etwa der Prozeß gegen Robert Brasillach in Paris im Januar 1945 – führten zu Protesten anerkannter Widerstandskämpfer wie Albert Camus, der es für ungerecht und unklug hielt, Menschen wegen ihrer Ansichten zu verurteilen, wie verabscheuenswert diese auch sein mochten.

Dagegen kamen Geschäftsleute und ranghohe Beamte, die von der Besatzung profitiert hatten, relativ gut weg, zumindest in Westeuropa. In Italien drängten die Alliierten darauf, daß Männer wie der FIAT-Manager Vittorio Valletta, der bekanntermaßen mit den Faschisten zusammengearbeitet hatte, nicht entlassen wurden. Andere leitende Angestellte überlebten, indem sie auf ihren Widerstand gegen Mussolinis Soziale Republik Italien von Salò hinwiesen – die viele von ihnen tatsächlich abgelehnt hatten, weil sie ihnen zu »sozial« war. In Frankreich wurden Strafverfahren gegen einige Unternehmer durch Verstaatlichung ihrer Betriebe abgewendet – der Renault-Werke beispielsweise, mit der Louis Renaults beträchtlicher Beitrag zu den Kriegsanstrengungen der Deutschen vergolten wurde. Und überall wurden kleine Geschäftsleute, Bankiers und Beamte, die bei der Verwaltung der Besatzungsregimes mitgeholfen, die am Bau des »Atlantikwalls« mitgewirkt, die die Wehrmacht beliefert hatten usw., auf ihren Posten belassen, wo sie der neuen demokratischen Regierung in ähnlicher Weise dienten und damit für Kontinuität und Stabilität sorgten.

Vermutlich waren solche Kompromisse unvermeidlich. Angesichts des Ausmaßes der Zerstörungen und des moralischen Zusammenbruchs wurde das wenige, was noch funktionierte, als Grundstein für die Zukunft benötigt. Die provisorischen Regierungen der unmittelbaren Nachkriegszeit waren hilflos. Die bedingungslose (und dankbare) Kooperation der Wirtschafts- und Finanzelite schien unerläßlich, wenn die notleidende Bevölkerung mit Nahrungsmitteln, Kleidung und Kraftstoff versorgt werden sollte. Säuberungen im Wirtschaftsbereich konnten kontraproduktiv, ja sogar lähmend sein.

Doch der Preis dafür war politischer Zynismus und eine deutliche Abkehr von den Illusionen und Hoffnungen der Befreiung. Bereits am 27. Dezember 1944 schrieb der italienische Schriftsteller Guglielmo Giannini in *L'Uomo Qualunque*, der Zeitung einer neuen Partei gleichen Namens, die genau diese spöttische Ernüchterung ansprach: »Ich bin derjenige, der den ehemaligen Parteibonzen fragt: Wie kommt es, daß ausgerechnet du die Säuberung durchführst? … Ich bin derjenige, der sich umschaut und sagt: Das sind faschistische Methoden und Strukturen … Ich bin derjenige, der an nichts und an niemanden mehr glaubt.«

Italien war, wie gesagt, ein komplizierter Fall. Aber Ende 1945 waren Haltungen der Art, wie sie Giannini zum Ausdruck brachte, weit verbreitet in Europa, und sie bereiteten den Weg für ein rasches Umdenken. Nachdem die Schuld für die jüngste Vergangenheit zugewiesen und die prominentesten oder psychologisch interessantesten Fälle bestraft waren, wollten die meisten Menschen in den ehedem besetzten Ländern unangenehme oder unschöne Erinnerungen einfach wegpacken und nach vorne schauen. Jedenfalls waren nur sehr wenige bereit, ihre Landsleute für die schlimmsten Verbrechen verantwortlich zu machen. Nach allgemeiner Auffassung hatten allein die Deutschen die volle Verantwortung für die Schrecken des Krieges zu tragen.

Diese Haltung war so verbreitet, daß man sogar die Österreicher von jeder Schuld ausnahm. Bereits im Oktober 1943 hatten sich die Alliierten darauf verständigt, Österreich als Hitlers »erstes Opfer« anders zu behandeln als Deutschland. Dies entsprach Churchills Haltung, der vor allem die preußischen Wurzeln des Nationalsozialismus im Blick hatte.[3] Aber auch die anderen Alliierten waren damit einverstanden – angesichts der geographischen Lage Österreichs und der politisch ungewissen Zukunft Mitteleuropas schien es klug, das Schicksal Österreichs von demjenigen Deutschlands abzutrennen.

Trotzdem konnte Österreich kaum wie eines der vielen besetzten Länder behandelt werden, wo man die Kollaborateure und lokalen Faschisten bestrafen und anschließend zur Normalität zurückkehren würde. In einem Land mit knapp sieben Millionen Einwohnern hatte es 700 000 NSDAP-Mitglieder gegeben, und bei Kriegsende gab es noch immer 536 000 eingetragene Parteigenossen. 1,2 Millionen Österreicher hatten in deutscher Uniform am Krieg teilgenommen. In der SS und unter KZ-Aufsehern waren Österreicher überproportional vertreten. Das öffentliche und kulturelle Leben in Österreich war durchsetzt mit Nazis. Von den 117 Mitgliedern der Wiener Philharmoniker waren 45 Parteimitglieder (während von den 110 Berliner Philharmonikern nur 8 der NSDAP angehörten).

Unter diesen Bedingungen kam Österreich bemerkenswert glimpflich davon. Gegen 130 000 Österreicher wurde wegen Kriegsverbrechen ermittelt, 23 000 wurden angeklagt, 13 600 verurteilt, 43 Todesurteile gesprochen, aber nur 30 vollgestreckt. Rund 70 000 Staatsbedienstete wurden entlassen. Im Herbst 1946 erklärten sich die vier Siegermächte bereit, die Behandlung der Kriegsverbrecher und die »Entnazifizierung« den Österreichern selbst zu überlassen. Das besonders infizierte Bildungswesen wurde gesäubert: 2 943 Grundschullehrer und 477 Gymnasiallehrer wurden entlassen, aber nur 27 Universitätsprofessoren – obwohl viele Akademiker erwiesenermaßen mit den Nazis sympathisiert hatten.

1947 wurde ein Gesetz erlassen, das zwischen »mehr« und »weniger« Belasteten unterschied. 500 000 der letzteren wurden ein Jahr später begnadigt und in ihre bürgerlichen Rechte wiedereingesetzt. Die Erstgenannten, insgesamt etwa 42 000 Personen, hatte man bis 1956 ausnahmslos begnadigt. Und anschließend strichen die Österreicher ihre braune Vergangenheit einfach aus der Erinnerung. Die Mühelosigkeit, mit der Österreich seine Affäre mit den Nazis abschüttelte, hatte damit zu tun, daß alle daran interessiert waren, die jüngste Vergangenheit möglichst vorteilhaft umzudefinieren: die konservative Volkspartei, Erbin der Christlichsozialen Partei der Vorkriegszeit, hatte allen Grund, ihren (und Österreichs) »undeutschen« Charakter zu betonen, um davon abzulenken, daß sie 1934 gewaltsam ein korporatives Regime durchgesetzt hatte. Die österreichischen Sozialdemokraten, fraglos antifaschistisch, mußten sich von dem Makel befreien, vor 1933 zum Anschluß aufgerufen zu haben. Überhaupt waren alle Parteien daran interessiert, die einstigen Nazis zu umgarnen und für sich zu gewinnen, einen großen Teil der Bevölkerung, der die politische Zukunft des Landes gestalten würde. Und außerdem spielten noch die neuen Konstellationen eine Rolle, die sich mit dem Beginn des Kalten Krieges ergaben.

Derlei Überlegungen gab es natürlich auch in Deutschland. Aber die Deutschen wollte man nicht über ihre Zukunft mitbestimmen lassen. In der bereits erwähnten Moskauer Erklärung vom 30. Oktober 1943, in der Österreich als Opfer der Hitlerschen Angriffspolitik bezeichnet wurde, machten die Alliierten die Deutschen darauf aufmerksam, daß sie für ihre Kriegsverbrechen zur Verantwortung gezogen würden. Und so geschah es auch. Zwischen 1945 und 1947 führten die Siegermächte mehrere Prozesse gegen hochrangige Nazis, denen Kriegsverbrechen, Verbrechen gegen die Menschlichkeit, Mord und andere Verbrechen zur Last gelegt wurden.

Der bekannteste dieser Prozesse war das Internationale Kriegsverbrechertribunal in Nürnberg, vor dem sich zwischen Oktober 1945 und Oktober 1946 die führenden Nazis zu verantworten hatten. Aber es gab noch viele andere Verfahren. Weniger prominenten Nazis wurde von amerikanischen, britischen und französischen Militärgerichten in der jeweiligen Besatzungszone der Prozeß gemacht, andere wurden an die Länder ausgeliefert, wo sie ihre Verbrechen begangen hatten, namentlich an Polen und Frankreich. Kriegsverbrecherprozesse fanden während der gesamten alliierten Besatzung in Deutschland statt: In den Westzonen wurden mehr als 5 000 Personen wegen Kriegsverbrechen oder Verbrechen gegen die Menschlichkeit verurteilt, davon knapp 800 zum Tode, 486 schließlich hingerichtet – der letzte, unter lautstarken Gnadenappellen, im Juni 1951 im Zuchthaus Landsberg.

Es konnte nicht darum gehen, die Deutschen wegen ihrer NS-Gesinnung zu bestrafen, obschon die NSDAP laut einem Nürnberger Urteil eine kriminelle Organisation gewesen war. Es gab einfach zu viele von ihnen, und die Argumente gegen Kollektivschuld waren viel zu zwingend. Ohnehin war nicht klar, wozu es führen würde, Millionen von Menschen schuldig zu sprechen. Klar war die Verantwortung der hohen Nazis, an ihrem Schicksal bestanden kaum Zweifel. Mit den Worten Telford Taylors, des US-Chefanklägers in Nürnberg: »Zu viele Menschen glaubten, von den Führern des Dritten Reiches hintergangen worden zu sein, und wollten nun entsprechende Urteile sehen.«

Die Kriegsverbrecherprozesse dienten aber nicht nur der Rechtsprechung, sondern einem pädagogischen Zweck. Der Nürnberger Hauptprozeß wurde zweimal täglich im Radio übertragen, und die Verhandlungen sollten in Schulen, Kinos und Umerziehungszentren im ganzen Land vorgeführt werden. Der Nutzen solcher Prozesse war aber nicht immer deutlich. In einigen der ersten Verfahren gegen KZ-Kommandanten und Wachpersonal wurden zahlreiche Angeklagte freigesprochen. Ihre Anwälte nutzten die angelsächsische Justizordnung, um Zeugen und KZ-Überlebende auf demütigende Weise ins Kreuzverhör zu nehmen. Beim Prozeß gegen Aufseher des KZ Bergen-Belsen, der vom 17. September bis 17. November 1945 in Lüneburg stattfand, waren es *britische* Verteidiger, die mit einigem Erfolg darauf verwiesen, ihre Mandanten hätten nur die Gesetze befolgt – 15 von 45 Angeklagten wurden freigesprochen.

Inwieweit diese Kriegsverbrecherprozesse zur politischen und moralischen Umerziehung der Deutschen beitrugen, ist schwer zu sagen. Viele lehnten sie als

»Siegerjustiz« ab, und genau darum handelte es sich. Aber es waren auch reale Verfahren, die gegen reale Verbrecher wegen erkennbar verbrecherischer Taten durchgeführt wurden, und sie waren ein wichtiger völkerrechtlicher Präzedenzfall für spätere Jahrzehnte. Zwischen 1945 und 1948 (dem Jahr, in dem die UN-Kriegsverbrecherkommission aufgelöst wurde) kam in diesen Prozessen eine Unmenge von Dokumenten und Zeugenaussagen zusammen (namentlich zur Vernichtung der europäischen Juden), und zwar genau in dem Moment, da die Deutschen und andere die Vergangenheit möglichst schnell vergessen wollten. Diese Verfahren machten deutlich, daß für Verbrechen, die einzelne aus ideologischen Motiven oder im Interesse des Staates begangen hatten, gleichwohl diese Einzelpersonen verantwortlich und zu bestrafen waren. Niemand konnte sich mehr damit herausreden, Befehle ausgeführt zu haben.

Die alliierten Kriegsverbrecherprozesse waren jedoch mit zwei unvermeidlichen Mängeln behaftet. Die Präsenz sowjetischer Ankläger und Richter empfanden viele deutsche und osteuropäische Kommentatoren als Heuchelei. Die Praxis der Sowjets in den von ihnen »befreiten« Ländern war kein Geheimnis – ja sie war vielleicht bekannter und es wurde mehr darüber berichtet als in späteren Jahren. Und die Säuberungen und Massaker der dreißiger Jahre waren für viele Menschen noch in guter Erinnerung. Daß nun Sowjets über Nazis zu Gericht saßen, manchmal für Verbrechen, die sie selbst begangen hatten, minderte den Wert von Nürnberg und anderen Prozessen und ließ den Eindruck einstehen, daß dort nur Vergeltung an den Deutschen geübt wurde. »Diese Praxis«, schrieb George Kennan, »konnte nur den Eindruck vermitteln, daß solche Verbrechen zu rechtfertigen und zu verzeihen waren, wenn sie von den Führern des einen Staates unter ganz bestimmten Bedingungen begangen werden, aber nicht zu rechtfertigen und nicht zu verzeihen und mit dem Tode zu bestrafen waren, wenn sie von einem anderen Staat unter anderen Bedingungen begangen werden.«

Die Anwesenheit der Sowjets in Nürnberg war der Preis, der für das Kriegsbündnis der Alliierten und für die herausragende Rolle der Roten Armee beim Sieg über Hitler entrichtet werden mußte. Der zweite Mangel der Prozesse lag in der Natur des juristischen Verfahrens selbst. Eben weil die persönliche Schuld der NS-Führer, angefangen bei Hitler, so gründlich und vollständig nachgewiesen war, glaubten viele Deutsche annehmen zu dürfen, daß der Rest der Bevölkerung unschuldig war, daß die Deutschen in ihrer Gesamtheit ebenso Opfer des Nationalsozialismus seien wie alle anderen Völker auch. Die Naziverbrechen mochten »in deutschem Namen« begangen worden sein (wie es Helmut Kohl 50 Jahre später formulierte), aber kaum jemand war sich bewußt, daß sie von Deutschen begangen worden waren.

Besonders den Amerikanern war das ganz klar, so daß sie in ihrer Zone sofort

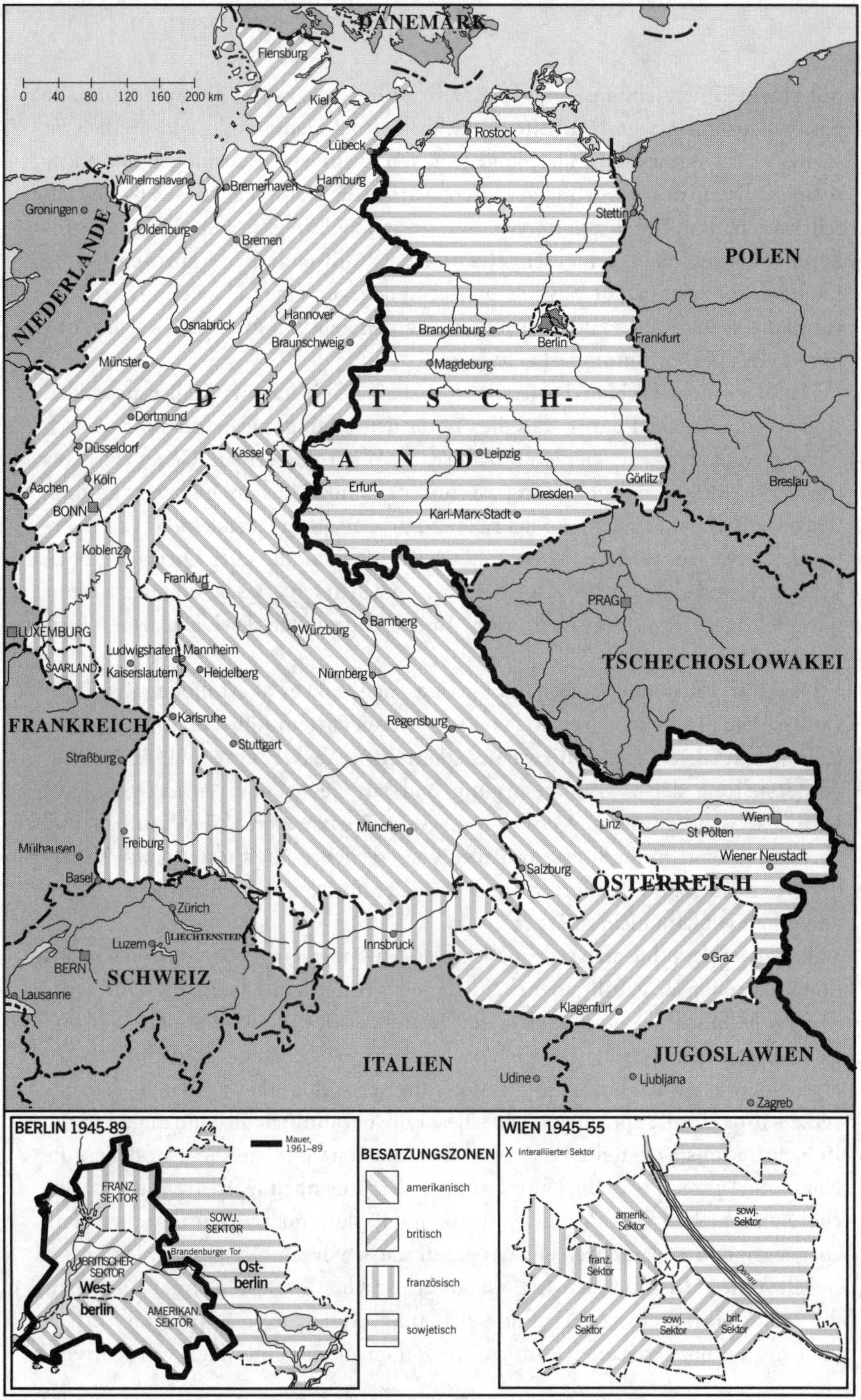

Deutschland und Österreich: Alliierte Besatzungszonen

mit einem Umerziehungs- und Entnazifizierungsprogramm begannen, um alle nationalsozialistischen Wurzeln zu entfernen und Demokratie und Freiheit zu säen. Zur US-Armee in Deutschland gehörten zahlreiche Psychologen und andere Spezialisten, die herausfinden sollten, warum die Deutschen diesen Irrweg beschritten hatten. Die Briten unternahmen ähnliche Projekte, allerdings mit größerer Skepsis und geringeren Ressourcen, während die Franzosen wenig Engagement zeigten. Die Sowjets betrieben dagegen eine radikale Entnazifizierung, die deshalb auch zu den wenigen Themen gehörte, in denen sich die Alliierten einig waren, zumindest zeitweilig.

Das eigentliche Problem bei jedem Vorhaben, den Nationalsozialismus radikal auszurotten, bestand darin, daß dies unter den Bedingungen von 1945 einfach nicht praktikabel war. Der amerikanische Militärgouverneur General Lucius Clay erklärte: »In der Verwaltung war unser größtes Problem, halbwegs kompetente Deutsche zu finden, die dem Naziregime nicht in irgendeiner Weise verbunden gewesen waren ... Anscheinend die einzigen, die über Qualifikationen verfügen, sind allzu oft Berufsbeamte ... von denen ein großer Teil mehr als nur nominell (gemäß unserer Definition) an den Aktivitäten der Nazipartei teilgenommen hatte.«

Das war nicht übertrieben. Bei Kriegsende gab es 8 Millionen Nazis in Deutschland. In Bonn waren 102 von 112 Ärzten Parteimitglieder. Im zerstörten Köln waren 18 von 21 Technikern der städtischen Wasserwerke (die für die Wiederherstellung der Wasserversorgung und zur Seuchenprävention gebraucht wurden) Nazis gewesen. Verwaltung, Gesundheitswesen, Wiederaufbau und Privatwirtschaft mußten zwangsläufig von solchen Leuten übernommen werden, wenn auch unter alliierter Aufsicht. Sie einfach aus dem öffentlichen Leben zu verbannen kam nicht in Frage.

Trotzdem bemühte man sich zunächst. 16 Millionen Fragebögen wurden in den drei Westzonen ausgefüllt, mehrheitlich in der Amerikanischen Zone. Dort wurden 3,5 Millionen Deutsche (etwa ein Viertel der Bevölkerung in der US-Zone) als »belastet« eingestuft, aber viele mußten nicht vor einer der Spruchkammern erscheinen, die seit März 1946 – unter alliierter Ägide, aber mit Deutschen besetzt – ihre Urteile sprachen. Deutsche Zivilisten mußten an Führungen durch Konzentrationslager teilnehmen und Dokumentarfilme ansehen, in denen die Nazigreuel gezeigt wurden. Lehrer mit NS-Vergangenheit wurden entlassen, Büchereien erhielten neue Bestände, Presse und Papierzuteilung wurde neuen Herausgebern und Redakteuren anvertraut, die ausgewiesene Nazigegner waren.

Selbst diese Maßnahmen stießen auf erheblichen Protest. Konrad Adenauer, der spätere Bundeskanzler, äußerte sich am 5. Mai 1946 in Wuppertal kritisch über die Entnazifizierung. »Mitläufer« sollten in Ruhe gelassen werden, verlangte er. Zwei Monate später hob er vor Mitgliedern der neugegründeten Christlich-Demokratischen Union abermals hervor, daß die Entnazifizierung zu lange dauere und niemandem nütze. Adenauers Bedenken waren aufrichtig. Die Deutschen mit den Verbrechen der Nationalsozialisten zu konfrontieren, ob durch Strafverfahren oder Umerziehungsmaßnahmen, konnte aus seiner Sicht nur zu nationalistischer Gegenwehr statt zu Reue führen. Eben weil der Nationalsozialismus in Deutschland so tief verwurzelt war, hielt Adenauer es für klüger, die Dinge auf sich beruhen zu lassen.

Mit dieser Auffassung hatte er nicht völlig Unrecht. Die Deutschen hatten kaum eine Vorstellung davon, wie sie im Ausland gesehen wurden. Sie machten sich keinen Begriff davon, was ihre Führer getan hatten, und beschäftigten sich lieber mit ihren Nachkriegsproblemen – Lebensmittelknappheit, Wohnungsmangel und dergleichen – als mit dem Leid, das sie über ganz Europa gebracht hatten. Überhaupt sahen sie sich eher als Opfer und betrachteten daher die Kriegsverbrecherprozesse und andere Formen der Auseinandersetzung mit der braunen Vergangenheit als Rache der Siegermächte an einem untergegangenen Regime.[4] Von gewissen anerkennenswerten Ausnahmen abgesehen, stellte sich kaum einer der politischen und religiösen Repräsentanten in Nachkriegsdeutschland gegen diese Ansicht, und ganz besonders kompromittiert war die Elite der akademischen Welt, in Justiz und Beamtenschaft.

Und so verspottete man die Fragebögen. Wenn überhaupt, dann dienten sie meist dazu, verdächtige Personen reinzuwaschen, ihnen zum »Persilschein« zu verhelfen. Die Umerziehung war von eindeutig begrenzter Wirkung. Man konnte die Deutschen zum Besuch von Dokumentarfilmen verpflichten, man konnte sie aber nicht zwingen, genau hinzusehen, über das Gesehene womöglich nachzudenken. Viele Jahre später beschrieb Stephan Hermlin eine Szene in einem Frankfurter Kino, wo Deutsche sich einen Dokumentarfilm über Dachau und Buchenwald ansehen mußten, bevor man ihnen die Lebensmittelkarten aushändigte. »Im halben Licht des Projektionsapparates sah ich, wie die meisten nach Beginn des Films das Gesicht abwandten und so bis zum Ende der Vorstellung verharrten. Heute scheint mir, das abgewandte Gesicht sei die Haltung von Millionen geworden und geblieben. Das unglückliche Volk, dem ich angehörte, war sentimental und verhärtet zugleich, sich erschüttern zu lassen, das Erkennedich-selbst war nicht sein Teil.«[5]

Als die Westalliierten mit dem Heraufkommen des Kalten Krieges ihre Entnazifizierungsbemühungen einstellten, war klar, daß diese Maßnahmen nur bedingt erfolgreich gewesen waren. Die Hälfte der bayerischen Gymnasiallehrer war 1946 entlassen, zwei Jahre später aber wieder eingestellt worden. Nach 1949 wurde in der neugegründeten Bundesrepublik die Vergangenheit von Beamten und Wehrmachtsoffizieren nicht mehr durchleuchtet. In Bayern waren 1951 94 Prozent der Richter und Staatsanwälte, 77 Prozent der Angestellten der Finanzverwaltung und 60 Prozent der Beamten des Landwirtschaftsministerium ehemalige Nazis. Noch 1952 war jeder dritte Beamte im Bonner Außenministerium ehemaliges Parteimitglied. 43 Prozent der Diplomaten hatten der SS angehört, 17 Prozent dem Sicherheitsdienst oder der Gestapo. Hans Globke, in den fünfziger Jahren Staatssekretär im Bundeskanzleramt, hatte den offiziellen Kommentar zu den Nürnberger Rassegesetzen geschrieben. Der oberste Polizeichef von Rheinland-Pfalz, Wilhelm Hauser, war als Obersturmführer verantwortlich für Kriegsverbrechen in Weißrußland.

Das gleiche Muster fand man auch außerhalb der Beamtenschaft. Universitäten und Justiz waren am wenigsten betroffen von der Entnazifizierung, trotz notorischer Nähe zum NS-Regime. Auch Unternehmer kamen relativ ungeschoren davon. Friedrich Flick, 1947 als Kriegsverbrecher verurteilt, wurde drei Jahre später entlassen und gelangte als Hauptaktionär bei Daimler-Benz wieder zu Ansehen. Alle leitenden Angestellte von I. G. Farben und Krupp wurden bald entlassen und kehrten relativ unbeschädigt in das öffentliche Leben zurück. 1952 waren alle leitenden Angestellten der Fordwerke wieder in ihrer Position. Selbst die nach amerikanischem Recht verurteilten NS-Richter und KZ-Ärzte wurden (von Hochkommissar John McCloy) vorzeitig aus ihrer Haft entlassen.

Meinungsumfragen aus der Nachkriegszeit belegen, wie begrenzt der Erfolg der alliierten Anstrengungen war. Im Oktober 1946, nach dem Nürnberger Prozeß, bezeichneten nur 6 Prozent der Befragten das Verfahren als »ungerecht«, aber 4 Jahre später vertrat schon jeder dritte diese Ansicht. Dies kann nicht überraschen, denn noch 1949 war eine Mehrheit der Deutschen überzeugt davon, daß der Nationalsozialismus eine gute Sache gewesen, aber nur schlecht ausgeführt worden sei. Im November 1946 fanden 37 Prozent der Befragten in der amerikanischen Zone, daß »die Vernichtung der Juden und Polen und anderer Nichtarier für die Sicherheit von Deutschen notwendig« gewesen sei.

In derselben Meinungsumfrage stimmte jeder dritte der These zu, daß »Juden nicht die gleichen Rechte haben sollten wie Arier«. Dies ist nicht sonderlich überraschend, da die Befragten 12 Jahre in einer Diktatur gelebt hatten, die sich dieser Auffassung verschrieben hatte. Überraschend ist dagegen eine Meinungsumfrage von 1952, bei der 37 Prozent erklärten, daß es besser sei, wenn in Deutschland keine Juden lebten. Und im gleichen Jahr räumte jeder vierte Westdeutsche ein, eine »gute Meinung« von Hitler zu haben.

In der sowjetischen Besatzungszone wurde etwas anders mit dem Erbe der Nationalsozialisten umgegangen. Wenngleich sowjetische Richter und Anwälte an den Nürnberger Prozessen mitwirkten, lag das Schwergewicht in Ostdeutschland auf der kollektiven Bestrafung von Nazis und der Verbannung des Nationalsozialismus aus allen Bereichen des Lebens. Die kommunistischen Führer wußten sehr wohl, was in Deutschland passiert war. Wie Walter Ulbricht nur sechs Wochen nach Kriegsende vor KPD-Delegierten in Berlin erklärte: »Die Tragödie des deutschen Volkes besteht darin, daß es einer Verbrecherbande gehorcht hat ... Die deutsche Arbeiterklasse und die werktätige Bevölkerung haben vor der Geschichte versagt.«

Das war mehr, als Adenauer oder die meisten andern westdeutschen Politiker anzuerkennen bereit waren, jedenfalls öffentlich. Aber Ulbricht (genau wie der sowjetischen Besatzungsmacht, der er unterstand) kam es nicht so sehr darauf an, die NS-Verbrechen zu sühnen, als vielmehr die Macht der Kommunisten in Deutschland zu sichern und den Kapitalismus zu beseitigen. Wenn die sowjetzonale Entnazifizierung in einigen Fällen auch radikaler war als im Westen, so gründete sie doch auf zwei falschen Auffassungen vom Nationalsozialismus: Die eine war Bestandteil kommunistischer Theorie, die andere bewußt opportunistisch.

Es war eine marxistische Binsenweisheit und offizielle sowjetische Lehre, daß der Nationalsozialismus nur eine spezielle Variante des Faschismus, der Faschismus wiederum das Produkt kapitalistischen Profitstrebens in Krisenzeiten sei. Dementsprechend interessierten sich die Sowjets kaum für die entschieden rassistische Natur des Nationalsozialismus, sondern gingen gegen Unternehmer, Beamte, Lehrer und andere vor, die angeblich für die Interessen der Klasse arbeiteten, die Hitler unterstützt hatte. So unterschied sich der sowjetische Umgang mit der nationalsozialistischen Erbschaft in Deutschland nicht wesentlich von der sozialen Transformation, die Stalin in anderen Teilen Mittel- und Osteuropas bewirkte.

Das opportunistische Element war ein Ausdruck von Schwäche. Die deutschen Kommunisten waren nicht sehr stark – und daß sie im Schlepptau der Roten Armee in Deutschland eintrafen, war nicht gerade angetan, ihnen Sympathien zu verschaffen. Ihre einzige politische Chance, einmal abgesehen von brutaler Gewalt und Wahlbetrug, lag darin, partikulare Interessen zu bedienen. Nach Osten und Süden taten sie das, indem sie die Vertreibung von Deutschen forderten und sich als Garant und Beschützer der neuen (polnischen, slowakischen, serbischen) Bewohner der von den Deutschen verlassenen Höfe, Geschäfte und Wohnungen präsentierten. In Deutschland selbst ging das natürlich nicht. In Österreich machten die Kommunisten den Fehler, bei den Wahlen Ende 1945 die potentiell ausschlaggebende Unterstützung von kleinen Nazis und ehemaligen Parteigenossen zurückzuweisen. Damit waren die Chancen der Kommunisten im Nachkriegsösterreich dahin. In Berlin wurde diese Lektion sehr aufmerksam registriert, und so beschloß die KPD, Millionen ehemaliger Nazis ihre Dienste und ihren Schutz anzubieten.

Diese beiden Perspektiven – Doktrin und Kalkül – widersprachen einander nicht unbedingt. Ulbricht und Genossen glaubten natürlich, daß man den Nationalsozialismus am besten durch soziale und wirtschaftliche Transformation ausrotten könne. Persönliche Verantwortung oder Umerziehung interessierten sie nicht. Aber sie wußten auch, daß der Nationalsozialismus nicht bloß ein übler Streich war, der dem unschuldigen deutschen Proletariat gespielt worden war. Die deutsche Arbeiterklasse hatte (genau wie die deutsche Bourgeoisie) versagt. Aber gerade deswegen würde sie sich, wenn man ihr mit der richtigen Mischung aus Zuckerbrot und Peitsche kam, um so eher für kommunistische Ziele engagieren. Und ohnehin hatten die Behörden in Ostdeutschland, wie die im Westen, kaum eine andere Wahl – mit wem wollte man das Land aufbauen, wenn nicht mit ehemaligen Nazis?

So entließen die Sowjets einerseits zahllose ehemalige Nationalsozialisten – bis April 1948 waren es 520000 – und besetzten die Verwaltung mit »Antifaschisten«. Andererseits riefen deutsche Kommunisten ehemalige Nazis, die nicht allzu offensichtlich kompromittiert waren, zum Eintritt in die Partei auf. Daß ihr Angebot auf großen Anklang stieß, kann nicht überraschen. Die einstigen Nazis waren nur allzu gerne bereit, ihre Vergangenheit zu verdrängen, indem sie sich auf die Seite der Sieger schlugen. Als Parteimitglieder, in der örtlichen Verwaltung, als Spitzel und Polizisten leisteten sie den Kommunisten gute Dienste.

Immerhin unterschied sich das neue System nicht so sehr von dem, das sie von früher her kannten. Die Kommunisten übernahmen Einrichtungen wie die »Arbeitsfront« oder den »Blockwart«, denen sie nur neue Namen und neue Chefs gaben. Die Anpassungsbereitschaft der ehemaligen Nazis war aber auch auf ihre Erpreßbarkeit zurückzuführen. Den sowjetischen Behörden lag durchaus daran, im Zusammenspiel mit den ehemaligen Feinden Unwahrheiten über Wesen und Ausbreitung des Nationalsozialismus in Ostdeutschland zu verbreiten. So behauptete man, daß die deutschen Kapitalisten und Faschisten ausschließlich im Westen zu finden seien, daß die Deutsche Demokratische Republik das Land der Arbeiter, Bauern und heldenhaften Antifaschisten sei – aber natürlich wußte man Bescheid, und man hatte ja auch die NS-Akten, die man im Bedarfsfall hervorholen konnte. Schwarzmarkthändler, Kriegsgewinnler und Exnazis aller Art mutierten also zu makellosen Kommunisten, denn sie hatten allen Grund, nicht aufzufallen.

Anfang der fünfziger Jahre waren über 50 Prozent der Schuldirektoren ehemalige Nazis, zehn Jahre später mehr als 10 Prozent der Volkskammerabgeordneten. Die Staatssicherheit, kurz »Stasi« genannt, übernahm nicht nur die Funktion und Praxis der Gestapo, sondern auch viele ehemalige Gestapoleute und Informanten. Politische Opfer des neuen Regimes, oft pauschal als »Naziverbrecher« bezeichnet, wurden von Exnazipolizisten verhaftet, von Exnazirichtern verurteilt und in Zuchthäusern und Konzentrationslagern, die der neue Staat en bloc übernommen hatte, von ehemaligen KZ-Wärtern bewacht.

Die Mühelosigkeit, mit der Einzelpersonen und Institutionen von Nationalsozialismus bzw. Faschismus auf Kommunismus umschalteten, war keine ostdeutsche Besonderheit, außer vielleicht in den Dimensionen. Im italienischen Widerstand hatten diverse Exfaschisten Unterschlupf gefunden, und die Mäßigung der KPI im Nachkriegsitalien hatte wohl damit zu tun, daß viele ihrer potentiellen Anhänger sich mit dem Faschismus eingelassen hatten. Im Nachkriegsungarn umwarben die Kommunisten ganz offen ehemalige Mitglieder des Pfeilkreuzes, boten ihnen sogar Unterstützung, wenn Juden die Rückgabe ihres Eigentums forderten. Die slowakischen Kommunisten Vlado Clementis und Eugen Löbl wurden in London während des Kriegs von sowjetischen Agenten beschattet, die vor dem Krieg Mitglieder tschechischer faschistischer Parteien gewesen waren und deren Aussage 10 Jahre später im Schauprozeß gegen die beiden verwendet wurde.

Kommunisten waren nicht die einzigen, die über die Vergangenheit all derjenigen hinwegsahen, die ihnen nach dem Krieg politische Dienste leisteten. In Österreich wurden ehemalige Faschisten von den westlichen Besatzungsmächten oft bevorzugt, sie durften als Journalisten und in anderen sensiblen Bereichen arbeiten. Ihre Sympathien für das autoritäre Vorkriegsregime und die Nationalsozialisten wurden wettgemacht durch ihren überzeugenden und nunmehr nützlichen Antikommunismus. Die alliierte Militärregierung im nordostitalienischen Grenzgebiet beschützte ehemalige Faschisten und Kollaborateure, die von den Jugoslawen gesucht wurden. Und westliche Geheimdienste fanden nichts dabei, erfahrene und gutinformierte Nazis anzuheuern, darunter auch Klaus Barbie von der Gestapo, genannt der »Schlächter von Lyon«, von denen sie sich gute Dienste versprachen, nicht zuletzt gegen die Nazis im sowjetischen Lager, die zu identifizieren sie hervorragend geeignet waren.

In seiner ersten Regierungserklärung vom 20. September 1949 hatte Konrad Adenauer zum Thema Entnazifizierung und Nazierbschaft folgendes zu sagen: »Die Bundesregierung ist entschlossen, dort, wo es ihr vertretbar erscheint, Vergangenes vergangen sein zu lassen, in der Überzeugung, daß viele für subjektiv nicht schwerwiegende Schuld gebüßt haben.« Das entsprach gewiß der Ansicht vieler Deutscher. Wenn die Entnazifizierung scheiterte, dann deswegen, weil sich die Deutschen am 8. Mai 1945 spontan selbst reingewaschen hatten.

Und sie standen nicht allein. In Italien veröffentlichte die Zeitung der neuen

Christdemokraten am Tag von Hitlers Tod einen ähnlichen Aufruf. »Wir haben die Kraft zu vergessen! Vergessen wir so schnell wie möglich!« In Osteuropa, wo jeder etwas zu vergessen hatte (das eigene Leid, die eigenen Taten), gewannen die Kommunisten durch ihr Versprechen, einen revolutionären neuen Anfang zu machen. Überall in Europa wollte man die Vergangenheit hinter sich lassen und neu anfangen – gemäß dem Appell, den Isokrates nach dem Peloponnesischen Krieg an die Athener richtete: »Laßt uns gemeinsam regieren, als wäre nichts Schlimmes geschehen.«

Das wichtigste unsichtbare Vermächtnis des Zweiten Weltkrieges war das gestörte Kurzzeitgedächtnis, die Suche nach nützlichen Legenden – von den Deutschen, die alle gegen Hitler gewesen waren, von einem Frankreich, in dem jeder in der Résistance gekämpft, von einem Polen, in dem es nur Opfer gegeben hatte. In einem positiven Sinn erleichterte dieses Vergessen den nationalen Wiederaufbau, wenn Männer wie Tito, de Gaulle oder Adenauer ihren Landsleuten ein plausibles, ja sogar stolzes Selbstbild vermittelten. Selbst die DDR berief sich auf einen noblen Beginn, den Aufstand von Buchenwald im April 1945. Auf diese Weise konnten Völker, die den Krieg passiv erduldet hatten, wie etwa die Niederländer, die Geschichte ihrer Kompromisse beiseite schieben und andere, wie die Kroaten, die Geschichte ihres Irrwegs in verschwommenen Legenden rivalisierender Heroismen begraben.

Ohne eine solche kollektive Amnesie wäre Europas erstaunlicher Neuanfang nach dem Krieg nicht möglich gewesen. Gewiß wurde vieles verdrängt, das später in verstörender Weise wiederkehrte. Doch erst sehr viel später sollte sich zeigen, wie sehr das Nachkriegseuropa auf Gründungsmythen beruhte, die allmählich Risse bekamen und brüchig wurden. Unter den Bedingungen von 1945, in einem zerstörten Kontinent, war viel zu gewinnen, wenn man tat, als wäre die Vergangenheit wirklich vergangen und begraben, und den Blick in die Zukunft richtete. Der Preis dafür war ein gewisses Maß an selektivem, kollektivem Vergessen, besonders in Deutschland. Schließlich gab es auch viel Vergessenswertes – zumal in Deutschland.

Kurz nach Kriegsende. Ein kleiner Junge geht an Leichen von Häftlingen des Konzentrationslagers Bergen-Belsen vorbei, die am Straßenrand liegen. Wie die meisten erwachsenen Deutschen in den Nachkriegsjahren, wendet er den Blick ab.

Kiew, 1946. Öffentliche Hinrichtung von deutschen Soldaten, die wegen Kriegsverbrechen verurteilt worden waren. Welch unterschiedliche Motive den sowjetischen Prozessen nach dem Krieg auch zugrunde lagen, die schrecklichen Verbrechen der Wehrmacht, der SS und ihrer Kollaborateure waren eine Realität.

Draža Mihajlović, Führer der Tschetnik-Partisanen, vor einem jugoslawischen Militärtribunal im Juni 1946. Die Tschetniks, für die kommunistischen Partisanen eine fast ebenso große Bedrohung wie die deutschen Besatzer, wurden nach dem Krieg von Tito rücksichtslos bekämpft. Mihajlović wurde am 17. Juli 1946 hingerichtet.

August 1944. Eine Frau, die sich auf »horizontale Kollaboration mit dem Feind« eingelassen hatte, wird nach der Befreiung durch amerikanische Truppen durch die Straßen geführt. An zahllosen Frauen in Frankreich, Belgien und den Niederlanden wurde ähnliche Vergeltung geübt.

Eine Engländerin mit ihren Kindern läßt sich am 6. August 1946 (dem Tag der Einführung der staatlichen Sozialhilfe) die ihr zustehende Unterstützung auszahlen. Der europäische Wohlfahrtsstaat der Nachkriegsjahre setzte eine wahre soziale Revolution in Gang und führte zu einer deutlichen Anhebung des Lebensstandards der unteren und mittleren Schichten.

London, Februar 1947. Anstehen nach Kohle. Der Brennstoffmangel war so enorm, daß die meisten Frauen den ganzen Tag auf ihre Wochenzuteilung warten mußten. Die Kinderwagen dienten als Transportmittel für die Kohle, nicht für Kinder.

Marshallplan-Hilfe (1): Die erste Lieferung von karibischem Zucker wird am 3. Februar 1949 im Beisein des britischen Arbeitsministers John Strachey (links) und des Marshallplan-Repräsentanten Elmer Holmgreen (Mitte) im Londoner Hafen gelöscht.

Marshallplan-Hilfe (2): Weihnachten 1949 in Athen. Brot aus »Marshallplan-Mehl« wird an Waisenkinder ausgegeben. Selbst im verarmten Griechenland war der »moralische« Aspekt des Marshall-Plans mindestens ebenso wichtig wie sein materieller Beitrag zum wirtschaftlichen Aufschwung.

Marshallplan-Hilfe (3): »Die Völker der Welt wünschen keine Wiederholung der Schrecken des Krieges« – Jossif Stalin. (Das Gewehr in Uncle Sams rechter Hand ist in ein Dokument mit der Aufschrift »Nordatlantikpakt« eingewickelt). Man beachte, daß die westlichen Anhänger der UdSSR unter einem französischen Transparent marschieren.

Prag, 25. Februar 1948. Eine Menschenmenge verfolgt auf dem Wenzelplatz die Bekanntgabe einer neuen tschechoslowakischen Regierung durch Klement Gottwald. Man bemerke die unterschiedlichen Regungen auf den Gesichtern – die kommunistische Machtergreifung stieß nicht generell auf Ablehnung.

Belgrad, Juli 1948. Ein Gebäude mit dem Bild von Josip Broz Tito. Stalin hatte im Frühjahr 1948 mit dem kommunistischen Jugoslawien gebrochen, weil Titos Eigensinn eine Gefahr für das Moskauer Machtmonopol darstellte.

Berlin, Juni 1948. Ein amerikanisches Transportflugzeug kurz vor der Landung auf dem Flughafen Tempelhof. Stalins Berlin-Blockade war eine strategische Fehlkalkulation: sie erschütterte die Illusion eines neutralistischen Deutschland, band die Westalliierten noch enger an Berlin und führte zur Bildung der Nato.

László Rajk (Mitte) am 23. September 1949, dem letzten Tag seines Prozesses. Als kommunistischer Innenminister hatte er viele Unschuldige auf dem Gewissen, aber sein Prozeß und seine Hinrichtung machten ihn zu einem Märtyrer für künftige Generationen.

Sozialismus mit menschlichem Gesicht: Stalin 1949 in Moskau. »Erinnerte mich an einen Renaissancedespoten – keine Prinzipien, jede Methode, aber ohne blumenreiche Sprache – immer Ja oder Nein, aber verlassen konnte man sich bei ihm nur auf das Nein.« (Clement Attlee, britischer Premierminister)

Der Aufstand am 17. Juni 1953 in Ost-Berlin war das erste Signal im Sowjetblock, daß »das Volk das Vertrauen der Regierung verscherzt« habe. Brechts spöttischer Vorschlag, die Regierung solle das Volk auflösen und ein anderes wählen, erwies sich als undurchsetzbar, aber nicht, weil man es nicht versucht hätte.

Anwesend bei der Gründung: US-Außenminister Dean Acheson, Architekt der Politik der »Eindämmung«, der britische Außenminister Ernest Bevin, auf den das Atlantische Bündnis maßgeblich zurückging, und der französische Außenminister Robert Schuman, Vater der Montanunion (von links nach rechts).

Im sowjetischen Gulag, um 1952. In diesem Jahr, auf dem Höhepunkt der zweiten stalinistischen Terrorwelle, befanden sich 1,7 Millionen Häftlinge in sowjetischen Straflagern, weitere 800 000 in Arbeitslagern und 2 753 000 in »Sonderkolonien«. Das »normale« Gulag-Urteil betrug 25 Jahre.

Jean-Paul Sartre am 23. Juni 1954 in der Leningrader Nationalbibliothek. Sartres Bewunderung für den Kommunismus hatte eher mit romantischen Illusionen (und mit Antiamerikanismus) als mit Ideologie zu tun, war später ein Makel auf seinem weltweiten Ansehen und trübte das glanzvolle Bild seiner Nachkriegsjahre.

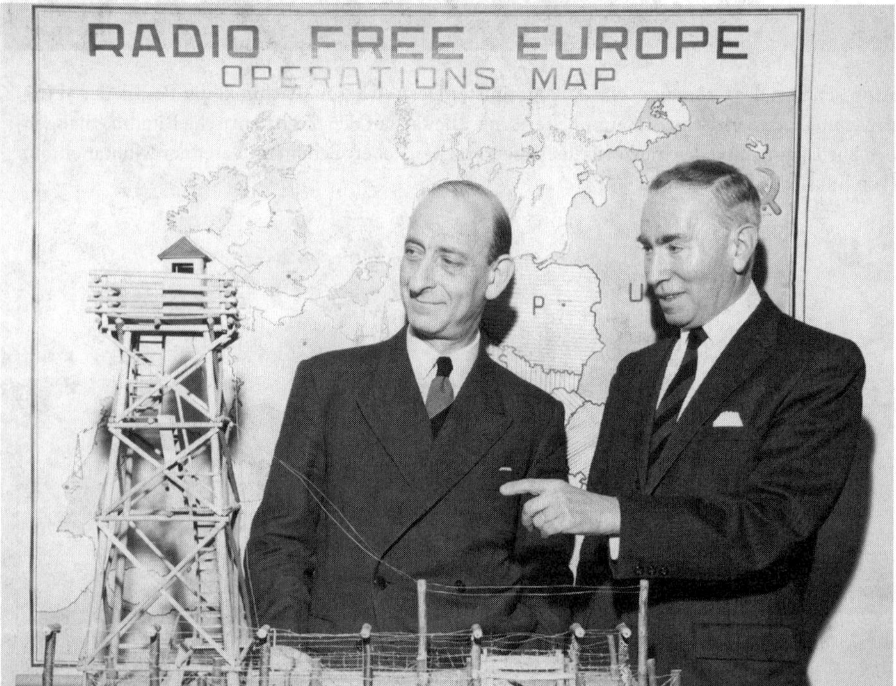

Raymond Aron (links), 1953 zu Besuch bei Radio Free Europe in München. Aron war ein Liberaler in einer unliberalen Zeit, dessen politische Ansichten vielen seiner intellektuellen Mitstreiter oft unverständlich erschienen.

III
Der Wiederaufbau Europas

Heute wissen wir, daß nach diesem Krieg kein Weg zu einem Laisser-faire zurückführt, daß der Krieg an sich eine lautlose Revolution herbeiführt, indem er den Boden für eine neue Art Planung bereitet.

Karl Mannheim

Ganz allgemein scheint die Ansicht zu bestehen, daß für den Wiederaufbau kapitalistische Methoden nicht geeignet sind.

Joseph Schumpeter

Viele von uns waren enttäuscht über das Britannien, in das wir zurückkehrten ... Niemand konnte es über Nacht in das Britannien verwandeln, das wir uns wünschten.

Mrs. Winnie Whitehouse (in: Paul Addison, Now That The War Is Over)

Die Lösung besteht darin, den Teufelskreis zu durchbrechen und das Vertrauen der Europäer in die wirtschaftliche Zukunft ihrer Länder und des ganzen Kontinents zu stärken.

George C. Marshall

Das schiere Ausmaß der europäischen Katastrophe eröffnete neue Möglichkeiten. Der Krieg hatte alles verändert. Eine Rückkehr zu den Verhältnissen, wie sie vor 1939 existiert hatten, kam nicht in Frage. So dachten die Jungen und Radikalen, aber auch für aufmerksame Vertreter der älteren Generation lag dieser Schluß nahe. Charles de Gaulle, der aus einer konservativ-bürgerlichen Familie stammte und bei der Befreiung Frankreichs 54 Jahre alt war, beschrieb es mit charakteristischer Präzision: »Während der Katastrophe, unter der Last der Niederlage, hatte sich im Denken der Menschen ein großer Wandel ereignet. Viele sahen in dem Desaster von 1940 ein allgemeines Versagen der herrschenden Klasse und der staatlichen Ordnung.«

Doch die Probleme hatten nicht erst 1940 begonnen, in Frankreich ebensowenig wie anderswo. Überall kämpfte der antifaschistische Widerstand seinem Selbstverständnis nach nicht bloß gegen Besatzer und lokale Helfershelfer, sondern gegen ein ganzes politisches und gesellschaftliches System, das man mitverantwortlich machte für die Katastrophe im eigenen Land. Es waren die Politiker und Bankiers und Geschäftsleute und Militärs der Zwischenkriegszeit, die ihr Land in die Katastrophe geführt, die Toten des Ersten Weltkrieges verraten und den Boden für den Zweiten bereitet hatten. Sie waren die »Schuldigen«, wie es in einem britischen Pamphlet über die konservativen Appeasement-Politiker hieß, und sie sollten in der Nachkriegsordnung keine Chance mehr haben.

Der Widerstand war daher überall implizit revolutionär. Das lag in der Natur der Sache. Eine Gesellschaft abzulehnen, die den Faschismus hervorgebracht hatte, mußte zum »Traum einer Revolution [führen], die mit einer Tabula rasa beginnen würde« (Italo Calvino). In weiten Teilen Osteuropas hatte man, wie schon erwähnt, tatsächlich reinen Tisch gemacht. Aber selbst in Westeuropa rechneten viele mit radikalen sozialen Veränderungen – und wer würde dem schon im Weg stehen?

Aus Sicht der Widerstandsbewegungen würde der Kampf in der Nachkriegszeit weitergehen. Viele junge Männer und Frauen, die sich im Widerstand engagiert hatten, kannten keine Art öffentlichen Lebens. In Italien gab es seit 1924 keine normale Politik mehr, in Deutschland, Österreich und den meisten osteuropäischen Ländern seit Anfang der Dreißiger und in ganz Kontinentaleuropa seit 1940. Parteien waren verboten, Wahlen manipuliert oder abgeschafft worden. Wer seine Stimme erhob, für soziale Veränderungen oder gar politische Reformen eintrat, stellte sich außerhalb des Gesetzes.

Für diese junge Generation hatte Politik also mit Widerstand zu tun – Widerstand gegen den Staat, gegen soziale oder wirtschaftliche Strukturen, gegen die Vergangenheit. Claude Bourdet, Widerstandskämpfer und nach dem Krieg Autor und bekannter Herausgeber einer linken Zeitschrift, beschrieb die Atmosphäre in seinen Memoiren *L'Aventure Incertaine*: »Die Résistance machte uns zu Oppositionellen in jeder Hinsicht, wir kämpften gegen Menschen ebenso wie gegen die gesellschaftliche Ordnung.« Der Schritt vom antifaschistischen Widerstand zum Widerstand gegen eine Rückkehr zur Vorkriegsordnung war naheliegend. Das führte zu der eigentümlich optimistischen Atmosphäre, die vielen Beobachtern unmittelbar nach der Befreiung auffiel. Trotz oder vielleicht gerade wegen des allgemeinen Elends mußte etwas Neues, Besseres entstehen. »Keiner von uns«, hieß es im November 1945 in der italienischen Zeitschrift *Società*, »erkennt seine eigene Vergangenheit wieder. Sie scheint uns unverständlich ... Unser Leben heute wird beherrscht von einem Gefühl der Erstarrung und einer instinktiven Suche nach Orientierung. Die Fakten überwältigen uns einfach«.

Haupthindernis für einen radikalen Wandel nach Kriegsende waren nicht Reaktionäre oder Faschisten, die gemeinsame Sache mit den Diktatoren gemacht hatten und mit ihnen beseitigt worden waren, sondern die rechtmäßigen Exilregierungen, von denen die meisten den Krieg in London ausgesessen und auf ihre Rückkehr gewartet hatten. Sie betrachteten die Widerstandsgruppen in ihren Ländern eher als Problem denn als Verbündete – unbekümmerte junge Leute, die man entwaffnen und in das bürgerliche Leben würde eingliedern müssen, während die öffentlichen Angelegenheiten einer von Kollaborateuren und Verrätern gesäuberten politischen Klasse anvertraut würden. Alles andere würde Anarchie bedeuten – oder endlose alliierte Besatzung.

Die Widerstandsgruppen, die sich bei Kriegsende politisch organisiert hatten, waren nicht weniger skeptisch. Für sie waren die Politiker und Beamten, die ins Exil geflohen waren, doppelt diskreditiert – durch ihre Irrtümer in der Vorkriegszeit und anschließend ihre Abwesenheit. In Frankreich und Norwegen hatten sich die Parlamentarier, die 1936 gewählt worden waren, durch ihr Verhalten im Jahr 1940 disqualifiziert. In Belgien und den Niederlanden konnte die heimgekehrte Regierung, die fünf lange Kriegsjahre außer Landes verbracht hatte, weder das Leid der Bevölkerung erfassen noch die veränderte Stimmung im Land. Und in Mittel- und Osteuropa (mit der bemerkenswerten Ausnahme der Tschechoslowakei) waren die früheren Regierungen nach dem Einmarsch der Roten Armee zu Bedeutungslosigkeit verurteilt (auch wenn ihnen das erst im Laufe der Zeit klar wurde).

Die heimkehrenden Regierungen waren durchaus zu Kompromissen bereit, vor allem zu sozialen und wirtschaftlichen Reformen. Doch sie bestanden auf einen »ordnungsgemäßen Übergang«, wie er von de Gaulle und anderen gefordert wurde. Da dies auch den Vorstellungen der alliierten Besatzungsmächte in West und Ost entsprach, waren die Illusionen der Widerstandsbewegungen bald zerbrochen. In Osteuropa (ausgenommen Jugoslawien) waren es die Sowjets, die die Form der Nachkriegsregierungen bestimmten und die Richtung vorgaben. In Westeuropa übernahmen bis zu Neuwahlen provisorische Regierungen die Amtsgewalt. Und überall mußten die Widerstandsbewegungen ihre Waffen abgeben und sich auflösen.

Aus heutiger Sicht ist erstaunlich, wie reibungslos diese Wiederherstellung des institutionellen Status quo verlief. In Polen und westlichen Teilen der Sowjetunion konnten sich bewaffnete Partisanengruppen noch einige Jahre halten, aber sie führten einen spezifisch nationalen und antikommunistischen Kampf. In Norwegen, Belgien, Frankreich und Italien gingen die organisierten Widerstandsgruppen friedlich und nur unter leisem Protest in Nachkriegsparteien und -gewerkschaften auf. In Belgien hatten Angehörige des Widerstands 2 Wochen Zeit, um ihre Waffen abzugeben. Daraufhin kam es am 25. November 1944 in Brüssel zu einer großen Protestdemonstration, bei der die Polizei das Feuer eröffnete und

45 Personen verletzt wurden. Doch solche Vorfälle waren nicht die Regel.[1] 200000 französische Widerstandskämpfer wurden nach der friedlichen Auflösung der *Forces Françaises de l'Intérieur* in die reguläre Armee eingegliedert.

Deutlich erleichtert wurde die Demobilisierung des Widerstandes durch die Strategie der Sowjets, die in Westeuropa (nominell auch in Osteuropa) eine Restauration parlamentarischer Regimes befürworteten. KP-Chefs wie Maurice Thorez und Palmiro Togliatti fiel dabei eine wichtige Rolle zu, weil sie die friedliche Kooperation ihrer (zuweilen verwirrten) Anhänger gewährleisteten. Viele glaubten aber durchaus, daß die Energien und Ambitionen des Widerstands nun in politische Projekte mit dem Ziel einer nationalen Erneuerung gelenkt würden.

Kontakte, die sich im Widerstand entwickelt hatten, *bestanden* mitunter fort – in den Niederlanden beispielsweise entstand die Idee zur Überwindung der traditionellen »Säulen«, der jahrhundertealten Teilung zwischen Katholiken und Protestanten, in persönlichen Kontakten von Angehörigen des Widerstands. Doch nirgendwo wurde nach dem Krieg eine »Widerstandspartei« gegründet. Am ehesten wäre es in Italien dazu gekommen, wo Ferrucio Parri (im Juni 1945 zum Ministerpräsidenten gewählt) versprach, seine Aktions-Partei werde am Geist und den Zielen des Widerstands festhalten. Parri war aber kein Politiker, und nach seinem Sturz sechs Monate später ging die politische Macht definitiv an die traditionellen Parteien über. De Gaulle war als politischer Stratege weitaus geschickter, aber auch er schied (einen Monat nach Parri) lieber aus dem Amt, als seine politischen Vorstellungen dem parlamentarischen Alltag unterzuordnen – und leistete damit unwissentlich einen wichtigen Beitrag zu seinem späteren Aufstieg, dadurch, daß er die Kontinuität der Republik stützte.

In den meisten europäischen Ländern übernahmen in der unmittelbaren Nachkriegszeit also nicht Gruppen solidarischer Widerstandskämpfer die Regierung, sondern Mitte-links-Koalitionen, die den Volksfrontregierungen der dreißiger Jahre ähnelten. Das war sinnvoll. Die einzigen Vorkriegsparteien, die nach dem Krieg normal agieren konnten, waren diejenigen mit antifaschistischen Referenzen – beziehungsweise in Osteuropa solche, die als antifaschistisch darzustellen den neuen Machthabern zumindest zeitweilig ins Konzept paßte. Praktisch bedeutete das: Kommunisten, Sozialdemokraten und eine Handvoll Liberale oder Sozialisten. Diese bildeten, zusammen mit den wieder hervortretenden Christlich-Demokratischen Parteien, die Regierungen der Nachkriegszeit, und sie brachten viele politische Vorstellungen und Persönlichkeiten der Volksfrontepoche mit.

Die linken Parteien genossen aufgrund ihres antifaschistischen Engagements hohes Ansehen. Vor allem in Frankreich, wo es den Kommunisten gelang, aus ihren (zuweilen allzu heroisierten) Widerstandsaktivitäten politisches Kapital zu schlagen und selbst distanzierte Beobachter von ihrer moralischen Integrität zu überzeugen – »die großen Helden der Résistance«, wie Janet Flanner im Dezember 1944 schrieb. Daß die europäischen Nachkriegsregierungen an die unvollendeten Projekte der dreißiger Jahre anknüpften, ist also nicht weiter verwunderlich.

Wenn erfahrene Politstrategen nach 1945 so wenig Mühe hatten, Widerstandskämpfer beiseite zu drängen, dann deswegen, weil der Widerstand und seine Erben zwar ein gemeinsames antifaschistisches Ethos und den Wunsch nach Veränderungen teilten, in Detailfragen aber doch recht vage waren. In Italien wollte die Aktionspartei die Monarchie abschaffen, Großkapital und Industrie verstaatlichen und die Landwirtschaft reformieren. Der Nationalrat der französischen Résistance konnte keinen König mehr absetzen, doch seine Ziele waren ansonsten ähnlich vage. Widerstandsgruppen waren zu sehr mit Kämpfen (oder Überleben) beschäftigt gewesen, als daß sie detaillierte Pläne für eine Nachkriegsordnung hätten entwerfen können.

Vor allem mangelte es ihnen an Erfahrung. Von allen Untergrundorganisationen konnten nur die Kommunisten auf politische Praxis zurückgreifen, und selbst die war, von den Franzosen einmal abgesehen, eher beschränkt. Doch die Kommunisten mochten sich nicht auf detaillierte programmatische Erklärungen festlegen, um potentielle taktische Verbündete nicht zu verschrecken. Außer noblen Absichtserklärungen und allgemeinen Feststellungen (und selbst die waren, wie der ansonsten wohlmeinende François Mauriac im August 1944 notierte, »hastig zusammengeschusterte Phantasieprogramme«) hatte der Widerstand also nur wenig Konkretes für die Nachkriegszeit anzubieten.

In einem waren sich aber alle einig, Widerständler und Politiker gleichermaßen: Planung. Die Desaster der Zwischenkriegszeit – die verpaßten Gelegenheiten nach 1918, die Weltwirtschaftskrise nach dem Börsenkrach von 1929, die Arbeitslosigkeit, die Ungleichheiten, Ungerechtigkeiten und Ineffizienzen des Laisser-faire-Kapitalismus, die so viele Menschen empfänglich gemacht hatten für die Verheißungen autoritärer Regimes, das schamlose Desinteresse der herrschenden Elite und das Versagen der politischen Klasse – all das war Ausdruck einer mangelhaft organisierten Gesellschaft. Wenn Demokratie funktionieren, wieder attraktiv sein wollte, dann würde es nicht ohne *Planung* gehen.

Gelegentlich wird der Planungsglaube, die politische Religion des Nachkriegseuropas, auf das sowjetische Modell zurückgeführt, auf das Vorbild einer Gesellschaft, die dank gründlich ausgearbeiteter Fünfjahrespläne den Traumata des kapitalistischen Europas entgangen sei, den Überfall der Nazis abgewehrt und den Zweiten Weltkrieg gewonnen habe. Das trifft nicht zu. Im West- und Mitteleuropa der Nachkriegszeit waren nur Kommunisten überzeugte Anhänger solcher Pläne nach sowjetischem Modell (von denen sie wenig wußten), und selbst ihnen war nicht klar, wie solche Pläne unter den Gegebenheiten ihres jeweiligen Landes anzuwenden wären. Die sowjetische Ausrichtung auf Produktionsziffern und zentrale Führung war den meisten westlichen Planungstheoretikern fremd. Sie stützten sich auf ganz andere Quellen.

Planung kam nicht erst 1945 in Mode. In der Zwischenkriegszeit waren überall, von Ungarn bis England, Stimmen laut geworden, die für Planwirtschaft in der einen oder anderen Form warben. Einige Vorschläge, vor allem in Österreich und von britischen Fabianern entworfen, gingen auf ältere sozialistische Traditionen zurück, viele orientierten sich jedoch an liberalen Reformern aus der Zeit vor 1914. Der Nachtwächterstaat, dessen Aufgabe sich darauf beschränkte, die Sicherheit seiner Bürger zu gewährleisten, galt als überholt. Der moderne Staat müsse vielmehr, und sei es nur aus Gründen politischer Klugheit (zur Vermeidung von Unruhen), im Wirtschaftsleben intervenieren, um Unausgewogenheiten zu korrigieren, Ineffizienz zu verringern sowie Ungerechtigkeiten und Unzulänglichkeiten des Marktes auszugleichen.

Vor 1914 beschränkten sich solche Reformprojekte auf den Ruf nach Steuerprogression, Arbeiterschutzgesetzen und der Überführung gewisser Bodenschätze in Staatseigentum. Mit dem Zusammenbruch der Weltwirtschaft und dem anschließenden Weltkrieg gewann Planung eine größere Dringlichkeit. In Frankreich und Deutschland diskutierten junge Ingenieure, Nationalökonomen und Staatsrechtler über verschiedene Modelle, wann und wie der Staat zur Förderung, Beschränkung und notfalls auch Kontrolle zentraler Wirtschaftsbereiche intervenieren müsse.

In den Zwischenkriegsjahren wurden diese Plantheoretiker und ihre Anhänger von der Politik kaum wahrgenommen. Die ältere Politikergeneration wollte von diesen Vorschlägen nichts wissen: Viele konservative Rechte und Zentrumspolitiker lehnten staatliche Eingriffe in die Wirtschaft nach wie vor ab, während die Linke generell die Auffassung vertrat, daß nur postrevolutionäre Gesellschaften ihre Wirtschaft vernünftig planen könnten. Bis dahin sei der Kapitalismus verurteilt, seine eigenen Widersprüche auszuhalten und letztlich an ihnen zugrunde zu gehen. Die Vorstellung einer »planbaren« kapitalistischen Wirtschaft erschien beiden Seiten unsinnig. Und so fühlten sich frustrierte Plantheoretiker zu autoritären, rechtsextremen Parteien hingezogen, die ihren Vorstellungen sehr viel aufgeschlossener begegneten.

Es war also kein Zufall, daß sich Oswald Mosley und einige seiner Kollegen aus Enttäuschung über die unzureichende Antwort der Labour Party auf die Wirtschaftskrise dem Faschismus zuwandten. Auch der Belgier Hendrik de Man konnte seine sozialistischen Freunde nicht von seinem »Plan« überzeugen und beschloß, autoritäre Lösungen zu propagieren. In Frankreich verließen einige der hellsten Köpfe die Sozialistische Partei und gründeten neue Bewegungen, enttäuscht über die einfallslose Antwort ihrer Partei auf die Wirtschaftskrise. Viele von ihnen und andere Gleichgesinnte endeten als Faschisten.

Manche Franzosen und Engländer bewunderten die Erfolge Mussolinis, der die wirtschaftlichen Probleme Italiens durch staatliche Planung und Einrichtung von Dachagenturen für ganze Wirtschaftssektoren überwunden hatte. Den Wirtschaftsplänen Albert Speers, des Architekten von Hitlers »Neuer Ordnung«, wurde im Ausland große Bewunderung entgegengebracht. Im September 1943 arbeiteten Speer und Jean Bichelonne, der Industrieminister des Vichy-Regimes, ein Abkommen über den Abbau von Zollschranken aus, das das System europäischer Handelsverträge und die spätere deutsch-französische Zusammenarbeit bereits vorwegnahm. Im Jeune Europe, einem 1933 gegründeten Kreis junger Intellektueller, diskutierte beispielsweise Paul-Henri Spaak, der spätere belgische Staatsmann und große Europäer, mit Otto Abetz, dem späteren deutschen Botschafter im besetzten Paris, und anderen Gleichgesinnten aus ganz Europa über eine stärkere Rolle des Staates.

Kurzum, »Planung« hatte also eine komplexe Geschichte. Viele Anhänger dieser Idee machten erste Erfahrungen als Beamte in der Verwaltung besetzter Länder – in Frankreich, Italien, Belgien und der Tschechoslowakei, ganz zu schweigen von Deutschland und Italien. Großbritannien war zwar nicht besetzt, aber auch dort wurde der bislang abstrakte Begriff »staatliche Planung« erst durch den Krieg eingeführt, und überhaupt rückte der Staat nun in den Mittelpunkt des Wirtschaftslebens. Die Notstandsgesetze von 1940 gaben dem Staat die Möglichkeit, im nationalen Interesse in allen Bereichen einzugreifen, Anordnungen zu treffen, Privatbesitz zu kontrollieren und die Industrieproduktion zu lenken. Kenneth Harris, der Biograph von Clement Attlee, dem Labour-Premier der Nachkriegsära, schreibt: »Staatliche Planung und Staatseigentum, die von 1945 bis 51 als das Produkt einer Labour-Regierung erschienen, die sozialistische Grundsätze verwirklichte, waren weitgehend das Vermächtnis eines Staates, der einen totalen Krieg hatte führen müssen.«

Die Wirtschaftspolitik der Nachkriegsjahre war also über Krieg und Faschismus mit heterodoxen, marginalen und oft umstrittenen Planungstheorien verbunden. Dieses kompromittierte Erbe änderte aber nichts an der Popularität von Planung, ob sie nun auf rechte oder linke Theoretiker, auf Besatzung oder Krieg zurückging. Planung wurde *nicht* mit der diskreditierten Politik der Zwischenkriegszeit assoziiert. Planung hieß vor allem: Vertrauen in den Staat. In vielen Ländern drückte sich darin das durch den Krieg verstärkte Bewußtsein aus, daß ohne andere Ordnungs- oder Verteilungsmechanismen nur der Staat die Verarmung des einzelnen verhindern könne. Es ging noch viel weiter. Attlee, der Churchill 1945 überraschend ablöste, drückte die Stimmung jener Zeit sehr gut aus, wenn er sagte, daß nun »gut geplante, sinnvoll gebaute Städte und Parkanlagen und Sportplätze, Wohnungen und Schulen, Fabriken und Geschäfte« nötig seien.

Überall setzte man großes Vertrauen in die Fähigkeit (und nicht nur die Pflicht) des Staates, gigantische Probleme zu lösen, indem er Menschen und Ressourcen für Ziele mobilisierte, die der ganzen Gesellschaft zugute kämen. Natürlich war diese Vision besonders bei Sozialisten populär, aber die Vorstellung, eine gut geplante Wirtschaft werde zu einer reicheren, gerechteren und besser geordneten Gesellschaft führen, fand bei vielen Menschen Anklang, auch in den christdemokratischen Parteien, die überall in Westeuropa eine wichtige Rolle spielten. Der englische Historiker A. J. P. Taylor erklärte im November 1945 seinen BBC-Hörern, daß »niemand in Europa an den amerikanischen *way of life* glaubt – das heißt, an den Privatunternehmer, beziehungsweise, wer daran glaubt, gehört zu einer besiegten Partei, die ebensowenig eine Zukunft hat wie die englischen Jakobiner nach 1688.« Wie immer übertrieb Taylor. Die spätere Entwicklung widerlegte ihn (aber gilt das nicht für uns alle?), und die Planmentalität vieler New-Deal-Befürworter in der US-Militärregierung in Westdeutschland hätte ihn vermutlich überrascht. Doch damals hatte er im Grunde recht.

Was war »Planung«? Der Begriff ist mißverständlich. Alle Planer glaubten an eine starke Rolle des Staates in sozialen und wirtschaftlichen Angelegenheiten. Darüber hinaus gab es viele Unterschiede, die meist mit verschiedenen politischen Traditionen zu tun hatten. In England gab es wenig konkrete *Planung*, es ging mehr um *Kontrolle* (von Industrien und Dienstleistungen) durch Staatseigentum. Im Mittelpunkt des Labourprogramms nach 1945 stand also die Verstaatlichung von Bergwerken, Eisenbahnen, Gütertransport und Dienstleistungen einschließlich des Gesundheitswesens. Es wurden die »Kommandozentralen« der Wirtschaft übernommen – das war alles.

In Italien blieb das institutionelle Erbe der Faschisten, die weite Bereiche der Wirtschaft unter staatliche Aufsicht gestellt hatten, nach dem Krieg weitgehend unangetastet. Es veränderte sich lediglich der politische Charakter der Parteien, die nun von der wirtschaftlichen Macht profitierten, die mit den Staatsunternehmen in ihren Händen lag. In Westdeutschland blieb die Wirtschaft nach 1948 überwiegend in Privatbesitz, allerdings mit Arbeitsgesetzen und genauen Vorschriften für Betriebsverfassung. In den Niederlanden beschränkte sich die zentrale Planung auf den Erlaß von Bestimmungen für Privatunternehmen.

In den meisten Ländern Westeuropas kam es zu einem raschen Wachstum des öffentlichen Sektors (gemessen an den Staatsausgaben oder der Anzahl der Beschäftigten in diesem Bereich). Aber nur in Frankreich wurden die enthusiastisch diskutierten Planentwürfe auch konkret realisiert. Luftverkehr, Banken, 32 Versicherungsfirmen, Gas, Strom und Wasser, Bergwerke, Rüstungsbetriebe, Flugzeugbau und die gigantischen Renault-Werke wurden verstaatlicht. Im Mai 1946 gehörte ein Fünftel der französischen Industrie dem Staat.

Am 4. Dezember 1945 überreichte Jean Monnet Staatspräsident Charles de Gaulle seinen »Plan de Modernisation et d'Equipement«. Einen Monat später wurde das Commissariat Général du Plan eingerichtet, zu dessen Direktor Monnet berufen wurde. Im Laufe der nächsten Monate ernannte Monnet Modernisierungskommissionen für die verschiedenen Industrien (Kohle, Strom, Verkehr, Baustoffe, Stahl und Landmaschinen – später kamen Öl, Chemie, Dünger, Schiffsbau und Kunstfasern hinzu), die ihrerseits Vorschläge und Pläne vorlegten. Genau ein Jahr nach Gründung des Kommissariats billigte das Kabinett – ohne Diskussion – den ersten nationalen Plan.

Der Monnet-Plan war einzigartig. Er war das Werk eines ungewöhnlichen Mannes,[2] vor allem aber das Produkt einer Gesellschaft, in der autoritäre, zentralstaatliche Entscheidungsprozesse ohnehin akzeptiert waren. Unter dem Monnet-Plan wurde Frankreich das erste westliche Land, das sich vorbehaltlos einer Politik von Modernisierung und wirtschaftlichem Wachstum verschrieb. Eine wichtige Rolle spielte dabei der Zugang zu deutschen Rohstoffen und Märkten, und so spiegelt sich in der Erfolgsgeschichte des Monnet-Plans zugleich die Geschichte der Beziehungen Frankreichs zu den anderen europäischen Ländern der Nachkriegszeit: eine Geschichte mißglückter Anfänge, Zwänge und Enttäuschungen.

Der erste Monnet-Plan war in weiten Teilen eine Notmaßnahme zur Lösung von Frankreichs Nachkriegskrise. Erst später wurde er erweitert und an die Bedingungen des Marshall-Plans angepaßt. Doch die Umrisse der französischen Wirtschaftspolitik waren von Anfang an da. Planung hieß in Frankreich immer nur Orientierung, Benennung von Zielen, nie von Produktionsleistungen. In dieser Hinsicht unterschied sie sich völlig von der sowjetischen Planung, deren Hauptmerkmal (und Hauptmanko) die Tatsache war, daß für jeden Sektor und für jeden einzelnen Artikel willkürliche und rigide Produktionsziffern vorgegeben wurden. Der Monnet-Plan beschränkte sich auf die Beschreibung von Strategien und Instrumenten, mit denen der Staat bestimmte Vorhaben fördern konnte. Damals war das ein bemerkenswert origineller Ansatz.

In der Tschechoslowakei wurde im Juni 1946 eine Zentrale Plankommission (mit gewissen Elementen und Vorstellungen, wie sie Monnet verfolgte) eingerichtet, die den im Jahr 1945 unter Präsident Eduard Benesch verstaatlichten öffentlichen Sektor koordinieren und lenken sollte. Im Jahr vor der kommunistischen Machtergreifung im Februar 1948 arbeiteten im Verkehrswesen 93 Prozent und in der Industrie 78 Prozent aller Beschäftigten in Staatsbetrieben. Banken, Bergwerke, Versicherungen, wichtige Versorgungseinrichtungen, Stahl- und Chemiefabriken, die Nahrungsmittelindustrie und alle großen Unternehmen waren verstaatlicht worden – insgesamt 2 119 Betriebe, auf die 75 Prozent der gesamten Produktion entfielen.

In der Tschechoslowakei wurde schon vor der kommunistischen Machtergreifung mit Verstaatlichung und staatlicher Wirtschaftsplanung begonnen; beides entsprach dem politischen Willen einer großen Mehrheit der Bevölkerung – erst im Februar 1949, ein Jahr nach dem kommunistischen Staatsstreich, wurde die Planungskommission gesäubert und in »Staatliches Planungsbüro« mit völlig anderem Auftrag umbenannt. Anderswo waren umfangreiche Verstaatlichungen, wie diejenige in Polen, die nach dem Verstaatlichungsgesetz von 1946 vorgenommen wurden, das Werk kommunistisch dominierter Koalitionsregierungen. Aber auch hier gab es vorkommunistische Wurzeln: 1936 hatte die polnische Regierung einen »Vierjahres-Investitionsplan« mit einem rudimentären Ansatz von zentralisierter Planung und Lenkung verabschiedet.

Hauptziel der Planung im Nachkriegseuropa waren staatliche Investitionen. Angesichts eines akuten Kapitalmangels und eines enormen Investitionsbedarfs in allen Sektoren bestand staatliche Planung in bedeutsamen Entscheidungen: Wo und auf wessen Kosten sollte man die knappen Mittel investieren? In Osteuropa entschied man sich zwangsläufig für eine Grundversorgung: Straßen, Eisenbahnen, Fabriken, Wasser und Energie. Für Nahrungsmittel und Wohnungsbau blieb wenig übrig, noch weniger für das Gesundheitswesen, Bildung und andere soziale Dienste und nichts für Verbrauchsgüter, solange sie nicht absolut notwendig waren. Solche Präferenzen stießen bei der Bevölkerung auf wenig Gegenliebe, zumal in Ländern, die schon jahrelang Not litten, und es ist nicht überraschend, daß diese Art Planung angesichts der Versorgungsmängel fast immer, früher oder später, mit einem autoritären, diktatorischen Regime einherging.

Im Westen war die Situation aber nicht wesentlich anders. Die Briten mußten lange Jahre der Austerity als Preis für wirtschaftliche Erholung erdulden. In Frankreich oder Italien, wo es fast keinen langfristig operierenden privaten Kapitalmarkt gab, blieben alle großen Investitionen dem Staat überlassen – weshalb laut erstem Monnet-Plan Kapitalinvestitionen in großen Industriezweigen auf Kosten von Privatkonsum, Wohnungsbau und Dienstleistungen geplant waren. Welche politischen Konsequenzen das haben mußte, war vorhersehbar: In Frankreich, genau wie in Italien, drohten schon 1947 Streiks, laute Demonstrationen und eine wachsende Unterstützung für Kommunistische Partei und Gewerkschaften. Die bewußte Vernachlässigung des Konsumgüterbereichs und die Lenkung der knappen öffentlichen Mittel in eine Handvoll Schlüsselindustrien war auf lange Sicht sinnvoll, strategisch aber äußerst riskant.

Die Wirtschaftsplaner der Nachkriegszeit hatten die Erfahrungen der dreißiger Jahre deutlich im Blick: Aufschwung war nur möglich, wenn Stagnation, Wirtschaftskrise, Protektionismus und vor allem Arbeitslosigkeit verhindert wurden. Die gleichen Überlegungen standen hinter dem modernen europäischen Wohlfahrtsstaat. Die politischen Konflikte des letzten Vorkriegsjahrzehnts wurden unmittelbar auf die Wirtschaftskrise und deren soziale Kosten zurückgeführt. Faschismus und Kommunismus hatten von sozialer Verelendung profitiert, von der großen Kluft zwischen Arm und Reich. Wenn es mit den Demokratien aufwärtsgehen sollte, würde man die Lebensbedingungen der Menschen verbessern müssen. Wie Thomas Carlyle 100 Jahre zuvor bemerkt hatte: »Wenn etwas nicht getan wird, wird es eines Tages *von selbst* geschehen, und zwar in einer Weise, die niemandem gefällt.«

Doch der »Wohlfahrtsstaat« war mehr als eine bloße Prophylaxe gegen politische Unzufriedenheit. Wenn uns heute bei Begriffen wie Rasse, Eugenik, Entartung und dergleichen unwohl ist, so dürfen wir nicht vergessen, daß diese in der ersten Hälfte des 20. Jahrhunderts eine wichtige Rolle in der öffentlichen Debatte spielten. Nicht nur die Nazis beschäftigten sich mit solchen Dingen. Bis 1945 hatten zwei Generationen von Medizinern, Anthropologen, Politikern und Publizisten über »Rassenhygiene«, Bevölkerungswachstum, Lebens- und Arbeitsbedingungen und mögliche Verbesserungsmaßnahmen diskutiert. Es bestand weithin Einigkeit darüber, daß die physische und moralische Verfassung der Bevölkerung alle angehe und daher in den Aufgabenbereich des Staates falle.

So kam es, daß es schon vor 1945 rudimentäre Wohlfahrtsdienste der einen oder anderen Art gab, wenn auch sehr unterschiedlich in Qualität und Umfang. Deutschland war mit seiner von Bismarck eingeleiteten Sozialgesetzgebung (Renten-, Unfall- und Krankenversicherung) in dieser Hinsicht am fortgeschrittensten. Andere Länder holten kurz vor oder nach dem Ersten Weltkrieg allmählich auf. In England führte die liberale Regierung von Herbert Asquith nach der Jahrhundertwende eine rudimentäre Alters- und Krankenversicherung ein, und hier, wie in Frankreich, wurden unmittelbar nach dem Ersten Weltkrieg Gesundheitsministerien eingerichtet.

Arbeitslosenversicherung wurde nach England (1911) auch in Italien (1919), Österreich (1920), Irland (1923), Polen (1924), Bulgarien (1925), Deutschland und Jugoslawien (1927) sowie Norwegen (1928) eingeführt. In Rumänien und Ungarn gab es bereits *vor* dem Ersten Weltkrieg eine Unfall- und Krankenversicherung, und alle osteuropäischen Länder gründeten in der Zwischenkriegszeit eine staatliche Rentenversicherung. Ein wichtiges Instrument zur Erhöhung der Geburtenzahlen war Familienförderung – besonders eifrig verfolgt nach 1918 in Ländern mit großen Kriegsverlusten. Sie wurde zunächst in Belgien (1930), dann in Frankreich (1932) und kurz vor Kriegsausbruch in Ungarn und den Niederlanden realisiert.

Aber all diese Maßnahmen, sogar die der Nationalsozialisten, hatten wenig mit einem umfassenden Wohlfahrtssystem zu tun. Es waren verschiedene *Ad-hoc*-Maßnahmen, die einem einzelnen Problem galten oder eine Verbesserung bereits bestehender Maßnahmen waren, die sich als mangelhaft herausgestellt hatten. Die Renten- und Krankenversicherungen, die in Großbritannien eingeführt wurden, boten sehr beschränkte Leistungen und galten nur für Arbeiter, nicht für deren Frauen und Kinder. Voraussetzung für den Bezug von Arbeitslosenunterstützung war der sogenannte »Means Test«, also der Nachweis absoluter Bedürftigkeit. Daß der Staat die Pflicht habe, allen seinen Bürgern, Männern und Frauen, Berufstätigen und Arbeitslosen, Alten und Jungen, eine gewisse soziale Sicherheit zu bieten, wurde nirgendwo anerkannt.

Das änderte sich erst mit dem Krieg. So, wie nach dem Ersten Weltkrieg Sozialgesetze erlassen wurden – und sei es nur, um die vielen Witwen, Waisen, Kriegsversehrten und Arbeitslosen zu versorgen –, so veränderte sich mit dem Zweiten Weltkrieg nicht nur die Rolle des modernen Staates, auch die in ihn gesetzten Erwartungen veränderten sich. Besonders deutlich war dies in England, wo John M. Keynes für die Nachkriegszeit zutreffenderweise ein »Bedürfnis nach sozialer und persönlicher Sicherheit« vorausgesagt hatte. Aber überall gingen (um den Historiker Michael Howard zu zitieren) »Krieg und Wohlfahrt Hand in Hand«. In manchen Ländern verbesserten sich Ernährungslage und medizinische Versorgung sogar während des Krieges: Die Bevölkerung für den totalen Krieg zu mobilisieren hieß, mehr über ihre Situation herauszufinden und alles zu unternehmen, um ihre Produktivität zu erhalten.

Zwischen den europäischen Wohlfahrtsstaaten der Nachkriegszeit bestanden große Unterschiede hinsichtlich des Angebotes und der Mittel, die sie dafür bereitstellten. Aber bestimmte allgemeine Beobachtungen treffen auf alle zu. Das Angebot an sozialen *Dienstleistungen* betraf hauptsächlich das Bildungswesen, Wohnungsbau und Gesundheitswesen, aber auch Freizeiteinrichtungen, den öffentlichen Nahverkehr, kulturelle Angebote und andere indirekte Leistungen. Soziale *Sicherung* bestand hauptsächlich aus staatlichen Versicherungen – Kranken- und Unfallversicherung, Arbeitslosenunterstützung, Altersversorgung. In den Nachkriegsjahren gab es in jedem europäischen Staat diese Angebote, hier mehr, dort weniger.

Die größten Unterschiede bestanden in der Finanzierung. Manche Länder boten kostenlose, steuerfinanzierte staatliche Leistungen (etwa Großbritannien, entsprechend der dortigen Präferenz für Staatsmonopole). Anderswo wurden nach bestimmten Kriterien Geldbeträge ausbezahlt, mit denen der einzelne Dienstleistungen seiner Wahl in Anspruch nehmen konnte. In Frankreich und einigen kleineren Ländern mußte man bestimmte medizinische Dienste direkt bezahlen, konnte sich die Ausgaben dann aber vom Staat zurückerstatten lassen.

Diese Unterschiede verwiesen nicht nur auf verschiedene nationale Finanzierungs- und Verwaltungssysteme, sondern auch auf grundsätzliche strategische Prioritäten. Sozialversicherung, wie großzügig auch immer, war im Prinzip keine radikale Neuerung, denn sie wurde schon relativ früh von den konservativsten Regierungen eingeführt. *Umfassende* Wohlfahrtsysteme dagegen gründen auf Umverteilung (in der Regel über Steuern) zugunsten der ärmeren Bevölkerung. Der Wohlfahrtsstaat war also ein radikales Projekt, und die verschiedenen europäischen Varianten nach 1945 waren nicht nur Ausdruck unterschiedlicher Verfahrensweisen, sondern auch unterschiedlicher politischer Strategien.

Die kommunistischen Regimes in Osteuropa beispielsweise verzichteten nach 1948 im großen und ganzen auf die Einführung umfassender Wohlfahrtssysteme – das war auch gar nicht nötig, da sie die vorhandenen Ressourcen zwangsweise umverteilen konnten, ohne die knappen staatlichen Mittel für öffentliche Dienstleistungen aufwenden zu müssen. So wurden Bauern aus politischen Gründen meist von der Sozial- und Rentenversicherung ausgeschlossen. In Westeuropa führten nach 1945 nur 6 Länder – Belgien, Italien, Norwegen, Österreich, die Bundesrepublik und Großbritannien – eine allgemeine Arbeitslosenversicherung ein. Staatlich subventionierte Versicherungsangebote auf freiwilliger Basis gab es in den Niederlanden bis 1949, in Frankreich bis 1967, in der Schweiz bis Mitte der siebziger Jahre. Im katholischen Europa verhinderten traditionelle Formen der Alterssicherung wahrscheinlich umfassende Versicherungssysteme, weil dies nicht so dringlich erschien. In Ländern wie England und Belgien, in denen die Arbeitslosigkeit in den Zwischenkriegsjahren besonders hoch gewesen war, wollte man auch die Aufrechterhaltung von Vollbeschäftigung absichern. Wo die Arbeitslosigkeit nicht so hoch gewesen war (Frankreich oder Italien), wurden andere Prioritäten gesetzt.

Obwohl Schweden und Norwegen (allerdings nicht Dänemark) hinsichtlich großzügigster Wohlfahrtsleistungen führend waren und Westdeutschland das schon früher eingeführte Angebot (einschließlich Familienförderung) beibehielt, wurden in England die ehrgeizigsten Anstrengungen unternommen, aus dem Nichts einen richtigen »Wohlfahrtsstaat« aufzubauen. Das hatte nicht zuletzt mit der einzigartigen Lage der Labour Party zu tun, die bei den Wahlen im Juli 1945 einen überwältigenden Sieg errungen hatte und – im Gegensatz zu den meisten anderen europäischen Regierungen – ihr Wahlprogramm realisieren konnte, ohne auf Koalitionspartner Rücksicht nehmen zu müssen. Eine wichtige Rolle spielten aber auch die Quellen britischer Reformpolitik.

Die Sozialgesetze der Nachkriegszeit gründeten in Großbritannien auf dem zu Recht berühmt gewordenen Beveridge-Bericht, der im November 1942 veröffentlicht wurde und sofort ein Bestseller war. Sir William Beveridge wurde 1879 in Bengalen als Sohn eines Richters im indischen Kolonialdienst geboren, und seine Ziele und Gedanken waren die der großen edwardianischen liberalen Reformer. Sein Bericht war eine Anklage gegen die sozialen Ungerechtigkeiten der britischen Vorkriegsgesellschaft und zugleich Anleitung für tiefgreifende Reformen nach dem Krieg. Nicht einmal Konservative wagten es, sich gegen die Empfehlungen seines Berichts zu stellen, der die Grundlage für die populärsten und dauerhaftesten Elemente der Labourpolitik in der Nachkriegsära bildete.

Beveridge formulierte 4 Grundforderungen, die allesamt Bestandteil britischer Politik der nächsten Generation wurden: Im Wohlfahrtsstaat sollte es einen staatlichen Gesundheitsdienst geben, eine ausreichende staatliche Rente, Familienförderung und annähernd Vollbeschäftigung. Letzteres stellte eigentlich keine staatliche Leistung dar, aber es war die Grundlage des ganzen Angebotskataloges, weil man in der Nachkriegszeit davon ausging, daß es für jeden arbeitsfähigen Erwachsenen Arbeit gebe. Mit dieser Annahme konnten großzügig Mittel für Arbeitslosenversicherung, Renten, Familienförderung, medizinische und andere Leistungen zur Verfügung gestellt werden, die mit (progressiven) Steuern finanziert werden sollten.

Das hatte bedeutende Auswirkungen. Zum erstenmal waren nichtarbeitstätige Ehefrauen krankenversichert. Der demütigende Means Test wurde abgeschafft, weil der Bürger des Wohlfahrtsstaates im (wie man annahm: seltenen) Fall von Bedürftigkeit einen rechtmäßigen Anspruch auf staatliche Unterstützung haben sollte. Die medizinische Versorgung war kostenlos, alle Bürger hatten einen Rentenanspruch, das Kindergeld betrug wöchentlich jeweils 5 Shilling für das zweite und jedes weitere Kind. Das zentrale Gesetz, das alle diese Leistungen regelte, wurde im November 1946 verabschiedet, und am 5. Juli 1948 wurde der National Health Service (NHS) gegründet – das Kernstück des Wohlfahrtssystems.

Der britische Wohlfahrtsstaat war sowohl Vollendung eines älteren Reformzyklus, der in den Factory Acts aus der Mitte des 19. Jahrhunderts wurzelte, als auch radikaler Neubeginn. Der Kontrast zwischen dem Britannien, das George Orwell in *The Road to Wigan Pier* (1937) beschrieben hatte, und der Nation, der Harold Macmillan 20 Jahre später sein berühmtes »Euch ist es noch nie so gut gegangen« zurief, ist dem National Health Service und all den anderen Soziallleistungen zuzuschreiben, die inzwischen eingeführt worden waren. Wenn man heute auf die Fehleinschätzungen der ersten Nachkriegsreformer zurückschaut, verkennt man allzu leicht ihre Leistungen. Schon nach wenigen Jahren erwiesen sich viele Leistungen des NHS als überaus kostspielig, der Umfang konnte nicht beibehalten werden, und es war klar, daß einige der Grundannahmen – darunter auch die optimistische Prognose dauerhafter Vollbeschäftigung – zumindest kurzsichtig waren. Doch jeder, der im Nachkriegsengland aufwuchs (wie der Autor), hat guten Grund, für den Wohlfahrtsstaat dankbar zu sein.

Das gleiche gilt für die Nachkriegsgeneration auf dem ganzen europäischen Kontinent, auch wenn eine so umfangreiche soziale Sicherung in so großzügigen Dimensionen und gewissermaßen aus dem Stand nur in Großbritannien eingerichtet wurde. Dank des neuen Wohlfahrtsstaats aßen die Europäer mehr und (meistens) besser, sie lebten länger und gesünder, wohnten und kleideten sich besser als je zuvor. Vor allem war ihre Existenz besser gesichert. Es ist kein Zufall, daß die meisten Europäer auf Fragen nach der Qualität des staatlichen Leistungsangebots fast immer von dem Sicherheitsnetz sprechen, das ihnen seit der Nachkriegszeit in Gestalt von Versicherungen und Renten zur Verfügung steht. Selbst in der Schweiz, einem Land, das nach europäischen Maßstäben deutlich unterversorgt ist, gilt die staatliche Alters- und Hinterbliebenenversicherung (gegründet 1948) vielen Menschen als eine der besten Errungenschaften des Landes.

Der Wohlfahrtsstaat war nicht billig. Für Länder, die sich von der Wirtschaftskrise und den Kriegszerstörungen noch nicht erholt hatten, waren seine Kosten beträchtlich. In Frankreich, das 1938 knapp 5 Prozent seines Bruttoinlandsprodukts für soziale Dienste aufwendete, waren es 1949 schon 8,2 Prozent – eine Steigerung um 64 Prozent. In Großbritannien flossen 1949 fast 17 Prozent des Budgets allein in die Sozialversicherung (nicht mitgerechnet alle übrigen sozialen Dienste) – gegenüber 1938 eine Steigerung um 50 Prozent, und das zu einer Zeit, da der Staatshaushalt extrem angespannt war. Selbst in Italien – einem wesentlich ärmeren Land, dessen Regierungen hohe Sozialversicherungskosten zu umgehen suchten, indem man Leistungen in den privaten Sektor oder an die Arbeitgeber ausgliederte – stiegen die Staatsausgaben für Soziales von 3,3 Prozent des Bruttoinlandsprodukts (1938) auf 5,2 Prozent im Jahr 1949.

Warum waren Europäer bereit, in einer noch immer sehr schweren Zeit, in der Versorgungsengpässe die Regel waren, so viel Geld für Versicherungen und andere langfristige Sozialleistungen auszugeben? Zum einen, eben *weil* es schwere Zeiten waren und das Wohlfahrtssystem ein gewisses Minimum an Gerechtigkeit garantierte. Das war nicht die moralische und soziale Revolution, von der viele Widerstandskämpfer geträumt hatten, aber ein erster Schritt weg von der Hoffnungslosigkeit und dem Zynismus der Vorkriegsjahre.

Außerdem war der Wohlfahrtsstaat nicht umstritten. Es ging (dem einen mehr, dem anderen weniger) um allgemeine Umverteilung, aber er hatte nichts Revolutionäres. Die Reichen wurden nicht geschröpft – im Gegenteil. Obwohl es vor allem die ärmere Bevölkerung war, der die Leistungen unmittelbar zugute kamen, profitierte auf lange Sicht die bürgerliche Mittelschicht. Für sie hatte es bislang keine staatliche Kranken-, Arbeitslosen- und Rentenversicherung gegeben, vor dem Krieg hatte sie derartige Leistungen aus eigener Tasche bezahlen müssen. Und nun hatte sie uneingeschränkt Zugang zu diesen Leistungen, die sie wenig oder nichts kosteten. Wenn man noch die kostenlose oder subventionierte Schulbildung für ihre Kinder dazurechnet, hatte diese Schicht eine bessere Lebensqualität und mehr verfügbares Einkommen. Der europäische Wohlfahrtsstaat spaltete die Gesellschaft nicht, sondern einte sie mehr denn je; alle hatten ein Interesse daran, diesen Staat zu bewahren und zu verteidigen.

Doch vor allem wurde der Wohlfahrtsstaat von dem Konsens getragen, daß seine Leistungen zu den Kernaufgaben eines jeden Staates gehörten. Überall im Nachkriegseuropa verstand sich der Staat als »Sozialstaat«, der implizit (und oft auch explizit) die Verantwortung für das Wohlergehen seiner Bürger trug. Ihm oblag es, nicht nur für die Institutionen und Dienstleistungen zu sorgen, die für ein geordnetes, gesichertes und wohlhabendes Gemeinwesen nötig sind, sondern auch die Lebensbedingungen zu verbessern, deren Qualität anhand einer Fülle von Daten gemessen wurde. Ob er all diese Forderungen tatsächlich erfüllen konnte, stand auf einem anderen Blatt.

Natürlich war es leichter, die Ideale des Sozialstaats (»Von der Wiege bis zur Bahre«) in einem reichen, homogenen, dünn besiedelten Land wie Schweden zu verwirklichen als etwa in Italien. Aber der Glaube an den Staat war in armen Ländern mindestens so stark wie in reichen – vielleicht sogar stärker, da dort nur der Staat der Masse der Bevölkerung Hoffnung bieten konnte. Und nach Wirtschaftskrise, Besatzung und Bürgerkrieg war der Staat – als Agent von Wohlfahrt, Sicherheit und Gerechtigkeit – ein wesentlicher Faktor für ein Gefühl von Zusammengehörigkeit. Viele heutige Kommentatoren sehen in Staatseigentum und staatlicher Versorgung das europäische Problem und in der Vorstellung, der Staat werde schon alles richten, die große Illusion dieses Jahrhunderts. Aber für die Generation von 1945 war ein ausgewogenes Verhältnis zwischen demokratischen Freiheiten und vernünftigen staatlichen Eingriffen der einzig sinnvolle Weg aus dem Chaos.

Das Bedürfnis nach Veränderungen ging indes weit über den sozialen Bereich hinaus. Die Jahre nach 1945 waren eine Art verkürzte Zeit von Reformen, in der viele drängende, seit langem ungelöste Probleme endlich angepackt wurden.

Hierzu gehörte auch die Frage der Bodenreform, in der viele Zeitgenossen das vordringlichste Problem Europas sahen. Das Erbe der Vergangenheit lastete noch immer auf den Bauern. Nur in England, den Niederlanden, Dänemark, den Alpenländern und Teilen Frankreichs gab es eine Schicht gutverdienender, selbständiger Bauern, doch die überwältigende Mehrheit der vorwiegend ländlichen Bevölkerung Europas lebte wie eh und je in Armut.

Ein Grund dafür war, daß weite Teile des besten Acker- und Weidelands nach wie vor in den Händen relativ weniger reicher Großgrundbesitzer waren, die nicht auf ihrem Land wohnten und sich einer Verbesserung der Existenzbedingungen ihrer Pächter und Arbeiter nachdrücklich verweigerten. Ein anderer Faktor war der allmähliche Verfall der Agrarpreise, der seit den 1870er Jahren durch die Einfuhr von billigem Getreide und später auch Fleisch aus Amerika und den britischen Kolonien verschärft wurde. Um 1930 waren die europäischen Bauern seit fast drei Generationen mit dieser gnadenlosen Verschlechterung ihrer Lebensbedingungen konfrontiert. Viele Bauern in Griechenland, Süditalien, auf dem Balkan, in Mittel- und Osteuropa wanderten in die Vereinigten Staaten, nach Argentinien und in andere Teile der Welt aus. Wer blieb, wurde leicht Opfer nationalistischer und faschistischer Demagogen. Nach dem Krieg war daher, namentlich unter den Linken, die Auffassung verbreitet, daß verarmte Bauern besonders anfällig für faschistische Ideen seien und daß jede Neuauflage eines Faschismus auf dem Land beginnen würde. Das Agrarproblem hatte also zwei Aspekte: Es galt, die ökonomischen Chancen der Bauern zu verbessern und sie auf diese Weise vor autoritären Verlockungen zu immunisieren.

Dieses Vorhaben war bereits nach dem Ersten Weltkrieg durch eine Reihe von Landreformen in Angriff genommen worden (vor allem in Rumänien und Italien, aber in geringerem Umfang praktisch überall), deren Ziel darin bestand, die Latifundien umzuverteilen, die Zahl der »Mikrofundien« zu verringern und die Bauern in die Lage zu versetzen, marktgerechter zu produzieren. Diese Reformen verfehlten jedoch ihr Ziel – nicht zuletzt, weil die neuen »selbständigen« Bauern angesichts der katastrophalen wirtschaftlichen Bedingungen der Zwischenkriegszeit, in der die Preise noch rascher verfielen als vor 1914, faktisch noch schwächer waren als je zuvor.

Nach dem Zweiten Weltkrieg wurden abermals Bodenreformen eingeleitet. In Rumänien wurde im März 1945 eine Million Hektar Grundbesitz von »Kulaken« und »Kriegsverbrechern« an mehr als 600 000 arme oder landlose Bauern verteilt. In Ungarn, wo das Regime von Admiral Horthy jede signifikante Umverteilung verhindert hatte, wurde gemäß dem Szegediner Programm vom Dezember 1944 der provisorischen Nachkriegskoalition ein Drittel der gesamten Bodenfläche enteignet. In der Tschechoslowakei entwarf die Regierung der Nationalen Front im selben Jahr ein ähnliches Programm und verteilte in den unmittelbaren Nachkriegsmonaten bedeutende Flächen, vor allem Land, das früher Sudetendeutschen und Ungarn gehört hatte. Zwischen 1944 und 1947 entstand überall in Osteuropa eine große Zahl von Kleinbauern, die ihren Besitz den neuen Regierungen verdankten. Ein paar Jahre später wurden ebendiese Kleinbauern von den kommunistischen Regimes im Rahmen der Kollektivierung der Landwirtschaft enteignet, während in Polen, Ostpreußen, Ungarn, Rumänien und Jugoslawien alle adeligen Großgrundbesitzer und alle Großbauern einfach von der Bildfläche verschwanden.

In Westeuropa gab es nur in Süditalien ähnlich radikale Veränderungen. Nach Landbesetzungen in der Basilicata, den Abruzzen und auf Sizilien wurden 1950 aufgrund umfassender Reformgesetze große Ländereien in Süditalien umverteilt. Trotzdem blieb vieles beim alten – es gab kein Wasser, keine Straßen, keine Wohnungen. Von den 74 000 Hektar, die nach dem Zweiten Weltkrieg auf Sizilien umverteilt wurden, waren 95 Prozent agrarwirtschaftlich unbrauchbar. Die verarmten Bauern, denen diese Parzellen angeboten wurden, hatten kein Geld und keine Kreditmöglichkeiten, konnten mit ihrem neuen Besitz also nicht viel anfangen. Die Bodenreform in Italien war gescheitert. Das erklärte Ziel – die Lösung der Mezzogiorno-Frage – wurde erst ein Jahrzehnt später angegangen und auch nur, insofern die arbeitslose Landbevölkerung in die boomenden norditalienischen Industriezentren abwanderte.

Süditalien war jedoch ein besonders schwieriger Fall. In Frankreich und anderswo wurden Pachtbauern durch neue Rechte, neue Kreditstrukturen und Agrarbanken zu Investitionen ermuntert. Dank staatlicher Agrarsubventionen, die den jahrzehntelangen Preisverfall aufhielten, konnten die Bauern ihre Produkte nun zu festen Mindestpreisen verkaufen. Währenddessen zogen Landarbeiter aus den ärmeren Regionen in die Städte, wo Arbeitskräfte gesucht wurden, so daß die zunehmend effizienter wirtschaftenden Bauern nicht mehr so viele Personen zu versorgen hatten.

Mit einem ganzen Katalog politischer Reformen (meist Verfassungsänderungen, die sich ebenfalls auf unvollendete Projekte von 1918 bezogen) wurden in den ersten Nachkriegsjahren indirekt die politischen Dimensionen des Agrarproblems angegangen. In Italien, Frankreich und Belgien wurde endlich das Frauenwahlrecht eingeführt. Im Juni 1946 stimmten die Italiener für eine Umwandlung Italiens in eine Republik, allerdings mit knapper Mehrheit (12,7 Millionen waren für die Abschaffung der Monarchie, 10,7 Millionen dagegen), und das Ergebnis verschärfte die historisch Kluft zwischen Norden und Süden. Der Süden, ausgenommen die Basilicata, stimmte mit überwältigender Mehrheit für den König (in Neapel betrug das Verhältnis 4:1).

Die Griechen stimmten im September 1946 für die Beibehaltung der Monarchie. Auch die Belgier hielten an der Monarchie fest, setzten König Leopold III. aber zur Strafe für seine nazifreundliche Haltung ab. Diese Entscheidung, die 1950 unter starkem öffentlichem Druck gegen eine knappe Mehrheit der Bevölkerung fiel, entzweite das Land: Die französischsprachigen Wallonen waren für eine Absetzung des Königs, die niederländischsprachigen Flamen aber nur zu 28 Prozent. Die Franzosen hatten keinen Monarchen, an dem sie ihre Erinnerung an die Demütigungen während der Kriegsjahre hätten auslassen können, und ersetzten 1946 die entehrte Dritte Republik durch eine Vierte. Wie das Grundgesetz der Bundesrepublik war auch die Verfassung der Vierten Republik so angelegt, daß autoritäre oder monarchistische Heilsversprechen keine Chance haben sollten – eine Absicht, der ein spektakulärer Mißerfolg beschieden war.

Die provisorischen oder verfassungsgebenden Versammlungen, die diese Nachkriegsverfassungen verabschiedeten, Volksabstimmungen über strittige Themen vorschlugen und wichtige Reformen auf den Weg brachten, hatten in den meisten Fällen eine linke Mehrheit. In Italien, Frankreich und der Tschechoslowakei erwischten die Kommunisten nach dem Krieg einen guten Start – die Partito Communista Italiano (KPI) kam bei den Wahlen von 1946 auf 19 Prozent, die Parti Communiste Français (KPF) erzielte mit 28,6 Prozent bei den zweiten Wahlen im selben Jahr ihr bestes Ergebnis aller Zeiten. In der Tschechoslowakei errangen die Kommunisten bei den freien Wahlen vom Mai 1946 genau 38 Prozent der Stimmen (40 Prozent im tschechischen Kernland). Anderswo schnitten die Kommunisten bei freien Wahlen weniger gut ab, jedoch besser als zu irgendeinem späteren Zeitpunkt – 13 Prozent in Belgien, lediglich 0,4 Prozent in Großbritannien.

Die anfängliche politische Stärke der Kommunisten verdankte sich dem Zusammengehen mit den sozialistischen Parteien, die vor 1947 nicht sofort bereit waren, das volksfrontartige Bündnis über Bord zu werfen, das sich im Widerstand neu formiert hatte. In Frankreich und Italien waren die sozialistischen Parteien bei den ersten Wahlen nach Kriegsende fast ebenso stark wie die Kommunisten, in Belgien sehr viel stärker. In Skandinavien waren die Sozialdemokraten die weitaus stärkste Kraft. Zwischen 1945 und 1948 kamen sie in Dänemark, Norwegen und Schweden auf einen Stimmenanteil zwischen 38 Prozent und 41 Prozent.

Doch nirgendwo, abgesehen von Großbritannien und Skandinavien, konnte die »alte Linke« (Kommunisten und Sozialisten) alleine regieren. In Westeuropa stand ihnen mit den christdemokratischen Parteien eine neue, oftmals stärkere politische Kraft gegenüber. Katholische Parteien waren eine vertraute Erscheinung auf dem Kontinent – in Belgien und den Niederlanden spielten sie schon lange eine wichtige Rolle, im Wilhelminischen Deutschland und in der Weimarer Republik hatte es die Zentrumspartei gegeben, und in Österreich stellte die Volkspartei den konservativen Flügel des politischen Spektrums dar. »Christdemokratie« war im Grunde auch keine neue Idee – sie geht zurück auf katholische Reformbewegungen und Gruppierungen der politischen Mitte, die sich in den turbulenten Jahren nach dem Ersten Weltkrieg durchzusetzen versuchten. Doch nach 1945 herrschte eine völlig andere, für sie ausgesprochen vorteilhafte Situation.

Erstens waren diese Parteien – vor allem die Christlich Demokratische Union (CDU) in Westdeutschland, die Democrazia Italiana (DC) in Italien und die Mouvement Républicaine Populaire (MRP) in Frankreich – monopolartige Repräsentanten der katholischen Wähler. Im Europa von 1945 spielte das eine große Rolle. Die katholischen Wähler waren noch immer erzkonservativ, zumal in sozialen Fragen und in Regionen, in denen die Kirche eine wichtige Rolle spielte. Traditionell katholische Wähler in Italien, Frankreich, Belgien, den Niederlanden sowie Süd- und Westdeutschland gaben selten den Sozialisten und fast nie den Kommunisten ihre Stimme. Aber (und das war die Besonderheit der Nachkriegszeit) selbst konservativen Katholiken blieb oft nichts anderes übrig, als christdemokratisch zu wählen, ungeachtet der reformistischen Tendenzen christdemokratischer Politik, weil die traditionellen rechten Parteien entweder schwer belastet oder rundheraus verboten waren. Selbst nichtkatholische Konservative wählten Christdemokraten – gegen die marxistische Linke.

Zweitens, und aus verwandten Gründen, konnten vor allem die christdemokratischen Parteien die Stimmen der Wählerinnen für sich gewinnen – rund zwei Drittel der praktizierenden katholischen Französinnen wählten 1952 die MRP. Zweifellos spielte die Kirche hier eine große Rolle, aber es war meist doch das Parteiprogramm der christdemokratischen Parteien, das Frauen ansprach. Im Gegensatz zu dem immer etwas aufsässigen Tonfall selbst der gemäßigten Sozialisten und Kommunisten plädierten prominente Christdemokraten – Maurice Schumann und Georges Bidault in Frankreich, Alcide de Gasperi in Italien, Konrad Adenauer in der Bundesrepublik – stets für Aussöhnung und Stabilität.

Die Christdemokraten vermieden klassenkämpferische Appelle, traten statt dessen für soziale und moralische Reform ein. Besondere Bedeutung maßen sie der Familie bei, ein christliches Thema mit deutlich politischen Implikationen in einer Zeit, in der die Bedürfnisse von Vertriebenen, armen und männerlosen Familien besonders groß waren. Die christdemokratischen Parteien konnten aus praktisch jedem Aspekt der Nachkriegssituation politisches Kapital schlagen: Der Wunsch nach Stabilität und Sicherheit, die Hoffnung auf Erneuerung, das Fehlen traditioneller rechter Alternativen und die an den Staat gerichteten Erwartungen – denn anders als die konventionellen katholischen Politiker der älteren Generation, hatten die christdemokratischen Politiker und ihre radikaleren jungen Anhänger keine Hemmungen, die Macht des Staates für ihre eigenen Ziele einzusetzen. In den ersten Nachkriegsjahren waren eher die marktwirtschaftlich orientierten Liberalen, weniger die Linken, der Hauptgegner der Christdemokraten, die demonstrieren wollten, daß der moderne Staat durchaus imstande sei, nichtsozialistische Formen von Intervention zu praktizieren.

Und so kam es, daß die italienischen und westdeutschen Christdemokraten (nicht ohne amerikanische Hilfe) jahrelang eine Art Machtmonopol im Staat innehatten. In Frankreich war die MRP – wegen der verheerenden Auswirkungen von zwei Kolonialkriegen, gefolgt von de Gaulles Rückkehr an die Macht 1958 – nicht ganz so erfolgreich. Aber selbst dort bestimmten die Christdemokraten bis in die Mitte der fünfziger Jahre die Politik und konnten unangefochten bestimmte Schlüsselministerien (vor allem das Außenministerium) für sich beanspruchen. In den Benelux-Staaten waren katholische Christdemokraten länger als eine Generation an der Macht, in Österreich regierten sie bis 1970.

Geführt wurden sie von Männern, die (wie Churchill) aus einer anderen Zeit stammten. Konrad Adenauer wurde 1876 geboren, Alcide de Gasperi 1881, Winston Churchill 1874. Das war kein Zufall oder biographisches Kuriosum. 1945 hatten viele europäische Länder zwei Generationen potentieller Politiker verloren: die erste im Ersten Weltkrieg, die zweite war den Versuchungen des Faschismus erlegen oder von den Nazis und deren Gesinnungsgenossen ermordet worden. Die Generation der jüngeren Politiker war eher mittelmäßig – ausgenommen Palmiro Togliatti, der die vorangegangenen 20 Jahre in Moskau zugebracht hatte. Die besondere Beliebtheit Léon Blums, der nach Inhaftierung durch das Vichy-Regime und KZ-Haft in Dachau und Buchenwald in die französische Politik zurückkehrte, beruhte nicht nur auf seinem Heldentum, sondern auch auf seinem Alter (Jahrgang 1872).

Auf den ersten Blick mag es seltsam anmuten, daß der Wiederaufbau Europas weitgehend das Werk alter Männer war, die schon seit Jahrzehnten in der Politik aktiv waren. Churchill, 1901 als Abgeordneter nach Westminster entsandt, bezeichnete sich stets als ein »Kind des viktorianischen Zeitalters«. Auch Clement Attlee, geboren 1883, war Viktorianer. Aber am Ende ist es vielleicht gar nicht so überraschend. Erstens gab es nicht so viele Männer dieses Alters, die 30 Jahre Wirren politisch und moralisch unversehrt überstanden hatten – und eben dieser Seltenheitswert war ihr Vorteil. Zweitens stammten sie durchweg aus der bemerkenswerten Generation europäischer Sozialreformer, die zwischen 1880 und 1910 heranwuchsen – ob nun Sozialisten (Blum, Attlee), Liberale (William Beveridge oder der spätere italienische Präsident Luigi Einaudi, geboren 1874) oder fortschrittliche Katholiken (de Gasperi, Adenauer). Ihre Gedanken und Interessen paßten besonders gut in die Situation der Nachkriegsjahre.

Vor allem aber standen diese alten Männer, die den Wiederaufbau Europas vorantrieben, für Kontinuität. Zwischen den Kriegen war Neues und Modernes gefragt gewesen. Viele (nicht bloß Faschisten und Kommunisten) betrachteten die parlamentarische Demokratie als dekadent, unbeweglich, korrupt und überhaupt ungeeignet für die Aufgaben eines modernen Staates. Krieg und Besatzung fegten diese Illusionen beiseite, wenn nicht für Intellektuelle, so doch für die Wähler. Im kalten Licht des Friedens wurden die langweiligen Kompromisse der Demokratie wieder attraktiv. 1945 sehnten sich die meisten Menschen nach sozialem Fortschritt und Erneuerung und zugleich nach stabilen, vertrauten politischen Verhältnissen. Wenn der Erste Weltkrieg politisiert, radikalisiert hatte, so produzierte der Zweite Weltkrieg genau das Gegenteil: ein tiefes Bedürfnis nach Normalität.

Staatsmänner, deren Erfahrung weit über die unruhige Zwischenkriegszeit zurückreichte in die ruhigere, gelassenere Epoche vor 1914, waren daher besonders anziehend. In der Kontinuität ihrer eigenen Person konnten sie den schwierigen Übergang von der erhitzten Politik der jüngsten Zeit zu einer Ära rapiden sozialen Wandels erleichtern. Welcher Partei diese alten Staatsmänner auch angehörten, 1945 waren sie allesamt skeptische, pragmatische Anwälte der Kunst des Möglichen. Diese persönliche Distanz zu den überoptimistischen Dogmen der Zwischenkriegszeit entsprach genau der Stimmung ihrer Wähler. Dies war der Beginn eines »postideologischen« Zeitalters.

Voraussetzung für politische Stabilität und soziale Reformen im Europa nach dem Zweiten Weltkrieg war in erster Linie ein wirtschaftlicher Aufschwung. Noch soviel staatliche Planung und politische Führung konnten nicht den gigantischen Berg an Aufgaben wegzaubern, vor dem die Europäer im Jahr 1945 standen. Unübersehbar war der Wohnungsmangel. In London, wo 3,5 Millionen Häuser zerstört worden waren, hatte der Krieg noch heftiger gewütet als die große Feuersbrunst von 1666. In Warschau waren 90 Prozent des Wohnraumbestandes zerstört, in Budapest nur 27 Prozent der Wohnhäuser bewohnbar. In Deutschland waren 40 Prozent des Wohnraumbestands zerstört, in Großbritannien 30 Prozent, in Frankreich 20 Prozent. In Italien waren 1,2 Millionen Häuser zerstört, zumeist in Städten von 50 000 und mehr Einwohnern. Der Mangel an Wohnungen war vielleicht die sichtbarste Folge des Krieges – in Westdeutschland und Großbritannien sollte noch bis Mitte der fünfziger Jahre Wohnungsnot herrschen.[3]

Der zweite Bereich, der ebenso daniederlag, war das Verkehrswesen – Schiffahrt, Eisenbahnen, Straßen, Kanäle, öffentlicher Nahverkehr. Zwischen Paris und Le Havre gab es keine Brücke über die Seine, über den Rhein führte nur eine einzige intakte Brücke. Folglich konnten, selbst nach Wiederaufnahme der Produktion, Bergwerke und Fabriken ihre Güter nicht transportieren – viele europäische Bergwerke hatten im Dezember 1945 die Förderung wieder aufgenommen, doch in Wien gab es noch immer keine Kohle.

Am schlimmsten war der visuelle Eindruck der Zerstörungen. Viele Länder boten ein Bild unendlicher Hoffnungslosigkeit. Und in fast jedem europäischen Land, das in den Zweiten Weltkrieg verwickelt gewesen war, stagnierte oder schrumpfte die Wirtschaft – sogar im Vergleich zu den bescheidenen Zahlen der Zwischenkriegszeit. Krieg ist aber nicht immer ein wirtschaftliches Desaster – im Gegenteil, bestimmten Branchen verleiht er kräftige Wachstumsimpulse. Die Vereinigten Staaten stiegen durch den Zweiten Weltkrieg zu einer uneinholbaren kommerziellen und technologischen Führungsmacht auf – genau wie England in den Napoleonischen Kriegen.

Und tatsächlich waren, wie alliierte Überprüfungen bald ergaben, die Zerstörungen im Wirtschaftssektor keineswegs so umfassend wie ursprünglich angenommen, nicht einmal in Deutschland. Der Luftkrieg hatte, trotz aller Opfer, weniger Schaden angerichtet, als von seinen Befürwortern erwartet. Im Mai 1945 waren knapp über 20 Prozent der deutschen Produktionsanlagen zerstört. Selbst im Ruhrgebiet, Ziel zahlreicher alliierter Luftangriffe, waren zwei Drittel der Betriebe mitsamt Maschinen intakt. Anderswo, beispielsweise in Böhmen, hatten sich Industrie und Landwirtschaft unter deutscher Besatzung entwickelt und waren nach dem Krieg praktisch unversehrt. Die Slowakei und Teile Ungarns erlebten während der Kriegsjahre eine rasche Industrialisierung und standen nach 1945 besser da als zuvor.

Die ausgeprägte Asymmetrie der Zerstörungen – Menschen und Städte litten am meisten, während Fabriken und Waren vergleichsweise glimpflich davonkamen – trug nach 1945 zu einem unerwartet raschen Aufschwung zentraler Wirtschaftsbereiche bei. Während des Krieges florierte die Maschinenindustrie. Großbritannien, die Sowjetunion, Frankreich, Italien und Deutschland (aber auch Japan und die USA) verfügten nach dem Krieg über mehr Maschinen als vorher. In Italien mußte nur der Flugzeug- und Schiffsbau größere Verluste verzeichnen. Die norditalienischen Maschinenfabrikanten, fernab von den heftigsten Schlachten, standen recht gut da (wie schon im Ersten Weltkrieg), Produktion und Investitionen während der Kriegsjahre machten die Schäden mehr als wett. Der Maschinenbau im späteren Westdeutschland verlor nur 6,5 Prozent seiner Anlagen durch Kriegsschäden.

In manchen Ländern gab es natürlich gar keine Kriegsschäden. Irland, Spanien, Portugal, die Schweiz und Schweden blieben neutral. Das heißt nicht, daß sie nicht betroffen gewesen wären. Im Gegenteil, die meisten neutralen Länder in Europa waren, wenngleich indirekt, eng mit der NS-Kriegsmaschinerie verbunden. Deutschland war auf spanisches Mangan, auf Tungsten aus den portugiesischen Kolonien angewiesen. 40 Prozent des deutschen Eisenerzbedarfs lieferte Schweden (mit schwedischen Frachtschiffen). Und alles wurde mit Gold bezahlt, das zu einem großen Teil deutschen Opfern gestohlen war und über Schweizer Banken transferiert wurde.

Die Schweizer fungierten aber nicht bloß als Geldwäscher in deutschem Auftrag, womit sie einen erheblichen Beitrag zu Hitlers Krieg leisteten. 1941 und 1942 gingen 60 Prozent der Schweizer Rüstungsproduktion, 50 Prozent der optischen Erzeugnisse und 40 Prozent der Maschinenbauindustrie nach Deutschland und wurden in Gold bezahlt. Noch im April 1945 verkaufte Bührle-Oerlikon Schnellfeuergewehre an die Wehrmacht. Alles in allem deponierte die Reichsbank während des Krieges Gold im Wert von 1,638 Milliarden Schweizer Franken in der Alpenrepublik. Und schon vor Kriegsausbruch hatte man die Deutschen ersucht, die Pässe deutscher Juden zu kennzeichnen, um deren Einreise leichter unterbinden zu können.

Freilich hatten die Schweizer gute Gründe, die Nazis nicht zu verärgern. Das Oberkommando der Wehrmacht legte seine Pläne für eine Invasion der Schweiz nur auf Eis, nicht zu den Akten. Die Erfahrung der Belgier und Niederländer war eine deutliche Mahnung, welches Schicksal Neutrale erwartete, die Hitler im Weg waren. Aus ähnlichen Gründen betrieben auch die Schweden ihre Kooperation mit Deutschland, von dessen Kohle man historisch abhängig war. Und schwedisches Eisenerz wurde schon seit langem nach Deutschland verkauft – schon vor dem Krieg kam die Hälfte aller deutschen Eisenerzimporte aus dem Norden, und drei Viertel aller schwedischen Eisenerzexporte gingen nach Deutschland. Ohnehin pflegten die Schweden, aus Angst vor russischen Bestrebungen, eine traditionell deutschfreundliche Neutralität. Die Zusammenarbeit mit den Nazis – der genehmigte Transit von 14 700 Wehrmachtssoldaten zu Beginn der Operation Barbarossa und von Soldaten, die aus dem besetzten Norwegen in Heimaturlaub fuhren, sowie Wehrdienstbefreiung für Erzgrubenarbeiter, damit die Lieferungen nach Deutschland aufrechterhalten werden konnten – lag also im Rahmen des Gewohnten.

Nach dem Krieg wurden die Schweizer (nicht jedoch die Schweden) zunächst als Komplizen der Deutschen verdächtigt. Im Abkommen von Washington vom 25. Mai 1946 erklärte sich die Schweiz bereit, »freiwillig« den Betrag von 250 Millionen Schweizer Franken zum Wiederaufbau Europas beizusteuern, womit alle Ansprüche gegen Schweizer Banken in Sachen Beutegold abgegolten sein sollten. Doch da war die Schweiz schon wieder eine wohlhabende Insel der Rechtschaffenheit: Die Banken florierten, Landwirtschaft und Industrie standen bereit, das notleidende Europa mit Lebensmitteln und Maschinen zu beliefern.

Vor dem Krieg waren weder die Schweiz noch Schweden wohlhabend gewesen, in beiden Ländern gab es sogar Regionen, in denen Armut herrschte. Aber die Führungsrolle, die ihnen während des Krieges zuwuchs, erwies sich als dauerhaft. Beide Länder stehen seit vier Jahrzehnten an der Spitze der europäischen Liga. Anderswo war der Weg etwas steinig. Aber selbst in Osteuropa wurde zumindest die Infrastruktur bemerkenswert rasch wiederhergestellt. Nach den gewaltigen Zerstörungen der zurückweichenden Wehrmacht und der vorrückenden Roten Armee wurden in Ungarn, Polen und Jugoslawien Brücken, Straßen, Eisenbahnen und Städte wiederaufgebaut. 1947 waren Verkehrsnetz und rollendes Material in Mitteleuropa wieder auf dem Stand von 1939 oder sogar darüber. In Bulgarien, Albanien, Rumänien und der Tschechoslowakei, wo es weniger Kriegszerstörungen gab, dauerte dieser Prozeß nicht so lange wie in Jugoslawien oder Polen. Aber selbst in Polen erholte sich die Wirtschaft recht schnell – auch weil die ehemals deutschen Provinzen im Westen über fruchtbares Ackerland und Industrieanlagen verfügten.

Auch in Westeuropa wurden die materiellen Schäden bemerkenswert rasch beseitigt – am schnellsten in Belgien, etwas länger dauerte es in Frankreich, Italien und Norwegen, am längsten in den Niederlanden, wo die schlimmsten Zerstörungen erst in den letzten Kriegsmonaten stattgefunden hatten. Den Belgiern kam zugute, daß Antwerpen als einziger großer europäischer Hafen bei Kriegsende mehr oder weniger intakt war, und über die vielen in Belgien stationierten alliierten Truppen gelangten Devisen in eine Wirtschaft, die sich auf Kohle, Zement und Halbmetalle spezialisiert hatte, alles wichtige Güter für den Wiederaufbau.

Norwegen stand dagegen sehr viel schlechter da. Die Hälfte der norwegischen Fischereiflotte und Handelsmarine war zerstört. Nach den gezielten deutschen Zerstörungen während Rückzuges lag die norwegische Industrieproduktion bei nur 57 Prozent des Vorkriegsniveaus, fast ein Fünftel des Volksvermögens war vernichtet. Der Unterschied zu Schweden konnte den verbitterten Menschen nicht entgehen. Aber selbst Norwegen konnte Ende 1946 bereits den größten Teil seines Schienen- und Straßennetzes wieder nutzen, und im Laufe des folgenden Jahres, wie im übrigen Westeuropa und dem größten Teil Osteuropas, wurde der Wiederaufbau nicht mehr durch Benzinmangel und unzureichende Verkehrsverbindungen behindert.

Zeitgenössische Beobachter staunten vor allem über den bemerkenswert zielstrebigen Wiederaufbau in Deutschland. Bei Kriegsende waren lediglich 10 Prozent des Schienennetzes intakt, das Land stand buchstäblich still. Im Juni 1946 waren 93 Prozent aller Eisenbahnverbindungen in Betrieb, 800 Brücken standen wieder. Im Mai 1945 lag die Kohleförderung bei einem Zehntel des Niveaus von 1939, ein Jahr später wurde bereits die fünffache Menge produziert. Saul K. Padover, der die vorrückenden US-Truppen in einer Einheit für psychologische Kriegsführung begleitete, notierte im April 1945, daß der Wiederaufbau des völlig zerstörten Aachen vermutlich 20 Jahre dauern werde.[4] Doch schon wenige Wochen später erlebte er die Wiedereröffnung der Aachener Reifen– und Textilfabriken und den Beginn eines bescheidenen Wirtschaftslebens.

Der rasche Aufschwung in Deutschland ist vor allem darauf zurückzuführen, daß die Industrie, sobald Arbeiterwohnungen und Verkehrswege wieder instandgesetzt waren, sofort die Produktion aufnehmen konnte. Im Volkswagenwerk hatten 91 Prozent des Maschinenbestands die Bombenangriffe und Nachkriegsplünderungen überstanden, und 1948 wurde hier jedes zweite in Westdeutschland hergestellte Automobil produziert. Die Fordwerke waren weitgehend unbeschädigt. Dank der Investitionen während des Krieges war ein Drittel der Industrieanlagen nicht einmal 5 Jahre alt (vor dem Krieg lag dieser Anteil bei 9 Prozent). Und die Branchen, in die bevorzugt investiert worden war (optische und chemische Industrie, Leichtmaschinenbau, Kraftfahrzeuge, Nichteisenmetalle), sollten das Fundament für den Boom der fünfziger Jahre sein. Anfang 1947 waren es nicht in erster Linie Kriegsschäden, die einen Aufschwung der deutschen Wirtschaft erschwerten, sondern Rohstoffmangel und andere Versorgungsengpässe – und vor allem die Ungewißheit, wie es politisch weitergehen würde.

1947 war das Jahr, in dem sich das Schicksal des Kontinentes entschied. Bis dahin hatten die Europäer ihre ganzen Energien in den Wiederaufbau gesteckt oder sich der Schaffung von Institutionen für eine langfristige Erneuerung gewidmet. In den ersten anderthalb Jahren nach Kriegsende verwandelte sich die Erleichterung über die Aussicht auf Frieden und Neubeginn in zunehmende Enttäuschung und Resignation angesichts der ungeheuren Aufgaben, vor denen der Kontinent stand. Anfang 1947 war klar, daß die wichtigsten Entscheidungen nicht länger aufgeschoben werden konnten.

Zum einen war das Grundproblem der Lebensmittelversorgung weiterhin ungelöst. Überall, bis auf Schweden und die Schweiz, herrschte Not. In Österreich konnte nur dank der UNRRA-Hilfsrationen, die im Frühjahr 1946 angelegt worden waren, eine Hungerkatastrophe in den anschließenden zwölf Monaten verhindert werden. In der britischen Zone Deutschlands sank die tägliche Nahrungsmittelzufuhr von 1500 Kalorien (Mitte 1946) auf 1050 Kalorien (Anfang 1947). Italiener, die 1945 und 1946 zwei aufeinanderfolgende Hungerjahre erlebt hatten, waren im Frühjahr 1947 von allen Westeuropäern am schlechtesten versorgt. Laut französischen Meinungsumfragen von 1946 waren »Nahrungsmittel«, »Brot« und »Fleisch« die allerwichtigsten Themen für die Bevölkerung.

Die Schwierigkeiten rührten nicht zuletzt daher, daß Westeuropa nicht mehr auf die osteuropäischen Kornkammern zurückgreifen konnte. Denn auch dort herrschte Hunger. 1945 gab es in Rumänien nach schlecht organisierter Bodenreform und widrigem Wetter eine Mißernte. Im Herbst 1946 führten überall, von der westlichen Walachei über Moldawien bis in die westliche Ukraine und die mittlere Wolga-Region schlechte Ernten und Dürre zu Hungersnot. Hilfsorganisationen berichteten von einjährigen Kindern, die gerade 3 Kilogramm wogen, und auch Fälle von Kannibalismus wurden gemeldet. Die Situation in Albanien wurde als »erschreckendes Elend« bezeichnet.

Es folgte der strenge Winter von 1947, der kälteste seit 1880. Kanäle froren zu, Straßen waren wochenlang nicht befahrbar, festgefrorene Weichen legten den Bahnverkehr lahm – ein harter Schlag für die schwache Nachkriegserholung. Die ohnehin knappe Kohle konnte nicht überall hingeschafft werden. Die Industrieproduktion lag danieder – die Stahlproduktion, die sich eben erholt hatte, ging prompt um 40 Prozent zurück. Als die Schneeschmelze einsetzte, wurden weite Teile Europas überschwemmt. Der Sommer war dann auf dem ganzen Kontinent einer der heißesten, regenärmsten seit Beginn der meteorologischen Aufzeichnungen. Es war klar, daß die Ernte miserabel ausfallen würde, in manchen Regionen bereits das dritte Jahr in Folge. Nach der dürftigen Ernte des Vorjahres sanken die Erträge um ein weiteres Drittel. Der Kohlemangel konnte durch amerikanische Importe (1947: 34 Millionen Tonnen) partiell wettgemacht werden, und aus Amerika und den britischen Dominions kamen Nahrungsmittel, die allerdings in harten Devisen, gewöhnlich in Dollar, bezahlt werden mußten.

Der europäischen Krise von 1947 lagen zwei strukturelle Probleme zugrunde. Zum einen war Deutschland praktisch aus der europäischen Wirtschaft verschwunden. Vor dem Krieg war Deutschland ein bedeutender Handelspartner für die meisten mittel- und osteuropäischen Länder gewesen, aber auch für Belgien, die Niederlande und die südeuropäischen Länder (so gingen vor dem Krieg 38 Prozent aller griechischen Exporte nach Deutschland, etwa ein Drittel der griechischen Einfuhren kamen von dort). Deutsche Kohle war ein wichtiger Rohstoff für die französische Stahlindustrie. Doch angesichts der ungewissen politischen Zukunft Deutschlands kam die deutsche Wirtschaft nicht in Gang und blockierte faktisch den wirtschaftlichen Aufschwung des ganzen Kontinentes.

Das zweite Problem betraf nicht Deutschland, sondern die USA, wenngleich beides miteinander zu tun hatte. 1938 kamen 44 Prozent der britischen Maschinenimporte aus den USA, 25 Prozent aus Deutschland. Für 1947 lauteten die Zahlen 65 Prozent beziehungsweise 3 Prozent. In anderen europäischen Ländern sah es ähnlich aus. Dieser sprunghaft gestiegene Bedarf an amerikanischen Gütern signalisiert ironischerweise einen Aufschwung in der europäischen Wirtschaft – um amerikanische Produkte zu kaufen, brauchte man Dollar. Die Europäer selbst hatten nichts, was sie dem Rest der Welt verkaufen konnten, aber ohne Devisen konnten sie weder Lebensmittel noch die Rohstoffe und Maschinen importieren, die sie benötigten, um die heimische Produktion anzukurbeln.

Die Dollarkrise war ernst. 1947 bezog Großbritannien, dessen Schulden sich seit 1939 vervierfacht hatten, fast die Hälfte seiner Importe aus den USA. Frankreich, der weltweit größte Importeur von Kohle, war gegenüber den USA mit jährlich 2,049 Millionen Dollar verschuldet. Die meisten anderen europäischen Länder besaßen nicht einmal Devisen. Die rumänische Inflation war im August 1947 auf ihrem höchsten Stand. Auf dem Höhepunkt der ungarischen Inflation, der schlimmsten seiner Geschichte (und noch viel schlimmer als die deutsche Inflation von 1923), kostete ein 1 US-Dollar 5 Quintillionen (5^{30}) Pengö – so daß, als der Pengö im August 1946 durch den Forint ersetzt wurde, der Wert aller im Umlauf befindlichen ungarischen Banknoten – in Dollar umgerechnet – nur einem Tausendstel US-Cent entsprach.

In Deutschland gab es keine funktionierende Währung. Der Schwarzmarkt blühte, allgemeines Zahlungsmittel waren Zigaretten. Lehrer in DP-Lagern erhielten wöchentlich 5 Päckchen. In Berlin schwankte der Wert einer Stange amerikanischer Zigaretten zwischen 60 und 165 Dollar. Die amerikanischen Besatzungssoldaten konnten durch den Verkauf ihrer Zigarettenrationen gut verdienen. In den ersten 4 Monaten der alliierten Besatzung schickten allein in Berlin stationierte US-Soldaten 11 Millionen Dollar, die sie zusätzlich zu ihrem Sold eingenommen hatten, nach Hause. In Braunschweig bekam man für 600 Zigaretten ein Fahrrad, eine Lebensnotwendigkeit in Deutschland, ebenso wie in Italien, wie das Vittorio de Sicas unvergeßlicher Film *Ladri di bicicletta* (*Fahrraddiebe*) von 1948 zeigt.

In welch ernster Krise Europa steckte, blieb den Amerikanern nicht verborgen. Auch deswegen drängten sie auf eine rasche Lösung der deutschen Frage, mit oder ohne Beteiligung der Sowjets. Nach Ansicht von George Kennan und anderer gutinformierter Berater der US-Regierung stand Europa im Frühjahr 1947 am Rande des Abgrunds. Angesichts der Enttäuschung der Westeuropäer, die mit einer raschen Normalisierung ihrer Lebensverhältnisse hatten rechnen dürfen, und der großen Hoffnungslosigkeit in Deutschland und anderen Regionen Mitteleuropas, die sich durch die unerwartete Versorgungskrise von 1947 noch verstärkt hatte, mußte der Kommunismus um so verführerischer erscheinen, und womöglich würde der Kontinent in Anarchie versinken.

Der Kommunismus war tatsächlich eine verlockende Option. Obwohl die kommunistischen Parteien in Italien, Frankreich und Belgien (ebenso wie in Finnland und Island) bis Mai 1947 als Koalitionspartner an der Regierung beteiligt waren, konnten sie über ihre Beziehungen zu den Gewerkschaften und durch Demonstrationen den Volkszorn mobilisieren und aus den Fehlern ihrer eigenen Regierungen Kapital schlagen. Die Wahlerfolge von Kommunisten, verstärkt durch den Ruf der unschlagbaren Roten Armee, ließen einen nationalen (italienischen, französischen oder tschechischen) »Weg zum Sozialismus« plausibel erscheinen. 1947 hatte die KPF 907 000 Mitglieder. In Italien waren es 2,25 Millionen Mitglieder, sehr viel mehr als in Polen oder gar Jugoslawien. Selbst in Dänemark und Norwegen sympathisierte jeder 8. Wähler zunächst mit den Kommunisten. In den Westzonen Deutschlands befürchteten die Alliierten, daß Kommunisten oder neue Nazis von einer Sehnsucht nach besseren Zeiten (unter dem alten Regime) und einer verbreiteten Unzufriedenheit über Entnazifierung, Versorgungsmängel und tägliche Kleinkriminalität profitieren könnten.

Die westeuropäischen Länder hatten Glück, daß die kommunistischen Parteien im Frühjahr 1947 weiterhin ihren gemäßigten, demokratischen Kurs verfolgten, den sie 1944 eingeschlagen hatten. Maurice Thorez forderte die französischen Bergleute auf, die Produktion wieder aufzunehmen. Der britische Botschafter in Italien schrieb von dem mäßigenden Einfluß, den Togliatti auf seine »ungestümeren« sozialistischen Verbündeten ausübe. Stalin hatte seine eigenen Motive, seine zahllosen Anhänger in Mittel- und Westeuropa dazu aufzurufen, den Volkszorn und die Frustration der Bevölkerung nicht auszunutzen. Trotzdem war das Gespenst von Bürgerkrieg und Revolution nie sehr fern. Alliierte Beobachter bezeichneten die politische Situation in Belgien und die Konflikte zwischen Flamen und Wallonen als ernst und das Land als ebenso »instabil« wie Griechenland und Italien.

In Frankreich machte sich nach dem harten Winter 1947 bereits Enttäuschung über die neue Vierte Republik breit. In einer Meinungsumfrage vom Juli 1947 bezeichneten 92 Prozent der Befragten die Situation als »schlecht« oder »sehr schlecht«. Der Labour-Finanzminister Hugh Dalton schrieb in seinem Tagebuch über den gedämpften Enthusiasmus der ersten fünf Nachkriegsjahre: »Kein Tag mehr, der strahlend hell beginnt.« Sein französischer Kollege André Philip, der sozialistische Wirtschaftsminister, äußerte sich in einer Rede im April 1947 ähnlich dramatisch: »Uns droht eine totale wirtschaftliche und finanzielle Katastrophe.«

Hoffnungslosigkeit und Zukunftsangst, wohin man auch schaute. »In den letzten beiden Monaten«, berichtete Janet Flanner aus Paris, »herrscht hier, und vielleicht in ganz Europa, ein Klima unzweifelhafter und zunehmender Malaise, als erwarteten die Franzosen beziehungsweise alle Europäer, daß etwas passiert oder, schlimmer noch, daß nichts passiert.« Der europäische Kontinent, hatte die Journalistin einige Monate zuvor festgestellt, bewege sich allmählich auf eine neue Eiszeit zu. George Kennan hätte ihr zugestimmt. In einem Memorandum schrieb er 6 Wochen später, daß das eigentliche Problem nicht der Kommunismus sei, und wenn, dann allenfalls indirekt. Der wahre Grund für die europäische Krise seien die Kriegsfolgen und eine »große Erschöpfung physischer und geistiger Kräfte«. Die erste Welle von Hoffnung und Aufbaubegeisterung war abgeebbt, und nun schienen sich übergroße Hindernisse vor dem Kontinent aufzutürmen. Hamilton Fish, Herausgeber der einflußreichen *Foreign Affairs*, beschrieb im Juli 1947 seine Eindrücke von Europa:

»Von allem gibt es zuwenig – zuwenig Züge, Straßenbahnen, Omnibusse und Autos, mit denen die Menschen pünktlich zur Arbeit kommen, geschweige denn in Ferien fahren können. Zuwenig Mehl, um Brot ohne Zusatzstoffe backen zu können, und nicht genug Brot, das Energie für schwere Arbeit liefern würde. Zuwenig Papier, als daß die Zeitungen über mehr als nur einen Bruchteil der Weltgeschehnisse berichten könnten; zuwenig Saatgut und zuwenig Dünger; zuwenig Wohnhäuser und nicht genug Glas für Fenster, zuwenig Leder für Schuhe, Wolle für Pullover, Gas zum Kochen, Baumwolle für Windeln, Zucker für Marmelade, Fett zum Braten, Milch für Babys, Seife zum Waschen.«

Heute sind die meisten Historiker der Ansicht, daß der Aufschwung und die Reformen der ersten Nachkriegsjahre, aller Hoffnungslosigkeit zum Trotz, das Fundament für den späteren Wohlstand Europas legten. Und zumindest für Westeuropa sollte sich das Jahr 1947 als Wendepunkt erweisen. Den Zeitgenossen war das alles nicht klar – im Gegenteil. Der Zweite Weltkrieg und seine ungewissen Nachwirkungen hätten genausogut zu Europas endgültigem Untergang führen können. Für Konrad Adenauer, wie für viele andere, herrschte noch größeres Chaos in Europa als 1918. Viele europäische und amerikanische Beobachter, denen die Irrtümer aus der Zeit nach dem Ersten Weltkrieg noch in guter Erinnerung waren, rechneten tatsächlich mit dem Schlimmsten. Selbst im besten Fall würde der Kontinent auf Jahrzehnte hinaus in Armut leben. Nach Ansicht der Bewohner der amerikanischen Besatzungszone Deutschlands würde der Wiederaufbau des Landes mindestens 20 Jahre dauern. Im Oktober 1945 verkündete General Charles de Gaulle voller Überzeugung, daß es 25 Jahre »unermüdlicher Arbeit« bedürfe, bevor Frankreich wiederaufgebaut sei.

Pessimisten sahen Europa aber schon viel früher in Bürgerkrieg, Faschismus und Kommunismus versinken. Als US-Außenminister George C. Marshall am 28. April 1947 aus Moskau von einer Konferenz alliierter Außenminister zurückkehrte, enttäuscht über die mangelnde Bereitschaft der Sowjets, an einer Lösung der Deutschlandfrage mitzuarbeiten, und erschüttert über den wirtschaftlichen und geistigen Zustand Westeuropas, stand für ihn fest, daß unbedingt und möglichst schnell etwas geschehen müsse. Und mit Blick auf die bedrückte Atmosphäre in Paris, Rom und anderswo würde die Initiative von Washington ausgehen müssen.

Marshalls Projekt eines europäischen Wiederaufbauprogramms, das er in den nächsten Wochen mit seinen Beratern diskutierte und am 5. Juni 1947 in einer Rede an der Harvard University der Öffentlichkeit vorstellte, war gigantisch. Aber es kam nicht aus dem Nichts. Zwischen Kriegsende und Bekanntgabe des Marshall-Plans hatten die Vereinigten Staaten schon viele Milliarden Dollar (in Form von Zuwendungen oder Krediten) nach Europa transferiert. Hauptempfängerländer waren Großbritannien und Frankreich, die Kredite über 4,4 Milliarden bzw. 1,9 Milliarden Dollar erhalten hatten. Italien hatte bis Mitte 1947 eine Summe von 513 Millionen Dollar erhalten, Polen 251 Millionen, Dänemark 272 Millionen, Griechenland 161 Millionen, und in viele andere Länder waren ebenfalls amerikanische Gelder geflossen.

Allerdings wurden diese Kredite für den alltäglichen Grundbedarf verwendet und nicht für den Wiederaufbau oder langfristige Investitionen. Außerdem waren Bedingungen an diese Darlehen geknüpft, besonders für die westeuropäischen Länder. Unmittelbar nach der japanischen Kapitulation hatte Präsident Truman unklugerweise die Lend-Lease-Abkommen aus der Kriegszeit gekündigt, woraufhin Maynard Keynes die britische Regierung in einem Memorandum vom 14. August 1945 vor einem »wirtschaftlichen Dünkirchen« warnte. Im Laufe der nächsten Monate konnte er mit den Amerikanern ein Abkommen aushandeln, das Großbritannien in die Lage versetzte, Waren einzukaufen, die nach dem Lend-Lease-Abkommen nicht mehr zur Verfügung standen, doch die amerikanischen Bedingungen waren außerordentlich streng – vor allem die Forderung, daß Großbritannien alle Zollbegünstigungen im Handel mit den überseeischen Gebieten abschaffen, die Devisenbewirtschaftung beenden und das Pfund Sterling uneingeschränkt konvertierbar machen müsse. Das führte, wie von Keynes und anderen prognostiziert, zu einem ersten »Run« auf das Pfund, zum raschen Verfall der britischen Dollarreserven und zu einer noch ernsteren Krise im darauffolgenden Jahr.

Fast ebenso restriktiv waren die Bedingungen des Abkommens, das im Mai 1946 zwischen Amerikanern und Franzosen ausgehandelt wurde. Die Kriegskredite in Höhe von 2,25 Milliarden Dollar wurden erlassen, neue Millionenkredite vereinbart und weitere für die Zukunft in Aussicht gestellt. Im Gegenzug verpflichteten sich die Franzosen, ihre protektionistischen Importquoten abzuschaffen und den ungehinderten Zugang amerikanischer und anderer ausländischer Produkte zu garantieren. Wie im britischen Fall diente auch dieses Abkommen nicht zuletzt dem amerikanischen Interesse an einer Liberalisierung des Welthandels, an freien und stabilen Wechselkursen und engeren Wirtschaftsbeziehungen. In der Praxis jedoch war das Geld nach einem Jahr schon ausgegeben, und das einzige mittelfristige Vermächtnis war ein zunehmender Unmut (von der Linken sofort instrumentalisiert) über die Dominanz der Amerikaner.

Im Frühjahr 1947 wurde offenbar, daß Washingtons Bemühungen, die wirtschaftlichen Schwierigkeiten der Europäer auf bilateralem Weg zu lösen, gescheitert waren. Das Handelsbilanzdefizit zwischen Europa und den USA stieg 1947 auf 4742 Millionen Dollar – mehr als das Doppelte des Vorjahres. Wenn dies ein »ökonomischer Schluckauf« war, wie spätere Beobachter es nannten, dann stand Europa kurz vor dem Erstickungstod. Deshalb bezeichnete der britische Außenminister Ernest Bevin die Harvard-Rede von George C. Marshall zu Recht als »eine der größten Reden in der Weltgeschichte«.

Marshalls Vorschläge stellten eine klare Abkehr von der bisherigen Praxis dar. Erstens blieb es, bis auf gewisse Rahmenbedingungen, den Europäern überlassen, wie sie die amerikanische Hilfe verwenden wollten, auch wenn amerikanische Berater und Fachleute eine wichtige Rolle in der Verwaltung der Gelder spielten. Zweitens sollte die Unterstützung über mehrere Jahre hinweg geleistet werden. Sie war also von vornherein als strategisches Programm für Wiederaufbau und Wachstum gedacht und nicht als Nothilfefonds.

Und drittens ging es um ganz außerordentliche Summen. Als das European Recovery Program (ERP) im Jahr 1952 auslief, hatten die Vereinigten Staaten rund 13 Milliarden Dollar ausgegeben, mehr als alle bisherige US-Auslandshilfe zusammengenommen. Davon ging der Löwenanteil an Großbritannien und Frankreich, aber für Italien und andere kleinere Empfängerländer waren die Konsequenzen vermutlich viel größer. 14 Prozent des österreichischen Staatshaushalts stammten im ersten Jahr des Marshall-Plans aus ERP-Mitteln. Seinerzeit waren das gigantische Beträge. In heutigen Zahlen ausgedrückt, belief sich die ERP-Förderung auf rund 100 Milliarden Dollar, aber als Anteil vom amerikanischen Bruttoinlandprodukt betrachtet (zwischen 1948 und 1951 etwa 0,5 Prozent des BIP), würde sich der Marshall-Plan heute auf etwa 201 Milliarden Dollar belaufen.

Unmittelbar nach Marshalls Rede kamen, auf Vorschlag Bevins, die Außenminister Großbritanniens, Frankreichs und der UdSSR in Paris zusammen, um über ihre Antwort zu beraten. Am 2. Juli 1947 verließ der sowjetische Außenminister Wjatscheslaw Molotow die Sitzung, zwei Tage später luden England und Frankreich Vertreter von 23 europäischen Staaten (ohne Spanien und die UdSSR) zur Beratung über die amerikanischen Vorschläge ein. Am 12. Juli nahmen 16 Länder an diesen Gesprächen teil – Großbritannien, Frankreich, Italien, Belgien, Luxemburg, die Niederlande, Dänemark, Norwegen, Schweden, die Schweiz, Griechenland, die Türkei, Irland, Island, Österreich und Portugal. Alle diese Länder sollten in den Genuß von ERP-Mitteln kommen. Trotz des Interesses, das Polen, die Tschechoslowakei, Ungarn, Bulgarien und Albanien anfänglich gezeigt hatten, nahm kein späteres kommunistisches Land am Europäischen Wiederaufbauprogramm teil und erhielt auch keinen Dollar aus ERP-Mitteln.

Welche Auswirkungen hatte das? Daß sich die Unterstützung auf westlich orientierte Länder beschränkte, machte es für Präsident Truman zweifellos leichter, den US-Kongreß im Jahr darauf für das Projekt zu gewinnen. Doch inzwischen hatte sich viel verändert, und der Kongreß ließ sich davon überzeugen, daß der Marshall-Plan ein wirtschaftliches Instrument im Kampf gegen sowjetische Expansionsbestrebungen sei. Doch im Juni 1947 richtete sich das Angebot an *alle* europäischen Länder. Stalin und Molotow betrachteten das amerikanische Vorhaben natürlich mit Mißtrauen (der Marshall-Plan war mit dem sowjetischen Wirtschaftsmodell völlig unvereinbar), aber die sowjetische Haltung wurde in Osteuropa, das ja noch kein »Block« war, nicht überall geteilt.

So nahm Jan Masaryk, der nichtkommunistische tschechoslowakische Außenminister, die anglo-französische Einladung vom 4. Juli sofort an. Tags darauf wurde Klement Gottwald, Ministerpräsident und KP-Chef, nach Moskau zitiert und zunächst angewiesen, an der Pariser Konferenz teilzunehmen. Doch sein Auftrag war klar: Er sollte in Paris den anglo-französischen Plan für unannehmbar erklären, die Verabschiedung einstimmiger Entscheidungen verhindern und dann, mit möglichst vielen Delegierten anderer Länder, die Konferenz verlassen.

Vier Tage später schwenkte Stalin um: Gottwald solle überhaupt nicht nach Paris fahren. Stalin erklärte einer tschechischen Regierungsdelegation (der auch Masaryk angehörte), daß »diese Angelegenheit eine grundsätzliche Frage ist, die die Freundschaft zwischen der CSR und der Sowjetunion betrifft. Wenn ihr nach Paris fahrt, würdet ihr damit zeigen, daß ihr bei einem Unternehmen mitmachen wollt, dessen Ziel die Isolierung der Sowjetunion ist.« Tags darauf gab die tschechische Regierung bekannt, daß sie keine Delegation nach Paris entsenden werde. »Eine Teilnahme der Tschechoslowakei würde als ein Akt interpretiert, der sich gegen die Freundschaft mit der Sowjetunion und den anderen Verbündeten richtet. Deshalb hat die Regierung einstimmig beschlossen, nicht an dieser Konferenz teilzunehmen.«

Warum lenkten die Tschechen ein? In Polen und Ungarn, wo die Kommunisten schon an der Macht waren, aufmerksam beobachtet von der Roten Armee, mußte der sowjetische »Vorschlag« befolgt werden. Aber die Rote Armee hatte sich schon längst aus der Tschechoslowakei zurückgezogen, und die Kommunisten hatten noch nicht das Machtmonopol. Und doch gaben Masaryk und seine Kollegen nach, sobald Stalin sein Mißfallen äußerte. Hätten die nichtkommunistischen tschechischen Parteien auf einer Annahme des Marshall-Plans bestanden, hätten sie sich auf die überwältigende Mehrheit der Bevölkerung (sowie einiger tschechischer Kommunisten) stützen können, so daß es für Stalin viel schwerer gewesen wäre, seinen Willen durchzusetzen. Die tschechische Entscheidung, sich in die sowjetische Umarmung zu fügen, war nach den politischen Erfahrungen seit München verständlich, aber sie bereitete den Weg für die Machtergreifung der Prager Kommunisten sieben Monate später.

Daß die Tschechoslowakei nicht am Marshall-Plan teilnahm, sollte sich als wirtschaftliche und politische Katastrophe für das Land erweisen. Gleiches gilt für alle anderen Länder Mittel- und Osteuropas, besonders aber für die Sowjetunion selbst. Stalins Entscheidung, den Marshall-Plan abzulehnen, war einer seiner größten strategischen Fehler. Was immer ihre verborgenen Motive gewesen sein mochten, die Amerikaner hätten, nachdem das Angebot an alle Europäer gegangen war, Osteuropa in das Europäische Aufbauprogramm einbeziehen müssen – mit unermeßlichen Folgen für die Zukunft. Statt dessen beschränkte sich das Hilfsprogramm auf den Westen. Die beiden Hälften des Kontinents gingen nunmehr getrennte Wege.

Der Marshall-Plan verstand sich von vornherein als Hilfe zur Selbsthilfe. In seiner Harvard-Rede wies Marshall selbst darauf hin, daß sein Projekt den Teufelskreis durchbrechen und das Vertrauen der Europäer in die wirtschaftliche Zukunft ihrer Länder und ganz Europas wiederherstellen sollte. Statt Europa bloß mit Bargeld zu helfen, sollten Waren kostenlos geliefert werden auf der Grundlage jährlich ermittelter Bedarfszahlen, die jedes Empfängerland im Rahmen eines Vierjahresplanes aufstellen sollte. Diese Waren würden, sobald auf dem lokalen Markt verkauft, sogenannte »Gegenwertgelder« in lokaler Währung generieren, die gemäß den bilateralen Vereinbarungen eingesetzt werden sollten. Einige Länder verwendeten diese Mittel für den Kauf weiterer Importartikel, andere (etwa Italien) transferierten sie, in Erwartung eines späteren Devisenbedarfs, in die nationalen Reserven.

Diese ungewöhnliche Form von Hilfeleistung hatte ungewöhnliche Implikationen. Die europäischen Regierungen mußten planen und ihren künftigen Investitionsbedarf schätzen. Sie mußten nicht nur mit den Vereinigten Staaten, sondern auch mit den anderen europäischen Staaten verhandeln, da ein möglichst rascher Aufbau von multilateralen Wirtschaftsbeziehungen angestrebt war. Regierungen, Unternehmer und Gewerkschaften mußten gemeinsam Produktionssteigerungen planen und die Bedingungen festlegen, unter denen das möglich war. Und vor allem wurde eine Rückkehr zu jenen Versuchungen blockiert, die die Wirtschaft der Zwischenkriegsjahre so sehr beeinträchtigt hatten: Unterproduktion, Protektionismus, Niedergang des Handels.

Obwohl die amerikanischen Marshall-Plan-Administratoren ihre Erwartungen nicht verhehlten, überließen sie es den Europäern, Bedarf und Art der Verteilung selbst zu bestimmen. Europäische Politiker, die die Amerikaner von früheren bilateralen Kreditverhandlungen her als knallharte Geschäftsleute kannten, reagierten begreiflicherweise überrascht. Die Amerikaner waren selbst geteilter Meinung hinsichtlich der Ziele des Marshall-Plans. Idealistische New-Deal-Anhänger – von denen es in der Nachkriegszeit nicht wenige gab – sahen die Gelegenheit, den Wiederaufbau Europas nach amerikanischem Modell anzugehen: also Modernisierung, Ausbau der Infrastruktur, Produktionssteigerung, Wirtschaftswachstum und innerbetriebliche Kooperation.

So kamen Tausende von Managern, Ingenieuren und Gewerkschaftern (5 000 allein aus Frankreich) im Rahmen von ERP-finanzierten »Produktivitätsmissionen« zwischen 1948 und 1952 in die Vereinigten Staaten, um die amerikanische Arbeitswelt zu studieren. Allein zwischen März und Juli 1951 trafen 145 europäische »Produktivitätsgruppen« in den USA ein, meistens Männer (Frauen waren selten), die noch nie im außereuropäischen Ausland gewesen waren. Derweil versuchten enthusiastische New-Dealer in der Organisation für wirtschaftliche Zusammenarbeit in Europa (OEEC), die 1948 zur Verwaltung der ERP-Mittel gegründet worden war, ihren europäischen Kollegen die Vorteile eines liberalisierten Handels, von internationaler Zusammenarbeit und Integration vor Augen zu führen.

Der Erfolg dieser Bemühungen hielt sich zunächst in Grenzen. Die meisten europäischen Politiker und Planer waren für wirtschaftliche Integrationsprojekte noch nicht bereit. Der größte diesbezügliche Erfolg der Marshall-Plan-Organisatoren dürfte die Europäische Zahlungsunion gewesen sein, die im Dezember 1949 angeregt und ein Jahr später gegründet wurde. Deren Aufgabe war es, über eine einzurichtende Clearingstelle, die den Zahlungsverkehr in europäischen Währungen abwickeln sollte, den europäischen Handel zu »internationalisieren«. Auf diese Weise sollte verhindert werden, daß die europäischen Länder versuchen könnten, dringend benötigte Dollar zu sparen, indem man die Importe aus anderen europäischen Ländern reduzierte, was allen Beteiligten letztlich nur schaden würde.

Die Europäer wurden aufgefordert, Kredite je nach Bedürfnissen über die Bank für Internationalen Zahlungsausgleich in Anspruch zu nehmen. Dann konnten sie, statt knappe Dollars zu verwenden, ihren Zahlungsverpflichtungen über innereuropäischen Kredittransfer nachkommen. Entscheidend war nicht, wer mit wem Handel trieb, sondern die gesamte Handelsbilanz in europäischen Währungen. Als die Zahlungsunion 1958 ihre Arbeit einstellte, hatte sie nicht nur zur stetigen Ausweitung des innereuropäischen Handels beigetragen, sondern auch zu einer beispiellosen, für alle Seiten vorteilhaften Zusammenarbeit – finanziert, wohlgemerkt, von den Amerikanern, die den anfänglichen Kreditpool bereitstellten.

Aus traditioneller amerikanischer Sicht waren der freie Handel und die damit einhergehenden Vorteile schon Grund genug für das Europäische Wiederaufbauprogramm. Die Wirtschaftskrise der dreißiger Jahre hatte die Amerikaner besonders stark getroffen, so daß sie alles daransetzten, den Europäern klarzumachen, welche Bedeutung der Abbau von Zollschranken und die Existenz frei konvertierbarer Währungen für einen wirtschaftlichen Aufschwung hatte. So wie das Engagement englischer Liberaler vor 1914, die für den freien Handel plädiert hatten, so war das amerikanische Engagement für einen ungehinderten Güterverkehr nicht völlig frei von Eigennutz.

Doch es war ein aufgeklärter Eigennutz. Wie CIA-Chef Allen Dulles erklärte: »Der Plan gründet auf unserem Wunsch, am Wiederaufbau eines Europas mitzuwirken, das mit uns auf den Weltmärkten konkurrieren kann und wird und schon deshalb erhebliche Mengen unserer Produkte kaufen wird.« In einigen Fällen war der Nutzen direkterer Natur: Die Unterstützung der Gewerkschaften für den Marshall-Plan gewann man mit der Zusicherung, daß alle amerikanischen Güter auf Schiffen geliefert würden, die von gewerkschaftlich organisierten amerikanischen Schauerleuten beladen würden. Doch dies war ein seltener Fall von direktem, unmittelbarem Nutzen. Dulles hatte zum größten Teil recht: Der Marshall-Plan nützte den USA, indem er den Aufschwung der wichtigsten Handelspartner der Amerikaner unterstützte, statt den Kontinent zu einer Art Kolonialgebiet zu machen.

Doch es ging noch um mehr. Auch wenn es damals nicht allen klar war, Europa stand 1947 vor einer grundsätzlichen Entscheidung. Aufbau oder Zusammenbruch war nur ein Teil der Frage, im Grunde ging es darum, ob Europa und die Europäer noch selbst über ihr Schicksal bestimmen konnten oder ob, nach 30 Jahren mörderischen innereuropäischen Konflikts, das Schicksal des Kontinents bereits in den Händen der beiden Supermächte Sowjetunion und USA lag. Die Sowjetunion schaute mit Wohlgefallen auf eine solche Aussicht – wie George Kennan in seinen Memoiren schrieb, schien der Kontinent, der 1947 wie unter einer Dunstglocke von Furcht und Hoffnungslosigkeit lag, im Begriff, Stalin wie eine reife Frucht in den Schoß zu fallen. Für amerikanische Politiker aber war die Schwäche Europas ein Problem und keine willkommene Chance. Wie es in einem CIA-Bericht vom April 1947 hieß: »Die größte Gefahr für die Sicherheit der Vereinigten Staaten ist die Möglichkeit eines wirtschaftlichen Zusammenbruchs in Westeuropa und die sich daraus ergebende Machtergreifung kommunistischer Elemente.«

In einem Bericht einer Sonderkommission von Außenministerium und Pentagon hieß es am 21. April 1947: »Es kommt darauf an, daß Regionen, die über Metall, Erdöl und andere Rohstoffe verfügen, in denen es strategische Ziele oder strategisch wichtige Gegenden gibt, die wichtige industrielle Potentiale enthalten, über Arbeitskräfte und organisierte Truppenverbände größeren Umfangs verfügen oder es aus politischen oder psychologischen Gründen den USA ermöglichen, größeren Einfluß auf Stabilität, Sicherheit und Frieden der Welt auszuüben, in befreundeten Händen bleiben.« Dies ist der allgemeine Kontext des Marshall-Plans – die Schaffung einer politischen und sicherheitspolitischen Landschaft, in der die amerikanischen Interessen untrennbar verbunden sind mit denen eines fragilen und schwachen europäischen Subkontinents.

Die informierteren Europäer, namentlich Bevin und sein französischer Kollege Georges Bidault, sahen das ganz deutlich. Aber die innenpolitischen Interessen der Empfängerländer und die Art und Weise, wie diese Mittel verwendet wurden, unterschieden sich erheblich von Land zu Land. In Belgien, wo die amerikanische Hilfe vermutlich nicht so dringend gebraucht wurde, hatte der Marshall-Plan langfristig möglicherweise einen negativen Effekt, da die Regierung in traditionelle Industriebetriebe und politisch sensible Industrien wie den Kohlebergbau investieren konnte, ohne die langfristigen Kosten zu bedenken.

Doch in den meisten Fällen wurden die ERP-Mittel wie geplant verwendet. In Italien wurden die Gelder im ersten Jahr für dringend benötigte Importe von Kohle und Getreide eingesetzt und teilweise in bedrohte Industrien wie die Textilindustrie gesteckt. Aber danach flossen 90 Prozent der italienischen Mittel direkt in Investitionen – Maschinenbau, Energie, Landwirtschaft und Verkehrswesen. Unter Alcide de Gasperi und den Christdemokraten erinnerte die italienische Wirtschaftsplanung Ende der vierziger Jahre an osteuropäische Verhältnisse – Konsumgüter wurden gezielt hintangestellt, der Nahrungsmittelverbrauch verharrte auf dem Vorkriegsniveau, und statt dessen wurden die Mittel in die Infrastruktur gesteckt. Das war fast zuviel des Guten. Die Amerikaner wurden nervös, versuchten erfolglos, die Regierung dazu zu bringen, progressive Steuern einzuführen, die strikte Sparpolitik zu lockern, auf die Reserven zurückzugreifen und eine Rezession zu vermeiden. Hier, wie auch in Westdeutschland, hätten die Amerikaner gern eine Abkehr von der traditionell deflationistischen Wirtschaftspolitik gesehen.

In Frankreich kam das Marshall-Programm den »Planern« sehr entgegen. Wie Pierre Uri, einer der Mitarbeiter Monnets, später schrieb: »Wir benutzten die Amerikaner, um der französischen Regierung das aus unserer Sicht Notwendige aufzuzwingen.« Der amerikanische Wunsch nach Liberalisierung wurde ignoriert, aber die Aufforderung, zu investieren und zu modernisieren, rasch umgesetzt. ERP-Mittel (1,3 Millionen Dollar 1948 und 1949 und noch einmal 1,6 Millionen in den anschließenden 3 Jahren) finanzierten fast die Hälfte der staatlichen Investitionen unter dem Monnet-Plan, und ohne die amerikanische Hilfe hätte Frankreich nicht viel zustande gebracht. Welche Ironie daher, daß der Marshall-Plan vor allem in Frankreich auf breite Kritik stieß. Mitte der fünfziger Jahre erklärte nur jeder dritte Franzose, vom Marshall-Plan überhaupt gehört zu haben, und von diesen fanden 64 Prozent, daß er »schlecht« für das Land sei!

Das relativ negative Image des Marshall-Plans in Frankreich war nicht zuletzt ein, vielleicht sogar der größte Propagandaerfolg der Kommunisten.[5] In Österreich konnten die Kommunisten – unterstützt von den sowjetischen Truppen, die den Osten des Landes besetzt hielten – dem guten Ruf der Amerikaner nichts anhaben: Die Amerikaner versorgten die Bevölkerung mit Lebensmitteln, und nur das zählte. In Griechenland, wo ein brutaler Bürgerkrieg tobte, war es noch deutlicher: Die US-Hilfe, die im April 1948 auch auf Griechenland ausgedehnt wurde, entschied über Verelendung oder Überleben. Die 649 Millionen Dollar kamen Flüchtlingen zugute und verhinderten Hunger und Krankheiten; die Lieferung von Maultieren entschied für Tausende bedürftiger Bauern und deren Familien über Leben oder Tod. 1950 machten ERP-Mittel die Hälfte des Bruttoinlandsprodukts aus.

Wie erfolgreich war der Marshall-Plan? Es ist unstrittig, daß der Aufschwung Westeuropas genau in der Zeit des Marshall-Plans stattfand (1948 bis 1951). 1949 überstieg die französische Industrie- und Agrarproduktion bereits die Ergebnisse von 1938. 1948 wurde in den Niederlanden ein leichter Aufschwung verzeichnet, 1949 in Österreich und Italien, 1950 in Griechenland und Westdeutschland. Von den vormals besetzten Ländern konnten nur Belgien, Dänemark und Norwegen schon vorher (nämlich 1947) einen Aufschwung verzeichnen. Zwischen 1947 und 1951 wuchs das BIP aller westeuropäischen Länder um 30 Prozent.

Zu dieser Gesundung trug der Marshall-Plan vor allem durch die Bereitstellung von Dollarkrediten bei. Diese deckten Handelsdefizite, erleichterten den Import von dringend benötigten Rohstoffen und brachten Westeuropa durch den Krisensommer 1947. Vier Fünftel des Weizens, der 1949 bis 1951 in Europa verbraucht wurde, kam aus Ländern der Dollarzone. Ohne ERP-Mittel hätte der Mangel an Kraftstoff, Lebensmitteln, Baumwolle und anderen Gütern wohl kaum zu einem politisch akzeptablen Preis überwunden werden können. Gewiß hätte die Wirtschaft der westeuropäischen Länder auch ohne amerikanische Hilfe wachsen können, doch das wäre nur möglich gewesen, wenn man die Binnennachfrage beschränkt, die neuen Wohlfahrtsangebote gekürzt und den Lebensstandard noch weiter reduziert hätte.

Dieses Risiko wollten die meisten Regierungen verständlicherweise nicht eingehen. Sie saßen in der Falle, und sie wußten es. Heute wissen wir zwar, daß der Marshall-Plan »bloß« einen Stillstand aufbrach, der aus gesteigerter Nachfrage resultierte, und daß Washingtons neue Politik ein »zeitweiliges« Dollardefizit überwand. Aber 1947 konnte niemand ahnen, daß die Lücke von 4,6 Milliarden Dollar »zeitweilig« war. Und wer konnte damals sicher sein, daß die Krise nicht die schwachen europäischen Demokratien in den Abgrund reißen würde? Selbst wenn der Marshall-Plan lediglich Zeit verschaffte, so war das ein wesentlicher Beitrag, denn genau das, nämlich Zeit, schien in Europa allenthalben zu fehlen. Der Marshall-Plan war ein Wirtschaftsprogramm, aber die von ihm abgewendete Krise war politischer Natur.

Der langfristige Gewinn des Marshall-Plans ist schwerer einzuschätzen. Manche Beobachter waren enttäuscht, daß die Amerikaner die Europäer offenbar nicht dazu bringen konnten, ihre Planung zu koordinieren, wie man das anfänglich erhofft hatte. Und was an kooperativen Strukturen tatsächlich entwickelt wurde, ging, wenn überhaupt, nur indirekt auf amerikanische Bemühungen zurück. Aber nach den Erfahrungen der jüngsten Vergangenheit war jeder Schritt in diese Richtung positiv, und der Marshall-Plan zwang die Europäer jedenfalls, ihre Reaktionen, und letzten Endes noch viel mehr, untereinander zu koordinieren. Am 3. Januar 1949 stellte die *Times* in einem Leitartikel durchaus zu Recht fest: »Wenn wir die Kooperationsanstrengungen des letzten Jahres mit dem intensiven ökonomischen Nationalismus der Zwischenkriegsjahre vergleichen, dann darf man gewiß sagen, daß der Marshall-Plan eine neue und hoffnungsvolle Epoche in der europäischen Geschichte einleitet.«

Der eigentliche Gewinn des Marshall-Plans war psychologischer Natur. Man könnte fast sagen, daß er den Europäern zu einem positiveren Selbstbild verhalf. Sie gewannen die Kraft, sich ein für allemal von Chauvinismus und autoritären Lösungen zu verabschieden. Eine gemeinsame Wirtschaftspolitik schien nun normal, nicht ungewöhnlich. Die armselige Praxis der dreißiger Jahre erschien zunächst unklug, dann unnötig und schließlich absurd.

All das wäre nicht möglich gewesen, wäre der Marshall-Plan als Blaupause einer »Amerikanisierung« Europas präsentiert worden. Im Gegenteil, die Europäer waren sich ihrer demütigenden Abhängigkeit von amerikanischem Geld und Schutz so sehr bewußt, daß Druck von dieser Seite politisch gewiß kontraproduktiv gewesen wäre. Indem man die europäischen Regierungen eine Politik verfolgen ließ, die auf innenpolitischen Kompromissen und historischen Erfahrungen beruhte, und indem man auf ein standardisiertes Vorgehen verzichtete, mußten die Amerikaner ihre Hoffnungen auf eine westeuropäische Integration teilweise begraben, jedenfalls einstweilen.

Der Marshall-Plan fiel nicht in ein Vakuum. Westeuropa konnte von amerikanischer Hilfe profitieren, weil es eine Region war, in der es seit langem Privateigentum, Marktwirtschaft und, von den zurückliegenden Jahren abgesehen, stabile politische Verhältnisse gab. Doch eben deshalb mußte und wollte Westeuropa seine Entscheidungen selbst treffen. Wie der britische Diplomat Oliver Franks schrieb: »Beim Marshall-Plan ging es darum, den Europäern amerikanische Dollar in die Hand zu geben, mit denen sie die Instrumente für ihren Wiederaufbau kaufen konnten.« Alles andere – konvertierbare Währungen, geordnete Beziehungen zwischen Kapital und Arbeitnehmern, ausgeglichener Haushalt und liberalisierter Handel – hing von den Europäern selbst ab.

Es ging also nicht um den Unterschied zwischen amerikanischen Visionen und europäischer Praxis, sondern um den zwischen 1945 und 1918. Beide Nachkriegsphasen waren sich, in mehr als nur einer Hinsicht, unheimlich ähnlich. Schon in den zwanziger Jahren hatten die Amerikaner die Europäer aufgefordert, amerikanische Produktionsprozesse und Organisationstechniken zu übernehmen. In den Zwanzigern sahen viele amerikanische Beobachter die Rettung Europas in wirtschaftlicher Integration und Kapitalinvestitionen. Und in dieser Zeit blickten die Europäer auch über den Atlantik, erhofften sich Anregungen für ihre eigene Zukunft und praktische Hilfe für die Gegenwart.

Der große Unterschied bestand aber darin, daß die USA nach dem Ersten Weltkrieg keine Hilfe leisteten, sondern nur Kredite gaben, und die wurden fast durchweg vom privaten Kapitalmarkt zur Verfügung gestellt. Deswegen waren sie nicht billig und hatten meist eine kurze Laufzeit. Als diese Kredite zu Beginn der Wirtschaftskrise zurückgefordert wurden, waren die Folgen katastrophal. Nach dem Zweiten Weltkrieg waren die amerikanischen Politiker, nach anfänglichem Zögern, durchaus entschlossen, die Fehler der Vergangenheit zu vermeiden. Die Bedeutung des Marshall-Plans liegt nicht nur in seinen Leistungen, sondern auch in dem, was er mit Bedacht vermied.

Doch es gab ein Problem, das das Wiederaufbauprogramm weder lösen noch umgehen konnte, von dessen Lösung jedoch alles abhing: die deutsche Frage. Ohne eine Gesundung Deutschlands würde alle französische Planung nichts fruchten. So wollte Frankreich mit ERP-Gegenwertgeldern große neue Stahlwerke in Lothringen bauen, aber ohne deutsche Kohle hätte das alles keinen Zweck. Amerikanische Kredite zum Import deutscher Kohle – schön und gut, aber wenn es keine Kohle gab? Im Frühjahr 1948 erreichte die deutsche Industrieproduktion erst die Hälfte der Produktion von 1936. Die britische Wirtschaft würde sich nie erholen, solange das Land beispiellose Summen zur Unterstützung der notleidenden Bevölkerung seiner Besatzungszone in Deutschland ausgab (317 Millionen Dollar allein im Jahr 1947). Ohne Deutschland als Importeur ihrer Produkte würde es in Dänemark und den Niederlanden keinen Aufschwung geben.

Die Logik des Marshall-Plans verlangte die Aufhebung aller Restriktionen für die westdeutsche Produktion, damit das Land wieder einen bedeutsamen Beitrag zur europäischen Wirtschaft leisten konnte. Außenminister George C. Marshall machte von Anfang an klar, daß sein Plan das Ende französischer Hoffnungen auf deutsche Kriegsreparationen bedeutete – denn es ging darum, Deutschland zu stärken und zu integrieren und nicht zu einem abhängigen Paria zu machen. Wenn man aber eine tragische Neuauflage der zwanziger Jahre vermeiden wollte – in denen erfolglose Bemühungen, aus einem besiegten Deutschland Kriegsreparationen herauszuholen, direkt zu französischen Ängsten, zu deutscher Feindseligkeit und zum Aufstieg Hitlers geführt hatten –, so würde der Marshall-Plan nur als Teil einer umfassenden politischen Lösung funktionieren, in der Franzosen und Deutsche konkrete und dauerhafte Vorteile erkennen konnten. Das war den Amerikanern und ihren Freunden klar. Eine Lösung der Deutschlandfrage war der Schlüssel für die Zukunft Europas, und das wurde in Moskau genauso gesehen wie in Paris, London oder Washington. Welche Form eine solche Lösung annehmen sollte, war indes umstritten.

IV

Die unmögliche Lösung

> Wer die damalige Zeit nicht miterlebt hat, wird kaum nachvollziehen können, wie sehr die europäische Politik der Nachkriegsjahre beherrscht wurde von der Angst vor einem Wiedererstarken Deutschlands und von der Absicht, dies ein für allemal zu verhindern.
>
> *Sir Michael Howard*

> Machen wir uns nichts vor, der gesamte Balkan, mit Ausnahme Griechenlands, wird bolschewisiert, und ich kann es nicht verhindern. Auch für Polen kann ich nichts tun.
>
> *Winston Churchill, Januar 1945*

> Erinnerte mich an einen Renaissancedespoten – keine Prinzipien, jede Methode, aber ohne blumige Sprache – immer Ja oder Nein, aber verlassen konnte man sich bei ihm nur auf das Nein.
>
> *Clement Attlee über Stalin*

> Innerhalb von fünf Jahren haben wir einen richtigen Minderwertigkeitskomplex entwickelt.
>
> *Jean-Paul Sartre (1945)*

»Kein Mensch wird verstehen, welche Gefühle die Europäer den Deutschen entgegenbringen, solange er nicht mit Belgiern, Franzosen oder Russen gesprochen hat. Für sie sind nur tote Deutsche gute Deutsche.« Dies notierte Saul K. Padover, dem wir im III. Kapitel bereits begegnet sind, in seinem Tagebuch bei Kriegsende. Seine Beobachtung sollte bei jeder Geschichte von Nachkriegseuropa mitbedacht werden. Ziel des Zweiten Weltkriegs in Europa war die Niederwerfung Deutschlands, und solange die Kämpfe dauerten, wurden fast alle anderen Überlegungen beiseite geschoben.

Den Alliierten kam es vor allem darauf an, daß keiner von ihnen ausscherte. Amerikaner und Briten waren unablässig in Sorge, Stalin könne mit Hitler einen Separatfrieden schließen, zumal nach der Rückeroberung der Gebiete, die die Sowjetunion nach Juni 1941 verloren hatte. Stalin seinerseits unterstellte den

Briten und Amerikanern, mit der späten Eröffnung einer zweiten Front im Westen so lange gewartet zu haben, bis Rußland ausgeblutet sei, um den Gewinn ganz allein einzustreichen. Beide Seiten betrachteten Appeasement-Politik und Pakte als Beweise für die Unzuverlässigkeit des jeweils anderen. Aneinander gebunden waren sie nur durch den gemeinsamen Feind.

Diese wechselseitige Unsicherheit zieht sich durch die Abkommen und Vereinbarungen, die die Großen Drei während des Krieges schlossen. Im Januar 1943 vereinbarten Stalin, Roosevelt und Churchill in Casablanca, daß nur eine bedingungslose Kapitulation Deutschlands den Krieg beenden könne. Elf Monate später, in Teheran, einigte man sich grundsätzlich auf die Zerschlagung Deutschlands, auf die Curzon-Linie als polnische Ostgrenze, die Anerkennung von Titos Herrschaft in Jugoslawien und die Abtretung Ostpreußens an die Sowjetunion.

Von diesen Vereinbarungen profitierte in erster Linie Stalin, was aber, da die Rote Armee die weitaus größte Rolle im Kampf gegen Hitler spielte, durchaus angemessen war. Als Churchill im Oktober 1944 in Moskau die Balkan-Vereinbarung abzeichnete, überließ er Stalin aus dem gleichen Grund Territorien, die dem sowjetischen Diktator ohnehin zufallen würden. In diesem »Prozent«-Abkommen, das Churchill auf einem Zettel notierte und Stalin zuschob, der »seinen Stift nahm und ein großes Häkchen daraufsetzte«, verständigten sich Großbritannien und die Sowjetunion über die Aufteilung der Interessensphären auf der Balkanhalbinsel. Jugoslawien und Ungarn wurden im Verhältnis 50:50 aufgeteilt, Rumänien sollte zu 90 Prozent und Bulgarien zu 75 Prozent den Sowjets gehören, während Griechenland zu 90 Prozent dem Westen zugeschlagen wurde.

Drei Anmerkungen hierzu: Erstens waren die Prozentzahlen bezüglich Ungarn und Rumänien bloß eine Formel, in Wahrheit ging es um den Balkan. Zweitens wurde die Vereinbarung von beiden Seiten weitgehend eingehalten. Drittens aber war diese Vereinbarung, so brutal es aus Sicht der betroffenen Länder auch klingen mag, im Grunde völlig bedeutungslos. Das gleiche gilt für die Konferenz von Jalta im Februar 1945. »Jalta« steht im Lexikon der mitteleuropäischen Politik für den Verrat des Westens, für den Moment, da die Westalliierten Polen und die anderen kleineren Staaten zwischen Rußland und Deutschland verkauften.

In Wahrheit spielte Jalta keine große Rolle. Gewiß, die Alliierten unterzeichneten die Dreimächtedeklaration über das befreite Europa – »Zur Schaffung von Bedingungen, unter denen die befreiten Völker diese [demokratischen] Rechte ausüben können, werden die drei Regierungen ... die Völker der befreiten europäischen Staaten oder der früheren europäischen Vasallenstaaten der Achse gemeinsam unterstützen ... bei der Schaffung vorläufiger Regierungsgewalten, die eine umfassende Vertretung aller demokratischen Elemente der Bevölkerung darstellen und die zur baldestmöglichen Errichtung von dem Volkswillen entsprechenden Regierungen auf dem Wege freier Wahlen verpflichtet sind.« Es war der Zynismus der Sowjets hinsichtlich dieser Vereinbarung, den die verständlicherweise empörten Vertreter der versklavten Nationen dem Westen ins Gesicht schleuderten. Doch in Jalta wurde nichts beschlossen, was nicht schon in Teheran oder anderswo vereinbart worden war.

Die Konferenz von Jalta könnte man als bemerkenswertes Mißverständnis bezeichnen, wobei vor allem Roosevelt Opfer seiner eigenen Illusionen war. Denn inzwischen konnte Stalin auch ohne Zustimmung der Westalliierten in Osteuropa nach Gutdünken schalten und walten, was zumindest den Briten völlig klar war. Die polnischen Gebiete, nach dem geheimen Zusatzprotokoll des Hitler-Stalin-Paktes der Sowjetunion zugesprochen, waren wieder in sowjetischer Hand. Während der Jalta-Konferenz (4. bis 11. Februar 1945) war das »Lubliner Komitee« – polnische Kommunisten, im Troß der Roten Armee nach Polen gelangt – in Warschau bereits eingesetzt.[1]

Tatsächlich wurde die wirklich entscheidende Frage – eine Lösung für Nachkriegsdeutschland – in Jalta genau deswegen nicht diskutiert, weil sie so wichtig und kompliziert war. Und vermutlich hätten die westlichen Politiker in diesen letzten Kriegsmonaten Stalin auch dann nicht mehr abringen können, wenn sie einen ernsthaften Versuch unternommen hätten. Polen und andere konnten nur hoffen, daß Stalin die Kompromißbereitschaft des Westens mit großzügigem Verhalten ihnen gegenüber erwidern würde. Auf den guten Willen des Westens konnte er sich aber in jedem Fall verlassen, und noch lange nach dem 8. Mai 1945 waren es die Westalliierten, die sich um Stalin bemühten, nicht umgekehrt. Die Sowjetunion durfte aus dem Krieg gegen Hitler (und später gegen Japan) nicht aussteigen; eine Friedensregelung für Mitteleuropa hatte Zeit. Andernfalls hätten Roosevelt und Churchill im August 1944 vermutlich schärfer protestiert, als 200000 Polen beim Warschauer Aufstand getötet wurden, unter den Augen der Roten Armee, die auf dem anderen Ufer der Weichsel stand und nicht eingriff.

Westliche Politiker mögen Stalins Ansicht, die polnische Heimatarmee sei eine »Handvoll machthungriger Abenteurer und Verbrecher«, nicht geteilt haben, aber sie waren gewiß nicht bereit, sechs Wochen nach der Invasion in der Normandie ihren wichtigsten militärischen Verbündeten vor den Kopf zu stoßen. Für die Polen war das ein Verrat am eigentlichen Kriegsziel – schließlich hatten Großbritannien und Frankreich Deutschland nach dem Überfall auf Polen im September 1939 den Krieg erklärt. Doch die Westalliierten hatten keine andere Wahl, als Stalin im Osten freie Hand zu lassen. Oberstes Kriegsziel war die Niederwerfung Deutschlands.

Das war die ausschlaggebende Überlegung – bis zum Schluß. Noch im April 1945, als Deutschland praktisch schon besiegt war, konnte Roosevelt erklären, daß »wir [hinsichtlich einer Friedensregelung für Deutschland] bis zu einer endgültigen Entscheidung alles gründlich prüfen sollten«. Für diese Haltung gab es gute Gründe. Die Suche nach einer Lösung für die deutsche Frage sollte sich (für aufmerksame Beobachter bereits erkennbar) als außerordentlich kompliziert erweisen, und deshalb war es sinnvoll, so lange wie möglich an der Anti-Hitler-Koalition festzuhalten. Doch das führte dazu, daß die Gestalt Nachkriegseuropas nicht durch Vereinbarungen und Abkommen bestimmt wurde, sondern durch den Aufenthaltsort der Besatzungstruppen zum Zeitpunkt der deutschen Kapitulation. Wie Stalin gegenüber Molotow erklärte, als dieser Bedenken an der »Deklaration über das befreite Europa« anmeldete: »Wir können sie auf unsere Weise erfüllen. Entscheidend ist das Kräfteverhältnis.«

In Südosteuropa war der Krieg Ende 1944 vorbei, nachdem sowjetische Truppen den nördlichen Balkan eingenommen hatten. Im Mai 1945 waren Ungarn, Polen und der größte Teil der Tschechoslowakei befreit. Sowjetische Truppen standen in Sachsen. Die britischen und amerikanischen Streitkräfte führten im Nordwesten und Südwesten Deutschlands praktisch separate Kriege, und Eisenhower hätte zweifellos vor den Sowjets in Berlin sein können, wenn Washington ihn nicht gebremst hätte. Churchill hätte einen westlichen Vormarsch auf Berlin ebenfalls gern gesehen, doch Roosevelt dachte nicht nur an die möglichen Verluste (ein Fünftel ihrer gesamten Verluste verzeichnete die US-Armee allein während der Ardennen-Offensive im Winter 1944/45), sondern auch an Stalin, der Berlin haben wollte.

Und so verlief die Linie, die den Westen und Osten Europas trennte, in Deutschland und der Tschechoslowakei (wo die US-Armee schon 30 Kilometer vor Prag stand und die Gegend um Pilsen befreit hatte, nur um sie wenig später der Roten Armee zu übergeben) etwas weiter westlich, als sie nach dem Ende der Kampfhandlungen zunächst verlaufen war – aber nur ein wenig, denn sosehr die Generäle Patton oder Montgomery auch gedrängt hätten, am Endergebnis hätte sich nicht viel geändert. Und im Süden, in Triest, standen sich die jugoslawische Befreiungsarmee und die 8. britische Armee gegenüber und zogen eine Trennlinie durch die kosmopolitischste aller mitteleuropäischen Städte, eine Linie, die die erste richtige Grenze des Kalten Krieges wurde.

Natürlich war der Kalte Krieg noch Zukunft, doch in gewisser Weise hatte er schon längst begonnen. Solange Deutschland der Feind war, konnte man die tiefgreifenden Meinungsverschiedenheiten und Widersprüche zwischen der Sowjetunion und ihren Kriegsverbündeten leicht ignorieren. Aber sie waren vorhanden. Vier Jahre wachsamer Zusammenarbeit in einem mörderischen Kampf gegen den gemeinsamen Feind konnten knapp 30 Jahre gegenseitigen Mißtrauens kaum vergessen machen. Tatsächlich begann der Kalte Krieg in Europa nicht erst nach dem Zweiten Weltkrieg, sondern bereits nach dem Ersten.

Dies war eindeutig der Fall in Polen, das 1920 einen verzweifelten Krieg gegen die junge Sowjetunion geführt hatte, in England, wo Churchill in den zwanziger und dreißiger Jahren als Antikommunist, als Warner vor der »Roten Gefahr« hervorgetreten war, in Frankreich, wo von 1921 bis zum Mai 1940 der Antikommunismus die stärkste innenpolitische Waffe der Rechten war, in Spanien, wo es im Bürgerkrieg zwischen Rechten und Linken gleichermaßen um den Kommunismus ging, und vor allem natürlich in der Sowjetunion selbst, wo sich Stalins Machtmonopol und die brutale Liquidierung seiner Kritiker auf das Argument stützten, der Westen und seine Helfershelfer wollten die Sowjetunion schwächen und das kommunistische Experiment zum Scheitern bringen. Die Jahre 1941 bis 1945 waren nur ein Zwischenspiel im Kampf zwischen den westlichen Demokratien und dem sowjetischen Totalitarismus, einem Kampf, dessen Konturen durch den Aufstieg von Faschismus und Nationalsozialismus, die beide Seiten bedrohten, verdeckt wurden, sich aber nicht grundsätzlich änderten.

Es war Deutschland, das den Westen und Rußland zusammenführte – 1941 ebenso wie vor 1914. Doch es war von Anfang an eine schwierige Allianz. Von 1918 bis 1934 entstand durch die sowjetische Strategie in Mittel- und Westeuropa – Spaltung der Linken, Subversion und Straßenkämpfe – das Bild vom »Bolschewismus« als einer zutiefst fremdartigen und feindlichen Kraft. Vier Jahre schwieriger und umstrittener Volksfrontbündnisse konnten diesen Eindruck ein wenig zerstreuen, ungeachtet der Schauprozesse und Verfolgungen, die zur gleichen Zeit in der Sowjetunion stattfanden. Doch der Molotow-Ribbentrop-Pakt vom August 1939 und die von Stalin und Hitler gemeinsam praktizierte Zerschlagung ihrer Nachbarn ein Jahr später schwächte das Ansehen der Volksfront erheblich. Nur der heldenhafte Kampf der Roten Armee und der Sowjetbürger zwischen 1941 und 1945 und die beispiellosen Verbrechen der Nazis konnten diese Erinnerungen überdecken.

Und die Sowjets begegneten dem Westen nie anders als mit Mißtrauen, dessen Wurzeln natürlich weit vor 1917 zurückreichen, das aber immer wieder neue Nahrung erhielt – durch die militärische Intervention des Westens im Bürgerkrieg von 1917 bis 1921, durch die Abwesenheit der Sowjetunion in internationalen Gremien in den nächsten 15 Jahren, durch den begründeten Verdacht, daß die meisten westlichen Politiker, wenn sie wählen müßten, sich eher für die Faschisten als für die Kommunisten entscheiden würden, und durch den Eindruck, daß vor allem England und Frankreich es nicht bedauern würden, wenn die Sowjetunion und Nazideutschland einander zerfleischen würden. Selbst nachdem die Anti-Hitler-Koalition geschmiedet und das gemeinsame Interesse an einer Niederlage Deutschlands bekundet war, herrschte erstaunlich großes Mißtrauen. Bezeichnenderweise wurden zwischen dem Westen und dem Osten kaum geheimdienstliche Informationen ausgetauscht.

Die Auflösung des Kriegsbündnisses und die anschließende Teilung Europas war also kein Irrum, nicht die Folge von blankem Eigennutz oder bösem Willen, sondern historisch begründet. Vor dem Zweiten Weltkrieg waren die Beziehungen zwischen den USA und Großbritannien einerseits und der Sowjetunion andererseits immer gespannt gewesen. Keiner von ihnen war bislang für weite Teile des europäischen Kontinents verantwortlich gewesen. Außerdem standen Frankreich und Deutschland zwischen ihnen. Aber mit der französischen Demütigung im Mai 1940 und der deutschen Niederlage fünf Jahre später war alles anders geworden. Ein neuerlicher Kalter Krieg in Europa war jederzeit möglich, aber nicht unausweichlich. Ausgelöst wurde er durch die letztlich unvereinbaren Bestrebungen und Bedürfnisse der beiden Seiten.

Dank der deutschen Aggression waren die Vereinigten Staaten nun zum erstenmal eine Macht in Europa. Daß sie eine überwältigende Stärke besaßen, war offensichtlich, selbst für jene, die die Siege der Roten Armee fasziniert verfolgt hatten. Das Bruttosozialprodukt der USA hatte sich im Laufe des Krieges verdoppelt, und im Frühjahr 1945 entfielen auf die USA die Hälfte der globalen Industrieproduktion, der größte Teil der weltweiten Nahrungsmittelüberschüsse und fast alle Finanzreserven der Welt. Die Vereinigten Staaten hatten 12 Millionen Soldaten unter Waffen, und nach der Kapitulation Japans war die US-Marine größer als alle anderen Kriegsflotten der Welt zusammengenommen. Was würden die USA mit ihrer Macht anfangen? Nach dem Ersten Weltkrieg hatte Washington sie nicht ausgeübt. Doch nun – nach dem Zweiten Weltkrieg? Was wollte Amerika?

In puncto Deutschland – und 85 Prozent der amerikanischen Kriegsanstrengungen waren in den Kampf gegen Deutschland geflossen – verfolgte Amerika zunächst ziemlich strikte Absichten. So heißt es etwa in der Direktive 1067 JCS der Vereinigten Stabschefs, die die Auffassungen Henry Morgenthaus und anderer wiedergab und am 26. April 1945, zwei Wochen nach Roosevelts Tod, verabschiedet wurde:

»Es muß den Deutschen klargemacht werden, daß Deutschlands rücksichtlose Kriegsführung und der fanatische Widerstand der Nazis die deutsche Wirtschaft zerstört und Chaos und Leiden unvermeidlich gemacht haben und daß sie nicht der Verantwortung für das entgehen können, was sie selbst auf sich geladen haben ... Deutschland wird nicht besetzt zum Zwecke seiner Befreiung, sondern als ein besiegter Feindstaat.« Oder, wie US-Finanzminister Henry Morgenthau es formulierte: »Es ist von allergrößter Bedeutung, daß alle Deutschen erkennen, daß Deutschland diesmal eine besiegte Nation ist.«

Kurzum, man wollte einen der größten Mängel des Versailler Vertrags vermeiden – das Versäumnis, den Deutschen das ganze Ausmaß ihrer Sünden und der an ihnen zu übenden Vergeltung klarzumachen. Es entsprach der Logik dieses Ansatzes, daß ursprünglich eine Entmilitarisierung, Entnazifizierung und Entindustrialisierung Deutschlands vorgesehen war – die militärischen und wirtschaftlichen Ressourcen sollten zerschlagen, die Bevölkerung umerzogen werden. Diese Politik wurde dann auch, zumindest teilweise, umgesetzt. Die Wehrmacht wurde am 29. August 1946 formell aufgelöst; vor allem in der amerikanischen Besatzungszone wurde die Entnazifizierung durchgeführt, und für die deutsche Industrie wurden strikte Beschränkungen erlassen, wobei im »Plan für die Reparationen und das Niveau der deutschen Nachkriegsindustrie« vom März 1946 besonders einschneidende Restriktionen für die deutsche Stahlindustrie vorgesehen waren.

Der Morgenthau-Plan war aber selbst innerhalb der US-Regierung umstritten. Wem würde es etwas nützen, wenn man Deutschland faktisch auf ein Agrarland reduzierte? Der beste Boden befand sich ohnehin in der sowjetischen Besatzungszone oder in den an Polen abgetretenen Gebieten. In Westdeutschland gab es massenhaft Flüchtlinge, die weder über Boden noch über Lebensmittel verfügten. Beschränkungen für urbane oder industrielle Entwicklung mochten Deutschland unten halten, aber damit wurde niemand satt, und das Land würde nicht aufgebaut. Diese sehr erhebliche Bürde würden die siegreichen Besatzer schultern müssen. Früher oder später würde man diese Aufgabe an die Deutschen abgeben, und dann müßte man ihnen erlauben, ihre Wirtschaft wieder aufzubauen.

Zu diesen Bedenken kam noch eine weitere Überlegung. Es sprach nichts dagegen, den Deutschen klarzumachen, daß sie den Krieg verloren hatten, aber wenn man ihnen nicht eine bessere Zukunft in Aussicht stellte, hätte man am Ende vielleicht das gleiche Ergebnis wie schon einmal: eine gedemütigte, verbitterte Nation, anfällig für rechte oder linke Demagogen. Wie Expräsident Herbert Hoover 1946 gegenüber Truman erklärte: »Man kann Vergeltung oder Frieden haben, aber nicht beides.« Daß das amerikanische Pendel dann zunehmend in Richtung »Frieden« ausschlug, hatte weitgehend mit den sich verschlechternden Beziehungen zur Sowjetunion zu tun.

Einem kleinen Kreis informierter amerikanischer Politiker war von Anfang an klar, daß die Unvereinbarkeit von sowjetischen und westlichen Interessen zu einem Konflikt führen und klar abgegrenzte Einflußsphären eine sinnvolle Lösung für die Probleme der Nachkriegszeit sein würden. Diese Ansicht vertrat

George Kennan. Warum, schrieb er am 26. Januar 1945, »könnten wir mit der [Sowjetunion] nicht einen vernünftigen und klaren Kompromiß schließen – Europa in Einflußsphären aufteilen – wir selbst halten uns aus der russischen Sphäre und die Russen aus der unseren heraus? ... Und in unserem Bereich könnten wir zumindest versuchen, nach dem Krieg ein neues Leben aufzubauen, auf würdevoller und stabiler Basis.«

Sechs Wochen später schlug Averell Harriman, der US-Botschafter in Moskau, eine pessimistischere und implizit härtere Reaktion auf das sowjetische Vorgehen in Osteuropa vor. »Wenn wir den barbarischen Überfall auf das Europa des 20. Jahrhunderts nicht akzeptieren wollen und die Unterdrückung, die im Osten immer weiter zunimmt, müssen wir Mittel und Wege finden, die despotische Politik der Sowjets einzudämmen ... Wenn wir uns diesen Fragen nicht jetzt stellen, wird die nächste Generation als das sowjetische Zeitalter in die Geschichte eingehen.«

Harriman und Kennan schlugen unterschiedliche Reaktionen auf das sowjetische Vorgehen vor, schätzten die sowjetische Politik aber sehr ähnlich ein. Andere Amerikaner waren weit optimistischer – nicht nur im Frühjahr 1945. Charles Bohlen, US-Diplomat und Empfänger des oben erwähnten Briefes von George Kennan, glaubte an die Möglichkeit einer Nachkriegslösung auf der Basis von Selbstbestimmung und Kooperation der Großmächte. In der Überzeugung, daß eine Zusammenarbeit mit den Sowjets auch weiterhin erforderlich sei, um zu einer Lösung der deutschen Frage zu finden, plädierte Bohlen, wie viele andere, auch US-Außenminister James Byrnes, für eine militärische Besetzung der ehemaligen Achsenmächte und ihrer Vasallenstaaten und für freie Wahlen, wie dies in Jalta vereinbart worden war. Erst später, nachdem man erkannt hatte, auf welche Weise die Sowjets ihre Macht in den alliierten Kontrollräten (vor allem in Rumänien und Bulgarien) ausübten, akzeptierten diese Politiker die Unvereinbarkeit dieser Ziele und schlossen sich Kennans Forderung nach getrennten Einflußsphären an.

Ein Grund für den anfänglichen Optimismus war die weitverbreitete Ansicht, daß Stalin nicht an Konfrontation interessiert sei und auch keinen Krieg provozieren wolle. Wie General Eisenhower im Juni 1946 vor Präsident Truman und den Stabschefs erklärte: »Ich glaube nicht, daß die Roten Krieg wollen. Was könnten sie gegenwärtig durch einen bewaffneten Konflikt gewinnen? Mehr können sie kaum noch verkraften.« In gewisser Weise hatte Eisenhower recht – Stalin würde keinen Krieg gegen die USA beginnen (auch wenn sich daraus nicht zwangsläufig ergab, daß die Sowjetunion an einer umfassenden Kooperation mit ihrem einstigen Verbündeten interessiert sei). Und in diesem Fall riskierten die USA, die ein Atomwaffenmonopol besaßen, wenig, wenn sie die Verbindung zu den Sowjets aufrechterhielten und praktikable Lösungen für gemeinsame Probleme suchten.

Ein weiteres Element der US-Politik in der unmittelbaren Nachkriegszeit waren die neuen internationalen Institutionen, die mit amerikanischer Hilfe gegründet worden waren und deren Erfolg den Amerikanern wirklich am Herzen lag. Die berühmteste dieser Institutionen sind die Vereinten Nationen, deren Charta am 24. Oktober 1945 ratifiziert wurde und deren Vollversammlung erstmals im Januar 1946 zusammentrat. Wichtiger für die zeitgenössischen Politiker waren vielleicht jedoch die Wirtschafts- und Finanzabkommen im Zusammenhang mit Bretton Woods.

Die politische Krise in Europa ging aus amerikanischer Sicht vor allem auf die Weltwirtschaftskrise zurück. Solange die Währungen nicht konvertibel waren und nicht alle Nationen von wachsendem Handel profitierten, war eine Neuauflage der Krise vom September 1931, als das Weltwährungssystem zusammenbrach, nicht auszuschließen. Angeführt von John Maynard Keynes, dem Spiritus rector des Abkommens von Bretton Woods vom Juli 1944, suchten Nationalökonomen und Staatsmänner nach einer Alternative für das Weltwährungssystem der Vorkriegszeit: Weniger rigide und deflationär als der Goldstandard, aber zuverlässiger und vorteilhafter als ein System flexibler Wechselkurse. Laut Keynes würde dieses neue System, wie immer es aussehen mochte, eine Art internationale Bank benötigen, die ähnliche Aufgaben wie die Zentralbank eines Staates wahrnehmen würde – feste Wechselkurse aufrechterhalten und zugleich den Devisenhandel erleichtern.

Genau das wurde in Bretton Woods vereinbart. Mit amerikanischen Mitteln wurde ein internationaler Währungsfonds gegründet, der »die Ausweitung und das ausgewogene Wachstum des Welthandels erleichtern« sollte (Artikel 1). Dem ersten Direktorium, eingerichtet nach dem Vorbild des UN-Sicherheitsrates, gehörten Vertreter der USA, Großbritanniens, Frankreichs, Chinas und der UdSSR an. Eine Internationale Handelsorganisation wurde angeregt, die 1947 schließlich als GATT (General Agreement on Trade and Tariffs), der späteren Welthandelsorganisation (WTO), Gestalt annahm. Deren Mitglieder vereinbarten Zoll- und andere Vergünstigungen und stellten Verfahrensregeln für Streitfälle auf. Das war eine deutliche Abkehr von überkommenen »merkantilistischen« Praktiken, die zu gegebener Zeit eine neue Ära des freien Handels einläuten sollte.

Ziele und Institutionen von Bretton Woods, zu denen auch eine neue »Weltbank« gehörte, beinhalteten ein beispielloses Maß an äußerer Einmischung in die Angelegenheiten der einzelnen Staaten. Die angestrebte Währungskonvertibilität mit dem Dollar als Leitwährung sollte die Voraussetzung für einen beständigen und vorhersehbaren Welthandel sein. In der Praxis erwies sich das als problematisch. England und Frankreich lehnten Konvertibilität ab – die Engländer wegen ihrer besonderen »Sterling Area«[2] und der Schwäche ihrer Nachkriegswirtschaft, die Franzosen wegen ihres Beharrens auf einem »starken Franc« und ihrem Wunsch, an unterschiedlichen Wechselkursen für unterschiedliche Sektoren und Produkte festzuhalten, dem Neocolbertistischen Erbe einer längst untergegangenen Zeit. Bis zur vollständigen Konvertibilität sollten noch mehr als 10 Jahre vergehen: 1958 bzw. 1959 traten der Franc und das Pfund Sterling dem Abkommen von Bretton Woods bei (im Mai 1959 kamen die D-Mark und im Januar 1960 die Lira hinzu).

Bretton Woods entstand also nicht über Nacht. Die Teilnehmer der Konferenz hatten eine allgemeine Freigabe der Wechselkurse für Ende der vierziger Jahre ins Auge gefaßt, aber in ihren Überlegungen waren die politischen und ökonomischen Folgen des einsetzenden Kalten Krieges (und natürlich auch des Marshall-Plans) nicht einkalkuliert. Anders gesagt, die hohen Ideale derjenigen, die auf eine bessere internationale Ordnung hinarbeiteten, gingen von einer stabilen Ära internationaler Zusammenarbeit aus, die allen zugute kommen würde. Ursprünglich sollte auch die Sowjetunion an Bretton Woods teilnehmen – sie sollte der drittgrößte Beitragszahler zum Internationalen Währungsfonds sein. Vielleicht war es naiv, daß die Amerikaner (und manche Engländer) glaubten, diese Vorschläge könnten für die Russen oder Franzosen akzeptabel sein. Jedenfalls umgingen sie das Problem, indem sie ihre Pläne ausarbeiteten, ohne Russen oder Franzosen oder sonst jemanden zu konsultieren.

Tatsächlich erwarteten die Amerikaner, daß sich nationale Eigenheiten und politisches Mißtrauen durch eine Belebung des Welthandels und durch Geldstabilität überwinden ließen. Als die Sowjetunion Anfang 1946 erklärte, sich an den Institutionen von Bretton Woods nicht zu beteiligen, war das US-Finanzministerium auch entsprechend ratlos; und Stalins Entscheidung führte letztlich zu dem berühmten »Langen Telegramm«, das George Kennan am 22. Februar 1946 aus Moskau schickte, das erste amerikanische Dokument, in dem die bevorstehende Konfrontation thematisiert wird.

Nach all dem könnte der Eindruck entstehen, als wären die amerikanischen Außenpolitiker, von Kennan abgesehen, bemerkenswert naiv gewesen. Vielleicht waren sie das, und nicht nur Männer wie die Senatoren Estes Kefauver oder Walter Lippmann, die einfach nicht glauben wollten, was ihnen über das sowjetische Vorgehen in Osteuropa und anderswo berichtet wurde. Mindestens bis Mitte 1946 agierten viele US-Politiker, als glaubten sie wirklich an einen Fortbestand des Bündnisses mit Stalin. Selbst Lucretius Pătrăşcanu, ein hoher Funktionär der rumänischen KP (und später Opfer eines Schauprozesses) bezeichnete im

Sommer 1946 während der Pariser Friedensverhandlungen die Amerikaner als »verrückt«. »Sie geben den Russen noch mehr, als sie haben wollen.«

Doch die amerikanische Politik war nicht einfach naiv. Nach Kriegsende stand für die Amerikaner eine ganze Zeitlang fest, daß man sich so schnell wie möglich aus Europa zurückziehen werde, und deswegen waren sie, verständlicherweise, darauf bedacht, eine praktikable Lösung zu verwirklichen, die keine amerikanische Präsenz oder Überwachung verlangte. Dieser Aspekt der amerikanischen Nachkriegspolitik wird heute nicht genügend bedacht, aber seinerzeit spielte er eine wichtige Rolle – immerhin hatte Roosevelt in Jalta erklärt, daß Amerika höchstens zwei Jahre als Besatzungsmacht in Deutschland (und damit in Europa) zu bleiben gedenke.

Truman stand unter starkem Druck, diese Vorgabe einzulösen. Das abrupte Ende des Lend-Lease-Abkommens war Bestandteil einer allgemeinen Kürzung der Wirtschaft- und Militärhilfe an Europa. Zwischen 1945 und 1947 wurde der amerikanische Verteidigungshaushalt um fünf Sechstel reduziert. Bei Kriegsende hatten die Vereinigten Staaten 97 einsatzbereite Kampfdivisionen in Europa, Mitte 1947 waren es nur noch 12, die meisten in reduzierter Stärke und mit administrativen Aufgaben betraut. Der Rest war heimgekehrt und demobilisiert worden. Das entsprach den Erwartungen der amerikanischen Wähler, von denen im Oktober nur 7 Prozent außenpolitische Probleme für wichtiger hielten als innenpolitische Fragen. Aber es irritierte die europäischen Verbündeten, die ernsthaft eine Rückkehr der Amerikaner zum Isolationismus befürchteten. Sie hatten nicht ganz unrecht. Wie die Briten wußten, würden sich die Amerikaner im Falle eines sowjetischen Angriffs auf Westeuropa sofort auf abgelegene Stützpunkte in Großbritannien, Spanien und im Nahen Osten zurückziehen.

Doch während Amerika seine militärische Präsenz in Europa reduzierte, durchliefen amerikanische Diplomaten einen intensiven Lernprozeß. Derselbe Außenminister Byrnes, der zunächst an Kooperation mit den Sowjets geglaubt hatte, versicherte am 6. September 1946 in Stuttgart seinen deutschen Zuhörern: »Solange die Anwesenheit von Besatzungskräften in Deutschland notwendig ist, wird die Armee der Vereinigten Staaten Teil dieser Besatzungsmacht sein.« Das war gewiß kein energisches Bekenntnis zu Europa, aber es reflektierte, vielleicht angestoßen durch einen Brief von Präsident Truman im Juni (»Ich bin es leid, die Russen zu verhätscheln«) den zunehmenden Unmut der Amerikaner über das schwierige Verhältnis zu den Sowjets.

Die Deutschen waren nicht die einzigen, die einer solchen Versicherung bedurften – besonders die Briten erfüllte der Wunsch der Amerikaner, Europa seinem Schicksal zu überlassen, mit Sorge. England hatte in Washington nicht nur Freunde. Vizepräsident Henry Wallace erklärte am 12. April 1946, daß »uns, einmal abgesehen von unserer gemeinsamen Sprache und dem gemeinsamen Literaturerbe, mit dem imperialistischen England nicht viel mehr verbindet als mit dem kommunistischen Rußland«. Wallace war ein bekannter Kommunistenfreund, aber seine Ablehnung eines Zusammengehens mit Großbritannien und Europa wurde vom gesamten politischen Spektrum geteilt. Als Churchill im März 1946 in Fulton/Massachussetts seine berühmte Rede hielt, in der er vom »Eisernen Vorhang« sprach, hieß es in einem bissigen Kommentar des *Wall Street Journal*: »Die Reaktion des Landes auf Mr. Churchills Rede in Fulton dürfte hinlänglich zeigen, daß die USA keine Allianz mit irgendeiner anderen Nation wünschen und auch nichts, was einer solchen Allianz ähnelt.«

Weder Wallace noch der Leitartikler des *Wall Street Journal* konnte Churchill überrascht haben. Schon 1943 hatte er begriffen, daß Roosevelt ein Ende des britischen Kolonialreichs wünschte – ja, zeitweilig schien Roosevelt mindestens ebensoviel an einer Reduzierung Nachkriegsbritanniens wie an einer Eindämmung der Sowjets gelegen zu sein. Wenn es in den Jahren 1944 bis 1947 eine kohärente US-Politik gab, dann dürften es diese Aspekte gewesen sein: mit Stalin zu einer europäischen Lösung zu kommen; Großbritannien zu veranlassen, sich von seinen überseeischen Besitzungen zu trennen, Zollpräferenzen und Devisenbewirtschaftung abzuschaffen sowie ein möglichst rascher Abzug aus Europa. Von diesen Zielen wurde nur das zweite verwirklicht – das dritte konnte nicht umgesetzt werden, weil das erste unmöglich war.

Die britische Perspektive sah völlig anders aus. Eine Kommission nannte 1944 vier Bereiche, die gegenüber der Sowjetunion stets zu bedenken seien: 1) der Nahe Osten mit seinem Erdöl, 2) das Mittelmeer, 3) lebenswichtige Seeverbindungen und 4) Erhaltung und Schutz der britischen Industriekapazitäten. Keiner dieser Bereiche hatte direkte Auswirkungen auf Europa – abgesehen von dem zweiten Punkt, der das britische Engagement in Griechenland erklärt. Von Osteuropa war nirgends die Rede. Wenn britische Politiker Stalin mißtrauisch begegneten, dann nicht aus Sorge wegen seiner Politik in Mitteleuropa, sondern mit Blick auf seine möglichen Schritte in Zentralasien und im Nahen Osten.

Angesichts der britischen Prioritäten – in Fernost, Indien, Afrika und der Karibik – leuchtete das ein, doch eben wegen dieser imperialen Illusionen (wie manch einer sie bezeichnete, nicht nur in Washington) war die britische Haltung zu Europa weitaus realistischer als die amerikanische. Aus Londoner Sicht hatte man den Krieg geführt, um Deutschland zu besiegen, und wenn der Preis dafür ein sowjetisches Imperium in Osteuropa war, mußte man das eben hinnehmen. Die Engländer betrachteten die Lage in Europa unter dem Aspekt des Kräftegleichgewichts. Für Sir William Strang, Staatssekretär im Foreign Office, war

»ein russisch beherrschtes Osteuropa allemal besser als ein von Deutschland beherrschtes Westeuropa«.

Strang schrieb dies 1943. Doch 1945, als das ganze Ausmaß der russischen Herrschaft sich deutlich abzeichnete, waren die britischen Politiker weniger optimistisch als ihre amerikanischen Kollegen. Nach der kommunistischen Machtergreifung in Bukarest (im Februar 1945) und sowjetischem Druck in Rumänien und Bulgarien zeigte sich, daß der Preis einer sowjetischen Hegemonie hoch sein würde. Doch die Briten hegten keinerlei Illusionen, daß sich die Verhältnisse in dieser Region verbessern würden – wie Außenminister Ernest Bevin seinem amerikanischen Kollegen erklärte: »Wir müssen akzeptieren, daß in diesen Ländern ein Gaunerregime durch ein anderes ersetzt wird.«

Die eigentliche Sorge der Briten galt also nicht einer sowjetischen Herrschaft über Osteuropa – Ende 1944 war dies ein *fait accompli* –, sondern der Möglichkeit, daß die Sowjets auch ein geschlagenes, entkräftetes Deutschland in ihren Machtbereich einfügen und sich auf diese Weise den ganzen Kontinent unterwerfen könnten. Um dies zu verhindern, war es aus Sicht der britischen Armeeführung im Herbst 1944 notwendig, Deutschland zu teilen und den westlichen Teil zu besetzen. In diesem Fall könnte eine Lösung der deutschen Frage darin bestehen, auf eine gesamtdeutsche Neuordnung zu verzichten und statt dessen die westdeutsche Zone vollständig in die westeuropäische Wirtschaft einzugliedern, wie es in einem vertraulichen Dokument des britischen Finanzministeriums von März 1945 heißt. General Alan Brooke, der britische Generalstabschef, notierte am 27. Juli 1944 in seinem Tagebuch: »Die vorherrschende Macht in Europa ist nicht mehr Deutschland, sondern Rußland … Rußland wird in den nächsten fünfzehn Jahren unweigerlich die größte Bedrohung sein. Daher sollten wir Deutschland unterstützen, das Land allmählich entwickeln und es in eine westeuropäische Föderation eingliedern. Leider muß dies alles unter dem Deckmantel einer heiligen Allianz von Rußland, England und Amerika geschehen.«

Vier Jahre später trat genau das ein. Es waren die Briten, die die Lösung, zu der es schließlich kam, am ehesten antizipiert hatten. Aber sie waren nicht in der Lage, ein solches Ergebnis, oder überhaupt irgend etwas, aus eigener Kraft herbeizuführen. Bei Kriegsende war offensichtlich, daß London für Washington und Moskau kein ebenbürtiger Partner war. Großbritannien hatte sich im epischen Kampf gegen Deutschland verausgabt und konnte nach außen hin nicht mehr als Weltmacht auftreten. Zwischen Mai 1945 und Frühjahr 1947 schrumpfte die Mannschaftsstärke der britischen Streitkräfte von einem Höchststand von 5,5 Millionen auf gerade einmal 1,1 Millionen. Im Herbst 1947 mußten wegen Treibstoffmangel sogar Marinemanöver abgesagt werden. US-Botschafter William Clayton, ein durchaus wohlwollender Beobachter, schrieb, daß sich »die Engländer eigentlich nur noch an die Hoffnung klammern können, mit unserer Hilfe das britische Imperium und ihre führende Rolle darin zu erhalten«.

Unter diesen Bedingungen galt die Hauptsorge der Engländer weniger einem russischen Angriff – die britische Politik ging davon aus, daß die sowjetische Aggression jede beliebige Form annehmen konnte, nur keinen Krieg – als einem Rückzug der Amerikaner aus Europa. Eine Minderheit in der regierenden Labour Party setzte auf ein neutrales europäisches Verteidigungsbündnis und hätte nichts gegen einen Abzug der Amerikaner gehabt. Doch Premierminister Attlee waren derlei Illusionen fremd. In einem Brief an seinen Parteifreund Fenner Brockway schrieb er:

»Einige [in der Labour Party] waren der Ansicht, wir sollten unsere Anstrengungen auf die Errichtung einer dritten Kraft in Europa konzentrieren. Sehr schön, keine Frage. Dafür gab es aber weder eine geistige noch eine materielle Grundlage. Was von Europa übrig geblieben war, war nicht stark genug, um den Russen allein standhalten zu können. Man brauchte eine Weltmacht, weil man es mit einer Weltmacht zu tun hatte … Ohne die Amerikaner, die sie aufhalten konnten, hätten die Russen mühelos einen Angriff versuchen können. Ob sie es getan hätten, weiß ich nicht, aber es war eine Möglichkeit, die man nicht einfach ignorieren konnte.«

Doch würde man sich auf die Amerikaner verlassen können? Britische Diplomaten hatten den Neutrality Act von 1937 nicht vergessen. Und natürlich war ihnen die amerikanische Ambivalenz hinsichtlich eines überseeischen Engagements bewußt, denn sie unterschied sich nicht sonderlich von der Haltung, die sie selbst in der Vergangenheit eingenommen hatten. Von der Mitte des 18. Jahrhunderts bis zur Entsendung britischer Truppen auf den französischen Kriegsschauplatz 1914 hatten die Engländer es vorgezogen, ihre Kriege von Stellvertretern führen zu lassen. Sie hatten keine stehende Armee unterhalten, jedes längere Engagement auf dem europäischen Kontinent vermieden und keine permanente Streitmacht auf europäischem Boden stationiert. Wenn Britannien in der Vergangenheit in Europa Krieg führen wollte, konnte es sich unter Spaniern, Franzosen, Schweizern, Schweden, Preußen und natürlich auch den Russen einen Verbündeten suchen. Doch die Zeiten hatten sich geändert.

Und so beschlossen die Briten im Januar 1947, eigene Atomwaffen zu entwikkeln – was natürlich erst für die Zukunft Relevanz besaß. In den unmittelbaren Nachkriegsjahren konnte England nur hoffen, daß die Amerikaner weiterhin in Europa blieben (weshalb man das amerikanische Festhalten an einer Verhandlungslösung öffentlich unterstützen mußte), und gleichzeitig mit den Sowjets kooperieren, soweit das noch realistisch war. Solange die Angst vor einem wiedererstarkten Deutschland stärker war als alles andere, konnte man einigermaßen überzeugend an dieser Politik festhalten.

Doch seit Anfang 1947 wurde das zunehmend schwieriger. Ob die Sowjetunion tatsächlich eine reale Bedrohung darstellte, war nicht klar (noch im Dezember 1947 hielt Bevin die Sowjetunion für weniger gefährlich als ein wiedererstarkendes Deutschland). Fest stand jedoch, daß die ungeklärte Lage in Deutschland, dessen Wirtschaft aufgrund ungelöster politischer Diskussionen nicht von der Stelle kam und wo den Briten in ihrer Besatzungszone enorme Kosten erwuchsen, dringend geklärt werden mußte. Die deutsche Wirtschaft mußte – mit oder ohne Einwilligung der Sowjets – wieder angekurbelt werden. Es waren die Briten (die zwei lange Kriege gegen die Deutschen bis zum bitteren Ende geführt und ihren Sieg teuer bezahlt hatten), die daher am stärksten entschlossen waren, dieses Kapitel abzuschließen, auf dem Kontinent zu einem Modus vivendi zu kommen und nach vorne zu schauen.

In besseren Zeiten hätten sich die Briten auf ihre Inseln zurückgezogen, so wie sie diesen Rückzugswunsch auch bei den Amerikanern vermuteten, und die Sicherheit des Kontinents seinen traditionellen Hütern überlassen – den Franzosen. Noch 1938 war dies die Grundlage britischer Politik: Frankreich, die stärkste Militärmacht auf dem Kontinent, war ein zuverlässiges Gegengewicht, nicht nur in bezug auf die deutschen Ambitionen in Mitteleuropa, sondern auch in bezug auf künftige sowjetische Ambitionen im Osten. Dieses Image von Frankreich als einer, nein *der* europäischen Großmacht hatte in München zwar einige Kratzer erhalten, war aber noch nicht zerbrochen – außer in den osteuropäischen Hauptstädten. Die seismischen Erschütterungen, die Europa im Mai/Juni 1940 erfaßten, als die Grande Armée vor dem Ansturm der Wehrmacht zusammenbrach, waren unerwartet und daher um so heftiger.

Sechs traumatische Wochen später hatten sich die wichtigsten Bezugspunkte der europäischen Politik grundlegend verändert. Frankreich war keine Großmacht mehr, geschweige denn überhaupt noch eine Macht, und obwohl de Gaulle in den folgenden Jahrzehnten nichts unversucht ließ, hat Frankreich seinen Status nicht mehr zurückerlangt. Denn auf die ernüchternde Niederlage vom Juni 1940 folgten vier Jahre demütigender Besatzung, wobei das Vichy-Regime nichts dabei fand, die Rolle eines Knechts der Deutschen zu spielen. Was immer französische Politiker öffentlich erklärten, ihnen mußte klar sein, was mit ihrem Land passiert war. Eine Woche nach der Befreiung von Paris, im Sommer 1944, hieß es in einem internen Memorandum: »Sollte Frankreich in der nächsten Generation ein drittes Mal überfallen werden, so steht zu befürchten, daß sich das Land nie wieder davon erholen wird.«

Das sagte man hinter vorgehaltener Hand. In der Öffentlichkeit beharrten französische Politiker darauf, als alliierte Siegermacht, als gleichberechtigte Weltmacht anerkannt zu werden. Dieser Illusion konnten sich die Franzosen hingeben, weil es den anderen Mächten ins Konzept paßte. Die Sowjetunion war an einem taktischen Verbündeten im Westen interessiert, der den »Angloamerikanern« ebenso mißtrauisch begegnete, die Briten waren an einem wiedererstarkten Frankreich interessiert, das in den europäischen Institutionen mitwirken und die britischen Verpflichtungen auf dem Kontinent übernehmen würde. Und selbst den Amerikanern erschien es einigermaßen vorteilhaft, Paris einen Platz am Tisch der Großen einzuräumen. Und so bekamen die Franzosen einen ständigen Sitz im Sicherheitsrat der jungen UNO, sie erhielten eine Rolle in den alliierten Militärverwaltungen von Wien und Berlin, und auf Veranlassung der Briten wurde ihnen im Südwesten der amerikanischen Besatzungszone ein Stückchen zugeschlagen, das an Frankreich grenzte und von der sowjetischen Zone weit genug entfernt war.

Doch all diese Gesten konnte eine ohnehin erniedrigte Nation nur als weitere Demütigung empfinden. Und so reagierten die Franzosen zunächst auch gereizt. Im Alliierten Kontrollrat blockierten sie die Umsetzung der Maßnahmen, die die Großen Drei auf der Potsdamer Konferenz, also ohne französische Beteiligung, beschlossen hatten. Die provisorische Regierung in Paris weigerte sich zunächst, mit der UNRRA und den alliierten Militärregierungen bei der Versorgung von DPs zusammenzuarbeiten, weil die *französischen* Flüchtlinge und DPs im Rahmen eines rein französischen Hilfsprogramms umgesiedelt werden sollten.

Vor allem mißfiel den Franzosen, daß man sie von den entscheidenden alliierten Konferenzen ausgeschlossen hatte. Eingedenk des amerikanischen Rückzugs aus Europa nach 1920 und der Vernichtung der französischen Flotte durch die Briten in Mers-el-Kebir im Juli 1940 trauten sie weder den Briten noch den Amerikanern. Aber besonders mißtrauten sie den beiden gemeinsam – was vor allem General de Gaulle deutlich empfand, wenn er an seinen demütigenden Status in London zurückdachte und an die Geringschätzung, mit der Roosevelt ihn behandelt hatte. Aus französischer Sicht trafen Washington und London Entscheidungen, die Frankreich unmittelbar angingen, von den Franzosen aber nicht beeinflußt werden konnten.

Auch Frankreich war, wie Großbritannien, ein Kolonialreich, zumindest auf dem Papier. Doch Paris hatte sich während der Besatzung von seinen Kolonien entfremdet. Ohnehin war das Land, trotz seiner umfangreichen Besitzungen in Afrika und Südostasien, in erster Linie eine Kontinentalmacht. Sowjetische Vorstöße in Asien oder die künftige Krise in Nahost waren Dinge, von denen die Franzosen, anders als die Engländer, inzwischen nur noch indirekt betroffen waren. Eben weil Frankreich so klein geworden war, spielte Europa nun eine um so bedeutendere Rolle. Und hier hatte Paris Anlaß zur Sorge. Der französische

Einfluß in Osteuropa, wo die französische Diplomatie in der Zwischenkriegszeit besonders aktiv gewesen war, hatte sich erledigt. Im Oktober 1938 bezeichnete ein konsternierter Eduard Benesch es als seinen größten Fehler vor der Geschichte, den Franzosen vertraut zu haben, und seine Ernüchterung wurde von vielen Menschen in Mitteleuropa geteilt.

Frankreichs Augenmerk war nun auf Deutschland gerichtet, ja geradezu fixiert. Das lag nahe. Zwischen 1814 und 1940 war Frankreich fünfmal von den Deutschen überfallen und besetzt worden. Drei Besatzungen hatte er in lebendiger Erinnerung. Das Land hatte einen unermeßlichen Preis an territorialem und materiellem Verlust, an Menschenleben und Leid bezahlt. Daß es nach 1918 nicht gelungen war, eine Ordnung zu schaffen, mit der ein wiedererstarkendes, auf Vergeltung sinnendes Deutschland in Schach gehalten werden konnte, war eine schmerzhafte Erfahrung für die französische Diplomatie. Nach der Niederwerfung Hitlers mußte unbedingt dafür gesorgt werden, daß dies nicht wieder passierte.

Die französische Deutschlandpolitik war zunächst also ganz eindeutig. Sie stützte sich auf die Erfahrungen von 1918 bis 1924 – so sehr, daß Außenstehende fast den Eindruck gewinnen mußten, als wollte man eine Neuauflage der damaligen Zeit veranstalten, nur diesmal mit einer anderen Armee. Die französischen Politiker wollten eine vollständige Entmilitarisierung und wirtschaftliche Zerschlagung Deutschlands erreichen: Waffen und Rüstungsproduktion sollten verboten, Reparationen (einschließlich des Einsatzes deutscher Arbeitskräfte in Frankreich) entrichtet, Agrarprodukte, Holz, Kohle und Maschinen sollten konfisziert und abtransportiert werden. Die Bergbaureviere an Rhein, Ruhr und Saar sollten abgetrennt, Ressourcen und Produktion Frankreich zugute kommen.

Ein solches Programm, wäre es praktiziert worden, hätte Deutschland auf Jahre hinaus am Boden gehalten. Genau dies war beabsichtigt (und wurde von den Franzosen auch begrüßt), aber es hätte gleichzeitig auch dem Zweck gedient, die enormen Ressourcen Deutschlands für den Wiederaufbau Frankreichs zu nutzen – der Monnet-Plan ging ja überhaupt von deutschen Kohlelieferungen aus, ohne die die französische Stahlindustrie nicht hätte funktionieren können. Noch 1938 war Frankreich der weltweit größte Importeur von Kohle gewesen: Etwa 40 Prozent des Bedarfs an Kohle und Koks stammten aus dem Ausland. 1944 war die einheimische Kohleförderung auf weniger als die Hälfte des Niveaus von 1938 gesunken. Das Land war nun noch abhängiger von ausländischer Kohle. Doch 1946, als die einheimische Kohleförderung wieder den Stand von 1938 erreichte, deckten die Importe (10 Millionen Tonnen) längst nicht den Bedarf. Ohne Kohle und Koks aus Deutschland wäre der Wiederaufbau Frankreichs nicht gelungen.

Die französischen Überlegungen wiesen jedoch einige Schwachpunkte auf. Erstens erlag Paris dem gleichen Fehler, den Keynes schon ein Vierteljahrhundert zuvor kritisiert hatte. Es war wenig sinnvoll, die deutschen Ressourcen zu zerstören, wenn sie für Frankreichs Wiederaufbau notwendig waren. Ebenso undenkbar war es, die Deutschen zum Arbeitsdienst in Frankreich zu verpflichten, wenn es in ihrem Land nur einen niedrigen Lebensstandard und wenig Aussicht auf Besserung gab. Das Risiko einer nationalistischen Auflehnung gegen die ausländische Unterdrückung war in den vierziger Jahren mindestens ebenso groß wie zwanzig Jahre zuvor.

Doch der schwerwiegendste Einwand war der, daß Frankreich die Interessen oder Vorhaben seiner westlichen Verbündeten nicht berücksichtigte, von denen es abhängig war – nicht nur in Sachen Sicherheit, sondern auch, was das schiere Überleben anging. In untergeordneten Fragen, etwa der Zoll- und Währungsunion mit dem Saarland, die die Franzosen 1947 durchsetzten, konnten die Westalliierten kompromißbereit sein, aber in der zentralen Frage der Zukunft Deutschlands hatte Paris nicht die Macht, um die »Angloamerikaner« zu irgend etwas zu zwingen.

Etwas anders sah das Verhältnis zur Sowjetunion aus. Frankreich und Rußland waren in den letzten 50 Jahren immer wieder Bündnispartner gewesen, und Rußland genoß nach wie vor besonderes Ansehen in Frankreich, wie aus Meinungsumfragen deutlich hervorging.[3] Französische Diplomaten konnten also darauf hoffen, daß eine natürliche Interessenübereinstimmung – die Angst vor Deutschland und das Mißtrauen gegenüber den »Angloamerikanern« – zu dauerhafter sowjetischer Unterstützung für die Ziele der französischen Diplomatie führen werde. Wie Churchill sprach auch de Gaulle von der Sowjetunion stets als »Rußland« und dachte dabei in großen historischen Analogien: Als de Gaulle im Dezember 1944 nach Moskau reiste, um einen relativ bedeutungslosen Vertrag abzuschließen, bemerkte er zu seinen Begleitern, daß er mit Stalin verhandeln werde, wie Franz I. vier Jahrhunderte zuvor mit Suleiman dem Prächtigen verhandelt hatte – mit dem Unterschied, daß es im »Frankreich des 16. Jahrhunderts keine muslimische Partei gab«.

Mit französischen Illusionen hatte Stalin jedoch nichts im Sinn. Er war nicht geneigt, das außenpolitische Gewicht der Briten und Amerikaner zugunsten Frankreichs auszutarieren, was den Franzosen aber erst bei der Moskauer Außenministerkonferenz im April 1947 klar wurde, als Molotow sich weigerte, die Vorschläge Außenminister Bidaults zu unterstützen, der ein separates Rheinland und eine ausländische Kontrolle des Ruhrgebiets angeregt hatte. Doch die Franzosen träumten weiterhin davon, eine eigenständige außenpolitische Linie zu verfolgen. Erfolglos versuchten sie, die Tschechoslowakei und Polen als Kohlelieferanten und Käufer von Stahl und Agrarprodukten zu gewinnen. Und noch 1947 konnte das französische Kriegsministerium vorschlagen, daß Paris eine neutrale Politik verfolgen, Bündnisse mit den USA *und* der Sowjetunion schließen und sich gegen jede der beiden Großmächte stellen sollte, die einen Angriffskrieg gegen Frankreich führen würde.

Wenn Frankreich diese Träume schließlich aufgab und sich 1947 den westlichen Partnern anschloß, so geschah dies aus drei Gründen. Erstens waren die französischen Strategien für Deutschland gescheitert: Es würde keine Zerschlagung Deutschlands und auch keine Reparationen geben. Frankreich konnte eine eigene Deutschlandlösung nicht durchsetzen, und an den französischen Plänen war sonst niemand interessiert. Der zweite Grund waren die wirtschaftlichen Probleme in der Mitte des Jahres 1947: Im Gegensatz zu den anderen europäischen Ländern brauchte Frankreich dringend nicht nur amerikanische Hilfe, sondern einen deutschen Wiederaufbau. Das eine hing indirekt, aber unabweisbar von der französischen Zustimmung zu einer Strategie für das andere ab.

Der dritte und entscheidende Grund war der Stimmungsumschwung in Frankreich in der zweiten Hälfte 1947. Nach der sowjetischen Ablehnung des Marshall-Plans und der Gründung des Kominform (mehr dazu im nächsten Kapitel) verabschiedete sich die mächtige KPF aus der Regierungskoalition und nahm als Opposition Innen- und Außenpolitik lautstark unter Beschuß – und zwar so heftig, daß das Land in der zweiten Hälfte 1947 und fast das ganze nächste Jahr auf einen Bürgerkrieg zuzusteuern schien. Und gleichzeitig herrschte eine neue Kriegsangst, in der sich die Sorge vor einem wiedererstarkenden Deutschland mit der Furcht vor einem sowjetischen Angriff vermischte.

In dieser Situation wandten sich die Franzosen zögernd dem Westen zu. Auf die Frage von US-Außenminister George Marshall, ob sich Amerika »auf Frankreich verlassen« könne, antwortete Premierminister Bidault im April 1947 mit: Ja – wenn Frankreich Zeit erhielte und es nicht zu einem Bürgerkrieg komme. Marshall war verständlicherweise nicht besonders überzeugt, und noch elf Monate später meinte er, wenig beeindruckt, Bidault habe eine »Heidenangst« gehabt. Marshall fand die französische Angst vor der deutschen Gefahr »überholt und unrealistisch«.

Marshalls Beobachtungen waren sicherlich zutreffend, verraten aber, daß er sich wenig in die historischen Erfahrungen der Franzosen einfühlen konnte. Es war ein bedeutender Schritt, als die Nationalversammlung die anglo-amerikanischen Pläne für Westdeutschland, wenn auch mit knapper Mehrheit (297 zu 289 Stimmen), annahm. Die Franzosen wußten, daß sie keine andere Wahl hatten. Wenn sie einen wirtschaftlichen Aufschwung *und noch dazu* britische und amerikanische Schutzgarantien haben wollten, mußten sie akzeptieren – zumal Frankreich inzwischen in einen kostspieligen Kolonialkrieg in Indochina verwikkelt war, für den man dringend amerikanische Hilfe benötigte.

Amerikaner und Briten konnten Schutz vor einem militärisch starken Deutschland zusichern, und die amerikanischen Pläne schienen einen wirtschaftlichen Aufschwung im Nachbarland zu versprechen. Aber all das löste nicht Frankreichs altes Dilemma – die Garantie eines privilegierten Zugangs zu den deutschen Rohstoffen. Wenn diese Ziele nicht durch Zwang oder Annexion erreicht werden konnten, mußte ein anderer Weg gefunden werden. Die Lösung, die sich in den nächsten Monaten abzeichnete, lag in einer »Europäisierung« der Deutschlandfrage. So erklärte Bidault im Januar 1948: »Als Ziel sollte man den Alliierten wie den Deutschen die wirtschaftliche und politische Integration Deutschlands in Europa vorschlagen … Nur auf diesem Weg kann es ein politisch dezentralisiertes, aber wirtschaftlich blühendes Deutschland geben.«

Kurzum, wenn man Deutschland nicht zerschlagen konnte, dann mußte man es in eine europäische Ordnung einfügen, in der das Land militärisch nicht mehr gefährlich, ökonomisch aber nützlich sein würde. Wenn dieser Gedanke den französischen Politikern nicht schon vor 1948 gekommen war, dann nicht, weil es ihnen an Phantasie mangelte, sondern weil sie darin nur die zweitbeste Lösung gesehen hatten. Eine »europäische« Lösung der Deutschlandfrage setzte den Verzicht auf eine eigenständige »französische« Lösung voraus, und es dauerte drei Jahre, bis die französischen Politiker das akzeptiert hatten. In diesen drei Jahren hatte Frankreich faktisch eine Abkehr von drei Jahrhunderten Geschichte vollzogen. Das war, alles in allem, keine geringe Leistung.

Die Sowjetunion befand sich 1945 in einer völlig anderen Lage als Frankreich. Nach zwei Jahrzehnten Abwesenheit von der europäischen Bühne war das Land 1945 wieder aufgetaucht. Der unbeugsame Widerstand der sowjetischen Bevölkerung, die Erfolge der Roten Armee und das Talent der Nationalsozialisten, noch die entschiedensten Antikommunisten gegen sich aufzubringen, hatte Stalin weithin Glaubwürdigkeit und Ansehen verschafft.

Dieses neue Renommee der Kommunisten gründete auf der Verführungskraft der Macht. Die Sowjetunion war in der Tat außerordentlich mächtig. Trotz massiver Verluste in den ersten 6 Monaten nach dem deutschen Überfall (4 Millionen Soldaten, 8000 Flugzeuge und 17000 Panzer) hatte sich die Rote Armee so weit erholt, daß sie 1945 die größte Militärmacht war, die Europa je gesehen hatte. Allein in Ungarn und Rumänien waren bis Ende 1946 an die 1,6 Millionen Soldaten stationiert. Direkt oder indirekt beherrschte Stalin weite Teile Ost- und Mitteleuropas. Ein Vorstoß seiner Armeen quer durch Norddeutschland bis zur dänischen Grenze war nur durch den raschen britischen Vormarsch unter Feldmarschall Montgomery verhindert worden.

Westalliierte Militärs wußten sehr wohl, daß man einen sowjetischen Vormarsch bis an den Atlantik nicht hätte verhindern können, wenn Stalin das befohlen hätte. Gewiß, die Amerikaner und Briten besaßen die Lufthoheit, und Amerika hatte die Atombombe, was Stalin wußte, noch ehe Truman ihn während der Potsdamer Konferenz im Juli 1945 davon in Kenntnis setzte. Zweifellos wollte Stalin eine Atombombe haben – dies ist einer der Gründe, warum er in Ostdeutschland und vor allem in der Tschechoslowakei jene Regionen besetzte, in denen es Uranvorkommen gab; wenige Jahre später arbeiteten schon 200 000 Osteuropäer in diesen Bergwerken für das sowjetische Atomprogramm.[4]

Doch obwohl die amerikanische Atombombe den sowjetischen Politikern Sorge bereitete und Stalin die Motive und Pläne der Amerikaner noch mißtrauischer verfolgte als ohnehin schon, änderte das wenig an den sowjetischen Militärstrategien. Diese gründeten auf Stalins politischen Absichten, die ihrerseits auf alte sowjetische und russische Ziele zurückgingen. Das erste war territorialer Natur. Stalin wollte die Gebiete zurückhaben, die die Bolschewisten durch den Friedensvertrag von Brest-Litowsk (1918) und zwei Jahre später im Krieg gegen Polen verloren hatten. Mit den Geheimklauseln seiner Verträge mit Hitler (1939 bzw. 1940) hatte er dieses Ziel schon teilweise erreicht. Das übrige brachte ihm Hitlers Entschluß, die Sowjetunion im Juni 1941 anzugreifen, woraufhin die Rote Armee die umstrittenen Gebiete während ihres Vormarschs auf Berlin wieder zurückeroberte. Auf diese Weise konnten die sowjetische Besetzung und Annektierung Bessarabiens, der Bukowina, Rutheniens, der westlichen Ukraine, des östlichen Finnlands, der drei unabhängigen baltischen Republiken und Königsbergs mit einem Teil Ostpreußens als Siegesbeute statt als Ergebnis dubioser Vereinbarungen mit dem faschistischen Feind präsentiert werden.

Für Stalin hatte dieser territoriale Zugewinn zweierlei Bedeutung. Zum einen konnte die Sowjetunion ihren Paria-Status abschütteln. Dies war für Stalin insofern von Belang, als er nun an der Spitze eines riesigen eurasischen Blocks in der internationalen Politik stand, dessen neue Macht in der Forderung nach einem Vetosystem im neuen UN-Sicherheitsrat ihren Ausdruck fand. Land bedeutete aber nicht nur Prestige, sondern vor allem auch Sicherheit. Aus sowjetischer Sicht war ein vorgeschobener Glacis im Westen, den namentlich die Deutschen erst einmal überwinden mußten, wenn sie Rußland angreifen wollten, von größter strategischer Bedeutung. In Jalta und Potsdam hatte Stalin deutlich erklärt, daß diese zwischen Rußland und Deutschland liegenden Gebiete, sofern sie nicht der Sowjetunion zugeschlagen würden, in die Hände befreundeter Staaten gegeben werden müßten, die »frei von faschistischen und reaktionären Elementen« zu sein hatten.

Die Interpretation dieser letzten Formulierung sollte sich, vorsichtig ausgedrückt, als schwierig erweisen. Doch 1945 waren Amerikaner und Briten nicht geneigt, sich in dieser Sache mit Stalin anzulegen. Die Sowjets hatten nach allgemeiner Überzeugung das Recht verdient, ihre Sicherheit selbst zu definieren; so, wie anfänglich vereinbart worden war, daß Moskau das Recht hatte, von ehemaligen Achsenmächten (Deutschland, Österreich, Ungarn, Rumänien, Bulgarien und Finnland) Reparationen in verschiedenster Form zu verlangen. Im nachhinein könnte man in territorialer Erweiterung und wirtschaftlicher Ausplünderung die ersten Phasen der Bolschewisierung Osteuropas sehen, und genau das war es auch. Doch seinerzeit war das nicht jedermann klar – aus der Sicht westlicher Diplomaten hatte die Moskauer Haltung sogar etwas Vertrautes und beruhigend Traditionelles.[5] Und es gab einen Präzedenzfall.

Das kommunistische Regime in Rußland ist überhaupt nur zu verstehen, wenn wir seine ideologischen Ansprüche und Ziele zur Kenntnis nehmen. Doch es gab Zeiten, und die Jahre 1945 bis 1947 gehören dazu, in denen selbst derjenige, der wenig von der kommunistischen Lehre wußte, einen ziemlich guten Begriff von der sowjetischen Außenpolitik gewinnen konnte, wenn er die zaristische Politik betrachtete. Es war schließlich Peter der Große, der die Idee entwickelte, daß Rußland als »Schutzmacht« seiner Nachbarn herrschen werde. Es war Katharina die Große, die das Reich nach Süden und Südwesten erweiterte. Und es war Zar Alexander I., der das Fundament eines imperialen Engagements in Europa legte.

Auf dem Wiener Kongreß von 1815, als die einander mißtrauenden Siegermächte (nicht viel anders als im Jahr 1945) nach der Niederlage eines Tyrannen zur Neuordnung des Kontinents zusammenkamen, wurden die Ziele Alexanders I. deutlich formuliert. Die Bedürfnisse der kleinen Nationen sollten denen der Großmächte untergeordnet werden. Da die britischen Interessen vor allem in Übersee lagen und keine andere Kontinentalmacht Rußland ebenbürtig war, würde der Zar als Makler einer neuen Nachkriegsordnung fungieren. Lokaler Widerstand würde als Bedrohung für das gesamte Arrangement betrachtet und entschlossen bekämpft. Die Sicherheit Rußlands bemaß sich nach dem Territorium unter zaristischer Herrschaft – nie wieder würde eine westliche Armee ungehindert bis nach Moskau vorstoßen – und durch die Übernahme der neuen Ordnung durch die lokalen Bevölkerungen.

All das gilt auch für die sowjetischen Ziele von 1945. Zar Alexander und seine Minister hätten keine Einwände gegen das Memorandum gehabt, das der Stellvertretende Volkskommissar für Auswärtige Angelegenheiten, Iwan Maisky, im November 1944 entwarf: »Am vorteilhaftesten für uns wäre es, wenn es in Europa nach dem Krieg nur eine große Kontinentalmacht gäbe, die UdSSR, und eine große Seemacht, England.« Im Laufe von 130 Jahren ändert sich natürlich einiges. Stalin dachte 1945 mehr an Zentralasien und den Nahen Osten als seinerzeit Zar Alexander (wenngleich seine unmittelbaren Nachfolger dort sehr aktiv waren); während Konstantinopel, der Bosporus und der südliche Balkan für die sowjetischen Strategen nicht ganz so wichtig waren wie für die Zaren. Das Bindeglied sind die Überlegungen des zaristischen Außenministers Sazunow, der sich Osteuropa bereits als Ansammlung kleiner, schwacher Staaten vorstellte, formell unabhängig, tatsächlich aber Satelliten Rußlands.

Diesen alten Themen der zaristischen Außenpolitik fügte Stalin seine eigenen Überlegungen hinzu. Er rechnete, ausgehend von der Entwicklung der Zwischenkriegsjahre, tatsächlich mit einem wirtschaftlichen Zusammenbruch des Westens und überschätzte den »unausweichlichen« Konflikt zwischen Großbritannien und den USA als rivalisierenden imperialistischen Mächten auf einem schrumpfenden Weltmarkt. Daraus leitete Stalin nicht nur eine Zeit zunehmender Turbulenzen ab (weshalb die Sowjetunion ihre Gewinne absichern mußte), sondern auch die reale Möglichkeit, einen Keil zwischen die Westalliierten zu treiben: besonders im Hinblick auf den Nahen Osten, vielleicht aber auch in ihrer Deutschlandpolitik. Auch deshalb hatte es Stalin nicht eilig, dort zu einer Lösung zu kommen. Er war überzeugt, die Zeit auf seiner Seite zu haben.

Größere Sicherheit verschaffte ihm das freilich nicht. Im Gegenteil, Mißtrauen und Vorsicht prägten alle Aspekte der sowjetischen Außenpolitik – der »neurotischen Weltsicht des Kreml«, wie George Kennan es 1946 nannte. Dies erklärt auch Stalins berühmte Rede vom 9. Februar 1946 im Bolschoitheater, in der er verkündete, daß die Sowjetunion zu ihrer Vorkriegspolitik zurückkehren werde, zu den Schwerpunkten Industrialisierung und Kriegsvorbereitung angesichts des unausweichlichen Konflikts zwischen Kapitalismus und Kommunismus. Und deutlich sprach er aus, was nicht mehr zu übersehen war – daß nämlich die Sowjetunion mit dem Westen künftig nur noch zusammenarbeiten werde, wenn das in ihrem Interesse sei.

Das alles war nicht neu. Stalin zog sich auf die »harte« Linie zurück, die die Bolschewiken vor 1921 und dann wieder zwischen 1927 und dem Beginn der Volksfrontära vertreten hatten. Die Bolschewiken hatten sich stets unsicher gefühlt – ihr Regime war schließlich das Ergebnis der Machtergreifung einer Minderheit unter widrigen Verhältnissen – und Stalin mußte, wie alle Diktatoren, in- und ausländische Bedrohung und Feinde an die Wand malen. Außerdem wußte er sehr gut, daß der Zweite Weltkrieg leicht hätte anders ausgehen können – wenn die Deutschen im Jahr 1941 (wie ursprünglich geplant) einen Monat früher angegriffen hätten, hätte die Sowjetunion vermutlich keine Chance gehabt. Wie die USA nach Pearl Harbor, aber mit sehr viel mehr Grund, war die Kreml-Führung beherrscht von dem Gedanken möglicher »Überraschungsangriffe« und Bedrohung ihres neuen Status. Und die Russen betrachteten (mehr noch als die Franzosen) Deutschland noch viele Jahrzehnte als Hauptgefahr.[6]

Was wollte Stalin? Daß er eine Abkühlung des Verhältnisses zum Westen vorhersah, das Beste aus seiner Lage machen und die Schwäche des Westens ausnutzen wollte, stimmt zweifellos. Aber darüber hinaus verfolgte er keine eindeutigen Ziele. Norman Naimark, der sich eingehend mit der Geschichte der sowjetischen Besatzungszone in Deutschland befaßt hat, weist darauf hin, daß die Sowjets eher von konkreten Ereignissen in der SBZ als von bestehenden Plänen oder ideologischen Zielen gelenkt wurden. Dies paßt zu dem, was wir von Stalins allgemeinem Vorgehen wissen, und nicht nur in bezug auf Ostdeutschland.

Die Sowjets planten gewiß keinen dritten Weltkrieg. Zwischen Juni 1945 und Ende 1947 wurde die Stärke der Roten Armee von 11 365 000 auf 2 874 000 Mann verringert – vergleichbar der Reduzierung der amerikanischen und britischen Streitkräfte (allerdings behielten die Russen mit 2,8 Millionen Mann eine sehr viel größere Streitmacht, darunter auch viele gutbewaffnete motorisierte Divisionen). Natürlich waren die sowjetischen Pläne für westliche Beobachter keineswegs offenkundig, und selbst diejenigen, die in Stalin einen vorsichtigen Pragmatiker sahen, konnten nie ganz sicher sein. Molotow sagt aber zweifellos die Wahrheit, wenn er in seinen Memoiren darauf hinweist, daß die Sowjetunion günstige Situationen gern genutzt habe, sie aber das Risiko scheute, diese Situationen herbeizuführen. »Unsere Ideologie steht für offensive Operationen, wo immer möglich, ansonsten warten wir ab.«

Stalin war bekanntlich risikoscheu, weshalb manche Kommentatoren damals und in der Folgezeit bedauerten, daß die westliche Eindämmungspolitik nicht früher und entschiedener praktiziert wurde. Doch niemand wollte damals einen neuen Krieg, und wenn Stalin mühelos davon abgebracht werden konnte, Frankreich oder Italien zu destabilisieren (da er dort keine Armeen hatte), so war, wie jedermann wußte, die sowjetische Präsenz in Osteuropa nicht verhandelbar. In den Alliierten Kontrollräten in Bulgarien oder Rumänien gaben die Sowjets nicht einmal vor, sie würden die britischen oder amerikanischen Wünsche zur Kenntnis nehmen, geschweige denn die Wünsche der einheimischen Bevölkerung. Nur in der Tschechoslowakei, aus der sich die Rote Armee schon lange zurückgezogen hatte, waren die Dinge noch nicht eindeutig geklärt.

Aus seiner Sicht spielte Stalin durchaus mit offenen Karten. Er und seine Genossen gingen davon aus, daß den Westmächten klar war, daß die Sowjets »ihre« Hälfte Europas besetzen und beherrschen wollten. Und sie waren bereit, westliche Proteste über ihr Vorgehen in ihrer eigenen Zone pro forma hinzunehmen – als demokratische Phrasen. Wenn sie aber den Eindruck hatten, der Westen nehme seine eigene Rhetorik allzu ernst, fordere Freiheit und Selbstbestimmung in Osteuropa, reagierten die Sowjets ausgesprochen unwirsch. Ein Kommentar Molotows (im Februar 1945) über westliche Versuche, auf die Entwicklung in Polen

Einfluß zu nehmen, trifft genau den Punkt: »Wie die Regierungen in Belgien, Frankreich, Griechenland usw. organisiert sind, wissen wir nicht. Man hat uns nicht gefragt, obwohl wir nicht behaupten können, daß wir mit der einen oder anderen dieser Regierungen einverstanden sind. Wir haben uns nicht eingemischt, weil es anglo-amerikanisches Einflußgebiet ist.«

Jeder erwartete, daß der Zweite Weltkrieg, wie der Erste, mit einem umfassenden Friedensvertrag beendet werde. Und tatsächlich wurden 1946 in Paris auch fünf separate Verträge unterzeichnet, die die territorialen Verhältnisse und andere Angelegenheiten in Rumänien, Bulgarien, Ungarn, Finnland und Italien regelten, allerdings nicht in Norwegen, das bis 1951 formell im Kriegszustand mit Deutschland war.[7] So wichtig diese Dinge aber für die jeweilige Bevölkerung waren (und im Falle Rumänien, Bulgarien und Ungarn signalisierten sie ihre endgültige Sowjetisierung), möglich waren diese Abkommen nur, weil keine der Großmächte es auf eine Konfrontation ankommen lassen wollte.

Doch in Deutschland lagen die Dinge völlig anders. Vor allem für die Russen war Deutschland außerordentlich wichtig. Im Krieg war es um Deutschland gegangen, und das gleiche galt nun für den Frieden, und das Gespenst eines deutschen Revanchismus prägte die russischen Strategien ebenso wie die der Franzosen. Als Stalin, Truman und Churchill in Potsdam zusammenkamen (vom 17. Juli bis 2. August 1945, wobei Churchill nach dem Labour-Wahlsieg durch Attlee ersetzt wurde), konnte man sich über die Vertreibung von Deutschen aus Osteuropa, die verwaltungsmäßige Aufteilung Deutschlands in Besatzungszonen und auf die Ziele »Demokratisierung«, »Entnazifizierung« und »Entflechtung« einigen. Alles, was darüber hinausging, erwies sich als schwierig.

So wurde vereinbart, Deutschland als Wirtschaftseinheit zu behandeln, doch den Sowjets wurde das Recht zugestanden, aus ihrer eigenen Zone Güter, Dienstleistungen und Vermögen zu entnehmen. Weiterhin sollten den Sowjets als Gegenleistung für Nahrungsmittel und Rohstofflieferungen aus Ostdeutschland 10 Prozent der Reparationen aus den Westzonen zustehen. Diese Vereinbarungen produzierten jedoch einen Widerspruch, indem die wirtschaftlichen Ressourcen der Ost- und Westzonen als separate Einheiten behandelt wurden. Reparationen waren also von Anfang an ein trennendes Element (genau wie nach dem Ersten Weltkrieg); Russen (und Franzosen) wollten Reparationen, und die Russen fanden nichts dabei, deutsche Industrieanlagen zu demontieren und wegzuschaffen, auch ohne Einwilligung der anderen Verbündeten.

Über die neue deutsch-polnische Grenze gab es keine endgültige Einigung, und selbst das gemeinsam angestrebte Ziel der Demokratisierung erwies sich in der praktischen Durchführung als schwierig. Also beschlossen die alliierten Führer mit Blick auf ihre Meinungsverschiedenheiten, die Gespräche von ihren Außenministern zu einem späteren Zeitpunkt fortsetzen zu lassen. Das erste dieser Treffen fand, zwei Monate nach Potsdam, in London statt, das letzte im Dezember 1947, ebenfalls in London. Ziel war es, endgültige Vereinbarungen für Nachkriegsdeutschland zu finden und Friedensverträge zwischen den Alliierten und Deutschland und Österreich vorzubereiten. Im Laufe dieser Konferenzen – zumal in Moskau im März und April 1947 – wurde die Kluft zwischen der sowjetischen und der westlichen Deutschlandpolitik immer deutlicher.

Briten und Amerikaner ließen sich aber auch von Zweckmäßigkeitsüberlegungen leiten. Wenn die Bevölkerung in ihren Besatzungszonen keine Zukunftsaussichten hatte, würde sie sich früher oder später wieder dem Nationalsozialismus zuwenden – oder dem Kommunismus. In den Westzonen ging man also recht bald daran, zivile und politische Institutionen aufzubauen und den Deutschen eine gewisse Verantwortung für ihre Angelegenheiten zu übertragen. Dies verschaffte bereitstehenden deutschen Politikern deutlich mehr Einfluß, als sie bei Kriegsende hatten hoffen dürfen, und sie zögerten nicht, ihre Macht auch auszuüben – mit dem Hinweis, daß sie für die politische Treue der Deutschen nicht einstehen könnten, wenn sich die Verhältnisse nicht besserten und die Militärregierungen nicht ihren Empfehlungen folgten.

Zum Glück für die Westalliierten war die sowjetische Besatzungspraxis in Ostberlin und Ostdeutschland nicht sonderlich attraktiv. So unbeliebt die Amerikaner oder Briten oder Franzosen auch sein mochten, die Alternative war viel schlimmer. Wenn Stalin wirklich ein einiges Deutschland wollte, wie das die deutschen Kommunisten (auf sein Geheiß) in den ersten Nachkriegsjahren forderten, dann war das Vorgehen der Sowjets denkbar abschreckend. Sie errichteten in ihrer Besatzungszone, ohne Absprache mit den Westalliierten, sogleich eine kommunistisch gelenkte Verwaltung und gingen daran, alles zu demontieren und abzutransportieren, was ihnen in die Hände fiel, und setzten sich auf diese Weise über die Potsdamer Vereinbarungen hinweg.

Stalin blieb kaum etwas anderes übrig. Die Kommunisten konnten nicht hoffen, in Deutschland, oder auch nur in der sowjetischen Besatzungszone, anders als durch Gewalt an die Macht zu kommen. Bei den Berliner Stadtverordnetenwahlen vom 20. Oktober 1946 landeten die kommunistischen Kandidaten weit abgeschlagen hinter Sozialdemokraten und Christdemokraten. Daraufhin kam es zu einer spürbaren Verschärfung der sowjetischen Politik. Doch die westlichen Besatzungsmächte hatten inzwischen mit eigenen Schwierigkeiten zu kämpfen. Bis zum Juli 1946 hatte England (mit Hilfe amerikanischer Kredite) 112 000 Tonnen Getreide und 50 000 Tonnen Kartoffeln zur Versorgung ihrer Besatzungszone einführen müssen.

Die Briten entnahmen höchstens 29 Millionen Dollar Reparationen aus Deutschland, doch die Besatzung kostete London 80 Millionen Dollar jährlich, in einer Zeit, in der die britische Regierung gezwungen war, im eigenen Land das Brot zu rationieren (eine Maßnahme, die während des gesamten Krieges vermieden worden war). Die Briten, befand Schatzkanzler Hugh Dalton, leisteten Reparationen an Deutschland. Die Amerikaner hatten nicht mit diesen wirtschaftlichen Problemen zu kämpfen, und in ihrer Besatzungszone gab es nicht so viele Kriegszerstörungen, aber in ihren Augen war die Situation nicht weniger absurd – vor allem die US-Armee war nicht begeistert, da sie die Kosten für die Ernährung Millionen hungriger Deutscher tragen mußte. Wie George Kennan bemerkte, »brachte uns die bedingungslose Kapitulation Deutschlands … die alleinige Verantwortung für einen Teil Deutschlands, der in der jüngsten Geschichte wirtschaftlich nie auf eigenen Beinen gestanden hatte und dessen Fähigkeit, sich selbst zu versorgen, durch die Kriegsumstände und die deutsche Niederlage katastrophal reduziert worden war. Wir übernahmen diese Verantwortung in einer Zeit, in der wir noch kein Programm für den wirtschaftlichen Wiederaufbau unserer Zone hatten, und zogen es vor, all diese Dinge einer späteren, international vereinbarten Lösung zu überlassen.«

Angesichts dieses Dilemmas und des wachsenden deutschen Unmuts über die Lieferung demontierter Industrieanlagen in den Osten beendete US-Militärgouverneur General Clay im Mai 1946 einseitig alle Reparationsleistungen aus der amerikanischen Zone an die Sowjets (oder anderswohin) – mit dem Hinweis, die sowjetischen Behörden hielten sich nicht an die Potsdamer Vereinbarungen. Zwei Monate später schlossen sich die Briten diesem Schritt an. Dies signalisierte eine erste Abkehr von gemeinsamen Projekten, aber nicht mehr. Die Franzosen bestanden, wie die Sowjets, weiterhin auf Reparationen, und alle vier Alliierten hielten sich formell noch an das (im März 1946 geschlossene) Abkommen über die Begrenzung des Industrieniveaus, wonach der Lebensstandard in Deutschland nicht über dem europäischen Durchschnitt liegen sollte (ohne Berücksichtigung von Großbritannien und der Sowjetunion). Und noch im Mai 1946 lehnte das britische Kabinett eine förmliche Teilung Deutschlands in eine östliche und eine westliche Hälfte ab – mit all den Konsequenzen, die ein solcher Schritt für die europäische Sicherheit haben würde.

Doch es war unübersehbar, daß die vier Besatzungsmächte sich nicht würden einigen können. Nachdem im Oktober 1946 der Nürnberger Hauptkriegsverbrecherprozeß beendet worden war und einen Monat später die Pariser Friedensverträge ausgearbeitet waren, verband die einstigen Kriegsalliierten wenig mehr als ihre gemeinsame Verantwortung für Deutschland, deren Widersprüche immer deutlicher zutage traten. Ende 1946 vereinbarten Amerikaner und Briten, ihre Besatzungszonen zur sogenannten »Bizone« zu verschmelzen. Doch selbst das signalisierte noch keine Spaltung Deutschlands, geschweige denn die Zusage, die Bizone in den Westen einzugliedern. Im Gegenteil: Drei Monate später, im Februar 1947, unterzeichneten Franzosen und Briten demonstrativ den Vertrag von Dünkirchen, in dem sie sich gegenseitige Hilfe bei einem künftigen *deutschen* Angriff zusicherten. Und US-Außenminister Marshall ging noch Anfang 1947 davon aus, daß jeder Versuch, die deutsche Frage zu lösen, nicht zwangsläufig zu einem geteilten Deutschland führen müsse. Darin zumindest waren sich Ost und West noch immer einig.

Zum eigentlichen Bruch kam es im Frühjahr 1947, als die Außenminister der vier Siegermächte in Moskau zusammentrafen, um (vom 10. März bis 24. April) über einen Friedensvertrag für Deutschland und Österreich zu diskutieren. Inzwischen waren die Frontlinien klar. Die Briten und Amerikaner waren entschlossen, die westdeutsche Wirtschaft aufzubauen, um die Deutschen in die Lage zu versetzen, sich selbst zu versorgen, aber auch ihren Teil zu einem Wiederaufbau der europäischen Wirtschaft insgesamt beizutragen. Die sowjetischen Vertreter wollten weiterhin Reparationen aus den westlichen Besatzungszonen entnehmen und forderten zu diesem Zweck eine einheitliche deutsche Verwaltung und Wirtschaft, wie man sich das anfänglich (wenn auch vage) in Potsdam vorgestellt hatte. Doch an einer gesamtdeutschen Verwaltung waren die Westalliierten schon nicht mehr interessiert. Denn damit würde man nicht nur die Bevölkerung der Westzonen im Stich lassen (was inzwischen eine wichtige politische Überlegung war), sondern – angesichts der militärischen Asymmetrie – das Land faktisch der sowjetischen Einflußsphäre ausliefern.

Wie Robert K. Murphy, politischer Berater der US-Militärregierung in Deutschland, schrieb, »ging der Eiserne Vorhang auf der Moskauer Konferenz von 1947 herunter«. Ernest Bevin hatte schon vor der Ankunft in Moskau jede Hoffnung aufgegeben, zu einer Einigung in der Deutschlandfrage zu kommen, doch für Marshall (und Bidault) war es der entscheidende Moment – und für Molotow und Stalin gewiß auch. Beim nächsten Treffen der Außenminister (vom 27. Juni bis 2. Juli 1947 in Paris), um über Marshalls neuen Plan zu diskutieren, hatten sich Amerikaner und Briten schon (am 23. Mai) darauf verständigt, deutsche Vertreter in den neuen Wirtschaftsrat der Bizone aufzunehmen, die embryonische Vorstufe eines westdeutschen Parlaments.

Von nun an ging es rasch weiter. Keine der beiden Seiten machte oder forderte weitere Zugeständnisse. Amerikaner und Briten, die aus Sorge vor einem separaten russisch-deutschen Friedensvertrag Verzögerungen und Kompromisse akzeptiert hatten, besannen sich darauf, unrealistische Möglichkeiten nicht mehr zu berücksichtigen. Im August erhöhten sie einseitig die Produktion der

Bizone und handelten sich damit Kritik der Russen und Franzosen ein. An die Stelle der Direktive JCS 1067 trat JCS 1779, in der die neuen amerikanischen Ziele offiziell formuliert wurden: wirtschaftliche Vereinigung der Westzone und Förderung deutscher Selbstverwaltung. Vor allem für die Amerikaner waren die Deutschen schon bald keine Feinde mehr.[8] Die Außenminister Molotow, Bevin, Marshall und Bidault trafen sich ein letztes Mal in London, vom 25. November bis zum 16. Dezember 1947. Es war eine kuriose Konferenz, da die Beziehungen praktisch schon zusammengebrochen waren. Die Westalliierten verfolgten eigene Pläne für den Wiederaufbau Westeuropas, während Stalin zwei Monate zuvor das Kominform gegründet und die kommunistischen Parteien in Frankreich und Italien angewiesen hatte, eine unnachgiebige innenpolitische Linie zu verfolgen, und in den Ländern des Sowjetblocks ein eisernes Regiment eingeführt hatte. Die Außenminister sprachen, wie zuvor, über die Möglichkeit einer gesamtdeutschen Regierung unter alliierter Aufsicht und andere Elemente eines möglichen Friedensvertrags. Doch es gab keine weitere Einigung über die gemeinsame Verwaltung Deutschlands oder Pläne für die Zukunft des Landes, und man ging auseinander, ohne ein nächstes Treffen vereinbart zu haben.

Statt dessen nahmen die Westalliierten bei einer Konferenz, die am 23. Februar 1948 abermals in London begann, Gespräche über die Zukunft Deutschlands auf. In derselben Woche inszenierten die tschechischen Kommunisten einen kalten Staatsstreich. Damit war klar, daß Stalin seine einstige Strategie definitiv begraben und die unvermeidliche Konfrontation akzeptiert hatte. Im Schatten der Prager Machtergreifung erweiterten Frankreich und England ihren Vertrag von Dünkirchen am 17. März zum Pakt von Brüssel, in dem sich Großbritannien, Frankreich und die Benelux-Staaten zu einem gemeinsamen Verteidigungsbündnis zusammenschlossen.

Nun stand den westlichen Politikern nichts mehr im Weg. Rasch einigte man sich, den Marshall-Plan auf Westdeutschland auszudehnen und Pläne für die Regierung eines westdeutschen Staates zu entwerfen (für ihre Einwilligung wurde den Franzosen das Saargebiet zugeschlagen und eine unabhängige Behörde zur Kontrolle der Ruhrindustrie in Aussicht gestellt). Diese Pläne stellten eine explizite Abkehr vom Geist der Potsdamer Vereinbarungen dar, und General Wassili Sokolowskij, der sowjetische Vertreter im Alliierten Kontrollrat in Berlin, protestierte auch (obwohl die Sowjetunion selbst häufig gegen diese Vereinbarungen verstoßen hatte).

Am 10. März 1948 verurteilte Sokolowskij die westlichen Pläne als zwangsweise Einführung des Kapitalismus in Deutschland, dessen Bevölkerung die Chance verwehrt werde, ihrem Wunsch nach Sozialismus Ausdruck zu geben, und behauptete abermals, die Westmächte mißbrauchten ihre Präsenz in Berlin (das nun angeblich zur sowjetischen Besatzungszone gehörte), um sich in die Angelegenheiten Ostdeutschlands einzumischen. Auf der Sitzung des Alliierten Kontrollrats am 20. März verurteilte Sokolowskij die »einseitigen Maßnahmen« der Westalliierten in Westdeutschland, die »gegen sich die Interessen der friedlichen Länder und der friedliebenden Deutschen richten, welche die friedliche Einheit und Demokratisierung ihres Landes anstreben«. Dann verließen er und die übrigen Mitglieder der sowjetischen Delegation den Raum. Das war das Ende der gemeinsamen alliierten Verwaltung Deutschlands. Nicht ganz zwei Wochen später, am 1. April 1948, riegelten die Sowjets die Verkehrswege zwischen Westdeutschland und den Westsektoren Berlins ab. Der Kalte Krieg in Europa hatte begonnen.

Diese Darstellung macht deutlich, daß die Frage »Wer hat den Kalten Krieg angefangen?« wenig sinnvoll ist. Sofern es in diesem Krieg um Deutschland ging, dürften alle vier Alliierten das Endresultat, also die Teilung, einem gegen sie vereinten Deutschland vorgezogen haben. Im Mai 1945 hatte niemand dieses Ergebnis geplant, aber nur wenige waren ganz unzufrieden. Einige deutsche Politiker, allen voran Konrad Adenauer, verdankten ihren Aufstieg der deutschen Teilung – wäre Deutschland ein Vier-Zonen-Land geblieben, hätte es ein kleiner Politiker aus dem katholischen Rheinland gewiß nicht bis nach ganz oben gebracht.

Dem Ziel einer Teilung konnte sich Adenauer aber kaum verschreiben, so sehr er privat auch dafür eintrat. Sein wichtigster Widersacher in diesen ersten Jahren der Bundesrepublik, der Sozialdemokrat Kurt Schumacher, ein westpreußischer Protestant, trat unermüdlich für die deutsche Einheit ein. Im Gegensatz zu Adenauer hätte er ein neutrales Deutschland als Preis für die deutsche Einheit akzeptiert, die Stalin anzubieten schien. Schumachers Position dürfte seinerzeit die populärere gewesen sein, weshalb Adenauer vorsichtig agieren und dafür sorgen mußte, daß die Verantwortung für ein geteiltes Deutschland ausschließlich bei den Besatzungsmächten lag.

Die Amerikaner waren, wie die Briten, nicht unglücklich darüber, daß sich eine Teilung Deutschlands abzuzeichnen begann, wobei der amerikanische Einfluß im westlichen Teil dominierte. Einige kluge Köpfe, wie etwa George Kennan, hatten diese Entwicklung zwar vorausgesehen (schon 1945 hatte Kennan erkannt, daß die USA »keine andere Wahl haben, als ihren Teil Deutschlands … in eine Art Unabhängigkeit zu überführen, die so wohlhabend, so sicher und so überlegen ist, daß der Osten sie nicht bedrohen kann«), aber sie waren in der Minderheit. Die Amerikaner improvisierten in diesen Jahren, nicht anders als Stalin. Hier und da kann man lesen, bestimmte amerikanische Entscheidungen und Erklärungen, vor allem die Truman-Doktrin vom März 1947, hätten Stalins

Weg von Kompromißbereitschaft zu Starrheit beschleunigt, und insofern habe Washington durch mangelnde Sensibilität, ja sogar kalkulierte Unnachgiebigkeit die Teilung Europas herbeigeführt. Davon kann keine Rede sein.

Denn die Truman-Doktrin, um nur dieses Beispiel zu nehmen, wirkte sich kaum auf die sowjetische Politik aus. Als Truman am 12. März 1947 erklärte, daß es die Politik der Vereinigten Staaten sein müsse, alle freien Völker zu unterstützen, die sich »der Unterjochung durch bewaffnete Minderheiten oder äußerem Druck widersetzen«, war das eine direkte Reaktion auf die Tatsache, daß London angesichts der Wirtschaftskrise vom Februar 1947 seine Hilfe für Griechenland und die Türkei nicht mehr fortsetzen konnte. Amerika würde die Rolle der Briten übernehmen müssen. Truman suchte die Unterstützung des Kongresses für seinen Plan, die Auslandshilfe um 400 Millionen Dollar zu erhöhen, und deshalb untermauerte er seine Forderung mit dem Hinweis auf die Bedrohung durch kommunistische Aufständische.

Der Kongreß nahm Truman ernst. Stalin dagegen interessierte sich nicht für die Türkei und Griechenland, die Hauptempfänger amerikanischer Hilfe, und ihm war völlig klar, daß sich Trumans lautstarke Ankündigungen nicht auf seine eigene Einflußsphäre auswirken würden. Im Gegenteil, Stalin ging weiterhin davon aus, daß gute Aussichten für einen Konflikt innerhalb des westlichen Lagers bestanden, und die Übernahme einstmals britischer Verpflichtungen in der östlichen Levante durch die Amerikaner schien ihm genau das zu signalisieren. Was immer Stalin veranlaßte, eine neue Linie in Osteuropa zu verfolgen – die Rhetorik der amerikanischen Innenpolitik war es jedenfalls nicht.[9]

Der unmittelbare Grund für die Teilung Deutschlands und Europas liegt eher in Stalins Fehleinschätzungen. In Mitteleuropa, wo ihm ein schwaches und neutrales Gesamtdeutschland am liebsten gewesen wäre, verspielte er seinen Vorteil in der Nachkriegszeit durch seine kompromißlose und auf Konfrontation ausgerichtete Taktik. Wenn Stalin gehofft hatte, Deutschland dahinrotten zu lassen, bis ihm die Frucht von Hoffnungslosigkeit und Ressentiment in den Schoß fallen würde, so hatte er sich arg verrechnet – obgleich sich die Alliierten manchmal fragten, ob er am Ende nicht doch Erfolg haben werde. In diesem Sinne war der Kalte Krieg in Europa ein zwangsläufiges Ergebnis der Persönlichkeit Stalins und seines Herrschaftssystems.

Doch es bleibt die Tatsache, daß Deutschland ihm zu Füßen lag, was seine Gegenspieler sehr wohl wußten – »Das Problem ist, daß wir mit einem Feuer spielen, das zu löschen wir nicht die Mittel haben«, erklärte Marshall am 13. Februar 1948 vor dem Nationalen Sicherheitsrat. Die Sowjetunion mußte nur den Marshall-Plan annehmen und die Mehrheit der Deutschen davon überzeugen, daß Moskau aufrichtig für ein neutrales, unabhängiges Deutschland eintrete.

1947 hätte man damit die Kräfteverhältnisse in Europa völlig durcheinandergebracht. Was immer Marshall, Bevin oder ihre Berater von solchen Manövern hielten, sie hätten sie nicht verhindern können. Daß Stalin zu solchen taktischen Überlegungen nicht imstande war, ist kein Verdienst des Westens. Wie Dean Acheson bei anderer Gelegenheit erklärte: »Wir konnten von Glück sagen, daß wir es mit solchen Gegnern zu tun hatten.«

Welche Ironie, daß die Sieger, die einen mörderischen Krieg geführt hatten, um ein übermächtiges Deutschland im Herzen des europäischen Kontinents zu bezwingen, sich nicht auf eine Nachkriegsordnung verständigen konnten, die den deutschen Koloß am Boden gehalten hätte. So teilten sie ihn unter sich auf, um, jeder für sich, von seiner wiederbelebten Stärke zu profitieren. Es war klar geworden – zunächst den Engländern, dann den Amerikanern, spät erst den Franzosen und schließlich auch den Sowjets –, daß man das Problem Deutschland nur lösen konnte, indem man die Frage anders stellte und sie zur Lösung erklärte. Das war nicht sehr angenehm, doch es funktionierte. Mit den Worten Noel Annans, eines britischen Geheimdienstoffiziers im besetzten Deutschland: »Es war abscheulich, sich mit Leuten in einem Bündnis wiederzufinden, die Hitler akzeptiert hatten, um den Kommunismus in Schach zu halten. Doch die beste Hoffnung für den Westen bestand darin, die Deutschen zu ermuntern, selbst einen westlich-demokratischen Staat zu errichten.«

V

Der Kalte Krieg zieht herauf

Man stelle sich vor: das Habsburgerreich aufgeteilt in eine Vielzahl größerer und kleinerer Republiken. Welch schöne Grundlage für eine universale russische Monarchie.

František Palacký (April 1848)

Die Jugoslawen möchten auch das griechische Mazedonien haben. Sie verlangen auch Albanien und sogar Teile Ungarns und Österreichs. Das ist unvernünftig. Mir gefällt ihr Verhalten nicht.

Jossif Stalin, 1945

Der Roten Armee fehlten nur Stiefel, sonst wäre sie bis zur Nordsee weitermarschiert.

Denis Healey

Die Idee einer europäischen Ordnung ist kein deutscher Einfall, sondern eine Notwendigkeit.

Paul-Henri Spaak (April 1942)

Unser Instinkt sagt uns, daß wir da nicht mitmachen können.

Anthony Eden (Januar 1952)

»Dieser Krieg ist anders als frühere; wer ein Gebiet besetzt, erlegt ihm auch sein eigenes gesellschaftliches System auf. Jeder führt sein eigenes System ein, so weit seine Armee vordringen kann. Es geht gar nicht anders.« Stalins berühmter Ausspruch, von dem Milovan Djilas in seinen *Gesprächen mit Stalin* berichtet, war nicht ganz so originell, wie es vielleicht schien. Der Zweite Weltkrieg war keineswegs der erste europäische Krieg, bei dem militärische Ergebnisse über gesellschaftliche Ordnungen entschieden. Die Religionskriege des 16. Jahrhunderts endeten 1555 mit dem Augsburger Frieden, der den Herrschern das Recht zusprach, in ihrem Territorium nach dem Grundsatz *cuius regio, eius religio* zu verfahren; und zu Beginn des 19. Jahrhunderts wurden in all jenen Gebieten, die Napoleon erobert hatte, alsbald soziale und institutionelle Revolutionen nach französischem Vorbild durchgeführt.

Gleichwohl war Stalins Standpunkt eindeutig – und er äußerte ihn lange vor der kommunistischen Machtergreifung in Osteuropa. Die Sowjets führten den Krieg, um Deutschland zu schlagen und um die Sowjetunion nach Westen hin zuverlässig zu sichern. Was aus Deutschland werden sollte und aus dem Territorium, das zwischen Deutschland und Rußland lag, konnte nicht im unklaren bleiben. Von Finnland bis nach Jugoslawien erstreckte sich ein Gürtel von kleinen, schwachen Staaten, deren Regierungen in der Zwischenkriegszeit (die Tschechoslowakei war teilweise ausgenommen) allesamt eine moskaufeindliche Haltung eingenommen hatten. Besonders Polen, Ungarn und Rumänien hatten eine konsequent antisowjetische Politik verfolgt und die sowjetischen Absichten argwöhnisch verfolgt. Für Stalin gab es nur eine akzeptable Konsequenz: in den Gebieten, die er sich vorsichtshalber nicht schon einverleibt hatte, Regierungen zu etablieren, die die Sicherheit der Sowjetunion nicht bedrohen konnten.

Garantieren ließ sich das aber nur, wenn dort eine staatliche Ordnung nach sowjetischem Muster eingeführt würde, und genau das war Stalins Absicht – von Anfang an. Die alten Eliten in Ländern wie Ungarn oder Rumänien waren diskreditiert, sie zu beseitigen und neu anzufangen dürfte relativ unkompliziert erschienen sein. Vielerorts wurden die sowjetischen Besatzer auch zunächst als Befreier und Vorboten von Wandel und Reform begrüßt.

Allerdings hatte die Sowjetunion – über ihre machtvolle militärische Präsenz hinaus – kaum Möglichkeiten, auf die Innenpolitik ihrer westlichen Nachbarn Einfluß zu nehmen. In weiten Teilen der Region waren Kommunisten jahrzehntelang aus dem politischen Leben ausgeschlossen gewesen. Selbst dort, wo ihre Parteien legal existierten, waren sie wegen ihrer großen Nähe zur Sowjetunion und der rigiden, sektiererischen Politik, die Moskau ihnen nach 1927 aufgezwungen hatte, in Bedeutungslosigkeit versunken. Geschwächt waren sie überdies, weil viele der polnischen, ungarischen, jugoslawischen und anderen Kommunisten im Moskauer Exil von ihren sowjetischen Genossen verhaftet und hingerichtet worden waren. Die Parteiführung der polnischen Kommunisten beispielsweise war fast vollständig ausgelöscht worden.

Als Mátyás Rákosi, Chef der ungarischen KP, im Februar 1945 aus Moskau nach Budapest zurückkehrte, konnte er auf die Unterstützung von vielleicht 4 000 ungarischen Kommunisten zählen. In Rumänien hatte die Partei weniger als 1 000 Mitglieder – bei einer Gesamtbevölkerung von fast 20 Millionen. In Bulgarien sah es nicht viel besser aus: Im September 1944 hatte die kommunistische Partei etwa 8 000 Mitglieder. Nur im böhmischen Industrierevier und in Jugoslawien, wo die Partei mit den siegreichen Widerstandskämpfern identifiziert wurde, hatten die Kommunisten so etwas wie eine Massenbasis.

Mit charakteristischer Vorsicht (und in jedem Fall an funktionierenden Arbeitsbeziehungen zu den Westmächten interessiert) verfolgte Stalin also zunächst eine Taktik, die von den Volksfrontbündnissen der dreißiger Jahre und der kommunistischen Praxis im Spanischen Bürgerkrieg her bekannt war: Errichtung von Regierungen einer »nationalen Front«, bestehend aus Kommunisten, Sozialdemokraten und Vertretern anderer »antifaschistischer« Parteien, die die alten Regimes ersetzen, dabei umsichtig und »demokratisch«, eher reformistisch als revolutionär vorgehen würden. Bei Kriegsende, oder kurz danach, gab es überall in Osteuropa solche Koalitionsregierungen.

Da unter Historikern noch immer darüber gestritten wird, wer für die Teilung Europas verantwortlich ist, sollte hier vielleicht betont werden, daß sowohl Stalin als auch seine lokalen Vertreter sich über das langfristige Ziel sehr wohl im klaren waren. In einer Region, in der kommunistische Parteien historisch schwach waren, galten Koalitionsregierungen als reine Instrumente zur Eroberung der Macht. So erklärte Walter Ulbricht 1945 angesichts der Verwunderung seiner Genossen über den Kurs der Partei: »Es muß demokratisch aussehen, aber wir müssen alles in der Hand haben.«

Kontrolle war tatsächlich das Entscheidende. Nicht umsonst strebten die Kommunisten in jeder osteuropäischen Koalitionsregierung (»Vaterländische Front«, »Regierung der nationalen Einheit« oder »Block antifaschistischer Parteien«) die Übernahme bestimmter Schlüsselministerien an: Das Innenministerium, das ihnen die Kontrolle über Polizei und Sicherheitskräfte verschaffte, aber auch die Möglichkeit, Presselizenzen zu erteilen oder zu widerrufen, das Justizministerium mit der Kontrolle über Säuberungen, Prozesse und Richterschaft, das Landwirtschaftsministerium, in dessen Hand die Bodenreform lag und mit dem man die Loyalität von Millionen Bauern kaufen konnte. Einflußreiche Positionen sicherten sich die Kommunisten auch in »Entnazifizierungskommissionen«, Bezirksverwaltungen und in den Gewerkschaften.

Weniger wichtig war das Amt des Staatspräsidenten, Ministerpräsidenten oder Außenministers, das sie meist ihren sozialdemokratischen oder anderen Koalitionspartnern überließen. Diese anfängliche Postenverteilung (mit den Kommunisten in der Minderheit) beruhigte westliche Beobachter. Die einheimische Bevölkerung ließ sich jedoch nicht täuschen und traf Vorsichtsmaßnahmen – Ende 1945 zählte die kommunistische Partei in Rumänien bereits 800 000 Mitglieder –, aber in vielerlei Hinsicht war das Vorgehen der Kommunisten wirklich beruhigend gemäßigt. Statt das Land zu kollektivieren, drängte man darauf, den Boden an die zu verteilen, die kein Land hatten. Bis auf die Beschlagnahme »faschistischen« Eigentums trat die Partei nicht für Verstaatlichung ein – jedenfalls nicht nachdrücklicher als einige ihrer Koalitionspartner, meistens sogar weniger nachdrücklich. Und von »Sozialismus« war kaum die Rede.

Nach Kriegsende war es das erklärte Ziel der Kommunisten, die unvollendeten »bürgerlichen« Revolutionen von 1848 zum Abschluß zu bringen und Gleichheit und Demokratie herzustellen – in einem Teil Europas, der von all dem nie sehr viel gesehen hatte. Dies war, zumindest nach außen hin, ein plausibles Vorhaben, attraktiv für viele Menschen in Ost- und Westeuropa, die von Stalin und seinen Absichten ein positives Bild hatten. Für die Kommunisten selbst lief es bei mehreren Wahlen in Ostdeutschland, Österreich und Ungarn nicht so gut. Ziemlich bald (im Fall Ungarn bei den Wahlen zum Budapester Stadtrat im November 1945) zeigte sich nämlich, daß die Kommunisten, die sich auf lokaler Ebene in einflußreiche Positionen gebracht hatten, auf demokratischem Weg nicht an die Macht kommen würden. Trotz aller Vorteile, die ihnen militärische Besatzung und Wirtschaftspatronage boten, hatten kommunistische Kandidaten durchweg das Nachsehen gegenüber Vertretern der alten liberalen, sozialdemokratischen und Bauernparteien.

Daraufhin griffen die Kommunisten zunächst zu indirektem Druck, schließlich zu offenem Terror. Kandidaten anderer Parteien wurden verleumdet, geschmäht, bedroht, verprügelt, verhaftet, als »Faschisten« oder »Kollaborateure« vor Gericht gestellt und ins Gefängnis geworfen oder gar erschossen. »Volks«-Milizen schufen ein Klima von Angst und Unsicherheit, für das die Kommunisten dann ihre politischen Gegner verantwortlich machten. Angreifbare oder unpopuläre Politiker nichtkommunistischer Parteien wurden öffentlich verleumdet, während ihre Kollegen schweigend zusahen, in der Hoffnung, selbst davon verschont zu werden. So saßen in Bulgarien bereits im Sommer 1946 sieben von 22 Mitgliedern des Präsidiums der Bauernunion und 35 der 80 Ratsmitglieder im Gefängnis. Der gegen den Journalisten Kunew erhobene Vorwurf, er habe »die Mitglieder der bulgarischen Regierung in wahrhaft verbrecherischer Absicht als politische und ökonomische Träumer bezeichnet«, war ein typisches Beispiel.

Bauernparteien, Liberalen und anderen Parteien der Mitte konnten die Kommunisten leicht beikommen, indem man sie als Faschisten oder Volksfeinde brandmarkte und Schritt für Schritt ausschaltete. Schwieriger war es bei den sozialistischen und sozialdemokratischen Parteien, deren Reformvorstellungen in eine ähnliche Richtung zielten wie die der Kommunisten. Mittel- und osteuropäischen Sozialdemokraten, die genau wie Kommunisten Opfer von Unterdrückung gewesen waren, konnte man kaum faschistische Gesinnung oder Kollaboration vorwerfen. Und dort, wo es im weitgehend agrarisch geprägten Osteuropa eine Arbeiterklasse gab, stand diese traditionell den Sozialisten nahe, nicht den Kommunisten. Da die Sozialisten nicht so leicht zu schlagen waren, beschlossen die Kommunisten also, mit ihnen zusammenzugehen, genauer gesagt, sie zu einem Zusammengehen zu zwingen.

Dies war eine alte kommunistische Taktik. Lenin hatte anfangs versucht, die europäischen Sozialdemokraten zu spalten, die radikalen Elemente in neue kommunistische Bewegungen einzugliedern und den verbleibenden Rest als reaktionär und historisch überholt hinzustellen. Da die kommunistischen Parteien in den nächsten zwei Jahrzehnten aber keine Mehrheit errangen, änderte Moskau den Kurs. Die Kommunisten boten den (meist größeren) sozialistischen Parteien eine »Einheit der Linken« – unter kommunistischer Führung. Angesichts der Situation im befreiten Osteuropa nach Kriegsende war das für viele Sozialisten ein vernünftiger Weg.

Selbst in Westeuropa gingen Teile des linken Flügels der französischen und italienischen Sozialisten auf den Vorschlag der Kommunisten ein, eine gemeinsame politische Kraft zu bilden. In Osteuropa erwies sich dieses Ansinnen als (buchstäblich) unwiderstehlich. Es begann mit der sowjetischen Besatzungszone Deutschlands, wo die Kommunisten (auf einer geheimen Sitzung in Moskau im Februar 1946) eine Vereinigung mit dem weitaus größeren sozialdemokratischen »Verbündeten« beschlossen, die zwei Monate später mit der Gründung der Sozialistischen Einheitspartei Deutschlands vollzogen wurde.[1] Nicht wenige sozialdemokratische Politiker in Ostdeutschland sprachen sich für den Zusammenschluß aus und wurden dafür mit Ehrenämtern in der neuen Partei und später in der Regierung belohnt. Sozialdemokraten, die gegen den Zusammenschluß waren, wurden an den Pranger gestellt, aus der Partei ausgeschlossen, mindestens politisch kaltgestellt oder zur Flucht gezwungen.

Im übrigen Sowjetblock wurden diese »Einheitsparteien« ähnlichen Typus etwas später ins Leben gerufen, im Laufe des Jahres 1948: in Rumänien im Februar, in Ungarn und der Tschechoslowakei im Juni, in Bulgarien im August und in Polen im Dezember. Die sozialistischen Parteien waren sich in der Frage eines Zusammenschlusses mit den Kommunisten aber derart uneinig, daß sie, noch ehe sie völlig verschwanden, schon lange keine wirksame politische Kraft in ihren Ländern waren. Und wie in Deutschland wurden auch anderswo ehemalige Sozialdemokraten, die mit den Kommunisten zusammengingen, mit leeren Titeln belohnt: Zum ersten Staatspräsidenten des kommunistischen Ungarn wurde am 30. Juli 1948 der ehemalige Sozialist Arpád Szakasits ernannt.

Die osteuropäischen Sozialdemokraten befanden sich in einer unmöglichen Lage. Ihre Kollegen im Westen ermunterten sie oft, mit den Kommunisten zusammenzugehen, weil sie naiverweise glaubten, daß ein solcher Schritt allen nützen werde, oder hofften, mäßigend auf die Kommunisten einwirken zu können. Noch 1947 wurden unabhängige sozialistische Parteien in Osteuropa (d. h. Sozialisten, die eine Zusammenarbeit mit ihren kommunistischen Genossen ablehnten) nicht in die Sozialistische Internationale aufgenommen, weil sie, so die

Begründung, dem Bündnis »fortschrittlicher« Kräfte im Weg stünden. In ihren Heimatländern wurden sie derweil erniedrigt und verfolgt. Selbst wenn sie sich in die kommunistische Umarmung fügten, besserte sich ihre Lage kaum – auf dem rumänischen »Vereinigungsparteitag« im Februar 1948 warf Ana Pauker, hohe kommunistische Funktionärin, ihren vormaligen sozialistischen Genossen systematische Sabotage, diensteifrige Kooperation mit reaktionären Regierungen und antisowjetische Propaganda vor.

Nachdem die Kommunisten ihre Gegner dezimiert, ins Gefängnis geworfen oder sich gefügig gemacht hatten, schnitten sie bei den anschließenden Wahlen deutlich besser ab – gewaltsame Übergriffe auf die verbleibenden Gegner, Einschüchterung in den Wahllokalen und offene Manipulation bei der Stimmenauszählung taten ein übriges. Und nun konnten Regierungen gebildet werden, in denen die Kommunisten (beziehungsweise die neue »Einheitspartei«) das Sagen hatten. Koalitionspartner mußten sich mit Nebenrollen begnügen. Und im Laufe der Jahre 1948 und 1949 gingen die Kommunisten dazu über, den Staatsapparat in ihre Gewalt zu bringen, die Kollektivierung durchzusetzen, das Bürgertum zu vernichten und tatsächliche und vermeintliche Gegner auszuschalten.

Dieser Prozeß der kommunistischen Machtübernahme fand in allen Ländern Osteuropas statt. Auf nationale Besonderheiten nahm Stalin keine Rücksicht. Wo Kommunisten hoffen konnten, auf legalem oder pseudolegalem Weg an die Macht zu kommen, dürfte dies Stalins bevorzugte Option gewesen sein, zumindest bis zum Herbst 1947. Entscheidend war jedoch die Macht, nicht Legalität, und deshalb gingen die Kommunisten, sobald feststand, daß sie bei freien Wahlen nicht gewinnen würden, immer aggressiver vor, unbeeindruckt von formalen oder politischen Beschränkungen, auch wenn man damit ausländische Sympathisanten vor den Kopf stieß.

Dennoch gab es wichtige Unterschiede von Land zu Land. In Bulgarien und Rumänien war der sowjetische Druck am massivsten – weil diese beiden Länder während des Krieges Feinde der Sowjetunion gewesen waren, weil die lokalen Kommunisten schwach waren, vor allem aber, weil diese Länder aufgrund ihrer geographischen Lage ganz offensichtlich zum sowjetischen Einflußbereich gehörten. Der bulgarische KP-Chef (und ehemalige Komintern-Sekretär) Georgi Dimitrow erklärte bereits im Oktober 1946, daß jeder, der seine Stimme der antikommunistischen Opposition gebe, als Volksverräter betrachtet werde. Trotzdem gewann die Opposition bei den nächsten Parlamentswahlen 101 von 465 Mandaten. Ihr Los war indes längst besiegelt – die sowjetischen Besatzer und ihre bulgarischen Verbündeten zögerten nur deswegen, die Opposition sofort aus dem Weg zu räumen, weil mit den Westalliierten ein Friedensvertrag für Bulgarien ausgearbeitet werden mußte und weil man die anglo-amerikanische Anerkennung einer kommunistisch geführten Regierung in Bulgarien gewinnen wollte.

Sobald die Friedensverträge unterzeichnet waren, brauchten die Kommunisten auf nichts mehr zu warten. Die Chronologie der Ereignisse ist aufschlußreich. Am 5. Juni 1947 ratifizierte der US-Senat die Pariser Friedensverträge mit Bulgarien, Rumänien, Ungarn, Finnland und Italien, trotz Bedenken amerikanischer Diplomaten in Sofia und Bukarest. Schon am nächsten Tag wurde Nikola Petkow, der führende Oppositionspolitiker in Bulgarien (der es abgelehnt hatte, mit den gefügigeren Mitgliedern seiner Bauernpartei in die Vaterländische Front einzutreten) in Haft genommen. Sein Prozeß dauerte vom 5. bis 15. August. Am 15. September trat der bulgarische Friedensvertrag in Kraft, am 19. boten die USA der Regierung in Sofia die Aufnahme diplomatischer Beziehungen an. Vier Tage später wurde Petkow hingerichtet – bis zur Bekanntgabe der amerikanischen Entscheidung hatte man die Urteilsvollstreckung ausgesetzt. Nach der Hinrichtung Petkows stand den bulgarischen Kommunisten nichts mehr im Weg. Später meinte der sowjetische General Birjusow zur Unterstützung der bulgarischen Kommunisten gegen die »bürgerlichen« Parteien: »Wir hatten nicht das Recht, den Anstrengungen des bulgarischen Volkes zur Vernichtung dieses Reptils unsere Hilfe zu verweigern.«

In Rumänien waren die Kommunisten in einer noch schwächeren Position als in Bulgarien, wo es immerhin eine traditionelle Rußlandfreundlichkeit gab, auf die sich die Partei stützen konnte.[2] Obwohl die Sowjets den Rumänen die Rückgabe des nördlichen Siebenbürgen (das sie 1940 an Ungarn hatten abtreten müssen) versprachen, hatte Stalin nicht die Absicht, Bessarabien oder die Bukowina (beide Regionen hatte sich die Sowjetunion einverleibt) oder die südliche Dobrudscha (inzwischen bulgarisches Territorium) zurückzugeben. Die rumänischen Kommunisten (denen schon in der Zwischenkriegszeit der sowjetische Anspruch auf Bessarabien zu schaffen gemacht hatte) mußten also abermals einen erheblichen Gebietsverlust rechtfertigen.

Dazu kam, daß die Parteiführer oft nicht einmal Rumänen waren, jedenfalls aus traditionell rumänischer Sicht. Ana Pauker war Jüdin, Emil Bodnaras war Ukrainer, Vasile Luca stammte aus Siebenbürgen, wieder andere waren Ungarn oder Bulgaren. Als »unrumänische« Kraft wahrgenommen, waren die rumänischen Kommunisten völlig auf die sowjetischen Streitkräfte angewiesen. Ihr Überleben beruhte nicht auf breiter Akzeptanz durch die Bevölkerung (mit der ohnehin niemand rechnete), sondern auf der Effizienz, mit der sie möglichst schnell den Staat übernehmen und ihre Gegner in den »historischen« Parteien der liberalen Mitte ausschalten würden. Dieses Unternehmen führten sie ausgesprochen erfolgreich durch. Schon im März 1948 errang die Regierungsliste 405 von 414 Sitzen. In Rumänien wie in Bulgarien (oder Albanien, wo Enver Hodscha die Tosk im Süden gegen die unbotmäßigen Gheg im Norden mobilisierte) waren Subversion und Gewalt nicht nur eine von vielen Optionen – sie waren der einzige Weg zur Macht.

Auch Polen mußte in den sowjetischen Einflußbereich geraten. Das hatte geographische und historische Gründe (für die Russen war das Land seit jeher ein Hindernis für ihren imperialen Drang nach Westen), aber auch in Polen konnte sich eine moskaufreundliche Regierung kaum Hoffnungen machen, durch demokratische Wahlen an die Macht zu gelangen. Im Unterschied zu den Balkanstaaten war Polen aber ein Opfer, kein Verbündeter Hitlers gewesen. Hunderttausende polnische Soldaten hatten in alliierten Verbänden an der West- und Ostfront gekämpft, und so betrachteten die Polen ihre Chancen nach dem Krieg mit einigen Erwartungen.

Wie sich zeigte, waren die Aussichten gar nicht so schlecht. Die polnischen Kommunisten im Lubliner Komitee (das die Sowjets im Juli 1944 organisiert hatten, um sofort nach der Einnahme von Warschau eine Regierung einsetzen zu können) verfügten kaum über eine Massenbasis, genossen aber eine gewisse Unterstützung, vor allem unter jungen Polen, und konnten auf einige konkrete Vorteile hinweisen, die die »Freundschaft« mit der Sowjetunion bieten würde: effektiver Schutz vor Gebietsansprüchen der Deutschen (eine virulente Sorge damals) und das Umsiedlungsprojekt, demzufolge die verbliebene ukrainische Minderheit aus dem Land entfernt und ethnische Polen aus dem Osten im neuen Staatsgebiet angesiedelt werden sollten. Mit diesen Überlegungen konnten die polnischen Kommunisten, trotz ihrer geringen Bedeutung (auch unter ihnen gab es viele Juden), einen Platz in der polnischen Gesellschaft beanspruchen.

Aber auch sie wären bei Wahlen immer eine marginale Kraft geblieben. Die Bauernpartei von Stanisław Mikołajczyk mit ihren rund 600 000 Mitgliedern (im Dezember 1945) war zehnmal so groß wie die (kommunistische) polnische Arbeiterpartei (nach der Vereinigung mit den Sozialisten im Dezember 1948 in Polnische *Vereinigte* Arbeiterpartei umbenannt). Doch Mikołajczyk, während des Krieges Premierminister der Londoner Exilregierung, war enorm gehandikapt, weil seine Partei bezeichnenderweise *beides* sein wollte: antifaschistisch *und* antikommunistisch.

Stalin interessierte sich nicht sonderlich für den Erfolg des »Sozialismus« in Polen, wie sich später zeigen sollte. Doch sehr wohl interessierte ihn die allgemeine Tendenz der polnischen Politik, vor allem der Außenpolitik. Polen und die ungelöste deutsche Frage waren ihm wichtiger als alles andere, zumindest in Europa. Dementsprechend wurde die Bauernpartei immer mehr an den Rand gedrängt, ihre Anhänger wurden bedroht, ihre Führer angegriffen, ihre Glaubwürdigkeit angezweifelt. Bei den massiv gefälschten Wahlen vom Januar 1947 entfielen auf den kommunistisch geführten »demokratischen Block« 80 Prozent der Stimmen, auf die Bauernpartei nur 10 Prozent.[3] Neun Monate später ging Mikołajczyk, der um sein Leben fürchtete, ins Exil. Versprengte Haufen der Heimatarmee führten noch einige Jahre einen Guerillakrieg gegen den kommunistischen Staat, aber auch ihr Kampf war aussichtslos.

In Polen hatte die Sowjetunion ein so offensichtliches Interesse an der politischen Gestaltung des Landes, daß die Illusionen, denen sich die Polen vor und nach Jalta hingegeben hatten, einigermaßen weltfremd anmuten. In Ungarn dagegen waren Vorstellungen eines eigenen, »ungarischen Weges« zum Sozialismus nicht völlig abwegig. Ungarn war für Moskau vor allem als sicheres Transitland für die eigenen Armeen interessant, sollten diese in Österreich (oder später in Jugoslawien) eingesetzt werden müssen. Hätten die ungarischen Kommunisten auf eine breite Unterstützung verweisen können, hätten die sowjetischen Berater möglicherweise noch länger die »demokratische« Karte gespielt, als es tatsächlich der Fall war.

Doch auch in Ungarn waren die Kommunisten unbeliebt, sogar in Budapest. Obwohl die Kleinbauernpartei als reaktionär, ja als faschistisch gebrandmarkt wurde, konnte sie bei den Parlamentswahlen vom November 1945 die absolute Merheit erringen. Mit Unterstützung der Sozialdemokraten (deren Führerin Anna Kéthly nicht glauben wollte, daß die Sowjets die Wahlen manipulieren würden) gelang es den Kommunisten, einige der Kleinbauern-Abgeordneten aus dem Parlament zu werfen, die sie im Februar 1947 wegen Verschwörung (und im Falle ihres Anführers Béla Kovács wegen Spionage) vor Gericht brachten. (Kovács kam nach Sibirien und kehrte erst 1956 zurück.) Bei neuen Wahlen im August 1947, die vom kommunistischen Innenminister László Rajk schamlos manipuliert wurden, erhielten die Kommunisten noch immer nur 22 Prozent der Stimmen, obwohl die Kleinbauern lediglich auf 15 Prozent kamen. Und bald glich der ungarische Weg zum Sozialismus dem seiner östlichen Nachbarn. Bei den nächsten Wahlen, im Mai 1949, errang die »Volksfront« 95,6 Prozent der Wählerstimmen.

Im nachhinein wird deutlich, daß die Hoffnungen auf ein demokratisches Osteuropa nach 1945 chancenlos waren. In Mittel- und Osteuropa gab es kaum demokratische oder liberale Traditionen. Die Regimes der Zwischenkriegsjahre waren korrupt, autoritär und in manchen Fällen auch blutdürstig gewesen. Die alten herrschenden Eliten waren käuflich. Die eigentliche Macht übte die Bürokratie aus, deren Angehörige aus der gleichen sozialen Schicht kamen, die dann die Funktionäre der kommunistischen Staaten stellten. Trotz aller »Sozialismus«-Rhetorik war der Übergang von autoritärer Rückständigkeit zur kommunistischen »Volksdemokratie« ein kurzer und einfacher Schritt. Es ist nicht sonderlich überraschend, daß die Geschichte so verlief.

In Rumänien oder Polen oder Ungarn kam noch hinzu, daß die Aussicht auf eine Rückkehr zu den Vorkriegsverhältnissen die Sache der Antikommunisten erheblich schwächte, jedenfalls bis 1949, als das ganze Ausmaß des sowjetischen Terrors spürbar wurde. Bot denn, fragte der französische KP-Funktionär Jacques Duclos am 1. Juli 1948 in *L'Humanité*, die Sowjetunion nicht die beste Garantie dafür, daß in diesen Ländern nicht die schlechte alte Zeit zurückkehrte? Und war sie nicht auch der beste Garant ihrer nationalen Unabhängigkeit? Diesen Eindruck hatten damals tatsächlich manche Beobachter. Churchill meinte: »Eines Tages werden die Deutschen ihre Gebiete wieder zurückhaben wollen, und die Polen werden sie nicht aufhalten können.« Die Sowjetunion war nun die selbsternannte Beschützerin der Grenzen Rumäniens und Polens, von dem verteilten Bodenbesitz vertriebener Deutscher und anderer gar nicht zu reden.

Dies war, wenn es dessen noch bedurft hätte, ein deutlicher Hinweis auf die Allgegenwart der Roten Armee. Im September 1944 wurde die 37. Armee der 3. Ukrainischen Front, die zu den Besatzungstruppen in Rumänien gehörte, nach Bulgarien verlegt, wo sie bis zur Unterzeichnung des Friedensvertrags 1947 stationiert war. In Ungarn blieben sowjetische Streitkräfte bis Mitte der fünfziger Jahre (und dann wieder nach 1956), in Rumänien bis 1958. Die Deutsche Demokratische Republik stand bis zuletzt unter sowjetischer Besatzung, und sowjetische Truppen durchquerten Polen regelmäßig im Transit. Die Sowjetunion war nicht willens, sich aus diesem Teil Europas zurückzuziehen, dessen Zukunft daher auf das engste mit dem Schicksal des riesigen Nachbarn verknüpft war, wie spätere Ereignisse zeigen sollten.

Die Ausnahme war natürlich die Tschechoslowakei. Viele Tschechen begrüßten die Russen als Befreier. Nach München hegten sie kaum noch Illusionen über die Westmächte, und Beneschs Londoner Exilregierung war die einzige, die den Sowjets vor 1945 eindeutige Angebote machte. Benesch versprach Molotow im Dezember 1943: »In wichtigen Angelegenheiten … werden wir stets in einer Weise sprechen und handeln, die den Vertretern der Sowjetregierung akzeptabel ist.« Benesch mag die Risiken einer russischen beziehungsweise sowjetischen Umarmung nicht so klar gesehen haben wie sein Mentor, Präsident Tomas Masaryk, aber dumm war er keinesfalls. Prag würde aus denselben Gründen freundschaftliche Beziehungen zu Moskau unterhalten, wie man sie vor 1938 zu Paris unterhalten hatte: weil die Tschechoslowakei ein kleines, verwundbares Land in Mitteleuropa war, das einen Beschützer brauchte.

Die Tschechoslowakei, obgleich in vielerlei Hinsicht das westlichste der osteuropäischen Länder – mit einer alten demokratischen Kultur, einem bedeutenden urbanen und industriellen Sektor, einer blühenden kapitalistischen Wirtschaft vor dem Krieg und einer westlich orientierten Sozialdemokratie nach dem Krieg –, war nach 1945 auch der engste Verbündete der Sowjetunion in der Region, obwohl sie im Rahmen von »Gebietsanpassungen« den östlichsten Zipfel des Landes (Ruthenien) an die Sowjetunion hatte abtreten müssen. Deshalb konnte Benesch – als einziger der ost- und südosteuropäischen Exilregierungschefs – nach dem Krieg heimkehren und im April 1945 eine neue Regierung zusammenstellen, die aus 7 kommunistischen und 11 Ministern der anderen 4 Parteien bestand.

Die tschechischen Kommunisten unter Klement Gottwald waren wirklich davon überzeugt, daß sie auf demokratischem Weg an die Macht kommen würden. Bei den letzten Vorkriegswahlen von 1935 hatten sie mit 10 Prozent der Wählerstimmen ein achtbares Ergebnis erzielt. Sie waren nicht auf die Rote Armee angewiesen, die sich im November 1945 aus dem Land zurückzog (wenngleich die Sowjets in Prag, wie anderswo, über ihre diplomatische Vertretung auch eine große Präsenz von Geheimagenten und Sicherheitspolizisten aufrechterhielten). Bei den wirklich freien, wenn auch psychologisch belasteten Wahlen vom März 1946 errangen die Kommunisten 40,2 Prozent in Böhmen und Mähren, 31 Prozent in der überwiegend ländlichen und katholischen Slowakei. Nur die slowakische demokratische Partei schnitt besser ab, aber ihr Einfluß beschränkte sich auf das slowakische Drittel der Bevölkerung.[4]

Die tschechischen Kommunisten rechneten weiterhin mit Erfolg, weshalb sie die Aussicht auf Marshall-Plan-Hilfe zunächst begrüßten, und betrieben Mitgliederwerbung, um die Partei noch weiter zu stärken – die Zahl der Parteimitglieder stieg von rund 50000 im Mai 1945 auf 1,22 Millionen im April 1946 und erreichte im Januar 1948 eine Zahl von 1,31 Millionen (bei einer Gesamtbevölkerung von knapp 12 Millionen). Die Kommunisten waren sich keineswegs zu fein, über Privilegienvergabe und Druck ihre Mitgliederzahl zu steigern. Und wie anderswo auch hatten sie vorsichtshalber die entscheidenden Ministerien übernommen und ihre Leute in Schlüsselpositionen untergebracht. Bei den Wahlen von 1948 wollten sie aber auf einem »tschechischen Weg« an die Macht kommen, der sich deutlich von denen in den östlichen Nachbarländern unterschied.

Ob die sowjetische Führung Klement Gottwalds Versicherungen glaubte, die tschechischen Kommunisten würden auch ohne fremde Hilfe triumphieren, ist nicht klar. Aber zumindest bis zum Herbst 1947 ließ Stalin die Tschechoslowakei in Ruhe. Die Vertreibung der Sudetendeutschen hatte, angesichts der feindseligen Reaktionen in Westdeutschland, dazu geführt, daß die Tschechoslowakei noch mehr auf sowjetischen Schutz angewiesen war. Und das Regierungsprogramm, in dem viel von Planwirtschaft, Staatseigentum und harter Arbeit die Rede war, erinnerte im Mai 1947 einen französischen Journalisten an die frühe

Stachanow-Bewegung in der Sowjetunion. In Prag wurden neben Porträts von Präsident Benesch auch solche von Stalin gezeigt, noch bevor die Kommunisten ihre eigene Regierung errichtet, geschweige denn das Machtmonopol erobert hatten. Auf Moskaus Drängen lehnten Außenminister Jan Masaryk und seine Kollegen im Sommer 1947 die Marshall-Plan-Hilfe ab. Kurzum, Stalin brauchte sich über das Verhalten der Tschechoslowakei nicht zu beklagen.

Trotzdem veranstalteten die Kommunisten im Februar 1948 einen politischen Staatsstreich. Sie nahmen den unklugen Rücktritt nichtkommunistischer Minister (es ging um die kommunistische Unterwanderung der Polizei) zum Anlaß, um die Macht im Staat an sich zu reißen. Dieser Umsturz war deswegen von größter Bedeutung, weil er in einem mehr oder weniger demokratischen Land stattfand, das Moskau offenbar freundlich gesinnt war. Die Westmächte, elektrisiert, wähnten den Kommunismus auf dem Vormarsch nach Westen.[5] Für die Finnen könnte Prag die Rettung gewesen sein. Angesichts der Probleme, die ihm der tschechische Umsturz in Deutschland und andernorts bereitete, sah sich Stalin im April 1948 genötigt, gegenüber Helsinki einzulenken und einen Freundschaftsvertrag zu unterzeichnen (nachdem er zunächst geplant hatte, den Finnen eine osteuropäische Lösung aufzuzwingen, die die Kommunisten auf dem Wege eines Zusammenschlusses mit den Sozialdemokraten an die Macht gebracht hätte).

Die Sozialisten im Westen schauten nun genauer auf die politischen Realitäten in Osteuropa. Am 29. Februar 1948 erschien in *Le Populaire* ein aufsehenerregender Artikel Léon Blums, der den Sozialisten vorwarf, ihre Genossen in Osteuropa vergessen zu haben. Dank Prag bekannte sich nun ein bedeutender Teil der nichtkommunistischen Linken in Frankreich, Italien und anderswo fest zum westlichen Lager – und die kommunistischen Parteien im Westen sahen sich zunehmend isoliert und geschwächt.

Wenn Stalin den Prager Staatsstreich veranstaltete, ohne diese Folgen einkalkuliert zu haben, dann nicht nur, weil er stets entschlossen war, überall im Sowjetblock seinen Willen durchzusetzen. Auch nicht, weil die Tschechoslowakei eine wichtige Rolle spielte. Was in Prag geschah (und gleichzeitig in Deutschland, wo die Sowjets von Obstruktion zu offener Konfrontation übergingen), stellte eine Rückkehr Stalins zu Stil und Strategie einer früheren Epoche dar. Hintergrund dieser Entwicklung war Stalins Sorge, Europa und Deutschland nicht nach seinen Vorstellungen prägen zu können, und vor allem auch seine zunehmende Verärgerung über die Jugoslawen.

1947 genoß die kommunistische Regierung unter Führung von Josip Tito einen einzigartigen Status. Von allen kommunistischen Parteien in Europa waren nur die Jugoslawen aus eigener Kraft an die Macht gekommen, ohne Unterstützung lokaler Verbündeter und ohne ausländische Hilfe. Zwar hatten die Briten im Dezember 1943 ihre Hilfe für die rivalisierenden Tschetniks beendet und sich hinter Tito gestellt, und in der Nachkriegszeit hatte die United Nations Relief And Rehabilitation Administration (UNRRA) mit 415 Millionen Dollar mehr Geld für Jugoslawien gegeben als für jedes andere europäische Land (72 Prozent dieses Betrages wurden von den Vereinigten Staaten bereitgestellt). Doch für die Zeitgenossen war entscheidend, daß die kommunistischen Partisanen in Jugoslawien den einzigen erfolgreichen Widerstandskrieg gegen die deutschen und italienischen Besatzer geführt hatten.

Titos Kommunisten dachten also nicht daran, eine jener Koalitionen zu bilden, wie sie überall im befreiten Osteuropa entstanden, und gingen sofort dazu über, *alle* ihre Gegner zu beseitigen. Bei den ersten Nachkriegswahlen, im November 1945, wurde den Wählern eine klare Alternative präsentiert: Titos »Volksfront« oder eine Urne mit der Aufschrift »Opposition«. Im Januar 1946 führte die jugoslawische KP eine Verfassung nach sowjetischem Vorbild ein. Tito ließ seine Gegner massenhaft verhaften, ins Gefängnis werfen und hinrichten und verfügte die Zwangskollektivierung der Landwirtschaft, während die ungarischen und rumänischen Kommunisten noch eifrig bemüht waren, sich als kompromißbereit darzustellen. Die Jugoslawen schienen eine sehr viel härtere Linie zu verfolgen als alle anderen europäischen Kommunisten.

Der jugoslawische Radikalismus und die Tatsache, daß es den jugoslawischen Kommunisten gelungen war, ihre Macht in einer strategisch wichtigen Region fest zu etablieren, schien auf den ersten Blick ein Vorteil für die Sowjetunion zu sein. Die Beziehungen zwischen Moskau und Belgrad waren herzlich. Moskau überschüttete Tito und seine Partei mit Anerkennung, zeigte sich begeistert über ihre revolutionären Errungenschaften und bezeichnete Jugoslawien als leuchtendes Vorbild für andere. Die jugoslawischen Führer ihrerseits brachten bei jeder Gelegenheit ihre Liebe zur Sowjetunion zum Ausdruck. Sie sahen sich als diejenigen, die die bolschewistische Revolution auf dem Balkan einführten. Milovan Djilas erinnerte sich später: »Wir alle waren der UdSSR im Geist verbunden. Und wir wären ihr treu geblieben, wenn sie nicht ihre eigene Großmachtloyalität praktiziert hätte.«

Doch aus Stalins Sicht war das jugoslawische Engagement für den Bolschewismus immer ein wenig *zu* enthusiastisch. Stalin kam es, wie gesagt, weniger auf Revolution als auf die Macht an. Moskau fiel es zu, über die Strategie der kommunistischen Parteien zu bestimmen, darüber zu entscheiden, wann eine moderate, wann eine radikale Linie zu verfolgen war. Als Urquell und Vorkämpferin der Weltrevolution war die Sowjetunion nicht *ein* Modell, sondern das *einzige* Modell für Revolution. Unter entsprechenden Bedingungen mochten kleinere kommunistische Parteien dem Beispiel folgen, aber sie waren schlecht beraten, die Sowjets übertrumpfen zu wollen. Und aus Stalins Sicht war genau das Titos Schwäche. In seinem Bestreben, das Banner des Kommunismus über Südosteuropa wehen zu lassen, eilte der ehemalige Partisanengeneral viel zu schnell voran – schneller, als es den Sowjets lieb war. Seine revolutionären Erfolge stiegen ihm zu Kopf: Tito gebärdete sich royalistischer als der König.

Stalin kam nicht urplötzlich zu diesem Schluß – über den »unerfahrenen« Tito hatte er sich schon im Januar 1945 geärgert. Abgesehen davon, daß man in Moskau immer mehr den Eindruck hatte, daß Tito die jugoslawische Revolution als Gegenmodell zur sowjetischen betrachtete, betrafen die Differenzen zwischen Stalin und Tito praktische Aspekte der Balkanpolitik. Die Jugoslawen wollten mit Albanien, Bulgarien und Teilen Griechenlands eine neue »Balkanföderation« bilden. Nach Ansicht von Traitscho Kostow, einem der führenden Kommunisten in Sofia, war dieses Projekt für Bulgarien ökonomisch sinnvoll, und auf diese Weise würde auch die nationalistische Kleinstaaterei beendet, die die Entwicklung der Balkanländer vor dem Krieg behindert hatte.

Stalin selbst war einer Balkanföderation nicht abgeneigt, und Dimitrow, sein Vertrauter in der Komintern und erster Parteichef in Bulgarien, plädierte noch im Januar 1948 für das Projekt. Doch es gab zwei Schwierigkeiten bei diesem ansonsten attraktiven Plan, die Staaten Südosteuropas in einer kommunistisch geführten Föderation zusammenzubringen. Für den mißtrauischen Stalin war dieses Projekt eher der Versuch eines der beteiligten Länder, die Hegemonie in der Region zu erlangen. Das allein hätte Stalin dazu gebracht, Titos Pläne zu durchkreuzen. Doch außerdem, und das war das Entscheidende, bereitete Tito ihm im Westen Schwierigkeiten.

Die Jugoslawen unterstützten nämlich offen den griechischen Widerstand – 1944 und dann drei Jahre später, als der Bürgerkrieg abermals aufflammte. Diese Unterstützung entsprach Titos ziemlich narzißtischem Aktivismus – mit seiner Hilfe sollten die griechischen Kommunisten seine Erfolge kopieren –, und sie war gefärbt durch das jugoslawische Interesse an den umstrittenen »slawischen« Regionen des griechischen Mazedoniens. Doch Griechenland lag in der westlichen Einflußsphäre, wie Churchill und Truman unmißverständlich erklärten. Stalin hatte kein Interesse, wegen Griechenland (für ihn von untergeordneter Bedeutung) einen Konflikt mit dem Westen zu riskieren. Die griechischen Kommunisten nahmen naiverweise an, ihr Aufstand werde die Sowjets veranlassen, Hilfe zu leisten, vielleicht sogar Streitkräfte zu entsenden, doch das stand nie zur Debatte. Im Gegenteil, Stalin betrachtete die Griechen als einen Haufen undisziplinierter Abenteurer, die eine aussichtslose Sache verfolgten und höchstwahrscheinlich eine Intervention der Amerikaner provozierten.

Titos Unterstützung für die griechischen Aufständischen mißfiel Stalin außerordentlich – zu Recht nahm er an, daß sich das griechische Problem ohne jugoslawische Hilfe schon längst friedlich gelöst hätte.[6] Tito sorgte aber nicht nur auf dem Balkan für Schwierigkeiten und anglo-amerikanische Verärgerung. Jugoslawische Gebietsansprüche auf Triest und Istrien standen einem Friedensvertrag zwischen den Alliierten und Italien entgegen. Als dieses Abkommen im September 1947 schließlich unterzeichnet wurde, war die Zukunft Triests weiterhin ungeklärt, alliierte Streitkräfte standen noch immer dort, um eine jugoslawische Übernahme zu verhindern. Hinsichtlich Kärntens verlangte Tito eine territoriale Lösung zugunsten Jugoslawiens, während Stalin für eine Beibehaltung des Status quo war (der für ihn den entscheidenden Vorteil hatte, daß er im Ostteil Österreichs, und damit auch in Ungarn, Streitkräfte stationieren konnte).

Der Irredentismus und revolutionäre Eifer der Jugoslawen bereitete Stalin also zunehmend Schwierigkeiten. Nach Kriegsende wurde in westlichen Militärkreisen weithin angenommen, daß ein dritter Weltkrieg, sofern es bald zu einem Krieg käme, in der Region Triest ausbrechen würde. Doch Stalin war nicht daran interessiert, einen neuen Weltkrieg zu provozieren, und schon gar nicht wegen einer abgelegenen Stadt im Nordosten Italiens. Ebensowenig gefiel ihm, daß die italienischen Kommunisten durch die Forderungen der jugoslawischen Genossen in eine unangenehme Lage gebracht wurden.

Aus all diesen Gründen war Stalin schon im Sommer 1947 im Begriff, die Geduld mit den Jugoslawen zu verlieren. Es kann ihm nicht gefallen haben, daß Bulgariens Bahnhof in Sofia nicht nur mit Porträts von Stalin und Dimitrow, sondern auch von Tito gepflastert war und daß die ungarischen Kommunisten davon sprachen, sich ein Beispiel an den jugoslawischen Genossen zu nehmen – selbst der Stalin sklavisch ergebene Rákosi soll sich Ende 1947 in Moskau lobend über Tito ausgesprochen haben. Tito bereitete der Sowjetunion nicht nur diplomatische Schwierigkeiten mit den Westmächten, er sorgte auch innerhalb der kommunistischen Bewegung für Ärger.

Für Außenstehende war der Kommunismus ein geschlossenes, von Moskau zentral dirigiertes politisches System. Aus der Sicht Stalins waren die Dinge aber viel komplizierter. Von den späten zwanziger Jahren bis Kriegsbeginn hatte Moskau die internationale kommunistische Bewegung (ausgenommen in China) tatsächlich beherrscht. Mit dem Krieg hatte sich jedoch alles verändert. In ihrem Widerstand gegen die Deutschen hatte die Sowjetunion für Patriotismus, Freiheit, Demokratie und viele andere »bürgerliche« Ziele eintreten müssen. Der Kommunismus hatte seine revolutionäre Radikalität aufgegeben und war Teil einer breiten antifaschistischen Koalition geworden. Dies entsprach auch der Taktik der Volksfrontbewegungen der Vorkriegsjahre, aber in den dreißiger Jahren hatte Moskau die kommunistischen Parteien anderer Länder noch straff im Griff – durch finanzielle Unterstützung, persönliche Intervention und Terror.

Während des Krieges war Moskau diese Kontrolle entglitten – symbolisiert durch das Ende der Komintern im Jahr 1943. Und in den unmittelbaren Nachkriegsjahren war diese Kontrolle noch nicht wiederhergestellt: Die jugoslawischen Kommunisten waren die einzigen in Europa, die tatsächlich ohne sowjetische Intervention an die Macht kamen, während die kommunistischen Parteien Italiens und Frankreichs zwar weiterhin ihre Loyalität gegenüber Moskau bekundeten, ihren politischen Alltag aber unabhängig von ausländischen Empfehlungen oder Instruktionen gestalteten. Die Parteiführer wurden nicht in Stalins Absichten eingeweiht. Sie verfolgten – genau wie die Tschechen, aber noch weniger von Moskau angeleitet – ihren eigenen »Weg zum Sozialismus«, beteiligten sich an Koalitionsregierungen und hatten keine Mühe, nationale und kommunistische Ziele miteinander zu vereinbaren.

All das veränderte sich allmählich im Sommer 1947. Im Mai 1947 wurden die kommunistischen Minister in Frankreich und Italien entlassen, für sie selbst überraschend. Maurice Thorez, der KPF-Chef, rechnete noch eine ganze Weile damit, daß seine Partei bald wieder in die Regierungskoalition eintreten werde. Auf dem Parteitag der KPF im Juni 1947 in Straßburg bezeichnete er all jene, die für eine entschiedene Opposition eintraten, als »Abenteurer«. Die westeuropäischen Kommunisten wußten nicht recht, wie sie zum Marshall-Plan stehen sollten, besannen sich erst spät auf Stalins »Nein«. Der Gedankenaustausch zwischen Moskau und den westeuropäischen Parteien war im allgemeinen dürftig. Nach dem Ausstieg der französischen Kommunisten aus der Regierungskoalition schrieb Andrej Shdanow einen vertraulichen Brief an Thorez (eine Kopie ging bezeichnenderweise an den tschechischen KP-Chef Gottwald), in dem es hieß: »Viele glauben, das Vorgehen der französischen Kommunisten sei mit uns abgestimmt gewesen. Sie wissen, daß das nicht der Fall ist. Für das Zentralkomitee war Ihr Schritt eine große Überraschung.«

Die westeuropäischen Kommunisten waren offensichtlich nicht stramm genug. Am 2. Juni, nur wenige Wochen nach dem Brief an Thorez, schloß Moskau Handelsabkommen mit den osteuropäischen Satellitenstaaten – Teil einer konzertierten Antwort auf den Marshall-Plan und die Bedrohung, die dieser für den sowjetischen Einflußbereich darstellte. Statt auf Kooperation, wie sie in Prag, Paris und Rom praktiziert wurde und bislang von Stalin stillschweigend gebilligt worden war, setzte man nun wieder auf Konfrontation, was in Shdanows Theorie von den zwei unvereinbaren »Lagern« seinen Ausdruck fand.

Zu diesem Zweck berief Stalin für Ende September 1947 eine Konferenz nach Szklarska Poreba (Schreiberhau/Schlesien) ein. Eingeladen waren die kommunistischen Parteien Polens, Ungarns, Rumäniens, Bulgariens, der Tschechoslowakei, Jugoslawiens, Frankreichs, Italiens und natürlich der Sowjetunion. Auf dieser Konferenz sollte das »Kommunistische Informationsbüro« gegründet werden, das als Nachfolger der Kommunistischen Internationale die Aufgabe haben würde, die internationalen Aktivitäten der Kommunisten zu »koordinieren« und die Beziehungen zwischen Moskau und den Satellitenparteien zu verbessern. In Wahrheit dienten sowohl Konferenz als auch Kominform (das nur dreimal zusammentrat und 1956 aufgelöst wurde) dazu, die sowjetische Kontrolle über die internationale kommunistische Bewegung wiederherzustellen.

Stalin hatte beschlossen, die »rechten« Abweichler anzuschwärzen, wie schon zwanzig Jahre zuvor in der bolschewistischen Partei. Die jugoslawischen Delegierten Edvard Kardelj und Milovan Djilas, deren mustergültig »linker« Standpunkt von den sowjetischen Delegierten Shdanow und Malenkow gelobt wurde, hielten belehrende Vorträge zum Thema revolutionäre Strategie. Die westeuropäischen Kommunisten (sowie die Vertreter der tschechischen und slowakischen Partei, an die sich diese Kritik ebenso richtete), waren völlig überrascht. Die friedliche Koexistenz, wie man sie daheim praktizierte, war beendet. Ein »antiimperialistisches demokratisches Lager« (Shdanow) wurde etabliert und eine neue Linie aufgestellt. Ab sofort hatten die Schwesterparteien noch genauer auf sowjetische Interessen zu achten und sich ihnen unterzuordnen.

Nach der Konferenz von Szklarska Poreba gingen die Kommunisten überall zu einer Politik der Konfrontation über: Streiks, Demonstrationen, Kampagnen gegen den Marshall-Plan und – in Osteuropa – forcierte Machtergreifung. Am 29./30. Oktober 1947 setzte sich das Zentralkomitee der KPF offiziell von den Sozialisten ab, dem einstigen Verbündeten. Bei den italienischen Kommunisten dauerte die Umstellung etwas länger, aber im Januar 1948 beschloß auch die KPI, einen »neuen Kurs« einzuschlagen und sich vorrangig dem »Kampf für den Frieden« zu widmen. Für die westeuropäischen Kommunisten war das ein schweres Opfer – innenpolitisch wurden sie an den Rand gedrängt, und die Italiener mußten bei den Wahlen vom April 1948, bei denen der Vatikan und die US-Botschaft massiv zugunsten der Antikommunisten intervenierten, deutliche Verluste hinnehmen.[7] Doch darauf kam es nicht an. Gemäß Shdanows »Zwei-Lager-Theorie« fiel den Kommunisten im westlichen Lager die Nebenrolle des Störenfrieds zu.

Man könnte vermuten, daß die Radikalität der Jugoslawen, die Stalins Diplomatie bislang behindert hatten, nunmehr als Qualitätsmerkmal anerkannt wurde – und in der Tat durften die jugoslawischen Delegierten in Szklarska Poreba auch die Hauptrolle spielen. Die französischen, italienischen und anderen Delegierten haben ihnen dieses Privileg und ihre herablassende Art nie verziehen. Nach dem Bruch zwischen Moskau und Belgrad sprachen alle Kommunisten besonders gern von den »titoistischen Abweichlern« und überschütteten, auch ohne sowjetisches Zutun, die diskreditierten jugoslawischen Genossen mit Hohn und Spott.

Zum Bruch zwischen Stalin und Tito kam es im Februar 1948, als Stalin die Idee einer Balkanföderation öffentlich verurteilte und die Verhandlungen über ein Handelsabkommen von sowjetischer Seite abgebrochen wurden. Einen Monat später wurden die sowjetischen (militärischen und zivilen) Berater aus Belgrad abgezogen. In mehreren Stellungnahmen brachten beide Seiten ihre besten Absichten zum Ausdruck, und am Ende beschloß Tito, der zweiten Kominform-Konferenz fernzubleiben. Dort wurde der Bruch am 28. Juni 1948 offiziell vollzogen; Jugoslawien wurde aus dem Kominform ausgeschlossen, weil es die führende Rolle der Roten Armee und der Sowjetunion bei der Befreiung und sozialistischen Transformation des Landes nicht anerkannte. Belgrad wurde vorgeworfen, eine nationalistische Außenpolitik und eine falsche Innenpolitik zu praktizieren. Tatsächlich war Jugoslawien so etwas wie eine »linke Opposition« gegen Stalins Machtmonopol. Der Konflikt war unausweichlich: Stalin mußte mit Tito brechen, um seinen Anhängern klarzumachen, daß Moskau keine Kritik duldete.

Tito ließ sich natürlich nicht brechen. Er und sein Land waren jedoch verwundbarer, als es seinerzeit den Anschein hatte, und ohne westliche Hilfe hätte er den sowjetischen Wirtschaftsboykott – 1948 entfielen 46 Prozent des jugoslawischen Außenhandels auf den Sowjetblock, ein Jahr später waren es nur noch 14 Prozent – und die drohende Intervention der Sowjets kaum überleben können. Die Jugoslawen zahlten fraglos einen hohen rhetorischen Preis für ihre selbstbewußte Politik. In Laufe der nächsten beiden Jahre wurden die Attacken des Kominform zunehmend heftiger. Im abgegriffenen Lexikon leninistischer Schmähworte figurierte Tito nun als »Judas Tito mit seinen Helfershelfern«, »Zar der Panserben und der gesamten jugoslawischen Bourgeoisie«. Seine Anhänger waren »verachtenswerte Verräter und Knechte der Imperialisten«, »üble Herolde des Lagers von Krieg und Tod, hinterhältige Kriegstreiber und würdige Erben Hitlers«. Die jugoslawische KP wurde als »Bande von Spionen, Provokateuren und Mördern« bezeichnet, als »Hunde an der amerikanischen Leine, die imperialistische Knochen abnagen und um amerikanisches Kapital bellen«.

Bezeichnenderweise fanden die Angriffe auf Tito und seine Anhänger auf dem Höhepunkt des stalinistischen Personenkults und der Säuberungen und Schauprozesse statt. Denn es dürfte außer Zweifel stehen, daß Stalin in Tito tatsächlich eine Bedrohung sah und dessen zersetzenden Einfluß auf andere kommunistische Regimes und Parteien fürchtete. Wenn das Kominform in seinen Schriften von der »Verschärfung des Klassenkampfes beim Übergang vom Kapitalismus zum Sozialismus« sprach und auf der »führenden Rolle« der Partei bestand, so mußte es damit rechnen, daß sich einige Leute daran erinnerten, daß die jugoslawischen Kommunisten nach 1945 genau diese Linie verfolgt hatten. Also wurde gleichzeitig unverbrüchliche Treue gegenüber Stalin und der Sowjetunion eingefordert, der Verzicht auf alle »nationalen« oder »eigenständigen« Wege zum Sozialismus sowie »erhöhte Wachsamkeit«. Die zweite stalinistische Eiszeit hatte begonnen.

Wenn Stalin so nachdrücklich auf seiner Autorität in Osteuropa bestand, dann vor allem deswegen, weil ihm die Initiative in Deutschland entglitt.[8] Am 1. Juni 1948 gaben die Westmächte auf einer Konferenz in London ihre Absicht bekannt, einen eigenen westdeutschen Staat zu errichten. Am 18. Juni wurde die Einführung einer neuen Währung, der D-Mark, bekanntgegeben, und drei Tage später wurde das Geld in Umlauf gebracht (die Banknoten waren unter größter Geheimhaltung in den Vereinigten Staaten gedruckt und von der US-Armee nach Frankfurt transportiert worden). Jeder Bürger konnte 40 Reichsmark im Verhältnis 1:1 gegen die neue D-Mark eintauschen, später zum Kurs von 10:1. Die neue Währung, anfangs unpopulär (weil Sparguthaben vernichtet wurden, die realen Preise stiegen und Waren für die meisten Leute unerschwinglich waren), wurde bald angenommen. Die Geschäfte füllten sich mit Waren, die Bauern und Händler nun zu fixen Preisen in einer vertrauenswürdigen Währung zu verkaufen bereit waren.

Am 23. Juni 1948 ordneten die Sowjets die Einführung einer neuen ostdeutschen *Mark* an und sperrten die Eisenbahnverbindungen zwischen Berlin und Westdeutschland (drei Wochen später wurden auch die Binnenschiffahrtsverbindungen gesperrt). Tags darauf widersetzten sich die Westalliierten dem Versuch der Sowjets, die neue ostdeutsche Währung auch in Westberlin einzuführen – was insofern wichtig war, als Berlin unter Viermächteverwaltung stand und die Westsektoren bislang nicht als Teil der sowjetischen Besatzungszone behandelt worden waren. Die sowjetische Blockade beantworteten Amerikaner und Briten mit einer Luftbrücke, und am 26. Juni landete das erste Versorgungsflugzeug auf dem Flughafen Tempelhof.

Die Luftbrücke dauerte bis zum 12. Mai 1949. Während dieser elf Monate wurden auf 277 500 Flügen rund 2,3 Millionen Tonnen Lebensmittel nach Berlin geschafft, 73 alliierte Soldaten verloren dabei ihr Leben. Stalin (der sich die Tatsache zunutze machte, daß im Potsdamer Abkommen der alliierte Zugang nach Berlin auf dem Landweg nicht schriftlich geregelt war) wollte mit der Blockade erreichen, daß der Westen sich entweder aus Berlin zurückzieht oder aber seine Pläne für einen eigenständigen westdeutschen Staat aufgibt. Das war sein eigentliches Ziel (Berlin war für Stalin immer ein Drohmittel), doch am Ende hatte er weder das eine noch das andere erreicht.

Zu ihrer eigenen Überraschung (und zum Erstaunen der dankbaren Westberliner) beharrten die Westmächte nicht nur auf ihrer Präsenz in Berlin, die sowjetische Blockade, so kurz nach dem kommunistischen Umsturz in Prag, verstärkte nur ihre Entschlossenheit, ihre Pläne für einen westdeutschen Staat umzusetzen. Frankreich schloß sich im April 1949 der Bizone an, so daß ein einheitliches westdeutsches Wirtschaftsgebiet mit 49 Millionen Einwohnern entstand (gegenüber 17 Millionen in der Sowjetzone).

Wie die meisten diplomatischen Abenteuer Stalins war auch die Blockade eine improvisierte Maßnahme, nicht Bestandteil eines geplanten Angriffs (was der Westen seinerzeit allerdings nicht wissen konnte). Stalin hatte nicht die Absicht, um Westberlin einen Krieg zu führen.[9] Als das Scheitern der Blockade offenbar geworden war, lenkte Stalin ein. Am 31. Januar 1949 erklärte er sich bereit, die Blockade zu beenden, wenn die geplante Gründung eines westdeutschen Staats aufgeschoben würde. Die Westmächte hatten nicht die Absicht, derlei Zugeständnisse zu machen, erklärten sich aber bereit, auf einer Konferenz darüber zu diskutieren. Am 12. Mai wurde die Blockade beendet, ohne daß der Sowjetunion mehr zugesagt worden war als ein Außenministertreffen, das für den 23. Mai geplant war.

Die Konferenz fand auch statt, und sie dauerte einen Monat, aber man fand, wie vorauszusehen, keine gemeinsame Grundlage. Kaum hatte sie begonnen, ratifizierte der Parlamentarische Rat in Bonn das Grundgesetz; eine Woche später gab Stalin seinen Plan zur Errichtung eines separaten ostdeutschen Staates bekannt, der am 7. Oktober 1949 gegründet wurde.[10] Als die Londoner Konferenz am 30. Juni zu Ende ging, waren in Westdeutschland die Militärregierungen bereits durch Hohe Kommissare der Vereinigten Staaten, Großbritanniens und Frankreichs ersetzt worden. Die Bundesrepublik Deutschland war Realität geworden, auch wenn sich die Alliierten bestimmte Rechte vorbehielten, sogar das Recht, die unmittelbare Regierungsgewalt wieder an sich zu nehmen, sofern sie das für notwendig hielten. Am 15. September 1949, nach dem Wahlerfolg der Christdemokraten im August, wurde Konrad Adenauer zum ersten Bundeskanzler gewählt.

Die Berlin-Krise hatte drei bedeutsame Ergebnisse. Erstens führte sie unmittelbar zur Errichtung der beiden deutschen Staaten, zu einem Ergebnis also, das keiner der Alliierten vier Jahre zuvor angestrebt hatte. Für die Westmächte war dies inzwischen ein attraktives und erreichbares Ziel. Obwohl man immer wieder Lippenbekenntnisse zur Wiedervereinigung ablegte, hatte niemand große Eile, sie verwirklicht zu sehen. So antwortete der britische Premier Harold Macmillan neun Jahre später auf die Frage de Gaulles, wie er zu einem wiedervereinigten Deutschland stehe: »Theoretisch. Theoretisch müssen wir uns immer für die Wiedervereinigung aussprechen. Das ist mit keinem Risiko verbunden.« Und sobald Stalin erkannt hatte, daß er mit den Westmächten nicht um die Loyalität der Deutschen konkurrieren und sie auch nicht zur Aufgabe ihrer Pläne zwingen konnte, war ein eigener ostdeutscher kommunistischer Staat ein halbwegs akzeptables Ergebnis.

Zweitens führte die Berlin-Krise zu einem starken militärischen Engagement der USA in Europa, und zwar auf unbestimmte Zeit. Das war ein Erfolg des britischen Außenministers Ernest Bevin. Bevin drängte die Amerikaner, Berlin über eine Luftbrücke zu versorgen, sobald Außenminister Marshall und General Clay (der US-Befehlshaber in Berlin) Präsident Truman klargemacht hatten, daß sich das Risiko lohne. Die Franzosen waren weniger involviert, weil das Land (ohne regierungsfähige Mehrheit in der Nationalversammlung) vom 18. Juli bis zum 10. September 1948 in einer politischen Krise steckte.

Doch das dritte Ergebnis der Berlin-Krise, das sich direkt aus den beiden anderen ergab, war eine Neuorientierung der westlichen Militärstrategie. Wenn der Westen die Deutschen vor einem sowjetischen Angriff schützen wollte, mußte er über die notwendigen Instrumente verfügen. Die Amerikaner hatten zu Beginn der Berlin-Krise strategische Bombenflugzeuge in England stationiert, die mit Atombomben bestückt werden konnten, von denen die Amerikaner seinerzeit 56 besaßen. Washington hatte aber keine klar definierte Position, was den Einsatz von Atomwaffen anging (besonders Präsident Truman nahm eine ablehnende Haltung ein), und man ging nach wie vor davon aus, daß man sich im Falle eines sowjetischen Angriffs aus Europa zurückziehen werde.

Das militärische Umdenken begann mit dem Prager Umsturz, der zu einer Periode verstärkter Unsicherheit in Europa führte. Viele redeten von Krieg. Selbst General Clay, der sonst nicht zu Übertreibungen neigte, teilte die verbreitete Furcht: »Monatelang habe ich, ausgehend von logischen Analysen, die Auffassung vertreten, daß ein Krieg zumindest in den nächsten zehn Jahren unwahrscheinlich sei. Doch in den letzten Wochen habe ich eine gewisse Veränderung in der Haltung der Sowjets bemerkt, die ich nicht definieren kann, die mir aber das Gefühl gibt, daß es ganz plötzlich zu einem Krieg kommen könnte.« In dieser Atmosphäre verabschiedete der US-Kongreß den Marshall-Plan, und am 17. März 1948 unterzeichneten die europäischen Verbündeten den Brüsseler Pakt. Dieses Abkommen war ein konventioneller Fünfzig-Jahre-Vertrag, in dem sich Großbritannien, Frankreich und die Benelux-Staaten verpflichteten, einander »im Falle eines erneuten deutschen Angriffs Hilfe und Beistand zu leisten«, während europäische Politiker immer deutlicher registrierten, daß sie der *sowjetischen*

Bedrohung sehr viel hilfloser gegenüberstanden. In dieser Hinsicht waren sie so verwundbar wie eh und je, wie der niederländische Außenminister Dirk Sticker im Rückblick notierte: »Wir Europäer hatten nicht mehr als eine mündliche Hilfezusage von Präsident Truman.«

Es waren die Engländer, die ein Umdenken der Amerikaner herbeiführten. Am 22. Januar 1948 hatte Bevin im Unterhaus erklärt, daß Großbritannien im Rahmen einer »Westeuropäischen Union« eine gemeinsame Verteidigungsstrategie mit den europäischen Nachbarn entwickeln wolle, da die britischen Sicherheitsinteressen nicht mehr von denen des Kontinents zu trennen seien – eine deutliche Abkehr von der Politik früherer Zeiten. Der Brüsseler Pakt war der offizielle Einstieg in eine solche Westeuropäische Union, die allerdings, wie Bevin am 11. März an Marshall schrieb, unvollständig bliebe, wenn sie nicht zu einem umfassenden nordatlantischen Sicherheitsbündnis ausgebaut würde. Für dieses Argument war Marshall um so empfänglicher, als Stalin gerade erheblichen Druck auf die Norweger ausübte, die einen »Nichtangriffspakt« mit ihm abschließen sollten.

Und so trafen sich auf Bevins Betreiben Vertreter Großbritanniens, der USA und Kanadas zu geheimen Gesprächen in Washington, um einen atlantischen Verteidigungspakt zu entwerfen. Am 6. Juli 1948, zehn Tage nach Beginn der Berliner Luftbrücke und unmittelbar nach dem Ausschluß Jugoslawiens aus dem Kominform, wurden die anderen Mitglieder des Brüsseler Pakts hinzugezogen. Die Franzosen stellten zu ihrem Befremden fest, daß die »Anglo-Amerikaner« abermals die Welt hinter ihrem Rücken geordnet hatten. Im April des folgenden Jahres unterzeichneten die USA, Kanada und zehn europäische Staaten den Vertrag der Nordatlantik-Pakt-Organisation (Nato).

Das war eine bemerkenswerte Entwicklung. Noch 1947 hätte kaum jemand vorausgesagt, daß die Vereinigten Staaten einem europäischen Verteidigungsbündnis beitreten würden. Viele Kongreßangehörige zögerten, Artikel V zu billigen (der die Vertragspartner dazu verpflichtete, anderen Nato-Staaten im Angriffsfall zu Hilfe zu kommen), und das gesamte Vertragswerk wurde – nach dreimonatiger Debatte im Kongreß – auch nur deswegen angenommen, weil es als *atlantischer* Verteidigungspakt und nicht als europäisch-amerikanisches Bündnis dargestellt wurde. Dean Acheson, der im Senat den Standpunkt der Regierung vortrug, betonte entsprechend, daß Amerika *nicht* gedenke, eine erhebliche Zahl von Bodentruppen in Europa zu stationieren.

Das war tatsächlich Amerikas Absicht. Wenn die Vereinigten Staaten sich zum erstenmal einem europäischen Bündnis anschlossen, dann deswegen, weil aus der Sicht vieler Leute in Washington die Nato etwas Ähnliches war wie der Marshall-Plan, nämlich ein Instrument, das die Europäer befähigen könne, ihre Angelegenheiten selbst zu regeln – im konkreten Fall ihre Verteidigung. Die Nato änderte nichts am militärischen Gleichgewicht in Europa: von den insgesamt 14 in Westeuropa stationierten Divisionen gehörten nur 2 den Amerikanern. Die westlichen Bodentruppen waren denen des Ostblocks im Verhältnis 1:12 unterlegen. Nach Ansicht der Vereinigten US-Stabschefs (im Jahr 1949) würde frühestens 1957 eine wirkungsvolle Verteidigung am Rhein stehen. Und daß bei der feierlichen Unterzeichnung des Nato-Vertrags in Washington am 9. April 1949 die Kapelle »I've Got Plenty of Nothing« spielte, war keineswegs unpassend.

Doch aus europäischer Sicht stellten sich diese Dinge ganz anders dar. Für die Amerikaner waren Militärbündnisse nicht so wichtig, während die Europäer – wie Walter Bedell Smith seinen Kollegen im Planungsstab des US-Außenministeriums erklärte – »dem Papier, mit dem wir ihnen Beistand zusichern, sehr viel mehr Bedeutung beimessen als wir«. Was nicht überraschen dürfte, da die Europäer sonst nicht viel hatten. Die Briten waren immer noch eine Insel, doch die Franzosen waren, wie alle anderen, verwundbar wie eh und je – sie hatten Angst vor den Deutschen *und* nun auch vor den Russen.

Vor allem für Paris war die Nato also doppelt attraktiv: Die Verteidigungslinie würde weiter nach Osten verschoben. Charles Bohlen hatte einige Monate vor der Vertragsunterzeichnung bemerkt: »Das einzige bißchen Vertrauen, an das sich [die Franzosen] klammern, ist die Tatsache, daß amerikanische Truppen (wie stark auch immer) zwischen ihnen und der Roten Armee stehen werden.« Vor allem aber würde die Nato sie vor deutschem Revanchismus schützen. Überhaupt verdankte sich das Ja der Franzosen zu einem westdeutschen Staat, eingedenk der Ergebnisse des Ersten Weltkriegs, nur dem zugesicherten Nato-Schutz.

Die französische Regierung begrüßte die Nato daher als Garantie vor einem wiedererstarkenden Deutschland, die sie in den vorangegangenen drei Jahren auf diplomatischem Wege nicht hatte erreichen können. Auch die Niederländer und Belgier sahen in der Nato einen Schutz vor einem neuen deutschen Revanchismus. Die Italiener nahm man in die Nato auf, um Alcide de Gasperi gegenüber seinen kommunistischen Kritikern zu stärken. Die Briten betrachteten die Nato als großen Schritt in ihrem Bemühen, die Vereinigten Staaten zu einem dauerhaften militärischen Engagement in Europa zu bringen. Und die US-Regierung präsentierte dem Kongreß und der Bevölkerung die Nato als Schutz vor einem sowjetischen Angriff im Nordatlantik. All diese Überlegungen traf Lord Ismay, der 1952 sein Amt als erster Nato-Generalsekretär antrat, mit seinem berühmten Bonmot: Zweck des nordatlantischen Bündnisses sei es, »die Amerikaner drinnen zu halten, die Russen draußen und die Deutschen unten«.

Die Nato war ein Bluff. Wie Denis Healey, der spätere britische Verteidigungsminister, in seinen Memoiren schrieb: »Für die meisten Europäer bestand der

Mittel- und Osteuropa nach dem Zweiten Weltkrieg

Wert der Nato nur darin, einen neuen Krieg zu verhindern, den zu führen sie kein Interesse hatten.« Die eigentliche Besonderheit des Bündnisses lag weniger in dem, was es erreichen konnte, als in dem, was es darstellte. Wie der Marshall-Plan (und der Brüsseler Pakt, aus dem die Nato hervorging), war der atlantische Verteidigungspakt die wichtigste Veränderung, die Europa (und die USA) als Ergebnis des Krieges erlebten – die Bereitschaft, Informationen auszutauschen und in den Bereichen Verteidigung, Sicherheit, Handel, Devisenbewirtschaftung und vielen anderen zusammenzuarbeiten. Ein alliiertes Oberkommando in Friedenszeiten war immerhin eine beispiellose Abkehr von der bisherigen Praxis.

Die Nato kam allerdings nicht fertig ausgebildet in die Welt. Im Frühjahr 1950 überlegte Washington noch immer, wie man Franzosen und anderen Europäern erklären sollte, daß Westeuropa nur dann realistisch zu verteidigen sei, wenn es ein wiederbewaffnetes Deutschland einschlösse – eine Vorstellung, die jedermann mit Unbehagen erfüllte und nach allgemeiner Einschätzung zu einer unabsehbaren Reaktion Stalins führen würde. Ohnehin wollte niemand knappe Ressourcen für Aufrüstung ausgeben. Der Neutralitätsgedanke – eine Alternative zu wehrloser Konfrontation – fand zunehmend Anklang, in Deutschland wie in Frankreich. Wäre in dieser Situation nicht der Koreakrieg ausgebrochen (eine denkbare Überlegung, denn fast wäre es nicht dazu gekommen), hätte sich die moderne europäische Geschichte vielleicht ganz anders entwickelt.

Stalins Unterstützung für Kim Il Sung, der am 25. Juni 1950 in Südkorea einmarschierte, war seine größte Fehleinschätzung. Amerikaner und Westeuropäer zogen sofort den (irrigen) Schluß, daß Korea ein Ablenkungsmanöver oder Vorspiel war und als nächstes Deutschland fällig wäre – ermuntert durch Walter Ulbrichts unkluge Behauptung, Westdeutschland werde als nächstes fallen. Da die Sowjetunion acht Monate zuvor einen Atombombentest durchgeführt hatte, beurteilten amerikanische Militärexperten die sowjetische Kriegsbereitschaft in einem übertriebenen Licht. Doch ohne den Koreakrieg wären die zusätzlichen Mittel, die der Nationale Sicherheitsrat am 7. April 1950 forderte, höchstwahrscheinlich nicht genehmigt worden.

Die Gefahr eines Kriegsausbruchs in Europa wurde stark übertrieben, völlig erfunden war sie nicht. Stalin erwog tatsächlich einen Angriff (nicht gegen Westdeutschland, sondern gegen Jugoslawien), ließ diesen Gedanken angesichts der Aufrüstung des Westens aber fallen. Und genau wie der Westen Stalins Absichten in Korea falsch einschätzte, so ging Stalin – von seinen Geheimdiensten korrekt über die prompte Aufrüstung der USA informiert – irrigerweise davon aus, daß die Amerikaner Einmarschpläne in bezug auf Osteuropa hegten. Daß es sich bei all diesen Überlegungen um Trugschlüsse handelte, war seinerzeit aber niemandem klar. Politiker und Militärs trafen ihre Entscheidungen auf der Basis beschränkter Informationen und vor ihrem Erfahrungshintergrund.

Das Ausmaß der westlichen Aufrüstung war in der Tat gigantisch. Nachdem Präsident Truman den nationalen Notstand ausgerufen hatte, stiegen die US-Verteidigungsausgaben von 15,5 Milliarden Dollar (im August 1950) auf 70 Milliarden im Dezember 1951. 1952/1953 entsprach das Militärbudget 17,8 Prozent des Bruttosozialprodukts (gegenüber 4,7 Prozent im Jahr 1949). Auf Washingtons Ersuchen erhöhten die Nato-Verbündeten ebenfalls ihre Verteidigungsausgaben: Nachdem das britische Militärbudget seit 1946 ständig gesunken war, stieg es 1951 bis 1952 auf knapp 10 Prozent des Bruttosozialprodukts und wuchs damit noch stärker als in den hektischen Vorkriegsjahren. Auch Frankreich erhöhte seinen Militärhaushalt in vergleichbarer Weise. 1951/52 stiegen die Verteidigungsausgaben in allen Nato-Staaten auf ein Nachkriegsmaximum.

Beispiellos waren auch die wirtschaftlichen Auswirkungen dieses plötzlichen Anstiegs der Militärausgaben. Vor allem die westdeutsche Industrie profitierte von dem enormen Bedarf an Maschinen, Werkzeugen, Fahrzeugen und anderen Dingen, zumal die Bundesrepublik keine Rüstungsgüter herstellen durfte und sich daher auf die Produktion anderer Güter konzentrieren konnte. Allein die westdeutsche Stahlproduktion (2,5 Millionen Tonnen 1946 und 9 Millionen Tonnen 1949) erreichte 1953 eine Marke von knapp 15 Millionen Tonnen. Und da die Vereinigten Staaten gewaltige Summen im Ausland für Waffen, Ausrüstung, Stationierung und Personal ausgaben, verringerte sich im Laufe eines Jahres das Dollardefizit gegenüber Europa und dem Rest der Welt um 65 Prozent. Die Turiner Fiat-Werke erhielten aus Amerika (auf Drängen der US-Botschaft in Rom) den Auftrag zur Lieferung von Kampfflugzeugen.

Doch es gab auch Schattenseiten. Die britische Regierung sah sich gezwungen, angesichts steigender Militärausgaben die Sozialleistungen zu kürzen, was die regierende Labour Party spaltete und zu ihrer Niederlage bei den Wahlen von 1951 führte. In Westeuropa stiegen die Lebenshaltungskosten, da die höheren Staatsausgaben die Inflation anfachten – in Frankreich stiegen die Verbraucherpreise in den zwei Jahren nach Ausbruch des Koreakriegs um 40 Prozent. Die Westeuropäer, die eben erst begonnen hatten, die Früchte des Marshall-Plans zu ernten, waren von den Rüstungsanstrengungen zweifellos überfordert. Mit dem Mutual Security Act von 1951 wurde der Marshall-Plan faktisch beendet und in ein militärisches Hilfsprogramm umgewandelt. Ende 1951 hatten die USA fast 5 Milliarden Dollar Militärhilfe nach Westeuropa transferiert.

Die Nato, ursprünglich gedacht zur Stärkung des europäischen Selbstbewußtseins, wurde also ein gewichtiges militärisches Bündnis, das die Mitgliedsstaaten, gestützt auf die scheinbar grenzenlosen Ressourcen der US-Wirtschaft, zu einem für Friedenszeiten beispiellosen Ausbau ihrer militärischen Fähigkeiten verpflichtete. General Eisenhower kehrte als Alliierter Oberbefehlshaber nach Europa zurück, und in Belgien und Frankreich wurden alliierte Kommando- und Verwaltungsstäbe eingerichtet. Der Nordatlantikpakt war nun eindeutig eine *Allianz*, seine vornehmste Aufgabe war die »Vorwärtsverteidigung« Europas, d. h. die Konfrontation mit der Roten Armee in der Mitte Deutschlands. Zu diesem Zweck wurde auf der Sitzung des Natorates in Lissabon im Februar 1952 die Aufstellung von mindestens 96 Divisionen innerhalb der nächsten 2 Jahre beschlossen.

Doch selbst bei wachsender militärischer Präsenz Amerikas konnte die Nato ihre Ziele nur mit einem wiederbewaffneten Westdeutschland erreichen. Wegen Korea hatten sich die Amerikaner genötigt gesehen, diese heikle Frage anzusprechen (Dean Acheson hatte das Thema erstmals bei einem Außenministertreffen im September 1950 angeschnitten), wenngleich Präsident Truman zunächst noch zögerte. Einerseits wollte niemand, fünf Jahre nach der Befreiung Europas, den Deutschen wieder Waffen in die Hand drücken, andererseits, und in Analogie zu den wirtschaftlichen Schwierigkeiten der Bizone drei Jahre zuvor, schien es grotesk, Milliarden Dollar auszugeben, um die Westdeutschen vor einem russischen Angriff zu schützen, ohne daß sie einen eigenen Beitrag zu ihrer Verteidigung leisteten. Und wenn Deutschland, wie manche prophezeiten, eine Art Pufferzone und künftiges Aufmarschgebiet werden sollte, konnte man das Risiko, es sich mit den Deutschen zu verscherzen und ihre Neutralitätsbestrebungen zu stärken, nicht ignorieren.

Moskau würde auf eine Wiederbewaffnung Westdeutschlands natürlich nicht wohlwollend reagieren. Aber nach Juni 1950 wurde auf sowjetische Empfindlichkeiten keine große Rücksicht mehr genommen. Die Briten, wenn auch widerstrebend, sahen keine andere Möglichkeit, als Deutschland zu bewaffnen und gleichzeitig unter strikte alliierte Aufsicht zu stellen. Es waren die *Franzosen*, die eine deutsche Wiederbewaffnung stets am vehementesten abgelehnt hatten, und Frankreich war der Nato gewiß nicht beigetreten, um nun mit ansehen zu müssen, daß Deutschland unter diesem Schirm wieder bewaffnet wird. Bis 1954 konnte Frankreich die Remilitarisierung Deutschlands blockieren, doch die französische Politik hatte sich schon längst grundlegend verändert, so daß Paris eine begrenzte Wiederbewaffnung der Deutschen letztlich einigermaßen gleichmütig akzeptierte. Frustriert und unzufrieden mit seiner Rolle als kleinste der vier Siegermächte, hatte sich Frankreich eine andere Aufgabe gesucht: Wegbereiter eines neuen Europas zu sein.

Die Idee einer europäischen Union in der einen oder anderen Form war nicht neu. Im 19. Jahrhundert hatte es in Mittel- und Westeuropa diverse, mehr oder weniger erfolglose Zollunionen gegeben, und noch vor dem Ersten Weltkrieg hatten einzelne Idealisten die Vision eines Europas entwickelt, dessen Stärke in der Zusammenführung seiner unterschiedlichen Teile lag. Der Erste Weltkrieg selbst scheint solche optimistischen Vorstellungen keineswegs zerstreut, sondern ihnen noch mehr Kraft verliehen zu haben. Der französische Staatsmann Aristide Briand, selbst ein enthusiastischer Verfasser europäischer Verträge und Vorschläge, hielt die Zeit für gekommen, einstige Rivalitäten zu überwinden und europäisch zu denken, zu sprechen und zu fühlen. 1924 rief der französische Nationalökonom Charles Gide, gemeinsam mit anderen Persönlichkeiten aus ganz Europa, ein Internationales Komitee für eine Europäische Zollunion ins Leben. Drei Jahre später zeigte sich ein Staatssekretär im britischen Außenministerium »erstaunt« darüber, welch großes Interesse die »Paneuropäische Idee« auf dem Kontinent fand.

Merkwürdigerweise hatten Franzosen und Deutsche nach dem Ersten Weltkrieg sehr viel deutlicher ihre gegenseitige Abhängigkeit erkannt. Sobald die Nachkriegswirren überwunden waren und Paris seine fruchtlosen Versuche aufgegeben hatte, deutsche Reparationsleistungen gewaltsam durchzusetzen, gründeten Frankreich, Deutschland, Luxemburg, Belgien und das (seinerzeit autonome) Saargebiet im September 1926 eine Internationale Rohstahlgemeinschaft, die die Stahlproduktion regeln und Überkapazitäten verhindern sollte. Im Jahr darauf schlossen sich die Tschechoslowakei, Österreich und Ungarn der Gemeinschaft an, die im Grunde ein Kartell der traditionellen Art war; doch der deutsche Außenminister Gustav Stresemann war nicht der einzige, der in ihr die Konturen eines paneuropäischen Bündnisses erkannte.

Wie andere ehrgeizige Projekte der zwanziger Jahre überstand die Internationale Rohstahlgemeinschaft kaum die Weltwirtschaftskrise. Doch es war klar geworden, was die französischen Eisenfabrikanten schon seit 1919 wußten: daß die französische Stahlindustrie, die mit der Rückkehr von Elsaß-Lothringen doppelt so groß geworden war, von deutschen Kohle- und Kokslieferungen abhängig war und daher eine Basis für langfristige Zusammenarbeit finden mußte. Das war auch den Deutschen klar, und als nach der Besetzung Frankreichs mit Henri Philippe Pétain ein Abkommen über Zahlungen und Warenlieferungen geschlossen wurde, gab es auf beiden Seiten viele Leute, die in dieser deutsch-französischen »Zusammenarbeit« den Keim einer neuen »europäischen« Wirtschaftsordnung sahen.

Pierre Pucheu etwa, ein ranghoher Vichy-Beamter, der nach der Befreiung wegen Kollaboration hingerichtet wurde, stellte sich eine europäische Nachkriegsordnung ohne Zollschranken vor, einen gemeinsamen europäischen Markt mit einer gemeinsamen Währung. Seine Vision, eine Neuauflage des Napoleonischen Kontinentalsystems unter Naziägide, wurde von Albert Speer und vielen anderen geteilt und begeisterte eine jüngere Generation von europäischen Verwaltungsleuten und Technikern, die die Schwierigkeiten der Wirtschaftspolitik der dreißiger Jahre miterlebt hatten.

Der Reiz dieser Projekte lag vor allem darin, daß sie meist als Ausdruck eines gemeinsamen, paneuropäischen Interesses präsentiert wurden und weniger als Projektionen egoistischer nationaler Absichten. Es waren »europäische«, keine deutschen oder französischen Visionen, hochgehalten von all jenen, die während des Krieges verzweifelt glauben wollten, daß die deutsche Besatzung vielleicht doch etwas Gutes haben könnte. Nachdem die Nazis (technisch gesehen) den größten Teil Europas vereint, Grenzen beseitigt, Eigentum enteignet, übergreifende Verkehrsverbindungen usw. geschaffen hatten, erschien die Idee um so plausibler. Und die Attraktivität eines von seiner Vergangenheit und seinen inneren Widersprüchen befreiten Europas blieb auch dem Ausland nicht verborgen. Vier Jahre nach Kriegsende, im Oktober 1949, meinte George Kennan zu Dean Acheson, daß er die Besorgnis über die wachsende politische Bedeutung Deutschlands in Westeuropa verstehen könne, doch während des Krieges habe er oft den Eindruck gehabt, daß es bei Hitlers Neuer Ordnung nur ein Problem gebe, nämlich daß sie Hitlers Ordnung sei.

Kennan machte diese Bemerkung in einem privaten Gespräch. Öffentlich, nach 1945, waren nur wenige bereit, sich positiv über jene Neue Ordnung zu äußern – deren Ineffizienz Kennan reichlich unterschätzt hatte. Die Idee einer europäischen Wirtschaftszusammenarbeit war natürlich unvermindert attraktiv – so glaubte Jean Monnet schon 1943 und auch nach Kriegsende, daß »die europäischen Staaten, um Wohlstand und sozialen Fortschritt zu genießen … eine europäische Organisation bilden müssen, die sie zu einer Einheit zusammenführt«. Und es gab die Bewegung für eine Europäische Einheit, im Januar 1947 auf Veranlassung Churchills gegründet, die enthusiastische Anhänger hatte.

Churchill plädierte schon früh für eine europäische Versammlung der einen oder anderen Art. Am 21. Oktober 1942 schrieb er an Anthony Eden: »Ich muß gestehen, daß meine Gedanken vor allem Europa gelten, der Erneuerung eines glanzvollen Europas … Es wäre eine unermeßliche Katastrophe, wenn die Kultur und Unabhängigkeit der alten europäischen Staaten vom russischen Bolschewismus erdrückt würden. So schwer es ist, dies heutzutage auszusprechen, ich bin überzeugt, daß die europäische Familie in einem Europarat vereint agieren kann.« Doch für solche Ideale waren die politischen Gegebenheiten der Nachkriegszeit nicht besonders günstig. Bestenfalls konnte man sich die Schaffung eines Forums für europäischen Gedankenaustausch erhoffen, wie es die Bewegung für eine Europäische Einheit auf ihrem Kongreß im Mai 1948 in Den Haag vorschlug. Der »Europarat«, der sich daraus entwickelte, wurde im Mai 1949 in Straßburg gegründet, und im August fand dort auch die erste Sitzung mit Vertretern aus Großbritannien, Irland, Frankreich, den Benelux-Staaten, Italien, Schweden, Dänemark und Norwegen statt.

Der Rat besaß keinerlei juristische, legislative oder exekutive Macht, seine »Delegierten« vertraten niemanden. Entscheidend war allein seine Existenz, wenngleich er im November 1950 eine »Europäische Konvention für Menschenrechte« verabschiedete, der später große Bedeutung zukommen sollte. Wie Churchill in seiner Züricher Rede am 19. September 1946 erklärte, »muß der erste Schritt bei der Neugründung der europäischen Familie eine Partnerschaft zwischen Frankreich und Deutschland sein«. Doch wie gesagt, die Franzosen waren in diesen Jahren noch nicht zu einer solchen Partnerschaft bereit.

Dagegen machten die kleineren Nachbarn im Norden rasche Fortschritte. Schon vor Kriegsende hatten die Exilregierungen Belgiens, Luxemburgs und der Niederlande mit dem »Benelux-Abkommen« die gemeinsamen Zollgrenzen beseitigt und den Weg für volle Bewegungsfreiheit von Arbeitskräften, Kapital und Dienstleistungen innerhalb der drei Staaten bereitet. Am 1. Januar 1948 trat diese Benelux-Zollunion in Kraft. Es folgten Verhandlungen zwischen den Benelux-Ländern, Frankreich und Italien über eine Erweiterung der Union. Doch alle Pläne für ein »Klein-Europa« mußten an der deutschen Frage scheitern.

Nach allgemeiner Auffassung (wie sie auch bei den Marshall-Plan-Verhandlungen in Paris im Juli 1947 formuliert wurde) sollte »die deutsche Wirtschaft dergestalt in die europäische Wirtschaft integriert werden, daß sie zu einer Hebung des allgemeinen Lebensstandards beiträgt«. Die Frage war nur: wie? Westdeutschland hatte, auch nach Gründung der Bundesrepublik im Jahr 1949, keine natürlichen Beziehungen zum Rest des Kontinents, außer über die Einrichtungen des Marshall-Plans und der alliierten Besatzungsbehörden – beides Provisorien. Die meisten Westeuropäer sahen in Deutschland noch immer eine Bedrohung, keinen Partner. Die Niederländer waren ökonomisch stets von Deutschland abhängig gewesen – 48 Prozent der »versteckten« Einnahmen stammten vor 1939 aus dem Transitverkehr deutscher Waren – ein wirtschaftlicher Aufschwung Deutschlands war daher sehr wichtig. Doch nur 29 Prozent der Niederländer hatten zwei Jahre nach dem Krieg eine »positive« Meinung zu Deutschland, und sie legten großen Wert darauf, daß ein wirtschaftlich erstarkendes Deutschland politisch und militärisch schwach blieb. Diese Ansicht wurde von den Belgiern uneingeschränkt geteilt. Eine Einigung mit Deutschland war für beide Länder unvorstellbar, solange nicht auch die Engländer mitmachten.

Aus dieser festgefahrenen Situation führten erst die Ereignisse von 1948 und

1949 heraus. Der Prager Umsturz, der Plan für einen westdeutschen Staat, die Berlin-Blockade und der geplante Nordatlantikpakt – all das machte französischen Politikern wie Georges Bidault und Robert Schuman klar, daß Frankreich seine Haltung gegenüber Deutschland überdenken mußte. Geplant war ein westdeutscher Staat, zu dem Rhein und Ruhr gehören würden – nur das kleine Saarland war einstweilen abgetrennt worden, aber dessen Kohle eignete sich nicht für Verkokung. Wie konnte man die Ressourcen dieser neuen Bundesrepublik begrenzen und gleichzeitig für eigene Zwecke mobilisieren?

Am 30. Oktober 1949 ersuchte Dean Acheson den französischen Außenminister Schuman, bei der Integration der Bundesrepublik in die westeuropäische Politik die Initiative zu ergreifen. Die Franzosen wußten sehr wohl, daß dringend *etwas* geschehen mußte. Die USA, schrieb Jean Monnet später an Bidault, würden das neue Westdeutschland gewiß ermuntern, seine Stahlproduktion zu erhöhen. Die Deutschen würden daraufhin den Markt überschwemmen, so daß Frankreich gezwungen wäre, seine eigene Stahlindustrie zu schützen, und dann würde es zu einem Handelskrieg kommen. Wie in Kapitel III gezeigt, hing Monnets eigener Plan – und damit die Wiedererstarkung Frankreichs – von einer Lösung dieses Dilemmas ab.

In dieser Situation schlug Jean Monnet dem französischen Außenminister einen Plan vor, der als »Schuman-Plan« in die Geschichte eingehen sollte. Dieses Projekt war eine veritable diplomatische Revolution, an der man allerdings fünf Jahre gearbeitet hatte. Im Grunde war es ganz einfach. Die französische Regierung schlug vor, »die Gesamtheit der französisch-deutschen Stahl- und Kohleproduktion unter eine gemeinsame Hohe Behörde innerhalb einer Organisation zu stellen, die für die Beteiligung anderer Länder Europas offen ist«. Der Schuman-Plan, mehr als ein Kohle- und Stahlkartell, aber noch lange kein Grundkonzept einer europäischen Union, bot eine praktische Lösung des Problems, das Frankreich seit 1945 plagte. Die Hohe Behörde würde die Macht haben, Wettbewerb zu fördern, Preise zu gestalten, Investitionen zu lenken und im Namen der Teilnehmerstaaten zu kaufen und zu verkaufen. Doch vor allem sollte ihr die Kontrolle des Ruhrgebiets und anderer wichtiger deutscher Ressourcen unterstehen. Das war die europäische Lösung eines, nein *des* französischen Problems.

Am 9. Mai 1950 gab Robert Schuman seinen Plan bekannt. Tags zuvor hatte er Dean Acheson informiert. Daß die Engländer nicht vorab in Kenntnis gesetzt wurden, war durchaus gewollt – die erste von vielen kleinen Vergeltungsmaßnahmen für Entscheidungen, die die Engländer und Amerikaner ohne Konsultation der Franzosen getroffen hatten. Die letzte, acht Monate zuvor, war die einseitige Abwertung des Pfund Sterling um 30 Prozent gewesen, über die nur die Amerikaner vorab informiert wurden, während der Rest Europas vor vollendete

Tatsachen gestellt wurde.[11] Ironischerweise war es diese Erinnerung an die Gefahren eines Wiederauflebens von wirtschaftlichen Egoismen und mangelhafter Kommunikation unter den europäischen Staaten, die Monnet und andere veranlaßt hatte, über eine Lösung nachzudenken.

Die deutsche Regierung begrüßte den Schuman-Plan sofort. Adenauer stimmte dem Plan, der den Beziehungen zwischen den beiden Ländern, die durch Mißtrauen und Entfremdung gelähmt zu werden drohten, einen frischen Impuls zu einer konstruktiven Zusammenarbeit verliehe, »aus ganzem Herzen« zu. Oder, wie er es gegenüber seinen Mitarbeitern noch deutlicher formulierte: »Das ist unser Durchbruch.« Zum erstenmal wurde die Bundesrepublik, gleichberechtigt mit anderen unabhängigen Staaten, in eine internationale Organisation aufgenommen und war nun, wie es Adenauers Wunsch entsprach, in den Westen eingebunden.

Als erste ratifizierten die Deutschen den Schuman-Plan. Es folgten Italien und die Benelux-Staaten, wenngleich die Niederländer ohne Briten zunächst nicht mitmachen wollten. Doch die lehnten Schumans Einladung ab, und ohne Großbritannien war an eine Teilnahme der nordischen Staaten nicht zu denken. Also waren es lediglich sechs westeuropäische Staaten, die im April 1951 in Paris die Europäische Gemeinschaft für Kohle und Stahl (EGKS) gründeten.

Auf einen Aspekt der Gemeinschaft möchte ich hier aufmerksam machen, der seinerzeit durchaus bemerkt wurde. Alle sechs Außenminister, die den Vertrag im April 1951 unterzeichneten, gehörten einer christlich-demokratischen Partei an. Die drei führenden Politiker der drei größten Mitgliedsstaaten – Alcide de Gasperi, Konrad Adenauer und Robert Schuman – kamen allesamt aus einer Randregion ihres jeweiligen Landes: de Gasperi aus dem Trentino, Adenauer aus dem Rheinland, Schuman aus Lothringen. Als de Gasperi geboren wurde, gehörte das Trentino zu Österreich-Ungarn, er selbst studierte in Wien. Schuman wuchs in einem Lothringen auf, das seinerzeit zum deutschen Reich gehörte. Als junger Mann war er, wie Adenauer, in katholischen Vereinen aktiv gewesen – sogar in denselben, denen der Rheinländer zehn Jahre zuvor angehört hatte. Bei ihren Treffen sprachen sie deutsch miteinander.

Für alle drei – wie für ihre christdemokratischen Kollegen aus dem zweisprachigen Luxemburg, dem zweisprachigen und bikulturellen Belgien und den Niederlanden – war eine europäische Zusammenarbeit nicht nur in wirtschaftlicher, sondern auch in kultureller Hinsicht sinnvoll. Sie sahen darin eine Möglichkeit, jene Zivilisationskrise zu überwinden, die das kosmopolitische Europa ihrer Jugend erschüttert hatte. Da Schuman und seine Kollegen aus Randregionen mit gemischter Bevölkerung und fungiblen Grenzen stammten, bereitete ihnen der Gedanke an eine partielle Aufgabe nationaler Souveränität kein sonderliches

Kopfzerbrechen. Alle sechs EGKS-Staaten hatten gerade erst als besetzte Länder erlebt, wie ihre Souveränität ignoriert worden war, sehr viel mehr Souveränität hatten sie nicht zu verlieren. Und aufgrund ihres gemeinsamen christlich-demokratischen Interesses an sozialem Zusammenhalt und kollektiver Verantwortung konnte jeder von ihnen gut mit einer »Hohen Behörde« leben, die ihre Macht zum Wohl der Gemeinschaft ausüben würde.

Doch im Norden sah das alles ganz anders aus. Im protestantischen Skandinavien, in Großbritannien und auch für norddeutsche Protestanten wie Kurt Schumacher hatte die Europäische Gemeinschaft für Kohle und Stahl etwas leicht Autoritäres. Tage Erlander, schwedischer Ministerpräsident von 1948 bis 1968, schrieb seine Ambivalenz gegenüber einem Beitritt der überwältigenden katholischen Mehrheit in der neuen Gemeinschaft zu. Kenneth Younger, ein Berater Bevins, notierte am 14. Mai 1950 (fünf Tage, nachdem er vom Schuman-Plan erfahren hatte) in seinem Tagebuch, daß er eine europäische wirtschaftliche Integration grundsätzlich befürworte, aber der neue Plan sei »vielleicht nur ein Schritt zur Konsolidierung der katholischen ›schwarzen Internationale‹, die nach meiner Auffassung die große treibende Kraft hinter dem Europarat ist«. Diese Ansicht war seinerzeit weder extrem noch ungewöhnlich.

Die EGKS war keine »schwarze Internationale«. Im Grunde war sie nicht einmal ein besonders effektives wirtschaftliches Instrument, da die Hohe Behörde die Macht, wie Monnet sie sich vorgestellt hatte, zu keinem Zeitpunkt ausübte. Statt dessen bereitete sie, wie so viele andere institutionelle Neuschöpfungen dieser Jahre, den psychologischen Boden, auf dem sich Europa mit neuem Selbstbewußtsein weiterentwickeln konnte. Wie Adenauer zehn Jahre später gegenüber Macmillan erklärte, war die EGKS eigentlich gar keine Wirtschaftsorganisation (und Großbritannien war ihr, seiner Ansicht nach zu Recht, nicht beigetreten). Sie war, ungeachtet Monnets hehrer Träume, kein Projekt einer europäischen Integration, sondern (zum Zeitpunkt ihrer Gründung) eher der kleinste gemeinsame Nenner für westeuropäische Interessen. Sie war ein politisches Vehikel in wirtschaftlicher Verkleidung, ein Instrument zur Überwindung der deutsch-französischen Feindschaft.

Inzwischen begannen sich die Probleme, derentwegen die Europäische Gemeinschaft für Kohle und Stahl gegründet worden war, von alleine zu lösen. Im letzten Quartal 1949 erreichte die Bundesrepublik das Produktionsniveau von 1936. Ende 1950 war diese Marke um ein Drittel überholt. 1949 beruhte die westdeutsche Handelsbilanz gegenüber Europa auf dem Export von Rohstoffen (hauptsächlich Kohle). Ein Jahr später war die Handelsbilanz negativ, weil die Bundesrepublik ihre Rohstoffe zur Ankurbelung der eigenen Industrie benötigte. Ab 1951 war die Handelsbilanz wieder positiv (und blieb es auch jahrelang), weil Deutschland Fertigwaren exportierte: Ende 1951 mehr als sechsmal so viel wie 1948. Deutsche Kohle und Fertigwaren beförderten einen Wirtschaftsaufschwung in Europa – Ende der fünfziger Jahre spürte Westeuropa die Auswirkungen eines Überangebots an Kohle. Ob das der EGKS zugeschrieben werden kann, ist fraglich, denn die deutsche Industriemaschine wurde durch den Koreakrieg, nicht durch den Schuman-Plan kräftig in Gang gebracht. Letztlich spielte das aber keine große Rolle.

Wenn die Europäische Gemeinschaft für Kohle und Stahl nicht das grandiose Projekt war, als das es präsentiert wurde – wenn die französische Mitarbeit in supranationalen Organisationen bloß ein Mittel war, um ein Deutschland zu kontrollieren, dem man weiterhin mißtraute, und wenn der Wirtschaftsboom in Europa wenig mit den Entscheidungen der Hohen Behörde zu tun hatte, deren Einfluß auf Wettbewerb, Arbeitsmarkt und Preise minimal war – warum wollten die Briten dann nicht mitmachen? Warum war das so wichtig für sie?

Die Briten hatten nichts gegen eine europäische Zollunion – solange sie auf dem Kontinent stattfand. Kopfschmerzen bereitete ihnen die Vorstellung einer supranationalen Exekutive, als welche die Hohe Behörde gedacht war, auch wenn sie nur über Produktion und Preise von zwei Rohstoffen zu wachen hatte. London vertrat schon eine ganze Weile einen klaren Standpunkt – als das Kabinett 1948 über amerikanische Vorschläge für eine künftige Organisation der wirtschaftlichen Zusammenarbeit in Europa diskutierte, stellte Bevin fest, »daß die tatsächliche Kontrolle in den Händen der nationalen Delegierten liegen soll, damit das Sekretariat (oder ein ›unabhängiger‹ Vorsitzender) keine eigenen Entscheidungen treffen kann … Es muß ausgeschlossen sein, daß die Organisation einzelnen Mitgliedern Weisungen erteilt.«

Diese Abneigung der Briten, Teile ihrer nationalen Souveränität abzugeben, widersprach natürlich Sinn und Zweck der EGKS. Aus Londoner Sicht war die EGKS aber nur der schleichende Beginn einer europäischen Mitsprache in der britischen Politik, mit unabsehbaren, daher gefährlichen Implikationen. Zu Acheson meinte Bevin: »Wenn derart lebenswichtige Dinge auf dem Spiel stehen, können wir die Katze nicht im Sack kaufen, und ich bin mir ziemlich sicher, daß die Amerikaner, wären sie in einer ähnlichen Lage, eine ähnliche Haltung einnehmen würden.« Etwas drastischer drückte er seine Bedenken hinsichtlich des Europarates aus: »Wenn man diese Büchse der Pandora öffnet, weiß man nie, was für trojanische Pferde herausspringen.«

Die britischen Bedenken gründeten zum Teil auf wirtschaftlichen Argumenten. Die britische Wirtschaft, besonders die Außenwirtschaft, erschien in weit besserer Verfassung als die ihrer kontinentalen Nachbarn. 1947 exportierte

Großbritannien so viel wie Frankreich, Italien, Westdeutschland, die Benelux-Staaten, Norwegen und Dänemark zusammengenommen. Während die westeuropäischen Staaten zu jener Zeit hauptsächlich untereinander Handel trieben, unterhielt Großbritannien Handelsbeziehungen mit der ganzen Welt – der Handel mit Europa lag 1950 deutlich *unter* dem Niveau von 1913.

Aus britischer Sicht wäre der Beitritt zu einer Wirtschaftsunion mit Ländern, deren Zukunftssaussichten ungewiß waren, also eher ein Verlust als ein Gewinn gewesen. Noch ein Jahr vor dem Schuman-Plan hatte ein hoher Beamter in London erklärt: »Eine langfristige wirtschaftliche Zusammenarbeit mit Europa ist für uns nicht attraktiv. Bestenfalls würde es unsere Ressourcen belasten, schlimmstenfalls kann es unsere eigene Wirtschaft ernstlich gefährden.« Dazu kam die spezielle Sorge der Labour-Regierung, im Falle eines Beitritts nicht mehr ihre »sozialistische« Politik verfolgen zu können, die eng mit den Interessen der alten Industriegewerkschaften verknüpft waren, die 50 Jahre zuvor die Labour Party gegründet hatten. So erklärte Herbert Morrison, als 1950 im Kabinett (beiläufig) über den Schuman-Plan gesprochen wurde: »Es geht einfach nicht, wir können nicht beitreten, unsere Bergarbeiter werden da nicht mitmachen.«

Und da war ja auch das Commonwealth, dem 1950 noch weite Teile Afrikas, Südasiens, Australasiens und der westlichen Hemisphäre angehörten, zumeist britische Besitzungen. Als Nettoverdiener überwiesen die Kolonien, von Malaya bis zur Goldküste (Ghana), beträchtliche Summen nach London, die berühmten »Sterling-Guthaben«. Das Commonwealth (beziehungsweise das Empire, wie es im Sprachgebrauch der meisten Leute noch hieß) war ein bedeutender Lieferant von Rohstoffen und Nahrungsmitteln und ein wesentliches Element des britischen Selbstverständnisses, zumindest sah es seinerzeit so aus. Für die meisten Politiker war es daher ganz offenkundig unklug (und praktisch unmöglich), einem europäischen Bündnis beizutreten, welches das Land von dieser anderen, ureigenen Dimension seiner Existenz abschneiden würde.

Großbritannien war Teil Europas, aber auch Teil einer weltumspannenden anglophonen imperialen Gemeinschaft. Und es hatte eine besondere Beziehung zu den Vereinigten Staaten. Die Briten neigten hinsichtlich Amerika zu einer gewissen Ambivalenz: Von ferne – und vor dem Hintergrund der beschränkten Verhältnisse im eigenen Land – nahmen sie Amerika als ein »glanzvolles Konsumparadies« (Malcolm Bradbury) wahr und verabscheuten es zugleich. Die Regierungen beider Länder bekundeten jedoch weiterhin ihre Entschlossenheit, an dieser »besonderen Beziehung« festzuhalten. Die rührte nicht zuletzt daher, daß Britannien als eine der »Drei Großen« an den Verhandlungen von Jalta und Potsdam teilgenommen hatte und 1952, nach dem erfolgreichen Test einer britischen Atombombe, die dritte Nuklearmacht war. Eine Rolle spielte auch die enge anglo-amerikanische Zusammenarbeit während des Krieges. Und ein wenig beruhte diese »besondere Beziehung« auf einem Überlegenheitsgefühl der Briten gegenüber dem Land, das sie aus der Rolle der führenden imperialen Weltmacht verdrängt hatte.[12]

Die Amerikaner waren frustriert über die Weigerung der Briten, ihr Schicksal mit demjenigen Europas zu verschmelzen, und verärgert über die Entschlossenheit, mit der London an seinem imperialen Status festhalten wollte. Die britische Position hatte aber mit mehr zu tun als nur imperialen Illusionen oder Halsstarrigkeit. Wie Jean Monnet später in seinen Memoiren schrieb, hatte Großbritannien nie eine Invasion oder Besatzung erlebt, die Briten »brauchten keine Geschichtsreinigung zu betreiben«. Sie hatten den Zweiten Weltkrieg als eine Zeit nationaler Versöhnung und gemeinsamer Anstrengungen erlebt, weniger als Riß im Gefüge von Staat und Nation, als der er in der kontinentaleuropäischen Erinnerung fortlebte. In Frankreich hatte der Krieg alle Schwächen in der politischen Kultur des Landes offenbart, in England schien er alles bestätigt zu haben, was an den nationalen Institutionen und Gewohnheiten gut und wertvoll war. Für die meisten Briten war der Zweite Weltkrieg ein Kampf zwischen Britannien und Deutschland gewesen, aus dem sie als Sieger hervorgegangen waren und der sie ins Recht setzte.[13]

Dieser stille Stolz auf die eigene Leidens- und Durchhaltefähigkeit und ihren Siegeswillen unterschied die Briten vom Kontinent. Er prägte auch das politische Klima der Nachkriegsjahre. Die Labour Party, die 1945 zum erstenmal in ihrer Geschichte eine deutliche Mehrheit errungen hatte, nahm eine Reihe von Verstaatlichungen und Sozialreformen in Angriff, die in der Errichtung des weltweit ersten umfassenden Wohlfahrtsstaates kulminierten. Diese Reformen waren überaus populär – auch wenn sie am innersten Gefüge der Nation und ihren Empfindungen wenig änderten. Wie J. B. Priestley im Juli 1949 im *New Statesman* schrieb: »Wir sind eine sozialistische Monarchie, die im Grunde das letzte Monument des Liberalismus ist.«

In der Innenpolitik der Nachkriegsjahre ging es vor allem um Fragen der sozialen Gerechtigkeit und die hierfür erforderlichen gesellschaftlichen Reformen – Themen, die von früheren Regierungen weitgehend vernachlässigt worden waren. Endlich wurde darüber debattiert, daß sich der Staat dringend um das Gesundheits- und Bildungswesen, um Verkehr, Wohnungsbau, Renten und dergleichen kümmern müsse, und darin sahen viele eine verdiente Entschädigung für die Opfer, die das Land in der jüngsten Zeit gebracht hatte. Allerdings wußten die meisten britischen Wähler (und viele Abgeordnete) nicht, wie arm das Land war und was es gekostet hatte, den epischen Kampf gegen Deutschland zu gewinnen.

Großbritannien war 1945 zahlungsunfähig. Das Land war umfassender und länger mobilisiert worden als jedes andere Land. Zehn Millionen Männer und Frauen standen 1945 unter Waffen oder produzierten diese, bei einer Gesamtzahl von 21,5 Millionen Beschäftigten. Statt die britischen Kriegsanstrengungen an den beschränkten Möglichkeiten des Landes auszurichten, war Churchill aufs Ganze gegangen: Er nahm in Amerika Kredite auf und verkaufte britische Überseeguthaben. Mit den Worten eines Schatzkanzlers der Kriegsjahre »entwickelte sich England während des Krieges von der führenden Gläubigernation zur größten Schuldnernation der Welt«. Für Britannien war der Zweite Weltkrieg doppelt so teuer wie der Erste, das Land verlor ein Viertel seines Staatsvermögens.

Dies erklärt die wiederholten Währungskrisen in der Nachkriegszeit, in der das Land unter großen Anstrengungen und bei erheblich reduzierten Staatseinnahmen riesige Dollarschulden zurückzahlte. Das ist einer der Gründe, warum der Marshall-Plan in England fast keine Auswirkungen auf Investitionen oder die Modernisierung der Industrie hatte: 97 Prozent der Mittel (mehr als anderswo) wurden zur Schuldentilgung verwendet. Für ein mittelgroßes europäisches Land in ähnlich schwieriger Situation wären diese Probleme schon schlimm genug gewesen, für England waren sie wegen der imperialen Verpflichtungen noch viel schlimmer.

Um weiterhin eine Großmacht zu bleiben, mußte Großbritannien seit 1939 erheblich mehr Geld aufwenden. Zwischen 1934 und 1938 betrugen die Ausgaben für militärische und diplomatische Zwecke 6 Millionen Pfund jährlich. 1947 mußten allein für militärische Zwecke 209 Millionen Pfund aufgewendet werden. Im Juli 1950, am Vorabend des Koreakrieges – d. h. noch *vor* der Budgeterhöhung, die dem Kriegsausbruch folgte –, unterhielt Großbritannien eine komplette Flotte im Atlantik, eine weitere im Mittelmeer und eine dritte im Indischen Ozean sowie eine permanente »China-Station«. 130 Geschwader der Royal Air Force waren rings um den Globus stationiert, Armeen oder Teile von Armeen standen in Hongkong, Malaya, am Persischen Golf, in Nordafrika, in Triest, Österreich, Westdeutschland und in Großbritannien selbst. Außerdem gab es ein ausgedehntes Netz von diplomatischen, konsularischen und nachrichtendienstlichen Vertretungen sowie den Verwaltungsdienst in den Kolonien, seit dem Abzug der Briten aus Indien zwar deutlich reduziert, aber immer noch eine schwere administrative Bürde.

In dieser schwierigen Situation blieb den Briten nur, sich ein Sparprogramm zu verordnen, wie es das Land noch nie erlebt hatte – und dies erklärt die oft beschriebene Atmosphäre jener Jahre: Das stolze, siegreiche Britannien wirkte ärmlicher, grauer und freudloser als irgendeines der besiegten, besetzten und verwüsteten Länder auf dem Kontinent. Alles war rationiert, eingeschränkt, reguliert.

Cyril Connolly, Essayist und Redakteur, zugegebenermaßen selbst zu besten Zeiten ein Pessimist, beschrieb im April 1947 in einem Vergleich zwischen Amerika und England die Atmosphäre jener Jahre sehr schön:

»Hier bewegt sich das Ich mit halber Kraft … Die meisten von uns sind nicht Männer und Frauen, sondern Angehörige einer riesigen, ungepflegten, überarbeiteten, überregulierten Klasse geschlechtsloser Wesen, grau gekleidet, mit unseren Rationierungskarten und Kriminalromanen, unseren neiderfüllten, strikten, altmodischen Apathien – ein verhärmtes Volk. Und Inbegriff dieser Atmosphäre ist London, heutzutage die größte, traurigste und schmutzigste aller Großstädte mit endlosen Reihen heruntergekommener, nur halb bewohnter Häuser, Restaurants, in denen es nichts zu essen, Kneipen, in denen es kein Bier gibt, die einst lebendigen Viertel verlieren Charakter, die Plätze ihre Eleganz … die Leute irren herum in schäbigen Regenmänteln unter den schmutziggrünen Markisen der Cafeterias, unter einem Himmel, der unablässig grau ist und wie ein metallener Deckel über der Stadt liegt.«

Dies war die Epoche der Austerity. Mit Blick auf eine maximale Exportsteigerung, die wertvolle Devisen einbringen sollte, war fast alles entweder rationiert oder gar nicht erst erhältlich: Fleisch, Zucker, Kleidung, Autos, Benzin, Auslandsreisen, sogar Süßigkeiten. Die Brotrationierung, die es nicht einmal während des Krieges gab, wurde 1946 eingeführt und erst im Juli 1948 wieder eingestellt. Am 5. November 1949 wurde das Ende der Rationierung demonstrativ gefeiert, aber nach dem Ausbruch des Koreakrieges wurden die gleichen Sparmaßnahmen wieder eingeführt, und die Rationierung von Grundnahrungsmitteln endete in Großbritannien erst 1954 – viel später als in Westeuropa. Die Atmosphäre im Nachkriegsengland wäre Osteuropäern sehr vertraut gewesen – eine englische Hausfrau erinnerte sich später: »Nach allem wurde angestanden, und selbst wenn man nicht wußte, was es in dieser oder jener Schlange gab, stellte man sich trotzdem an, weil man wußte, daß es dort irgend etwas gab.«

Die Briten ertrugen diese Einschränkungen mit bemerkenswerter Gelassenheit – wohl auch, weil man glaubte, daß es alle in gleicher Weise traf – wenngleich der angestaute Unmut über Rationierung und Vorschriften sowie die oberlehrerhafte Art einiger Labour-Minister (vor allem des Schatzkanzlers Sir Stafford Cripps) zum Wahlerfolg der Konservativen in den Fünfzigern beitrugen. Die erste Nachkriegsgeneration, geprägt von dem Gefühl, daß es nicht anders ging und die Regierung schon alles richtig machte, war »vorsichtig, unaufdringlich, dankbar für kleine Zuwendungen und bescheiden«, wie es in David Lodges Kindheitserinnerung heißt – ganz anders als die folgende Generation. Und die Zuwendungen waren vielleicht gar nicht so klein. Wie Sam Watson, der kampferprobte Führer der Bergarbeitergewerkschaft auf dem Labour-Parteitag von 1950 erklärte: »Die Armut ist beseitigt. Hunger ist unbekannt. Die Kranken werden gepflegt. Die Alten werden versorgt, und unsere Kinder wachsen in einem Land heran, das ihnen alle Chancen bietet.«

England war nach wie vor eine Klassengesellschaft – und der Wohlfahrtsstaat kam, wie gezeigt, vor allem der bürgerlichen Mittelschicht zugute. Aber die Nachkriegsreformen führten tatsächlich zu einer Umverteilung – während 1 Prozent der Bevölkerung im Jahr 1938 noch 56 Prozent des Nationaleinkommens besaß, war dieser Anteil im Jahr 1954 auf 43 Prozent gefallen. Und die faktische Beseitigung der Arbeitslosigkeit sorgte für einen deutlichen Kontrast zur düsteren Vorkriegszeit. Zwischen 1946 und 1948 wanderten 150 000 Briten nach Kanada, Australien und Neuseeland aus, und viele hatten ähnliche Pläne. Doch Anfang 1951 schien die allerschlimmste Zeit der *Austerity* vorbei, und das »Festival of Britain«, das sich das Land zur Hundertjahrfeier der Großen Weltausstellung von 1851 schenkte, war ein Ausdruck von Optimismus.

Humphrey Jennings' Dokumentarfilm *Family Portrait* (1951) fängt die Stimmung dieser Zeit sehr schön ein. Schon der Titel ist bemerkenswert – kein französischer, italienischer, deutscher oder belgischer Dokumentarfilmer hätte einen solchen Titel verwendet. Der Film, getragen von Erinnerungen an den letzten Krieg, an Entbehrungen und Triumph, durchdrungen von gelegentlich unverhohlenem Stolz auf die Eigenheiten der Engländer, ist ein Loblied auf den englischen Charakter. Eine große Rolle spielen Wissenschaft und Fortschritt, Design und Arbeitswelt. Und nirgends ist von den Nachbarn oder Verbündeten Englands die Rede. Das Land wird 1951 so gezeigt, wie es tatsächlich 1940 dastand: allein.

Im Jahr 1828 schrieb Heinrich Heine: »Selten in ihren parlamentarischen Verhandlungen ist es den Engländern möglich, ein Prinzip auszusprechen, sie diskutieren nur den Nutzen oder Schaden der Dinge, und bringen Fakta, die einen pro, die anderen Kontra, zum Vorschein.« Die Briten schlossen sich dem Schuman-Plan nicht an, weil ihnen ein Beitritt zu einer europäischen Wirtschaftsgemeinschaft nicht sinnvoll erschien und sie sich seit jeher nur ungern in kontinentaleuropäische Angelegenheiten verstricken ließen. Doch der Beschluß, der EGKS nicht beizutreten, war eine intuitive, ja emotionale Entscheidung, ein Produkt der ganz besonderen britischen Erfahrungen der jüngsten Zeit. Anthony Eden brachte es im Januar 1952 bei einem Vortrag in New York auf den Punkt: »Unser Instinkt sagt uns, daß wir da nicht mitmachen können.«

Die Entscheidung war nicht endgültig, sollte sich aber als fatal erweisen. In Abwesenheit der Briten (und in deren Gefolge der Skandinavier) fiel die Macht im »kleinen Europa« zwangsläufig Frankreich zu. Und die Franzosen taten, was die Briten unter anderen Bedingungen ebenfalls getan hätten: »Europa« nach ihren Vorstellungen zu gestalten. Institutionen und Verfahrensweisen richteten sich letztlich am französischen Vorbild aus. Damals waren es die Kontinentaleuropäer, nicht die Briten, die diese Entwicklung bedauerten. Viele namhafte westeuropäische Politiker hätten die Briten gern dabeigehabt. Paul-Henri Spaak, der belgische Staatsmann und große Europäer, schrieb später: »Die moralische Führung – ihr hättet sie haben können.« Auch Monnet fragte sich später, wie sich die Dinge wohl entwickelt hätten, wenn die Briten zu einem Zeitpunkt, da ihre Autorität noch unangefochten war, die Initiative ergriffen hätten. Zehn Jahre später überlegten sie es sich zwar erneut, aber zehn Jahre waren eine sehr lange Zeit im Nachkriegseuropa, und inzwischen waren die Würfel gefallen.

VI
Im Wirbelsturm

Sag, was du willst – die Kommunisten waren intelligenter. Sie hatten ein grandioses Programm, einen Plan für eine völlig neue Welt, in der jeder seinen Platz finden würde ... Von Anfang an gab es Leute, die genau wußten, daß sie für die Idylle nicht die nötige Eignung besaßen, und deshalb ins Ausland gehen wollten. Da eine Idylle aber eine Welt für alle ist, stellten jene, die auswandern wollten, indirekt deren Gültigkeit in Frage. Statt auszuwandern, wanderten sie hinter Gitter.

Milan Kundera

Und deshalb war es notwendig, den Leuten beizubringen, nicht zu denken und zu urteilen. Man mußte sie zwingen, das Nichtvorhandene zu sehen und das Gegenteil dessen zu behaupten, was für jedermann offensichtlich war.

Boris Pasternak, Doktor Schiwago

Ich bin im Lager vielen Menschen begegnet, die sehr gut wußten, wie es im Land aussah, und gleichzeitig imstande waren, Stalin eine Art religiöse Verehrung entgegenzubringen.

Evgenia Ginsburg, Journey Into The Whirlwind

Stalinismus bedeutet, sein innerstes Ich abzutöten. Und was die Sophisten auch sagen, welche Lügen die kommunistischen Intellektuellen auch verbreiten mögen – darauf läuft es hinaus. Man muß sein innerstes Ich abtöten, damit die kommunistischen Zehn Gebote in die Seele eingepflanzt werden können.

Alexander Wat

Hier werden die Menschen erst aufgehängt und dann vor Gericht gestellt.

Molière, Monsieur de Pourceaugnac

Westlichen Beobachtern bot die Sowjetunion in den Jahren nach 1945 ein erschreckendes Bild. Die Rote Armee marschierte zu Fuß, Waffen und Gerät wurden in Pferdekarren transportiert, für die Soldaten gab es weder Urlaub noch Pardon: Allein 1941 und 1942 waren 157 593 Soldaten wegen »Feigheit« exekutiert worden. Doch nach anfänglichen Schwierigkeiten hatte die Sowjetunion den gigantischen Nazikoloß zurückgeworfen und ihm schließlich das Herz aus dem Leib gerissen. Für Freund und Feind demonstrierte der sowjetische Sieg im Zweiten Weltkrieg die Stärke der Bolschewiken. Stalins Politik hatte sich als richtig erwiesen, seine Vorkriegsverbrechen waren weitgehend vergessen. Erfolg verschafft Anerkennung, das wußte Stalin nur zu gut.

Doch der Sieg forderte einen beispiellos hohen Tribut. Unter allen Siegern des Zweiten Weltkriegs, überhaupt allen Teilnehmern, Siegern wie Verlierern, hatte einzig die Sowjetunion bleibende wirtschaftliche Schäden zu beklagen. Die meßbaren Verluste an Menschen und Material waren enorm und blieben noch auf Jahrzehnte hinaus zu spüren. In der Erinnerung Zdeněk Mlynářs, eines tschechischen Kommunisten, der sich 1950 zum Studium in Moskau aufhielt, war die Hauptstadt ein »riesiges Dorf aus Holzhäusern«, das in »Armut und Rückständigkeit« versank. Auf dem Land war die Lage noch schlimmer. In Weißrußland, der Ukraine und im westlichen Rußland waren die meisten Straßen, Brücken und Bahnlinien zerstört. Die Getreideernte Anfang der fünfziger Jahre lag unter dem Ertrag von 1929, der seinerseits unter dem Ernteertrag im letzten Friedensjahr des Zarenregimes gelegen hatte. Weite Teile fruchtbarsten Ackerlands waren verwüstet, Hunderttausende von Pferden, Kühen, Schweinen und anderen Tieren umgekommen. Die Ukraine, die sich von der Hungersnot der dreißiger Jahre, einer gezielten Strafmaßnahme, nie recht erholt hatte, sah sich im Winter und Frühjahr 1946/47 erneut mit einer – in diesem Fall ungeplanten – Hungersnot konfrontiert.

Die Kriegsjahre hatten zu einer permanenten Quasimilitarisierung des sowjetischen Alltags geführt. Zentrale Leitung und eine gnadenlose Konzentration auf die Produktion von Panzern, Geschützen und Flugzeugen hatten die UdSSR in eine erstaunlich effektive und für einen totalen Krieg gut gerüstete Militärmaschine verwandelt, in der Menschenleben und soziale Belange jedoch wenig galten. Die unzähligen Parteifunktionäre, die während des Krieges ihre Prägung erhielten – die Breschnew-Generation –, setzten Macht und Erfolg mit gigantischer Rüstungsproduktion gleich, und es war dieses Modell, an dem sie ihre Herrschaft in den nächsten 40 Jahren orientierten. Die alten leninistischen Metaphern von Klassenkampf und Konfrontation konnten nun mit stolzen Erinnerungen an einen realen Krieg verknüpft werden. Der Staat hatte einen neuen Gründungsmythos, den Großen Vaterländischen Krieg.

In Anbetracht der Art und Weise, wie die Nazis Land und Leute behandelten, war es für die Russen tatsächlich ein großer patriotischer Krieg. Stalin mobilisierte nationale und religiöse Empfindungen, die Partei stellte ihre Ziele zeitweilig zurück, um das Bewußtsein der kollektiven Anstrengung im titanischen Kampf gegen den deutschen Aggressor zu stärken. Und die Erinnerung an die weit zurückreichenden historischen Wurzeln der Sowjetunion leistete Stalin auch nach dem Krieg bei seiner Eroberung Mitteleuropas gute Dienste.

Stalin war in erster Linie an Sicherheit interessiert, doch sollten ihm die Siege im Westen auch wirtschaftliche Vorteile bringen. Die kleinen mitteleuropäischen Staaten, von Polen bis Bulgarien, hatten schon vor dem Zweiten Weltkrieg im Schatten eines mächtigen Deutschland gestanden. Deutschland war, zumal in den dreißiger Jahren, der wichtigste Handelspartner und Kapitallieferant gewesen. Während des Krieges wurden diese Staaten, nunmehr versklavt, von Deutschland maximal ausgepreßt. Und nach 1945 übernahm die Sowjetunion das Kommando und begann, Osteuropa als beliebig nutzbare Ressource in das sowjetische Wirtschaftssystem einzugliedern.

Ungarn und Rumänien wurden als ehemalige Verbündete Hitlers zu Reparationsleistungen verpflichtet. Diese konnten, wie jene Reparationen, die aus der sowjetischen Besatzungszone in Deutschland herausgeholt wurden, die sowjetischen Kriegsverluste kaum wettmachen, stellten aber für die betroffenen Länder ein erhebliches Opfer dar. 1948 entsprachen die rumänischen Reparationen 15 Prozent des Staatshaushalts, in Ungarn waren es 17 Prozent. Länder, die nicht gegen die Sowjetunion gekämpft hatten, mußten ähnliche Leistungen erbringen, wenn auch auf »freundschaftlicher« Basis und nicht zur Strafe.

Bis zum Ende der fünfziger Jahre dürfte die Sowjetunion von Rumänien, Ungarn und der DDR erheblich mehr an Reparationsleistungen bezogen haben, als die Herrschaft über diese Länder sie kostete. Im Fall der Tschechoslowakei war dieses Verhältnis ausgewogen, Bulgarien und besonders Polen kosteten Moskau zwischen 1945 und 1960 vermutlich mehr an Hilfsleistungen, als diese Länder lieferten. Solche differenzierten Wirtschaftsbeziehungen zwischen Metropole und Kolonien sind für Historiker nicht neu, und insoweit war das Verhältnis zwischen der Sowjetunion und ihren westlichen Nachbarn ein ausgesprochen »imperiales« – wenngleich in diesem Fall das Zentrum ärmer und rückständiger war als die unterjochte Peripherie.

Im Gegensatz zu anderen imperialen Herrschern, selbst den Zaren, bestand Stalin darauf, daß überall in seinem Herrschaftsbereich staatliche Strukturen nach sowjetischem Vorbild errichtet wurden. So, wie er im östlichen Teil Polens zwischen 1939 und 1941 vorgegangen war, in den baltischen Staaten 1940 und dann wieder 1945, nach der Rückeroberung, so wollte Stalin ganz Osteuropa nach sowjetischem Modell umgestalten, jedem der kleinen, nun von kommunistischen Parteien beherrschten Länder sowjetische Geschichte, Institutionen und Praxis überstülpen.

Albanien, Bulgarien, Rumänien, Ungarn, die Tschechoslowakei, Polen und die DDR sollten, wie Kenneth Jowett es treffend formulierte, Kopien der Sowjetunion werden. Jeder Staat erhielt eine Verfassung, die der sowjetischen ähnelte (die erste wurde im Dezember 1947 in Bulgarien erlassen, die letzte in Polen im Juli 1952). Überall wurden Wirtschaftsreformen durchgeführt, Fünfjahrespläne erlassen, Verwaltungsbehörden am sowjetischen Modell ausgerichtet. Jedes Land wurde in einen Polizeistaat verwandelt. Und überall herrschte eine kommunistische Partei, die sich faktisch dem Diktat der KPdSU unterwarf.[1]

Stalins Beweggründe, in den Satellitenstaaten die sowjetische Ordnung zu kopieren, waren sehr einfach. Die Sehnsucht der Menschen nach Frieden, Land, ausreichender Ernährung und einem Neuanfang mag die Machtübernahme der Kommunisten erleichtert haben, bot aber keine Garantie, daß die Bevölkerung die sowjetische Politik unterstützen würde. Man konnte nicht darauf bauen, daß die Sympathien für die Kommunisten sich auch im Alltag unter kommunistischer Herrschaft halten würden. Selbst die Aussicht, von den Sowjets vor deutschem Revanchismus geschützt zu werden, konnte irgendwann verblassen.

Stalin mußte sich auf die bedingungslose Loyalität seiner Satelliten verlassen können, und für ihn gab es nur eine Möglichkeit, das zu erreichen. Erstens mußte die kommunistische Partei das Machtmonopol erlangen, denn sie sollte, wie es in der ungarischen Verfassung vom August 1949 heißt, die »führende Rolle« einnehmen, alle anderen Parteien beseitigen oder in sich aufnehmen. Die Partei wurde das einzige Vehikel für sozialen Aufstieg, sie förderte und organisierte – durch den von ihr kontrollierten Justizapparat – die Rechtsprechung. Partei und Sicherheitsapparat, die die staatlichen Institutionen beherrschten, bezogen ihre Anweisungen direkt von Moskau, sie waren der direkte Machthebel für die Sowjets.

Zweitens sollten auch die wirtschaftlichen Entscheidungen allein beim Staat, also der Partei liegen. Das zu erreichen war nicht so einfach. Die osteuropäischen Länder wiesen beträchtliche Unterschiede auf. Einige, wie Böhmen, waren modern und industrialisiert, die meisten agrarisch geprägt und arm. Manche, wie Polen und Ungarn, besaßen schon seit der Vorkriegszeit einen großen staatlichen Sektor. Anderswo, wie etwa in der Tschechoslowakei, hatten Grundbesitz und Industrie vor dem Krieg zumeist in privater Hand gelegen. Manche Länder konnten auf einen blühenden Handel verweisen, in anderen sah es wie in der Sowjetunion aus. Weite Teile der Region hatten unter der Wirtschaftskrise und den protektionistischen Maßnahmen gelitten, die seinerzeit ergriffen worden waren. Allerdings hatten einige Industriebranchen, besonders in Ungarn und der Slowakei, während des Krieges sogar von deutschen Investitionen profitiert.

Ungeachtet dieser Unterschiede wurden nach der kommunistischen Machtergreifung überall die gleichen wirtschaftlichen Verhältnisse eingeführt. Zunächst wurden, gemäß der leninistischen Definition des Sozialismus als einer

Frage der Eigentumsverhältnisse und nicht der gesellschaftlichen Strukturen, alle großen Betriebe verstaatlicht, sofern sie nicht ohnehin schon in staatlicher Hand waren. Sodann übernahm der Staat alle Betriebe mit mehr als 50 Beschäftigten oder setzte die Eigentümer derart unter Druck, daß sie am Ende aufgaben. In der Tschechoslowakei gab es im Dezember 1948 kaum noch private Betriebe mit mehr als 20 Beschäftigten. Zur selben Zeit befanden sich 83 Prozent der ungarischen Industrie, 84 Prozent der polnischen, 85 Prozent der rumänischen und 98 Prozent der bulgarischen Industrie in staatlicher Hand.

Ein Instrument zur Ausschaltung des Bürgertums war die Währungsreform. Auf diese Weise konnten die Sparguthaben von Bauern und Geschäftsleuten vernichtet werden. In Rumänien gab es zwei Währungsreformen – eine im August 1947, die die Hyperinflation beenden sollte, sowie eine zweite im Januar 1952, so daß die Bauern, die in den vorangegangenen vier Jahren Geld gespart hatten (weil es kaum etwas gab, wofür sie es hätten ausgeben können), nunmehr mit leeren Händen dastanden.

Wie in der Sowjetunion war auch im gesamten sowjetischen Herrschaftsbereich das Schicksal der Bauern besiegelt. Dank der anfänglichen Bodenreformen in der Nachkriegszeit hatten viele Bauern Land erworben. Doch so populär diese Maßnahme auch war, sie verschärfte nur die bestehende Agrarkrise in der Region: zu wenig Investitionen in Maschinen und Dünger, zu viele arbeitslose Landarbeiter und fünf Jahrzehnte kontinuierlich sinkender Preise für Agrarerzeugnisse. Solange sie noch nicht an der Macht waren, traten die kommunistischen Parteien in Osteuropa für ineffiziente Bodenreformen ein. Doch nach 1949 gingen sie immer brutaler gegen die »Kulaken« vor.

In den frühen Phasen der Kollektivierung wurden kleine bäuerliche Grundbesitzer (Großgrundbesitzer gab es zu diesem Zeitpunkt kaum mehr) in vielerlei Hinsicht schikaniert – durch hohe Steuern, staatlich festgesetzte Preise und Quoten, die die neuen landwirtschaftlichen Genossenschaften bevorzugten, durch den Ausschluß von staatlichen Zuteilungen und durch Diskriminierung ihrer Kinder, die nicht die höhere Schule besuchen durften. Doch selbst unter diesen Bedingungen hielten sich erstaunlich viele unabhängige Bauern, allerdings mit meist kleinen Betrieben von zwei Hektar oder weniger.

In Rumänien, wo Zehntausende Bauern im Herbst 1950 rücksichtslos kollektiviert wurden, konnte der spätere Präsident Nicolae Ceauşescu erst 1962 stolz den »Vollzug der Kollektivierung« verkünden, »drei Jahre früher als im Plan vorgesehen«. In Bulgarien war im Lauf der ersten beiden Fünfjahrespläne (beginnend 1949) sämtliches agrarisches Nutzland enteignet worden. In Böhmen, wo die Kollektivierung relativ spät begann (1956 wurde der Großteil des Bodens noch privat bewirtschaftet), wurden in den nächsten zehn Jahren 95 Prozent des

Bodens kollektiviert, hingegen nur 85 Prozent in den abgelegeneren und rückständigeren Gegenden der Slowakei. Aber hier, wie auch in Ungarn und in der ganzen Region, überlebte der eigenständige Bauer nur auf dem Papier. Die gegen ihn verhängten Maßnahmen und die Zerstörung von Markt- und Vertriebsstrukturen bedeuteten Verarmung und Ruin.

Die irrationale, zuweilen surreale Praxis der sowjetischen Wirtschaftspolitik wurde überall im Ostblock getreu nachgeahmt. Am 30. September 1948 verkündete der Chef der rumänischen Kommunisten, Gheorghe Gheorghiu-Dej: »Wir wollen auf dem Land eine sozialistische Akkumulation auf Kosten der kapitalistischen Elemente erreichen« – obwohl es in der bäuerlichen Wirtschaft Rumäniens weit und breit keine »kapitalistischen Elemente« gab. In der Slowakei ging man 1951 sogar daran, städtische Verwaltungsangestellte und Funktionäre zum Ernteeinsatz abzukommandieren. Diese gewissermaßen frühmaoistische Kampagne erwies sich als katastrophaler Fehlschlag und wurde rasch zurückgenommen, verrät aber viel über die Atmosphäre jener Zeit. In den einstigen Kornkammern, etwa den baltischen Staaten, führte die kommunistische Bodenreform zu institutionalisiertem Mangel.[2]

Als Reaktion auf diesen sichtbaren Mißerfolg wurden Gesetze erlassen, die »Parasitentum«, »Spekulation« und »Sabotage« unter Strafe stellten. Dr. Zdenka Patschowa, Richterin und Abgeordnete der tschechoslowakischen Nationalversammlung, rief ihren Parlamentskollegen am 27. März 1952 zu: »Die wichtigste Aufgabe der Justizbehörden ist es, den reichen Bauern die Maske vom Gesicht zu reißen … Jede Nichterfüllung des [landwirtschaftlichen] Plans gilt als Sabotage und muß streng bestraft werden.« Wie dieses getreue Echo sowjetischer Parteirhetorik der dreißiger Jahre zeigt, war die erfolgreiche Kollektivierung einschließlich der Feindseligkeit gegenüber dem Bauernstand ein wichtiger Test für stalinistische Orthodoxie.

Dagegen war die Neuordnung der *Industrie* zunächst kein so offensichtliches Desaster. Manche Dinge funktionieren in einer Planwirtschaft recht gut. Die landwirtschaftliche Kollektivierung und die Vernichtung von Kleinbetrieben setzten viele Arbeitskräfte frei, die in Bergwerken und Fabriken Beschäftigung fanden; die gezielte Bevorzugung der Schwerindustrie auf Kosten von Konsumgütern und Dienstleistungen garantierte unerhörte Produktionssteigerungen. Überall wurden Fünfjahrespläne mit grotesk ehrgeizigen Vorgaben verabschiedet. Die Wachstumsraten in dieser ersten Phase der Industrialisierung waren eindrucksvoll, zumal in Ländern wie Bulgarien und Rumänien, die praktisch bei Null anfingen.

Selbst in der hochindustrialisierten Tschechoslowakei ging die Zahl der in der Landwirtschaft beschäftigten Personen zwischen 1948 und 1952 um 18 Prozent zurück. In der sowjetischen Besatzungszone Deutschlands stieg die Stahlproduktion von 120000 Tonnen im Jahr 1946 auf mehr als 2 Millionen im Jahr 1953. Teile Osteuropas (das oberschlesische Industrierevier, der Industriegürtel nordwestlich von Bukarest) wurden fast über Nacht transformiert: Es entstanden komplett neue Städte, wie Nowa Huta bei Krakau, für Tausende von Stahlarbeitern. Die quasimilitärische, monolithische Industrialisierung der Sowjetunion wurde nun in kleinerem Maßstab überall im sowjetischen Herrschaftsbereich durchgeführt. Die Kommunisten reproduzierten eine verkürzte und beschleunigte Version jener industriellen Revolution, die im 19. Jahrhundert in Westeuropa stattgefunden hatte.

So gesehen, weist die Entwicklung Osteuropas nach 1945 eine oberflächliche Ähnlichkeit mit dem westeuropäischen Aufschwung auf, der im selben Zeitraum stattfand. Auch in Westeuropa wurde vorzugsweise in Produktivität und Wachstum statt in Konsumgüter und Dienstleistungen investiert, wenngleich der Marshall-Plan die Härten dieser Strategie milderte. Auch in Westeuropa fingen einige Industriebereiche und Regionen ziemlich weit unten an, und besonders in Italien und Frankreich kam es zu einer dramatischen Landflucht. Doch damit hören die Ähnlichkeiten schon auf. Charakteristisch für die Wirtschaftsentwicklung im kommunistischen Osteuropa ist, daß die Industrialisierung sowjetischen Stils nicht nur zu Kohle, Stahl, Fabriken und Wohnraum führte, sondern, noch mehr als in der Sowjetunion selbst, auch zu grotesken Verzerrungen und Widersprüchen.

Nach der Gründung des Rates für gegenseitige Wirtschaftshilfe (Comecon) im Januar 1949[3] wurden die Bestimmungen für den Handel der kommunistischen Länder untereinander festgelegt. Jedes Land sollte bilateralen Handel mit der Sowjetunion treiben – auch dies eine Erinnerung an die Nazis, wenn man Moskau durch Berlin ersetzt – und eine genau definierte Rolle in der Wirtschaft der kommunistischen Welt spielen. So sollten die DDR, die Tschechoslowakei und Ungarn Industriegüter an die Sowjetunion liefern (nach Moskauer Preisdiktat), während Polen und Rumänien Lebensmittel und Produkte der Grundstoffindustrie liefern sollten. Die Sowjetunion ihrerseits würde Rohstoffe und Erdöl liefern.

Bis auf die bereits erwähnte kuriose Umkehrung – das imperiale Zentrum liefert Rohstoffe, die Kolonien exportieren Fertigprodukte – erinnert dieses Verhältnis an die europäische Kolonialgeschichte. Und wie in den außereuropäischen Kolonien kam es auch in den osteuropäischen Ländern zu Deformation und Unterentwicklung. Einige Länder durften keine Fertiggüter produzieren, andere mußten massenhaft bestimmte Waren herstellen (Ungarn Lastwagen und die Tschechoslowakei Schuhe) und sie an die UdSSR verkaufen. Das Prinzip des gegenseitigen Nutzens kam nicht zum Tragen.

Das sowjetische Modell der dreißiger Jahre, gedacht zur Lösung speziell sowjetischer Verhältnisse (große Entfernungen, viele Rohstoffe und viele billige ungelernte Arbeitskräfte), war völlig sinnlos für kleine Länder wie Ungarn oder die Tschechoslowakei, die keine Rohstoffe, aber eine leistungsfähige Industrie besaßen, für die es schon seit langem eine weltweite Nachfrage gab. Ein besonders interessanter Fall ist die Tschechoslowakei. Vor dem Zweiten Weltkrieg hatte das tschechische Kernland, die führende Industrieregion der k. u. k. Monarchie, spezialisiert auf Lederwaren, Kraftfahrzeuge, Waffen und eine breite Palette von Luxusgütern, eine höhere Pro-Kopf-Produktionsleistung als Frankreich. Gemessen an Produktivität, Lebensstandard und Anteil am Welthandel stand die Tschechoslowakei auf dem gleichen Niveau wie Belgien und lag deutlich vor Österreich und Italien.

1956 war das Land nicht nur hinter Österreich, Belgien und die anderen westeuropäischen Länder zurückgefallen, es war auch viel weniger effizient und sehr viel ärmer als noch zwanzig Jahre zuvor. 1938 war die Zahl der Autos pro Kopf der Bevölkerung etwa so groß wie in Österreich, 1960 betrug das Verhältnis 1:3. Selbst diejenigen Bereiche, in denen die Tschechoslowakei noch konkurrenzfähig war – vor allem Handfeuerwaffen –, brachten den Tschechen keinen Gewinn, da ihre Exporte ausschließlich an die sowjetischen Herrscher gingen. Die Errichtung gigantischer Industriekomplexe wie etwa der Gottwald-Stahlwerke in Ostrava (vergleichbare Produktionsanlagen gab es in Polen, der DDR, Ungarn, Rumänien, Bulgarien und in der UdSSR) stellte für die Tschechen keine rasche Industrialisierung, sondern eine erzwungene Rückständigkeit dar (obwohl die Tschechoslowakei nur sehr begrenzt über Eisenerz verfügte, wurden in aller Eile Stahlwerke errichtet). All das traf auch für die anderen Satellitenstaaten zu. Bereits Mitte der fünfziger Jahre begann der unaufhaltsame Abstieg des kommunistischen Osteuropas in eine künstliche Überalterung.

Auf zwei partielle Ausnahmen in diesem kurzen Abriß der wirtschaftlichen Entwicklung des Sowjetblocks möchte ich hinweisen. In Polen wurde die ursprüngliche Industrialisierung ebenso enthusiastisch in Angriff genommen wie anderswo, nicht jedoch die Kollektivierung der Landwirtschaft. Offenbar hatte Stalin erkannt, daß es unmöglich sein würde, die polnischen Bauern in staatlichen Genossenschaften zusammenzufassen, aber diese Überlegung allein hätte ihn gewiß nicht zögern lassen. Seine Nachsicht gegenüber Polen (wir werden darauf noch zurückkommen) war allein zweckorientiert. Die polnische Bevölkerung war deutlich größer als in den anderen unterjochten Völkern Osteuropas, ihre Fähigkeit und Neigung, sich gegen die Russen aufzulehnen, war russischen Offizieren und Beamten seit Generationen bekannt, und die sowjetische Herrschaft stieß in Polen auf offenere Ablehnung als anderswo.

Aus sowjetischer Sicht war der polnische Widerstand ein Ärgernis – versprengte Gruppen, die während des Krieges im Untergrund operiert hatten, führten bis zum Ende der vierziger Jahre einen Guerillakrieg gegen das kommunistische Regime – und außerdem völlig ungerechtfertigt. Hatten die Polen denn nicht für die 180 000 Quadratkilometer Sumpfgebiet im östlichen Landesteil, der nach dem Krieg an die Sowjetunion fiel, 100 000 Quadratkilometer guten landwirtschaftlichen Boden im Westen hinzugewonnen? Und bot Moskau nicht Schutz vor einem Deutschland, mit dessen Wiedererstarken alle Welt rechnete? Außerdem war Polen seine Minderheiten losgeworden, die vor dem Krieg im Land gelebt hatten: Die Juden waren von den Deutschen ermordet, die Deutschen und Ukrainer von den Sowjets vertrieben worden. Wenn Polen nun »polnischer« war als zu irgendeiner anderen Zeit in seiner komplizierten Geschichte, hatte es das Moskau zu verdanken.

Zwischenstaatliche Beziehungen beruhten freilich nicht auf Dankbarkeit oder Undankbarkeit, zumal im Ostblock. Polen sollte als Puffer vor deutscher oder westlicher Aggression dienen. Ein sozialistisches Polen war wünschenswert, aber vor allem mußte das Land stabil und zuverlässig bleiben. Für ein ruhiges Polen war Stalin bereit, eine Klasse eigenständiger Bauern, unproduktiv und ideologisch fragwürdig, und eine aktive katholische Kirche zu akzeptieren, und zwar in einer Weise, die anderswo unvorstellbar gewesen wäre. Auch die polnischen Universitäten blieben praktisch unangetastet, während in der Tschechoslowakei und anderswo die Hochschulen stramm auf Kurs gebracht wurden.

Die zweite Ausnahme war natürlich Jugoslawien. Bis zum Bruch zwischen Stalin und Tito hatte Jugoslawien, wie schon erwähnt, von allen osteuropäischen Ländern die größten »Fortschritte« auf dem Weg zum Sozialismus gemacht. Laut erstem Fünfjahresplan sollte mehr Geld in die Industrie investiert werden als anderswo im Sowjetblock. Siebentausend bäuerliche Genossenschaften existierten schon, bevor die Kollektivierung in den anderen Staaten überhaupt begann. Und man war im Begriff, Moskau selbst in puncto Staatssicherheit und Repression zu übertreffen. Die Sicherheitsdienste der Kriegspartisanen wurden zu einem Überwachungsapparat ausgebaut, der laut Tito die Aufgabe hatte, »Schrecken in den Herzen all jener zu verbreiten, denen dieses Jugoslawien nicht gefällt«.

Das jugoslawische Pro-Kopf-Einkommen zur Zeit des Bruchs mit der Sowjetunion war, einmal abgesehen von Albanien, das niedrigste in Europa. Ein ohnehin armes Land war im Laufe von vier Jahren Besatzung und Bürgerkrieg in Armut versunken. Das bittere Erbe der jugoslawischen Kriegserfahrung wurde zusätzlich kompliziert durch die ethnische Zusammensetzung des Landes: Jugoslawien war der letzte genuin multikulturelle Staat in Europa. Nach der Volkszählung von 1946 waren von den insgesamt 15,7 Millionen Einwohnern 6,5 Millionen Serben, 3,8 Millionen Kroaten, 1,4 Millionen Slowenen, 800 000 Muslime (vor allem in Bosnien), 800 000 Mazedonier, 750 000 Albaner, 496 000 Ungarn, 400 000 Montenegriner, 100 000 Walachen und eine unbekannte Zahl Bulgaren, Tschechen, Deutsche, Italiener, Rumänen, Russen, Griechen, Türken, Juden und Zigeuner.

Von diesen waren in der Verfassung von 1946 nur Serben, Kroaten, Slowenen, Montenegriner und Mazedonier als eigenständige Nationalitäten anerkannt, wenngleich sie sich, wie alle anderen auch, als »Jugoslawen« zu betrachten hatten.[4] Als Jugoslawen waren ihre Aussichten in der Tat düster. Lawrence Durrell schrieb Ende der vierziger Jahre aus Belgrad an einen griechischen Freund: »Hier herrschen recht trostlose Verhältnisse – fast wie im Krieg, Enge, Armut. Was den Kommunismus betrifft, mein lieber Theodor, ein kurzer Besuch, und jedem wird klar, daß es sich lohnt, für den Kapitalismus zu kämpfen. So schwarz er sein mag und trotz aller Blutflecken, er ist nicht so düster und karg und hoffnungslos wie dieser schwerfällige und furchtbare Polizeistaat.«

In den Monaten nach dem Bruch mit Stalin wurde Tito noch radikaler, noch »bolschewistischer« – als wollte er die Richtigkeit seiner Politik und die Verlogenheit seiner sowjetischen Kritiker beweisen. Diese Position hätte er aber nicht lange aufrechterhalten können. Ohne ausländische Hilfe, und angesichts der realen Möglichkeit einer sowjetischen Invasion, bat Tito den Westen um Hilfe. Im September 1949 gewährte die amerikanische Export-Import-Bank einen Kredit über 20 Millionen Dollar. Einen Monat später erhielt Jugoslawien einen Kredit über 3 Millionen Dollar vom Internationalen Währungsfonds, und im Dezember 1949 unterzeichnete Jugoslawien ein Abkommen mit Großbritannien, das Kredite über 8 Millionen Dollar zur Verfügung stellte.

Die sowjetische Bedrohung zwang Tito, den Anteil des Verteidigungsbudgets von 9,4 Prozent (im Jahr 1948) auf 16,7 Prozent (1950) zu erhöhen, und die Rüstungsbetriebe wurden sicherheitshalber in die bosnischen Berge verlegt (eine Tatsache, die während des Balkankrieges der neunziger Jahre eine Rolle spielte). 1950 stellte der US-Kongreß, überzeugt von der potentiellen Bedeutung Jugoslawiens im Kalten Krieg, weitere 50 Millionen Dollar zur Verfügung, und im November 1951 wurde mit Jugoslawien ein Militärhilfeabkommen geschlossen. 1953 wurden die laufenden Staatsschulden durch amerikanische Hilfsgelder abgedeckt. Zwischen 1949 und 1955 erhielt Tito insgesamt 1,2 Milliarden Dollar an westlichen Hilfsgeldern, von denen knapp 55 Millionen zurückgezahlt wurden. Der Konflikt um Triest, der die Beziehungen Jugoslawiens zu Italien und dem Westen seit Mai 1945 belastete, wurde am 5. Oktober 1954 in einer Vereinbarung zwischen Jugoslawien, Italien, Großbritannien und den USA schließlich beigelegt.

Dank westlicher Hilfe konnte sich das jugoslawische Regime, wie schon vor dem Bruch mit der Sowjetunion, weiterhin auf Schwerindustrie und Verteidigung konzentrieren. Die Kommunistische Partei behielt zwar alle Zügel in der Hand, aber die ultrabolschewistische Politik der Nachkriegsjahre wurde aufgegeben. Im Frühjahr 1951 unterstanden nur noch Post, Eisenbahn, Flugverkehr und Binnenschiffahrt der Bundesregierung. Andere öffentliche Dienste und alle Wirtschaftsbetriebe wurden von den Teilrepubliken kontrolliert. 1954 waren 80 Prozent des Agrarlands wieder in Privatbesitz, nachdem am 30. März 1953 ein Gesetz erlassen worden war, das den Bauern die Möglichkeit gab, aus den Produktionsgenossenschaften auszusteigen und ihr Land selbst zu bewirtschaften. Von den 7 000 bäuerlichen Kollektiven blieben nur 1 000.

Nach seinem Sieg über Hitler stand Stalin sehr viel stärker da als vor dem Krieg. Er sonnte sich in dem Ruhm, den »seine« Rote Armee daheim und im Ausland genoß. Der Personenkult um den sowjetischen Diktator, schon vor dem Krieg ausgeprägt, erreichte nun seinen Höhepunkt. Populäre sowjetische Dokumentarfilme über den Zweiten Weltkrieg zeigten einen Stalin, der den Krieg praktisch allein gewann, Strategien plante und Schlachten dirigierte, ohne daß ein General im Bild erschienen wäre. In fast allen Lebensbereichen, von der Dialektik bis zur Botanik, war Stalin die höchste und unangefochtene Autorität. Sowjetische Biologen hatten die Theorien des Scharlatans Lysenko zu schlucken, der Stalin ungeahnte landwirtschaftliche Fortschritte versprach, wenn seine Theorien über die Vererbung erworbener Charaktermerkmale angenommen und in der Landwirtschaft praktiziert würden – was dann auch geschah, mit katastrophalen Ergebnissen.[5] An seinem 70. Geburtstag, im Dezember 1949, schwebte Stalins Porträt, von Scheinwerfern angestrahlt, am Nachthimmel über dem Kreml. Dichter übertrafen einander in ihren Lobpreisungen des Führers, wie etwa der lettische Dichter V. Lukss in diesem Couplet von 1951:

»Wie schönes rotes Garn weben wir in unsere Herzen,
Stalin, unser Bruder und Vater, deinen Namen.«

Diese unterwürfige neobyzantinische Verherrlichung des Despoten, dem geradezu magische Kräfte zugeschrieben wurden, fand vor dem immer dunkleren Hintergrund von Tyrannei und Terror statt. In den letzten Kriegsjahren wurden im Namen eines russischen Nationalismus diverse Volksgruppen aus den westlichen und südwestlichen Grenzgebieten, vor allem aus dem Kaukasus, nach Sibirien und Zentralasien verbannt: Tschetschenen, Inguschen, Karatschaier, Balkaren, Kalmücken, Krimtataren und andere. Die Wolgadeutschen waren schon 1941 zwangsumgesiedelt worden. Dieser brutale Umgang mit kleinen Völkern war nicht neu – Hunderttausende Polen und Balten waren zwischen 1939 und

1941 in den Osten verschleppt worden, Ukrainer in den dreißiger Jahren und andere schon 1921.

Auch die ersten Prozesse, die überall in Osteuropa nach Kriegsende gegen Kollaborateure und Verräter stattfanden, waren nationalistisch ausgerichtet. Zwischen 1945 und 1947 wurden die Führer polnischer, ungarischer und rumänischer Bauernparteien wegen diverser realer und konstruierter Verbrechen (von faschistischen Sympathien über Kollaboration bis hin zu Spionage für den Westen) angeklagt und hingerichtet. Doch in jedem Fall legten die Staatsanwälte besonderen Wert darauf, die Angeklagten als Volksverräter zu brandmarken. Sozialisten, die sich der Vereinnahmung durch die kommunistische Partei entzogen (wie der Bulgare Krastyn Partachow, der 1946 zu Zuchthaus verurteilt wurde und drei Jahre später in der Haft starb), galten ebenfalls als Feinde des Volkes und wurden als solche bestraft.

Bemerkenswert an den nichtkommunistischen Opfern dieser frühen Schauprozesse ist, daß sie – mit Ausnahme all jener, die bekanntermaßen mit den Deutschen gemeinsame Sache gemacht hatten – sich nachdrücklich weigerten, ein Geständnis abzulegen oder sich zu ihren angeblichen »volksfeindlichen« Verbrechen zu bekennen. In dem offenkundig manipulierten Schauprozeß gegen Nikola Petkow, den Vorsitzenden der bulgarischen Bauernpartei, und seine »Mitverschwörer« erklärten vier der fünf Angeklagten ihre Unschuld – trotz Folter und falscher Zeugenaussagen.[6]

Mit der Jugoslawien-Krise von 1948 veränderte sich Stalins Haltung. Belgrad galt vielerorts als attraktive Alternative zu Moskau. Im Gegensatz zu Stalin stellte Tito keine imperiale Bedrohung dar (außer unmittelbar auf dem Balkan), und da er sein Land ohne sowjetische Hilfe befreit und zum Kommunismus geführt hatte, war er gut angesehen bei all jenen osteuropäischen Kommunisten, die weiterhin einen eigenen, nationalen Weg anstrebten. Stalin reagierte notorisch paranoid auf Bedrohungen seines Machtmonopols, was aber nicht heißt, daß er überhaupt keinen Grund hatte, in Tito und dem »Titoismus« eine Gefahr zu sehen. Hinfort war der Nationalismus der Hauptfeind. Auf der Kominform-Konferenz vom Juni 1948 wurde der Begriff »nationalistisch« – erstmals in der kommunistischen Rhetorik – in einem negativen Sinn verwendet: gegen die jugoslawischen »Abweichler«.

Doch nun, da alle nichtkommunistischen Gegner tot, im Gefängnis oder im Exil waren – welche realen Gefahren drohten dem sowjetischen Machtmonopol? Intellektuelle konnte man kaufen oder einschüchtern. Das Militär unterstand den sowjetischen Besatzungsstreitkräften. Einzig vor Massenprotesten der Bevölkerung mußten die Regimes Angst haben, da sie die Glaubwürdigkeit des »Arbeiter-und-Bauern-Staats« ernsthaft in Frage stellten. Doch in den Anfangsjahren waren die Volksdemokratien keineswegs unbeliebt bei den Proletariern, als deren Vertreter sie sich bezeichneten. Im Gegenteil, die Beseitigung des Bürgertums und die Vertreibung ethnischer Minderheiten eröffnete Bauern, Industriearbeitern und deren Kindern vielerlei Aufstiegsmöglichkeiten.

Gelegenheiten gab es viele, vor allem in den unteren Rängen und im Staatsdienst: Arbeitsplätze, billige Mieten, Bildungsmöglichkeiten für Arbeiterkinder, die Kindern aus bürgerlichen Familien verwehrt blieben. Kompetenz war weniger wichtig als politische Zuverlässigkeit, die Arbeitsplätze waren gesichert, und der kommunistische Apparat suchte zuverlässige Männer und Frauen für alle möglichen Aufgaben, vom Abschnittsbevollmächtigten bis zum Gewerkschaftssekretär.[7] Die Bevölkerung Osteuropas, vor allem in den rückständigeren Regionen, akzeptierte widerspruchslos ihr Schicksal, zumindest in diesen Jahren.

Die beiden bekanntesten Ausnahmen ereigneten sich in den entwickeltesten und am stärksten urbanisierten Regionen des sowjetischen Herrschaftsbereichs: im böhmischen Industrierevier und auf den Straßen Ostberlins. Die tschechische »Währungsreform« vom 31. Mai 1953, ausgegeben als »vernichtender Schlag gegen die einstigen Kapitalisten«, führte (aufgrund der anschließenden Preissteigerung) zu einer Kürzung der Löhne um 12 Prozent. Hinzu kamen kontinuierlich sich verschlechternde Arbeitsbedingungen in einer hochentwickelten Region, in der Facharbeiter immer gut verdient hatten. Schließlich versammelten sich am 1. Juni 1953 an die 20 000 Arbeiter der Pilsener Skoda-Werke und zogen mit Porträts von Benesch und dem Vorkriegspräsidenten Masaryk zum Rathaus.

Die Demonstrationen in Pilsen verliefen im Sand. Aber in der DDR führte bald darauf eine deutliche Erhöhung der Arbeitsnorm zu weitaus größeren Protesten. Das DDR-Regime, noch rigider als seine sowjetischen Herren, hatte deren Rat, mit Reformen und Zugeständnissen die massenhafte Flucht von Facharbeitern in den Westen aufzuhalten, ignoriert. Am 17. Juni kam es überall in der DDR zu Protestkundgebungen streikender Arbeiter, wobei die größten Demonstrationen in Ostberlin stattfanden.

Wie in Pilsen wurden auch in der DDR die Proteste rasch niedergeschlagen, allerdings um einen hohen Preis. An die dreihundert Personen fanden den Tod, als sowjetische Panzer eingesetzt wurden, viele Tausende wurden verhaftet, 1 400 Personen erhielten langjährige Haftstrafen. Zweihundert »Rädelsführer« wurden erschossen. Für Bertolt Brecht war der Aufstand vom 17. Juni 1953 Anlaß, sich dieses eine Mal offen von dem Regime zu distanzieren, dem er sich – durchaus ambivalent – solidarisch verbunden fühlte:

> Nach dem Aufstand des 17. Juni
> Ließ der Sekretär des Schriftstellerverbands
> In der Stalinallee Flugblätter verteilen

Auf denen zu lesen war, daß das Volk
Das Vertrauen der Regierung verscherzt habe
Und es nur durch doppelte Arbeit
Zurückerobern könne. Wäre es da
Nicht doch einfacher, die Regierung
Löste das Volk auf und
Wählte ein anderes?

Aufgebrachte, unzufriedene Arbeiter am westlichen Rand des Sowjetimperiums waren keine gute Reklame für den Kommunismus, stellten aber kaum eine Gefahr für die Sowjetmacht dar – und es ist kein Zufall, daß die Aufstände von Berlin und Pilsen *nach* Stalins Tod stattfanden. Zu Stalins Lebzeiten kam die wahre Bedrohung aus dem kommunistischen Apparat selbst. Das war die eigentliche Implikation des Bruchs mit Jugoslawien, und Stalins Rückgriff auf alte, lediglich den neuen Verhältnissen angepaßte Methoden war eine unmittelbare Reaktion auf den »Titoismus«. Von 1948 bis 1954 erlebte die kommunistische Welt eine zweite Welle von Verhaftungen, Säuberungen und politischen Schauprozessen.

Großes Vorbild war das sowjetische Terrorregime der dreißiger Jahre. Auch damals waren hauptsächlich Kommunisten die Opfer gewesen. Die Partei sollte von »Verrätern« und anderen Gefahren für die Politik und Person des Generalsekretärs gesäubert werden. In den dreißiger Jahren war Leo Trotzki der angebliche Rädelsführer – wie Tito ein wahrer kommunistischer Held, der Stalin nicht dankbar war und seine eigenen Ansichten über kommunistische Strategie und Praxis vertrat. Der Terror der dreißiger Jahre hatte Stalins uneingeschränkte Macht und Autorität gesichert und demonstriert, und die Säuberungen der Nachkriegsjahre in Osteuropa dienten einem ähnlichen Zweck.

Doch während die Moskauer Prozesse, besonders der Prozeß gegen Nikolai Bucharin im Jahr 1938, unerhörte Neuerungen waren, deren Wert in dem grausigen Spektakel der Revolution lag, die nicht nur ihre Kinder, sondern sogar ihre Architekten frißt, so waren die Prozesse und Säuberungen der Nachkriegsjahre schamlose Kopien, bewußte Imitate der frühen sowjetischen Vorläufer, als wollten sich die Satellitenregimes nicht einmal ansatzweise um Glaubwürdigkeit bemühen. Und sie standen schließlich am Ende umfangreicher Säuberungen im Justizapparat.

Mit Hilfe der Justiz gingen die Kommunisten nicht nur gegen Hochverräter und antikommunistische Politiker vor, sondern auch gegen die Kirchen (ausgenommen Polen, wo die offene Konfrontation mit der katholischen Kirche als zu riskant erschien). 1949 wurden die führenden Vertreter der Vereinigten protestantischen Kirche in Bulgarien wegen »Wiedereinführung des Kapitalismus« vor Gericht gestellt. In Rumänien war im Jahr zuvor die Vereinigte Kirche mit der willfährigeren römisch-orthodoxen Kirche zusammengezwungen worden. In Prag wurden mehrere katholische Priester wegen Spionage für den Vatikan (und die USA) angeklagt und zu Haftstrafen zwischen zehn Jahren und lebenslänglich verurteilt. Anfang der fünfziger Jahre saßen 8 000 Mönche und Nonnen in tschechoslowakischen Gefängnissen. Monsignor Grosz, im Januar 1949 zum Nachfolger des inhaftierten Kardinals Mindszenty als Oberhaupt der ungarischen Katholiken ernannt, wurde vorgeworfen, eine Wiederherstellung der Habsburgermonarchie geplant *und* mit Titoisten die Bewaffnung ungarischer Faschisten organisiert zu haben.

Die Prozesse gegen Kommunisten fielen in zwei unterschiedliche Kategorien. Die ersten, die 1948 begannen und bis 1950 dauerten, waren eine unmittelbare Reaktion auf den Bruch zwischen Stalin und Tito. Der albanische Innenminister Koci Xoxe wurde im Mai/Juni 1949 wegen Titoismus angeklagt und verurteilt und einen Monat später hingerichtet. Xoxe war tatsächlich ein Anhänger Titos und hatte dessen Balkanpläne zu einer Zeit unterstützt, als diese von Moskau gebilligt worden waren. Insofern war sein Fall etwas ungewöhnlich, wie auch die Tatsache, daß sein Prozeß ein Geheimverfahren war.

In Bulgarien kam es anschließend zum Prozeß gegen Traitscho Kostow, einen der Gründer der bulgarischen kommunistischen Partei. Der verkrüppelte Kostow[8] war, wenn überhaupt, ein bekannter Tito-Gegner und Kritiker der von Tito vorgeschlagenen Balkan-Föderation (Tito und Kostow konnten einander nicht ausstehen). Stalin mißtraute ihm trotzdem – Kostow hatte ein Wirtschaftsabkommen mit der Sowjetunion als schlecht für sein Land bezeichnet. Für einen Prozeß, in dem die Schändlichkeit des Nationalismus präsentiert werden sollte, war Kostow daher ein idealer Kandidat.

Er und seine »Gruppe« (»die Spionagebande um den Verräter Traitscho Kostow«) wurden im Dezember 1949 wegen Kollaboration mit den Vorkriegsfaschisten, Spionage für die Briten und Zusammenarbeit mit Tito vor Gericht gestellt. Nachdem Kostow unter Folter schließlich nachgegeben und sein »Geständnis« unterschrieben hatte, weigerte er sich, im Gerichtssaal das verabredete Schuldbekenntnis abzulegen, widerrief sein Geständnis und wurde protestierend aus dem Gerichtssaal getragen. Zwei Tage später, am 16. Dezember 1949 wurde er gehängt, seine »Mitverschwörer« wurden zu langjährigen Haftstrafen verurteilt – wie Stalin und sein Geheimdienstchef Lawrenti Berija das schon vor Prozeßbeginn festgelegt hatten. Kostow war der einzige osteuropäische Kommunist, der sein Geständnis widerrief und sich öffentlich als unschuldig bezeichnete. Für das Regime war das unangenehm (der Prozeß wurde im Radio übertragen, und im Westen wurde ausführlich über das Verfahren berichtet), so daß Anweisung erteilt wurde, daß so etwas nie wieder vorkommen dürfe. Und es kam auch nie wieder vor.

Wenige Wochen vor Kostows Hinrichtung hatten die ungarischen Kommunisten *ihren* »Titoisten« vor Gericht gestellt, den Innenminister László Rájk. Das Drehbuch war das gleiche wie in Bulgarien, nur der Name war verändert worden. Anschuldigungen, Details, Geständnisse, alles war identisch – kein Wunder, denn das Drehbuch für beide Schauprozesse wurde in Moskau geschrieben. Rájk selbst war durchaus kein Unschuldslamm; als kommunistischer Innenminister hatte er viele Menschen ins Gefängnis gesteckt oder noch Schlimmeres angeordnet. Doch in seiner Anklageschrift wurde besonders seine »verräterische Arbeit« als »bezahlter Agent einer ausländischen Macht« hervorgehoben. Die sowjetische Besatzung war in Ungarn besonders unbeliebt, und Moskau wollte nicht Gefahr laufen, Rájk zu einem Helden des »Nationalkommunismus« zu machen.

Letztlich bestand diese Gefahr nicht. Rájk hielt sich getreu an seinen Text und gestand seine Tätigkeit als anglo-amerikanischer Agent, der die Aufgabe hatte, das Ende des kommunistischen Regimes in Ungarn herbeizuführen. Er erklärte, daß er in Wahrheit Reich heiße (also kein Ungar, sondern deutscher Abstammung sei) und im Jahr 1946 vom jugoslawischen Geheimdienst angeworben worden sei, der damit gedroht habe, seine Zusammenarbeit mit den ungarischen Faschisten während des Krieges aufzudecken, »wenn ich nicht alle ihre Wünsche erfülle«. Der Schauprozeß gegen Rájk und die mitangeklagten »Verschwörer« wurde von Radio Budapest live übertragen, einschließlich des Geständnisses, das Rájk am 16. September 1949 ablegte. Das bereits feststehende Urteil wurde am 24. September verkündet: Rájk und zwei Mitangeklagte wurden zum Tod durch den Strang verurteilt und am 15. Oktober hingerichtet.

Die öffentlichen Prozesse gegen Rájk und Kostow waren nur die sichtbare Spitze von Geheimprozessen und Tribunalen, die im Rahmen der Jagd auf Titoisten in den kommunistischen Parteien und Regierungen Osteuropas stattfanden. Am stärksten betroffen waren die unmittelbaren Nachbarn Jugoslawiens – Bulgarien, Rumänien, Albanien und Ungarn. Allein in Ungarn war – angesichts der Nähe zu Jugoslawien, der großen ungarischen Minderheit in der Wojwodina und der außenpolitischen Nähe zwischen Jugoslawien und Ungarn im Jahr 1947 – Stalins Angst vor einem schleichenden Titoismus etwas plausibler. Dort wurden rund 2000 kommunistische Funktionäre summarisch hingerichtet, weitere 150000 zu Haftstrafen verurteilt und etwa 350000 aus der Partei ausgeschlossen (was häufig den Verlust von Arbeitsplatz, Wohnung, Privilegien und Hochschulzugang bedeutete).

In Polen und der DDR wurden zwar auch Tausende ins Gefängnis geworfen, aber es kam nicht zu großen Schauprozessen, wenngleich es in Polen tatsächlich einen Kandidaten für die Rolle des »Titoisten« gab – Władysław Gomułka, den

Generalsekretär der Polnischen Vereinigten Arbeiterpartei und Vizepräsidenten des Ministerrats. Gomułka hatte unverhohlen Kritik an Stalins Plänen für eine Kollektivierung der Landwirtschaft geübt und war öffentlich für einen spezifisch »polnischen Weg« zum Sozialismus eingetreten. Dafür hatten ihn loyale Stalinisten bereits kritisiert, und im August 1948 wurde er in seiner Funktion als Generalsekretär durch Boleslaw Bierut ersetzt. Fünf Monate später trat er von seinem Ministeramt zurück. Im November 1949 folgte der Parteiausschluß, und im Dezember wurde ihm und seiner »Gruppe« öffentlich »nationalistische Abweichung« und »Titoismus« vorgeworfen.

Gomułka, inzwischen zum Chef der Sozialversicherung degradiert, wurde im Juli 1951 schließlich verhaftet und erst im September 1954 freigelassen, doch es wurde ihm kein Haar gekrümmt, und es gab keinen Titoismus-Prozeß in Warschau. Aber natürlich gab es Prozesse in Polen – ein Verfahren gegen eine Gruppe von Offizieren, die als staatsfeindliche Verschwörer angeklagt waren, begann an dem Tag, an dem Gomułka verhaftet wurde. Und nach den Vorstellungen der Moskauer Geheimdienste sollte Gomułka mit Rájk, Tito und anderen in Verbindung gebracht werden, und zwar über ein komplexes Netz von realen oder erfundenen Kontakten um den Amerikaner Noel Field, den Leiter des Unitarian Service Committee im Nachkriegseuropa. Fields angebliches Netzwerk von Meisterspionen und Titoisten, das schon im Rájk-Prozeß eine wichtige Rolle gespielt hatte, sollte als Hauptbeweis im Gomułka-Prozeß dienen.

Doch die Polen widersetzten sich dem sowjetischen Ansinnen, radikale Hexenjagden nach ungarischem Vorbild zu veranstalten. Die Dezimierung der polnischen Kommunisten, die zehn Jahre zuvor in Moskau stattgefunden hatte, gab Bierut einen Vorgeschmack, wie es um ihn selbst bestellt wäre, sollte Polen ebenfalls in den Strudel von Anklagen, Säuberungen und Prozessen geraten. Glück hatten die Polen auch mit dem Zeitpunkt. Aufgrund von Verzögerungen bei der Abfassung der Akte Gomułka (er war beim Verhör nicht zusammengebrochen und hatte kein präpariertes Geständnis unterschrieben) konnte der Prozeß erst eröffnet werden, nachdem Stalin gestorben und sein Scherge Berija hingerichtet worden war. Und schließlich erschien es einigen sowjetischen Politikern sicherlich als unklug, die Führung der polnischen Kommunisten in aller Öffentlichkeit aus dem Weg zu räumen.

Solche Bedenken brauchte man in der Tschechoslowakei nicht zu haben. Dort fand im November 1952 in Prag der größte aller Schauprozesse statt. Unmittelbar nach den Verfahren gegen Rájk und Kostow war ab 1950 auch in diesem Land ein Schauprozeß geplant worden, doch als er schließlich stattfand, hatte sich der Tenor verändert. Tito war noch immer der Feind, und Spionage für den Westen spielte weiterhin eine große Rolle, aber von den 14 Angeklagten im »Prozeß gegen die Leitung des staatsfeindlichen Verschwörerzentrums mit Rudolf Slánský an der Spitze« waren 11 Personen Juden. Schon auf der ersten Seite der Anklageschrift wurde deutlich festgestellt, daß dies kein Zufall sei. Die »trotzkistisch-titoistisch bürgerlichnationalistischen Verräter und Feinde des tschechoslowakischen Volkes« waren auch und vor allem »Zionisten«.

Stalin war seit jeher Antisemit. Doch bis zum Zweiten Weltkrieg war seine Antipathie gegenüber Juden so unauffällig eingebettet in seine Vernichtung anderer Personenkreise (Altbolschewiken, Trotzkisten, linke und rechte Abweichler, Intellektuelle, Bürgerliche usw.), daß deren Schicksal nichts mit ihrer jüdischen Herkunft zu tun haben schien. Offiziell galt ohnehin, daß Kommunisten keinerlei ethnische oder religiöse Vorurteile hätten, und sobald die sowjetische Politik unter der Überschrift »Antifaschismus« lief, wie zwischen 1935 und August 1939 und dann wieder ab Juni 1941, hatten die europäischen Juden keinen größeren Freund als Stalin.

Die letzte Behauptung ist nur zum Teil ironisch. Die kommunistischen Parteien, besonders in Mittel- und Osteuropa, hatten sehr viele Juden unter ihren Mitgliedern. In Polen, der Tschechoslowakei, Ungarn und Rumänien waren die Juden während der Zwischenkriegszeit eine unterdrückte und ungeliebte Minderheit. Junge, säkulare Juden hatten nicht sehr viele Möglichkeiten, sich politisch zu engagieren: den Zionismus, den Bund[9], die Sozialdemokratie (dort, wo sie legal war) oder den Kommunismus. Als die entschieden antinationalste und ambitionierteste dieser Bewegungen war der Kommunismus besonders attraktiv. Zu einer Zeit, da Mittel- und Osteuropa vor der Entscheidung zwischen autoritärer Vergangenheit und faschistischer Zukunft standen, war die Sowjetunion, trotz aller Unzulänglichkeiten, eine revolutionäre Alternative.

Der Krieg trug zu ihrer Anziehungskraft noch bei. Juden, die sich nach Kriegsausbruch im sowjetisch besetzten Polen befanden, wurden häufig nach Osten deportiert, wo sie an Krankheiten und vor Erschöpfung starben. Doch sie wurden nicht systematisch vernichtet. Durch den Vormarsch der Roten Armee nach Westen, in die baltischen Staaten, die Tschechoslowakei, nach Rumänien, Ungarn, Polen und Deutschland wurde das Leben der dort noch verbliebenen Juden gerettet. Auschwitz wurde von der Roten Armee befreit. Gewiß hat Stalin den Zweiten Weltkrieg *nicht* für die Juden geführt; aber hätte Hitler gewonnen, wären die Deutschen und ihre Kollaborateure in den eroberten Gebieten an der Macht geblieben, wären noch weitere Millionen Juden ermordet worden.

Als die kommunistischen Parteien in Osteuropa an die Macht kamen, waren viele der führenden Funktionäre Juden. Das galt besonders für die Ebene unterhalb der Führungsspitze. Die kommunistischen Polizeichefs in Polen und Ungarn waren Juden, aber auch Wirtschaftsfachleute, Verwaltungschefs, prominente Journalisten und Parteitheoretiker waren Juden. Der Chef der ungarischen KP, Mátyás Rákosi, war Jude; in Rumänien, der Tschechoslowakei und in Polen war der Parteichef kein Jude, aber die meisten Mitglieder des inneren Machtzirkels waren Juden. Jüdische Kommunisten verdankten Stalin alles. In den Ländern, in die sie nach langem Exil zurückkehrten, waren sie nicht sonderlich willkommen – weder als Kommunisten noch als Juden. Nach Krieg und Besatzung begegnete ihnen die lokale Bevölkerung mit noch größerem Mißtrauen als vorher. (»Warum seid ihr zurückgekehrt?« wollte ein Nachbar von Heda Margolius wissen, die Auschwitz überlebt und sich bei Kriegsende nach Prag durchgeschlagen hatte.)[10] Stalin konnte sich darauf verlassen, daß die jüdischen Kommunisten in Osteuropa nach seiner Pfeife tanzen würden.

In den ersten Nachkriegsjahren ließ Stalin gegenüber seinen jüdischen Mitarbeitern keine Feindseligkeit erkennen. In der UNO trat die Sowjetunion nachdrücklich für das zionistische Projekt ein, für die Errichtung eines jüdischen Staates in Palästina, der den imperialistischen Bestrebungen der Briten im Wege stehen würde. Das Jüdische Antifaschistische Komitee, das während des Krieges in der Sowjetunion gegründet worden war, um die Unterstützung der Juden im Westen für die sowjetischen Kriegsanstrengungen zu gewinnen, war von Stalin gefördert worden. Die sowjetischen Juden, wie viele andere in Moskaus Herrschaftsbereich, gaben sich der Hoffnung hin, daß die aufgeschlossenere Atmosphäre der Kriegsjahre, als Stalin bei allen möglichen Leuten Hilfe suchte und annahm, nach dem Krieg zu einer Verbesserung ihrer Lebenssituation führen werde.

Doch genau das Gegenteil war der Fall. Noch vor Kriegsende verbannte Stalin, wie schon erwähnt, ganze Völker nach Sibirien, und auch mit den Juden hatte er zweifellos ähnliches vor. Wie für Mitteleuropa, galt auch für die Sowjetunion: Obwohl die Juden mehr verloren hatten als alle anderen, konnte man eben diese Juden sehr gut für die Schwierigkeiten im eigenen Land verantwortlich machen. Die deutlich nationalistische Atmosphäre während des Krieges bewirkte, daß sich die sowjetische Rhetorik der Sprache der alten russischen Antisemiten annäherte. Dem Regime schadete das gewiß nicht. Für Stalin selbst war dies eine Rückkehr auf vertrautes Terrain. Daß Hitler den Antisemitismus erfolgreich instrumentalisierte, dürfte Stalin in seiner antijüdischen Einstellung noch bestärkt haben.

Aus verschiedenen Gründen war es immer im sowjetischen Interesse gewesen, den speziell *rassistischen* Charakter der Nazis herunterzuspielen. Das Massaker an ukrainischen Juden in Babij Jar wurde offiziell als »Ermordung friedlicher Sowjetbürger« bezeichnet, so wie nach dem Krieg in Auschwitz nur allgemein von »Opfern des Faschismus« die Rede war. Im Lexikon des Marxismus kam Rassismus nicht vor. Tote Juden wurden posthum assimiliert an eben jene Völker, bei denen sie zu Lebzeiten so unbeliebt gewesen waren. Doch nun, da sich die Fronten des Kalten Krieges verhärteten, wurde gegen die Juden wieder der Kosmopolitismusvorwurf erhoben – ihre internationalen Kontakte, von denen Stalin in den dunklen Monaten nach dem deutschen Überfall zu profitieren gehofft hatte, galten im nachhinein als Verbrechen.

Die ersten Opfer waren die Führer des Jüdischen Antifaschistischen Komitees selbst. Salomon Michoels, sein Präsident und eine herausragende Figur des jiddischen Theaters in Rußland, wurde am 12. Januar 1948 ermordet. Als die israelische Botschafterin Golda Meir am 11. September 1948 in Moskau eintraf, kam es an Rosh Hashana und Yom Kippur zu spontanen jüdischen Freudenkundgebungen und Demonstrationen, und vor der israelischen Botschaft sangen die Leute »Nächstes Jahr in Jerusalem«. Für Stalin wäre das zu jeder anderen Zeit eine unerhörte Provokation gewesen. Aber seine Begeisterung für den jungen jüdischen Staat verflüchtigte sich rasch – Israel, vage sozialistisch in der Ausrichtung, hatte nicht die Absicht, ein sowjetischer Verbündeter in Nahost zu werden, ließ erschreckenderweise sogar Sympathien für Amerika erkennen, und zwar in einer kritischen Zeit. Die Berlin-Blockade hatte gerade begonnen, und der Konflikt mit Tito trat in seine entscheidende Phase.

Am 21. September 1948 veröffentlichte die *Prawda* einen Artikel aus der Feder Ilja Ehrenburgs, der die neue Einstellung zum Zionismus deutlich machte. Ab Januar 1949 erschienen wiederholt Angriffe auf »vaterlandslose Kosmopoliten«, »unpatriotische Gruppen von Theaterkritikern«, »entwurzelte Kosmopoliten«, »Personen ohne Identität« und »Wanderer ohne Paß«. Jüdische Schulen und Theater wurden geschlossen, jüdische Zeitungen verboten und Büchereien geschlossen. Das Jüdische Antifaschistische Komitee war bereits am 20. November 1948 aufgelöst worden. Seine verbleibenden Führer (Künstler, Schriftsteller und Funktionäre) wurden im darauffolgenden Monat verhaftet und saßen drei Jahre im Gefängnis. Sie wurden unter Druck gesetzt, ihre »staatfeindlichen« Verbrechen zu bekennen, und offensichtlich für einen Schauprozeß präpariert.

Oberst Wladimir Komarow, der die Untersuchung leitete, wollte die Anklage um den Vorwurf einer großangelegten, von Washington und Tel Aviv gesteuerten jüdischen Verschwörung gegen die Sowjetunion erweitern. Gegenüber Salomon Losowski, einem der Häftlinge, erklärte er: »Juden sind minderwertig und dreckig, Juden sind Abschaum, Juden sind als einzige gegen die Partei, überall in der Sowjetunion führen sie eine antisowjetische Flüsterkampagne. Die Juden wollen alle Russen auslöschen.«[11] Ein derart offener Antisemitismus wäre aber selbst für Stalin unangenehm gewesen. Schließlich wurden die 15 Angeklagten (ausnahmslos Juden) im Sommer 1952 vor ein geheimes Militärtribunal gestellt.

14 wurden hingerichtet, die einzige Überlebende, Lina Stern, wurde zu 10 Jahren Haft verurteilt.

Auch in den Satellitenstaaten nahm der Antisemitismus zu. In Rumänien, wo ein beträchtlicher Teil der jüdischen Bevölkerung den Krieg überlebt hatte, kam es im Herbst 1948 zu einer antisemitischen Kampagne, die in wechselnder Heftigkeit 6 Jahre dauerte. Doch angesichts der Größe der jüdischen Bevölkerung und ihrer Verbindungen zu den Vereinigten Staaten erschienen direkte Angriffe nicht opportun. Eine Weile spielten die Rumänen sogar mit dem Gedanken, ihre Juden ziehen zu lassen, und erteilten, vom Frühjahr 1950 bis April 1952, Ausreisevisa. In dieser Zeit emigrierten allein 90 000 rumänische Juden nach Israel.

Pläne für einen rumänischen Schauprozeß konzentrierten sich auf den (nichtjüdischen) kommunistischen Parteiführer Lucretius Pătrăşcanu. Dessen öffentliche Kritik an der Kollektivierung der Landwirtschaft machte ihn zu einem naheliegenden Sündenbock. Im April 1948 wurde er verhaftet. Doch als die Anklageschrift schließlich ausgearbeitet war, hatten sich die Rahmenbedingungen verändert, so daß sein Fall mit demjenigen von Ana Pauker verhandelt wurde. Ana Pauker, die Tochter eines Schochet (Schächters) in Moldawien, war die erste jüdische Ministerin in der Geschichte Rumäniens (und weltweit die erste Außenministerin). Sie war eine politisch orthodoxe Hardlinerin, an der die rumänische Regierung hervorragend ein Exempel statuieren konnte, um die Gunst der Bevölkerung zu gewinnen.

Stalins Tod machte dem rumänischen KP-Chef, Gheorghe Gheorghiu-Dej, der gegen Pauker und andere einen Schauprozeß veranstalten wollte, einen Strich durch die Rechnung. Statt dessen wurden bis Anfang 1954 mehrere Geheimverfahren gegen kleinere Funktionäre durchgeführt, denen man vorwarf, zionistische Spione im Sold imperialistischer Agenten zu sein. Die Opfer – von tatsächlichen Mitgliedern der (rechten) Revisionistischen Zionisten bis hin zu jüdischen Kommunisten – wurden beschuldigt, illegale Kontakte zu Israel unterhalten und während des Krieges mit den Nazis kooperiert zu haben, und zu Haftstrafen zwischen 10 Jahren und lebenslänglich verurteilt. Im April 1954 wurde schließlich auch Pătrăşcanu, der 6 Jahre im Gefängnis geschmachtet hatte, wegen Spionage für die Briten der Prozeß gemacht. Er wurde schuldig gesprochen und hingerichtet.

Ana Pauker hatte mehr Glück. Erst hielt Stalin die Hand über sie, dann Molotow, so daß sie nie direkt als »Zionistin« angeklagt wurde. Sie wurde im September 1952 aus der Partei ausgeschlossen und verschwand in Vergessenheit, bevor sie 1960 starb. In der rumänischen KP, kleiner und isolierter als die anderen osteuropäischen Parteien, gab es immer interne Kämpfe, und die Niederlage des »rechten« Pătrăşcanu und der »linken« Pauker war vor allem ein Sieg für die

Fraktion von Gheorghiu-Dej, dessen Regierungsstil (wie der seines Nachfolgers Nicolae Ceauşescu) an einen autoritären Balkanherrscher erinnerte.

Aber nicht nur in Rumänien, auch in Ostdeutschland und Polen wurden Juden aus Partei und Regierung entfernt, zwei anderen Ländern, in denen Teile der Partei einen verbreiteten Antisemitismus gegen die »Kosmopoliten« in den eigenen Reihen mobilisieren konnten. Ostdeutschland war ein besonders fruchtbarer Boden. Im Januar 1953, nachdem in Moskau die »Ärzteverschwörung« gemeldet worden war, flohen prominente ostdeutsche Juden und jüdische Kommunisten in den Westen. Hans Jendretzky, Mitglied des Politbüros, forderte den Ausschluß von Juden als Staatsfeinden aus dem öffentlichen Leben. Doch ob Zufall oder Ergebnis politischer Klugheit, alle drei Staaten vermieden es, großangelegte antisemitische Schauprozesse zu veranstalten, wie sie in Moskau geplant und in Prag durchgeführt wurden.

Der Schauprozeß schlechthin war der Slánský-Prozeß, der drei Jahre lang gründlich vorbereitet wurde. Zunächst wurde gegen eine Gruppe slowakischer Kommunisten ermittelt, einschließlich Außenminister Vladimír Clementis, der 1950 (unter dem Vorwurf des »bürgerlichen Nationalismus«) verhaftet wurde, sowie gegen verschiedene tschechische Kommunisten, denen ebenfalls Beteiligung an einer titoistisch-trotzkistischen Verschwörung vorgeworfen wurde. Doch keiner der Angeklagten, die 1950 und 1951 in Untersuchungshaft saßen, war so hochrangig, als daß man ihn in dem von Stalin geforderten großen Prozeß der Öffentlichkeit als Galionsfigur und Rädelsführer hätte präsentieren können.

Im Frühjahr 1951 wies der sowjetische Geheimdienstchef Berija die Tschechen an, schwerpunktmäßig in Richtung »zionistische Verschwörung« zu ermitteln. Die ganze Sache lag nun in den Händen des sowjetischen Geheimdienstes. Oberst Komarow und ein Mitarbeiter wurden nach Prag entsandt, um die Ermittlungen zu übernehmen. Die tschechische Sicherheitspolizei und die kommunistische Führung erhielten von ihnen Anweisungen. Da unbedingt ein prominentes Opfer hermußte, hatten die Sowjets die zweithöchste Figur in der tschechischen Hierarchie nach Präsident Klement Gottwald ins Visier genommen: Rudolf Slánský, Generalsekretär der Partei. Im Gegensatz zu Gottwald, einem nützlichen Aushängeschild und fügsamen Funktionär, war Slánský, obschon Stalinist (wie Rájk), Jude.

Gottwald sträubte sich zunächst gegen eine Verhaftung Slánskýs – die beiden hatten in den vorangegangenen Jahren bei der Säuberung der Partei zusammengearbeitet, und wenn der Generalsekretär angeklagt würde, konnte Gottwald leicht das nächste Opfer sein. Doch die Sowjets ließen nicht locker, legten gefälschte Dokumente vor, die eine Verbindung zwischen Slánský und der CIA suggerierten, so daß Gottwald am Ende einlenkte. Am 23. November 1951 wurde Slánský verhaftet. Wenig später folgten ihm weitere prominente jüdische Kommunisten ins Gefängnis. Die Sicherheitsdienste gingen nun daran, ihren Häftlingen Geständnisse und »Beweise« abzupressen, um einen großangelegten Prozeß gegen Slánský und dessen Freunde konstruieren zu können. Da die Opfer (vor allem Slánský) trotz barbarischer Folter einen gewissen Widerstand an den Tag legten, nahmen die Prozeßvorbereitungen fast ein ganzes Jahr in Anspruch.

Im September 1952 schließlich war die Anklageschrift fertiggestellt. Die Geständnisse, die Anklage, die bereits festgelegten Urteile und das Prozeßdrehbuch wurden nach Moskau geschafft und von Stalin höchstpersönlich abgesegnet. In Prag fand anschließend eine Generalprobe des Verfahrens statt, von der Tonbandaufzeichnungen gemacht wurden. Diese sollten als »Live-Übertragungen« ausgestrahlt werden, falls einer der Angeklagten, wie seinerzeit Kostow, sein Geständnis während des Prozesses öffentlich widerrief. Doch dazu kam es nicht.

Das Verfahren dauerte vom 20. bis zum 27. November 1952. Es folgte dem etablierten Muster: Den Angeklagten wurde vorgeworfen, Dinge getan und gesagt zu haben, die sie weder getan noch gesagt hatten (Grundlage dafür waren Aussagen, die andere Zeugen sowie die Mitangeklagten unter Folter gemacht hatten). Ihnen wurden Dinge zur Last gelegt, die sie tatsächlich getan hatten, denen nun aber neue Bedeutungen gegeben wurden. So wurden drei der Angeklagten beschuldigt, mit Israel einen günstigen Handelsvertrag abgeschlossen zu haben, zu einer Zeit, als die Sowjets noch eine israelfreundliche Politik betrieben hatten. Clementis wurde vorgeworfen, sich mit Tito (dem »Henker des jugoslawischen Volkes« und »Lakaien des Imperialismus«) getroffen zu haben – zu einer Zeit, als Clementis Vizeaußenminister und Tito bei den Sowjets noch gelitten war.

Zweierlei unterscheidet diesen Prozeß von allen anderen, die ihm vorangingen. Zum einen wiesen Staatsanwaltschaft und Zeugen immer wieder auf die jüdische Herkunft der Angeklagten hin – »der Kosmopolit Rudolf Margolius«, »Slánský, die große Hoffnung der Juden innerhalb der Kommunistischen Partei«, »Repräsentanten des internationalen Zionismus« usw. Jüdische Herkunft (gelegentlich »zionistische Herkunft«) diente als Beweis antikommunistischer, staatsfeindlicher Absichten. Und die Sprache der Ankläger orientierte sich an den wüsten Beschimpfungen von Staatsanwalt Wischinsky bei den Moskauer Prozessen, übertraf sie sogar: »Abscheuliche Verräter«, »Hunde«, »Wölfe«, »wölfische Nacheiferer Hitlers« und dergleichen mehr.

Am vierten Prozeßtag hieß es in einem Leitartikel des kommunistischen Zentralorgans *Rude Pravo*: »Man zittert vor Empörung und Abscheu beim Anblick dieser kalten, gefühllosen Kreaturen. Der Judas Slánský hat auf diese ausländischen Elemente gesetzt, auf diesen Pöbel mit seiner dunklen Vergangenheit.«

Kein Tscheche, so der Verfasser, könne solche Verbrechen begangen haben, »nur zynische, vaterlandslose Zionisten, ... raffinierte Kosmopoliten, die sich an den Dollar verkauft haben ... Verbrecherische Akte, begangen im Geiste von Zionismus, bürgerlich-jüdischem Nationalismus und volksfeindlichem Chauvinismus ...«

11 der 14 Angeklagten wurden zum Tod verurteilt und hingerichtet, 3 erhielten lebenslängliche Haftstrafen. Einen Monat später sagte Klement Gottwald auf dem Parteitag der tschechoslowakischen KP über seine einstigen Genossen: »Normalerweise werden Bankiers, Industrielle, ehemalige Kulaken nicht in unsere Partei aufgenommen. Wenn sie aber jüdischer Abstammung waren und zionistische Tendenzen vertraten, haben wir über ihre Klassenherkunft hinweggesehen. Dies hatte mit unserer Abscheu vor dem Antisemitismus und unserem Respekt vor dem Leiden der Juden zu tun.«

Der Slánský-Prozeß war eine Farce: Justizmord als öffentliches Spektakel.[12] Wie das Verfahren gegen die Mitglieder des Jüdischen Antifaschistischen Komitees sollte auch der Prager Prozeß auf die Verhaftung der sowjetisch-jüdischen Ärzte einstimmen, deren »Verschwörung« von der *Prawda* am 13. Januar 1953 verkündet wurde. Diese Leute (»eine zionistische Terrorclique«), denen die Ermordung Andrej Shdanows zur Last gelegt wurde, weiterhin verschwörerische Zusammenarbeit mit der »anglo-amerikanischen Bourgeoisie« und ihr Kampf für den »jüdischen Nationalismus« mit Unterstützung des American Jewish Joint Distribution Committee (sowie des bereits ermordeten »bourgeois-jüdischen Nationalisten« Salomon Michoels), wurden drei Monate nach dem Ende des Slánský-Prozesses vor Gericht gestellt.

Es darf vermutet werden, daß der Kreml seinerseits den Slánský-Prozeß als Vorwand nehmen wollte, sowjetische Juden massenhaft in die »autonome jüdische Region« Birobidschan in Sibirien und nach Zentralasien zu verbannen, wohin viele polnische Juden zwischen 1939 und 1941 deportiert worden waren. Der Verlag des Innenministeriums hatte eine Million Exemplare der Broschüre »Warum Juden aus den Industrieregionen unseres Landes entfernt werden müssen« gedruckt. Doch offenbar kamen selbst Stalin Zweifel (Ilja Ehrenburg hatte ihn vor den verheerenden Auswirkungen gewarnt, den ein Schauprozeß gegen die jüdischen Ärzte auf die westliche Öffentlichkeit haben würde). Doch Stalin starb am 5. März 1953, ohne eine Entscheidung getroffen zu haben.

Stalins Vorurteile bedürfen keiner Erklärung. In Rußland und Osteuropa war Antisemitismus eine verbreitete Erscheinung. Viel interessanter ist die Frage, was Stalin mit all diesen Säuberungen, Anklagen, Geständnissen und Schauprozessen bezweckte. Wozu überhaupt Prozesse? Überall in seinem Herrschaftsbereich konnte er auf administrativem Weg jede mißliebige Person aus dem Weg räumen, ganz wie es ihm gefiel. Prozesse konnten kontraproduktiv sein – die offensichtlich falschen Aussagen und Geständnisse, die rücksichtslose Verfolgung bestimmter Einzelpersonen und Gruppen konnte ausländische Beobachter kaum von der *Vertrauenswürdigkeit* der sowjetischen Justiz überzeugen.

Bei kommunistischen Schauprozessen ging es aber nicht um Rechtsprechung. Sie dienten der Belehrung der Öffentlichkeit – nach alter kommunistischer Praxis. Bereits 1928 fanden in der Sowjetunion die ersten derartigen Prozesse statt, deren Funktion es war, die Machtstrukturen des Sowjetsystems beispielhaft vorzuführen. Der Bevölkerung wurde demonstriert, wer Recht, wer Unrecht hatte, politische Irrtümer wurden bestraft, Loyalität und Gehorsam belohnt. Es wurden sogar Drehbücher geschrieben, die sich eines Vokabulars bedienten, das bei öffentlichen politischen Diskussionen benutzt werden mußte. Rudolf Slánský hieß nach seiner Verhaftung nur »der Spion Slánský« – diese ritualisierten Benennungen waren eine Art politischer Exorzismus.[13]

Schauprozesse – oder Tribunale, wie sie in Wyschinskis »Sowjetischem Handbuch der Ermittlungstechnik« von 1936 heißen – wurden zwecks Agitation des Proletariats veranstaltet. Wie es im tschechoslowakischen »Gesetz zur Ordnung der Justizorgane« vom Januar 1953 unverblümt heißt, bestand die Funktion der Gerichtshöfe darin, die Bürger zur Loyalität gegenüber dem Staat zu erziehen. Robert Vogeler, der 1948 in Budapest vor Gericht stand, schrieb seinerzeit: »So, wie unsere Auftritte inszeniert wurden, kam es darauf an, nicht so sehr unsere ›Schuld‹ als vielmehr unsere fiktive Identität zu beweisen. Jeder von uns mußte sich ›demaskieren‹.«

Die Angeklagten, angeblich politische Kritiker oder Oppositionelle, wurden als eine Bande prinzipienloser und korrupter Verschwörer hingestellt, die staatsfeindliche Ziele verfolgten. Das plumpe Vorgehen der Machthaber verschleiert gelegentlich diese Absicht – was soll man von einer Rhetorik halten, die zwecks Agitation der Budapester Bevölkerung unablässig die Fehler derjenigen hervorhebt, die den »Kampf gegen die Kulaken« kritisierten? Aber die Bevölkerung sollte nicht glauben, was sie hörte, sondern es nur nachbeten.

Schauprozesse dienten der Präsentation von Sündenböcken. Wenn die Wirtschaftspolitik nicht die angekündigten Erfolge zeitigte, wenn die sowjetische Außenpolitik gestört oder zu Kompromissen gezwungen wurde, dann mußte man irgendeinen Schuldigen vorführen. Konnte es denn andere Erklärungen für die Mißerfolge des unfehlbaren Führers geben? An Kandidaten herrschte kein Mangel: Slánský war innerhalb und außerhalb der Partei unbeliebt, Rájk ein unnachsichtiger stalinistischer Innenminister. Und eben weil sie unpopuläre Maßnahmen ausgeführt hatten, die inzwischen als Irrtümer angesehen wurden, waren alle kommunistischen Führer und Minister potentielle Opfer. So wie die besiegten Generäle der französischen Revolutionskriege häufig als Staatsverräter gebrandmarkt wurden, so bekannten sich kommunistische Minister als Saboteure, wenn die von ihnen verfügten Maßnahmen nicht zu den gewünschten Ergebnissen führten.

Der Nutzen des Geständnisses lag nicht nur in seiner symbolischen Verwendbarkeit als Instrument der Schuldzuweisung, es bestätigte auch die Richtigkeit der kommunistischen Lehre. In Stalins Welt gab es keine politischen Diskussionen, sondern nur Ketzer, keine Kritiker, nur Feinde, keine Irrtümer, nur Verbrechen. Die Prozesse dienten dazu, Stalins überragende Eigenschaften zu demonstrieren und die Verbrechen seiner Feinde zu benennen. Sie zeigen zudem das Ausmaß der Stalinschen Paranoia und das Mißtrauen, das in seiner Umgebung herrschte. Zum Teil war das ein uralter russischer Minderwertigkeitskomplex, eine Furcht vor dem Einfluß und der Verführungskraft des reichen Westens. In einem Schauprozeß, der 1950 in Sofia gegen die »amerikanische Spionageclique in Bulgarien« stattfand, wurde den Angeklagten vorgeworfen, sie verträten die Ansicht, »daß die erwählten Völker nur im Westen leben, obwohl ihre Wurzeln im Osten liegen«. Die Angeklagten neigten zu »unterwürfiger Selbstverleugnung«, die sich westliche Spione zunutze gemacht hätten.

Der Westen stellte also eine Bedrohung dar, die immer wieder beschworen werden mußte. Natürlich gab es reale westliche Spione. In den frühen fünfziger Jahren, nach dem Ausbruch des Koreakriegs, wurde in Washington tatsächlich eine Destabilisierung Osteuropas erwogen, und amerikanische Geheimdienste wurden auch aktiv, was den Geständnissen kommunistischer Funktionäre, die angeblich mit amerikanischen oder britischen Geheimdiensten zusammengearbeitet hatten, eine gewisse Plausibilität verlieh. Und Stalin rechnete in seinen letzten Lebensjahren wohl tatsächlich mit einem Krieg. Wie er in einem »Interview« mit der *Prawda* im Februar 1952 erklärte, hielt er eine Konfrontation zwischen Kapitalismus und Kommunismus für unausweichlich. Zwischen 1947 und 1952 befand sich der Sowjetblock in einer Art permanentem Kriegszustand: Die tschechoslowakische Rüstungsproduktion wurde um das Siebenfache gesteigert, weitere sowjetische Truppen wurden in die DDR verlegt, Pläne für ein strategisches Bomberkommando entworfen.

So waren die Verhaftungen und Säuberungen und Prozesse eine öffentliche Vorbereitung auf die bevorstehende Konfrontation, eine Rechtfertigung sowjetischer Kriegsangst und eine (aus früheren Zeiten bekannte) Methode, die Partei zu trimmen und auf den Kampf einzustimmen. Der gegen Rájk erhobene Vorwurf, er habe mit amerikanischer und britischer Hilfe auf eine Beseitigung des Regimes hingearbeitet, erschien vielen Kommunisten und ihren westlichen Sympathisanten durchaus glaubwürdig. Selbst die – ansonsten völlig absurden – Beschuldigungen gegen Slánský und andere stützten sich auf die weithin anerkannte Tatsache, daß die Tschechoslowakei weit mehr Verbindungen zum Westen als zu anderen Ostblockstaaten hatte. Aber warum Rájk? Warum Slánský? Wie wurden die Sündenböcke ausgewählt?

Jeder Kommunist, der sich, aus welchen Gründen auch immer, im Westen, also außerhalb des sowjetischen Einflusses, aufgehalten hatte, war in Stalins Augen verdächtig. Kommunisten, die während des Bürgerkriegs in Spanien gewesen waren – und viele Kommunisten aus Osteuropa und Deutschland hatten dort gekämpft –, gerieten als erste unter Verdacht. László Rájk war ebenso in Spanien gewesen (als Politkommissar im »Rákosi-Bataillon«) wie Otto Sling, einer von Slánskýs Mitangeklagten. Nach dem Sieg Francos waren viele nach Frankreich geflohen, in Internierungslagern gelandet. Von dort schlossen sich viele der Résistance an, wo sie mit deutschen und anderen ausländischen Kommunisten zusammenarbeiteten, die ins französische Exil gegangen waren. Es gab so viele von ihnen, daß sie von der KPF in einer Unterabteilung des kommunistischen Widerstands organisiert wurden, dem Main d'Œuvre Immigré (MOI). Prominente Kommunisten der Nachkriegszeit wie Artur London (ebenfalls Mitangeklagter im Slánský-Prozeß) hatten im MOI viele westliche Kontakte geknüpft, was sie in Stalins Augen verdächtig machte und ihnen später zur Last gelegt wurde.

Das Jüdische Antifaschistische Komitee hatte während des Krieges den Auftrag erhalten, Kontakte zum Westen aufzunehmen und eine Dokumentation von Nazigreueln zusammenzustellen – genau das wurde den Mitgliedern später zum Vorwurf gemacht. Deutsche Kommunisten wie Paul Merker, der die Kriegsjahre in Mexiko verbrachte, slowakische Kommunisten wie der spätere Außenminister Clementis, der in London war, jeder, der im besetzten Europa blieb – sie alle hatten sich verdächtig gemacht, mußten mit dem Vorwurf rechnen, Kontakte zu westlichen Agenten aufgenommen oder allzu eng mit nichtkommunistischen Widerstandsgruppen zusammengearbeitet zu haben. Josef Frank, einem tschechischen Kommunisten und Buchenwald-Überlebenden, wurde im Slánský-Prozeß vorgeworfen, er habe im KZ Kontakte zum »Klassenfeind« unterhalten.

Die einzigen Kommunisten, die nicht *von vornherein* Stalins Mißtrauen erregten, waren jene, die lange in Moskau gewesen waren. Auf diese Personen war doppelt Verlaß. Da sie viele Jahre unter den wachsamen Augen der sowjetischen Behörden verbracht hatten, hatten sie, wenn überhaupt, nur wenig Kontakt zu Ausländern. Und bei all jenen, die die Säuberungen der dreißiger Jahre überlebt hatten (die meisten Parteifunktionäre aus Polen, Jugoslawien und anderen Ländern waren seinerzeit liquidiert worden), war klar, daß sie dem sowjetischen Diktator bedingungslos gehorchen würden. »Nationalkommunisten« dagegen,

Männer und Frauen, die in ihrer Heimat geblieben waren, galten als unzuverlässig. Sie hatten gewöhnlich eine heroischere Rolle im Widerstand gespielt als ihre in Moskau verbliebenen Freunde, die nach dem Krieg im Troß der Roten Armee heimkehrten, und genossen größeres Ansehen im eigenen Land. Und sie hatten meist ihre eigenen Ansichten über einen eigenen »Weg zum Sozialismus«.

Aus diesen Gründen waren die Nationalkommunisten fast durchweg die Hauptopfer der Schauprozesse nach dem Krieg. So war Rájk ein Nationalkommunist, während Rákosi und Gerö – die bei seinem Prozeß Regie führten – »Moskowiter« waren (allerdings war Gerö auch in Spanien gewesen). Ansonsten gab es kaum Unterschiede zwischen ihnen. In der Tschechoslowakei waren die Männer, die den slowakischen Aufstand gegen die Nazis organisiert hatten (darunter Slánský), automatisch Objekt sowjetischen Mißtrauens. Stalin hatte keine Lust, sich die Anerkennung für die Befreiung der Tschechoslowakei mit anderen teilen zu müssen. Im Kreml zog man zuverlässige, unheroische, phantasielose »Moskowiter« vor – Männer wie Klement Gottwald.

In Bulgarien hatte Traitscho Kostow während des Krieges die kommunistischen Partisanen geführt, nach dem Krieg war er der zweitmächtigste Mann nach Georgi Dimitrow, bis man ihm 1949 seine Aktivitäten während des Krieges zur Last legte. In Polen hatte Gomułka, gemeinsam mit Marian Spychalski, den bewaffneten Widerstand gegen die Nazis organisiert. Nach dem Krieg entschied sich Stalin für Bierut und andere Moskowiter. Spychalski und Gomułka wurden verhaftet und entgingen, wie schon erwähnt, nur knapp einem Schauprozeß.

Es gab Ausnahmen. In Rumänien war es ein Nationalkommunist, Gheorghiu-Dej, der den Sturz eines anderen Nationalkommunisten, Pătrăşcanu, und die Entmachtung der moskautreuen Stalinistin Ana Pauker in die Wege leitete. Und selbst Kostow hatte die frühen dreißiger Jahre in Moskau, im Balkansekretariat der Komintern, verbracht. Er war überdies ein ausgewiesener Tito-Kritiker (wenn auch aus eigenen Gründen – Kostow betrachtete Tito als Erben serbischer Gebietsansprüche auf Kosten Bulgariens), was ihn allerdings nicht rettete, sondern seine Verfehlungen nur verschlimmerte – Stalin war nicht an Zustimmung interessiert, sondern einzig an unerschütterlichem Gehorsam.

Und schließlich wurden bei der Auswahl von Schauprozeßkandidaten viele alte Rechnungen beglichen. Karol Bacilek erklärte am 17. Dezember 1952 auf dem Parteitag der tschechischen Kommunisten: »Die Frage von Schuld und Unschuld wird letztlich von der Partei mit Unterstützung der staatlichen Sicherheitsorgane entschieden.« In manchen Fällen wurden völlig fiktive Anklagen konstruiert. In anderen wurden erwiesene Tatsachen in ihr Gegenteil verkehrt. So wurde zwei Angeklagten im Slánský-Prozeß vorgeworfen, der Sowjetunion überhöhte Preise für tschechische Produkte berechnet zu haben. In der Regel wurden Waren bewußt sehr kostengünstig an die Sowjetunion abgegeben. Nur Moskau konnte Ausnahmen genehmigen. »Überhöhte« Preise, wie im tschechischen Fall, waren, wie die Staatsanwälte genau wußten, übliche Moskauer Praxis – auf diese Weise wurde Bargeld nach Prag und weiter in den Westen geschleust zur Verwendung für Spionagezwecke.

Ähnlich zynisch – und Teil einer persönlichen Verleumdungskampagne – waren die Anschuldigungen gegen Ana Pauker, der man zugleich rechtes und linkes »Abweichlertum« vorwarf. Erst hatte sie die Kollektivierung der Landwirtschaft »kritisiert«, dann gegen den Willen der Bauern durchgesetzt. Rájk wurde beschuldigt, im Jahr 1947 das kommunistische Netzwerk innerhalb der ungarischen Polizei aufgelöst zu haben. Tatsächlich hatte er unter dem Deckmantel dieser Aktion (am Vorabend der Wahlen von 1947 und mit offizieller Billigung) die weitaus stärkere sozialdemokratische Polizeiorganisation aufgelöst. Später hatte er das kommunistische Netzwerk insgeheim wieder aufgebaut, während die anderen Parteien verboten blieben. Doch als die Zeit kam, Rájk zu entfernen, war sein damaliges Vorgehen Wasser auf sowjetische Mühlen.

Bei den großen Schauprozessen ging es durchweg um Kommunisten. Andere Kommunisten wurden ohne Prozeß aus dem Weg geräumt. Doch die allermeisten Opfer, in der Sowjetunion und in den Satellitenstaaten, waren natürlich keine Kommunisten. Nur ein Zehntel derjenigen, die in der Tschechoslowakei zwischen 1948 und 1954 zu Zuchthaus oder Arbeitslager verurteilt wurden, und nur ein Zwanzigstel aller zum Tode Verurteilten waren Kommunisten. In der DDR wurde am 8. Februar 1950 das Ministerium für Staatssicherheit errichtet, das die Aufgabe hatte, nicht nur Kommunisten, sondern die gesamte Bevölkerung zu überwachen. Stalins Mißtrauen richtete sich nicht nur gegen Kommunisten, die Kontakte zum Westen hatten, sondern gegen *jeden*, der außerhalb des Sowjetblocks gelebt hatte.

Praktisch stand also die gesamte Bevölkerung Osteuropas in diesen Jahren unter Verdacht. Nicht, daß die Unterdrückung in der Sowjetunion weniger umfassend gewesen wäre. So, wie der Dekabristenaufstand von 1825 seinerzeit auf westliche Einflüsse zwischen 1813 und 1815 zurückgeführt wurde, so befürchtete Stalin schädliche Einflüsse durch Kontakte während des Krieges. Jeder sowjetische Bürger oder Soldat, der Besatzung oder Kriegsgefangenschaft überlebt hatte, stand also unter Verdacht. Als das Präsidium des Obersten Sowjets 1949 ein Gesetz verabschiedete, wonach Vergewaltigung, begangen von Angehörigen der Roten Armee, mit 10 bis 15 Jahren Arbeitslager bestraft werden sollte, ging es am allerwenigsten um Sühne für die Untaten von Rotarmisten in Ostdeutschland und Österreich. Tatsächlich wollte man ein Instrument in der Hand haben, um heimkehrende Soldaten nach Belieben bestrafen zu können.

Das Ausmaß der Strafen, die Bürger der Sowjetunion und osteuropäischer Länder in den ersten zehn Jahren nach Kriegsende zu erleiden hatten, war gigantisch und, außerhalb der Sowjetunion, beispiellos. Prozesse waren nur die sichtbare Spitze der Unterdrückung: Zuchthaus, Verbannung, Zwangsarbeit. 1952, auf dem Höhepunkt der zweiten stalinistischen Terrorwelle, wurden 1,7 Millionen Häftlinge in sowjetischen Arbeitslagern festgehalten, weitere 800 000 in Arbeitskolonien und 2 253 000 in »Sondersiedlungen«. Das »normale« Gulag-Urteil lag üblicherweise bei 25 Jahren, meist gefolgt (sofern der Betreffende überlebte) von Verbannung nach Sibirien oder in eine der zentralasiatischen Sowjetrepubliken. In Bulgarien waren, bei einer Arbeiterschaft von knapp einer halben Million, 2 von 9 Personen Sklavenarbeiter.

In der Tschechoslowakei gab es in den frühen fünfziger Jahren schätzungsweise 100 000 politische Gefangene (bei einer Gesamtbevölkerung von 13 Millionen) – nicht mitgerechnet die Zehntausenden, die als Zwangsarbeiter in den Bergwerken eingesetzt waren. Eine andere Form der Strafe war die »administrative Liquidierung«: Häftlinge wurden in aller Stille erschossen, ohne Öffentlichkeit, ohne Prozeß. Die Angehörigen erfuhren vielleicht erst ein Jahr später vom Schicksal des »Verschwundenen«. Drei Monate später wurde der Betreffende dann juristisch für tot erklärt, aber ohne weitere offizielle Erklärung oder Bestätigung. Auf dem Höhepunkt der Terrorwelle in der Tschechoslowakei erschienen täglich 30 bis 40 solcher Bekanntmachungen in der Presse. Zehntausende verschwanden auf diese Weise, viele Hunderttausende verloren ihre Privilegien, ihre Wohnung, den Arbeitsplatz.

In Ungarn soll zwischen 1948 und 1953 schätzungsweise 1 Million Menschen (bei einer Gesamtbevölkerung von weniger als 10 Millionen) Opfer von Verhaftung, Anklage, Haft oder Verbannung geworden sein. 1 von 3 Familien war direkt von diesen Maßnahmen betroffen. Die Angehörigen litten nicht weniger. Fritzi Loebl, die Frau eines der Angeklagten im Slánský-Prozeß, wurde ein Jahr lang im Gefängnis von Ruzyn festgehalten und von Russen verhört, die sie als »dreckige jüdische Hure« bezeichneten. Nach ihrer Freilassung wurde sie zur Fabrikarbeit nach Nordböhmen verbannt. Frauen von Häftlingen und Deportierten verloren ihren Arbeitsplatz, ihre Wohnung und ihren persönlichen Besitz. Wenn sie Glück hatten, gerieten sie in Vergessenheit, wie etwa Josefine Langer, deren Mann, Oskar Langer, Zeuge im Slánský-Prozeß, später in einem Geheimverfahren zu 22 Jahren Haft verurteilt wurde. Sie und ihre Töchter hausten 6 Jahre in einem Keller.

Rumänien erlebte vermutlich die schlimmste, gewiß aber die dauerhafteste Verfolgung. Eine Million Häftlinge in Zuchthäusern, Arbeitslagern und als Zwangsarbeiter am Donau-Schwarzmeer-Kanal (von denen Zehntausende starben), nicht mitgerechnet die in die Sowjetunion Deportierten, barbarische Haftbedingungen in den Gefängnissen und »Versuchsgefängnissen«, besonders in Pitesti, wo die Häftlinge drei Jahre lang, vom Dezember 1949 bis Ende 1952, genötigt wurden, einander durch physische und psychologische Maßnahmen »umzuerziehen«. Die meisten Opfer waren Studenten, »Zionisten« und nichtkommunistische politische Gefangene.

Der kommunistische Staat führte einen permanenten unerklärten Krieg gegen die eigene Bevölkerung. Wie Lenin wußte auch Stalin, daß man Feinde brauchte, und so lag es in der Logik des stalinistischen Staates, daß er fortwährend zum Kampf gegen seine Feinde aufrief – die Feinde im Ausland, vor allem aber im eigenen Land. Stefan Rais, der tschechoslowakische Justizminister, erklärte am 11. Juni 1952 auf einer Juristenkonferenz: »Der Rechtsanwalt muß ... sich auf die entwickeltste, einzig korrekte und wahrheitsgemäße Lehre stützen, die es in der Welt gibt, auf die sowjetische Rechtswissenschaft, und sich gründlich mit den Erfahrungen der sowjetischen Juristen vertraut machen ... Eine unausweichliche Tatsache unserer Zeit ist der sich verschärfende Klassenkampf.«

Das martialische Vokabular, das bei Kommunisten so beliebt war, spiegelte diese aggressive Tendenz. Allenthalben begegnete man militärischen Bildern: Der Klassenkampf verlangt Bündnisse, Verbindung zu den Massen, Wendemanöver, Frontalangriffe. Mit Stalins These von der Verschärfung des Klassenkampfs beim Übergang vom Kapitalismus zum Sozialismus erklärte man die eigentümliche Tatsache, daß überall, trotz 99 Prozent Wählerstimmen, die Feinde stärker wurden. Der Kampf mußte noch entschlossener geführt und die Geschichte der Sowjetunion in allen Satellitenstaaten genauestens kopiert werden.

Die größten Feinde waren Bauern und Bürgerliche. Doch in der Praxis, genau wie bei den Nazis, waren Intellektuelle oft das einfachste Opfer. In Andrej Shdanows wütender Attacke auf Anna Achmatowa (»eine Nonne oder eine Hure, oder vielmehr eine Nonne und eine Hure, die Ehebruch und Gebet miteinander verbindet. Achmatowas Dichtung steht dem Volk völlig fern.«[14]) klingt die ganze Intellektuellenfeindlichkeit der Stalinisten an. Wäre Achmatowa, wie so viele mitteleuropäische Intellektuelle, Jüdin gewesen, wäre die Karikatur komplett gewesen.

Politische Repression, Zensur und sogar Diktatur waren im vorstalinistischen Osteuropa keineswegs unbekannt, auch wenn einschlägig erfahrene Leute übereinstimmend erklärten, daß die Verhör- und Haftbedingungen der Zwischenkriegsjahre denjenigen in den »Volksdemokratien« vorzuziehen seien. Die Instrumente der Überwachung und des Terrors, die der kommunistische Staat nach 1947 praktizierte, wurden von Stalins Leuten perfektioniert, brauchten in den meisten Fällen aber nicht importiert zu werden: Sie waren schon vorhanden. Das kommunistische Securitate-Gefängnis in Pitesti wurde nicht zufällig von Eugen Turcann geleitet, der vor dem Krieg als Student an der Universität von Iasi Mitglied der (faschistischen) Eisernen Garde gewesen war.

Was den kommunistischen Staat von seinen autoritären Vorgängern unterschied, war weniger die schiere Effizienz seines Repressionsapparates als vielmehr die Tatsache, daß Staatsmacht und Ressourcen, nunmehr monopolisiert, fast ausschließlich zum Vorteil einer *fremden* Macht mißbraucht wurden. Der deutschen Besatzung schloß sich ohne nennenswerte Störungen die sowjetische Besatzung an, und Osteuropa geriet immer tiefer in den sowjetischen Herrschaftsbereich (für die Ostdeutschen war der Übergang nach 12 Jahren Nazi-Diktatur noch bruchloser). Dieser Prozeß mit all seinen Folgen – »Sowjetisierung« und »Russifizierung« des gesamten Ostblocks, von Produktionsprozessen bis hin zu akademischen Titeln – mußte früher oder später zu einer allgemeinen Entfremdung führen (ausgenommen die hartnäckigsten Stalinisten).

Und er hatte den Nebeneffekt, daß viele Menschen ihre anfänglich ambivalente Einstellung gegenüber der kommunistischen Transformation vergaßen. Der antisemitische und häufig fremdenfeindliche Tonfall der stalinistischen Politiker war in weiten Teilen Osteuropas, wie auch in der Sowjetunion, auf offene Ohren gestoßen. Auch eine nationalistisch ausgerichtete Wirtschaft war vertrautes Terrain, weshalb Enteignung, Verstaatlichung, staatliche Kontrollen und Vorschriften keineswegs unbekannt waren. So konnten in der Tschechoslowakei, nach den Bestimmungen des Zweijahresplanes von 1946, widerspenstige Arbeiter in Arbeitslager gesteckt werden (allerdings weigerten sich viele Richter damals noch, diese Strafen zu verhängen).

In der Anfangsphase war die sowjetische Inbesitznahme von Osteuropa kein so einseitiger und brutaler Übergang, wie es im nachhinein den Anschein hat, selbst wenn wir die großen Hoffnungen außer acht lassen, die einige junge Leute in Warschau oder Prag in eine kommunistische Zukunft setzten. Doch so, wie die Brutalität der Nazis die anfänglich deutschfreundliche Bevölkerung der »befreiten« Regionen der UdSSR entfremdet hatte, so wurden auch in Stalins Satellitenstaaten Illusionen und Erwartungen bald enttäuscht.

Zu welchen Ergebnissen die beschleunigte Version der sowjetischen Wirtschaftsentwicklung in den entwickelteren westlichen Nachbarstaaten führte, wurde bereits erwähnt. Die einzige Ressource, die kommunistischen Betriebsdirektoren durchweg zur Verfügung stand, war eine arbeitsintensive Produktion. Deshalb ähnelte der stalinistische Terror in Osteuropa 1948 bis 1953 dem Terror in der Sowjetunion der dreißiger Jahre: Beide gingen mit Zwangsindustrialisierung einher. Die Planwirtschaft war tatsächlich gut geeignet, Arbeiter in Bergwerken und Fabriken zu großen Produktionsleistungen zu zwingen, mehr aber auch nicht. Die Landwirtschaft fiel immer weiter zurück, so daß es in der UdSSR gelegentlich zu grotesken Situationen kam. Parteifunktionäre in Frunse empfahlen den Bauern, ihre (unerreichbar hohe) Butterquote durch Ankauf in den örtlichen Geschäften zu erfüllen …

Die Prozesse und Säuberungen, begleitet von einem Chor verlogener Kommentare, entwerteten alles, was in Osteuropa von einem politischen Leben noch übriggeblieben war. Politik und Staat waren gleichbedeutend mit Korruption und Willkür und Unterdrückung, praktiziert durch und für eine käufliche Clique, die selbst von Mißtrauen und Furcht zerfressen wurde. Das war natürlich nichts Neues in diesen Ländern. Aber die *kommunistische* Herrschaft hatte etwas ausgesprochen Zynisches. Der übliche Machtmißbrauch umgab sich nun mit dem Jargon von Fortschritt und Gleichheit, den weder die Oligarchen der Zwischenkriegszeit noch die Nazibesatzer für nötig befunden hatten. Es war diese abermalige Form von Mißherrschaft, adaptiert zum ausschließlichen Vorteil einer fremden Macht, die die sowjetische Herrschaft in den Satellitenstaaten so verhaßt machte.

Die Sowjetisierung des Ostblocks hatte zur Folge, daß sich die östliche Hälfte Europas immer weiter von der westlichen entfernte. Während in Westeuropa eine Epoche tiefgreifender Veränderungen und eines beispiellosen Wohlstands anbrach, versank Osteuropa in Erstarrung und Resignation, in einer fast vier Jahrzehnte dauernden Eiszeit, in der jedes Aufbegehren sofort unterdrückt wurde. Es ist bezeichnend und in gewisser Weise auch konsequent, daß Stalin in den Jahren, in denen rund 14 Milliarden Dollar an ERP-Geldern in die westeuropäische Wirtschaft flossen, dank Reparationen, Zwangslieferungen und völlig ungleicher Handelsbeziehungen fast den gleichen Betrag aus Osteuropa *herausholte*.

Osteuropa war schon immer anders als Westeuropa. Aber dieser Unterschied war nicht der einzige im Selbstverständnis des Kontinents, nicht einmal der wichtigste. Südeuropa unterschied sich deutlich von Nordwesteuropa; regionale Unterschiede hatten mehr mit Religion als mit Politik zu tun. Vor dem Zweiten Weltkrieg waren die Unterschiede zwischen Nord und Süd, zwischen Reich und Arm, Stadt und Land sehr viel ausgeprägter als zwischen Ost und West.

In den osteuropäischen Ländern hatte die Sowjetherrschaft daher in gewisser Hinsicht noch größere Auswirkungen als in Rußland selbst. Das Zarenreich hatte nie ganz zu Europa gehört, und noch im 19. Jahrhundert wurde heftig darüber gestritten, ob Rußland europäisch sei. Indem die Bolschewiken das Land brutal von seinen Beziehungen zur europäischen Geschichte und Kultur abschnitten, fügten sie ihm großen und dauerhaften Schaden zu. Doch ihr Mißtrauen gegenüber dem Westen und ihre Angst vor europäischen Einflüssen waren nicht neu, sondern tief verwurzelt in slawophilen Schriften – lange vor 1917.

In Mittel- und Osteuropa lagen die Dinge ganz anders. Es gehörte vielmehr zum nationalen Selbstverständnis von Polen, Rumänen, Kroaten und anderen, sich nicht als ferne Bewohner am Rand der europäischen Zivilisation zu sehen, sondern als unterschätzte Verteidiger des wahren europäischen Erbes – so, wie für Tschechen und Ungarn außer Frage stand, daß sie im Herzen Europas lebten. Rumänische und polnische Intellektuelle orientierten sich an Paris, während die deutschsprachigen Intellektuellen im Habsburgerreich, von der Bukowina bis nach Triest, sich an Wien orientierten.

Dieses integrierte, kosmopolitische Europa hatte es natürlich immer nur für eine Minderheit gegeben – und es war 1918 gestorben. Doch die neuen, in Versailles entworfenen Staaten waren von Anfang an fragil und unbeständig. Die Zwischenkriegszeit war eine Art Interregnum, weder Krieg noch Frieden, in der das Schicksal Mittel- und Osteuropas in der Schwebe blieb. Das wahrscheinlichste Ergebnis – ein wiedererstarktes Deutschland, Erbe der alten Machthaber von Stettin bis Istanbul – wurde nur durch Hitlers eigene Irrtümer mit knapper Not abgewendet.

Am Ende war es die russische Lösung, die den östlichen Teil Europas vom Rest des Kontinents abschnitt. Für die Westeuropäer war das seinerzeit kein Anlaß zu Besorgnis. Mit Ausnahme der Deutschen, die von der Teilung Europas am unmittelbarsten betroffen waren, sich darüber aber kaum beklagen konnten, reagierten die Westeuropäer weitgehend gleichgültig. Ja, sie gewöhnten sich so schnell an die neue Situation und waren ohnehin so sehr von den Veränderungen im eigenen Land in Anspruch genommen, daß eine hermetisch abgeriegelte Grenze, die den Kontinent von der Ostsee bis zur Adria teilte, ganz natürlich erschien. Doch für die Menschen, die östlich dieser Linie lebten, zurückgeworfen in einen vergessenen, trostlosen Winkel des Kontinents, der Gnade einer fremden Großmacht ausgeliefert, die nicht besser dran war als sie selbst und sie ihrer knappen Ressourcen beraubte, blieb die Geschichte allmählich stehen.

VII

Kulturkrieg

Wir alle lehnten die vorangegangene Epoche ab. Ich kannte sie hauptsächlich durch die Literatur, und sie erschien mir als eine Epoche der Dummheit und Barbarei.

Milan Šimečka

In der Mitte des 20. Jahrhunderts setzt jedes Handeln eine bestimmte Haltung gegenüber der Sowjetunion voraus.

Raymond Aron

Ich habe mich aus den richtigen Gründen geirrt, während Sie und Ihresgleichen aus den falschen Gründen recht hatten.

Pierre Courtade (an Edgar Morin)

Ob es einem gefällt oder nicht, der Aufbau des Sozialismus ist insofern ein Privileg, als man, um ihn zu verstehen, Partei für ihn ergreifen und sich seine Ziele zu eigen machen muß.

Jean-Paul Sartre

Es ist nicht zu ändern, daß manche Leute aus den falschen Gründen recht haben … Diese Sorge, sich in schlechter Gesellschaft zu befinden, ist kein Ausdruck von politischer Reinheit, sondern ein Zeichen mangelnden Selbstbewußtseins.

Arthur Koestler

Die Schlacht zwischen Faschismus und Demokratie war kaum vorbei, als zur Verwunderung späterer Generationen sehr schnell ein neuer Konflikt in Europa einsetzte: der Kampf zwischen Kommunismus und Antikommunismus. Schon vor der Teilung Europas hatte man Position für oder gegen die Sowjetunion bezogen. Doch erst in den Nachkriegsjahren, zwischen 1947 und 1953, prägte diese Kluft zwischen Ost und West, links und rechts, nachhaltig das kulturelle Leben in Europa.

Die Voraussetzungen dafür waren günstig. In der Zwischenkriegszeit hatten die Rechtsextremen mehr Anhänger gehabt, als diese nach Kriegsende einräumen mochten. Literatur und Publizistik der dreißiger Jahre strotzten von Antisemitismus, Ultranationalismus, Klerikalismus und reaktionären Ideen. Intellektuelle, Journalisten und Lehrer, die vor und nach 1939 faschistische oder ultrareaktionäre Positionen vertraten, hatten nach 1945 allen Grund, ihre neuentdeckte fortschrittliche oder linke Haltung herauszustellen (beziehungsweise vorübergehend oder ein für allemal zu verstummen). Da faschistische, ja selbst ultrakonservative Parteien und Publikationen verboten waren (außer auf der iberischen Halbinsel), meldeten sich nur noch Vertreter der Mitte und der Linken öffentlich zu Wort. Rechte Ideologien hatten ausgedient.

Auch wenn sich der *Inhalt* des politischen Diskurses nach dem Ende Hitlers, Mussolinis und ihrer Anhänger radikal wandelte – der Tonfall blieb der gleiche. Die apokalyptische Unbedingtheit der Faschisten, ihr Ruf nach gewaltsamen »Endlösungen« (als sei radikale Zerstörung die Voraussetzung für wahre Veränderung), ihre Ablehnung der Kompromißbereitschaft und »Heuchelei« liberaler Demokraten und ihr manichäisches Weltbild (alles oder nichts, Revolution oder Untergang) – auf dieser Klaviatur konnte die Linke genausogut spielen, was sie nach 1945 dann auch tat.

Die rechten Intellektuellen der Zwischenkriegszeit, die von Nation, Reinheit, Opfer und Tod geschwärmt hatten, waren vom Ersten Weltkrieg geprägt worden. Auch die linken Intellektuellen nach 1945 waren geprägt vom Krieg, diesmal aber als einem Kampf zwischen unvereinbaren, entschieden moralischen Positionen: Gut oder Böse, Freiheit oder Sklaverei, Widerstand oder Kollaboration. In der Befreiung von den Nazis sah man weithin die Chance, einen radikalen politischen und gesellschaftlichen Wandel herbeizuführen, aus den Kriegszerstörungen die Kraft zu einem revolutionären Neubeginn zu ziehen. Und in dem Maße, wie allenthalben wieder »Normalität« einkehrte, schlug Enttäuschung in Zynismus oder Linksextremismus um – in einer Welt, die abermals in zwei feindliche Lager gespalten war.

Die europäischen Intellektuellen der Nachkriegszeit waren ungeduldig, wenig kompromißbereit, und sie waren jung. Im Ersten Weltkrieg war eine ganze Generation junger Männer gefallen, nach dem Zweiten Weltkrieg verschwand eine ältere, diskreditierte Truppe von der Bildfläche. Ihre Stelle nahmen junge Schriftsteller, Künstler, Journalisten und politische Aktivisten ein, die den Ersten Weltkrieg nicht mehr erlebt hatten, aber darauf brannten, die verlorenen Jahre wettzumachen. Ihre Politisierung hatte in der Zeit der Volksfront und der antifaschistischen Bewegungen stattgefunden. Und wenn diese Leute, oft aufgrund ihrer Aktivitäten während des Krieges, Bekanntheit und Einfluß erlangten, waren sie vergleichsweise noch ziemlich jung.

Jean-Paul Sartre war 40, als der Krieg zu Ende ging, Simone de Beauvoir 37,

Albert Camus, von allen der einflußreichste, erst 32 Jahre alt. Von den Älteren war nur der 1885 geborene François Mauriac ähnlich einflußreich, weil er politisch nicht belastet war. In Italien blieb von den Vertretern einer älteren Generation nur der neapolitanische Philosoph Benedetto Croce (geboren 1866) übrig. Ignazio Silone war bei Kriegsende 45, Alberto Moravia war 38, der kommunistische Schriftsteller und Journalist Elio Vittorini ein Jahr jünger. In Deutschland hatten Krieg und Regimetreue den höchsten Tribut von Intellektuellen und Schriftstellern gefordert: Heinrich Böll, der begabteste der jungen Generation, war bei Kriegsende erst 28 Jahre.

In Osteuropa, wo die intellektuellen Eliten der Vorkriegsjahre einen ultrakonservativen, mystischen Nationalismus oder noch Schlimmeres propagiert hatten, trat die Jugend noch stärker in den Vordergrund. Czesław Miłosz, der seinen einflußreichen Essay *Verführtes Denken* (erschienen 1951) mit 40 Jahren im politischen Exil schrieb, war keine untypische Figur. Jerzy Andrzejewski (der bei Miłosz in wenig schmeichelhaftem Licht erscheint) schrieb *Asche und Diamant,* seinen bekannten Roman über das Nachkriegspolen, in seinen Dreißigern. Tadeusz Borowski (geboren 1922) veröffentlichte die Erzählung *Die Herrschaften bitte ins Gas!*, in der er seine Auschwitz-Erfahrungen verarbeitete, mit 24 Jahren.

Die Führer der osteuropäischen kommunistischen Parteien hatten die Zwischenkriegszeit als politische Gefangene oder aber im Moskauer Exil oder beides erlebt und waren in der Regel schon etwas älter. Doch gleich unter ihnen standen blutjunge idealistische Männer und Frauen, die eine wichtige Rolle in ihren Ländern spielten. Géza Losonczy, der nach dem Budapester Aufstand von 1956 ein Opfer sowjetischer Repression wurde, war in seinen Zwanzigern, als er und viele andere sich dafür einsetzten, die ungarischen Kommunisten an die Macht zu bringen. Rudolf Margolius, einer der Angeklagten im Slánský-Prozeß, wurde mit 35 Minister in der kommunistischen Regierung der Tschechoslowakei. Artur London, ebenfalls Angeklagter im Slánský-Prozeß, war bei der Machtergreifung der Kommunisten gar erst 33. Er hatte seine politische Bildung im französischen Widerstand erhalten und, wie viele andere kommunistische Untergrundkämpfer, schon in jungen Jahren gelernt, politische und militärische Aufgaben zu übernehmen.

Viele junge Intellektuelle in Ost und West engagierten sich für eine kommunistische Zukunft. Ihr Enthusiasmus ging einher mit einem starken Minderwertigkeitskomplex gegenüber den Arbeitern. Nach dem Krieg waren Facharbeiter überall Mangelware – anders als zur Zeit der Weltwirtschaftskrise, die in der kollektiven Erinnerung noch sehr lebendig war. Kohle mußte gefördert, Straßen, Eisenbahnen, Häuser mußten gebaut oder repariert werden, Werkzeuge hergestellt, damit andere Güter produziert werden konnten. Für all das gab es nicht genügend Arbeitskräfte; junge, kräftige Männer in den DP-Lagern fanden sofort Arbeit und Unterkunft, im Gegensatz zu Frauen mit Kindern – oder »Intellektuellen«.

Produktion und Arbeiter standen also hoch im Kurs – durchaus zum Vorteil jener Parteien, die sich als deren Vertreter bezeichneten. Linksorientierte, gebildete Frauen und Männer der Mittelschicht, denen ihre bürgerliche Herkunft peinlich war, konnten dieses Dilemma lösen, indem sie sich dem Kommunismus verschrieben. Und selbst wenn sie nicht in die Partei eintraten, neigten, besonders in Frankreich und Italien, viele Künstler und Schriftsteller dazu, »sich vor dem Proletariat in den Staub zu werfen« (Arthur Koestler) und die »revolutionäre Arbeiterklasse« (die man sich als eine ernste, männliche und muskulöse Figur vorstellte) gleichsam anzubeten.

Diesem Phänomen begegnete man überall in Europa, und wenn es sich nicht auf Kommunisten beschränkte (der bekannteste Intellektuelle, der das Proletariat verherrlichte, war Jean-Paul Sartre, der nie Mitglied der KPF war), so hatte es in Osteuropa spürbare Konsequenzen. Studenten, Lehrer und Künstler aus England, Frankreich, Deutschland und anderen Ländern eilten nach Jugoslawien (vor dem Bruch mit Stalin), um beim Wiederaufbau des Landes mit anzupacken. Im August 1947 schrieb Ignazio Silone enthusiastisch über junge Italiener, die sich freiwillig in der Tschechoslowakei engagierten. Die Begeisterung für den Neubeginn, die Verherrlichung einer realen oder imaginären Gemeinschaft von Arbeitern und die Bewunderung für die Sowjetunion (und die Rote Armee) – das alles entfernte die junge Nachkriegsgeneration von ihren sozialen und historischen Wurzeln.

Der Entschluß, Kommunist zu werden (oder »Marxist«, was damals dasselbe war), wurde meist in jungem Alter getroffen. Der Pole Luděk Pachman schrieb: »Ich wurde 1945 Marxist. Ich war 19 Jahre alt, und die Vorstellung, plötzlich alles zu verstehen und alles erklären zu können, übte einen großen Reiz auf mich aus. Auch der Gedanke, an der Seite von Proletariern aus der ganzen Welt zu marschieren, erst gegen Hitler und dann gegen die internationale Bourgeoisie.« Selbst diejenigen, die, wie Czesław Miłosz, nicht der Verführung kommunistischer Dogmen erlagen, begrüßten die sozialen Reformen des Kommunismus uneingeschränkt: »Zu meiner großen Freude sah ich, daß die halbfeudalen Strukturen Polens endlich zerstört, die Universitäten für junge Arbeiter und Bauern geöffnet wurden, die Bodenreform in Angriff genommen wurde und die Industrialisierung des Landes begann.« Und Milovan Djilas schrieb später: »Totalitarismus ist zunächst Begeisterung und Überzeugung, erst später verwandelt er sich in Organisationen, Autorität, Aufsteigertum.«

Die jungen Intellektuellen engagierten sich für den Kommunismus, dessen Ziele sich wohltuend abhoben von der Kirchturmpolitik in ihren Ländern und der Intellektuellenfeindlichkeit der Rechten, und sie wurden von den Kommunisten zunächst umworben. Für viele war der Kommunismus Glaubenssache und keine Frage der Überzeugung. Wie der Pole Alexander Wat (der sich später ebenfalls von den Kommunisten abwandte) schrieb, hungerten die säkularen polnischen Intellektuellen nach einem »besseren Katechismus«. Obwohl es in Osteuropa immer nur eine Minderheit von Studenten, Dichtern, Dramatikern, Schriftstellern, Journalisten oder Professoren war, die aktive Kommunisten wurden, waren diese doch die begabtesten Vertreter ihrer Generation.

So trat Pavel Kohout, der später als Dissident und postkommunistischer Essayist und Dramatiker weltweit Berühmtheit erlangte, in seiner tschechoslowakischen Heimat zunächst als begeisterter Anhänger des neuen Regimes auf. 1969 schrieb er rückblickend von der »Gewißheit«, die er empfand, als er Klement Gottwald am Tag der kommunistischen Machtergreifung, im Februar 1948, auf dem Wenzelsplatz sah. Hier, »in der Menschenmenge, die nach Gerechtigkeit strebte, und in diesem Mann [Gottwald], der sie in die Entscheidungsschlacht führt,« fand der 20jährige Kohout »das Centrum Securitatis, nach dem Comenius vergeblich gesucht hatte«. Vier Jahre später, als treuer Anhänger der Glaubens, schrieb er die folgende »Hymne auf unsere Partei«:

Singen wir der Partei unseren Gruß!
Ihre Jugend sind die jungen Arbeiter,
Sie hat den Verstand von Millionen Köpfen
Und die Kraft von Millionen Händen,
Und ihre Bataillone sind
Die Worte Stalins und Gottwalds.

Mitten im lieblichen Mai
Bis in ferne Regionen
Weht über der alten Burg die Fahne
Mit den Worten »Die Wahrheit siegt!«
Glorreich haben sich diese Worte erfüllt:
Die Wahrheit der Arbeiter hat gesiegt!
Einer strahlenden Zukunft geh'n wir entgegen.
Ruhm der Partei Gottwalds! Ruhm! Ruhm!

In Kohouts Generation war dieser Glaube weit verbreitet. Wie Miłosz später schrieb, verlangte der Kommunismus vom Schriftsteller, nicht zu *denken*, sondern nur zu *verstehen*. Und selbst dafür brauchte es wenig mehr als Engagement, also genau das, was die jungen Intellektuellen suchten. »Wir waren Kinder des

Krieges«, schrieb Zdeněk Mlynář, der 1946 als 15jähriger in die kommunistische Partei eintrat, »auch wenn [...] wir niemals aktiv an irgendwelchem Kampfgeschehen teilgenommen hatten. Aber unsere Kriegsmentalität bewahrten wir uns bis in die ersten Nachkriegsjahre hinein, in denen wir dann erstmals Gelegenheit erhielten, uns für eine Sache zu engagieren.«[1] Mlynářs Generation kannte nur Krieg und Besatzung, eine Zeit, in der es nur Sieg oder Niederlage gab. Daraus entwickelte sich ein Weltbild, das mit der Vorstellung einherhing, die Durchsetzung des »korrekten« Standpunkts könne nur in der Liquidierung, der völligen Auslöschung abweichender Auffassungen bestehen.

Der naive Enthusiasmus, mit dem sich junge Osteuropäer dem Kommunismus verschrieben (»Ich bin in dieser revolutionären Stimmung ...«, schrieb Ludvík Vaculík seiner Freundin nach seinem Eintritt in die Partei), ändert nichts daran, daß die kommunistische Machtergreifung in ihren Ländern letztlich von Moskau gelenkt wurde. Er erklärt jedoch die Desillusionierung, die dann folgte. Älteren Kommunisten wie Djilas (geboren 1911) war vermutlich längst klar, daß »die Manipulation von Begeisterung der Kern der Sklaverei« ist. Aber jüngere Konvertiten, besonders Intellektuelle, waren entsetzt, als sie der Rigidität kommunistischer Disziplin und der Realität der stalinistischen Staatsmacht begegneten.

So war Shdanows dogmatische »Zwei-Lager-Theorie« mit ihrer Forderung an alle Kommunisten, in allen Bereichen (ob in der Botanik oder in der Dichtung) den »korrekten« Standpunkt einzunehmen, ein ganz besonderer Schock für die osteuropäischen »Volksdemokratien«. Sklavisches Befolgen der Parteilinie, längst praktiziert in der Sowjetunion, wo Repression und Orthodoxie schon eine Tradition hatten, war ein viel größeres Problem in Ländern, die erst wenige Jahre zuvor das tolerante Regime der Habsburger abgeschüttelt hatten. Intellektuelle und Dichter hatten es sich im 19. Jahrhundert zur Aufgabe gemacht, für die Nation zu sprechen. Unter dem Kommunismus kam ihnen eine andere Rolle zu. Wenn sie früher ein abstraktes »Volk« vertreten hatten, so waren sie nun wenig mehr als das Sprachrohr (realer) Tyrannen. Schlimmer noch, abgestempelt als Kosmopoliten, Parasiten oder Juden, wurden sie bald das bevorzugte Opfer ebenjener Tyrannen, die für ihre Irrtümer einen Sündenbock suchten.

Als Stalin starb, war von der Begeisterung der osteuropäischen Intellektuellen daher nicht mehr viel übrig, nicht einmal in der Tschechoslowakei, wo dieser Enthusiasmus besonders ausgeprägt gewesen war – auch wenn er sich noch einige Jahre hielt in Gestalt von Überlegungen, wie man den Kommunismus revidieren, reformieren könne. Innerhalb der kommunistischen Staaten verlief der Graben nicht mehr zwischen Kommunisten und Antikommunisten, sondern abermals zwischen den Machthabern (Staats- und Parteiapparat mitsamt Sicherheitsdiensten und servilen Intellektuellen) und dem Rest der Bevölkerung.

In diesem Sinne wurde der Kalte Krieg weniger zwischen Ost und West als vielmehr *innerhalb* der beiden Blöcke geführt. In Osteuropa führten, wie erwähnt, die kommunistischen Apparate einen unerklärten Krieg mit der eigenen Bevölkerung, und es waren neue Fronten entstanden: zwischen denen, für die der Kommunismus mit realen Vorteilen der einen oder anderen Art verbunden war, und denen, für die er Ausgrenzung, Enttäuschung und Unterdrückung bedeutete. In Westeuropa standen sich Intellektuelle auf beiden Seiten der Front als Kontrahenten gegenüber, aber ihr Enthusiasmus für den Kommunismus war um so größer, je weniger konkrete Erfahrungen sie mit ihm machen mußten.

Die große Unkenntnis über das Schicksal Osteuropas und die zunehmende Gleichgültigkeit im Westen sorgten bei vielen Osteuropäern für Bestürzung und Enttäuschung. Für osteuropäische Intellektuelle und andere war nicht ihre Randlage das Problem – damit hatten sie sich schon längst abgefunden. Was sie schmerzte, war ihr zweifacher Ausschluß – aus der eigenen Geschichte (dank sowjetischer Präsenz) und aus dem Bewußtsein des Westens, der ihre Erfahrungen nicht zur Kenntnis nahm. Wenn Osteuropäer in den frühen fünfziger Jahren über den Westen schrieben, klang immer eine Verwunderung an, aus der gekränkte, »enttäuschte Liebe« spricht, wie Czesław Miłosz sie in *Verführtes Denken* nannte. »Erkennt Europa nicht«, schrieb Mircea Eliade im April 1952, »daß ihm ein Stück seines eigenen Leibes amputiert wurde? All diese Länder gehören doch zu Europa, all diese Menschen sind Teil der großen europäischen Familie.«

Doch sie gehörten nicht mehr dazu, und das war der entscheidende Punkt. Nachdem Stalin das sowjetische Glacis bis weit nach Mitteleuropa vorgeschoben hatte, war Osteuropa aus der Wahrnehmung verschwunden. Das europäische Kultur- und Geistesleben fand nach dem Zweiten Weltkrieg, in sehr reduziertem Maß statt, weil Polen, Tschechen und andere ausgeschlossen waren. Und obwohl sich die westeuropäischen Debatten im Kern um die kommunistische Herausforderung drehten, wurde der »real existierende Kommunismus« fast nicht, von den vehementesten Anhängern des Kommunismus überhaupt nicht zur Kenntnis genommen.

Die geistige Atmosphäre im Westeuropa der Nachkriegszeit war kaum wiederzuerkennen. Das deutschsprachige Mitteleuropa – Motor der europäischen Kultur im ersten Drittel des 20. Jahrhunderts – existierte nicht mehr. Wien, schon 1918, nach dem Ende der Habsburger, nur mehr ein Schatten seiner selbst, wurde (wie Berlin) von den vier Siegermächten verwaltet. Die Stadt konnte ihre Bewohner kaum ernähren, geschweige denn einen Beitrag zum europäischen Geistesleben leisten. Österreichische Philosophen, Nationalökonomen, Mathematiker und Physiker waren, wie ihre Kollegen aus Ungarn und den anderen Regionen der einstigen Doppelmonarchie, ins Exil gegangen (nach Frankreich, England, nach Übersee), hatten sich mit dem Regime arrangiert oder lebten nicht mehr.

Deutschland lag in Ruinen. Nach der Emigration deutscher Intellektueller nach 1933 war kaum jemand von Rang und Namen übrig, der nicht kompromittiert war. Martin Heideggers notorischer Flirt mit den Nazis war untypisch nur in den umstrittenen Implikationen für seine philosophischen Schriften. Zahllose kleine Heideggers, die den Nazis in Schulen und Universitäten, in der Verwaltung, in Presse und Kulturinstitutionen bereitwillig gedient hatten, waren ähnlich kompromittiert.

Zusätzlich kompliziert waren die Verhältnisse im Nachkriegsdeutschland, weil es *zwei* Deutschlands gab, von denen sich das eine als Erbe der »guten« deutschen Geschichte bezeichnete: antifaschistisch, fortschrittlich, aufgeklärt. Viele Intellektuelle und Künstler engagierten sich für die sowjetische Besatzungszone, die spätere Deutsche Demokratische Republik. Anders als die unvollständig entnazifizierte Bonner Republik, die sich der jüngsten Vergangenheit nur sehr ungern stellte, verwies Ostdeutschland stolz auf sein antifaschistisches Fundament. Historiker, Dramatiker oder Filmregisseure, die ihr Publikum an die Verbrechen des »anderen« Deutschland erinnern wollten, waren dem Staat willkommen – solange sie bestimmte Tabus beachteten. Einige der talentiertesten Künstler der Weimarer Republik, die den Krieg überlebt hatten, ließen sich in der Sowjetzone nieder.

Ein Grund dafür war der Umstand, daß Ostdeutschland das einzige Land des Ostblocks mit einem westlichen »Doppelgänger« war und die Intellektuellen, anders als etwa ihre rumänischen oder polnischen Kollegen, Zugang zu einem westlichen Publikum hatten. Und wenn Zensur und Druck unerträglich wurden, bestand immer noch die Möglichkeit, in den Westen zu gehen, zumindest bis zum Bau der Mauer im August 1961. So optierte Brecht[2] für die DDR, junge Autoren wie Christa Wolf blieben im Land, und noch jüngere (wie etwa Wolf Biermann, der 1953 siebzehn Jahre alt war) siedelten in den Osten über.

Den linken Intellektuellen aus dem »materialistischen« Westen gefiel an der DDR, daß sie sich als fortschrittlich, egalitär und antifaschistisch verstand, sie sahen in ihr eine schlanke und nüchterne Alternative zur Bundesrepublik. Diese trug an einer Vergangenheit, über die sie nicht sprechen mochte, und wirkte zugleich eigentümlich gewichtslos, ohne politische Wurzeln, kulturell abhängig von den Westalliierten, vor allem den USA, die das *Land* erfunden hatten. Das geistige Leben in der jungen Bundesrepublik hatte keine politische Orientierung. Radikale Optionen, linke wie rechte, waren verpönt, und junge Schriftsteller wie

Heinrich Böll zögerten, sich politisch zu engagieren (in deutlichem Gegensatz zur nachfolgenden Generation).

An Zeitungen herrschte gewiß kein Mangel. 1948, nachdem die Papierknappheit überwunden war und die Vertriebswege wieder funktionierten, gab es mehr als 200 literarische und politische Zeitschriften in der Westzone (auch wenn viele die Währungsreform nicht überdauerten). Die junge Bundesrepublik konnte eine erstaunliche Vielfalt anspruchsvoller Blätter vorweisen, unter denen die in Hamburg erscheinende neue Wochenzeitung *Die Zeit* herausragte. Trotzdem stand Westdeutschland (noch auf Jahre hinaus) am Rand des europäischen Geisteslebens. Der amerikanische Publizist Melvin Lasky schrieb 1950 über Deutschland, daß noch nie in der modernen Geschichte eine Nation derart erschöpft, ohne Inspiration und Talente gewesen sei.

Der Kontrast zum kulturellen Reichtum früherer Jahrzehnte erklärt auch die Enttäuschung, die viele in- und ausländische Beobachter angesichts der neuen Republik empfanden. Raymond Aron erinnerte nicht als einziger daran, daß das 20. Jahrhundert einmal als das Jahrhundert Deutschlands gegolten hatte. Nun, da das deutsche Erbe, von den Nazis mißbraucht, weitgehend besudelt war, schien unklar, was die Deutschen zur europäischen Kultur beitragen konnten. Deutsche Schriftsteller und Publizisten beschäftigten sich verständlicherweise vor allem mit *deutschen* Fragen. Karl Jaspers, der einzige namhafte Intellektuelle aus der Vor-Nazi-Zeit, der sich nach 1945 aktiv an den Diskussionen beteiligte, leistete mit seiner Schrift *Die deutsche Schuldfrage* (1946) bezeichnenderweise einen Beitrag zur innerdeutschen Debatte. Doch es war das angestrengte Umgehen von politisch-ideologischen Fragen, das zu einer Isolierung der westdeutschen Intellektuellen im ersten Nachkriegsjahrzehnt führte, während im übrigen Westeuropa heftige und kontroverse politische Debatten geführt wurden.

Auch die Engländer spielten in diesen Jahren eine periphere Rolle, wenngleich aus ganz anderen Gründen. Die politischen Diskussionen, die den Kontinent zerrissen, waren in England nicht unbekannt – die Auseinandersetzungen um Pazifismus, Wirtschaftskrise und den Spanischen Bürgerkrieg hatten die Labour Party und die linken Intellektuellen gespalten, und diese Gegensätze waren noch immer präsent. Aber weder Faschisten noch Kommunisten hatten in der Zwischenkriegszeit sozialen Konflikten politisch-revolutionäres Gewicht verleihen können. Der Einfluß der Faschisten beschränkte sich auf die ärmeren Viertel Londons, wo man in den dreißiger Jahren eine Zeitlang auf einen verbreiteten Antisemitismus setzte. Die Communist Party of Great Britain (CPGB) hatte außerhalb ihrer Hochburgen in der schottischen Schiffsbauindustrie, einigen Kohlerevieren und ein paar Fabriken in den westlichen Midlands nicht sehr viele Anhänger. Selbst 1945, zu ihrer besten Zeit, gewann die Partei nur 102 000 Wählerstimmen (0,4 Prozent) und konnte zwei Abgeordnete ins Parlament entsenden – die ihren Sitz 1950 wieder verloren. 1951 waren es nur noch 21 000 von 49 Millionen, die ihre Stimme den Kommunisten gaben.

In Großbritannien war der Kommunismus also eine politische Abstraktion. Dies verhinderte keineswegs, daß sich unter Londoner Intellektuellen und an den Universitäten Sympathien für den Marxismus entwickelten. Britische Sozialisten wie H. G. Wells hatten sich von Anfang an für den Bolschewismus begeistert, in der Politik Lenins und sogar Stalins ein vertrautes Element entdeckt: Eine kleine Minderheit von Leuten, die wissen, was richtig ist, lenkt die Gesellschaft. Die linken Intellektuellen und ihre Gesinnungsfreunde im Foreign Office hatten keinen Blick für die Probleme der kleinen osteuropäischen Länder, in denen sie meist nur ein Ärgernis sahen.

Doch während diese Dinge auf dem Kontinent zu hitzigen Debatten führten, waren die britischen Intellektuellen in puncto Kommunismus nicht annähernd so mobilisiert oder gespalten. George Orwell bemerkte 1947: »Die Engländer interessieren sich viel zu wenig für intellektuelle Fragen, als daß sie in ihren Standpunkten unduldsam wären.« Die intellektuellen und kulturellen Debatten konzentrierten sich vor allem um eine Sorge, die das ganze Land noch lange bewegen sollte: den sich ankündigenden Niedergang der Nation. Es ist symptomatisch für die ambivalente Atmosphäre im Nachkriegsengland, daß das Land gerade einen 6jährigen Krieg gegen seinen Todfeind geführt und gewonnen hatte und nun – ein beispielloses Experiment – daran ging, einen kapitalistischen Wohlfahrtsstaat zu errichten, doch die Kommentatoren sprachen nur von Krise und Niedergang.

So schrieb T. S. Eliot in seinen *Notes Towards the Definition of Culture* (1948), »daß wir in einer Zeit des Niedergangs leben, daß das kulturelle Niveau niedriger ist als noch vor 50 Jahren und daß dieser Niedergang in jedem Bereich menschlichen Handelns zu beobachten ist«. Ähnliche Überlegungen veranlaßten die BBC, 1948 ein anspruchvolles Drittes Radioprogramm einzurichten, dessen Mix aus klassischer Musik, Vorträgen und seriösen Debatten doch wieder typisch englisch war, weil man deutlich bestrebt war, politisch kontroverse oder heikle Themen zu umgehen.

Nicht, daß sich die Briten für die Lage auf dem Kontinent nicht interessiert hätten. Wochenzeitungen und Zeitschriften berichteten regelmäßig über europäische Politik und Literatur, so daß sich jeder informieren konnte. Auch über das Ausmaß der Katastrophe, das der Kontinent eben erst erlebt hatte, war man sich durchaus im klaren. Cyril Connolly schrieb im September 1945 in seiner Zeitschrift *Horizon*: »Moralisch und ökonomisch hat Europa den Krieg verloren. Das große Zeltdach der europäischen Zivilisation, in dessen gelbem Licht wir alle aufwuchsen und lasen oder schrieben oder liebten oder reisten, ist eingestürzt; die Halteseile sind dünn, die Stange in der Mitte ist zerbrochen, Stühle und Tische sind zertrümmert, das Zelt ist leer, die Rosen sind verwelkt ...«

Trotz dieser Sorge um Europa standen britische Kommentatoren ein wenig abseits, als hätten die Probleme Europas und diejenigen Britanniens, zwar erkennbar miteinander verknüpft, im Grunde nichts miteinander zu tun. Von einigen rühmlichen Ausnahmen abgesehen,[3] spielten britische Intellektuelle keine nennenswerte Rolle in den großen kontinentaleuropäischen Debatten, sondern beobachteten sie von außen. Generell könnte man sagen, daß politische Themen, die Europa bewegten, in England nur Intellektuelle interessierten, während die intellektuellen Debatten auf dem Kontinent nur von akademischen Kreisen wahrgenommen wurden.

In Italien war es genau andersherum. Von allen westeuropäischen Ländern hatte Italien die Geißeln des Jahrhunderts am unmittelbarsten *erfahren*. Hier hatte 20 Jahre lang das weltweit erste faschistische Regime geherrscht. Italien war von den Deutschen besetzt, dann von den Westalliierten in einem zermürbenden Krieg befreit worden, der fast 2 Jahre gedauert, drei Viertel des Landes erfaßt und viel Zerstörung gebracht hatte. Und von September 1943 bis April 1945 hatte ein regelrechter Bürgerkrieg den Norden des Landes heimgesucht.

Als ehemaliger Verbündeter Deutschlands wurde Italien von West und Ost gleichermaßen argwöhnisch beobachtet. Bis zu Titos Bruch mit Stalin war die umstrittene Grenze zwischen Italien und Jugoslawien die instabilste und potentiell explosivste im Kalten Krieg, und die schwierige Nachbarschaft zum kommunistischen Nachbarn wurde durch die Existenz der italienischen KP, der größten Partei außerhalb des Sowjetblocks, zusätzlich erschwert – 1946 kamen die Kommunisten auf 19 Prozent, 1953 auf 23 Prozent. In diesem Jahr hatte die Partei 2145000 Mitglieder. Zusätzliches Gewicht erhielt der Einfluß der Partei durch die monopolartige Stellung der Kommunisten in einigen Regionen (wie etwa der Emilia-Romagna), durch die Unterstützung der Sozialisten unter Pietro Nenni und die enorme Popularität des scharfsinnigen und nachdenklichen KP-Chefs Palmiro Togliatti.

Aus all diesen Gründen war das geistige Leben nach dem Krieg außerordentlich politisiert und eng mit dem Thema Kommunismus verknüpft. Die meisten jungen Intellektuellen, darunter sogar einige derjenigen, die der Verführungskraft des Faschismus erlegen waren, waren von Benedetto Croce beeinflußt. Dessen moralische Position, in der sich Hegelscher Idealismus mit politischem Liberalismus verband, war Bezugspunkt für eine ganze Generation antifaschistischer Intellektueller gewesen, aber in der Nachkriegszeit reichte diese Position nicht mehr aus. Im Grunde standen die Italiener vor einer radikalen Alternative: hier ein politisierter Klerikalismus (die Allianz zwischen dem konservativen Vatikan unter Pius XII. und den von den Amerikanern unterstützten Christdemokraten), dort der politische Marxismus.

Die KPI unterschied sich von allen anderen kommunistischen Parteien in Ost und West durch eine Besonderheit: Von Anfang an standen Intellektuelle an ihrer Spitze. Wie Antonio Gramsci und die anderen jugendlichen Gründer der Partei war auch Togliatti entschieden intelligenter als die meisten anderen Führer kommunistischer Parteien in Europa. In den ersten 10 Jahren nach Kriegsende waren Intellektuelle höchst willkommen als Mitglieder und Verbündete, und die Partei vermied sogar bestimmte rhetorische Elemente, um diese Leute nicht zu vergraulen. Togliatti war bemüht, den italienischen Kommunismus nach der Formel »halb Croce, halb Stalin« für Intellektuelle attraktiv zu machen.

Das gelang ihm außerordentlich gut. Einige der talentiertesten jungen Parteiführer kamen von Croces liberalem Antifaschismus zum Marxismus – Männer wie Giorgio Amendola, Lucio Lombardo Radice, Pietro Ingrao, Carlo Cassola und Emilio Sereni, die von der Philosophie und Literatur zur Politik fanden. Nach 1946 kamen Männer und Frauen hinzu, die enttäuscht darüber waren, daß die Aktionspartei die Ziele der Widerstandsbewegung nicht in die Praxis umsetzte und damit das Ende aller Hoffnungen auf eine säkulare, radikale und nichtmarxistische Alternative in Italien signalisierte. Als »verschämte Crocianer« bezeichnete sie damals ein Schriftsteller.

Die KPI, die sich als Stimme der Vernunft und des Fortschritts in einem stagnierenden Land und als zuverlässige Kämpferin für soziale und politische Reformen präsentierte, umgab sich mit sympathisierenden Intellektuellen, die der Partei und ihrem Programm eine Aura von Ehrbarkeit, Klugheit und Offenheit verliehen. Doch mit der Teilung Europas geriet Togliattis Strategie zunehmend unter Druck. Die sowjetische Kritik an der KPI auf der ersten Kominform-Konferenz im September 1947 verriet Stalins Entschlossenheit, die italienischen (und französischen) Kommunisten stärker an die Kandare zu nehmen. Sie sollten ihr Vorgehen enger mit Moskau abstimmen und ihre Kulturpolitik künftig an Shdanows kompromißloser Zwei-Lager-Theorie ausrichten. Und angesichts der (unverfrorenen, aber erfolgreichen) amerikanischen Unterstützung für die Christdemokraten bei den Wahlen von 1948 mutete Togliattis Strategie, innerhalb der demokratischen Institutionen zu arbeiten, naiv an.

Togliatti hatte, trotz aller Bedenken, keine andere Wahl, als streng durchzugreifen und stalinistische Normen durchzusetzen. Dies provozierte öffentlichen Widerstand seitens einiger Parteiintellektueller, die bislang getrennt hatten zwischen der politischen Autorität der Partei, die sie nicht in Frage stellten, und dem Bereich der »Kultur«, in dem sie Autoritäten waren. Elio Vittorini, Herausgeber der kommunistischen Kulturzeitschrift *Il Politecnico*, hatte Togliatti im Januar 1947 in einem Offenen Brief daran erinnert, daß man die Kultur nur zu ihrem eigenen Schaden der Politik unterordnen könne – und um den Preis der Wahrheit.

Togliatti, der die dreißiger Jahre in Moskau verbracht hatte und 1937 und 1938 offizieller Komintern-Repräsentant in Spanien gewesen war, sah das anders. In einer kommunistischen Partei habe jeder die Anweisungen der Führung zu befolgen, alles unterliege dem Primat der Politik. Die »Kultur« sei keine geschützte Zone, in der das sowjetische Gesetz nicht gelte. Vittorini und seine Freunde hätten die Parteilinie in Literatur, Kunst und Philosophie zu akzeptieren, andernfalls müßten sie gehen. Im Laufe der nächsten Jahre hielt sich die Partei enger an Moskau, so daß Vittorini und viele andere Intellektuelle sich von ihr entfernten. Doch trotz Togliattis ungebrochener Loyalität gegenüber Moskau verlor die KPI nie eine gewisse undogmatische »Aura« als die einzige große kommunistische Partei, die intelligente Kritik und Autonomie des Denkens tolerierte und sogar förderte. Dieses Renommee sollte der Partei später zugute kommen.

Tatsächlich ließen sich Togliattis linke (nichtkommunistische) Kritiker immer wieder von der im In- und Ausland verbreiteten Vorstellung täuschen, die KPI sei anders als andere kommunistische Parteien. Wie Ignazio Silone später einräumte, hatten sich die italienischen Sozialisten das ganz allein zuzuschreiben. Die engen Beziehungen zwischen Kommunisten und Sozialisten (zumindest bis 1948) und die konsequente Weigerung nichtkommunistischer Marxisten, Kritik an der Sowjetunion zu üben, verhinderte die Herausbildung einer klaren linken Alternative zum Kommunismus.

Wenn Italien dank der relativ umgänglichen Art seiner Kommunisten eine Sonderstellung in Westeuropa einnahm, so war das noch aus einem anderen Grund untypisch. Der Sturz Mussolinis 1943 konnte nicht verbergen, daß viele italienische Intellektuelle mit seinem Regime sympathisiert hatten. Mussolini hatte sich u. a. gegen ausländische Kultur und Einflüsse gewendet, unter ihm waren »staatstreue« Intellektuelle offen bevorzugt und gefördert worden.

Dieses Angebot des faschistischen Staates hatten viele (vor allem jüngere) Intellektuelle angenommen. Die Alternative hieß Exil oder Verstummen. Elio Vittorini selbst hatte bei faschistischen Literaturwettbewerben Preise gewonnen, Vittorio de Sica war in der faschistischen Ära ein bekannter Filmschauspieler gewesen, bevor er nach dem Krieg der führende Vertreter des Neorealismus wurde. Roberto Rosselini, ebenfalls ein Neorealist, dessen Filme deutlich kommunistische Sympathien erkennen lassen, hatte (keineswegs als einziger) wenige Jahre zuvor staatlich geförderte Dokumentar- und Spielfilme gedreht. Für Millionen junge Italiener, die keine andere Vorkriegsregierung erlebt hatten, war Mussolinis Regime der Normalfall.[4]

Das moralische Ansehen der allermeisten italienischen Intellektuellen der Nachkriegszeit spiegelte das widersprüchliche internationale Ansehen des Landes, das aufgrund seiner Vergangenheit keine bedeutende Rolle in der europäischen Nachkriegspolitik spielen konnte. Ohnehin nahm Italien schon seit langem eine eigentümlich periphere Rolle in der modernen europäischen Kultur ein, vielleicht wegen der zentrifugalen Tendenzen seiner Geschichte. Neapel, Florenz, Bologna, Mailand und Turin standen für eine eigene Welt, mit Universitäten, Zeitungen, Akademien und Intellektuellenkreisen. Rom war das Zentrum der Macht, aber es dominierte nicht das kulturelle Leben des Landes.

Letztlich konnte es für ein wahrhaft *europäisches* Geistesleben in den Nachkriegsjahren nur einen Ort geben, nur eine Stadt, eine Metropole, in der über den Zustand des gesamten Kontinents debattiert wurde. Ihre Konkurrentinnen waren unterjocht, zerstört oder anderweitig in Anspruch genommen. Seit den zwanziger Jahren, in denen ein Staat nach dem anderen einem diktatorischen Regime anheimfiel, waren politische und intellektuelle Emigranten in großer Zahl nach Frankreich gekommen. Einige waren während des Kriegs geblieben und hatten sich der Résistance angeschlossen, manche waren nach London, New York oder Lateinamerika geflohen und kehrten nach der Befreiung zurück. Andere wiederum, wie Czesław Miłosz oder François Fejtö, der ungarische Historiker und Publizist, emigrierten erst nach der Errichtung sowjetischer Regimes in Osteuropa – und daß sie sich für Paris entschieden, schien nur naheliegend.

Frankreich war also, zum erstenmal seit den 1840er Jahren, als Karl Marx, Heinrich Heine, Adam Mickiewicz, Giuseppe Mazzini und Alexander Herzen im Pariser Exil lebten, wieder Zentrum heimatloser Intellektueller und ein Labor für modernes europäisches Denken. Das Geistesleben im Paris der Nachkriegsjahre war insofern doppelt kosmopolitisch: Männer und Frauen aus ganz Europa beteiligten sich daran, und es war die einzige europäische Bühne, deren Debatten einem breiten internationalen Publikum vermittelt wurden.

Und so stand die französische Kultur – trotz der katastrophalen Niederlage von 1940 und vier demütigender Besatzungsjahre, trotz der (vorsichtig gesagt) fragwürdigen Haltung des Vichy-Regimes und, nach dem Krieg, der peinlichen Unterwerfung unter die Interessen der USA und Englands – abermals im Zentrum weltweiter Aufmerksamkeit: Französische Intellektuelle traten als Sprecher der Epoche auf, und ihre politischen Debatten reflektierten die ideologischen Konflikte auf dem ganzen Kontinent. Wieder, und zum letztenmal, war Paris die Hauptstadt Europas.

Die Ironie dieser Situation blieb den Zeitgenossen nicht verborgen. Es war ein historischer Zufall, daß die französischen Intellektuellen jener Jahre im Mittelpunkt des Interesses standen, denn sie waren mit genauso alltäglichen Themen konfrontiert wie alle anderen auch. Auch in Frankreich wurden alte Rechnungen beglichen, Versorgungsmängel und politische Instabilität spielten ebenso eine Rolle wie anderswo. Die Intellektuellen interpretierten die politischen Verhältnisse im Ausland im Licht ihrer eigenen Obsessionen und Eitelkeiten. Für Arthur Koestler waren sie »Voyeure, die die Geschichte durch ein Loch in der Wand beobachten«. Die Geschichte bot ihnen allerdings einen privilegierten Beobachtungsposten.

Von den Grabenkämpfen, die später unter den französischen Intellektuellen ausgetragen wurden, war noch nichts zu bemerken. Als Jean-Paul Sartre 1945 *Les Temps Modernes* gründete, gehörte neben Simone de Beauvoir und Maurice Merleau-Ponty auch Raymond Aron zum Kreis der Herausgeber. Darin drückte sich ein breiter Konsens über linke Politik und den Existentialismus aus. Als Existentialist galt (zu seinem großen Leidwesen) auch Albert Camus, der seinerzeit mit Sartre und Beauvoir befreundet und als Kolumnist des *Combat* der einflußreichste Publizist im Nachkriegsfrankreich war.

Sie alle verband ein »Résistantialismus« (wenngleich nur Camus im Widerstand aktiv gewesen war – Aron war bei den Forces Françaises Libres in London gewesen, andere hatten sich mehr oder weniger unbehelligt durch die Besatzungszeit geschlagen). Merleau-Ponty zufolge hatte der Widerstand für die französischen Intellektuellen das Dilemma »Sein oder Handeln« gelöst. Nunmehr waren sie Teil der Geschichte und mußten sich bedingungslos *engagieren*. Ihre Lage erlaubte ihnen nicht mehr den Luxus, sich einem politischen Engagement zu verweigern; wahre Freiheit bestand darin, dies zu akzeptieren. »Freiheit heißt nicht, das zu tun, was man tun will, sondern das tun zu wollen, was einem möglich ist«, schrieb Sartre.

Eine weitere Lehre, die Sartre und seine Generation aus dem Krieg zogen, besagte, daß politische Gewalt unvermeidbar – und in gewisser Weise also erwünscht – sei. Dies war keineswegs eine ausschließlich französische Interpretation der jüngsten Vergangenheit. Viele Europäer hatten drei Jahrzehnte lang militärische und politische Gewalt erfahren. Überall auf dem Kontinent hatten sich junge Menschen an ein Ausmaß öffentlicher Gewalt und Brutalität gewöhnt, das ihre Vorgänger schockiert hätte. Und die moderne politische Rhetorik bot eine »Dialektik«, mit der Gewalt und Kampf sich domestizieren ließen. Emmanuel Mounier, Herausgeber der Zeitschrift *Esprit* und einflußreicher Linkskatholik, sprach 1949 gewiß für viele, als er erklärte, daß es Heuchelei sei, Gewalt oder Klassenkampf abzulehnen, wenn die Opfer des Kapitalismus tagtäglich eine Art unsichtbare Gewalt erlebten.

Die Attraktivität gewaltsamer Lösungen war aber mehr als nur eine Projektion jüngster Erfahrungen. Sie verwies auch auf ein älteres Erbe. Kollaborationsvorwürfe, Forderungen nach Bestrafung und Neuanfang wurden nicht erst mit der Befreiung erhoben. Hier wiederholte sich eine alte französische Tradition. Seit 1792 wurde das politische Leben in Frankreich von den beiden Polen Revolution und Konterrevolution bestimmt: für und gegen die Monarchie, für und gegen die Revolution, für und gegen Robespierre, für und gegen die Verfassung von 1830 und 1848, für und gegen die Commune. Kein anderes Land hatte eine so lange und ungebrochene Geschichte politischer Polarisierung, was durch den jahrzehntelang an den Schulen vermittelten Revolutionsmythos noch unterstrichen wurde.

Außerdem war Frankreich, mehr als jeder andere westliche Nationalstaat, ein Land, dessen Intellektuelle Gewalt zur Durchsetzung politischer Ziele billigten, ja sogar anbeteten. George Sand entsann sich eines Freundes, der 1835 emphatisch für die proletarische Revolution eingetreten war: Während eines Spaziergangs an der Seine erklärte er, daß Gerechtigkeit und Frieden nur herrschen könnten, wenn das Wasser der Seine blutrot sei, wenn Paris brenne und die Armen den ihnen zustehenden Platz einnähmen. Fast genau ein Jahrhundert später schrieb der englische Essayist Peter Quennell im *New Statesman* über die »geradezu pathologische Anbetung der Gewalt, die man bei vielen französischen Schriftstellern beobachten kann«.

Als Édouard Herriot, Präsident der Nationalversammlung bis zu seinem Tod 1957 (da war er 85), bei der Befreiung ausrief, daß Frankreich erst durch ein Blutbad gehen müsse, bevor das politische Leben zur Normalität zurückkehren könne, klang das für französische Ohren nicht besonders ungewöhnlich. Die Vorstellung, daß historische Umwälzungen und reinigendes Blutvergießen Hand in Hand gehen, war nichts Befremdliches. Als Sartre und seine Zeitgenossen erklärten, daß Gewalt von Kommunisten eine Art »proletarischer Humanismus« sei, eine »Geburtshelferin der Geschichte«, war das durchaus konventionell gedacht.

Der selbstverständliche Platz, den die revolutionäre Gewalt im französischen Denken einnahm, und nostalgische Erinnerungen an das alte franko-russische Bündnis führten dazu, daß Intellektuelle verständnisvoll auf kommunistische Rechtfertigungen des sowjetischen Terrors reagierten. Auch die Dialektik half. Marcel Péju, der in *Temps Modernes* über den Slánský-Prozeß schrieb, erklärte die Beseitigung politischer Gegner für rechtmäßig. Er bemängelte lediglich, »daß [der Schauprozeß] eine Karikatur dessen ist, was möglich wäre, wenn er aus kommunistischer Sicht begründet würde. Immerhin sind die Vorwürfe auf den ersten Blick nicht ganz abwegig …«.

Französische Intellektuelle, die den Ostblock bereisten, äußerten sich viel enthusiastischer über den Aufbau des Kommunismus als andere. So erklärte der

Dichter Paul Éluard im Oktober 1948 in Bukarest vor einem gewiß verdutzten Publikum: »Ich komme aus einem Land, wo niemand mehr lacht, wo niemand singt. Ein Schatten liegt über Frankreich. Ihr aber habt den Sonnenschein des Glücks entdeckt.« Und ein Jahr später in Ungarn: »Ein Volk muß nur Herr im eigenen Land sein, dann wird in wenigen Jahren das Glück das oberste Gesetz und die Freude der tägliche Horizont sein.«

Éluard war Kommunist, aber seine Ansichten waren selbst unter den vielen Intellektuellen und Künstlern verbreitet, die nicht der Partei beitraten. 1948, nach der Prager Machtergreifung, zeigte sich Simone de Beauvoir überzeugt, daß die Kommunisten überall auf dem Weg zum Sieg voranschritten. Ein revolutionärer Philosoph, hatte ihr Zeitgenosse Paul Nizan etliche Jahre zuvor geschrieben, könne nur wirken, wenn er sich für die Klasse entscheide, die die Revolution trage, und die Kommunisten seien deren Repräsentanten. Engagierte Intellektuelle hätten die Pflicht, sich auf die Seite des geschichtlichen Fortschritts zu stellen, ungeachtet gelegentlicher moralischer Bedenken.[5]

Daß sich die französischen Intellektuellen so intensiv mit dem Kommunismus auseinandersetzten, hatte auch mit der Stärke der Kommunistischen Partei zu tun. Obwohl die KPF mit 800 000 Mitgliedern (zu ihren besten Zeiten) deutlich kleiner war als die italienische Schwesterpartei, konnte sie in den unmittelbaren Nachkriegsjahren größere Wahlerfolge verzeichnen. 1946 kam die KPF auf einen Stimmenanteil von 28 Prozent. Anders als ihre italienischen Genossen waren die französischen Kommunisten nicht mit einer großen katholischen Mitte-rechts-Partei konfrontiert. Andererseits gingen die französischen Sozialisten, die in der Zwischenkriegszeit reichlich Erfahrungen mit kommunistischer Taktik hatten sammeln können, in der Anfangsphase des Kalten Krieges nicht sogleich ein Bündnis mit den Kommunisten ein (was eine Minderheit aber gern gesehen hätte). Insofern war die KPF stärker und zugleich isolierter als jede andere kommunistische Partei.

Und sie war eigentümlich intellektuellenfeindlich. Anders als die italienische KP wurde die französische Partei stets von engstirnigen, verknöcherten Funktionären geführt, wie sie Maurice Thorez verkörperte, ein ehemaliger Bergarbeiter, der von 1932 bis zu seinem Tod im Jahr 1964 an der Spitze der Partei stand. Für Stalin bestand Thorez' wichtigste Eigenschaft vor allem darin, daß er, wie der Tscheche Klement Gottwald, gehorsam alle Befehle ausführte und nie Fragen stellte. Es war kein Zufall, daß Thorez, der während des »drôle de guerre« 1939/40 desertierte, die nächsten fünf Jahre in Moskau verbrachte. Die KPF war eine verläßliche, wenn auch ziemlich rigide Satellitenpartei, die jederzeit bereitstand, die stalinistische Linie nachzubeten und umzusetzen.

Für Studenten, die nach Orientierung, Führung und Disziplin strebten und von solidarischen Aktionen mit »den Arbeitern« träumten, hatte eben diese Rigidität der KPF, jedenfalls einige Jahre lang, eine gewisse Anziehungskraft (vergleichbar den tschechischen oder polnischen Studenten, die begeistert in die Partei eingetreten waren). Doch für die etablierten Intellektuellen war die Strenggläubigkeit der kommunistischen Kulturfunktionäre, die in den Phrasen des Zentralorgans *L'Humanité* zum Ausdruck kam, eine tagtägliche Herausforderung. Schriftsteller oder Professoren, die sich auf die Seite der KPF schlugen, hatten, anders als Elio Vittorini oder die Historikergruppe der britischen KP, wenig Spielraum. (François Fejtö schrieb einige Jahre später, seine Geschichte Osteuropas sei von den italienischen Kommunisten freundlich, wenn auch vorsichtig begrüßt, von den französischen Kommunisten dagegen als Werk eines Renegaten verurteilt worden.)

Insofern sind die Positionen der Pariser Intellektuellen die besten Wegweiser zu den ideologischen Konflikten im Europa des Kalten Krieges. Anhand der intellektuellen Auseinandersetzungen in Paris konnte man die politischen Konflikte im In- und Ausland so klar wie nirgends sonst verfolgen. Über die osteuropäischen Schauprozesse wurde in Paris besonders intensiv diskutiert, weil viele der kommunistischen Opfer in Frankreich gelebt und gearbeitet hatten. László Rajk war nach dem Spanischen Bürgerkrieg in Frankreich interniert gewesen, Artur London hatte in der Résistance gearbeitet, war mit einer prominenten französischen Kommunistin verheiratet, und seine spätere Schwiegertochter war ebenfalls eine prominente Kommunistin; »André Simone« (d. h. Otto Katz, Mitangeklagter im Slánský-Prozeß) hatte sich im Paris der dreißiger Jahre als Journalist einen Namen gemacht; an Traitscho Kostow erinnerte man sich aus seiner Zeit als bulgarischer Diplomat in Paris – Camus' *Combat* berichtete auf der Titelseite über Kostows Verhaftung in Sofia.

In Paris fanden sogar zwei einflußreiche politische Gerichtsverfahren statt. Viktor Krawtschenko, ein sowjetischer Funktionär, der im April 1944 zu den Amerikanern übergelaufen war, veröffentlichte 1946 seine Memoiren unter dem Titel *I Chose Freedom*. Als im Mai 1947 die französische Übersetzung (*J'ai choisi la liberté*) erschien, sorgte sie wegen der Darstellung der sowjetischen Säuberungen, der Massaker und vor allem des Gulag-Systems für Aufsehen. Im November 1947, zwei Monate nach der Kominform-Konferenz, auf der die Führung der KPF wegen ihrer Nichtbefolgung des neuen sowjetischen Kurses scharf kritisiert worden war, brachte *Les Lettres Françaises*, das theoretische Organ der KPF, mehrere Artikel, in denen Krawtschenkos Buch als »Lügengespinst, fabriziert vom amerikanischen Geheimdienst« bezeichnet wurde. Als die Zeitschrift im April 1948 ihre Vorwürfe detailliert wiederholte, strengte der Autor eine Verleumdungsklage an.

Während des Verfahrens, das vom 24. Januar bis zum 4. April 1949 dauerte, präsentierte Krawtschenko eine Fülle recht obskurer Zeugen, die ihn entlasten sollten. Doch die beklagte Zeitschrift bot prominente nichtkommunistische Intellektuelle zu ihrer Verteidigung auf: den Résistance-Schriftsteller Vercors, den Physiker und Nobelpreisträger Frédéric Joliot-Curie, Jean Cassouy, den Kunstkritiker, Résistance-Helden und Direktor des Pariser Museums für Moderne Kunst, und viele andere. Sie alle bescheinigten der KPF ein vorbildliches Verhalten im Widerstand, wiesen auf die unzweifelhaft revolutionäre Haltung der Sowjetunion hin und bezeichneten Krawtschenkos Behauptungen als unhaltbar. Am Ende wurde Krawtschenko mit dem symbolischen Schadenersatz von einem Franc gedemütigt.

Dieser »moralische« Sieg der fortschrittlichen Linken fiel zusammen mit den ersten großen Schauprozessen in Osteuropa, und die Intellektuellen bezogen Stellung. Wenige Monate zuvor hatte Sartre gefordert, daß man sich zwischen der UdSSR und dem angelsächsischen Block entscheiden müsse. Doch für viele Kritiker der Sowjetunion war Krawtschenko ein gänzlich ungeeigneter Sprecher. Dieser Funktionär, der sich am Ende für Amerika entschieden hatte, war nicht akzeptabel für jene antikommunistischen europäischen Intellektuellen, vielleicht die meisten, die Washington distanziert gegenüberstanden, Moskau aber nicht als Hort des Fortschritts ansahen. Einer solchen Person, schrieben Sartre und Merleau-Ponty im Januar 1950, könne man sich nicht solidarisch verbunden fühlen, denn er sei der lebende Beweis für den Verfall »marxistischer Werte in Rußland selbst«.

Ein anderes Gerichtsverfahren ließ sich jedoch nicht so leicht abtun. Am 12. November 1949, vier Wochen nach der Hinrichtung László Rajks, erschien in *Le Figaro littéraire* ein Aufruf David Roussets, der ehemalige KZ-Insassen um Mithilfe bei einer Untersuchung über das sowjetische Lagersystem bat. Rousset wollte nachweisen, daß diese Straflager, im Gegensatz zu der offiziellen Lesart, nicht der Umerziehung dienten, sondern Konzentrationslager und Bestandteil der sowjetischen Wirtschaft und des Strafvollzugs waren. Eine Woche später antworteten die kommunistischen Schriftsteller Pierre Daix und Claude Morgan in *Les Lettres françaises*. Rousset, so ihr Vorwurf, habe gefälschte Quellen verwendet und verleumde die UdSSR. Daraufhin ging Rousset vor Gericht.

In diesem Verfahren standen sich ungewöhnlich interessante Personen gegenüber. Rousset war kein Überläufer, sondern Franzose, Sozialist, zeitweiliger Trotzkist, Held der Résistance und Überlebender von Buchenwald und Hamburg-Neuengamme, befreundet mit Sartre, mit dem er 1948 die kurzlebige politische Bewegung Rassemblement démocratique révolutionnaire gegründet hatte. Wenn so jemand die Sowjetunion beschuldigte, Konzentrations- oder Arbeitslager zu unterhalten, stellte er sich gegen die herrschende politische Auffassung. Auch Daix war als Widerstandskämpfer nach Mauthausen deportiert worden. Daß zwei Linke, ehemalige Widerstandsaktivisten und KZ-Überlebende, derart aneinandergerieten, zeigt, in welchem Ausmaß einstige politische Allianzen völlig der kommunistischen Frage untergeordnet wurden.

Zu Roussets Zeugen gehörten glaubwürdige Experten, die persönliche Erfahrungen mit dem sowjetischen Haftsystem gemacht hatten. Höhepunkt war die Aussage von Margarete Buber-Neumann, die nicht nur über ihre Erlebnisse in sowjetischen Lagern sprach, sondern auch über Ravensbrück, wo sie inhaftiert gewesen war, nachdem die Sowjets sie im Jahr 1940 (nach dem Molotow-Ribbentrop-Pakt) an die Nazis ausgeliefert hatten. Das Gericht entschied zugunsten Roussets. Das Verfahren hatte sogar Auswirkungen auf die Zeitgenossen. Nach der Urteilsverkündung im Januar 1950 bekannte Maurice Merleau-Ponty, daß die Fakten im großen und ganzen den Zweck des sowjetischen Systems in Frage stellten. Beauvoir sah sich veranlaßt, in ihren neuen Schlüsselroman *Die Mandarins von Paris* eine Reihe leidenschaftlicher Diskussionen ihrer Protagonisten über das sowjetische Lagersystem einzufügen (was sie so geschickt tat, daß der schmeichelhafte Eindruck entstehen mußte, Sartre und seine Freunde hätten schon 1946 von all diesen Dingen gewußt).

Gegen Rousset und seinesgleichen – und als Warnung an alle »fortschrittlichen« Intellektuellen – schwangen die kommunistischen Parteien die »antifaschistische« Moralkeule. Damit bewegte man sich auf weithin akzeptiertem Terrain. Viele Europäer hatten ihre ersten politischen Erfahrungen in den antifaschistischen Volksfrontbewegungen der dreißiger Jahre gemacht. In der Erinnerung der meisten war der Zweite Weltkrieg ein Sieg über den Faschismus, und in Frankreich und Belgien wurde er als solcher gefeiert, vor allem in den Nachkriegsjahren. »Antifaschismus« war ein zuverlässiger, allgemein verständlicher Verweis auf eine einfachere Zeit.

Kern der antifaschistischen Rhetorik der offiziellen Linken war ein simples Gut-Böse-Schema: hier die Linken, dort die Rechten (Faschisten, Nazis, Falangisten, Nationalisten). Hier die Kämpfer für den Fortschritt, dort die Reaktion. Wir stehen für den Frieden, die anderen für Krieg. Wir sind die Guten, die anderen die Bösen. Wie Klaus Mann 1935 in Paris erklärte: Was immer Faschismus ist, wir sind seine Gegner. Da die meisten Gegner der Antifaschisten ihre Politik in erster Linie als »antikommunistisch« definierten (was die Nationalsozialisten für konservative Eliten in vielen Ländern während der Kriegsjahre auch so attraktiv machte), konnten die Kommunisten mit dieser säuberlichen Einteilung durchaus punkten. Wer gegen den Faschismus war, mußte logischerweise für den Kommunismus, zumindest aber gegen den Antikommunismus sein.[6]

Die Sowjetunion hatte in den Nachkriegsjahren natürlich ein großes Interesse daran, ihre antifaschistischen Referenzen herauszustellen, vor allem, seit nicht mehr Deutschland, sondern die USA der Hauptfeind waren. Die antifaschistische Rhetorik richtete sich nun gegen die Amerikaner, denen man zunächst Unterstützung revanchistischer Faschisten vorwarf und die dann selbst als protofaschistische Bedrohung bezeichnet wurden. Diese Taktik war insofern wirkungsvoll, als in weiten Teilen Europas eine große Angst vor einem Wiedererstarken des Faschismus, zumindest aber vor einem Aufleben neofaschistischer Sympathien bestand.

Zum »Antifaschismus« (mit dem Subtext Widerstand und Solidarität) gehörte auch das positive Image der Sowjetunion aus Kriegszeiten, das Image der heroischen Sieger von Kursk und Stalingrad, denen im Westen aufrichtige Sympathie entgegengebracht wurde. Wie Simone de Beauvoir in ihren Memoiren schrieb: »Unsere freundschaftlichen Gefühle für die Sowjetunion waren durch keine Vorbehalte gestört. Die Opfer, die das russische Volk gebracht hatte, nahmen wir als Beweis dafür, daß die Machthaber seinen Willen verkörperten.« Laut Edgar Morin hatte Stalingrad alle Zweifel, alle Kritik vom Tisch gewischt. Es half auch, daß Paris von den Westalliierten befreit worden war, an deren Sünden sich die Franzosen um so deutlicher erinnerten.

Doch zur prosowjetischen Haltung der Intellektuellen gehörte noch mehr. Man darf nicht vergessen, was zur gleichen Zeit in Osteuropa geschah. Die Begeisterung westlicher Intellektueller für den Kommunismus war ja nicht in der Ära des »Gulaschkommunismus« oder des »Sozialismus mit menschlichem Antlitz« besonders stark, sondern in Zeiten, in denen die schlimmsten Verbrechen stattfanden – 1935 bis 1939 und 1944 bis 1956. Schriftsteller, Professoren, Künstler, Lehrer und Journalisten bewunderten Stalin häufig nicht trotz, sondern *wegen* seiner Fehler. Männer und Frauen, die vor Stalins Geheimpolizei sicher waren, ließen sich besonders in Zeiten systematischer Verfolgung und Ermordung, in denen die makaberen Schauprozesse stattfanden, von dem Mann und seinem Kult verführen. Es war die absurd große Kluft zwischen Rhetorik und Realität, die den Kommunismus für aufrichtig gesinnte Menschen, die sich für eine politische Sache einsetzen wollten, so attraktiv machte.[7]

Der Kommunismus begeisterte Intellektuelle in einer Weise, wie das weder Hitler noch (ganz besonders) die liberale Demokratie geschafft hatten. Raymond Aron sprach 1950 von der »lächerlichen Überraschung, daß die europäische Linke einen Pyramidenbauer zu ihrem Gott erwählt hat«. War es wirklich so überraschend? Jean-Paul Sartre jedenfalls begeisterte sich genau in dem Moment für den Kommunismus, da der »Pyramidenbauer« seine letzten, wahnsinnigen Vorhaben umzusetzen begann. Der Gedanke, die Sowjetunion verfolge ein so großes und ehrgeiziges Ziel, daß man die Unzulänglichkeiten einfach entschuldigen müsse, war für Intellektuelle außerordentlich attraktiv. Der Faschismus hatte bornierte Ziele verfolgt, das war seine Ursünde gewesen. Doch der Kommunismus wollte universelle Menschheitsbestrebungen verwirklichen. Seine Verbrechen wurden von vielen nichtkommunistischen Beobachtern gewissermaßen als Preis eines gigantischen historischen Projekts entschuldigt.

Gleichwohl gab es in den ersten Jahren des Kalten Krieges viele Menschen in Westeuropa, die vermutlich bereit gewesen wären, Stalin, die Sowjetunion und die eigenen Kommunisten öffentlich zu kritisieren, wenn sie nicht befürchtet hätten, damit dem politischen Gegner Munition zu liefern. Auch das war eine Hinterlassenschaft des Antifaschismus – daß Linke nicht die eigene Seite kritisieren dürfen – ein Gebot, über das sich Stalin natürlich hinwegsetzte. Um François Fejtö davon abzuhalten, über den Rajk-Prozeß zu schreiben, erklärte der fortschrittliche Abbé Boulier, daß jeder, der die Aufmerksamkeit auf Fehler von Kommunisten lenke, den Imperialisten in die Hände spiele.

Diese Angst, vor den Karren antisowjetischer Interessen gespannt zu werden, war nicht neu, spielte in intellektuellen Debatten der Nachkriegszeit aber eine wichtige Rolle, besonders in Frankreich. Selbst nachdem Emmanuel Mounier und viele seiner Freunde sich von der KPF distanziert hatten, betonten sie immer wieder, keine Antikommunisten oder gar Amerikafreunde geworden zu sein. Gegen den Antikommunismus zu sein wurde zum Selbstzweck.

Auf der einen Seite standen also die Kommunisten und deren Freunde und Apologeten – fortschrittlich Denkende und »Antifaschisten«. Auf der anderen Seite, sehr viel zahlreicher (außerhalb des Ostblocks), aber auch deutlich heterogener, standen die Antikommunisten. Da Antikommunisten von allen Seiten attackiert wurden – von Trotzkisten bis zu Neofaschisten –, stellten Kritiker der Sowjetunion nicht selten fest, daß sie mit Leuten einen Aufruf unterzeichneten oder auf einem Podium saßen, mit denen sie eigentlich nichts zu tun haben wollten. Solch unschöne Allianzen wurden von der sowjetischen Propaganda besonders gern aufgespießt. Und linke Kritiker des Kommunismus ließen sich nur selten dazu bringen, ihre Stimme öffentlich zu erheben, um nicht als reaktionär angeschwärzt zu werden. So erklärte Arthur Koestler 1948 in New York: »Es ist nicht zu ändern, daß manche Leute aus den falschen Gründen recht haben … Diese Sorge, sich in schlechter Gesellschaft zu befinden, ist kein Ausdruck politischer Reinheit, sondern ein Zeichen mangelnden Selbstbewußtseins.«

Wirklich reaktionäre Intellektuelle waren im ersten Nachkriegsjahrzehnt dünn gesät. Selbst Leute wie Jacques Laurent oder Roger Nimier, die ganz offen als Rechte auftraten, wiesen gern auf die Aussichtslosigkeit ihrer Sache hin, kultivierten ihre Sehnsucht nach einer diskreditierten Vergangenheit und trugen ihre politische Irrelevanz wie ein Ehrenzeichen. Wenn die Linke den Wind in den Segeln und die Geschichte auf ihrer Seite hatte, dann gefiel sich eine neue Generation rechter Schriftsteller in der Rolle der stolzen Verlierer, und man imitierte die originäre Dekadenz und Todessehnsucht und Ichbezogenheit von Autoren wie Drieu La Rochelle und Ernst Jünger auch in der äußeren Erscheinung – frühe Vorläufer der »jungen Konservativen« im Britannien Margaret Thatchers.

Charakteristischer, jedenfalls in Frankreich und England, waren konservative Intellektuelle, an deren antikommunistischer Gesinnung sich seit 30 Jahren nichts geändert hatte. Hier, wie in Italien, spielten katholische Intellektuelle eine prominente Rolle. Evelyn Waugh und Graham Greene übernahmen von Hilaire Belloc und G. K. Chesterton den Part, der im englischen Kulturleben für begabte, griesgrämige katholische Traditionalisten reserviert ist. Doch während englische Konservative über die Leere der Moderne wetterten oder sich völlig zurückzogen, nahmen französische Katholiken wie François Mauriac selbstverständlich an der Auseinandersetzung mit der Linken teil.

Mauriac, der noch in hohem Alter (er starb 1970 als 85jähriger) regelmäßig für den *Figaro* schrieb, argumentierte fast durchweg ethisch – gegen Camus in der Frage der Nachkriegssäuberungen, später gegen andere Konservative in der Frage des von ihm kritisierten Algerienkrieges und immer wieder gegen die von ihm verabscheuten Kommunisten. So bezeichnete er im *Figaro* vom 24. Oktober 1949 die Haltung der KPF zum Rajk-Prozeß als »une obscénité de l'esprit«. Doch seine entschiedene Kritik am Kommunismus ging einher mit einer moralisch ebenso deutlichen Ablehnung der Werte der amerikanischen Gesellschaft. Wie so viele europäische Konservative betrachtete auch Mauriac die Nähe zu Amerika, die der Kalte Krieg forderte, mit einem gewissen Unbehagen.

Für liberale Realisten wie Raymond Aron war diese Allianz kein Problem. Wie viele andere »kalte Krieger« brachte er den Vereinigen Staaten nur bedingt Sympathie entgegen – »die US-Wirtschaft scheint mir weder für die Menschheit noch für den Westen ein brauchbares Modell zu sein«, schrieb er. Doch er hatte klar erkannt, daß innen- und außenpolitische Konflikte in Europa hinfort nicht mehr zu trennen waren. »In unserer Zeit«, schrieb er im Juli 1947, »ist die Entscheidung, aus der sich alles andere ergibt, eine globale, faktisch eine geographische Entscheidung – für den einzelnen wie für den Staat. Man gehört entweder zum Universum freier Länder oder zu demjenigen, das unter der gnadenlosen sowjetischen Herrschaft steht. Von nun an wird jeder Franzose seine Entscheidung treffen müssen.« Und an anderer Stelle: »Es ist kein Kampf zwischen Gut und Böse, sondern zwischen dem Wünschenswerten und dem Verabscheuenswerten.«

Liberale Intellektuelle wie Raymond Aron oder Luigi Einaudi oder auch Isaiah Berlin hatten deutlich weniger Schwierigkeiten als die meisten Konservativen mit dem atlantischen Bündnis, in dem sie eine historische Notwendigkeit sahen. Das gleiche gilt merkwürdigerweise auch für die Sozialdemokraten. Das rührte nicht zuletzt daher, daß die Erinnerung an Roosevelt noch frisch war und viele amerikanische Diplomaten und Politiker, mit denen die Europäer in diesen Jahren zu tun hatten, als Anhänger des New Deal für eine aktive Rolle des Staates in Wirtschaft und Sozialpolitik eintraten und politisch eher links standen.

Doch es war auch eine direkte Folge der amerikanischen Politik. Der amerikanische Gewerkschaftsverband AFL-CIO, die Geheimdienste und das Außenministerium sahen in gemäßigten, gewerkschaftlich orientierten sozialdemokratischen Parteien den besten Schutz vor einem erstarkenden Kommunismus, vor allem in Frankreich und Belgien (in Italien, wo die politischen Verhältnisse anders gelagert waren, investierten sie Hoffnungen und viel Geld in die Christdemokraten). Bis zum Frühsommer 1947 war der Erfolg dieser Strategie keineswegs ausgemacht. Doch nachdem die kommunistischen Parteien in Frankreich, Belgien und Italien aus der Regierung ausgeschieden waren, besonders aber nach dem Prager Umsturz im Februar 1948, gingen Sozialisten und Kommunisten in Westeuropa getrennte Wege. Heftige Zusammenstöße zwischen kommunistischen und sozialistischen Gewerkschaften, zwischen kommunistischen Streikenden und Polizei, deren Einsatz von sozialistischen Ministern angeordnet wurde, sowie die Nachrichten von verhafteten Sozialisten in Osteuropa machten viele westeuropäische Sozialdemokraten zu überzeugten Antikommunisten und bereitwilligen Empfängern amerikanischer Gelder.

Sozialisten wie Léon Blum oder Kurt Schumacher stellte der Kalte Krieg vor politische Entscheidungen, die ihnen – zumindest in einer Hinsicht – durchaus vertraut waren. Sie kannten die Kommunisten von einst und waren schon so lange in der Politik, daß sie sich an die erbitterten Bruderkämpfe in der Zeit vor den Volksfrontjahren erinnerten. Jüngere hatten diese Möglichkeit nicht. Albert Camus (der in den dreißiger Jahren in Algerien in die KPF eingetreten, aber schon bald wieder ausgetreten war) ging, wie viele seiner Zeitgenossen, aus dem Krieg als überzeugter Anhänger eines Aktionsbündnisses von Kommunisten, Sozialisten und Sozialdemokraten hervor. »Antikommunismus«, schrieb er im März 1944, »ist der Beginn der Diktatur«.

Seine Zweifel setzten ein, als die KPF sich als die einzige Partei des Widerstands präsentierte und Parteiausschluß, Gefängnis und Todesstrafe für Tausende reale oder vermeintliche Kollaborateure forderte. Und in dem Maße, wie sich das Verhältnis der einstigen Bündnispartner nach 1947 zunehmend verschlechterte, stellte Camus die Glaubwürdigkeit seiner politischen Verbündeten in Frage, auch wenn er seine Zweifel – aus alter Gewohnheit und im Interesse der gemeinsamen Sache – zunächst unterdrückte. Im Juni 1947 gab er, weit weniger optimistisch als noch drei Jahre zuvor, die Leitung des *Combat* ab. Aus seinem Roman *Die Pest* (1947) geht deutlich hervor, daß Camus mit dem rigiden Realismus seiner Weggefährten nicht mehr einverstanden war. Eine seiner Romanfiguren, Jean Tarrou, erklärt: »Ich habe beschlossen, alles abzulehnen, was von nahe oder von ferne, aus guten oder schlechten Gründen tötet oder rechtfertigt, daß man tötet.«

Gleichwohl zögerte Camus, sich von seinen einstigen Freunden loszusagen. In der Öffentlichkeit versuchte er noch immer, ehrliche Kritik am Stalinismus mit »objektiven« Hinweisen auf den Rassismus in Amerika und andere Verbrechen im kapitalistischen Lager zu parieren. Doch das Verfahren gegen Rousset und die Schauprozesse in Osteuropa nahmen ihm alle Illusionen, die er noch gehegt haben mochte. In seinem Tagebuch notierte er: »Ich bedauere unter anderem, daß ich der Objektivität allzuviel geopfert habe. Objektivität ist bisweilen Selbstgefälligkeit. Heute sind die Dinge klargestellt, und was konzentrationslagerartig ist, muß als das bezeichnet werden, sogar der Sozialismus. In gewissem Sinne werde ich nie mehr höflich sein.«

In diesen Worten klingt an, was Ignazio Silone zwei Jahre zuvor, auf der Internationalen PEN-Konferenz im Juni 1947, zum Thema »La dignité de l'intelligence et l'indignité des intellectuels« selbstkritisch über sein eigenes Schweigen und das der anderen linken Intellektuellen gesagt hatte: »Wir haben den Grundsatz der allgemeinen Freiheit und Menschenwürde und alles andere beiseite geschoben wie Panzer, die in einem Depot abgestellt sind.« Wie Silone, der später einen der besseren Essays zu Richard Crossmans Sammelband *The God That Failed* (*Ein Gott, der keiner war*) beisteuerte, äußerte sich Camus nun immer bitterer über alle Fortschrittsillusionen. Höhepunkt war seine radikale Absage an revolutionäre Gewalt in seiner 1951 erschienenen Schrift *L'Homme révolté (Der Mensch in der Revolte)*, was zum endgültigen Bruch mit den einstigen Freunden der intellektuellen Linken führte. Für Sartre bestand die erste Pflicht eines radikalen Intellektuellen darin, die Arbeiterklasse nicht zu verraten. Für Camus, wie für Silone, kam es vor allem darauf an, sich selbst nicht zu verraten. Die Fronten im kulturellen Kalten Krieg waren deutlich.

Aus heutiger Sicht fällt es schwer, die Atmosphäre jener Jahre in ihrer ganzen polemischen Schärfe nachzuvollziehen. Stalin war noch keine Unperson – im Gegenteil. Wie Maurice Thorez im Juli 1948 erklärte: »Man glaubt uns beleidigen zu können, indem man uns das Etikett ›Stalinist‹ an den Kopf schleudert. Nun, für uns ist diese Bezeichnung eine Ehre, der gerecht zu werden wir unablässig bestrebt sind.« Auch viele kluge Nichtkommunisten waren, wie gesagt, nicht bereit, Stalin zu verurteilen, bemühten sich vielmehr, seine Verbrechen zu relativieren oder zu rechtfertigen. Optimistische Illusionen über das Sowjetreich gingen einher mit einer – mindestens – skeptischen Haltung gegenüber Amerika.[8]

Die kommunistische Propaganda richtete sich vor allem gegen die Vereinigten Staaten und die junge Bundesrepublik Deutschland. Das war nicht ungeschickt. Trotz oder wegen ihrer großzügigen Hilfe beim wirtschaftlichen Wiederaufbau des Kontinents waren die Amerikaner in Westeuropa nicht sehr beliebt. Im Juli 1947 sahen nur 38 Prozent der Franzosen im Marshall-Plan keine ernste Bedrohung für die Unabhängigkeit Frankreichs, und das Mißtrauen gegenüber den amerikanischen Motiven wurde weiter angeheizt durch die Versorgungskrise von 1948 und den Koreakrieg. Kommunistische Beschuldigungen, die US-Armee setze in Korea biologische Waffen ein, stießen auf offene Ohren.

In Sachen Kultur brauchten die Kommunisten nicht einmal die Inititative zu ergreifen. Die Angst vor amerikanischer Dominanz, vor dem Verlust der nationalen Unabhängigkeit führte Menschen aller politischen Richtungen in das »fortschrittliche« Lager. Gegenüber dem verarmten und abhängigen Westeuropa erschien Amerika als ein kulturloser, unersättlicher Wirtschaftsgigant. Im Oktober 1949 – im zweiten Jahr des Marshall-Plans, als die Vorbereitungen zur Errichtung des Nordatlantikpakts in die Endphase gingen – bezeichnete der Kulturkritiker Pierre Emmanuel in *Le Monde* den Phallus als das Geschenk Amerikas für Nachkriegseuropa. Selbst im Lande Stendhals »ist der Phallus bald ein Gott«. Drei Jahre später wiesen die christlichen Redakteure des *Esprit* darauf hin, sie hätten von Anfang an vor den Gefahren gewarnt, »die unserer Nation von seiten einer amerikanischen Kultur drohen, die das Fundament des geistigen und moralischen Gefüges der Europäer angreift«.

Derweil schickte sich ein amerikanisches Produkt an, den Kontinent zu erobern. Zwischen 1947 und 1949 errichtete Coca-Cola Niederlassungen in den Benelux-Staaten, Italien und der Schweiz. Fünf Jahre nach Gründung der Bundesrepublik war Westdeutschland mit 96 Coca-Cola-Fabriken der größte Markt außerhalb der USA. Und während sich in Belgien und Italien einige Proteststimmen erhoben, kam es in Frankreich zu einem wahren Sturm der Entrüstung. Als *Le Monde* meldete, das Unternehmen visiere für das Jahr 1950 ein Produktionsziel von 240 Millionen Flaschen an, kam es zu lautstarkem Widerstand – unterstützt, aber keineswegs dirigiert von den Kommunisten, die sich auf die Warnung beschränkten, daß die Vertriebskanäle von Coca-Cola gleichzeitig für Spionagezwecke genutzt würden. »Coca-Cola ist das Danzig der europäischen Kultur«, schrieb *Le Monde* am 29. März 1950.

Die Erregung über die »Coca-Colonisierung« hatte komische Seiten (Gerüchten zufolge wollte das Unternehmen sein Firmenlogo in Leuchtschrift am Eiffelturm anbringen), gründete aber auf ernsten Sorgen. Die Kraßheit der amerikanischen Kultur, von der Filmindustrie bis hin zu Erfrischungsgetränken, war für viele Europäer, ob links oder rechts, ebenso ausgemacht wie das imperialistische Motiv hinter der amerikanischen Präsenz in Europa. Die Sowjetunion mochte eine direktere Gefahr darstellen, auf lange Sicht war Amerika die heimtückischere Bedrohung. Nach dem Ausbruch des Koreakrieges, als die USA auf eine Wiederbewaffnung der Bundesrepublik drängten, gewann diese Sicht an Glaubwürdigkeit. Nun konnten die Kommunisten ihre Angriffe auf die ehemaligen Nazis in Bonn mit dem Vorwurf verbinden, Amerika unterstütze die »faschistischen Revanchisten«. Die Feindseligkeit gegenüber den »Anglo-Amerikanern«, die nach der Befreiung verstummt war, wurde in Italien, Frankreich und Belgien wieder hervorgeholt und neu aktiviert – auch in Deutschland, von Brecht und anderen ostdeutschen Schriftstellern.

Aus dieser neuen Kriegsangst und der Ablehnung alles Amerikanischen, die unter europäischen Eliten verbreitet war, hoffte Stalin Kapital zu schlagen, indem er eine internationale Friedensbewegung ins Leben rief. »Frieden«, das war von 1949 bis 1953 Kernstück der sowjetischen Kulturstrategie. Im August 1948 wurde in Wroclaw (Breslau) auf einem »Weltkongreß der Intellektuellen« der Weltfriedensrat gegründet. Im April 1949 folgten die ersten Friedenskongresse, die mehr oder weniger gleichzeitig in Paris, Prag und New York stattfanden. An der Spitze des Weltfriedensrats, Prototyp einer kommunistisch gesteuerten Tarnorganisation, standen prominente Wissenschaftler und Intellektuelle wie Frédéric Joliot-Curie, aber kontrolliert wurde die Bewegung von Kommunisten in enger Abstimmung mit dem Kominform, dessen Zeitschrift (in Bukarest publiziert) nunmehr den Namen *Für dauerhaften Frieden, für Volksdemokratie!* trug.

Aus ihrer Sicht war die Friedensbewegung recht erfolgreich. Der im März 1950 veröffentlichte »Stockholmer Appell« erhielt allein in Westeuropa viele Millionen Unterschriften (neben den Abermillionen, die im Ostblock eingetrieben wurden). Überhaupt waren Unterschriftenkampagnen die Hauptaktivität der Friedensbewegung, vor allem in Frankreich, wo sie die meisten Anhänger hatte. Doch unter dem Schirm der Friedensbewegung verkündeten noch andere, ähnliche Organisationen: Die Sowjetunion steht für Frieden, die Amerikaner (und ihre Freunde in Korea, Jugoslawien und Westeuropa) stehen für Krieg. Janet Flanner berichtete im Mai 1950 aus Paris: »Im Moment verzeichnet die kommunistische Propaganda die erstaunlichsten Erfolge (besonders unter Nichtkommunisten), die sie in Frankreich je hatte.«

Das Verhältnis der Kommunisten zu ihren Massenorganisationen war ganz und gar zweckgerichtet – für die Sowjets war die Friedensbewegung nur ein

Vehikel, weshalb sie 1951, nach Stalins außenpolitischem Schwenk, plötzlich für »friedliche Koexistenz« eintrat. Insgeheim hatten die Kommunisten, zumal im Ostblock, nur Verachtung für die Illusionen ihrer Sympathisanten. Bei ihren Besuchsreisen in den Volksdemokratien wurden die Friedensfreunde (mehrheitlich aus Frankreich, Italien und Indien) wegen ihres Engagements gefeiert und geehrt, hinter ihrem Rücken aber als »Tauben«, als eine neue Generation »nützlicher Idioten« verspottet.

Nachdem es den Kommunisten gelungen war, die zumindest partiellen Sympathien vieler Westeuropäer zu erobern, und die kommunistischen Parteien, vor allem in Frankreich und Italien, die die Unterstützung seitens der Kultureliten groß herausstellten, sah sich eine Gruppe westlicher Intellektueller zu einer späten, aber entschlossenen Reaktion veranlaßt. Aus der Sorge, Stalin könne den Kulturkrieg für sich entscheiden, beschlossen sie, ihre eigene »Kulturfront« zu errichten, und gründeten im Juni 1950 in Berlin den Kongreß für Kulturelle Freiheit (CCF). Der Kongreß verstand sich als Antwort auf den Weltfriedensrat, gewann aber durch den Ausbruch des Koreakriegs zusätzlich an Bedeutung. Daß das Gründungstreffen in Berlin und nicht in Paris stattfand, war eine bewußte Entscheidung: Von Anfang an wollte man den Kulturkrieg gegen die Sowjets an vorderster Front führen.

Der Kongreß stand unter der Schirmherrschaft von Bertrand Russell, Benedetto Croce, John Dewey, Karl Jaspers und Jacques Maritain, dem katholischen Philosophen. Diese alten Männer verliehen dem Unternehmen Ansehen und Autorität, doch die politischen und intellektuellen Impulse kamen von einer mittleren Generation liberaler oder ehemals kommunistischer Intellektueller wie Arthur Koestler, Raymond Aron, Alfred Jules Ayer, Margarete Buber-Neumann, Ignazio Silone, Nicola Chiaromonte und Sidney Hook. Ihnen standen junge Männer zur Seite, vorwiegend Amerikaner, die sich um organisatorisch-praktische Belange kümmerten.

Der CCF eröffnete Büros in 35 Ländern, aber Hauptschwerpunkt seiner Tätigkeit war Europa, und dort ganz besonders Frankreich, Italien und Deutschland. Das Ziel war, Intellektuelle zum Kampf gegen den Kommunismus zu mobilisieren, in erster Linie durch Kulturzeitschriften – *Encounter* in England, *Preuves* in Frankreich, *Tempo Presente* in Italien und *Der Monat* in Deutschland. Diese Zeitschriften hatten einen relativ kleinen Leserkreis – der *Encounter*, die erfolgreichste, erschien 1958 in einer Auflage von 16 000 Exmplaren, während *Preuves* (im selben Jahr) gerade einmal 3 000 Abonnenten hatte. Doch der Inhalt war durchweg anspruchsvoll, die Autoren zählten zu den besten Köpfen der Nachkriegsjahrzehnte, und sie spielten eine wichtige Rolle – vor allem in Frankreich, wo *Preuves* das einzige liberal-antikommunistische Forum in einer von neutralen, pazifistischen, sowjetfreundlichen oder kommunistischen Zeitschriften dominierten Kulturlandschaft war.

Der CCF und seine vielfältigen Aktivitäten wurden öffentlich von der Ford Foundation unterstützt und verdeckt von der CIA finanziert – was fast allen Beteiligten verborgen blieb und erst viele Jahre später bekannt wurde. Die Implikation (daß die US-Regierung insgeheim antikommunistische Kulturzeitschriften in Europa subventionierte) war vielleicht nicht so schwerwiegend, wie es heute erscheinen mag. In einer Zeit, in der Moskau kommunistische, pazifistische und alle möglichen anderen Druckerzeugnisse finanzierte, wäre einigen der CCF-Schriftsteller die Washingtoner Finanzierung keineswegs peinlich gewesen. Arthur Koestler, Raymond Aron oder Ignazio Silone vertraten auch ohne Ermunterung durch Amerika eine harte antikommunistische Linie, und nichts deutet darauf hin, daß sie ihre amerikakritische Haltung den Washingtoner Geldgebern zuliebe jemals eingeschränkt oder abgemildert hätten.

Für die USA waren diese Aktivitäten Neuland. Die Sowjetunion hatte 1925 ihre Gesellschaft für kulturelle Beziehungen mit dem Ausland gegründet, Franzosen, Deutsche und Italiener hatten schon vor 1914 eine rege »Kulturdiplomatie« betrieben. Die Amerikaner stellten für kulturelle Zwecke erst kurz vor dem Zweiten Weltkrieg Geld bereit, aber erst ab 1946, mit der Gründung des Fulbright-Programms, wurden diese Dinge ernsthaft betrieben. Bis zum Herbst 1947 galten die amerikanischen Kulturprojekte in Europa der »Demokratisierung«, erst danach wurde der Kampf gegen den Kommunismus das vorrangige strategische Ziel.

Schon 1950 unterstanden alle Austausch- und Informationsprogramme in Europa der US Information Agency. Zusammen mit dem Informationsdienst der US-Militärregierung in Deutschland und Österreich (unter deren Aufsicht sämtliche Medien und Kultureinrichtungen in den US-Besatzungszonen beider Länder standen) konnte die USIA nunmehr enormen Einfluß auf das Geistesleben in Europa ausüben. 1953, auf dem Höhepunkt des Kalten Krieges, kosteten die US-Kulturprogramme im Ausland (mit 13 000 Mitarbeitern) 129 Millionen Dollar, die zum größten Teil in den Kampf um die westeuropäische intellektuelle Elite flossen.

Der »Kampf für den Frieden«, wie ihn die kommunistische Presse bezeichnete, wurde an der »Kulturfront« durch die »Bücherschlacht« geführt (man beachte die militärischen Formulierungen). Die ersten Aktionen wurden im Frühjahr 1950 in Frankreich, Belgien und Italien unternommen. Prominente kommunistische Schriftsteller, wie Elsa Triolet und Louis Aragon, reisten durch die Provinz, hielten Vorträge, signierten Bücher und präsentierten die literarischen Qualitäten der kommunistischen Welt. Für die Kommunisten war der praktische Nutzen eher gering: Zu den Bestsellern im Nachkriegsfrankreich zählten u. a. Arthur Koestlers *Darkness at Noon* (von dem zwischen 1945 und 1955 insgesamt 420 000 Exemplare verkauft wurden) und Viktor Krawtschenkos *I Chose Freedom* (503 000 Exemplare). Aber es ging ja nicht um Bestseller, sondern darum, die Leser und andere davon zu überzeugen, daß die Kommunisten für Kultur standen, für französische Kultur.

Die amerikanische Antwort bestand in der Einrichtung von Amerika-Häusern, die über Bibliotheken und Lesesäle verfügten, in denen Vorträge gehalten wurden, Begegnungen stattfanden und Sprachunterricht angeboten wurde. Um 1955 gab es europaweit 69 Amerika-Häuser, die zum Teil beträchtlichen Einfluß hatten. In Österreich, wo in den Jahren des Marshall-Plans 134 Millionen englischsprachige Bücher verteilt wurden, erfreuten sich die Amerika-Häuser in Wien und Salzburg eines regen Zuspruchs (Wien stand unter Viermächteverwaltung, Salzburg lag in der US-Besatzungszone). Englisch verdrängte Französisch und Latein als erste Fremdsprache an den österreichischen Gymnasien.

Wie die von den USA finanzierten Rundfunksender (Radio Freies Europa in München nahm einen Monat nach Ausbruch des Koreakriegs den Betrieb auf), so wurden auch die Aktivitäten der Amerika-Häuser durch ungeschickte Propagandaanweisungen aus Washington zuweilen torpediert. Auf dem Höhepunkt der McCarthy-Jahre mußten viele Bücher aus den Bibliotheken der Amerika-Häuser entfernt werden. Zu den zahllosen Autoren, die als nicht genehm galten, gehörten nicht nur die naheliegenden Verdächtigen – John Dos Passos, Arthur Miller, Dashiell Hammett und Upton Sinclair –, sondern auch Albert Einstein, Thomas Mann, Alberto Moravia, Tom Paine und Henry Thoreau. Zumindest in Österreich konnten viele Beobachter den Eindruck gewinnen, daß die USA ihr schlimmster Feind in der »Bücherschlacht« waren.

Zum Glück für den Westen besaß die amerikanische Popkultur eine Strahlkraft, der die Ungeschicklichkeiten Washingtons nichts anhaben konnte. Kommunisten waren insofern schwer benachteiligt, als ihre offizielle Ablehnung des Jazz und des amerikanischen Films sogleich an Goebbels erinnerte. Während Jazz in osteuropäischen Staaten als dekadent verboten wurde, strahlte Radio Freies Europa werktäglich drei Stunden Popmusik und zu jeder vollen Stunde eine zehnminütige Nachrichtensendung nach Osteuropa aus. Den Film, das andere universelle Medium der Zeit, konnten die kommunistischen Regimes besser kontrollieren, aber in ganz Westeuropa waren amerikanische Filme außerordentlich beliebt. Damit konnte die sowjetische Propaganda nicht konkurrieren, und selbst Linke, die sich für amerikanische Musik und Filme begeisterten, standen in Widerspruch zur Parteilinie.

Die kulturelle Rivalität in den frühen Jahren des Kalten Kriegs war asymmetrisch. Unter den europäischen Kultureliten war noch immer die Haltung verbreitet, daß man, über alle ideologischen Unterschiede und selbst über den Eisernen Vorhang hinweg, eine gemeinsame Kultur hatte, die von Amerika bedroht wurde. Vor allem Franzosen neigten zu dieser Sichtweise, die auf das Bestreben der französischen Diplomatie verwies, eine eigene, von den USA unabhängige Außenpolitik zu betreiben. Bezeichnenderweise verstand sich der Chef der französischen Kulturmission in Berlin, Félix Lusset, sehr viel besser mit seinem sowjetischen Kollegen Alexander Dymschitz als mit den britischen oder amerikanischen Vertretern, und er träumte, wie seine Vorgesetzten in Paris, von der Wiederherstellung einer kulturellen Achse Paris-Berlin-Leningrad.

Die USA wendeten sehr viel Geld auf, um die Europäer für sich zu gewinnen, doch bestätigten viele amerikanische Publikationen, plump und kontraproduktiv, nur das tiefe Mißtrauen europäischer Intellektueller. Viele Deutsche sahen in der großen Aufmerksamkeit, die Amerika den Verbrechen der Kommunisten schenkte, den bewußten Versuch, die Verbrechen der Nazis zu übertünchen oder zu relativieren. In Italien unterminierten die antikommunistischen Kampagnen des Vatikan die antistalinistischen Argumente von Silone, Vittorini und anderen. Nur in Kunst und Literatur, wo sich die Absurditäten der stalinistischen Kulturpolitik direkt auf das Schaffen von Malern und Dichtern auswirkten, gingen westliche Intellektuelle auf Distanz zu Moskau – aber selbst hier war ihre Kritik gedämpft, aus Sorge, der amerikanischen »Propaganda« Munition zu liefern.[9]

Im Kampf um die Sympathien der großen Mehrheit der westeuropäischen Bevölkerung verloren die Sowjets rasch an Boden. Überall (abgesehen von Italien) sank der Stimmenanteil der kommunistischen Parteien, und selbst deren Wähler sahen – wenn man Meinungsumfragen glauben darf – ihre Entscheidung entweder als symbolischen Protest oder als Ausdruck einer Restsolidarität mit ihrer Klasse oder ihrem Wohnviertel. Noch vor den Ereignissen des Jahres 1956, die zu einem jähen Stimmungsumschwung unter den meisten europäischen Intellektuellen führten, war die atlantische Orientierung der meisten Westeuropäer längst eine Tatsache.

CODA
Das Ende des alten Europas

Das Leben änderte sich erstaunlich wenig nach dem Krieg.
David Lodge

»Meine Kindheit verbrachte ich in Industriestädten mit ihren Arbeitersiedlungen, umgeben von verrußten Backsteinhäusern und Fabrikschloten und gepflasterten Straßen. Für kürzere Strecken nahmen wir die Trambahn, für längere die Eisenbahn. Jeden Tag wurde eingekauft, nicht weil wir Feinschmecker gewesen wären, sondern weil wir keinen Kühlschrank besaßen (weniger verderbliche Lebensmittel wurden im Keller gelagert). Meine Mutter stand jeden Morgen in der Kälte auf und heizte zuerst den Wohnzimmerofen. Fließend Wasser gab es nur in einer einzigen Temperatur: eisig. Wir kommunizierten per Brief und informierten uns hauptsächlich aus der Zeitung (allerdings waren wir doch so modern, daß wir ein Radio besaßen, das ungefähr so groß wie eine Obststeige war. In den Klassenzimmern standen Kanonenöfen und Pulte mit Tintenfässern, in die wir unsere Federhalter tauchten. Wir Knaben trugen kurze Hosen, bis wir als Zwölfjährige die heilige Kommunion empfingen. Und so weiter. Das alles passierte aber nicht in einem abgelegenen Winkel der Karpaten, sondern im Westeuropa der Nachkriegszeit, die dort fast zwanzig Jahre dauerte.«[1]

Dieses Bild vom Wallonien der fünfziger Jahre, das der Belgier Luc Sante hier zeichnet, würde auch für die meisten anderen westeuropäischen Länder zutreffen. Der Verfasser des vorliegenden Buches, der nach dem Krieg im Londoner Stadtteil Putney aufwuchs, kann sich an einen Süßwarenladen erinnern, dessen alte, verhutzelte Besitzerin mit strenger Miene erklärte, sie verkaufe »seit dem Goldenen Jubiläum der Königin Bonbons an kleine Bengels wie dich« – d. h. seit 1887, denn gemeint war natürlich Königin Viktoria.[2] Bei Sainsbury's, ein paar Häuser weiter, lagen Sägespäne auf dem Boden, und hinter dem Verkaufstresen standen korpulente Männer in gestreiftem Hemd und adrette junge Frauen mit gestärkter Schürze und Häubchen. Dort sah es genau so aus wie auf den sepiagetönten Fotos an der Wand, die bei der Eröffnung des Ladens in den 1870er Jahren aufgenommen worden waren.

Die Lebensbedingungen in den ersten 10 Jahren nach Kriegsende wären einem

Besucher aus der Zeit der Jahrhundertwende durchaus vertraut gewesen. In England wurden 90 Prozent des Energiebedarfs durch Kohle gedeckt, in Belgien und den anderen Ländern der neuen Europäischen Gemeinschaft für Kohle und Stahl waren es 82 Prozent. Weil in London überall noch mit Kohle geheizt wurde, lag die Stadt immer wieder in jenem feuchten Nebel, der für Darstellungen der spätviktorianischen Industrielandschaften so typisch ist. Britische Filme aus dieser Zeit vermitteln etwas eindeutig Edwardianisches – ob in der Schilderung der sozialen Beziehungen (wie in *The Winslow Boy* von 1948) oder in ihrem altmodischen Tonfall. Das Manchester, das in *The Man in a White Suit* (1951) gezeigt wird, erinnert mit seinen Handwagen, den Arbeitersiedlungen und den sozialen Beziehungen an eine Stadt aus dem 19. Jahrhundert; Fabrikdirektoren und Gewerkschaftssekretäre betrachteten unternehmerische Ineffizienz als moralische Tugend, wie hoch der Preis für unzureichende Produktivität auch war. Drei Millionen Briten vergnügten sich allwöchentlich beim Tanz, und allein in Huddersfield in Yorkshire gab es Anfang der fünfziger Jahre 70 Arbeiterclubs – auch wenn sich die Jugend für beide Arten der Freizeitgestaltung kaum mehr interessierte.

Auch in weiten Teilen des Kontinents konnte man das Gefühl haben, als wäre die Zeit stehengeblieben. Das ländliche Leben in Belgien erinnerte an ein Gemälde von Millet: Heu wurde mit Rechen gewendet, gedroschen wurde mit Flegeln, Obst und Gemüse wurden mit der Hand geerntet und auf Pferdekarren abtransportiert. Wie die französische Provinz, wo schnurrbärtige Männer auf dem Heimweg vom »Café de la Paix« noch rasch ein Baguette kauften, oder Spanien, das unter der autoritären Herrschaft Francos wie in einer Vakuumglocke eingeschlossen war, so lagen Belgien und England in einem überlangen Tiefschlaf. Das Nachkriegseuropa wärmte sich an der verlöschenden Glut der wirtschaftlichen Revolution des 19. Jahrhunderts, seine kulturellen und sozialen Verhältnisse paßten immer weniger in das neue Zeitalter von Flugzeugen und Atomwaffen. Der Krieg hatte, wenn überhaupt, eine Rückwendung bewirkt. Der Modernisierungsschub der Zwanziger und Dreißiger war versiegt, übrig blieb die alte Lebensordnung. In Italien, wie in weiten Teilen des ländlichen Europas, traten Kinder nach Abschluß der Grundschule (oder schon vorher) ins Berufsleben ein. 1951 besuchte in Italien nur jedes neunte Kind über 14 Jahre weiterhin die Schule.

Die Religion, besonders der Katholizismus, genoß einen kurzen Herbst neuerlicher Autorität. In Spanien verfügte die katholische Kirche über die Mittel und den politischen Rückhalt für eine neue Gegenreformation: Im Konkordat von 1953 wurde der Kirche nicht nur Steuerbefreiung und der Verzicht auf staatliche Einmischung zugestanden, sondern auch das Recht, das Verbot mißliebiger Druckwerke und Stellungnahmen zu fordern. Im Gegenzug versprach die Kirche, an der konservativen Gleichsetzung von Katholizismus und nationaler Identität festzuhalten. Überhaupt waren Nationalgefühl und nationales Pflichtbewußtsein derart kirchlich geprägt, daß die Geschichte Spaniens im wichtigsten Lehrbuch für den Unterricht an Volksschulen, *Yo soy español* (*Ich bin ein Spanier*, 1. Auflage 1943) so dargestellt wurde, als führe eine direkte Linie vom Garten Eden zu Franco.[3]

Hinzu kam ein neuer Kult um die »Gefallenen« der siegreichen Seite im Bürgerkrieg. Die katholische Kirche organisierte zahllose Veranstaltungen bei den ebenso zahllosen Gedenkstätten, die zur Erinnerung an die Opfer des antiklerikalen Republikanismus errichtet worden waren. Mit einer geschickten Mischung aus Religion, Staat und Siegeserinnerung unterstrich der Klerus seine beherrschende Stellung in Geistesleben und Gedenkkultur. Weil Franco, der den fragilen Kontakt zum Westen aufrechterhalten mußte, die Kirche mehr brauchte als sie ihn, ließ er ihr praktisch uneingeschränkte Freiheit, den »christlichen« Charakter des alten Regimes im modernen Spanien zu erneuern.

Im übrigen Westeuropa hatte es die katholische Kirche mit Rivalen zu tun, die um die Bevölkerung warben. Aber selbst in den Niederlanden fühlte sich der Katholizismus stark genug, all jenen mit Exkommunikation zu drohen, die bei den ersten Wahlen der Nachkriegszeit ihre Stimme der sozialdemokratischen Arbeitspartei geben würden. 1956, zwei Jahre vor dem Tod Papst Pius XII., der das Ende der alten Ordnung signalisierte, gingen noch 70 Prozent der Italiener regelmäßig zur sonntäglichen Messe. Wie in Flandern hatte die Kirche in Italien besonderen Rückhalt unter Monarchisten, Frauen und älteren Menschen – insgesamt eine klare Mehrheit der Bevölkerung. Artikel 7 der italienischen Verfassung vom März 1947 bestätigte Mussolinis Konkordat von 1929: Die katholische Kirche wahrte ihren Einfluß im Bildungswesen und in allen Fragen von Ehe und Moral. Auf Togliattis Drängen stimmte sogar die KPI für das Gesetz, auch wenn das den Vatikan nicht daran hinderte, im Jahr darauf alle kommunistischen Wähler zu exkommunizieren.

In Frankreich fühlten sich die katholische Kirche und ihre politischen Freunde so sicher, daß sie in einem »guerre scolaire«, der an den Kirchenkampf der 1880er Jahre erinnerte, besondere Privilegien im Bildungssektor forderten. Es ging um das alte Thema der staatlichen Finanzierung von katholischen Schulen. Wenn die Energie, die den Antiklerikalismus (in Frankreich wie in Italien und Deutschland) getragen hatte, weitgehend verschwunden war oder aber in neue ideologische Konflikte kanalisiert wurde, so war Finanzierung und Qualität der Ausbildung ihrer Kinder eines der wenigen Themen, mit dem noch die unregelmäßigsten Kirchgänger zuverlässig mobilisiert werden konnten.

Von allen traditionellen europäischen Glaubensgemeinschaften konnte nur die katholische Kirche ihre Mitgliederzahl in der Nachkriegszeit steigern. Das hatte auch damit zu tun, daß nur die katholische Kirche (in Deutschland, den Niederlanden, in Belgien, Italien, Frankreich und Österreich) direkt mit politischen Parteien verbunden war, die mancherorts auf ihre Unterstützung angewiesen waren. Außerdem war der Katholizismus traditionell in ebenjenen Regionen Europas fest verankert, die sich in dieser Zeit am langsamsten veränderten. Vor allem aber konnte die katholische Kirche ihren Gläubigen etwas bieten, was in diesen Jahren überall vermißt wurde: Kontinuität, Sicherheit und Verläßlichkeit in einer Welt, die sich in den vorangegangenen zehn Jahren dramatisch verändert hatte und in den nächsten Jahren noch stärker verändern würde. Es war die Bindung der katholischen Kirche an die alte Ordnung, ihre entschiedene Ablehnung von Modernität und Wandel, die ihr in dieser Übergangszeit eine besondere Anziehungskraft verlieh.

Damit konnten die protestantischen Kirchen Nordwesteuropas nicht aufwarten. In Deutschland lebte ein Großteil der nichtkatholischen Bevölkerung mittlerweile unter kommunistischer Herrschaft; ohnehin hatte das Ansehen der evangelischen Kirche durch ihre Kompromißbereitschaft gegenüber Hitler gelitten, wie das in der Stuttgarter Schulderklärung von 1945 zaghaft eingeräumt wurde. Doch das Hauptproblem, in Westdeutschland und anderswo, war die Tatsache, daß die protestantischen Kirchen keine Alternative zur modernen Welt boten, sondern einen Weg zeigten, in Harmonie mit ihr zu leben.

Der evangelische oder anglikanische Pfarrer verstand sich nicht als Konkurrent des Staates, sondern als dessen Juniorpartner – ein Grund, warum die protestantischen Kirchen in Mitteleuropa dem Druck des kommunistischen Staates in jenen Jahren nicht widerstanden. Doch in einer Zeit, da der westeuropäische Staat immer stärker die geistige und materielle Führung seiner Bürger übernahm, verblaßte der Unterschied zwischen Kirche und Staat als Wächter über Sitte und Moral zusehends. So erscheinen die späten vierziger und frühen fünfziger Jahre als Übergangszeit, in der die gesellschaftlichen Konventionen und Hierarchien noch immer galten, das soziale Verhalten aber vom modernen Staat und nicht mehr von Kirche und Schicht bestimmt wurden.

Der Charakter dieser Epoche geht sehr gut aus einer internen Anweisung hervor, die die BBC 1948 für Autoren und Redakteure erließ (*BBC Variety Programmes. Policy Guides for Writers and Producers*). Deutlich wird das Bewußtsein einer *moralischen* Verantwortung, die der öffentlich-rechtliche Sender akzeptierte: »Der Einfluß, den die BBC auf ihre Hörer nehmen kann, ist enorm, und dementsprechend groß ist die Verpflichtung, für ein hohes Qualitätsniveau zu sorgen.« Witze über Religion, über »verweichlichte Männer« waren ebenso tabu wie das Wort »Klosett«. Es durften keiner jener Witze erzählt werden, die in den lockeren Kriegsjahren populär gewesen waren. Verboten waren zweideutige Anspielungen auf Damenunterwäsche, überhaupt sexuelle Andeutungen in jeder Form.

Außerdem durften Abgeordnete nicht mehr bei »unschicklichen« oder »würdelosen« Radiosendungen teilnehmen. Es durften keine Witze über »Schieber und Schmarotzer« oder Anspielungen gemacht werden, die als »Ermunterung zum Streik« verstanden werden konnten. Die Begriffe Schieber (spivs) und Schmarotzer (drones) zeigen, wie sehr England noch lange im Schatten des Krieges lebte. Noch weit in den Fünfzigern konnte die BBC dem Regisseur Peter Eton eine Abmahnung erteilen, weil in einer seiner Sendungen die Figur des Major Dennis Bloodnok (gespielt von Peter Sellers) eine Auszeichnung erhält, weil er »während der Schlacht Mülleimer leerte« (und weil ein anderer Schauspieler »die Stimme der Queen imitierte, die auf dem Trafalgar Square die Tauben verscheuchen will«).

Derlei Empfindlichkeiten mögen typisch britisch gewesen sein, ihr Tonfall wäre aber auch in anderen europäischen Ländern nicht ungewöhnlich gewesen. In der Schule, in der Kirche, im Rundfunk, in den Zeitungen (selbst in der Boulevardpresse), aber auch in den öffentlichen Reden und im Auftreten von Politikern begegneten die Europäer noch immer den Gewohnheiten und Ehrbegriffen einer älteren Zeit. Viele Politiker gehörten, wie schon erwähnt, einer anderen Epoche an – Premierminister Attlee wäre als Mitglied einer Kommission zur Untersuchung der Wohnbedingungen von Arbeitern nicht fehl am Platze gewesen, und es ist nicht überraschend, daß der Premierminister, der England zu einem modernen Wohlfahrtsstaat machte, seinen politischen Weg in der Sozialarbeit mit Straßenkindern im Londoner East End vor dem Ersten Weltkrieg begann.

Dieses altmodische Europa – das sich mit der Geschwindigkeit vergangener Zeiten bewegte, durch den Krieg verändert und durch Vorkriegsgewohnheiten zugleich gebremst wurde – vergnügte sich auf eindeutig moderne Weise. Es war das goldene Zeitalter des Films. In Großbritannien gab es 1946 5 000 Kinos und 1,7 Millionen Besucher. Jeder dritte Brite ging einmal pro Woche ins Kino. Noch 1950, als die Besucherzahlen leicht zurückgegangen waren, ging der durchschnittliche Engländer 28mal pro Jahr ins Kino – diese Zahl lag um fast 40 Prozent über der des letzten Vorkriegsjahres.

Während die Zahl der britischen Kinobesucher in den fünfziger Jahren kontinuierlich sank, nahm sie auf dem Kontinent zu. In Frankreich wurden in der ersten Hälfte der fünfziger Jahre 1 000 neue Filmtheater eröffnet, ebenso viele in Westdeutschland, in Italien waren es 3 000 neue Kinos, so daß es 1956 im ganzen Land etwa 10 000 Kinos gab. 1955 erreichte die Zahl der Kinobesucher mit etwa 800 Millionen einen Höchststand (in Großbritannien waren es, bei gleicher Bevölkerungszahl, nur halb so viele). In Frankreich, wo die meisten Besucher in den späten vierziger Jahren verzeichnet wurden, gingen die Leute längst nicht so oft ins Kino wie die Engländer oder Italiener.[4] Das galt auch für Westdeutschland, wo die Zahl der Kinobesucher erst 1959 einen Höhepunkt erreichte, und sogar für Spanien, das 1947 zu den europäischen Ländern mit den meisten Kinobesuchern pro Kopf der erwachsenen Bevölkerung gehörte.

Ein Grund für diese Filmbegeisterung, vor allem für amerikanische Filme, war der kriegsbedingte Nachholbedarf. Die Nazis, Mussolini (nach 1938) und das Vichy-Regime hatten die meisten amerikanischen Filme verboten, und die Sparzwänge während des Krieges hatten das ihre dazu beigetragen. Im Jahr 1946 waren 87 der in Italien gezeigten Filme ausländische (überwiegend amerikanische) Produktionen. Von den rund 5 000 Filmen, die zwischen 1939 und dem Ende der fünfziger Jahre gezeigt wurden, waren 4 200 ausländische (ebenfalls überwiegend amerikanische) Streifen. 1947 produzierte die französische Filmindustrie 40 Filme, während 340 Filme aus den USA importiert wurden. Und amerikanische Filme gab es nicht nur in großer Zahl, sie waren auch außerordentlich populär. Die beiden kommerziell erfolgreichsten Filme im Nachkriegsberlin waren Charlie Chaplins *Goldrausch* und der *Malteserfalke* (1941 gedreht, in Europa aber erst nach Kriegsende zu sehen).

Die beherrschende Stellung des amerikanischen Films hatte aber nicht nur mit den Launen des Publikumsgeschmacks zu tun. Es gab auch einen politischen Aspekt: »positive« amerikanische Filme überfluteten Italien rechtzeitig zu den entscheidenden Wahlen von 1948; das Außenministerium drängte Paramount, *Ninotschka* (1939) wieder in die Kinos zu bringen, einen Film, der das antikommunistische Wählerpotential stärken sollte. Andererseits sollte John Fords *Grapes of Wrath* (entstanden 1940) nicht in Frankreich gezeigt werden: Die kritische Sicht auf die amerikanische Gesellschaft zur Zeit der Großen Depression, so befürchtete man, könnte Wasser auf die Mühlen der KPF sein. Ganz allgemein beruhte die Attraktivität Amerikas auch auf seinen Filmen, die insofern wichtige Waffen im kulturellen Kalten Krieg waren. Nur Intellektuelle würden ihre Bewunderung für Sergej Eisensteins *Panzerkreuzer Potemkin* in politische Sympathie ummünzen, aber für Humphrey Bogart konnten alle schwärmen, auch Intellektuelle.

Doch der Drang Hollywoods nach Europa war vor allem eine Folge wirtschaftlicher Überlegungen. Amerikanische Filme waren schon immer nach Europa exportiert worden und hatten dort Geld eingespielt. Doch nach dem Zweiten Weltkrieg drängten amerikanische Produzenten, angesichts sinkender Zuschauerzahlen in den USA und steigender Produktionskosten, besonders energisch nach Europa. Allerdings zögerten europäische Regierungen mehr denn je, den

Markt für amerikanische Produkte zu öffnen: Die eigene Filmindustrie, vor allem in England und Italien noch immer ein bedeutender Faktor, sollte vor amerikanischem »Dumping« geschützt werden, und Devisen waren zu knapp und zu wertvoll, als daß man sie vorzugsweise für den Import amerikanischer Filme verwendet hätte.

Seit 1927 gab es in England ein Gesetz, wonach 20 Prozent aller bis 1936 gezeigten Filme einheimische Produktionen sein mußten. 1948 erhöhte die britische Regierung diese Quote auf 30 Prozent. Franzosen, Italiener und Spanier verfolgten ähnliche oder noch ehrgeizigere Ziele (die deutsche Filmindustrie war natürlich nicht in der Lage, Protektion zu fordern). Doch dank intensiver Bemühungen Hollywoods blieb der amerikanische Druck auf die europäischen Verhandlungspartner bestehen, so daß zu jedem bilateralen Handels- und Kreditabkommen, das in den ersten Nachkriegsjahren geschlossen wurde, auch eine Vereinbarung über den Import von US-Filmen gehörte.

So reduzierte die französische Regierung (gemäß dem Blum-Byrnes-Abkommen vom Mai 1946) äußerst widerstrebend die Quote von 55 Prozent (französische Filme pro Jahr) auf 30 Prozent – mit dem Ergebnis, daß binnen eines Jahres die einheimische Filmproduktion auf die Hälfte gesunken war. Auch die Labour-Regierung vermochte es nicht, das Land vor US-Filmen zu schützen. Einzig Franco gelang es, US-Filmimporte zu beschränken (trotz des Boykotts, den US-Produzenten von 1955 bis 1958 aufrechterhielten), weil er die öffentliche Meinung ignorieren und die möglichen politischen Konsequenzen seiner Entscheidungen außer acht lassen konnte. Aber selbst in Spanien wurden, wie schon erwähnt, weit mehr amerikanische als spanische Filme gezeigt.

Die Amerikaner wußten, was sie taten. Als einige europäische Regierungen nach 1949 dazu übergingen, Kinoeinnahmen zwecks Förderung der einheimischen Filmproduktion zu besteuern, investierten amerikanische Produktionsfirmen direkt in ausländische Produktionen, wobei sie ihre Entscheidung meist von der Höhe der jeweiligen Förderung abhängig machten. So kam es, daß europäische Regierungen indirekt Hollywood finanzierten. 1952 erzielte die US-Filmindustrie bereits 40 Prozent ihrer Einnahmen im Ausland, zum größten Teil in Europa. Sechs Jahre später waren es schon 50 Prozent.

Angesichts der marktbeherrschenden Stellung der Amerikaner sind die *europäischen* Filme jener Zeit also nicht immer ein zuverlässiger Spiegel europäischer Erfahrungen und Befindlichkeiten. Vor allem die Engländer dürften ihren Eindruck, wie es in ihrem Land aussah, mindestens ebenso sehr aus den Hollywood-Porträts von England wie aus der eigenen Wahrnehmung bezogen haben. *Mrs. Miniver* (1942) beispielsweise – ein typisch *englischer* Film über Durchhaltevermögen und Tapferkeit, Anstand und Moral, in dem es bezeichnenderweise um die Katastrophe von Dünkirchen geht, die aus englischer Sicht all diese Eigenschaften deutlich machte – war ein reines Hollywood-Produkt. Aber für die Engländer, die den Film damals sahen, blieb er lange Zeit das treffendste Porträt des britischen Nationalcharakters.

Die Attraktivität des amerikanischen Films beruhte, abgesehen von dem Glamour und Glanz, den er in die graue Welt der Zuschauer brachte, auf seiner Qualität. Die Filme waren technisch exzellent gemacht und gewöhnlich mit einem Budget ausgestattet, von dem europäische Produzenten nur träumen konnten. Sie waren jedoch nicht eskapistisch wie die Screwballkomödien oder Liebesfilme der dreißiger Jahre. Einige der populärsten amerikanischen Filme der späten vierziger Jahre gehörten in die Kategorie »film noir«. Es waren Kriminalgeschichten oder soziale Dramen, aber die Atmosphäre, und filmische Machart, war düsterer als in Filmen älteren Datums.

Sehr viel eher neigten die Europäer in dieser Zeit zu eskapistischen Filmen – man denke nur an die deutschen Heimatfilme der frühen fünfziger Jahre oder die britischen Genrekomödien wie Herbert Wilcox' Filme *Piccadilly Incident* (1946), *Spring in Park Lane* (1948) oder *Maytime in Mayfair* (1949), die im eleganten und weitgehend unzerstörten Londoner Westend spielen, mit Anna Neagle, Michael Wilding oder Rex Harrison als geistreichen Debütantinnen und eigenwilligen Aristokraten. Die nicht minder unvergeßlichen italienischen und französischen Produktionen waren meist moderne Kostümdramen, in denen Automechaniker oder Geschäftsleute den Part von Bauern und Edelleuten übernahmen.

Die besten europäischen Filme der Nachkriegszeit setzten sich zwangsläufig in der einen oder anderen Weise mit dem Krieg auseinander. Nach der Befreiung entstanden einige Filme über die Résistance – in Frankreich *Peleton d'execution* (1945), *Le jugement dernier* (1945), *La bataille du rail* (1946), in Italien *Roma, città aperta* (1945), *Paisà* (1946), *Un giorno della vita* (1946) –, in denen heroische, moralisch gute Widerstandskämpfer den feigen Kollaborateuren und brutalen Deutschen gegenübergestellt werden. Wenig später folgte eine Reihe von Filmen, die in der (buchstäblichen und geistigen) Trümmerlandschaft von Berlin spielen: Roberto Rossellinis *Germania anno zero* (1947), Billy Wilders *A Foreign Affair* (1948) und Wolfgang Staudtes *Die Mörder sind unter uns* (1946), der einzige deutsche Film aus jener Zeit, der nach den moralischen Implikationen der Naziverbrechen fragt (auch wenn an keiner Stelle das Wort »Jude« fällt).

Drei dieser Filme (*Roma, città aperta, Paisà* und *Germania anno zero*) stammten von Roberto Rossellini. Er begründete mit Vittorio de Sica, dem Regisseur von *Sciuscia* (1946), *Ladri di bicicletta* (1948) und *Umberto D.* (1952), den Neorealismus, der italienische Regisseure in die vorderste Reihe des internationalen Films katapultierte. Wie einige englische Komödien, die in den Ealing Studios gedreht wurden, wie etwa *Passport to Pimlico* (1949), thematisieren diese neorealistischen Filme die Zerstörungen des Krieges, vor allem in den Städten. Aber nicht einmal die besten englischen Filme konnten es mit dem ernsten Humanismus der italienischen Meisterwerke aufnehmen.

Diese Filme zeigen weniger den damaligen Zustand der Welt als vielmehr ebendiese Welt, gespiegelt in den Erinnerungen und Mythen der Kriegszeit. Arbeiter, das unzerstörte Land, Kinder (besonders Knaben) stehen für das Gute und Unverdorbene und Reale – selbst inmitten des Elends der zerstörten Städte –, auf der anderen Seite die falschen Werte der Klassengesellschaft, Reichtum, Habgier, Kollaboration, Luxus und Wollust. Amerikaner sind meist abwesend (bis auf die GIs, die sich in *Sciuscia* die Schuhe putzen lassen, oder in *Ladri di biciclet-ta* die Plakate von Rita Hayworth neben dem armen Plakatkleber). Dies ist das Europa von Menschen, die in halbzerstörten Städten leben, fast dokumentarisch gefilmt (geprägt wohl auch durch die Erfahrungen von Dokumentarfilmern, die während des Krieges für das Militär arbeiteten). Wie das Nachkriegseuropa selbst verschwinden diese Filme nach 1952, obschon der Neorealismus in Spanien noch einmal auflebt, wo Luis Garcia Berlanga 1953 den Film *Bienvenido Mister Marshall* und Juan Antonio Bardem drei Jahre später *Tod eines Radfahrers* dreht.

Wie andere zeitgenössische Freizeitvergnügungen war auch der Kinobesuch eine kollektive Veranstaltung. Wenn in kleinen italienischen Städten einmal in der Woche ein Film vorgeführt wurde, kamen fast alle Leute zusammen, um zuzuschauen und darüber zu reden. In England wurden bei der samstäglichen Kindermatinee Liedtexte auf die Leinwand projiziert, die, während ein kleiner weißer Ball von Wort zu Wort hüpfte, von allen Zuschauern mitgesungen wurden. In den Kindheitserinnerungen eines Südlondoners wird ein solcher Song (um 1946) vorgestellt:

»We come along on a Saturday morning
Greeting everybody with a smile.
We come along on a Saturday morning
Knowing it's well worthwhile.
As members of the Odeon we all intend to be
Good citizens when we grow up
And champions of the Free.«[5]

Der didaktische Tonfall war untypisch, jedenfalls in diesem ungebrochenen Gestus, und er legte sich auch nach einigen Jahren, aber die Atmosphäre ist sehr schön getroffen. Taubenzüchten, Speedway und Hunderennen und andere in Arbeiterkreisen beliebte Freizeitaktivitäten erreichten in diesen Jahren ihren Höhepunkt, bevor sie in den ausgehenden fünfziger Jahren rasch an Bedeutung verloren. Daß sie auf spätviktorianische Zeiten zurückgingen, verrieten die Kopfbedeckungen der Zuschauer – Barett (Frankreich) und Schiebermütze (England) kamen in den 1890er Jahren auf und waren um 1950 noch immer verbreitet. Jungen kleideten sich, abgesehen von der kurzen Hose, wie ihre Großväter.

Auch Tanzen war ein beliebtes Freizeitvergnügen, nicht zuletzt wegen der von GIs eingeführten Musikstile Swing und Bebop, zu denen in Tanzsälen und Nachtclubs getanzt wurde und die man im Radio hörte (bis zur Mitte der fünfziger Jahre konnte sich kaum jemand einen Plattenspieler leisten, und die Tanzkapelle war noch nicht von der Jukebox verdrängt). Der Umbruch, der im nächsten Jahrzehnt stattfand, lag noch in weiter Ferne. Im Februar 1947 stellte Christian Dior seinen »New Look« vor – eine sehr weibliche Linie mit runden, weichen Schultern und einem weiten, schwingenden, knöchellangen Rock –, der sich, im Kontrast zu den Einschränkungen der Kriegsjahre, durch enormen Stoffverbrauch auszeichnete. Diese Mode wurde von Frauen jeden Alters getragen, sofern sie über die nötigen Mittel verfügten. Die Garderobe hing, noch immer, mehr von Status (und Einkommen) als vom Alter ab.

Natürlich gab es Spannungen zwischen den Generationen. Über die (aus Amerika übernommenen) »zoot suits«, die während des Krieges in London und Paris aufkamen, schüttelten die Älteren nur entsetzt den Kopf, und der Dufflecoat (inspiriert von dem traditionellen Mantel belgischer Fischer), der in den ausgehenden vierziger Jahren bei Intellektuellen und Künstlern beliebt war, kündete schon von der späteren Neigung Jugendlicher, sich möglichst zwanglos zu kleiden. Im eleganten Pariser Nachtclub Le Tabou (im April 1947 eröffnet) wurde größter Wert auf lässige Garderobe gelegt, und *Rendezvous de Juillet*, ein französischer Film von 1949, nimmt die gelockerten Sitten der jungen Generation aufs Korn – der Vater kann es nicht fassen, daß sein jüngster Sohn ohne Krawatte zum Essen kommt.

Doch das alles waren lediglich Begleiterscheinungen einer Jugendrevolte, mehr nicht. Im Nachkriegseuropa waren die meisten Menschen, egal welchen Alters, vollauf damit beschäftigt, den Alltag zu bewältigen. Zu Beginn der fünfziger Jahre lebte jede vierte italienische Familie in Armut, und den anderen ging es kaum besser. Nicht einmal jeder zweite Haushalt hatte eine Innentoilette, nur in jedem achten gab es ein Badezimmer. In Süditalien war Armut die Regel. In Cuto, einem Ort in der Grafschaft Crotone, gab es für die 9000 Einwohner einen einzigen öffentlichen Brunnen, der sie mit Wasser versorgte.

Der Mezzogiorno war ein Extremfall. Aber auch in Westdeutschland galten noch im Jahr 1950 17 Millionen (bei einer Gesamtbevölkerung von 47 Millionen) als bedürftig, weil sie keine Wohnung hatten. Selbst in London mußte eine Familie, die auf der Warteliste für ein Haus oder eine Wohnung stand, durchschnittlich 7 Jahre warten. Bis dahin wurde sie in einem der Barackenlager einquartiert, die überall in der Stadt errichtet worden waren. In Meinungsumfragen spielte das Thema »Wohnung« immer eine wichtige Rolle. In Vittorio de Sicas *Wunder von Mailand* (1951) rufen die Obdachlosen: »Wir wollen eine Wohnung haben, damit wir und unsere Kinder an morgen glauben können.«

Das Konsumverhalten der Menschen spiegelte die unzureichende Versorgung und die noch immer spürbaren Auswirkungen von Wirtschaftskrise und Krieg. Am längsten dauerte die Rationierung in Großbritannien – Brot war zwischen Juli 1946 und Juli 1948 rationiert, Kleidercoupons gab es bis 1949, die Zuteilung von Gebrauchskleidung und Möbeln wurde erst 1952 beendet, und Fleisch und andere Lebensmittel blieben bis zum Sommer 1954 rationiert – wobei anläßlich der Krönung von Elizabeth II. im Juni 1953 jedermann zusätzlich ein Pfund Zukker und ein Viertelpfund Margarine erhielt.[6] Doch selbst in Frankreich, wo die Rationierung schon relativ früh beendet wurde (und zugleich auch der Schwarzmarkt verschwand), ließ die Sorge um das tägliche Brot frühestens 1949 nach.

Alles war knapp (so lag die empfohlene Größe der heißbegehrten neuen Wohnungen, die unter der Labour-Regierung gebaut wurden, bei nur 83 Quadratmetern für ein Haus mit 2 bis 3 Schlafzimmern). Nur sehr wenige Europäer besaßen ein Auto oder einen Kühlschrank; in England, wo der Lebensstandard höher war als in den meisten kontinentaleuropäischen Ländern, gingen Frauen der Unterschicht zweimal täglich einkaufen, entweder zu Fuß oder mit einem öffentlichen Verkehrsmittel, wie vor ihnen schon ihre Mütter und Großmütter. Produkte aus fernen Ländern waren exotisch und teuer. Allenthalben galten Beschränkungen und Vorschriften. Auslandsreisen waren angesichts der knappen Devisen nur eingeschränkt möglich, für ausländische Arbeiter und andere Migranten blieben die Grenzen geschlossen (in Frankreich wurden all jene Gesetze aus den dreißiger Jahren und der Besatzungszeit übernommen, die den Zustrom ausländischer Arbeitskräfte und anderer unerwünschter Ausländer verhinderten – Ausnahmen wurden nur bei gesuchten Fachkräften gemacht).

Ende der vierziger, Anfang der fünfziger Jahre war Europa längst nicht so offen und mobil wie 1913. Der Kontinent war gewiß verfallener, nicht nur in Berlin, wo 1950 erst ein Viertel der Kriegstrümmer beseitigt worden war. Der englische Sozialhistoriker Robert Hewison bezeichnet die Briten jener Jahre als ein »erschöpftes Volk, das mit erschöpften Maschinen arbeitet«. Während in den USA am Ende der vierziger Jahre die meisten Produktionsanlagen weniger als 5 Jahre alt waren, lag das Alter französischer Maschinen bei durchschnittlich 20 Jahren. Ein französischer Bauer versorgte 5 Personen, sein amerikanischer

Kollege dreimal mehr. 40 Jahre Krieg und Wirtschaftskrise hatten einen hohen Tribut gefordert.

Die »Nachkriegszeit« dauerte lange – länger jedenfalls, als das manche Historiker glauben, die die schwierigen Nachkriegsjahre im schmeichelhaften Licht der späteren Wohlstandsjahre geschildert haben. Nur wenige Europäer ahnten seinerzeit, welche Veränderungen ihnen bevorstanden. Die Erfahrung des vergangenen halben Jahrhunderts hatte sie pessimistisch gemacht. Vor dem Ersten Weltkrieg war Europa ein optimistischer Kontinent gewesen, dessen Staatsmänner und Kommentatoren zuversichtlich in die Zukunft blickten. Dreißig Jahre später, nach dem Zweiten Weltkrieg, schauten die Menschen verstört zurück in eine furchtbare Vergangenheit. Viele Beobachter glaubten an eine große Wirtschaftskrise, an ein Wiederaufleben des Extremismus, an einen dritten Weltkrieg.

Doch das ganze Ausmaß der Zerstörungen und des kollektiven Elends, das die Europäer in der ersten Hälfte des Jahrhunderts über sich gebracht hatten, wirkte zutiefst entpolitisierend: Die Menschen flüchteten sich, anders als in den Jahren nach dem Ersten Weltkrieg, keineswegs in extremistische Ideologien, sondern wandten sich von jeder Politik ab. Welche Folgen das hatte, deutete sich seinerzeit nur vage an – etwa darin, daß es den faschistischen und kommunistischen Parteien nicht gelang, aus den Mühen des Alltags Kapital zu schlagen, daß viel mehr über wirtschaftliche als über politische Ziele diskutiert und politisches Engagement durch Konsum und Freizeitgestaltung verdrängt wurde.

Und noch etwas anderes ereignete sich. Wie Janet Flanner im Mai 1946 aus Frankreich berichtete, waren neben Unterwäsche vor allem Kinderwagen gefragt. Zum erstenmal nach vielen Jahren bekamen die Europäer wieder Kinder. In England stieg die Geburtenziffer 1949 um 11 Prozent gegenüber 1937, in Frankreich um unglaubliche 33 Prozent. Diese erstaunliche Gebärfreudigkeit in einem Kontinent, dessen demographisches Hauptmerkmal seit 1913 ein früher Tod gewesen war, hatte enorme Implikationen. Ein neues, für die meisten Zeitgenossen unvorstellbar anderes Europa wurde geboren.

Zweiter Teil
Wohlstand und Aufbegehren: 1953–1971

VIII
Beginnende Stabilität

Daß die Zeit, wo europäische Völker sich um die Weltherrschaft streiten konnten, vorbei ist, wußten wohl die meisten, bevor der Zweite Weltkrieg es offensichtlich gemacht hat. In diesem Sinn hat Europa zu Ende gespielt, und der Europäer, der sich nach Weltmacht sehnt, muß allerdings der Verzweiflung anheimfallen oder der Lächerlichkeit, ähnlich den Napoleons in den Irrenhäusern.

Max Frisch (Juli 1948)

Weil unsere Truppen dort stationiert waren, trugen die Europäer nicht ihren Teil bei. Sie werden nicht das Opfer bringen, eigene Streitkräfte zu ihrer Verteidigung aufzustellen.

Dwight D. Eisenhower

Was dagegen sprach, den Franzosen atomare Informationen zukommen zu lassen, war vor allem die Überlegung, daß am Ende die Deutschen das gleiche beanspruchen würden.

John F. Kennedy

Verträge sind wie Mädchen und Rosen: Sie halten nur eine gewisse Zeit.

Charles de Gaulle

Politische Institutionen sind allein imstande, den Charakter einer Nation zu bilden.

Madame de Staël

»Politische Stabilität«, schrieb der englische Historiker J. H. Plumb, »wächst nach allgemeiner Überzeugung ... langsam wie eine Koralle, entsteht im Verlauf von Jahrhunderten als Ergebnis von Zeit, Umständen, Einsicht, Erfahrung, Klugheit. In der Realität sieht es ganz anders aus. Politische Stabilität entsteht in einer Gesellschaft ziemlich schnell, genauso plötzlich, wie sich Wasser in Eis verwandelt.[1] Etwas Ähnliches passierte ganz unerwartet in Europa in der ersten Hälfte der fünfziger Jahre.

Von 1945 bis 1953 lebte der Kontinent im Schatten des Zweiten Weltkrieges und in sorgenvoller Erwartung eines neuen Krieges. Die gescheiterten Friedensabkommen von 1919 waren allenthalben in guter Erinnerung. Die gewaltsame Einführung des Kommunismus in Osteuropa erinnerte an die revolutionären Wirren nach dem Ersten Weltkrieg. Die Prager Machtergreifung, die Spannungen in Berlin und der Koreakrieg gemahnten an die internationalen Krisen der Dreißiger. Im Juli 1951 hatten die Westalliierten den Kriegszustand mit Deutschland zwar für beendet erklärt, aber unter den Bedingungen des sich verschärfenden Kalten Kriegs gab es noch immer keinen Friedensvertrag, der überhaupt in weiter Ferne zu stehen schien. Und niemand konnte sicher sein, daß die ungelöste Deutschlandfrage kein fruchtbarer Boden für einen neuen Faschismus sein würde.

Das sich erweiternde Geflecht internationaler Bündnisse, Organisationen und Verträge bot wenig Garantie für ein harmonisches Miteinander. Heute zeigt sich, daß der Europarat, die Europäische Gemeinschaft für Kohle und Stahl, die Europäische Zahlungsunion und vor allem die Nordatlantikpakt-Organisation Keime eines neuen und stabilen Systems internationaler Beziehungen waren. Die Europäische Menschenrechtskonvention von 1950 sollte später große Bedeutung erlangen. Doch seinerzeit erinnerten solche Dokumente, ebenso wie die Institutionen, unter deren Ägide sie entstanden, an die gutgemeinten, aber chancenlosen Verträge und Organisationen der Zwanziger. Daß skeptische Zeitgenossen nicht allzu große Hoffnung in sie setzten, ist verständlich.

Doch nach Stalins Tod und dem Ende des Koreakriegs stolperte Westeuropa, ohne es recht zu merken, in eine erstaunliche Phase politischer Stabilität. Zum erstenmal (seit vier Jahrzehnten) führten die westeuropäischen Staaten keinen Krieg gegeneinander, und damit war auch künftig nicht zu rechnen. Die innenpolitischen Konflikte ließen nach, die kommunistischen Parteien, abgesehen von der KPI, begannen ihren langsamen Rückzug in die politische Bedeutungslosigkeit. Und ein Wiederaufleben des Faschismus war keine real drohende Gefahr mehr, außer vielleicht in der kommunistischen Propaganda.

Westeuropa verdankte diese neue, hoffnungsvolle Entwicklung den Ungewißheiten des Kalten Krieges. Die Internationalisierung politischer Konflikte und das sich daraus ergebende Engagement der Vereinigten Staaten trugen zu einer Entschärfung innenpolitischer Probleme bei. Konflikte, die früher mit ziemlicher Sicherheit zu Aggression und Krieg geführt hätten – die ungelöste Deutschlandfrage, die territorialen Konflikte zwischen Jugoslawien und Italien, die Zukunft des besetzten Österreichs – standen im Kontext von Konfrontationen und Verhandlungen der Großmächte und waren daher dem Einfluß der Europäer entzogen.

Die deutsche Frage war nach wie vor ungelöst. Selbst nachdem die Panik von 1950 nachgelassen und der Westen erkannt hatte, daß Stalin vorerst keinen Krieg um Mitteleuropa führen würde, waren beide Seiten einer Vereinbarung keineswegs näher gekommen. Offiziell vertrat der Westen die Position, daß West- und Ostdeutschland, seit 1949 selbständige Staaten, in einem demokratischen Gesamtdeutschland vereinigt werden sollten. Doch solange nicht alle Deutschen in freien, demokratischen Wahlen über ihre Zukunft bestimmen konnten, war eine Wiedervereinigung ausgeschlossen. Und so lange würde man die Bundesrepublik als Vertreterin aller Deutschen betrachten. Inoffiziell waren Amerikaner und Westeuropäer gar nicht unglücklich über die Teilung Deutschlands. Wie John Foster Dulles im Februar 1959 gegenüber Präsident Eisenhower erklärte, »spricht viel für den Status quo, aber das können wir natürlich nicht öffentlich sagen«.

Die sowjetische Position war interessanterweise ganz ähnlich. In seinen letzten Jahren beharrte Stalin auf dem offiziellen Standpunkt, daß man ein vereintes Deutschland anstrebe und sogar ein neutrales Deutschland akzeptieren werde, solange es nicht bewaffnet sei. In mehreren diplomatischen Noten schlug Stalin im Frühjahr 1952 Viermächtegespräche über einen Friedensvertrag vor. Ziel war die Schaffung eines neutralen und entmilitarisierten Deutschlands, der Abzug aller Besatzungstruppen und gesamtdeutsche Wahlen. Historiker haben Washington vorgeworfen, nicht auf diese Vorschläge eingegangen zu sein und damit die Chance verpaßt zu haben, den Kalten Krieg zu beenden oder zumindest an diesem Punkt zu entschärfen.

Gewiß, die Westmächte haben Stalins Angebot nicht sonderlich ernst genommen. Heute wissen wir, daß ihre Entscheidung richtig war. Die Sowjets haben ihren Vorschlägen selbst keine große Bedeutung beigemessen und auch gar nicht erwartet, daß die Westmächte ihre Truppen abziehen und anschließend ein neutrales, entmilitarisiertes Deutschland in der Mitte des geteilten Kontinents entstehen würde. Die Sowjets hatten nichts gegen eine dauerhafte militärische Präsenz der Amerikaner auf deutschem Boden, denn sie bot, aus ihrer Sicht, recht zuverlässigen Schutz vor einem Wiederaufleben deutscher Aggressionbestrebungen. Für ein entmilitarisiertes Deutschland im sowjetischen Schatten konnte man es riskieren, auf diese Sicherheit zu verzichten (und Moskau hätte seine ostdeutschen Genossen auch sofort geopfert), aber darunter hätten sie es nicht gemacht.

Die Russen wollten um jeden Preis ein wiederbewaffnetes Deutschland verhindern. Ziel ihrer diplomatischen Noten war *nicht*, mit dem Westen ein Abkommen über die Wiedervereinigung zu treffen, sondern eine Remilitarisierung Deutschlands auszuschließen. Diese Angelegenheit hatten die Amerikaner, nur fünf Jahre nach dem Sieg über Hitler, als direkte Konsequenz des Koreakriegs zur Sprache gebracht. Wenn der US-Kongreß zusätzliche Militärhilfe für das Ausland bewilligen sollte, dann mußte klar sein, daß die Verbündeten, und zwar auch Westdeutschland, ihren eigenen Beitrag zur Verteidigung des Kontinents leisten würden.

Als US-Außenminister Dean Acheson im September 1950 die ersten Gespräche mit Briten und Franzosen über eine deutsche Wiederbewaffnung führte, lehnten die Franzosen diese Vorstellung vehement ab. Sie sahen sich in ihrem Verdacht bestätigt, daß die Nato keineswegs eine feste amerikanische Zusage zur Verteidigung der französischen Ostflanke sei, sondern ein Vorwand zur Wiederbewaffnung Deutschlands. Selbst die Deutschen zögerten, wenn auch aus anderen Gründen. Adenauer erkannte sehr gut, welche Gelegenheit sich durch die veränderten Umstände bot: Die Bundesrepublik würde sich zurückhalten und nicht die Chance einer Remilitarisierung ergreifen. Als Gegenleistung für einen deutschen Wehrbeitrag würde Bonn internationale Anerkennung und eine Amnestie für deutsche Kriegsverbrecher fordern, die sich in alliierter Haft befanden.

Die Franzosen, die damit rechneten, daß ein solcher Deal hinter ihrem Rücken vereinbart würde, kamen jeder weiteren Diskussion über einen deutschen Beitrag zur Nato mit einem eigenen Gegenvorschlag zuvor. Im Oktober 1950 regte Premierminister René Pleven die Schaffung einer Europäischen Verteidigungsgemeinschaft (EVG) mit einer Europäischen Verteidigungsstreitmacht an, analog zum Schuman-Plan. Die Amerikaner und Briten fanden an diesem Vorschlag keinen Gefallen, akzeptierten ihn aber als zweitbeste Lösung für das Problem der Verteidigung Europas.

Am 27. Mai 1952 wurde der Vertrag über die Europäische Verteidigungsgemeinschaft unterzeichnet sowie eine Reihe von Vereinbarungen, in denen Amerikaner und Briten zusicherten, sich nach Ratifizierung des EVG-Vertrags an der europäischen Verteidigungsstreitmacht zu beteiligen und das Besatzungsregime in Westdeutschland zu beenden. Eben diesen Vertrag hatte die Sowjetunion mit ihrem Friedensvertragsangebot verhindern wollen. Der EVG-Vertrag wurde im März 1953 vom Bundestag, anschließend von den Benelux-Staaten ratifiziert.[2] Nun fehlte nur noch Frankreich, und Westeuropa hätte so etwas wie eine gemeinsame Armee mit integrierten nationalen Verbänden einschließlich eines deutschen Kontingents gehabt.

Doch die Franzosen blieben skeptisch. Wie Janet Flanner im November 1953 bemerkte, »ist für die Franzosen Deutschland das Problem und nicht Rußland, wie für die Amerikaner«. Die Amerikaner waren frustriert. Auf der Nato-Ratssitzung im Dezember 1953 drohte John Foster Dulles, Eisenhowers neuer Außenminister, bei einem Scheitern der EVG eine gründliche Überprüfung des amerikanischen Standpunktes an. Doch obwohl der Pleven-Plan ein französischer Vorschlag war, so hatte die öffentliche Debatte doch gezeigt, auf welch großen französischen Widerstand eine mögliche deutsche Wiederbewaffnung stieß. Außerdem war der Zeitpunkt denkbar ungünstig: Frankreich steuerte in Vietnam einer demütigenden Niederlage entgegen, und der neue Premierminister Pierre Mendès-France hielt es zu Recht für unklug, das Schicksal seiner schwachen Koalitionsregierung von einem unpopulären Vorschlag zur Wiederbewaffnung des Erzfeindes abhängig zu machen.

Also verzichtete er darauf, ein Nein zum EVG-Vertrag als Mißtrauensvotum zu betrachten. Am 30. August 1954 wurde der Vertrag mit 319 zu 264 Stimmen abgelehnt. Die Europäische Verteidigungsgemeinschaft (und damit ein wiederbewaffnetes Deutschland innerhalb einer europäischen Armee) hatte sich erledigt. In einem Gespräch mit dem belgischen Außenminister Paul-Henri Spaak und dem luxemburgischen Ministerpräsidenten Joseph Bech äußerte sich Adenauer enttäuscht über Mendès-France, dem er unterstellte, seine jüdische Herkunft durch übersteigerten Nationalismus zu kompensieren. Mendès-France selbst erklärte das Scheitern des Vertrags so: »In der EVG gab es zuviel Integration und zuwenig England.«

Europäer und Amerikaner waren wieder dort, wo sie angefangen hatten, doch inzwischen hatten sich die Rahmenbedingungen völlig verändert. Der Koreakrieg war beendet, Stalin war tot, die Nato eine feste internationale Größe. Die Franzosen hatten die Frage der europäischen Verteidigung für eine Weile aufschieben können, aber sehr viel länger war das nicht mehr möglich. Schon wenige Wochen nach dem Scheitern des EVG-Vertrags trafen sich die Westmächte auf zwei rasch einberufenen Konferenzen in London und Paris. Auf Initiative des britischen Außenministers Anthony Eden wurde ein Bündel von Vorschlägen (die sogenannten Londoner Abkommen) gebilligt, das dann, mit den anschließenden Pariser Verträgen, die Grundlage einer europäischen Verteidigungspolitik für die nächsten fünfzig Jahre bildete.

Als Antwort auf das Problem des »zuwenig England« bot Eden eine ständige Truppenpräsenz auf dem Kontinent an (die erste seit Jahrhunderten). Der Brüsseler Pakt von 1948 sollte zu einer Westeuropäischen Union (WEU) erweitert werden, der Deutschland und Italien angehören würden (obwohl der Brüsseler Pakt, wie erwähnt, als Schutz vor deutschen Aggressionsbestrebungen gedacht war). Als Gegenleistung würden die Franzosen der Bundesrepublik eine Armee von 500 000 Mann zugestehen, und Deutschland würde als souveräner Staat der Nato beitreten.[3]

Mit diesen Verträgen würde das Besatzungsstatut in Deutschland zu Ende gehen, und die Westalliierten würden formell Frieden mit dem einstigen Feind schließen. Vorsichtshalber würden alliierte Streitkräfte auf westdeutschem Boden stationiert bleiben, jedoch als Teil einer europäischen Streitmacht und in gegenseitigem Einvernehmen. Die Franzosen waren nicht restlos glücklich mit diesen neuen Plänen, doch nachdem sie ihren Alternativplan selbst verworfen hatten, konnten sie kaum etwas einwenden, auch wenn das Abkommen von 1954 für Westdeutschland günstiger war als der Pleven-Plan. Nicht zum erstenmal bei internationalen Diskussionen über die deutsche Frage war Frankreich sein schlimmster Feind. Das französische Echo auf die Pariser Verträge war durchaus ambivalent. Am 30. Dezember 1954 wurde das Vertragswerk mit einer knappen Mehrheit von 287 zu 260 Stimmen angenommen.

Wenn die Franzosen zögerten, so waren die Sowjets ganz und gar unzufrieden. Am 15. Mai 1955 – zehn Tage nach der offiziellen Aufnahme der Bundesrepublik in die Nato, der Beendigung des Besatzungsstatus und der Abschaffung der Alliierten Kontrollkommission – gab die Sowjetunion die Gründung des Warschauer Paktes bekannt. Polen, die Tschechoslowakei, Ungarn, Rumänien, Bulgarien, Albanien und die Sowjetunion schlossen sich im Namen von »Freundschaft, Zusammenarbeit und gegenseitigem Beistand« zu einer Allianz unter einem gemeinsamen Oberkommando zusammen. Moskau kündigte die aus Kriegszeiten datierenden Bündnisabkommen mit Großbritannien und Frankreich und erklärte, sich in das Unvermeidliche fügend, die volle Souveränität der Deutschen Demokratischen Republik, die gleichzeitig in den Warschauer Vertrag aufgenommen wurde. Die deutsche Frage war zwar nicht gerade gelöst, doch nachdem beide Hälften Deutschlands in die jeweilige Allianz integriert waren, konnte man dieses Problem einstweilen auf sich beruhen lassen. An seine Stelle sollte bald die weiterhin ungeklärte Berlin-Frage treten.

Nun, da die unmittelbare Zukunft Deutschlands gelöst war, wandten sich beide Seiten anderen drängenden Problemen und Konflikten zu. Die neuen Männer im Kreml, besonders Nikita Chruschtschow, waren ernsthaft entschlossen, ihre Politik der »friedlichen Koexistenz« in Europa zu verfolgen und, nicht viel anders als die Amerikaner, das Risiko künftiger Konfrontationen möglichst gering zu halten. Einen Tag nach der Errichtung des Warschauer Paktes unterzeichneten die vier Alliierten den österreichischen Staatsvertrag. Österreich sollte ein unabhängiger und neutraler Staat sein, keinem der beiden Verteidigungsbündnisse angehören und frei über seinen Weg entscheiden.[4] Alle Besatzungstruppen würden abgezogen – aber die Sowjetunion, die schon rund 100 Millionen Dollar aus ihrer Besatzungszone herausgeholt hatte, bediente sich noch ein letztes Mal, indem sie die Österreicher verpflichtete, sowjetische Anlagen in der sowjetischen Zone im Wert von weiteren 150 Millionen Dollar zu übernehmen.

Derweil verständigten sich Jugoslawien und Italien im Oktober 1954, ihren Streit um Triest beizulegen. Nach diesem von Amerikanern und Briten vermittelten Abkommen sollte Triest bei Italien verbleiben, das mehrheitlich von Slowenen bewohnte Hinterland an Jugoslawien gehen. Wie so viele andere Dinge in diesen Jahren wurde auch der Triest-Vertrag erleichtert, indem man ihn als »provisorisch« betrachtete. Für den italienischen Botschafter in den USA, Alberto Tarchiani, war das Abkommen »nur dem Buchstaben nach provisorisch, in Wirklichkeit aber endgültig«.

Die Verträge mit Österreich, Italien und Jugoslawien wurden ermöglicht durch ein neues Klima der »Entspannung«, symbolisiert in der Genfer Gipfelkonferenz vom Juli 1955, der ersten seit Potsdam und der Aufnahme von 16 neuen Staaten in die UNO. In das festgefahrene Ost-West-Verhältnis kam Bewegung. Die Gespräche zwischen Eisenhower, Chruschtschow und Eden fanden in einer freundlichen Atmosphäre statt, aber viel wichtiger war, daß in Genf die Frage der rund 10 000 deutschen Kriegsgefangenen gelöst wurde, die sich noch in der Sowjetunion befanden. Als Gegenleistung für Adenauers Moskau-Reise (die im September 1955 stattfand) und die Aufnahme diplomatischer Beziehungen zwischen der Bundesrepublik und der Sowjetunion erklärten sich die Sowjets bereit, diese Männer freizulassen. 9626 kehrten noch im selben Jahr heim, die übrigen bis Januar 1956. Auch die kleineren westlichen Nachbarn Deutschlands einigten sich mit Bonn. Die Dänen schlossen 1955 ein Abkommen über Grenzfragen und Entschädigung für deutsche Kriegsverbrechen, die Belgier ein Jahr später (die Luxemburger dagegen erst 1959, die Niederländer 1960). Ohne daß es jemand aussprach, wurde im Buch der europäischen Nachkriegsgeschichte ein neues Kapitel aufgeschlagen.

Diese hoffnungsvolle Entwicklung fand vor dem Hintergrund eines internationalen Wettrüstens statt. Dieses Paradox – friedliche Einigung in Europa, während sich die beiden Supermächte, bis an die Zähne bewaffnet, auf einen Atomkrieg vorbereiteten – war nur scheinbar bizarr. Daß in den Militärstrategien der USA und der Sowjetunion Nuklearwaffen und Interkontinentalraketen eine immer größere Rolle spielten, bedeutete für die europäischen Staaten eine gewisse Entlastung, da sie in einem Bereich, in dem sie den Supermächten hoffnungslos unterlegen waren, nicht mehr miteinander konkurrieren mußten – wenngleich nach wie vor damit zu rechnen war, daß ein künftiger Krieg in Mitteleuropa ausgetragen würde. Deshalb wurde der Kalte Krieg in Westeuropa auch ganz anders wahrgenommen als in den Vereinigten Staaten und der Sowjetunion.

Das amerikanische Atomwaffenarsenal war in den fünfziger Jahren stetig gewachsen. Die Zahl der Atomwaffen war von 9 (im Jahr 1946), 50 (1948), 170 (1950), 841 (1952) auf rund 2000 im Jahr 1955 gestiegen (kurz vor der Kubakrise 1962 waren es 28 000). Die amerikanische Luftwaffe verfügte 1948 über 50 Langstreckenbomber vom Typ B-29, fünf Jahre später waren es mehr als 1 000; die ersten interkontinentalen B-52 wurden im Juni 1955 in Dienst gestellt. Angesichts der deutlichen sowjetischen Überlegenheit in konventioneller Bewaffnung und Truppenstärke spielten Atomwaffen zwangsläufig eine zentrale Rolle für Washington, zumal nachdem Präsident Truman in einem Geheimbefehl vom 10. März 1950 die beschleunigte Entwicklung von Wasserstoffbomben angeordnet hatte.

Ausgelöst wurde dieser Beschluß durch den sowjetischen Atomtest im August 1949. Die Sowjetunion holte auf. Die erste amerikanische Wasserstoffbombe wurde am 1. November 1952 über dem Pazifikatoll Elugelab gezündet, nur zehn Monate später, am 12. August 1953, fand der erste sowjetische H-Bomben-Test in Semipalatinsk statt. Im September 1953 stationierten die Amerikaner die ersten atomaren Sprengköpfe in Westdeutschland. Im Januar 1954 verkündete Außenminister Dulles die »New Look«-Politik Eisenhowers. Die Nato sollte mit Atomwaffen ausgerüstet werden. Die Drohung, in Europa taktische Atomwaffen einzusetzen, wurde fester Bestandteil der westlichen Verteidigungsstrategie. Damit die sowjetische Seite auch begriff, daß es dem Westen ernst war, sollte künftig nicht mehr zwischen atomaren und konventionellen Waffen unterschieden werden. So erklärte Dulles im April 1954 auf einer Nato-Ratstagung: »Die USA sind der Auffassung, daß die Fähigkeit, Atomwaffen einzusetzen, entscheidend ist für die Verteidigung des Westens im Angesicht der gegenwärtigen Bedrohung. Mit einem Wort, solche Waffen müssen nunmehr als konventionelle betrachtet werden.«

Die Gleichzeitigkeit von atomarer Aufrüstung und zunehmender Entspannung auf dem Kontinent war kein Zufall. Auch aus sowjetischer Sicht war ein konventioneller Krieg in Mittel- und Westeuropa strategisch nicht mehr so interessant. Moskau setzte ebenfalls auf einen Ausbau seines atomaren Waffenarsenals – 1950 verfügten die Sowjets über 5 Atombomben, am Ende des Jahrzehnts waren es 1700. Doch nachdem die Amerikaner begonnen hatten, Atomwaffen in Deutschland zu stationieren, quasi vor der Haustür der Sowjets, konzentrierte man sich vor allem auf den Bau von Trägerraketen, die die atomaren Sprengköpfe weit über einen potentiellen europäischen Kriegsschauplatz hinaus transportieren könnten.

Der berühmte »missile gap«, von dem John F. Kennedy während des Präsidentschaftswahlkampfes 1960 sprach, war ein Mythos, der auf geschickter sowjetischer Propaganda beruhte. Das gleiche galt für die vermeintliche technologische und wissenschaftliche Überlegenheit der Sowjets. Daß die Sowjetunion nicht viel mehr als ein »Obervolta mit Raketen« war, dürfte Chruschtschow und einigen seiner Berater schon klar gewesen sein, bevor Bundeskanzler Helmut Schmidt zwei Jahrzehnte später dieses Wort prägte. Die Sowjets trieben die Entwicklung ballistischer Raketen jedenfalls entschlossen voran. Der erste erfolgreiche Test einer interkontinentalen ballistischen Rakete fand im August 1957 statt, fünf Monate vor den Amerikanern. Und wenig später, am 4. Oktober 1957, überraschte der Sputnik die westliche Welt.[5]

Ballistische Waffen, mit denen Ziele in Amerika angegriffen werden konnten, waren für Chruschtschow besonders interessant. Sie waren billiger als konventionelle Waffen, so daß Mittel in die Konsumgüterindustrie umgeleitet werden konnten, Schwerindustrie und Militär aber trotzdem zufrieden waren. Und paradoxerweise verringerte sich mit diesen Waffen die Wahrscheinlichkeit eines größeren Kriegs, wie beide Seiten später erkannten. Moskau und Washington gaben sich ausgesprochen kriegerisch (es war wichtig, Kampfbereitschaft zu demonstrieren und die Entschlossenheit, die eigenen Atomwaffen auch einzusetzen), aber in der Praxis war man sehr viel vorsichtiger.

Für die Amerikaner, die noch immer nach einem Weg suchten, wie sie ihr europäisches Engagement beenden konnten, in das sie sich – trotz bester Absichten ihrer Politiker – hatten verstricken lassen, bot die »Nuklearisierung« Europas genau diese Chance. Eine umfangreiche amerikanische Militärpräsenz im Herzen Europas war nun nicht mehr erforderlich. Gestützt auf die feste amerikanische Zusage massiver atomarer Vergeltung im Falle eines sowjetischen Angriffes, würde sich der Kontinent eines Tages selbst verteidigen können. Wie Eisenhower 1953 erklärt hatte, war die US-Präsenz in Europa nur als »kurzfristige Operation« gedacht, die den Verbündeten ein Gefühl von Sicherheit vermitteln sollte.

Aus mehreren Gründen waren die Amerikaner aber nicht imstande, den geplanten Rückzug aus Europa durchzuführen. Gegen Ende der fünfziger Jahre drängten sie auf eine europäische atomare Abschreckungsmacht unter einem gemeinsamen Oberkommando. Doch weder Briten noch Franzosen mochten sich mit dieser Idee anfreunden. Nicht, weil sie grundsätzlich gegen Nuklearwaffen waren. Im August 1952 wurde in der australischen Wüste die erste britische Plutoniumbombe getestet, 14 Monate später die erste britische Atombombe an die Royal Air Force geliefert. Aus militärischen und wirtschaftlichen Gründen waren die Briten durchaus interessiert, von ihrer Strategie der kontinentalen Verteidigung auf atomare Abschreckung umzustellen. Eisenhowers »New Look«-Strategie ging nicht zuletzt auf britisches Drängen zurück, und gegen eine Stationierung strategischer US-Bomber auf britischem Boden hatte London nichts einzuwenden.[6]

Auch die Franzosen hatten ein Atomwaffenprogramm (im Dezember 1954 von Mendès-France initiiert), doch wurde die erste französische Bombe erst im Februar 1960 gezündet. Aber weder Franzosen noch Briten wollten die Verfügungsgewalt über ihre Atomwaffen an eine europäische Verteidigungsstreitmacht abgeben; besonders die Franzosen hegten den Verdacht, die Amerikaner könnten den Deutschen Zugang zu Atomwaffen verschaffen. Die Amerikaner mußten eingestehen, daß ihre Anwesenheit in Europa unerläßlich war – und genau das wollten ihre europäischen Verbündeten hören.[7]

Außerdem waren die Amerikaner durch die Berlin-Frage an Europa gebunden. Nach der gescheiterten Blockade blieb Berlin eine Art offene Stadt, beide Hälften waren telefon- und verkehrstechnisch miteinander verbunden. Es war der einzige direkte Übergang von Ost- nach Westeuropa und das einzige Schlupfloch für Bewohner Ostdeutschlands, die in den Westen gehen wollten. Die Flucht war nicht ohne Risiko, und die Leute konnten auch nur mitnehmen, was sie am Leibe trugen. Trotzdem entschlossen sich bis August 1961 etwa 2,8 bis 3 Millionen Ostdeutsche zur Flucht, etwa 16 Prozent der Bevölkerung – Akademiker, Facharbeiter, Bauern, die Elite des Landes.

Berlins eigentümlicher Status war für das DDR-Regime also ein ständiges Ärgernis, nicht zuletzt für die eigene Propaganda. Wie der sowjetische Botschafter in der DDR im Dezember 1959 taktvoll nach Moskau schrieb: »Die Existenz einer offenen und unkontrollierten Grenze zwischen der sozialistischen und der kapitalistischen Welt bringt die Menschen dazu, unwillkürlich Vergleiche zwischen beiden Teilen der Stadt anzustellen, die leider nicht immer zugunsten des Demokratischen Berlin ausfallen.« Für Moskau und andere war Berlin aufgrund seiner besonderen Lage natürlich sehr nützlich als Horchposten im Kalten Krieg; bis 1961 operierten dort etwa 70 diverse Geheimdienste, und hier verzeichneten sowjetische Spionageagenturen einige ihrer größten Erfolge.

Nachdem die sowjetische Führung die Teilung Deutschlands hingenommen und der Ostzone zum Status eines souveränen Staates verholfen hatte, konnte sie das Ausbluten der DDR nicht tatenlos mit ansehen. Als Moskau im November 1958 die Aufmerksamkeit der Welt wieder auf Berlin lenkte und eine dreijährige Krise um den Berlin-Status schürte, geschah das nicht aus Rücksicht auf die ostdeutsche Regierung. Wieder waren die Sowjets von der Sorge getrieben, die Amerikaner könnten ihre westdeutschen Verbündeten bewaffnen, diesmal mit atomaren Waffen. Die Sorge war keineswegs unbegründet – und sie wurde auch von einigen Westeuropäern geteilt. Und so beschloß Chruschtschow, Berlin als Druckmittel zu benutzen (eine Stadt, deren Schicksal ihm ansonsten egal war), um auf diese Weise die atomare Bewaffnung Westdeutschlands zu verhindern.

Der erste Schritt war eine Rede, die er am 10. November 1958 im Moskauer Sportpalast hielt. An die Westmächte gerichtet, erklärte er:

»Die Imperialisten haben die deutsche Frage zu einer ständigen Quelle internationaler Spannungen gemacht ... Man muß offen sagen, daß der Militarismus in Westdeutschland nicht nur nicht beseitigt ist, sondern im Gegenteil sein Haupt immer höher hebt ... Reden von Bundeskanzler Adenauer und Verteidigungsminister Strauß, die atomare Bewaffnung der Bundeswehr und verschiedene Manöver verweisen auf einen deutlichen politischen Trend der herrschenden Kreise Westdeutschlands ... Offensichtlich ist die Zeit gekommen, daß die Mächte, die das Potsdamer Abkommen unterzeichneten, auf die Reste des Besatzungsregimes in Berlin verzichten und damit die Möglichkeit geben, eine normale Lage in der Hauptstadt der Deutschen Demokratischen Republik zu schaffen. Die Sowjetunion ihrerseits wird alle Funktionen in Berlin, die noch sowjetischen Organen obliegen, an die souveräne Deutsche Demokratische Republik übertragen.«

Das Ziel dieser Offensive wurde noch deutlicher, als Chruschtschow zwei Wochen später den Abzug der Westmächte aus Berlin und die Umwandlung Westberlins in eine »freie und entmilitarisierte Stadt« binnen sechs Monaten forderte. Wären die Amerikaner darauf eingegangen, hätte ihre Glaubwürdigkeit in Westeuropa ernsthaft gelitten, und in Westdeutschland, wie anderswo, hätten Neutralitätsbestrebungen Aufwind bekommen. Doch selbst wenn die Westmächte in Berlin blieben, könnte die Sowjetunion als Gegenleistung für ihr Einverständnis eine feste Zusage erhalten, daß die Bundesrepublik nicht mit Atomwaffen ausgerüstet wird.

In der Berlin-Frage waren westliche Politiker jedoch zu keinerlei Zugeständnissen bereit, zumal sie darauf hinweisen konnten, daß die Sowjetunion noch vor einem endgültigen Friedensvertrag Ostberlin zum Bestandteil der DDR gemacht und damit selbst das Potsdamer Abkommen verletzt hatte. Nach mehreren erfolglosen Außenministertreffen im Sommer 1959 in Genf versuchte Chruschtschow zunächst 1960, dann noch einmal im Juni 1961, seine Forderung durchzusetzen. Die Präsenz der Westmächte in Berlin müsse beendet werden, andernfalls werde sich die Sowjetunion einseitig aus Berlin zurückziehen, einen Separatfriedensvertrag mit der DDR abschließen und es den Westmächten überlassen, mit der DDR über die Zukunft der Berliner Westsektoren zu verhandeln. Vom November 1958 bis zum Sommer 1961 köchelte die Berlin-Krise vor sich hin, die Nerven der Diplomaten lagen blank, und der Flüchtlingsstrom wuchs zu einer wahren Flut an.

Ein neuerliches Ultimatum stellte Chruschtschow im Juni 1961 auf dem Wiener Gipfeltreffen mit Kennedy, dem neuen amerikanischen Präsidenten. Das letzte Gipfeltreffen (mit Eisenhower) hatte die sowjetische Seite platzen lassen, nachdem eine U-2 mit ihrem Piloten Gary Powers über der Sowjetunion abgeschossen worden war und die Amerikaner einräumen mußten, daß sie tatsächlich in großer Höhe operierende Spionageflugzeuge einsetzten (was sie zunächst bestritten hatten). Chruschtschow drohte damit, die Rechte der Westmächte in Berlin zu »kassieren«, falls bis Jahresende keine Lösung gefunden werde.

Öffentlich verfolgte Kennedy, wie schon Eisenhower, eine harte Linie. Er stellte klar, daß sich der Westen unter keinen Umständen aus Berlin zurückziehen werde, daß Amerika seine Verpflichtungen gemäß dem Potsdamer Abkommen einhalten, seinen Militärhaushalt sogar noch erhöhen und seine Präsenz in Deutschland ausbauen werde. Inoffiziell waren die Amerikaner jedoch weitaus konzilianter: Sie akzeptierten, anders als ihre westdeutschen Verbündeten, die Realität eines ostdeutschen Staates und die Besorgnis, die die aggressiven Reden von Konrad Adenauer und Verteidigungsminister Franz Josef Strauß bei den Sowjets hervorriefen. In der deutschen Frage mußte sich etwas bewegen. Der Westen, erklärte Eisenhower am 28. März 1960 zu Macmillan, könne es sich nicht leisten, noch fünfzig Jahre lang immer nur auf die Bremse zu treten. Und Kennedy versicherte Chruschtschow in Wien, daß die Vereinigten Staaten die Bindungen zwischen der Sowjetunion und Osteuropa respektierten – und deutete damit an, daß die Sowjets behalten konnten, was sie besaßen – also Ostdeutschland und die ehemaligen deutschen Ostgebiete.[8]

Kurz nach Kennedys Rückkehr nach Washington verschärften die DDR-Behörden die Grenzkontrollen, woraufhin dieser öffentlich erklärte, daß Westberlin mit allen Mitteln verteidigt werde – und damit indirekt akzeptierte, daß Ostberlin zum sowjetischen Machtbereich gehörte. Die Flüchtlingszahlen stiegen sprunghaft an – im Juli waren es 30415, in der ersten Augustwoche 21828 (die Hälfte der Flüchtlinge war unter 25 Jahre alt). Wenn es so weiterging, würde die DDR bald entvölkert sein.

Chruschtschow beschloß, den Gordischen Knoten zu durchschlagen. Nachdem der Westen am 6. August 1961 abermals eine sowjetische Note zurückgewiesen hatte, in der ein separater Friedensvertrag mit der DDR angedroht wurde, falls keine Vereinbarung gefunden werde, erteilte Moskau den Ostdeutschen die Genehmigung, buchstäblich eine Linie zu ziehen, die Grenze zu Westberlin ein für allemal dichtzumachen. Am 13. August wurde mit den Absperrmaßnahmen begonnen, zunächst einfache Sperranlagen, die die Bewegungsfreiheit zwischen Ost- und Westberlin verhinderten. In den nächsten Wochen wurde die Grenze immer weiter ausgebaut. Scheinwerfer, Stacheldraht und Wachposten kamen hinzu. Türen und Fenster von Häusern, die unmittelbar an der Sektorengrenze lagen, wurden zugemauert, Straßen und Plätze geteilt, alle Verbindungen abgebrochen. Berlin hatte seine Mauer.

Der Westen war offiziell schockiert. Drei Tage lang standen sich im Oktober 1961 sowjetische und amerikanische Panzer am Checkpoint Charlie, direkt an der Sektorengrenze, drohend gegenüber, nachdem die DDR die im Viermächteabkommen garantierte Bewegungsfreiheit der Westmächte im Ostsektor in Frage gestellt hatte. Doch angesichts der unbeugsamen Haltung des US-Stadtkommandanten, der jede Kontrolle alliierter Personen durch DDR-Behörden kategorisch ablehnte, lenkten die Sowjets letztlich ein; dreißig Jahre lang blieben die vier Besatzungsmächte in Berlin präsent, auch wenn die Verwaltung der beiden Stadthälften faktisch in den Händen der jeweiligen deutschen Behörden lag.

Insgeheim waren viele westliche Politiker über den Bau der Mauer erleichtert. Drei Jahre lang war Berlin, wie bereits 1948, ein internationaler Spannungsherd gewesen. Für Kennedy und seine westlichen Kollegen war die Mauer eindeutig besser als Krieg – was immer sie öffentlich erklärten, niemand konnte sich ernsthaft vorstellen, seine Soldaten »für Berlin sterben« zu lassen. Außenminister Dean Rusk fand die Mauer insofern nützlich, als eine Lösung der Berlin-Frage nunmehr sehr viel einfacher erschien.

Die beiden Supermächte hatten mehr gemeinsam, als sie sich gelegentlich eingestanden. Wenn Moskau zusagte, den Viermächtestatus Berlins künftig nicht mehr in Frage zu stellen, so würde Washington die Präsenz der DDR im Ostteil der Stadt akzeptieren und Westdeutschland keine Atomwaffen geben. Beide hatten ein Interesse an Stabilität in Mitteleuropa, und vor allem waren sie es leid, sich Forderungen und Beschwerden ihrer jeweiligen deutschen Verbündeten anhören zu müssen. In den ersten zehn Jahren des Kalten Kriegs hatten deutsche Politiker beider Seiten enormen Einfluß in Moskau bzw. Washington. Aus Sorge, bei »ihren« Deutschen an Glaubwürdigkeit zu verlieren, hatten sich die beiden Großmächte von Adenauer und Ulbricht zu einer unnachgiebigen Haltung nötigen lassen.

Moskau, das zunächst gar nicht beabsichtigt hatte, einen Vasallenstaat in Ostdeutschland zu errichten, sondern mit einem Provisorium zufrieden gewesen war, setzte alles daran, um das schwache, unpopuläre Regime in Ostberlin zu stützen. Die ostdeutschen Kommunisten lebten ihrerseits in der Sorge, von den sowjetischen Herren im Stich gelassen zu werden.[9] Die Mauer bot also eine gewisse Sicherheit, auch wenn Ostberlin enttäuscht war, daß Chruschtschow nicht weiterhin auf dem Abschluß eines Friedensvertrags bestand. Und in Bonn hatte man Sorge, die Amerikaner könnten einpacken und nach Hause gehen. Washington hatte die Westdeutschen stets seiner Unterstützung versichert, doch als die Amerikaner nach dem Bau der Mauer auffällig gelassen reagierten, konnte das die Bonner Besorgnis nur steigern. Immer wieder versicherte Washington, daß man Westberlin standhaft verteidigen werde, und auch Kennedys berühmter Ausspruch »Ich bin ein Berliner« vom Juni 1963 steht in diesem Kontext. Die Amerikaner, mit 250 000 Mann in Europa präsent, hatten sich, wie die Russen auch, fraglos auf ein längeres Engagement in Europa eingestellt.

Mit dem Bau der Mauer endete Berlins Karriere als internationaler Krisenherd. Obwohl noch zehn Jahre vergingen, bis ein Abkommen über die Zugangswege abgeschlossen wurde, spielte Berlin ab November 1961 keine Rolle mehr, und Westberlin begann seinen unaufhaltsamen Abstieg in politische Bedeutungslosigkeit. Selbst die Russen verloren das Interesse an der Stadt, was den Westmächten allerdings nicht gleich klar war. Als im Jahr darauf die Kubakrise ausbrach, waren Kennedy und seine Berater überzeugt, daß Chruschtschow mit diesem machiavellistischen Trick seine langgehegten Ziele in Deutschland durchsetzen wollte. Man hatte die Lektionen von 1948 bis 1950 allzugut gelernt.

So wie Truman und Acheson die Koreainvasion als Vorboten eines sowjetischen Überfalls in Deutschland betrachtet hatten, so war Kennedy davon überzeugt, daß Moskau mit seinen Raketenlieferungen an Kuba die Amerikaner zu Konzessionen in der Berlin-Frage zwingen wolle. In den ersten zehn Tagen der Kubakrise verging kaum eine Stunde, in der die Amerikaner nicht von Westberlin sprachen und von der Notwendigkeit, sowjetischen Maßnahmen in der geteilten Stadt zuvorzukommen. So erklärte Kennedy am 22. Oktober 1962 dem britischen Premier Macmillan: »Ich brauche Sie nicht auf den möglichen Zusammenhang zwischen diesem gefährlichen Schritt Chruschtschows und Berlin hinzuweisen.«

Das Problem war, daß Kennedy die jüngsten sowjetischen Drohungen allzu ernst nahm und die Berlin-Frage zum Angelpunkt der Beziehungen zu Moskau machte. Damit bekam die Kubakrise ein zusätzliches Gewicht, weshalb Kennedy am 19. Oktober 1962 seinen engsten Beratern mitteilte: »Ich glaube, wir haben keine vernünftige Alternative … Unser Problem ist nicht nur Kuba, sondern auch Berlin. Und wenn wir erkennen, wie wichtig Berlin für Europa ist und wie wichtig unsere Verbündeten für uns sind, dann wird das ganze Dilemma klar. Andernfalls wäre unsere Antwort ganz einfach.« Drei Tage zuvor hatte Außenminister Rusk seine Interpretation des sowjetischen Vorgehens wie folgt zusammengefaßt: »Meiner Ansicht nach geht es hier auch ganz stark um Berlin. Zum erstenmal frage ich mich wirklich, ob sich Chruschtschow in bezug auf Berlin völlig rational verhält.«

Chruschtschow verhielt sich in bezug auf Berlin tatsächlich völlig rational. Die Sowjetunion, die in Europa eine deutliche Übermacht an konventionellen Waffen besaß, hätte Westberlin (und fast jeden anderen Ort in Westeuropa) jederzeit besetzen können. Nachdem die Amerikaner aber nachdrücklich versichert hatten, die Freiheit Westberlins mit allen Mitteln (also auch mit atomaren Waffen) zu verteidigen, wollte Chruschtschow keinen Atomkrieg wegen Deutschland riskieren. Wie der sowjetische Botschafter in Washington in seinen Memoiren schrieb, »überschätzte Kennedy die Bereitschaft Chruschtschows und seiner Verbündeten, entschiedene Maßnahmen gegen Berlin zu ergreifen, wobei der Bau der Mauer die aggressivste war«.[10]

Die Supermächte waren fest entschlossen, die Unwägbarkeiten des Kalten Kriegs hinter sich zu lassen. Am 20. Juni 1963 wurde ein »heißer Draht« zwischen Washington und Moskau eingerichtet, einen Monat später fanden in Moskau Gespräche zwischen den USA, der Sowjetunion und Großbritannien statt, die zu einem Vertrag über die teilweise Beendigung der Kernwaffenversuche führten. Dieses Abkommen, das am 10. Oktober 1963 in Kraft trat, war von Bedeutung für Europa – weniger wegen der darin fixierten Ziele, vielmehr wegen seines Subtextes.

Nach dem Willen der beiden Supermächte sollten weder China noch Westdeutschland über Atomwaffen verfügen, und das war das eigentliche Ziel des Vertrags. Ein atomwaffenfreies Westdeutschland war die von Moskau gewünschte Gegenleistung für ein Entgegenkommen in der Berlin-Frage. Um dies zu erreichen, waren die Amerikaner bereit, das Mißfallen der Bonner Regierung zu riskieren. Doch die Westdeutschen fügten sich (so wie sie sich in die Teilung Berlins gefügt hatten), akzeptierten das Veto als Preis für eine dauerhafte amerikanische Präsenz in Europa. Zugleich bestätigte der Vertrag, daß sich das strategische Interesse der Sowjets deutlich auf andere Kontinente verlagerte.

Die beginnende Entspannung in Europa, die geringe Wahrscheinlichkeit eines »heißen Krieges«, und der Umstand, daß all diese Dinge ihrem Einfluß entzogen waren, führte in Westeuropa zu der beruhigenden Vorstellung, daß konventionelle bewaffnete Konflikte überholt seien. Krieg schien vielen Beobachtern nicht mehr denkbar, jedenfalls in Europa (anderswo war Krieg weiterhin die bevorzugte Variante der Konfliktlösung). Angesichts der riesigen Atomarsenale der Supermächte würde ein Krieg unvorstellbare Konsequenzen haben, konnte also nur das Ergebnis irgendwelcher Fehleinschätzungen sein. In dem Fall konnten die Europäer wenig tun.

Nicht alle waren dieser Auffassung. Linke, pazifistische Minderheiten fanden sich zusammen, um für atomare Abrüstung zu kämpfen. Am 17. Februar 1958 wurde in London die Campaign for Nuclear Disarmament (CND) gegründet, deren Forderungen sich an die britische Regierung richteten, nicht an Moskau oder Washington (Labour und Konservative waren überzeugt von der Notwendigkeit eines eigenen britischen atomaren Abschreckungspotentials, auch wenn Ende der fünfziger Jahre klar war, daß eine britische Bombe ohne amerikanische Trägerraketen und Unterseeboote nicht einsatzfähig war).

Auf ihrem Höhepunkt, 1962, konnte die CND bei den alljährlichen Ostermärschen 150000 Demonstranten mobilisieren. Doch mit den Jahren, zumal nach dem Atomteststop-Abkommen vom 5. August 1963, verlor die britische Kampagne, wie Abrüstungsbewegungen in Westdeutschland und den Benelux-Staaten, an Bedeutung. Man konnte kaum noch behaupten, daß Europa vor der unmittelbaren Auslöschung stand, und andere Themen hatten die Abrüstungsfrage verdrängt. Selbst der sowjetische Atomphysiker und Dissident Andrej Sacharow beschäftigte sich nicht mehr mit der Gefahr eines atomaren Holocaust, sondern mit der Frage der Menschenrechte.

Es steht außer Zweifel, daß die meisten Westeuropäer, wenn sie sich überhaupt Gedanken darüber machten, für atomare Abrüstung waren. Laut Meinungsumfragen von 1963 waren vor allem Italiener für die Beseitigung aller Atomwaffen. Die Franzosen vertraten keine ganz so radikale Haltung, Deutsche und Briten waren gespalten, mit einer deutlichen Antiatommehrheit in beiden Ländern. Doch im Gegensatz zu den Abrüstungsdebatten der zwanziger und frühen dreißiger Jahre interessierten sich nicht viele Menschen in Europa für das Thema. Es war zu abstrakt. Nur die Briten und (nominell) die Franzosen besaßen Atomwaffen, und von den anderen westeuropäischen Ländern war nur ein kleiner Teil des politischen Establishments in Westdeutschland an Nuklearwaffen interessiert.

Italiener, Dänen und Niederländer betrachteten die US-Stützpunkte auf ihrem Territorium gelegentlich mit Sorge, da diese im Kriegsfall eine Gefahr für ihr Land darstellten. Doch die dort stationierten Waffen gehörten den Supermächten, so daß die meisten Europäer, nicht zu Unrecht, die Überzeugung gewannen, auf die Entscheidungen Moskaus und Washingtons keinen Einfluß zu haben. Tatsächlich kamen viele Europäer, nachdem die unmittelbare Gefahr eines Atomkrieges gebannt war, dank der vehement antikommunistischen Rhetorik der Amerikaner zu der Auffassung, daß sie den Amerikanern im Grunde einen Gefallen taten, wenn sie sie als Schutzmacht anerkannten. Und statt sich in der einen oder anderen Weise an der Abrüstungsdebatte zu beteiligen, gingen sie lieber ihren Hobbys nach.

Das Erstaunlichste an der Entwicklung im Europa der fünfziger Jahre waren nicht die sichtbaren, sondern die unsichtbaren Veränderungen. Die neuerliche Herausbildung demokratischer Staaten – die keinen Krieg führen wollten und konnten, mit alten Männern an der Spitze, deren (unausgesprochenes) politisches Glaubensbekenntnis »Keine Experimente!« hieß – war eine kleine Überraschung. Nach 40 Jahren Fieber normalisierten sich die politischen Temperaturen allmählich und durchaus unerwartet. Die meisten Europäer, denen die jüngsten Katastrophen noch in guter Erinnerung waren, wandten sich erleichtert einem unpolitischen Alltag zu. Nicht mehr revolutionäre Hoffnungen und wirtschaftliches Elend standen im Vordergrund, sondern zuverlässige staatliche Dienstleistungen. Regierungen und Parteien reagierten entsprechend.

In Italien war der Wandel besonders auffällig. Im Gegensatz zu den anderen südeuropäischen Staaten – Portugal, Spanien, Griechenland – wurde Italien eine

Demokratie und blieb in all den Nachkriegsjahrzehnten eine Demokratie, wie unvollkommen auch immer. Das war keine Kleinigkeit. Italien war ein zutiefst zerrissenes Land. Seine nationale Einheit war lange umkämpft – und auch später wieder eine kontroverse Angelegenheit. Studien aus den frühen fünfziger Jahren belegen, daß nicht einmal jeder fünfte erwachsene Italiener ausschließlich Italienisch sprach. Viele Italiener identifizierten sich in erster Linie mit ihrer Region und sprachen deren Dialekt. Das galt vor allem für Personen ohne höhere Schulbildung, in jenen Jahren die überwältigende Mehrheit der Bevölkerung.

Der Süden Italiens, der Mezzogiorno, war bekannt für seine Rückständigkeit – Norman Lewis, als britischer Offizier bei Kriegsende in Neapel stationiert, schrieb beeindruckt von den allgegenwärtigen Wasserträgern, die nicht viel anders aussahen als die Figuren auf pompejanischen Fresken. Carlo Levi, Arzt aus dem Piemont, als Widerstandskämpfer in den Süden verbannt, beschrieb in *Christus kam nur bis Eboli* ähnliche Erlebnisse aus dem Alltag in einem entlegenen Bergdorf. Doch der Süden stagnierte nicht nur, er war arm. Eine parlamentarische Untersuchung von 1954 machte deutlich, daß 85 Prozent der ärmsten Familien des Landes südlich von Rom lebten. Ein apulischer Landarbeiter verdiente bestenfalls die Hälfte seines Kollegen in der Lombardei. Setzt man das italienische Durchschnittseinkommen in jenem Jahr mit 100 an, so lag die Zahl im wohlhabenden Piemont bei 174, in Kalabrien bei nur 52.

Durch den Krieg hatten sich die historischen Gegensätze noch verschärft. Während der Norden fast zwei Jahre deutscher Herrschaft und antifaschistischen Widerstands erlebt hatte, gefolgt von alliierter Besatzung der radikalisierten Städte, war der Süden durch die Landung alliierter Truppen am Krieg praktisch vorbeigekommen. Im Mezzogiorno hatten sich die sozialen und administrativen Strukturen der Faschisten auch nach der Absetzung Mussolinis halten können. Zu den alten politischen und wirtschaftlichen Gegensätzen zwischen Norden und Süden kamen nun noch deutlich andere Erinnerungen an den Krieg.

Nach den erfolglosen Landreformen der Nachkriegszeit wurde mit der im August 1950 gegründeten *Cassa del Mezzogiorno* ein neuer Versuch unternommen, dem Problem des verarmten Südens beizukommen. Dieser Fonds, der Geld in den Süden lenken sollte, war keine neue Idee, denn ähnliche Ansätze hatte es schon zu Anfang des 20. Jahrhunderts unter dem liberalen Premier Giovanni Giolitti gegeben. Diese Reformen hatten aber wenig gebracht, und so blieb den Süditalienern wie eh und je nur ein Ausweg, nämlich Abwanderung. Doch die *Cassa del Mezzogiorno* war sehr viel besser ausgestattet als alle früheren Projekte, und ihre Erfolgschancen waren nicht schlecht, weil sie besser in die politische Landschaft des Nachkriegsitalien paßte.

Die Funktionen der neuen Republik unterschieden sich nicht sonderlich von denen des faschistischen Staates – von dem sie die meisten Beamten übernommen hatte.[11] Der Staat sollte für Beschäftigung sorgen, für öffentliche Dienste und Sozialleistungen, auf die viele Italiener angewiesen waren. Durch verschiedenste Ämter und Institute – einige schon unter Mussolini gegründet, wie das Institut für industriellen Wiederaufbau (IRI) oder die Nationale Sozialversicherungsanstalt (INPS), andere, wie die Nationale Brennstoffverwaltung (ENI), in den fünfziger Jahren gegründet – kontrollierte der Staat große Bereiche der italienischen Wirtschaft: Energie, Verkehr, Bauwesen, Chemie und Nahrungsmittelindustrie.

Was immer gegen eine solche Strategie sprach (die auf die Autarkiebestrebungen des faschistischen Staates zurückging), die sozialen und politischen Vorteile lagen auf der Hand. Zu Beginn der fünfziger Jahre beschäftigte das IRI 216 000 Personen, zahllose andere Ableger der staatlichen Verwaltung boten Hunderttausenden einen Arbeitsplatz. Über die *Cassa* finanzierte Vorhaben – Straßenbau, Wohnungsbau, landwirtschaftliche Bewässerungsprojekte – und staatliche Beihilfen für neue Fabriken und kommerzielle Dienste waren ebenfalls eine wichtige Geldquelle, und das galt auch für den Staatsdienst selbst: Um die Mitte der fünfziger Jahre waren fast 3 von 5 Staatsbediensteten aus dem Süden, obwohl der Süden nur wenig mehr als ein Drittel der gesamten Bevölkerung stellte.

Diese Maßnahmen boten reichlich Raum für Korruption und Kriminalität. Auch insofern stand die Nachkriegsrepublik fest in der Tradition des italienischen Zentralstaates. Wer die Macht im Staat hatte, konnte direkt und indirekt begünstigen. Mit welchem ideologischen oder religiösen Anstrich die Politik auch daherkam, in erster Linie ging es um den Zugang zu Positionen, die Einflußnahme und Förderung erlaubten. Und die Christdemokraten um Alcide de Gasperi und dessen Nachfolger wußten diese Privilegien sehr geschickt einzusetzen.

1953 und 1958 erlangte die Democrazia Cristiana mehr als 40 Prozent der Wählerstimmen (erst in den ausgehenden siebziger Jahren sank dieser Anteil unter 38 Prozent). Gemeinsam mit kleineren Parteien der Mitte regierte die DC das Land ununterbrochen bis 1963, um dann eine Koalition mit den Parteien der nichtkommunistischen Linken einzugehen. Den stärksten Rückhalt, außerhalb des Veneto mit seiner traditionell katholischen Wählerschaft, hatte die DC im Süden – in der Basilicata, in Molise, Kalabrien, auf Sardinien und Sizilien. Hier war es nicht die Religion, sondern das Angebot staatlicher Leistungen, das dafür sorgte, daß Wähler über Generationen hinweg den Christdemokraten treu blieben. Christdemokratische Bürgermeister oder Abgeordnete wurden zuverlässig wiedergewählt, weil sie Strom, Wasser, Agrarkredite, Straßen, Schulen, Fabriken oder Arbeitsplätze versprachen und, dank des Einflusses ihrer Partei, das Versprochene liefern konnten.

Die italienischen Christdemokraten ähnelten in vielerlei Hinsicht vergleichbaren Parteien in Westdeutschland, Belgien und den Niederlanden. Sie waren nicht ideologisch belastet. De Gasperi und seine Nachfolger legten zwar Wert darauf, sich regelmäßig mit Vertretern des Vatikan zu besprechen und keine Gesetze zu verabschieden, die dem Vatikan mißfallen könnten. Die italienische Nachkriegsrepublik war in gewisser Weise ein Moment kirchlicher Rache für die entschieden antiklerikale Politik des neuen Staates nach 1861. Doch die katholische Kirche war weniger aktiv, als von Verteidigern und Kritikern behauptet. Hauptinstrument der sozialen Kontrolle waren die machtvollen Schlüsselministerien – bezeichnenderweise legte de Gasperi, ganz wie die kommunistischen Parteien Osteuropas in der unmittelbaren Nachkriegszeit, besonderen Wert auf das Innenministerium.

Mit der Zeit wurde das System christdemokratischer Patronage ein charakteristisches Merkmal der italienischen Politik insgesamt, das von anderen Parteien notgedrungen übernommen wurde. In Städten und Regionen mit kommunistischer Mehrheit, im »roten« Bologna und in der Emilia, förderten die Kommunisten *ihre* Anhänger, die Arbeiter in den Städten und die Bauern in der Poebene. Wenn es einen Unterschied gab, dann war es die Tatsache, daß die Kommunisten großen Wert auf Schicklichkeit und Anstand in den Kommunalverwaltungen legten – im Gegensatz zu Korruption und Mafianähe der Christdemokraten im Süden. In den fünfziger Jahren war großangelegte Korruption praktisch ein Monopol der Christdemokraten. In späteren Jahrzehnten zogen die Sozialisten, die die großen Städte Norditaliens regierten, nach. In der Politik ist Korruption im Grunde ein Produkt günstiger Gelegenheiten.

Politik *all'italiana* war nicht besonders erbaulich, aber sie funktionierte. Im Laufe der Zeit wurden ganze Bereiche des öffentlichen Lebens in politische Familien zerlegt, ganze Industrien von den Christdemokraten okkupiert. Kontrolle und Besitz von Zeitungen und Radiosendern (später Fernsehstationen) wurden unter Christdemokraten, Sozialisten und Kommunisten aufgeteilt, wobei gelegentlich auch Vertreter der alten, antiklerikalen Liberalen zum Zuge kamen. Arbeitsplätze und Gunstbeweise wurden, je nach politischer Macht, in der jeweiligen Region geschaffen und verteilt. Von jeder sozialen Einrichtung, ob Gewerkschaft oder Sportverein, gab es eine christdemokratische, sozialistische, kommunistische, republikanische und liberale Variante. Volkswirtschaftlich gesehen war das eine ziemliche Verschwendung, es verhinderte private Initiative und die effiziente Verwendung von Steuergeldern. Das italienische »Wirtschaftswunder« kam trotz, nicht wegen dieser Bedingungen zustande.

Stabilität war aber die entscheidende Voraussetzung für wirtschaftlichen Aufschwung und sozialen Wandel. Und diese Stabilität beruhte paradoxerweise auf den speziellen gesellschaftlichen Strukturen, wie sie weiter oben beschrieben wurden. Es gab keine eindeutige Mehrheit für eine Partei, für ein Programm, und das komplizierte Mehrheitswahlrecht produzierte Parlamente, die viel zu zersplittert waren, als daß sie sich auf größere Gesetzesvorhaben hätten einigen können. Ein Verfassungsgericht wurde erst 1956 geschaffen, und die vieldiskutierte Autonomie der Regionen stand erst 14 Jahre später auf der parlamentarischen Tagesordnung.

Italien wurde also, wie das Frankreich der Vierten Republik und aus teilweise ähnlichen Gründen, faktisch regiert von nicht gewählten Staatsbediensteten in der Ministerialbürokratie oder einer der vielen halbstaatlichen Institutionen. Angesichts dieser wenig demokratischen Strukturen betrachten Historiker das politische System Italiens mit einer gewissen Geringschätzung. Die Gelegenheiten für Bestechung, Korruption, Vetternwirtschaft und offene Selbstbedienung waren in der Tat zahlreich, und sie kamen vor allem dem Monopol der Christdemokraten zugute.[12] Doch unter dem Schirm dieses Arrangements erwiesen sich Staat und Gesellschaft als bemerkenswert beweglich. Im Vergleich zu Kanada oder Dänemark schneidet das Italien der fünfziger Jahre bezüglich Transparenz und Zuverlässigkeit der staatlichen Institutionen nicht sonderlich gut ab, aber im Vergleich zu früheren Epochen oder anderen südeuropäischen Staaten hatte Italien bemerkenswerten Fortschritt gemacht.

In gewisser Weise war die Situation in Italien mit derjenigen in Österreich vergleichbar. Beide Länder hatten im Zweiten Weltkrieg auf der Seite Deutschlands gekämpft und nach dem Krieg einen entsprechend hohen Preis gezahlt. (Italien leistete Reparationen im Gesamtwert von 360 Millionen Dollar an die Sowjetunion, Griechenland, Jugoslawien, Albanien und Äthiopien.) Österreich war, wie Italien, ein armes und instabiles Land, dem man eingedenk seiner Geschichte kaum einen Aufschwung vorhergesagt hätte. Die beiden großen Parteien des Landes hatten sich in der Zwischenkriegszeit heftig bekämpft. Aus Sicht der meisten österreichischen Sozialdemokraten war das nach 1918 übriggebliebene Kernland, der Rest der Doppelmonarchie, wirtschaftlich und politisch wenig sinnvoll. Die neue Republik hätte sich dem Deutschen Reich anschließen sollen, und so wäre es auch gekommen, wenn die Selbstbestimmungsklauseln des Versailler Vertrages konsequent angewendet worden wären.

Die österreichische Linke hatte ihren stärksten Rückhalt in den Arbeitervierteln Wiens und den anderen Städten im Osten des Landes. In den übrigen Regionen, ländlich und erzkatholisch, waren stets die Christlichsozialen an der Macht, eine provinzielle konservative Partei, die Veränderungen und allem Fremden mit Mißtrauen begegnete. Im Gegensatz zu den Sozialdemokraten wollten sie nicht mit einem urbanen und überwiegend protestantischen Deutschland zusammengehen. Und sie hatten auch nichts für die Wiener Arbeiterbewegung übrig. Der Rechtsputsch von 1934 vernichtete die sozialdemokratische Bastion im »Roten Wien« und bedeutete zugleich das Ende der österreichischen Demokratie. Von 1934 bis zum Anschluß durch die Nazis wurde Österreich von einem autoritär-klerikalen, von der katholischen Partei dominierten Regime regiert.

Das Erbe der ersten Republik lastete schwer auf der Nachkriegsrepublik. Die Christlichsozialen, die sich nun Österreichische Volkspartei nannten, verwiesen stolz auf ihren Widerstand gegen den Anschluß, waren aber merklich schweigsam, wenn es um ihren Beitrag an der Zerstörung der österreichischen Demokratie 1934 ging. Die Sozialdemokraten konnten zu Recht erklären, zweimal Opfer geworden zu sein – erst 1934 im Bürgerkrieg und dann unter den Nazis. Daß sie schon früh für einen Anschluß eingetreten waren, blieb allerdings unerwähnt. Karl Renner, Sozialdemokrat und erster Bundespräsident der Zweiten Republik, hatte noch 1938 enthusiastisch für einen Anschluß an Deutschland plädiert.

Beide große Parteien hatten daher ein Interesse daran, die Vergangenheit hinter sich zu lassen – wir haben gesehen, was aus den anfänglichen Entnazifizierungsversuchen in Österreich wurde. Die Sozialdemokraten waren die größte Partei in Wien (wo ein Viertel der Bevölkerung des Landes wohnte), während die Volkspartei sich auf die kleinen Städte und ländlichen Regionen stützen konnte. Parteipolitisch war das Land ziemlich genau halbiert: Bei den Wahlen von 1949 gewann die ÖVP nur 123 000 Stimmen mehr als die SPÖ, 1953 lag die SPÖ mit 37 000 Stimmen vorn, 1956 gewann die ÖVP wieder mit einem Vorsprung von 126 000 Stimmen, 1959 lag die SPÖ mit 25 000 Stimmen vorn, und 1962 gewann die ÖVP wieder mit einem Vorsprung von 64 000 Stimmen – bei insgesamt mehr als 4,4 Millionen Wählern.

Diese sehr knappen Ergebnisse erinnerten an die Zwischenkriegszeit. Österreich schien also wieder auf einen kulturellen Bürgerkrieg zwischen Katholiken und Sozialisten zuzusteuern. Selbst mit Hilfe einer dritten Partei, der Freiheitlichen, die von vielen alten Nazis gewählt, von Mal zu Mal aber schwächer wurde, konnte keine der großen Parteien eine stabile Regierung bilden, und jedes kontroverse Gesetz würde bittere Erinnerungen wachrufen. Die Prognosen für die österreichische Demokratie sahen nicht besonders gut aus.

Österreich gelang es aber nicht nur, eine Neuauflage seiner Vergangenheit zu vermeiden, es entwickelte sich bald sogar zu einer Vorzeigerepublik – neutral, wohlhabend, stabil. Grund dafür war nicht zuletzt die Nähe der Roten Armee, die bis 1955 Niederösterreich besetzt hielt und sich dann nur ein paar Kilometer weiter ostwärts zurückzog – eindringliche Erinnerung, daß zu den Nachbarn drei kommunistische Staaten gehörten, Jugoslawien, Ungarn und die Tschechoslowakei, und daß es angesichts der heiklen geographischen Lage des Landes klug war, innen- und außenpolitisch einen versöhnlichen und nichtkonfrontativen Kurs zu fahren. Außerdem hatte der Kalte Krieg dem Land die Identität einer freiheitlichen, westlich orientierten Demokratie zugeschrieben, die es aus eigener Kraft kaum hätte entwickeln können.

Doch der österreichische Erfolg gründete vor allem in der weithin anerkannten Notwendigkeit, jene ideologischen Konfrontationen zu vermeiden, die das Land in der Zwischenkriegszeit zerrissen hatten. Da nach 1945 ein Anschluß an Deutschland völlig ausgeschlossen war, mußte ein Weg gefunden werden, wie die politischen Gruppierungen miteinander auskommen konnten. Also verständigte man sich darauf, das Land gemeinsam zu regieren, um auf diese Weise jede Konfrontation zu umgehen. Von 1947 bis 1966 wurde das Land von einer Großen Koalition aus Sozialisten und Volkspartei regiert, Ministerien wurden untereinander verteilt, wobei die Volkspartei in der Regel den Bundeskanzler stellte, die SPÖ den Außenminister und so weiter.

In der Verwaltung des Landes – und in der Nachkriegszeit hieß das: der gesamte öffentliche Dienst, die meisten Medien und der größte Teil der Wirtschaft, von Banken bis zur Holzindustrie – kam das Proporzprinzip zur Anwendung. Auf praktisch allen Ebenen wurden Stellen mit Kandidaten einer der beiden großen Parteien besetzt. Diese Praxis erfaßte weite Teile der österreichischen Gesellschaft, so daß im Laufe der Zeit ein Beziehungsgeflecht von Partnern entstand, die strittige Fragen durch Ausgleich und Kompromiß lösten, Arbeitskonflikte nicht konfrontativ, sondern konsensorientiert regelten – durch Einbeziehung der gegnerischen Seite in das übergreifende System von Vorteilen und Privilegien. Der beispiellose Wohlstand ermöglichte es der Großen Koalition, Interessenkonflikte zu übertünchen und den Konsens, auf dem die Stabilität des Landes ruhte, gewissermaßen zu kaufen.

Einige gesellschaftliche Gruppen blieben naturgemäß außen vor – kleine Kaufleute, selbständige Handwerker, abgelegene Bauern, jeder, der aufgrund seiner Tätigkeit oder politischen Meinung nicht in das Proporzsystem paßte. Und überall dort, wo eine Seite eine überwältigende Mehrheit hatte, wurden unter Verzicht auf den Proporz ausschließlich die Angehörigen der betreffenden Partei bevorzugt. Doch der Druck, Konfrontation zu vermeiden, siegte meistens über Eigennutz. So, wie die Neutralität bereitwillig als Identitätsmerkmal akzeptiert wurde und damit unangenehme Erinnerungen an frühere Identitäten (habsburgisch, deutsch, sozialistisch, christlich) überdeckt werden konnten, so bestimmten die postideologischen, gar postpolitischen Implikationen des österreichischen Proporzsystems das öffentliche Leben des Landes.

Auf den ersten Blick besteht also ein Unterschied zwischen dem österreichischen Weg zu Stabilität und der italienischen Variante. Immerhin kann man den grundsätzlichen Konflikt zwischen Katholiken und Kommunisten kaum als »postideologisch« bezeichnen.[13] Tatsächlich gibt es aber viele Ähnlichkeiten. Togliattis Partei zeichnete sich ja gerade dadurch aus, daß sie der politischen Stabilität, der Erhaltung und Stärkung der demokratischen Institutionen der Nachkriegszeit eine so große Bedeutung beimaß, selbst auf Kosten der Glaubwürdigkeit der KP als revolutionäre Kraft. Und auch in Italien gab es ein – hier allerdings deutlich einseitiges – Geflecht von Beziehungen und Zuwendungen, das an das österreichische Proporzsystem erinnert.

Wenn der Preis, den Italien für politische Stabilität bezahlte, ein unerträglich korrupter Staat war, so war dieser Preis im Falle Österreichs zwar weniger dramatisch, aber genauso schädlich. Ein westlicher Diplomat bezeichnete das Nachkriegsösterreich einmal als »Opernaufführung in zweiter Besetzung«, und das trifft den Punkt ziemlich gut. Nach dem Ersten Weltkrieg büßte Wien seine Daseinsberechtigung als Hauptstadt des Habsburgerreiches ein. Unter den Nazis und während des Weltkriegs verlor Wien seine Juden, einen Großteil seiner gebildetsten und kosmopolitischsten Bürger.[14] Nach dem Abzug der Sowjets 1955 blieb Wien nicht einmal mehr die etwas zwielichtige Atmophäre des geteilten Berlin. Daß so viele auswärtige Besucher die Stadt so beruhigend langweilig fanden, zeigt, wie gut es den Österreichern gelungen war, sich von ihrer schwierigen Geschichte zu lösen.

Doch hinter der Fassade von Ruhe und zunehmendem Wohlstand verbarg sich ein Land, das auf seine Weise ebenfalls korrupt war. Wie Italien hatte Österreich seine neue Identität um den Preis nationaler Amnesie erworben. Während die meisten anderen europäischen Staaten, ganz besonders Italien, zumindest den Mythos eines antifaschistischen Widerstands für sich reklamieren durften, konnten die Österreicher damit nicht aufwarten. Und, im Gegensatz zu den Westdeutschen, hatte man sie nicht gezwungen, sich (auch nur äußerlich) zu den Verbrechen zu bekennen, die sie begangen oder zugelassen hatten. Merkwürdigerweise gab es eine Ähnlichkeit zwischen Österreich und Ostdeutschland, und nicht nur wegen des bürokratisch durchorganisierten öffentlichen Lebens. Beide Länder waren willkürliche geographische Konstruktionen, deren Politik auf der stillschweigenden Übereinkunft beruhte, sich eine positive neue Identität zuzulegen – was den Österreichern allerdings sehr viel besser gelang.

Reformorientierte Christdemokraten, eine parlamentarische Linke, die allgemeine Bereitschaft, ungeachtet alter ideologischer oder kultureller Konflikte jede Polarisierung und Destabilisierung zu vermeiden, und eine entpolitisierte Bevölkerung – das waren die charakteristischen Merkmale der westeuropäischen Nachkriegsgesellschaften. Fast überall wurde, in unterschiedlichen Varianten, das italienische oder österreichische Modell praktiziert. Selbst in Skandinavien kam es nach dem Höhepunkt der dreißiger Jahre zu einer kontinuierlichen Entpolitisierung. In Schweden ging der Verkauf der alljährlichen Anstecknadeln zum 1. Mai von 1939 bis 1962 stetig zurück (mit einer kurzen Gegenbewegung bei Kriegsende), bevor eine enthusiastische neue Generation für einen Umschwung sorgte.

In den Benelux-Ländern hatten sich die Konfessionen und Volksgruppen (Katholiken und Protestanten in den Niederlanden, Wallonen und Flamen in Belgien) schon seit langer Zeit in eigenen Strukturen (den »Säulen«) organisiert, die fast alle gesellschaftlichen Bereiche umfaßten. Katholiken in den überwiegend protestantischen Niederlanden beteten nicht nur anders und besuchten andere Gottesdienste als ihre protestantischen Nachbarn, sie wählten auch andere Parteien, lasen andere Zeitungen und hatten eigene Rundfunksender (später auch eigene Fernsehstationen). In den Niederlanden besuchten (im Jahr 1959) 90 Prozent der katholischen Kinder katholische Grundschulen, 95 Prozent der katholischen Bauern waren Mitglieder in katholischen Bauernverbänden. Katholiken hatten ihre eigenen Fußballclubs und Sport- und Freizeitvereine. Sie hatten ihre eigenen Versicherungsunternehmen und natürlich auch ihre eigenen Friedhöfe.

Ähnlich separat lebten die niederländischsprachigen Flamen und die französischsprachigen Wallonen, obwohl beide Volksgruppen mehrheitlich Katholiken waren. In Belgien waren die »Säulen« nicht nur sprachlich, sondern auch politisch definiert – es gab katholische und sozialistische Verbände, katholische und sozialistische Zeitungen, katholische und sozialistische Radiosender – und alles wiederum aufgeteilt in flämisch und wallonisch. Die liberalen Parteien in beiden Ländern waren natürlich weniger exklusiv.

Krieg und Besatzung und die Erinnerung an Konflikte der Vergangenheit stärkten die Bereitschaft, über Sprach- und Konfessionsgrenzen hinweg zusammenzuarbeiten. Die extremistischen Bewegungen, namentlich die flämischen Nationalisten, waren als Kollaborateure diskreditiert, und der Krieg hatte generell zu einer geringeren Identifikation mit den etablierten Parteien geführt, nicht jedoch mit den von ihnen angebotenen sozialen Dienstleistungen. Von den späten vierziger bis in die späten sechziger Jahre und darüber hinaus war die katholische Partei – die Christlichsozialen in Belgien, die katholische Volkspartei in den Niederlanden – eine feste Einrichtung im Staat.[15]

Die katholischen Parteien der Benelux-Länder waren gemäßigt reformorientiert und agierten im Grunde wie christlich-demokratische Parteien in anderen Ländern – sie traten für die Interessen des katholischen Teils der Bevölkerung ein, sie okkupierten den Staat auf allen Ebenen, vom Ministerium bis hinunter zur Kommune, und sorgten für ihre Wähler. Bis auf das religiöse Element trifft dies auch für die wichtigsten Oppositionsparteien zu – die niederländische Partei der Arbeit und die belgische Arbeiterpartei. Beide standen mehr den nordeuropäischen Sozialdemokraten als den südeuropäischen antiklerikalen Sozialisten nahe, und es fiel ihnen nicht sonderlich schwer, mit den Katholiken um die Macht zu kämpfen – und den Gewinn mit ihnen zu teilen.

Es war diese Mischung aus separaten Gemeinschaften und reformorientierten Parteien der linken und rechten Mitte, die in den Niederlanden für politische Stabilität sorgte. So war es nicht immer gewesen. Vor allem in Belgien hatte es in den dreißiger Jahren heftige politische Auseinandersetzungen gegeben, als die flämischen Separatisten und die Faschisten von Léon Degrelle die parlamentarische Demokratie bedrohten, und in den sechziger Jahren erlebte das Land eine Neuauflage dieser Kämpfe. Doch die alten politischen und administrativen Eliten (und die lokale katholische Hierarchie), deren Herrschaft nach Kriegsende kurzzeitig bedroht gewesen war, festigten wieder ihre Position, ließen aber gleichzeitig beträchtlichen Spielraum für Sozialreformen. Die Säulen lebten also bis in die sechziger Jahre fort – anachronistische Überbleibsel einer präpolitischen Epoche und zugleich kulturelle und institutionelle Stabilisatoren in einer Periode hektischen ökonomischen Wandels.

Der bemerkenswerteste (und sicherlich auch wichtigste) Fall politischer Stabilisierung im Nachkriegseuropa ist, auch im nachhinein, der am wenigsten überraschende. Als die Bundesrepublik Deutschland 1955 der Nato beitrat, hatte das Wirtschaftswunder, auf das sie stolz verwies, schon längst begonnen. Aber noch bemerkenswerter war, wie sehr die Bonner Republik die vielen Beobachter in beiden Lagern widerlegte, die mit dem Schlimmsten gerechnet hatten. Konrad Adenauer hatte mit sicherer Hand einen Kurs zwischen der Scylla des Neonazismus und der Charybdis eines prosowjetischen Neutralismus gesteuert und das Land, trotz aller Bedenken im In- und Ausland, fest im westlichen Bündnis verankert.

Die politischen Strukturen der jungen Bundesrepublik waren bewußt so eingerichtet worden, daß eine Wiederholung von Weimar weitgehend ausgeschlossen war. Der Staat war föderalistisch aufgebaut, Verwaltung und öffentliche Dienste waren Sache der Länder. Einige dieser Länder, Bayern etwa oder Schleswig-Holstein, entsprachen alten deutschen Staaten, die nach 1871 Bestandteil des Deutschen Reichs geworden waren, andere, wie Nordrhein-Westfalen, waren neue administrative Einheiten, die ältere Staaten in sich einschlossen.

Auch Westberlin entsandte ab 1955 Vertreter in die Länderkammer, den Bundesrat, und in den Bundestag, die dort allerdings nicht stimmberechtigt waren. Die Macht der Bundesregierung war, im Vergleich zu der ihrer Vorgängerinnen, beträchtlich eingeschränkt, da die Westalliierten für Hitlers Aufstieg die preußisch autoritären Traditionen verantwortlich machten und fest entschlossen waren, eine Wiederholung ein für allemal zu verhindern. So konnte der Bundestag nicht ohne weiteres den Kanzler absetzen; es mußte schon ein Kandidat bereitstehen, der über die erforderliche parlamentarische Mehrheit verfügen würde. Mit dieser Bestimmung wollte man jene politische Instabilität verhindern, die die letzten Jahre der Weimarer Republik charakterisiert hatte, doch sie trug auch zu der langen Regierungszeit von starken Kanzlern wie Konrad Adenauer, Helmut Schmidt und Helmut Kohl bei.

Dieses Interesse an stabilen Verhältnissen prägte die gesamte politische Kultur der Bonner Republik. Die Gefahr einer Politisierung wirtschaftlicher Konflikte wurde durch entsprechende Gesetze reduziert. Nach dem Mitbestimmungsgesetz von 1951 mußten den Aufsichtsgremien großer Betriebe der Schwerindustrie Arbeitervertreter angehören, später wurde diese Bestimmung auch auf kleinere Unternehmen und andere Branchen ausgedehnt. Bund und Länder waren in vielen wirtschaftlichen Sektoren aktiv, und obwohl die Christdemokraten grundsätzlich gegen Verstaatlichung und Staatsmonopole waren, kontrollierte der von ihnen geführte Staat 40 Prozent der Kohle- und Eisenproduktion, zwei Drittel der Stromerzeugung, drei Viertel der Aluminiumproduktion und eine Mehrheit der deutschen Banken.

Mit anderen Worten, Dezentralisierung bedeutete nicht Verzicht auf staatliche Eingriffe. Bund und Länder konnten durch gezielte Maßnahmen sozialen Frieden, aber auch unternehmerischen Profit gewährleisten. Banken spielten als Vermittlungsinstanz zwischen Staat und Unternehmen, in deren Gremien in der Regel Bankenvertreter saßen, eine wichtige Rolle. Elemente einer älteren Wirtschaftspolitik (Preisüberwachung und konsensuelle Marktaufteilung) wurden wieder aufgegriffen. Auf lokaler Ebene war die Entnazifizierung unter Beamten, Geschäftsleuten oder Bankiers nur ansatzweise betrieben worden, und noch gegen Ende der fünfziger Jahre erinnerte das westdeutsche Wirtschaftsleben an Trusts und Kartelle früherer Zeiten.

Dies entsprach vielleicht nicht den Vorstellungen der Amerikaner – mächtige Kartelle galten als Wegbereiter Hitlers und standen einer freien Marktwirtschaft im Wege. Wäre es nach Ludwig Erhard gegangen, hätten sich die westdeutsche Wirtschaft und mit ihr die sozialen Beziehungen ganz anders entwickelt. Doch die Christdemokraten traten aus ebenso prinzipiellen wie pragmatischen Erwägungen für regulierte Märkte und enge Beziehungen zwischen Staat und Wirtschaft ein. Gewerkschaften und Unternehmerverbände arbeiteten meist gut zusammen – der wirtschaftliche Kuchen war in diesen Jahren so groß, daß die meisten Forderungen ohne Konflikt befriedigt werden konnten.

Die CDU war ununterbrochen von 1949 bis 1966 an der Macht, Adenauer trat erst 1963 als Siebenundachtzigjähriger zurück. Es gab verschiedene Gründe, warum sich die CDU so lange an der Macht halten konnte. Einer war die starke Position der katholischen Kirche in Westdeutschland; da die vorwiegend protestantischen Regionen Brandenburg, Preußen und Sachsen nunmehr in kommunistischer Hand waren, stellten Katholiken gut die Hälfte der Bevölkerung. In Bayern, wo die überwältigende Mehrheit der Wähler konservative Katholiken waren, hatte die Christlich-Soziale Union eine Machtbasis, die ihr zu einem unangefochteten Platz in den Kabinetten Adenauers verhalf.

Adenauer, der alt genug war, um sich an die frühen Jahre des Kaiserreichs zu erinnern, als die katholische Kirche das Ziel des Bismarckschen Kulturkampfes gewesen war, wollte aus Sorge vor einem abermaligen Konflikt das neue Kräfteverhältnis zwischen Kirche und Staat nicht allzusehr strapazieren, zumal nach dem unrühmlichen Verhalten der deutschen Kirchen in der Zeit des Nationalsozialismus. Die CDU sollte daher weniger eine spezifisch katholische Partei sein, sondern eine, die alle christlichen Wähler ansprach. Das gelang Adenauer auch: Bei den ersten Bundestagswahlen von 1949 lag die CDU/CSU nur knapp vor den Sozialdemokraten, 1957 hatte sich ihr Stimmenanteil mit über 50 Prozent fast verdoppelt.

Ein Grund für den Erfolg der CDU/CSU (die bei Bundestagswahlen stets 44 Prozent oder mehr errang) war die Tatsache, daß sie, wie die italienischen Christdemokraten, breite Wählerschichten für sich gewinnen konnte. Die CSU war auf das katholische, konservative Bayern beschränkt. Doch Adenauers CDU, obschon in kulturellen Dingen traditionell konservativ (in vielen kleinen Städten und auf dem Land nahmen CDU-Anhänger und Vertreter kirchlicher Gruppen Einfluß auf das lokale Kinoprogramm), war ansonsten, vor allem in der Sozialpolitik, durchaus überkonfessionell.

Dergestalt genossen die Christdemokraten breiten Rückhalt in der deutschen Gesellschaft – auf dem Land, in den Städten, bei Unternehmern wie Arbeitern. Während die italienischen Christdemokraten den Staat besetzten, besetzte die CDU die Themen. In der Wirtschafts- und Sozialpolitik, in der Ost-West-Politik und der Vertriebenenfrage war die CDU eine fest etablierte Partei der Mehrheit – ein Novum in der politischen Kultur Deutschlands.

Der Erfolg der CDU ging vor allem zu Lasten der Sozialdemokraten. Eigentlich hätte die SPD viel besser dastehen müssen, selbst wenn man den Verlust der traditionellen SPD-Wähler in Ostdeutschland in Rechnung stellt. Adenauer war kein lupenreiner Antifaschist. Noch 1932 hatte er geglaubt, daß Hitler sich letztlich vernünftig verhalten werde. Vielleicht war es sein Glück, daß er 1933 das Mißtrauen der Nazis erregte (er verlor sein Amt als Oberbürgermeister von

Köln) und in den letzten Monaten des Krieges als Regimegegner kurzzeitig inhaftiert wurde. Ohne diese Referenzen hätten die Westalliierten Adenauers Aufstieg wohl kaum gefördert.

Dagegen war der SPD-Vorsitzende Kurt Schumacher von Anfang an ein entschiedener Gegner Hitlers gewesen. Am 23. Februar 1932 hatte er im Reichstag die nationalsozialistische Agitation als »dauernden Appell an den inneren Schweinehund im Menschen« bezeichnet und hinzugefügt: »Wenn wir irgend etwas beim Nationalsozialismus anerkennen, dann ist es die Tatsache, daß ihm zum ersten Mal in der deutschen Politik die restlose Mobilisierung der menschlichen Dummheit gelungen ist.« Schumacher wurde im Juli 1933 verhaftet und verbrachte die nächsten 12 Jahre fast durchweg im KZ, am Ende ein schwerkranker Mann. Er, der nach dem Krieg immer wieder an die von Deutschen begangenen Verbrechen erinnerte, war nicht nur der natürliche Führer der Sozialdemokraten, sondern auch der einzige Politiker der Nachkriegszeit, der seinen Landsleuten eine klare moralische Orientierung geben konnte.

Trotz seiner vielen Qualitäten hatte Schumacher aber keinen Blick für die neuen Verhältnisse in Europa. Von der Idee eines neutralen vereinten Deutschland wollte er nicht abrücken. Er war ein Gegner der Kommunisten, denen er gründlich mißtraute, aber er schien wirklich zu glauben, daß ein entmilitarisiertes Deutschland lebensfähig und eine solche Situation für die Sozialdemokraten günstig sei. Er war ein erbitterter Gegner der Westorientierung, für die Adenauer offenbar bereit war, die Teilung Deutschlands hinzunehmen. Für die Sozialdemokraten war die Wiederherstellung eines unabhängigen, neutralen, vereinten Deutschland das oberste Ziel.

Besonders scharf wandte sich Schumacher gegen die westeuropäische Integration. Seiner Ansicht nach würde der Schuman-Plan zu einem »konservativen, kapitalistischen, klerikalen und von Kartellen beherrschten Europa« führen. Ob seine Einschätzung gänzlich falsch war, soll hier nicht interessieren. Entscheidend ist, daß Schumacher und die Sozialdemokraten keine praktikable Alternative hatten. Indem sie das alte sozialdemokratische Programm (Verstaatlichung, soziale Sicherheit) mit der Forderung nach Wiedervereinigung verknüpften, erzielten sie bei den Wahlen von 1949 mit 29,2 Prozent der Wählerstimmen ein achtbares Ergebnis, doch Mitte der fünfziger Jahre, nachdem die Bundesrepublik fest im westlichen Bündnis verankert war, das Projekt der Europäischen Gemeinschaft in Angriff genommen wurde und sich die düsteren Wirtschaftsprognosen der Sozialdemokraten nicht erfüllt hatten, war die SPD matt gesetzt. 1953 und 1957 konnte sie ihren Stimmenanteil nicht erhöhen.

Erst 1959, sieben Jahre nach Schumachers frühzeitigem Tod, löste sich eine neue Generation von Sozialdemokraten vom Marxismus und akzeptierte die realen Gegebenheiten. Ohnehin hatte sich die Partei seit mindestens 1914 von revolutionären Zielen losgesagt, wenn sie sie je verfolgt hatte. Die Entscheidung, auf die alten Formeln zu verzichten, gab den Sozialdemokraten aber die Möglichkeit, eine Perspektive einzunehmen. Obwohl viele mit der Rolle Deutschlands in der neuen EWG unzufrieden waren, akzeptierten sie die Westbindung und die Notwendigkeit, eine Volkspartei zu werden, wenn sie Adenauers Machtmonopol brechen wollten.

Und die Reformer hatten Erfolg: Nach deutlich verbesserten Wahlergebnissen 1961 und 1965 traten sie unter Willy Brandt in eine Große Koalition ein und waren damit zum erstenmal seit Weimar wieder an der Regierung beteiligt. Ironischerweise mußten sie dafür einen Preis zahlen. Solange die Sozialdemokraten an ihrem grundsätzlichen Widerstand gegen die Adenauersche Politik festhielten, trugen sie indirekt zur Stabilität der Bonner Republik bei. Die kommunistische Partei schnitt, bis zu ihrem Verbot im Jahr 1956, nicht gut ab (1949 erhielt sie lediglich 5,7 Prozent, 1953 waren es nur noch 2,2 Prozent). Die SPD war also die alleinige Vertreterin einer linken Opposition. Doch sobald sie in die Große Koalition eingetreten war und einen moderateren Kurs verfolgte, verlor sie die Unterstützung der radikalen Linken. Nun eröffnete sich ein außerparlamentarischer Raum für eine neue und destabilisierende Generation oppositioneller Linker.

Die westdeutschen Politiker mußten sich um ein Wiederaufleben des Nationalsozialismus nicht sorgen, da alle NS-Organisationen gesetzlich verboten waren, doch es gab Millionen alter Nazis, deren Stimmen sich auf die verschiedenen Parteien der Mitte verteilten. Und nun gab es noch eine zusätzliche Klientel, die Vertriebenen. Von den schätzungsweise 13 Millionen Flüchtlingen hatten sich knapp 9 Millionen im Westen niedergelassen, Mitte der sechziger Jahre, mit dem kontinuierlichen Flüchtlingsstrom aus der Ostzone, waren noch einmal 1,5 Millionen hinzugekommen.

Die Vertriebenen, mehrheitlich Bauern und kleine Kaufleute, waren zu zahlreich, als daß man sie ignorieren konnte. Ihre Rechte als Bürger und Flüchtlinge waren im Grundgesetz verankert. In den ersten Jahren der Bundesrepublik waren sie tendenziell stärker von Wohnungsnot und Arbeitslosigkeit betroffen als andere, und sie waren hochmotivierte Wähler, wobei *ein* Thema für sie ganz wichtig war: das Recht auf Heimkehr beziehungsweise, wenn das nicht möglich war, eine Art Schadenersatz.

Neben den Vertriebenen gab es die vielen Millionen Kriegsheimkehrer. Wie die Vertriebenen sahen sie sich vor allem als Opfer des Krieges und der Nachkriegsordnung. Jeder Hinweis, ihr Leid könne etwas mit der jüngsten deutschen Geschichte, namentlich dem Verhalten der Wehrmacht zu tun haben, wurde empört zurückgewiesen. Die junge Bundesrepublik sah sich als dreifaches Opfer: erst als Opfer Hitlers – der ungeheure Erfolg von Filmen wie *Die letzte Brücke* (über eine Ärztin, die den Nazis Widerstand leistet) oder *Canaris* nährte das Bild von den anständigen Deutschen, die allesamt Hitlergegner gewesen waren –, dann als Opfer der Feinde – angesichts der Kriegszerstörungen gab man sich der Vorstellung hin, daß die Alliierten den Deutschen unermeßliches Leid zugefügt hatten – und schließlich als Opfer einer böswilligen Nachkriegspropaganda, die, so die verbreitete Ansicht, die deutschen Verbrechen bewußt überzeichnete und die deutschen Verluste herunterspielte.

In den ersten Jahren deutete tatsächlich einiges darauf hin, daß aus diesem Ressentiment eine politische Gegenbewegung erwachsen könnte. Schon bei den ersten Wahlen von 1949 gingen 48 Mandate – dreimal so viel wie für die Kommunisten und fast so viele wie für die Freien Demokraten – an verschiedene populistische Parteien der Rechten. Sobald die Flüchtlinge sich politisch organisieren durften, entstanden der Bund der Heimatvertriebenen und Entrechteten (BHE). In Schleswig-Holstein errang der BHE bei den Kommunalwahlen von 1950 23 Prozent. In Niedersachsen gewann die ähnlich ausgerichtete Sozialistische Reichspartei im Jahr darauf 11 Prozent. Es waren diese keineswegs unbedeutenden Wählerschichten, die Konrad Adenauer im Blick hatte, wenn er darauf verzichtete, sich kritisch über die jüngste deutsche Vergangenheit zu äußern, und für die ungelösten Probleme, die sich aus dem Potsdamer Abkommen ergaben, ausdrücklich die Sowjetunion und die Westalliierten verantwortlich machte.

Um den Heimatvertriebenen entgegenzukommen, verfolgte Adenauer einen harten Kurs gegenüber dem Osten. Bonn verlangte, daß bis zum Abschluß eines Friedensvertrags die Grenzen von 1937 gültig bleiben sollten. Nach der Hallstein-Doktrin wurden die diplomatischen Beziehungen zu all jenen Ländern abgebrochen, die die DDR anerkannten (und sich damit dem Alleinvertretungsanspruch Bonns widersetzten). Die einzige Ausnahme war die Sowjetunion. Bonns rigide Haltung zeigte sich 1957, als Adenauer die diplomatischen Beziehungen zu Jugoslawien abbrach, nachdem Tito die DDR anerkannt hatte. In den nächsten zehn Jahren lagen die Beziehungen Bonns zu Osteuropa praktisch auf Eis.

Die Bonner Regierungen der fünfziger Jahre stellten beträchtliche Mittel für die Eingliederung von Flüchtlingen, Vertriebenen und Kriegsheimkehrern bereit und förderten einen unkritischen Blick auf die jüngste Vergangenheit. Die deutsche Botschaft in Paris protestierte gegen die Vorführung von Alain Resnais' Dokumentarfilm *Nacht und Nebel* bei den Filmfestspielen von Cannes 1956 mit dem Hinweis, daß er »der Völkerverständigung nicht dienlich« sei. Auf Veranlassung der französischen Regierung wurde der Film schließlich zurückgezogen.[16]

Dies war keine momentane Laune. Bis 1957 durfte Wolfgang Staudtes DEFA-

Film *Der Untertan* (1951) in Westdeutschland nicht gezeigt werden – die FSK nahm Anstoß an dem Tenor des Films, daß das Obrigkeitsdenken der Deutschen tiefe historische Wurzeln habe. Dies alles scheint zu bestätigen, daß die junge Bundesrepublik an kollektiver Amnesie litt. Doch die Realität war komplexer. Statt zu vergessen, wollten sich die Deutschen lieber selektiv erinnern. In den fünfziger Jahren wurde immer wieder von offizieller Seite verbreitet, daß die Wehrmacht eine heroische Rolle gespielt habe und die Nazis nur eine Minderheit und bestraft worden seien.

Nach mehreren Amnestien kehrten verurteilte Kriegsverbrecher wieder in die Gesellschaft zurück. Und die schlimmsten Kriegsverbrechen – all jene, die im Osten und in den Lagern begangen worden waren – wurden nie verfolgt. 1958 wurde zwar die Ludwigsburger Zentralstelle zur Aufklärung von NS-Verbrechen eingerichtet, doch die Staatsanwaltschaften legten diesbezüglich keinen nennenswerten Eifer an den Tag. Erst 1963 gerieten die Strafverfolgungsbehörden unter Druck und besonders, als 1965 die Verjährungsfrist für Mord aufgehoben wurde.

Adenauers Haltung zu diesen Dingen war ambivalent. Einerseits vertrat er die Ansicht, daß kluges Schweigen besser sei als provozierende öffentliche Bekenntnisse zur Wahrheit – das war der Preis für Demokratie, da die Deutschen dieser Generation moralisch allzu kompromittiert waren. Alles andere hätte zu einem Erstarken rechter Tendenzen geführt. Anders als Schumacher, der öffentlich über die von Deutschen begangene Ermordung der Juden sprach, oder Bundespräsident Heuss, der 1952 in Bergen-Belsen erklärte: »Diese Scham nimmt uns niemand, niemand ab«, sagte Adenauer relativ wenig zu diesem Thema. Er sprach überhaupt nur von jüdischen Opfern, nie von deutschen Tätern.

Andererseits war ihm klar, daß Deutschland unbedingt Entschädigung leisten mußte. Im September 1952 schloß er mit dem israelischen Ministerpräsidenten Moshe Sharett ein Abkommen über Wiedergutmachungszahlungen, die sich im Laufe der Jahre auf mehr als 100 Milliarden Deutsche Mark summieren sollten. Innenpolitisch war dieser Schritt für Adenauer nicht ganz unriskant: Nach einer Umfrage vom Dezember 1951 erklärten nur 5 Prozent aller Befragten, sich gegenüber den Juden schuldig zu fühlen. 29 Prozent räumten ein, daß Deutschland eine Art Pflicht zu Wiedergutmachung habe. Der Rest verteilte sich auf jene (etwa zwei Fünftel), für die nur jene Personen Verantwortung trügen und zahlen sollten, »die wirklich etwas getan hatten«, und jene (21 Prozent), aus deren Sicht die Juden »zum Teil selbst verantwortlich sind für das, was ihnen im Dritten Reich angetan wurde«. Als das Wiedergutmachungsabkommen am 18. März 1953 im Bundestag debattiert wurde, stimmten die Kommunisten dagegen, die Liberalen enthielten sich, und auch in der CDU/CSU gab es viele Gegenstimmen.

Adenauer konnte den Vertrag nur mit Unterstützung der sozialdemokratischen Opposition durchbringen.

Mehr als einmal nutzte Adenauer die ausländische Besorgnis hinsichtlich eines Wiederauflebens nationalsozialistischer Tendenzen, um die Verbündeten in die von ihm gewünschte Richtung zu lenken. Wenn die Westalliierten einen deutschen Wehrbeitrag zur Verteidigung Europas haben wollten, dann sollten sie sich mit Kritik an den Deutschen oder Erinnerungen an die dunkle Vergangenheit gefälligst zurückhalten. Wenn sie stabile Verhältnisse haben wollten, sollten sie fest an seiner Seite stehen und die sowjetischen Pläne für Ostdeutschland ablehnen. Und so weiter. Die Westalliierten wußten genau, was Adenauer vorhatte. Aber auch sie lasen die westdeutschen Meinungsumfragen. Und so ließen sie ihm beträchtlichen Spielraum, akzeptierten seinen Hinweis, daß nur er eine weit unangenehmere Alternative verhindern könne und daß sie Zugeständnisse machen müßten, um die deutsche Bevölkerung zu beruhigen. Im Januar 1951 erklärte sogar Eisenhower, er habe »inzwischen eingesehen, daß meine damalige Beurteilung der Haltung des deutschen Offizierskorps und der Wehrmacht nicht den Tatsachen entspricht ... Der deutsche Soldat hat für seine Heimat tapfer und anständig gekämpft.« Und General Ridgeway, Eisenhowers Nachfolger als Alliierter Oberkommandierender in Europa, forderte 1953 eine Begnadigung aller deutschen Offiziere, die wegen Kriegsverbrechen an der Ostfront verurteilt worden waren.

Adenauer machte sich durch sein Verhalten nicht gerade beliebt bei seinen Gesprächspartnern. So ärgerte sich US-Außenminister Dean Acheson über das Bonner Ansinnen, die Aufnahme in die Gemeinschaft zivilisierter Völker von Bedingungen abhängig zu machen, als täte man damit den Westalliierten einen Gefallen. Doch in jenen seltenen Fällen, wenn Washington oder London öffentlich ihre Frustration zu erkennen gaben, oder sooft der Eindruck entstand, als würden die beiden hinter dem Rücken der Deutschen mit Moskau reden, machte sich Adenauer diese Situation zunutze – indem er die Deutschen an die Unzuverlässigkeit der Verbündeten erinnerte und darauf hinwies, daß nur auf ihn Verlaß sei.

Der Wiederbewaffnungsgedanke hatte in den fünfziger Jahren nicht sehr viele Anhänger, und die Schaffung der Bundeswehr im Jahr 1956 – nur elf Jahre nach Kriegsende – stieß nicht überall auf Zustimmung. Selbst Adenauer war in dieser Frage ambivalent, wies (aus seiner Sicht durchaus zu Recht) darauf hin, daß das Ausland ihn unter Druck gesetzt habe. Der prosowjetischen »Friedensbewegung« der frühen fünfziger Jahre war es immerhin gelungen, einen Teil der westdeutschen Bevölkerung davon zu überzeugen, daß Deutschland wiedervereinigt und in Sicherheit leben könne, wenn es sich zur Neutralität bekenne. Mehr als ein Drittel der Erwachsenen war in jedem Fall für ein neutrales, wiedervereinigtes Deutschland, und knapp die Hälfte fand, daß sich die Bundesrepublik im Kriegsfall für neutral erklären sollte.

Wenn man bedenkt, daß sich ein dritter Weltkrieg in Europa höchstwahrscheinlich an der deutschen Frage entzündet hätte, war diese Vorstellung recht kurios. Doch es zählt zu den Merkwürdigkeiten jener Zeit, daß die privilegierte Position ihres Landes als eines (de facto) amerikanischen Protektorates für einen Teil der Bevölkerung nicht nur Sicherheit bedeutete, sondern auch Quelle von Unbehagen war. Und diese Haltung sah sich nur bestätigt, als Ende der fünfziger Jahren klar wurde, daß bei einem Krieg auf deutschem Boden höchstwahrscheinlich Atomwaffen eingesetzt würden – über deren Verwendung allerdings andere entscheiden würden.

1956 hatte Adenauer erklärt, daß die Bundesrepublik nicht für alle Zeiten ein »nukleares Protektorat« bleiben könne. Als sich Anfang der sechziger Jahre zeigte, daß die Westalliierten sich mit Moskau in dieser heiklen Frage geeinigt hatten und Westdeutschland niemals Zugang zu Atomwaffen erhalten würde, war Adenauer wütend.[17] Eine Weile schien es, als würde sich Bonn nun den Franzosen zuwenden, bei denen die anmaßende Art der Briten und Amerikaner auf ähnliche Ressentiments stieß und ebenfalls der Verdacht herrschte, die Amerikaner wollten sich aus ihren europäischen Verpflichtungen lösen.

Gewiß war das französische Streben nach einer eigenen atomaren Force de Frappe ein reizvolles Modell in Bonner Augen, das de Gaulle geschickt benutzte, um die Deutschen auf seine Seite zu ziehen. So äußerte de Gaulle auf jener Pressekonferenz vom 14. Januar 1963, auf der er sich gegen eine britische EWG-Mitgliedschaft aussprach, Verständnis für den Wunsch der Westdeutschen nach Atomwaffen. Und eine Woche später transponierte er dieses »Verständnis« in einen deutsch-französischen Freundschaftsvertrag. Doch dieser Vertrag war, trotz allem Aufwand, hohl. Adenauers scheinbarer Seitenwechsel wurde selbst in seiner eigenen Partei kritisiert. Im selben Jahr mußte er zurücktreten, und seine CDU-Kollegen bekräftigten ihre Nato-Treue. Und gerade de Gaulle machte sich über die Deutschen keine Illusionen. Sechs Monate zuvor hatte er in Hamburg einer begeisterten Menge zugerufen: »Es lebe die deutsch-französische Freundschaft! Sie sind ein großes Volk!« – einem engen Mitarbeiter aber im gleichen Atemzug zugeflüstert: »Wenn sie wirklich ein so großes Volk wären, würden sie mir jetzt nicht so zujubeln«.

Doch so kühl die Beziehungen zwischen Bonn und Washington auch waren, kein deutscher Politiker wagte es, um einer illusorischen französischen Alternative willen mit den Amerikanern zu brechen. Gleichwohl beruhten die außenpolitischen Schachzüge Adenauers auf einer tiefen Unzufriedenheit angesichts der unabweisbaren Notwendigkeit, sich den Amerikanern unterordnen zu müssen. Heute wird allzu schnell angenommen, daß alles Amerikanische im Nachkriegsdeutschland enthusiastisch begrüßt wurde – Filme, Musik, Kleidung, Kaugummi, Dollars und die GIs, die die Freiheit der Deutschen schützen sollten.

Die Realität war komplizierter. Einzelne amerikanische und britische Soldaten waren gewiß beliebt, jedenfalls meistens. Doch nach der ersten Erleichterung, vom Westen (und nicht von der Roten Armee) »befreit« worden zu sein, kamen andere Empfindungen hoch. Die harten Nachkriegsjahre unter alliierter Besatzung hoben sich eher ungünstig vom Leben unter den Nazis ab. Während des Kalten Kriegs sahen sich die Amerikaner mit dem Vorwurf konfrontiert, Deutschland in den Mittelpunkt »ihres« Konflikts mit den Russen gestellt zu haben und das Land damit einer ungeheuren Gefahr auszusetzen. Viele Konservative, vor allem im katholischen Süden, schrieben den Aufstieg Hitlers dem säkularisierenden Einfluß des Westens zu und plädierten für einen Mittelweg zwischen den drei Übeln der Moderne – Nationalsozialismus, Kommunismus und »Amerikanismus«. Die wachsende Bedeutung der Bundesrepublik als östlichem Vorposten der Allianz erinnerte auf sublime Weise an das von den Nazis propagierte Bild von Deutschland als dem kulturellen Bollwerk, das Europa vor den asiatischen Horden schütze.

Die Amerikanisierung Westdeutschlands – und die Allgegenwart der Besatzungstruppen – kontrastierte überdies mit der Sehnsucht nach einem heilen Deutschland, die in den Heimatfilmen der frühen fünfziger Jahre bedient wurde. Diese außerordentlich populären Schnulzen waren nicht selten Kopien von Nazifilmen, manchmal sogar mit gleichem Titel: so war *Schwarzwaldmädel* von 1950 das Remake eines Films aus dem Jahr 1933 – Arbeiten von Regisseuren wie Hans Deppe, die von den Nazis gefördert worden waren, oder jüngeren Männern wie Rudolf Schündler, die ihre Schüler waren.

Die Titel – *Grün ist die Heide* (1951), *Land des Lächelns* (1952), *Wenn der weiße Flieder wieder blüht* (1953), *Viktoria und ihr Husar* (1954), *Der treue Husar* (1954), *Das fröhliche Dorf* (1955), *Wenn die Alpenrosen blühen* (1955), *Die Rosel vom Schwarzwald* (1956) und viele andere – evozieren ein Land ohne Trümmer und Flüchtlinge, ein glückliches Deutschland, unbeschwert und blond. Und natürlich war dieses geschichtslose Land nicht nur frei von Besatzern, sondern auch frei von Schuld, von einer dunklen Vergangenheit.

Aus diesen Heimatfilmen sprach die provinzielle, konservative Atmosphäre der jungen Bundesrepublik, eine tiefempfundene Sehnsucht der Menschen, in Ruhe gelassen zu werden. Diese unpolitische Haltung wurde vielleicht auch durch den Frauenüberschuß erleichtert. Die erste Volkszählung nach Kriegsende ergab, daß ein Drittel aller Haushalte von einer geschiedenen Frau oder Witwe geführt wurde. Selbst nach der Heimkehr der letzten Kriegsgefangenen aus der Sowjetunion waren Frauen in der Überzahl. Noch 1960 betrug das Verhältnis 126 zu 100. Wie in England und Frankreich standen auch in Deutschland Familie und häusliche Sorgen im Vordergrund. In dieser Welt von Frauen – vielfach berufstätigen, alleinerziehenden Müttern[18] mit furchtbaren Erinnerungen an die letzten Kriegsmonate und die unmittelbare Zeit nach Kriegsende – wollte niemand etwas von Nation, Nationalismus, Wiederbewaffnung, militärischem Ruhm oder ideologischer Auseinandersetzung hören.

Ganz bewußt wurden die diskreditierten Ambitionen der Vergangenheit durch neue Ziele ersetzt. So erklärte Konrad Adenauer am 4. Februar 1952 seinen Kabinettskollegen bei der Diskussion des Schuman-Plans, daß man den Menschen eine neue Ideologie geben müsse und daß diese nur eine europäische sein könne. Westdeutschland zeichnete sich dadurch aus, daß es seine Souveränität nur durch Integration in supranationale Organisationen zurückerlangen konnte, und der Europagedanke konnte an die Stelle treten, die früher der Nationalismus ausgefüllt hatte – das jedenfalls war Schumans ausdrückliche Hoffnung.

Für die intellektuellen und politischen Eliten erwies sich diese Neuorientierung als sinnvoll. Doch den kleinen Leuten ging es nicht um das neue Europa, sie wollten überleben und vorankommen. Churchill, berichtete der britische Labourpolitiker Hugh Dalton, soll bei Kriegsende die Hoffnung geäußert haben, daß Deutschland »fett, aber impotent« werden möge. Und so geschah es auch, schneller und nachdrücklicher, als Churchill gehofft haben konnte. Die Westdeutschen wandten sich unaufgefordert von der Politik ab und widmeten sich von ganzem Herzen und mit beispielloser Energie dem Wiederaufbau.

Arbeiten, Sparen, Vorankommen, Anschaffen, Konsumieren – das war der auch von der Politik nachdrücklich propagierte Lebensinhalt der meisten Westdeutschen. Viele Jahre später schrieb Hans Magnus Enzensberger über die merkwürdige kollektive Transformation und den Eifer, mit dem die Westdeutschen ihr Leben aufbauten: »Man begreift die rätselhafte Energie der Deutschen nicht, wenn man sich gegen die Einsicht sträubt, daß sie ihren Defekt zur Tugend erhoben haben. Die Bewußtlosigkeit war die Bedingung ihres Erfolgs.«

Von der ganzen Welt eben noch für den blinden Gehorsam verurteilt, mit dem sie einem verbrecherischen Regime gefolgt waren, schienen die Deutschen nach totaler Niederlage mit anschließender Besetzung nunmehr bereit für demokratische Verhältnisse, wie das ein Jahrzehnt zuvor kaum vorstellbar gewesen wäre. Mit dem gleichen Eifer, der ihre Autoritätsgläubigkeit kennzeichnete (die Heine ein Jahrhundert zuvor beschrieben hatte), wandten sich die Westdeutschen nun der Produktion tadelloser Qualitätserzeugnisse zu, die weltweite Anerkennung fanden.

Besonders bei den Älteren stieß diese Konzentration auf den Wiederaufbau auf uneingeschränkten Beifall. Noch in den sechziger Jahren glaubten viele der Übersechzigjährigen, zu denen viele Amtspersonen gehörten, daß im Kaiserreich alles besser gewesen sei. Doch nach dem, was in der Zwischenzeit passiert war, genossen sie die Ruhe und Sicherheit der jungen Bundesrepublik um so mehr. Die Jüngeren sahen das anders. Die »skeptische Generation« – die, Ende der zwanziger Jahre geboren, den Nationalsozialismus noch erlebt hatte, aber zu jung war, als daß sie eine Schuld an den Verbrechen traf – betrachtete die neue deutsche Gesellschaft mit großem Mißbehagen.

Für Männer wie Günter Grass oder Jürgen Habermas, beide Jahrgang 1927, war die Bundesrepublik eine Demokratie ohne Demokraten. Ihre Bürger hatten sich mit schockierender Unbekümmertheit dem Konsum zugewandt, um die Erinnerungen an die dunkle Vergangenheit durch wachsenden Wohlstand zu übertünchen. Grass und andere erkannten in dieser unpolitischen Haltung ein Zeichen staatsbürgerlicher Verantwortungslosigkeit. Leidenschaftlich sekundierten sie Ernst Reuter, dem Oberbürgermeister von Berlin, der im März 1947 das Brechtsche Wort vom Fressen, das vor der Moral komme, als gefährlich bezeichnet hatte: »Wir sind hungrig und wir frieren, weil wir diese irrige Lehre zugelassen haben, die in diesem Satz zum Ausdruck kommt.«

Habermas formulierte später den Begriff Verfassungpatriotismus, in dem er die einzig angemessene und sinnvolle Form des deutschen Nationalbewußtseins sah. Doch schon 1953 veröffentlichte er in der *Frankfurter Allgemeinen Zeitung* einen kritischen Beitrag über Martin Heidegger, dem er vorwarf, sich in der Neuauflage der Heidelberger Vorlesungen nicht von seinen Bemerkungen über die »innere Größe« des Nationalsozialismus distanziert zu haben. Seinerzeit erregte dieser Artikel wenig internationales Aufsehen, doch er deutete schon die erbitterten Auseinandersetzungen späterer Jahre an.

Rainer Werner Fassbinder (geboren 1945) sezierte in seinem 1978 entstandenen Film *Die Ehe der Maria Braun* die Defekte der Bundesrepublik, wie ihre jugendlichen Kritiker sie sahen. Die Titelfigur seines Films ist wild entschlossen, inmitten der Kriegstrümmer ein neues Leben zu beginnen, die Vergangenheit hinter sich zu lassen, den Blick in die Zukunft zu richten. »Es ist eine schlechte Zeit für Gefühle«, ruft sie. Maria, anfangs noch verletzlich, widmet sich, wie alle ihre Landsleute, dem Geldverdienen, setzt, zunehmend zynisch, alle Mittel ein, um voranzukommen, nutzt die Männer aus, bleibt aber ihrem Hermann »treu«, der in sowjetischer Kriegsgefangenschaft ist und über den man wenig erfährt.

Ob Beziehungen, Gefühle oder Dinge, alles mißt Maria in Geld, sie stopft das Haus, in dem sie ihren heimkehrenden Mann begrüßen will, mit neuen Gegenständen voll. Doch das Glück währt nicht lange. Als Maria sich am Gasherd eine

Zigarette anzündet, fliegt das Haus in die Luft, während aus dem Radio die Reportage vom Endspiel der Fußballweltmeisterschaft 1954 ertönt. Für Fassbinder und spätere Generationen zorniger junger Westdeutscher konnten die neuen Qualitäten Deutschlands im neuen Europa – Wohlstand, Kompromißbereitschaft, Entpolitisierung und die stillschweigende Übereinkunft, die Vergangenheit ruhen zu lassen – nicht von den alten Defekten ablenken. Es waren tatsächlich die alten Defekte – in neuem Gewand.

IX
Zerstörte Illusionen

»Indië verloren, rampspoed geboren.« [Wenn wir Indien verlieren, sind wir verloren.]

Niederländischer Ausspruch

Der Wind der Veränderung weht über den Kontinent, und ob es uns gefällt oder nicht, das wachsende [afrikanische] Bewußtsein ist eine politische Tatsache.

Harold Macmillan, 3. Februar 1960, Kapstadt

Großbritannien hat ein Imperium verloren und seine neue Rolle noch nicht gefunden.

Dean Acheson, 5. Dezember 1962, West Point

Hier spricht Ministerpräsident Imre Nagy. Sowjetische Truppen greifen seit dem Morgengrauen unsere Hauptstadt an in der offenkundigen Absicht, die rechtmäßige Regierung der Volksrepublik Ungarn zu stürzen. Unsere Truppen stehen im Kampf, die Regierung ist an ihrem Platz. Ich bringe dies der Bevölkerung unseres Landes und der Weltöffentlichkeit zur Kenntnis.

Imre Nagy über Radio Budapest, 4. November 1956, 5.20 Uhr

Es ist ein schwerer Fehler, der eigenen Bevölkerung mit Hilfe fremder Truppen eine Lehre zu erteilen.

Josip Broz Tito, 11. November 1956

Bei Ende des Zweiten Weltkriegs beherrschten die Westeuropäer – die Mühe hatten, sich selbst zu regieren und vor allem zu ernähren – weiterhin den größten Teil der außereuropäischen Welt. Dieses Paradox, das den einheimischen Eliten in den Kolonien keineswegs verborgen blieb, hatte eigentümliche Auswirkungen. Für viele Engländer, Franzosen oder Niederländer waren die Kolonien Trost nach dem Leid und den Demütigungen der Kriegsjahre; in diesem Krieg hatten diese Kolonien ihren Wert unter Beweis gestellt. Ohne die überseeischen Gebiete mit ihren Ressourcen an Nachschub und Menschen wären namentlich Briten und Franzosen in ihrem Kampf gegen Deutschland und Japan noch benachteiligter gewesen als ohnehin schon.

Besonders klar war das für die Briten. Für jeden, der (wie der Verfasser) im Nachkriegsbritannien aufwuchs, waren »England«, »Britannien« und »britisches Empire« mehr oder weniger gleichbedeutend. Schulatlanten zeigten weite Teile der Welt in Rot, die Geschichte der britischen Eroberungen in Indien und Afrika nahm im Unterricht breiten Raum ein. Wochenschauen, Radionachrichten, Zeitungen, Illustrierte, Kinderbücher, Comic-Hefte, Sportveranstaltungen, Keksdosen, Konservenetiketten, Fleischereiauslagen – alles kündete von Englands überragender Bedeutung als Herz eines riesigen Weltreichs. Die Namen von Städten, Flüssen und Politikern in Kolonien und Dominions waren so bekannt wie diejenigen in Großbritannien.

Ihr »erstes« Empire hatten die Briten in Nordamerika verloren. Das zweite, nicht gerade in einem Anfall geistiger Abwesenheit erworben, war aber doch alles andere als ein gezielt realisiertes Projekt. Es zu verwalten und zu beaufsichtigen kostete eine Menge Geld. Und wie das französische Kolonialreich in Nordafrika wurde es am leidenschaftlichsten verteidigt von einer kleinen Schicht von Siedlern, wie etwa in Kenia oder Rhodesien. Die weißen Dominions – Kanada, Australien, Neuseeland – und Südafrika waren zwar unabhängig, wurden aber aufgrund ihrer formellen Anerkennung der britischen Krone, ihrer emotionalen Bindungen an England, der Agrarprodukte, Rohstoffe und Streitkräfte, die sie zur Verfügung stellten, im Grunde als britische Verfügungsmasse angesehen. Der materielle Wert der übrigen Kolonien war weniger offenkundig als ihre strategische Bedeutung: Britische Territorien in Ostafrika – ebenso wie die zahlreichen britisch verwalteten Gebiete und Häfen im Nahen Osten, auf der arabischen Halbinsel und im Indischen Ozean – galten als Beiwerk zum wichtigsten imperialen Besitz: Indien, das seinerzeit all jene Gebiete umfaßte, die später als Pakistan, Bangladesh, Sri Lanka und Burma selbständig werden sollten.

Alle europäischen Kolonialreiche waren sporadisch, unsystematisch und (mit Ausnahme der Land- und Seewege nach Britisch-Indien) ohne viele Gedanken an logistische Konsequenz oder ökonomischen Profit entstanden. Die Spanier hatten den größten Teil ihres Kolonialreichs bereits verloren, erst an die Briten, später an die nach Unabhängigkeit strebenden eigenen Siedler, zuletzt an die USA, die aufsteigende neue Weltmacht – eine Quelle von Antiamerikanismus in Spanien, gestern wie heute. Es blieben nur die marokkanischen Enklaven sowie Äquatorial-Guinea, von denen sich Franco, ganz Realist, zwischen 1956 und 1968 trennte.

Doch ein Großteil Afrikas und Asiens war noch immer in europäischer Hand: beherrscht entweder direkt von den Metropolen, durch lokale Eliten oder einheimische Regenten, die ihren europäischen Herren treue Diener waren. Politiker im Nachkriegseuropa, die nur solche Personen kannten, wußten kaum etwas von den Ambitionen einer Generation nationalistisch gesinnter Aktivisten, die überall im Empire heranwuchs (außer vielleicht in Indien, aber selbst dort wurden sie in Zahl und Entschlossenheit lange unterschätzt).

Und so ahnten weder die Briten noch irgendeine der anderen europäischen Kolonialmächte etwas von dem bevorstehenden Ende ihrer überseeischen Besitzungen und ihres Einflusses. Wie der britische Historiker Eric Hobsbawm schrieb, schien 1939 das Ende der europäischen Kolonialimperien in weiter Ferne zu liegen, selbst für junge kommunistische Studenten aus England und Übersee. Sechs Jahre später war die Welt noch immer – und wie es schien, für lange Zeit – geteilt in Herrscher und Untertanen, Mächtige und Ohnmächtige, Reich und Arm. 1960, nachdem die Unabhängigkeitsbewegung längst in Gang gekommen war, entfielen 70 Prozent der weltweiten Produktion und 80 Prozent der industriellen Wertschöpfung auf Westeuropa und Nordamerika.

Das winzige Portugal, die kleinste und ärmste europäische Kolonialmacht, bezog aus Angola und Mozambique außerordentlich billige Rohstoffe. Die Kolonien waren zugleich ein günstiger Absatzmarkt für portugiesische Exportgüter, die auf dem Weltmarkt nicht konkurrenzfähig waren. Mozambique etwa produzierte Baumwolle für den portugiesischen Markt statt Lebensmittel für die eigene Bevölkerung, eine Disproportion, die enorme Profite garantierte und zu regelmäßigen Hungersnöten führte. Unter diesen Verhältnissen, und trotz erfolgloser Aufstände in den Kolonien und der Militärputsche im Mutterland, fand die portugiesische Entkolonisierung erst sehr spät statt.[1]

Selbst wenn die europäischen Staaten ohne ihre Kolonien auskamen, konnte sich seinerzeit aber kaum jemand vorstellen, daß die Kolonien ohne fremde Hilfe würden überleben können. Sogar Liberale und Sozialisten, die für Autonomie und letztlich Unabhängigkeit der überseeischen Gebiete eintraten, rechneten damit, daß ein solches Ziel erst in vielen Jahren erreichbar sei. Wir sollten uns in Erinnerung rufen, daß der britische Außenminister Herbert Morrison noch 1951 die Unabhängigkeit für die afrikanischen Kolonien so verstand, als würde man einem zehnjährigen Kind einen Hausschlüssel, ein Bankkonto und ein Gewehr in die Hand drücken.

Doch der Weltkrieg hatte in den Kolonien zu tiefgreifenderen Veränderungen geführt, als den meisten Europäern klar war. Englands Besitzungen in Fernost standen während des Krieges unter japanischer Besatzung, und obwohl diese Gebiete nach der Kapitulation Japans wieder an England zurückfielen, hatte das Ansehen der Kolonialmacht stark gelitten. Die Kapitulation Singapurs im Februar 1942 war eine Demütigung, von der sich das britische Imperium in Asien nie wieder erholte. Britische Truppen konnten Burma und Indien zwar vor den Japanern verteidigen, aber der Mythos von der Unbesiegbarkeit der Europäer war ein für allemal zerbrochen. Nach 1945 sahen sich die Kolonialmächte in Asien wachsendem Druck ausgesetzt, ihre traditionellen Ansprüche in der Region aufzugeben.

Für die Niederlande, die älteste Kolonialmacht in Südostasien, waren die Konsequenzen besonders traumatisch. Niederländisch-Indien gehörte zum nationalen Erbe, stellte eine direkte Verbindung zum Goldenen Zeitalter dar und symbolisierte Glanz und Ruhm der Seefahrernation. Und zumal in den schweren Nachkriegsjahren versprach man sich von den Rohstoffen Indonesiens, besonders Gummi, die »ökonomische Rettung« der Nation. Doch zwei Jahre nach der Kapitulation Japans führten die Niederländer schon wieder Krieg. Niederländisch-Indien (das heutige Indonesien) band 140 000 Soldaten (Berufssoldaten, Wehrpflichtige und Freiwillige), und die Unabhängigkeitsbewegung war bewundertes Vorbild im gesamten niederländischen Kolonialreich – im Pazifik, in der Karibik und in Südamerika.

Der anschließende Guerillakrieg dauerte vier Jahre und kostete die Niederländer mehr als 3 000 Tote (Soldaten und Zivilisten). Die indonesische Unabhängigkeit, die der nationalistische Führer Sukarno am 17. November 1945 einseitig ausrief, wurde im Dezember 1949 auf einer Konferenz in Den Haag von der Regierung (und einer in Tränen aufgelösten Königin Juliana) schließlich anerkannt. Ein unablässiger Strom von Europäern kehrte zurück in das »Mutterland«, das viele von ihnen, in Indonesien geboren, noch nie gesehen hatten. Als Präsident Sukarno Ende 1957 alle niederländischen Unternehmen aus dem Land warf, machten sich noch einmal Zehntausende auf den Weg.

Für die Niederländer, die unter dem Zweiten Weltkrieg schon genug gelitten hatten, war die Entkolonisierung eine bittere Erfahrung. Exkolonialisten und ihre Gesinnungsfreunde propagierten den Mythos von der guten Kolonialherrschaft und machten die Linke für das Fiasko in Indonesien verantwortlich. Dagegen waren die Soldaten, mehrheitlich Wehrpflichtige, einfach nur froh, den Kolonialkrieg unversehrt überstanden zu haben, einen Krieg, auf den niemand stolz war, der nach verbreiteter Ansicht hätte gewonnen werden können, wenn die UNO nicht auf Verhandlungen mit den Nationalisten gedrungen hätte, und über den ganz schnell der Mantel des Vergessens gebreitet wurde.

Langfristig erleichterte der erzwungene Rückzug aus den Kolonien die Hinwendung zu Europa. Der Zweite Weltkrieg hatte gezeigt, daß sich das Land nicht aus den europäischen Verhältnissen ausklinken konnte, und der Verlust Indonesiens führte vor Augen, welches Gewicht dieser kleine und verwundbare europäische Staat wirklich hatte. Die Niederländer machten aus der Not eine Tugend und wurden zu enthusiastischen Befürwortern einer zunächst wirtschaftlichen, später auch politischen Integration Europas. Diese Neuorientierung war keineswegs schmerzlos und stellte sich auch nicht im Handumdrehen ein. Bis zum Frühjahr 1951 galten die militärpolitischen Überlegungen Den Haags nicht einer europäischen Verteidigungsstreitmacht (trotz Mitgliedschaft in Brüsseler Pakt und Nato), sondern einer fortgesetzten Präsenz in den Kolonien. Erst allmählich, und mit unterdrücktem Bedauern, wandten sich niederländische Politiker uneingeschränkt Europa zu und verabschiedeten sich von den alten Prioritäten.

Das gleiche galt, in unterschiedlicher Form, für alle westeuropäischen Kolonialmächte. Amerikanische Historiker, die die Erfahrungen und Ambitionen der USA auf den Rest der Welt projizieren, übersehen dies manchmal. In den Vereinigten Staaten war es der Kalte Krieg, der die Innen- und Außenpolitik entscheidend bestimmte, während die Regierungen in London, Paris oder Den Haag in den fünfziger Jahren mit kostspieligen Guerillakriegen in abgelegenen und zunehmend unregierbaren Kolonien konfrontiert waren. Kopfzerbrechen bereiteten ihnen die Unabhängigkeitsbewegungen – nicht die sowjetische Politik, auch wenn sich beides manchmal überschnitt.

Dem französischen Kolonialreich waren 1919 asiatische und afrikanische Territorien der besiegten Achsenmächte zugeschlagen worden. So herrschte das befreite Frankreich im Jahr 1945 erneut über Syrien und den Libanon, weite Teile Schwarzafrikas und einige karibische und pazifische Inseln. Doch die »Juwelen« in der imperialen Krone waren Indochina und die alten nordafrikanischen Besitzungen – Tunesien, Marokko und Algerien. In den französischen Geschichtsbüchern nahmen die Kolonien vielleicht einen ambivalenteren Platz ein als in den britischen – weil Frankreich eine Republik war, die sich nicht als Beherrscherin anderer Völker betrachtete, und weil viele der einstigen französischen Gebiete längst unter britischer Verwaltung standen. 1950 lebten noch Millionen von Franzosen, die sich an die Faschoda-Krise im Jahr 1898 erinnerten, als Frankreich zugunsten der Engländer auf Ägypten, den Sudan und den Oberen Nil verzichtete. Wer in Frankreich vom Kolonialreich sprach, erinnerte an Siege und Niederlagen.

Andererseits wurde französischen Schülern nachdrücklich das Bild einer transozeanischen Gemeinschaft vermittelt, deren zivile und kulturelle Einrichtungen jedermann offenstanden, wo an allen Grundschulen, von Saigon bis Dakar, Geschichte als französische (»nos ancêtres les Gallois«) unterrichtet und eine völlige kulturelle Assimilation, wenn auch nur im Prinzip, als erstrebenswertes Ziel bezeichnet wurde, wie das in britischen, niederländischen, belgischen, spanischen oder portugiesischen Kolonien undenkbar gewesen wäre.[2] Paris war die einzige Metropole, die ihre wertvollsten Besitzungen nicht als ausländische Gebiete, sondern als Bestandteil Frankreichs betrachtete. »Algerien« war nur ein geographischer Name, das Gebiet selbst bestand aus drei französischen Départements (in denen allerdings nur europäische Siedler das volle Bürgerrecht besaßen).

Während des Krieges hatten die Franzosen, wie die Briten und Niederländer, ihre geschätzten südostasiatischen Kolonien an die Japaner verloren. Doch in diesem Fall kam die japanische Besatzung erst spät – bis März 1945 unterstand Französisch-Indochina dem Vichy-Regime –, und sie war viel weniger traumatisch als die französische Niederlage 1940. Diese Demütigung in Europa verlieh den überseeischen Besitzungen eine neue symbolische Bedeutung: Wenn die Franzosen sich nicht als »hilflose, hoffnungslose Masse von Protoplasmen« (so Eisenhower im Jahr 1954) empfanden, so hatte das mit ihrem ungebrochenen Selbstverständnis als führende Kolonialmacht zu tun, und deshalb spielten die Kolonien eine so große Rolle.

Auf der Konferenz von Brazzaville Anfang Februar 1944 hatte Charles de Gaulle die Präsenz Frankreichs in Afrika erneuert. Dort, in der Hauptstadt von Französisch-Äquatorialafrika, hatte er seine Vision von der Zukunft des französischen Kolonialreichs in charakteristischer Manier formuliert: »In Französisch-Afrika wie in jedem anderen Land, in dem Menschen unter unserer Flagge leben, kann es so lange keinen wahren Fortschritt geben, wie die Menschen in ihrer Heimat nicht sittlich und materiell davon profitieren, nicht Schritt für Schritt ein Niveau erreichen können, das es ihnen ermöglicht, in ihren eigenen Angelegenheiten mitzusprechen. Frankreich hat die Pflicht, dies herbeizuführen.«

De Gaulle hat, wie so oft und vielleicht mit Absicht, im unklaren gelassen, was er genau meinte. Tatsächlich wurden seine Worte als Hinweis auf Emanzipation und schließlich Autonomie der Kolonien verstanden. Die Bedingungen waren günstig. Die Öffentlichkeit daheim war nicht unempfänglich für koloniale Reformen – André Gide hatte in seinem anklagenden Buch *Voyage au Congo* (1927) den Blick auf die europäischen Verbrechen in Zentralafrika gelenkt –, und aus Amerika kamen ominöse antikolonialistische Kommentare. US-Außenminister Cordell Hull hatte jüngst über die Möglichkeit einer internationalen Verwaltung in den weniger entwickelten europäischen Kolonien und von einer baldigen Selbstverwaltung in allen anderen gesprochen.[3]

Von Reformen im armen, isolierten frankophonen Afrika zu sprechen kostete nicht viel, erst recht, da das Mutterland noch nicht einmal befreit war. Indochina war etwas anderes. Am 2. September 1945 erklärte Ho Chi Minh, der Führer der vietnamesischen Befreiungsfront (und Gründungsmitglied der KPF in Tours im Dezember 1920) die Unabhängigkeit Vietnams. Zwei Wochen später trafen britische Truppen in Saigon ein, einen Monat später französische Streitkräfte. Der Norden Vietnams, bislang von den Chinesen verwaltet, wurde im Februar 1946 an die Franzosen zurückgegeben.

Dies war die Situation, in der die französische Regierung Gespräche mit den nationalistischen Vertretern aufnahm, und es bestand eine gute Aussicht, auf dem Verhandlungsweg eine Autonomie oder Unabhängigkeit zu erreichen. Doch am 1. Juni 1946 erklärte Admiral Thierry d'Argenlieu, der französische Prokonsul, einseitig die Loslösung von Cochinchina (dem Süden Vietnams) vom nationalistisch beherrschten Norden, womit er die Kompromißbemühungen seiner eigenen Regierung torpedierte und einen Abbruch der Gespräche herbeiführte. Im Herbst 1946 bombardierten die Franzosen die Hafenstadt Haiphong, die Vietminh griffen die Franzosen in Hanoi an. Der erste Vietnamkrieg hatte begonnen.

Der Kampf Frankreichs, seine Herrschaft über Indochina wiederherzustellen, war politisch und militärisch eine Katastrophe. Ho Chi Minh genoß unter französischen Linken doppelten Respekt – als Kämpfer für die nationale Unabhängigkeit und als revolutionärer Kommunist: Beide Identitäten waren in seinem eigenen Selbstverständnis ebenso unauflöslich miteinander verbunden wie in dem glanzvollen Image, das er auf der ganzen Welt genoß.[4] Junge Männer in einen »schmutzigen Krieg« nach Indochina zu schicken erschien den meisten Franzosen sinnlos. Und sich mit Hanoi zu einigen war augenscheinlich auch nicht schlechter, als den im März 1949 eingesetzten und erkennbar unfähigen »Kaiser« Bao Dai weiterhin zu unterstützen.

Das französische Offizierskorps indes war sehr wohl entschlossen, den Kampf in Vietnam nicht aufzugeben. Dort, wie später in Algerien, stand der Ruf der Armee (oder was davon übriggeblieben war) auf dem Spiel, und die französische Militärführung wollte ihre Stärke beweisen. Doch ohne großzügige ausländische Hilfe hätte Frankreich einen ausgedehnten Kolonialkrieg niemals finanzieren können. Frankreichs Indochinakrieg wurde, zunächst indirekt, von Washington bezahlt. Dank amerikanischer Kredite konnte man beträchtliche Summen in einen immer kostspieligeren und aussichtslosen Kampf gegen die Vietminh lenken. Während Frankreich seine knappen Mittel in den Krieg steckte, finanzierten die Amerikaner die Modernisierung Frankreichs.

Ab 1950 nahm die US-Hilfe eine direktere Form an. Im Juli, einen Monat nach Beginn des Koreakrieges, begannen die Amerikaner, ihre Militärhilfe für die französischen Truppen in Indochina deutlich zu erhöhen. Die Franzosen führten harte Verhandlungen, ehe sie sich bereit erklärten, das europäische Verteidigungsprojekt und eine Nato-Mitgliedschaft Westdeutschlands zu akzeptieren. Als Gegenleistung (dafür, daß die Amerikaner sie verteidigen durften, wie manch einer in Washington murrte) erhielten sie also Militärhilfe in beträchtlichem Umfang. Und bald war Frankreich das europäische Land, das am meisten auf amerikanische Hilfe angewiesen war.

Erst 1954 trat Washington auf die Bremse und widersetzte sich endgültig den immer eindringlicheren Bitten Frankreichs, die umkämpfte Garnison Dien Bien Phu aus der Luft zu versorgen. Nach fast acht Jahren fruchtloser und verlustreicher Kämpfe hatte Washington erkannt, daß die Franzosen nicht nur außerstande waren, ihre Herrschaft in Indochina wiederherzustellen, sondern auch den regulären nordvietnamesischen Truppenverbänden und den Guerillaeinheiten Ho Chi Minhs unterlegen waren. Aus Washingtoner Sicht hatten die Franzosen ihr Geld zum Fenster hinausgeworfen, ihnen weiterhin zu helfen, erschien sinnlos. Als Dien Bien Phu am 7. Mai 1954 kapitulierte und die Franzosen um einen Waffenstillstand ersuchten, war daher niemand überrascht.

Der Fall von Französisch-Indochina beschleunigte das Ende der letzten französischen Koalitionsregierung unter Pierre Mendès-France. Am 21. Juli 1954 wurde in Genf ein Abkommen unterzeichnet, das einen französischen Abzug aus der Region vorsah. Zwei Staaten sollten dort entstehen, Nord- und Südvietnam, über deren Verhältnis und deren Institutionen in späteren Wahlen entschieden werden sollte. Diese Wahlen fanden nie statt, und die Bürde, die südliche Hälfte der ehemaligen französischen Kolonie am Leben zu erhalten, fiel allein den Amerikanern zu.

Kaum ein Franzose weinte Indochina eine Träne nach. Anders als die Niederländer waren die Franzosen nicht sehr lange in Südostasien gewesen, und wenn Amerika den ersten Krieg bezahlt hatte (was seinerzeit nur wenigen Franzosen klar war), so waren es französische Soldaten, die dort gekämpft und ihr Leben gelassen hatten. Vor allem Politiker der Rechten warfen Mendès-France und seinen Vorgängern vor, den Krieg nicht besser geführt zu haben, aber niemand hatte einen besseren Vorschlag, und fast alle waren insgeheim froh über den Abzug aus Vietnam. Nur die französische Armee – genauer gesagt, das Offizierskorps – war unzufrieden. Einige jüngere Offiziere, vor allem solche, die in der Résistance oder bei den Freien Französischen Streitkräften gekämpft und dort gelernt hatten, sich ein eigenständiges politisches Urteil zu bilden, ließen gefährliche Ressentiments erkennen. Wieder einmal, murrten sie, war die kämpfende Truppe von ihren politischen Herren in Paris im Stich gelassen worden.

Nach dem Verlust Indochinas rückte Nordafrika in den Mittelpunkt der französischen Aufmerksamkeit – man könnte fast sagen übergangslos, denn am 1. November 1954, nur dreieinhalb Monate nach der Unterzeichnung des Genfer Indochinaabkommens, brach in Algerien der Aufstand aus. Nordafrika war natürlich schon lange Gegenstand französischer Politik. Algerien, das die Franzosen 1830 in Besitz genommen hatten, war Teil noch älterer Ambitionen, das nördliche Afrika vom Atlantik bis nach Suez zu beherrschen. Doch nachdem die Briten ihnen in Ägypten einen Strich durch die Rechnung gemacht hatten, beschlossen die Franzosen, ihre Präsenz in Westafrika auszubauen.

Abgesehen von der sehr viel älteren Siedlung Quebec und einigen westindischen Inseln, waren die Gebiete in Nordafrika, hier besonders Algerien, die einzigen französischen Kolonien, in denen sich europäische Siedler in großer Zahl dauerhaft niedergelassen hatten. Viele von ihnen waren ursprünglich keine Franzosen, sondern Spanier, Italiener, Griechen und andere. Selbst Albert Camus, dieser typische Algerienfranzose, war spanisch-französischer Herkunft, und seine französischen Vorfahren waren noch nicht lange in Algerien. Frankreich hatte schon lange keinen Bevölkerungsüberschuß mehr, und anders als Rußland, Polen, Griechenland, Italien, Spanien, Portugal, Skandinavien, Deutschland, Irland, Schottland und sogar England war Frankreich seit Generationen kein Auswandererland. Die Franzosen waren von Hause aus keine Kolonisatoren.

Wenn es überhaupt ein Frankreich jenseits der Landesgrenzen gab, dann in Algerien, das, wie schon erwähnt, verwaltungstechnisch zu Frankreich gehörte. (Nordirland war ein sehr ähnlicher Fall – eine Enklave in einer ehemaligen Kolonie, administrativ Teil des »Mutterlands«, mit seit langem ansässigen Siedlern, denen die Bindung an die Metropole weit wichtiger war als umgekehrt.) Die Vorstellung, Algerien könne eines Tages unabhängig werden (angesichts der überwältigenden arabischen Mehrheit also von Arabern regiert werden), war für die europäische Minderheit undenkbar.

Also hatten die französischen Politiker es lange vermieden, darüber nachzudenken. Keine einzige Regierung, abgesehen von der kurzen Volksfrontregierung unter Léon Blum, nahm die düstere koloniale Realität in Algerien zur Kenntnis. Gemäßigte Nationalisten wie Ferhat Abbas waren in politischen und intellektuellen Kreisen durchaus bekannt, aber im Grunde erwartete niemand, daß Paris in naher Zukunft in das bescheidene Ziel einer Selbstverwaltung einwilligen würde. Trotzdem glaubte die arabische Führung zunächst, daß der Sieg über Hitler zu längst überfälligen Reformen führen werde, und betonte in ihrem Manifest, das am 10. Februar 1943 (nach Beginn der alliierten Invasion in Nordafrika) veröffentlicht wurde, ihre Loyalität gegenüber den Idealen von 1789 und den von ihnen geschätzten »Werten der französischen und abendländischen Kultur«.

Doch ihre Appelle verhallten ungehört. Die Regierung des befreiten Frankreich interessierte sich kaum für die Belange der Araber, und als es im Mai 1945 zu Unruhen in der Kabylei kam, wurde der Aufstand unnachsichtig niedergeschlagen. Paris hatte andere Sorgen. Als sich nach langen Jahren die ganze aufgestaute Wut, die enttäuschten Hoffnungen am 1. November 1954 in einer organisierten Revolution entluden, ging es den Aufständischen nicht mehr um Kompromisse. Die Front de Libération Nationale (FLN) wurde geführt von jungen arabischen Nationalisten, die die gemäßigte, frankophile Haltung der Älteren scharf kritisierten. Ihr Ziel war nicht Autonomie oder Reform, sondern Unabhängigkeit – ein Ziel, das Paris nicht akzeptieren konnte. Das Ergebnis war ein acht Jahre dauernder mörderischer Bürgerkrieg.

Spät rang sich Paris zu Reformen durch. Im März 1956 entließ die sozialistische Regierung Guy Mollet Tunesien und Marokko in die Unabhängigkeit – die erste Kapitulation einer Kolonialmacht auf dem afrikanischen Kontinent. Doch als Mollet Algier besuchte, wurde er von wütenden Siedlern mit faulen Äpfeln beworfen. Paris stand zwischen den kompromißlosen Forderungen der FLN und den europäischen Siedlern, an deren Spitze nun ein Komitee zur Verteidigung des französischen Algeriens stand, das jede Einigung mit den Arabern ablehnte. Die französische Strategie, wenn man diese Bezeichnung verwenden kann, sah vor, zunächst die FLN militärisch niederzuwerfen und anschließend die Siedler zu politischen Reformen (gewisse Mitspracherechte für die Araber) zu zwingen.

Dementsprechend führte die französische Armee einen gnadenlosen Krieg gegen die FLN. Beide Seiten praktizierten regelmäßig Einschüchterung, Folter, Mord und Terror. Nach mehreren besonders schlimmen Attentaten der arabischen Seite und Vergeltungsmaßnahmen der Europäer im Dezember 1956 ließ Mollets politischer Repräsentant Robert Lacoste dem Fallschirmjägeroberst Jacques Massu freie Hand, mit allen Mitteln gegen die Aufständischen vorzugehen und sie zu vernichten. Im September 1957 konnte Massu triumphieren; er hatte einen Generalstreik niedergeschlagen und die Aufständischen in der Schlacht von Algier besiegt. Die arabische Bevölkerung zahlte einen fürchterlichen Preis, doch das Ansehen Frankreichs war unwiderruflich beschädigt. Und die europäischen Siedler verfolgten die Intentionen der französischen Regierung wie eh und je mit Mißtrauen.[5]

Am 8. Februar 1958 bombardierte die französische Luftwaffe den tunesischen Grenzort Sakiet, der als Stützpunkt der algerischen Nationalisten vermutet wurde. Der Aufschrei der Empörung, der daraufhin durch die Welt ging, und das Vermittlungsangebot von Engländern und Amerikanern führte zu wachsenden Befürchtungen unter den europäischen Siedlern, daß Paris sie aufgeben werde. Angehörige der Ordnungskräfte begannen, offen mit den Siedlern zu sympathisieren. Am 15. April trat die Regierung Gaillard (die dritte innerhalb von elf Monaten) zurück. Zehn Tage später fand in Algier eine Großdemonstration statt, deren Teilnehmer den Fortbestand des französischen Algerien sowie die Rückkehr de Gaulles an die Macht forderten. Die Organisatoren gründeten ein Komitee für öffentliche Sicherheit – eine provozierende Anspielung auf die gleichnamige Institution der Französischen Revolution.

Am 15. Mai, 48 Stunden nach Amtsantritt der Regierung Pierre Pfimlin, rief General Raoul Salan, der Militärkommandant in Algerien, einer begeisterten Menschenmenge in Algier den Namen Charles de Gaulle zu. De Gaulle selbst, der seit seinem Rückzug aus dem politischen Leben nachdrücklich geschwiegen hatte, gab am 19. Mai eine Pressekonferenz. Auf Korsika übernahmen bewaffnete Rebellen die Macht, und in Paris zirkulierten Gerüchte von einem bevorstehenden Fallschirmjägereinsatz. Am 28. Mai trat Pfimlin zurück, und Präsident René Coty beauftragte de Gaulle mit der Bildung einer Regierung. Der übernahm am 1. Juni das Amt und wurde tags darauf von der Nationalversammlung mit überwältigender Mehrheit gewählt. Er flog sofort nach Algier, wo er am 4. Juni einer begeisterten Menge jubelnder Soldaten und dankbarer Siedler die kryptischen Worte »Je vous ai compris« (»Ich habe euch verstanden«) zurief.

De Gaulle hatte die europäischen Algerier in der Tat verstanden, sehr viel besser, als sie ahnten. Er war ungeheuer beliebt bei den Siedlern, die ihn als ihren Retter betrachteten: Beim Referendum vom September 1958 kam de Gaulle auf 80 Prozent der Stimmen in Frankreich, aber 96 Prozent in Algerien.[6] Er hatte, neben vielen anderen Charakterzügen, auch einen ausgeprägten Hang zu Recht und Ordnung. Der Held des französischen Widerstands, der unnachsichtige Kritiker von Vichy, der Mann, der das Ansehen der Nation wiederhergestellt hatte, war kein Freund der aufsässigen Siedler (unter denen viele Ex-Pétainisten waren), geschweige denn der unbotmäßigen jungen Offiziere, die mit ihnen sympathisierten. Aus seiner Sicht war es seine wichtigste Aufgabe, die Autorität der französischen Regierung wiederherzustellen. Die zweite (und damit verknüpfte) Aufgabe war, den Algerienkonflikt zu lösen, der das Ansehen der Regierung so dramatisch untergraben hatte.

Ein Jahr später war klar, daß Paris und Algier sich auf einem Kollisionskurs befanden. Die Weltöffentlichkeit stand auf Seiten der FLN und unterstützte deren Forderung nach Unabhängigkeit. Die Briten entließen ihre afrikanischen Kolonien in die Unabhängigkeit. Selbst die Belgier zogen sich im Juni 1960 aus dem Kongo zurück, wenngleich auf unverantwortliche Weise und mit katastrophalen Auswirkungen.[7] Das koloniale Algerien drohte, ein Anachronismus zu werden, was de Gaulle sehr wohl erkannte. Er hatte bereits eine Communauté Française gegründet, die als ein erster Schritt zu einem Verbund ehemaliger französischer Kolonien gedacht war. In die Unabhängigkeit wurden bald auch die subsaharischen Territorien entlassen, die viel zu schwach waren, um auf eigenen Beinen stehen zu können, und daher auf Jahrzehnte von französischer Hilfe abhängig waren. Im September 1959, nur ein Jahr nach seinem Amtsantritt, schlug de Gaulle die »Selbstbestimmung« für Algerien vor.

Offiziere und Siedler, die darin einen Ausverkauf und Verrat sahen, begannen einen richtigen Aufstand. Im Januar 1960 wurden in Algier Barrikaden errichtet, »Ultrapatrioten« schossen auf französische Gendarmerie. Doch angesichts der entschlossenen Haltung de Gaulles brach der Aufstand zusammen, und unzuverlässige Offiziere (unter ihnen Jacques Massu und General Maurice Challe) wurden aus Algerien abberufen. Die Unruhen gingen jedoch weiter und kulminierten im April 1961 in einem erfolglosen Militärputsch der neugegründeten Organisation de l'Armée Secrète (OAS). De Gaulle ließ sich nicht umstimmen. In einer Radioansprache verurteilte er den »Putsch einer Handvoll Generäle im Ruhestand«. Wichtigstes Opfer ihrer Aktion waren die Moral und das weltweite Ansehen der französischen Armee. Eine überwältigende Mehrheit von Franzosen (deren Söhne in Algerien dienten) zog daraus die Folgerung, daß die Unabhängigkeit Algeriens nicht nur unvermeidlich, sondern wünschenswert sei – je eher, desto besser.[8]

De Gaulle, ganz Realist, nahm in Evian Verhandlungen mit der FLN auf. Erste Gespräche im Juni 1960, und dann wieder im Juni/Juli 1961, waren ergebnislos verlaufen. Ein dritter Versuch, im März 1962, war erfolgreicher. Nach nur zehn Tagen kamen die beiden Seiten zu einer Einigung, und am 19. März, nach fast acht Jahren ununterbrochenem Krieg, erklärte die FLN einen Waffenstillstand. Auf der Grundlage der Vereinbarungen von Evian setzte de Gaulle für den 1. Juli eine Volksabstimmung an. Wie sich zeigte, wollte sich eine überwältigende Mehrheit der Franzosen von der Fessel Algerien befreien. Zwei Tage später war Algerien unabhängig.

Doch die algerische Tragödie war damit noch nicht zu Ende. Die OAS war zu einer richtigen Untergrundorganisation herangewachsen, die für ein französisches Algerien kämpfte und dann, nachdem dies gescheitert war, diejenigen bestrafen wollte, die ihre Sache verraten hatten. Allein im Februar 1962 kamen 553 Menschen durch OAS-Bomben ums Leben. Spektakuläre Anschläge auf den Kulturminister André Malraux und de Gaulle selbst schlugen fehl, aber ein Attentat auf den Wagen des Präsidenten im Pariser Vorort Petit Clamart wäre fast gelungen. Einige Jahre war Frankreich fest im Griff einer entschlossenen terroristischen Organisation. Am Ende wurde die OAS vom französischen Geheimdienst zerschlagen, aber die Erinnerung blieb.

Derweil wurden Millionen Algerier gegen ihren Willen ins französische Exil vertrieben. Die meisten »Pied noirs« ließen sich in Südfrankreich nieder; die erste Generation, ihres Besitzes und ihrer Arbeitsplätze verlustig gegangen, trug dem Staat noch lange diesen Verrat nach. Auch die algerischen Juden verließen das Land, einige gingen nach Israel, viele (wie zuvor schon die marokkanischen Juden) nach Frankreich, wo sie bald die größte (überwiegend sephardische) jüdische Gemeinschaft in Westeuropa waren. Auch viele Araber verließen Algerien. Einige aus Sorge vor einer repressiven, dogmatischen Herrschaft der FLN. Andere, vor allem diejenigen, die mit den Franzosen zusammenarbeitet oder den Ordnungskräften als Hilfswillige gedient hatten, die sogenannten »Harkis«, flohen vor der Rache der Nationalisten. Viele wurden erwischt und furchtbar behandelt, aber selbst jene, die es nach Frankreich schafften, hörten kein Wort des Dankes und erhielten kaum Anerkennung oder Entschädigung.

Frankreich wollte das algerische Trauma möglichst rasch vergessen. Mit dem Abkommen von Evian von 1962 endeten fast fünf Jahrzehnte Krieg oder Kriegsangst. Die Bevölkerung war müde – der Krisen, des Kämpfens, der Drohungen, Gerüchte und Verschwörungen. Die ungeliebte Vierte Republik hatte gerade einmal zwölf Jahre gehalten. Sie war von vornherein geschwächt, weil sie keine kraftvolle Exekutive hatte – ein Vermächtnis von Vichy, das das Parlament zögern ließ, einen starken Präsidenten zu etablieren. Sie war beinträchtigt durch das Wahlrecht, das eine Vielzahl von Parteien ermöglichte und instabile Koalitionsregierungen hervorbrachte. Sie führte tiefgreifende, aber außerordentlich umstrittene Sozialreformen durch. Pierre Poujade, ein Buchhändler aus dem Südwesten, gründete die europaweit erste Protestpartei, die sich für die kleinen Leute, die Entrechteten, Belogenen, Gedemütigten einzusetzen versprach und bei den Wahlen von 1956 auf Anhieb 55 Mandate errang.

Doch vor allem scheiterte die Vierte Republik an den kolonialen Kämpfen. Wie seinerzeit das Ancien régime war sie mit hohen Kriegskosten konfrontiert, die ihr Schicksal besiegelten. Zwischen Dezember 1955 und Dezember 1957 verlor Frankreich zwei Drittel seiner Devisenreserven, trotz des kontinuierlichen Wirtschaftswachstums. Devisenbewirtschaftung, unterschiedliche Wechselkurse (wie sie später im Comecon praktiziert wurden), Auslandsschulden, Haushaltsdefizite und chronische Inflation – all das trug zu den ausufernden Kosten sinnloser Kolonialkriege bei – von 1947 bis 1954 und dann wieder ab 1955. An dieser Bürde scheiterten diverse Regierungen. Auch ohne unzufriedene Armee hätte die Republik – nur ein Jahrzehnt nach der schlimmsten militärischen Niederlage in der Geschichte der Nation und einer demütigenden vierjährigen Besatzung – große Schwierigkeiten gehabt, solche Probleme zu bewältigen. Es ist überhaupt ein Wunder, daß sich die Vierte Republik so lange hielt.

Ihre Nachfolgerin, die Fünfte Republik, sollte nicht mit diesen Mängeln behaftet sein und wurde daher bewußt anders eingerichtet. Das Gewicht von Nationalversammlung und Parteien wurde reduziert, die Exekutive deutlich gestärkt. Die Verfassung gab dem Staatspräsidenten beträchtlichen Einfluß in der Gestaltung der Politik, er konnte die Premierminister nach Belieben ernennen und entlassen. Nachdem Charles de Gaulle den Algerienkonflikt beigelegt hatte, schlug er vor, daß der Präsident der Republik künftig direkt gewählt werden solle (statt, wie bislang, durch die Nationalversammlung). Diese Verfassungsänderung wurde am 28. Oktober 1962 in einem Referendum akzeptiert. Gestützt auf seine Institutionen, seine Erfolge und seine Persönlichkeit – und die französischen Erinnerungen an die Alternative –, hatte der Präsident nun mehr Macht als jeder andere frei gewählte Staats- oder Regierungschef der Welt.

Die Innenpolitik überließ de Gaulle weitgehend seinen Premierministern. Die radikalen Wirtschaftsreformen, die mit der Einführung des Neuen Franc am 27. Dezember 1958 begannen, entsprachen früheren Empfehlungen des Internationalen Währungsfonds und trugen unmittelbar zur Überwindung der finanziellen Schwierigkeiten der Nation bei. Trotz seines imperialen Auftretens war de Gaulle ein geborener Radikaler, der sich nicht vor Neuerungen scheute. Wie er in *Vers l' armée de métier* (»Für eine Berufsarmee«), einer in jungen Jahren angefertigen Untersuchung über eine Militärreform, geschrieben hatte: »Nichts ist von Dauer, wenn es nicht unablässig erneuert wird.« Es kann daher nicht überraschen, daß viele der tiefgreifenden Änderungen im Verkehrswesen, in der Stadtplanung und staatlichen Investitionspolitik während seiner Präsidentschaft konzipiert und ausgeführt wurden.

Doch wie so viele seiner Modernisierungsvorhaben, zumal Malraux' Plan, alle historische Gebäude zu restaurieren, waren all diese Maßnahmen Teil eines umfassenden politischen Projekts – der Wiederherstellung der »grandeur« der Nation. Wie Franco (mit dem er ansonsten wenig gemeinsam hatte), betrachtete de Gaulle ökonomische Stabilisierung und Modernisierung weitgehend als Waffen im Kampf um die Wiederherstellung der nationalen Ehre. Frankreich befand sich mindestens seit 1871 im Niedergang – militärische Niederlagen, diplomatische Demütigungen, Aufgabe der Kolonien, wirtschaftliche Probleme und innere Instabilität. De Gaulle wollte diesen Niedergang aufhalten. »Mein ganzes Leben«, schrieb er in seinen Memoiren, »hatte ich eine bestimmte Vorstellung von Frankreich«. Nun war er angetreten, diese Idee zu verwirklichen.

De Gaulles bevorzugte Domäne war die Außenpolitik – das entsprach seinen persönlichen Neigungen und auch der Staatsräson. De Gaulle hatte ein ausgeprägtes Gespür für die vielen Demütigungen Frankreichs – weniger die Niederlage von 1940, eher das Verhalten der anglo-amerikanischen Verbündeten. Die geringschätzige Behandlung, die ihm während des Krieges in London zuteil wurde, hatte er nie vergessen. Sein Realitätssinn hielt ihn davon ab, seinen Kummer über die Versenkung der stolzen französischen Mittelmeerflotte in Mers el Kebir durch die Briten (im Juli 1940) auszudrücken, doch es war ein Akt, dessen Symbolgehalt sich ihm einbrannte.

Vor allem sein Verhältnis zu Washington war ambivalent. Präsident Franklin Roosevelt hat ihn im Grunde nicht ernst genommen. Die USA unterhielten – sehr viel länger als notwendig oder moralisch vertretbar – gute Beziehungen zum Vichy-Regime. An den alliierten Verhandlungen während des Krieges nahm Frankreich nicht teil, und wenn de Gaulle daher jede Verantwortung für Jalta von sich weisen konnte, obwohl er das Abkommen insgeheim billigte, so blieb es eine schmerzhafte Erinnerung. Doch die schlimmsten Demütigungen geschahen nach Kriegsende. Frankreich wurde faktisch von allen wichtigen Entscheidungen über Deutschland ausgeschlossen. Großbritannien und die USA tauschten geheimdienstliche Erkenntnisse aus, die sie den Franzosen vorenthielten (die sie nicht ohne Grund für unzuverlässig hielten). Frankreich gehörte nicht zum Klub der Atommächte, konnte also in der großen Weltpolitik im Grunde nicht mitreden.

Erschwerend kam hinzu, daß Frankreich im Indochinakrieg völlig von den USA abhängig gewesen war. Als Großbritannien, Frankreich und Israel im Oktober 1956 militärisch gegen Ägypten vorgingen, war es Präsident Eisenhower, der die Briten, zur großen Empörung der ohnmächtigen Franzosen, zum Rückzug nötigte. Ein Jahr darauf, im November 1957, sorgten britische und amerikanische Waffenlieferungen an Tunesien, trotz französischer Besorgnis, daß diese in den Händen der algerischen Aufständischen landen würden, für hilflose Wut in Paris. General Norstad, der amerikanische Nato-Oberbefehlshaber, teilte de Gaulle 1958 kurz nach dessen Amtsantritt in knappen Worten mit, daß man keinerlei Details über die Stationierung amerikanischer Nuklearwaffen auf französischem Boden weitergeben werde.

Dies ist der Hintergrund der Außenpolitik de Gaulles. Von den Amerikanern erwartete er wenig. Von ihren Atomwaffen bis zum Dollar als internationale Reservewährung – die USA konnten ihre Interessen der westlichen Allianz diktieren. Den Amerikanern war nicht zu trauen, aber ihr Verhalten war zumindest berechenbar. Es kam darauf an, nicht von Washington abhängig zu sein, wie in Indochina und dann wieder in Suez. Frankreich mußte auf eigenen Beinen stehen, so gut es ging – beispielsweise, indem es eigene Atomwaffen entwickelte. De Gaulles Haltung zu Großbritannien war jedoch komplizierter.

Wie die meisten aufmerksamen Beobachter nahm er zu Recht an, daß Großbritannien auf eine mittlere Position zwischen Amerika und Europa setzte und sich im Zweifelsfall für die Amerikaner, gegen Europa, entscheiden würde. Deutlich wurde dies, als bei einem Treffen zwischen Macmillan und Kennedy im Dezember 1962 auf den Bahamas vereinbart wurde, daß die USA den Briten polarisgestützte Atomraketen liefern würden (als Teil einer multilateralen Streitmacht, in der britische Atomwaffen faktisch unter US-Kommando standen).

De Gaulle war außer sich. Macmillan hatte kurz zuvor in Rambouillet mit ihm gesprochen, aber mit keinem Wort erwähnt, worüber er mit Kennedy sprechen werde. Die Vereinbarung von Nassau war also eine weitere »anglo-amerikanische« Absprache, hinter dem Rücken der Franzosen getroffen. Dazu kam, daß Paris die gleichen Polaris-Raketen und zu ähnlichen Bedingungen angeboten wurden, ohne daß die Franzosen zuvor konsultiert worden waren. Vor diesem Hintergrund verkündete de Gaulle auf der Pressekonferenz vom 14. Januar 1963 seinen Widerstand gegen einen britischen Beitritt zur EWG. Wenn die Engländer Satelliten der Amerikaner sein wollten, bitte sehr, aber sie könnten nicht gleichzeitig »Europäer« sein. Dann unterzeichnete er den hoch symbolischen, wenn auch wenig substantiellen Freundschaftsvertrag mit Bonn.

Die Vorstellung, Frankreich könne sich zur Kompensation seiner schwachen Position gegenüber den Anglo-amerikanern mit dem Erbfeind jenseits des Rheins zusammentun, ist nicht neu. Schon im Juni 1926 hatte der französische Diplomat François Seydoux seine Vorgesetzten darauf hingewiesen, daß es besser sei, »gemeinsam mit den Deutschen die Führung in Europa zu übernehmen, als sich gegen sie zu stellen. Ein franko-deutsches ›rapprochement‹ wird die Möglichkeit bieten, uns schnell aus dem anglo-amerikanischen Griff zu befreien.«[9] Ähnlich dachten die konservativen Diplomaten, die Pétain stützten. Doch der Freundschaftsvertrag mit Deutschland 1963 änderte wenig an der Gesamtsituation. Die Franzosen hatten nicht vor, die Allianz zu verlassen, und de Gaulle hatte nicht die geringste Absicht, sich in einen deutschen Revisionismus hineinziehen zu lassen.

Der Vertrag mit Deutschland bekräftigte nur Frankreichs Hinwendung zu Europa. Aus de Gaulles Sicht lautete die Lektion des 20. Jahrhunderts, daß Frankreich seine verlorene Größe nur zurückerlangen konnte, wenn es in das europäische Projekt investierte und es nach seinen Bedürfnissen gestaltete. Algerien war verloren. Die Kolonien waren verloren. Engländer und Amerikaner waren abweisend wie eh und je. Die vielen Niederlagen und Verluste der letzten Jahrzehnte ließen Frankreich keine andere Wahl, wenn es seinen Einfluß wieder geltend machen wollte. Wie Adenauer an dem Tag, an dem die Franzosen auf amerikanischen Druck und durch britisches Einlenken gezwungen wurden, ihre militärischen Operationen am Suezkanal einzustellen, zu Premierminister Guy Mollet gesagt hatte: »Europa wird eure Rache sein.«

Der Rückzug Großbritanniens aus seinen Kolonien verlief, mit einer Ausnahme, völlig anders als derjenige der Franzosen. Das britische Kolonialreich war größer und komplexer. Es hatte, wie das sowjetische Imperium, den Krieg intakt, wenn auch etwas lädiert, überstanden. Großbritannien war auf Nahrungsmittellieferungen aus den Kolonien angewiesen (anders als Frankreich, das Selbstversorger war und dessen überwiegend tropische Kolonien ganz andere Dinge produzierten); und auf einigen Kriegsschauplätzen, vor allem in Nordafrika, waren Soldaten aus Commonwealth-Ländern sehr viel stärker vertreten als britische. Die Briten empfanden sich viel stärker als die Franzosen als Kolonialnation. Daß London viel größer als Paris war, lag nicht zuletzt an seiner imperialen Rolle als

Überseehafen, Handelszentrum und Finanzmetropole. In den erwähnten Richtlinien für BBC-Redakteure wurde auf die Tatsache hingewiesen, daß die ausländischen Hörer mehrheitlich nichtchristlichen Religionen angehörten: »Respektlose, gar abfällige Bemerkungen über Buddhisten, Hindus, Muslime und so weiter … können als sehr beleidigend empfunden werden und sollten daher insgesamt vermieden werden.«

Doch nach 1945 konnten die Briten realistischerweise nicht hoffen, noch lange an ihrem Kolonialreich festhalten zu können. Die Ressourcen des Landes waren hoffnungslos erschöpft, und die Kosten allein für Indien wurden nicht mehr durch ökonomische oder strategische Vorteile aufgewogen. Während 1913 die Ausfuhren in den Subkontinent noch fast ein Achtel des gesamten Exports ausgemacht hatten, waren es nach dem Zweiten Weltkrieg nur mehr 8,3 Prozent, Tendenz fallend. Ohnehin waren die Unabhängigkeitsbestrebungen unübersehbar. Das Commonwealth, 1931 durch den Status von Westminster geschaffen, war ursprünglich gedacht als Rahmen für autonome und halbautonome Territorien, die die Krone formal weiterhin anerkannten, von den unerwünschten Insignien der Kolonialherrschaft aber befreit würden. Statt dessen wurde das Commonwealth eine Versammlung ehemaliger Kolonien, unabhängiger Staaten, deren Mitgliedschaft in diesem Club nur von ihren eigenen Interessen bestimmt wurde.

Indien, Pakistan und Burma erhielten 1947 die Unabhängigkeit, Ceylon im Jahr darauf. Es war alles andere als ein friedlicher Prozeß – Millionen Hindus und Muslime wurden bei Bevölkerungsaustausch und ethnischen Säuberungen hingemetzelt, doch die Kolonialmacht selbst kam relativ ungeschoren davon. Nach einem kommunistischen Aufstand in Malaya verhängten die Briten im Juni 1948 den Ausnahmezustand, der erst zwölf Jahre später, nach der endgültigen Niederwerfung der Rebellen, aufgehoben wurde. Doch im großen und ganzen, und ungeachtet des Abzugs Tausender britischer Verwaltungsbeamter, verlief der Rückzug aus Südasien geordneter und weniger traumatisch, als vielleicht zu erwarten stand.

Im Nahen Osten waren die Dinge viel komplizierter. Aus dem Mandatsgebiet Palästina zog sich Großbritannien 1948 unter demütigenden, aus britischer Sicht aber auch diesmal relativ geordneten Umständen zurück – Araber und Juden fielen erst nach dem Abzug der Briten übereinander her. Im Irak, wo Britannien und Amerika gemeinsame Ölinteressen hatten, verdrängten die USA allmählich Großbritannien aus ihrer Machtposition. Doch ausgerechnet in Ägypten, das nie eine britische Kolonie im herkömmlichen Sinn gewesen war, erlebte Britannien die Ironie und Dramatik der Entkolonisierung und erlitt eine Niederlage von historischen Dimensionen. In der Suezkrise von 1956 erfuhr Großbritannien zum erstenmal jene Demütigung (die seinen Niedergang veranschaulichte und beschleunigte), die den Franzosen so vertraut war.

Das britische Interesse an Ägypten ergab sich direkt aus der Bedeutung Indiens, und später kam das Erdöl hinzu. 1882 besetzten britische Truppen Kairo, 13 Jahre nach der Eröffnung des Suezkanals, der von der in Paris ansässigen Suezkanalgesellschaft verwaltet wurde. Bis zum Ersten Weltkrieg wurde Ägypten faktisch von einem britischen Residenten regiert (lange Zeit von dem respekteinflößenden Lord Cromer). Von 1914 bis 1922 war Ägypten britisches Protektorat, anschließend wurde es selbständig. Die anglo-ägyptischen Beziehungen blieben eine ganze Weile stabil und wurden 1936 in einem formellen Vertrag niedergelegt. Im Oktober 1952 wurde dieser Vertrag von der neuen Kairoer Regierung, angeführt von den Offizieren, die König Faruk gestürzt hatten, aufgekündigt. Daraufhin besetzten die Briten, aus Sorge, den Zugang zum strategisch wichtigen Kanal zu verlieren, abermals die Kanalzone.

Zwei Jahre nach dem Militärputsch forderte Gamal Abdel Nasser, inzwischen Regierungschef, den Abzug aller britischen Soldaten aus Ägypten. Die Briten, auf die Zusammenarbeit mit den Ägyptern angewiesen, waren kompromißbereit. Großbritannien war abhängig von billigem Erdöl, das durch den Suezkanal kam, und bezahlte in Pfund Sterling. Wenn diese Lieferungen gestört wurden oder die Araber auf Zahlung in Dollar bestanden, würden die Briten auf ihre kostbaren Devisenreserven zurückgreifen und das Öl anderswo kaufen müssen. Und, wie Außenminister Anthony Eden im Februar 1953 erklärte: »Eine militärische Besatzung könnte aufrechterhalten werden, aber in Ägypten wäre dies wenig sinnvoll, wenn es keine einheimischen Kräfte gibt, auf die man sich stützen kann.«

Und so erklärte sich London im Oktober 1954 bereit, den Stützpunkt in der Suezkanalzone bis 1956 zu räumen – wobei als vereinbart galt, daß die militärische Präsenz jederzeit »reaktiviert« werden könne, wenn britische Interessen durch Angriffe auf oder durch Staaten in der Region gefährdet würden. Und tatsächlich wurde am 13. Juni 1956 der letzte britische Soldat abgezogen. Doch inzwischen war Nasser, der sich im November 1954 zum Präsidenten Ägyptens proklamiert hatte, ein ganz eigenes Problem. Er war eine herausragende Figur in der neuen Bewegung blockfreier Staaten, die sich im April 1955 auf einer Konferenz in Bandung (Indonesien) konstituiert und »den Kolonialismus in all seinen Formen« verurteilt hatte. Nasser war ein charismatischer Führer und Leuchtturm in der ganzen arabischen Welt. Und auch für die Sowjets wurde er interessant: Im September 1955 gab er umfangreiche Waffenkäufe in der Tschechoslowakei bekannt.

Nasser stellte für die Briten also zunehmend eine Bedrohung dar, nicht nur als radikaler Despot, der eine strategisch wichtige Wasserstraße kontrollierte, sondern auch durch das Vorbild, das er für andere war. Eden und seine Berater verglichen ihn gern mit Hitler: eine Gefahr, die man aus der Welt schaffen mußte, mit der man nicht paktieren durfte. Dieser Meinung war man auch in Paris, allerdings nicht so sehr, weil man ihn als Bedrohung für Suez sah oder gar wegen seiner prosowjetischen Haltung, sondern wegen seines gefährlichen Einflusses auf die Völker Nordafrikas. Auch die Vereinigten Staaten waren über Nasser nicht sonderlich begeistert. Bei einer Konferenz am 18. Juni 1956 in Jugoslawien bekannten sich Nasser, Tito und der indische Premier Jawaharlal Nehru zu einer Politik der Blockfreiheit. Der ägyptische Präsident lehnte jede Bindung an den Westen ausdrücklich ab. Die Amerikaner waren beleidigt. US-Außenminister Dulles brach am 19. Juli die von ihm selbst initiierten Gespräche über eine amerikanische Finanzierung des Assuanstaudamms ab. Eine Woche später, am 26. Juli, wurde die Suezkanalgesellschaft verstaatlicht.[10]

Daraufhin beschlossen die drei Westmächte, auf einer Konferenz in London über das weitere Vorgehen zu beraten. Diese Konferenz fand auch statt. Am 23. August wurde ein »Plan« ausgearbeitet, der vom australischen Premierminister Robert Menzies in Kairo vorgelegt, von Nasser aber zurückgewiesen wurde. Vom 19. bis 21. September kamen die Konferenzteilnehmer noch einmal zusammen und vereinbarten, eine Vereinigung der Suezkanalbenutzer zu gründen. Und Briten und Franzosen erklärten, den Suezkonflikt vor die Vereinten Nationen bringen zu wollen.

Bislang hatten die Briten Wert darauf gelegt, ihre Reaktion auf die Schritte Nassers mit Washington abzustimmen. Großbritannien war bei den Amerikanern noch immer hoch verschuldet. Angesichts des starken Druckes auf das Pfund hatte London 1955 sogar um ein zeitweiliges Moratorium ersucht. Und die amerikanische Nahostpolitik hatte man schon immer außerordentlich skeptisch beobachtet. Washington, so glaubte man, wollte Britannien als führende Macht verdrängen, was auch die gelegentlich antikolonialistische Rhetorik erklärte, mit der die Amerikaner die lokalen Eliten für sich zu gewinnen suchten. Doch im allgemeinen waren die Beziehungen zwischen London und Washington gut. Korea und die Dynamik des Kalten Krieges hatten die Meinungsverschiedenheiten der vierziger Jahre übertüncht, und die Briten glaubten sich darauf verlassen zu können, daß Amerika die britischen Interessen und Strategien wohlwollend respektierte. Und obwohl Eisenhower den Briten empfohlen hatte, sich wegen Nasser nicht so viel Sorgen zu machen, gingen britische Politiker davon aus, daß die Amerikaner in der Krise stets auf ihrer Seite stehen würden.

Es war dieser Hintergrund, vor dem Anthony Eden das Problem Nasser ein für allemal aus der Welt schaffen wollte. Was immer sie in der Öffentlichkeit sagten, Briten und Franzosen waren der UNO und ihrer mühseligen Prozesse überdrüssig. Sie *wollten* keine diplomatische Lösung. Noch während auf verschiedenen Konferenzen über eine Antwort auf das Vorgehen Nassers diskutiert wurde, nahm die britische Regierung Geheimgespräche mit Paris auf. Vorgesehen war eine gemeinsame Militäroperation gegen Ägypten. Am 21. Oktober wurden die Israelis in die Verhandlungen in Sèvres einbezogen. Das Interesse der Israelis war ganz einfach: Die Grenze zu Ägypten war seit dem Waffenstillstand vom Februar 1949 vereinbart, wurde von beiden Seiten aber als vorläufig betrachtet, und es gab häufige Überfälle, vor allem aus dem Gazastreifen. Schon im Juli 1951 hatten die Ägypter den Golf von Akaba blockiert und damit die Versorgung Israels empfindlich gestört. Israel wollte dieses Hindernis beseitigen, seine Sicherheitsinteressen auf der Sinai-Halbinsel verteidigen und Nasser eine Lektion erteilen.

Die Übereinkunft, die die drei Seiten in Sèvres trafen, sah vor, daß Israel auf dem Sinai angreifen, die gesamte Halbinsel besetzen und bis zum Suezkanal vorstoßen würde. An Israelis und Ägypter würde dann ein anglo-französisches Ultimatum mit der Aufforderung zum Rückzug ergehen, und dann würden Briten und Franzosen, als vermeintlich unparteiische Dritte, im Namen der internationalen Völkergemeinschaft Ägypten aus der Luft und von der See angreifen. Unter dem Hinweis, daß Ägypten nicht imstande sei, eine so wichtige Wasserstraße effizient zu verwalten, würde man dann die Kanalzone besetzen, den Status quo ante wiederherstellen und auf diese Weise Nasser empfindlich schwächen. Der Plan unterlag strengster Geheimhaltung – in England waren nur Eden und vier Minister in das Protokoll von Sèvres eingeweiht, das nach dreitägigen Verhandlungen (21. bis 24. Oktober) unterzeichnet worden war.

Zuerst verlief alles planmäßig. Am 29. Oktober, zwei Wochen nach dem (von den Sowjets torpedierten) Versuch des UN-Sicherheitsrats, sich auf eine Suezresolution zu einigen, und nur eine Woche nach der Konferenz von Sèvres, stießen israelische Verbände in den Sinai vor. Gleichzeitig nahmen in Malta stationierte britische Kriegsschiffe Kurs auf Ägypten. Am 30. Oktober verhinderten Briten und Franzosen eine UN-Resolution, die einen israelischen Rückzug forderte, und richteten ein Ultimatum an Israel *und* Ägypten, die Kämpfe einzustellen und eine anglo-französische Besetzung des Suezkanals zu akzeptieren. Tags darauf bombardierten britische und französische Flugzeuge ägyptische Militärflughäfen. Innerhalb von 48 Stunden hatten israelische Verbände, unter Mißachtung eines Waffenstillstandsaufrufs der UNO, die ganze Sinaihalbinsel besetzt. Die Ägypter ihrerseits versenkten Schiffe im Suezkanal und blockierten damit den internationalen Transitverkehr. Zwei Tage später, am 5. November, landeten die ersten anglo-französischen Bodentruppen in Ägypten.

Und dann löste sich das Komplott auf. Am 6. November wurde Präsident Eisenhower wiedergewählt. Washington war empört über das Täuschungsmanöver seiner Verbündeten. London und Paris hatten offenkundig gegen Geist und Buchstaben der Dreimächteerklärung vom Mai 1950 verstoßen, in der sie sich mit Washington dazu verpflichtet hatten, im Falle eines israelisch-arabischen Konflikts gegen den Aggressor vorzugehen. Die USA setzten insbesondere die Briten unter erheblichen Druck, ihre Truppen aus Ägypten abzuziehen, und drohten sogar mit Maßnahmen gegen das Pfund Sterling. Eden, der mit dieser Reaktion nicht gerechnet hatte, den Run auf das Pfund aber nicht verhindern konnte, lenkte nach kurzem Zögern ein. Am 7. November, nur zwei Tage nach der Landung britischer Fallschirmjäger in Port Said, stellten die anglo-französischen Verbände das Feuer ein. Am selben Tag autorisierte die UNO die Entsendung eines Blauhelmkontingents nach Ägypten. Nasser erklärte sich am 12. November einverstanden, vorausgesetzt, die ägyptische Souveränität werde nicht angetastet. Drei Tage später trafen die UNO-Soldaten ein und bezogen am 4. Dezember auf der Sinaihalbinsel Stellung.

Inzwischen verkündeten London und Paris den Abzug ihrer Streitkräfte aus Suez, der am 22. Dezember abgeschlossen wurde. Großbritannien, dessen Pfund- und Dollarreserven während der Suezkrise um 279 Millionen Dollar gefallen waren, erhielt von den Amerikanern Finanzhilfe (in Form eines Kredits der US-Export-Import-Bank über 500 Millionen Dollar). Am 10. Dezember gab der Internationale Währungsfond die Bewilligung eines Kredits über 561,47 Millionen Dollar bekannt, weitere 738 Millionen Dollar wurden zugesagt. Israel zog in der ersten Märzwoche 1957 seine Truppen aus Gaza zurück, nachdem Washington das Recht Israels auf freie Passage im Golf von Akaba und durch die Straße von Tiran bekräftigt hatte. Eine Woche nach dem vollständigen Abzug der anglo-französischen Truppen begann die Räumung des Suezkanals, und am 10. April 1957 wurde der Schiffsverkehr wiederaufgenommen. Der Kanal blieb in ägyptischer Hand.

Jedes Land zog seine eigenen Lehren aus dem Suezdebakel. Die Israelis waren zwar auf französische Militärhilfe angewiesen, erkannten aber deutlich, daß sie nur in einem möglichst engen Bündnis mit den Amerikanern eine Zukunft hatten – um so mehr, nachdem Präsident Eisenhower im Januar 1957 die »Eisenhower-Doktrin« verkündet hatte, wonach die USA im Fall einer »internationalen kommunistischen Aggression« im Nahen Osten mit Waffengewalt reagieren würden. Das Ansehen Nassers, der den Kolonialmächten die Stirn geboten hatte, war unter den Blockfreien enorm gestiegen, und wie die Franzosen befürchtet hatten, genoß er inzwischen hohes Ansehen unter arabischen Nationalisten und deren Sympathisanten. Das französische Fiasko in Ägypten verhieß weitere Schwierigkeiten in Algerien.

Die Amerikaner erinnerte das Abenteuer von Suez an ihre eigene Verantwortung, und zugleich bot es eine gute Gelegenheit, ihre Stärke zu demonstrieren. Eisenhower und Dulles verübelten es Eden und Mollet, daß sie so selbstverständlich von einer amerikanischen Unterstützung ausgegangen waren. Sie ärgerten sich nicht nur über die stümperhafte Aktion ihrer Verbündeten, sondern auch über das ungeschickte Timing. Die Suezkrise fiel fast auf die Stunde mit dem sowjetischen Einmarsch in Ungarn zusammen. Mit dieser unverhüllt imperialistischen Verschwörung gegen einen arabischen Staat, der seine souveränen Rechte ausübte, hatten London und Paris die Weltöffentlichkeit von Ungarn abgelenkt, dessen rechtmäßige Regierung von den Sowjets gestürzt werden sollte. Briten und Franzosen hatten ihre eigenen (aus Washingtoner Sicht anachronistischen) Interessen über die der westlichen Allianz gestellt.

Noch dazu hatten sie Moskau ein beispielloses Propagandageschenk gemacht. Die Sowjetunion war an der Suezkrise selbst kaum beteiligt – die sowjetische Note vom 5. November, in der ein militärisches Eingreifen für den Fall angedroht wurde, daß Frankreich, Großbritannien und Israel nicht zu einem Waffenstillstand bereit sind, spielte im Grunde keine Rolle, und Chruschtschow hatte auch nicht vor, seine Drohung wahrzumachen. Doch indem Frankreich und Großbritannien den Sowjets erlaubt hatten, die (wenn auch nur symbolische) Rolle eines Beschützers Ägyptens zu übernehmen, hatten sie ihnen einen Part zugedacht, den sie in den nächsten Jahrzehnten mit großem Engagement spielen sollten. Dank der Suezkrise wurden Konflikte und Rhetorik des Kalten Krieges weit in den Nahen Osten und nach Afrika hineingetragen.

Die größten Auswirkungen hatte das Suezabenteuer in Großbritannien. Das ganze Ausmaß der Verschwörung gegen Nasser kam erst Jahre später an die Öffentlichkeit, auch wenn viele es vermutet hatten. Eden, gedemütigt durch das Scheitern der von ihm genehmigten militärischen Operation und durch den Widerstand der Amerikaner, mußte schon bald zurücktreten. Obwohl die Konservativen bei den Wahlen keine besonderen Einbußen erlitten – unter Harold Macmillan, der eher zögerlich an der Planung der Suezexpedition teilgenommen hatte, errangen die Konservativen bei den Wahlen von 1959 eine gute Mehrheit –, mußte die britische Außenpolitik radikal überprüft werden.

Die erste Lektion von Suez war, daß Großbritannien seine weltweite koloniale Präsenz nicht länger aufrechterhalten konnte. Es fehlten die militärischen und wirtschaftlichen Ressourcen, und nachdem diese Tatsache den Briten nachdrücklich vor Augen geführt worden war, mußte in den Kolonien vermehrt mit Forderungen nach Unabhängigkeit gerechnet werden. Nach fast zehnjähriger Pause, in der nur der Sudan (1956) und Malaya (1957) ihre eigenen Wege gegangen waren, begann für Britannien eine beschleunigte Phase der Entkolonisierung, vor allem in Afrika. 1957 wurde die Goldküste unter dem Namen Ghana unabhängig. Zwischen 1960 und 1964 wurden weitere 17 Kolonien in die Unabhängigkeit entlassen, britische Würdenträger reisten um die Welt, holten den Union Jack ein und setzten neue Regierungen ein. Dem Commonwealth, das 1950 gerade einmal 8 Mitglieder hatte, gehörten 1965 21 Staaten an, und es sollten noch mehr werden.

Verglichen mit dem Trauma Algerien oder dem katastrophalen belgischen Rückzug aus dem Kongo, verlief die Auflösung des britischen Imperiums relativ friedlich. Doch es gab Ausnahmen. Im östlichen und südlichen Afrika war das Ende der Kolonialzeit umstrittener als in Westafrika. Als Macmillan 1960 in seiner berühmten Kapstädter Rede vom Wind der Veränderung sprach, der den Kontinent erfasse, und vom wachsenden afrikanischen Bewußtsein, das, ob es einem gefalle oder nicht, eine politische Tatsache sei, erwartete er keinen Beifall, und er erhielt auch keinen. Die weißen Südafrikaner, die entschlossen waren, an dem seit 1948 praktizierten Apartheidsystem festzuhalten, erklärten ihr Land 1961 zur Republik und schieden aus dem Commonwealth aus. Vier Jahre später verkündeten die weißen Siedler in Südrhodesien einseitig ihre Unabhängigkeit. In beiden Ländern gelang es der herrschenden Minderheit noch einige Jahre, die Mehrheit rücksichtslos zu unterdrücken.

Doch das südliche Afrika war eher die Ausnahme. In Ostafrika akzeptierten die weißen Siedler ihr Schicksal. Sobald feststand, daß London weder über die Mittel verfügte noch willens war, die Kolonialherrschaft gegen die Mehrheit durchzusetzen – was noch Anfang der fünfziger Jahre keineswegs klar gewesen war, als britische Ordnungskräfte in Kenia einen brutalen und schmutzigen Krieg gegen die Mau-Mau-Aufständischen führten –, fügten sich die Europäer in das Unvermeidliche und verließen in aller Ruhe das Land.

1968 zog die Labour-Regierung unter Harold Wilson die endgültige, unabwendbare Konsequenz aus den Ereignissen vom November 1956 und verkündete den Abzug britischer Streitkräfte aus allen Stützpunkten und Versorgungseinrichtungen »östlich von Suez«. Das Land konnte es sich nicht mehr leisten, am Status einer Weltmacht festzuhalten. Die Briten begrüßten diese Entscheidung im großen und ganzen mit Erleichterung. Wie Adam Smith schon 1776, im Herbst des ersten britischen Imperiums, geschrieben hatte, war der Verzicht auf imperialen Glanz und eine Beschränkung auf die realen Möglichkeiten der beste Weg, die Verschuldung der Nation in Grenzen zu halten.

Die zweite Lektion von Suez, so schien es jedenfalls dem britischen Establishment, besagte, daß Großbritannien bei künftigen Konflikten mit Washington nie wieder auf der falschen Seite stehen dürfe. Das bedeutete keineswegs, daß Briten und Amerikaner immer einer Meinung waren – in der Berlin- und Deutschlandpolitik etwa war London sehr viel eher zu Konzessionen gegenüber Moskau bereit, was zwischen 1957 und 1961 auch für eine gewisse Abkühlung in den angloamerikanischen Beziehungen sorgte. Doch die Erfahrung, daß Washington nicht in jeder Situation zu seinen Freunden stand, führte bei Macmillan zu einer völlig anderen Reaktion als bei de Gaulle. Bei aller gelegentlichen Ambivalenz und allen Zweifeln hinsichtlich bestimmter Entscheidungen der Amerikaner standen britische Regierungen hinfort loyal zu Washington. Nur so konnte man überhaupt hoffen, die amerikanische Politik beeinflussen und sich in entscheidenden Situationen auf die Amerikaner stützen zu können. Diese Neuorientierung war von großer Tragweite – für Großbritannien und Europa.

Die Suezkrise prägte die britische Gesellschaft. Anfang der fünfziger Jahre hatte das Land optimistisch in die Zukunft geschaut. Die Wahl einer konservativen Regierung 1951 und die ersten Anzeichen eines Wirtschaftsbooms hatten die Tristesse der Nachkriegsjahre vertrieben. Elisabeth II. wurde Königin, und England sonnte sich im goldenen Schein eines neuen Selbstbewußtseins. Ein Engländer bestieg 1953 als erster den Mount Everest (mit Hilfe eines nepalesischen Führers), und ein Engländer lief 1954 als erster die Meile unter vier Minuten. Und immer wieder wurde gern darauf verwiesen, daß es Engländer waren, denen die Atomspaltung gelungen war, die das Radar erfunden, das Penicillin entdeckt, das Turbostrahltriebwerk konstruiert hatten.

Sehr schön geht die Atmosphäre dieser Jahre, des »neuen elisabethanischen Zeitalters«, wie es etwas übertrieben hieß, aus zeitgenössischen Filmen hervor. Die populärsten Filme der ersten Hälfte der fünfziger Jahre – Komödien wie *Genevieve* (1953) oder *Doctor in the House* (Aber, Herr Doktor; 1954) – zeigen ein recht lebhaftes, junges, wohlhabendes, selbstbewußtes England. Schauplätze und Figuren sind nicht mehr grau und trist, doch ansonsten ist alles sehr traditionell: Die Personen sind aufgeweckt, jung, gebildet, bürgerlich, wortgewandt, respektvoll, ehrerbietig. Dies war das England, wo Debütantinnen noch bei Hofe empfangen wurden (ein anachronistisches und absurdes Ritual, das 1958 schließlich abgeschafft wurde), wo jeder fünfte konservative Abgeordnete in Eton zur Schule gegangen und im Jahr 1955 der Anteil von Arbeiterkindern unter Studierenden noch auf dem Stand von 1925 war.

Neben harmlosen Komödien wurden aber auch viele Kriegsfilme produziert – *The Wooden Horse* (1952), *The Cruel Sea* (Der große Atlantik; (1952), *The Dam Busters* (Die Zerstörung der Talsperren; 1954), *Cockleshell Heroes* (Operation Cockleshell; 1955), *The Battle of the River Plate* (Panzerschiff Graf Spee; 1956). All diese Filme, mehr oder weniger realistische Darstellungen heroischer Episoden aus dem Zweiten Weltkrieg (bevorzugt Seeschlachten), erinnerten die Briten daran, daß sie mit Grund stolz auf sich sein konnten. Ohne den Krieg zu glorifizieren, pflegten sie den Mythos von Kameradschaft über alle Klassenschranken hinweg. Soziale Konflikte wurden mit Witz und Ironie thematisiert. Nur in Charles Crichtons *Lavender Hill Mob* (Einmal Millionär sein; 1951), der bissigsten Komödie jener Jahre, begegnet man mehr als einer Andeutung von Unzufriedenheit – dies ist das England der kleinen Leute mit ihren Ressentiments und Träumen.

Nach 1956 wurde der Tonfall dann merklich düsterer. Kriegsfilme wie *The Bridge on the River Kwai* (Die Brücke am Kwai; 1957) oder *Dunkirk* (Dünkirchen; 1958) ließen Zweifel und Skepsis erkennen, im Erbe von 1940 zeigten sich die ersten Risse. *Sink The Bismarck* (Die letzte Fahrt der Bismarck; 1960) wirkte schon eigentümlich veraltet. John Osbornes bahnbrechendes Stück *Look Back in Anger* (Blick zurück im Zorn), 1956 in London uraufgeführt und zwei Jahre später verfilmt, stand für eine neue Tendenz. In diesem Drama über Frustration und Desillusionierung sieht sich der Protagonist, Jimmy Porter, in einer Gesellschaft und in einer Ehe gefangen, die er nicht verändern und aus der er sich nicht befreien kann. Er macht seiner Frau Alison ihre bürgerliche Herkunft zum Vorwurf. Sie wiederum ist gefangen zwischen ihrem zornigen Mann und ihrem alten Vater, einem ehemaligen Kolonialbeamten, der die Welt nicht mehr versteht. Alison sagt zu ihm: »Du bist gekränkt, weil sich alles verändert hat, Jimmy ist gekränkt, weil sich nichts verändert hat. Und keiner von euch wird damit fertig.«

Diese Diagnose der instabilen Verfassung Britanniens zur Zeit des Suezabenteuers war zwar nicht sehr nuanciert, traf aber den Kern. Zeitgleich mit *Look Back in Anger* entstanden noch viele andere Filme, die eine ähnliche Sicht zum Ausdruck brachten, meist Verfilmungen von Romanen oder Bühnenstükken, die in der zweiten Hälfte der fünfziger Jahre entstanden waren: *Room at the Top* (Der Weg nach oben; 1959), *Saturday Night and Sunday Morning* (Samstag Nacht und Sonntag Morgen; 1960), *The Loneliness of the Long-Distance Runner* (Die Einsamkeit des Langstreckenläufers; 1962), *A Kind of Loving* (Nur ein Hauch Glückseligkeit; 1962), *This Sporting Life* (Lockender Lorbeer; 1963). Die Filme der frühen Fünfziger zeigten eine kultivierte, bürgerliche Welt, in der ein gepflegtes Englisch gesprochen wurde – mit Schauspielern wie Kenneth More, Dirk Bogarde, John Gregson, Rex Harrison, Geoffrey Keen oder auch liebenswerten Londoner »Typen«, meist gespielt von jüdischen Charakterdarstellern wie Sidney James, Alfie Bass, Sidney Tafler oder Peter Sellers. In den späteren Filmen, realistischen Darstellungen eines weniger glanzvollen Alltags, oft in einem nordenglischen Arbeitermilieu angesiedelt, trat eine neue, jüngere Generation hervor (Tom Courtenay, Albert Finney, Richard Harris und Alan Bates), die sich einer anderen Sprache bediente. Ihr England war zerrissen, verbittert, zynisch, neiderfüllt, hart, desillusioniert. Ungefähr das einzige, was das Kino der frühen Fünfziger und der frühen Sechziger verband, war, daß Frauen meist nur eine untergeordnete Rolle spielten und alle Leute weiß waren.

Wenn die imperialen Illusionen in Suez starben, so war das Selbstbewußtsein des bürgerlichen, weißen England schon eine ganze Weile angekratzt. Das Debakel von 1956 beschleunigte den Prozeß nur. 1950 war die englische Cricketnationalmannschaft zum erstenmal besiegt worden – durch eine westindische Mannschaft und noch dazu auf dem heiligen Rasen von Lord's, dem traditionsbewußten Londoner Cricketstadion. Und drei Jahre später mußte die englische Fußballnationalmannschaft eine unerhörte 3:6-Heimniederlage gegen die Ungarn hinnehmen. In diesen beiden Sportarten, die die Engländer in die ganze Welt getragen hatten, war England nicht mehr die Nummer eins.

Diese Stationen des Niedergangs der Nation wurden um so dramatischer erlebt, als die britische Gesellschaft damals weitgehend unpolitisch war. Die Labour Party, zur Zeit von Suez in der Opposition, konnte aus Edens Fiasko kein Kapital schlagen, weil gesellschaftliche Entwicklungen nicht durch ein primär parteipolitisches Raster wahrgenommen wurden. Wie die anderen Westeuropäer interessierten sich die Briten zunehmend für Konsum und Unterhaltung. Die Religion spielte eine immer geringere Rolle, und damit schwand auch die Neigung der Leute, sich für kollektive Ziele jedweder Art mobilisieren zu lassen. Harold Macmillan, ein liberal gesinnter Konservativer (ein bürgerlicher politischer Opportunist in der Maske des edwardianischen Landadligen), war genau der richtige Mann in dieser Übergangszeit: Außenpolitisch verkaufte er den Abschied von den Kolonien, innenpolitisch garantierte er Ruhe und Wohlstand. Ältere Menschen waren damit zufrieden, nur die Jungen nicht.

Die Entkolonialisierung trug zu einer wachsenden Orientierungslosigkeit bei. Das Commonwealth diente nur mehr als Lieferant von Nahrungsmitteln, die dank Vorzugszöllen billig waren und Anfang der sechziger Jahre fast ein Drittel aller Importe ausmachten. Umgekehrt sank der Anteil der Exporte in die Commonwealthländer, und 1965 überholte der Handel mit Europa erstmals den mit dem Commonwealth. Nach dem Suezdebakel begannen Kanada, Australien, Südafrika und Indien, ihre Handelsbeziehungen zu überdenken und sich den USA, Asien und der Welt zuzuwenden, die bald die »Dritte« heißen sollte.

Was Großbritannien anging, so mochten die Amerikaner unersetzliche Verbündete sein, aber sie konnten ihnen kaum zu einer neuen Identität verhelfen, ihnen nicht sagen, wo ihre Zukunft lag. Im Gegenteil, die Abhängigkeit von Amerika führte deutlich vor Augen, wie schwach und isoliert Britannien war. Und obwohl ihnen Europa im Grunde ziemlich fremd war, wurde vielen britischen Politikern, nicht zuletzt Macmillan, immer klarer, daß Britanniens Zukunft in Europa lag. Wo sonst konnte das Land hoffen, sein weltpolitisches Gewicht wiederzuerlangen?

Das Projekt Europa, soweit es außerhalb der Köpfe einiger weniger Idealisten existierte, war um die Mitte der fünfziger Jahre ins Stocken geraten. Die französische Nationalversamlung hatte sich gegen eine europäische Armee ausgesprochen und damit jede weitere europäische Integration verworfen. Es gab verschiedene regionale Vereinbarungen à la Benelux – seit 1954 beispielsweise in den skandinavischen Ländern den »gemeinsamen nordischen Arbeitsmarkt« –, ehrgeizigere Dinge standen aber nicht auf der Tagesordnung. Anhänger einer europäischen Integration konnten nur auf die neue europäische Atomenergiegemeinschaft EURATOM verweisen, die im Frühjahr 1955 konzipiert und 1958 gegründet wurde; diese Institution war jedoch, wie die Montanunion, ein französisches Projekt, dessen Erfolg bezeichnenderweise in seiner begrenzten und weitgehend technischen Zuständigkeit gründete. Wenn die Briten die Chancen eines geeinten Europas weiterhin mit Skepsis verfolgten, so war das nicht völlig abwegig.

Die Initiative zu einem Neuanfang ging, wenig überraschend, von den Benelux-Staaten aus, die die meisten Erfahrungen mit gemeinsamen Projekten besaßen und durch eine Einschränkung ihrer nationalen Souveränität am wenigsten zu verlieren hatten. Europäische Politiker wie der Belgier Paul-Henri Spaak wußten, daß eine politische oder militärische Integration vorerst nicht erreichbar war. Jedenfalls hatte man sich um die Mitte der fünfziger Jahre deutlich von den militärischen Planungen der vorangegangenen Dekade entfernt. Sehr viel realistischer erschien eine wirtschaftliche Integration, in einem Bereich also, in dem man kooperieren und zugleich eigene nationalen Interessen verfolgen konnte, ohne traditionelle Empfindlichkeiten zu verletzen. Spaak und sein niederländischer Kollege schlugen vor, über diese Strategie auf einer Konferenz zu beraten, die im Juni 1955 in Messina stattfinden sollte.

An dieser Konferenz nahmen Vertreter der sechs EGKS-Staaten sowie ein britischer »Beobachter« teil. Diskutiert wurde über mehrere Vorschläge (Zollunion, Handelsabkommen und andere konventionelle Formen zwischenstaatlicher Zusammenarbeit) die so verpackt waren, daß sie in Frankreich und England nicht sofort auf Widerstand stießen. Die Franzosen waren vorsichtig enthusiastisch, die Briten entschieden skeptisch. Nach Messina wurden die Beratungen in einer Kommission fortgeführt, die unter Vorsitz von Spaak weitere Empfehlungen für einen »Gemeinsamen Markt« ausarbeiten sollte. Doch die Briten, verschreckt durch die Aussicht auf jenes protoföderale Europa, das sie schon immer befürchtet hatten, stiegen im November schon wieder aus.

Die Franzosen dagegen beschlossen, sich auf das Wagnis einzulassen. Als die Spaak-Kommission im März 1956 ihre Empfehlungen vorlegte, war Paris einverstanden. Die britischen Beobachter blieben skeptisch, auch wenn man sich der

Gefahr, ausgeschlossen zu werden, durchaus bewußt war. Nur wenige Wochen vor Veröffentlichung der Spaak-Berichts hieß es in einem britischen Memorandum: »Sollten die Messina-Staaten eine ökonomische Integration ohne das Vereinigte Königreich erreichen, so würde dies eine deutsche Hegemonie in Europa bedeuten.«[11] Dennoch, und trotz Drängens des anglophilen Spaak und der Schwäche der Sterling-Zone, konnte sich London nicht dazu durchringen, auf die europäische Karte zu setzen. Als am 25. März 1957 in Rom der Gründungsvertrag der Europäischen Wirtschaftsgemeinschaft unterzeichnet wurde, gehörten ihr dieselben sechs Staaten an, die sich sieben Jahre zuvor in der Montanunion zusammengeschlossen hatten.

Man sollte die Bedeutung der Römischen Verträge nicht überbewerten. Sie waren im Grunde eine Absichtserklärung. Die Signatarstaaten entwarfen einen Fahrplan für eine schrittweise Abschaffung von Zöllen, verständigten sich auf eine gemeinsame Agrarordnung und einen freien Waren-, Dienstleistungs- und Kapitalverkehr und vereinbarten, auf eine gemeinsame Währung hinzuarbeiten. Der Vertrag legte das Fundament für gemeinsame Institutionen, die in Zukunft Vorschriften erlassen und umsetzen sollten. Die einzige wirklich relevante Neuerung, der in Artikel 177 vereinbarte Europäische Gerichtshof, sollte Jahrzehnte später eine wichtige Rolle spielen, wurde seinerzeit aber kaum wahrgenommen.

Die EWG gründete in Schwäche, nicht in Stärke. Wie der Spaak-Bericht 1956 betonte: »Europa, das früher einmal die Industriegüterproduktion beherrschte und bedeutende Ressourcen aus seinen überseeischen Gebieten bezog, muß heute erkennen, daß seine Position in der Welt geschwächt ist, sein Einfluß abnimmt und seine Entwicklungsfähigkeit durch seine Uneinigkeit verlorengegangen ist.« Eben weil die Briten ihre Position (noch) nicht in diesem Licht sahen, wollten sie der EWG nicht beitreten. Die Vorstellung (die später in Washington oft zu hören war), die EWG sei Ausdruck einer gezielten Strategie der Europäer gewesen, der wachsenden Macht der Vereinigten Staaten zu begegnen, ist daher ziemlich absurd. Die EWG war völlig auf amerikanische Sicherheitsgarantien angewiesen, ohne die Westeuropa es sich nicht hätte leisten können, seine wirtschaftliche Integration bei Nichtbeachtung aller Fragen einer gemeinsamen Verteidigungspolitik voranzutreiben.

Nicht alle waren mit dem neuen Projekt einverstanden. In Frankreich stimmten viele konservative (auch gaullistische) Abgeordnete aus Gründen des »nationalen Interesses« gegen die Römischen Verträge, während einige Sozialisten und Linke (einschließlich Pierre Mendès-France selbst) die Bildung eines »kleinen Europa«, d.h. ohne stabilisierende Präsenz Großbritanniens, ablehnten. In Deutschland äußerte sich Wirtschaftsminister Ludwig Erhard kritisch über eine neomerkantilistische »Zollunion«, die das deutsch-britische Verhältnis beschädigen, den Handel beeinträchtigen und zu einer Preisverzerrung führen würde. Für Erhard war die EWG »makroökonomischer Unsinn«. Wie ein scharfsinniger Beobachter schrieb, hätte die Entwicklung auch anders ausgehen können: »Hätte Erhard die deutsche Politik bestimmt, wäre höchstwahrscheinlich eine englisch-deutsche Freihandelszone ohne landwirtschaftliche Komponente herausgekommen, der die ausgeschlossenen Franzosen letzten Endes hätten beitreten müssen.«[12]

Doch dazu kam es nicht. Und die EWG hatte eine gewisse Logik. In den fünfziger Jahren hatten die westeuropäischen Staaten vorwiegend untereinander Handel getrieben, vor allem mit Westdeutschland, von dessen Export- und Importtätigkeit der wirtschaftliche Aufschwung des Kontinents in zunehmendem Maße abhing. Außerdem waren alle Staaten durch Planung, Regulierung und vielerlei Subventionen wirtschaftspolitisch außerordentlich aktiv. Doch die Ankurbelung des Exports, die Umleitung von Ressourcen in neue Industrien, die gezielte Förderung von Landwirtschaft und Verkehr – all das verlangte zwischenstaatliche Zusammenarbeit. Kein westeuropäisches Land konnte wirtschaftlich auf eigenen Beinen stehen.

Der Trend zu wachsender Kooperation gründete also auf nationalem Interesse, nicht auf den Zielen der Montanunion, die für die Wirtschaftspolitik jener Jahre unerheblich war. Die gleiche Interessenpolitik, die die europäischen Staaten vor 1939 voneinander entfernt hatte, führte sie nun zusammen. Die Beseitigung von Hemmnissen und die Lehren der jüngsten Vergangenheit waren dabei wohl die wichtigsten Faktoren. Die Niederländer beispielsweise waren nicht sehr glücklich über die Aussicht auf hohe EWG-Außenzölle, die zu einer Preissteigerung führen würden, und hätten, wie ihre belgischen Nachbarn auch, die Briten gerne mit im Boot gehabt. Doch sie konnten es nicht riskieren, von ihren wichtigsten Handelspartnern abgeschnitten zu werden.

Die deutschen Interessen waren unterschiedlich. Als führende europäische Exportnation war Deutschland an einem Abbau der innereuropäischen Handelsschranken interessiert – um so mehr, als Deutschland seine osteuropäischen Absatzmärkte verloren hatte und keine Exkolonien hatte, von denen es profitieren konnte. Eine auf sechs Länder beschränkte Zollunion war jedoch nicht unbedingt ein verlockendes Ziel, wie Ludwig Erhard sehr wohl wußte. Wie die Briten hätten er und viele andere Deutsche eine lockere europäische Freihandelszone bevorzugt. Adenauer hätte sich aber aus Prinzip niemals gegen Frankreich gestellt, so unterschiedlich die deutschen und französischen Interessen auch sein mochten. Und dann gab es noch die europäische Landwirtschaft.

In der ersten Hälfte des 20. Jahrhunderts hatten zu viele unrentabel arbeitende Bauern gerade ausreichend produzieren, von dem Erlös aber kaum leben können. Die Folge waren Armut, Auswanderung, Faschismus. In den Jahren unmittelbar nach dem Zweiten Weltkrieg wurden verschiedene Programme zur Ankurbelung der landwirtschaftlichen Produktion initiiert, um weniger von amerikanischen und kanadischen Getreideimporten abhängig zu sein, die in Dollar bezahlt werden mußten. Eine Rückkehr zur deflationären Preisentwicklung brauchten die Bauern nicht zu befürchten. Bis 1951 erreichte die Produktion noch nicht das Vorkriegsniveau, und dank Protektion und staatlichen Subventionen verfügten die Bauern über ein einigermaßen garantiertes Einkommen. Die vierziger Jahre waren sozusagen das Goldene Zeitalter für die europäischen Bauern. Im Laufe der fünfziger Jahre konnte die Produktion trotz Landflucht gesteigert werden. Die Agrarwirtschaft produzierte immer effizienter, aber die Bauern kamen weiterhin in den Genuß staatlicher Förderung.

Besonders ausgeprägt war dieses Paradox in Frankreich. Zu Beginn der fünfziger Jahre war Frankreich noch immer ein Nettoimporteur von Lebensmitteln, doch allmählich verbesserte sich die Produktivität. Die Butterproduktion stieg zwischen 1949 und 1956 um 76 Prozent, die Käseproduktion zwischen 1949 und 1957 um 116 Prozent, die Zuckerrübenproduktion zwischen 1950 und 1957 um 201 Prozent. Im selben Zeitraum erhöhte sich die Gersteproduktion um 348 Prozent und die Maisproduktion um 815 Prozent. Frankreich war nun nicht nur Selbstversorger, es produzierte sogar Überschüsse. Der dritte Modernisierungsplan (für den Zeitraum 1957 bis 1961) sah höhere Investitionen in die Erzeugung von Fleisch, Milch, Käse, Zucker und Weizen vor (Grundnahrungsmittel in Nordfrankreich und der Île de France, wo die mächtigen Bauernverbände besonders großen Einfluß hatten). Mit Blick auf die traditionelle Bedeutung des Landes und das reale politische Gewicht der Bauern war der Staat unterdessen bestrebt, die Subventionen aufrechtzuerhalten und Absatzmärkte für die Überschüsse zu finden.

In der Frage eines französischen EWG-Beitritts spielte dieses Thema eine große Rolle. Der gemeinsame europäische Markt war für die Franzosen interessant, weil er Zugang zu ausländischen Absatzmärkten bot. Dies und der versprochene Fortbestand von Agrarsubventionen sowie die Zusage der europäischen Partner, die französischen Überschüsse aufzukaufen, brachte das »Ja« der Nationalversammlung zu den Römischen Verträgen. Für die Zusage, den französischen Markt für deutsche Industrieerzeugnisse zu öffnen, verlagerten die Franzosen ihre Politik der Agrarpreisgarantien auf den Rücken der anderen EWG-Partner und entledigten sich auf diese Weise einer unerträglich teuren (und politisch explosiven) Bürde.

Dies ist der Hintergrund der berühmt-berüchtigten Gemeinsamen Agrarpolitik (GAP), die 1962 initiiert wurde und nach jahrelangen Verhandlungen 1970 offiziell in Kraft trat. Je mehr die festgelegten Erzeugerpreise stiegen, desto weniger konnten die Agrarprodukte auf dem Weltmarkt konkurrieren. Für leistungsfähige niederländische Molkereiunternehmen traf das genauso zu wie für unrentable deutsche Kleinbauern, da für alle Bauern dieselben Preisstrukturen galten. Im Laufe der sechziger Jahre versuchte die EWG, dieses Problem in den Griff zu bekommen. Für alle Agrarprodukte wurden fixe Erzeugerpreise festgesetzt. Durch die EWG-Außenzölle wurden die Preise von Agrarimporten auf dieses Niveau angehoben, das sich in der Regel nach dem teuersten und ineffizientesten Produzenten innerhalb der Gemeinschaft richtete.

Jahr für Jahr wurden die Überschüsse der Mitgliedsstaaten aufgekauft, und zwar zu Preisen, die 5 bis 7 Prozent unter den garantierten Erzeugerpreisen lagen, und anschließend auf dem Weltmarkt – unter EWG-Preisniveau – weiterverkauft. Diese offenkundig unwirtschaftliche Praxis war das Resultat eines altmodischen Kuhhandels. Deutsche Kleinbauern konnten sich nur mit erheblichen Subventionen halten. Die französischen und italienischen Bauern waren zwar nicht besonders teuer, doch niemand wagte es, von ihnen zu verlangen, sie sollten weniger produzieren, geschweige denn, Marktpreise für ihre Produkte nehmen. Und so machte jedes Land den Bauern die gewünschten Geschenke und gab die Kosten an die Verbraucher, vor allem aber an die Steuerzahler weiter.

Die Gemeinsame Agrarpolitik war nicht völlig neu. Die europäischen Getreidezölle, die im ausgehenden 19. Jahrhundert auf billige nordamerikanische Importe erhoben wurden, verfolgten ein ähnliches Ziel. Während der Wirtschaftskrise der dreißiger Jahre wurden verschiedene Versuche unternommen, die Erzeugerpreise zu stützen, sei es durch Ankauf von Überschüssen, sei es durch finanzielle Anreize, die Produktion zu verringern. In dem (unrealisiert gebliebenen) deutsch-französischen Abkommen von 1938 verpflichtete sich Deutschland, französische Agrarprodukte zu kaufen, während Frankreich seinen Markt für deutsche Industriegüter öffnen wollte (die Ausstellung »La France européenne«, die während des Krieges stattfand, sollte den landwirtschaftlichen Reichtum Frankreichs demonstrieren und die Vorteile, die dem Land durch Teilnahme am Neuen Europa Hitlers erwachsen würden).

In der modernen Landwirtschaft hatte es schon immer politisch motivierte Schutzmaßnahmen der einen oder anderen Form gegeben. Selbst in den Vereinigten Staaten, deren Außenzölle zwischen 1947 und 1967 um 90 Prozent fielen, blieb die Landwirtschaft stets von dieser Liberalisierung des Handels ausgenommen. Auch von den GATT-Verhandlungen blieben Agrarerzeugnisse ausgenommen. Die EWG war also kaum beispiellos. Aber die grotesken Auswirkungen der Gemeinsamen Agrarpolitik waren wohl doch etwas Besonderes. In dem Maße, wie die europäischen Bauern effizienter wirtschafteten (die garantierten hohen

Einnahmen erlaubten Investitionen in beste Maschinen und Düngemittel), überstieg die Produktion den Bedarf, zumal in den besonders geförderten Bereichen Getreide und Rindfleisch, auf die sich französische Großbetriebe konzentrierten, während die süditalienischen Obst-, Oliven- und Gemüsebauern wenig von der GAP hatten.

Als Ende der sechziger Jahre die Weltmarktpreise von Nahrungsmitteln fielen, bewegten sich die EWG-Preise auf einem absurd hohen Niveau. Mais und Rindfleisch kosteten das Doppelte des Weltmarktpreises, Butter das Vierfache. 4 von 5 Brüsseler Beamten waren für die Gemeinsame Agrarpolitik zuständig, die Landwirtschaft verschlang 70 Prozent des EWG-Haushalts – eine bizarre Situation für einige der höchstentwickelten Industriestaaten der Welt. Für sich allein hätte kein Land eine so absurde Politik betreiben können, aber indem man die Lasten auf alle verteilte und sie mit den allgemeinen Zielen der Gemeinschaft verknüpfte, konnten die nationalen Regierungen nur gewinnen, zumindest auf kurze Sicht. Nur die armen Städter (und die Bauern außerhalb der EWG) verloren durch die GAP, aber zumindest die Erstgenannten wurden anderweitig entschädigt.

In dieser Phase gehörten die meisten westeuropäischen Länder *nicht* der EWG an. Ein Jahr nach Gründung der Gemeinschaft machten die Briten, noch immer bestrebt, einen supranationalen europäischen Block zu verhindern, den Vorschlag, die EWG zu einer Freihandelszone zu erweitern, der die EWG-Staaten, andere europäische Länder und das britische Commonwealth angehören würden. De Gaulle wies diese Idee zurück. Daraufhin trafen auf Anregung der Briten im November 1959 Vertreter mehrerer Staaten in Stockholm zusammen, um über die Bildung der Europäischen Freihandelszone (EFTA) zu beraten. Deren Mitglieder – Österreich, die Schweiz, Dänemark, Norwegen, Schweden, Portugal und Großbritannien, später Irland, Island und Finnland – waren überwiegend wohlhabende und enthusiastische Anhänger des freien Handels. Ihre Landwirtschaft war, abgesehen von Portugal, relativ klein, aber leistungsfähig und weltmarktorientiert.

Aus diesen Gründen und weil sie (besonders die skandinavischen Länder) enge Beziehungen zu London unterhielten, standen sie der EWG kritisch gegenüber. Doch die EFTA war (und ist) eine minimalistische Organisation, eher eine Reaktion auf die Unzulänglichkeiten der EWG als eine echte Alternative. Sie war nur eine Freihandelszone für Industriegüter – der Absatz von Agrarerzeugnissen sollte sich selbst regulieren. Einige der kleineren EFTA-Länder (Österreich, die Schweiz oder Schweden) konnten in Marktnischen für ihre hochwertigen Industriegüter und als attraktive Touristenziele florieren, andere, wie Dänemark, waren auf Großbritannien als Markt für Rindfleisch und Molkereiprodukte angewiesen.

Großbritannien brauchte aber selbst einen sehr viel größeren Markt für seine Industriegüter, als ihn die kleinen skandinavischen und die beiden Alpenländer boten. Die Regierung Macmillan, mit realistischem Blick auf das Unvermeidliche, aber noch immer in der Hoffnung, die EWG-Politik beeinflussen zu können, stellte im Juli 1961, sechs Jahre nach dem Rückzug aus den Messina-Beratungen, einen offiziellen Antrag auf Aufnahme in die Europäische Wirtschaftsgemeinschaft. Irland und Dänemark, wirtschaftlich auf das engste mit Großbritannien verflochten, schlossen sich an. Ob der britische Antrag Erfolg gehabt hätte, ist ungewiß – die meisten EWG-Staaten wollten die Engländer weiterhin dabeihaben, waren begreiflicherweise aber nicht sicher, wie ernst es London mit den Kernzielen der Römischen Verträge war. Doch diese Frage war hypothetisch, denn de Gaulle verkündete im Januar 1963 sein Veto. Es ist bezeichnend für das Tempo, in dem sich die Dinge seit Suez entwickelt hatten, daß Macmillan nach dem Nein der bislang so geringschätzig behandelten EWG in seinem Tagebuch notierte: »Dies ist das Ende ... von allem, wofür ich jahrelang gekämpft habe. Innenpolitisch und außenpolitisch stehen wir vor einem Trümmerhaufen.«

Die Briten konnten es nur ein zweites Mal versuchen, was dann im Mai 1967 geschah, und auch diesmal reagierte der französische Präsident sechs Monate später mit einem ungnädigen »Non«. Nach de Gaulles Rücktritt und Tod wurden zum drittenmal Verhandlungen aufgenommen, die diesmal erfolgreich abgeschlossen wurden (nicht zuletzt deswegen, weil der Umfang des Commonwealth-Handels so weit zurückgegangen war, daß London nicht mehr auf Zollpräferenzen für Nicht-EWG-Staaten bestand). Doch als Großbritannien, Dänemark und Irland 1973 schließlich aufgenommen wurden, konnten sie, anders als britische Politiker gehofft hatten, die Struktur der Europäischen Gemeinschaft nicht mehr beeinflussen.

Die EWG war ein deutsch-französisches Kondominium, das von Bonn finanziert und von Paris gesteuert wurde. Der Wunsch der Westdeutschen, zur europäischen Gemeinschaft zu gehören, war insofern teuer erkauft, aber Adenauer und seine Nachfolger entrichteten jahrelang klaglos diesen Preis und hielten, zur großen Überraschung der Briten, treu am Bündnis mit Paris fest. Die Franzosen ihrerseits »vergemeinschafteten« ihre Agrarsubventionen, ohne mit einem Verlust an Souveränität zu bezahlen. Für die französische Diplomatie hatte diese Sorge immer im Vordergrund gestanden – schon in Messina hatte Außenminister Antoine Pinay die französischen Vorstellungen klar formuliert: Mit supranationalen Verwaltungsstrukturen sei man einverstanden, aber nur unter der Bedingung, daß die Entscheidungen einstimmig gefaßt werden.

Es war diese Vorstellung, mit der de Gaulle die anderen Mitgliedsstaaten in den ersten zehn Jahren tyrannisierte. Die Römischen Verträge sahen ursprünglich vor, daß alle wichtigen Beschlüsse im Ministerrat (ausgenommen Entscheidungen über die Aufnahme neuer Mitglieder) mit Mehrheit gefaßt werden. Doch indem de Gaulle im Juni 1965 aus den Brüsseler Beratungen ausstieg, solange die anderen europäischen Partner nicht bereit waren, die Finanzierung der GAP gemäß den französischen Forderungen umzustellen, behinderte er die Arbeit der Gemeinschaft. Nach sechs Monaten lenkten die anderen schließlich ein. Im Januar 1966 erklärten sie sich widerstrebend bereit, daß Beschlüsse des Rates künftig einstimmig gefaßt werden sollten. Es war der erste Verstoß gegen den ursprünglichen Vertrag und eine bemerkenswerte Demonstration roher französischer Macht.

Gleichwohl wurden in der Anfangszeit der EWG erstaunliche Fortschritte erzielt. 1968, weit vor dem anvisierten Zeitpunkt, wurden die Binnenzölle abgeschafft. Das Handelsvolumen zwischen den 6 Mitgliedsstaaten hatte sich vervierfacht. Die Zahl der bäuerlichen Produzenten sank um etwa 4 Prozent jährlich, während die landwirtschaftliche Produktivität um jährlich 8,1 Prozent stieg. Am Ende des ersten Jahrzehnts, und ungeachtet des Schattens de Gaulles, hatte sich die Europäische Wirtschaftsgemeinschaft zu einer dynamischen Struktur entwickelt, der beizutreten den anderen europäischen Staaten verlokkend erschien.

Doch es gab auch Probleme. Eine teure Zollunion, ein zentralisierter Brüsseler Verwaltungsapparat und eine nichtgewählte Exekutive waren für Europa und den Rest der Welt nicht uneingeschränkt attraktiv. Die unzähligen Schutzvereinbarungen und indirekten Subventionen, die auf französische Veranlassung eingeführt wurden, paßten nicht zu dem Geist und den Institutionen des internationalen Handelssystems, das sich nach Bretton Woods herausgebildet hatte. Insoweit die EWG nach französischem Vorbild aufgebaut war, verhieß das napoleonische Erbe nichts Gutes.

Und schließlich entstand durch das französische Gewicht in den frühen Jahren der EWG ein neues Europa, dem man den Vorwurf machen konnte, daß es all die schlechten Merkmale des Nationalstaats in sich trug. Es bestand immer das Risiko, daß der Aufschwung Europas mit einem gewissen eurozentrischen Provinzialismus bezahlt werden müsse. Die Welt der reichen EWG ziemlich klein – in gewisser Hinsicht viel kleiner als die Welt, die den Franzosen oder Niederländern vertraut gewesen war, als deren Nationalstaaten sich fernen Ländern zugewandt hatten. Für die meisten Westeuropäer war das unter den gegebenen Bedingungen nicht so wichtig, sie hatten ohnehin keine andere Wahl, doch es führte mit der Zeit zu einer deutlich beschränkten Vision von »Europa« – mit beunruhigenden Folgen für die Zukunft.

Stalins Tod im März 1953 hatte zu einem Machtkampf unter seinen nervösen Erben geführt. Zunächst schien alles auf Berija, den Chef der Geheimpolizei, als einzig möglichen Nachfolger hinzudeuten. Doch genau deswegen wurde er im Juni aus dem Weg geräumt, und nach einem kurzen Umweg über Malenkow wurde, zwei Monate später, Nikita Chruschtschow – keineswegs die bekannteste Figur im inneren Kreis der Führung – als Erster Sekretär der KPdSU bestätigt. Dies war nicht ohne Ironie: Berija war zwar ein Psychopath, aber auch ein Befürworter von Reformen, ja sogar einer gewissen »Entstalinisierung«, die damals noch nicht so hieß. In den wenigen Monaten zwischen März 1953 und seiner Verhaftung übte er Kritik an der Ärzteverschwörung, entließ einige Häftlinge aus dem Gulag und schlug sogar Reformen in den Satellitenstaaten vor – zur Verwirrung der dortigen Machthaber.

Die neue kollektive Kremlführung, in der Chruschtschow immer mehr als Primus inter pares hervortrat, hatte kaum eine andere Wahl, als dem von Berija vorgezeichneten Weg zu folgen. Stalins Tod hatte nach Jahren der Verfolgung und Verelendung vielerorts zu Protesten geführt, Rufe nach Veränderung waren laut geworden. 1953 und 1954 brachen in den sibirischen Arbeitslagern Norilsk, Workuta und Kengir Aufstände aus, zu deren Niederschlagung Panzer, Flugzeuge und Soldaten entsandt werden mußten. Aber sobald die Ordnung wiederhergestellt war, schwenkte Chruschtschow auf den Kurs Berijas ein. Zwischen 1953 und 1956 wurden rund 5 Millionen Gulag-Insassen entlassen.

Die nachstalinistische Ära in den Volksdemokratien war nicht nur durch den Ostberliner Aufstand vom Juni 1953 gekennzeichnet, sondern auch durch Unruhen in so obskuren und folgsamen Regimes wie Bulgarien, wo es im Mai/Juni 1953 zu einem Aufstand von Tabakarbeitern kam. Nirgends war die Herrschaft der Kommunisten wirklich in Gefahr, doch der Kreml nahm das Ausmaß der allgemeinen Unzufriedenheit sehr ernst. Die Aufgabe, vor der Chruschtschow und seine Genossen standen, war nun, Stalin mitsamt den Exzessen zu begraben, ohne das System zu gefährden, das auf stalinistischem Terror gründete und das Machtmonopol der Partei garantierte.

Chruschtschow verfolgte vier Ziele. Erstens mußte er – nach der Wiederbewaffnung und dem Nato-Beitritt Westdeutschlands und der Gründung des Warschauer Pakts – die Beziehungen zum Westen stabilisieren. Zweitens wollte er sich den blockfreien Ländern zuwenden – angefangen mit Jugoslawien, dem er und Marschall Bulganin im Mai 1955 (einen Monat nach Unterzeichnung des österreichischen Staatsvertrags) einen Besuch abstatteten, um den frostigen Beziehungen zu Tito neue Impulse zu geben. Drittens wollte der Kreml die Satellitenstaaten zu Reformen ermutigen. Vorsichtige Kritik an den »Fehlern« der alten stalinistischen Garde sollte erlaubt sein, einige Opfer sollten rehabilitiert, der

Zyklus von Schauprozessen, Massenverhaftungen und Parteisäuberungen beendet werden.

Vor diesem Hintergrund leitete Chruschtschow die vierte (und für seine Begriffe entscheidende) Phase der gelenkten Reform ein – den Bruch mit Stalin. Am 25. Februar 1956, auf dem 20. Parteitag der KPdSU, hielt er seine berühmte »Geheimrede«, in der er mit den Fehlern des Generalsekretärs abrechnete und den Personenkult anprangerte. Heute hat diese Rede etwas geradezu Mythisches, aber ihre epochale Bedeutung sollte nicht überbewertet werden. Chruschtschow war ein Leninist, der nicht einen Moment an der führenden Rolle der Partei zweifelte. Er hatte sich die schwierige Aufgabe gestellt, detailliert über die Irrtümer Stalins zu sprechen, die Verantwortung dafür aber allein dem Mann selbst zuzuweisen. Indem er Schimpf und Schande über den toten Diktator brachte, würde er die Legitimation des kommunistischen Projekts bekräftigen.

Chruschtschows Rede war in Umfang und Rhetorik ausgesprochen konventionell. Sie richtete sich an die Parteielite und beschränkte sich darauf, die »Verirrungen« der kommunistischen Lehre anzuprangern, die Stalin zu verantworten hatte. Stalin wurde vorgeworfen, »die Parteinormen ignoriert und die leninistischen Grundsätze der kollektiven Führung mit Füßen getreten«, mit anderen Worten, seine Entscheidungen selbst getroffen zu haben. Auf diese Weise wurden die übrigen Mitglieder des Zentralkomitees (zu denen seit den dreißiger Jahren auch Chruschtschow zählte) von jeder Schuld an den Exzessen und dem Scheitern seiner Politik freigesprochen. Chruschtschow ging bewußt das Risiko ein, die persönlichen Fehler Stalins in ihrem ganzen Ausmaß darzulegen (und damit die linientreuen Funktionäre zu schockieren), um das unbefleckte Ansehen Lenins, der leninistischen Politik und der Nachfolger Stalins um so deutlicher zu unterstreichen.

Die Geheimrede erreichte ihr Ziel, jedenfalls innerhalb der KPdSU. Chruschtschow zog einen Strich unter die Stalinära, räumte die Katastrophen und schlimmen Auswüchse ein und hielt zugleich an der Fiktion fest, wonach die Parteiführung keine Schuld trug. Damit hatte er seine eigene Position abgesichert und konnte nun relativ ungehindert daran gehen, die sowjetische Wirtschaft zu reformieren und den Terrorapparat zu liberalisieren. Die alten Stalinisten waren an den Rand gedrängt – Molotow verlor am Vorabend von Titos Gegenbesuch sein Amt als Außenminister. Chruschtschows Zeitgenossen und jüngere Funktionäre wie Leonid Breschnew waren am stalinistischen System genauso beteiligt gewesen wie Chruschtschow, konnten seine Position daher nicht angreifen und auch nicht seine Glaubwürdigkeit in Frage stellen. Eine behutsame Entstalinisierung kam fast allen entgegen.

Chruschtschows Abrechnung mit Stalin konnte aber nicht geheim bleiben, und darin lag der Keim ihres Scheiterns. In der Sowjetunion wurde die Rede offiziell erst 1988 veröffentlicht, aber westliche Geheimdienste bekamen schon bald Wind davon, ebenso die westeuropäischen Kommunisten, auch wenn sich Chruschtschow nicht primär an sie gewendet hatte. Und so kursierten binnen Wochen überall erregende Gerüchte. Für Kommunisten war die Kritik an Stalin irritierend und verstörend, aber auch eine Erleichterung. Kommunisten, so schien es, mußten die Vorwürfe ihrer Kritiker nun nicht mehr fürchten oder leugnen. Manche westeuropäischen Kommunisten und Sympathisanten wandten sich vom Kommunismus ab, andere blieben um so überzeugter.

In Osteuropa hatte Chruschtschows Abrechnung noch dramatischere Auswirkungen. Vor dem Hintergrund der jüngsten Annäherung an Jugoslawien und der Auflösung des Kominform am 18. April 1956 schien sich eine Bereitschaft der Sowjets anzudeuten, unterschiedliche Wege zum Sozialismus zuzulassen und die Staatsmacht nicht mehr auf Terror und Unterdrückung zu gründen. Nun, glaubten viele, würde man zum erstenmal frei sprechen können. Der tschechoslowakische Schriftsteller Jaroslav Seifert erklärte auf dem Prager Schriftstellerkongreß im April 1956: »Immer wieder hören wir hier, daß Schriftsteller die Wahrheit sagen müssen. Das heißt, daß sie in der Vergangenheit nicht die Wahrheit geschrieben haben ... Das alles ist jetzt vorbei. Der Alptraum ist gebannt.«

In der Tschechoslowakei, deren kommunistische Führer eisern zu ihrer stalinistischen Vergangenheit schwiegen, war die Erinnerung an den Terror noch zu frisch, als daß Gerüchte aus Moskau zu politischen Reaktionen geführt hätten.[13] In Polen löste die Entstalinisierung ganz andere Schockwellen aus. Arbeiterdemonstrationen in Posen, bei denen es (wie in Ostberlin drei Jahre zuvor) um Lohnforderungen und Arbeitsnormen ging, wurden im Juni von der Armee niedergeschlagen. Doch das sorgte nur für noch mehr Unmut und Unzufriedenheit – in einem Land, in dem die Sowjetisierung nie so gründlich durchgeführt worden war wie anderswo und die Parteiführung die Säuberungen der Nachkriegszeit weitgehend unbeschadet überstanden hatte.

Angesichts der Stimmung im Land beschloß die Partei im Oktober 1956, Verteidigungsminister Konstanty Rokossowski, einen Sowjetmarschall, zu entlassen und aus dem Politbüro zu entfernen. Gleichzeitig wurde Władysław Gomułka als Nachfolger des Stalinisten Boleslaw Bierut an die Spitze der Partei gewählt. Dies war ein Schritt von großer Symbolik. Gomułka, der nur wenige Jahre zuvor im Gefängnis gesessen hatte und einem Prozeß mit knapper Not entgangen war, stand für das »nationale« Gesicht des polnischen Kommunismus. Seine Ernennung wurde weithin als Widerstandsakt einer Partei interpretiert, die sich zwischen dem eigenen Volk und den Machthabern im Kreml entscheiden mußte.

So wurde es jedenfalls in Moskau gesehen. Chruschtschow, Mikojan, Molotow und weitere hohe Parteiführer flogen am 19. Oktober 1956 nach Warschau, um die Ernennung Gomułkas und die Entlassung Rokossowskis zu unterbinden und die Polen aufzufordern, ihr Haus wieder in Ordnung zu bringen. Um seine Entschlossenheit zu unterstreichen, ließ Chruschtschow eine sowjetische Panzerbrigade mit Ziel Warschau in Marsch setzen. Im Laufe der heftigen Diskussionen mit Gomułka, die schon auf dem Flugfeld begannen, kam Chruschtschow zu dem Schluß, daß den sowjetischen Interessen am besten gedient sei, wenn er die neue Situation in Polen akzeptierte, statt die Dinge zu forcieren und damit gewaltsame Konflikte zu riskieren. Gomułka seinerseits versicherte den Sowjets, daß er für Ruhe sorgen werde und nicht die Absicht habe, vom Machtmonopol der Partei abzurücken, aus dem Warschauer Pakt auszutreten oder einen Abzug der sowjetischen Truppen zu fordern.

Daß es Władysław Gomułka gelang, eine Katastrophe von seinem Land abzuwenden, war angesichts des Machtgefälles zwischen ihm und den Kremlherren schon sehr bemerkenswert. Doch Chruschtschow hatte verstanden. Nach Moskau zurückgekehrt, erklärte er dem Politbüro tags darauf, daß der sowjetische Botschafter in Warschau, Ponomarenko, Gomułka völlig falsch eingeschätzt habe. Der Preis der kommunistischen Herrschaft in Polen mochten ein paar Entlassungen und eine gewisse Liberalisierung sein, aber Gomułka war ein aufrechter Parteisoldat, der nicht die Absicht hatte, die Macht an die Straße oder an Kritiker der Partei abzugeben. Und er war ein Realist: Wenn *er* die Unruhen nicht in den Griff bekam, würde die Rote Armee eingreifen. Gomułka wußte genau, daß Entstalinisierung keineswegs einen sowjetischen Verzicht auf Macht und territorialen Einfluß bedeutete.

Der »polnische Oktober« nahm also zufällig ein gutes Ende – kaum jemandem war seinerzeit klar, wie knapp Polen an einer abermaligen sowjetischen Besetzung vorbeigekommen war. In Ungarn dagegen verliefen die Dinge völlig anders, worauf zunächst nicht viel hindeutete. Schon im Juli 1953 war die stalinistische Parteiführung auf Veranlassung Moskaus durch den Reformkommunisten Imre Nagy ersetzt worden, der, wie Gomułka, Jahre zuvor aus der Partei ausgeschlossen und ins Gefängnis geworfen worden war. Er trug also kaum Schuld an dem Terrorregime, das Ungarn gerade abgeschüttelt hatte. Seine erste Maßnahme als neuer Parteichef bestand darin, (mit Berijas Unterstützung) ein Liberalisierungsprogramm anzukündigen. Internierungs- und Arbeitslager sollten geschlossen werden, Bauern durften aus den Produktionsgenossenschaften austreten. Ganz allgemein wollte man die Landwirtschaft fördern und unrealistische industrielle Produktionsziele abschaffen. In charakteristisch schwammigem Parteijargon wurde in einer Resolution vom 28. Juni 1953 festgestellt: »Die falsche Wirtschaftspolitik war von einer gewissen Angeberei und Risikobereitschaft gekennzeichnet, insofern die forcierte Entwicklung der Schwerindustrie Ressourcen und Rohstoffe voraussetzte, die teilweise einfach nicht vorhanden waren.«

Aus Moskauer Sicht war Imre Nagy gewiß keine konventionelle Option. Im September 1949 war er als Kritiker des Ultrastalinisten Mátyás Rákosi hervorgetreten und hatte sich als eines von nur 2 Politbüromitgliedern gegen die Hinrichtung László Rajks ausgesprochen. Dies und seine Kritik an der Kollektivierung der Landwirtschaft hatte zu seiner Entfernung aus der Parteispitze geführt. Er hatte daraufhin Selbstkritik geübt, sich des »Opportunismus« bezichtigt und eingeräumt, sich nicht an die Parteilinie gehalten zu haben. Doch Nagy war eine logische Wahl, als die Zeit kam, Veränderungen in einem Land herbeizuführen, das politisch und wirtschaftlich unter den stalinistischen Exzessen stark gelitten hatte. Zwischen 1948 und 1953 waren rund 480 Personen des politischen Lebens hingerichtet worden – Rajk und andere kommunistische Opfer nicht mitgerechnet; und mehr als 150 000 Personen (bei einer Gesamtbevölkerung von weniger als 9 Millionen) waren in diesem Zeitraum zu Gefängnisstrafen verurteilt worden.

Nagy blieb bis zum Frühjahr 1955 im Amt. Dann gelang es Rákosi und anderen Hardlinern, die unablässig auf eine Schwächung Nagys hingearbeitet hatten, Moskau davon zu überzeugen, daß auf ihn kein Verlaß sei, zumal in einer Zeit, da eine Nato-Erweiterung bevorstand und Österreich ein unabhängiger, souveräner Staat werden sollte. Die sowjetischen Genossen verurteilten Nagy als Rechtsabweichler, er wurde seines Amtes enthoben (und später aus der Partei ausgeschlossen), während Rákosi und seine Freunde an die Macht zurückkehrten. Diese Rücknahme der Reformen, nur acht Monate nach Chruschtschows Geheimrede, zeigt, daß die Sowjets, bei aller Kritik an Stalin, nicht gewillt waren, Abstriche am Prinzip der Einparteienherrschaft hinzunehmen.

Etwa ein Jahr lang agierte die »Gruppe Nagy« innerhalb der ungarischen KP als eine Art informelle »Reformopposition«, die erste derartige Kraft in einem kommunistischen Land nach dem Krieg. Rákosi machte sich derweil in Moskau unbeliebt. Chruschtschow wollte, wie erwähnt, die Beziehungen zu Jugoslawien verbessern, doch hatte Rákosi im Laufe der titofeindlichen Kampagne Ende der vierziger Jahre eine herausragende Rolle gespielt. Es war kein Zufall, daß bei den ungarischen Schauprozessen regelmäßig der Vorwurf des »Titoismus« erhoben wurde, natürlich auch in dem Verfahren gegen Rajk – der ungarischen KP war die Rolle des Staatsanwalts zugeschrieben worden, und die Führung war ihrer Aufgabe mit größtem Eifer nachgekommen.

Doch mittlerweile stand Rákosi den sowjetischen Zielen im Wege. Er war ein Ärgernis. Aus Sicht der Sowjets, die im Juni 1956 in Moskau mit den Jugoslawen verhandelten, war es eine unnötige Provokation, wenn in Budapest ein Erzstalinist regierte, der so eng mit der alten Zeit verbunden war – um so mehr, als seine Vergangenheit, aber auch seine aktuelle Politik zu öffentlichen Protesten in Ungarn führte. Rákosi unternahm zwar allerlei Anstrengungen – im März 1956 schrieb er für die Zeitung *Szabad Nép* eine begeisterte Kritik an Berija und dem Chef der ungarischen Staatssicherheit Gábor Péter, die an Chruschtschows Abrechnung mit dem Personenkult erinnerte –, aber seine Tage waren gezählt. Am 17. Juli 1956 flog Anastas Mikojan nach Budapest, um ihn, umstandslos und diesmal endgültig, seines Amtes zu entheben.

An seiner Stelle wurde der Altstalinist Ernö Gerö an die Parteispitze befördert. Dies sollte sich als Fehler erweisen, denn Gerö konnte den Wandel weder führen noch unterdrücken. Am 6. Oktober genehmigten die Budapester Behörden, als Geste gegenüber Belgrad, die Umbettung von László Rajk und der anderen Prozeßopfer. Béla Szász, einer der Überlebenden des Rajk-Prozesses, sprach am Grab: »Hingerichtet aufgrund fingierter Vorwürfe, lag László Rajk sieben Jahre in einem namenlosen Grab. Sein Tod ist ein Warnsignal geworden für das ungarische Volk und die ganze Welt. Die Hunderttausenden, die an seinem Sarg vorbeidefilieren, wollen nicht nur dem Toten ihre Ehre erweisen; es ist ihre leidenschaftliche Hoffnung und ihr fester Wille, eine ganze Epoche zu Grabe zu tragen. Die Gesetzlosigkeit, Willkür und Verkommenheit dieser schändlichen Jahre muß ein für allemal begraben werden. Und die Gefahr, die die ungarischen Gewaltherrscher und Vertreter des Personenkults darstellen, muß für immer gebannt werden.«

Es war nicht ohne Ironie, daß einem Mann, der selbst so viele unschuldige (nichtkommunistische) Opfer an den Galgen gebracht hatte, nun so viel öffentliche Sympathie entgegenschlug. Doch Ironie hin, Ironie her, Rajks Umbettung war der Funke, der den ungarischen Aufstand entzünden sollte.

Am 6. Oktober 1956 gründeten Studenten der Universität Szeged einen unabhängigen »Ungarischen Studentenbund«. Binnen einer Woche waren überall im Land Studentenverbände entstanden, und am 22. Oktober stellten Studierende der Technischen Universität Budapest ein »Sechzehn-Punkte«-Manifest auf, das Reformen in Industrie und Landwirtschaft, mehr Demokratie und Meinungsfreiheit und die Aufhebung der zahlreichen Einschränkungen und Vorschriften forderte. Außerdem verlangten sie die Berufung Imre Nagys zum Ministerpräsidenten, Rákosi und seine Genossen vor Gericht zu stellen sowie den Abzug aller sowjetischen Truppen aus Ungarn.

Tags darauf, am 23. Oktober, versammelten sich Studenten auf dem Parlamentsplatz in Budapest, um für ihre Forderungen zu demonstrieren. Das Regime wußte nicht recht, wie es reagieren sollte. Gerö verbot die Demonstration zunächst und genehmigte sie dann. In einer abendlichen Rundfunkansprache verurteilte er schließlich die Organisatoren. Eine Stunde später rissen aufgebrachte Demonstranten das Stalin-Standbild im Budapester Zentrum nieder, sowjetische Panzer rollten nach Budapest, um gegen die Menge vorzugehen, und das ungarische Zentralkomitee diskutierte während der ganzen Nacht über die Lage. Am nächsten Morgen um 8.13 Uhr wurde bekanntgegeben, daß Imre Nagy als Ministerpräsident eingesetzt worden sei.

Wenn die Parteiführung gehofft hatte, daß sich die Lage nun wieder beruhigen werde, so hatte sie sich getäuscht. Nagy selbst war durchaus willens, die Ordnung wiederherzustellen: Eine Stunde nach Amtsantritt verhängte er das Kriegsrecht. Gegenüber Michael Suslow und Anastas Mikojan, die noch am selben Tag mit dem Flugzeug aus Moskau eingetroffen waren, unterstrichen er und die anderen Mitglieder der neuen ungarischen Führung, daß man mit den Demonstranten verhandeln müsse. Wie die Russen am 26. Oktober vor dem Parteipräsidium berichteten, hatte János Kádár[14] ihnen erklärt, daß man zwischen den loyalen Massen, die sich aufgrund schlimmer Fehler der Führung von der Partei entfernt hätten, und den bewaffneten Konterrevolutionären, die die Regierung Nagy zu isolieren hoffe, unterscheiden könne und müsse.

Kádár mag einige sowjetische Genossen überzeugt haben, aber seine Sicht entsprach nicht den realen Verhältnissen in Ungarn. Überall im Land entstanden Studentenverbände, Arbeiterräte und revolutionäre »nationale Komitees«. Zusammenstöße zwischen Polizei und Demonstranten führten zu gewaltsamen Gegenangriffen. Gegen den Rat einiger ihrer Mitglieder betrachtete die Parteiführung den Aufstand zunächst nicht als demokratische Revolution, sondern als »Konterrevolution« und vergab damit die Chance, steuernd auf die Unruhen einzuwirken. Erst am 28. Oktober, fast eine Woche nach den ersten Demonstrationen, verkündete Nagy im Radio eine Waffenruhe. Er erkannte die Legitimität und den revoluionären Charakter der Proteste an, versprach die Auflösung der verhaßten Geheimpolizei und kündigte den Abzug der sowjetischen Truppen aus Budapest an.

Die sowjetische Führung hatte trotz aller Bedenken beschlossen, den Kurs der neuen Führung zu unterstützen. Suslow bezeichnete die Zugeständnisse als den Preis, der bezahlt werden müsse, wenn man die Unruhen unter Kontrolle bringen wolle. Doch die Entwicklung ging rasch über die politischen Überlegungen der Sowjets hinweg. Nachdem bei Angriffen auf das Gebäude der ungarischen KP 24 Verteidiger getötet worden waren, meldete sich Nagy am 30. Oktober erneut über Radio, um zu verkünden, daß die Regierung eine demokratische Zusammenarbeit mit den nach 1945 wiedererstandenen Parteien anstrebe. Mit anderen Worten, Nagy wollte eine Mehrparteienregierung bilden. Er stützte sich auf die

Volksbewegung, statt sie in die Schranken zu verweisen. Als er zum Abschluß seine Ansprache von einem »freien, demokratischen und unabhängigen Ungarn«, verzichtete er sogar zum erstenmal auf den diskreditierten Zusatz »sozialistisch«. Und öffentlich appellierte er an Moskau, mit dem Abzug der Truppen aus Budapest und allen anderen Landesteilen zu beginnen.

Dieser gewagte Kurs – Nagy glaubte tatsächlich, Ruhe und Ordnung wiederherstellen und damit die unausgesprochene Drohung einer sowjetischen Intervention abwenden zu können – wurde von den anderen Kommunisten in der Regierung unterstützt. Doch die Initiative hatte er aus der Hand gegeben. Im ganzen Land wurden Revolutionskomitees, Parteien und Zeitungen gegründet. Überall herrschte eine antirussische Stimmung, häufig wurde an die Unterdrückung der ungarischen Revolution 1848 und 1849 durch das zaristische Rußland erinnert. Vor allem aber verlor Moskau das Vertrauen in Nagy. Als er am Nachmittag des 31. Oktober die Aufnahme von Verhandlungen über den Abzug der sowjetischen Truppen bekanntgab, war sein Schicksal vermutlich schon besiegelt.

Chruschtschow und seine Genossen hatten immer den Standpunkt vertreten, daß sie in Ungarn, wie zuvor in Polen, intervenieren müßten, wenn die »Konterrevolution« außer Kontrolle geriet, scheinen anfangs aber gezögert zu haben. Noch am 31. Oktober hieß es in Moskau, daß man bereit sei, mit den Ungarn über einen Truppenabzug zu verhandeln. Aber schon trafen erste Berichte von Studentendemonstrationen in Timisoara (Rumänien) und Sympathieerklärungen bulgarischer Intellektueller ein. Das alles klang tatsächlich nach jenem Virus, den der Kreml fürchtete. Nun mußte gehandelt werden.

Schon einen Tag später gab Chruschtschow bekannt, daß ein Truppenabzug nicht mehr in Frage komme. Die Imperialisten würden darin nur ein Zeichen sowjetischer Schwäche sehen. Vielmehr müsse die Sowjetunion nun die nötigen Schritte unternehmen, um die Ordnung in Ungarn wiederherzustellen. Sowjetische Truppenverbände in Rumänien und der Ukraine wurden in Richtung ungarische Grenze in Marsch gesetzt. Als Nagy davon erfuhr, bestellte er den sowjetischen Botschafter Juri Andropow zu sich und teilte ihm mit, daß Ungarn aus Protest gegen diesen erneuten Truppeneinsatz seine Mitgliedschaft im Warschauer Pakt kündige. Am Abend des 1. November um 19.50 Uhr erklärte er in einer Radioansprache Ungarn mit sofortiger Wirkung zu einem neutralen Staat und forderte die UNO auf, den neuen Status des Landes anzuerkennen. Diese Erklärung wurde landesweit begrüßt. Die Budapester Arbeiterräte, die seit Beginn des Aufstands streikten, riefen zu einem Ende des Streiks auf. Nagy hatte all jene Ungarn, die sein Vorgehen mißtrauisch beobachtet hatten, letztlich überzeugt.

Am selben Abend, an dem er seine historische Erklärung abgab, wurde János Kádár heimlich nach Moskau geschafft, wo Chruschtschow ihm klarmachte, daß er eine neue Regierung bilden müsse. Die Rote Armee würde ohnehin einmarschieren und für Ordnung sorgen, die Frage sei nur, wer die Ehre hätte, mit den Sowjets zusammenzuarbeiten. Wenn Kádár zögerte, Nagy und die anderen Ungarn zu hintergehen, so brachte Chruschtschows Hinweis, daß die Einsetzung von Ernö Gerö ein Fehler gewesen sei, den man kein zweites Mal machen werde, die Entscheidung. Anschließend flog Chruschtschow nach Bukarest, um dort mit rumänischen, bulgarischen und tschechischen Vertretern über die Lage in Ungarn zu sprechen und eine Intervention zu koordinieren (tags zuvor hatte eine sowjetische Delegation mit der polnischen Regierung konferiert). Imre Nagy protestierte weiterhin gegen die militärischen Maßnahmen der Sowjets und bat UNO-Generalsekretär Dag Hammarskjöld um Vermittlung und den Westen um Anerkennung der ungarischen Neutralität.

Am 3. November begannen die Verhandlungen über einen sowjetischen Truppenabzug. Als die ungarischen Delegierten abends im sowjetischen Hauptquartier in Tököl erschienen, wurden sie sofort verhaftet. Am 4. November um 4 Uhr morgens griffen sowjetische Panzer in Budapest an, und eine Stunde später wurde über Radio (aus dem sowjetisch besetzten Ostungarn) die Absetzung Imre Nagys und die Bildung einer neuen Regierung bekanntgegeben. Daraufhin wandte sich Nagy ein letztes Mal über Radio an die Bevölkerung und rief zum Widerstand gegen die sowjetischen Invasoren auf. Anschließend flohen er und seine engsten Mitarbeiter in die jugoslawische Botschaft, wo ihnen Asyl gewährt wurde.

Wie die Sache militärisch ausgehen würde, stand von vornherein fest. Trotz heftigen Widerstands wurde Budapest innerhalb von 72 Stunden eingenommen, und am 7. November wurde die neue Regierung Kádár eingesetzt. Einige Arbeiterräte hielten sich noch eine Weile – Kádár zog es vor, nicht direkt gegen sie vorzugehen –, und bis Anfang 1957 kam es immer wieder zu Streiks. Laut einem Geheimbericht, der dem ZK der KPdSU am 22. November 1956 vorgelegt wurde, war die Produktion der ungarischen Kohlegruben auf 10 Prozent gesunken. Doch schon bald fühlte sich die neue Regierung hinreichend sicher, die Initiative ergreifen zu können. Am 5. Januar 1957 wurde bekanntgegeben, daß jeder Streikaufruf mit der Todesstrafe geahndet werde. Die Repression begann. Neben rund 2 700 Ungarn, die bei den Kämpfen das Leben verloren hatten, wurden in den folgenden Jahren 341 Personen angeklagt und hingerichtet (das letzte Todesurteil wurde 1961 ausgeführt). Insgesamt 22 000 Ungarn wurden für ihre Beteiligung an der »Konterrevolution« zu Haftstrafen verurteilt, viele von ihnen zu fünf Jahren und mehr. Weitere 13 000 kamen in Internierungslager, viele verloren ihre Arbeit oder wurden unter Aufsicht gestellt, bis im März 1963 eine allgemeine Amnestie verkündet wurde.

Schätzungsweise 20000 Ungarn, mehr als 2 Prozent der Bevölkerung, meist junge, gebildete Leute aus Budapest und dem urbanisierten Westteil des Landes, flohen ins Ausland – in die USA (wo rund 80000 Personen Asyl fanden), nach Österreich, Großbritannien, Westdeutschland, Frankreich, in die Schweiz und viele andere Länder. Das Schicksal von Imre Nagy und seinen Kollegen blieb zunächst ungewiß. Nachdem sie drei Wochen in der jugoslawischen Botschaft in Budapest verbracht hatten, wurden sie am 22. November unter einem Vorwand aus dem Gebäude gelockt, sofort verhaftet, nach Rumänien geschafft und dort inhaftiert.

Kádár konnte sich monatelang nicht recht entscheiden, was mit seinen einstigen Weggefährten geschehen solle. Die meisten jungen Arbeiter und Soldaten, die an den Straßenkämpfen teilgenommen hatten, wurden aus Angst vor internationalen Protesten in aller Stille abgeurteilt. Bei einigen prominenten Figuren, wie etwa den Schriftstellern József Gáli und Gyula Obersovszky, gab es ausländische Gnadengesuche. Nagy selbst war ein besonders heikler Fall. Im April 1957 beschloß die ungarische Führung, Nagy und seine Freunde in Ungarn vor Gericht zu stellen, doch das Verfahren wurde erst im Juni 1958 aufgenommen und unter Ausschluß der Öffentlichkeit abgehalten. Am 15. Juni 1958 wurden alle Angeklagten der Konterrevolution für schuldig befunden und zum Tode oder zu langen Haftstrafen verurteilt. Die Schriftsteller István Bibó und Árpád Göncz, der spätere Staatspräsident, erhielten »lebenslänglich«. Zwei andere, József Szilagyi und Géza Lozonczy, wurden noch vor Prozeßbeginn in der Haft getötet. Imre Nagy, Pál Maléter und Miklós Gimes wurde am Morgen des 16. Juni 1958 hingerichtet.

Der ungarische Aufstand, ein kurzes, verzweifeltes Aufbegehren in einem kleinen Außenposten des sowjetischen Imperiums, hatte tiefgreifende Auswirkungen auf die internationale Politik. In erster Linie war es eine Lektion für die westliche Diplomatie. Bislang hatten die Vereinigten Staaten zwar offiziell akzeptiert, daß die osteuropäischen Satelliten zum sowjetischen Machtbereich gehörten, andererseits aber den »Geist des Widerstands« in diesen Ländern ermutigt. Wie es im Memorandum Nr. 174 des Nationalen Sicherheitsrats vom Dezember 1953 heißt, sollten durch verdeckte Aktionen und diplomatische Unterstützung »solche Bedingungen gefördert werden, die zu einem geeigneten späteren Moment die Befreiung der Satellitenstaaten möglich machen«. Doch wie es im Memorandum NSC 5608/1 vom Juli 1956 heißt, waren die USA »nicht bereit, die sowjetische Herrschaft über die Satelliten auf militärischem Wege zu beenden«.

Tatsächlich hatte das US-Außenministerium seit der Niederschlagung des Aufstands in Ostberlin die Ansicht vertreten, daß die Sowjetunion auf absehbare

Zeit zweifelsfrei die Macht in ihrem Einflußbereich habe. Die einzige Strategie für den Westen hieß »Nichteinmischung«. Das konnten die ungarischen Aufständischen nicht wissen. Viele rechneten ehrlich mit westlicher Hilfe, ermutigt durch die kompromißlose Rhetorik der amerikanischen Politiker und durch die Sendungen von Radio Freies Europa, in dessen Sendungen ungarische Emigranten die Bevölkerung zum bewaffneten Widerstand aufriefen und ausländische Hilfe versprachen. Als diese ausblieb, waren die besiegten Rebellen verständlicherweise verbittert und enttäuscht.

Doch selbst wenn der Westen mehr hätte tun wollen – die Umstände waren außerordentlich ungünstig. Ausgerechnet an dem Tag, an dem der ungarische Aufstand begann, trafen in Sèvres französische und britische Abgesandte zu Geheimgesprächen mit Israelis zusammen. Und Frankreich hatte seine Probleme in Algerien. Wie Außenminister Christian Pineau am 27. Oktober 1956 dem französischen UNO-Botschafter mitteilte: »Es ist wichtig, daß der Resolutionsentwurf, der dem Sicherheitsrat zur ungarischen Frage vorgelegt wird, keine Formulierung enthält, die unser Vorgehen in Algerien beeinträchtigen könnte ... Wir sind vor allem gegen die Einsetzung eines Untersuchungsausschusses.« Ähnlich äußerte sich der britische Außenminister Selwyn Lloyd vier Tage später gegenüber Premier Eden, nachdem der britische Botschafter in Moskau vorgeschlagen hatte, London solle die Sowjets auffordern, von einer Intervention in Ungarn abzusehen: »Ich glaube nicht, daß dies der geeignete Zeitpunkt für eine solche Aufforderung ist.«

Bereits am 28. Oktober hatte Chruschtschow vor dem ZK der KPdSU erklärt, daß Engländer und Franzosen in Ägypten in einem großen Schlamassel steckten.[15] Und Eisenhower befand sich mitten in der letzten Wahlkampfwoche – am Tag seiner Wiederwahl fanden in Budapest heftige Kämpfe statt. Der Nationale Sicherheitsrat beschäftigte sich erst drei Tage nach der sowjetischen Invasion mit Ungarn. Washington hatte die Tragweite der Entscheidungen Imre Nagys nicht erkannt, vor allem seines Verzichts auf die Einparteienherrschaft, aber in der amerikanischen Politik spielte Ungarn nur eine untergeordnete Rolle (während die Unruhen in Polen sehr viel aufmerksamer in Washington beobachtet worden waren). Und als der Nationale Sicherheitsrat am 8. November über Ungarn diskutierte, war allgemeiner Konsens, daß alles die Schuld der Franzosen und Briten sei. Wenn die beiden nicht Ägypten angegriffen hätten, so hätte die Sowjetunion nicht im Schatten dieser Operation gegen Ungarn vorgehen können. Die US-Regierung zeigte ein reines Gewissen.

Sowjetische Politiker sahen also ihren Vorteil und nutzten ihn. Aus kommunistischer Sicht war Imre Nagy nicht deswegen so gefährlich, weil er die Wirtschaft liberalisiert oder die Zensur gelockert hatte. Nicht einmal die Neutralitätserklärung, obschon von Moskau als provozierend empfunden, war der Anlaß, Nagy zu beseitigen. Nicht hinnehmbar war für den Kreml, daß die ungarische KP auf das Machtmonopol verzichtet, die »führende Rolle der Partei« zur Disposition gestellt hatte (was beispielsweise Gomułka nie zugelassen hätte). Mit dieser Entfernung von der kommunistischen Lehre hatten die Ungarn ihr eigenes Todesurteil geschrieben. Deshalb unterstützten die Kommunisten der anderen Satellitenstaaten auch so bereitwillig Chruschtschows Entscheidung, Nagy aus dem Weg zu räumen. Als das tschechoslowakische Politbüro am 2. November seine Bereitschaft erklärte, »alle notwendigen Schritte zur Erhaltung der Volksdemokratie in Ungarn mitzutragen«, war dies gewiß ehrlich gemeint.[16]

Letztlich räumte selbst Tito ein, daß das Ende der Einparteienherrschaft in Ungarn und die Auflösung der Geheimpolizei ein gefährlicher Präzedenzfall sei. Tito hatte die Vorgänge in Ungarn zunächst als ein weiteres Zeichen der Entstalinisierung begrüßt. Doch Ende Oktober trat bei ihm ein Sinneswandel ein. Die geographische Nähe Ungarns, die starke ungarische Minderheit in der Wojwodina (Provinz Serbiens) und die Ansteckungsgefahr – all das war aus seiner Sicht zuviel. Als Chruschtschow und Malenkow am 2. November 1956 nach Brioni flogen, um Tito über den bevorstehenden Einmarsch in Ungarn zu informieren, reagierte er besorgt, aber verständnisvoll. Ihm kam es vor allem darauf an, daß der zu installierenden Marionettenregierung kein Rákosi und keine anderen stalinistischen Hardliner angehörten. In diesem Punkt konnte Chruschtschow ihn beruhigen.

Daß Tito zwei Tage später Nagy und 15 Regierungsmitgliedern samt ihren Familien Asyl gewährte, fand Chruschtschow weniger amüsant. Die jugoslawische Entscheidung dürfte auf dem Höhepunkt der Ungarn-Krise und in der Annahme gefallen sein, daß die Sowjets kein Interesse an Märtyrern haben konnten. Doch als die sowjetischen Führer ihr Mißfallen äußerten, zumal nach der Entführung Nagys, dem Kádár sicheres Geleit zugesagt hatte, befand sich Tito in einer mißlichen Lage. Öffentlich unterstützte er weiterhin die neue ungarische Regierung, doch inoffiziell verhehlte er seinen Ärger über den Lauf der Dinge keineswegs.

Mit ihrer rücksichtlosen Einmischung in die Angelegenheiten eines befreundeten Bruderstaats machten sich die Sowjets in Jugoslawien nicht sehr beliebt. Das beiderseitige Verhältnis verschlechterte sich erneut, Belgrad wandte sich wieder dem Westen und den Blockfreien zu. Titos Reaktion auf die ungarischen Ereignisse war also zwiespältig. Er war, genau wie die Sowjets, erleichtert darüber, daß die kommunistische Herrschaft wiederhergestellt worden war, aber das sowjetische Vorgehen hatte einen gefährlichen Präzedenzfall geschaffen, der einen üblen Geschmack hinterließ.

Anderswo war die Reaktion insgesamt weniger ambivalent. Im Westen bewirkte Chruschtschows Geheimrede das Ende einer gewissen kommunistischen Gläubigkeit. Aber sie ermöglichte auch Reformen und Erneuerung, und indem Chruschtschow Stalin opferte, um die Illusion von der Reinheit der leninistischen Revolution aufrechtzuerhalten, hatte er den Parteimitgliedern und Sympathisanten einen Mythos präsentiert, an den sie sich halten konnten. Doch angesichts der verzweifelten Straßenkämpfe in Budapest verflüchtigten sich alle Hoffnungen auf einen neuen reformierten Kommunismus. Wieder einmal hatte sich erwiesen, daß die Herrschaft der Kommunisten einzig auf den Geschützrohren von Panzern beruhte. Alles andere war Dialektik. Die kommunistischen Parteien Westeuropas bluteten allmählich aus. In Italien traten zwischen 1955 und 1957 rund 400000 Mitglieder aus der Partei aus. Auf dem Höhepunkt der Ungarnkrise machte Togliatti den sowjetischen Führern klar: »Die Ereignisse in Ungarn haben sich in einer Weise entwickelt, die jeden innerparteilichen Erklärungsversuch erschwert und es sehr schwer macht, Zustimmung für die Führung zu gewinnen.«

In Italien, aber auch in Frankreich, England und anderswo, waren es junge, gebildete Leute, die der Partei in Scharen davonliefen.[17] Wie die nichtkommunistischen linken Intellektuellen hatten sie sich für die poststalinistischen Reformen in der Sowjetunion *und* für die ungarische Revolution mit ihren Arbeiterräten und Studenteninitiativen und der Aussicht, daß selbst innerhalb des Sowjetblocks eine regierende KP sich verändern und neue Wege gehen könne. So sah Hannah Arendt vor allem in den Arbeiterräten (weniger in der Wiederzulassung politischer Parteien) das Symbol eines wahrhaft demokratischen Aufstands gegen die Diktatur, eines Kampfes der Freiheit gegen Tyrannei. Endlich schien es möglich, von Kommunismus und Freiheit im gleichen Atemzug zu sprechen. Wie Jorge Semprún, seinerzeit ein junger spanischer Kommunist in Paris, später schrieb: »Die Geheimrede befreite uns, sie gab uns zumindest die Chance, aus dem Schlaf der Vernunft zu erwachen.« Nach der Unterdrückung des ungarischen Aufstands war diese Hoffnung verflogen.

Einige westliche Beobachter suchten die Intervention der Sowjets zu rechtfertigen oder zumindest zu erklären, indem sie, gestützt auf die offizielle kommunistische Sprachregelung, darauf verwiesen, daß Imre Nagy eine Konterrevolution angeführt habe beziehungsweise sich von ihr habe vereinnahmen lassen. Sartre sprach charakteristischerweise von der »rechten Ideologie«, die den Aufstand geprägt habe. Aber welche Ziele die Aufständischen auch verfolgt haben mochten – ihre Motive waren viel differenzierter als seinerzeit angenommen –, es war nicht der ungarische Aufstand, sondern seine Niederschlagung durch die Sowjets, die auf ausländische Beobachter den größeren Eindruck machte. Fortan würde der Kommunismus immer mit Unterdrückung, nicht mit Revolution assoziiert werden. Vierzig Jahre lang hatte die westeuropäische Linke den Blick nach Moskau gerichtet und bolschewistische Gewalt als Preis für revolutionäre Selbstbestimmung und historischen Fortschritt nicht nur hingenommen, sondern sogar gefeiert. Moskau war der schmeichelhafte Spiegel ihrer politischen Illusionen. Im November 1956 zerbrach dieser Spiegel in Stücke.

Am 8. September 1957 notierte der ungarische Schriftsteller István Bibó: »Mit der Niederschlagung der ungarischen Revolution hat die UdSSR den mit ihr sympathisierenden Bewegungen (Frieden, Frauen, Jugend, Studenten, Intellektuelle usw.), die zur Stärke des Kommunismus beitrugen, einen schweren, möglicherweise tödlichen Schlag erteilt.« Genau so war es. Ohne den eigentümlichen Magnetismus des stalinistischen Terrors und in seiner ganzen gepanzerten Mittelmäßigkeit, die in Budapest deutlich geworden war, hatte der Sowjetkommunismus für viele westliche Sympathisanten seine Anziehungskraft verloren. Viele Kommunisten, die, wie der französische Dichter Claude Roy, den Gestank des Stalinismus loswerden wollten, »hielten die Nasenlöcher in eine andere Richtung«. Nach 1956 verbargen sich die Geheimnisse der Geschichte nicht mehr in den düsteren Fabriken und dysfunktionalen Kolchosen der Volksdemokratien, sondern in anderen, exotischeren Gegenden. Eine kleine Minderheit von starrsinnigen Apologeten klammerte sich noch an die Vergangenheit, aber von Berlin bis Paris suchte eine neue Generation fortschrittlich gesinnter Menschen Trost und Vorbild in außereuropäischen Regionen, in den Kämpfen einer Welt, die noch nicht die »Dritte« hieß.

Auch in Osteuropa waren die Illusionen zerbrochen. So bemerkte ein britischer Diplomat in Budapest am 31. Oktober, auf dem ersten Höhepunkt der Kämpfe: »Es grenzt an ein Wunder, daß die Ungarn diesem teuflischen Angriff widerstehen und ihn zurückschlagen. Sie werden weder vergessen noch vergeben.« Doch es waren nicht nur die Ungarn, die sich die Botschaft der sowjetischen Panzer zu Herzen nahmen. In Rumänien demonstrierten sympathisierende Studenten. In der DDR wurden Intellektuelle, die den sowjetischen Einmarsch kritisiert hatten, verhaftet und abgeurteilt. In der UdSSR öffneten die Ereignisse in Ungarn bislang überzeugten Kommunisten wie Leonid Pljuschtsch die Augen. Eine neue Generation von Dissidenten, wie etwa Paul Goma in Rumänien oder Wolfgang Harich in der DDR, wurde in den Trümmern von Budapest geboren.

Im Unterschied zu Westeuropa konnten sich die desillusionierten Bürger der diskreditierten osteuropäischen Regimes nicht fernen Ländern zuwenden oder ihren revolutionären Glauben am Schein weit entfernter Bauernaufstände neu entfachen. Sie mußten sich notgedrungen mit Regimes arrangieren, deren Versprechungen sie nicht mehr glaubten. Die Osteuropäer erlebten die Ereignisse von 1956 als Destillat kumulativer Enttäuschungen. All ihre Hoffnungen, die sie in den Kommunismus gesetzt hatten und die nach dem Beginn des Tauwetters kurz wieder aufgeflammt waren, wurden ausgelöscht; doch auch auf westlichen Beistand konnten sie nicht mehr hoffen. Während Chruschtschows Enthüllungen und die zaghafte Rehabilitierung der Schauprozeßopfer noch die Vorstellung genährt hatte, im Kommunismus sei Platz für Erneuerung und Freiheit, herrschte nach 1956 nur mehr blanke Resignation.

Diese Entwicklung hatte aber auch ihr Gutes. Eben weil die Osteuropäer nun Ruhe gaben und die Ordnung wiederhergestellt war, konnte in der Ära Chruschtschow ein gewisses Maß an Liberalisierung zugelassen werden – ironischerweise vor allem in Ungarn. Dort etablierte Kádár, nachdem die Aufständischen und ihre Sympathisanten bestraft waren, den »postpolitischen« kommunistischen Staat. Dafür, daß sie die führende Rolle der Partei akzeptierten, genossen die Ungarn eine sehr begrenzte, aber konkrete Freiheit, zu produzieren und zu konsumieren. Niemand mußte mehr an die Partei glauben, schon gar nicht an ihre Führer. Die Menschen sollten sich einfach jeglicher Opposition enthalten. Ihr Schweigen würde als Zustimmung betrachtet.

Der resultierende »Gulaschkommunismus« sicherte die Stabilität Ungarns, und die Erinnerung an den ungarischen Aufstand sicherte die Stabilität des übrigen Ostblocks, zumindest für das nächste Jahrzehnt. Doch das hatte seinen Preis. Für die meisten Menschen, die unter dem Kommunismus lebten, hatte das »sozialistische« System alles verloren, was es an radikalen, fortschrittlichen Utopien einmal versprochen hatte, mit denen es noch zu Beginn der fünfziger Jahre vor allem junge Leute für sich einnehmen konnte. Nun war Sozialismus nur noch eine Form des Daseins, die man ertragen mußte, und zwar noch lange. Nach 1956 glaubte kaum jemand an ein rasches Ende der sowjetischen Herrschaft. *Vor* den Ereignissen des Budapester Herbsts war in dieser Hinsicht sogar ein gewisser Optimismus aufgekommen. Doch nun begannen die kommunistischen Staaten Osteuropas, wie die Sowjetunion selbst, ihren Weg in das jahrzehntelange Dämmerlicht von Stagnation, Korruption und Zynismus.

Auch die Sowjets sollten einen Preis bezahlen. 1956 stand in vielerlei Hinsicht für die Niederlage und das Scheitern des Revolutionsmythos, den Lenin und seine Nachfolger so erfolgreich kultiviert hatten. Wie Boris Jelzin am 11. November 1992 in einer Rede vor dem ungarischen Parlament erklärte: »Die Tragödie von 1956 … wird ein unauslöschlicher Makel in der Geschichte des sowjetischen Regimes sein.« Doch das war nichts im Vergleich zu den Kosten, die die Sowjets ihren Opfern auferlegt hatten. Dreiunddreißig Jahre später, am 16. Juni 1989, fand in Budapest abermals eine feierliche Umbettung statt, diesmal der sterblichen Überreste von Imre Nagy und seinen Kollegen. Viktor Orbán, künftiger Ministerpräsident seines Landes, erklärte am Grab Imre Nagys: »Die blutige Unterdrückung der Revolution hatte unmittelbar zur Folge, daß wir die Bürde des Bankrotts auf uns nehmen und nach einem Ausweg aus der asiatischen Sackgasse suchen mußten, in die wir hineingestoßen wurden. Ja, die Ungarische Sozialistische Arbeiterpartei hat 1956 die heutige Jugend um ihre Zukunft gebracht.«

X
Das Zeitalter des Wohlstands

Seien wir ehrlich, den meisten von uns ist es noch nie so gut gegangen.

Premierminister Harold Macmillan, 20. Juli 1957

Admass ist meine Bezeichnung für dieses ganze System aus zunehmender Produktivität plus Inflation plus steigendem Lebensstandard plus aggressiver Werbe- und Verkaufstechniken plus Massenkommunikation plus Kulturdemokratie und Hervorbringung des Massendenkens, des Massenmenschen.

John Boynton Priestley

»Sieh nur, diese primitiven Leute!«
»Wo kommen die her?«
»Aus Lukanien.«
»Wo ist das?«
»Ganz unten im Süden!«

Aus Rocco und seine Brüder (1960), Regie: Luchino Visconti

We're going where the sun shines brightly
We're going where the sea is blue.
We've seen it in the movies –
Now let's see if it's true.

Cliff Richards, aus Summer Holiday (1959)

Das Leben im amerikanischen Zeitalter ist ganz schön öde – wenn man nicht gerade Amerikaner ist.

Jimmy Porter, in: Blick zurück im Zorn (1956)

1979 legte der französische Soziologe und Wirtschaftswissenschaftler Jean Fourastié eine Studie über die Transformation Frankreichs in den dreißig Jahren nach Kriegsende vor. Der Titel – *Les trente glorieuses ou La Révolution invisible de 1946 à 1975* – ist treffend. In Westeuropa waren die drei Dekaden nach Kriegsende in der Tat »glorreich«. Die erstaunliche Beschleunigung des Wirtschaftswachstums ging mit einem nie dagewesenen Wohlstand einher. Innerhalb einer

Generation holte Westeuropa nach vierzig Jahren Wirtschaftskrise und Krieg mächtig auf und begann, sich in Wirtschaft und Konsum zunehmend amerikanischen Verhältnissen anzugleichen. Die Menschen, die weniger als zehn Jahre zuvor verunsichert aus den Trümmern gestolpert waren, betraten nun, staunend und auch ein wenig verwirrt, das Zeitalter des Wohlstands.

Die westeuropäische Wirtschaftsgeschichte der Nachkriegszeit stellt man sich am besten als Umkehrung der Vorkriegsära vor. An die Stelle von Protektionismus und Abschottung trat eine Liberalisierung des Handels. Regierungen gaben nicht weniger, sondern mehr Geld aus. Öffentliche und private Mittel wurden in Infrastruktur und Maschinen investiert, alte Anlagen modernisiert oder ersetzt, was zu höherer Rentabilität und Produktivität führte. Der Außenhandel nahm beträchtlich zu, und vergleichsweise junge und berufstätige Konsumenten konnten sich immer mehr leisten.

Der Wirtschaftsboom fand nicht überall gleichzeitig statt. Er setzte zunächst in Deutschland und Großbritannien, bald auch in Frankreich und Italien ein, wurde aufgrund der nationalen Unterschiede hinsichtlich Steuern, Budgetvorgaben und Investitionspolitik unterschiedlich erlebt. In der Nachkriegszeit stand vor allem die Modernisierung der Infrastruktur im Vordergrund – Straßen und Eisenbahnverbindungen, Wohnungen und Fabriken wurden ausgebessert oder neu gebaut. Der private Konsum wurde in manchen Ländern gezielt behindert, so daß viele Menschen, wie schon erwähnt, die ersten Nachkriegsjahre als eine Zeit fortgesetzten Mangels erlebten. Das Ausmaß der Veränderungen hing natürlich auch von der Ausgangssituation ab: je wohlhabender das Land, desto undramatischer erschienen sie.

Gleichwohl stiegen in jedem europäischen Land Bruttoinlandsprodukt (BIP) und Bruttosozialprodukt (BSP), die neuen Indikatoren für Wirtschaftsleistung und Wohlstand eines Landes. Während der fünfziger Jahre lag das durchschnittliche Wirtschaftswachstum pro Kopf der Bevölkerung in Westdeutschland bei jährlich 6,5 Prozent, in Italien bei 5,3 Prozent, in Frankreich bei 3,5 Prozent. Das Bemerkenswerte solcher anhaltend hohen Zahlen ergibt aus dem Vergleich zur Situation der Vorkriegsjahrzehnte: In den Jahren 1913 bis 1950 lag das jährliche Wirtschaftswachstum in Deutschland bei 0,4 Prozent, in Italien bei 0,6 Prozent, in Frankreich bei 0,7 Prozent. Selbst in der Aufschwungphase des prosperierenden Kaiserreichs nach 1870 war die Wirtschaft nur um durchschnittlich 1,8 Prozent gewachsen.

In den sechziger Jahren verlangsamte sich das Wachstum zwar, doch insgesamt konnte die westeuropäische Wirtschaft nach wie vor historisch beispiellose Wachstumsraten vorweisen. In Westdeutschland stieg das Bruttoinlandsprodukt pro Kopf der Bevölkerung zwischen 1950 und 1972 real um mehr als 300 Prozent, in Frankreich um 150 Prozent. Italien, das viel weiter zurücklag, schnitt noch besser ab. Historisch arme Länder verzeichneten einen spektakulären Aufschwung: In Österreich stieg das Pro-Kopf-BIP zwischen 1950 und 1973 von 3 731 auf 11 308 Dollar (nach dem Dollarkurs von 1990), in Spanien von 2 397 auf 8 739 Dollar. In den Niederlanden lag das Wirtschaftswachstum zwischen 1950 und 1970 bei jährlich 3,5 Prozent – das *Siebenfache* der Wachstumsrate in den vorangegangenen vierzig Jahren.

Ein wichtiger Faktor hierbei war die kontinuierliche Steigerung des Außenhandels, der in den meisten europäischen Ländern sehr viel schneller wuchs als die Wirtschaft insgesamt. Durch die Beseitigung von Handelshemmnissen konnte die Stagnation der Vorkriegsepoche weitgehend überwunden werden.[1] Dies kam vor allem Westdeutschland zugute, dessen Anteil am weltweiten Export von Industriegütern zwischen 1950 und 1960 von 7,3 Prozent auf 19,3 Prozent stieg. Damit nahm das Land in der Weltwirtschaft wieder die Position ein, die es vor dem Börsenkrach von 1929 innegehabt hatte.

In den 45 Jahren nach 1950 stieg der weltweite Export auf den 16fachen Umfang. Selbst ein Land wie Frankreich, dessen Anteil am Welthandel in diesen Jahren konstant bei etwa 10 Prozent verharrte, profitierte von diesem Wachstum. Tatsächlich gewannen alle Industriestaaten in diesen Jahren – die Terms of Trade verschoben sich nach dem Zweiten Weltkrieg deutlich zu ihren Gunsten: Die Preise für Rohstoff- und Nahrungsmittelimporte aus der nichtwestlichen Welt sanken, während die Preise für Industriegüter anstiegen. Drei Jahrzehnte ungleicher Handelsbeziehungen zur Dritten Welt hatten dem Westen traumhafte Profite beschert.[2]

Das Besondere an diesem westeuropäischen Boom war das Ausmaß der Integration, das damit einherging. Noch vor den Römischen Verträgen unterhielten die späteren EWG-Länder Handelsbeziehungen vor allem untereinander. 1958 entfielen 29 Prozent der westdeutschen Exporte auf Frankreich Italien und die Benelux-Länder, weitere 30 auf die anderen europäischen Staaten. 44 Prozent der belgischen Exporte gingen in die späteren EWG-Partnerstaaten. Selbst Länder wie Österreich, Dänemark oder Spanien, die erst viel später der Europäischen Gemeinschaft beitraten, waren in dieses Geflecht von Handelsbeziehungen bereits integriert. 1971, zwanzig Jahre vor seinem EU-Beitritt, bezog Österreich mehr als 50 Prozent seiner Importe aus den sechs EWG-Gründerländern. Die Europäische Gemeinschaft legte nicht das Fundament für wirtschaftliche Integration, sondern war selbst institutionalisierter Ausdruck einer Entwicklung, die schon längst eingesetzt hatte.[3]

Ein weiteres wesentliches Element der wirtschaftlichen Umwälzungen in den Nachkriegsjahrzehnten war die zunehmende Produktivität. Zwischen 1950 und

1980 stieg die Produktivität in Westeuropa um das Dreifache der Rate der vorangegangenen achtzig Jahre: Das BIP pro Arbeitsstunde wuchs noch schneller als das BIP pro Kopf der Bevölkerung. In Anbetracht der Zahl der Beschäftigten verweist dies auf einen deutlichen Anstieg der Produktivität und (fast überall) verbesserte Arbeitsbedingungen. Auch dies war in gewisser Weise das Ergebnis eines Aufholprozesses: Nach den politischen Konflikten, Massenarbeitslosigkeit, geringer Investitionstätigkeit und den physischen Zerstörungen der vorangegangenen dreißig Jahre befand sich der größte Teil Europas nach 1945 an einem historischen Tiefpunkt. Auch ohne das Interesse an einer umfassenden Modernisierung hätte die Wirtschaft wahrscheinlich eine gewisse Verbesserung verzeichnet.

Hinter der kontinuierlichen Produktivitätssteigerung verbarg sich jedoch ein tiefgreifender Wandel der Arbeit. 1945 befand sich der größte Teil Europas in einem vorindustriellen Zustand. Die südeuropäischen Länder, Skandinavien, Irland und Osteuropa waren weitgehend agrarisch geprägt und rückständig. 1950 waren drei Viertel der Erwerbstätigen in Jugoslawien und Rumänien Bauern. In Spanien, Portugal, Griechenland, Ungarn und Polen war jeder zweite Berufstätige in der Landwirtschaft tätig, in Italien waren zwei von fünf, in Österreich war ein Drittel der Erwerbstätigen in der Landwirtschaft tätig. Selbst in Westdeutschland waren 23 Prozent der Erwerbstätigen in der Landwirtschaft. Nur in Großbritannien (hier waren es nur 5 Prozent) und in geringerem Umfang in Belgien (13 Prozent) hatte die industrielle Revolution tatsächlich eine postagrarische Gesellschaft hervorgebracht.[4]

In den drei Jahrzehnten nach 1950 wanderten sehr viele Landbewohner in die Städte ab, wobei die größten Veränderungen in den sechziger Jahren stattfanden. 1977 arbeiteten in Italien nur noch 16 Prozent der Erwerbstätigen auf dem Land: In der Emilia-Romagna fiel der Anteil der in der Landwirtschaft Beschäftigten von 52 Prozent (1951) auf 20 Prozent (1971). In Österreich ging die Zahl auf 12 Prozent zurück, in Frankreich auf 9,7 Prozent, in Westdeutschland auf 6,8 Prozent. Selbst in Spanien waren 1971 nur noch 20 Prozent in der Landwirtschaft beschäftigt. In Belgien (3,3 Prozent) und Großbritannien (2,7 Prozent) fielen Bauern statistisch (und politisch) nicht mehr ins Gewicht. Die Getreide- und Milchwirtschaft wurde immer rentabler und weniger arbeitsintensiv – in Dänemark oder den Niederlanden waren Butter, Käse und Schweinefleischprodukte profitable Exportgüter und wichtige Stützen der Wirtschaft.

Der Anteil der Agrarwirtschaft am BIP sank kontinuierlich: in Italien von 27,5 Prozent (1949) auf 13 Prozent (1960). Gewinner war vor allem der tertiäre Sektor (einschließlich des öffentlichen Dienstes), in dem die meisten ehemaligen Bauern oder deren Kinder eine Beschäftigung fanden. Einige agrarwirtschaftlich geprägte Länder (Italien, Irland, Teile Skandinaviens und Frankreichs) verwandelten sich innerhalb einer Generation in Dienstleistungsgesellschaften – unter Auslassung der industriellen Phase, in der Großbritannien oder Belgien fast ein Jahrhundert verharrt hatten.[5] Ende der siebziger Jahre war eine deutliche Mehrheit der Erwerbstätigen in Großbritannien, Deutschland, Frankreich, den Benelux-Staaten, Skandinavien und den Alpenländern im Dienstleistungssektor (Kommunikation, Transport, Banken, Verwaltung usw.) beschäftigt. Italien, Spanien und Irland folgten knapp dahinter.

Im kommunistischen Osteuropa dagegen wurden die meisten ehemaligen Bauern in arbeitsintensive und veraltete Bergwerke und Fabriken umdirigiert. In der Tschechoslowakei *sank* die Beschäftigtenzahl im Dienstleistungssektor in den fünfziger Jahren sogar. Während die Förderung von Kohle und Eisenerz in Belgien, Frankreich, Westdeutschland und Großbritannien um die Mitte der fünfziger Jahre zurückging, stieg sie in Polen, der Tschechoslowakei und der DDR. Die politische Ausrichtung auf die Schwerindustrie sorgte zunächst für einen Anstieg des Pro-Kopf-BIP und machte vor allem auf westliche Beobachter großen Eindruck, aber für die Zukunft der Osteuropäer verhieß dies nichts Gutes.

Allein der Niedergang der europäischen Landwirtschaft war ein Hinweis auf das europäische Wirtschaftswachstum, so wie Landflucht und Verdrängung der Landwirtschaft durch die Industrie den Aufstieg Großbritanniens ein Jahrhundert zuvor begleitet hatten. Die Tatsache, daß es dort keine arbeitslose bäuerliche Bevölkerung mehr gab, die in die Industrie oder den Dienstleistungsektor hätte abwandern können, und daher kein rascher Modernisierungsschub zu einer deutlich erhöhten Produktivität führen konnte, erklärt, warum die britischen Wachstumsraten hinter denjenigen Frankreichs oder Italiens, ja selbst Rumäniens zurückblieben. Aus dem gleichen Grund überholten die Niederlande Belgien, weil Arbeitskräfte, die in der Agrarwirtschaft nicht mehr gebraucht wurden, in bislang wenig ausgebaute Industrien und den Dienstleistungssektor abwanderten.

Welche Rolle staatlicher Lenkung bei diesem europäischen Wirtschaftswunder zukommt, ist schwerer zu beurteilen. Mancherorts erschien sie praktisch überflüssig. Die »neue« Wirtschaft etwa in Norditalien stützte sich auf Tausende kleiner Familienunternehmen (deren Angehörige oft nebenher als Saisonarbeiter in der Landwirtschaft arbeiteten), die kaum oder gar keine Steuern entrichteten und mit geringen Betriebskosten und Investitionen auskamen. 1971 waren 80 Prozent aller Beschäftigten in kleinen und mittelgroßen Betrieben mit weniger (oft sehr viel weniger) als 100 Beschäftigten tätig. Welchen Part der italienische Staat hier spielte, einmal abgesehen von der laxen Gewerbeaufsicht, ist unklar.

Dagegen spielte der Staat eine wesentliche Rolle, wenn es um die Finanzierung von Großprojekten ging, die durch individuelle Initiativen oder Privatinvestitionen nicht hätten entwickelt werden können: Es gab kaum private Finanzierung in

Europa, und private Investitionen aus Amerika begannen erst Ende der fünfziger Jahre. In Italien förderte die Cassa per il Mezzogiorno, unterstützt mit einem enormen Kredit der Weltbank, zunächst Verbesserungen in Infrastruktur und Landwirtschaft: Landgewinnung, Straßenbau, Trockenlegung, Viadukte usw. Später wurde auch der Bau von Fabriken gefördert. Die Cassa bot Anreize (Darlehen, Zuschüsse, Steuererleichterungen) für Privatfirmen, die in Süditalien investieren wollten. Sie diente als Vehikel, das staatliche Mittel in den Süden lenkte, und nach 1957 legte sie zwölf »Wachstumsregionen« und dreißig »Wachstumskerne« in ganz Süditalien fest.

Wie gigantische Staatsprojekte in anderen Ländern war auch die Cassa ineffizient und korrupt. Sie begünstigte vor allem die Küstenregionen; ein Großteil der von ihr geförderten neuen Industrieunternehmen waren kapitalintensiv und schufen daher kaum Arbeitsplätze. Viele der kleinen bäuerlichen Betriebe, die im Zuge der Bodenreform entstanden waren, blieben vom Staat abhängig, so daß sich der Mezzogiorno in eine Art permanente Förderregion verwandelte. Gleichwohl hatte sich um die Mitte der siebziger Jahre der Pro-Kopf-Konsum im Süditalien verdoppelt, die Einkommen waren um durchschnittlich 4 Prozent jährlich gestiegen, die Kindersterblichkeit um 50 Prozent gesunken und die Elektrifizierung fast abgeschlossen – in einer Region, die noch eine Generation zuvor zu den rückständigsten und ärmsten Regionen Europas gezählt hatte. Wenn man bedenkt, in welchem Tempo sich der industrialisierte Norden entwickelte – nicht zuletzt dank der Arbeiter aus dem Süden –, so ist weniger bemerkenswert, daß es der Cassa nicht gelang, ein süditalienisches Wirtschaftswunder zu initiieren, sondern daß die Region überhaupt Schritt halten konnte. Dafür haben die Regierungen in Rom durchaus Anerkennung verdient.

Anderswo intervenierte der Staat in unterschiedlichem Maß. In Frankreich beschränkte er sich auf »strategische Planung« – d. h. er lenkte Mittel in bestimmte Regionen, Branchen, ja sogar in die Produktion bestimmter Güter, um die mangelnde Investitionstätigkeit der Vorkriegsjahrzehnte gezielt wettzumachen. Der Staat konnte nach dem Krieg die Binneninvestitionen ziemlich gut dirigieren, weil die ausländische Konkurrenz aufgrund von Devisengesetzen ferngehalten wurde. Banken und private Investoren, die nur begrenzt die Möglichkeit hatten, ihr Geld lukrativer im Ausland anzulegen, investierten im eigenen Land.[6]

In Westdeutschland, wo die Erinnerung an die politischen und wirtschaftlichen Krisen der Zwischenkriegszeit noch lebendig war, griff der Staat weit weniger dirigierend in wirtschaftliche Prozesse ein als in Frankreich oder Italien. Er richtete sein Augenmerk eher darauf, soziale Konflikte, vor allem zwischen Unternehmern und Arbeitern, zu verhindern beziehungsweise zu entschärfen und das Risiko von Arbeitskämpfen oder Lohninflation zu verringern. Privatunternehmen (und die Banken, mit denen sie zusammenarbeiteten oder denen sie gehörten) waren daher eher geneigt, langfristige Investitionen zu tätigen, weil man sich auf maßvolle Lohnforderungen der Beschäftigten verlassen konnte. Die westdeutschen Arbeitnehmer wurden, wie ihre Kollegen in Skandinavien, für diese Fügsamkeit mit sicheren Arbeitsplätzen, einer geringen Inflation sowie umfassenden betrieblichen und staatlichen Sozialleistungen entschädigt.

In Großbritannien griff die Regierung direkter in die Wirtschaft ein. Die meisten Verstaatlichungen, zwischen 1945 und 1951 unter Labour initiiert, wurden von den konservativen Regierungen übernommen. Beide Parteien verzichteten auf langfristige Wirtschaftsplanung oder aggressive Einmischung in das innerbetriebliche Verhältnis von Unternehmern und Beschäftigten. Staatliche Intervention beschränkte sich auf eine Steuerung der Nachfrage – Festlegung von Zinsen und Steuersätzen zwecks Konsumförderung oder -dämpfung. Das alles waren kurzfristige Maßnahmen. Das wichtigste Ziel der britischen Regierungen beider Lager war es, eine Rückkehr zur traumatischen Arbeitslosigkeit der dreißiger Jahre zu verhindern.

In ganz Westeuropa zogen Staat, Arbeitgeber und Arbeitnehmer also an einem Strang: hohe öffentliche Ausgaben, progressive Steuern und bescheidene Lohnforderungen. Diese Ziele waren schon in der weithin verbreiteten Auffassung enthalten, daß es notwendig sei, eine gewisse Wirtschaftsplanung zu praktizieren und einen Wohlfahrtsstaat in der einen oder anderen Form zu errichten. Sie waren also das Produkt staatlicher Politik und kollektiver Intention. Aber die Bedingung für ihren beispiellosen Erfolg lag außerhalb jeder direkten staatlichen Regelung. Auslöser des europäischen Wirtschaftswunders und der sozialen und kulturellen Umwälzungen, die damit einhergingen, war das rasche und anhaltende Bevölkerungswachstum.

In Europa hatte es schon früher demographische Wachstumsschübe gegeben – zuletzt um die Mitte des 19. Jahrhunderts. Diese hatten jedoch nicht zu einem dauerhaften Anstieg der Bevölkerungszahlen geführt – weil die herkömmliche Landwirtschaft nicht so viele Menschen ernähren konnte, weil Kriege und Krankheiten dies verhinderten oder weil die überschüssige Bevölkerung, zumal junge Leute, auf der Suche nach einem besseren Leben nach Übersee auswanderten. Und im 20. Jahrhundert war aufgrund von Krieg und Emigration das Bevölkerungswachstum deutlich unter dem Niveau geblieben, das nach der gestiegenen Geburtenrate in vorangegangenen Jahrzehnten zu erwarten gewesen wäre.

Am Vorabend des Zweiten Weltkriegs war die Geburtenrate in Westeuropa – nach dem Verlust einer ganzen Generation junger Männer im Ersten Weltkrieg, nach Wirtschaftskrise, Bürgerkriegen und politischer Instabilität der dreißiger

Jahre – auf einen historischen Tiefststand gesunken. In Großbritannien lag die Geburtenrate bei 15,3, in Belgien bei 15,4, in Österreich bei 12,8. In Frankreich, wo die Geburtenrate im Jahr 1939 noch 14,6 betrug, wurden nicht nur während des Ersten Weltkriegs, 1919 und dann wieder 1929, mehr Todesfälle als Geburten verzeichnet, sondern auch in jedem Jahr zwischen 1935 bis 1944. Dort, aber auch im Spanien der Bürgerkriegsjahre, nahm die Bevölkerungszahl kontinuierlich ab. In den anderen südeuropäischen Ländern und östlich von Wien war die Geburtenrate höher, manchmal doppelt so hoch wie in Westeuropa. Doch aufgrund einer höheren Kindersterblichkeit und einer höheren Sterberate in allen Altersgruppen hielt sich selbst dort das Bevölkerungswachstum in Grenzen.

Vor diesem Hintergrund, und natürlich vor der demographischen Katastrophe des Zweiten Weltkriegs, muß der Babyboom der Nachkriegsära gesehen werden. Zwischen 1950 und 1970 wuchs die Bevölkerung in Großbritannien um 13 Prozent, in Italien um 17 Prozent, in Westdeutschland um 28 Prozent, in Schweden um 29 Prozent, in den Niederlanden um 35 Prozent. In manchen Fällen war diese Zunahme auf Zuwanderung zurückzuführen (heimkehrende Siedler aus Indonesien, DDR-Flüchtlinge und Vertriebene aus den ehemaligen Ostgebieten). In Frankreich spielten exogene Faktoren zwischen 1946 und dem Ende der sechziger Jahre nur eine geringe Rolle. Die französische Bevölkerung wuchs um fast 30 Prozent – die höchste Wachstumsrate, die je in diesem Land verzeichnet wurde.

Im Europa der fünfziger und sechziger Jahre fielen – wie Fotografien beliebiger Straßenszenen zeigen – vor allem die vielen Kinder und Jugendlichen auf. Nach 40jähriger Unterbrechung wurde Europa wieder jung. Besonders hohe Geburtenraten wurden in den meisten Ländern zwischen 1947 und 1949 registriert – 1949 wurden in Frankreich 869 000 Kinder geboren, während es zehn Jahre zuvor 612 000 gewesen waren. Um 1960 waren 30 Prozent der Bevölkerung der Niederlande, Irlands und Finnlands unter 15 Jahre alt. 1967 war in Frankreich jeder Dritte unter zwanzig. Nicht nur wurden Millionen Kinder nach dem Krieg geboren, eine beispiellose Zahl von ihnen hatte überlebt.

Dank verbesserter Ernährung, Wohnverhältnisse und medizinischer Versorgung sank die Kindersterblichkeit (Anteil der Kinder, die im ersten Lebensjahr sterben, bezogen auf 1 000 Lebendgeburten) im Westeuropa der Nachkriegsjahrzehnte. In Belgien sank die Zahl von 53,4 (1950) auf 21,1 (1970), zum größten Teil schon innerhalb der ersten Dekade, in Italien von 63,8 auf 29,6, in Frankreich von 52,0 auf 18,2. Auch die Alten lebten länger – zumindest in Westeuropa, wo die Sterberate im selben Zeitraum kontinuierlich fiel. Auch in Osteuropa sank die Kindersterblichkeit, allerdings bei einer sehr viel schlechteren Ausgangsziffer – in Jugoslawien von 118,6 (1950) auf 55,2 (1970), in der Sowjetunion von 81 (1950) auf 25 (1970), wenngleich mit starken Schwankungen in den einzelnen Republiken.[7] Die Fruchtbarkeitsrate sank hingegen in den kommunistischen Staaten sehr viel früher als in Westeuropa, und ab Mitte der sechziger Jahre kam eine stetig zunehmende Sterblichkeit (besonders unter der männlichen Bevölkerung) hinzu.

Für den Anstieg der Geburtenziffer nach dem Zweiten Weltkrieg gibt es viele Erklärungen, aber die meisten laufen auf die Kombination von Optimismus und kostenloser Milch hinaus. In der anhaltenden demographischen Talsohle von 1913 bis 1945 hatten die Regierungen vergeblich versucht, die Fortpflanzung zu fördern: durch patriotische Appelle und gesetzliche Maßnahmen, um den chronischen Mangel an Männern, Wohnraum, Arbeit und Sicherheit auszugleichen. Nun – noch ehe das Nachkriegswachstum zu sicheren Arbeitsplätzen und Konsum führte – erreichte die Kombination aus Frieden, Sicherheit und staatlicher Förderung, was vor 1940 keine staatliche Propaganda geschafft hatte.

Entlassene Soldaten, heimkehrende Kriegsgefangene und Vertriebene heirateten bei der ersten Gelegenheit, bestärkt durch Bargeldleistungen für jedes Kind und durch eine Rationierungspolitik, die Verheiratete mit Kindern bevorzugte, und sie gründeten Familien. Noch etwas kam hinzu. Ab den frühen fünfziger Jahren konnten die westeuropäischen Länder ihren Bürgern nicht nur Zuversicht und soziale Sicherheit, sondern auch reichlich Arbeitsplätze bieten. In den dreißiger Jahren hatte Westeuropa eine durchschnittliche Arbeitslosigkeit von 7,5 Prozent verzeichnet (11,5 Prozent in Großbritannien). Anfang der fünfziger Jahre lag diese Quote (Italien ausgenommen) bei unter 3 Prozent, Mitte der sechziger Jahre bei 1,5 Prozent. Zum erstenmal seit Beginn der statistischen Aufzeichnungen gab es in Westeuropa Vollbeschäftigung. In vielen Sektoren herrschte ein erheblicher Bedarf an Arbeitskräften.

Trotz dieser günstigen Situation waren die Gewerkschaften (ausgenommen in England) entweder zu schwach oder zu unwillig, ihre Macht zu nutzen. Dies war eine Folge der Zwischenkriegsjahre. Nach Wirtschaftskrise und Unterdrückung fanden radikale Gewerkschaften nicht mehr zu ihrer alten Stärke zurück. Als Tarifpartner akzeptiert und respektiert, zogen es die Gewerkschaften in den fünfziger und sechziger Jahren vor, mit den Unternehmern zu kooperieren, statt aus dem akuten Arbeitskräftemangel Kapital zu schlagen. Symptomatisch für diese neue Gewerkschaftspolitik ist die erste Produktivitätsvereinbarung, die 1955 in Frankreich zwischen Gewerkschaften und den staatlichen Renault-Werken geschlossen wurde: Für das Mehr an Leistung gab es nicht mehr Geld, sondern eine zusätzliche dritte Woche bezahlten Urlaub.[8]

Die Gewerkschaften traditionellen Typs spielten aber auch deswegen keine bedeutende Rolle mehr, weil die Zahl der Facharbeiter sank. Im Bergbau, in der Stahl- und Textilindustrie und in anderen klassischen Industriezweigen wurden immer mehr Arbeitsplätze abgebaut, auch wenn das erst in den sechziger Jahren deutlich wurde. Mehr und mehr Jobs entstanden im Dienstleistungssektor, und es waren vor allem Frauen, die dort zu arbeiten begannen. Manche Tätigkeiten (in der Textilindustrie, Hauspersonal) wurden seit Jahrzehnten überwiegend von Frauen ausgeübt, doch nach dem Krieg ging die Zahl der Arbeitsplätze in diesen Bereichen deutlich zurück. Die weibliche Arbeitnehmerschaft bestand nicht mehr aus unverheirateten Frauen, die als Dienstpersonal oder in Textilbetrieben arbeiteten, sondern zunehmend aus älteren (oft verheirateten) Frauen, die in Geschäften und Büros, im Pflegebereich und im Schulwesen arbeiteten. 1961 stellten Frauen ein Drittel aller Erwerbstätigen in Großbritannien. Und zwei von drei weiblichen Angestellten arbeiteten als Sekretärin. Selbst in Italien, wo ältere Frauen traditionell nicht mehr im (offiziellen) Arbeitsleben standen, waren Ende der sechziger Jahre 27 Prozent der Erwerbstätigen Frauen.

Der enorme Arbeitskräftebedarf im wohlhabenden Nordwesteuropa erklärt die bemerkenswerten Massenmigration in den fünfziger und sechziger Jahren. Diese Wanderungsbewegungen nahmen drei Formen an. Erstens zogen Männer (zu einem geringeren Teil auch Frauen und Kinder) vom Land in die Stadt, in industrialisierte Regionen ihres Landes. In Spanien zogen zwischen 1950 und 1970 mehr als eine Million Andalusier nach Katalonien. 1,6 Millionen Andalusier lebten außerhalb Andalusiens, davon 712000 allein in Barcelona. In Portugal zog ein beträchtlicher Teil der Bevölkerung des armen Alemtejo nach Lissabon. In Italien zogen zwischen 1955 und 1971 schätzungsweise neun Millionen Menschen innerhalb des Landes in eine andere Region.

Diese Migrationsmuster beschränkten sich aber nicht auf Südeuropa. Die Millionen junger Leute, die zwischen 1950 und 1961 aus Ostdeutschland in den Westen flohen, suchten die Freiheit, aber auch gut bezahlte Jobs und ein besseres Leben. In dieser Hinsicht unterschieden sie sich kaum von ihren spanischen oder italienischen Altersgenossen – oder der Viertelmillion Schweden, die im ersten Nachkriegsjahrzehnt vom Land in die großen Städte abwanderten. Ein Großteil dieser Wanderungsströme gründete auf Einkommensdisparitäten, aber viele junge Leute wollten auch der Abgeschiedenheit, dem mühseligen Alltag und den bäuerlich-hierarchischen Traditionen entfliehen. Für die Zurückbleibenden hatte dies den Vorteil, daß ihnen mehr Geld und Land zur Verfügung stand.

Das zweite Wanderungsmuster war die grenzüberschreitende Migration. Emigration hatte es in Europa natürlich schon immer gegeben, doch die 15 Millionen Italiener, die zwischen 1870 und 1926 das Land verließen, wanderten meist nach Übersee aus, in die Vereinigten Staaten oder nach Argentinien. Gleiches galt für die Millionen Griechen, Polen, Juden und andere, die in diesem Zeitraum auswanderten, oder für die Skandinavier, Deutschen und Iren eine Generation zuvor. Nach dem Ersten Weltkrieg hatte es zahllose italienische und polnische Berg- und Landarbeiter nach Frankreich gezogen, und in den dreißiger Jahren gab es die politischen Emigranten, die vor Nationalsozialismus und Faschismus flohen. Die innereuropäische Migration, zumal von Arbeitssuchenden, blieb jedoch die Ausnahme.

Gegen Ende der fünfziger Jahre veränderte sich das alles. Nach Kriegsende waren aufgrund einer Vereinbarung mit der belgischen Regierung im Juni 1946 Zehntausende junge Italiener in organisierten Konvois nach Wallonien gekommen, um in den dortigen Bergwerken zu arbeiten (im Gegenzug sollte belgische Kohle nach Italien geliefert werden). Doch in den fünfziger Jahren wuchs die nordwesteuropäische Wirtschaft stärker als die Bevölkerung, so daß ein enormer Bedarf an Arbeitskräften entstand. Vor allem die westdeutsche Wirtschaft sah sich gezwungen, im Ausland nach Arbeitskräften Ausschau zu halten.

Bereits im Dezember 1955 wurde ein deutsch-italienisches Anwerbungsabkommen geschlossen, und im Laufe der nächsten zehn Jahre folgten ähnliche Abkommen mit Griechenland und Spanien (1960), der Türkei (1961), Marokko (1963), Portugal (1964), Tunesien (1964) und Jugoslawien ((1968). Dabei ging man davon aus, daß sich die »Gastarbeiter« nur vorübergehend in Deutschland aufhalten und nach einer gewissen Zeit wieder in ihre Heimatländer zurückkehren würden. Wie die finnischen Arbeitsmigranten in Schweden oder die irischen Arbeiter in Großbritannien kamen diese Männer (der Großteil war unter 25 Jahre alt) aus armen, bäuerlichen Regionen. Zumeist handelte es sich um ungelernte Kräfte (wenngleich manche sich unterqualifizierten, um überhaupt Arbeit zu bekommen). Ihr Lohn spielte eine wichtige Rolle in der Leistungsbilanz der Heimatländer, und durch ihren Weggang verringerte sich die lokale Konkurrenz um Arbeitsplätze und Wohnraum. 1973 betrugen die Überweisungen ausländischer Arbeiter 90 Prozent der türkischen Exporteinnahmen, 50 Prozent im Fall Griechenland, Portugal und Jugoslawien.

Die demographischen Folgen dieser Migrationsbewegungen waren enorm. Obwohl die Migranten sich offiziell nur vorübergehend im Land aufhielten, hatten sie ihre Heimat faktisch für immer verlassen. Wenn sie überhaupt zurückkehrten, dann erst sehr viel später, im Rentenalter. Zwischen 1945 und 1970 verließen 7 Millionen Italiener ihre Heimat, und ein Viertel aller erwerbstätigen Griechen suchte zwischen 1950 und 1970 im Ausland Arbeit. Auf dem Höhepunkt der Auswanderungswelle, in der Mitte der sechziger Jahre, verließen pro Jahr 117000 Griechen ihre Heimat.[9] Zwischen 1961 und 1974 fanden schätzungsweise anderthalb Millionen Portugiesen im Ausland Arbeit – das entspricht der größten Bevölkerungsbewegung in der portugiesischen Geschichte. In Portugal selbst blieben nur noch 3,1 Millionen Erwerbstätige – dramatische

Zahlen für ein Land, dessen Einwohnerzahl 1950 nur 8,3 Millionen betrug. Die Abwanderung junger Frauen, die in Paris und anderswo Arbeit suchten, machte sich besonders auf dem Land bemerkbar, wo der Weggang junger Leute nur teilweise durch Einwanderer aus den afrikanischen Kolonien wettgemacht wurde. Die Einwohnerzahl der nordportugiesischen Stadt Sabugal sank von 43 513 Einwohnern im Jahr 1950 auf 19 174 dreißig Jahre später.

Der wirtschaftliche Vorteil für das »Gastland« war beträchtlich. 1964 stellten ausländische (überwiegend italienische) Arbeitnehmer ein Viertel aller Beschäftigten in der Schweiz, wo der Fremdenverkehr in hohem Maß auf billige Saisonarbeiter angewiesen war, die ebenso leicht eingestellt wie entlassen werden konnten. In Westdeutschland gab es auf dem Höhepunkt von 1973 2,8 Millionen ausländische Arbeitskräfte, hauptsächlich in der Baubranche, in der Metall- und Autoindustrie. Sie stellten ein Achtel aller Beschäftigten. In Frankreich entsprachen die 2,3 Millionen ausländischen Arbeiter im selben Jahr 11 Prozent aller Erwerbstätigen. Viele von ihnen waren Frauen, die als Köchinnen, Putzfrauen, Conciergen und Babysitter arbeiteten, und es waren überwiegend Portugiesinnen.

Die meisten dieser Männer und Frauen hatten nur eine befristete Aufenthaltserlaubnis und standen außerhalb der Sozial- und Altersversicherung, die die einheimischen Berufstätigen genossen. Für den Arbeitgeber und das »Aufnahmeland« waren sie daher nicht mit größeren Kosten verbunden. Noch in den achtziger Jahren waren die meisten ausländischen Arbeiter in den untersten Lohngruppen beschäftigt. Sie lebten äußerst bescheiden, schickten den größten Teil ihres Lohns nach Hause, der, so wenig dies in DM oder Francs sein mochte, in der Heimat ein Vielfaches dessen war, was die lokale Bevölkerung verdiente. Ihre Lebensbedingungen ähnelten denen des unglücklichen italienischen Kellners in Luzern, der in Franco Brusatis Film *Pane e Cioccolata* (1973) porträtiert wird.

1973 gab es allein in Westdeutschland fast eine halbe Million Italiener, 535 000 Jugoslawen und 605 000 Türken.[10] Die Deutschen waren, nicht anders als die Schweizer, Franzosen, Belgier oder Engländer, über den plötzlichen Zustrom von so vielen Ausländern nicht sonderlich erfreut. So viele Menschen aus fernen Ländern unter sich zu haben war den meisten Europäern fremd. Wenn es halbwegs toleriert wurde und nur gelegentlich zu Ausbrüchen von Rassismus und Gewalt gegen ausländische Arbeiter kam, dann nicht zuletzt deswegen, weil diese in trostlosen Vorstadtsiedlungen wohnten, fern von der einheimischen Bevölkerung, weil sie in Zeiten der Vollbeschäftigung keine Bedrohung darstellten, weil sie – zumindest im Fall der Katholiken aus Portugal, Italien und Jugoslawen – physisch und kulturell assimilierbar, d. h. nicht dunkelhäutig oder Muslime waren und weil man davon ausging, daß sie eines Tages wieder verschwinden würden.

Solche Überlegungen galten jedoch nicht für die dritte Kategorie von Arbeitsmigranten – die Einwanderer aus den ehemaligen oder noch bestehenden europäischen Kolonien. Die Zahl dieser Personen war anfänglich nicht besonders groß. Viele derjenigen, die aus den ehemaligen Kolonien in die Niederlande, nach Belgien und Frankreich heimgekehrt waren, waren qualifizierte Weiße oder ehemalige Siedler. Selbst die Algerier, die 1969 in Frankreich lebten, zählten nicht mehr als 600 000, weniger als die Italiener oder Spanier.

Sogar in Großbritannien, wo in den fünfziger Jahren Einwanderer aus der Karibik geholt wurden, die bei Verkehrsbetrieben und anderen kommunalen Diensten arbeiteten, waren die Zahlen nicht sonderlich spektakulär. Laut Volkszählung von 1951 lebten 15 000 Personen von den Westindischen Inseln (hauptsächlich Barbados) in Großbritannien, 4 000 allein in London. Ende der fünfziger Jahre waren es etwa 16 000 Einwanderer, die jährlich aus der Karibik zuzogen. Die Einwanderung aus anderen Teilen des Commonwealth war noch geringer – 1959 wanderten nur 3 000 Personen aus Indien und Pakistan ein. Später wurden es immer mehr, besonders nach der Ausweisung der asiatischen Bevölkerung durch den ugandischen Diktator Idi Amin, zu deren Aufnahme sich die britische Regierung zögernd bereit erklärte. Aber noch 1976 gab es nur 1,85 Millionen »Nichtweiße« im Land, das entspricht einem Anteil von 3 Prozent an der Gesamtbevölkerung, und 40 Prozent von ihnen waren in Großbritannien geboren.

Der entscheidende Unterschied war, daß diese Leute braun oder schwarz waren und als Commonwealth-Bürger das Recht auf ständigen Aufenthalt in der imperialen Metropole hatten und die britische Staatsangehörigkeit beanspruchen konnten. Schon 1958 hielt es die Regierung nach Rassenunruhen in Westlondon für gefährlich, »zu viele« Einwanderer in eine historisch weiße Gesellschaft aufzunehmen. Und obwohl weiterhin starke wirtschaftliche Gründe für die Einwanderung ungelernter Arbeitskräfte sprachen und deren Zahl insgesamt relativ unbedeutend war, wurden zahlreiche Zulassungsbeschränkungen für nichteuropäische Einwanderer erlassen. Mit dem Commonwealth Immigration Act von 1962 wurden erstmals »Beschäftigungsnachweise« eingeführt und die Einwanderung von Nichtweißen strikt beschränkt. 1968 wurden die gesetzlichen Bestimmungen abermals verschärft, die britische Staatsangehörigkeit wurde auf all jene beschränkt, die mindestens einen britischen Elternteil hatten, und 1971 wurde der Zuzug von Nichtweißen, deren Angehörige sich bereits in Großbritannien aufhielten, erheblich eingeschränkt.[11]

Damit wurde die Einwanderung von Nichteuropäern nach nicht einmal zwanzig Jahren faktisch beendet. Der wachsende Anteil von Nichtweißen an der britischen Bevölkerung beruhte hinfort auf der hohen Geburtenrate unter der afrikanischen, karibischen und südasiatischen Bevölkerung. Andererseits gingen die drastischen Einwanderungsbeschränkungen für Schwarze und Asiaten mit einer beträchtlichen Verbesserung ihrer Chancen im Land selbst einher. Nach dem Race Relations Act von 1965 war Diskriminierung in der Öffentlichkeit und auf dem Arbeitsmarkt sowie Anstachelung zu Rassenhaß verboten. Elf Jahre später wurde jedwede Rassendiskriminierung untersagt und eine Kommission für Rassengleichstellung eingerichtet. In gewisser Hinsicht hatten es die neuen, nichteuropäischen Bevölkerungen in Großbritannien (und später auch in Frankreich) besser als die Europäer zweiter Klasse, die nördlich der Alpen Arbeit fanden. Englische Vermieterinnen konnten nicht mehr darauf hinweisen, daß ihnen »Schwarze, Iren oder Hunde« nicht genehm seien, aber Schweizer Parkanlagen waren noch eine Weile für »Hunde und Italiener« gesperrt.

In Nordeuropa waren ausländische Arbeiter und andere Zuwanderer alles andere als abgesichert. Die niederländische Regierung holte Arbeitskräfte aus Spanien, Jugoslawien, Italien (später auch aus der Türkei, Marokko und Surinam), die Jobs in der Textilindustrie, in Bergwerken und im Schiffsbau übernahmen; doch als die alten Industrien schließen mußten, verloren diese Arbeiter als erste ihren Job, ohne Anspruch auf Arbeitslosenunterstützung oder andere Hilfen für sich und ihre Familie. Das westdeutsche Ausländergesetz von 1965 enthielt Bestimmungen, die auf NS-Paragraphen von 1938 zurückgingen. Die Anwesenheit ausländischer Arbeiter wurde bestenfalls geduldet. Doch 1974, als das Wachstum der europäischen Wirtschaft ins Stocken kam und viele der Arbeitsmigranten nicht mehr benötigt wurden, hatten sie sich schon längst ständig niedergelassen. 17,3 Prozent der in diesem Jahr in Westdeutschland geborenen Kinder waren Kinder von »Ausländern«.

Die Konsequenzen dieser Migrationsbewegungen waren enorm. Alles in allem waren es etwa 40 Millionen Menschen, die innerhalb ihrer Heimatländer umzogen, in ein anderes Land auswanderten oder aus Übersee nach Europa kamen. Ohne die Unmenge billiger Arbeitskräfte, unorganisiert und schutzlos, wäre der Wirtschaftsboom der Nachkriegsjahre nicht möglich gewesen. Die europäischen Staaten – und die Arbeitgeber – profitierten von einem ununterbrochenen Strom williger, schlechtbezahlter Arbeiter, für deren soziale Absicherung sie oft genug keinen Pfennig ausgaben. Als der Boom zu Ende ging und die ersten Arbeitskräfte entlassen wurden, traf es vor allem Einwanderer und Arbeitsmigranten.

Die neuen Arbeiter, wie alle anderen auch, stellten die Produkte nicht nur her, sie kauften sie auch. Das war neu. Die meisten Menschen in Europa, wie anderswo auf der Welt, hatten bis dahin nur vier Arten von Dingen besessen: von den Eltern Geerbtes, selbst Hergestelltes, Tauschwaren und die paar Sachen, die sie kaufen mußten und die fast immer jemand hergestellt hatte, den sie kannten. Die

Industrialisierung im 19. Jahrhundert hatte das Leben der Stadtbewohner verändert, doch in vielen ländlichen Regionen Europas war die traditionelle Wirtschaft noch weitgehend intakt – bis zum Zweiten Weltkrieg, mitunter noch länger.

Der größte Posten in einem traditionellen Haushalt waren Lebensmittel und Kleidung, der zusammen mit der Miete den größten Teil der Einkünfte verschlang. Die meisten Menschen konsumierten nicht im modernen Sinne – sie subsistierten. Bis zur Mitte des 20. Jahrhunderts kannten die meisten Europäer kein »verfügbares Einkommen«. Noch 1950 wurde in einer durchschnittlichen westeuropäischen Familie mehr als die Hälfte des Einkommens (in Südeuropa noch mehr) für Lebensmittel, Getränke und Tabak aufgewendet. Und wenn man Kleidung und Miete hinzurechnete, blieb für Dinge, die nicht unbedingt zum Leben gehörten, nicht mehr viel übrig.

Das alles änderte sich in der nächsten Generation. Zwischen 1953 und 1973 stiegen die Reallöhne in Westdeutschland und den Benelux-Ländern auf fast das Dreifache an. In Italien stiegen sie noch kräftiger. Selbst in Großbritannien verdoppelte sich die durchschnittliche Kaufkraft der Leute. Um 1965 entfielen für Nahrungsmittel und Kleidung nur 31 Prozent der Ausgaben, um 1980 lag dieser Anteil in Nord- und Westeuropa insgesamt unter 25 Prozent.

Die Menschen konnten Geld also zurücklegen und ausgeben. 1950 wurden in Westdeutschland gerade einmal 900 000 Paar Nylonstrümpfe (seinerzeit ein typischer Luxusartikel) verkauft, 1953 waren es schon 58 Millionen Paar. Bald kamen die ersten Supermärkte auf, vor allem in den sechziger Jahren, in denen die Auswirkungen der gestiegenen Kaufkraft am deutlichsten zu beobachten waren. In den Niederlanden gab es 1961 erst sieben Supermärkte, zehn Jahre später 520. In Belgien stieg die Zahl der Supermärkte (im selben Zeitraum) von 19 auf 456, in Frankreich von 49 auf 1833.[12]

Die Überlegung der Supermarktbetreiber war, daß die Kunden (überwiegend Hausfrauen) mehr Geld ausgaben, wenn sie möglichst viele Artikel bequem an einer Stelle einkaufen konnten. Dies setzte jedoch voraus, daß es zu Hause einen Ort gab, wo Nahrungsmittel aufbewahrt werden konnten, und das verlangte einen Kühlschrank. Noch 1957 gab es in den meisten westeuropäischen Haushalten keinen Kühlschrank (in Westdeutschland waren es 12 Prozent, in Italien nicht einmal 2 Prozent). Das lag weniger an den technischen Voraussetzungen (Mitte der fünfziger Jahre gab es praktisch überall in Westeuropa Elektrizität, ausgenommen im ländlichen Norwegen und in den südlichen Regionen Italiens und in abgeschiedenen Berggegenden), sondern war eine Frage der Logistik: Solange Hausfrauen es sich nicht leisten konnten, große Mengen verderblicher Lebensmittel auf einmal einzukaufen, und diese auch nicht nach Hause schaffen konnten, hatte es keinen Sinn, viel Geld für einen Kühlschrank auszugeben.[13]

1974 fiel dann schon auf, wenn es in einem Haushalt keinen Kühlschrank gab. In Belgien und Großbritannien hatten 82 Prozent aller Haushalte einen Kühlschrank, in Frankreich 88 Prozent, in Westdeutschland und den Niederlanden 93 Prozent. Den europaweit höchsten Anteil wies Italien mit 94 Prozent auf. Italien war auch der führende Hersteller von Kühlschränken und anderen Haushaltsgeräten. 1951 wurden in Italien gerade 18 500 Kühlschränke gebaut, zwei Jahrzehnte später waren es reichlich 5 Millionen – fast so viele wie in den USA und mehr als im übrigen Europa zusammengenommen.

Neben dem Kühlschrank tauchten dann auch die ersten Waschmaschinen auf, die der Hausfrau die Arbeit erleichtern sollten. Doch es dauerte noch eine Weile, bis die Waschmaschine zum festen Bestandteil von Privathaushalten gehörte – nicht nur, weil es um die Mitte der fünfziger Jahre in mehr als der Hälfte der Haushalte in Belgien, Italien, Österreich, Spanien und weiten Teilen Frankreichs und Skandinaviens noch nicht fließend Wasser gab, sondern weil das Stromnetz vielerorts noch nicht den gleichzeitigen Betrieb von zwei größeren Haushaltsmaschinen erlaubte.[14] Noch 1972, als die meisten Westeuropäer über Wohnungen mit Badezimmer und Toilette verfügten, besaßen nur zwei von drei Haushalten eine Waschmaschine. Dieser Anteil stieg mit jedem Jahrzehnt langsam, aber stetig an. Weniger begüterte Familien konnten sich lange Zeit keine Waschmaschine leisten, vor allem kinderreiche Familien, die sie am ehesten benötigten. Auch deshalb blieb die Waschmaschine – wie der Geschirrspüler ab Mitte der siebziger Jahre – in der Werbung mit der Welt der Mittelschicht assoziiert.

Waschmaschinen und Kühlschränke wurden, wie Kleidung und Spielzeug, in immer größerer Zahl hergestellt und zunehmend billiger. Selbst in Frankreich, wo die Massenproduktion immer ein wenig hinterherhinkte, stieg der Umsatz der Spielzeugindustrie in den geburtenstarken Jahren 1948 bis 1955 um 350 Prozent. Doch der augenfälligste Indikator für den wachsenden Wohlstand in Europa und die damit einhergehenden Umwälzungen zeigte sich nicht im Haus, sondern auf der Straße.

Bis zu den fünfziger Jahren war das Auto für die meisten Europäer ein Luxusgut und in weiten Teilen des Kontinents kaum zu sehen. Selbst in den großen Städten tauchten Privatautos relativ spät auf. Die meisten Menschen legten große Entfernungen nicht zum Vergnügen zurück, und für den Weg zur Arbeit oder zur Schule benutzte man öffentliche Verkehrsmittel: Eisenbahn, Straßenbahn, Autobusse. Zu Beginn der fünfziger Jahre gab es in Spanien gerade einmal 89 000 Privatautos (ohne Taxis) – ein Auto pro 314 000 Personen. 1951 verfügte jeder zwölfte Haushalt in Frankreich über ein Auto. Nur in Großbritannien war das Auto weit verbreitet: 1950 gab es 2 258 000 Privatautos, fast ein Viertel davon in London, während auf dem Land ebensowenig Autos fuhren wie in Frankreich und Italien. Trotzdem besaßen viele Londoner kein Auto, und Tausende von Kleinhändlern und anderen waren nach wie vor auf Pferdewagen angewiesen.

In den nächsten zwei Jahrzehnten nahm die Zahl der privaten Autos spektakulär zu. In Großbritannien verdoppelte sich die Zahl der Zulassungen zwischen 1950 und 1980 in jedem Jahrzehnt – von 2,25 Millionen Fahrzeugen (1950) über 8 Millionen (1964) auf 11,5 Millionen am Ende der sechziger Jahre. In Italien, wo bei Kriegsausbruch gerade einmal 270000 Fahrzeuge und im Jahr 1950 342000 Fahrzeuge registriert waren (etwas weniger als die Zahl der Fahrzeuge allein in Großlondon), gab es im Jahr 1960 2 Millionen, im Jahr 1965 5,5 Millionen und 5 Jahre später geschätzte 15 Millionen – zwei Autos pro 7 Einwohner.[15] In Frankreich stieg die Zahl der Autos im Laufe der fünfziger Jahre von weniger als 2 Millionen auf fast 6 Millionen und verdoppelte sich dann innerhalb der nächsten 10 Jahre. Interessanterweise kamen Ende der fünfziger Jahre die ersten Parkuhren auf – zunächst in Großbritannien, in den sechziger Jahren auch in Frankreich und anderen Ländern.[16]

Wenn Europäer sich so viele Autos für den Privatgebrauch kaufen konnten, dann nicht nur, weil sie mehr Geld hatten. Es gab auch mehr Autos, mit denen die jahrzehntelang durch Wirtschaftskrise und Krieg aufgestaute Nachfrage befriedigt werden konnte. Schon vor 1939 hatten einige europäische Autohersteller (Porsche in Deutschland, Renault und Citroën in Frankreich, Morris in Großbritannien) in Erwartung eines neuen Aufschwungs nach der Weltwirtschaftskrise mit der Planung eines neuen zuverlässigen, einfachen Autos für die Familie begonnen, das, wie Henry Fords »Model T«, massenhaft produziert werden und erschwinglich sein sollte. Der Krieg kam dazwischen, aber schon Anfang der fünfziger Jahre rollten diese Fahrzeuge in immer größerer Zahl aus neuen Fertigungsanlagen.

In jedem Land gab es eine führende Marke und ein bestimmtes Modell, aber im Grunde sahen die Autos sehr ähnlich aus. Der ursprüngliche Volkswagen, der Renault 4CV, der Fiat 500 und 600, der Austin A30 und der Morris Minor waren kleine, zweitürige Modelle für die Familie: billig in Anschaffung und Unterhalt und leicht zu reparieren. Die Karosserie war schlicht, der Motor nicht sehr stark (er sollte möglichst wenig Kraftstoff verbrauchen), und die Ausstattung beschränkte sich auf das Allernötigste. Volkswagen, Renault und Fiat hatten Hinterradantrieb, der Kofferraum unter der vorderen Haube bot Platz für etwas Gepäck sowie für Batterie, Ersatzrad, Wagenheber und Werkzeug.

Der Morris (mit Frontantrieb wie sein Konkurrent Ford Popular) sollte etwas mehr Komfort bieten und wurde später, passend zum steigenden Wohlstand in diesen Jahren, zu einem viertürigen Modell weiterentwickelt. Der Citroen 2CV (ursprünglich für den bäuerlichen Betrieb gedacht, gewissermaßen als Ersatz für den Ochsenkarren) hatte vier Türen, ein komplett aufrollbares Stoffdach, leicht herausnehmbare Sitze und den Motor eines mittelgroßen Motorrads. Ungeachtet dieser kulturellen Varianten, dienten diese Kleinwagen dem gleichen Zweck: Möglichst jede westeuropäische Familie sollte sich ein Auto leisten können.

Schon bald konnte die Nachfrage nicht mehr befriedigt werden (wie das in Osteuropa bis 1989 der Fall war). Also konnte man noch eine ganze Weile Fahrräder, Motorräder (auch mit Beiwagen) im Straßenverkehr sehen. Motorroller kamen in Frankreich und besonders in Italien auf, wo das erste nationale Motorrollerrennen, am 13. November 1949 in Rom, zu einer massenhaften Nachfrage nach diesem billigen Symbol urbaner Freiheit und Mobilität führte, das besonders bei jungen Leuten sehr populär war (vor allem die »Vespa«) und in jedem zeitgenössischen Film aus oder über Italien entsprechend gefeiert wurde.

Doch mit Beginn der sechziger Jahre hatte das Auto die eindeutig führende Rolle übernommen. Der Verkehr verlagerte sich von der Schiene auf die Straße und von öffentlichen auf private Verkehrsmittel. In der Zwischenkriegszeit hatte die Eisenbahn ihren Höhepunkt erlebt (gemessen an Fahrgastaufkommen und Schienennetzgröße), doch nun wurden unrentable Verbindungen eingestellt, Strecken stillgelegt. 1946 wurden in Großbritannien 901 Millionen Bahnreisende befördert, etwas weniger als das historische Maximum. Doch in der Folgezeit sanken die Zahlen Jahr für Jahr. In anderen westeuropäischen Ländern konnte sich die Eisenbahn behaupten, in kleinen, dichtbesiedelten Ländern mit gut ausgebautem Schienennetz – Belgien, Niederlande, Dänemark – nahm das Passagieraufkommen sogar noch zu, allerdings nicht so stark wie der Straßenverkehr.

Auch die Zahl der Omnibusreisenden ging erstmals zurück, weil immer mehr Leute mit dem Auto zur Arbeit fuhren. Zwischen 1948 und 1962 ging der öffentliche Nahverkehr in London (Busse, Straßenbahnen, Trolleybusse und U-Bahn) von 3 955 Millionen beförderten Passagieren pro Jahr auf 2 485 Millionen zurück. Immer mehr Berufstätige nutzten das eigene Auto. Trotz des wenig befriedigenden Zustands der Straßen – seit Ende der zwanziger Jahre war, außer in Deutschland, nirgendwo in Europa das Straßennetz nachhaltig modernisiert worden – waren immer mehr Einzelpersonen und Familien mit dem Auto unterwegs, zum Besuch eines der riesigen neuen Einkaufsmärkte, die in den Außenbezirken großer Städte errichtet wurden, vor allem aber für Wochenendausflüge und für die alljährliche Urlaubsreise.[17]

Urlaubsreisen waren in Europa nicht neu, hatten sich bis dahin aber auf die Aristokratie und das wohlhabendere und kulturell interessierte Bürgertum beschränkt. Doch wie jede andere Branche hatte auch der Tourismus durch Krieg und Wirtschaftskrise schwere Einbrüche verzeichnen müssen. 1913 hatte der schweizerische Fremdenverkehr 21,9 Millionen Übernachtungen vorweisen können. Solche Zahlen wurden erst wieder in den fünfziger Jahren erreicht. Der Touristenboom, der sich dann einstellte, sah jedoch anders aus. Er wurde erleichtert und gefördert durch die Verfügbarkeit privater Verkehrsmittel und vor allem durch die wachsende Zahl von Menschen, die bezahlten Urlaub hatten. Um 1960 hatten die meisten Erwerbstätigen in Europa Anspruch auf zwei Wochen bezahlten Urlaub (drei Wochen in Norwegen, Schweden, Dänemark und Frankreich), und immer mehr Leute verreisten in dieser Zeit.

Und allmählich entwickelte sich daraus der Massentourismus. Busunternehmer boten Reisen zu in- und ausländischen Zielen an. Findige Pioniere wie der Brite Freddie Laker gründeten Charterflugdienste, mit denen Sommerurlauber nach Italien, Frankreich und Spanien transportiert wurden. Camping, schon vor dem Krieg populär bei weniger begüterten Schichten und Freunden des Zeltens, entwickelte sich Ende der fünfziger zu einer richtigen Industrie mit unterschiedlich eingerichteten Campingplätzen, Ausrüstung, Reiseführern und dem passenden Outfit, das es in Spezialgeschäften zu kaufen gab. Ältere Ferienorte am Meer und in den Bergen florierten, hinzu kamen neue Ziele, die in Hochglanzprospekten für sich warben und um die sich die entsprechenden Mythen rankten. Die französische Riviera, einst ein ruhiger Landstrich, wo der englische Adel den Winter verbrachte, erhielt eine jugendlich-verführerische Aura, nachdem Roger Vadim in seinem Film *Et Dieu créa la femme* (1956) mit seinem neuen Sternchen Brigitte Bardot Saint-Tropez »erfunden« hatte.

Nicht jeder konnte sich Saint-Tropez oder die Schweiz leisten – aber die französischen und italienischen Urlaubsziele waren für Briten und Deutsche mit ihrer starken Währung noch immer erschwinglich. Urlaub im eigenen Land, besonders populär bei Briten, Niederländern und Deutschen, war nun wirklich billig. Billy Butlin, ein kanadischer Schausteller, der 1936 in Skegness begonnen hatte, verdiente ein Vermögen mit seinen »Holiday Camps«, die er in den fünfziger Jahren an strategischen Punkten an der englischen Küste errichtete – »Walmart mit Übernachtungsmöglichkeit«, so bezeichnete sie ein Kritiker in zynischer Rückschau. Doch Butlin war damals ungeheuer populär – und der uneingestandene Vorläufer von Club Méditerranée, dem Reiseveranstalter späterer, weltläufigerer Generationen (dessen »gentils moniteurs« bei Butlin »Redcoats« hießen).

Für die Unternehmungslustigeren gab es die neuen Ferienziele an der spanischen Mittelmeerküste mit ihren simplen Pensionen und bescheidenen Hotels, die meist unter Regie der neuen Pauschalreiseveranstalter standen. Und überall konnte man nun mit dem Auto hinfahren. In lässiger Freizeitkleidung (selbst Produkt und Ausdruck eines neuen Wohlstands) zwängten sich Millionen Familien in ihre Fiats, Renaults, Volkswagen und Morris – oft am selben Tag, da die offiziellen Sommerferien meist in die Juli- und Augustwochen fielen – und fuhren auf schmalen, unzureichend ausgebauten Straßen, die aus einer anderen Epoche stammten, gen Süden.

Das Ergebnis waren beispiellose Verkehrsstaus, die seit Ende der fünfziger Jahre immer schlimmer wurden und meist bestimmte Fernverbindungen betrafen: die A303 von London in den Südwesten Englands, die RN6 und RN7 von Paris in Richtung Côte d'Azur und die RN9 von Paris in Richtung Costa Brava (1955 waren es nur ein paar tausend französische Touristen, die nach Spanien aufbrachen, 1962 bereits 3 Millionen und 1964 schon 7 Millionen – in Francos Spanien war sogar der französische Franc eine harte Währung, zumal nach der gaullistischen Aufwertung).[18] Deutsche Touristen zogen in immer größerer Zahl über den Brenner nach Italien. Viele fuhren weiter nach Jugoslawien, das sich, wie Spanien, in diesen Jahren dem Tourismus öffnete. 1963 waren es 1,7 Millionen ausländische Touristen, ein Jahrzehnt später fast 6,3 Millionen, die Jahr für Jahr ihre Ferien in einem der billigen Urlaubsorte an der jugoslawischen Adria verbrachten.

Der Massentourismus mag, wie schon oft beobachtet, nicht sonderlich umweltfreundlich sein, aber er geht mit deutlichen Umverteilungseffekten einher. In den armen südeuropäischen Regionen, wo gutverdienende Nordeuropäer ihren Urlaub verbrachten, gab es auf einmal Arbeit – für Bauarbeiter, Köche, Kellner, Zimmermädchen, Taxifahrer, Prostituierte, Gepäckträger, Flughafenpersonal und viele andere. Zum erstenmal konnten ungelernte junge Männer und Frauen in Griechenland, Jugoslawien, Italien und Spanien gering bezahlte Saisonarbeit finden und mußten nicht mehr emigrieren. Statt in die industrialisierten Länder Nordeuropas abzuwandern, boten sie den Nordeuropäern nunmehr ihre Dienste im eigenen Land an.

Auslandsreisen trugen nicht unbedingt zu einer Erweiterung des Horizontes bei: Je beliebter ein Reiseziel, desto eher glich es – bis auf das Klima – dem Herkunftsort des Touristen. Überhaupt war der Massentourismus nur dort erfolgreich, wo sich Briten, Deutsche, Niederländer, Franzosen und andere möglichst wohl fühlten, unter ihresgleichen waren, abgeschottet von allem Fremden, Unbekannten und Überraschenden. Doch allein schon die Tatsache, daß sie alljährlich mit dem Auto oder per Charterflug verreisen konnten, war für Millionen Männer und Frauen (und besonders ihre Kinder) ein Fenster zu einer sehr viel größeren Welt.

Für die meisten Europäer war bis Ende der fünfziger Jahre das Radio die wichtigste Informations- und Unterhaltungsquelle. Die Nachrichten hörte man im Radio, und wenn es eine gemeinsame nationale Kultur gab, dann wurde sie sehr viel stärker durch den Rundfunk geprägt als durch das, was man sehen oder lesen konnte. Überall stand der Rundfunk in dieser Zeit unter staatlicher Aufsicht (in Frankreich endete der Sendebetrieb um Mitternacht). Rundfunkanstalten, Sendeanlagen und Wellenlängen gehörten dem Staat und wurden von ihm kontrolliert. Die wenigen Radiostationen, die außerhalb der Landesgrenzen operierten, die sogenannten Piratensender, befanden sich meist auf Schiffen oder Inseln.

Radios, schon vor dem Krieg verbreitet, gab es um 1960 fast überall. In diesem Jahr kam in der Sowjetunion ein Radiogerät auf 5 Einwohner, eines auf 4 Einwohner in Frankreich, Österreich und der Schweiz, eines auf 3 Einwohner in Skandinavien und Ostdeutschland. In praktisch jeder Familie gab es ein Radiogerät.[19] Die meisten Empfänger sahen noch so aus wie die unförmigen Geräte der Zwischenkriegsjahre. Das Gerät selbst stand meist im Wohnzimmer oder in der Küche, so daß die ganze Familie mithören mußte. Selbst Autoradios änderten daran nichts – wenn die Familie verreiste, mußten alle mithören, und die Eltern bestimmten, was gehört wurde. Inhaltlich und in seiner sozialen Wirkung war das Radio insofern ein konservatives Medium.

Mit dem Aufkommen der Transistorradios wurde alles anders. 1958 waren diese Geräte noch eine Seltenheit – in ganz Frankreich beispielsweise gab es nur 260 000 Stück. Doch schon drei Jahre später besaßen die Franzosen 2,25 Millionen Transistorradios. 1968, als 9 von 10 Franzosen ein Radio hatten, waren zwei Drittel dieser Geräte tragbare Empfänger. Teenager brauchten nicht mehr zu Hause bei den Eltern herumzusitzen und sich Nachrichten und andere Sendungen anzuhören, die auf den Geschmack der Erwachsenen zugeschnitten waren und meist in den Abendstunden ausgestrahlt wurden. Die jungen Leute hatten jetzt ihre eigenen Sendungen – »Salut les copains« im französischen Rundfunk, »Pick of the Pops« in der BBC usw. Individualisiertes Hören produzierte neue Vorlieben. Und da die staatlichen Rundfunkanstalten sich nur langsam auf diesen Wandel einstellten, nutzten »periphere«, durch Werbung finanzierte Privatsender (Radio Luxemburg, Radio Monte Carlo, Radio Andorra) die Gelegenheit.

Transistorradios waren leicht und handlich und paßten daher gut in eine Zeit erhöhter Mobilität – ihr natürliches Umfeld war der Strand oder die Parkbank. Doch das Radio wandte sich noch immer an Hörer, hatte also in einem zunehmend visuellen Zeitalter eine beschränkte Wirkung. Für ältere Menschen blieb das Radio die wichtigste Quelle von Information und Unterhaltung. In kommunistischen Staaten war das Radio zugleich die einzige Möglichkeit, an unzensierte Nachrichten zu kommen – über Radio Freies Europa, Voice of America und den World Service der BBC. Doch nun hörten junge Leute vor allem Popmusik – alles andere gab es im Fernsehen.

Das Fernsehen kam spät nach Europa, mancherorts sehr spät. In Großbritannien wurde der reguläre Sendebetrieb in den vierziger Jahren aufgenommen, und im Juni 1953 verfolgten viele Menschen die Krönung Elisabeth II. live vor dem Bildschirm. Um 1958 gab es mehr Fernseh- als Radiogeräte – 10 Millionen noch vor Beginn der sechziger Jahre. In Frankreich dagegen gab es im Juni 1953 nur 60000 TV-Geräte (als es in Westdeutschland schon 200000 Geräte und in den USA 15 Millionen gab); noch 1960 besaß nur jeder achte französische Haushalt ein Fernsehgerät – fünfmal weniger als die Briten bei einer vergleichbar großen Bevölkerung. In Italien waren es noch weniger.

Doch in den sechziger Jahren holte das Fernsehen fast überall auf – kleine Schwarzweißgeräte waren erschwinglich und gehörten zur Grundausstattung selbst der bescheidensten Haushalte. Um 1970 gab es in Westeuropa durchschnittlich ein Fernsehgerät pro vier Personen – mehr in Großbritannien, deutlich weniger in Irland. In manchen Ländern – Frankreich, Niederlande, Irland, Italien (dem europaweit führenden Hersteller von Fernsehgeräten und Kühlschränken) – besaß die durchschnittliche Familie eher ein TV-Gerät als ein Telefon, auch wenn man nicht viel Fernsehen schaute. Drei Viertel der Italiener saßen weniger als 13 Stunden pro Woche vor dem Bildschirm. Zwei von drei Haushalten in der DDR besaßen ein Fernsehgerät (aber nicht einmal jeder zweite besaß einen Kühlschrank), knapp dahinter folgten Tschechen, Ungarn und Esten (die schon seit 1954 das finnische Fernsehen empfangen konnten).

Das Fernsehen war zunächst nicht sonderlich revolutionär. Staatliche Sender wachten streng über das Programm. Das kommerzielle Fernsehen begann in Großbritannien 1955, anderswo sehr viel später. In den meisten europäischen Ländern erhielten private Sender erst um die Mitte der siebziger Jahre eine Lizenz. In der Frühzeit des Mediums ging es meist sehr konventionell und spießig und nicht selten pädagogisch zu – traditionelle Werte und Normen wurden bekräftigt statt untergraben. In Italien durften – laut einer Anweisung von RAI-Chef Filiberto Guala – die ausgestrahlten Sendungen weder »die Institution Familie untergraben« noch »Haltungen, Meinungen oder Einzelheiten zeigen, die Ärgernis erregen könnten«.[20]

Das Angebot beschränkte sich in den meisten Fällen auf ein, zwei Sender, und gesendet wurde nur ein paar Stunden am späten Nachmittag und Abend. Gleichwohl war das Fernsehen ein sozial subversives Medium. Es holte entlegene Orte aus ihrer Isolation und Unwissenheit und verband die Menschen, indem es ihnen die gleichen visuellen Erlebnisse verschaffte. Was ein »Franzose«, »Deutscher« oder »Niederländer« war, wurde nun weniger durch Schule oder öffentliche Veranstaltungen geprägt als durch das Bild, das man durch das Fernsehen von seinem eigenen Land gewann. Die »Italiener« wurden durch die Sportübertragungen oder Unterhaltungsprogramme der RAI nun sehr viel stärker zusammengeschweißt als durch ein Jahrhundert nationaler Einheit.

Vor allem kam die Politik ins Haus. Bis zum Aufkommen des Fernsehens war die Pariser, Bonner, Londoner oder römische Politik eine elitäre Veranstaltung gewesen, gemacht von fernen Politikern, die man nur vom Radio her kannte, von leblosen Pressefotos oder kurzen, inszenierten Auftritten in der Wochenschau. Innerhalb von zwei Jahrzehnten mußten Politiker nunmehr fernsehtauglich werden: Sie mußten Autorität und Zuverlässigkeit und zugleich Volksnähe ausstrahlen – worauf sich die meisten europäischen Politiker nicht so gut verstanden wie ihre amerikanischen Kollegen. Besonders ältere Politiker versagten oft erbärmlich vor den Fernsehkameras. Für jüngere, anpassungsfähige Kandidaten war das eine Riesenchance. So notierte Edward Heath im Rückblick auf den Medienerfolg seines Erzrivalen Harold Wilson, das Fernsehen sei »offen für Mißbrauch durch jeden Scharlatan, der imstande war, das Medium entsprechend zu manipulieren. Im folgenden Jahrzehnt lieferte es den Beweis.«

Als visuelles Medium war das Fernsehen ein natürlicher Rivale des Kinos. Es bot nicht nur seine eigene Form der Unterhaltung, sondern brachte auch Spielfilme in das Wohnzimmer, so daß die Leute nicht mehr ins Kino gehen mußten, wenn sie nicht gerade die allerneuesten Produktionen sehen wollten. Zwischen 1946 und 1958 ging die Zahl der britischen Kinobesucher um 56 Prozent zurück. Auf dem Kontinent war diese Entwicklung nicht ganz so schnell, aber früher oder später traf es alle Länder. Am längsten konnte sich das Kino in Südeuropa behaupten, vor allem in Italien, wo die Besucherzahlen bis in die Mitte der siebziger Jahre recht konstant blieben. Aber schließlich sahen sich die Italiener Filme nicht nur an, sie produzierten sie auch. Mitte der fünfziger Jahre war die römische Filmindustrie, nach dem Baugewerbe, der zweitgrößte Arbeitgeber des Landes. Produziert wurden nicht nur klassische Filme berühmter Regisseure, sondern auch (und finanziell weitaus erfolgreicher) unzählige belanglose Streifen mit bald vergessenen Sternchen und Kurvenschönheiten.

Doch am Ende traf es selbst die italienische Filmindustrie und die italienischen Kinos. Die europäischen Produzenten konnten mit Hollywood nicht konkurrieren und beschränkten sich in der Folgezeit auf das Alltagsleben, sei es »Nouvelle Vague«, Komödie oder Sozialkritik. Der europäische Film, einst eine soziale Veranstaltung, verkümmerte zu einem Kunstgenre. Während die Menschen in den vierziger und fünfziger Jahren regelmäßig ins Kino gegangen waren, ganz gleich, was dort lief, so gingen sie inzwischen nur noch, wenn ein bestimmter Film lockte. Unterhaltung fand zunehmend im Fernsehen statt.

Das Fernsehen, obschon ein junges Medium, zog besonders ältere Leute an, zumal in den ersten Jahren, in denen es noch sittsam und anständig zuging. Früher hatten sie Radio gehört oder waren ins Kino gegangen, doch nun blieben sie zu Hause und schauten statt dessen Fernsehen. Darunter litt der kommerzielle Sport, vor allem traditionelle Sportarten wie Fußball oder Hunderennen. Zum einen, weil sich die Zuschauer nun auch anderweitig, einfacher und bequemer vergnügen konnten, und zweitens, weil Sportveranstaltungen bald im Fernsehen übertragen wurden, gewöhnlich am Wochenende. Nur junge Leute gingen noch in großer Zahl aus. Und ihr Geschmack veränderte sich allmählich.

Ende der fünfziger Jahre machten sich die ökonomischen Auswirkungen des Babybooms der Nachkriegsjahre in vollem Umfang bemerkbar. Zunächst hatte eine sprunghafte Nachfrage nach Kinder- und Babyartikeln eingesetzt: Kinderwagen, Bettchen, Babynahrung, Windeln, Kinderkleidung, Sportsachen, Bücher, Spielzeug und Spiele. Dann kam die enorme Ausweitung des schulischen Angebots – Schuluniformen, Schulmobiliar, Schulbücher und immer mehr Bildungseinrichtungen einschließlich Lehrpersonal. Doch die Käufer all dieser Artikel und Dienstleistungen waren Erwachsene: Eltern, Verwandte, Schulverwaltungen und staatliche Behörden. Um 1957 begannen junge Leute zum erstenmal in der europäischen Geschichte, selbst Geld auszugeben und einzukaufen.

Bis dahin hatte es Jugendliche als klar definierte Konsumentengruppe nicht gegeben. Es hatte sie überhaupt nicht gegeben. In traditionellen Familien und Gemeinschaften blieben Kinder so lange Kinder, bis sie von der Schule abgingen und ihre erste Arbeitsstelle antraten. Dann galten sie als junge Erwachsene. Die neue Kategorie »Teenager«, die die Zwischengeneration nicht durch ihren Status, sondern durch ihr Alter definierte – weder Kind noch Erwachsener –, war völlig neu. Und die Vorstellung, diese Teenager könnten eine eigene Konsumentengruppe sein, wäre wenige Jahre zuvor völlig undenkbar gewesen. Für die meisten Menschen war die Familie stets eine Einheit der Produktion, nicht des Konsums gewesen. Sobald junge Leute Geld verdienten, floß es in die Haushaltskasse der ganzen Familie.

Doch angesichts der rasch ansteigenden Reallöhne reichte in den meisten Familien schon das Einkommen des Hauptverdieners, zumal wenn beide Eltern berufstätig waren. Und von Söhnen oder Töchtern, die typischerweise mit 14 von der Schule abgingen und eine Stelle antraten, aber weiterhin zu Hause wohnten, wurde nicht mehr automatisch erwartet, daß sie ihren Wochenlohn abgaben. In Frankreich konnten Mitte der sechziger Jahre 62 Prozent der 16- bis 24jährigen, die bei den Eltern wohnten, ihren Lohn behalten und ausgeben, wofür sie wollten.

Besonders deutlich wurde diese neue Kaufkraft von Jugendlichen in der Kleidung. Lange bevor die Babyboom-Generation Miniröcke und langes Haar entdeckte, unterstrich die unmittelbare Vorgängerin – die Generation, die während des Kriegs geboren war – ihre Präsenz im Bandenkult der späten Fünfziger. Die ganz in Schwarz gekleideten Halbstarken (die »blousons noirs« in Frankreich, die »skinknuttar« in Schweden, die »Teddy Boys« in England) gaben sich zynisch und gleichgültig, kultivierten eine Figur zwischen Marlon Brando (*Der Wilde*) und James Dean (*Denn sie wissen nicht, was sie tun*). Doch trotz gelegentlicher

Gewaltausbrüche – in Großbritannien überfielen Jugendbanden Einwanderer aus der Karibik – war es vor allem das Schicklichkeitsgefühl der Älteren, das diese Jugendlichen und ihr Outfit bedrohten. Sie sahen einfach anders aus.

Jugendspezifische Kleidung spielte eine große Rolle als Ausdruck von Unabhängigkeit und Aufsässigkeit, und das war neu. Früher hatten junge Erwachsene meist die Sachen ihrer Väter und Mütter auftragen müssen. Ökonomisch gesehen war dies aber nicht das wichtigste Resultat der Konsumgewohnheiten von Teenagern. Junge Leute gaben viel Geld für Kleidung aus, aber noch mehr, sehr viel mehr gaben sie für Musik aus. Die Verbindung zwischen »Teenager« und »Popmusik«, die Anfang der sechziger Jahre ganz selbstverständlich wurde, hatte eine kommerzielle und eine kulturelle Basis. Ob in Europa oder in Amerika, sobald Jugendliche unabhängig über eigenes Geld verfügen konnten, zogen sie los und kauften als erstes eine Schallplatte.

1948 wurde die Langspielplatte erfunden. Die erste 45er-Single, mit nur einem Titel pro Seite, wurde im Jahr darauf von RCA auf den Markt gebracht. In Europa ließ sich das Geschäft zunächst nicht so gut an wie in Amerika, wo der Umsatz der Schallplattenindustrie von 277 Millionen Dollar (1955) auf 600 Millionen Dollar (1959) anstieg. Dennoch ging es aufwärts. In England, wo junge Leute anfänglich mehr amerikanische Popmusik hörten als ihre Altersgenossen auf dem Kontinent, brach die Popmusikwelle nach dem Film *Rock Around The Clock* (Außer Rand und Band; 1956) mit Bill Haley, The Comets und The Platters aus. Der Film an sich war eher durchschnittlich, selbst nach den anspruchslosen Maßstäben von Rockmusikfilmen, aber der gleichnamige Titelsong elektrisierte eine ganze Generation britischer Teenager.

Junge Leute aus der Unterschicht, die sich nicht groß für Jazz interessierten, begeisterten sich für die amerikanische (und in ihrem Gefolge britische) Popmusik, die dynamisch, kraftvoll, sexy war und vor allem ihnen selbst gehörte.[21] Doch sie hatte nichts Zorniges, schon gar nichts Aggressives, und selbst das sexuelle Element wurde von Plattenfirmen, Marketingmanagern und Rundfunkverantwortlichen unter Verschluß gehalten. Die ursprüngliche Popmusikrevolution war ein Phänomen der Fünfziger, sie ging dem Kulturwandel der Sechziger voraus, und deswegen stieß sie in der Öffentlichkeit so oft auf Ablehnung. *Rock Around The Clock* wurde von schockierten Stadtverwaltungen ebenso verboten wie Elvis Presleys entschieden besseres Rockmusical *Jailhouse Rock*.

Die Stadtväter von Swansea in Wales hielten den Skifflespieler Lonnie Donegan für »ungeeignet«. Tomy Steele, ein gemäßigt wilder Rocksänger der späten Fünfziger, durfte in Portsmouth nicht am Sonntag auftreten. Als Johnny Halliday, eine mittelprächtige französische Kopie von US-Rockern wie Gene Vincent oder Eddie Cochran, 1960 seine erste Platte herausbrachte, empörte sich eine ganze Generation konservativer Intellektueller. In der Rückschau mutet die Reaktion von Eltern, Lehrern, Geistlichen und Politikern einigermaßen übertrieben an. Nicht einmal ein Jahrzehnt später wirkten Haley, Donegan, Steele, Halliday und ihresgleichen schon hoffnungslos altmodisch, wie Relikte einer unschuldigen, vorsintflutlichen Epoche.

Die Teenager der späten fünfziger und frühen sechziger Jahre wollten die Welt nicht verändern. Sie waren in Sicherheit und bescheidenem Wohlstand aufgewachsen. Die meisten wollten nur anders aussehen, mehr reisen, Popmusik spielen und Klamotten kaufen. Darin spiegelte sich das Verhalten ihrer Idole und der Discjockeys, deren Radiosendungen sie hörten. Dennoch setzten sie einen Wandel in Gang. Sie waren, noch viel mehr als ihre Eltern, Objekte der Werbeindustrie, die den beispiellosen Konsumaufschwung begleitete. Immer mehr Waren wurden produziert und gekauft. Ob Autos, Kleidung, Kinderwagen, Fertignahrung oder Waschpulver – alles kam in einer verwirrenden Vielfalt von Formen, Größen und Farben auf den Markt.

Werbung hatte eine lange Geschichte in Europa. Zeitungen, vor allem die populären Massenblätter, die ab den 1890er Jahren erschienen, hatten stets Werbung enthalten. In Italien waren Reklametafeln am Straßenrand schon weit vor den fünfziger Jahren ein gewohnter Anblick, und überall in Frankreich prangte die Reklame für St. Raphael oder Dubonnet an Bauernhäusern oder Balkonen. In den Kinos gab es vor Wochenschau und Hauptfilm Werbung. Doch diese traditionelle Werbung funktionierte noch ohne ausgetüftelte Methoden, sprach nicht besondere Zielgruppen oder Marktsegmente an. Doch ab Mitte der fünfziger Jahre begannen Marketingstrategen, immer stärker Konsumpräferenzen zu berücksichtigen. Und die Werbung, im Vorkriegseuropa eine relativ kleine Branche, nahm nun eine führende Rolle ein.

Während sich die britische Fernsehreklame für Haushaltsartikel und Frühstücksflocken besonders an Hausfrauen und Kinder richtete, hatte die Werbung bei Privatsendern wie Monte Carlo vor allem die jungen Leute im Blick, die viel Geld ausgaben – für Zigaretten, Alkohol, Mopeds und Motorräder, modische Kleidung, Schuhe, Kosmetika, Schmuck, Zeitschriften, Schallplatten, Plattenspieler, Radios – und ein bislang vernachlässigtes Potential darstellten. Werbeagenturen rissen sich um diesen Markt. In Großbritannien stiegen die Ausgaben für Werbung von 102 Millionen Pfund (1951) auf 2,5 Milliarden (1978).

In Frankreich stiegen die Ausgaben für Werbung, die sich speziell an Jugendliche richtete, in den entscheidenden Jahren 1959 bis 1962 um 400 Prozent. Die Welt, wie sie in der Werbung erschien, war für viele Menschen noch immer unerreichbar. 1957 ergab eine Umfrage unter jungen Franzosen, daß sich die meisten danach sehnten, ihr Leben nach eigenen Vorstellungen einzurichten, Urlaub nach eigenen Vorstellungen zu machen, sich ein Auto kaufen zu können. Interessanterweise betrachteten die Jugendlichen all das, was sie vermißten, nicht als unrealistischen Traum, sondern als etwas, was ihnen zustand. Im selben Jahr brachte eine Gruppe englischer Aktivisten, die sich an der zunehmenden Macht der Werbung störten, das europaweit erste Verbraucherhandbuch heraus, das bezeichnenderweise nicht *What*, sondern *Which* hieß.

Das war die schöne neue Welt, die John Boynton Priestley 1955 als »Admass« bezeichnete. Viele andere Zeitgenossen sahen darin einfach eine »Amerikanisierung« der Gesellschaft – eine Übernahme aller Gewohnheiten und Ziele des modernen Amerika. Für Europa war das nichts Neues, auch wenn viele darin eine radikale Neuorientierung erblickten. Schon mindestens dreißig Jahre betrieben die Europäer ihre »Amerikanisierung« – und verabscheuten sie zugleich.[22] Fließbandarbeit und Taylorisierung waren schon vor dem Zweiten Weltkrieg gang und gäbe, ebenso das Interesse an amerikanischen Filmen und Moden. In der Zwischenkriegszeit hatten europäische Intellektuelle über die »Seelenlosigkeit« der amerikanischen Moderne geklagt, und Nazis und Kommunisten verstanden sich nicht zuletzt als Hüter kultureller Werte, als Kämpfer gegen einen zügellosen amerikanischen Kapitalismus und wurzellosen Kosmopolitismus, den New York symbolisierte.

Doch obwohl Amerika in der Phantasie der Europäer präsent war und überall in Westeuropa amerikanische Soldaten stationiert waren – für die meisten Europäer war Amerika nach wie vor eine große Unbekannte. Die Amerikaner sprachen Englisch, eine Sprache, die den meisten Europäern seinerzeit nicht allzu vertraut war. Geschichte und Geographie der USA standen nicht auf dem Lehrplan europäischer Schulen, amerikanische Schriftsteller waren selbst unter Gebildeten unbekannt, das politische System (außer für eine Handvoll Privilegierte) ein Rätsel. Kaum jemand hatte die zeitaufwendige und kostspielige Reise nach Amerika unternommen – höchstens Reiche (und auch von denen nicht sehr viele), einige ausgewählte Gewerkschafter und andere, die im Rahmen des Marshall-Plans nach Amerika eingeladen wurden, einige tausend Austauschschüler – und eine Reihe von Griechen und Italienern, die nach 1900 in die USA ausgewandert waren und im Alter heimkehrten. Osteuropäer hatten mehr Kontakte nach Amerika als Westeuropäer, da viele Polen oder Ungarn einen Angehörigen oder Freund hatte, der nach Amerika ausgewandert war, und viele von ihnen wären selbst ausgewandert, wenn sie die Möglichkeit gehabt hätten.

Gewiß unternahmen die US-Regierung und diverse private Organisationen, namentlich die Ford Foundation, große Anstrengungen, um die transatlantische Kluft zu überwinden. Die fünfziger und frühen sechziger Jahre waren die große Zeit der ausländischen Kulturarbeit – von Amerika-Häusern bis hin zu Fulbright-Stipendien. Mancherorts, vor allem in der Bundesrepublik, hatte diese Politik tiefgreifende Auswirkungen. Zwischen 1948 und 1955 kamen 12000 Deutsche für einen längeren Aufenthalt in die USA. Eine ganze Generation von Westdeutschen wuchs im militärischen, wirtschaftlichen und kulturellen Schatten der Vereinigten Staaten heran. Ludwig Erhard bezeichnete sich einmal als »amerikanische Erfindung«.

Dieser Einfluß beruhte aber nicht auf direkten wirtschaftlichen Interessen der Amerikaner. 1950 entfielen drei Fünftel des gesamten Kapitals der westlichen Welt und ein etwa gleich großer Anteil der Wirtschaftsleistung auf Amerika, doch von den Erträgen floß kaum etwas über den Atlantik. Investitionen nach dem Krieg wurden in erster Linie von der US-Regierung getätigt. 1956 beliefen sich die privaten US-Investitionen in Europa auf lediglich 4,15 Milliarden Dollar. Erst danach stiegen sie deutlich an, vor allem in den sechziger Jahren, und erreichten 1970 die Marke von 24,52 Milliarden Dollar. Inzwischen waren bereits unzählige Publikationen erschienen, deren besorgte Autoren vor der amerikanischen Wirtschaftsmacht warnten – wie etwa Jean-Jacques Servan-Schreiber in seiner 1967 publizierten Streitschrift *Le Défi Américain* (Die amerikanische Herausforderung).

Die wirtschaftliche Präsenz der Amerikaner in Europa wurde weniger in Direktinvestitionen oder wirtschaftlichem Einfluß wahrgenommen als in dem Wandel der Konsumgewohnheiten, der Amerika und Europa gleichermaßen betraf. Die Europäer hatten nunmehr Zugang zu einer beispiellosen Fülle von Waren, mit denen die amerikanischen Verbraucher längst vertraut waren: Telefon, Haushaltsgeräte, Fernseher, Kameras, Reinigungsmittel, Fertignahrung, billige Kleidung, Autos und Zubehör usw. Dies war Wohlstand und Konsum als Lebensstil – amerikanischer Lebensstil. Die selbstbewußte Modernität Amerikas faszinierte besonders die jungen Leute. Abstrakt stand sie für das Gegenteil der Vergangenheit: Amerika war groß, offen, wohlhabend – und jung.

Ein bereits erwähntes Element der »Amerikanisierung« war die Popmusik – aber selbst dies war im Grunde nicht neu. Ragtime wurde erstmals 1903 in Wien gespielt, und amerikanische Tanzkapellen und Jazzorchester waren schon vor dem Zweiten Weltkrieg en vogue. Und es war auch kein völlig einseitiger Prozeß: Popmusik war im Grunde das Produkt einer Melange aus importierten und heimischen Genres. In England war »amerikanische« Musik etwas anderes als in Frankreich oder Deutschland. Der französische Geschmack war durch schwarze Künstler geprägt, die vor dem Rassismus in Amerika nach Paris geflohen waren – ein Grund, warum das französische Amerikabild so sehr mit Rassismus assoziiert wurde.

In den fünfziger Jahren machte sich der amerikanische Einfluß dann vor allem im Film bemerkbar. Europäer sahen fast alles, was Hollywood in die Welt exportierte: Ende der fünfziger Jahre brachten die Amerikaner etwa 500 Filme pro Jahr in die Kinos, während es die Europäer insgesamt auf etwa 450 Filme brachten. Amerikanische Filme waren durch die Sprache natürlich benachteiligt (aber in vielen Ländern, vor allem Italien, wurden sie einfach synchronisiert). Auch aus diesem Grund zogen Zuschauer ab einem bestimmten Alter einheimische Filme vor, ganz im Gegensatz zu ihren Kindern. Junge Leute schwärmten für amerikanische Spielfilme, nicht selten Werke europäischer Regisseure, die vor Hitler oder Stalin geflohen waren.

Zeitgenössische Kritiker zeigten sich besorgt, daß der Konformismus der amerikanischen Kultur, im Verein mit der direkten oder versteckten politischen Botschaft der Filme, die europäische Jugend verderben oder betäuben könne. Wenn überhaupt, dann dürfte eher das Gegenteil der Fall gewesen sein. Junge Leute filterten den Propagandagehalt heraus und schauten, ebenso wie ihre Eltern zwanzig Jahre zuvor, neidisch auf das »gute Leben«, das auf der Leinwand porträtiert wurde, doch sie lachten über die Trivialität und Naivität der Liebes- und Alltagsszenen. Dafür beobachteten sie sehr aufmerksam den oft subversiven Stil der Darsteller.

Die Musik amerikanischer Filme tauchte im Radio, in Cafés, Bars und Tanzdielen wieder auf. Die Körpersprache der jugendlichen Filmrebellen wurde von den europäischen Altersgenossen eifrig kopiert. Man kleidete sich »amerikanisch« – als im Mai 1963 die ersten echten Levi's auf dem Pariser Flohmarkt auftauchten, war die Nachfrage größer als das Angebot. Das typische Outfit amerikanischer Jugendlicher – Jeans und T-Shirt – wurde nicht mit einer Klasse assoziiert (solange es nicht von Designern exklusiver Marken adaptiert wurde, und selbst dann verwies es nicht auf Status, sondern auf materielle Ressourcen). Jeans, ursprünglich Arbeitskleidung, nun von der Mittelschicht getragen, stellten den üblichen Stilwandel auf den Kopf. Und sie waren ausgesprochen jung. Wie viele andere körperbetonte Kleidungsstücke, die aus den Filmen der fünfziger Jahre übernommen wurden, waren sie nichts für die ältere Figur.

Binnen kurzem gab es überall in Westeuropa lokale Varianten von Jeans – wie auch von Motorrädern, Coca-Cola, Afrofrisuren und Popstars (im Osten gab es die Filme und die von ihnen propagierten Produkte nicht). Dies war ein umfassender Prozeß. Typisch amerikanische Filmgenres – Science-fiction, Detektivfilme, Western – wurden europäisiert. Millionen Westdeutsche lasen Cowboygeschichten aus der Feder deutscher Autoren, die noch nie in Amerika gewesen waren. 1960 wurden allein in der Bundesrepublik 91 Millionen Westernromane verkauft. Die zweitpopulärste Cartoonfigur (nach Tintin) war ebenfalls ein belgisches Produkt – Lucky Luke, dessen Abenteuer allwöchentlich in den Zeitungen erschienen. Amerika, real oder phantasiert, wurde der natürliche Schauplatz für leichte Unterhaltung aller Art. Der amerikanische Einfluß trug unmittelbar zu der allseits beklagten »Kluft zwischen den Generationen« bei. Die Älteren stellten mit Bedauern fest, daß die Jungen ständig (reale oder vermeintliche) Amerikanismen in die Unterhaltung einfließen ließen. Einer Untersuchung zufolge nahm die Zahl der »Amerikanismen« in deutschen und österreichischen Presseerzeugnissen während der sechziger Jahre um etwa das 14fache zu. 1964 legte der französische Kritiker René Etiemble seine Schrift *Parlez-vous franglais?* vor, eine amüsante (und, wie man heute vielleicht sagen würde: prophetische) Studie über den schädlichen Einfluß des Englischen auf das Französische.

Der Antiamerikanismus – die grundsätzliche Ablehnung alles Amerikanischen – beschränkte sich in der Regel auf bürgerliche Eliten, deren Macht so groß war, daß er verbreiteter erschien, als er es tatsächlich war. Konservative wie der Franzose André Siegfried – dessen 1954 erschienenes *Tableau des Etats-Unis* alle Vorurteile der Zwischenkriegsjahre aufgriff und auch nicht frei von Antisemitismus war – fanden ebenso wie Linke wie Jean-Paul Sartre (oder der spätere Harold Pinter), daß Amerika ein Land hysterischer Puritaner war, das Technik, Standardisierung und Konformismus anbetete und keine originellen Denker hatte. Diese Ablehnung hatte mehr mit dem Tempo des Wandels in Europa zu tun als mit irgendeiner Bedrohung oder Herausforderung durch Amerika. So, wie europäische Teenager die Zukunft mit Amerika gleichsetzten, das sie kaum kannten, so warfen ihre Eltern Amerika den Untergang eines Europa vor, das es im Grunde nie gegeben hatte, eines Kontinents, der sich seiner Identität, seiner Autorität und seiner Werte sicher und vor den Lockungen der Moderne und der Massengesellschaft gefeit war.

Diese Einstellung war in Deutschland oder Österreich nicht sehr stark verbreitet, schon gar nicht in Italien, wo viele Ältere die Amerikaner noch immer als Befreier ansahen. Sehr viel eher wurde der Antiamerikanismus in England und Frankreich gepflegt, zwei ehemaligen Kolonialmächten, die sich von den Vereinigten Staaten verdrängt sahen. Im März 1964 erklärte Maurice Duverger in *L'Express*, daß der Kommunismus keine Bedrohung mehr sei: »Europa droht nur eine unmittelbare Gefahr, und das ist die amerikanische Kultur« – »eine Kultur von Badewannen und Kühlschränken«, wie der Dichter Louis Aragon 13 Jahre zuvor geschrieben hatte. Doch ungeachtet der Arroganz der Pariser Intellektuellen sehnten sich die meisten Europäer nach eben jener Kultur von Badewannen und Kühlschränken – und Zentralheizung und Fernsehen und Autos. Und zwar nicht, weil es amerikanische Produkte waren, sondern weil sie Komfort und einen gewissen Wohlstand repräsentierten. Erstmals in der Geschichte waren Komfort und Wohlstand für die meisten Europäer nunmehr in Reichweite.

ANHANG

Eine Geschichte zweier Volkswirtschaften

Deutschland ist ein Land, in dem es von Kindern wimmelt. Es ist ein schrecklicher Gedanke, daß die Deutschen auf lange Sicht den Krieg doch noch gewonnen haben.

Saul Padover, 1945

Natürlich, wenn es uns gelungen wäre, zwei Weltkriege zu verlieren, wenn wir alle unsere Schulden abgeschrieben hätten – statt fast 30 Millionen Pfund zu haben –, alle Auslandsverpflichtungen losgeworden wären und keine Streitkräfte in Übersee hätten, wären wir vielleicht so reich wie die Deutschen.

Harold Macmillan

Der Wohlstand und die Stärke der britischen Wirtschaft, die [Finanzminister] Butler in mehreren Reden während der Jahre 1953 und 1954 rühmte, waren nur die letzten Wogen des Wohlstands, die im Kielwasser der deutschen Wirtschaft an Britanniens Küsten schwappten, als jene gewaltig vorwärts stürmte und die europäische Begleitflottille mit sich zog. Rückblickend erscheint 1954 für das Vereinigte Königreich als der letzte große Sommer der Illusionen.

Alan Milward

Ein auffälliges Merkmal der westeuropäischen Nachkriegsgeschichte war der Gegensatz zwischen der wirtschaftlichen Leistung Westdeutschlands und Großbritanniens. Zum zweitenmal innerhalb einer Generation war Deutschland ein besiegter Staat – seine Städte in Schutt und Asche, seine Währung wertlos, seine erwerbsfähigen Männer tot oder in Gefangenenlagern, seine Transport- und Dienstleistungsinfrastruktur zerstört. Großbritannien war der einzige europäische Staat, der als eindeutiger Sieger aus dem Zweiten Weltkrieg hervorgegangen war. Von den Bombenschäden und Verlusten an Menschenleben abgesehen, hatte die wirtschaftliche Grundstruktur des Landes – Straßen, Schienenwege, Werften, Fabriken und Bergwerke – den Krieg unbeschadet überstanden. Doch Anfang der sechziger Jahre war die Bundesrepublik die boomende, prosperierende Kraft Europas, während Großbritannien zum leistungsschwachen Nachzügler wurde, mit einer Wachstumsrate, die weit hinter dem Rest Westeuropas zurückblieb.[1] Bereits 1958 wurde die britische Wirtschaft von der westdeutschen übertroffen. Nach Ansicht vieler Beobachter war Großbritannien auf dem besten Wege, der kranke Mann Europas zu werden.

Die Ursachen dieser ironischen Umkehrung des Schicksals sind lehrreich. Grundlage des deutschen »Wirtschaftwunders« der fünfziger Jahre war die wirtschaftliche Gesundung der *dreißiger Jahre*. Die Investitionen der Nationalsozialisten – in Fernmeldewesen, Rüstungs- und Kfz-Industrie, optische, chemische und feinmechanische Industrie sowie Nichteisenmetalle – sollten die Wirtschaft auf den Krieg ausrichten, doch ihr Nutzen zeigte sich zwanzig Jahre später. Die soziale Marktwirtschaft von Ludwig Ehrhard hatte ihre Wurzeln in der Politik von Albert Speer – viele der jungen Manager und Planer, die nach dem Krieg in Westdeutschland in hohe Positionen von Wirtschaft und Politik aufstiegen, begannen ihren beruflichen Werdegang unter Hitler; sie brachten in die Ausschüsse, Planungsbehörden und Firmen der Bundesrepublik die Strategien und Praktiken ein, die von den NS-Bürokraten bevorzugt worden waren.

Die entscheidende Infrastruktur der deutschen Wirtschaft überstand den Krieg unbeeinträchtigt. Produktionsbetriebe, Banken, Versicherungsgesellschaften, Großhändler – sie alle waren Anfang der fünfziger Jahre wieder im Geschäft und versorgten einen unersättlichen Auslandsmarkt mit ihren Produkten und Dienstleistungen. Selbst die zunehmend höher bewertete Deutsche Mark konnte den deutschen Fortschritt nicht aufhalten. Importierte Rohstoffe wurden infolgedessen verbilligt, ohne die Auslandsnachfrage nach deutschen Produkten einzuschränken – die waren in der Regel hochwertig und technisch auf dem modernsten Stand, sie fanden ihre Abnehmer dank der Qualität, nicht etwa aufgrund ihres günstigen Preises. Auf jeden Fall gab es während der ersten Nachkriegsjahrzehnte wenig Konkurrenz: Wenn schwedische, französische oder holländische Firmen ein Produkt des Apparate- oder Maschinenbaus haben wollten, hatten sie kaum eine andere Möglichkeit, als es zum geforderten Preis in Deutschland zu kaufen.

Die deutschen Betriebskosten wurden durch nachhaltige Investitionen in neue und effiziente Produktionsmethoden – und willfährige Arbeitnehmer – niedrig gehalten. Die Bundesrepublik profitierte von einem praktisch unerschöpflichen Angebot an billigen Arbeitskräften – Facharbeitern, die aus Ostdeutschland flohen, angelernten Maschinenwärtern und Fließbandarbeitern, ungelernten Arbeitskräften aus der Türkei, Italien und anderen Ländern. Sie alle waren dankbar für stabile Löhne in harter Währung bei dauerhafter Beschäftigung und – wie eine gefügige ältere Generation von deutschen Arbeitern, welche die Bundesrepublik aus den dreißiger Jahren übernahm – nicht geneigt, Schwierigkeiten zu machen.

Die Ergebnisse lassen sich an einem einzigen Industriezweig darstellen. In den sechziger Jahren hatten sich die deutschen Autohersteller den Ruf erworben, hochwertige und zuverlässige Wagen herzustellen, mit dem Erfolg, daß Unternehmen wie Mercedes-Benz in Stuttgart und BMW in München immer kostspieligere Autos auf einem fast monopolistisch beherrschten Markt verkaufen konnten, zunächst im Inland, dann auch zunehmend im Ausland. Die Bonner Regierung unterstützte solche »nationalen Vorzeigefirmen« genauso schamlos, wie es die Nationalsozialisten vor ihr getan hatten. So päppelte sie diese Firmen in den ersten Jahren durch günstige Kredite hoch und förderte jene enge Verbindung zwischen Banken und Industrie, welche die deutschen Unternehmen mit schnellem Geld für Investitionen versorgte.

Im Fall von Volkswagen waren die Grundlagen bereits vor 1945 gelegt worden. Wie so viele westdeutsche Unternehmen in der Nachkriegszeit, profitierte auch Volkswagen von allen Vorteilen einer freien Marktwirtschaft – vor allem von der wachsenden Nachfrage nach seinen Produkten –, ohne unter den Nachteilen des Wettbewerbs oder des Aufwands für Forschung, Entwicklung und der Beschaffungskosten des Maschinenparks zu leiden. Vor 1939 waren für das Unternehmen unerschöpfliche Ressourcen bereitgestellt worden. Nationalsozialismus, Krieg und militärische Besatzung hatten daraus Vorteil gezogen – die Alliierte Militärregierung betrachtete Volkswagen mit Wohlwollen, eben weil seine Produktionskapazität vor dem Krieg angelegt worden war und ohne weitere Umstände wieder in Gang gesetzt werden konnte. Es gab keine ernsthafte inländische Konkurrenz für den VW Käfer, als die Nachfrage für massenproduzierte kleine Familienautos in die Höhe schnellte. Selbst bei einem niedrigen Festpreis warfen die Autos Gewinn ab – dank der Nationalsozialisten hatte das Unternehmen keine alten Schulden abzubezahlen.

Auch in Großbritannien gab es ein »nationales Vorzeigeunternehmen« – die British Motor Corporation, ein Konglomerat aus verschiedenen, einst unabhängigen Autoherstellern wie Morris oder Austin. Die British Motor Corporation fusionierte dann später ihrerseits mit Leyland Motors zu British Leyland (BL). Noch 1980 verkaufte BL seine Produkte plakativ britisch: »Flagge zeigen – Austin kaufen«. Wie die deutschen Hersteller legten auch die britischen Autobauer zunehmenden Wert auf die Überseemärkte. Doch damit enden die Ähnlichkeiten.

Nach dem Krieg drängten die aufeinanderfolgenden britischen Regierungen vor allem BMC (sie hatten weniger Einfluß auf das in amerikanischem Besitz befindliche Ford-Unternehmen oder die Tochtergesellschaften von General Motors in Großbritannien), möglichst viele Autos nach Übersee zu verkaufen – in dem verzweifelten Bemühen um Deviseneinkünfte, die die riesigen Kriegsschulden des Landes abtragen sollten (das offizielle staatliche Exportziel Ende der vierziger

Jahre betraf 75 Prozent der Autoproduktion des gesamten Vereinigten Königreichs). Vorsätzlich vernachlässigte das Unternehmen im Interesse eines raschen Ausstoßes die Qualitätskontrolle.

Die dadurch bedingte mangelhafte Qualität britischer Autos spielte zunächst kaum eine Rolle. Die britischen Unternehmen beherrschten den Markt: Die Nachfrage im Inland und in Europa überstieg das Angebot. Die kontinentaleuropäischen Hersteller konnten in Hinblick auf das Produktionsvolumen nicht konkurrieren: 1949 stellte Großbritannien mehr Personenwagen her als der ganze Rest Europas zusammen. Doch sobald sich der Ruf mangelhafter Qualität und eines unzulänglichen Kundendienstes festgesetzt hatte, war dieser nicht mehr zu erschüttern. Die europäischen Käufer wandten sich in hellen Scharen von den britischen Autos ab, sobald bessere Angebote aus eigener Produktion verfügbar wurden.

Als sich die britischen Autohersteller dazu entschlossen, ihre Produktpaletten zu aktualisieren und ihre Fertigungsstraßen zu modernisieren, hatten sie keine hauseigenen Banken, von denen sie nach deutschem Vorbild Investitionsmittel und Kredite hätten bekommen können. Auch konnten sie (anders als Fiat in Italien oder Renault in Frankreich) nicht damit rechnen, daß der Staat in die Bresche springen würde. Doch unter dem starken politischen Druck aus London errichteten sie Fertigungsstätten und Vertriebszentren in wirtschaftlich unterentwickelten Teilen des Landes – um der offiziellen Regionalpolitik Genüge zu tun und um die Lokalpolitiker und Gewerkschaften zu beschwichtigen. Selbst als man diese ökonomisch unvernünftige Politik aufgab und einige Konsolidierungsmaßnahmen ergriff, blieben die britischen Automobilunternehmen hoffnungslos zerstückelt: 1968 bestand British Leyland aus 60 verschiedenen Fertigungsstätten.

Die Regierungen trugen aktiv zur Ineffizienz der britischen Hersteller bei. Nach dem Krieg verteilten die Behörden die knappen Stahlbestände nach den Vorkriegsmarktanteilen der Firmen, womit sie einen Großteil der Wirtschaft auf dem Stand der Vergangenheit einfroren und neue, potentiell effizientere Produzenten eindeutig benachteiligten.

Die Versorgungsgarantie, die künstlich hochgehaltene Nachfrage nach allem, was sie produzierten, und politischer Druck zugunsten wirtschaftlich ineffizienter Verhaltensweisen – das alles zusammen führte die britischen Firmen in den Bankrott. Seit 1970 nahmen ihnen die europäischen und japanischen Unternehmen ihre Märkte ab und waren ihnen in Qualität *und* Preis überlegen. Die Ölkrise Anfang der siebziger Jahre, der Eintritt in die EWG und der Wegfall der letzten protektionistischen Märkte in den Dominions und den Kolonien versetzten der unabhängigen britischen Autoindustrie schließlich den Todesstoß. 1975 brach British Leyland, der einzige Großhersteller, zusammen und mußte durch Verstaatlichung gerettet werden. Einige Jahre später wurden die einträglichen Teile des Unternehmens zu einem Spottpreis aufgekauft – von BMW.

Der Niedergang und schließlich das Verschwinden eines selbständigen britischen Automobilsektors kann stellvertretend für die gesamte britische Wirtschaftsentwicklung stehen. Dabei schlug sie sich anfangs gar nicht so schlecht: 1951 war Großbritannien noch immer das wichtigste Industriezentrum Europas, produzierte es doch doppelt so viel wie Frankreich und Deutschland zusammen. Es bot Vollbeschäftigung und verzeichnete Wirtschaftswachstum, wenn auch langsamer als irgendwo sonst. Allerdings litt es unter zwei lähmenden Nachteilen, der eine war das Ergebnis eines historischen Mißgeschicks, der andere selbstverschuldet.

Großbritanniens ständige Zahlungsbilanzkrise war weitgehend ein Ergebnis der Schulden, die sich durch die Finanzierung des sechsjährigen Krieges gegen Deutschland und Japan aufgehäuft hatten, wozu in der Nachkriegszeit noch die enormen Aufwendungen für die Landesverteidigung kamen (1955 8,2 Prozent des Inlandprodukts, während die deutschen Ausgaben weniger als die Hälfte ausmachten). Das Pfund – für den Außenhandel immer noch eine gewichtige Währungseinheit – war überbewertet, so daß den Briten ein hinreichender Auslandsabsatz ihrer Produkte erschwert wurde, der ihnen erlaubt hätte, das chronische Defizit des Sterlings gegenüber dem Dollar auszugleichen. Als Inselstaat, der von Nahrungsmittel- und Rohstoffimporten vollkommen abhängig war, hatte Großbritannien diese Strukturschwäche in der Vergangenheit durch seinen Zugang zu den protektionistischen Märkten des Empire und des Commonwealth kompensiert.

Doch die Abhängigkeit von weit entfernten Märkten und Ressourcen, ein Vorteil in den ersten Nachkriegsjahren, als sich der Rest Europas mühsam erholte, wurde zu einer lästigen Verpflichtung, als in Europa – und vor allem in den EWG-Ländern – der Aufschwung einsetzte. Die Briten konnten nicht mit den Vereinigten Staaten, und später mit Deutschland, auf irgendeinem freien Überseemarkt konkurrieren, während die britischen Exporte nach Kontinentaleuropa selbst hinter denen anderer europäischer Hersteller immer weiter zurückblieben. Die britischen Industrieexporte repräsentierten 1950 wertmäßig 25 Prozent des Weltvolumens; 20 Jahre später waren es nur noch 10,8 Prozent. Die Briten hatten ihren Anteil am Weltmarkt verloren, und ihre traditionellen Lieferanten – in Australien, Neuseeland, Kanada und den afrikanischen Kolonien – wandten sich jetzt ebenfalls anderen Märkten zu.

In gewissem Maße war der relative Wirtschaftsrückgang Großbritanniens also unvermeidlich. Doch wir dürfen auch den eigenen Beitrag der Briten nicht unterschätzen. Noch vor dem Zweiten Weltkrieg hatte sich Großbritanniens verarbeitende Industrie den wohlverdienten Ruf erworben, ineffizient zu produzieren und sich auf einstigen Erfolgen auszuruhen. Nicht, daß die britischen Waren überteuert gewesen wären, ganz im Gegenteil. Dazu schrieb Maynard Keynes in einem sarkastischen Kommentar zu den Aussichten der britischen Nachkriegswirtschaft: »In diesem Land beläuft sich der Stundenlohn (überschlägig) auf 2 Shilling, in den Vereinigten Staaten auf 5 Shilling pro Stunde … Selbst die vielgerühmte Ineffizienz der britischen Hersteller wird (so ist zu hoffen) kaum imstande sein, auf einem breiten industriellen Sektor diese von Anfang an zu ihren Gunsten bestehende Kostendifferenz gänzlich zunichte zu machen, obwohl es zugegebenermaßen in einigen wichtigen Fällen schon gelungen ist … Zugängliche Statistiken deuten darauf hin, daß wir unter der Voraussetzung, das Produkt noch nie zuvor erzeugt zu haben, mit der ganzen Welt von der Kostenseite her fertig werden.«[2]

Ein Problem waren die Arbeitnehmer. In Großbritanniens Fabriken arbeiteten Männer (und einige Frauen), die traditionell in buchstäblich Hunderten von alteingesessenen Gewerkschaften organisiert waren: 1968 zählten die Autofabriken von British Leyland 246 verschiedene Gewerkschaften, mit denen das Management separat Arbeitszeiten und Löhne bis in die letzten Einzelheiten aushandeln mußte. Das war die Zeit der Vollbeschäftigung. Ihr Erhalt war für jede britische Regierung in diesen Jahren die wichtigste soziale Zielsetzung. Die Entschlossenheit, die Schrecken der dreißiger Jahre unter allen Umständen zu vermeiden, als Menschen und Maschinen im Müßiggang verkamen, erstickte daher jeden Gedanken an Wachstum, Produktivität oder Effizienz. Gewerkschaften und vor allem ihre lokalen Vertreter, die gewerkschaftlichen Vertrauensleute, waren mächtiger als jemals davor oder danach. Streiks – gleichermaßen ein Symptom für gewerkschaftliche Militanz und inkompetentes Management – waren eine ständige Begleiterscheinung der britischen Industrie in der Nachkriegszeit.

Selbst wenn die britische Gewerkschaftsführung dem deutschen Beispiel gefolgt wäre und als Gegenleistung für Investitionen, Sicherheit und Wachstum Betriebsfrieden und Lohnzurückhaltung angeboten hätte, ist es unwahrscheinlich, daß die Mehrheit der Arbeitgeber darauf eingegangen wäre. Bereits in den dreißiger Jahren hatte der Labour-Premier Clement Attlee die britische Wirtschaftsmisere völlig zutreffend gekennzeichnet, als ein Problem von Unterinvestition, mangelnder Innovation, fehlender Arbeitnehmermobilität und Mittelmäßigkeit der Führungskräfte. Doch einmal im Amt, schien es wenig zu geben, was er oder seine Nachfolger tun konnten, um dem Übel abzuhelfen. Während die deutsche Industrie alle Vorteile der Veränderungen erbte, die Nationalsozialismus und Krieg gebracht hatten, bestand das Erbe der alteingesessenen, nicht mehr wettbewerbsfähigen britischen Industrie in Stagnation und einer tiefverwurzelten Furcht vor Veränderung.

Textilfabriken, Bergwerke, Werften, Stahlwerke und Leichtindustrie verlangten in den Nachkriegsjahrzehnten alle nach Strukturwandel und Erneuerung der Produktionsmittel; doch wie das britische Industriemanagement sich lieber mit den Gewerkschaften arrangierte, als ineffiziente Arbeitsweisen anzugehen, so verharrte es auch lieber im Teufelskreis von Unterinvestition, begrenzter Forschung und Entwicklung, Niedriglöhnen und schrumpfenden Kundenstämmen, als das Risiko eines Neuanfangs mit neuen Produkten auf neuen Märkten einzugehen. Die Lösung lag nicht auf der Hand. Hören wir noch einmal Keynes: »Wenn die US Air Force durch ein trauriges geographisches Versehen (es ist zu spät, um noch viel von dem Feind zu erwarten) jede Fabrik an der Nordostküste und in Lancashire zerstören sollte (zu einem Zeitpunkt, wo nur die Direktoren dort säßen und niemand sonst), so hätten wir nichts zu befürchten. Ich kann mir nicht vorstellen, wie wir anders die fruchtbare Unerfahrenheit wiedergewinnen könnten, die für den Erfolg offenbar unerläßlich ist.«

In Frankreich wurde eine ähnliche Erblast an Führungsinkompetenz und Trägheit durch öffentliche Investitionen und aggressive zukunftsweisende Planung überwunden. Die britischen Regierungen beschränkten sich statt dessen auf Tarifverhandlungen, Nachfragesteuerung und Ermahnungen. Bei einem Staat, der nach 1945 so große Bereiche der Wirtschaft verstaatlicht hatte und 1970 für eine Staatsausgabenquote von 47 Prozent des Bruttosozialprodukts verantwortlich war, wirkt diese Vorsicht merkwürdig paradox. Doch obwohl der britische Staat Eigentümer oder Betreiber des größten Teils des Beförderungs-, Gesundheits-, Erziehungs- und Nachrichtensektors war, ließ er nie irgendwelchen strategischen Ehrgeiz auf nationaler Ebene erkennen. Die Wirtschaft blieb sich praktisch selbst überlassen. So fiel einer späteren Generation von marktwirtschaftlichen Reformern – und einer konservativen, radikal antistaatlichen Premierministerin – die Aufgabe zu, das Problem der wirtschaftlichen Stagnation Großbritanniens mit der ganzen Kraft der Zentralregierung anzugehen. Doch zu diesem Zeitpunkt wurde einiges, was gegen Großbritanniens schlecht angepaßte »alte« Wirtschaft vorgebracht wurde, auch gegen die schwächelnde deutsche Wirtschaft angeführt, allerdings aus anderen Gründen.

Nikita Chruschtschow besucht eine landwirtschaftliche Produktionsgenossenschaft. Chruschtschow hielt sich für einen Agrarexperten, aber seine Experimente scheiterten meist kläglich. Er trug wesentlich zur Entstalinisierung bei, deren Konsequenzen allerdings weit über das hinausgingen, was er sich vorgestellt hatte.

Imre Nagy (Mitte) am 4. November 1956. Nagy zahlte einen hohen Preis für sein Engagement in dem chancenlosen ungarischen Aufstand, aber den höheren Preis bezahlte letztendlich Moskau, das seinen Anhängern alle Illusionen raubte.

13. August 1961, die Berliner Mauer wird gebaut. Trotz aller Proteste waren die Westmächte nicht böse, daß die permanente Berlin-Krise nunmehr gelöst war.

Die Ehe der Maria Braun (1978), R.W. Fassbinders bissiges Porträt der bundesrepublikanischen Nachkriegsgesellschaft. In dem Streben der Westdeutschen nach Wohlstand und ihrer Abneigung, sich der Geschichte zu stellen, zeigten sich nach Auffassung ihrer jugendlichen Kritiker nur die alten deutschen Defekte in neuem Gewand.

»Mit dem Bundeskanzler blicken alle Deutschen in Sorge auf ihre Hauptstadt.« In Wahrheit war Adenauer, der katholische Rheinländer, kein Freund des preußischen Berlin. Aber er scheute sich nicht, die geteilte Stadt als Druckmittel einzusetzen, um den Westalliierten Zugeständnisse abzuringen.

Djakarta, 26. Dezember 1949. Einen Tag vor Ausrufung der Republik Indonesien werden die Porträts niederländischer Gouverneure aus dem Regierungssitz geschafft. Für die Niederländer war der erzwungene Abzug ein Trauma.

Demonstrierende Ägypter, die im Dezember 1956 den Rückzug der anglo-französischen Truppen fordern. Das Suez-Debakel war ein Wendepunkt im Nachkriegseuropa – es beschleunigte den Entkolonisierungsprozeß und den politischen Niedergang Großbritanniens und Frankreichs.

Französische Soldaten werden nach der Kapitulation von Dien Bien Phu im Mai 1954 von Vietminh in Gefangenschaft abgeführt. Ihre demütigende Vertreibung aus Indochina beförderte eine katastrophale Entschlossenheit, zumal der Armee, am französischen Besitz in Nordafrika festzuhalten.

Europäer verlassen im Juli 1960 fluchtartig den Kongo in Richtung Tanzania. Belgiens Rückzug war ein einziges Fiasko: nach jahrzehntelanger Ausbeutung der Kolonie gab es nur 30 kongolesische Universitätsabsolventen für 4000 Stellen im höheren Verwaltungsdienst.

»Mein Leben lang hatte ich eine bestimmte Vorstellung von Frankreich.« Charles de Gaulle kam im Mai 1958 in einer Art Staatsstreich an die Macht, aber er verhalf Frankreich zu neuer Größe, und seine V. Republik war stabiler als ihre Vorgängerinnen.

Dean Achesons Bemerkung, daß Britannien ein Kolonialreich verloren, aber noch keine neue Rolle gefunden habe, veranlaßte den Karikaturisten Vicky, die unterwürfige Haltung der Briten gegenüber Washington in einer auch vier Jahrzehnte später noch deprimierend aktuellen Weise aufzuspießen. Premierminister Harold Macmillan fragt, ob er die Hinterbeine sein dürfe.

Die Organisation de l'Armée Secrète (OAS) führte einen brutalen Terrorkrieg gegen all jene, die aus ihrer Sicht den Verlust Algeriens zu verantworten hatten. Vor allem gegen Charles de Gaulle richtete sich ihr Haß (man beachte das zerbrochene Lothringerkreuz, das Emblem der Gaullisten).

Ikonen des Fortschritts (1): Auf der Brünner Messe 1959 wird ein Tatra-603 vorgestellt. Ostblockautos verkörperten die ganze Misere der kommunistischen Wirtschaft – sie waren schlecht konstruiert und nur für wenige erhältlich, aber bemerkenswert haltbar.

Ikonen des Fortschritts (2): London, 1960. Drei Frauen begutachten eine Limousine. Obwohl sich viele Europäer moderne Konsumgüter (Autos, Kühlschränke, Waschmaschinen) inzwischen leisten konnten, änderte sich wenig an Privilegien, Klassen- und Einkommensunterschieden. Diese Limousine wurde vermutlich von einem Chauffeur gefahren.

Überall in Europa führte Stadtplanung und Modernisierung zu einer Generation von Hochhaussiedlungen, die bei den Bewohnern nicht sehr beliebt waren und meist sehr bald herunterkamen. »Moss Heights« in Glasgow (hier im Bild) war nur eines von vielen Beispielen.

Et Dieu créa la femme. Für viele Europäer war Urlaub unter südlicher Sonne ein realisierbarer Traum geworden. Brigitte Bardot blieb noch eine Weile an der Côte d'Azur, die sie berühmt gemacht hatte, aber viele ihrer Freunde waren vor dem Ansturm des Massentourismus bereits geflohen.

Teddy Boys in London, Juli 1955 – typische Vertreter der »verlorenen Generation« der Halbstarken, für die es wenig Ablenkung gab und die sich oft in gewalttätigen Banden zusammenschlossen.

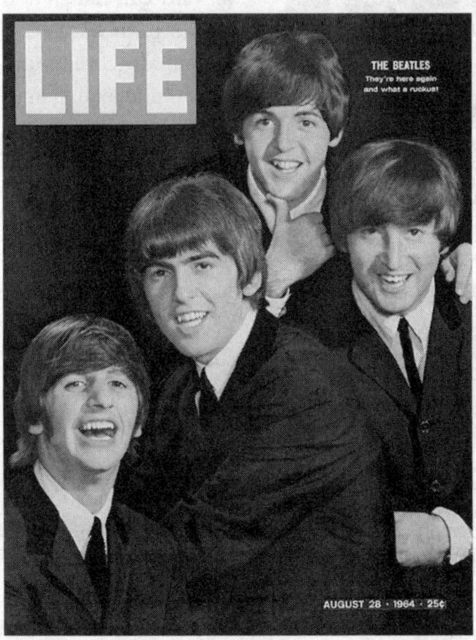

Die Beatles sind vier Jahrzehnte später noch immer der herausragende, vielleicht der einzige, gemeinsame Bezugspunkt weltweiter Erinnerungen an die sechziger Jahre. Und sie haben wirklich gute Musik gemacht, auch wenn *Sergeant Pepper* kein »entscheidender Moment in der Geschichte der abendländischen Kultur« war (Kenneth Tynan).

Paris, 1968. Studenten besetzen die Sorbonne. Trotz aller marxistischen Symbole – Mao, Stalin, Engels und Marx auf einer Fahne mit Hammer und Sichel – waren die Rebellen von 1968 nicht sonderlich doktrinär. Die meisten nahmen die Sache auch nicht furchtbar ernst. »Wir haben sie so geliebt, die Revolution«, schrieb Daniel Cohn-Bendit später.

Turin, 25. September 1969: Demonstrierende Arbeiter auf der Piazza San Carlo. In Italien und in Frankreich waren massenhafte Streiks und Protestkundgebungen von Arbeitern eine viel größere Gefahr für den Staat als der vorübergehende Radikalismus der Studenten.

Prag, August 1968. »Jeder kommunistischen Partei steht es frei, die Grundsätze des Marxismus-Leninismus anzuwenden, aber es steht ihr nicht frei, von diesen Grundsätzen abzuweichen, wenn sie eine kommunistische Partei bleiben will« (Leonid Breschnew, 3. August 1968). Mit der Niederschlagung des Prager Frühling zerstörten die Sowjets zugleich jede Illusion, die sich über den Kommunismus noch gehalten haben mochte.

XI
Die Stunde der Sozialdemokratie

Der Staat hat nicht die Aufgabe, Dinge zu tun, welche die einzelnen Bürger schon tun, und sie ein bißchen besser oder ein bißchen schlechter zu tun, sondern die Dinge zu tun, die im Augenblick überhaupt nicht getan werden.

John Maynard Keynes (1926)

Die Herausforderung wird nicht von den Vereinigten Staaten … nicht von Westdeutschland oder von Frankreich ausgehen; die Herausforderung wird von den Nationen ausgehen, die, egal wie sehr sie unrecht haben – und ich glaube, sie haben in vielen grundlegenden Aspekten unrecht –, auf lange Sicht in der Lage sind, die materiellen Früchte wirtschaftlicher Planung und öffentlich-rechtlichen Eigentums zu ernten.

Aneurin Bevan (1959)

Unser Land steht für Demokratie und ordentliche Kanalisation.

John Betjeman

Ich möchte die Fenster der Kirche weit aufstoßen, damit wir hinaussehen und die Leute hereinsehen können.

Papst Johannes XXIII.

Fotografie ist Wahrheit. Das Kino ist vierundzwanzigmal Wahrheit pro Sekunde.

Jean-Luc Godard

Die sechziger Jahre waren die Sternstunde des europäischen Staates. In Westeuropa war die Beziehung zwischen dem Bürger und dem Staat im Laufe des vorangegangenen Jahrhunderts ein wechselnder Kompromiß zwischen militärischen Notwendigkeiten und politischen Forderungen gewesen: Die neu erworbenen Bürgerrechte wurden aufgewogen durch ältere Verpflichtungen zur Landesverteidigung. Doch seit 1945 war diese Beziehung in wachsendem Maße durch ein dichtes Geflecht von sozialen Vergünstigungen und wirtschaftlichen Strategien gekennzeichnet, in dessen Rahmen der Staat seinen Bürgern diente und nicht umgekehrt.

In späteren Jahren verloren die allumfassenden Bestrebungen der westeuropäischen Wohlfahrtsstaaten etwas von ihrer Attraktivität – nicht zuletzt, weil sie ihr Versprechen nicht mehr erfüllen konnten: Arbeitslosigkeit, Inflation, überalterte Bevölkerungen und wirtschaftlicher Niedergang legten den Bemühungen der Staaten, ihren Teil des Abkommens zu erfüllen, unüberwindliche Einschränkungen auf. Veränderungen auf den internationalen Kapitalmärkten und die Entwicklung der modernen elektronischen Kommunikationsmittel lähmten die Fähigkeit der Regierungen, die Binnenwirtschaftspolitik zu planen und durchzusetzen. Vor allem aber wurde die Legitimität des interventionistischen Staates in Frage gestellt: zu Hause durch die Schwerfälligkeit und mangelnde Effizienz der Institutionen und Produktionsbetriebe der öffentlichen Hand, im Ausland durch die unwiderleglichen Beweise für die chronische wirtschaftliche Fehlfunktion und die politische Unterdrückung in den sozialistischen Staaten des Ostblocks.

Doch all das lag noch in der Zukunft. In der Blütezeit des modernen europäischen Wohlfahrtsstaates, als der Verwaltungsapparat noch weitreichende Autorität ausübte und seine Glaubwürdigkeit unangefochten war, wurde ein bemerkenswerter Konsens erzielt. Der Staat, so wurde allgemein angenommen, werde seinen Aufgaben stets besser gerecht werden als ein schrankenloser Markt: nicht nur hinsichtlich Gerechtigkeit und Sicherheit des Landes oder bei der Verteilung von Gütern und Dienstleistungen, sondern auch bei Entwurf und Anwendung von Strategien für sozialen Zusammenhalt, moralische Orientierung und kulturelle Lebendigkeit. Die Vorstellung, daß man solche Angelegenheiten besser dem aufgeklärten Eigennutz und den Mechanismen eines freien Marktes der Waren und Ideen überlasse, galt in den maßgeblichen politischen und akademischen Kreisen Europas als seltsames Relikt einer präkeynesianischen Epoche: bestenfalls als die Unfähigkeit, aus den Lektionen der Weltwirtschaftkrise zu lernen, im ungünstigsten Falle als eine Aufforderung zum Konflikt und als ein verschleierter Appell an die niedrigsten Instinkte des Menschen.

Der Staat war also eine gute Sache; und es gab eine Menge Staat. Zwischen 1950 und 1973 stiegen die Staatsausgaben von 27,6 Prozent auf 38,8 Prozent des Bruttoinlandsprodukts in Frankreich, von 30,4 Prozent auf 42 Prozent in Westdeutschland, von 34,2 Prozent auf 41,5 Prozent in Großbritannien und von 26,8 auf 45,5 Prozent in den Niederlanden – und das zu einer Zeit, als dieses Bruttoinlandsprodukt schneller stieg als jemals zuvor oder danach. Der weitaus größte Teil der gestiegenen Ausgaben floß in Versicherung, Alterssicherung, Gesundheitswesen, Bildungswesen und Wohnungsbau. In Skandinavien erhöhte sich der Anteil des Sozialprodukts, das dem sozialen Sicherungssystem zugute kam, zwischen 1950 und 1973 in Dänemark und Schweden um 250 Prozent. In Norwegen verdreifachte es sich. Nur in der Schweiz blieb die Nachkriegs-Staatsquote am

Bruttosozialprodukt vergleichsweise niedrig (erst 1980 erreichte sie 30 Prozent), aber selbst dort stand sie in krassem Gegensatz zu den 6,8 Prozent von 1938.

Die Erfolgsgeschichte des Kapitalismus im Nachkriegseuropa führte überall zu einer Bedeutungszunahme des öffentlichen Sektors. Doch die Art des staatlichen Engagements wies beträchtliche Unterschiede auf. In den meisten Ländern Kontinentaleuropas vermied der Staat direktes Eigentum an Wirtschaftsunternehmen (ausgenommen das öffentliche Verkehrs- und Fernmeldewesen) und übte statt dessen lieber indirekte Kontrolle aus, häufig durch nominell selbständige Gesellschaften, unter denen Italiens Institut für industriellen Wiederaufbau (IRI) das größte und bekannteste war (siehe Kapitel VIII).

Konglomerate, wie das IRI, dienten nicht nur ihren Mitarbeitern und Kunden, sondern auch einer Vielzahl politischer Parteien, Gewerkschaften, Sozialbehörden und sogar Kirchen, deren Patronage sie vermittelten und deren Einfluß sie verstärkten. Italiens Christdemokratische Partei siedelte auf allen Ebenen – vom Dorf bis zur Hauptstadt – eine Vielzahl öffentlicher Dienstleistungsbetriebe und staatlich kontrollierter oder staatlich subventionierter Unternehmen an: Beförderungsbetriebe, elektronische Medien, Banken, Energiewirtschaft, Maschinenbau und chemische Industrie, Bauwesen, Lebensmittelherstellung. Die vorrangigen Nutznießer – nach der Partei selbst – waren die Millionen von Kindern und Enkeln der besitzlosen Landarbeiter, die einen sicheren Arbeitsplatz in den entstehenden Bürokratien fanden. Die Staatliche Kriegswaisenfürsorge Italiens beschäftigte 12 Mitarbeiter für jeweils 70 Waisen und gab 80 Prozent ihrer jährlichen Haushaltsmittel für Löhne und Verwaltung aus.

In ähnlicher Weise ermöglichte die Kontrolle der Unternehmen der öffentlichen Hand in Belgien der nationalen Regierung in Brüssel, regionale Unmutsäußerungen aufzufangen und rivalisierende ethnische und sprachliche Bestrebungen mit Dienstleistungen, Arbeitsplätzen und kostspieligen Investitionen in die Infrastruktur zu besänftigen. In Frankreich knüpften die Verstaatlichungen nach dem Krieg dauerhafte Netze der Einflußnahme und Patronage. Electricité de France (EDF) war der wichtigste Energieversorger des Landes. Aber er war auch einer der größten Arbeitgeber Frankreichs. Durch ein Abkommen, das auf ein Gesetz aus der Nachkriegszeit zurückging, wurde 1 Prozent des französischen Umsatzes von EDF jährlich an einen Sozialfonds abgegeben, der von der damals tonangebenden Gewerkschaftsbewegung, der Confédération Générale du Travail (CGT), verwaltet wurde. Das Urlaubsgeld und andere Vergünstigungen, die aus diesem Fonds bezahlt wurden (nicht zu reden von den Beschäftigungsmöglichkeiten für die eigenen Mitarbeiter), bedeuteten in den kommenden Jahrzehnten ein lukratives und politisch bedeutsames Mittel der Patronage für den eigenen »Patron« der CGT, die Kommunistische Partei Frankreichs.

Der Staat schmierte die Räder von Handel, Politik und Gesellschaft auf vielerlei Weise. Indirekt oder direkt war der Staat für die Beschäftigung und Entlohnung von Millionen Männern und Frauen verantwortlich, die an ihm also als qualifizierte Arbeitskräfte oder Verwaltungsbeamte ein berechtigtes Interesse hatten. Die Absolventen der angesehenen britischen Universitäten suchten, genauso wie die gleichaltrigen Franzosen an den Grandes Écoles, keine Anstellung im privaten Sektor, schon gar nicht in Industrie oder Handel, sondern im Bildungswesen, in der Medizin, den Sozialeinrichtungen, der Justiz, in Staatsmonopolen oder im eigentlichen Staatsdienst. Ende der siebziger Jahre nahmen 60 Prozent aller Universitätsabsolventen Belgiens eine Beschäftigung im öffentlichen Dienstleistungssektor oder im öffentlich subventionierten sozialen Sektor auf. Der europäische Staat hatte einen einzigartigen Markt für die Güter und Dienstleistungen geschaffen, die er vorhalten konnte. Er schuf einen positiven Zirkel aus Beschäftigung und Einflußnahme, der fast universelle Zustimmung fand.

Dogmatische Unterschiede hinsichtlich der angeblichen Ziele des Staates mochte eine geräuschvolle Opposition von Links und Rechts, Christdemokraten und Kommunisten, Sozialisten und Konservativen schaffen, doch fast alle profitierten in irgendeiner Weise von den Einkommens- und Einflußchancen, die der Staat ihnen bot. Der Glaube an den Staat – als Planer, Koordinator, Förderer, Schiedsrichter, Versorger, Hüter und Wächter – war weit verbreitet und überbrückte fast alle politischen Gräben.[1] Der Wohlfahrtsstaat war eingestandenermaßen sozial, aber keineswegs sozialistisch. Insofern war der Wohlfahrtskapitalismus in der Form, wie er sich in Westeuropa entfaltete, wahrhaft postideologisch.

Trotzdem gab es innerhalb des allgemeinen Konsenses im Nachkriegseuropa eine eigenständige Vision, die der Sozialdemokraten. Die Sozialdemokratie war immer ein Zwitterwesen. Das wurde ihr auch von ihren Feinden bei den Rechten wie den Linken vorgeworfen. Als eine Übung in der lebenslangen Suche nach einer Theorie war die Sozialdemokratie das Ergebnis einer Erkenntnis, zu der eine Generation europäischer Sozialisten Anfang des 20. Jahrhunderts gelangte: daß die radikale Sozialrevolution in den Kernländern des modernen Europa, wie sie von den sozialistischen Visionären des 19. Jahrhunderts prophezeit und geplant wurde, der Vergangenheit und nicht der Zukunft angehörte. Als eine Lösung für die Ungerechtigkeit und Schwäche des Industriekapitalismus war das aus dem 19. Jahrhundert stammende Paradigma der gewalttätigen städtischen Revolte nicht nur unerwünscht und kaum in der Lage, seine Ziele zu erreichen, sondern auch redundant. Echte Verbesserungen der Lebensbedingungen aller Klassen ließen sich nur schrittweise und friedlich erreichen.

Daraus folgt nicht, daß die grundlegenden sozialistischen Lehrsätze des 19. Jahrhunderts aufgegeben worden waren. Die überwiegende Mehrheit der europäischen Sozialdemokraten hielt Mitte des 20. Jahrhunderts, selbst wenn sie auf Distanz zu Marx und seinen bekennenden Erben ging, an dem Glaubensartikel fest, daß der Kapitalismus an inhärenten Schwächen leide und daß der Sozialismus die moralisch *und ökonomisch* überlegene Lehre sei. Von den Kommunisten unterschieden sich die Sozialdemokraten durch ihre Weigerung, sich auf die Zwangsläufigkeit des unmittelbar bevorstehenden Endes des Kapitalismus oder die Beschleunigung dieses Endes durch eigene politische Aktionen festzulegen. Ihre Aufgabe, wie sie sie in Jahrzehnten von Wirtschaftkrisen, Spaltung und Diktatur begriffen hatten, bestand darin, staatliche Ressourcen zu nutzen, um die sozialen Krankheitserscheinungen zu beseitigen, welche die kapitalistischen Produktionsmethoden und die ungezügelten Prozesse der Marktwirtschaft begleiten: nicht wirtschaftliche Utopien, sondern gute Gesellschaften zu schaffen.

Die Politik der Sozialdemokratie wirkte auf ungeduldige junge Menschen nicht immer verlockend, wie spätere Ereignisse zeigen werden. Aber sie sprachen intuitiv die Bedürfnisse der Männer und Frauen an, die die schrecklichen Jahrzehnte seit 1914 erlebt hatten, und in einigen Teilen Westeuropas war die Sozialdemokratie Mitte der sechziger Jahre weniger eine Politik als eine Lebensweise. Nirgends zeigte sich das deutlicher als in Skandinavien. Zwischen 1945 und 1964 stieg der Stimmanteil der Sozialdemokratischen Partei Dänemarks bei den Landeswahlen von 33 Prozent auf 42 Prozent; in denselben Jahren erhielt die Arbeiterpartei in Norwegen zwischen 43 und 48 Prozent; der Stimmanteil der schwedischen Sozialdemokraten fiel nach dem Krieg nie unter 45 Prozent. In den Wahlen von 1968 überschritt er sogar 50 Prozent.

Bemerkenswert an diesen Wahlergebnissen waren nicht die Zahlen selbst – die Sozialistische Partei Österreichs schnitt gelegentlich fast genauso hoch ab, und 1951 bei den allgemeinen Wahlen in Großbritannien hatte Clement Attlees Labour Party 48,8 Prozent der Stimmen erhalten (obwohl die Konservativen bei insgesamt geringerem Stimmanteil mehr Parlamentssitze bekamen). Bemerkenswert war ihre Beständigkeit. Jahr für Jahr sicherten sich die sozialdemokratischen Parteien Skandinaviens mehr als zwei Fünftel der Stimmen ihrer Länder, mit dem Ergebnis, daß sie jahrzehntelang ununterbrochen die Regierungen stellten, manchmal an der Spitze einer Koalition mit kleinen und willfährigen Juniorpartnern, gewöhnlich aber allein. Zwischen 1945 und 1968 wurden 8 von 10 dänischen Regierungen von Sozialdemokraten geführt; in denselben Jahren gab es 5 norwegische Regierungen, drei davon sozialdemokratisch, und vier schwedische Regierungen, alle sozialdemokratisch. Die Beständigkeit betraf auch das

Personal: Der Norweger Einar Gerhardsen führte 2 sozialdemokratische Regierungen insgesamt 14 Jahre lang; in Schweden regierte Tage Erlander seine Partei und das Land von 1946 bis 1969 23 Jahre lang.[2]

Die skandinavischen Gesellschaften erbten gewisse Vorteile. Klein und sozial homogen, ohne überseeische Kolonien oder imperiale Ambitionen, waren sie schon seit vielen Jahren Verfassungsstaaten. Die dänische Verfassung von 1849 hatte zwar nur begrenzte parlamentarische Rechte zugestanden, aber eine umfassende Presse- und Religionsfreiheit gewährt. Die schwedische (und damals auch norwegische) Verfassung von 1809 schuf moderne politische Institutionen, unter anderem die Verhältniswahl und das beispielhafte System des »Ombudsman«, das später in ganz Skandinavien übernommen wurde, und lieferte den festen Rahmen, in dem sich das parteipolitische System entwickeln konnte. Sie blieb bis 1975 in Kraft.

Doch die skandinavische Geschichte ist von Armut geprägt – eine Region mit Wäldern, Bauernhöfen, Fischgründen und einer Handvoll Grundstoffindustrien, die meisten in Schweden. Die Arbeitsbeziehungen in Schweden und vor allem in Norwegen litten unter chronischen Konflikten – die Streikraten gehörten in den ersten Jahrzehnten des 20. Jahrhunderts zu den höchsten der Welt. Während der Depression in den dreißiger Jahren war die Arbeitslosigkeit in der Region chronisch. 1932 und 1933 war ein Drittel der schwedischen Arbeitnehmer ohne Arbeit. In Norwegen und Dänemark hatten 40 Prozent der erwachsenen Arbeitnehmer keine Beschäftigung – Zahlen, die mit den schlimmsten Jahren der Arbeitslosigkeit in Großbritannien, der Weimarer Republik oder den industriell geprägten Bundesstaaten der USA zu vergleichen sind. In Schweden führte die Krise zu gewalttätigen Zusammenstößen, besonders 1931 in Ådalen, wo ein Streik in einer Papierfabrik vom Militär niedergeschlagen wurde (1969 denkwürdig in dem Film *Ådalen 31* des schwedischen Regisseurs Bo Widerberg geschildert).

Wenn Skandinavien – und vor allem Schweden – zwischen den Kriegen nicht den gleichen Weg beschritt wie andere von der Wirtschaftkrise betroffene Gesellschaften am Rande Europas, so ist das zu großen Teilen das Verdienst der Sozialdemokraten. Nach dem Ersten Weltkrieg verzichteten die sozialistischen Parteien Skandinaviens weitgehend auf die radikale Lehre und die revolutionären Ambitionen, die sie mit der deutschen und anderen sozialistischen Bewegungen der Zweiten Internationalen geteilt hatten; im Laufe der dreißiger Jahre schwenkten sie auf den historischen Kompromiß zwischen Kapital und Arbeit ein. 1938 unterzeichneten Vertreter der schwedischen Arbeitgeber und Arbeitnehmer in Saltsjöbaden ein Abkommen, das die Grundlage für die künftigen sozialen Beziehungen des Landes bildete – ein Vorgeschmack auf die neokorporativistischen Partnerschaften, die nach 1945 in Deutschland und Österreich geschlossen wurden, die aber vor dem Krieg praktisch unbekannt waren, ausgenommen unter faschistischen Vorzeichen.[3]

Die skandinavischen Sozialdemokraten waren für solche Kompromisse offen, weil sie sich keine Illusionen über die angeblich »proletarische« Wählerschaft machten, auf die andere sozialistische Parteien als ihre Kernanhängerschaft bauten. Hätten sich die sozialistischen Parteien Skandinaviens allein auf die Stimmen der städtischen Arbeiterschaft verlassen – oder auch auf die Stimmen von Arbeitern, die sich Reformern aus der Mittelschicht verbunden fühlten –, wären sie auf ewig in der Minderheit geblieben. Ihre politischen Erfolge stützten sich darauf, daß es ihnen gelang, auch die überwiegend ländliche Bevölkerung der Region anzusprechen. Im Gegensatz zu fast allen anderen sozialistischen oder sozialdemokratischen Parteien Europas waren die skandinavischen Sozialdemokraten nicht deformiert durch eine instinktive Abneigung gegen die Landbevölkerung, die viele europäische Linke hatten – von Marx' Bemerkungen über die »Idiotie des Landlebens« bis zu Lenins Verachtung der »Kulaken«.

Die verbitterte und verarmte Landbevölkerung Zentral- und Südeuropas bildete in der Zwischenkriegszeit einen dankbaren Wählerstamm für Nationalsozialisten, Faschisten und einseitige Agrarpopulisten. Die ebenso betroffenen Groß- und Kleinbauern, Holzfäller und Fischer in Europas hohem Norden wandten sich hingegen in wachsender Zahl den Sozialdemokraten zu, die sich aktiv für landwirtschaftliche Genossenschaften einsetzten – besonders in Dänemark, wo die gewerbliche Landwirtschaft sehr wichtig und leistungsfähig, aber vorwiegend kleinteilig strukturiert war – und damit die traditionelle sozialistische Unterscheidungen zwischen Privatproduktion und kollektivistischen Zielen, dem »rückständigen« Land und der »modernen« Stadt verwischte, Unterscheidungen, die in anderen Ländern bei Wahlen so katastrophale Folgen zeitigten.

Diese Allianz zwischen Arbeiterschaft und Landwirtschaft – gefördert durch die ungewöhnliche Unabhängigkeit skandinavischer Kleinbauern, die in sehr frommen protestantischen Gemeinden lebten, frei von der herkömmlichen Unterwürfigkeit gegenüber Pfarrern oder Großgrundbesitzern – bildeten eine dauerhafte Plattform, auf die Europas erfolgreichste Sozialdemokratien bauen konnten. »Rot-grüne« Koalitionen (zunächst zwischen Agrar- und sozialdemokratischen Parteien, später im Alleingang) waren überall sonst undenkbar; in Skandinavien wurden sie die Norm. Die sozialdemokratischen Parteien waren das Vehikel, das die traditionelle ländliche Gesellschaft und die Industriearbeiterschaft gemeinsam ins städtische Zeitalter beförderte: Insofern war die Sozialdemokratie in Skandinavien nicht einfach eine Politik unter anderen, sie war die Erscheinungsform der Modernität an sich.

Die skandinavischen Wohlfahrtsstaaten, die sich nach 1945 herausbildeten, hatten ihren Ursprung in zwei Gesellschaftsverträgen aus den dreißiger Jahren: dem zwischen Arbeitnehmern und Arbeitgebern und dem zwischen Arbeiterschaft und Landwirtschaft. Die Sozialsysteme und andere öffentliche Einrichtungen, die später typisch für das skandinavische »Modell« waren, ließen diese Ursprünge erkennen, sie betonten Allgemeingültigkeit und Gleichheit – einheitliche soziale Rechte, nivellierte Einkommen, pauschalierte Sozialleistungen, die mittels einer stark progressiven Besteuerung finanziert wurden. Damit standen sie in deutlichem Gegensatz zur kontinentaleuropäischen Version, bei welcher der Staat Familien oder einzelnen Einkommen zukommen ließ oder zurückgab, damit sie das bezahlen konnten, was im Prinzip subventionierte private Dienstleistungen waren (besonders Versicherungen und medizinische Leistungen). Vom Bildungssektor abgesehen, der schon vor 1914 allgemeingültig und umfassend geregelt war, wurde Skandinaviens Wohlfahrtssystem nicht auf einmal ersonnen und verwirklicht. Es wurde schrittweise geschaffen. Vor allem das Gesundheitssystem hinkte hinterher: Dänemark führte die Allgemeine Krankenversicherung erst 1971 ein, zwanzig Jahre nachdem Aneurin Bevans National Health Service (NHS) jenseits der Nordsee in Großbritannien ins Leben gerufen worden war.

Zudem wies das, was von außen her wie ein einheitliches nordisches System wirkte, in Wirklichkeit von Land zu Land erhebliche Unterschiede auf. Dänemark war am wenigsten »skandinavisch«. Es hing nicht nur entscheidend von einem Auslandsmarkt für landwirtschaftliche Erzeugnisse ab (vor allem Milchprodukte und Schweinefleisch) und reagierte damit empfindlicher auf die Politik und politischen Entwicklungen anderer Länder, sondern seine qualifizierten Arbeitskräfte waren auch zersplitterter durch traditionelle Verbundenheit mit Zünften und Verbänden. So gesehen, hatte es mehr Ähnlichkeit mit Großbritannien als etwa mit Norwegen. Tatsächlich fühlten sich Dänemarks Sozialdemokraten in den sechziger Jahren mehr als einmal genötigt, dem Vorbild britischer Regierungen nachzueifern und Preis- und Lohnkontrollen über einen instabilen Arbeitsmarkt zu verhängen. Nach britischen Maßstäben war die Politik erfolgreich, doch gemessen an den anspruchsvolleren skandinavischen Standards waren die sozialen Beziehungen und die ökonomische Effizienz in Dänemark immer etwas problematisch.

Norwegen hatte die kleinste und homogenste Gesellschaft in Nordeuropa (von Island abgesehen). Im Krieg hatte es am stärksten gelitten. Bevor das Öl entdeckt wurde, befand es sich im übrigen in einer besonders schwierigen Lage. Da es im Kalten Krieg ein Frontstaat war, sah es sich zu weit größeren Verteidigungsausgaben gezwungen als das winzige Dänemark oder das neutrale Schweden. Außerdem war es das langgestreckteste der skandinavischen Länder mit einer winzigen Bevölkerung von noch nicht einmal 4 Millionen Menschen, die sich über die mit 1752 Kilometern längste Küstenlinie Europas verteilen. Viele der entlegeneren Städte und Dörfer waren und sind immer noch für ihren Lebensunterhalt vollkommen abhängig vom Fischfang. Ob sozialdemokratisch oder nicht, die Regierung in Oslo war gezwungen, die Ressourcen des Staates sozialen und kommunalen Zwecken zukommen zu lassen: Subventionen, die (für Verkehr, Kommunikation, Bildungswesen und die Versorgung mit qualifizierten Berufsgruppen und Dienstleistungen) vom Zentrum an die Peripherie flossen, insbesondere in das Drittel des Landes jenseits des Polarkreises, waren die Lebensader des norwegischen Staates.

Auch Schweden hatte seine Besonderheiten – obwohl *diese* im Laufe der Zeit mehr und mehr als skandinavische Norm angesehen wurden. Mit einer Bevölkerung, die fast so groß war wie die Norwegens und Dänemarks zusammen (die Einwohnerzahl von Stockholm entsprach allein 45 Prozent der norwegischen Bevölkerung), mit seinem Umland war Schweden die bei weitem reichste und industrialisierteste Gesellschaft Skandinaviens. 1973 war seine Eisenerzförderung vergleichbar mit der Frankreichs, Großbritanniens und Westdeutschlands zusammen und betrug fast die Hälfte der US-amerikanischen Fördermenge. Weltweit führend war es in der Produktion von Papier und Zellulose sowie beim Export dieser Erzeugnisse. Während sich die norwegische Sozialdemokratie viele Jahre lang darin übte, die knappen Ressourcen in einer armen Gesellschaft zu verwalten, zu rationieren und zu verteilen, war Schweden in den sechziger Jahren bereits eines der wohlhabendsten Länder der Welt. Dort hieß Sozialdemokratie, Wohlstand und Dienstleistungen zu verteilen, um das allgemeine Wohl zu fördern.

In ganz Skandinavien, doch vor allem in Schweden, wurde das persönliche Eigentum an den Produktionsmitteln und deren private Nutzung nie in Frage gestellt. Anders als die britische Arbeiterbewegung, deren zentrales Dogma und Programm seit 1918 fest in dem Glauben an die Vorzüge des Staatseigentums wurzelte, ließen die schwedischen Sozialdemokraten das Kapital und die Initiative in Privathand. Das Beispiel der British Motor Corporation, eines wehrlosen Versuchskaninchens für staatliche Experimente mit einer zentralisierten Ressourcenverwaltung, fand in Schweden keine Nachahmer. Volvo, Saab and anderen Privatunternehmen blieb es selbst überlassen, Erfolg oder Mißerfolg zu erwirtschaften.

Tatsächlich hatte sich das Industriekapital im »sozialistischen« Schweden in weniger privaten Händen konzentriert als irgendwo sonst in Westeuropa. Die Regierung griff weder bei der Anhäufung von Privatvermögen noch auf dem

Waren- und Kapitalmarkt ein. Sogar in Norwegen war nach fünfzehn Jahren sozialdemokratischer Regierung der staatseigene oder staatlich gelenkte Wirtschaftssektor kleiner als derjenige im christdemokratischen Westdeutschland. Was aber in beiden Ländern, wie auch in Dänemark und Finnland, *tatsächlich* stattfand, war eine rücksichtslose und progressive Besteuerung und Umverteilung privater Gewinne zu öffentlichen Zwecken.

Für viele ausländische Beobachter und die meisten Skandinavier schienen die Ergebnisse für sich selbst zu sprechen. 1970 war Schweden (wie auch Finnland) eine der vier weltweit führenden Volkswirtschaften, gemessen an der Kaufkraft pro Kopf der Bevölkerung (die anderen beiden waren die Vereinigten Staaten und die Schweiz). Die Skandinavier lebten länger und blieben dabei gesünder als die meisten anderen Menschen in der Welt (was die kleinen Einödbauern Skandinaviens drei Generationen zuvor sehr erstaunt hätte). Die Einrichtungen des Bildungssektors, der Sozialhilfe, des Gesundheitswesens, der Versicherung und Alterssicherung sowie der Freizeitgestaltung waren unerreicht (sogar in den Vereinigten Staaten und der Schweiz). Gleiches galt für die Sicherheit ihrer wirtschaftlichen und sonstigen Verhältnisse, die den Bürgern Skandinaviens ein Leben voller Zufriedenheit ermöglichte. Mitte der sechziger Jahre war Europas Norden fast zum Mythos geworden: Das sozialdemokratische Modell ließ sich woanders vielleicht nicht wiederholen, wurde aber allgemein bewundert und vielerorts beneidet.

Jeder, der mit der skandinavischen Kultur, von Ibsen und Munch bis Ingmar Bergmann, vertraut ist, weiß um die andere Seite skandinavischen Lebens: seinen grüblerischen, melancholisch umschatteten Charakter, der während dieser Jahre in der öffentlichen Vorstellung die Gestalt von Depressivität, Alkoholismus und hohen Selbstmordraten annahm. In den sechziger Jahren machten konservative Kritiker der skandinavischen Politik für diese Schattenseiten gerne die moralischen Auflösungserscheinungen verantwortlich, die angeblich durch zu viel wirtschaftliche Sicherheit und zentrale Lenkung hervorgerufen wurden. Und dann war da noch die Neigung der Skandinavier, ihre Kleider in der Öffentlichkeit (und auf der Leinwand) abzulegen und – wie es allenthalben hieß – Sex mit vollkommen Fremden zu haben: für einige Beobachter weitere Indizien für die psychischen Schäden, die durch einen übermächtigen Staat verursacht werden, der für alles sorgt und nichts verbietet.[4]

Wenn dies das Schlimmste war, was sich gegen das skandinavische »Modell« vorbringen ließ, dann hätte es den Sozialdemokraten in Schweden und anderswo ziemlich egal sein können. Doch die Kritiker waren nicht ganz im Unrecht: Der allumfassende Staat besaß eine Schattenseite. Anfang des 20. Jahrhunderts hatte das Vertrauen in die Fähigkeit des Staates zur Schaffung einer besseren Gesellschaft viele Formen angenommen: Die skandinavische Sozialdemokratie entstand – wie der Fabier-Reformismus des britischen Wohlfahrtsstaates –, weil sich ihre Schöpfer für Sozialtechniken jeglicher Art begeisterten. Und nur ein kleines Stück hinter der staatlichen Lenkung von Einkommen, Ausgaben, Beschäftigung und Informationen lauerte die Versuchung, mit den Menschen selbst zu experimentieren.

Eugenik – die »Wissenschaft« von der Verbesserung der Rasse – war mehr als eine Marotte aus der 2. Hälfte des 19. Jahrhunderts, mehr als Vegetarismus oder Wandervogelbewegung (obwohl sie häufig die gleiche Zielgruppe anspricht). Zwar sagte die Eugenik Denkern aller politischen Schattierungen zu, doch deckte sie sich in besonderem Maße mit den Bestrebungen wohlmeinender Sozialreformer. Wenn man das soziale Ziel hatte, die Lebensbedingungen des Menschen im allgemeinen zu verbessern, warum sollte man dann die Chancen ungenutzt lassen, die einem die moderne Wissenschaft bot, dabei auch Korrekturen im besonderen vorzunehmen? Warum sollte sich die Verhütung oder Beseitigung von Unvollkommenheiten in den menschlichen Lebensbedingungen nicht auch auf die Verhütung (oder Beseitigung) von unvollkommenen Menschen erstrecken? In den ersten Jahrzehnten des 20. Jahrhunderts waren Überlegungen zur sozialtechnischen und gentechnischen Planung des Menschen weit verbreitet und absolut anerkannt. Erst die Nationalsozialisten mit ihren »rassenhygienischen« Wunsch- und Wahnvorstellungen, die mit der Anthropometrie begannen und in den Gaskammern endeten, haben die Eugenik im Nachkriegseuropa gründlich in Mißkredit gebracht. Jedenfalls hatte man das weithin angenommen.

Doch sie trat viele Jahre später wieder in Erscheinung. Zumindest skandinavische Behörden hatten das Interesse an der Theorie – und Praxis – der »Rassenhygiene« nicht aufgegeben. Zwischen 1934 und 1976 wurden in Norwegen, Schweden und Dänemark Sterilisationsprogramme durchgeführt, und zwar in allen Fällen mit Wissen und Billigung der sozialdemokratischen Regierungen. In diesen Jahren wurden rund 6000 Dänen, 40000 Norweger und 60000 Schweden (90 Prozent davon Frauen) aus »hygienischen« Gründen sterilisiert: »um die Bevölkerung zu verbessern«. Die geistige Triebkraft hinter diesen Programmen – das Institut für Rassenbiologie der Universität Uppsala in Schweden – stammte aus dem Gründungsjahr 1921, zeitgleich mit dem Höhepunkt des modischen Interesses an diesem Thema. Erst 55 Jahre später wurde es geschlossen.

Falls uns diese traurige Geschichte über die Sozialdemokratie überhaupt etwas lehrt, dann bleibt unklar, was. Eindeutig *un*sozialistische und *un*demokratische Gesellschaften und Regierungen haben mehr und Schlimmeres getan. Die Legitimität des Staates im Nachkriegsskandinavien, die Autorität und Initiative, die ihm von überwiegend unkritischen Bürgern eingeräumt wurde, ließ der Regierung bei bemerkenswert geringer Kontrolle freie Hand, zu tun, was sie im Interesse des öffentlichen Wohles für notwendig erachtete. Keinem »Ombudsman« scheint jemals in den Sinn gekommen zu sein, einmal den Mißbrauch zu untersuchen, der mit diesen Menschen außerhalb der Rechtsgemeinschaft steuerzahlender Bürger getrieben wurde. Die Grenzlinie, die progressive Besteuerung und Erziehungsurlaub von Zwangseingriffen in die Fortpflanzungsfähigkeit »minderwertiger« Bürger trennt, scheint einigen Nachkriegsregierungen im sozialdemokratischen Skandinavien nicht ganz klar gewesen zu sein. Zumindest lassen diese Vorgänge darauf schließen, daß die moralischen Lehren des Zweiten Weltkriegs nicht so unmißverständlich waren wie einst angenommen – gerade (und vielleicht nicht zufällig) in Ländern wie Schweden, in denen das kollektive Gewissen als rein gilt.

Außerhalb Skandinaviens wurde die größte Annäherung an das sozialdemokratische Ideal in einem anderen kleinen, neutralen Land am Rande Westeuropas erreicht: Österreich. Tatsächlich waren die Ähnlichkeiten, oberflächlich betrachtet so groß, daß Beobachter sich angewöhnten, vom »austroskandinavischen Modell« zu sprechen. In Österreich wurde, wie in Schweden oder Norwegen, ein überwiegend ländliches, traditionell armes Land in eine wohlhabende, stabile, politisch friedliche Oase staatlich gesicherten Wohlergehens verwandelt. Auch in Österreich wurde de facto ein Abkommen geschlossen, in diesem Fall zwischen den Sozialisten und der konservativen Volkspartei (ÖVP), um eine Rückkehr zu den offenen Konflikten der Zwischenkriegszeit zu vermeiden. Doch damit enden die Parallelen.

Österreich war in der Tat »sozial« (und hatte nach Finnland den größten staatlichen Wirtschaftsektor aller westeuropäischen Demokratien), aber es war nicht besonders sozialdemokratisch. Erst 1970, als Bruno Kreisky Bundeskanzler wurde, bekam das Land zum erstenmal nach dem Krieg einen sozialistischen Regierungschef. Obwohl Österreich im Laufe der Zeit viele soziale Einrichtungen und Maßnahmen der öffentlichen Hand einführte, die als typisch für die sozialdemokratischen Gesellschaften Skandinaviens galten – Kindergärten, großzügige Arbeitslosenversicherungsleistungen und Renten, Familienförderung, allgemeines Gesundheits- und Bildungswesen, ein vorbildliches staatlich subventioniertes Beförderungswesen –, unterschied es sich von Schweden beispielsweise dadurch, daß Österreich fast immer Beschäftigung, Einfluß, Vergünstigungen und Mittel nach der *politischen* Zugehörigkeit vergab. Diese Inanspruchnahme des österreichischen Staates und seiner Mittel, um den Markt für politische Präferenzen zu stabilisieren, hatte weniger mit sozialen Idealen als mit der Erinnerung an frühere Traumata zu tun. Nach ihren Erfahrungen aus der Zeit zwischen den Kriegen waren die österreichischen Sozialisten mehr daran interessiert, die zarte Demokratie ihres Landes zu stabilisieren, als seine Sozialpolitik zu revolutionieren.[5]

Wie der Rest der österreichischen Gesellschaft bewiesen die Sozialdemokraten des Landes eine bemerkenswerte Fähigkeit, ihre Vergangenheit abzuschütteln. Die sozialdemokratischen Parteien in anderen Ländern brauchten etwas länger, um eine gewisse rückwärtsgewandte Sehnsucht nach radikalen Veränderungen abzulegen.

In Westdeutschland raffte sich die SPD erst 1959 auf dem Godesberger Parteitag dazu auf, ihre Ziele und Vorsätze neu zu definieren. Nüchtern verkündete das neue Parteiprogramm: »Der demokratische Sozialismus, der in Europa in christlicher Ethik, im Humanismus und in der klassischen Philosophie verwurzelt ist, will keine letzten Wahrheiten verkünden.« Der Staat solle »sich im wesentlichen auf Methoden der mittelbaren Beeinflussung der Wirtschaft beschränken«. Der freie Markt für Waren und Beschäftigung sei unabdingbar: »Totalitäre Zwangswirtschaft zerstört die Freiheit.«

Diese verspätete Anerkennung des Offenkundigen steht im Widerspruch zu der Entscheidung der belgischen Arbeiterpartei (Parti Ouvrier Belge) im folgenden Jahr 1960, als diese die Gründungscharta der Partei aus dem Jahr 1894 wieder bekräftigte, in der die Kollektivierung der Produktionsmittel gefordert wird. Sie steht auch der Weigerung der britischen Labour Party von 1960 entgegen, der Empfehlung ihres reformistischen Führers Hugh Gaitskell zu folgen und Absatz IV des Parteiprogramms von 1918 zu streichen, der die gleiche Verpflichtung enthält. Teilweise erklärt sich dieser Gegensatz aus den jüngeren Erfahrungen der Parteien: Die Erinnerungen an zerstörerische Kämpfe und die Nähe der totalitären Bedrohung in der unmittelbaren Vergangenheit oder gleich jenseits der Grenze brachte den deutschen und österreichischen Sozialdemokraten – ebenso wie den italienischen Kommunisten – die Vorzüge des Kompromisses zu Bewußtsein.

Die britische Labour Party brauchte keine solchen bösen Geister auszutreiben. Außerdem war sie, wie die entsprechende belgische (und holländische) Partei, ursprünglich eine *Arbeiter*bewegung und keine *sozialistische* Partei, das heißt, in erster Linie den Interessen (und dem Geld) ihrer angegliederten Gewerkschaften verpflichtet. Sie war daher weniger ideologisch, dafür aber wesentlich enger in ihrem Horizont. Fragte man danach, würden sich Wortführer der Labour Party ohne weiteres zu den allgemeinen Zielen der kontinentaleuropäischen Sozialdemokraten bekennen, doch ihre eigenen Interessen waren sehr viel praktischer und enger gefaßt. Eben *wegen* der inhärenten Stabilität der politischen Kultur in Großbritannien (oder zumindest in England) und dank ihrer traditionellen – wenn auch schrumpfenden – Basis in der Arbeiterklasse zeigte die Labour Party wenig Interesse an den innovativen Regelungen, welche die skandinavischen und deutschsprachigen Wohlfahrtsstaaten prägten.

Statt dessen war der britische Kompromiß durch eine die Nachfrage manipulierende Fiskalpolitik und kostspielige soziale Einrichtungen gekennzeichnet. Sie wurde durch eine stark progressive Besteuerung und einen umfangreichen verstaatlichten Sektor finanziert – und das Ganze spielte sich ab vor einem Hintergrund von instabilen und traditionell feindseligen Beziehungen zwischen Kapital und Arbeit. Abgesehen von dem unerschütterlichen Labour-Glauben an die inhärenten Vorzüge der Verstaatlichung, fanden diese Ad-hoc-Maßnahmen die mehrheitliche Zustimmung der konservativen und liberalen Partei. Wenn die britische Politik in gewisser Weise von Traumata der Vergangenheit geprägt war, so kam dies in der allgemeinen, parteiübergreifenden Überzeugung zum Ausdruck, daß eine Rückkehr zur Massenarbeitslosigkeit unter beinahe allen Umständen vermieden werden müsse.

Selbst nachdem der neue Labour-Chef Harold Wilson seine Partei 1964 nach dreizehn Jahren Opposition wieder an die Macht gebracht hatte und begeistert von der epochalen »weißglühenden Revolution« der neuen Zeit sprach, änderte sich nur sehr wenig. Wilsons knapper Wahlsieg von 1964 (eine parlamentarische Mehrheit von vier Sitzen) gab ihm kaum die Möglichkeit, politische Risiken einzugehen. Obwohl Labour bei den Wahlen zwei Jahre später besser abschnitt, gab es keinen radikalen Neuanfang in der Wirtschafts- oder Sozialpolitik. Wilson selbst war ein Erbe der Attlee-Beveridge-Tradition, die sich den Fabiern in der Theorie, aber Keynes in der Praxis verpflichtet sah, daher zeigte er wenig Interesse an wirtschaftlichen (oder politischen) Neuerungen. Wie die meisten britischen Politiker war er zutiefst konventionell und pragmatisch. Stolz verkündete er seine kurzsichtige Haltung in öffentlichen Angelegenheiten: »Eine Woche ist eine lange Zeit in der Politik.«

Trotzdem hatte der sozialdemokratische Staat Großbritanniens eine unverwechselbare Besonderheit – ungeachtet der stupiden Weigerung aller betroffenen Parteien, sie beim Namen zu nennen. Was die britische Linke (und zu dieser Zeit auch große Teile der politischen Mitte und rechten Mitte) vor allem beschäftigte, war das Ziel der *Fairneß*. Die Ursache der Beveridge-Reformen und des überwältigenden Labour-Wahlsieges von 1945 war die offenkundige Ungerechtigkeit, die *Unfairneß* des Lebens vor dem Krieg gewesen. Es war das Versprechen, die Wirtschaft zu liberalisieren bei gleichzeitiger *gerechter* Verteilung von Lohn- und sozialen Sonderleistungen, was die Konservativen 1951 an die Macht gebracht hatte und dort so lange hielt. Die Briten akzeptierten die progressive Besteuerung und begrüßten die allgemeine Gesundheitsversorgung nicht etwa, weil sie ihnen als »sozialistisch« angedient wurden, sondern weil sie sie intuitiv als gerechtfertigt empfanden.

In gleicher Weise wurde das merkwürdigerweise degressiv angelegte britische System pauschaler Zuwendungen und Dienstleistungen – welches die besser verdienenden und höher qualifizierten Angehörigen der Mittelschicht unverhältnismäßig begünstigte – allgemein akzeptiert, weil es, zumindest dem Anschein nach, egalitär war. Die wichtigste Neuerung der Labour-Regierungen in den sechziger Jahren – die Einführung einer die Sekundarstufe betreffenden Gesamtschule und die Abschaffung der selektiven Aufnahmeprüfung an den Grammar Schools, eine langjährige Labour-Forderung, die Attlee nach 1945 klugerweise ignorierte – wurde nicht in erster Linie wegen ihrer inhärenten Verdienste begrüßt, sondern weil sie als »antielitär« und »fair« galt. Das ist der Grund, warum die Bildungsreform von konservativen Regierungen weitergeführt wurde, nachdem Wilson 1970 aus dem Amt geschieden war, obwohl alle Seiten vor den möglichen kontraproduktiven Folgen solcher Veränderungen warnten.[6]

Die Abhängigkeit der Labour Party von der Unterstützung der Gewerkschaften veranlaßte sie, die Reformen des Betriebsverfassungsgesetzes aufzuschieben, die, wie viele (auch ihre eigenen Führer) seit langem wußten, längst überfällig waren. Die britischen Arbeitgeber-Arbeitnehmer-Beziehungen fuhren sich fest in feindseligen innerbetrieblichen Auseinandersetzungen und berufsspezifischen Streitereien über Akkordvergütungen und Lohnforderungen, wie sie in Skandinavien, Deutschland, Österreich oder den Niederlanden praktisch unbekannt waren. Labour-Minister machten halbherzige Versuche, dieses hinderliche Erbe abzuschütteln, doch ohne großen Erfolg; das war einer der Gründe, warum die Leistungen der kontinentalen Sozialdemokratie in Großbritannien nie ganz erreicht wurden.

Im übrigen verstellten die allgemeinen Eigenschaften des britischen Wohlfahrtssystems, das beispielsweise zwei oder sogar drei Jahrzehnte vor dem in Frankreich oder Italien eingeführt wurde, den Blick auf die Tatsache, daß der britische Staat selbst auf dem Gebiet materieller Gleichheit in der Praxis sehr wenig erreicht hatte: Noch 1967 besaßen 10 Prozent der britischen Bevölkerung 80 Prozent des gesamten Privatvermögens. Unter dem Strich ergab die Umverteilungspolitik der ersten drei Nachkriegsjahrzehnte eine Verlagerung von Einkommen und Vermögen von den obersten 10 Prozent auf die nachfolgenden 40 Prozent; die unteren 50 Prozent hatten trotz aller Verbesserungen der Sozialsysteme sehr wenig davon.

Jede allgemeine Prüfung der Ära des Wohlfahrtsstaates in Westeuropa wird unvermeidlich überschattet von unserem Wissen um die Probleme, denen er sich in späteren Jahren gegenübersah. So ist heute unschwer zu erkennen, daß eine

Initiative wie das westdeutsche Gesetz zur Reform der Sozialversicherung von 1957, das Arbeitnehmern eine Rente zusicherte, die nach ihrem Lohn beim Eintritt in den Ruhestand bemessen und an einen Lebenshaltungskostenindex gekoppelt wird, unter veränderten demographischen und wirtschaftlichen Bedingungen eine nicht tragbare Haushaltsbelastung darstellen würde. Rückblickend ist auch klar, daß die radikale Einkommensnivellierung im sozialdemokratischen Schweden die privaten Ersparnisse verringern und daher künftige Investitionen einschränken mußte. Selbst damals war offenkundig, daß staatliche Transferleistungen und pauschal gezahlte Sozialleistungen vor allem denen Vorteile verschafften, die sie richtig zu nutzen wußten: vor allem der gebildeten Mittelschicht, die krampfhaft an dem festhalten würde, was auf eine Reihe neuer Privilegien hinauslief.

Doch die Errungenschaften der Europäischen »Nanny States« (»Bevormundungsstaaten«) waren gleichwohl real, egal ob sie von Sozialdemokraten, paternalistischen Katholiken oder vorsichtig operierenden Konservativen und Liberalen eingeführt wurden. Nach ersten Kernprogrammen zur sozialen und wirtschaftlichen Sicherung führten die Wohlfahrtsstaaten Systeme ein für Rechtsansprüche, Vergünstigungen, soziale Gerechtigkeit und Einkommensumverteilung – und bewerkstelligten diese tiefgreifenden Veränderungen fast ohne politische Kosten. Sogar die Schaffung einer eigenen Klasse von Wohlfahrtsbürokraten und deren krawattentragenden Nutznießern hatte ihre Vorteile: Wie bei den Bauern gab es bei der vielgeschmähten »unteren Mittelschicht« jetzt ein begründetes Interesse an den Institutionen und Werten des demokratischen Staates. Das war gut für die Sozialdemokraten und für die Christdemokraten, wie beide Parteien sehr wohl erkannten. Und es war schlecht für die Faschisten und Kommunisten, was noch wichtiger war.

In diesen Veränderungen spiegelte sich der bereits erwähnte demographische Wandel, aber auch ein nie dagewesenes Maß an persönlicher Sicherheit und eine neue Intensität edukativer und sozialer Mobilität. Mit der abnehmenden Wahrscheinlichkeit, mit der die Westeuropäer nun ihrem Wohnort, dem Beruf, den Einkommensverhältnissen und der sozialen Schicht, in die sie hineingeboren waren, verhaftet blieben, schwand auch die Neigung, sich mit den politischen Bewegungen und der gesellschaftlichen Zugehörigkeit ihrer Eltern zu identifizieren. Die Generation der dreißiger Jahre gab sich mit wirtschaftlicher Sicherheit zufrieden und wollte nichts von politischer Mobilisierung und den damit verbundenen Risiken wissen. Ihre Kinder, die weit größere Generation der sechziger Jahre, kannte nur Frieden, politische Stabilität und den Wohlfahrtsstaat. Sie nahmen diese Dinge als selbstverständlich hin.

Der verstärkte Einfluß des Staates auf die Beschäftigung und soziale Wohlfahrt seiner Bürger war von einem steten Rückgang seiner Einwirkungsmöglichkeiten auf deren Moral und Meinungen begleitet. Damals wurde das nicht als Paradox begriffen. Liberale und sozialdemokratische Befürworter des europäischen Wohlfahrtsstaates sahen im Prinzip keinen Grund, warum sich der Staat nicht eingehend um das wirtschaftliche oder gesundheitliche Wohl der Bevölkerung kümmern sollte. So garantierte er seinen Bürgern Zufriedenheit von der Wiege bis zur Bahre und ließ ihnen dabei vollkommen freie Hand in den privaten Angelegenheiten wie Religion und Sexualität oder Geschmack und Kunstfragen. Die Christdemokraten in Deutschland und Italien, für die der Staat ein legitimes Interesse an den Sitten und Bräuchen seiner Untertanen hatte, konnten sich nicht so leicht zu dieser Trennung durchringen. Doch auch sie mußten sich schließlich angesichts wachsenden Drucks dazu bequemen.

Bis Anfang der sechziger Jahre hatten die Behörden in ganz Westeuropa (Skandinavien teilweise ausgenommen) strenge und überwiegend repressive Kontrolle hinsichtlich der privaten Angelegenheiten und Meinungen der Bürger ausgeübt. Homosexueller Geschlechtsverkehr war fast überall verboten und wurde mit langjähriger Haft bestraft. In vielen Ländern durfte er nicht einmal in der Kunst dargestellt werden. In einigen katholischen Staaten war formell sogar die Empfängnisverhütung ungesetzlich, in der Praxis allerdings oft geduldet. Scheidungen waren überall schwierig, in manchen Ländern sogar unmöglich. In vielen Teilen Westeuropas (Skandinavien abermals zum Teil ausgenommen) übten staatliche Behörden noch immer eine Zensur über Theater, Kino und Literatur aus, während Rundfunk und Fernsehen fast überall öffentlich-rechtliche Monopole waren, die strenge Auflagen hinsichtlich der Inhalte machten und wenig Verständnis für Meinungsvielfalt oder »Respektlosigkeit« bewiesen. Sogar in Großbritannien, wo das Privatfernsehen 1955 eingeführt wurde, war es strengen Vorschriften unterworfen und hatte den öffentlichen Auftrag zu erfüllen, neben Unterhaltung und Werbung auch »Aufklärung und Information« zu bieten.

Die Zensur hatte sich, wie die Besteuerung, durch den Krieg verschärft. In Großbritannien und Frankreich waren während des Ersten oder Zweiten Weltkrieges einige der strengsten Beschränkungen im Verhaltenskodex und bei der Meinungsäußerung eingeführt und nie aufgehoben worden. In anderen Teilen Westeuropas – Italien, der Bundesrepublik und einigen Ländern, die sie besetzt hatten – waren die Nachkriegsregelungen ein Vermächtnis der faschistischen Gesetzgebung, die in Kraft zu lassen die demokratischen Gesetzgeber für opportun befunden hatten. Relativ wenige der repressivsten »sittlichen« Einrichtungen, die 1960 noch tätig waren, reichten weiter als ins 19. Jahrhundert zurück (die anachronistischste Ausnahme war wohl das Office of The Lord Chamberlain in

Großbritannien, das für die Vorzensur des Theaters verantwortlich war, dort wurden die Posten des Prüfers und des stellvertretenden Prüfers der Stücke bereits 1738 geschaffen). Die auffälligste Ausnahme von dieser Regel war natürlich die katholische Kirche.

Seit dem Ersten Vatikanischen Konzil von 1870, das unter dem Einfluß und der Schirmherrschaft des bekennenden Reaktionärs Papst Pius IX. stattfand, vertrat die katholische Kirche eine allumfassende und entschieden dogmatische Auffassung von ihrer Verantwortung als Tugendwächterin ihrer »Schäfchen«. Eben weil der Vatikan als politische Macht vom modernen Staat immer weiter zurückgedrängt wurde, erlegte er seinen Schutzbefohlenen in anderer Hinsicht nur noch kompromißlosere Verpflichtungen auf. Allerdings hielt die offizielle Kirche während des langen – und in der Rückschau nicht unumstrittenen – Pontifikats von Eugenio Pacelli, Papst Pius XII. (1939–1958), nicht nur ihre religiösen Ansprüche aufrecht, sondern fand auch wieder Zugang zur Politik.

Eingestandenermaßen auf der Seite der politischen Reaktion, von den engen Bindungen des Vatikans an Mussolini und seiner zwiespältigen Haltung gegenüber dem Nationalsozialismus bis zu seiner Begeisterung für die katholischen Diktatoren in Spanien und Portugal, mischte sich Pacelli während seines Pontifikats auch kompromißlos in die Innenpolitik der Demokratien ein. Besonders den Katholiken in Italien wurde unmißverständlich klargemacht, daß es eine religiöse Verfehlung – und Schlimmeres – war, nicht die Christdemokraten zu wählen; doch selbst in relativ liberalen Ländern wie Belgien oder Holland hatte die katholische Hierarchie strikte Anweisung, die Katholiken zur Wahl katholischer Parteien anzuhalten und keine anderen zu tolerieren. Erst 1967, neun Jahre nach dem Tode von Pius XII., wagte ein holländischer Bischof öffentlich zu erklären, daß holländische Katholiken auch eine nichtkatholische Partei wählen dürften, ohne die Exkommunikation zu riskieren.

Unter solchen Umständen kann es nicht überraschen, daß die katholische Hierarchie in der Nachkriegszeit auch eine kompromißlose Haltung in allen Fragen vertrat, die mit der Familie, mit moralischem Verhalten oder ungehörigen Büchern und Filmen zu tun hatten. Doch jüngere katholische Laien und eine neue Generation von Priestern erkannten mit Sorge, daß die autoritäre Strenge des Vatikans in öffentlichen und privaten Angelegenheiten Ende der fünfziger Jahre anachronistisch und unklug war. Um 1900 hielten die meisten Ehen in Italien rund zwanzig Jahre, bis sie durch den Tod eines Ehepartners aufgelöst wurden. Am Ende des dritten Viertels des 20. Jahrhunderts hatten die Ehen eine Dauer von 35 Jahren, und der Ruf nach dem Recht auf Scheidung wurde ständig lauter.

Inzwischen hatte der Babyboom der Nachkriegszeit das demographische Argument gegen die Geburtenkontrolle unterhöhlt, so daß sich die kirchlichen

Autoritäten in ihrer kompromißlosen Position isoliert sahen. Die Teilnahme an der Heiligen Messe ging überall in Westeuropa zurück. Ungeachtet der Gründe – geographische und soziale Mobilität der bis dahin fügsamen Landbevölkerung, politische Emanzipation der Frauen, sinkende Bedeutung der katholischen Wohlfahrtseinrichtungen und der Konfessionsschulen im Zeitalter des Wohlfahrtsstaates – war das Problem real und ließ sich, wie einsichtigere katholische Führer meinten, nicht durch Appelle an Tradition oder Amtsgewalt lösen oder, wie Ende der vierziger Jahre, durch Beschwörung des Antikommunismus unterdrükken.

Nach Pacellis Tod berief sein Nachfolger Papst Johannes XXIII. ein neues Vatikanisches Konzil ein, um diese Schwierigkeiten zu erörtern und um die Einstellungen und Verhaltensweisen der Kirche zu aktualisieren. Vatikanum II, wie das Konzil genannt wurde, begann am 11. Oktober 1962. Durch seine Arbeit im Laufe der nächsten Jahre verwandelte es nicht nur die Liturgie und Sprache der katholischen Christenheit (ganz wörtlich – Latein wurde in der täglichen kirchlichen Praxis nicht mehr verwendet, was eine traditionalistische Minderheit unverständlicherweise sehr empörte), sondern auch, was bedeutsamer war, die Reaktion der Kirche auf die Dilemmata des modernen Lebens. Die Erklärungen des Zweiten Vatikanischen Konzils ließen keinen Zweifel daran, daß die Kirche Veränderungen und Herausforderungen nicht mehr fürchtete und nichts gegen liberale Demokratie, Mischwirtschaften, moderne Naturwissenschaft, rationales Denken und sogar rein weltliche Politik hatte. Man unternahm erste – sehr zaghafte – Schritte zur Versöhnung mit anderen christlichen Konfessionen und erklärte sich ein bißchen (nicht sehr) zu dem Eingeständnis bereit, daß es die Pflicht der Kirche sei, dem Antisemitismus entgegenzuwirken, indem man die Juden von der jahrhundertealten Anschuldigung freisprach, an Christi Tod schuld zu sein. Vor allem aber konnten autoritäre Regimes nicht mehr mit der Unterstützung der katholischen Kirche rechnen – ganz im Gegenteil: In Asien, Afrika und vor allem Lateinamerika war die Wahrscheinlichkeit mindestens ebensogroß, daß sie die Partei ihrer Gegner ergriff.

Diese Veränderungen wurden nicht generell begrüßt, selbst von den Reformern der katholischen Kirche nicht – ein Delegierter des II. Vatikanums, ein junger Priester aus Krakau, sollte später Papst werden und es als seine Aufgabe ansehen, die moralische Autorität und den Einfluß einer kompromißlosen katholischen Hierarchie in ihrer alten Stärke wiederherzustellen. Auch konnte Vatikanum II nichts an dem rückläufigen Kirchenbesuch europäischer Katholiken ändern: Sogar in Italien fiel die Teilnahme an der Messe von 69 Prozent aller Katholiken im Jahr 1956 auf 48 Prozent zwölf Jahre später. Doch da der Rückgang der Religionsausübung in Europa keineswegs auf den katholischen Glauben beschränkt war, stand es wahrscheinlich nicht in der Macht der katholischen Kirche, etwas daran zu ändern. Eines allerdings bewirkte Vatikanum II – oder leitete es zumindest in die Wege und billigte es: die endgültige Trennung von Politik und Religion in Kontinentaleuropa.

Nach dem Tod von Pius XII. erdreistete sich kein Papst und fast kein Bischof mehr, den Katholiken ernsthafte Konsequenzen für den Fall anzudrohen, daß sie ihre Stimme bei Wahlen für die falsche Partei abgaben. Der einst so enge Schulterschluß zwischen Kirchenhierarchie und katholischen oder christdemokratischen Parteien in den Niederlanden, Belgien, der Bundesrepublik, Österreich und Italien wurde aufgelöst.[7] Sogar in Francos Spanien, wo die einheimische katholische Hierarchie eine ungewöhnliche Fülle an Privilegien und Macht genoß, brachte Vatikanum II tiefgreifende Veränderungen. Bis in die Mitte der sechziger Jahre verbot der spanische Diktator alle öffentlichen Zeichen einer nichtkatholischen Religionszugehörigkeit oder -ausübung. Doch 1966 sah er sich genötigt, ein Gesetz zu verabschieden, das anderen christlichen Kirchen ein Existenzrecht einräumte, obwohl es den Katholizismus nach wie vor privilegierte, und nach Ablauf von vier Jahren die freie Ausübung (christlicher) Religionen gestattete. Indem die katholische Kirche in Spanien erfolgreich diese verspätete Trennung von Kirche und Staat vollzog und schon zu Francos Lebzeiten auf eine gewisse Distanz zu ihm ging, ersparte der Vatikan der spanischen Kirche zumindest teilweise die Konsequenzen ihrer langen und problematischen Verbindung mit dem Ancien régime.

Diese »rupture culturelle«, wie man in Belgien und anderen Ländern sagte, zwischen Religion und Politik und zwischen der katholischen Kirche und ihrer jüngeren Vergangenheit, spielte eine entscheidende Rolle für die Entstehung der *Sixties*. Natürlich hatte der Reformwille des Vatikans Grenzen – vielen, die den strategischen Impuls von Vatikanum II mittrugen, ging es nicht darum, radikale Veränderungen herbeizuführen, sondern sie zu verhindern. Als einige Jahre später über Schwangerschaftsabbruch und eine Liberalisierung des Scheidungsrechts abgestimmt wurde, leistete die Amtskirche in überwiegend katholischen Ländern wie Italien, Frankreich oder der Bundesrepublik erbitterten, wenn auch vergeblichen Widerstand. Doch selbst im Streit um diese sensiblen Fragen ging die Kirche nicht bis zum Äußersten, so daß ihr Widerstand keine Zerreißprobe heraufbeschwor. In einer Gesellschaft, die im Begriff war, »postreligiös« zu werden, gab sich die Kirche mit ihrer bescheideneren Rolle zufrieden und machte das Beste aus ihr.[8]

In nichtkatholischen Gesellschaften – also in Skandinavien, Großbritannien, Teilen der Niederlande und bei einer Minderheit des deutschsprachigen Westeuropa – verlief die Befreiung des Bürgers von traditionellen moralischen Autoritäten zwangsläufig etwas diffuser, dafür aber auch spektakulärer, als sie schließlich einsetzte. Am auffälligsten war der Wandel in Großbritannien. Bis zum Ende der fünfziger Jahre war britischen Bürgern noch immer das Glücksspiel verboten, irgend etwas zu lesen oder zu sehen, was höheren Ortes als »obszön« oder politisch heikel angesehen wurde, homosexuelle Handlungen zu verteidigen (oder auszuüben), Schwangerschaftsabbrüche an sich oder anderen vorzunehmen oder sich scheiden zu lassen, ohne große Schwierigkeiten und öffentliche Demütigungen in Kauf zu nehmen. Falls sie einen Mord oder ein anderes Kapitalverbrechen begingen, konnten sie gehängt werden.

Ab 1959 begannen die Konventionen brüchig zu werden. Mit dem Obscene Publications Act konnte ein unzensiertes literarisches Werk für Erwachsene von dem Vorwurf der »Obszönität« freigesprochen werden, wenn erkennbar wurde, daß es den »Interessen von Wissenschaft, Literatur, Kunst oder Bildung dient«. Fortan konnten sich Verleger und Autoren dadurch vor Gericht verteidigen, daß sie den Wert des Werkes als Ganzes geltend machten und zu ihrer Verteidigung die Meinung von Gutachtern einholten. Im Oktober 1960 fand ein Musterprozeß um *Lady Chatterley's Lover* statt, in dem Penguin Books vorgeworfen wurde, in Großbritannien die erste ungekürzte Fassung von D. H. Lawrences' ansonsten unbedeutendem Roman veröffentlicht zu haben. Der Fall Chatterley war für die Briten von besonderem Interesse, nicht nur wegen der bislang verbotenen Passagen, denen sie nun schutzlos ausgeliefert waren, sondern auch, weil sich die Erotik hier über Klassenschranken hinwegsetzte, ein Umstand, dem der Roman seinen zweifelhaften Ruf verdankte. Auf die Frage des Anklagevertreters, ob er diesen Roman seiner »Frau oder seinem Dienstmädchen« (sic!) geben würde, erwiderte ein Zeuge, damit hätte er nicht die geringsten Probleme, allerdings würde er es niemals seinem Wildhüter in die Hand geben.

Penguin Books wurden vom Obszönitätsvorwurf freigesprochen, nachdem der Verlag 35 Zeugen zu seiner Verteidigung hatte aufmarschieren lassen – und dieser Urteilsspruch markiert den schleichenden Autoritätsverlust des britischen Establishments in Fragen der Moral. Im selben Jahr wurde das Glücksspiel in Großbritannien erlaubt. Vier Jahre danach schaffte die neu gewählte Labour-Regierung die Todesstrafe ab, und unter der Ägide von Roy Jenkins, einem bemerkenswert reformfreudigen Innenminister, sorgte Labour 1967 für die Einführung staatlich finanzierter Abtreibungskliniken, für eine Reform des Homosexualitätsparagraphen und die Legalisierung des Schwangerschaftsabbruchs. Im Jahr darauf schaffte die Labour-Regierung die Theaterzensur ab. 1969 folgte mit dem Divorce Act ein Gesetz, das nicht eigentlich eine durchgreifende Veränderung der Ehe als Institution bewirkte, sondern vielmehr deutlich machte, welche Ausmaße diese Veränderungen bereits angenommen hatten: Während im letzten Jahr vor dem Zweiten Weltkrieg nur eine Scheidung auf 58 Ehen in England und Wales gekommen war, lag das Verhältnis vierzig Jahre später bei fast bei eins zu drei.

Die liberalen und liberalisierenden Reformen der sechziger Jahre in Großbritannien fanden in ganz Nordwesteuropa Nachahmer, wenn auch mit unterschiedlichen Verzögerungen. In der Bundesrepublik leiteten die sozialdemokratisch geführten Koalitionsregierungen unter Willy Brandt Ende der sechziger und Anfang der siebziger Jahre ähnliche Veränderungen ein, die in diesem Fall aber weniger durch geltendes Recht oder Präjudiz eingeschränkt wurden als durch den Widerstand ihrer Koalitionspartner, vor allem der ökonomisch liberalen, aber gesellschaftspolitisch konservativen Freien Demokraten. In Frankreich mußte die Abschaffung der Todesstrafe warten, bis François Mitterrands Sozialisten 1981 an die Macht kamen. Doch wurden – wie in Italien – die Gesetze über Abtreibung und Scheidung schon Anfang der Siebziger abgeändert. Generell kamen die befreiten Sechziger in Europa, mit Ausnahme von Großbritannien und Skandinavien, erst in den siebziger Jahren an. Doch sobald die Gesetzesänderungen in Kraft waren, folgten die sozialen Konsequenzen ziemlich rasch nach: Die Scheidungsrate in Belgien, Frankreich und den Niederlanden verdreifachte sich zwischen 1970 und 1985.

Der schwindende Einfluß öffentlicher Institutionen in Fragen der Moral und der privaten Beziehungen beeinträchtigte keineswegs die Bedeutung des Staates für das kulturelle Geschehen des Landes. Ganz im Gegenteil. Zu dieser Zeit war man sich in Westeuropa allgemein einig, daß nur der Staat die Mittel hatte, die kulturellen Bedürfnisse seiner Bürger zu befriedigen: Sich selbst überlassen, fehlte es dem einzelnen und der Gesellschaft sowohl an Mitteln wie an Initiative. Es war die Pflicht eines gut geführten Staates, nicht nur für Nahrung, Wohnung und Beschäftigung zu sorgen, sondern auch für kulturelle Speisung. In diesem Punkt waren sich Sozial- und Christdemokraten einig, beide in der Tradition der großen Weltverbesserer des viktorianischen Zeitalters, allerdings mit weit mehr Mitteln ausgestattet. Die ästhetische Revolte der Sechziger hatte in dieser Hinsicht wenig verändert – die neue (Gegen-)Kultur verlangte und erhielt die gleichen finanziellen Mittel wie die alte.

Die fünfziger und sechziger Jahre waren das goldene Zeitalter der Kultursubventionen. 1947 hatte die britische Labour-Regierung die Kommunalabgaben um einen halben Shilling verteuert, um lokale künstlerische Initiativen zu finanzieren – Theater, Philharmonieorchester, regionale Opernbühnen und ähnliches –, ein Vorgriff auf die Arts Councils der Sechziger, welche die Mittel der öffentlichen Hand großzügig über eine nie dagewesene Vielfalt von regionalen und nationalen Festivals, Institutionen und Kunsthochschulen ausgossen. Die IV.

Französische Republik konnte sich angesichts ihrer finanziell angespannten Situation eine solche Großzügigkeit nicht leisten und beschränkte ihre Subventionen auf die traditionellen, prestigeträchtigen Schauplätze der Hochkultur – Museen, die Pariser Oper, die Comédie Française – und auf die Staatsmonopole der Rundfunk- und Fernsehsender. Doch nachdem Charles de Gaulle wieder an die Macht gekommen war und André Malraux zum Kulturminister ernannt hatte, veränderte sich diese Situation.

Der Französische Staat hat lange die Rolle des *Mäzens* gespielt. Malraux indessen vertrat eine ganz neue Auffassung von seiner Rolle. Traditionell hatten der Königshof und seine republikanischen Nachfolger ihre Macht und Mittel dazu verwendet, die Künstler und die Kunst nach Paris (oder Versailles) zu locken, womit sie den Rest des Landes austrockneten. Jetzt gab die Regierung Geld aus, um den Kunstbetrieb in die Provinz zu verlagern. In allen Regionen Frankreichs schossen Festivals und Theater wie Pilze aus dem Boden. Das bekannteste, das Sommerfest in Avignon unter der Leitung von Jean Vilar, begann 1947; es trat in den fünfziger und sechziger Jahren in den Hintergrund, als Vilars Produktionen eine wichtige Rolle bei der Umgestaltung und Erneuerung des französischen Theaters spielte. Viele der bekanntesten Schauspieler Frankreichs arbeiteten in Avignon – Jeanne Moreau, Maria Casarès, Gérard Philipe. Dort, aber auch an so unscheinbaren Orten wie Saint-Étienne, Toulouse, Rennes oder Colmar begann die künstlerische Renaissance Frankreichs.

Malraux' Förderung des Kulturlebens in der Provinz hing natürlich von einer zentralisierten Initiative ab. Sogar Vilars eigenes Projekt war typisch pariserisch in seinen Zielsetzungen: Es ging ihm nicht darum, die Kultur in die Regionen zu tragen, sondern mit den Konventionen des Theaters zu brechen – »das Leben wieder ins Theater zurückzubringen, in die kollektive Kunst … ihm wieder zum freien Atmen zu verhelfen, befreit von den Kellern und Salons: Architektur und dramatische Dichtkunst zu versöhnen« – etwas, was sich leichter fern von Paris verwirklichen ließ, aber mit zentraler staatlicher Finanzierung und ministerieller Unterstützung. In einem wirklich dezentralisierten Land wie der Bundesrepublik Deutschland dagegen waren die Kultur und die Künste ein unmittelbares Ergebnis von Lokalpolitik und regionalen Eigeninteressen.

In Deutschland wie in anderen westeuropäischen Ländern stiegen in der Nachkriegszeit die Ausgaben der öffentlichen Hand für Kunst und Kultur steil an. Doch da Kultur und Bildung in die Verantwortung der Länder fallen, gab es eine beträchtliche Verdoppelung der Anstrengungen. Jedes Bundesland und die meisten größeren Städte hatten ein Opernhaus, Orchester und Konzerthallen, eine Ballettruppe, ein subventioniertes Theater und Kunstvereine. Einer Schätzung nach gab es zur Zeit der Wiedervereinigung 225 städtische Theater in der alten

Bundesrepublik, ihre Etats wurden zu 50 bis 70 Prozent subventioniert, entweder vom Land oder von der Kommune. Wie in Frankreich hatte dieses System seine Wurzeln in der Vergangenheit – im Falle Deutschlands lag es an der Kleinstaaterei, den winzigen Fürstentümern, Herzogtümern, kirchlichen Lehen, von denen viele festangestellte Hofmusiker und -maler beschäftigten und regelmäßig neue Werke in Auftrag gaben.

Die Vorteile waren beträchtlich. Trotz der kulturellen Selbstzweifel, die nach der NS-Zeit in der Bundesrepublik herrschten, wurden die großzügig finanzierten kulturellen Einrichtungen des Landes zu einem Mekka für Künstler aller Art. Das Stuttgarter Ballett, die Berliner Symphoniker, die Kölner Oper und Dutzende von kleineren Einrichtungen, das Mannheimer Nationaltheater, das Staatstheater Wiesbaden und viele andere mehr – boten Tausenden von Tänzern, Musikern, Schauspielern, Choreographen, Bühnentechnikern und Bürokräften einen festen Arbeitsplatz (mit Anspruch auf Arbeitslosenunterstützung, medizinische Versorgung und Ruhestandsgeld). Vor allem viele Tänzer und Musiker kamen aus dem Ausland, auch aus den Vereinigten Staaten nach Deutschland. Sie profitierten wie das regionale Publikum, das subventionierte Eintrittspreise zahlte, um die Künstler zu sehen und zu hören, in hohem Maße von der florierenden europäischen Kulturszene.

Wie die sechziger Jahre mancherorts erst Anfang der Siebziger richtig stattfanden, so war auch das Klischee der fünfziger Jahre – steif, stumpf, steril, stagnierend – weitgehend ein Mythos. In *Blick zurück im Zorn* läßt John Osborne seinen Protagonisten Jimmy Porter gegen die Scheinheiligkeit und Selbstzufriedenheit des Nachkriegswohlstands vom Leder ziehen. Zweifellos war die Fassade politischer Konformität, die erst Ende des Jahrzehnts eingerissen wurde, für viele Beobachter, besonders die jungen, äußerst frustrierend.[9] Tatsächlich aber gab es in den fünfziger Jahren viele eigenwillige Kunstwerke – im Theater, der Literatur und vor allem dem Kino –, die von dauerhafterem Interesse waren als vieles, was danach kam. Was Europa an Macht und politischem Ansehen eingebüßt hatte, kompensierte es nun in der Kunst. Tatsächlich erlebte die europäische »Hochkunst« Ende der fünfziger Jahre so etwas wie ihren Altweibersommer. Die Umstände waren ungewöhnlich günstig: »Europäische Qualität« (die Anführungszeichen sollten erst später die ironisch-abwertende Bedeutung bekommen) wurde zum erstenmal durch umfangreiche Mittel der öffentlichen Hand garantiert, sah sich andererseits aber noch nicht den populistischen Forderungen nach »Zugänglichkeit«, »Verständlichkeit« oder »gesellschaftlicher Relevanz« ausgesetzt.

Mit der Premiere von Samuel Becketts *Warten auf Godot*, im März 1953 im Pariser Théâtre de Babylone, begann für das europäische Theater ein goldenes Zeitalter des Modernismus. Jenseits des Ärmelkanals spielte die English Stage

Company am Londoner Royal Court Theatre. Man gab Beckett und den in Ostberlin wirkenden Bertolt Brecht, dazu John Osborne, Harold Pinter und Arnold Wesker, die in ihren Stücken stilistischen Minimalismus mit einer Verachtung für ästhetische Normen zu einer Technik verschmolzen, die sich häufig nur schwer in das konventionelle politische Spektrum fügte. Sogar das etablierte britische Theater wurde mutiger. Ende der fünfziger Jahre gesellte sich zu einer beispiellosen Generation von geadelten britischen Schauspielern – Sir Laurence Olivier, Sir John Gielgud, Sir Ralph David Richardson, Sir Michael Redgrave, Sir Alec Guinness – junge Darsteller, die frisch von der Universität kamen (Cambridge zumeist), und eine ganze Reihe innovativer Regisseure und Produzenten, unter anderem Peter Brook, Peter Hall und Jonathan Miller.

Das erstmals 1946 vorgeschlagene britische National Theatre wurde 1962 offiziell gegründet, mit Lawrence Olivier als seinem ersten Regisseur und dem Theaterkritiker Kenneth Tynan als Berater und Assistenten. Seine endgültige Bleibe an der Londoner South Bank bezog es erst 1976. Zusammen mit der Royal Shakespeare Company war das National Theatre – wichtigster Förderer und beliebteste Bühne des neuen britischen Dramas – größter Nutznießer der Freigebigkeit des Arts Council. Das bedeutete jedoch ganz und gar nicht, daß das Theater eine populäre Form der Unterhaltung wurde. Im Gegenteil: Seit dem Niedergang der Variétés war das Theater eine Angelegenheit der Mittelschicht – auch wenn die Themen proletarisch waren. Die Dramatiker mochten über das Leben der Arbeiterklasse schreiben, aber die Mittelschicht kam, um sich die Stücke anzusehen.

Wie Beckett und sein Werk mühelos nach Großbritannien hinüberwechselten, so wurden das britische Theater und seine führenden Vertreter mit großem Wohlwollen im Ausland aufgenommen. Nachdem Peter Brook es mit seinen Londoner Shakespeare-Produktionen (vor allem mit dem *Sommernachtstraum*) zu Ruhm und Ansehen gebracht hatte, ließ er sich dauerhaft in Paris nieder, da er alle ästhetischen und sprachlichen Grenzen mühelos überwand. Ab Anfang der sechziger Jahre wurde es möglich, von einem »europäischen« Theater zu sprechen – zumindest von einem Theater, das seine Stoffe von kontroversen, zeitgenössischen Themen bezog. Rolf Hochhuths Stück *Der Stellvertreter*, das seine Uraufführung 1963 in Deutschland erlebte und kurz darauf in Großbritannien auf die Bühne kam, griff Papst Pius XII. an, weil er es im Krieg versäumt hatte, den Juden zu helfen; in seinem nächsten Werk, *Soldaten* (1967), attackierte Hochhuth Winston Churchill wegen des Angriffs deutscher Städte mit Brandbomben, woraufhin das Stück in Großbritannien anfangs verboten wurde.

In der fünfziger Jahren erlebte die europäische Kunst auch eine »neue Welle« von Schriftstellern und Filmregisseuren, deren Bruch mit Erzähltraditionen und deren Beschäftigung mit Sexualität, Jugend, Politik und Entfremdung vieles von dem vorwegnahm, was die Generation der sechziger Jahre später für ihre eigene Errungenschaft hielt. Die einflußreichsten westeuropäischen Romane der fünfziger Jahre – Alberto Moravias *Il Conformista* (Der Konformist, 1951), Albert Camus' *La Chute* (Der Fall), 1956 erschienen, oder Günter Grass' *Die Blechtrommel* (1959) – waren auf ihre Weise sicher kreativer und ganz gewiß mutiger als alles, was später kam. Sogar Françoise Sagans *Bonjour Tristesse* (1953) oder Colin Wilsons *The Outsider* (1956), narzißtische Berichte über spätpubertäre Selbstversenkung (bei Wilson angereichert mit mehr als einem Anflug von autoritärer Menschenverachtung) waren damals authentisch und neu. Geschrieben, als ihre Autoren 18 beziehungsweise 24 Jahre alt waren, haben diese Bücher mit ihrem Thema – und ihrem Erfolg – die »Jugendrevolte« der sechziger Jahre um ein ganzes Jahrzehnt vorweggenommen.

Ungeachtet der bereits erwähnten rückläufigen Zahl der Kinobesucher, erwarb sich der europäische Film in der zweiten Hälfte der fünfziger und Anfang der sechziger Jahre einen dauerhaften Ruf für künstlerische Qualität und Originalität. Wahrscheinlich gab es sogar einen Zusammenhang, denn der Film in Westeuropa absolvierte einen allmählichen Aufstieg (oder Abstieg) von der populären Unterhaltung zur Hochkultur. Ganz gewiß wurde die Renaissance des europäischen Kinos nicht von der Zuschauernachfrage bestimmt – hätte man es dem Publikum überlassen, so hätte sich der französische Film mit den »anspruchsvollen« Kostümfilmen zu Beginn der fünfziger Jahre, das deutsche Kino mit den kitschigen Heimatfilmen aus dem Schwarzwald und das britische Publikum mit einer Schonkost von Kriegsfilmen und immer schlüpfrigeren und oberflächlicheren Komödien zufrieden gegeben. Auf jeden Fall zeigte das europäische Massenpublikum eine ungebrochene Vorliebe für populäre amerikanische Filme.

Ironischerweise war es die eigene Bewunderung für amerikanische Filme, besonders für die düsteren, schmucklosen Werke im Stil des Film noir der zweiten Hälfte der vierziger Jahre, die eine Revolution bei einer neuen Generation französischer Cineasten auslöste. Verzweifelt über die thematischen Klischees und die überladene Ausstattung ihrer Vorgänger, faßte eine Gruppe junger Franzosen – die von dem französischen Kritiker Pierre Billard 1958 den Namen Nouvelle Vague (»Neue Welle«) erhielt – den Vorsatz, das Filmemachen in Frankreich neu zu erfinden, zunächst in der Theorie, dann in der Praxis. Der theoretische Aspekt, in der neuen Zeitschrift *Cahiers du Cinéma* umrissen, betraf vor allem den Begriff des Regisseurs als »Autor«: Was diese Kritiker beispielsweise an Alfred Hitchcock oder Howard Hawks oder an den Arbeiten der italienischen Neorealisten bewunderten, war ihre Autonomie – die Art und Weise, wie es ihnen selbst bei Studioarbeiten gelungen war, ihre Filme mit einer unverwechselbaren Signatur zu versehen. Aus dem gleichen Grund rühmten sie die – damals kaum noch beachteten – Filme einer früheren Generation von französischen Regisseuren, vor allem von Jean Vigo und Jean Renoir.

All das ließ zwar auf cineastischen Instinkt und guten Geschmack schließen, doch die obskuren Theorien waren nur von geringem Interesse und häufig unverständlich – von einem sehr engen Kreis Eingeweihter abgesehen. Die Filme von Louis Malle, Jean-Luc Godard, Claude Chabrol, Jacques Rivette, Eric Rohmer, Agnès Varda und vor allem François Truffaut veränderten jedoch das Gesicht des Films. Zwischen 1958 und 1965 entstand in französischen Studios eine erstaunliche Fülle von Arbeiten. Louis Malle drehte *Ascenseur pour l'échafaud* (Fahrstuhl zum Schafott) und *Les Amants* (Die Liebenden), beide 1958; *Zazie dans le métro* (Zazie in der Metro; 1960); *Vie privée* (Privatleben; 1961) und *Le Feu follet* (Das Irrlicht; 1963). Godard führte Regie in *À bout de souffle* (Außer Atem; 1960), *Une femme est une femme* (Eine Frau ist eine Frau; 1961), *Vivre sa Vie* (Die Geschichte der Nana S.; 1962), *Bande à part* (Die Außenseiterbande; 1964) and *Alphaville* (1965). Zu Chabrols Werken aus den gleichen Jahren gehören *Le Beau Serge* (Die Enttäuschten, 1958), *À double tour* (Schritte ohne Spur, 1959), *Les bonnes femmes* (Die Unbefriedigten, 1960) and *L'Œil du malin* (Das Auge des Bösen; 1962).

Jacques Rivettes interessantere Filme entstanden etwas später. Wie Agnès Varda, die in diesen Jahren vor allem durch die Filme *Cléo de 5 à 7* (Mittwoch zwischen 5 bis 7; 1961) und *Le Bonheur* (Das Glück aus dem Blickwinkel des Mannes; 1965) bekannt war –, neigte Rivette häufig zu einer gewissen Maßlosigkeit. Auf Eric Rohmer trifft das hingegen ganz und gar nicht zu. Er ist der älteste der Gruppe, der es später durch seinen elegischen Zyklus »Moralische Erzählungen« zu internationalem Ruhm brachte. Die ersten beiden Kurzfilme, *La Boulangère de Monceau* und *La carrière de Suzanne* (Die Karriere von Suzanne), entstanden 1962 und 1963. Doch den Stil und die Wirkung der Neuen Welle verkörperte wie kein anderer der unvergleichliche François Truffaut. Sehr bekannt wurde die Filmreihe mit Jean-Pierre Léaud in der Rolle des Antoine Doinel (Truffauts autobiographischem »Helden«) – vor allem *Les Quatre cents coups* (Sie küßten und sie schlugen ihn; 1959), *L'Amour à vingt ans* (Liebe mit zwanzig; 1962) und *Baisers volés* (Geraubte Küsse; 1968). Truffaut war nicht nur der wichtigste Theoretiker der französischen Kinorevolution, sondern hatte auch den bei weitem beständigsten Erfolg. Viele seiner Filme – *Jules et Jim* (1962), *La Peau douce* (Die süße Haut; 1964), *Fahrenheit 451* (1966) oder *Le dernier Métro* (Die letzte Metro; 1980) – gehören zu den Klassikern des Genres.

Zu den Vorzügen der besten Regisseure der Nouvelle Vague gehörte es, daß sie weltanschauliche Aussagen formulierten (Mitarbeiter der *Cahiers du Cinéma* beteuerten häufig, wieviel sie dem verdankten, was noch immer als »Existenzialismus« bezeichnet wurde), ohne daß dies ihre Filme daran hinderte, unterhaltsam zu sein (niemand sagte jemals von Truffaut oder Malle – wie es von späteren Arbeiten Godards oder Rivettes hinter vorgehaltener Hand hieß –, daß ihre Filme sterbenslangweilig seien). Diese Mischung aus theoretischer Ernsthaftigkeit und visueller Verständlichkeit machte den Reiz für ausländische Nachahmer aus. Wie die Reaktion auf Alain Resnais' *Hiroshima mon amour* (1959) deutlich macht, wurden französische Filme zu einem bevorzugten Kristallisationspunkt internationaler moralischer Debatten.

Daher bekannte sich 1962 auch die Gruppe von 26 jungen deutschen Filmemachern, die sich in Oberhausen traf, offen zum französischen Film. Sie verkündete, daß »Papas Kino« tot sei, und bekundete im »Oberhausener Manifest« ihre Absicht, einen neuen deutschen Spielfilm zu schaffen: »Dieser neue Film braucht neue Freiheiten. Freiheit von den branchenüblichen Konventionen. Freiheit von der Beeinflussung durch kommerzielle Partner.« Jean-Luc Godard hatte 1957 in einem berühmten Artikel in den *Cahiers du cinéma* mit dem Titel »Bergmanorama« behauptet, Ingmar Bergman sei »der kreativste Filmemacher des europäischen Kinos«. Godard und seinen Freunden eiferten Edgar Reitz, seine Kollegen in Deutschland und junge Filmregisseure in ganz Westeuropa und Lateinamerika nach.[10]

Was Truffaut, Godard und ihre Kollegen an den Schwarzweißfilmen ihrer Jugend bewunderten, war der Mangel an »Kunstfertigkeit«. Was Amerikaner und andere Beobachter an den *französischen* Regisseuren und ihren Abwandlungen des amerikanischen Realismus beneideten, war die Finesse und intellektuelle Feinsinnigkeit: die einzigartige französische Fähigkeit, kleine menschliche Interaktionen mit ehrfurchtgebietender kultureller Bedeutung aufzuladen. In Eric Rohmers Film *Ma Nuit Chez Maud* (Meine Nacht bei Maud; 1969) verbringt Jean-Louis, ein Philosophieprofessor aus der Provinz, durch heftigen Schneefall gezwungen, eine Nacht auf dem Sofa bei Maud (Françoise Fabian), der hinreißend intelligenten Freundin eines Bekannten. Als Katholik grübelt Jean-Louis über die ethischen Konsequenzen der Situation und fragt sich, ob er mit seiner Gastgeberin hätte schlafen sollen oder nicht, eine Beschäftigung, in der er gelegentlich innehält, um moralische Ideen mit einem kommunistischen Kollegen auszutauschen. Nichts geschieht, und er geht nach Hause.

Es läßt sich kaum ein amerikanischer oder auch britischer Filmregisseur vorstellen, der einen solchen Film gedreht – oder gar einen Verleih gefunden hätte. Doch für eine neue Generation von euroamerikanischen Intellektuellen fing Rohmers Film alles ein, was raffiniert, schwermütig, geist- und anspielungsreich, klug und europäisch am französischen Kino war. Zeitgenössische italienische Filme hatten, obwohl vielfach im Ausland vertrieben, nicht die gleiche Wirkung. Die erfolgreicheren Filme setzten zu bewußt auf das neue Image Italiens und der Italiener als reich und »sexy« – wobei häufig die körperlichen Vorzüge von Sophia Loren im Mittelpunkt standen oder Marcello Mastroianni sein komisches Talent als zynischer Lebemann unter Beweis stellte: z. B. in *Divorzio all'italiana* (Scheidung auf italienisch; 1961) oder *Matrimonio all'italiana* (Hochzeit auf italienisch; 1964).

Erstmals hatte Mastroianni diese Rolle, wenn auch in einer sehr viel düstereren Stimmlage, in Federico Fellinis *Dolce Vita* (Das süße leben; 1960) gespielt. In vielen cineastischen Kreisen, die auch Truffaut und Godard schätzten, hatte Fellini eine loyale Gefolgschaft, insbesondere nach *Otto e mezzo* (Achteinhalb; 1963) und *Giulietta degli Spiriti* (Julia und die Geister; 1965). Allerdings war auch eine ältere Generation von begabten italienischen Regisseuren noch nicht abgetreten – Vittorio de Sica drehte nach Satres Theaterstück *I Sequestrati di Altona* (Die Eingeschlossenen von Altona; 1962), führte zusammen mit Fellini Regie in *Boccacio '70* (1962) und drehte am Ende des Jahrzehnts *Il Giardino dei Finzi-Contini* (Die Gärten der Finzi Contini; 1970). Doch ihre Arbeiten erreichten nie wieder die politische und ästhetische Wirkung der großen neorealistischen Filme aus den vierziger Jahren, mit denen vor allem der Name de Sicas verbunden war. Einflußreicher war Michelangelo Antonioni. In *L'Avventura* (Die mit der Liebe spielen; 1960), *L'Eclisse* (Liebe 62; 1962) und *Il Deserto* (!) *rosso* (Die rote Wüste; 1964) – jeweils mit Monica Vitti in der Hauptrolle – zeigte sich, daß Antonioni mit den schroffen Konturen seiner Bilder und unsympathischen, zynischen und illusionslosen Figuren schon die kalte, distanzierte Welt der Kunst der späten Sechziger vorwegnahm, die von Antonioni selbst so suggestiv in *Blow Up* (1966) eingefangen wurde.

Dem italienischen Kino fehlte die verführerische Intellektualität der französischen (oder schwedischen) Filme, doch was sie in hohem Maße gemeinsam hatten, war *Stil*. Dieser europäische Stil – ein veränderliches Gleichgewicht zwischen künstlerischem Selbstvertrauen, intellektuellem Anspruch und kultiviertem Witz – zeichnete für ausländische (besonders amerikanische) Beobachter die kontinentaleuropäische Filmszene aus. Ende der fünfziger Jahre hatte sich Westeuropa nicht nur von Wirtschaftskrise und Krieg erholt, sondern zog auch wieder Feingeister und solche, die es werden wollten, magnetisch an. New York hatte das Geld und – vielleicht auch – die moderne Kunst. Doch Amerika war, wie sogar viele Amerikaner fanden, ein bißchen ungeschliffen. John F. Kennedy verdankte einen Teil seiner Anziehungskraft als Kandidat und Präsident der kultivierten Weltoffenheit seiner Washingtoner Umgebung. In einem Nachruf stellte Jackie Kennedy eine Beziehung zwischen ihrem Mann und der Legende von Camelot her. Das gleichnamige Musical wurde von beiden sehr geschätzt. Camelot verdankte der europäischen Erziehung und der kontinentalen Selbstdarstellung der First Lady viel.

Es kann kaum überraschen, daß Jacqueline Kennedy einen europäischen Stil im Weißen Haus einführte. Europäisches »Design« war Ende der Fünfziger und Anfang der Sechziger beliebt wie nie zuvor, es war die *Signatur* von Status und Qualität. Ein europäisches Etikett – einer Ware, einer Idee oder einer Person angeheftet – garantierte den feinen Unterschied und damit einen Spitzenpreis. Diese Entwicklung war ziemlich neu. »Articles de Paris« hatten zwar spätestens seit Ende des 18. Jahrhunderts einen angestammten Platz im Handel mit Luxusgütern; und Schweizer Uhren genossen seit vielen Jahrzehnten einen ausgezeichneten Ruf, doch die Vorstellung, daß in Deutschland hergestellte Automobile automatisch eine bessere Qualität als andere hätten oder daß italienische Kleidung, belgische Schokolade, französisches Küchengerät oder dänische Möbel *in jedem Falle* das Beste wären, was zu haben war – das wäre noch eine Generation früher sehr merkwürdig erschienen.

Britische Produkte hatten noch bis vor kurzem einen guten Ruf genossen, ein Erbe der industriellen Vormachtstellung Großbritanniens im 19. Jahrhundert. Englische Haushaltswaren, Fahrzeuge, Werkzeuge oder Waffen waren auf ausländischen Märkten lange Zeit sehr geschätzt worden. Doch im Laufe der dreißiger und vierziger Jahre hatten die britischen Produkte ihren Ruf in jeder Branche, bis auf die Herrenbekleidung, so gründlich ruiniert, daß dem Einzelhandel in den sechziger Jahren nur noch eine Marktnische blieb: auffällige, im Trend liegende Modeartikel von geringer Qualität – ein Marktsegment, das der Handel im folgenden Jahrzehnt rücksichtslos ausschlachten sollte.

Bemerkenswert am europäischen Handel war die Segmentierung nach Produkten und Ländern. Italienische Automobile – Fiat, Alfa Romeo, Lancia – waren berüchtigt wegen schlampiger Fertigung und Unzuverlässigkeit; doch tat dieser peinliche Umstand Italiens gutem Ruf auf anderen Märkten, etwa bei Lederwaren, Haute Couture und sogar auf dem eher unbedeutenden Sektor der Weißwaren, keinen Abbruch.[11] Eine internationale Nachfrage nach deutschen Textilien oder Lebensmitteln gab es zu Recht so gut wie gar nicht. Doch 1965 konnte jedes in einem britischen oder amerikanischen Fachgeschäft ausgestellte Produkt, das auf einer deutschen Drehbank gefertigt oder von einem deutschsprachigen Ingenieur entwickelt worden war, zum verlangten Preis abgesetzt werden. Nur die Skandinavier hatten sich einen Ruf erworben, der eine eklektische Produktpalette umfaßte, aber selbst dort machte der Markt deutliche Unterschiede. Gutbetuchte Ausländer richteten ihre Häuser mit kühn entworfenen schwedischen oder dänischen Möbeln ein, selbst wenn sie so »modern« waren, daß sie ein bißchen zerbrechlich wirkten. Derselbe Verbraucher konnte eine Vorliebe für den schwedischen Volvo entwickeln, obwohl der sich durch einen entschiedenen *Mangel* an Stil auszeichnete, dafür aber unverwüstlich erschien. Beide Charakteristika – »Stil« und »Wert« – waren jetzt untrennbar mit »Europa« verknüpft: häufig im Gegensatz zu Amerika.

Paris blieb die Hauptstadt der Haute Couture für Damenbekleidung. Doch da Italien niedrigere Lohnkosten hatte und (anders als Frankreich und Großbritannien) nicht unter Textilrationierung litt, erwies es sich schon 1952, als die erste Herrenmodenschau in San Remo stattfand, als ernstzunehmende Konkurrenz. Trotz ihrer innovativen Stilgebung war die französische Haute Couture – von Christian Dior bis Yves Saint Laurent – gesellschaftlich sehr konventionell: Noch Ende der sechziger Jahre trugen die Journalistinnen und Redakteurinnen der Modemagazine in Frankreich und anderen Ländern Hüte und Handschuhe nicht nur, wenn sie die jährlichen Modeschauen besuchten, sondern auch an ihren Schreibtischen. Solange sich Mittelschichtfrauen in Kleiderfragen an einer Handvoll Pariser Modeschöpfer und Modehäuser orientierten, mußten diese nicht um ihren Status (und ihre Profite) fürchten. Doch Anfang der sechziger Jahre trugen europäische Frauen – und Männer – nicht mehr gewohnheitsmäßig konventionelle Hüte, Oberbekleidung oder Abendgarderobe. Der Markt für textile Massenerzeugnisse bezog seine Inspiration ebensosehr von unten wie von oben. Europas Ruf als Zentrum für Mode und Chic war nicht in Gefahr, doch die Zukunft gehörte eklektischeren Trends, viele von ihnen orientiert an amerikanischen oder asiatischen Vorbildern, die den Italienern offensichtlich besonders lagen. Bei Kleidung wie Ideen beherrschte Paris die europäische Bühne, und das sollte auch noch eine Zeitlang so bleiben. Doch die Zukunft lag anderswo.

Als im März 1955 der Kongreß für kulturelle Freiheit in Mailand zusammenkam, schlug Raymond Aron als Thema für die Diskussion »Das Ende des ideologischen Zeitalters« vor. Damals fanden einige seiner Zuhörer den Vorschlag etwas verfrüht – schließlich schien doch jenseits des Eisernen Vorhangs, und nicht nur dort, die Ideologie ein bißchen zu lebendig und wohlauf zu sein. Doch in gewissem Sinne hatte Aron durchaus Recht. Der Westeuropäische Staat hatte, wie er sich in jenen Jahren darstellte, mehr und mehr auf alle doktrinären Projekte verzichtet. Außerdem hatte der Aufstieg des Wohlfahrtsstaates die alten politischen Gegensätze entschärft. Mehr Menschen als jemals zuvor zeigten ein unmittelbares Interesse an der Politik und den Ausgaben des Staates, aber sie stritten nicht mehr darüber, wer beide kontrollieren sollte. Die Westeuropäer schienen erheblich früher als erwartet auf dem »weiten, sonnenbeschienenen Hochland« (Churchill) von Wohlstand und Frieden angekommen zu sein: wo die

Politik dem Staat nachgab und der Staat sich zunehmend auf das Verwalten beschränkte.

Die Konsequenzen des Bevormundungsstaates, selbst des postideologischen Bevormundungsstaates, waren jedoch vorhersagbar: Für jeden, der in ihm aufgewachsen war und nichts anderes kannte, war es die Pflicht des Staates, sein Versprechen zu halten und eine immer bessere Gesellschaft zu schaffen – und daher trug der Staat die Schuld, wenn sich die Dinge nicht wie erhofft entwickelten. Die anscheinend reibungslose Wahrnehmung öffentlicher Angelegenheiten durch eine Kaste gütiger Aufseher garantierte nicht die Teilnahmslosigkeit der Öffentlichkeit. Zumindest in dieser Hinsicht war Aarons Prognose falsch. Ausgerechnet die Generation, die in dem sozialdemokratischen Paradies heranwuchs, das sich ihre Eltern ersehnt hatten, war besonders empört und zornig über dessen Unzulänglichkeiten. Ein vielsagendes Symptom für dieses Paradox können wir auf einem Gebiet öffentlichen Planens und Wirkens – im wörtlichen Sinne – sehen, wo der progressive Staat auf beiden Seiten des Eisernen Vorhangs ungewöhnlich aktiv war.

Die Mischung aus Bevölkerungswachstum und rascher Verstädterung nach dem Zweiten Weltkrieg stellte beispiellose Anforderungen an die Städteplaner. In Osteuropa, wo bei Kriegsende viele städtische Ballungsgebiete zerstört oder halb verlassen waren, wanderten in den ersten 20 Jahren nach dem Krieg 20 Millionen Menschen vom Land in die Stadt ab. In Litauen lebte 1970 die Hälfte der Bevölkerung in Städten; 20 Jahre zuvor waren es gerade einmal 28 Prozent gewesen. In Jugoslawien, wo die Landbevölkerung in der Zeit zwischen der Befreiung und 1970 um 50 Prozent zurückging, gab es eine große Migrationswelle vom Land in die Städte: Zwischen 1948 und 1970 verdoppelte das kroatische Zagreb seine Einwohnerschaft von 280 000 auf 566 000; ganz ähnlich wuchs die Hauptstadt Belgrad von 368 000 auf 746 000 Einwohner an.

In Bukarest stieg die Einwohnerzahl zwischen 1950 und 1970 von 886 000 auf 1 475 000. Sofias Bevölkerung wuchs von 435 000 auf 877 000. In der UdSSR, wo die städtische Bevölkerung die ländliche 1961 zahlenmäßig überholte, erhöhte Minsk – die Hauptstadt der Weißrussischen Sowjetrepublik – seine Einwohnerzahl von 509 000 im Jahr 1959 in nur 11 Jahren auf 907 000. In all diesen Städten, von Berlin bis Stalingrad, war das Ergebnis die klassische Wohnungsbaulösung der Sowjetära: Kilometer um Kilometer graue oder braune Betonblocks – billig, mit baulichen Mängeln behaftet, ohne individuelle architektonische und ästhetische Merkmale (oder öffentliche Einrichtungen).

Wo die Innenstädte unzerstört geblieben waren (wie in Prag) oder nach alten Plänen sorgfältig wieder aufgebaut wurden (Warschau, Leningrad), verlegte man die neuen Gebäude an den Stadtrand, wo sie einen langen Streifen von Schlafstädten bildeten, der weit ins Umland ausgriff. Andernorts – beispielsweise in der slowakischen Hauptstadt Bratislawa – wurden die neuen Slums direkt im Herzen der Stadt errichtet. In den Kleinstädten und Dörfern, die dazu bestimmt waren, Zehntausende ehemaliger Kleinbauern aufzunehmen, die jetzt zu Bergarbeitern und Stahlkochern umgeschult wurden, gab es nichts Erhaltenswertes, so daß sie praktisch über Nacht in industrielle Schlafstädte umgewandelt wurden, denen selbst der Charme der kläglichen Reste eines alten Stadtbildes abging. Die Kolchosbauern wurden zwangsweise in Agrostädte umgesiedelt, ein Projekt, das Nikita Chruschtschow in den fünfziger Jahren begann und das später von Nicolae Ceauşescu vervollkommnet wurde. Die neue öffentliche Architektur, die so entstand – Polytechnische Oberschule, Kulturhaus, Parteibüros –, war sorgfältig an dem sowjetischen Vorbild ausgerichtet: manchmal bewußter sozialistischer Realismus, immer überdimensioniert, selten ansprechend.

Erzwungene Industrialisierung, Kollektivierung der Landwirtschaft und eine aggressive Mißachtung privater Bedürfnisse sind Faktoren, welche die Misere der kommunistischen Stadtplanung erklären können. Doch die Väter westeuropäischer Städte machten es nicht viel besser. Besonders im europäischen Mittelmeerraum bedeutete die Massenmigration vom Land in die Städte eine vergleichbare Belastung der städtischen Ressourcen. Groß-Athen wuchs von 1 389 000 Einwohnern 1951 auf 2 540 000 im Jahr 1971. Mailands Bevölkerung stieg im gleichen Zeitraum von 1 260 000 auf 1 724 000, die Barcelonas von 1 280 000 auf 1 785 000. In allen diesen Städten sowie in den kleineren Ortschaften Norditaliens und den rasch expandierenden Vororten von London, Paris, Madrid und anderen Metropolen konnten die Planer nicht mit der Nachfrage Schritt halten. Wie ihre Kollegen in den kommunistischen Planungsbüros neigten sie instinktiv dazu, große, homogene Wohnblocks zu bauen – entweder auf Grundstücken, die durch Krieg oder Stadterneuerung freigeworden waren, oder auf der grünen Wiese am Rande der Großstädte. Besonders in Mailand und Barcelona, wo die erste Generation von Migranten aus dem Süden während der sechziger Jahre aus Behelfsbehausungen in Hochhauswohnungen umzog, erinnerte das Ergebnis in deprimierender Weise an den Ostblock – nur mit dem zusätzlichen Nachteil, daß viele der potentiellen Mieter es sich nicht leisten konnten, eine Wohnung in der Nähe ihres Arbeitsplatzes zu nehmen. So waren sie Tag für Tag zu langen Fahrten in unzulänglichen öffentlichen Verkehrsmitteln oder in ihren neu erstandenen Autos gezwungen, was die städtische Infrastruktur zusätzlich belastete.

Doch die unverwechselbare Häßlichkeit, die in diesen Jahren die Stadtarchitektur Westeuropas kennzeichnet, läßt sich nicht allein auf demographische Zwänge zurückführen. Der »Neue Brutalismus« (wie ihn der Architekturkritiker Rayner Banham nannte) war kein Zufall oder Versehen. In der Bundesrepublik, wo viele Großstädte mit einem schwindelerregenden Mangel an Phantasie und Weitsicht wiederaufgebaut wurden, oder in London – wo der Bauausschuß des Londoner County Council riesige Wohnbauprojekte, wie das aggressiv geradlinige, windgepeitschte Alton Estate in Roehampton, genehmigte, das an Le Corbusier erinnert – erscheint die Häßlichkeit fast beabsichtigt, das Ergebnis sorgfältiger Planung zu sein. Mailands schrecklicher Torre Velasco, ein Wolkenkratzer aus Stahlbeton, der von 1957 bis 1960 von einem englisch-italienischen Konsortium erbaut wurde, war typisch für den aggressiven Hypermodernismus jener Zeit, in dem es darum ging, mit allen Bindungen an die Vergangenheit zu brechen. Als im März 1959 die französische Bauverwaltung den Plan für den künftigen Tour Montparnasse genehmigte, hieß es in ihrem Abschlußbericht: »Paris kann es sich nicht leisten, sich in der Vergangenheit zu verlieren. In den kommenden Jahren muß es sich zwingend erforderlicher Veränderungen unterziehen.«

Das Ergebnis war nicht nur der Tour Montparnasse (oder sein illegitimes Kind, der häßliche Gebäudekomplex in La Défense), sondern eine Schwemme neuer Städte: mehrere extrem dicht beieinanderstehende Wohnblocks (»Grands Ensembles«, wie sie bezeichnenderweise genannt wurden), bar aller Beschäftigungsmöglichkeiten und öffentlicher Einrichtungen, ausgelagert an den Rand von Groß-Paris. Das erste und daher bekannteste dieser Projekte, in Sarcelles im Norden von Paris, wuchs von nur 8 000 Einwohnern im Jahr 1954 in sieben Jahren auf 35 000 an. Soziologisch und ästhetisch unverwurzelt, glich es weit mehr etwa zeitgenössischen Arbeiterschlafstädten in anderen Ländern (wie der bemerkenswert ähnlichen Siedlung Lazdynai am Stadtrand von Vilnius in Litauen) als irgendeiner in Frankreich heimischen Wohnarchitektur oder städtebaulichen Tradition.

Dieser Bruch mit der Vergangenheit war Absicht. Der europäische »Stil«, der in so vielen anderen Lebensbereichen bewundert wurde, war hier nirgends zu erkennen. Er wurde sogar bewußt und sorgfältig vermieden. Die Architektur der fünfziger Jahre, und insbesondere der sechziger Jahre, war gewollt ahistorisch; ein Bruch mit der Vergangenheit in Gestaltung, Größe und Material (Stahl, Glas und Stahlbeton waren die bevorzugten Baustoffe).[12] Das Ergebnis war nicht unbedingt phantasievoller als das, was vorher gewesen war: Im Gegenteil, mit den »Stadterneuerungsplänen«, die in diesen Jahrzehnten das Gesicht so vieler europäischer Städte verwandelten, wurde eine riesige Chance verspielt.

In Großbritannien und anderswo war »Stadtplanung« bestenfalls eine taktische Maßnahme, Flickwerk. Man entwickelte keine langfristigen Strategien, um Wohnen, Dienstleistungen, Arbeit oder Freizeit zu integrieren (kaum eine der neuen Städte und Wohnkomplexe besaß Kinos, von Sportstätten oder angemessenen öffentlichen Verkehrsmitteln ganz zu schweigen).[13] Es ging um eine möglichst schnelle und billige Methode, die städtischen Slums zu sanieren und eine wachsende Bevölkerung mit Wohnraum zu versorgen: Zwischen 1964 und 1974 wurden allein in London 384 Wohntürme hochgezogen. Viele von ihnen wurden innerhalb von zwanzig Jahren wieder verlassen. Ein besonders krasses Beispiel ist »Ronan Point« im Londoner East End: Dieses Gebäude bewies 1968 den guten Geschmack, von alleine einzustürzen.

Die öffentliche Architektur schnitt kaum besser ab. Das Centre Pompidou (in den sechziger Jahren entworfen, aber erst im Januar 1977 eröffnet) hat – wie das westlich daneben gelegene Forum des Halles – viel volkstümliche Kultur ins Zentrum von Paris getragen, aber auf lange Sicht elendig Schiffbruch erlitten bei dem Versuch, sich in das Viertel zu integrieren oder die alte Bausubstanz in seiner Umgebung zu ergänzen. Gleiches gilt für das neue Institute of Education der London University, das prunkend und glänzend am Woburn Square errichtet wurde, im Herzen des alten Bloomsbury – aber »einzigartig häßlich« ist, wie Roy Porter, der Historiker Londons, schreibt. In ganz ähnlicher Weise führte Londons South-Bank-Komplex ein unschätzbares Angebot an darstellenden Künsten und künstlerischen Einrichtungen zusammen; doch die grimmige, niedrige Front, die windgepeitschten Gänge und die bröckelnde Betonfassade bleiben ein deprimierender Beleg für das, was die Stadtkritikerin Jane Jacobs einmal »den Pesthauch der Dummheit« nannte.

Warum eigentlich die europäischen Politiker und Planer der Nachkriegszeit so ungeheuer viele Fehler gemacht haben, bleibt unklar – selbst wenn wir berücksichtigen, daß nach zwei Weltkriegen und einer langen Wirtschaftskrise das Verlangen nach etwas Frischem, Neuem und von der Vergangenheit Unbelastetem herrschte. Nicht, daß die Zeitgenossen die Häßlichkeit ihrer neuen Umwelt nicht wahrgenommen hätten: Die Bewohner der riesigen Gebäudekomplexe, Wohntürme und neuen Städte haben sie nie gemocht und das auch jedem klar und deutlich gesagt, der sich die Mühe machte, sie zu fragen. Vielleicht haben die Architekten und Soziologen nicht begriffen, daß ihre Projekte in einer einzigen Generation soziale Außenseiter und gewalttätige Banden hervorbringen würden, doch für die Bewohner bestand daran kein Zweifel. Sogar das europäische Kino, das noch wenige Jahre zuvor den alten Städten und dem urbanen Leben liebevolle, nostalgische Aufmerksamkeit geschenkt hatte, fing jetzt statt dessen die kalte, harte Unpersönlichkeit der modernen Metropole ein. Regisseure wie Godard oder Antonioni zeigten in ihren Filmen *Alphaville* (1965) oder *Die rote Wüste* (1964) mit fast sinnlicher Lust den grellbunten Charakter der neuen urbanen und industriellen Umwelt.

Ein besonders bedauernswertes Opfer der ikonoklastischen Nachkriegsarchitektur war der Bahnhof, dieser steingewordene Inbegriff viktorianischer Gestaltungskraft und häufig auch ein bedeutendes architektonisches Zeugnis. Auch in den Vereinigten Staaten hatten die Bahnhöfe zu leiden (der Abriß der New Yorker Pennsylvania Station im Jahr 1966 gilt in den Augen vieler noch immer als ein Höhepunkt des staatlichen Vandalismus); doch die amerikanischen Stadtplaner hatten zumindest die Entschuldigung, daß die Aussichten für den Bahnreiseverkehr, vom Auto und Flugzeug in die Zange genommen, ziemlich finster aussahen. In den dichtbesiedelten Gebieten eines kleinen Kontinents wurde die Zukunft der Bahn nie ernsthaft in Frage gestellt. So wurden die Bahnhöfe, die in Europa abgerissen wurden, durch fade, reizlose Gebäude ersetzt. Die Zerstörung der Euston Station in London, des Gare Montparnasse in Paris oder des eleganten Anhalterbahnhofs in Berlin hatte keine praktischen Gründe und war ästhetisch unverzeihlich.

Das reine Ausmaß dieser Stadtzerstörung, dem paneuropäischen Drang entsprungen, mit der Vergangenheit aufzuräumen und innerhalb einer Generation den Sprung aus Ruinen in die Ultramodernität zu bewältigen, erwies sich als Verhängnis (in dankenswerter Weise von der Rezession der siebziger Jahre unterstützt, welche die öffentlichen und privaten Budgets gleichermaßen kürzte und der Erneuerungsorgie Einhalt gebot). Bereits 1958, noch bevor die blinde Wut der Stadterneuerung ihren Höhepunkt erreicht hatte, gründete eine Gruppe von Denkmalschützern in Großbritannien die Viktorianische Gesellschaft. Das war ein typisch britischer gemeinnütziger Verein, der sich das Ziel gesetzt hatte, das bedrohte architektonische Erbe des Landes zu erfassen und zu retten. In den folgenden zehn Jahren bildeten sich überall in Westeuropa ähnliche Netzwerke, die Anwohner, Wissenschaftler und Politiker drängten, gemeinsam zu handeln, um weitere Verluste zu vermeiden. Wo sie zu spät kamen, um ein bestimmtes Viertel oder Bauwerk zu retten, gelang es ihnen zumindest, zu erhalten, was noch verblieben war – so die Fassade und den inneren Kreuzgang des Palazzo delle Stelline an Mailands Corso Magenta: die einzigen Überreste eines städtischen Waisenhauses aus dem 17. Jahrhundert; alles übrige war zu Beginn der siebziger Jahre abgebrochen worden.

In der Architekturgeschichte der europäischen Stadt waren die fünfziger und sechziger Jahre eine wahrhaft schreckliche Epoche. Der Schaden, der dem materiellen Substrat urbanen Lebens in diesen Jahren zugefügt wurde, ist die noch immer halbverdrängte Schattenseite der »dreißig glorreichen Jahre« Wirtschaftsentwicklung – auf seine Weise durchaus zu vergleichen mit dem Preis, der ein Jahrhundert zuvor für die industrielle Verstädterung gezahlt wurde. Obwohl in späteren Jahrzehnten gewisse Nachbesserungen vorgenommen wurden – vor allem in Frankreich, wo sorgfältig geplante Modernisierung und massive Investitionen in Straßen- und Nahverkehrsnetze die Lebensqualität in einigen der schlimmeren Stadtrandsiedlungen deutlich verbesserten – konnte der angerichtete Schaden nie wieder ganz behoben werden. Große Städte – vor allem Frankfurt, Brüssel und London – entdeckten zu spät, daß sie ihr urbanes Erstgeburtsrecht für ein Linsengericht brutalistischer Architektur verkauft hatten.

Es gehört zur Ironie der sechziger Jahre, daß die gnadenlos »erneuerten« und umgestalteten Stadtlandschaften dieser Zeit besonders heftig von den dort lebenden *jungen* Menschen abgelehnt wurden. Ihre Häuser, Straßen, Cafés, Fabriken, Büros, Schulen und Universitäten mochten ja modern und unbarmherzig »neu« sein, aber, von den Privilegiertesten unter ihnen abgesehen, erlebten sie ihre Umwelt als häßlich, seelenlos, erstickend, unmenschlich und, um ein Wort zu verwenden, das damals immer häufiger zu hören war, »entfremdend«. Als dann die wohlgenährten, wohlsituierten, wohlerzogenen Kinder der wohlmeinenden europäischen Sozialstaaten groß wurden und sich gegen »das System« auflehnten, war es daher nur allzu passend, daß die ersten seismischen Erschütterungen der kommenden Eruption in den Bettonbettenburgen eines seelenlosen »ausgelagerten« Universitätskomplexes spürbar wurden, den man gedankenlos zwischen die Wohntürme und Verkehrsstaus einer übervölkerten Pariser Vorstadt gesetzt hatte.

XII
Das Gespenst der Revolution

Der Geschlechtsverkehr begann 1963, zwischen dem Ende des Chatterley-Verbots und der ersten Beatles-LP.

Philip Arthur Larkin

Die Revolution – wir haben sie so geliebt.

Daniel Cohn-Bendit

Die Rebellion der reumütigen Bourgeoisie gegen das selbstgefällige und tyrannische Proletariat gehört zu den seltsameren Erscheinungen unserer Zeit.

Sir Isaiah Berlin

Jetzt mögen euch ja die Journalisten der Welt in den Arsch kriechen … aber ich nicht, meine Lieben. Ihr habt die Gesichter verwöhnter Gören, und ich hasse euch, wie ich eure Väter hasse … Als ihr euch gestern in Valle Giulia mit den Polizisten geprügelt habt, gehörte meine Sympathie den Polizisten, weil sie die Söhne armer Leute sind.

Pier Paolo Pasolini (Juni 1968)

Wir sind nicht für Dubček. Wir sind für Mao.

(Italienische Studentenparole, 1968)

Augenblicke von großer kultureller Bedeutung lassen sich oft erst in der Rückschau richtig beurteilen. Die sechziger Jahre waren anders: Die überragende Bedeutung, welche die Zeitgenossen ihrer eigenen Zeit – und sich selbst – verliehen, war eines der besonderen Kennzeichen der Epoche.

Ein nicht unbeträchtlicher Teil der sechziger Jahre wurde damit zugebracht – um es mit den Worten von *The Who* zu sagen –, »über meine Generation zu reden«. Wie wir sehen werden, ist das keine ganz unvernünftige Beschäftigung, aber sie führte, wie nicht anders zu erwarten, zu einer gewissen Verzerrung der Perspektive. Die sechziger Jahre waren in der Tat ein Jahrzehnt von außergewöhnlicher Bedeutung für das moderne Europa, doch nicht alles, was damals wichtig erschien, hat geschichtliche Spuren hinterlassen. Der selbstgefällige ikonoklastische Impuls – in Kleidung und Ideen – veraltete sehr rasch; umgekehrt dauerte es einige Jahre, bevor sich die revolutionären Veränderungen, die Ende der sechziger Jahre begannen, in der Politik und den öffentlichen Angelegenheiten richtig bemerkbar machten. Dabei kann die politische Geographie der sechziger Jahre täuschen – die wichtigsten Entwicklungen fanden nicht immer an den bekanntesten Orten statt.

Mitte der sechziger Jahre machten sich die sozialen Auswirkungen der Bevölkerungsexplosion der Nachkriegszeit überall bemerkbar. Europa, so schien es, war voller junger Leute – in Frankreich gehörten acht Millionen junge Leute zur Altersgruppe der Schulabgänger und Studenten, damit stellten die 16- bis 24jährigen 16,1 Prozent der Gesamtbevölkerung. In früheren Zeiten hätte eine so rasante demographische Entwicklung zu einer erheblichen Lebensmittelverknappung geführt; und selbst wenn die Menschen genug zu essen gehabt hätten, wären ihre Aussichten auf einen Arbeitsplatz düster gewesen. Doch angesichts von Wirtschaftswachstum und Wohlstand war das Hauptproblem, dem sich die europäischen Staaten gegenübersahen, nicht die Frage, wie sie die wachsende Zahl von jungen Leuten ernähren, bekleiden, mit Wohnraum versorgen und schließlich in Lohn und Brot bringen, sondern wie sie sie ausbilden sollten.

Bis in die fünfziger Jahre verließen die meisten Kinder in Europa die Schule nach Abschluß der Volksschule, meist zwischen dem 12. und 14. Lebensjahr. In der Mehrzahl der Länder wurde die Elementarschulpflicht, die seit Ende des 19. Jahrhunderts bestand, nur halbherzig durchgesetzt – die Kinder der Kleinbauern in Spanien, Italien, Irland und im vorkommunistischen Osteuropa setzten den Schulbesuch in den Frühjahr-, Sommer- und Frühherbstmonaten in der Regel aus. Die weiterführende Schule war noch immer ein Privileg der Mittel- und Oberschicht. Im Italien der Nachkriegszeit schlossen weniger als fünf Prozent der Bevölkerung weiterführende Schulen ab.

Im Vorgriff auf die zahlenmäßige Entwicklung in der Zukunft und als Teil umfassender Reformprogramme nahmen die Staaten im Nachkriegseuropa eine Reihe weitreichender Veränderungen an ihren Bildungssystemen vor. In Großbritannien wurde das Schulentlassungsalter 1947 auf 15 Jahre (und 1972 auf 16 Jahre) heraufgesetzt. In Italien, wo die meisten Kinder die Schule in den ersten Nachkriegsjahren de facto noch mit 11 Jahren verließen, wurde das Schulentlassungsalter 1962 auf 14 Jahre festgesetzt. Die Zahl der Kinder, die in Italien Ganztagsschulen besuchten, verdoppelte sich in dem Zeitraum zwischen 1959 und 1969. In Frankreich, das 1950 lediglich 32 000 *Bacheliers* (Abiturienten) aufwies, stieg die Zahl in den folgenden Jahren um mehr als das Fünffache an: 1970 stellten die *Bacheliers* 20 Prozent ihres Jahrgangs.

Diese Veränderungen des Bildungssystems blieben nicht ohne Folgen. Bislang war die kulturelle Bruchlinie in den meisten europäischen Gesellschaften zwischen den Menschen verlaufen – der überwiegenden Mehrheit –, welche die Schule verließen, nachdem sie lesen, schreiben, rechnen und die Eckdaten der nationalen Geschichte gelernt hatten, und der privilegierten Minderheit, die bis zu ihrem 17. oder 18. Lebensjahr in der Schule blieb, das hochgeschätzte Abitur oder einen vergleichbaren Abschluß machte und dann studierte oder einen Beruf ergriff. Die Grammar Schools, Lycées und Gymnasien Europas waren einer herrschenden Elite vorbehalten. Diese Erben eines humanistischen Curriculums, Schulen, die einst unzugänglich für die Kinder der armen Land- und Stadtbevölkerung waren, öffneten sich jetzt einer stetig wachsenden Gruppe von jungen Menschen aus allen gesellschaftlichen Schichten. In dem Maße, wie mehr und mehr Kinder weiterführende Schulen mit Erfolg durchliefen, tat sich ein Graben auf zwischen ihrer Welt und derjenigen, die ihre Eltern gekannt hatten.

Im Grunde genommen stellte diese neue und nie dagewesene Kluft zwischen den Generationen schon an sich eine Sozialrevolution dar – auch wenn sie in ihren Konsequenzen zunächst auf die Familie beschränkt blieb. Doch als Zehntausende von Schülern in eilig erbaute Oberschulen strömten und damit ein Bildungssystem, das ursprünglich für eine ganz andere Epoche gedacht war, erheblichen materiellen und finanziellen Belastungen aussetzte, machten sich die Planer bereits Sorgen über die Bedeutung dieser Veränderungen für ein System, das bis dahin einer kleinen Elite vorbehalten gewesen war: die Universitäten.

Wenn die meisten Europäer vor 1960 nie eine Oberschule von innen gesehen hatten, so konnten noch weniger davon träumen, eine Universität zu besuchen. Im Laufe des 19. Jahrhunderts waren die traditionellen Universitäten räumlich etwas erweitert worden, außerdem hatte man den tertiären Bildungssektor um eine Anzahl weiterer Einrichtungen, meist technische Hochschulen, erweitert. Doch noch in den fünfziger Jahren war die höhere Bildung einer privilegierten Elite vorbehalten, deren Familien in der Lage waren, auf den Verdienst ihrer Kinder zu verzichten, sie bis zu ihrem 18. Lebensjahr zur Schule gehen zu lassen und Schulgeld beziehungsweise Studiengebühren aufzubringen. Zwar gab es für die Kinder aus der Unter- und Mittelschicht Stipendien, doch von den vorbildlichen meritokratischen und egalitären Institutionen der Dritten und Vierten Republik Frankreichs abgesehen, deckten diese Stipendien selten die Kosten dieser zusätzlichen Bildungsgänge ab; und nirgends sorgten sie für einen Ausgleich der Einkommensverluste.

Trotz bester Absichten einer frühen Reformergeneration blieben Oxford, Cambridge, die Ecole Normale Supérieure, die Universitäten von Bologna oder Heidelberg sowie die übrigen altehrwürdigen europäischen Universitäten für fast jeden verschlossen. 1949 gab es 15 000 Studenten in Schweden und 20 000 in Belgien. 50 000 waren es in ganz Spanien, noch nicht einmal das Doppelte in Großbritannien (bei einer Bevölkerung von 49 Millionen). Die Zahl der französischen Studenten lag kaum über 130 000. Doch angesichts des Massenansturms auf die weiterführenden Schulen mußte sich Europa darauf gefaßt machen, daß es schon bald gezwungen sein würde, auch den Hochschulsektor entsprechend zu erweitern. Vieles mußte sich ändern.

In erster Linie brauchte Europa weit mehr Universitäten. Vielerorts gab es kein eigentliches »System« universitärer Bildungsmöglichkeiten. Die meisten Länder hatten ein zufällig gewachsenes Netz von Einzelinstitutionen geerbt: eine Infrastruktur von kleinen, alten, nominell unabhängigen Einrichtungen, die dazu gedacht waren, jedes Jahr höchstens einige hundert Studenten aufzunehmen, und häufig in kleinen Provinzstädten mit wenigen oder gar keinen öffentlichen Einrichtungen lagen. Es gab keinen Platz für Erweiterungen, und ihre Hörsäle, Laboratorien, Bibliotheken und Studentenwohnheime waren (wenn überhaupt vorhanden) völlig unzureichend, Tausenden von jungen Leuten Platz zu bieten.

Die typische europäische Universitätsstadt – Padua, Montpellier, Bonn, Löwen, Fribourg, Cambridge, Uppsala – war klein und häufig ein gutes Stück von der nächsten Großstadt entfernt (und Jahrhunderte zuvor gerade aus diesem Grund bevorzugt worden): Eine wichtige Ausnahme bildete Paris. Den meisten europäischen Universitäten fehlte der Campus im amerikanischen Sinne (hier erwiesen sich die britischen Universitäten, allen voran Oxford und Cambridge, als augenfällige Ausnahmen). Die Universitätsgebäude waren in das Stadtbild integriert: Ihre Studenten lebten in der Stadt und waren für Unterkunft und Dienstleistungen auf deren Einwohner angewiesen. Vor allem aber, und obwohl die europäischen Universitäten in einigen Fällen schon mehrere hundert Jahre alt waren, hatten sie fast keine eigenen Mittel. Sie waren weitestgehend von der Finanzierung durch die Kommunen oder den Staat abhängig.

Wenn es dem Hochschulwesen in Europa gelingen sollte, rechtzeitig auf die drohende demographische Flutwelle zu reagieren, die sich in den Schulen aufbaute, dann mußte die Initiative von einer zentralen Stelle kommen. In Großbritannien und, in geringerem Maße, in Skandinavien ging man das Problem an, indem man neue Universitäten außerhalb von Provinzstädten oder Kreishauptstädten »auf der grünen Wiese« erbaute: Colchester oder Lancaster in England, Århus in Dänemark. Als die ersten Abiturientenjahrgänge eintrafen, waren diese neuen Universitäten, so gesichtslos sie architektonisch auch sein mochten, wenigstens fertig, so daß sie die erhöhte Nachfrage nach Studienplätzen befriedigen und der wachsenden Zahl von Jungakademikern, die eine Universitätslaufbahn einschlagen wollten, neue Betätigungsfelder anbieten konnten.

Doch statt diese neuen Universitäten für ein Massenpublikum zu öffnen, beschlossen Großbritanniens Bildungsplaner, sie dem älteren elitären System einzugliedern. So bewahrten die britischen Universitäten ihr Recht, Studenten zuzulassen oder abzulehnen: Nur wer bei den landesweiten Schulabschlußprüfungen (dem Abitur vergleichbar) eine bestimmte Mindestleistung erbrachte, durfte hoffen, einen Studienplatz zu erhalten. Jeder Universität stand es frei, ihre Plätze nach Belieben zu vergeben – und nur so viele Studenten aufzunehmen, wie sie bewältigen konnte. Die Studenten in Großbritannien blieben eine privilegierte Minderheit (1968 nicht mehr als 6 Prozent ihrer Altersgruppe), was die soziale Entwicklung auf lange Sicht zweifellos behinderte. Doch für die wenigen Glücklichen funktionierte das System vollkommen reibungslos – und ersparte ihnen fast alle Probleme, denen sich ihre Kommilitonen in den anderen europäischen Ländern gegenübersahen.

Denn in Kontinentaleuropa nahm das Hochschulwesen eine ganz andere Entwicklung. In den meisten westeuropäischen Staaten hatte dem Übergang von der Schule zur Hochschule nie ein Hindernis im Wege gestanden: Wer die Abschlußprüfung der Sekundarstufe bestand, erwarb damit automatisch die Berechtigung zum Besuch der Universität. Bis Ende der fünfziger Jahre hatte das keine Schwierigkeiten gemacht: Die Zahl der Abiturienten war klein, daher hatten die Universitäten keinen Grund zu der Befürchtung unter der Zahl der Studenten zusammenzubrechen. Auf jeden Fall war das Studium an den meisten kontinentaleuropäischen Universitäten traditionsgemäß etwas wirklichkeitsfern und unstrukturiert. Arrogante und unnahbare Professoren hielten abstrakte Vorlesungen in Sälen voller anonymer Studenten, die niemand drängte, ihre Examina innerhalb bestimmter Fristen abzulegen und für die das Studentenleben ebenso sozialer Übergangsritus wie eine Bildungsveranstaltung war.[1]

Statt neue Universitäten zu errichten, ordneten die meisten zentralen Planer in Europa einfach die Erweiterung vorhandener an. Zugleich verzichteten sie auf zusätzliche Hürden oder ein System der Vorauswahl. Im Gegenteil, in bester Absicht hoben sie solche Hindernisse auf: 1965 schaffte der italienische Bildungsminister alle Zulassungsprüfungen und fachspezifischen Quoten der Universitäten ab. Hochschulbildung, früher einmal ein Privileg, war nun zum Rechtsanspruch geworden. Die Ergebnisse waren katastrophal. 1968 war beispielsweise die Universität Bari, an der in der Vergangenheit rund 5 000 junge Leute studierten, verzweifelt bemüht, mit mehr als 30 000 Studenten zurechtzukommen. An der Universität Neapel waren im selben Jahr 50 000 Studenten und an der Universität Rom 60 000 Studenten eingeschrieben. Allein an diesen drei Universitäten gab es zusammengenommen mehr Studenten als achtzehn Jahre zuvor in ganz Italien; viele machten nie einen Abschluß.[2]

Ende der sechziger Jahre besuchte in Italien einer von sieben jungen Leuten eine Universität (zwanzig Jahre zuvor war das Verhältnis 1 zu 20 gewesen). In Belgien lag die Zahl bei 1 zu 6. In der Bundesrepublik, wo bereits 1950 die traditionellen Universitäten bei einer Zahl von 108 000 Studenten unter Überfülle zu leiden begannen, waren es Ende der sechziger Jahre annähernd 400 000. In Frankreich hatte man 1967 so viele Studenten wie 1956 Gymnasiasten. In ganz Europa gab es weit mehr Studenten als jemals zuvor – und die Qualität ihrer akademischen Ausbildung verschlechterte sich rasch. Alles war *überfüllt*, die Bibliotheken, die Studentenwohnheime, die Hörsäle, die Mensen, und in einem äußerst beklagenswerten Zustand (sogar, oder vielmehr, besonders wenn sie neu waren). In der Nachkriegszeit hatten sich die Staatsausgaben für das Bildungswesen, die überall steil angestiegen waren, auf den Bau von Schulen, deren Ausstattung und die Lehrer konzentriert. Das war sicherlich die richtige Entscheidung, auf jeden Fall eine, die aus wahltaktischen Gründen notwendig war. Aber sie verlangte ihren Preis.

An dieser Stelle sollten wir uns ins Gedächtnis rufen, daß auch 1968 in allen europäischen Ländern die meisten jungen Leute *keine* Studenten waren (eine Kleinigkeit, die in Berichten über diese Zeit gerne übersehen wird), besonders wenn ihre Eltern Kleinbauern, Arbeiter, Ungelernte oder Migranten waren, aus entlegenen Regionen des eigenen Landes oder aus dem Ausland. Natürlich erlebte diese nichtstudentische Mehrheit die sechziger Jahre ganz anders: besonders das Ende der Sechziger, als sich so vieles um Ereignisse an den Universitäten und in deren Umfeld zu drehen schien. Man darf ihre Meinungen, und besonders ihre politischen Einstellungen, nicht aus denen ihrer studentischen Altersgenossen ableiten. In anderer Hinsicht teilten diese jungen Leute jedoch, was bereits eine charakteristische – und gemeinsame – Kultur war.

Jede Generation sieht die Welt mit neuen Augen. Für die Generation der sechziger Jahre war die Welt neu und *jung*. In der Vergangenheit wuchsen die meisten jungen Leute in eine Welt voller älterer Menschen hinein, wo diese Älteren Einfluß hatten und Vorbilder waren. Für die Generation Mitte der sechziger Jahre stellte sich die Situation jedoch ganz anders dar. Das kulturelle Ökosystem entwickelte sich viel rascher als in der Vergangenheit. Der Graben, der eine umfangreiche, wohlhabende, verwöhnte, selbstbewußte und kulturell autonome Generation von der ungewöhnlich kleinen, unsicheren, von der Wirtschaftskrise gebeutelten und vom Krieg traumatisierten Generation ihrer Eltern trennte, war tiefer als der herkömmliche Abstand zwischen den Altersgruppen. Zumindest hatten viele junge Menschen den Eindruck, als verändere die Gesellschaft, in die sie hineingeboren worden waren, vor ihren Augen und auf ihre Veranlassung hin widerstrebend ihre Werte, ihren Stil, ihre Regeln. Popmusik, Kino und Fernsehen waren voller junger Leute und sprachen sie zunehmend als ihre Zielgruppe und ihren Markt an. 1965 gab es Radio- und Fernsehsendungen, Zeitschriften, Geschäfte, Produkte und ganze Branchen, die ausschließlich für die Jugend existierten und auf sie als Kundschaft angewiesen waren.

Zwar hatte die Jugendkultur eines jeden Landes ihre unverwechselbaren Ikonen und Institutionen, ihre ausschließlich landeseigenen Bezugspunkte (die Fêtes des Copains am 22. Juni 1963 auf der Pariser Place de la Nation war das Gründungsereignis der französischen Jungendkultur der Sechziger, und doch wurde es im Ausland kaum zur Kenntnis genommen), doch viele Strömungen der Popkultur dieser Zeit überwanden die nationalen Grenzen mit nie erlebter Mühelosigkeit. Die Massenkultur wurde definitionsgemäß international. Ein Trend (in Musik oder Kleidung) begann in der englischsprachigen Welt, häufig in England selbst, und breitete sich dann nach Süden und Osten aus: erleichtert durch eine zunehmend visuell (und damit grenzüberschreitend) ausgerichtete Kultur, die in ihrem Vordringen nur gelegentlich durch einheimische Alternativen oder, häufiger, durch politische Intervention gehindert wurde.[3]

Die neuen Moden wurden den zahlungskräftigeren Jungendlichen angedient: den Kindern der weißen Mittelschicht Europas, die sich Platten, Konzerte, Schuhe, Kleidung, Make-up und modische Frisuren leisten konnten. Doch die Präsentation dieser Produkte bedeutete einen unübersehbaren Bruch mit dem überkommenen Angebot. Die erfolgreichsten Musiker der Zeit – die Beatles und ihre Plagiatoren – übernahmen die Rhythmen der (zumeist schwarzen) amerikanischen Bluesgitarristen und verbanden sie mit Elementen, die direkt aus der Sprache und Erlebniswelt der britischen Arbeiterklasse stammten.[4] Diese originelle Kombination wurde die ureigenste, übernationale Kultur der europäischen Jugend.

Die Inhalte der Popmusik spielten eine große Rolle, aber noch wichtiger war ihre Form. In den sechziger Jahren legten die Menschen großen Wert auf *Stil.* Das sei, so könnte man meinen, kaum etwas Neues gewesen. Doch vielleicht war es die Besonderheit dieser Zeit, daß der Stil die Substanz so unmittelbar ersetzen konnte. Die Popmusik war aufsässig im *Ton* und der *Art* ihrer Darbietung – während die Texte häufig harmlos waren und ohnehin vom ausländischen Publikum nur halbwegs verstanden wurden. Wer in Österreich britische oder amerikanische Popmusik spielte oder hörte, der provozierte seine Eltern, die Hitlergeneration; das gleiche galt mutatis mutandis gleich jenseits der Grenze in Ungarn oder der Tschechoslowakei. Die Musik protestierte gewissermaßen stellvertretend.

Wenn es während der sechziger Jahre in den Hauptströmungen der Musikkultur vorwiegend um Sexualität zu gehen schien – zumindest bis sich die Inhalte kurzzeitig auf Drogen und Politik verlagerten –, so war auch das großenteils eine

Frage des Stils. Mehr als früher lebten junge Leute getrennt von ihren Eltern – und in jüngerem Alter. Empfängnisverhütende Mittel wurden sicherer, waren einfacher und legal erhältlich.[5] Die Enthüllung des Körpers und die Darstellung ungehemmter Sexualität in Film und Literatur wurden häufiger, zumindest in Nordeuropa. Aus all diesen Gründen gewann die ältere Generation die Überzeugung, daß alle sexuelle Zurückhaltung vollständig aufgegeben worden sei – und es bereitete ihren Kindern eine diebische Freude, sie in diesem Alptraum zu bestärken.

Tatsächlich war die »sexuelle Revolution« der sechziger Jahre für die große Mehrheit der Menschen, die jungen wie die alten, fast mit Sicherheit eine Fata Morgana. Soweit wir erkennen können, veränderten sich die sexuellen Interessen und Praktiken der meisten jungen Europäer nicht annähernd so rasch oder so radikal, wie die Zeitgenossen gerne beteuerten. Aus Erhebungen der Zeit geht hervor, daß sich sogar das Sexualleben der Studenten nicht sonderlich von dem früherer Generationen unterschied. Das emanzipierte Sexualverhalten der Sechziger wurde gerne dem der Fünfziger gegenübergestellt, das (etwas ungerecht) als eine Zeit moralischer Selbstgerechtigkeit und muffig verdrängter Gefühle dargestellt wurde. Doch verglichen mit den zwanziger Jahren, dem Fin de siècle oder der Pariser Demimonde der 1860er Jahre, waren die »Swinging Sixties« ziemlich zahm.

Durch die Fixierung auf den Stil legte die Generation der Sechziger ungewöhnlichen Wert darauf, anders *auszusehen*. Kleidung, Haare, Make-up und die Dinge, die man immer noch als »modische Accessoires« bezeichnete, wurden zu bedeutungsschweren Erkennungszeichen, die über die Identifikation mit einer Generation und einer politischen Gesinnung Auskunft gaben. London war der Ursprung solcher Trends: Der europäische Geschmack in Kleidung, Musik, Fotografie, Formgebung, Werbung und sogar Zeitschriften für den Massenmarkt richteten sich am neuen Mekka aus. Da die Briten eigentlich in dem Ruf ziemlich einfallslosen Designs und schlampiger Herstellung standen, war das eine verblüffende Entwicklung, eine jugendliche Umkehrung der herkömmlichen Ordnung der Dinge, zumindest dieser Dinge, und sie erwies sich als kurzlebig. Doch die trügerische Morgendämmerung des »Swinging London«, wie das *Time Magazine* im April 1966 griffig formulierte, war sehr kennzeichnend für die Zeit.

1967 gab es mehr als 2000 Läden in der britischen Hauptstadt, die sich selbst als »Boutiquen« bezeichneten. Die meisten von ihnen waren schamlose Imitationen der Modegeschäfte, die entlang der Carnaby Street entstanden waren, lange Zeit ein Treffpunkt männlicher Homosexueller und nun umfunktioniert zum Epizentrum des »Mod-fashion« für Homosexuelle und Heteros gleichermaßen. In Paris wurde die Modeboutique »New Man«, die erste französische Nachahmung der Moderevolution, am 13. April 1965 in der Rue de l'Ancienne Comédie eröffnet. Binnen eines Jahres folgte eine Schar von Nachahmern, alle mit trendy klingenden britischen Namen: »Dean«, »Twenty«, »Cardiff« und so fort.

Der Carnaby-Street-Stil – in ganz Westeuropa sklavisch imitiert (wenn auch in Italien gemäßigter als in anderen Ländern) – betonte bunte, eng anliegende Kleidungsstücke von androgynem Charakter, die ganz bewußt auf eine Zielgruppe unter dreißig Jahren zugeschnitten waren. Knappe rote Kordhosen und enge schwarze Hemden von »New Man« wurden drei Jahre lang die Standarduniform der Pariser Straßendemonstranten und im Ausland weithin kopiert. Wie fast alles in den Sechzigern wurden auch sie von Männern für Männer gefertigt; doch junge Frauen konnten sie ebenfalls tragen und taten es in wachsendem Maße. Selbst die großen Modehäuser in Paris konnten sich diesem Einfluß nicht entziehen: Ab 1965 produzierten die Modemacher der Stadt mehr Hosen als Röcke.

Auch ihre Hutproduktion schränkten sie ein. Es war symptomatisch für die Vorherrschaft des Jugendmarktes, daß die Haartracht die Kopfbedeckung als ultimative Form der Selbstdarstellung ersetzte, mit dem Erfolg, daß Hüte nur noch bei offiziellen Anlässen von »Älteren« getragen wurden.[6] Indes, die Hüte verschwanden keineswegs. In einer zweiten Phase des Modewandels wurden die fröhlichen Grundfarben des Mod Gear (ein Vermächtnis der zweiten Hälfte der fünfziger Jahre) von einer »ernsthafteren« Oberbekleidungsmode ersetzt, in der sich eine ähnliche Veränderung des Musikgeschmacks widerspiegelte. Die Kleidung junger Menschen wurde jetzt mehr als nur halbherzig in Anlehnung an ihre »proletarischen« und »radikalen« Inspirationsquellen geschnitten und vermarktet: Nicht nur Blue Jeans und »Arbeitshemden«, sondern auch Stiefel, dunkle Jacken und lederne »Leninmützen« (oder mit einem Filzüberzug, eine Spielart, die an die »Kossuth-Hüte« der Aufständischen im 19. Jahrhundert in Ungarn erinnerte). Diese bewußt politische Mode faßte nie recht Fuß in Großbritannien, doch Ende der Sechziger war sie die quasioffizielle Uniform der deutschen und italienischen Radikalen und ihrer studentischen Gefolgschaft.[7]

In Überschneidung mit beiden Moderichtungen entwickelte sich die folkloristische Kostümierung der Hippies. Im Gegensatz zu den Modetrends »Carnaby Street« und »Straßenkämpfer«, die europäische Eigengewächse waren, erwies sich der Hippie-Look, dieser verschwommen »utopische« Stil, der aus einer nichtwestlichen, »gegenkulturellen«, asexuellen Ethik des demonstrativen Konsumverzichts erwuchs, als amerikanischer Import. Sein kommerzieller Nutzen war unübersehbar, und viele der Geschäfte, die entstanden waren, um die Nachfrage nach der hautengen, knapp geschnittenen Mode der mittsechziger Jahre zu bedienen, waren schon bald eifrig bemüht, ihr Angebot entsprechend zu modifizieren. Sie versuchten sogar kurzzeitig, den »Mao-Look« zu vermarkten. Die formlose Jacke mit schmalem Stehkragen, gepaart mit der allgegenwärtigen »proletarischen« Ballonmütze, vereinigte Elemente aller drei Stile in sich, vor allem wenn sie um das »Accessoire« der *Roten Maobibel* mit den Worten des Großen Vorsitzenden ergänzt wurde. Doch trotz Godards Film *La Chinoise* (Die Chinesin; 1967), in der eine Gruppe französischer Studenten pflichtbewußt Mao studiert und versucht, seinem Beispiel zu folgen, blieb der »Mao-Look« ein Minderheitengeschmack – sogar unter »Maoisten«.

Nach 1967 präsentierten sich gegenkulturelle Überzeugungen und ihre Symbole aggressiver, da sie sich mit romantischen Berichten über die Guerillakämpfer in der »Dritten Welt« verbanden. Trotzdem faßten sie in Europa nie wirklich Fuß. Dabei sollten wir uns nicht täuschen lassen von Che Guevaras bemerkenswertem Fortleben als gequälter Posterchristus für unzufriedene westliche Jugendliche: Die europäischen Sechziger waren immer eurozentrisch. Selbst die »Hippie-Revolution« hat den Atlantik nie wirklich überquert. Allenfalls plätscherte sie ein bißchen an die Ufer von Großbritannien und Holland, wo sie den Flutsaum einer Drogenkultur hinterließ, die etwas ausgeprägter war als in vergleichbaren Ländern – und in Gestalt einer außerordentlich originellen Langspielplatte.

Die leichtsinnige Seite der sechziger Jahre – Mode, Popkultur, Sex – darf nicht als bloße Schaumschlägerei abgetan werden. Es war die Art und Weise, wie die neue Generation mit dem Zeitalter der Großväter brach – der Gerontokratie (Adenauer, de Gaulle, Macmillan – und Chruschtschow) –, die noch immer die Geschicke des Kontinents lenkten. Gewiß, die aufmerksamkeitsheischenden, eitlen Aspekte der sechziger Jahre – die narzißtische Selbstgefälligkeit, die immer mit dieser Zeit verknüpft bleiben wird – wirken, insgesamt betrachtet, unecht. Doch damals und in den Augen ihrer Protagonisten waren sie neu und frisch. Selbst der kalte, grelle Glanz der zeitgenössischen Kunstwerke oder die zynischen Filme, die Ende der sechziger Jahre entstanden, wirkten erfrischend und authentisch nach den biederen bürgerlichen Erzeugnissen der jüngeren Vergangenheit. Das solipsistische Konzept des Zeitalters – daß die Jugend die Welt verändern werde, indem sie »ihr eigenes Ding mache«, »alles raus lasse« und »Liebe, nicht Krieg mache« (*Make love, not war*) – war immer eine Illusion und hat sich schnell erledigt. Doch es war nicht die einzige Illusion der Zeit, und beileibe nicht die törichteste.

Die sechziger Jahre waren das große Zeitalter der Theorie. Machen wir uns klar, worum es geht: ganz gewiß nicht um die wirklich bahnbrechenden Erkenntnisse auf dem Gebiet der Biochemie, Astrophysik oder Genetik, denn die wurden von den Laien kaum zur Kenntnis genommen. Es geht auch nicht um eine europäische Renaissance des gesellschaftspolitischen Denkens: Mitte des 20. Jahrhunderts entstanden keine Sozialtheorien, wie sie Hegel, Comte, Marx, Mill, Weber oder Durkheim entwickelt hatten. »Theorie« bedeutete auch nicht Philosophie: Die bekanntesten westeuropäischen Philosophen der Zeit – Bertrand Russell, Karl Jaspers, Martin Heidegger, Benedetto Croce, Maurice Merleau-Ponty, Jean-Paul Sartre – waren entweder tot oder mit anderen Dingen beschäftigt, während die maßgeblichen Denker *Osteuropas* – Jan Patocka oder Leszek Kołakowski – außerhalb ihrer eigenen Länder noch weitgehend unbekannt waren. Was die brillante Schar von Wirtschaftswissenschaftlern, Philosophen und Gesellschaftstheoretikern angeht, die vor 1934 in großer Zahl in Mitteleuropa gewirkt hatten, so hatten sich die meisten Überlebenden von ihnen ins ständige Exil der Vereinigten Staaten, Großbritanniens oder Australiens begeben, wo sie die »angelsächsische« Elite ihrer geisteswissenschaftlichen Disziplinen bildeten.

Nach diesem neuen, modischen Wortgebrauch bedeutete »Theorie« etwas ganz anderes. Sie erschöpfte sich weitgehend im »Hinterfragen« (ein Lieblingswort der Zeit) der Methoden und Ziele akademischer Disziplinen: vor allem der Sozialwissenschaften – Geschichte, Soziologie, Anthropolgie –, aber auch der Geisteswissenschaften und in späteren Jahren sogar der empirischen Naturwissenschaften. In einer Zeit enorm expandierender Universitäten, in der Periodika, Zeitschriften und Dozenten ständig nach »verwertbaren Themen« suchten, entstand ein Markt für »Theorien« aller Art – der nicht von einem verbesserten intellektuellen Angebot, sondern von der unersättlichen Verbrauchernachfrage lebte.

An vorderster Front der Theorierevolution standen die akademischen Disziplinen der Geschichts- und die weniger konturierten Sozialwissenschaften. Die Erneuerung der historischen Studien in Europa hatte eine Generation zuvor begonnen: die Zeitschriften the *Economic History Review* und *Annales: Économies, Sociétés, Civilizations* wurden beide 1929 gegründet, wobei ihre revisionistischen Projekte implizit in ihren Titeln zum Ausdruck kamen. In den fünfziger Jahren kamen die Historikergruppe der Kommunistischen Partei Großbritanniens und die einflußreiche sozialhistorische Zeitschrift *Past & Present* hinzu, dann der Fachbereich Cultural Studies an der Birmingham University, der sich an dem Werk von Richard Hoggart und Raymond Williams orientierte. Ein wenig später entstand die gesellschaftsgeschichtliche Schule um Hans-Ulrich Wehler an der Universität Bielefeld in der Bundesrepublik Deutschland.

Die wissenschaftlichen Werke, welche die mit diesen Gruppen und Institutionen verbundenen Männer und Frauen hervorbrachten, bedeuteten nicht unbedingt einen Bruch mit der Tradition; obwohl in der Regel sehr anspruchsvoll, waren sie methodologisch häufig ziemlich konventionell. Aber ihnen lag ein bewußt *interpretativer* Ansatz zugrunde, der meist undogmatisch, aber eindeutig linkslastig war. Die Geschichte wurde vertieft durch Gesellschaftstheorie und durch die hervorgehobene Bedeutung der Klasse, besonders der unteren Klassen. Es ging nicht einfach darum, einen historischen Augenblick zu erzählen oder auch zu erklären, sondern darum, seine tiefere Bedeutung zu enthüllen. Geschichtsschreibung in diesem Sinne schien den Graben zwischen Vergangenheit und Gegenwart zu überbrücken, zwischen gelehrter Spekulation und zeitgenössischem Engagement. In diesem Licht wurden die neuen Werke von einer neuen Studentengeneration gelesen (und nicht selten mißverstanden).

Doch bei aller politischen Anwendbarkeit ist die Geschichtswissenschaft eine Disziplin, die für höhere theoretische Spekulationen denkbar ungeeignet ist: Je mehr Theorie eindringt, desto weiter weicht die Geschichte zurück. Obwohl ein oder zwei führende Historiker der sechziger Jahre im Alter zu Ikonen wurden, brachten sie es nicht zum Status von Kulturgurus – mochten sie sich in ihrer Wissenschaft auch noch so subversiv gebärdet haben. Da schnitten andere Disziplinen besser ab – oder schlechter, je nach Standpunkt. In Anlehnung an eine frühere spekulative Richtung der Linguistik schlugen die Kulturanthropologen – angeführt von Claude Lévi-Strauss – eine umfassende neue Erklärung für interkulturelle Abweichungen und Unterschiede vor. Nicht die oberflächliche gesellschaftliche Praxis, nicht die kulturellen Symptome zählten, sondern das innere Wesen, die Tiefenstrukturen menschlichen Handelns.

Der »Strukturalismus«, wie er bald genannt wurde, war außerordentlich verführerisch. In der Weise, wie er menschliches Leben betrachtete, zeigte er eine gewisse Familienähnlichkeit mit der *Annales*-Schule der Geschichtswissenschaften – deren bekanntester zeitgenössischer Vertreter Fernand Braudel war. Er verdankte seinen Ruf der Einführung der »Longue Durée«, bei der aus historischer Vogelperspektive fast bewegungslose geographische und soziale Strukturen über lange Zeiträume beschrieben werden, eine Methode, die sich gut mit dem akademischen Stil der Zeit vertrug. Noch bedeutsamer aber war der Umstand, daß der Strukturalismus für Intellektuelle und Nichtspezialisten unmittelbar zugänglich war. Wie Lévi-Strauss' Bewunderer in verwandten Disziplinen erklärten, war der Strukturalismus noch nicht einmal eine repräsentative Theorie: Die sozialen Codes oder »Zeichen«, die sie beschrieb, bezogen sich nicht auf bestimmte Menschen, Orte oder Ereignisse, sondern lediglich auf andere Zeichen in einem geschlossenen System. Sie ließ sich daher nicht empirisch überprüfen oder widerlegen – es gab keine Bedeutung, in der der Strukturalismus jemals als *falsch* bewiesen werden konnte. Die ikonoklastischen Ambitionen seiner Behauptungen in Verbindung mit dieser Widerspruchsresistenz garantierten ihm eine zahlreiche Anhängerschaft. Alles und jedes ließ sich als eine Kombination von »Strukturen« erklären. So schrieb Pierre Boulez, als er eine seiner Kompositionen *Structures* nannte: »Es ist das Schlüsselwort unserer Zeit.«

Während der sechziger Jahre hatte der angewandte Strukturalismus Hochkonjunktur, in der Anthropologie, Geschichte, Soziologie, in den politischen Wissenschaften und natürlich in der Literatur. Seine bekanntesten Repräsentanten – gewöhnlich diejenigen, welche die richtige Dosis wissenschaftlicher Kühnheit mit einem angeborenen Talent zur Selbstdarstellung verbanden – wurden internationale Berühmtheiten, die das große Glück gehabt hatten, genau in dem Augenblick ins Rampenlicht zu treten, als das Fernsehen sich zu einem Massenmedium entwickelte. In einer früheren Epoche wäre Michel Foucault vielleicht ein Salonlöwe geworden wie fünfzig Jahre zuvor Henri-Louis Bergson, ein Star des Pariser Vortragszirkus. Doch nachdem 1966 von *Les Mots et les Choses* (Die Ordnung der Dinge) bereits vier Monate nach Erscheinen 20 000 Exemplare verkauft waren, wurde sein Autor über Nacht beinahe eine Berühmtheit.

Foucault selbst war nicht bereit, das Etikett »Strukturalist« für sich gelten zu lassen, ganz so, wie Camus immer behauptet hatte, er sei kein »Existentialist«, obwohl er nicht recht wußte, was das Wort bedeutete.[8] Doch wie Foucault schließlich zugeben mußte, es spielte eigentlich keine Rolle, was er dachte. »Strukturalismus« war jetzt ein Kürzel für jede erkennbar subversive Darstellung der Vergangenheit oder Gegenwart, in der die herkömmlichen einfachen Erklärungen und Kategorien durcheinander gewürfelt und ihre Annahmen in Frage gestellt wurden. Wichtiger noch, »Strukturalisten« waren Menschen, welche die Rolle des Individuums und individueller Initiative in menschlichen Angelegenheiten herunterspielten oder leugneten.[9]

Doch trotz ihrer vielgestaltigen Anwendungsmöglichkeiten ließ die Idee, daß alles »strukturiert« sei, einen entscheidenden Aspekt ungeklärt. Fernand Braudel, Claude Lévi-Strauss oder auch Michel Foucault ging es darum, die tieferen Prozesse des Kultursystems zu erklären. Egal, ob das ein subversiver wissenschaftlicher Ansatz war oder nicht – bei Braudel war er das sicherlich nicht –, in jedem Falle ging er über Veränderung oder Wandel hinweg oder spielte ihn herunter. Insbesondere entscheidende politische Ereignisse fielen bei dieser Methode unter den Tisch: Man konnte erklären, warum sich die Dinge in einem bestimmten Stadium ändern *mußten*, aber es wurde nicht recht klar, *wie* sie es taten oder warum einzelne gesellschaftliche Akteure beschlossen, den Prozeß zu beschleunigen. Als Interpretation menschlicher Erfahrung krankte daher jede Theorie an ihren eigenen Prämissen, die sich auf eine Ordnung von Strukturen ohne menschliche Entscheidungsmöglichkeit stützte. Bei aller intellektuellen Subversivität war der Strukturalismus politisch passiv.

Dem jugendlichen Impuls der sechziger Jahre ging es nicht darum, die Welt zu verstehen. Man hielt es eher mit Karl Marx, der im Alter von 26 Jahren in seinen *Elf Thesen über Feuerbach* die in den Sechzigern vielzitierten Worte geschrieben hatte: »Die Philosophen haben die Welt nur verschieden interpretiert; es kömmt drauf an, sie zu verändern.« Als es darum ging, die Welt zu verändern, gab es noch immer nur eine große Theorie, die von sich behauptete, eine Interpretation der Welt mit einem allumfassenden Veränderungsprojekt zu verknüpfen; nur ein Meisterentwurf machte sich anheischig, allem einen Sinn zu geben und gleichzeitig noch Raum für menschliche Initiative zu lassen: das politische Projekt des Marxismus selbst.

Nur im Lichte dieser fortgesetzten Faszination durch Karl Marx und den Marxismus ergeben die geistigen Affinitäten und politischen Obsessionen der sechziger Jahre in Europa einen Sinn. Hören wir, was Jean-Paul Sartre 1960 in seiner *Kritik der dialektischen Vernunft* schrieb: »Ich halte den Marxismus für die unübertreffliche Philosophie unserer Zeit.« Sartres unerschütterlicher Glaube wurde nicht generell geteilt, doch es gab einen Konsens über das gesamte politische Spektrum hinweg, der besagte, daß jeder, der die Welt verstehen wollte, den Marxismus und sein politisches Vermächtnis sehr ernst nehmen mußte. Raymond Aron – Sartres Zeitgenosse, einstiger Freund und geistige Nemesis – war sein Leben lang ein Antikommunist. Doch auch er räumte freimütig (mit einer Mischung aus Bedauern und Faszination) ein, daß der Marxismus die beherrschende Idee des Zeitalters sei: die säkulare Religion seiner Epoche.

Zwischen 1956 und 1968 war der Marxismus gewissermaßen scheintot. Der stalinistische Kommunismus war dank der Enthüllungen und der Ereignisse des Jahres 1956 in Ungnade gefallen. Die kommunistischen Parteien im Westen waren entweder ohne politische Bedeutung (in Skandinavien, Großbritannien, der Bundesrepublik und den Niederlanden), in einem langsamen, aber unübersehbaren Niedergang begriffen (Frankreich) oder, wie in Italien, bemüht, sich von ihrem Moskauer Erbe zu distanzieren. Der offizielle Marxismus, wie er sich in der Geschichte und den Lehren der leninistischen Parteien verkörperte, war weitgehend in Mißkredit geraten – vor allem in den Gebieten, in denen er noch herrschte. Doch selbst die Bürger im Westen, die lieber kommunistisch wählten, ließen wenig Interessen an dem Thema erkennen.

Gleichzeitig gab es verbreitetes geistiges und akademisches Interesse an den Teilen des marxistischen Erbes, die sich von der sowjetischen Spielart unterscheiden und aus den Trümmern ihres moralischen Schiffbruchs noch bergen ließen. Seit dem Tod des Gründers hatte es stets marxistische und *marxisierende* Sekten und Splittergruppen gegeben – lange vor 1914 hatten sich bereits winzige politische Gruppierungen gebildet, die sich als die wahren Erben bezeichnet hatten. Eine Handvoll von ihnen, so die Socialist Party of Great Britain (SPGB), gab es noch immer: Sie rühmten sich ihrer politischen Jungfräulichkeit und der einzig richtigen Interpretation der marxistischen Urtexte.[10] Doch die meisten sozialistischen Bewegungen, Zirkel, Klubs und Gesellschaften, die es Ende des 19. Jahrhunderts gab, gingen zwischen 1900 und 1910 durch Verschmelzung in den großen sozialistischen und Arbeiterparteien auf. Moderne marxistische Auseinandersetzungen haben ihren Ursprung in dem leninistischen Schisma, das folgte.

Es waren die Fraktionskämpfe der frühen sowjetischen Jahre, aus denen sich die hartnäckigste aller marxistischen »Häresien« entwickelte, die von Trotzki und seinen Anhängern. Ein Vierteljahrhundert nach Trotzkis Ermordung in Mexiko durch einen stalinistischen Attentäter (und nicht zuletzt ihretwegen) waren trotzkistische Parteien in jedem europäischen Staat anzutreffen, der sie nicht ausdrücklich verbot. In der Regel waren sie klein und wurden nach dem Vorbild ihres Namengebers von einem charismatischen, autoritären Chef geführt, der Lehre und Taktik vorgab. Ihre typische Taktik war die Unterwanderung, der Marsch durch die Institutionen: Sie arbeiteten innerhalb größerer linker Organisationen (Parteien, Gewerkschaften, akademischer Gesellschaften), um sie zu übernehmen oder deren Politik und politische Allianzen so zu beeinflussen, wie es die trotzkistische Theorie vorgab. Für Außenstehende waren die trotzkistischen Parteien – und die blasse Vierte (Arbeiter-)Internationale, der sie sich zurechneten – kaum von den Kommunisten zu unterscheiden, bekundeten sie doch eine ähnliche Treue zu Lenin und grenzten sich von jenen nur durch den blutigen Machtkampf zwischen Trotzki und Stalin ab. Es *gab* allerdings einen entscheidenden Unterschied in ihrer Lehre – die Trotzkisten sprachen auch weiterhin von der »permanenten Revolution« und warfen den Kommunisten vor, die Sache der Arbeiterrevolution verraten zu haben, indem sie sie auf ein einziges Land beschränkten. Doch in jeder anderen Hinsicht bestand der einzige Unterschied darin, daß der Stalinismus ein politischer Erfolg, der Trotzkismus hingegen ein reiner Mißerfolg war.

Natürlich war es genau dieser Mißerfolg, den Trotzkis späte Gefolgschaft so ansprechend fand. Die Vergangenheit mochte auch diesen Neotrotzkisten finster erscheinen, doch ihre Analyse dessen, was schiefgelaufen war – die sowjetische Revolution war von der bürokratischen Reaktion gewaltsam vereinnahmt worden, wie 1794 der Thermidor-Umsturz der Jakobinerherrschaft ein Ende bereitet hatte –, überzeugte sie davon, daß ihnen in den kommenden Jahren der Erfolg sicher sei. Doch selbst Trotzki hatte sich mit der Macht eingelassen – immerhin hatte er in den ersten Jahren des Sowjetregimes eine entscheidende Rolle gespielt und auch eine gewisse Verantwortung für dessen Entartungserscheinungen gehabt. Für eine neue und politisch unschuldige Generation waren die *wirklich* attraktiven Mißerfolge die zugrundegegangenen Führer des europäischen Kommunismus, die Männer und Frauen, die nie eine Chance gehabt hatten, irgendwelche politische Verantwortung zu übernehmen.

So wurden in den sechziger Jahren einige Vorkämpfer wiederentdeckt: Rosa Luxemburg, die jüdisch-polnische Sozialistin, die 1919 in der zum Scheitern verurteilten Berliner Revolution von deutschen Freikorpssoldaten ermordet wurde, György (Georg) Lukacs, der kommunistische Denker aus Ungarn, dessen politische Schriften in den zwanziger Jahren kurzzeitig eine Alternative zur offiziellen kommunistischen Interpretation von Geschichte und Literatur boten, bevor er gezwungen wurde, ihnen öffentlich abzuschwören, und vor allem Antonio Gramsci, Mitbegründer der Kommunistischen Partei Italiens und Autor eines Zyklus brillanter unveröffentlichter Aufsätze über revolutionäre Politik und italienische Geschichte, überwiegend in faschistischen Gefängnissen verfaßt, in denen er ab 1926 einsaß, bis er dort im April 1937 im Alter von 46 Jahren starb.

Im Laufe der sechziger Jahre wurden die Schriften aller drei sorgfältig in vielen Sprachen aufgelegt, teils neu und teils zum erstenmal. Sie hatten wenig gemeinsam, und das wenige, was sie teilten, war negativ: Keiner hatte Macht ausgeübt (Lukacs ausgenommen, der während Béla Kuns kurzer kommunistischer Diktatur von März bis August 1919 Volkskommissar für Erziehung war); alle hatten sie irgendwann Widerspruch gegen leninistische Praktiken angemeldet (Rosa Luxemburg sogar noch bevor die Bolschewiki an die Macht kamen); und alle drei waren, wie so viele andere, im Schatten der offiziellen kommunistischen Theorie und Praxis lange Zeit kaltgestellt worden.

Die Exhumierung der Schriften von Rosa Luxemburg, Georg Lukacs, Antonio Gramsci und anderen vergessenen Marxisten[11] aus den ersten Jahrzehnten des 20. Jahrhunderts ging einher mit der Wiederentdeckung von Karl Marx. Tatsächlich war die Offenbarung eines neuen und angeblich ganz anderen Karl Marx von entscheidender Bedeutung für die Attraktion des Marxismus in diesen Jahren. Der »alte« Marx war der Marx von Lenin und Stalin: der viktorianische Sozialwissenschaftler, dessen neopositivistische Schriften den demokratischen Zentralismus und die proletarische Diktatur vorwegnahmen und autorisierten. Selbst wenn Marx nicht direkt dafür verantwortlich gemacht werden konnte, welchen Gebrauch man von den Schriften seiner Reifezeit machte, war sein Name unwiderruflich damit verknüpft. Ob im Dienst des Kommunismus oder der Sozialdemokratie, sie wurden der alten Linken zugerechnet.

Die *Neue* Linke, wie sie sich ab 1965 selbst nannte, suchte nach unverbrauchten Texten und fand sie in den Schriften des jungen Karl Marx, in den metaphysischen Aufsätzen und Notizen, die Anfang der 1840er Jahre entstanden, als

Marx knapp über zwanzig war, ein junger deutscher Philosoph, durchdrungen von Hegels Historismus und dem romantischen Traum von absoluter Freiheit. Marx hatte selbst beschlossen, einige dieser Schriften nicht zu veröffentlichen; nach den gescheiterten Revolutionen von 1848 hatte er sich entschieden von ihnen abgewandt und sich in das Studium der Volkswirtschaft und zeitgenössischen Politik vertieft, Gebiete, mit denen sich sein Name fortan verband.

Daher waren viele Schriften des frühen Marx kaum bekannt, selbst unter Fachwissenschaftlern nicht. Als sie 1932 zum erstenmal unter der Ägide des Moskauer Marx-Engels-Instituts veröffentlicht wurden, fanden sie wenig Aufmerksamkeit. Das Interesse an ihnen – insbesondere *Die ökonomischen und philosophischen Manuskripte* und *Der Deutschen Ideologie* – erwachte erst dreißig Jahre später. Plötzlich war es möglich, Marxist zu sein und gleichzeitig den schwerfälligen, in Verruf geratenen Ballast der westeuropäischen Linken über Bord zu werfen. Der junge Marx war allem Anschein nach mit verblüffend modernen Problemen befaßt: wie sich ein »entfremdetes« Bewußtsein verwandeln ließ und wie die Menschen aus der Unkenntnis über ihre wahren Bedingungen und Fähigkeiten erlöst werden könnten; wie sich die Rangfolge der Prioritäten in der kapitalistischen Gesellschaft umkehren und der Mensch in den Mittelpunkt seiner Existenz gestellt werden könnte; kurzum, wie die Welt zu verändern sei.

Einer älteren Generation von Marx-Spezialisten und den etablierten marxistischen Parteien erschien dieses widersinnige Beharren auf eben den Schriften, gegen deren Veröffentlichung Marx selbst sich entschieden hatte, zutiefst unseriös. Doch es lag auch eine implizite Subversivität darin: Wenn jeder sich an die Texte selbst halten und Marx nach Belieben interpretieren konnte, dann mußte die Autorität der kommunistischen (und in diesem Fall auch trotzkistischen) Führung ins Wanken geraten, und mit ihr die Rechtfertigung der offiziellen revolutionären Politik, wie sie damals verstanden wurde. Wie nicht anders zu erwarten, wehrte sich das marxistische Establishment. Louis Althusser – der maßgebliche Theoretiker der Kommunistischen Partei Frankreichs, international anerkannter Marxismus-Experte und Professor an Frankreichs Ecole Normale Supérieure – gründete seinen wissenschaftlichen Ruf und seinen flüchtigen Ruhm auf die Behauptung, eine Brandmauer zwischen einem »jungen« Hegelianer Marx und dem »reifen« Materialisten Marx errichtet zu haben. Nur die Schriften des letzteren, so Althusser, seien wissenschaftlich und damit wirklich marxistisch.[12] Was die Kommunisten und anderen konservativen Marxisten völlig zu Recht voraussahen, war die Mühelosigkeit, mit der sich dieser neue, humanistische Marx den zeitgenössischen Geschmacks- und Modeströmungen anpassen lassen würde. Die Klagen, die der junge Romantiker Marx Anfang des 19. Jahrhunderts gegen die kapitalistische Modernität und die inhumane Wirkung der Industriegesellschaft vorgebracht hatte, vertrugen sich ausgezeichnet mit den zeitgenössischen Protesten gegen die »repressive Toleranz« des postindustriellen Westeuropas. Die Geschmeidigkeit des wohlhabenden, liberalen Westens, seine Fähigkeit, alle Leidenschaften und Unterschiede wie ein Schwamm in sich aufzusaugen, empörte seine Kritiker. Die Repression, so behaupteten sie, sei in der bürgerlichen Gesellschaft unausweichlich. Sie könne sich nicht einfach in Luft auflösen. Folglich müsse sich die Repression, die auf den Straßen verschwunden sei, zwangsläufig andere Wege gesucht haben: Sie habe sich in den Seelen der Menschen – und vor allem in ihren Körpern – eingenistet.

Herbert Marcuse, ein Intellektueller aus der Weimarer Republik, den es nach Südkalifornien verschlagen hatte, hatte seine alte Erkenntnistheorie geschickt an seine neue Umwelt angepaßt und bot nun eine hilfreiche Synthese all dieser Gedankenstränge. Die westliche Konsumgesellschaft, so erläuterte er, beruhe nicht mehr auf der direkten Ausbeutung einer Klasse besitzloser Proletarier. Vielmehr lenke sie die menschliche Energie von der Suche nach Erfüllung (vor allem sexueller Erfüllung) hin zum Konsum von Gütern und Illusionen. Reale Bedürfnisse – sexueller, sozialer und staatsbürgerlicher Natur – würden durch falsche ersetzt, deren Erfüllung das Ziel einer konsumorientierten Kultur sei. Das hieß, den jungen Marx weiter zu treiben, als er selbst wohl hätte gehen wollen, aber es sprach ein großes Publikum an: nicht nur die wenigen, die Marcuses Schriften lasen, sondern auch die weit größere Zahl derer, die sich die Sprache und die allgemeine Stoßrichtung der Argumentation zueigen machten, als sie universelle kulturelle Geltung gewann.

Der Nachruck, mit dem hier die radikale Zielsetzung *sexueller* Erfüllung vertreten wurde, empfand die ältere Generation der Linken als ziemlich anstößig. Freie Liebe in einer freien Gesellschaft war nicht gerade eine neue Idee – die hatten schon einige sozialistische Sekten zu Anfang des 19. Jahrhunderts vertreten, und auch die ersten Jahre der Sowjetunion hatten eine deutliche moralische Lokkerung gebracht, doch im wesentlichen war die Tradition des europäischen Radikalismus von Moral und privater Rechtschaffenheit geprägt. Die Alte Linke hatte nie zu *kulturellem* Abweichler- oder sexuellem Abenteurertum geneigt, selbst nicht, als sie jung gewesen war: Das hatten sie den Bohemiens, Ästheten und Künstlern überlassen, die häufig eine individualistische oder sogar politisch reaktionäre Haltung an den Tag gelegt hatten.

Mochte diese Verschmelzung von Sexualität und Politik auch befremdlich sein, eine reale Bedrohung war sie nicht. Wie viele kommunistische Intellektuelle in aller Ausführlichkeit darlegten, war die neue Präferenz für private Wünsche anstelle des kollektiven Kampfes *objektiv* reaktionär.[13] Die wirklich subversive Bedeutung der Marx-Adaption durch die Neue Linke lag woanders. Kommunisten und andere konnten das Gerede von der sexuellen Befreiung getrost ignorieren. Auch die antiautoritäre Ästhetik einer jüngeren Generation, mit ihrer Forderung nach Selbstbestimmung im Schlafzimmer, Hörsaal und Betrieb, beunruhigte sie wenig; all *das* taten sie, vielleicht leichtfertig, als eine vorübergehende Störung in der natürlichen Ordnung der Dinge ab. Erheblich bedenklicher war die wachsende Neigung junger Radikaler, die marxistische Theorie mit der revolutionären Praxis in exotischen Ländern gleichzusetzen, auf die sich offenbar keine der bewährten Kategorien und Autoritäten anwenden ließ.

Der Hauptanspruch der historischen Linken in Europa lautete, sie repräsentiere oder, im Falle des Kommunismus, *verkörpere* das Proletariat: die Klasse der Fabrikarbeiter. Diese bedingungslose Gleichsetzung des Sozialismus mit der städtischen Arbeiterschaft war mehr als eine Wahlverwandtschaft. Sie war das Erkennungsmerkmal der ideologischen Linken, das sie gegen die wohlmeinenden liberalen oder katholischen Sozialreformer abgrenzte. Die Stimmen der Arbeiterklasse, besonders der *männlichen* Arbeiterklasse, bildeten die Basis für die Macht und den Einfluß der britischen Labour Party, der holländischen und belgischen Arbeiterparteien, der kommunistischen Parteien Frankreichs und Italiens und der sozialdemokratischen Parteien im deutschsprachigen Mitteleuropa.

Von Skandinavien abgesehen, war die Mehrheit der arbeitenden Bevölkerung nie sozialistisch oder kommunistisch – ihre Parteipräferenzen verteilten sich über das gesamte politische Spektrum. Trotzdem waren die traditionellen Linksparteien in hohem Maße von den Stimmen der Arbeiterklasse abhängig und identifizierten sich daher stark mit ihr. Doch Mitte der sechziger Jahre verschwand diese Klasse. In den entwickelten Ländern Westeuropas gingen die Arbeitsplätze der Bergarbeiter, Stahlkocher, Schiffsbauer, Metallarbeiter, Beschäftigten in der Textilindustrie, Gleisbauer und Handarbeiter aller Art in großer Zahl verloren. Im heraufziehenden Zeitalter der Dienstleistungsindustrie wurde ihr Platz von einer Arbeiterschaft ganz anderer Art eingenommen.

Das hätte die traditionelle Linke einigermaßen beunruhigen sollen: Der Mitgliederstamm von Gewerkschaft und Partei sowie deren Geldmittel hingen in hohem Maße von dieser Massenbasis ab. Doch ungeachtet der Tatsache, daß das allmähliche Verschwinden des klassischen europäischen Proletariats in zeitgenössischen Sozialerhebungen hinreichend dokumentiert wurde, beharrte die ältere Linke auf ihre »Basis« in der Arbeiterschaft. Die Kommunisten erwiesen sich als besonders starrsinnig. Es gab nur eine revolutionäre Klasse: das Proletariat, nur eine Partei, die den Interessen dieser Klasse dienen konnte: die Kommunisten, und nur ein richtiges Ergebnis für den Kampf der Arbeiter unter kommunistischer Führung: die Revolution, wie fünfzig Jahre zuvor in Rußland ein für allemal unter Beweis gestellt worden war.

Doch für jeden, der diese Version der europäischen Geschichte nicht unterschrieb, war klar ersichtlich, daß das Proletariat nicht mehr das einzige verfügbare Werkzeug für radikale gesellschaftliche Veränderungen war. In den Regionen, die jetzt immer häufiger als »Dritte« Welt bezeichnet wurden, gab es Alternativen: die antikolonialen Nationalisten in Nordafrika und im Nahen Osten; schwarze Radikale in den Vereinigten Staaten (wohl kaum Dritte Welt, aber doch eng mit ihr verbunden); und kleinbäuerliche Guerilleros überall, von Zentralamerika bis zum Südchinesischen Meer. Zusammen mit den »Studenten«, oder einfach der Jugend, bildeten diese Gruppierungen eine viel leichter zu mobilisierende Zielgruppe für revolutionäre Hoffnungen als die gesetzte und saturierte Arbeiterschaft des prosperierenden Westens. Nach den Ereignissen von 1956 wandten sich die jungen westeuropäischen Radikalen vom Kommunismus in Europas Osten ab, ernüchtert von dessen deprimierender Bilanz, und ließen ihren Blick, auf der Suche nach neuer Inspiration, in weitere Ferne schweifen.

Teilweise wurde dieser neue Geschmack am Exotischen durch die zeitgenössische Entkolonisation und die Bestrebungen der nationalen Befreiungsbewegungen gespeist, teilweise aber auch durch die Projektion der verlorenen europäischen Illusionen auf andere. Ein besonderes Merkmal des Ganzen war eine bemerkenswerte Unkenntnis der örtlichen Verhältnisse, obwohl schon bald die akademische Heimindustrie der *Peasant Studies* (Agrarethnologie) entstand. Die Revolutionen auf Kuba und vor allem in China wurden alle jene Vorzüge und Errungenschaften zugeschrieben, die in Europa so schmerzlich vermißt wurden. Die italienische Marxistin Maria-Antonietta Macciocchi verbreitete sich lyrisch über den Gegensatz zwischen den elenden Bedingungen im zeitgenössischen Europa und dem postrevolutionären Utopia in Maos China, das sich damals auf dem Höhepunkt der Kulturrevolution befand: »In China gibt es keine Anzeichen für Entfremdung, nervöse Störungen oder Fragmentierung des Individuums, wie sie in der Konsumgesellschaft gang und gäbe sind. Die Welt der Chinesen ist kompakt, einheitlich und vollkommen ganz.«

Die kleinbäuerlichen Revolutionen in der nichteuropäischen Welt wiesen noch eine weitere Eigenschaft auf, die anziehend auf die Intellektuellen und Studenten jener Zeit wirkte: Sie waren gewalttätig. Zwar herrschte nur wenige Stunden nach Osten, in der Sowjetunion und ihren Satellitenstaaten, kein Mangel an Gewalt, aber das war die Gewalt des Staates, des offiziellen Kommunismus. Die Gewalt der Aufstände in der Dritten Welt war eine befreiende Gewalt. Berühmt sind die Worte Jean-Paul Sartres, mit denen er 1961 im Vorwort zu Frantz Fanons Buch *Les Damnés de la Terre* (Die Verdammten dieser Erde) die Gewalt antikolonialer Revolutionen erläuterte: In ihnen erschaffe sich der »Mensch neu … einen Europäer zu erschießen, heißt, zwei Fliegen mit einer Klappe zu schlagen, gleichzeitig den Unterdrücker und den Menschen, den er unterdrückt, zu vernichten: Übrig bleiben ein toter und ein freier Mensch; der Überlebende spürt zum erstenmal *nationalen* Boden unter seinen Füßen.«

Diese die eigene Herkunft verleugnende Bewunderung fremder Vorbilder war nicht neu in Europa – Alexis de Tocqueville hatte sich schon lange zuvor über ihre Anziehungskraft für die vorrevolutionären Intellektuellen im Frankreich des 18. Jahrhunderts ausgelassen, und sie hatte einst auch nicht unwesentlich zur Attraktion der sowjetischen Revolution selbst beigetragen. Doch in den sechziger Jahren waren es die Beispiele aus dem fernen Osten oder tiefen Süden, die den Europäern jetzt zur Nachahmung ans Herz gelegt wurden. Radikale Studenten in Mailand und Berlin wurden gedrängt, erfolgreiche orientalische Kriegsstrategien nachzuahmen: In einer aufschlußreichen Mischung aus maoistischer Rhetorik und trotzkistischer Taktik forderte der deutsche Studentenführer Rudi Dutschke seine Anhänger 1968 zum »langen Marsch durch die Institutionen« auf.

Für die konservative Linke bewies diese leichtfertige Beschwörung fremder Vorbilder, wie unbedenklich und undiszipliniert die altehrwürdige revolutionäre Syntax des Alten Europas zu einer ideologischen Sprachverwirrung verdorben wurde. Als italienische Studenten die These aufstellten, in der neuen Dienstleistungsgesellschaft seien die Universitäten die Epizentren der Wissensproduktion und die Studenten daher die neue Arbeiterklasse, unterzogen sie damit die Begriffe der marxistischen Theorie einer äußersten Belastungsprobe. Doch zumindest bewegten sie sich im Rahmen der traditionellen Dialektik und damit der anerkannten Regeln. Als einige Jahre später im *Re Nudo*, einer Mailänder Studentenzeitung, verkündet wurde: »Proletarische Jugend Europas, Jimi Hendrix vereinigt uns!«, war die Dialektik zur Parodie verkommen. Den Jungen und Mädchen der sechziger Jahre fehlte es, wie ihre Kritiker von Anfang an behauptet hatten, am nötigen Ernst.

Und doch – die Sechziger waren auch ein äußerst bedeutsames Jahrzehnt. Die Dritte Welt von Bolivien bis Südostasien war in Aufruhr. Die »Zweite« Welt des Sowjetkommunismus war nur scheinbar stabil – und selbst das nicht mehr lange, wie wir sehen werden. Die Führungsmacht des Westens ließ sich, von Attentaten und Rassenunruhen erschüttert, auf einen veritablen Krieg in Vietnam ein. Die amerikanischen Verteidigungsausgaben stiegen Mitte der sechziger Jahre unaufhaltsam und erreichten 1968 ihr Maximum. In Europa war der Vietnamkrieg kein kontroverses Thema – er wurde in allen politischen Lagern einhellig verurteilt –, aber er diente als Katalysator für die politische Mobilisierung in ganz Westeuropa: sogar in Großbritannien, wo die größten Demonstrationen des

Jahrzehnts organisiert wurden, um gegen die US-Politik zu protestieren. 1968 brachte die Vietnam Solidarity Campaign viele Zehntausende von Studenten auf die Beine, die durch die Straßen Londons vor die amerikanische Botschaft am Grosvenor Square marschierten und zornig das Ende des Vietnamkrieges (und seiner halbherzigen Unterstützung durch die britische Labour-Regierung) forderten.

Es ist kennzeichnend für die besonderen Umstände der sechziger Jahre und den sozialen Hintergrund der bekanntesten öffentlichen Aktivisten, daß so vielen Konflikten und Forderungen der Zeit ein politisches und kein ökonomisches Programm zugrunde lag. Wie 1848 waren die sechziger Jahre eine Revolution der Intellektuellen. Doch die Proteste hatten für die unzufriedenen der Stunde durchaus eine wirtschaftliche Dimension, auch wenn sich die meisten Protagonisten ihrer noch nicht bewußt waren. Obwohl der Wohlstand der Nachkriegsjahrzehnte in Westeuropa ungebrochen anhielt und die Arbeitslosigkeit einen historischen Tiefpunkt erreichte hatte, kündeten Anfang der sechziger Jahre eine Reihe von Arbeitskämpfen von bevorstehenden Problemen.

Hinter diesen Streiks und denen, die in den Jahren 1968 und 1969 noch kommen sollten, stand die Unzufriedenheit mit sinkenden Reallöhnen, denn das Wirtschaftswachstum der Nachkriegszeit hatte seinen Höhepunkt überschritten. Doch der wirkliche Grund der Klagen waren die Arbeitsbedingungen, insbesondere die Beziehungen zwischen Arbeitgebern und Arbeitnehmern. Von den Sonderfällen Österreich, Deutschland und Skandinavien abgesehen, waren diese Beziehungen in Europas Fabriken und Büros alles andere als gut: In einer typischen Produktionsstätte in Mailand – oder in Birmingham oder im Industriegürtel von Paris – wurden aufgebrachte, militante Arbeiter von starrsinnigen, autokratischen Arbeitgebern beaufsichtigt, wobei es kaum Kommunikation zwischen ihnen gab. »Arbeitgeber-Arbeitnehmer-Beziehungen« war in Teilen Westeuropas ein Widerspruch in sich.

Vieles davon galt auch für den Dienstleistungssektor und den Bereich der hochqualifizierten Arbeitskräfte: Frankreichs öffentlich-rechtlicher Rundfunk- und Fernsehsender ORTF und das Commissariat à l'Energie Atomique, um nur zwei bekannte Beispiele zu nennen, hatten mit einem widerspenstigen Mitarbeiterstab zu kämpfen, von den Journalisten bis hin zu den Technikern. Die traditionellen Regeln – Autorität, Disziplin und Verhalten (einschließlich der Kleiderordnung) – hatten mit dem raschen sozialen und kulturellen Wandel des vergangenen Jahrzehnts nicht Schritt gehalten. Fabriken und Büros wurden ohne Input von unten von der Spitze aus geleitet. Direktoren konnten ihre Mitarbeiter nach Belieben maßregeln, demütigen oder entlassen. Arbeitnehmer genossen häufig wenig Achtung, ihre Meinung war nicht gefragt. Immer lauter wurden die

Rufe nach mehr Arbeiterinitiative, mehr beruflicher Selbständigkeit, sogar »Arbeiterselbstverwaltung« (»autogestion« auf französisch).

Das waren Fragen, die in den europäischen Arbeitskämpfen seit den Betriebsbesetzungen der Volksfront im Jahr 1936 keine große Rolle mehr gespielt hatten. Sie waren der Aufmerksamkeit der Gewerkschaften und politischen Parteien weitgehend entgangen, da diese auf die traditionelleren und leichter zu handhabenden Forderungen fixiert waren: höhere Löhne und kürzere Arbeitszeiten. Weitaus leichter verbanden sie sich mit der Rhetorik der radikalen Studenten (obwohl die militanten Arbeiter mit ihnen wenig gemein hatten), die sich ganz ähnlich über ihre überfüllten und schlecht verwalteten Universitäten beklagten.

Das Empfinden, von den Entscheidungsprozessen und damit der Macht ausgeschlossen zu sein, spiegelt eine weitere Dimension der sechziger Jahre, deren Bedeutung damals nicht recht erkannt wurde. Da in Frankreich nach allgemeinem Wahlrecht die Abgeordneten und der Präsident in zwei Wahlgängen bestimmt werden, hatte sich dort Mitte der sechziger Jahre ein stabiles System von Listenverbindungen und Parteienkoalitionen gebildet, die sich um zwei politische Familien gruppierten: Kommunisten und Sozialisten auf der Linken, Zentristen und Gaullisten auf der Rechten. Durch stillschweigendes Übereinkommen des gesamten Spektrums wurden kleinere Parteien und Randgruppen entweder gezwungen, sich mit einer der vier großen Gruppierungen zu verbinden, oder aus dem Zentrum des politischen Geschehens verdrängt.

Aus anderen Gründen geschah das gleiche in Italien und Deutschland. Seit 1963 wurde die Politik in Italien von einer Mitte-rechts-Koalition dominiert, von der nur die Kommunisten und die ehemaligen faschistischen Parteien ausgeschlossen waren. Die Bundesrepublik Deutschland wurde seit 1966 von einer »Großen Koalition« aus Christ- und Sozialdemokraten regiert, die zusammen mit den Freien Demokraten die einzigen im Bundestag vertretenen Parteien waren. Diese Konstellationen sorgten für politische Stabilität und Kontinuität, führten aber auch in den drei wichtigsten Demokratien Westeuropas dazu, daß die radikale Opposition nicht nur an den Rand der Parlamente, sondern ganz aus ihnen hinausgedrängt wurde. »Das System« schien in der Tat ausschließlich von »ihnen« beherrscht zu werden, wie die Neue Linke seit einiger Zeit unermüdlich wiederholte. Aus der Not eine Tugend machend, erklärten sich die radikalen Studenten zur »außerparlamentarischen« Opposition und trugen die Politik statt dessen auf die Straße.

Das bekannteste Beispiel dafür, Frühjahr 1968 in Frankreich, war auch das kurzlebigste. Seinen Ruhm verdankte es mehr der Schockwirkung, die es erzeugte, und dem besonderen Symbolwert, der einem Aufstand auf den Straßen von Paris innewohnt, als einer dauerhaften Wirkung. Die »Mai-Ereignisse« begannen im Herbst 1967 in Nanterre, einer trostlosen Vorstadt im Westen von Paris und dem Sitz einer hastig errichteten Dependance der alten Pariser Universität. Die Studentenwohnheime in Nanterre beherbergten seit einiger Zeit eine fluktuierende Bewohnerschaft von eingeschriebenen Studenten, »verkappten« Radikalen und einer kleinen Anzahl von Drogendealern und -konsumenten. Die Mieten wurden nicht gezahlt. Ferner gab es ein lebhaftes nächtliches Hin und Her zwischen den Wohnheimen für Studenten und Studentinnen, obwohl dergleichen von der Hausordnung streng verboten wurde.[14]

Die Universitätsverwaltung in Nanterre hatte sich lange gescheut, durch die strenge Anwendung der Vorschriften Ärger zu provozieren, doch im Januar 1968 wies sie einen »Hausbesetzer« hinaus und drohte einem regulär eingeschriebenen Studenten namens Daniel Cohn-Bendit disziplinarische Maßnahmen an, weil er einen Minister beleidigt hatte, der den Komplex besichtigte.[15] Weitere Demonstrationen folgten, und am 22. Mai bildete sich nach der Verhaftung von radikalen Studenten, die das American-Express-Gebäude mitten in Paris angegriffen hatten, eine Bewegung, zu deren Führung auch Cohn-Bendit gehörte. Zwei Wochen später wurde nach weiteren Zusammenstößen mit der Polizei der Campus von Nanterre geschlossen, woraufhin sich die Bewegung und die Aktionen auf die altehrwürdigen Universitätsgebäude in und um die Sorbonne im Zentrum von Paris verlagerten.

Halten wir fest, daß es lokale und ganz eigennützige Gründe waren, welche die Ereignisse vom Mai '68 auslösten, damit wir uns nicht von den ideologisch befrachteten und ehrgeizigen Programmen der folgenden Wochen in die Irre führen lassen. Die Besetzung der Sorbonne durch die Studenten, die anschließenden Straßenbarrikaden und die Zusammenstöße mit der Polizei, vor allem in der Nacht von 10. auf den 11. und vom 24. auf den 25. Mai, wurden von Vertretern der (trotzkistischen) Jeunesse Communiste Révolutionnaire sowie Funktionären etablierter Studenten- und Dozentenverbände angeführt. Doch die damit verbundene marxistische Rhetorik verschleierte, so vertraut sie war, einen im wesentlichen anarchistischen Impuls, dessen unmittelbares Ziel die Beseitigung und Demütigung der staatlichen Autorität war.

Insofern handelte es sich tatsächlich, wie die Führung der Kommunistischen Partei Frankreichs verächtlich erklärte, um eine Party und keine Revolution. Sie besaß alle Symbole einer traditionellen französischen Revolte – bewaffnete Demonstranten, Straßenbarrikaden, die Besetzung strategisch wichtiger Gebäude und Kreuzungen, politische Forderungen und Gegenforderungen – aber nichts von ihrer Substanz. Die jungen Männer und Frauen in der Masse der Studenten kamen überwiegend aus der Mittelschicht, viele sogar aus der Pariser Bourgeoisie: »fils à papa« (verwöhnte Kinder reicher Leute), wie sie der französische

Kommunistenchef Georges Marchais verächtlich nannte. Ihre eigenen Eltern, Tanten und Großmütter schauten aus den Fenstern der luxuriösen Pariser Wohnhäuser auf sie hinab, wie sie sich auf den Straßen aufstellten, um die bewaffnete Macht des französischen Staates herauszufordern.

Der gaullistische Ministerpräsident Georges Pompidou erkannte rasch das tatsächliche Ausmaß der Unruhen. Nach anfänglichen Konfrontationen zog er trotz der Kritik aus der eigenen Partei und Regierung die Polizeikräfte zurück und überließ den Studenten von Paris praktisch die Kontrolle über ihre Universität und das Stadtviertel. Pompidou – und sein Präsident de Gaulle – waren peinlich berührt von den publikumswirksamen Aktionen der Studenten. Doch abgesehen von einer sehr kurzen Periode zu Anfang der Unruhen, als sie überrascht worden waren, fühlten sie sich nicht von ihnen bedroht. Als die Zeit reif war, konnten sie sich darauf verlassen, daß die Polizei – vor allem die Bereitschaftspolizei, zumeist Landarbeitersöhne aus der Provinz, die keine Probleme damit hatten, die privilegierte Pariser Jugend mit blutigen Köpfen heimzuschicken – die Ordnung wieder herstellte. Beunruhigt war Pompidou über einen sehr viel ernsteren Vorgang.

Die Studentenunruhen und -besetzungen hatten eine Reihe landesweiter Streiks und Betriebsbesetzungen ausgelöst, die Frankreich Ende Mai fast lahm legten. Einige der ersten Proteste – beispielsweise von Reportern des französischen Fernsehens und Rundfunks – richteten sich gegen die politischen Vorgesetzten, weil sie die Berichterstattung über die Studentenbewegung und vor allem über die übertriebene Brutalität einiger Bereitschaftspolizisten zensiert hatten. Doch als sich der Generalstreik ausbreitete und die Flugzeugfabriken in Toulouse, die elektrische und petrochemische Industrie und, besonders bedrohlich, die riesigen Renault-Fertigungsstätten am Stadtrand von Paris erfaßte, wurde klar, daß es um mehr ging als ein paar tausend aufgeregte Studenten.

Die Streiks, Sit-ins, Bürobesetzungen und die begleitenden Demonstrationen und Aufmärsche waren die größte soziale Protestbewegung im modernen Frankreich, weit umfassender als die vom Juni 1936. Sogar rückblickend läßt sich kaum mit Sicherheit sagen, worum es eigentlich ging. Die kommunistisch geführte Gewerkschaftsorganisation Confédération Générale du Travail (CGT) blieb zunächst außen vor: Als Gewerkschaftsfunktionäre versuchten, die Leitung des Renault-Streiks zu übernehmen, wurden sie ausgebuht, und eine Einigung zwischen Regierung, Gewerkschaften und Arbeitgebern wurde von den Renaultarbeitern ohne Wenn und Aber zurückgewiesen, obwohl sie höhere Löhne, kürzere Arbeitszeiten und mehr Mitspracherecht vorsah.

Die Millionen Männer und Frauen, die in den Ausstand getreten waren, hatten zumindest eines mit den Studenten gemeinsam. Unabhängig von ihren Beschwerden im einzelnen, waren sie vor allem mit ihren Lebensbedingungen unzufrieden. Es ging ihnen weniger um einen besseren Tarifvertrag als um eine Veränderung ihrer Lebensweise; Flugblätter, Manifeste und Reden brachten das explizit zum Ausdruck. Das kam den Behörden sicherlich gelegen, mäßigte es doch die aufgebrachte Stimmung der Streikenden und lenkte ihre Aufmerksamkeit von den politischen Zielsetzungen ab; andererseits ließ es auf ein allgemeines Unbehagen schließen, gegen das sich nur schwer etwas ausrichten ließ.

In Frankreich herrschte Wohlstand und Sicherheit, daher gelangten einige konservative Kommentatoren zu dem Schluß, die Protestwelle werde nicht von Unzufriedenheit, sondern einfach von Langeweile gespeist. Doch es *gab* auch echte Frustration, nicht nur in den Fabriken von Renault und anderen, in denen die Arbeitsbedingungen schon lange unbefriedigend waren, sondern überall. Die Fünfte Republik hatte die alte französische Gewohnheit, die Macht an einem Ort und in einer Handvoll Institutionen zu konzentrieren, noch verstärkt. Frankreich wurde – und das nahm die Öffentlichkeit auch genauso wahr – von einer winzigen Pariser Elite beherrscht, die gesellschaftlich exklusiv, kulturell privilegiert, überheblich, hierarchisch organisiert und unnahbar war. Sogar einige ihrer Mitglieder (vor allem aber ihre Kinder) fanden sie erstickend.

Selbst der alternde Charles de Gaulle schätzte zum erstenmal seit 1958 die Richtung, die die Ereignisse nahmen, falsch ein. Zunächst hatte er eine Fernsehansprache gehalten, die wirkungslos verpuffte, dann war er von der Bildfläche verschwunden.[16] Als er im folgenden Jahr versuchte, das, was er für eine antiautoritäre nationale Stimmung hielt, in einem Volksentscheid zu seinem Vorteil zu nutzen, indem er eine Reihe von Maßnahmen zur Dezentralisierung der Regierungsgewalt und Entscheidungsfindung in Frankreich vorschlug, erlitt er eine vernichtende und demütigende Niederlage. Daraufhin legte er sein Amt nieder, ging in den Ruhestand und zog sich auf seinen Landsitz zurück, wo er einige Monate später starb.

Pompidou hatte recht behalten mit seinem Entschluß, die Studentendemonstrationen auszusitzen. Auf der Höhe der studentischen Sit-ins und der sich lawinenartig ausbreitenden Streikbewegung erklärten einige Studentenführer und einige gestandene Politiker, die es hätten besser wissen müssen (darunter der ehemalige Ministerpräsident Pierre Mendès-France und der künftige Präsident François Mitterrand), die Behörden seien hilflos: Die Macht im Staat stehe zur Disposition. Das war gefährliches und törichtes Geschwätz. Raymond Aron hatte völlig recht, als er damals schrieb: »Einen Präsidenten aus dem Amt zu jagen, der durch allgemeine Wahlen eingesetzt wurde, ist nicht das gleiche wie einen König aus dem Amt zu jagen.« Geschickt machten sich de Gaulle und Pompidou die Fehler der Linken zunutze. Dem Land, so warnten sie, drohe ein kommunistischer Staatsstreich.[17] Ende Mai rief de Gaulle in aller Eile zu einer Wahl auf, in der die Franzosen sich zwischen der rechtmäßigen Regierung und einer revolutionären Anarchie entscheiden sollten.

Zur Einleitung des Wahlkampfes organisierte die Rechte eine riesige Gegendemonstration. Weit zahlreicher als die studentischen *Manifestations* zwei Wochen zuvor diskreditierten die Massen, die sich am 30. Mai die Champs Elysées entlangwälzten, die Behauptung der Linken, die Staatsmacht hätte die Kontrolle verloren. Die Polizei erhielt Order, die Universitätsgebäude, Fabriken und Büros zurückzuerobern. Bei den folgenden Parlamentswahlen errangen die herrschenden gaullistischen Parteien einen triumphalen Wahlsieg, bei dem sie ihren Stimmanteil um ein Fünftel erhöhten und sich eine überwältigende Mehrheit in der Nationalversammlung sicherten. Die Arbeiter gingen wieder an ihre Arbeit. Die Studenten fuhren in die Ferien.

Die Mai-Ereignisse in Frankreich hatten eine psychologische Wirkung, die zu ihrer wirklichen Bedeutung in keinem Verhältnis stand. Hier entfaltete sich eine Revolution offenbar in Echtzeit und vor einem internationalen Fernsehpublikum. Die Führer des Aufstands waren ausgesprochen telegen: wohlgestaltete und wortgewandte junge Männer, die die Jugend Frankreichs über die historischen Boulevards der Rive Gauche führten.[18] Ihre Forderungen – egal, ob mehr Demokratie im Studium, das Ende der moralischen Zensur oder einfach eine schönere Welt – waren verständlich und trotz geballter Fäuste und revolutionärer Rhetorik wenig bedrohlich. Die landesweite Streikbewegung war zwar rätselhaft und beunruhigend, trug aber nur zur Aura der studentischen Aktionen bei: Während sie in Wirklichkeit die Explosion der sozialen Unzufriedenheit ganz zufällig ausgelöst hatten, schrieb man ihnen im nachhinein zu, sie hätten diese Ereignisse vorhergesehen und artikuliert.

Vor allem aber waren die Mai-Ereignisse in Frankreich seltsam friedlich, gemessen an revolutionären Unruhen andernorts – oder an Frankreichs eigener Vergangenheit. Es gab viel Gewalt gegen Sachen, auch mußten eine Anzahl Studenten und Polizisten nach der »Nacht der Barrikaden« am 24. Mai im Krankenhaus behandelt werden. Doch im Mai 1968 wurde kein Student getötet; es fanden keine Angriffe gegen die politischen Repräsentanten der Republik statt; und die Institutionen wurden niemals ernsthaft in Frage gestellt (abgesehen vom französischen Universitätssystem, wo alles begann; es litt noch längere Zeit unter innerem Zwist und Vertrauensverlust, ohne daß nennenswerte Reformen folgten).

Die Radikalen von 1968 ahmten Stil und Kulisse früherer Revolutionen fast karikaturhaft nach – schließlich traten sie auf derselben Bühne auf. Allerdings verzichteten sie darauf, deren Gewalt zu wiederholen. Infolgedessen wurde das französische »Psychodrama« (Aron) von 1968 dem öffentlichen Mythenschatz fast augenblicklich als ein Gegenstand der Nostalgie einverleibt, als ein stilisierter Kampf, in dem die Kräfte von Leben, Energie und Freiheit gegen die erstarrte, graue Dumpfheit der Männer aus der Vergangenheit stritten. Einige prominente Lichtgestalten vom Mai '68 schlugen später konventionelle politische Laufbahnen ein: Alain Krivine, der charismatische Führer der trotzkistischen Studenten, ist heute, vierzig Jahre später, in den Sechzigern und Chef der ältesten trotzkistischen Partei. Daniel Cohn-Bendit, der noch im Mai aus Frankreich ausgewiesen wurde, brachte es später zum respektablen Stadtrat in Frankfurt und ist heute Europaabgeordneter der Grünen.

Doch es ist symptomatisch für die grundsätzlich apolitische Stimmung im Mai '68, daß sich, eine Generation später, nicht jene Bücher zum Thema am besten verkaufen, die ernsthafte historische Analysen versuchen – noch weniger die trockenernsten doktrinären Traktate der Zeit –, sondern Sammlungen zeitgenössischer Graffiti und Parolen. Von Mauern, Schwarzen Brettern und in den Straßen der Stadt zusammengesucht, fordern diese witzigen Einzeiler die jungen Leute auf, Sex und Spaß zu haben, sich über das Establishment lustig zu machen und überhaupt nur das zu tun, wozu sie Lust haben – und dabei so ganz nebenbei die Welt zu verändern. »Sous le pavé«, so hieß eine Parole, »la plage.« (»Unter dem Pflaster der Strand«). Keinesfalls aber legten die Parolenschreiber vom Mai '68 ihren Lesern nahe, irgend jemand ernsthaften Schaden zuzufügen. Selbst die Attacken gegen de Gaulle stellen ihn als anachronistisches Hemmnis dar und nicht als politischen Feind. Sie verraten Gereiztheit und Frustration, aber bemerkenswert wenig *Wut*. Es war eine Revolution ohne Opfer, was letztlich bedeutete, daß es gar keine Revolution war.

Ganz anders war die Situation in Italien, trotz oberflächlicher Ähnlichkeiten in der Rhetorik der Studentenbewegungen. Zunächst einmal war der soziale Hintergrund der italienischen Konflikte ganz verschieden. Die umfangreiche Migration von Süd nach Nord in der ersten Hälfte des Jahrzehnts hatte in Mailand, Turin und anderen Industriestädten des Nordens eine Nachfrage nach Nahverkehrsmitteln, öffentlichen Einrichtungen, Bildungsangeboten und vor allem Wohnraum erzeugt, dem die Politiker des Landes nie gerecht werden konnten. Das italienische »Wirtschaftswunder« trat später ein, und der Übergang von der Agrar- zur Industriegesellschaft vollzog sich unvermittelter als in anderen Ländern.

Infolgedessen überlappten und kollidierten die Turbulenzen der ersten Industrialisierungsphase mit dem Unbehagen an der Moderne. Ungelernte und angelernte Arbeitskräfte – in der Regel aus dem Süden und vielfach Frauen – wurden nie in die etablierten Gewerkschaften der männlichen Facharbeiter des industrialisierten Nordens eingegliedert. Traditionelle Spannungen zwischen Arbeitern und Arbeitgebern wurden jetzt durch die Konflikte zwischen Facharbeitern und ungelernten Arbeitern, gewerkschaftlich organisierten und nichtorganisierten Arbeitern vervielfältigt. Die besser bezahlten, besser abgesicherten Facharbeiter in den Produktionsstätten von Fiat oder dem Reifenhersteller Pirelli verlangten mehr Mitspracherecht an den Entscheidungen der Unternehmensleitung –, über Schichtdienst, Lohnunterschiede und disziplinarische Maßnahmen. Die ungelernten Arbeiter unterstützten einige dieser Forderungen und bekämpften andere. *Ihre* Haupteinwände richteten sich gegen die unzumutbaren Akkordvorgaben, das erbarmungslose Tempo der automatisierten Fertigungsstraßen und die unzulänglichen Sicherheitsmaßnahmen am Arbeitsplatz.

Italiens Nachkriegswirtschaft wurde durch Hunderte von kleinen Maschinen- und Apparatebau-, Textil- und Chemiefirmen gestaltet, in denen die meisten Arbeitnehmer keine rechtliche oder institutionelle Handhabe gegen die Forderungen ihrer Arbeitgeber hatten. Der italienische Wohlfahrtstaat der sechziger Jahre war ein ziemlich grob geschustertes Gebilde, das erst im folgenden Jahrzehnt zur Reife gelangte (großenteils dank der sozialen Unruhen der sechziger Jahre). Am Arbeitsplatz waren viele Ungelernte noch immer rechtlos, eine zu ernährende Familie begründete keinen Anspruch auf Lohnzulage (im März 1968 gab es einen landesweiten Streik, um die Forderung nach einer umfassenden Regelung des Ruhestandsgeldes zu unterstreichen). Das waren keine Fragen, die im Programm der traditionellen Linksparteien und -gewerkschaften eine Rolle spielten. Ganz im Gegenteil, ihre Hauptsorge war damals die Schwächung der alten Arbeiterinstitutionen durch diese neuen und undisziplinierten Arbeiter. Als die angelernten Arbeiterinnen die kommunistische Gewerkschaft baten, sie in ihrem Protest gegen eine Erhöhung des Arbeitstempos zu unterstützen, wurden sie statt dessen ermuntert, einen Lohnausgleich zu verlangen.

Unter diesen Umständen waren die eigentlichen Nutznießer der sozialen Spannungen in Italien nicht die etablierten Organisationen der Linken, sondern eine Handvoll informeller Netzwerke der »außerparlamentarischen« Linken. Ihre Führer – kommunistische Dissidenten, akademische Theoretiker der Arbeiterselbstverwaltung und Sprecher von Studentenorganisationen – erkannten die neuen Ursachen für Unzufriedenheit am industriellen Arbeitsplatz rascher und nahmen sie in ihre Projekte auf. Außerdem boten die Universitäten selbst eine unwiderstehliche Vergleichsmöglichkeit an. Auch dort gab es eine neue und nichtorganisierte Belegschaft (den massiven Zustrom von Studenten der ersten Generation), die sich zutiefst unbefriedigenden Lebens- und Arbeitsbedingungen gegenübersahen. Auch dort übte eine alte Elite unbeschränkte Entscheidungsgewalt über die Massen der Studenten aus und legte nach Belieben Arbeitspensum, Noten und Disziplinarmaßnahmen fest.

So gesehen, war den Repräsentanten der Verwaltung, der etablierten Gewerkschaften und anderer Berufsverbände in Schulen und Universitäten – genauso wie in Fabriken und Werkstätten – ein berechtigtes, »objektives« Interesse am Status quo gemeinsam. Der Umstand, daß Italiens Studentenschaft überwiegend aus der städtischen Mittelschicht kam, sprach nicht dagegen – als Produzenten und Konsumenten von Wissen stellten sie (nach ihrem eigenen Verständnis) eine noch größere Gefahr für Macht und Autorität dar als die traditionellen Kräfte des Proletariats. Im Denken der Neuen Linken zählte nicht die soziale Herkunft einer Gruppe, sondern ihre Fähigkeit, die Institutionen und Strukturen der Staatsmacht zu zerschlagen. Dazu bot ein Hörsaal genausoviel Gelegenheit wie ein Maschinensaal.

Die vielgestaltige Anpassungsfähigkeit der radikalen Politik im Italien dieser Jahre kommt sehr anschaulich in den folgenden Forderungen zum Ausdruck, die auf einem Flugblatt in einem Liceo (Gymnasium) in Mailand zirkulierten: Die Ziele der Schülerbewegung seien, so hieß es dort, »Kontrolle und schließlich Eliminierung von Zensuren und Mißerfolgen, mit anderen Worten: die Abschaffung der Auslese in der Schule; allgemeines Recht auf Bildung und garantierte Stipendien; freies Versammlungsrecht; eine Generalversammlung am Morgen; Rechenschaftspflicht von Lehrern gegenüber Schülern; Entlassung aller reaktionären und autoritären Lehrer; Lehrplangestaltung von unten.«[19]

Die Kette von Protesten und Unruhen in Italien begann 1968 in Turin mit dem Widerstand von Studenten gegen Pläne, Teile der Universität (die naturwissenschaftliche Fakultät) in die Vororte zu verlegen – ein Echo der Proteste, die genau zur gleichen Zeit im vorstädtischen Nanterre stattfanden. Eine Parallele ist auch die etwas später im März 1968 erfolgte Schließung der Universität Rom nach Studentenunruhen aus Protest gegen eine parlamentarische Gesetzesvorlage zur Reform der Universitäten. Doch im Gegensatz zu den französischen Studentenbewegungen war das Interesse der italienischen Studentenführer an der Reform der akademischen Institutionen immer geringer als ihre Identifikation mit der Arbeiterbewegung, wie die Namen ihrer Organisationen – Avanguardia Operaia (»Arbeiter«-Vorhut) oder Potere Operaio (»Arbeiter«-Macht) zum Ausdruck bringen.

Die Arbeitskämpfe, die im September 1968 in Pirellis Mailänder Produktionsstätten begannen und bis November 1969 dauerten (als die Regierung Pirelli drängte, in die Hauptforderungen der Streikenden einzuwilligen), waren für die protestierenden Studenten ein Gegengewicht in der Industrie und Ermutigung. Die Streikbewegung des Jahres 1969 war die größte in der italienischen Geschichte und übte auf die jungen italienischen Radikalen eine mobilisierende und radikalisierende Wirkung aus, die in keinem Verhältnis zu Frankreichs kurzen, nur einen Monat dauernden Protesten im Vorjahr standen. Der »heiße Herbst«

dieses Jahres mit seinen wilden Streiks und spontanen Betriebsbesetzungen durch kleine Gruppen von Arbeitern, die eine Einflußnahme auf die Unternehmensführung verlangten, veranlaßte eine Generation von Theoretikern der Studentenbewegung und ihre Anhänger zu der Schlußfolgerung, daß ihre kompromißlose Ablehnung des »bürgerlichen Staates« die richtige Taktik sei. Arbeiterselbstverwaltung – als Taktik und Zielsetzung – war der Weg der Zukunft. Reformen – in Schulen und Fabriken – waren nicht nur unerreichbar, sondern auch abzulehnen. Kompromiß bedeutete Niederlage.

Warum die »inoffiziellen« Marxisten Italiens diesen Weg eingeschlagen haben, ist strittig. Mit ihrer traditionell vorsichtigen und auf Anpassung bedachten Strategie setzte sich die Kommunistische Partei Italiens dem Vorwurf aus, innerhalb »des Systems« zu arbeiten, ein verbrieftes Recht auf stabile Verhältnisse zu haben und damit, wie ihr linke Kritiker vorwarfen, »objektiv reaktionär« zu sein. Das politische System Italiens insgesamt war korrupt und offenbar resistent gegen jede Veränderung: In den Parlamentswahlen von 1968 vergrößerten *sowohl* die Demokraten *als auch* die Kommunisten ihre Stimmanteile, während alle anderen Parteien auf der Strecke blieben. Das kann zwar die Unzufriedenheit der außerparlamentarischen Linken begreiflich machen, nicht aber ihre Hinwendung zur Gewalt vollständig erklären.

Der »Maoismus« – oder zumindest eine unkritische Begeisterung für die chinesische Kulturrevolution, die damals in vollem Gange war – war in Italien ausgeprägter als irgendwo sonst in Europa. Parteien, Gruppen und Zeitschriften maoistischer Prägung, kenntlich durch das Beharren auf dem Adjektiv »marxistisch-leninistisch« (als Abgrenzung gegen die verachteten offiziellen Kommunisten), entstanden während dieser Jahre in rascher Folge. Sie nahmen sich Chinas Rote Garden als Vorbild und betonten die Interessenidentität von Arbeitern und Intellektuellen. Studententheoretiker in Rom und Bologna ahmten sogar die Rhetorik der Pekinger Doktrinäre nach, indem sie die akademischen Fächer in »vorbürgerliche Relikte« (Griechisch und Latein), »rein ideologisch« (z. B. Geschichte) und »indirekt ideologisch« (Physik, Chemie, Mathematik) unterteilte.

Die vermeintlich maoistische Kombination aus revolutionärer Romantik und »Arbeiter«-Dogma war in der Zeitschrift (und Bewegung) *Lotta Continua* (»kontinuierlicher Kampf«), wo, wie so häufig, der Name Programm war. *Lotta Continua* erschien zum erstenmal im Herbst 1969, als die Hinwendung zur Gewalt bereits weit fortgeschritten war. Zu den Parolen der Turiner Studentendemonstrationen im Juni 1968 gehörten Parolen wie »Kein sozialer Frieden in den Fabriken!« und »Nur Gewalt hilft, wo Gewalt regiert!«. In den folgenden Monaten verstärkte sich während der Demonstrationen in Universitäten und Fabriken der Hang zur Gewalt, sowohl rhetorisch (»Zerschlagt den Staat, verändert ihn nicht!«) als auch real. Das beliebteste Lied der italienischen Stundentenbewegung war in diesen Monaten nicht zufällig *La Violenza*.

Die Zeitgenossen bemerkten die Ironie dieser Situation sehr wohl. So schrieb der Filmemacher Pier Paolo Pasolini nach Zusammenstößen der Studenten mit der Polizei in den Gärten der römischen Villa Borghese, die Klassenrollen hätten sich nun umgekehrt: Revolutionäre Parolen schreiend, hätten die unterbezahlten Söhne von Pachtbauern aus dem Süden, die den Auftrag hätten, die staatliche Ordnung zu bewahren, die privilegierten Kinder der Bourgeoisie verprügelt. Jedem, der eine bewußte Erinnerung an die jüngere italienische Vergangenheit hatte, war klar, daß diese Entscheidung für die Gewalt ein schlimmes Ende nehmen mußte. Während die französischen Studenten mit der Idee kokettiert hatten, die Staatsmacht könne sich gegen Attacken von unten als anfällig erweisen – eine Laune, der sie dank der Langmut der fest etablierten gaullistischen Institutionen ungestraft frönen durften – hatten Italiens Radikale gute Gründe zur Annahme, daß es ihnen tatsächlich gelingen könnte, das Gefüge der postfaschistischen Republik zu zerrütten – und sie brannten darauf, es zu versuchen. Am 24. April 1969 wurden auf der Mailänder Handelsmesse und im Hauptbahnhof Bomben deponiert. Acht Monate, *nachdem* der Pirelli-Konflikt beigelegt und die Streikbewegung beendet worden war, wurde die Landwirtschaftsbank an der Piazza Fontana in Mailand in die Luft gesprengt. Die »Strategie der Spannung«, welche die bleiernen siebziger Jahre prägten, hatte begonnen.

Italiens Radikale in den sechziger Jahren konnte man den Vorwurf machen, sie hätten die jüngere Vergangenheit ihres Landes vergessen. In der Bundesrepublik Deutschland verhielt es sich umgekehrt. 1961 war eine Nachkriegsgeneration herangewachsen, die gelernt hatte, im Nationalsozialismus den verantwortlichen Faktor für Krieg und Niederlage zu sehen; doch seine wirklich schrecklichen Aspekte wurden ständig verniedlicht. Die Jerusalemer Verhandlung im selben Jahr gegen Adolf Eichmann, gefolgt von den sogenannten »Auschwitzprozessen« in Frankfurt während der Jahre 1963 bis 1965, brachte der deutschen Öffentlichkeit verspätet die Greueltaten des NS-Regimes zu Bewußtsein. In Frankfurt schilderten 273 Zeugen das Ausmaß und die Schrecklichkeit der deutschen Verbrechen gegen die Menschlichkeit so eindringlich, daß der Prozeß in seiner Bedeutung weit über die Anklage gegen die 23 Männer (22 SS-Leute und ein Lager-Kapo) hinausging. 1967 veröffentlichten Alexander und Margarete Mitscherlich ihre außerordentlich einflußreiche Studie *Die Unfähigkeit zu trauern*, in der sie die Auffassung vertraten, die Bundesrepublik habe zwar offiziell die Verantwortung für die NS-Verbrechen übernommen, doch habe es nie eine echte individuelle Schuldanerkennung gegeben.

Mit Nachdruck griffen die westdeutschen Intellektuellen diese These auf. Etablierte Autoren, Dramatiker und Filmemacher – Günter Grass, Martin Walser, Hans-Magnus Enzensberger, Jürgen Habermas, Rolf Hochhuth, Edgar Reitz, alle zwischen 1927 und 1932 geboren – konzentrierten sich jetzt in ihrer Arbeit zunehmend auf den Nationalsozialismus und die Unfähigkeit der Westdeutschen, ihn aufzuarbeiten. Eine jüngere Altersgruppe von Intellektuellen, während des Krieges oder kurz danach geboren, vertrat einen kompromißloseren Standpunkt. Da es ihnen an unmittelbarem Wissen über die Zeit davor fehlte, erkannten sie deutsche Schuld weniger in den Verfehlungen der Nazis als in denen der Bonner Republik. Daher war für Rudi Dutschke (Jahrgang 1940), Peter Schneider (1940), Gudrun Ensslin (1940) oder die nur wenig jüngeren Andreas Baader (Jahrgang 1943) und Rainer Werner Fassbinder (1945) die westdeutsche Nachkriegsdemokratie nicht die Lösung, sondern das Problem. Der apolitische, konsumorientierte, unter amerikanischem Schutz stehende Kokon der Bundesrepublik war nicht einfach unvollkommen und amnestisch; er hatte auch aktiv mit seinen Herren im Westen konspiriert, um die deutsche Vergangenheit zu leugnen, sie unter materiellen Gütern und antikommunistischer Propaganda zu begraben. Selbst ihre verfassungsrechtlichen Attribute waren nicht authentisch. Fassbinder: »Unsere Demokratie ist eine damals für die Westzone verordnete, wir haben sie uns nicht erkämpft.«

Die jugendlich-radikalen Intellektuellen im Deutschland der sechziger Jahre beschuldigten die Bonner Republik, die Verbrechen der Gründergeneration zu vertuschen. Viele Männer und Frauen, die während des Krieges und in den Jahren unmittelbar danach geboren wurden, haben ihre Väter nicht gekannt, nie genau erfahren, wer sie waren und was sie getan hatten. In den Schulen lehrte man sie nichts über die deutsche Geschichte nach 1933 (und kaum mehr über die Weimarer Zeit). Wie Peter Schneider und andere später erläuterten, lebten sie in einem Vakuum, das über einer Leere errichtet war: Sogar zu Hause – oder richtiger, erst recht zu Hause – sprach nie irgend jemand »darüber«.

Ihre Eltern, die Deutschen der Jahrgänge 1910 bis 1930, weigerten sich nicht nur, die Vergangenheit zu erörtern. Voller Skepsis gegen politische Verheißungen und große Ideen richteten sie ihre Aufmerksamkeit verbissen und verunsichert auf materiellen Wohlstand, Stabilität und Achtbarkeit. Wie Konrad Adenauer klug erkannt hatte, entsprang ihre Identifikation mit Amerika und dem »Westen« nicht zuletzt dem Wunsch, die Bürde des »Deutschtums« abzuschütteln. Infolgedessen standen sie in den Augen ihrer Söhne und Töchter für *nichts*. Ihren materiellen Erfolgen haftete der Makel ihres moralischen Erbes an. Wenn es jemals eine Generation gab, deren Rebellion sich auf die Ablehnung von allem gründete, wofür ihre Eltern standen – wirklich von allem: Nationalstolz, Nationalsozialismus, Westen, Frieden, Stabilität, Recht und Demokratie –, dann waren es »Hitlers Kinder«, die westdeutschen Radikalen der sechziger Jahre.

In ihren Augen verströmte die Bundesrepublik Selbstzufriedenheit und Heuchelei. Zuerst kam die *Spiegel*-Affäre. 1962 veröffentlichte das führende deutsche Nachrichtenmagazin eine Artikelserie über die Verteidigungspolitik der Bundesrepublik und deutete an, Adenauers bayerischer Verteidigungsminister Franz Josef Strauß könnte in einige fragwürdige Geschäfte verwickelt sein. Mit Adenauers Billigung und auf Strauß' Veranlassung besetzte und durchsuchte die Polizei die Redaktionsräume und verhaftete den Verfasser der Artikelserie und den Herausgeber des Blattes. Dieser schamlose Mißbrauch der Polizeigewalt zur Unterdrückung einer unliebsamen Berichterstattung wurde einhellig verurteilt – selbst die unverdächtig konservative *Frankfurter Allgemeine Zeitung* schrieb: »Es geniert die Demokratie in unserem Lande«, denn diese könne nicht ohne Presse, ohne unteilbare Pressefreiheit leben.

Vier Jahre später, im Dezember 1966, bestimmten die herrschenden Christdemokraten als Nachfolger für Ludwig Erhard den ehemaligen Nationalsozialisten Kurt Georg Kiesinger. Der neue Kanzler war zwölf Jahre lang ordentliches Parteimitglied gewesen, und seine Wahl wurde von vielen als schlüssiger Beweis für den unbußfertigen Zynismus der Bonner Republik gewertet. Wenn es dem Regierungschef nichts ausmachte, Hitler zwölf Jahre lang unterstützt zu haben, wer konnte dann noch die westdeutschen Beteuerungen der Reue und der Verpflichtung auf liberale Werte ernst nehmen, noch dazu in einer Zeit, da sich an den Rändern des politischen Spektrums wieder rechtsradikale Parteien zu tummeln begannen? In dieser Zeit, als das Gespenst des Nationalsozialismus zu neuem Leben erwachte, schrieb Grass in einem offenen Brief an Kiesinger: »Wie soll eine Jugend in diesem Land jener Partei von vorgestern, die heute als NPD auferstehen kann, mit Argumenten begegnen können, wenn Sie das Amt des Bundeskanzlers mit Ihrer immer noch schwerwiegenden Vergangenheit belasten?«

Kiesinger führte die Regierung drei Jahre lang, von 1966 bis 1969. In diesen Jahren hielt die deutsche außerparlamentarische Linke (wie sie sich selber nannte) mit spektakulärem Erfolg in den Universitäten Einzug. Einige Kritikpunkte, die der SDS, der Sozialistische Deutsche Studentenbund, vorgebracht hatte, waren im westlichen Teil Kontinentaleuropas zum Gemeingut geworden: überfüllte Studentenwohnheime und Lehrveranstaltungen; distanzierte und unzugängliche Professoren; stumpfsinnige und phantasielose Lehre. Doch die brennenden Fragen dieser Jahre waren eine westdeutsche Besonderheit. Die politisch aktivste Hochschule war die Freie Universität Berlin (1948 gegründet, um die im sowjetischen Teil der Stadt liegende altehrwürdige Humboldt-Universität zu ersetzen), an der sich viele Studenten eingeschrieben hatten, um dem Wehrdienst zu entgehen.[20]

Der Antimilitarismus spielte eine besondere Rolle im deutschen Studentenprotest, da er eine bequeme Möglichkeit bot, gleichzeitig die Bundesrepublik und ihren nationalsozialistischen Vorgängerstaat zu verurteilen. Mit dem wachsenden Widerstand gegen den Vietnamkrieg wurde diese Verschmelzung von Vergangenheit und Gegenwart auch auf die militärische Schutzmacht der Bundesrepublik, die Vereinigten Staaten, ausgedehnt, die, in der Rhetorik einer radikalen Minderheit stets mit dem Beiwort »faschistisch« versehen, jetzt zum Feindbild einer weit größeren Gruppe avancierten. »Amerika« (sic) wegen seines verbrecherischen Krieges in Vietnam anzugreifen diente fast als Ersatz für die Diskussion über Deutschlands eigene Kriegsverbrechen. Diese Parallele zwischen den Vereinigten Staaten und den Nationalsozialisten hat Peter Weiss 1968 in seinem Stück »Vietnam-Diskurs« ausdrücklich gezogen.

Wenn Amerika nicht besser als Hitler-Deutschland war – wenn, wie eine Parole der Zeit lautete, tatsächlich US = SS war –, dann bedurfte es nur noch eines kurzen Schrittes, um Deutschland selbst mit Vietnam gleichzusetzen: Beide Länder wurden durch ausländische Besatzer geteilt, beide Länder waren hoffnungslos in Konflikte anderer Staaten verstrickt. Diese Lesart gestattete den westdeutschen Radikalen, der Bonner Republik gleichzeitig ihre gegenwärtigen imperialistisch-kapitalistischen Allianzen *und* ihre faschistische Vergangenheit vorzuwerfen. Noch fataler, sie berechtigte die radikale Linke dazu, die alte Behauptung auszugraben, die Deutschen selbst seien die eigentlichen Opfer – eine These, die man bislang der extremen Rechten zugeschrieben hatte.[21]

So sollte es uns nicht sonderlich überraschen, daß sich die jungen Deutschen der sechziger Jahre trotz ihrer Wut über die »Auschwitz-Generation« nicht wirklich für den Holocaust an den Juden interessierten. Tatsächlich zeigten sie sich, wie ihre Eltern, von der »jüdischen Frage« eher unangenehm berührt. Sie ließen sie lieber in ihre Forderung nach Lehrveranstaltungen zur »Faschismustheorie« einfließen, womit sie die rassistische Dimension des Nationalsozialismus verschleierten und statt dessen seine Verbindungen mit kapitalistischer Wirtschaft und imperialer Macht betonten – womit sie mühelos zu Washington und Bonn gelangten. Der wirklich »repressive Staatsapparat« waren die Lakaien des Imperialismus in Bonn; ihre Opfer waren die Gegner des Vietnamkrieges. Nach dieser besonderen Logik war die *Bildzeitung*, das populistische Boulevardblatt mit seiner geifernden Kritik an der Studentenpolitik eine Neuauflage des *Stürmers;* die Studenten waren die neuen »Juden« und die nationalsozialistischen Konzentrationslager nur eine bequeme Metapher für die Verbrechen des Imperialismus. Mit den Worten einer Parole, die 1966 von einigen Radikalen auf die Mauern von Dachau geschrieben wurden: »Vietnam ist das Auschwitz Amerikas.«

So verlor die außerparlamentarische Linke in Deutschland die Verbindung mit ihren Wurzeln in der großen Gruppe der Nazigegner. Empört über Willy Brandts SPD, weil sie eine Regierungskoalition mit Kiesinger einging, drifteten die ehemaligen sozialdemokratischen Studentenorganisationen rasch an die Ränder ab. Demonstrativer in ihrer antiwestlichen Haltung als andere europäische Studentenbewegungen dieser Jahre, wählten die konstituierenden Gruppen bewußt Dritte-Welt-Namen: »Maoisten« natürlich, »Mescaleros« und dergleichen. Diese antiwestliche Emphase speiste ihrerseits eine Gegenkultur, die sich bewußt exotisch und, selbst nach damaligen Maßstäben, mehr als ein bißchen bizarr gebärdete.

Eine unverwechselbar deutsche Variante der Kulturkonfusion dieser Zeit postulierte eine weit engere Verschränkung von Sexualität und Politik als anderswo. In Anlehnung an Herbert Marcuse, Erich Fromm, Wilhelm Reich and andere deutsche Theoretiker, die sich über sexuelle und politische Repression ausgelassen hatten, sangen radikale Zirkel in Deutschland (und Österreich oder zumindest Wien) das Loblied der Nacktheit, freien Liebe und antiautoritären Kindererziehung. Hitlers vielbeschworene Sexualneurosen mußten als Erklärung des Nationalsozialismus herhalten. Und abermals wurde in bestimmten Kreisen ein absurder und bedrückender Vergleich zwischen Hitlers jüdischen Opfern und den jungen Leuten der sechziger Jahre gezogen, die sich zu Märtyrern der sexuellen Repression ihrer Eltern stilisierten.

Die Kommune 1, eine maoistische Mikrosekte, die lautstark ihre These von der Promiskuität als Befreiung verkündete, brachte 1966 ein Selbstporträt in Umlauf: sieben nackte junge Männer und Frauen gegen eine Wand gestützt – »Nackte Maoisten vor einer nackten Wand« textete der *Spiegel* dazu im Juni 1967. Die Nacktheit sollte bewußt die Bilder der nackten, hilflosen Leiber in den Konzentrationslagern beschwören. Schaut her, sagte das Poster: Erst waren es Hitlers Opfer, nun sind es die rebellischen, unbekleideten Körper maoistischer Revolutionäre. Wenn die Deutschen die Wahrheit *unserer* Körper ertragen können, werden sie auch andere Wahrheiten ertragen können.

Diese »Botschaft« – daß spätpubertäre Promiskuität die ältere Generation zur Offenheit über die Sexualität und damit auch über Hitler und alles andere zwingen könnte – veranlaßte das führende SDS-Mitglied Rudi Dutschke (in diesen Fragen eher ein linker Moralist vom alten Schlage), die »Kommunarden« als »Neurotiker« zu verurteilen. Die sie zweifellos auch waren. Doch ihr aggressiv-anachronistischer Narzißmus, der gleichgültig Massenmord und sexuellen Exhibitionismus in einen Topf warf, um die Bourgeoisie zu ärgern und zu schockieren, blieb nicht folgenlos: Ein Mitglied der Kommune 1, das stolz verkündete, sein Orgasmus habe größere revolutionäre Bedeutung als Vietnam, sollte in den siebziger Jahren in einem nahöstlichen Ausbildungslager für Guerilleros wieder auftauchen. Der Weg von der Zügellosigkeit zur Gewalt war in Deutschland noch kürzer als anderswo.

Auf einer Berliner Demonstration gegen den Schah von Persien im Juni 1967 wurde der Student Benno Ohnesorg von einem Polizisten erschossen. Dutschke erklärte Ohnesorgs Tod zu einem »politischen Mord« und rief zu einer massenhaften Reaktion auf; innerhalb weniger Tage demonstrierten 100 000 Studenten in der ganzen Bundesrepublik. Jürgen Habermas, bis dato ein prominenter Kritiker des Bonner Staates, forderte Rudi Dutschke und seine Freunde einige Tage später auf, nicht mit dem Feuer zu spielen. »Linker Faschismus« sei, so hielt er Dutschke vor, genauso tödlich wie der von rechts. Wer unbedacht von der »verborgenen Gewalt« und »repressiven Toleranz« der friedlichen Bonner Regierung spreche – und wer die staatlichen Institutionen durch Akte realer Gewalt vorsätzlich zur Repression zwinge –, der wisse nicht, was er tue.

Als radikale Studentenführer im März des folgenden Jahres wiederholt zu Konfrontationen mit dem Bonner »Regime« aufriefen und die Regierung drohte, auf Provokationen in Berlin und anderswo mit Vergeltungsmaßnahmen zu antworten, beschwor Habermas – von Grass, Walser, Enzensberger and Hochhuth unterstützt – abermals die demokratische Vernunft und forderte Studenten und Staat auf, die Regeln des Rechtsstaates einzuhalten. Im Monat darauf zahlte Dutschke selbst den Preis für die gewalttätige Konfrontation, die er angeheizt hatte, als er am 11. April 1968 von einem Attentäter niedergeschossen wurde, welcher der rechtsradikalen Szene nahestand. In den wütenden Wochen, die folgten, wurden allein in Berlin 2 Menschen getötet und 400 verwundet. Die Kiesinger-Regierung verabschiedete, von vielen Sozialdemokraten unterstützt, die Notstandsgesetze (mit 384 gegen 100 Stimmen), die es der Bonner Regierung gestatteten, gegebenenfalls per Notverordnung zu regieren. Sie weckten in weiten Teilen der westdeutschen Bevölkerung die Furcht, die Bonner Republik stehe, wie einst die Weimarer Republik vor 35 Jahren, kurz vor dem Zusammenbruch.

Die zunehmend gewaltbereiten Randgruppen der deutschen Studentenbewegung – die K-Gruppen, die Autonomen, der militante Flügel des SDS – waren alle nominell »marxistisch«, meist jedoch »marxistisch-leninistisch« (das heißt maoistisch). Viele von ihnen wurden klammheimlich von Ostberlin oder Moskau finanziert, was damals kaum bekannt war. In Deutschland und anderswo ging die Neue Linke sogar betont auf Distanz zum offiziellen Kommunismus – der in Deutschland ohnehin keine politische Rolle spielte. Doch wie große Teile der deutschen Linken (und nicht nur der Linken) hatten die Radikalen eine zwiespältige Beziehung zur Deutschen Demokratischen Republik im Osten.

Viele von ihnen waren in Ostdeutschland geboren worden oder stammten aus den ehemaligen deutschen Ostgebieten, aus denen ihre deutschstämmigen Familien vertrieben worden waren: Ostpreußen, Polen, Tschechoslowakei. Vielleicht war es kein Zufall, daß sich die wehmütige Erinnerung der Eltern an eine verlorene deutsche Vergangenheit unbewußt in den Träumen ihrer politisierten Kinder von einem anderen, besseren Deutschland im Osten widerspiegelte. Ostdeutschland übte trotz (oder wegen?) seines repressiven, strengen Regimes eine ganz besondere Anziehungskraft auf den harten Kern der jungen Radikalen aus: Es war alles, was Bonn nicht war, und wollte auch nichts anderes sein.

So machte ihr Haß auf die »Heucheleien« der Bundesrepublik die Radikalen besonders anfällig für die Behauptung der ostdeutschen Kommunisten, sie hätten sich der deutschen Geschichte gestellt und *ihr* Deutschland von seiner faschistischen Vergangenheit reingewaschen. Hinzu kam, daß auch der Antikommunismus, der die Bundesrepublik fest in die Atlantische Allianz einband und ihre zentrale politische Doktrin darstellte, von der Neuen Linken bekämpft wurde, speziell in den Jahren des Vietnamkrieges, und teilweise ihren Anti-Antikommunismus erklärt. Wer auf die Verbrechen des Kommunismus verwies, wollte nur von den Verbrechen des Kapitalismus ablenken. Kommunisten mochten ja, wie Daniel Cohn-Bendit es in Paris formuliert hatte, »stalinistische Schurken« sein, aber liberale Demokraten waren kein bißchen besser.

So blieb die deutsche Linke taub für das unzufriedene Murren in Warschau oder Prag. Die Sechziger waren in der Bundesrepublik, wie in Westeuropa überhaupt, eine Zeit der Nabelschau. Die Kulturrevolution dieser Zeit war bemerkenswert beschränkt: Wenn die Jugend des Westens überhaupt über die eigenen Grenzen hinausblickte, schaute sie in exotische Länder, von denen sie sich ein Bild frei von allen störenden Einflüssen der Vertrautheit oder Information machen konnte. Über fremde Kulturen, die ihnen geographisch näher lagen, wußte die Sechziger-Generation im Westen weit weniger. Im Frühjahr 1968, auf dem Höhepunkt der tschechischen Reformbewegung, verblüffte Rudi Dutschke bei einem brüderlichen Besuch die Studenten in Prag aufs höchste, als er immer wieder darauf hinwies, der eigentliche Feind sei die pluralistische Demokratie. Für die tschechischen Studenten war sie das Ziel.

XIII

Das Ende der Affäre

Eine Revolution ist der Akt einer gewaltigen Mehrheit der Gesellschaft gegen die Herrschaft einer Minderheit. Sie ist von einer Krise der politischen Macht und einer Schwächung des Zwangsapparates begleitet. Deshalb muß sie nicht mit Waffengewalt durchgeführt werden.

Jacek Kuroń und Karol Modzelewski,
Offener Brief an die Partei (März 1965)

Jeder kommunistischen Partei steht es frei, die Grundsätze des Marxismus-Leninismus und Sozialismus in ihrem eigenen Land anzuwenden, aber es steht ihr nicht frei, von diesen Grundsätzen abzuweichen, wenn sie eine kommunistische Partei bleiben will.

Leonid Breschnew (3. August 1968)

Erst nach dem Prager Frühling 1968 begann man zu erkennen, wer wer war.

Zdeněk Mlynář

Gestern kam plötzlich.

Paul McCartney

Die sechziger Jahre wurden im Ostblock zwangsläufig ganz anders erlebt als im Westen. Zwar weckte die Entstalinisierung nach 1956 das gleiche Verlangen nach Veränderung wie die Entkolonisierung und das Suezdebakel im Westen, doch die Niederschlagung des Ungarnaufstands machte von Anfang an klar, daß es Reformen nur mit Billigung der Partei geben würde. Das wiederum erinnerte daran, daß die treibende Kraft des Kommunismus die Autorität Moskaus war; nur die Stimmung und Politik der sowjetischen Führung zählte. Bis zu seinem Sturz im Jahr 1964 bestimmte Nikita Chruschtschow die Geschichte in der Osthälfte Europas.

Chruschtschows Generation der Sowjetführer glaubte noch an den internationalen Klassenkampf. Eben weil Chruschtschow die verklärten Erinnerungen an die sowjetische Revolution auf die lateinamerikanischen Aufstände projizierte, traf er die Fehlentscheidungen, welche die Kubakrise und seinen eigenen Sturz auslösten. Der Konflikt mit China, der 1960 offen ausbrach und Moskaus linken Kritikern eine »maoistische« Alternative zum sowjetischen Modell lieferte, war nicht nur der Kampf um eine geopolitische Vormachtstellung; teilweise war es auch ein echtes Ringen um die Seele der »Weltrevolution«. Dieser Aspekt der Rivalität mit Peking brachte Moskaus poststalinistische Herrscher in eine widersprüchliche Position. Als Exponenten des Staates, in dem die antikapitalistische Revolution beheimatet war, verkündeten sie auch weiterhin ihre weltrevolutionären Ambitionen und pochten auf die ungeschmälerte Autorität der Partei in der UdSSR und ihren Satellitenstaaten. Andererseits aber blieb der Kreml bei seinem Kurs der Koexistenz mit den Westmächten – und den eigenen Bürgern.

Die Chruschtschow-Jahre brachten echte Verbesserungen. Seit 1959 war Stalins *Kurzer Lehrgang* nicht mehr die maßgebliche Quelle für sowjetische Geschichte und marxistische Theorie.[1] Zwar wurde die Terrorherrschaft abgemildert, nicht aber die Einrichtungen und Praktiken, die sie hervorgebracht hatte: Die GULAG gab es nach wie vor, und Zehntausende politischer Gefangener fristeten ihr Dasein in Lagern und in der Verbannung – die Hälfte von ihnen Ukrainer. Unter Chruschtschow wurden die Gesetze zur Einschränkung der freien Wahl des Arbeitsplatzes aus der Stalinära abgeschafft, die offiziellen Arbeitszeiten verkürzt, Mindestlöhne festgesetzt, Mutterschaftsurlaub eingeführt und eine landesweite Ruhestandsregelung eingeführt (die 1965 auf die Kolchosbauern ausgedehnt wurde). Kurzum, die Sowjetunion – und ihre fortgeschritteneren Satellitenstaaten – wurden ansatzweise zu Wohlfahrtstaaten, zumindest auf dem Papier.

Doch Chruschtschows ehrgeizigere Reformen brachten nicht die versprochenen Nahrungsüberschüsse (ein weiterer Grund, warum ihn seine Kollegen im Oktober 1964 abservierten). Besonders katastrophal wirkte sich die Urbarmachung bislang »jungfräulichen« Bodens in Kasachstan und Südsibirien aus: Eine halbe Millionen Tonnen Ackerkrume wurde jedes Jahr von einem Boden fortgewaschen, der vollkommen ungeeignet für den zwangsweisen Getreideanbau war, und die Ernten, die dort eingebracht wurden, waren häufig mit Unkraut durchsetzt. In einer tragikomischen Mischung aus zentraler Planung und lokaler Korruption zwangen die kommunistischen Bosse in Kirgistan die Kolchosbauern, das offiziell festgesetzte Ablieferungssoll durch Aufkauf der Vorräte in den örtlichen Geschäften zu erfüllen. Es gab Hungerunruhen in Provinzstädten (vor allem 1962 in Nowotscherkassk). Im Januar 1964, nach der katastophalen Ernte von 1963 sah sich die UdSSR gezwungen, Getreide aus dem Westen einzuführen.

Gleichzeitig waren die privaten landwirtschaftlichen Kleinstbetriebe, deren Gründung Chruschtschow kurzfristig angeregt hatte, fast peinlich erfolgreich: Anfang der sechziger Jahre lieferten drei Prozent der landwirtschaftlichen Nutzfläche in privater Hand mehr als ein Drittel aller landwirtschaftlichen Erträge in der Sowjetunion. 1965 kamen zwei Drittel der in der UdSSR konsumierten Kartoffeln und drei Viertel der Eier von privaten Landwirten. In der Sowjetunion wie in Polen und Ungarn hing das Überleben des »Sozialismus« von der illegalen »kapitalistischen« Wirtschaft ab, deren Existenz er auf seinem Herrschaftsgebiet duldete und übersah.[2]

Die Wirtschaftsreformen der fünfziger und sechziger Jahre waren von Anfang an halbherzige Versuche, an einem strukturell funktionsunfähigen System herumzudoktern. In dem Maße, wie sich in ihnen die widerstrebende Bereitschaft äußerte, Wirtschaftsentscheidungen zu dezentralisieren oder *de facto* die Privatproduktion zu gestatten, erregten sie den Zorn der Hardliner der alten Garde. Doch andererseits stellten die Liberalisierungsmaßnahmen, die erst unter Chruschtschow und dann unter Breschnew durchgeführt wurden, keine unmittelbare Gefahr für das Netzwerk von Macht und Vergünstigungen dar, auf dem das Sowjetsystem beruhte. Da wirtschaftliche Verbesserungen im Sowjetblock politischen Prioritäten stets untergeordnet wurden, bewirkten sie wenig.

Bei Kulturreformen sah es anders aus. Lenin hatte sich immer mehr um seine Kritiker als seine Grundsätze gekümmert; bei seinen Erben verhielt es sich nicht anders. Sowjetische Führer, auch Chruschtschow, reagierten auf intellektuelle Opposition – unabhängig davon, ob sie innerhalb oder außerhalb der Partei ein größeres Echo fand oder nicht – außerordentlich empfindlich. Seine ersten öffentlichen Vorwürfe gegen Stalin im Jahr 1956 weckten in der Sowjetunion und anderen Ostblockländern die Hoffnung, die Zensur werde gelockert und ein gewisser Freiraum für Dissens und Kritik in gemäßigter Form gewährt (im gleichen Jahr reichte Boris Pasternak das Manuskript seines Romans *Dr. Schiwago* erfolglos bei der Literaturzeitschrift *Novi Mir* ein). Doch schon bald zeigte sich der Kreml über eine Entwicklung besorgt, die er als Beginn einer kulturellen Permissivität begriff; drei Jahre nach dem 20. Parteitag der KPdSU verteidigte Chruschtschow in aggressiven Reden den offiziellen sozialistischen Realismus in der Kunst und drohte seinen Kritikern mit ernsten Konsequenzen, falls sie damit fortführen, ihn, auch in der Rückschau, herabzusetzen. Gleichzeitig, 1959, gingen die Behörden in scharfer Form gegen orthodoxe Priester und Baptisten vor, denen nach Stalins Tod eine gewisse Freiheit, eine Art kultureller Dissidenz, zugestanden worden war.

Chruschtschow unterschied sich allerdings von seinen Kollegen darin, daß auf seine Unberechenbarkeit Verlaß war. Der 22. Parteitag der KPdSU im Oktober 1961 offenbarte, wie tief die Spaltung zwischen China und der UdSSR war (im folgenden Monat schlossen die Sowjets ihre Botschaft in Albanien, Pekings europäischem Standbein), und im Wettstreit um weltweiten Einfluß präsentierte

Moskau seinen verwirrten und schwankenden Anhängern im Ausland ein neues Gesicht. 1962 wurde einem unbekannten Lehrer aus der Provinz – Alexander Solschenizyn – gestattet, seinen pessimistischen und implizit subversiven Roman *Ein Tag im Leben des Iwan Denissowitsch* in der Zeitschrift *Novi Mir* zu veröffentlichen – derselben Zeitschrift, die Pasternaks Buch keine sechs Jahre zuvor abgelehnt hatte.

Die relative Toleranz während Chruschtschows letzter Amtsjahre erstreckte sich nicht auf direkte Kritik an der sowjetischen Führung: Solschenizyns späteres Werk hätte sicherlich selbst auf der Höhe des »Tauwetters« nicht gedruckt werden dürfen. Doch verglichen mit den zurückliegenden Jahren erschienen die frühen Sechziger als eine Zeit literarischer Freiheit und vorsichtiger kultureller Experimentierfreude. Das alles änderte sich im Oktober 1964 mit dem Machtwechsel im Kreml. Die Putschisten waren verärgert über Chruschtschows politische Mißerfolge und seinen autokratischen Stil; vor allem aber störte sie seine Inkonsequenz. Der Erste Sekretär selbst mochte ja wissen, was erlaubt war und was nicht, doch andere konnten versucht sein, seine scheinbare Toleranz mißzuverstehen. Fehler drohten.

Binnen weniger Monate nach der Machtübernahme, begann die neue Kremlführung die Intelligenzija unter Druck zu setzen. Im September 1965 wurden die beiden jungen Schriftsteller Andrej Sinjawski and Juli Daniel verhaftet. Unter den Pseudonymen Abram Terz und Nikolai Arschak schmuggelten sie verschiedene fiktionale Werke in den Westen, wo sie veröffentlicht wurden. Terz-Sinjawski hatte im Ausland auch einen kurzen kritischen Essay über sowjetische Literatur veröffentlicht – *On Socialist Realism*. Im Februar 1966 wurde den beiden Männern der Prozeß gemacht. Da kein Gesetz der Sowjetunion die Veröffentlichung von literarischen Werken im Ausland verbot, behaupteten die Behörden, der Inhalt ihrer Werke selbst sei ein Beweis genug für das Verbrechen antisowjetischer Aktivitäten. Die beiden Männer wurden schuldig gesprochen und zu Arbeitslager verurteilt: Sinjawski zu sieben Jahren (er wurde allerdings nach sechs entlassen) und Daniel zu fünf.

Gegen Sinjawski und Daniel wurde unter Ausschluß der Öffentlichkeit verhandelt, obwohl eine Pressekampagne, in der die beiden Autoren verleumdet worden waren, die Öffentlichkeit veranlaßt hatte, an ihrem Schicksal Anteil zu nehmen. Doch die Prozesse wurden von mehreren Leuten, die Zugang zum Gerichtssaal hatten, heimlich mitgeschnitten, zu Papier gebracht und ein Jahr später auf russisch und englisch veröffentlicht, wodurch eine internationale Flut von Bittschriften und Gesuchen ausgelöst wurde, in denen auf die Freilassung der Männer gedrungen wurde.[3] Ungewöhnlich an dieser Affäre war der Umstand, daß ungeachtet aller Brutalität der Stalin-Jahrzehnte bislang niemand allein wegen des Inhalts seiner fiktionalen Schriften festgenommen und inhaftiert worden war. Selbst wenn die materiellen Beweise zu diesem Zweck frei erfunden worden waren, hatte man Intellektuelle in der Vergangenheit immer wegen Taten, nicht nur wegen Worten angeklagt.

Durch den Gegensatz zu der vergleichsweise lockeren Handhabung der Zensur in der Chruschtschow-Zeit löste die Behandlung von Sinjawski und Daniel nie dagewesene Proteste in der Sowjetunion aus. Das war der Beginn der Dissidentenbewegung, welche die letzten Jahrzehnte der Sowjetunion begleitete: Der »Samisdat« (»Selbstverlag«) im Untergrund begann in den Jahren nach den Verhaftungen und ihretwegen, und viele einflußreiche sowjetische Dissidenten der siebziger und achtziger Jahre traten zum erstenmal bei den Protesten gegen die Behandlung von Sinjawski und Daniel in Erscheinung. Wladimir Bukowski, damals ein 25jähriger Student, wurde 1967 verhaftet, weil er auf dem Puschkin-Platz eine Demonstration zur Verteidigung der Bürgerrechte und der Meinungsfreiheit organisiert hatte. Bereits 1963 war er unter der Anschuldigung, antisowjetische Literatur zu besitzen, vom KGB verhaftet und zur Zwangsbehandlung in eine psychiatrische Anstalt eingewiesen worden. Jetzt wurde er wegen »antisowjetischer Aktivitäten« zu drei Jahren Arbeitslager verurteilt.

Die Sinjawski-Daniel-Affäre und die Reaktion, welche sie auslöste, schien sehr kennzeichnend für die Situation in der Sowjetunion zu sein: was sich verändert hatte und was nicht. Nach jedem Maßstab außer dem eigenen war das Regime unbeweglich, repressiv und starr. Die Fata Morgana von 1956 war verblaßt. Die Aussichten auf eine wahrheitsgemäße Darstellung der Vergangenheit und auf Reformen in der Zukunft schienen in weite Ferne gerückt. Die Illusionen der Chruschtschow-Zeit waren geplatzt. Egal, wie sich das Sowjetregime den Westmächten präsentierte, im Inneren verbreitete es ein unbestimmtes Dämmerlicht von wirtschaftlicher Stagnation und moralischem Verfall.

In den Satellitenstaaten Osteuropas schienen die Aussichten auf Veränderung ungleich günstiger zu sein. Auf den ersten Blick mag das wie ein Paradox klingen. Denn wenn schon die Bürger der Sowjetunion gegenüber der poststalinistischen Diktatur machtlos waren, so mußten doch die Ungarn, Tschechoslowaken und ihre Nachbarn doppelt hilflos sein: Nicht nur, daß sie unter einem repressiven Regime lebten, auch ihre eigenen Herrscher waren dem imperialen Machtanspruch Moskaus unterworfen. Die Grundsätze des Sowjet-Imperiums waren im November 1956 mit aller Deutlichkeit exemplifiziert worden. In der Tschechoslowakei und in Rumänien saßen außerdem die überlebenden Opfer der Schauprozesse früherer Jahre noch eine Dekade später im Gefängnis.

Und doch *waren* die Verhältnisse in Osteuropa anders – zum Teil natürlich, weil es sich um eine koloniale Ausweitung des kommunistischen Herrschaftsbereichs in jüngerer Zeit handelte. In den sechziger Jahren war der Kommunismus für die meisten Bewohner der Sowjetunion die einzige Herrschaftsform, die sie kennengelernt hatten; im Schatten des Großen Vaterländischen Krieges hatte sie sogar eine gewisse Legitimität erworben. Doch weiter westlich war die Besetzung durch die Rote Armee und die erzwungene sowjetische Machtübernahme noch frisch im Gedächtnis. Die bloße Tatsache, daß sie Moskauer Marionetten waren und daß es ihnen daher an Glaubwürdigkeit im eigenen Land fehlte, ließ es den Parteiführern des Satellitenstaaten geraten erscheinen, stärker auf die Befindlichkeiten der einheimischen Bevölkerung einzugehen.

Das schien um so eher möglich zu sein, als die einheimischen Kritiker der Parteiregime, die zwischen 1956 und 1968 in Osteuropa an der Macht waren, keine Antikommunisten waren. In einer Antwort auf Sartres Behauptung aus dem Jahr 1956, der ungarische Aufstand sei »rechtsgerichtet« gewesen, erwiderte der ungarische Flüchtling und Geisteswissenschaftler François Fejtö, die Stalinisten hätten rechts gestanden. *Sie* seien die »Versaillais« – die Versailler Truppen, die die Pariser Kommune von 1871 zerschlugen – gewesen. »*Wir* bleiben die Linken, getreu unseren Ideen, unseren Idealen und unseren Traditionen.« Der Nachdruck, mit dem Fejtö die Glaubwürdigkeit der antistalinistischen *Linken* betont, trifft die Stimmungslage der intellektuellen Opposition in Osteuropa während der folgenden zwölf Jahre. Es ging nicht darum, den Kommunismus zu verurteilen oder ihn gar zu stürzen, sondern darum, herauszufinden, was so schrecklich schiefgegangen war, und eine Alternative im Rahmen des Kommunismus zu entwickeln.

Das war »Revisionismus«, ein Begriff, den der polnische Staatschef Wladislaw Gomułka in diesem Zusammenhang erstmals im Mai 1957 auf einer Sitzung des Zentralkomitees der Polnischen Vereinigten Arbeiterpartei verwendete, um seine intellektuellen Kritiker zu beschreiben. Diese »Revisionisten« – in Polen war der junge marxistische Philosoph Leszek Kołakowski der bekannteste – waren bis 1956 vielfach orthodoxe Marxisten gewesen. Dieser Überzeugung schworen sie nicht über Nacht ab, sondern verbrachten die nächsten zwölf Jahre mit dem Versuch, »den Fehler«, wie der slowakische Schriftsteller Milan Šimečka schrieb, »im Bauplan zu entdecken«. Wie viele zeitgenössische Marxisten im Westen waren sie der Vorstellung verhaftet, es müsse möglich sein, eindeutig zwischen der Glaubwürdigkeit des Marxismus und Stalins Verbrechen zu unterscheiden.

Für viele osteuropäische Marxisten war der Stalinismus eine traurige Parodie der marxistischen Lehre und die Sowjetunion eine ständige Belastung für die Glaubwürdigkeit des Projekts sozialistischer Umgestaltung. Doch anders als die Neue Linke im Westen setzten die Revisionisten im Osten ihre Arbeit mit der

Kommunistischen Partei und häufig in ihr fort. Das geschah natürlich teilweise der Not gehorchend, teilweise aber auch aus ehrlicher Überzeugung. Auf lange Sicht isolierten sich die Reformkommunisten durch diese Zugehörigkeit und brachten sich sogar in Mißkredit, vor allem in den Augen einer heranwachsenden Generation, die sich zunehmend der Stimmungslage ihrer Altersgenossen im Westen verbunden fühlte und deren Bezugspunkt nicht mehr die stalinistische Vergangenheit, sondern die kapitalistische Gegenwart war. Doch in der Zeit von 1956 bis 1968 verschaffte der revisionistische Impuls in Osteuropa Autoren, Filmemachern, Ökonomen, Journalisten und anderen Intellektuellen die kurzfristige Hoffnung auf eine alternative sozialistische Zukunft.

Den wichtigsten Freiraum für Kritik in Polen bot die katholische Kirche den Menschen, die unter ihrem Schutz arbeiteten – vor allem an der Katholischen Universität Lublin und in den Zeitschriften *Znak* und *Tygodnik Powszechny*. Es war eine Besonderheit Polens in den Gomułka-Jahren, daß marxistische Philosophen und katholische Theologen in der Verteidigung der Redefreiheit und der staatsbürgerlichen Freiheiten eine gemeinsame Basis fanden – erste Ansätze der Allianzen, die in den siebziger Jahren geschmiedet werden sollten. Doch in anderen Ländern war die kommunistische Partei selbst das einzige Forum, wo solche Kritik gefahrlos vorgebracht werden konnte. Das aussichtsreichste Gebiet für »hilfreiche« Kritik war die kommunistische Wirtschaftsleitung.

Einen der Gründe lieferte die Behauptung, der herkömmliche Marxismus wurzele in der politischen Ökonomie; und daher sei es zulässig, die Wirtschaftspolitik (sobald sie erst einmal vom lastenden Vermächtnis Stalins befreit sei) zum Kampfplatz für abweichende Meinungen zu machen. Ein anderer Grund lag darin, daß viele osteuropäische Intellektuelle den Marxismus damals noch sehr ernst nahmen und das Problem der kommunistischen Wirtschaft als einen entscheidenden Ausgangspunkt für ernsthafte Reformen ansahen. Doch die Haupterklärung lag einfach darin, daß Anfang der sechziger Jahre die kommunistischen Staaten Europas die ersten Anzeichen schwerer Zerrüttung zeigten.

Die Mängel der kommunistischen Volkswirtschaften waren kaum ein Geheimnis. Es gelang ihnen gerade eben, ihre Bürger mit ausreichender Nahrung zu versorgen (in der Sowjetunion mißlang selbst das oft genug). Sie hatten sich auf die massenhafte, den Bedarf bei weitem übersteigende industrielle Erzeugung von Grundstoffen festgelegt. Dagegen wurden die Waren – vor allem Konsumgüter –, für die es eine wachsende Nachfrage *gab*, nicht, nicht in ausreichenden Mengen oder nicht in der notwendigen Qualität hergestellt. Das Vertriebs- und Absatzsystem der verfügbaren Güter war so schlecht organisiert, daß die ohnehin schon vorhandene echte Knappheit durch künstlich hervorgerufenen Mangel noch verschärft wurde: Engpässe, Schwund, Korruption und – im Fall von Nahrungsmitteln und anderen verderblichen Gütern – ein hohes Maß an Vergeudung.

Die eigentümliche Ineffizienz des Kommunismus war im ersten Nachkriegsjahrzehnt teilweise durch die Erfordernisse des Wiederaufbaus verdeckt worden. Doch Anfang der sechziger Jahre, nach Chruschtschows vollmundiger Ankündigung, der Kommunismus werde den Westen »überholen«, und offiziellen Verlautbarungen, daß der Übergang zum Sozialismus abgeschlossen sei, wurde die Kluft zwischen Parteirhetorik und alltäglichem Mangel so tief, daß sie sich auch durch Ermunterungen zur Beseitigung von Kriegsschäden und Produktionssteigerung nicht mehr überbrücken ließ. Der Vorwurf, Saboteure – Kulaken, Kapitalisten, Juden, Spione oder westliche »Kreise« – hätten Fortschritte des Kommunismus behindert, war zwar immer noch mancherorts vernehmbar, wurde nun jedoch mit der Zeit des Terrors in Verbindung gebracht: mit einer Zeit, die zu vergessen, so Chruschtschow, die meisten kommunistischen Führer sich nach Kräften mühten. Die Probleme mußten – wie immer häufiger eingestanden wurde – im kommunistischen Wirtschaftssystem selbst liegen.

Selbsternannte »Reformökonomen« (»Revisionisten« hatte einen abwertenden Beigeschmack) waren am häufigsten in Ungarn anzutreffen. 1961 hatte János Kádár verlauten lassen, die Staatspartei werde davon ausgehen, daß jeder, der sich nicht gegen sie stelle, für sie sei; so kam es, daß die Kritiker der kommunistischen Wirtschaftspraxis unter dem Kádár-Regime es erstmals wagten, sich zu artikulieren.[4] Die Reformökonomen räumten weiterhin ein, wenn auch vorsichtiger, daß die Kollektivierung der Landwirtschaft in den vierziger und fünfziger Jahren ein Fehler gewesen sei. Weiterhin gaben sie zu, wenn auch vorsichtiger, daß die Versessenheit der Sowjetunion auf massenweise Gewinnung und Erzeugung von Grundstoffen ein Wachstumshemmnis sei. Kurzum, sie räumten ein – wenn auch nicht sehr nachdrücklich –, daß die pauschale Übertragung der sowjetischen Zwangsindustrialisierung auf Osteuropa und die Vernichtung des Privateigentums eine Katastrophe gewesen sei. Darauf begannen sie eine noch gründlichere Suche nach Möglichkeiten, wie kommunistische Volkswirtschaften Preissignale und andere Marktanreize in ein kollektivistisches Eigentums- und Produktionssystem integrieren könnten.

In den sechziger Jahren waren die Debatten über Wirtschaftsreformen in Osteuropa eine Gratwanderung. Einige Parteiführer waren pragmatisch (oder besorgt) genug, um die technischen Fehler der Vergangenheit anzuerkennen – sogar die neostalinistische tschechische Führung gab 1961, nach der Hälfte ihres katastrophalen dritten Fünfjahresplans, die Bevorzugung der Schwerindustrie auf. Doch das Eingeständnis, daß die zentrale Planung oder das Kollektiveigentum ein Fehler sei, war etwas ganz anderes. Reformökonomen wie Ota Šik oder

der Ungar János Kornai versuchten statt dessen einen »dritten Weg« zu entwikkeln: eine Mischwirtschaft, in welcher der unabdingbare Aspekt des Gemeineigentums und der zentralen Planung durch verstärkte lokale Selbständigkeit, einige Preissignale und eine Lockerung der Steuerung abgemildert wurde. Schließlich waren die wirtschaftlichen Argumente unbestreitbar: Ohne solche Reformen würde das kommunistische System in Stagnation und Armut verkommen – »Knappheit reproduzieren«, wie es Kornai in einem berühmten Artikel formulierte.

Nur in Ungarn reagierte Kádár auf seine Kritiker, indem er ein gewisses Maß an echten Reformen zuließ: mit dem Neuen Wirtschaftsmechanismus von 1968. Kolchosen wurde erhebliche Selbständigkeit eingeräumt; man gestattete ihnen nicht nur, nebenbei private Parzellen zu bestellen, sondern ermutigte sie sogar dazu. Einige Monopole wurden zerschlagen. Die Preise bestimmter Waren wurden an den Weltmarkt gebunden und durften mittels gespaltener Wechselkurse schwanken. Auch private Einzelhandelsgeschäfte wurden erlaubt. Dabei ging es weniger darum, einen Mittelweg zwischen zwei unverträglichen Wirtschaftssystemen einzuschlagen, als vielmehr darum, ein Maximum an Marktaktivität einzuführen (und damit, so hoffte man, einen zufriedenheitstiftenden Wohlstand der Verbraucher), die sich mit der ungeschmälerten politischen Kontrolle der höchsten Wirtschaftsführung vertrug.

In der Rückschau ist klar, daß die Reformer sich selbst etwas vormachten, wenn wie annahmen, ein »dritter Weg« zwischen Kommunismus und Kapitalismus wäre unter welchen Umständen auch immer realistisch. Doch das lag nicht an formalen Mängeln ihrer wirtschaftlichen Analyse. Ihr wirklicher Fehler war eine merkwürdig naive Fehldeutung des Systems, unter dem sie lebten. Für die kommunistische Führung zählte nicht die Wirtschaft, sondern die Politik. Aus den Theorien der Wirtschaftsreformer ging unausweichlich hervor, daß die zentrale Autorität des Einparteienstaates geschwächt werden müsse, wenn das normale Wirtschaftleben wieder aufgenommen werden solle. Doch vor diese Wahl gestellt, entschieden sich die kommunistischen Staatsparteien stets für die wirtschaftliche Anomalie.

In der Zwischenzeit waren die Regimes vor allem an Stabilität interessiert. Dafür gab es Ansätze zu drei Modellen. Das erste, der »Kádárismus«, war nicht so ohne weiteres zu exportieren – und gehörte weitgehend zur Strategie des ungarischen Staatschefs, die Machthaber im Kreml davon zu überzeugen, daß es gar kein ungarisches »Modell«, sondern nur begrenzte praktische Lösungen für örtliche Schwierigkeiten gab. Ungarn befand sich tatsächlich in einer ganz besonderen Situation, denn zynisch versprach Kádár seinen nach Auslandsreisen hungernden Landsleuten freien Zugang zum wohlhabenden Westen als eine Art

Belohnung für Wohlverhalten – ein stillschweigendes Einverständnis für das Versagen des Kommunismus. Das Land wurde von und für die »Neue Klasse« regiert, wie sie der jugoslawische Dissident Milovan Djilas 1967 in einem einflußreichen Buch genannt hatte: eine Technokratie von hochqualifizierten Bürokraten und Akademikern, die in erster Linie pragmatisch bestrebt waren, sich ein warmes Nest zu bauen und das eigene Überleben zu sichern. Echte Liberalisierung war undenkbar, aber auch eine Rückkehr zur Repression höchst unwahrscheinlich.

Kádárs Ungarn – »die komfortabelste Baracke im sozialistischen Lager« – wurde vielfach beneidet, aber nur selten nachgeahmt. Das zweite Modell, Titos Jugoslawien, war noch offenkundiger ein Sonderfall. Das lag nicht daran, daß es Jugoslawien gelungen wäre, die Probleme seiner Nachbarn zu vermeiden. Viele wirtschaftliche Mängel der sowjetischen Satellitenstaaten waren Jugoslawien durchaus vertraut, eine Erinnerung daran, daß die unentschiedene Mittelstellung des Landes zwischen Ost und West eher auf einen historischen Zufall als auf eine ideologische Entscheidung zurückging. Doch im Laufe der fünfziger und sechziger Jahre hatte Tito die Entscheidungsprozesse ein wenig dezentralisiert und einige Experimente mit der »Autonomie« von Arbeitern und Fabriken gestattet.

Diese Neuerungen erwuchsen ebensosehr aus ethnischer und geographischer Verschiedenheit wie aus wirtschaftlicher Notwendigkeit. In einem Bundesstaat, dessen Teilrepubliken und Volksgruppen wenig gemein hatten außer unglücklichen und feindseligen Erinnerungen, hätte die Verordnung einheitlicher Anweisungen aus Belgrad allzusehr nach einer Rückkehr zur Vorkriegspraxis ausgesehen. Die schwierige Topographie der Region begünstigte örtliche Initiativen; und dank des Bruchs mit Stalin stand Titos Version der Diktatur des Proletariats nicht mehr unter dem Zwang, jeden einzelnen Fehler zu wiederholen, den die Sowjetunion auf ihrem Weg zum modernen Industriestaat begangen hatte. Solche Erwägungen waren es – und nicht der kreative, alternative Sozialismusentwurf, den das Wunschdenken westlicher Bewunderer Tito in diesen Jahren zuschrieb –, der das jugoslawische Modell prägte.

Und trotzdem war Jugoslawien anders: nicht unbedingt freundlicher gegenüber seinen Kritikern, wie Djilas und andere schmerzlich erfuhren, als sie Meinungen äußerten, die von der titoistischen Orthodoxie abwichen,[5] aber flexibler in der Handhabung von Bedürfnissen und Wünschen der Bevölkerung im allgemeinen (nicht zuletzt dank westlicher Hilfe). Wenn die jugoslawische Essayistin Dubravka Ugrešić nostalgisch das untergegangene Jugoslawien ihrer Jugend beschreibt, fallen ihr Dinge ein wie »echte ›Winklepickers‹, Plastikpelerinen, die erste Nylonunterwäsche … die erste Reise nach Triest«. Ein solcher Katalog billiger Konsumgüter hätte eine weit geringere Rolle in bulgarischen oder rumänischen Erinnerungen gespielt – und an »die erste Reise nach Triest« wäre überhaupt nicht zu denken gewesen. Die Jugoslawen lebten nicht in Wohlstand und nicht in Freiheit; aber sie waren auch nicht in einem hermetischen System eingesperrt. Der »Titoismus« bedrückte eher, als daß er unterdrückte. Das war zu jener Zeit ein Unterschied, der zählte.

Ein dritter Weg zur Stabilität war ein »nationaler Stalinismus«. Dafür hatte sich Albanien entschieden – eine abgeschottete, verarmte Gesellschaft unter der absoluten Herrschaft eines einheimischen Parteiautokraten, paranoid und allmächtig. Zunehmend wurde dies auch das rumänische Modell. Nikita Chruschtschow, der eine ausgesprochene Abneigung gegen Rumänien hegte (ein Gefühl, das bei Russen seiner Generation verbreitet war), hatte versucht, Rumänien eine ausschließlich landwirtschaftliche Rolle in der internationalen kommunistischen Arbeitsteilung zuzuweisen. Doch die Bukarester Parteiführung war nicht gewillt, wohlhabenderen und fortgeschritteneren kommunistischen Volkswirtschaften ausschließlich als Lieferant für Rohstoffe und Nahrungsmittel zu dienen.

Nachdem die Rumänen bei der Niederschlagung des Ungarnaufstands willfährig zur Hand gegangen waren, setzten sie 1958 einen Abzug der sowjetischen Truppen aus Rumänien durch und schlugen in der Folge einen zunehmend unabhängigen Weg ein. Unter Gheorghe Gheorghiu-Dej und (ab 1965) Nicolae Ceauşescu ließ sich Rumänien nicht in die Streitigkeit zwischen Moskau und China hineinziehen und duldete noch nicht einmal Manöver des Warschauer Pakts auf seinem Territorium. Die rumänische Führung machte Tito Avancen (dessen eigene Beziehungen zum Warschauer Pakt eher formell als freundlich waren). 1963 hielt Dej sogar eine Rede vor der jugoslawischen Nationalversammlung. Seine neostalinistische Industrialisierung betrieb Rumänien mit Geld und Maschinen aus Westeuropa. Der Handel des Landes mit dem Westen nahm ständig zu, während die Wirtschaftsbeziehungen zu den Comecon-Ländern zurückgingen – von 70 Prozent des gesamten rumänischen Außenhandels Anfang der sechziger Jahre auf 45 Prozent zehn Jahre später.

Die lautstark verkündete »Rumänien zuerst«-Strategie war im eigenen Land nicht unpopulär – eine der Methoden, mit denen Rumäniens Kommunistische Partei ihre so unbestreitbar nichtrumänischen Ursprünge kompensierte, bestand darin, sich das Mäntelchen des Nationalismus umzuhängen. Dej hatte damit angefangen, und Ceauşescu setzte die Strategie einfach fort. Noch erfolgreicher war die Methode allerdings im Ausland. Während Albanien, der europäische Chinaverschnitt, allenfalls auf nostalgische Stalinisten oder fanatische Maoisten Reiz ausübte, genoß das kommunistische Rumänien international ein merkwürdig positives Image. Einfach dadurch, daß sie sich von Moskau distanzierten, gewannen die Männer in Bukarest eine überraschend große Zahl westlicher Bewunderer. Im August 1966 bezeichnete *The Economist* Ceauşescu als »den de Gaulle Osteuropas.«

De Gaulle selbst meinte, als er im Mai 1968 Bukarest besuchte, Ceauşescus Kommunismus sei zwar für den Westen kaum geeignet, für Rumänien aber wahrscheinlich genau das Richtige: »Chez vous un tel régime est utile, car il fait marcher les gens et fait avancer les choses.« (»Für Sie ist ein solches Regime nützlich, denn es bringt die Menschen auf Trab und die Dinge voran.«). Zweifellos hatte de Gaulle recht mit der Ansicht, der Kommunismus sei nicht für den Westen geeignet. Der Kommunismus in Rumänien war besonders bösartig und repressiv: Dadurch, daß sich Dej und Ceauşescu 1958 von der Sowjetunion distanzierten, befreiten sie sich zugleich von der Notwendigkeit, die Entstalinisierung und die Reformen zu übernehmen, die mit der Chruschtschow-Ära verknüpft waren. Im Gegensatz zu anderen Satellitenstaaten gestattete Rumänien nicht die geringste Kritik im eigenen Land – in den sechziger Jahren spielten die Bukarester Intellektuellen, von der eigenen Gesellschaft isoliert, keine Rolle in den Debatten des Inlands (die es gar nicht gab) und mußten sich statt dessen damit zufrieden geben, die neuesten Nouveau romans aus Paris zu lesen und stellvertretend an einer kosmopolitischen französischen Kultur teilzuhaben, zu der sich gebildete Rumänen schon immer besonders hingezogen gefühlt hatten.

Doch statt die rumänischen Diktatoren zu verurteilen, ließen ihnen die westlichen Regierungen jede erdenkliche Unterstützung zuteil werden. Nachdem sich Rumänien über das sowjetische Veto hinweggesetzt und 1967 die Bundesrepublik Deutschland offiziell anerkannt hatte, wurden die Beziehungen noch herzlicher: Richard Nixon besuchte als erster US-Präsident ein kommunistisches Land, als er im August 1969 nach Bukarest reiste. Der Nationalkommunismus – »Er mag ja ein *Commie* sein, aber er ist unser *Commie*« – zahlte sich für Ceauşescu aus: Rumänien war der erste Staat des Warschauer Paktes, der Mitglied des GATT (1971), der Weltbank und des IWF (1972) wurde und der in den Genuß der Handelspräferenzen der Europäischen Gemeinschaft (1973) und des Meistbegünstigtenstatus der USA (1975) kam.[6]

Die westlichen Diplomaten meinten, Bukarests antirussische Autokraten trügen den Keim zu einem neuen Tito in sich: stabil, verläßlich und mehr an der Macht im eigenen Land als an internationalen Störmanövern interessiert. Zumindest in einer Hinsicht hatten sie recht. Tito und Ceauşescu gelang es wie Kádár und der neostalinistischen Führung in der DDR erfolgreich, die Untiefen der sechziger Jahre zu umschiffen. Sie alle waren in der Lage, auf je eigene Weise die Macht und den Einfluß zu Hause zu bewahren und gleichzeitig einen Modus vivendi mit Moskau zu finden. Dieser Erfolg blieb den kommunistischen Führern in Warschau und Prag versagt.

Der friedliche Ausgang der polnischen Unruhen von 1956 verlangte seinen Preis. Während katholische Institutionen und Autoren in Władysław Gomułkas Polen erlaubt waren, wurde jede Opposition innerhalb der Partei selbst streng unterbunden. Die Polnische Vereinigte Arbeiterpartei blieb zutiefst konservativ, obwohl es ihr gelungen war, blutige Säuberungen in der Stalin-Ära zu vermeiden. Aus Sorge, daß sich die Unruhen von 1956 wiederholen könnten, reagierte die Parteiführung auf jede Kritik an ihrer Politik wie auf eine unmittelbare Bedrohung ihres politischen Monopols. Das Ergebnis war tiefe Enttäuschung unter den »revisionistischen« Intellektuellen, nicht nur über das Regime im allgemeinen, sondern auch über die verpaßte Chance eines Richtungswechsels, über das unvollendete Werk des Polnischen Oktobers.

Im Sommer 1964 verfaßten Jacek Kuroń und Karol Modzelewski, zwei Doktoranden an der Warschauer Universität, eine akademische Kritik an dem politischen und ökonomischen System Volkspolens. Ihre Dissertation war in Sprache und Inhalt untadelig marxistisch, trotzdem wurden sie aus der Partei und dem sozialistischen Jugendverband Polens ausgeschlossen und von offizieller Seite beschuldigt, parteifeindliche Propaganda zu verbreiten. Daraufhin veröffentlichten sie einen Offenen Brief an die Partei, den sie im März 1965 im Parteibüro der Warschauer Universität übergaben. In dem Brief beschrieben die Autoren ein bürokratisches und autokratisches Regime, das sich über die Interessen aller hinwegsetzte, ausgenommen der herrschenden Elite, der es diente, inkompetent eine verarmte Arbeiterschaft regierte und alle Kommentare und Kritik zensierte. Polens einzige Hoffnung sei, so lautete Kurońs und Modzelewskis Schlußfolgerung, eine echte Revolution, gestützt auf Arbeiterräte, Pressefreiheit und Abschaffung der politischen Polizei.

Am Tag nach der Übergabe ihres Briefes wurden die beiden Männer festgenommen, angeklagt, zur Konterrevolution aufgerufen zu haben, und am 19. Juli 1965 zu drei beziehungsweise dreieinhalb Jahren Haft verurteilt. Besonders empfindlich reagierte das Regime auf die vorbildliche marxistische Terminologie der Kritik, auf die schlüssige Verwendung von sozioökonomischem Zahlenmaterial, um die klägliche Bilanz der Wirtschaftspolitik zu dokumentieren, und auf den Ruf nach einer Arbeiterrevolution, um die gegenwärtige bürokratische Diktatur zu ersetzen (ein neotrotzkistischer Zungenschlag, der der Sache der Autoren nicht eben dienlich war[7]). Vor allem aber war die Partei wohl entschlossen, eben jene Kombination aus intellektueller Diagnose und proletarischer Aktion zu unterbinden, zu welcher der Kuroń-Modzelewski-Brief aufrief.

Die Kuroń-Modzelewski-Affäre löste eine heftige Reaktion an der Universität aus. Der Geheimprozeß gegen die beiden Studenten schockierte die akademische Welt, woraufhin Forderungen laut wurden, nicht nur die beiden freizulassen, sondern auch ihren Brief und ihre zuvor eingereichte Dissertation zu veröffentlichen. Angesehene Wissenschaftler nahmen sich des Falls an. Leszek Kolakowski, Philosophieprofessor an der Warschauer Universität, hielt im folgenden Jahr vor Studenten des Geschichtsinstituts eine Rede zum 10. Jahrestag des Plenums der polnischen Partei im Oktober 1956. Der polnische Oktober sei eine verpaßte Gelegenheit gewesen, erklärte er. Zehn Jahre später sei Polen ein Land der Privilegien, der Ineffizienz und der Zensur. Die Kommunisten hätten den Kontakt mit der Nation verloren, und die Unterdrückung von Kuroń, Modzelewski und der Kritik, die sie vorgebracht hätten, sei ein Zeichen für den Niedergang der Partei – und des Landes.

Kołakowski wurde erwartungsgemäß als »bürgerlich-liberal« aus der Partei ausgeschlossen, obwohl seine Kollegen an der Warschauer Universität tapfer auf seinen internationalen Ruf als Marxismusforscher hinwiesen. 22 prominente kommunistische Autoren und Intellektuelle Polens wandten sich daraufhin an das Zentralkomitee und verteidigten den »Genossen Kołakowski« als Sprecher einer »freien und authentischen sozialistischen Kultur und Demokratie«. Auch sie wurden aus der Partei ausgeschlossen. Im Frühjahr 1967 war es der ungeschickten polnischen Führung glücklich gelungen, in ihrer Wut über die Kritik ihrer Linken eine echte intellektuelle Opposition ins Leben zu rufen; und die Warschauer Universität war zu einem Zentrum studentischer Auflehnungen geworden – im Namen der Redefreiheit und zur Verteidigung, unter anderem ihrer verfolgten Professoren.

Die Frage der Redefreiheit an der Warschauer Universität nahm im Januar 1968 wieder eine neue Wendung. Seit Ende November 1967 spielte die Theatertruppe der Universität das Stück *Ahnenfeier* von Polens Nationaldichter Adam Mickiewicz. Obwohl bereits 1832 geschrieben, war es als Porträt einiger Rebellen des 19. Jahrhundert, die sich gegen Unterdrückung aufgelehnt hatten, gefährlich zeitnah und fand ein lebhaft interessiertes und ausgesprochen engagiertes Publikum. Ende Januar verkündeten die kommunistischen Behörden, das Stück müsse abgesetzt werden. Nach der letzten Aufführung marschierten Hunderte von Studenten zum Mickiewicz-Denkmal in der polnischen Hauptstadt, prangerten die Zensur an und verlangten ein »freies Theater«. Zwei der Studenten, Henryk Szlajfer und Adam Michnik, schilderten die Situation dem Warschauer Korrespondenten von *Le Monde*, dessen Bericht auch von Radio Freies Europa gesendet wurde: nur folgerichtig, daß Michnik und sein Kollege von der Universität verwiesen wurden.

Daraufhin organisierten die Studenten eine Flut von Petitionen an das polnische Parlament, der Warschauer Zweig des polnischen Schriftstellerverbandes verfaßte Solidaritätsbekundungen, und Kołakowski sowie andere Professoren und Schriftsteller traten mit Reden zur Verteidigung der Studenten an die Öffentlichkeit. Ein Autor prangerte den Umgang der Kommunisten mit der Kultur öffentlich als »die Diktatur der Dummen« an. Am 8. März wurde eine Protestkundgebung von Studenten in der Warschauer Universität gegen den Ausschluß von Michnik und Szlajfer von der Polizei gewaltsam aufgelöst. Drei Tage später folgten landesweite Studentendemonstrationen und ein Streik an der Warschauer Universität selbst. Neostalinistische Kreise in der Partei begannen besorgt von einem Machtverlust der Partei zu sprechen. Einige gingen so weit, Moskau vor den Gefahren eines »Revisionismus« nach Art der Tschechoslowakei zu warnen.

Das Gomułka-Regime schlug massiv zurück. Der Streik und die anschließenden Proteste wurden mit beträchtlicher Gewalt unterdrückt – so massiv, daß ein Mitglied des Politbüros und zwei Minister aus Protest zurücktraten. 34 weitere Studenten und 6 Professoren (darunter auch Kołakowski) wurden von der Warschauer Universität verwiesen. Nach der Niederschlagung des Prager Frühlings in der benachbarten Tschechoslowakei verhafteten die Behörden die Organisatoren von Protesten und Petitionen gegen die sowjetische Invasion und brachten sie vor Gericht. In einer langen Reihe von Prozessen, die zwischen September 1968 und Mai 1969 stattfanden, wurden Studenten und andere Intellektuelle aus Warschau, Breslau, Krakau und Lodz wegen »Beteiligung an Geheimorganisationen«, »Verbreitung staatsfeindlicher Schriften« und anderer Verbrechen angeklagt und zu Haftstrafen zwischen sechs Monaten und drei Jahren verurteilt. Die strengsten Urteile wurden über Angeklagte wie Adam Michnik, Jan Litynski und Barbara Toruńczyk gefällt, die schon an den anfänglichen Studentenprotesten beteiligt gewesen waren.

Eine unverhältnismäßig große Zahl der Studenten und Professoren, die in den Jahren von 1967 bis 1969 verhaftet, der Universität verwiesen oder inhaftiert wurden, waren jüdischer Herkunft, und das war kein Zufall. Seit Vladyslaw Gomułkas Rückkehr an die Macht im Jahr 1956 hatte der konservative (neostalinistische) Flügel der polnischen Partei jede Gelegenheit ergriffen, selbst die begrenzten Freiheiten, die gewährt worden waren, wieder zurückzunehmen. Unter der Führung des Innenministers Mieczysław Moczar hatte sich diese innerparteiliche Opposition im Zeichen des Antisemitismus zusammengefunden.

Von Stalins Tod bis zum Jahr 1967 wurde der Antisemitismus – obwohl er in Osteuropa und der Sowjetunion sehr verbreitet war – aus der offiziellen kommunistischen Rhetorik verbannt. Nach dem Krieg waren die meisten überlebenden Juden Osteuropas in den Westen oder nach Israel ausgewandert. Von denen, die geblieben waren, flohen viele, wenn sie konnten, vor den Verfolgungen während Stalins letzter Jahre. Trotzdem blieben noch beträchtliche jüdische Gemeinden in Polen und (vor allem) in Ungarn übrig; doch die meisten dieser Überlebenden waren keine praktizierenden Juden mehr und begriffen sich in der Regel auch gar nicht mehr als solche. Diejenigen, die nach dem Krieg geboren wurden, wußten es noch nicht einmal mehr – weil ihre Eltern es für klüger hielten, sie darüber im unklaren zu lassen.[8]

Besonders in Polen verhielt sich die beträchtliche Zahl von jüdischen Kommunisten – einige von ihnen in politischen Ämtern, andere an Universitäten oder Freiberufler – überwiegend gleichgültig gegen ihre jüdische Herkunft, wobei einige so naiv waren zu meinen, ihre Gleichgültigkeit würde von den Polen im allgemeinen geteilt. Aber sie gaben für alle, die es in der Partei zu Macht und im Lande zu demagogischer Popularität bringen wollten, ein unwiderstehliches Ziel ab.[9] Alles, was fehlte, war eine günstige Gelegenheit, und die lieferte der Sechstagekrieg zwischen Israel und seinen arabischen Nachbarn im Juni 1967. Die sowjetische Unterstützung der arabischen Sache legitimierte die Kritik an Israel, dem Zionismus – und den Juden.

In einer Rede vom 19. Juni 1967, in der Gomułka all diejenigen verurteilte, die in dem jüngsten Konflikt Israel unterstützt hatten, warf er schamlos seine jüdischen Kritiker und den zionistischen Staat in einen Topf: »Ich möchte erklären, daß wir keine polnischen Bürger jüdischer Nationalität daran hindern werden, nach Israel zurückzukehren [sic], wenn sie es wünschen. Wir vertreten die Ansicht, daß jeder polnische Bürger nur ein Vaterland haben sollte: das Volkspolen ... Mögen alle, die sich angesprochen fühlen, unabhängig von ihrer Nationalität die richtigen Schlüsse daraus ziehen. Wir wollen keine Fünfte Kolonne in unserem Land.« Die Anspielung auf die Juden als Fünfte Kolonne wurde über Radio und Fernsehen verbreitet und von Millionen Polen vernommen. Die Botschaft war unmißverständlich.

Ob Gomułka damit seine eigene Überzeugung äußerte, ob er nach Sündenböcken für die politischen Mißerfolge der letzten zehn Jahre suchte oder ob er einfach Moczars Bestreben vorhersah, ihn zu Fall zu bringen, und daher beschlossen hatte, seine stalinistischen Gegner auszumanövrieren, ließ sich nie feststellen. Doch die Folgen seiner Entscheidung waren dramatisch. Die polnischen Behörden entfesselten eine Flut von Vorurteilen gegen die Juden: überall in Polen, aber vor allem in der Partei und in der akademischen Welt. Parteiapparatschiks ließen unter der Hand verlauten, daß die wirtschaftlichen Engpässe und andere Probleme die Schuld der jüdischen Kommunisten wären. Offen unterschied man zwischen »guten« Kommunisten, denen die nationalen polnischen Interessen am Herzen lägen, und den anderen (Juden), deren wahre Sympathien ganz woanders zu suchen seien.

1968 wurden Eltern und andere Verwandte von jüdischen Studenten, die inhaftiert oder der Universität verwiesen worden waren, ihrerseits aus offiziellen

Ämtern und Universitätspositionen entfernt. Staatsanwälte achteten verstärkt auf die Namen und Herkunft von Studenten und Professoren, die vor Gericht erschienen – kein ganz neuer Vorgang, man kannte ihn aus den Prozessen der fünfziger Jahre gegen Slánský und andere, aber etwas Neues im kommunistischen Polen. Auf der Höhe der antisemitischen Hetzjagd definierten die Zeitungen Juden nach Kriterien, die direkt aus den Nürnberger Gesetzen übernommen worden waren – wenig überraschend vielleicht, wenn man bedenkt, wie viele unbelehrbare Faschisten sich im stalinistischen Flügel der herrschenden Partei befanden.

Jetzt wurden die Juden aufgefordert, das Land zu verlassen, und viele folgten der Aufforderung, unter demütigenden Bedingungen und unter großen persönlichen Opfern. Von den in Polen verbliebenen 30 000 Juden emigrierten 1968/69 20 000. Zurück blieben nur einige tausend, meist ältere Menschen und die jungen Leute – unter ihnen Michnik und seine Kommilitonen, die gerade ihre Haftstrafen verbüßten. Zu den Nutznießern dieser Umwälzung gehörten Moczar und seine Anhänger, denn sie übernahmen die Partei- und Regierungsposten, die zuvor Juden innegehabt hatten. Die Verlierer waren, von Polens Juden abgesehen, das Bildungswesen des Landes (das viele seiner besten Wissenschaftler und Lehrer verlor, unter anderem Kołakowski – der zwar selbst kein Jude, aber mit einer Jüdin verheiratet war); Gomułka, der zu spät bemerkte, welche Lawine er da losgetreten hatte, und der zwei Jahre später gestürzt wurde; und Polen selbst, dessen Name abermals – und auf viele Jahre – in den Augen der Welt untrennbar mit der Diskriminierung und Verfolgung seiner jüdischen Minderheit verknüpft war.

Polens Herrschern fiel es relativ leicht, die protestierenden Studenten zu isolieren und auszuschalten, weil es ihnen gelang, die Intellektuellen und Unzufriedenen vom Rest der Nation zu trennen – eine Strategie, bei der sich der Antisemitismus natürlich als nützlich erwies. Dafür waren die Studenten möglicherweise selbst ein bißchen verantwortlich: Besonders an der Warschauer Universität spielten die privilegierten Söhne und Töchter der kommunistischen Nomenklatura Polens eine führende Rolle bei den Protesten und Demonstrationen, wobei es ihnen vor allem um Fragen wie Redefreiheit und politische Rechte ging. Wie ihre neostalinistischen Gegner rasch verkündeten, zollten Warschaus dissidente Intellektuelle den Sorgen der arbeitenden Bevölkerung um die lebensnotwendigen Dinge wenig Aufmerksamkeit. Dafür reagierte die Masse des polnischen Volkes betont gleichgültig auf die Verfolgung der Juden und Studenten, und ganz besonders auf die der jüdischen Studenten.

1970, zwei Jahre später, als die Regierung die Lebensmittelpreise um 30 Prozent erhöhte und die Werftarbeiter von Danzig protestierten, kam es zur tragischen, wenn auch unbeabsichtigten Retourkutsche: Niemand unterstützte sie.

Doch die Lektion dieser Jahre – daß Polens Arbeiter und Intellektuelle, wenn sie der Partei am Zeuge flicken wollten, ihre wechselseitige Gleichgültigkeit überwinden und eine politische Allianz schmieden mußten – wurde schon bald gründlich gelernt und mit historischer Wirksamkeit angewandt, vor allem von Adam Michnik und Jacek Kuroń selbst. So gesehen, hatte 1968 für Polen ein positives Ergebnis, wenn auch mit einer gewissen Verzögerung. Was sich von der benachbarten Tschechoslowakei nicht sagen ließ.

Anfang der sechziger Jahre war die Tschechoslowakei ein Zwitterwesen, beim beunruhigenden Übergang vom Nationalstalinismus zum Reformkommunismus auf halbem Wege steckengeblieben. Die Schauprozesse und Säuberungen der fünfziger Jahre waren spät nach Prag gelangt, in ihrer Wirkung aber stärker und dauerhafter gewesen als anderswo. Es gab keine Ablösung der alten stalinistischen Elite, keinen tschechischen Gomułka oder Kádár. Die alte Garde des Regimes blieb in ihren Ämtern. Zwei Ausschüsse wurden eingerichtet, um die Prozeßführung gegen Slánský und andere zu untersuchten: Der eine tagte von 1955 bis 1957, der andere von 1962 bis 1963. Beide hatten den tieferen Zweck, die jüngere kriminelle Vergangenheit des Regimes anzuerkennen, ohne die Kontrolle über die Gegenwart zu verlieren.

Vorerst wurde dieses Ziel erreicht. Opfer der stalinistischen Prozesse wurden auf freien Fuß gesetzt und rehabilitiert – in vielen Fällen auf Veranlassung derselben Politiker, Richter, Ankläger und Vernehmungsbeamten, die zuvor für ihre Verurteilung gesorgt hatten. Die Exhäftlinge erhielten ihre Parteiausweise, etwas Geld, Bezugsscheine (zum Beispiel für ein Auto) und in einigen Fällen sogar ihre alten Wohnungen. Ihre Frauen und Kinder konnten wieder arbeiten und zur Schule gehen. Trotz dieser faktischen Anerkennung früheren Unrechts blieben die Partei und ihre Führungsspitze aus der Stalinzeit unbehelligt und im Amt.

Wie der französische Kommunistenführer Maurice Thorez wartete auch der Erste Sekretär Antonin Novotný viele Jahre ab, um sicherzugehen, woher der Wind wehte, bevor er Chruschtschows Beispiel folgte und den sowjetischen Diktator verurteilte. Die Auswüchse des stalinistischen Terrors waren noch so frisch im Gedächtnis der Tschechen, daß sich die Parteiführung scheute, irgendwelche »Fehler« einzugestehen – aus Angst, daraus könnten sich Folgen ergeben, die in ihrem Ausmaß noch die Unruhen des Jahres 1956 in Polen oder sogar in Ungarn in den Schatten stellen würden. So wurde die Entstalinisierung in der Tschechoslowakei absichtlich so lange wie möglich hinausgeschoben – sogar das monumentale Stalinstandbild auf den Hügeln über Prag und seine wesentlich kleinere Kopie in der slowakischen Hauptstadt Bratislava blieben bis Oktober 1962 unberührt.[10]

Die Folgen der kommunistischen Sozialrevolution hatten sich in der Tschechoslowakei stärker als in anderen Ländern bemerkbar gemacht, eben weil es dort, wie gezeigt, im Unterschied zu fast allen anderen Ländern, die der sowjetischen Herrschaft unterworfen waren, tatsächlich eine entwickelte, bürgerliche Gesellschaft gab. Die prominentesten Opfer des stalinistischen Terrors in der Tschechoslowakei waren alle Intellektuellen gewesen, meist aus der Mittelschicht und vielfach jüdischer Herkunft. Andere Schichten hatten nicht so stark gelitten. Die soziale Aufwärtsmobilität für Arbeiter – oder genauer, die soziale Abwärtsmobilität für alle anderen Bevölkerungsgruppen – war in den fünfziger Jahren ein auffälliges Merkmal der tschechischen und slowakischen Länder. In der Tschechoslowakei stieg der Anteil der Arbeiterkinder an allgemeinbildenden weiterführenden Schulen und an Universitäten von 10 Prozent im Jahr 1938 auf 31 Prozent im Jahr 1956 und auf fast 40 Prozent im Jahr 1963. Die Einkommensverteilung in der Tschechoslowakei war Anfang der sechziger Jahre die egalitärste im sowjetisch beherrschten Teil Europas.

Die kommunistische Führung hatte die Tschechoslowakei also tatsächlich in den »vollständigen Sozialismus« geführt, wie es in der neuen Verfassung von 1960 hieß. Doch diese Errungenschaft war mit einem Maß an wirtschaftlicher Stagnation erkauft worden, das selbst nach sowjetischen Vorstellungen unerträglich war. Daher die Entscheidung der Parteiführung auf dem XII. Parteitag im Dezember 1962, »die Volkswirtschaft« des Landes dem fortgeschrittenen Stadium der sozialistischen Entwicklung »anzupassen«, das heißt, das Unvermeidliche zu akzeptieren und ein Minimum an nichtsozialistischen Reformen zu gestatten, um die stockende Wirtschaft wieder in Schwung zu bringen. Doch die Veränderungen, die Ota Šik und andere Reformökonomen der Partei vorschlugen – die Leistungsprämien der Arbeiter mit einer Beteiligung an den Gewinnen der Fabriken zu verknüpfen, statt sie von Plansoll- oder Normerfüllung abhängig zu machen –, stießen auf wenig Gegenliebe bei den Hardlinern der Partei und wurden erst vier Jahre später auf dem XIII. Parteitag übernommen.

Zu diesem Zeitpunkt war eingetreten, was die Parteiführung schon lange befürchtet hatte: Die Mischung aus öffentlichen Rehabilitationen, vorsichtiger Anerkennung von Stalins Fehlern und die Aussicht auf gelinde Reformen hatten dazu geführt, daß an dem Würgegriff, mit dem die Partei das öffentliche Leben umklammert hielt, ernsthafte Kritik geübt wurde. Die 1963 begonnenen Wirtschaftsreformen wurden von der Arbeiterschaft nicht einhellig begrüßt; doch bei Schriftstellern, Lehrern, Filmemachern und Philosophen setzte die Aussicht auf eine Lockerung der stalinistischen Fesseln eine Flutwelle von Kritik, Hoffnung und Erwartungen frei.

So war 1963 eine Schriftstellerkonferenz in Liblice Franz Kafka gewidmet.

Bislang war das ein Tabuthema gewesen: teilweise, weil Kafka ein Prager Jude gewesen war, der auf deutsch geschrieben hatte und damit an Böhmens vergessene Geschichte erinnerte; vor allem aber, weil Kafka in vielen seiner Erzählungen auf bestürzend hellsichtige Weise die Logik totalitärer Herrschaft vorweggenommen hatte. Daher schien die Genehmigung, über Kafka zu diskutieren, eine weit umfassendere Liberalisierung der öffentliche Debatte anzukündigen: von der Erörterung verbotener Schriftsteller bis zur Erwähnung ermordeter Persönlichkeiten des öffentlichen Lebens war es nur ein kleiner Schritt. Im April 1963 sprach der rehabilitierte slowakische Schriftsteller Ladislav Novomeský auf dem slowakischen Schriftstellerkongreß offen und bewundernd über seinen »Genossen und Freund« Clementis, ein Opfer des Slánský-Prozesses. Ein Hauptanliegen wurde der Wunsch, ohne Maulkorb zu reden – sich frei über die Vergangenheit zu äußern –, wenn auch noch immer sorgfältig in eine »revisionistische« Sprache verpackt: Als der junge Romancier Milan Kundera einen Artikel in der Prager Kulturzeitschrift *Literárni Noviny* veröffentlichte, beschränkte er seine Kritik vorsichtig auf die stalinistische »Abweichung« in der tschechischen Literatur und die Notwendigkeit, die Wahrheit über sie zu sagen.

Das relativ liberale Klima dieser Jahre war ein verspätetes tschechisches Echo auf Chruschtschows Tauwetterperiode. Trotz des veränderten Tons in Moskau nach Breschnews Machtübernahme dauerte die künstlerische Renaissance in der Tschechoslowakei an, nur gelegentlich von Zensur und Druck von oben behindert. Für Ausländer war das deutlichste Symptom eine Fülle neuer Filme, deren behutsam behandelte Themen noch wenige Jahre zuvor verboten gewesen wären: etwa *Scharf beobachtete Züge* (»Liebe nach Fahrplan«), ein Film, in dem Miloš Forman den kommunistischen Mythos vom Widerstand gegen die Nazis während des Krieges vorsichtig zerpflückt; Koautor war Josef Škvorecký (Verfasser des Buches *Feiglinge*, eines Romans, der das gleiche Thema einige Jahre zuvor etwas mutiger behandelt und den Ruhm seines Verfassers begründet hatte). Doch Dramatiker, Lyriker und Romanciers – von denen viele, unter ihnen Kundera, in diesen Jahren auch als Drehbuchautoren tätig waren – spielten eine noch wichtigere Rolle.

1966 veröffentlichte Ludvík Vaculík *Das Beil*, einen fiktiven Bericht, in dem er die kommunistischen Ideale seines Vaters – und die anschließende Ernüchterung des Sohnes – schilderte. 1967 veröffentlichte ein anderer Schriftsteller, Ladislav Mňačko, eine scharfe, nur oberflächlich als Roman getarnte Kritik an Novotný und der Partei-Nomenklatura unter dem vielsagenden Titel *Wie die Macht schmeckt*. Im selben Jahr erschien von Kundera *Der Scherz*, ein neoexistentialistischer und unverhüllt autobiographischer Roman der stalinistischen Generation in der Tschechoslowakei. Diese Jahre, »die Zeit des sozialistischen Aufbaus«, wie sie offiziell hießen, durften jetzt offen von intellektuellen Kritikern diskutiert werden. Auf dem Vierten Tschechoslowakischen Schriftstellerkongreß im Sommer 1967 geißelten Kundera, Vaculík, der Lyriker und Dramatiker Pavel Kohout und der junge Dramatiker Václav Havel die kommunistische Führung jener Zeit wegen der verheerenden materiellen und moralischen Schäden, die sie angerichtet hatte. Sie verlangten eine Rückkehr zum literarischen und kulturellen Erbe der Tschechoslowakei und forderten das Land auf, wieder seinen »normalen« Platz in der Mitte eines freien Europas einzunehmen.

Der implizite Angriff auf die *aktuelle* tschechoslowakische Führung blieb niemandem verborgen – jedenfalls wissen wir, daß die Kremlführung die Situation in Prag bereits sorgenvoll verfolgte: Breschnew hielt die Tschechoslowakei schon lange für den ideologisch unzuverlässigsten Partner des Warschauer Paktes. Weil die alternden Stalinisten in der Prager Burg das wußten, hatten sie so lange versucht, eisern auf Parteilinie zu bleiben. Wenn sie nicht schärfer gegen die intellektuelle Opposition vorgingen, die sich 1967 regte, so ganz gewiß nicht, weil der Wille dazu gefehlt hätte. Zwei Gründe zwangen sie indes zur Zurückhaltung: die Notwendigkeit, die kürzlich eingeführten Wirtschaftsreformen fortzusetzen, die nach ungarischem Vorbild ein gewisses Maß an Offenheit und Toleranz voraussetzten; und die Schwierigkeiten, die sich in der Slowakei anbahnten.

Die Tschechoslowakische Republik (ČSR), wie sie ursprünglich hieß, war immer ein schwieriges und unausgewogenes Staatsgebilde gewesen. Die slowakische Minderheit im Süden und Osten des Landes war ärmer und ländlicher als die Tschechen im Nordwesten. 1918 von der ungarischen Herrschaft befreit, waren die Slowaken zwischen den beiden Weltkriegen die armen Verwandten im tschechoslowakischen Vielvölkerstaat und wurden von Prag nicht immer gut behandelt. Daher hatten es viele slowakische Politiker nicht ungern gesehen, als 1939 das Land geteilt wurde und Hitlerdeutschland einen »unabhängigen« Marionettenstaat mit Bratislava (Breslau) als Hauptstadt errichtete. Umgekehrt waren es die städtischen und überwiegend sozialdemokratischen Tschechen in Böhmen und Mähren gewesen, welche die kommunistischen Kandidaten in den Nachkriegswahlen unterstützt hatten, während die katholischen Slowaken diesen gleichgültig oder ablehnend gegenübergestanden hatten.

Trotzdem war es den Slowaken unter den Kommunisten gar nicht so schlecht ergangen. Gewiß, die slowakischen Intellektuellen waren den kommunistischen Säuberungen zum Opfer gefallen, als man ihnen bürgerlichen Nationalismus oder antikommunistische Verschwörung (oder beides) vorgeworfen hatte, während die kleine Zahl überlebender slowakischer Juden mit ihren tschechischen Glaubensbrüdern litt. Doch »bürgerliche Nationalisten«, Kommunisten, Juden und Intellektuelle waren in der Slowakei zahlenmäßig weit schwächer und vom

Rest der Gesellschaft sehr viel stärker isoliert. Die meisten Slowaken waren arm und arbeiteten in der Landwirtschaft. Für sie brachte die rasche Verstädterung und Industrialisierung im ersten Nachkriegsjahrzehnt echte Vorteile. Im Gegensatz zu den Tschechen waren sie keineswegs unzufrieden mit ihrem Geschick.

Nach 1960 schlug die Stimmung im slowakischen Landesteil jedoch unvermittelt um. Die neue »sozialistische« Verfassung machte noch weniger Zugeständnisse gegenüber regionalen Initiativen oder Meinungen als ihre Vorgängerin, und die relative Autonomie, die man der Slowakei in der Nachkriegszeit für den Aufbau des Landes zugestanden hatte, wurde ihr jetzt wieder entzogen. Eine viel direktere Wirkung auf die meisten Slowaken hatte jedoch die Stagnation der Wirtschaft (die tschechoslowakische Wachstumsrate war 1964 die niedrigste im ganzen Ostblock), welche die Schwerindustrie in der Zentralslowakei schlimmer traf als irgendwo sonst.

Im Januar 1967 sah sich Novotný gezwungen, die überfälligen Wirtschaftsreformen, die von seinen eigenen Parteiexperten empfohlen wurden, endlich in die Tat umzusetzen. Die Vorschläge der Reformökonomen zur Dezentralisierung der Entscheidungsprozesse und zu größerer örtlicher Selbständigkeit waren in Bratislava begrüßt worden, obwohl Reformvorschläge, wie gewinnabhängige Leistungsprämien den ungelernten Arbeitern in den unproduktiven Fabriken der Slowakei wenig verlockend erschienen sein dürften. Nun rebellierten aber alle Instinkte des Parteichefs gegen eine derartige Lockerung der Parteikontrolle, daher empfahl Novotný statt dessen Korrekturen der vorgeschlagenen Veränderungen, mit dem Ziel, die Institutionen der zentralen Planung zu stärken. Das konterkarierte nicht nur die Vorschläge von Šik und anderen Parteiökonomen; es verärgerte auch die Slowaken. Nun begannen sogar die slowakischen Kommunisten, von der Notwendigkeit einer Föderalisierung und den Schwierigkeiten der Zusammenarbeit mit den vergreisten Prager Apparatschiks zu reden. Als slowakische Kommunisten schließlich erklärten, sie fühlten sich von der tschechischen Mehrheit benachteiligt und übergangen, griffen sie damit eine Klage auf, die von slowakischen Reinigungskräften, Bauarbeitern, Lehrern und Verkäufern schon lange vorgebracht wurde. Nun wurden auch die lange vergessenen Kränkungen aus der Vorkriegszeit und die eher dem Stalinismus zuzuschreibenden Säuberungen unter slowakischen Kommunisten wieder ausgegraben.

Inzwischen, und zum erstenmal seit Jahren, gab es auch Hinweise auf Schwierigkeiten ganz anderer Art. Am 31. Oktober 1967 organisierte eine Gruppe von Studenten der Technischen Hochschule in Prag eine Straßendemonstration im Prager Stadtbezirk Strahov, um gegen die Stromsperren in ihren Wohnheimen zu protestieren. Doch ihre Rufe nach »Mehr Licht!« wurden zu Recht als Forderungen verstanden, die weit über begrenzte Wohnprobleme hinausgingen. Die

»Strahov«-Ereignisse, wie sie später genannt wurden, löste die Polizei rasch und gewaltsam auf; doch sie trugen zu der aufgeladenen Atmosphäre des Augenblicks bei, um so mehr, als sie den Schluß nahezulegen schienen, daß auch ein kommunistischer Staat offenbar nicht immun gegen die studentische Stimmung im Westen war.

Wie Gomułka in Polen wußte Novotný nicht so recht, wie er auf solche Herausforderungen reagieren sollte. Da ihm die antisemitische Option nicht zur Verfügung stand, bat er Breschnew, ihm gegen seine einheimischen Kritiker zu helfen. Doch als der sowjetische Führer im Dezember 1967 nach Prag kam, hatte er nur die ziemlich dunkle Empfehlung im Gepäck, der tschechoslowakische Präsident möge tun, was er für richtig halte: »Das ist Ihre Angelegenheit.« Novotnýs Kollegen nutzten die Gelegenheit. Am 5. Januar 1968 wählte das Zentralkomitee der Kommunistischen Partei der Tschechoslowakei einen neuen Ersten Sekretär: Alexander Dubček.

Der neue Mann war jung (mit 47 sechzehn Jahre jünger als Novotný), gehörte dem Reformflügel der Partei an und war, vor allem, Slowake. Da er seit drei Jahren Chef der Kommunistischen Partei der Slowakei war, erschien er vielen als glaubwürdiger Kompromißkandidat: ein langjähriger kommunistischer Apparatschik, der trotzdem Reformen unterstützen und den slowakischen Unmut besänftigen würde. Dubčeks erste Maßnahmen schienen diese Auffassung zu bestätigen. Einen Monat nach seiner Berufung billigte die Parteiführung das verschobene wirtschaftliche Reformprogramm ohne Vorbehalt. Dubčeks zwangloses Auftreten sprach vor allem die jungen Leute an, während seine unbestreitbare Loyalität gegenüber Partei und »Sozialismus« den Kreml und andere kommunistische Staatschefs, die die Vorgänge in Prag besorgt verfolgten, zunächst einmal beruhigte.

Wenn Dubčeks Absichten Beobachtern verborgen blieben, lag es wahrscheinlich daran, daß er selbst keineswegs sicher war, welchen Weg er einschlagen sollte. Zunächst wirkte sich diese Unentschlossenheit zu seinen Gunsten aus, da verschiedene Fraktionen um seine Gunst buhlten und ihm anboten, seine Stellung zu stärken. In den Wochen nach seiner Wahl verlangte man auf öffentlichen Kundgebungen in Prag das Ende der Zensur, mehr Pressefreiheit und eine unvoreingenommene Untersuchung mit dem Ziel, die Säuberungen der fünfziger Jahre und die Verantwortung der alten Garde um Novotný zu klären (der Staatspräsident blieb, obwohl er als Parteichef abgelöst worden war). Von der Woge dieser allgemeinen Begeisterung getragen, ging Dubček auf den Ruf nach einer Lockerung der Zensur ein und veranlaßte, daß Novotnýs Anhänger aus Partei und Armee entfernt wurden.

Am 22. März trat Novotný widerstrebend vom Präsidentenamt zurück und wurde eine Woche später von General Ludvík Svoboda ersetzt. Fünf Tage danach verabschiedete das Zentralkomitee ein »Aktionsprogramm«, in dem Gleichberechtigung und Autonomie für die Slowakei, die Rehabilitation früherer Opfer und die »Demokratisierung« des politischen und wirtschaftlichen Systems verlangt wurden. Die Partei vertrat nun offiziell das, was das Programm als »ein einzigartiges Experiment in demokratischem Kommunismus« bezeichnete: »Sozialismus mit menschlichem Antlitz«, wie es allgemein genannt wurde. Nach einer gewissen Zeit (das Dokument sprach von einer zehnjährigen Übergangsphase) wollte die Kommunistische Partei der Tschechoslowakei die Gründung anderer Parteien zulassen, um sich mit ihnen dann bei echten Wahlen zu messen. Das waren kaum sehr originelle Ideen, doch von den offiziellen Organen einer herrschenden kommunistischen Partei öffentlich verkündet, lösten sie ein politisches Erdbeben aus. Der Prager Frühling hatte begonnen.

Die Ereignisse vom Frühjahr und Sommer 1968 in der Tschechoslowakei beruhten auf drei Illusionen. Die erste, die nach Dubčeks Aufstieg und vor allem nach Veröffentlichung des Aktionsprogramms sehr verbreitet war, lag in der Überzeugung, daß die Freiheiten und Reformen, die jetzt diskutiert wurden, in das »sozialistische« (das heißt kommunistische) Projekt eingegliedert werden könnten. Es wäre falsch, rückblickend zu vermuten, daß die Studenten, Literaten und Parteireformer von 1968 »in Wahrheit« bestrebt gewesen wären, den Kommunismus durch einen liberalen Kapitalismus zu ersetzen oder daß ihre Begeisterung für den »Sozialismus mit menschlichem Antlitz« nur ein rhetorischer Kompromiß, eine Redefigur gewesen wäre. Ganz im Gegenteil, die Annahme, daß es einen »dritten Weg« gebe, einen demokratischen Sozialismus, der sich mit freien Institutionen vertrage, der individuelle Freiheiten *und* kollektive Ziele gelten lasse, hatte die Phantasie der tschechischen Studenten genauso wie die der ungarischen Ökonomen gefangengenommen.

Die Unterscheidung, die man jetzt zwischen dem in Mißkredit geratenen Stalinismus der Novotný-Generation und dem erneuerten Idealismus der Dubček-Ära traf, wurde weithin akzeptiert – sogar von Parteimitgliedern, ja vor allem von ihnen.[11] So versicherte Jiří Pelikán im Vorwort zu einem dritten Bericht über die politischen Prozesse in der Tschechoslowakei (1968 von Dubček in Auftrag gegeben, aber nach seinem Sturz verboten): »Die Kommunistische Partei hatte außerordentliche Zugewinne an Popularität und Prestige zu verzeichnen, die Menschen bekannten sich spontan zum Sozialismus.«[12] Das ist vielleicht ein bißchen übertrieben, geht aber nicht weit an der damaligen Stimmung vorbei. Und das wiederum nährte eine zweite Illusion.

Während die Menschen glaubten, die Partei könne den Sozialismus vor seiner Geschichte retten, gelangte die Parteiführung zu der Überzeugung, sie könne dies erreichen, ohne die Kontrolle über das Land zu verlieren. Am 18. April wurde eine neue Regierung unter der Leitung von Oldrich Černík eingesetzt. Ermutigt durch öffentliche Sympathiekundgebungen und die offenkundige Rükkendeckung breiter Massen (vor allem während der traditionellen Maifeiern), hob sie alle formalen Einschränkungen der öffentlichen Meinungsfreiheit auf. Am 26. Juni wurde die Zensur der Presse und anderer Medien offiziell abgeschafft. Am selben Tag verkündete die Regierung, daß die Tschechoslowakei ein echter Bundesstaat werde, der eine Tschechische Sozialistische Republik und eine Slowakische Sozialistische Republik umfasse. (Das war die *einzige* von Dubčeks Reformen, welche die anschließende Unterdrückung überstand; sie wurde am 28. Oktober 1968 Gesetz).

Doch nachdem die kommunistische Führung alle Einschränkungen der Meinungsfreiheit aufgehoben hatte, wurde sie nun von allen Seiten gedrängt, die Logik ihres Handelns konsequent zu Ende zu führen. Warum nach Abschaffung der Zensur die Kontrolle und den Besitz der Medien aufrechterhalten? Am 27. Juni veröffentlichten *Literarny Listy* und andere tschechische Printmedien das Manifest »Zweitausend Worte« von Ludvík Vaculík, »gewidmet den Arbeitern, Bauern, Angestellten, Wissenschaftlern, Künstlern und allen«. Es verlangte die Wiederzulassung der politischen Parteien, die Bildung von Bürgerkomitees zur Verteidigung und Förderung der Reformanliegen und unterbreitete weitere Vorschläge mit dem Ziel, die Initiative zu weiteren Veränderungen der Kontrolle der Partei zu entziehen. Die Schlacht sei noch nicht gewonnen, warnte Vaculík: Die Reaktionäre in der Partei würden um die Wahrung ihrer Privilegien kämpfen. Es sei sogar die Rede von der Intervention ausländischer Streitkräfte, um »unsere Entwicklung« zu unterbinden. Das Volk müsse die Position der kommunistischen Reformer dadurch stärken, daß es sie dränge, die Entwicklung zu forcieren.

Vaculíks Manifest und seine Konsequenz – daß die Kommunisten auf ihr Machtmonopol verzichten müßten – lehnte Dubček ab. Als lebenslanger Kommunist konnte er diese qualitative Umwandlung (zum »bürgerlichen Pluralismus«) nicht gutheißen und sah im übrigen dazu auch keine Veranlassung. Für Dubček war die Partei zunehmend selbst das einzige geeignete Vehikel für radikale Veränderungen, wenn die entscheidenden Merkmale eines sozialistischen Systems erhalten bleiben sollten. Je beliebter die Partei, desto mehr Veränderungen ließen sich ohne Risiko einführen. Doch wie Vaculíks Manifest unbarmherzig klarmachte, hing die Popularität und Glaubwürdigkeit der Partei von ihrer Bereitschaft ab, Veränderungen vorzunehmen, die sie letztlich ihre Macht kosten konnten. Die Bruchlinie zwischen einem kommunistischen Staat und einer offenen Gesellschaft lag nun offen zutage.

Und dies wiederum lenkte die Aufmerksamkeit des Landes im Sommer 1968 auf die dritte Illusion, die gefährlichste von allen: Dubčeks Überzeugung, er könne Moskau in Schach halten, es werde ihm gelingen, den sowjetischen Genossen klarzumachen, daß sie nichts von der Tschechoslowakei zu fürchten hätten – ja daß sie nur profitieren könnten von der frisch erworbenen Popularität der Kommunistischen Partei der Tschechoslowakei und dem erneuerten Glauben an ein verjüngtes sozialistisches Projekt. Diese tödliche Fehlkalkulation unterlief Dubček vor allem, weil die tschechischen Reformer die Lektion von 1956 komplett mißverstanden hatten. Ihrer Meinung nach lag Imre Nagys Fehler darin, daß er sich vom Warschauer Pakt losgesagt und Ungarns Neutralität verkündet hatte. Solange die Tschechoslowakei fest im Pakt und Moskau eindeutig verbunden bleibe, meinte man in Prag, würden Leonid Breschnew und seine Kollegen das Land sicherlich in Ruhe lassen.

Doch 1968 machte sich die Sowjetunion weniger Sorgen um militärische Sicherheit als um das Machtmonopol der Partei. Bereits am 21. März klagte der ukrainische Parteisekretär Petro Schelest über die Ansteckungsgefahr, die von dem tschechoslowakischen Beispiel ausgehe: Die Gerüchte aus Prag hätten einen negativen Einfluß auf die Stimmung unter jungen Ukrainern. Bei einem Dresdener Treffen im selbem Monat äußerten die polnische und die ostdeutsche Führung ähnliche Bedenken gegenüber ihren sowjetischen Kollegen (Gomułka war angesichts seiner innenpolitischen Probleme besonders verärgert über die Kritik, die in Prag an Polens Hinwendung zum Antisemitismus laut wurde). Ohne Wissen der Prager Führung sprach KGB-Chef Juri Andropow bereits davon, daß möglicherweise »konkrete militärische Maßnahmen« erforderlich seien; und im April wurde der sowjetische Verteidigungsminister Andrej Gretschko in aller Stille ermächtigt, einen Eventualplan für militärische Operationen in der Tschechoslowakei zu entwickeln – einen ersten Entwurf für die spätere »Operation Donau«.

Mit jeder Liberalisierungsmaßnahme wuchs das Unbehagen in Moskau. Dubček muß davon gewußt haben – am 4. und 5. Mai besuchten er und andere tschechische Kommunisten Moskau und bekamen von den Führern des Ostblocks einen Katalog von Klagen über die Entwicklung in ihrem Land vorgelegt. Doch obwohl Dubček auch weiterhin beteuerte, die Partei habe alles unter Kontrolle und das Land werde, unabhängig von dem Eindruck, den freie Meinungsäußerungen in der Tschechoslowakei vielleicht entstehen ließen, die Verpflichtungen gegenüber den Bruderstaaten niemals verletzen, wurde jetzt die Zuverlässigkeit der tschechischen Armee in Frage gestellt. Die unzensierte tschechische Presse veröffentlichte Äußerungen sowjetischer Dissidenten. Russische Studenten, die Prag besuchten, konnten plötzlich Menschen und Meinungen lesen und hören, die zu Hause seit langem verboten waren. Prag wurde ein Fenster zum Westen.

Im Juli 1968 war Moskau zu dem Schluß gekommen, die Ereignisse in Prag würden der Kontrolle der Partei entgleiten – und das hätte durchaus passieren können. Auf einem Treffen der Parteiführer aus der UdSSR, Polen, der DDR, Bulgarien und Ungarn – aber nicht aus der Tschechoslowakei – am 14. Juli in Moskau verständigte man sich darauf, der tschechoslowakischen Partei einen brüderlichen Brief zu schicken, in dem vor drohender Konterrevolution gewarnt und erforderliche Gegenmaßnahmen genannt wurden: »Die Lage in der Tschechoslowakei gefährdet die gemeinsamen vitalen Interessen anderer sozialistischer Länder«. Zwei Wochen später trafen sich die sowjetischen und tschechischen Führer in Cierna an der Theiß an der tschechoslowakisch-sowjetischen Grenze, wo Dubček noch einmal versuchte, Breschnew davon zu überzeugen, daß die Kommunistische Partei ihre Position durch Reformen nicht gefährde, sondern vielmehr öffentliche Unterstützung erhalte. Der sowjetische Parteichef war nicht nur nicht überzeugt, sondern stand Dubčeks Plänen jetzt noch skeptischer denn je gegenüber. Der Warschauer Pakt kündigte Manöver an der tschechischen Grenze an. Auf einem Treffen des Warschauer Pakts am 3. August 1968 in Bratislava (an dem teilzunehmen der rumänische Staatschef Ceauşescu ablehnte) verkündete Breschnew die Doktrin, die seither mit seinem Namen verknüpft ist: »Jeder kommunistischen Partei steht es frei, die Grundsätze des Marxismus-Leninismus und Sozialismus in ihrem eigenen Land anzuwenden, aber es steht ihr nicht frei, von diesen Grundsätzen abzuweichen, wenn sie eine kommunistische Partei bleiben will ... Die Schwächung eines Gliedes im Weltsystem des Sozialismus betrifft alle sozialistischen Länder, daher kann ihnen das nicht gleichgültig sein.«

Diese Erklärung – der kaum verschleierte Rechtsanspruch des Kremls auf Präventivmaßnahmen, um eine Gefahr für den Sozialismus in irgendeinem sozialistischen Land abzuwenden – hätte Dubček eigentlich zu denken geben müssen. Doch er hatte wenig Handlungsspielraum, daher setzte er seine Beteuerungen fort, daß die Reformen in seinem Land keine Gefahr für das sozialistische System darstellten. In einem Telefongespräch am 13. August versuchte Dubček einem mißtrauischen Breschnew gewissenhaft zu erläutern, daß er sich große Mühe gebe, die öffentliche Kritik an der Sowjetunion zu unterdrücken, daß »dieses Problem aber nicht durch eine Anweisung von oben gelöst werden« könne. Hätte er gewußt, daß fünf seiner Genossen aus dem tschechoslowakischen Präsidium den Russen am 3. August heimlich einen Brief zugespielt hatten, in dem sie erklärten, die kommunistische Ordnung in der Tschechoslowakei sei unmittelbar bedroht, und eine militärische Intervention verlangten, hätte er das vielleicht anders gesehen.[13]

Die sowjetische Entscheidung, in der Tschechoslowakei einzumarschieren, wurde formell erst am 18. August getroffen. Breschnew scheint gezögert zu haben – wohl ahnend, daß der Sieg, so leicht er auch sein mochte, in seinen Nachwirkungen problematisch sein könnte –, doch die Intervention war schon lange zuvor unvermeidlich geworden. Die sowjetischen Führer rechneten damit, daß der XIV. Parteitag der tschechischen Kommunisten die endgültige Übernahme der Partei durch den Reformflügel bringen könnte, und hatten jetzt große Furcht vor der ansteckenden Wirkung des tschechischen Beispiels auf die Nachbarstaaten. Als Gretschko die versammelten sowjetischen Militärführer von der Entscheidung zur Invasion informierte, erklärte er: »Die Invasion wird stattfinden, selbst wenn sie zum Dritten Weltkrieg führt.« Dabei wußten die Sowjets sehr genau, daß diese Gefahr nicht bestand, und das nicht nur, weil Washington alle Hände voll mit Vietnam zu tun hatte. Erst fünf Wochen zuvor hatten Washington und Moskau den Kernwaffensperrvertrag unterzeichnet; die Vereinigten Staaten waren nicht gewillt, einen solchen Erfolg für ein paar Millionen irregeleiteter Tschechen aufs Spiel zu setzen. So marschierten am 21. August 1968 an die 500 000 Soldaten des Warschauer Pakts aus Polen, Ungarn, Bulgarien, der DDR und der Sowjetunion in der Tschechoslowakei ein.[14]

Die Invasion traf auf etwas passiven Widerstand und massenhafte Straßenproteste, besonders in Prag; doch auf die dringende Bitte der tschechischen Regierung wurde ihm ansonsten kein Widerstand entgegengesetzt. Der unfreundliche Empfang überraschte die sowjetische Führung, der man weisgemacht hatte, ihre Panzer würden in weiten Teilen der Bevölkerung freundliches Entgegenkommen finden. Nachdem man Dubček und seine Kollegen aus der Parteiführung zunächst verhaftet und nach Moskau geflogen hatte, wo man sie zwang, ein Papier zu unterzeichnen, in dem sie einen Teil ihres Programms widerriefen und sich mit der sowjetischen Besetzung ihres Landes einverstanden erklärten, mußte sich der Kreml nun zu der Einsicht bequemen, daß die Reformer die Unterstützung des tschechischen und slowakischen Volkes hatten, und mußte gestatten, zumindest für den Augenblick, sie formell im Amt zu belassen. Alles andere wäre unklug gewesen.

Trotzdem begann die Unterdrückung der Prager Reformen – »Normalisierung«, wie sie im offiziellen Sprachgebrauch hieß – fast augenblicklich. Der bevorstehende Parteitag wurde abgesagt, die Zensur wieder eingeführt und allem Gerede über die Umsetzung des Aktionsprogramms ein Ende bereitet. In der sowjetischen Führung sprach sich eine nicht unerhebliche Fraktion dafür aus, in Prag eine Militärdiktatur einzusetzen. Dafür plädierten nicht nur Andropow und Schelest, sondern – bezeichnenderweise – auch der Deutsche Walter Ulbricht, der Bulgare Todor Schiwkow und der Pole Gomułka. Doch Breschnew entschloß sich statt dessen, Dubček noch einige Monate länger im Amt zu belassen, die Föderalisierung des Landes fortzusetzen (mit der Absicht, die Slowaken, deren Hauptziel damit erreicht war, von den radikaleren Tschechen abzuspalten) und abzuwarten, wie sich die Ereignisse entwickelten – während er für den Notfall die Militärpräsenz des Warschauer Paktes teilweise aufrechterhielt.

Hin und wieder demonstrierten einige Studenten für die Reformen, und in den Industriestädten von Böhmen und Mähren bildeten sich kurzzeitig Arbeiterräte nach dem ungarischen Vorbild von 1956 (auf ihrem Höhepunkt behaupteten diese Räte, ein Sechstel der nationalen Arbeiterschaft zu repräsentieren, obwohl sie in der Slowakei nur sehr schwach vertreten waren). Und dann gab es den Selbstmord von Jan Palach, einem 20jährigen Studenten an der Karlsuniversität, der sich auf der Treppe des Nationalmuseums am Prager Wenzelplatz in Brand setzte, um gegen die sowjetische Invasion und ihre Folgen zu protestieren. Palach lebte noch drei Tage, bevor er am 19. Januar 1969 seinen Verbrennungen erlag. Sein Begräbnis am 25. Januar wurde ein Tag nationaler Trauer – um Palach und um die verlorene Demokratie der Tschechoslowakei.

Als das nächstemal Demonstranten für die Demokratie auf die Straße gingen (nach einem Eishockeysieg der Tschechoslowakei über die UdSSR), nutzte der Kreml die Gelegenheit, um Dubček abzusetzen und ihn am 17. April 1969 durch Gustav Husák, einen seiner früheren Kollegen zu ersetzen. Als Slowake und früheres Justizopfer (er saß während der Stalinzeit wegen »Nationalismus« im Gefängnis) war Husák der ideale Kandidat, um das Land von der Reformketzerei zu befreien, ohne dem Vorwurf einer Rückkehr zum Stalinismus Vorschub zu leisten. Die Unterdrückung, die nun folgte, war weniger augenfällig als früher, aber außerordentlich wirksam. Man vermied öffentliche Prozesse, säuberte aber während der nächsten zwei Jahre die Kommunistische Partei der Tschechoslowakei von allen ihren »unzuverlässigen« Elementen (neun von zehn ausgeschlossenen Mitgliedern waren Tschechen). Männer und Frauen, die während des Prager Frühlings eine aktive oder prominente Rolle gespielt hatten, wurden »befragt« und aufgefordert, Erklärungen zu unterschreiben, in denen sie sich von ihren Handlungen distanzierten und Dubčeks Reformen verurteilten. Die meisten unterschrieben. Wer sich weigerte, verlor seinen Arbeitsplatz und wurde zusammen mit seinen Angehörigen und Kindern ausgegrenzt. Die bei weitem größte Gruppe der Opfer bildeten die Menschen, die in den zurückliegenden Jahren innerhalb oder außerhalb der Partei in der Öffentlichkeit in Erscheinung getreten waren: Journalisten, Fernsehsprecher, Essayisten, Romanciers, Dramatiker, Filmregisseure oder Studentenführer.[15]

Die »Durchleuchtung« und Parteiausschlußverfahren dieser Intellektuellen wurde von Bürokraten niederer Ränge, Polizisten und Parteifunktionären –

meist Kollegen der Opfer – durchgeführt. Sie versuchten, kleine Geständnisse zu bekommen – weniger, um ihre Opfer vor Gericht zu bringen, als vielmehr, um sie zu demütigen und sie auf diese Weise zur Mitwirkung an der Selbstunterwerfung einer verstörten Gesellschaft zu zwingen. Die offizielle Lesart lautete: Das Land sei 1968 einer Massenpsychose erlegen, falsche Propheten hätten sich die anschließende »Hysterie« zunutze gemacht, und nun müsse die Nation wieder mit fester Hand auf den rechten Weg geführt werden – mit dem Zuckerbrot der Konsumgüter und der Peitsche einer allgegenwärtigen Überwachung.

Die Androhung von Gewalt war natürlich ständig unausgesprochen gegenwärtig, doch der Umstand, daß sie selten angewandt wurde, trug zur kollektiven Demütigung bei. Abermals, wie schon 1938 und 1948 wurde die Tschechoslowakei zur Komplizin ihrer eigenen Niederlage gemacht. 1972 – mit Dichtern und Dramatikern, die gezwungen wurden, als Kesselreiniger und Fensterputzer zu arbeiten; Dozenten und Professoren, die Ziegelsteine stapelten; aufmüpfigen Studenten, die der Universität verwiesen worden waren; Polizeiakten, die voller nützlicher »Geständnisse« waren; und Reformkommunisten, die eingeschüchtert oder im Exil waren – war die Ordnung, um es mit den Worten eines brillanten und bitteren Essays eines der Normalisierungsopfer zu sagen, »wiederhergestellt«.[16]

Es gab im gesamten kommunistischen Block Unruhen und Proteste. Am 25. August 1968 protestierten Demonstranten auf dem Roten Platz gegen die Besetzung der Tschechoslowakei, unter ihnen Pawel Litwinow (Enkel von Stalins Außenminister) und Larissa Daniel (Frau des in Haft befindlichen sowjetischen Romanciers). Den osteuropäischen Truppen, die an der Invasion der Tschechoslowakei beteiligt waren, hatte man weisgemacht, sie verteidigten das Land gegen westdeutsche und amerikanische Invasoren; nun mußten einige von ihnen stillschweigend abgezogen werden, weil ihre Zuverlässigkeit – insbesondere die der ungarischen Einheiten, die die Slowakei besetzt hielten – ernsthaft in Frage stand. Wie gesehen, hatte in Polen die Unterdrückung in Prag einerseits Studentenproteste ausgelöst, aber andererseits auch die Behörden bei ihrer Niederschlagung gestärkt. Im April 1969 setzte sich in der lettischen Hauptstadt Riga die jüdische Studentin Ilia Rips in Brand, um auf die Behandlung Dubčeks durch die Sowjets aufmerksam zu machen. Die Haltung der Tschechen und Slowaken, bis dato die russenfreundlichsten Völker im sowjetischen Block, wurde nun unwiderruflich zu mürrischer Schicksalsergebenheit.

Doch das ließ sich alles leicht im Griff behalten. Der Kreml hatte seinen Standpunkt klar gemacht: Sozialistische Bruderstaaten besaßen nur begrenzte Souveränität, und jede Aufweichung des Machtmonopols der Partei konnte eine Militärintervention nach sich ziehen. Unbeliebtheit im eigenen Land oder in anderen

Ländern war ein geringer Preis für die Stabilität, die dafür erkauft wurde. Nach 1968 war die Sicherheit des sowjetischen Blocks garantiert, weil Moskau seine Bereitschaft, wenn nötig zur Gewalt zu greifen, erneut unter Beweis gestellt hatte. Aber nie wieder – und das war die wirkliche Lektion von 1968, zunächst für die Tschechen und dann für alle anderen –, nie wieder konnte irgend jemand behaupten, der Kommunismus beruhe auf allgemeiner Zustimmung oder der Legitimität einer reformierten Partei oder gar auf den Lehren der Geschichte.

In Prag hinterließ die Abwicklung der Reformbewegung einen besonderen bitteren Nachgeschmack. Viele der eifrigsten Säuberer hatten noch wenige Monate zuvor Dubček am lautesten zugejubelt. Dazu schrieb Zdeněk Mlynář, einer der führenden Reformer der Kommunistischen Partei: »Erst nach dem Prager Frühling von 1968 begann man zu erkennen, wer wer war.« Die scheinbare Widerstandslosigkeit, mit der sich zunächst Dubček, dann die Partei und schließlich die ganze Gesellschaft vor den sowjetischen Zuchtmeistern und ihren einheimischen Handlangern duckten, war nicht nur beschämend (noch dazu, weil wenig schmeichelhafte Vergleiche mit den ungarischen Ereignissen zwölf Jahre zuvor gezogen wurden), sondern stimmte rückblickend auch skeptisch, was die Ideale und Hoffnungen der Reformära selbst anging.

Im Rückblick auf jenen 21. August 1968, als Rotarmisten in eine Sitzung der tschechischen Parteiführung stürmten und sich hinter jedem Mitglied des Politbüros ein Soldat aufbaute, schrieb Mlynář: »In einem solchen Augenblick spielt die eigene Vorstellung vom Sozialismus die geringste Rolle. Doch gleichzeitig weiß man, daß sie irgendwie in direktem Zusammenhang mit der automatischen Waffe steht, die auf den eigenen Rücken gerichtet ist.« Dieser Zusammenhang markierte den endgültigen Wendepunkt in der Geschichte des Kommunismus, mehr noch als die ungarische Tragödie von 1956.

Die Illusion, daß der Kommunismus reformierbar sei, daß der Stalinismus eine Fehlentwicklung, ein Irrtum sei, der sich noch korrigieren lasse, daß die entscheidenden Ideale des demokratischen Pluralismus doch irgendwie mit den Strukturen des marxistischen Kollektivismus vereinbar seien – diese Illusion wurde am 21. August 1968 von den Panzern zermalmt und hat sich davon nie wieder erholt. Alexander Dubček und sein Aktionsprogramm waren kein Anfang, sondern ein Ende. Nie wieder überließen es Radikale oder Reformer der herrschenden Partei, sich ihrer Bestrebungen oder Projekte anzunehmen. Der Kommunismus in Osteuropa stolperte weiter, gestützt durch eine befremdliche Allianz aus Auslandskrediten und russischen Bajonetten, bis der faulende Kadaver 1989 schließlich fortgeschleift wurde. Die Seele des Kommunismus aber war schon zwanzig Jahre früher gestorben: in Prag, im August 1968.

Der Ausklang der Sechziger war nirgends schön. Mit dem Ende des langen Nachkriegszyklus von Wachstum und Wohlstand verloren die Rhetorik und die Projekte der Neuen Linken ihren Reiz; die optimistische Begeisterung für postindustrielle Entfremdung und den seelenlosen Charakter des modernen Lebens wurde schon bald durch ein neuerliches Interesse für Arbeitsplätze und Löhne ersetzt.[17] Im Osten lautete die Botschaft, daß man nicht mehr innerhalb des »Systems« arbeiten konnte; im Westen bot sich keine bessere Option. Zu beiden Seiten des Eisernen Vorhangs waren die Illusionen der Ernüchterung gewichen. Nur die wirklich Radikalen blieben bei ihrem Entschluß, sich dem politischen Konsens zu verweigern – ein Entschluß, der sie in Deutschland und Italien, den Vereinigten Staaten und Lateinamerika, in Konspiration, Gewalt und Kriminalität führte.

Kurzfristig betrachtet, erschienen die praktischen Errungenschaften der Sechziger ziemlich dürftig. Achtzehnjährige erhielten das Wahlrecht – zunächst in Großbritannien, dann in anderen Ländern. Die Universitäten versuchten mit unterschiedlichem Erfolg, ihre Einrichtungen und Lehrveranstaltungen zu verbessern und stärker auf die Forderungen der Studenten einzugehen. Im Laufe des nächsten Jahrzehnts wurden Scheidung, Schwangerschaftsabbruch und Empfängnisverhütung fast überall erleichtert und die Einschränkungen des Sexualverhaltens – des dargestellten wie praktizierten – weitgehend aufgehoben. Durch den Statuto dei Lavoratori vom Mai 1970 erhielten die italienischen Arbeiter das Recht, sich gegen ungerechtfertigte Entlassungen zu wehren. Alles in allem bedeuteten diese Veränderungen einen fundamentalen kulturellen Wandel der europäischen Gesellschaft, aber sie waren schwerlich die »Revolution«, die in den Parolen und Aktionen der Generation von 1968 beschworen worden war.[18]

Eigentlich war diese Revolution von Anfang an ein Selbstbetrug gewesen. Dieselben Bewegungen, die vorgaben, »Konsumentenkultur« zu verachten und zu verabscheuen, waren von Anbeginn Objekt kultureller Konsumtion und spiegelten eine weitverbreitete Trennung von Theorie und Praxis wider. Die da in Paris oder Berlin vehement ihre Absicht, »die Welt zu verändern«, kundtaten, waren oftmals den engstirnigsten und sogar physischsten Obsessionen zugetan – Vorwegnahme der solipsistischen »Ich«-Politik des folgenden Jahrzehnts – und von der bewundernden Betrachtung ihrer eigenen Wirkung voll in Anspruch genommen. »Die Sechziger« waren schon zum Kultobjekt geworden, als die Dekade noch gar nicht zu Ende war.

Doch wenn die sechziger Jahre anscheinend unbetrauert dahinschieden und nur wenig bleibende Erinnerungen hinterließen, so vielleicht deswegen, weil die von dieser Zeitspanne hervorgebrachten Veränderungen so allumfassend waren, daß sie natürlich erschienen und, zu Beginn der siebziger Jahre, vollkommene

Normalität waren. Zu Beginn des Jahrzehnts wurde Europa von – und wie es schien – für alte Männer regiert. Autorität – sei es im Schlafzimmer, zu Hause, auf der Straße, in den Bildungseinrichtungen, am Arbeitsplatz, in den Medien oder in der Politik – wurde widerspruchslos hingenommen. Doch im Laufe von zehn Jahren waren die alten Herren der Politik – Churchill, Adenauer, de Gaulle – allesamt verstorben. Auch in den meisten Sphären des gesellschaftlichen Lebens war die Autorität erloschen oder wurde nur zur Kenntnis genommen, damit man sich darüber hinwegsetzen konnte. In manchen Ländern – Frankreich, Italien – hatte der Wandel sich recht dramatisch vollzogen. Andernorts – in Großbritannien vielleicht – zog der Wandel sich über eine Reihe von Jahren hin und war von seinen Dimensionen her nur in der Rückschau voll und ganz zu erfassen.[19]

Zu den Selbsttäuschungen dieser Zeit gehörte die Annahme, die sechziger Jahre wären eine Epoche gesteigerten politischen Bewußtseins gewesen. »Jeder« (oder zumindest jeder unter 25 Jahren, der eine Bildungseinrichtung besuchte und sich von radikalen Ideen angezogen fühlte) war auf der Straße und stritt für eine gute Sache. Die Deflation der guten Sachen – und die Demobilisierung der kommenden Jahrzehnte – umgibt dieses Jahrzehnt frenetischer politischer Aktivität rückblickend mit einer Aura des Scheiterns. Doch in einigen wichtigen Aspekten waren die sechziger Jahre tatsächlich, wenn auch aus entgegengesetzten Gründen, ein eminent wichtiges Jahrzehnt: Sie waren die Zeit, in der die Europäer in beiden Hälften des Kontinents ihre endgültige *Abkehr* von politischen Ideologien begannen.

Die Parolen und Projekte der Sechziger-Generation waren weit davon entfernt, eine revolutionäre Tradition wiederzuerwecken, deren Sprache und Symbole sie sich so enthusiastisch zueigen machten, und lassen in der Rückschau eher erkennen, daß sie der Abgesang auf diese Tradition waren. In Osteuropa zerstreute das »revisionistische« Zwischenspiel und sein tragisches Ende die letzten Illusionen vom Marxismus als möglicher Praxis. Im Westen lösten sich die marxistischen und paramarxistischen Theorien von jeder Realität in Zeit und Raum und disqualifizierten sich damit selbst als künftige Elemente einer ernsthaften öffentlichen Debatte. 1945 hatte sich die radikale Rechte als legitime Ausdrucksform der Politik ein für allemal diskreditiert. 1970 war die radikale Linke auf dem besten Wege, ihr nachzueifern. Ein 180jähriger Zyklus ideologischer Politik in Europa ging zu Ende.

Dritter Teil
Rezession: 1971–1989

XIV
Gedämpfte Erwartungen

Der Dollar ist unsere Währung, aber ihr Problem.

John Connally, Finanzminister der USA, 1971

Zu töten mag Recht oder Unrecht sein, aber manchmal tut es not.

Gerry Adams

Der Tod eines Arbeiters wiegt schwer wie ein Berg, wohingegen der Tod eines Bourgeois federleicht ist.

Mao Tse-tung

Dies ist die Stunde aus Blei –
erinnert, wenn überlebt.

Emily Dickinson

Punk könnte für die Kulturtheoretiker erfunden worden sein – und es ist ein Teil der Wahrheit, daß dem so war.

Robert Hewison

Noch bevor sich der Sturm und Drang der sechziger Jahre gelegt hatte, waren die besonderen Umstände, die sie ermöglicht hatten, für immer dahin. Innerhalb von drei Jahren war das prosperierendste Jahrzehnt der überlieferten Geschichte Vergangenheit; der Wirtschaftboom der Nachkriegszeit war vorüber. Westeuropas »dreißig wunderbare Jahre« wichen einer Zeit der Geldinflation und rückläufiger Wachstumsraten, mit denen weitverbreitete Arbeitslosigkeit und soziale Unzufriedenheit einhergingen. Die meisten Radikalen der sechziger Jahre ließen, wie deren Gefolgschaft auch, »die Revolution« Revolution sein und kümmerten sich statt dessen um ihre berufliche Zukunft. Ein paar von ihnen entschieden sich für eine gewalttätige Konfrontation; der von ihnen angerichtete Schaden – und die Reaktionen, die ihre Taten bei den Behörden auslösten – zog viel Gerede über die »unregierbaren« Verhältnisse in den westlichen Demokratien nach sich. Solche Besorgnisse erwiesen sich als überzogen: Unter Druck gesetzt, bewiesen die Institutionen Westeuropas viel größere Widerstandskraft, als viele Beobachter befürchtet hatten. Aber zu dem Optimismus – oder den Illusionen – der ersten Nachkriegsjahrzehnte führte kein Weg zurück.

Die Folgen der wirtschaftlichen Abschwächung waren gerade erst ansatzweise spürbar, als die westeuropäische Wirtschaft durch zwei Rückschläge von außen ins Stocken geriet. Am 15. August 1971 verkündete Richard Nixon, Präsident der Vereinigten Staaten, daß sein Land sich aus dem System festgeschriebener Wechselkurse einseitig zurückziehen werde. Der amerikanische Dollar, seit Bretton Woods Dreh- und Angelpunkt des internationalen Währungssystems, werde künftig anderen Währungen gegenüber frei floaten. Hintergrund dieser Entscheidung waren die gewaltigen militärischen Lasten des Vietnamkrieges und ein zunehmendes Defizit des Bundeshaushalts der USA. Der Dollar war an einen Goldstandard gebunden, und in Washington wuchsen die Befürchtungen, daß man versucht sein würde, die ausländischen Bestände an US-Währung (auch im Besitz der europäischen Staats- und Zentralbanken) gegen Gold einzutauschen und damit die amerikanischen Goldreserven abzuschmelzen.[1]

Der Entschluß, den Dollarkurs frei schwanken zu lassen, war wirtschaftlich keineswegs unvernünftig. Nachdem sich die USA entschieden hatten, einen teuren Abnutzungskrieg am anderen Ende der Welt zu führen – und ihn mit geliehenem Geld zu finanzieren –, konnten sie nicht erwarten, daß der Dollar bis in alle Ewigkeit auf seinem fixierten und überhöhten Wechselkursniveau verharren werde. Trotzdem war die amerikanische Maßnahme ein Schock. Wenn der Dollar floaten sollte, so mußten es auch die europäischen Währungen. Und in diesem Falle würden alle kunstvoll konstruierten Gewißheiten des Währungssystems und der Außenhandelsregimes in Frage gestellt. Das System fester Wechselkurse, das man im Hinblick auf eine kontrollierte Verflechtung der Volkswirtschaften schon vor Ende des Zweiten Weltkriegs eingeführt hatte, war dahin. Doch was sollte an seine Stelle treten? Nach einigen Monaten des Chaos, nach zwei aufeinanderfolgenden Abwertungen des Dollars und dem 1972 verfügten Floaten des britischen Pfund (womit die althergebrachte, lästige Rolle des Sterling als internationale »Reservewährung« ein verspätetes, unrühmliches Ende fand) wurden im März 1973 auf einer Währungskonferenz in Paris die in Bretton Woods so mühevoll zustandegebrachten Währungsvereinbarungen in aller Form zu Grabe getragen und an ihrer Stelle ein neues System frei floatender Wechselkurse ins Leben gerufen. Die vorhersagbaren Kosten dieser Liberalisierung hießen Inflation. Im Gefolge des amerikanischen Schachzugs vom August 1971 (und des anschließenden Außenwertverlusts des Dollars) griffen die Staaten Europas in der Hoffnung, so dem zu befürchtenden wirtschaftlichen Abschwung zu entgehen, zu bewußt reflationären Maßnahmen: Man schuf Krediterleichterungen, ließ zu, daß die Inlandspreise stiegen und der Außenwert der Währungen sank.

Unter normalen Voraussetzungen hätte diese kontrollierte »keynesianische« Inflation wohl Erfolg gehabt: Nur in der Bundesrepublik gab es aus historischen Gründen eine tiefsitzende Abneigung gegen die bloße Vorstellung einer Inflation. Doch die Unsicherheit als Folge des amerikanischen Ausstiegs aus dem dollarbasierten System ermunterte zu einer immer umfangreicheren Devisenspekulation, der internationale Abkommen über das Regime schwankender Wechselkurse nicht Einhalt gebieten konnten. Die Spekulation konterkarierte ihrerseits die Bemühungen der einzelnen Staaten, das Zinsniveau zu beeinflussen und den Außenwert der Landeswährungen zu stabilisieren. Die Währungen verloren an Wert. Und mit sinkendem Wert stiegen die Importkosten: zwischen 1971 und 1973 kletterte der Weltmarktpreis für Produkte (Erdöl ausgeklammert) um 70 Prozent, die Nahrungsmittelpreise gar um 100 Prozent. Und ausgerechnet in dieser ohnehin schon instabilen Lage wurde die Weltwirtschaft vom ersten der beiden Ölschocks der siebziger Jahre überrascht.

Am 6. Oktober 1973, dem »Jom Kippur« (Versöhnungstag) nach jüdischem Kalender, wurde Israel von Ägypten und Syrien angegriffen. Innerhalb von 24 Stunden verkündeten die bedeutenderen der arabischen Erdölexportländer eine Verringerung der Ölförderung; zehn Tage später verhängten sie ein Embargo über die USA als Vergeltung für deren Unterstützung Israels und erhöhten den Erdölpreis um 70 Prozent. Der Jom-Kippur-Krieg endete zwar am 25. Oktober mit einem ägyptisch-israelischen Waffenstillstand, aber die Enttäuschung der Araber über den Westen, der Israel unterstützt hatte, blieb unvermindert. Am 23. Dezember verständigten sich die erdölexportierenden Länder auf eine weitere Ölpreiserhöhung. Die Kosten des Rohöls hatten sich damit seit Anfang 1973 mehr als verdoppelt.

Um würdigen zu können, welche Bedeutung diese Entwicklung insbesondere für Westeuropa hatte, muß man sich vergegenwärtigen, daß der Ölpreis in den Jahrzehnten des wirtschaftlichen Wachstums praktisch unverändert blieb, anders als der Preis aller anderen Rohstoffe, die Grundlage jeder modernen industriellen Volkswirtschaft sind. Ein Barrel saudisches »Light crude« – leichtes Rohöl als Bezugsgröße – kostete im Jahre 1953 1,93 Dollar; im Januar 1971 bekam man es noch für 2,18 Dollar. Legt man die bescheidene Preissteigerungsrate jener Jahre zugrunde, so hieß dies, daß Rohöl real sogar billiger geworden war. Die OPEC, 1960 gegründet, war weitestgehend tatenlos geblieben und hatte keinerlei Neigung gezeigt, die wichtigeren Förderländer dazu anzuhalten, ihre Ölreserven als politische Waffe einzusetzen. Der Westen hatte sich daran gewöhnt, daß bemerkenswert billiges Erdöl jederzeit verfügbar war – in den langen Jahren der Prosperität ein ausschlaggebendes Moment.

Wie wichtig das war, läßt sich daran erkennen, daß Erdöl von den europäischen Volkswirtschaften in stetig wachsendem Maße in Anspruch genommen wurde. 1953 entfielen 83 Prozent des westeuropäischen Energieverbrauchs auf Festbrennstoffe (hauptsächlich Kohle und Koks); Erdöl schlug nur mit 8,5 Prozent zu Buche. Im Jahre 1970 betrug das Verhältnis dieser Prozentsätze 29 zu 60. In Italien wurden 1973 75 Prozent des Energiebedarfs über Rohölimporte gedeckt; in Portugal waren es sogar 80 Prozent.[2] Großbritannien, das dank unlängst entdeckter Ölvorkommen unter der Nordsee für einige Zeit importunabhängig war, hatte die Förderung erst 1971 aufgenommen. Der Nachfrageboom der späten fünfziger und der sechziger Jahre hatte Westeuropas Abhängigkeit von billigem Öl beträchtlich vergrößert: Die vielen Millionen neuen Autos auf den Straßen Europas waren mit Kohle nicht zu bewegen, ebensowenig mit der elektrischen Energie, die nun, hauptsächlich in Frankreich, von Kernkraftwerken erzeugt wurde.

Bislang war der Erdölpreis in harten Dollar berechnet worden. Floatende Wechselkurse und Ölpreiserhöhungen brachten also ein noch nie dagewesenes Element der Unsicherheit ins Spiel. Während im Laufe der verflossenen zwei Jahrzehnte die Preise und Löhne ständig, wenn auch maßvoll, gestiegen waren – in einer Zeit raschen Wachstums ein akzeptabler Preis für soziale Harmonie –, setzte nun eine Geldinflation ein. Der OECD zufolge lag die Inflationsrate von 1961 bis 1969 in den nichtkommunistischen Ländern Europas ständig bei 3,1 Prozent. Von 1969 bis 1973 waren es 6,4 Prozent, und seit 1973 lag der Durchschnitt bei 11,9 Prozent. Im Rahmen dieser allgemeinen Zahlen gab es jedoch von Land zu Land beträchtliche Unterschiede: Während sich die Inflationsrate in der Bundesrepublik Deutschland von 1973 bis 1979 auf erträgliche 4,7 Prozent belief, war das Niveau in Schweden doppelt so hoch. In Frankreich stiegen die Preise in jenen Jahren um durchschnittlich 10,7 Prozent Jährlich. Der Durchschnittswert in Italien betrug 16,1 Prozent, in Spanien mehr als 18 Prozent. Der britische Durchschnitt lag bei 15,6 Prozent, doch im schlimmsten Jahr (1975) kletterte die Inflationsrate dort auf 24 Prozent pro Jahr.

Preis- und Lohninflation auf diesem Niveau waren, historisch gesehen, nichts Neues. Aber nach den stabilen Raten der fünfziger und sechziger Jahre erwies sie sich für die meisten Menschen – und ihre Regierungen – als eine neue Erfahrung. Noch schlimmer aber war, daß die europäische Inflation in den siebziger Jahren – verstärkt durch eine zweite Ölpreiserhöhung im Jahre 1979, als die Absetzung des Schahs von Persien die Ölmärkte in Panik versetzte und die Preise zwischen Dezember 1979 und Mai 1980 um 150 Prozent nach oben trieb – nicht mehr mit früheren Erfahrungen in Einklang zu bringen war. In der Vergangenheit hatte Inflation immer mit Wachstum, oftmals sogar übermäßig schnellem Wachstum, in Zusammenhang gestanden. Die großen Wirtschaftskrisen am

Ende des 19. Jahrhunderts und in den dreißiger Jahren waren jeweils von einer *De*flation begleitet gewesen: ein starker Rückgang von Preisen und Löhnen, verursacht, wie Beobachter meinten, von übermäßig stabilen Währungen und Ausgabenzurückhaltung des Staates und seiner Bürger. Doch im Europa der siebziger Jahre schien dieses herkömmliche Muster keine Gültigkeit mehr zu haben.

Statt dessen lernten die Westeuropäer nun kennen, was wenig elegant mit »Stagflation« bezeichnet wird: Lohn-Preis-Inflation und wirtschaftlicher Abschwung zugleich. Rückblickend ist diese Folge weniger überraschend, als es den Zeitgenossen erschien. Im Jahre 1970 war die große europäische Migration überzähliger landwirtschaftlicher Arbeitskräfte in Städte mit produzierenden Industrien beendet; es gab keine »brachliegende« Arbeitskraft mehr, die in Anspruch zu nehmen gewesen wäre, und die Produktivität nahm unaufhaltsam ab. In den großen europäischen Volkswirtschaften, auf Industrie und Dienstleistungssektor fixiert, war Vollbeschäftigung noch immer der Normalfall – noch 1971 lag die Arbeitslosigkeit in Großbritannien bei 3,6 Prozent, in Frankreich sogar nur bei 2,6 Prozent. Doch dies bedeutete, daß gewerkschaftlich organisierte Arbeitnehmer, die an Tarifverhandlungen aus einer Position der Stärke heraus gewöhnt waren, nun Arbeitgebern gegenüberstanden, deren großzügig bemessene Gewinnmargen zu schrumpfen begannen.

Die Arbeitnehmer verwiesen zu ihrer Rechtfertigung auf die seit 1971 gestiegenen Inflationsraten und verlangten höhere Löhne und andere Vergünstigungen in Wirtschaftsbereichen, die sogar schon vor der Krise von 1973 Anzeichen der Erschöpfung hatten erkennen lassen. Die Reallohnzuwächse begannen nun die Produktivitätssteigerung zu übertreffen; die Gewinne waren rückläufig, Investitionen unterblieben. Die Kapazitätsüberhänge, zurückzuführen auf euphorische Investitionsstrategien der Nachkriegszeit, konnten nur durch Inflation oder Arbeitslosigkeit aufgezehrt werden. Infolge der Nahostkrise blieb den Europäern beides nicht erspart.

Das Konjunkturtief der siebziger Jahre erschien schlimmer, als es war, weil es in so krassem Gegensatz zu der Zeit vorher stand. Nach historischen Maßstäben waren die durchschnittlichen Zuwachsraten des Bruttoinlandsprodukts (BIP) im Verlauf der siebziger Jahre keineswegs besonders gering. Sie bewegten sich zwischen 1,5 Prozent in Großbritannien und 4,9 Prozent in Norwegen; insofern bedeuteten sie eine klare Verbesserung gegenüber den durchschnittlich 1,3 Prozent Wachstum, das Frankreich, Deutschland und Großbritannien in den Jahren zwischen 1913 und 1950 erzielt hatten. Aber sie hoben sich stark von den Kennziffern der unmittelbaren Vergangenheit ab: von 1950 bis 1973 lag das französische Wachstum durchschnittlich bei 5 Prozent pro Jahr; in der Bundesrepublik waren es beinahe 6 Prozent Wachstum gewesen, und selbst Großbritannien hatte eine

Durchschnittsrate von mehr als drei Prozent halten können. Nicht die siebziger Jahre waren ungewöhnlich, sondern die fünfziger und sechziger.[3]

Und dennoch, der Kummer war real, vergrößert noch durch den zunehmenden Wettbewerb auf den Exportmärkten, für den die neuen Industriestaaten Asiens verantwortlich waren, und durch noch höhere Importrechnungen aufgrund gestiegener Rohstoffpreise (beileibe nicht nur des Öls). Die Arbeitslosenzahlen begannen zu steigen, gleichmäßig, aber unerbittlich. Am Ende des Jahrzehnts lag die Zahl der Beschäftigungslosen über 7 Prozent der arbeitsfähigen Bevölkerung. In Italien herrschten acht, in Großbritannien 9 Prozent Arbeitslosigkeit. In manchen Ländern – Belgien und Dänemark etwa – war der Stand der Arbeitslosigkeit in den siebziger und frühen achtziger Jahren mit den Verhältnissen in den dreißiger Jahren zu vergleichen. In Frankreich und Italien war es noch schlimmer.

Eine unmittelbare Folge des wirtschaftlichen Abschwungs war eine Verhärtung der Einstellung »ausländischen« Arbeitnehmern gegenüber. Wenn die veröffentlichten Arbeitslosenzahlen in der Bundesrepublik Deutschland (die 1970 praktisch bei Null gelegen hatten) trotz stark gesunkener Nachfrage nach Industriegütern niemals 8 Prozent der arbeitsfähigen Bevölkerung überstiegen, so lag dies daran, daß die meisten arbeitslosen Arbeiter in Deutschland keine Deutschen waren – und insofern statistisch nicht erfaßt wurden. Als Audi oder BMW beispielweise 1974 und 1975 große Teile ihrer Belegschaft entließen, waren es die »Gastarbeiter«, die als erste gehen mußten; 4 von 5 entlassenen BMW-Arbeitern waren keine deutschen Staatsbürger. 1975 schloß die Bundesrepublik ihre Anwerbebüros in Nordafrika, Portugal, Spanien und Jugoslawien endgültig. Der Bericht einer Bund-Länder-Arbeitsgruppe brachte die Sache 1977 auf den Punkt. In Grundposition 1 hieß es: »Die Bundesrepublik Deutschland ist kein Einwanderungsland. Sie versteht sich als ein Aufenthaltsland für Ausländer, die in der Regel nach einem mehr oder weniger langen Aufenthalt aus eigenem Entschluß in ihre Heimat zurückkehren.« Sechs Jahre später verabschiedete der Bundestag das »Gesetz zur Förderung der Rückkehrbereitschaft von Ausländern«.

Ob freiwillig oder nicht, viele von ihnen kehrten in der Tat »heim«. 1975 verließen 290000 zugewanderte Arbeiter mit ihren Familien die Bundesrepublik, um in die Türkei, nach Jugoslawien, Griechenland und Italien zurückzukehren. Im selben Jahr reisten 200000 Spanier auf der Suche nach Arbeit in ihr Heimatland zurück; die Zahl der Rückkehrer nach Italien übertraf zum ersten Male in neuerer Zeit die der Auswanderer; ähnlich verhielt es sich kurz darauf bei Griechen und Portugiesen. Mitte der siebziger Jahre war annähernd eine Drittelmillion Jugoslawen zur Rückkehr auf den Balkan genötigt worden, wo sie keine besseren Aussichten auf einen Arbeitsplatz hatten als in Deutschland oder Frankreich. Die nordeuropäische Krise auf dem Arbeitsmarkt war so in den Mittelmeerraum reexportiert worden. Frankreich erließ rigorose Bestimmungen, die Migranten aus Algerien und den früheren französischen Kolonien die Zuwanderung erschwerten, und Großbritannien machte seine Grenzen für potentielle Zuwanderer aus Südasien immer undurchlässiger.

Das Zusammentreffen von struktureller Arbeitslosigkeit, steigenden Rohölimportpreisen, Inflation und rückläufigen Exporten führte in ganz Westeuropa zu Haushaltsdefiziten und Zahlungsschwierigkeiten. Selbst die Bundesrepublik Deutschland, bedeutendstes Industrieland und führende Exportnation des Kontinents, blieb davon nicht verschont. Der 1973 erwirtschaftete Zahlungsbilanzüberschuß des Landes in Höhe von 9,481 Milliarden Dollar ging innerhalb eines Jahres auf ein Defizit von 692 Millionen Dollar zurück. Die volkswirtschaftliche Gesamtrechnung der Briten war inzwischen chronisch defizitär – so sehr, daß das Land im Dezember 1976 ernsthaft Gefahr lief, dem Staatsschuldendienst nicht mehr nachkommen zu können, und den Internationalen Währungsfonds bitten mußte, ihm aus den Schwierigkeiten herauszuhelfen. In anderen Ländern war die Lage kaum besser. Die französische Zahlungsbilanz geriet 1974 in die roten Zahlen und blieb dort den größten Teil des folgenden Jahrzehnts. Im April 1977 war Italien, wie Großbritannien kurz zuvor, gezwungen, sich um Hilfe an den IWF zu wenden. Und wie im Falle Großbritanniens konnten auch die politischen Führer Italiens »internationalen Kräften« die Schuld an den unpopulären innenpolitischen Maßnahmen geben, die dieser Schritt nach sich zog.

Nach Auffassung der Keynesianer waren Haushaltsfehlbeträge und Zahlungsbilanzdefizite – wie Inflation an sich – nichts a priori Schlechtes. In den dreißiger Jahren hatten sie als plausibles Rezept gegolten, wie man sich »durch Ausgabenerhöhung« aus einer Rezession befreite. Doch in den siebziger Jahren gaben die europäischen Staaten das Geld *schon längst* mit vollen Händen aus – für allgemeine Wohlfahrt, Sozialdienste, öffentliche Einrichtungen und Investitionen in die Infrastruktur. Wie Leonard James Callaghan, Chef der britischen Labour-Regierung, seine Amtskollegen düster wissen ließ: »Wir glaubten immer, man könnte durch Geldausgeben aus einer Rezession herausfinden ... Ich sage Ihnen in aller Deutlichkeit, diese Option steht uns nicht mehr offen.« Auch konnten die Herren von einer Liberalisierung des Handels, wie sie nach Kriegsende vorgenommen wurde, nichts mehr erhoffen: Die jüngste Kennedy-Runde, Verhandlungen zum Abbau von Handelshemmnissen, hatte die Zölle auf Industrieprodukte bereits auf ihren historischen Tiefststand reduziert. Wenn überhaupt noch etwas wuchs oder zunahm, dann das Risiko, daß innenpolitischer Druck erneut zu einer Verhängung wettbewerbsbeschränkender Maßnahmen führen könnte.

Die Wahl, vor der die politischen Entscheidungsträger in den siebziger Jahren standen, wurde durch einen weiteren Faktor erschwert. Die Wirtschaftskrise, mochte sie auch durch die Umstände und die Konjunktur bedingt sein, fiel mit einem tiefgreifenden Wandel zusammen, der von Staats wegen kaum aufzuhalten war. Im Laufe einer Generation hatte Westeuropa eine dritte »industrielle Revolution« erlebt; die Schornsteinindustrien, ein paar Jahre zuvor ein vertrauter Bestandteil des Alltagslebens, waren nun auf dem Wege in die Vergangenheit. Wenn Stahlkocher, Bergleute, Autobauer und Industriehelfer ihren Arbeitsplatz verloren, dann nicht nur wegen einer zyklischen Abschwächung der einheimischen Wirtschaft oder wegen der Ölkrise. Vielmehr war die altehrwürdige produzierende Industrie Westeuropas im Verschwinden begriffen.

Der Beweis war unanfechtbar, obwohl die politisch Verantwortlichen einige Jahre lang alles Erdenkliche getan hatten, die Zeichen der Zeit zu mißachten. Seit die westeuropäische Kohleförderung in den fünfziger Jahren ihren Höhepunkt erlebt hatte, war die Zahl der im Bergbau Beschäftigten ständig zurückgegangen: im großen Sambre-Maas-Kohlerevier Südbelgiens, wo 1955 noch 20,5 Millionen Tonnen Kohle gefördert worden waren, wurden 1968 nur noch sechs Millionen Tonnen zu Tage gebracht, und zehn Jahre später waren die Fördermengen nicht mehr erwähnenswert. Zwischen 1955 und 1985 gingen in Belgien im Bergbau 100 000 Arbeitsplätze verloren, nach- und nebengeordnete Wirtschaftszweige verschiedenster Art litten entsprechend. Zu noch größeren Arbeitsplatzverlusten kam es im britischen Bergbau, wenngleich diese sich auf einen längeren Zeitraum verteilten. Im Jahre 1947 gab es in Großbritannien 958 Kohlezechen, 45 Jahre später waren noch gerade fünfzig übriggeblieben. Die Zahl der im Bergbau Beschäftigten sank von 718 000 auf 43 000; die meisten dieser Arbeitsplätze gingen in dem Jahrzehnt zwischen 1975 und 1985 verloren.

Der Stahlindustrie, dem anderen Hauptwirtschaftszweig Europas, erging es ganz ähnlich. Nicht, daß die Stahlnachfrage genauso stark zurückgegangen wäre – Stahl war, anders als Kohle, nicht sehr leicht zu ersetzen. Aber da immer mehr außereuropäische Länder zu Industrienationen wurden, nahm die Konkurrenz zu, sanken die Preise und brach der Stahlmarkt in Europa zusammen. Zwischen 1974 und 1986 verloren 166 000 britische Stahlkocher ihren Arbeitsplatz (obgleich im letztgenannten Jahr der Haupterzeuger in Großbritannien, die British Steel Corporation, seit mehr als einem Jahrzehnt erstmals wieder schwarze Zahlen schrieb). Mit der Werftindustrie ging es aus ähnlichen Gründen bergab, ebenso mit der Automobil- und Textilindustrie. Coutaulds, Großbritanniens führendes Textil- und Chemiekombinat, baute seine Belegschaft in den Jahren 1977 bis 1983 um 50 Prozent ab.

Die Rezession der siebziger Jahre führte auf beinahe jedem Sektor der klassischen Industrien zu einem beschleunigten Arbeitsplatzabbau. Vor 1973 war dieser Strukturwandel schon bei Kohle, Stahl und Maschinenbau im Gange, nun griff er auf Chemie, Textilien, Papier und Konsumartikel über. Ganze Regionen wurden dadurch traumatisiert: Zwischen 1973 und 1981 gingen in den westlichen Midlands Großbritanniens, Heimat kleiner Apparatebauunternehmen und Kfz-Hersteller, 25 Prozent der Arbeitsplätze verloren. Im Industriegebiet Lothringens gingen auf dem französischen Produktionssektor 28 Prozent der Arbeitsplätze verloren. Die Zahl der deutschen Industriearbeiterschaft in Lüneburg sank in den gleichen Jahren um 42 Prozent. Als FIAT in Turin Ende der siebziger Jahre auf Automatisierung umzustellen begann, wurden innerhalb von nur drei Jahren 65 000 Arbeitsplätze (von insgesamt 165 000) eingespart. In Amsterdam waren in den fünfziger Jahren vierzig Prozent der arbeitsfähigen Einwohner in der Industrie beschäftigt; ein Vierteljahrhundert später traf dies nur noch auf 1 von 7 Beschäftigten zu.

In der Vergangenheit wären die sozialen Kosten eines wirtschaftlichen Wandels solchen Ausmaßes als traumatisch empfunden worden; die politischen Konsequenzen wären gar nicht abschätzbar gewesen. Doch dank der Institutionen des Sozialstaats – und vielleicht weil die politische Euphorie inzwischen etwas abgeklungen war – hielt sich der Protest in Grenzen. Aber es gab ihn durchaus. In den Jahren 1969 bis 1975 kam es zu Protestmärschen, Sit-ins, Streiks und Petitionen im gesamten industrialisierten Westeuropa, von Spanien (wo in der Industrie in den Jahren 1973 bis 1975 1,5 Millionen Arbeitstage durch Streiks verloren wurden) bis Großbritannien, wo zwei große Bergarbeiterstreiks – 1972 und 1974 – eine nervös gewordene konservative Regierung zu der Einsicht brachten, der bessere Teil der Tapferkeit lasse es geraten erscheinen, größere Zechenschließungen noch ein paar weitere Jahre aufzuschieben, selbst wenn dies weitere Subventionen erforderte, die von der Allgemeinheit aufzubringen waren.

Die Berg- und Stahlarbeiter waren die bekanntesten und vielleicht auch am stärksten organisierten Protestierenden der Zeit, aber durchaus nicht die militantesten. Der zahlenmäßige Rückgang der Beschäftigten in den herkömmlichen Wirtschaftsbereichen hatte das Gleichgewicht der Kräfte in der Gewerkschaftsbewegung zugunsten der Gewerkschaften verschoben, die den Dienstleistungssektor abdeckten – und deren Gefolgschaft stieg rasch an. Als in Italien selbst die überkommenen, kommunistisch geführten Industriegewerkschaften Mitglieder verloren, nahmen die Gewerkschaften der Lehrer und des öffentlichen Dienstes an Mitgliedern und Militanz zu. Die alten Gewerkschaften bewiesen wenig Sympathie mit Arbeitslosen: Die meisten waren vor allem ängstlich bemüht, die Arbeitsplätze ihrer Mitglieder (und den eigenen Einfluß) zu bewahren, und scheuten die offene Konfrontation. Es waren die kampfbereiten Dienstleistungsgewerkschaften – Force Ouvrière in Frankreich, NALGO, NUPE und ASTMS in Großbritannien[4] – die sich voller Begeisterung der Sache der jungen Leute und der Arbeitslosen annahmen.

Konfrontiert mit zahllosen Forderungen nach Arbeitplatz- und Einkommenssicherung, versuchten die politischen Führer Europas ihr Glück zunächst mit Maßnahmen, die sich in der Vergangenheit bewährt hatten. Inflationäre Tarifvereinbarungen wurden in Großbritannien und Frankreich mit mächtigen Gewerkschaften ausgehandelt; in Italien knüpfte ein pauschales Indexierungssystem die Löhne an die Preise; die sogenannte »Scala Mobile« trat 1975 in Kraft. Schwache Industrien – Stahl vor allem – nahm der Staat unter seine Fittiche –, nicht viel anders als bei der ersten Welle der Nachkriegsverstaatlichungen: In Großbritannien bewahrte der »Stahlplan« von 1977 die Industrie dadurch vor dem Zusammenbruch, daß ihr Preisgefüge kartelliert und heimischer Preiswettbewerb erfolgreich beseitigt wurde. In Frankreich wurden die bankrotten Stahlkombinate Lothringens und das industrielle Zentrum des Landes zu staatlich reglementierten Konglomeraten umgruppiert, für die Paris die Garantie übernahm. In Deutschland bevorzugte es die Bundesregierung ihrer Gewohnheit entsprechend, anstelle staatlicher Kontrolle lieber private Konsolidierung zu empfehlen, doch am Ende stand eine ähnliche kartellierte Preispolitik. Mitte der siebziger Jahre war eine einzige Beteiligungsgesellschaft, die Ruhrkohle AG, für 95 Prozent der im gesamten Ruhrrevier geförderten Steinkohle verantwortlich.

Die noch vorhandenen Betriebe der einheimischen Textilindustrie Frankreichs und Großbritanniens bewahrte man durch direkte Arbeitsplatzsubventionen (man bezahlte die Arbeitgeber dafür, daß sie Arbeitskräfte beschäftigten, die sie gar nicht benötigten) und Schutzmaßnahmen gegen Importe aus der Dritten Welt. Dies geschah wegen der Arbeitsplätze, die sie in konjunkturschwachen Regionen boten. In der Bundesrepublik Deutschland übernahm Bonn 80 Prozent der Lohnkosten für die auf Teilzeitarbeit gesetzten Industriearbeiter. Die schwedische Regierung pumpte Geld in den unrentablen, aber politisch sensiblen Werftensektor.

Die Reaktionen auf die wirtschaftliche Abschwächung unterschieden sich von Land zu Land. Die französischen Behörden verfolgten eine Politik der mikroökonomischen Intervention: Sektor für Sektor wählten sie nationale »Vorzeigebetriebe« aus und versahen sie mit Kontrakten, Bargeld und Garantien, wohingegen Großbritannien an seiner ehrwürdigen Tradition einer makroökonomischen Steuerung über Zölle, Zinssätze und Subventionen nach dem Gießkannenprinzip festhielt. Überraschend ist jedoch, wie gering sich *politische* Trennlinien auswirkten. Deutsche und schwedische Sozialdemokraten, italienische Christdemokraten, französische Gaullisten und britische Politiker jedweder Couleur hielten sich zunächst instinktiv an den Konsens der Nachkriegszeit: wenn möglich, Vollbeschäftigung; falls unerreichbar, Lohnzuwächse für die Arbeitsplatzbesitzer, soziale Transferzahlungen an jene, die durch das Netz gefallen waren, und Subventionen für bedürftige Arbeitgeber des privaten wie öffentlichen Sektors.

Doch im Laufe der siebziger Jahre kam eine wachsende Zahl von Politikern zu der Überzeugung, daß die Inflation nun ein größeres Risiko darstellte als eine hohe Arbeitslosenquote – zumal ja die menschlichen und politischen Kosten der Beschäftigungslosigkeit institutionell gemildert wurden. Mit der Inflation konnte man sich nicht befassen, solange es nicht irgendwelche internationalen Abmachungen über die Regelung des Währungssystems und der Wechselkurse gab, die das von Washington überstürzt aufgegebene System von Bretton Woods ersetzen konnten. Die sechs Gründungsmitglieder der Europäischen Wirtschaftsgemeinschaft hatten darauf reagiert, indem sie sich 1972 auf die Einrichtung der »Schlange im Tunnel« verständigten: Dies war ein Abkommen zur Beibehaltung halbfixierter Wechselkurse ihrer Währungen untereinander, wobei nach beiden Seiten der vereinbarten Kurse eine Marge von 2,25 Prozent zugestanden wurde. Dieser Kompromiß, auf den sich anfangs auch Großbritannien, Irland und die skandinavischen Länder eingelassen hatten, hielt gerade einmal zwei Jahre: Die Regierungen Großbritanniens, Irlands und Italiens sahen sich – entweder weil sie unwillig oder weil sie unfähig waren, dem inländischen Wunsch nach einer Abwertung über die zugestandene Bandbreite hinaus zu widerstehen – gezwungen, von der Vereinbarung zurückzutreten und ihre Währungen dem freien Fall zu überlassen. Selbst die Franzosen wurden zweimal aus der »Schlange« hinausgedrängt, und zwar 1974 und 1976. Augenscheinlich waren wirksamere Maßnahmen erforderlich.

1978 schlug Bundeskanzler Helmut Schmidt vor, die »Schlange« zu etwas Rigoroserem umzuwandeln: zu einem »Europäischen Währungssystem« (EWS). Es sollte ein Netz fester bilateraler Wechselkurse geknüpft werden, die über eine rein fiktive Maßeinheit, die Europäische Währungseinheit ECU (European Currency Unit »ecu«)[5] miteinander verbunden waren. Gewähr leisteten die stabilitätsorientierten und antiinflationären Prioritäten, die von der deutschen Wirtschaft und der Bundesbank gesetzt wurden. Die beteiligten Länder sollten sich zu äußerster binnenwirtschaftlicher Disziplin verpflichten, um ihren Platz innerhalb des EWS wahren zu können. Dies war die erste deutsche Initiative dieser Art und bedeutete de facto, wenn auch nicht nominell, daß die Deutsche Mark den Dollar zumindest in Europa als Leitwährung ablösen würde.

Manche Länder blieben außen vor – vor allem Großbritannien, wo der Labour-Ministerpräsident James Callaghan ganz richtig begriff, daß das EWS Großbritannien daran hindern würde, das Arbeitslosenproblem des Landes mittels einer reflationären Politik anzugehen. Andere Länder beteiligten sich genau aus diesem Grund. Als eine »solution de rigueur« arbeitete das EWS eher wie der Internationale Währungsfonds (oder die Europäische Kommission und der Euro zu späterer Zeit): Es erlaubte den Staaten, unpopuläre Schritte einzuleiten und die Schuld den im Ausland geschmiedeten Regelwerken und Verträgen zuzuschieben. Dies war in der Tat das langfristige Ergebnis dieser neuen Vereinbarungen. Entscheidend war nicht so sehr, daß es ihnen im Laufe der Zeit gelang, den Dämon der Inflation zu vertreiben (obwohl das durchaus der Fall war), sondern daß es ihnen gelang, weil sie den einzelnen Staatsregierungen beständig die Initiativen zur Gestaltung der eigenen Innenpolitik nahmen.

Das war eine gewichtige Veränderung, deren Folgen weiter reichten, als man damals vielfach ahnte. In der Vergangenheit mußte eine Regierung, wenn sie sich für eine Politik der »harten Währung« entschied, indem sie am Goldstandard festhielt oder von einer Senkung der Leitzinsen Abstand nahm, ihre Handlungsweise vor ihrer eigenen Wählerschaft verantworten. Doch unter den Bedingungen der späten siebziger Jahre konnte eine Regierung in London – in Stockholm oder in Rom – angesichts eines kaum lösbaren Arbeitslosenproblems, einer schwachen Industrie oder inflationärer Lohnforderungen unschuldig auf die Bedingungen einer IWF-Anleihe verweisen oder die Strenge vorab ausgehandelter innereuropäischer Wechselkurse geltend machen und so jegliche Verantwortung weit von sich weisen. Die taktischen Vorteile eines solchen Schachzugs lagen auf der Hand, doch kostete auch er seinen Preis.

Wenn ein europäischer Staat zur Quadratur des Kreises – hohe Reallöhne bei wirtschaftlichem Wachstum – nicht mehr imstande war, dann war er dem Zorn jener Wähler ausgesetzt, die sich hintergangen fühlten. Wie gesehen, bestand überall die instinktive Reaktion der Politiker darin, die Besorgnisse und Befürchtungen der männlichen Arbeiter zu zerstreuen: teils, weil diese am stärksten betroffen waren, doch vor allem, weil es sich nach aller Erfahrung bei dieser Gruppe um jene soziale Schicht der Wählerschaft handelte, von der wirksame Proteste am ehesten zu erwarten waren. Doch wie sich herausstellte, fand die wirkliche Opposition woanders statt. Es war die hochbesteuerte Mittelschicht – Angestellte des privaten und öffentlichen Sektors, Kleinhändler und andere Selbständige – deren Probleme sich am unmittelbarsten in politischer Opposition äußerten.

Die größten Nutznießer des modernen Wohlfahrtsstaates waren letzten Endes die Angehörigen des Mittelstandes. Als das Nachkriegssystem in den siebziger Jahren langsam zerfiel, war es genau diese Mittelklasse, die sich weniger bedroht als vielmehr betrogen fühlte: durch die Inflation, durch steuerfinanzierte Subventionen an notleidenden Industrien und durch die Verringerung oder Abschaffung öffentlicher Leistungen infolge fiskalischer und monetärer Zwänge. Wie in der Vergangenheit machte sich der Umverteilungseffekt der Inflation, verstärkt durch die chronisch hohen Steuern des Wohlfahrtsstaates, am stärksten in der Mittelschicht bemerkbar.

Die Mittelschicht war es auch, die sich die größten Sorgen um das Problem der »Unregierbarkeit« machte. Die in den siebziger Jahren vielfach geäußerte Befürchtung, die europäischen Demokratien seien nicht mehr Herr ihres Geschicks, hatten verschiedene Gründe. In erster Linie war es die Nervosität, die sich im Zuge der ikonoklastischen Rebellionen der sechziger Jahre angesammelt hatte; was im gelassenen Klima jener Tage nur ungewöhnlich oder sogar spannend gewirkt hatte, schien nun Unsicherheit und Anarchie anzukündigen. Hinzu kamen die konkreten Sorgen um den Arbeitsplatz und die Inflation, an der die Regierungen anscheinend hilflos herumdokterten.

Der bloße Umstand, daß die politischen Führer Europas die Situation anscheinend nicht mehr im Griff hatten, war eigentlich schon Grund genug für verbreitete Angst – zumal es, wie gesehen, für Politiker nicht unvorteilhaft war, auf die eigene Ohnmacht zu verweisen. Dennis Healey, Mitte der siebziger Jahre Finanzminister der glücklosen Labour-Regierung, beklagte die Milliarden von Eurodollars, die auf dem Kontinent vagabundierten, als »Werk gesichtsloser Männer«. Diese würden »mit den wie Atompilze aufquellenden ungebundenen Geldern hantieren, die sich auf den Euro-Märkten angehäuft haben, um sich der Kontrolle ihrer Staatsregierungen zu entziehen«.[6] Ironischerweise war Healeys Partei 1974 gewählt worden, weil die Konservativen offensichtlich unfähig waren, etwas gegen die allgemeine Unzufriedenheit zu unternehmen – und wurde nun einer vergleichbaren Unfähigkeit und, in den folgenden Jahren, weit schlimmerer Dinge beschuldigt.

In Großbritannien war sogar vorübergehend die Rede von der Unzulänglichkeit demokratischer Institutionen angesichts neuzeitlicher Krisen, und in der Presse wurde gelegentlich spekuliert, welche Vorteile eine Regierung hätte, die aus uneigennützigen Außenseitern oder »korporativen« Koalitionen »unpolitischer« Fachleute bestehe. Wie de Gaulle (im Mai 1968) hielten es einige maßgebliche Politiker Großbritanniens in diesen Jahren für ratsam, sich von Polizeiführern und hohen Militärs Unterstützung für den Fall öffentlicher Unruhen zusichern zu lassen. Selbst in Skandinavien und den Niederlanden, wo die Legitimität repräsentativer Organisationen nie ernsthaft in Frage gestellt wurde, warfen die Turbulenzen des internationalen Finanzsystems, die offensichtliche Abschwächung der Nachkriegswirtschaft und die Politikverdrossenheit der traditionellen Wählergruppen, einen Schatten auf die unbeschwerte Zuversicht der Nachkriegsgeneration.

Hinter diesen verschwommenen Regungen des Zweifels und der Ernüchterung stand eine ganz reale, und wie es damals schien, unmittelbar gegenwärtige Bedrohung. Seit dem Ende des Zweiten Weltkrieges war Westeuropa von inneren Unruhen verschont geblieben, ganz zu schweigen von offener Gewalttätigkeit. Zu Waffengewalt mit blutigen Folgen war es in anderen Weltregionen gekommen: in Osteuropa, in den Kolonien Europas und in ganz Asien, Afrika und Südamerika. Trotz des »Kalten Krieges« waren »heiße« blutige Konflikte ein charakteristisches Merkmal der Nachkriegsjahrzehnte, in deren Verlauf von Korea bis Kongo Millionen Soldaten und Zivilisten ums Leben kamen. Die Vereinigten Staaten selbst wurden Schauplatz dreier politischer Morde und mehr als nur eines blutigen Aufruhrs. Westeuropa dagegen war eine Insel inneren Friedens geblieben.

Wenn europäische Polizisten Zivilisten verprügelten oder auf sie schossen, waren die Opfer meist Ausländer und oftmals dunkelhäutig.[7] Abgesehen von gelegentlichen gewalttätigen Zusammenstößen mit kommunistischen Demonstranten wurden die Ordnungskräfte Westeuropas von ihren Regierungen nur selten gegen eine gewaltbereite Opposition eingesetzt, und wenn es doch zur Gewaltanwendung kam, ging sie oftmals von der Polizei aus. Nach den Maßstäben der Zwischenkriegsjahrzehnte war es auf Europas Straßen bemerkenswert sicher – ein Punkt, der häufig unterbewertet wurde, wenn Kommentatoren den Kontrast zwischen der wohlgeordneten europäischen Gesellschaft und dem ausgelassenen, sorglosen Individualismus des urbanen Amerika darzustellen versuchten. Was die Studenten-»Unruhen« der sechziger Jahre betrifft, so bestätigten sie diese Diagnose nur: Europas Jugend spielte vielleicht Revolution, doch das meiste war nur Theater. Die »Straßenkämpfer« zeigten nicht die geringste Neigung, Blessuren davonzutragen.

In den Siebzigern jedoch verdüsterte sich das Bild plötzlich. Während Osteuropa nach der Invasion Prags in der brüderlichen Umarmung der Partei-Gerontokraten erdrückt wurde, schien Westeuropa die öffentliche Ordnung nicht mehr im Griff zu haben: Die Herausforderung ging nicht von der konventionellen Linken aus. Schließlich war Moskau mit der Verteilung der internationalen Vorteile in diesen Jahren hochzufrieden: Watergate und der Fall Saigons hatten Amerikas Ansehen deutlich beschädigt, während die UdSSR als weltgrößter Ölproduzent aus der Nahostkrise beachtlichen Gewinn zog. Andererseits stand auch nicht zu befürchten, daß die Illusionen über den Kommunismus wiederaufleben könnten, dafür sorgten die Veröffentlichung des *Archipel GULAG* von Alexander Solschenizyn in englischer Sprache, die Ausweisung des Autors aus der Sowjetunion im Februar 1974 und wenige Jahre danach die Massaker in Kambodscha sowie das Elend der vietnamesischen Boat people.

Abgesehen von ein paar marginalen Vorkommnissen gab es auch keine ernstzunehmende Renaissance der extremen Rechten. Die italienische neofaschistische Movimento Sociale Italiano (MSI) erhielt bei Parlamentswahlen niemals mehr als 6,8 Prozent der abgegebenen Stimmen und achtete stets darauf, sich selbst als eine legitime politische Partei zu präsentieren. Die Nationalisten in der Bundesrepublik kümmerten solche Kleinigkeiten ihres Erscheinungsbildes weniger, doch wie vergleichbare Parteien in Belgien, Frankreich oder Spanien spielten sie bei Parlamentswahlen nur eine nebensächliche Rolle. Kurzum, Kommunismus und Faschismus in ihren klassischen Ausprägungen hatten in Westeuropa keine Zukunft. Die wahre Bedrohung des inneren Friedens kam aus einer gänzlich anderen Richtung.

Während der siebziger Jahre sah sich die westeuropäische Gesellschaft zwei gewaltträchtigen Herausforderungen gegenüber. Die erste war krankhaft in dem Sinne, daß sie einer lange währenden Verstimmtheit entsprang, wenn sich das jetzt auch in einer äußerst modernen Form zeigte. Im nordspanischen Baskenland, in der katholischen Minderheit Nordirlands, auf Korsika und andernorts schlug alter Groll in gewalttätige Erhebung um. Für die Europäer bedeutete dies keine neue Erfahrung: Die flämischen Nationalisten in Belgisch-Flandern und die deutschsprechenden »Österreicher« in Italiens Alto Adige (dem früheren Südtirol) hatten lange Zeit den Zorn über ihre »Unterwerfung« genährt, so daß sich der Unmut auf vielerlei Arten Luft machte: durch Graffiti, Demonstrationen, tätliche Beleidigungen, Bombenlegen und sogar die Wahlurne.

1970 hatte man das Südtirol-Problem gelöst, indem man eine autonome zweisprachige Region einrichtete. Dadurch wurden alle besänftigt – nur die extremsten Kritiker nicht. Obwohl die Parteien der flämischen Nationalisten, Volksunie und Vlaams Blok, ihr Endziel – die Trennung von der französischsprechenden Wallonie – nie aus den Augen verloren, hatte der neue Wohlstand Flanderns und ein Gesetz zur weitgehenden Föderalisierung Belgiens ihre Forderungen vorübergehend etwas entschärft: Aus einer haßerfüllten Schar ausgegrenzter flämischer Nationalisten war eine empörte Gruppe flämischsprechender Steuerzahler geworden, die sich dagegen sträubte, arbeitslose wallonische Stahlarbeiter zu subventionieren (siehe Kapitel XXII). Bei den Basken und den Ulster-Katholiken dagegen verhielt sich die Sache ganz anders.

Dem Baskenland und Nordspanien hatte stets Francos besonderer Unmut gegolten: teils, weil die Region sich im Bürgerkrieg auf die Seite der Republikaner geschlagen hatte, teils, weil die uralte Forderung der Basken, als *andersartig* anerkannt zu werden, den tief verwurzelten zentralistischen Instinkten und der selbstgewählten staatstragenden Rolle des Offizierskorps gegen den Strich ging.

Alles, was in irgendeiner Weise *baskisch* war, wurde während Francos Regierungszeit rücksichtslos unterdrückt: Sprache, Sitten und Bräuche, politische Betätigung. Im Widerspruch zu den eigenen zentripetalen Instinkten stattete der spanische Diktator sogar Navarra (eine Region, deren Wunsch nach Eigen- und Selbständigkeit nicht im entferntesten mit dem der Basken oder Katalanen zu vergleichen war) mit Rechten, Privilegien und einem eigenen Regionalparlament aus – und das nur um den benachbarten Basken unter die Nase zu reiben, daß sie selbst solche Vergünstigungen nicht zu erwarten hatten.

Die Entstehung des modernen baskischen Terrorismus war eine direkte Reaktion auf Francos Politik, obwohl die Sprecher und Sympathisanten der Bewegung stets behaupteten, die tieferen Gründe seien die gescheiterten Unabhängigkeitsträume. Die ETA – Euskadi Ta Askatasuna (Baskenland und Freiheit) – wurde im Dezember 1958 gegründet, mit dem Ziel, einen bewaffneten Kampf für baskische Unabhängigkeit zu führen. Seit ihren frühesten Anfängen als Untergrundorganisation knüpfte sie, später durch fadenscheinige ideologische Gründe gerechtfertigte, Verbindungen zu ähnlichen Gruppierungen im Ausland, die ihr bei der Beschaffung von Geld und Waffen behilflich waren und für Ausbildung, sicheren Unterschlupf und Publizität sorgten. Dazu zählten die Baader-Meinhof-Gruppe (RAF) in Deutschland, die Irisch-Republikanische Armee (IRA), die Palästinensische Befreiungs-Organisation (PLO) und die Organisation Geheime Armee (OAS) in Frankreich.

Die Strategie der ETA – und ihrer politischen Helfer in der Herri Batasuna, der 1978 gegründeten baskischen Separatistenpartei – bestand in der direkten, unmittelbaren Instrumentalisierung der Gewalt, damit der Preis für den Verbleib der Basken im spanischen Staatsverband politisch zu hoch werden würde. Doch wie die IRA und andere vergleichbare Organisationen wollte die ETA auch ein Staat im Staate sein. Katholisch, streng und hochmoralisch – darin fast komisch an Franco selbst erinnernd – richteten die ETA-Aktivisten ihre Aktionen nicht nur gegen spanische Polizisten (ihr erstes Opfer starb im Juni 1968) und gemäßigte baskische Politiker und Würdenträger, sondern auch gegen die Symbole spanischer »Dekadenz« in dieser Region: Kinos, Bars, Diskotheken, Drogendealer und dergleichen.

In den letzten Jahren der Franco-Ära wurden die Aktivitäten der ETA durch genau die Repression eingeschränkt, die zu ihrer Entstehung geführt hatte: In der Endphase der Diktatur, zu Beginn der siebziger Jahre, war ein Viertel der spanischen Polizei im Baskenland stationiert. Das hinderte die ETA nicht daran, am 20. Dezember 1973 in Madrid Francos Ministerpräsidenten, Admiral Luis Carrero Blanco, und neun Monate später 12 Zivilisten durch ein Bombenattentat in der Hauptstadt zu ermorden. Auch die Hinrichtung von 5 ETA-Killern im September 1975, kurz vor Francos Tod, zeigte keinerlei mäßigende Wirkung auf die Aktivitäten der Gruppe. Der Beginn der Demokratie indes bot neue Chancen.

Der ETA und ihren Unterstützern ging es um vollständige Unabhängigkeit. Was der Baskenregion durch die Verfassung nach Franco zugestanden wurde, war ein Autonomiestatut, das 1979 in einem Referendum gebilligt wurde. Die ETA war aufgebracht – nicht zuletzt, weil sie damit rechnen mußte, daß sie die Unterstützung gemäßigter Sympathisanten verlieren würde, die sich mit Selbstverwaltung und dem Recht auf sprachliche und kulturelle Eigenständigkeit zufriedengaben – und nahm ihre Kampagne der Bomben- und Mordanschläge wieder auf. 1979/80 wurden von der Organisation 181 Menschen umgebracht; im Laufe des nächsten Jahrzehnts gab es jährlich im Durchschnitt 34 Mordopfer zu verzeichnen. Doch trotzdem, und ungeachtet der Anfälligkeit der jungen spanischen Demokratie, gelang es der ETA und ihren politischen Verbündeten nicht, ihren terroristischen Feldzug in politische Vorteile umzumünzen: Selbst als es ihr im Februar 1981 gelang, eine kleine Gruppe extrem rechter Heeresoffiziere im Namen von Recht, Ordnung und staatlicher Integrität zu einem Überfall auf den Cortes zu provozieren, endete das Unternehmen mit einem Fiasko.

Wenn die ETA nur begrenzte Erfolge erzielte, obwohl ihre Mordorgien ein entsetzliches Ausmaß annahmen und breite öffentliche Wirkung erzielten, so lag das zum Teil daran, daß die meisten Basken sich mit den Mitteln und Zwecken der Organisation keinesfalls identifizierten. Eigentlich waren viele Basken nicht einmal richtige Basken. Die wirtschaftliche Umgestaltung Spaniens, die in den sechziger Jahren erfolgt war, und die umfangreichen Migrationsbewegungen im Lande, aber auch in Richtung Ausland hatten Veränderungen nach sich gezogen, die die alten Nationalisten und deren fanatische junge Gefolgschaft einfach nicht begriffen. Mitte der achtziger Jahre hatte weniger als die Hälfte der Bevölkerung des Baskenlandes baskische Eltern; der Anteil der Einwohner mit baskischen Großeltern war noch viel geringer. Diese Menschen sahen in der ETA und in der Herri Batasuna zu Recht eine Bedrohung ihres Wohlergehens (und implizit auch ihres Verbleibs in der Region).

In dem Maße, wie die politische Zielsetzung der ETA den Kontakt zur gesellschaftlichen Realität verlor, wurde sie extremer – da sie ihr Ziel vergessen hatte, verdoppelte sie ihre Anstrengungen, um George Santayanas Definition des Fanatismus zu bemühen. Sie beschafft sich ihre Finanzmittel durch verbrecherische Machenschaften und Erpressung, läßt ihre Einsatzkommandos meist von der anderen Seite der Grenze, von den baskischen Départements im Südwesten Frankreichs aus operieren und hat auf diese Weise überlebt, wird auch in Zukunft überleben und hin und wieder einen Politiker oder Dorfpolizisten umbringen. Doch ist es ihr weder gelungen, die baskische Bevölkerung für die Forderung nach politischer Unabhängigkeit zu mobilisieren, noch den spanischen Staat zu Zugeständnissen zu zwingen. Ihren größten »Erfolg« erzielte die ETA zu Beginn der achtziger Jahre, als sie den sozialistischen Ministerpräsidenten Felipe Gonzales durch ihre Aktivitäten veranlaßte, ein Antiterrorkommando (Grupos Antiterroristas de Liberaión) zu genehmigen, das sich illegal auf französischem Gebiet einnistete und gezielt ETA-Aktivisten erschoß; zwischen 1983 und 1987 wurden auf diese Weise 26 ETA-Mitglieder getötet. Gonzales' Entschluß, der erst viele Jahre später bekannt wurde (siehe Kapitel XXII), hat nachträglich einen Schatten auf die ersten Jahre der konstitutionellen spanischen Monarchie nach Franco geworfen, doch man könnte durchaus behaupten, daß das unter den gegebenen Umständen eine bemerkenswert maßvolle Reaktion war.

Die Provisorische IRA war der ETA nicht nur in den Methoden sehr ähnlich, sondern auch in manchen ihrer proklamierten Ziele. Versuchte die ETA die baskischen Provinzen unregierbar zu machen und sie auf diese Weise von Spanien loszulösen, so ging es der Irisch-Republikanischen Armee darum, Nordirland unregierbar zu machen, die Briten zu vertreiben und die sechs nördlichen Grafschaften mit dem übrigen Irland zu vereinen. Doch gab es auch bedeutsame Unterschiede. Da bereits ein unabhängiges Irland existierte, hatten die Rebellen – zumindest im Prinzip – ein erreichbares nationales Ziel, das sie ihren Anhängern vor Augen halten konnten. Andererseits gab es mehr als nur eine nordirische Bevölkerungsgruppe, und die Unterschiede zwischen ihnen reichen weit in die Vergangenheit zurück.

Wie Französisch-Algerien, so war auch Nordirland – Ulster – zugleich koloniales Überbleibsel und integraler Bestandteil des Mutterlands. Als London 1922 Irland endlich den Iren überließ, hielt Großbritannien an den sechs nördlichen Grafschaften aus dem durchaus einleuchtenden Grund fest, daß die überwältigende protestantische Bevölkerungsmehrheit stramm britisch eingestellt war und keinerlei Verlangen zeigte, von Dublin regiert zu werden und in einer semitheokratischen, vom katholischen Episkopat beherrschten Republik aufzugehen. Ungeachtet aller öffentlichen Beteuerungen waren die politischen Führer der neuen Republik gar nicht so unfroh darüber, daß ihnen die Eingliederung einer großen, geschlossenen Bevölkerungsgruppe von erbosten und widerspenstigen Protestanten erspart blieb. Doch für eine Minderheit irischer Nationalisten stellte dieser Verzicht Verrat dar, und unter der Fahne der IRA bekräftigten sie, daß sie keinesfalls von ihrer Forderung einer – nötigenfalls gewaltsamen – Vereinigung der ganzen Insel abrückten.

Dieser Stand der Dinge blieb vier Jahrzehnte lang weitestgehend unverändert. In den sechziger Jahren erinnerte Dublins offizielle Haltung irgendwie an Bonn: Anerkennung der staatlichen Wiedervereinigung als Wunschziel, insgeheim jedoch zufrieden, die Angelegenheit *sine die* vertagt zu wissen. Inzwischen waren die aufeinander folgenden britischen Regierungen längst dazu übergegangen, die als Erblast übernommene unbehagliche Lage in Ulster so weit wie möglich zu ignorieren. Dort herrschte die protestantische Mehrheit über die ansässigen Katholiken, indem sie die Wahlbezirke manipulierte, politische Vetternwirtschaft betrieb, konfessionellen Druck auf private Arbeitgeber ausübte und die Stellen in den wichtigsten Bereichen des öffentlichen Dienstes, des Justizwesens und, vor allem, der Polizei mit ihren Leuten besetzte.

Wenn die Politiker auf der britischen Hauptinsel es vorzogen, von all diesen Dingen nichts zu wissen, so deswegen, weil die Konservative Partei auf ihren »unionistischen« Flügel (der Name stammt von einer Kampagne im 19. Jahrhundert, die das Ziel hatte, Irland mit Großbritannien vereint zu halten) angewiesen war, da dieser im Parlament über ein entscheidendes Stimmpaket verfügte. Die Partei war daher dem Status quo verpflichtet, so daß Ulster ein integraler Teil Großbritanniens blieb. Die Labour Party hingegen war mit den mächtigen Gewerkschaften der Belfaster Werftindustrie eng verbunden, bei der die protestantischen Arbeiter seit jeher eine Vorzugsbehandlung erhielten.

Wie ersichtlich, war die innere Zerrissenheit in Nordirland ungewöhnlich kompliziert. Die konfessionelle Spaltung in Protestanten und Katholiken war eine Realität und wiederholte sich in jedem Lebensbereich: von der Wiege bis zur Bahre, im Bildungswesen, im Wohnviertel, in Ehe, Beruf und Freizeit. Und sie reichte weit zurück – Verweise auf Konflikte und Siege im 17. und 18. Jahrhundert mochten Außenstehenden etwas weit hergeholt erscheinen, aber die Geschichte dahinter war durchaus real. Doch die Unterteilung in katholisch und protestantisch war nie ein Klassenunterschied im herkömmlichen Sinne gewesen, obwohl die IRA sich bemühte, in ihre Rhetorik marxistische Kategorien einzubauen. Auf beiden Seiten standen Arbeiter und Geistliche und – in etwas geringerer Zahl – Grundbesitzer, Geschäftsleute und Akademiker.

Obendrein verspürten viele Ulster-Katholiken auch kein besonderes Verlangen, von Dublin regiert zu werden. In den Sechzigern war Irland noch immer ein armes, rückständiges Land, und der Lebensstandard im Norden war zwar niedriger als in den meisten anderen Teilen Großbritanniens, aber immer noch beträchtlich höher als der irische Durchschnitt. Selbst Katholiken waren in Ulster wirtschaftlich bessergestellt. Die Protestanten identifizierten sich inzwischen in hohem Maße mit Großbritannien. Diese Gefühle wurden vom Rest Großbritanniens jedoch keineswegs erwidert, dort interessierte man sich, wenn überhaupt, nur wenig für Nordirland. Die traditionellen Industrien in Ulster waren Ende der sechziger Jahre, wie überall im Vereinigten Königreich, im Niedergang begriffen, und den Planern in London war damals bereits klar, daß die überwiegend protestantische Arbeiterschaft der Provinz vor einer ungewissen Zukunft stand. Doch davon abgesehen, darf man durchaus sagen, daß die britischen Behörden viele Jahrzehnte lang keinen ernsthaften Gedanken an Nordirland verschwendeten.

Die IRA war zu einer bedeutungslosen politischen Sekte verkommen, die der Irischen Republik ihre Rechtmäßigkeit bestritt, weil sie unvollständig war, und die ständig ihr »revolutionäres« Bestreben beteuerte, ein radikales und vereinigtes Irland zu schaffen. Die verschwommene, anachronistische Rhetorik der IRA besaß wenig Reiz für eine jüngere Generation von neu geworbenen Mitgliedern (unter ihnen auch der 17jährige, in Belfast geborene Gerry Adams, der 1965 eintrat); die Jungen, die ihre eigene Organisation schufen, die geheime »Provisorische« IRA[8], waren weniger an Doktrinen und Ideologien als an Aktionen interessiert. Die »Provos«, zumeist in Derry oder Belfast rekrutiert, traten gerade rechtzeitig in Erscheinung, um sich eine Welle von Bürgerrechtsdemonstrationen im ganzen Norden zunutze zu machen, in denen die längst überfälligen politischen Rechte für Katholiken vom Ulster-Parlament in Stormont Castle gefordert wurden und die kaum mehr bewirkten als politische Unnachgiebigkeit und den Einsatz von Polizeiknüppeln.

Die »Unruhen«, die das öffentliche Leben in Nordirland – und zu einem geringeren Maße in Großbritannien – in den nächsten drei Jahrzehnten beherrschen sollten, wurden durch Straßenschlachten nach dem traditionellen Festumzug der »Apprentice Boys« ausgelöst, die damit wie jedes Jahr provozierend an die damals 281 Jahre zurückliegende Niederlage der Jakobiten und Katholiken erinnerten. Als die öffentliche Gewalt ausuferte und die katholischen Führer London zum Eingreifen aufforderten, schickte die britische Regierung Militär in die Provinz und übernahm in den sechs Grafschaften die Polizeigewalt. Die Soldaten, die zum größten Teil von der Hauptinsel stammten, waren deutlich weniger parteiisch und alles in allem weniger brutal als die einheimische Polizei. Insofern liegt eine gewisse Ironie darin, daß ausgerechnet ihre Präsens der neugebildeten Provisorischen IRA ihre wichtigste Forderung lieferte: Der erste Schritt zur Wiedervereinigung der Insel unter irischer Herrschaft sollte darin bestehen, daß die britischen Behörden Ulster mitsamt ihren Soldaten verließen.

Die Briten blieben. Es ist auch nicht klar, wie sie denn hätten abziehen können. Verschiedene Versuche, die im Laufe der siebziger Jahre unternommen wurden, um zwischen den verfeindeten Gruppen Vertrauen zu schaffen und die Provinz in die Selbstverwaltung zu entlassen, scheiterten an Argwohn und Uneinsichtigkeit auf beiden Seiten. Mochten die Katholiken ihre bewaffneten Extremisten auch nicht besonders schätzen, so hatten sie doch andererseits gute Gründe, allen Versprechungen zu mißtrauen, in denen Ulsters protestantische Führung Machtteilung und Gleichberechtigung versprach. Letztere, die sich stets sträubte, der katholischen Minderheit echte Zugeständnisse zu machen, lebte jetzt in wirklicher Angst vor den kompromißlosen Mordkommandos der Provisorischen. Ohne die britische Militärpräsenz wäre die Provinz noch tiefer in einen offenen Bürgerkrieg hineingeschlittert.

Damit befand sich die britische Regierung in einer Zwickmühle. Zunächst stand sie dem katholischen Verlangen nach Reformen durchaus nicht ablehnend gegenüber, doch nachdem im Februar 1971 ein britischer Soldat ermordet worden war, erlaubte die Regierung Verhaftungen ohne Gerichtsbeschluß, woraufhin sich die Lage rasch verschlechterte. Im Januar 1972, am »Blutsonntag«, töteten britische Fallschirmjäger auf den Straßen Derrys 13 Zivilisten. Im selben Jahr wurden in Ulster 146 Angehörige der Sicherheitskräfte und 321 Zivilisten getötet sowie knapp 5 000 Menschen verletzt. Dank einer neuen Generation von Märtyrern und dem Starrsinn ihrer Widersacher konnte die Provisorische IRA ihren Kampf zu einem 30jährigen Feldzug ausweiten, in dessen Verlauf sie in Ulster und auf der britischen Hauptinsel Soldaten und Zivilisten erschoß, durch Bombenattentate umbrachte und verstümmelte. Sie unternahm mindestens einen vergeblichen Mordanschlag auf den britischen Premierminister. Selbst wenn die britische Staatsführung die Absicht gehabt hätte, sich aus Ulster zurückzuziehen (wie es viele Wähler auf der Hauptinsel wohl gerne gesehen hätten), hätte sie es nicht gekonnt. Wie ein Referendum vom März 1973 zeigte und spätere Umfragen bestätigten, wollte eine überwältigende Mehrheit der Bevölkerung Ulsters die Bindungen an Großbritannien nicht aufgeben.[9]

Der Feldzug der IRA einigte Irland nicht. Er vertrieb die Briten nicht aus Ulster. Auch scheiterte der Versuch, die politischen Verhältnisse in Großbritannien zu destabilisieren, obwohl die Ermordung von Politikern und Persönlichkeiten des öffentlichen Lebens (insbesondere von Lord Mountbatten, dem ehemaligen Vizekönig von Indien und Taufpaten des Prinzen von Wales) die öffentliche Meinung beiderseits der Irischen See sehr beunruhigte. Doch die irischen »Unruhen« vertieften die Schatten über einem ohnehin schon dunklen Jahrzehnt des öffentlichen Lebens in Großbritannien und gaben nicht nur der These von der »Unregierbarkeit«, die damals in Umlauf war, neue Nahrung, sondern trugen auch zum Ende des sorglosen Optimismus der sechziger Jahre bei. Als sich die Provisorische IRA – und die paramilitärischen Gruppierungen der Protestanten, die in der Folgezeit entstanden waren – sich schließlich an den Verhandlungstisch setzten, um verfassungsrechtliche Regelungen festzuschreiben, die die britische Regierung der IRA gerne schon gleich zu Anfang zugestanden hätte, waren 1 800 Menschen umgekommen und hatte jeder fünfte Einwohner von Ulster einen Angehörigen zu beklagen, der bei den Kämpfen getötet oder verwundet worden war.

Vor diesem Hintergrund nahmen sich die übrigen »Pathologischen Krankheitserscheinungen« im Europa der siebziger Jahre ziemlich unbedeutend aus, obwohl auch sie zu der weitverbreiteten Atmosphäre des Unbehagens beitrugen. Eine selbsternannte »Angry Brigade«, die angeblich im Interesse der von niemandem repräsentierten Arbeitslosen agierte, legte 1971 in der Umgebung Londons mehrere Bomben. Französischsprachige Separatisten im Schweizer Jura, die sich taktisch am Vorbild der IRA orientierten, wehrten sich 1974 gegen die gewaltsame Eingliederung ihrer Region in den (deutschsprachigen) Kanton Bern. In Liverpool, Bristol und dem Londoner Stadtbezirk Brixton lieferten sich Scharen von Unruhestiftern Straßenschlachten mit der Polizei, um die Kontrolle über die »Sperrgebiete« der innenstädtischen Slums zu behalten.

In der einen oder anderen Weise handelte es sich bei all diesen Protesten und Aktionen um pathologische Begleiterscheinungen der Politik: Egal, wie extrem sie in ihren Erscheinungsformen waren, ihre Ziele waren vertraut und ihre Taktik entsprechend abgestimmt. Diese Organisationen versuchten, etwas zu erreichen, und hätten – nach eigenem Bekunden – auf ihre Aktionen verzichtet, wenn man ihren Forderungen entsprochen hätte. ETA, IRA und deren Nachahmer waren zwar terroristische Vereinigungen, aber durchaus nicht irrational. Am Ende verhandelten die meisten von ihnen irgendwann mit dem Feind, in der Hoffnung, ihre Ziele wenigstens teilweise zu erreichen. Die Protagonisten der zweiten gewalttätigen Herausforderung waren an solchen Erwägungen jener Epoche nie interessiert.

In den meisten Teilen Westeuropas verflüchtigten sich die überzogenen radikalen Theorien der sechziger Jahre ziemlich harmlos. Doch speziell in zwei Ländern verwandelten sie sich in eine wahnhafte Aggression, die ihre Rechtfertigung in sich selbst suchte. Eine kleine Minderheit ehemaliger radikaler Studenten beschloß, berauscht von der eigenen Rezeption der marxistischen Dialektik, das »wahre Gesicht« der repressiven Toleranz in den westlichen Demokratien zu »entlarven«. Wenn man das parlamentarische Regime kapitalistischer Interessen nur genügend unter Druck setze, so die Argumentation, würde es schon den Deckmantel der Legalität fallen lassen und sein wahres Gesicht zeigen. Konfrontiert mit der Wahrheit über seine tyrannischen Ausbeuter, würde das Proletariat – im Augenblick noch seinen ureigensten Interessen »entfremdet« und in bezug auf die eigene Situation das Opfer eines »falschen Bewußtseins« – seinen angestammten Platz auf den Barrikaden des Klassenkampfes einnehmen.

Eine solche Darstellungsweise tut dem terroristischen Untergrund zuviel Ehre an – und zuwenig. Die meisten jungen Männer und Frauen, die vom Untergrund aufgesogen wurden, mochten zwar mit dem Rechtfertigungsvokabular der Gewalt vertraut sein, hatten aber wenig zu seiner Formulierung beigetragen. Sie waren das Fußvolk des Terrorismus. Andererseits stammte die emotionale Energie, aus der sich ihr Haß auf den Staat speiste – und dies galt besonders für die Bundesrepublik – aus Quellen, die tiefer und dunkler waren als die schlecht adaptierte Rhetorik von ein paar Radikalen aus dem 19. Jahrhundert. Der Drang, das ganze Gebäude aus Sicherheit und Stabilität einzureißen und die Generation der Eltern darunter zu begraben, war der extreme Ausdruck einer durchaus verbreiteten Skepsis, die sich unter dem Eindruck der jüngeren Vergangenheit gegen die Glaubwürdigkeit der pluralistischen Demokratie im eigenen Land richtete. So gesehen, war es kein Zufall, daß der »revolutionäre Terror« seine bedrohlichste Form in Deutschland und Italien annahm.

Die Verknüpfung von außerparlamentarischer Politik und offener Gewalt zeigte sich in Deutschland bereits im April 1968, als vier junge Radikale – darunter Andreas Baader und Gudrun Ensslin – unter dem Verdacht festgenommen wurden, zwei Kaufhäuser in Frankfurt am Main in Brand gesteckt zu haben. Dank einem bewaffneten Überfall, den Ulrike Meinhof selbst plante und leitete, gelang Baader die Flucht aus der Haftanstalt. Daraufhin veröffentlichten er und Meinhof ihr Manifest »Das Konzept Stadtguerilla«, mit dem sie die Gründung der Roten Armee Fraktion (RAF) bekanntgaben und ihr Ziel verkündeten: die Bundesrepublik durch Gewalt zu zerschlagen. Das Akronym RAF war bewusst gewählt: Wie die britische Royal Air Force NS-Deutschland von oben her mit Bomben angegriffen hatte, so wollte die Baader-Meinhof-Gruppe, wie sie bald genannt wurde, den Nachfolgestaat von unten her durch ihre Bomben und Gewehre in die Knie zu zwingen.

Zwischen 1970 und 1978 verfolgten die RAF und ihre Ableger die Strategie eines willkürlichen, bewußt zufälligen Terrors; sie verübten Attentate auf Soldaten, Polizeibeamte und Geschäftsleute, überfielen Banken und entführten prominente Politiker. Bei Bombenanschlägen und Feuergefechten töteten sie in diesen Jahren 28 Menschen und verletzten weitere 93 Personen mehr oder minder schwer. Zudem nahmen sie 162 Geiseln und verübten mehr als 30 Banküberfälle – teils, um ihre Organisation zu finanzieren, teils aber auch, um ihre Präsenz zu dokumentieren. In den ersten Jahren gehörten zu ihren Angriffszielen auch Einrichtungen der amerikanischen Armee in Deutschland; sie töteten oder verwundeten, vor allem im Spätfrühling 1972, eine ganze Reihe amerikanischer Soldaten.

In ihrem schlimmsten Jahr, 1977, entführte und tötete die RAF Hanns-Martin Schleyer, den Aufsichtsratsvorsitzenden von Daimler-Benz und Präsidenten des Bundesverbandes der Deutschen Industrie, außerdem ermordete sie den Generalbundesanwalt Siegfried Buback und Jürgen Ponto, den Vorstandsvorsitzenden der Dresdner Bank. Doch das war schon ihr Schwanengesang, denn im Mai 1976 fand man Ulrike Meinhof (die bereits 1972 verhaftet worden war) tot in ihrer Stuttgarter Zelle auf. Offenbar hatte sie sich erhängt, obwohl sich hartnäckig das Gerücht hielt, sie sei von Staatsorganen exekutiert worden. Auch Baader, der 1972 bei einem Feuergefecht in Frankfurt gefaßt worden war und eine lebenslange Haftstrafe wegen Mordes verbüßte, wurde am 18. Oktober 1977 tot in seiner Zelle entdeckt, am selben Tag wie Gudrun Ensslin und ein weiterer inhaftierter Terrorist. Die Untergrundorganisation hielt sich bis in die achtziger Jahre: Im August 1981 unternahm sie einen Bombenanschlag auf das Hauptquartier der amerikanischen Luftwaffe in Ramstein, und im darauffolgenden Monat verübte das »Kommando Gudrun Ensslin« einen erfolglosen Mordanschlag auf den amerikanischen Oberbefehlshaber Europas.

Da der terroristische Untergrund in Deutschland keine exakt umrissenen Ziele hatte, kann sein Erfolg lediglich daran gemessen werden, inwieweit es ihm gelang, das öffentliche Leben in Deutschland zu stören und die Institutionen der Bundesrepublik zu untergraben. So gesehen, waren alle Bemühungen vergebens. In diesen Jahren war die repressivste Maßnahme von Staats wegen der *Radikalenerlaß* von 1972, auf den sich die sozialdemokratische Regierung unter Willy Brandt und die Regierungschefs der Bundesländer verständigt hatten. Der Erlaß schloß jeden Bewerber vom Staatsdienst aus, der sich an verfassungsfeindlichen Handlungen beteiligte, und hatte angeblich den Zweck, Anhänger der extremen Linken und Rechten von sensiblen Ämtern fernzuhalten. In einer Kultur, in welcher der öffentliche Konformitätsdruck ohnehin ungewöhnlich hoch war, weckte die Maßnahme natürlich die Furcht vor Zensur und Schlimmerem, doch war sie schwerlich der erste Schritt in die Diktatur, wie ihre Kritiker fürchteten und – wenn sie vom äußersten politischen Rand kamen – hofften.

Weder die terroristische Linke noch die offenbar wiedererstarkende neonazistische Rechte – 1980 für ein Bombenattentat in München verantwortlich, bei dem 13 Besucher des Oktoberfests getötet und weitere 220 verletzt wurden – vermochten die Bundesrepublik zu destabilisieren, obwohl es ihnen gelang, konservative politische Kreise zu unbedachten Äußerungen zu provozieren, in denen die Einschränkung der bürgerlichen Freiheiten und die Wiederherstellung der »Ordnung« unnachgiebig gefordert wurden. Viel beunruhigender war allerdings, wie viele Sympathien besonders die Baader-Meinhof-Gruppe mit ihren Ideen bei ansonsten gesetzestreuen Intellektuellen und Akademikern mobilisieren konnte.[10]

Ein Grund für die Sympathie im eigenen Land war die wehmütige Trauer über Deutschlands verlorene Vergangenheit, die sich in literarischen und künstlerischen Kreisen regte. Danach war Deutschland doppelt »enterbt« worden: durch die Nationalsozialisten, die Deutschland um eine ehrenhafte, »verwendbare«

Vergangenheit gebracht hatten; und durch die Bundesrepublik, deren amerikanische Aufseher Deutschland ein falsches Bild seiner selbst aufgezwungen hatten. So erklärte der Filmregisseur Hans-Jürgen Syberberg, man hätte das Volk geistig enterbt und enteignet, daher lebten die Deutschen in einem Staat ohne Vaterland, ohne *Heimat*. Die ausgesprochen nationalistische Färbung des Terrorismus von ganz links brachte eine verborgene Saite zum Klingen: Sie äußerte sich in seiner Ausrichtung auf die Feindbilder der amerikanischen Besatzer, der multinationalen Konzerne und des »internationalen« Kapitalismus, wie auch in seiner Behauptung, die *Deutschen* seien jetzt die Opfer von Manipulation und fremden Interessen.

In diesen Jahren gab es eine Fülle von Filmen, Reden, Büchern, Fernsehsendungen und öffentlichen Stellungnahmen zu Deutschlands problematischer Geschichte und Identität. Wie die Rote Armee Fraktion behauptete, den »Faschismus« – gewissermaßen stellvertretend – zu bekämpfen, so stritten die bundesdeutschen Intellektuellen von links und rechts um die Kontrolle über Deutschlands wahres Erbe. Edgar Reitz, ein Kollege Hanns-Jürgen Syberbergs, war der Regisseur einer ungemein beliebten, 16stündigen Miniserie fürs Fernsehen: *Heimat. Eine deutsche Chronik*. Darin wird die Geschichte einer im pfälzischen Hunsrück ansässigen Familie zum Prisma, in dem sich deutsche Zeitgeschichte vom Ende des Ersten Weltkriegs bis in die Gegenwart bricht.

Besonders die Jahre zwischen den Kriegen taucht Reitzens Film in die sepiafarbene Wehmut freundlicher Erinnerungen; sogar der Nazizeit wird kaum gestattet, ein störendes Licht auf die liebevollen Bilder aus einer besseren Zeit zu werfen. Dagegen wird die amerikanisierte Welt der Nachkriegszeit mit zorniger, eisiger Verachtung dargestellt: Ihre materialistische Vernachlässigung nationaler Werte und ihre Zerstörung von Gedächtnis und Kontinuität erlebt der Zuschauer als gewaltsame Vernichtung von menschlichen Werten und Gemeinschaft. Wie die Protagonistin in Fassbinders *Die Ehe der Maria Braun* dient auch hier die Hauptperson – ebenfalls eine »Maria« – einem Deutschland, das sich in der Opferrolle befindet; *Heimat* ist ausgesprochen nostalgisch, sogar fremdenfeindlich in seiner Verachtung für nichtdeutsche Werte und voller Sehnsucht nach der verlorenen Seele eines »tieferen Deutschlands«.

Wie Hanns-Jürgen Syberberg und andere äußerte sich Edgar Reitz verächtlich über die amerikanische Fernsehserie *Holocaust*, die im deutschen Fernsehen erstmals 1979 gezeigt wurde. Wenn es um die Darstellung deutscher Vergangenheit gehe, so schmerzlich sie auch sei, sei es Sache der Deutschen, sie zu zeigen. Der radikalste »Enteignungsvorgang«, den es gebe, sei die Enteignung der eigenen Geschichte. Durch *Holocaust* hätten die Amerikaner den Deutschen ihre Geschichte gestohlen. Die Anwendung einer »kommerziellen Ästhetik« auf

Deutschlands Vergangenheit sei Amerikas Methode, sie zu kontrollieren. Die Auflehnung gegen amerikanischen »Kitsch« verstanden deutsche Regisseure und Künstler als ihren Beitrag zum Kampf gegen den amerikanischen Kapitalismus.

Neben anderen gehörten Reitz und Fassbinder zu den Regisseuren, die 1978 *Deutschland im Herbst* drehten, eine Kollage von Dokumentarmaterial, Spielfilmsequenzen und Interviews, die sich auf die Ereignisse vom Herbst 1977 bezogen, insbesondere auf die Entführung und Ermordung Hanns-Martin Schleyers und den anschließenden Selbstmord von Ensslin und Baader. Bemerkenswert ist dieser Film nicht so sehr, weil er Verständnis für die Terroristen zum Ausdruck bringt, sondern weil das auf so eindeutige Weise geschieht. Durch sorgfältige Schnitte wird eine Familienähnlichkeit zwischen Drittem Reich und Bundesrepublik suggeriert. »Kapitalismus«, »Profitsystem« und »Nationalsozialismus« werden als gleichermaßen verwerflich und unentschuldbar präsentiert, wobei die Terroristen als die Widerständler unserer Tage auftreten: moderne Antigones, im Kampf mit ihrem Gewissen und gegen politische Repression.

Bei *Deutschland im Herbst* – und anderen deutschen Filmen aus dieser Zeit – wurden beachtliche cineastische Fähigkeiten aufgeboten, um die Bundesrepublik als Polizeistaat darzustellen und ihre Verwandtschaft mit dem Nationalsozialismus zu dokumentieren, wenn auch nur in der (noch nicht offenbarten) Fähigkeit zu Repression und Gewalt. Horst Mahler, ein halbwegs reuiger Terrorist, der damals noch in Haft saß, erklärte vor laufender Kamera, daß es sich bei der Entstehung der außerparlamentarischen Opposition im Jahre 1967 um die »antifaschistische« Revolution gehandelt habe, die 1945 ausgeblieben sei. Der wirkliche Kampf gegen Deutschlands Nazidämonen werde also von dem jungen radikalen Untergrund des Landes geführt – allerdings mit bemerkenswert naziähnlichen Mitteln, doch auf dieses Paradox ging Mahler nicht ein.

Die Relativierung des Nationalsozialismus, die in *Deutschland im Herbst* noch implizit ist, machten die intellektuellen Apologeten des antikapitalistischen Terrors explizit. So erläuterte der Philosoph Detlef Hartmann 1985, man könne aus der offenkundigen Verbindung von Geld, Technologie und Vernichtung der Neuen Ordnung den Naziimperialismus lernen, wie man den Schleier lüfte, der die zivilisierte Vernichtungstechnologie der Neuen Ordnung von Bretton Woods verhülle. Diese leichtfertige Gleichsetzung – daß die Gemeinsamkeiten von Nationalismus und kapitalistischer Demokratie wichtiger seien als ihre Unterschiede und daß die Deutschen beiden zum Opfer gefallen seien – erklärt zum Teil, warum sich die radikale deutsche Linke beim Thema Juden so auffällig unsensibel verhielt.

Am 5. September 1972 griff die Palästinenserorganisation Schwarzer September in München die israelische Olympiamannschaft an und tötete elf israelische Athleten sowie einen deutschen Polizisten. Mit ziemlicher Sicherheit verfügte das Mordkommando über die Unterstützung der radikalen deutschen Linken (wenngleich es zu den Absonderlichkeiten des deutschen Extremismus jener Zeit gehört, daß die äußerste Rechte ihre Dienste nicht weniger gern angeboten hätte). Die Verbindungen zwischen Palästinenserorganisationen und europäischen Terroristengruppen waren fest etabliert – Ensslin, Baader und Meinhof hatten früher bei palästinensischen Guerilleros »trainiert«, zusammen mit Basken, Italienern, IRA-Leuten und anderen. Doch nur die Deutschen gingen noch einen Schritt weiter: Als im Juni 1976 vier Bewaffnete (zwei Deutsche, zwei Araber) eine Air-France-Maschine in ihre Gewalt brachten und nach Entebbe in Uganda entführten, übernahmen es die Deutschen, die jüdischen Passagiere zu identifizieren und auszusondern.

Wenn dieser Vorgang, der so fatal an deutsche Judenselektionen zu einer anderen Zeit und an einem anderen Ort erinnert, die Baader-Meinhof-Bande in den Augen ihrer Sympathisanten nicht endgültig diskreditierte, dann deswegen, weil, wenn schon nicht ihre Methoden, so doch ihre Argumente breite Zustimmung fanden: Nicht die Juden, sondern die Deutschen waren nun die Opfer; und schuld war nicht der deutsche Nationalsozialismus, sondern der amerikanische Kapitalismus. »Kriegsverbrechen« waren jetzt etwas, was die Amerikaner verübten – beispielsweise den Vietnamesen gegenüber. Ein »neuer Patriotismus« grassierte in der Bundesrepublik Deutschland, und es liegt schon eine ziemliche Ironie in dem Umstand, daß Baader, Meinhof und ihre Freunde, deren gewalttätige Revolte sich zunächst gegen die Selbstzufriedenheit, das »Deutschland zuerst«, der Elterngeneration gerichtet hatte, nun Beifall aus einer Ecke bekam, die der gleichen nationalistischen Tradition angehörte. Daher war es gar nicht so überraschend, daß Horst Mahler, einer der wenigen überlebenden Begründer des linken Terrorismus in der Bundesrepublik, drei Jahrzehnte später am äußersten rechten Rand des politischen Spektrums landete.

Äußerlich betrachtet, unterschied sich der italienische Terrorismus nicht sonderlich von der deutschen Spielart. Auch er bezog seine paramarxistische Rhetorik aus den sechziger Jahren, und die meisten seiner führenden Köpfe erhielten ihre politische Schulung während der damaligen Studentenproteste. Die wichtigste Untergrundorganisation des linken Terrors, die selbsternannten Brigate Rosse (BR – Rote Brigaden), erregte erstmals im Oktober 1970 öffentliche Aufmerksamkeit, als sie auf Flugblättern Ziele beschrieb, die stark an die der Roten Armee Fraktion erinnerten. Wie Baader, Meinhof und andere waren die Führer der BR junge Leute (der bekannteste, Renato Curcio, war 1970 gerade einmal 29 Jahre alt), zumeist ehemalige Studenten, die sich dem bewaffneten Kampf um seiner selbst willen verschrieben hatten.

Es gab jedoch auch einige bedeutsame Unterschiede. Die italienischen Linksterroristen legten von Anfang an größeres Gewicht auf ihre angebliche Beziehung zu den »Arbeitern«; die rechtsstaatlicheren Gruppierungen der Ultralinken hatten in einigen Industriestädten des Nordens, vor allem in Mailand, *tatsächlich* eine kleine Gefolgschaft im Volk. Anders als die deutschen Terroristen, die sich um einen kleinen, harten Kern von Kriminellen scharten, reichte die extreme Linke in Italien von legitimen politischen Parteien über die Netzwerke einer Stadtguerilla bis hin zu sektiererischen Kleinstgruppen bewaffneter Politbanditen, wobei sich Mitgliedschaft und Ziele häufig überschnitten.

In diesen Gruppierungen und Zellen wiederholte sich im Kleinen die Geschichte der Spaltungen der traditionellen europäischen Linken. Während der siebziger Jahre folgte in Italien auf jede Gewalttat das Bekennerschreiben einer bis dahin unbekannten Organisation, die sich häufig durch Teilung oder Abspaltung von einer Muttereinheit gebildet hatte. Im Umfeld der terroristischen Szene gab es eine lockere Konstellation von halb geheimen Bewegungen und Publikationen, deren verquaste »theoretische« Verlautbarungen die ideologischen Vorwände für terroristische Operationen lieferten. Die Namen dieser verschiedenen Gruppen, Zellen, Netzwerke, Journale und Bewegungen spotteten jeder Parodie: Neben den Roten Brigaden gab es noch Lotta Continua (Fortwährender Kampf), Potere Operaio (Arbeitermacht), Prima Linea (Vorderste Front), Autonomia Operaia (Arbeiter-Autonomie), Avanguardia Operaia (Vorhut der Arbeiterklasse), Nuclei Armati Proletari (Bewaffnete proletarische Kerne) und Nuclei Armati Rivoluzionari (Bewaffnete Revolutionäre Kerne); des weiteren die Formazione Communiste Combattenti (Kommunistische Kampfverbände), Unione Communisti Combattenti (Kommunistische Kampfunion), Potere Proletario Armato (Bewaffneter Proletarierkampf) und viele andere mehr.

Falls diese Aufzählung im nachhinein den verzweifelten Wunsch erkennen lässt, die gesellschaftliche und revolutionäre Bedeutung von ein paar tausend ehemaligen Studenten und deren Gefolgsleuten an den unzufriedenen Rändern der Arbeiterbewegung künstlich aufzublasen, sollte man doch die Wirkung ihres Bemühens um öffentliche Aufmerksamkeit nicht unterschätzen. Curzio, seine Gefährtin Mara Cagol und ihre gemeinsamen Freunde mögen ja in einer Scheinwelt gelebt haben, in der sie das romantische Märchen von revolutionären Gesetzesbrecher inszenierten (das vor allem vom volkstümlich verklärten Bild der revolutionären Guerilleros Lateinamerikas lebte), doch der Schaden, den sie anrichteten, war durchaus real. Zwischen 1970 und 1981 verging in Italien kein Jahr ohne Morde, Verstümmelungen, Entführungen, Überfälle und diverse Akte öffentlicher Gewalt. Im Laufe dieses Jahrzehnts fielen 3 Politiker, 9 Richter und Staatsanwälte, 65 Polizeibeamte und etwa 300 weitere Personen terroristischen Mordanschlägen zum Opfer.

In den ersten Jahren beschränkten die Roten Brigaden und andere Gruppen ihre Aktionen überwiegend auf die Entführung und gelegentliche Erschießung von Fabrikdirektoren und Geschäftsleuten der mittleren Ebene: »kapitalistische Lakaien« oder »servi del padrone« (Handlanger der Bosse) – Bezeichnungen, in denen ihr anfängliches Interesse an direkter Demokratie in den Betrieben zum Ausdruck kam. Doch Mitte der siebziger Jahre waren sie zum politischen Mord übergegangen, zunächst an Politkern des rechten Flügels, danach an Polizisten, Journalisten, Staatsanwälten – eine Strategie, die das Ziel hatte, dem Staat »die Maske bürgerliche Legalität« abzureißen, ihn zu gewaltsamer Repression zu zwingen und so die öffentliche Meinung zu polarisieren.

Bis 1978 war es den Roten Brigaden nicht gelungen, die ersehnte Gegenreaktion zu provozieren, obwohl sich ihre terroristischen Aktionen im Laufe des vorangegangenen Jahres zu einem wütenden Crescendo gesteigert hatten. Dann aber, am 16. März 1978, entführten sie ihr prominentestes Opfer: Aldo Moro, den ehemaligen Generalsekretär der Democrazia Cristiana, der mehrfach Ministerpräsident und Außenminister gewesen war. Moro wurde zwei Monate lang als Geisel festgehalten; mit Rückenstärkung der Kommunisten und des größten Teils seiner eigenen Partei weigerte sich der christdemokratische Ministerpräsident Giulio Andreotti, die Forderung der Entführer, »politische Gefangene« im Austausch gegen Moros Leben freizulassen, auch nur in Erwägung zu ziehen. Trotz einhelliger Verurteilung durch das gesamte politische Spektrum Italiens und ungeachtet der Appelle des Papstes und des Generalsekretärs der Vereinten Nationen blieben die Terroristen unerbittlich. Am 10. Mai wurde Aldo Moros Leiche in einem Auto gefunden, das dreist im Stadtzentrum von Rom abgestellt worden war.

Die Moro-Affäre stellte zweifellos die Unfähigkeit des italienischen Staatsapparates unter Beweis – der Innenminister trat am Tage nach dem Auffinden der Leiche zurück. Nach acht Jahren hektischer Antiterrorgesetzgebung und landesweiter Menschenjagden war es der Polizei ganz offenkundig nicht gelungen, den terroristischen Untergrund zu zerschlagen.[11] Die Tatsache, daß es den Roten Brigaden gelungen war, mitten im Zentrum des Staates und seiner Hauptstadt einen politischen Mord zu begehen, hatte nachhaltige Folgen. Jedermann war nun klar geworden, daß Italien vor einer realen Gefährdung seiner politischen Ordnung stand: Kaum zwei Wochen nachdem Moros Leiche gefunden worden war, ermordeten die BR in Genua den Chef des Antiterrorkommandos; im Oktober 1978 fiel ein Generaldirektor im römischen Justizministerium einem Attentat zum Opfer. Zwei Wochen später ermordeten die Formazione Communiste Combattanti einen Oberstaatsanwalt.

Doch nun begann die Größenordnung, welche die terroristische Herausforderung des Staates angenommen hatte, Wirkung zu zeitigen. Die Kommunistische

Partei Italiens stellte sich voll und ganz hinter die Institutionen der Republik und machte deutlich, was inzwischen jedermann klar geworden war: daß sich die Terroristen nämlich, egal, aus welchen Bewegungen der sechziger Jahre sie hervorgegangen sein mochten, weit ins politische Abseits gestellt hatten. Sie waren schlicht und einfach Kriminelle, die es entsprechend zu jagen galt. Das galt auch für diejenigen, die den Terroristen die ideolgische Rechtfertigung und vielleicht noch mehr geliefert hatten: Im April 1979 wurde Antoni Negri, ein Dozent an der Universität Padua, zusammen mit einigen anderen Köpfen der Autonomia Operaia festgenommen und beschuldigt, einen bewaffneten Umsturz geplant zu haben.

Negri und seine Anhänger beharrten (und beharren) darauf, daß die radikalen »Autonomen«, die weder geheim noch bewaffnet seien, nicht mit illegalen Geheimbünden verwechselt werden dürften und daß die politische Entscheidung, sie strafrechtlich zu verfolgen, genau jene Abwendung von der »bürgerlicher Ordnung« darstelle, welche die Roten Brigaden prophezeit hätten und durch ihre Operationen hätten herbeiführen wollen. Doch Negri selbst hatte an der Universität Padua gewalttätige Übergriffe auf akademische Lehrer und Verwaltungsbeamte gerechtfertigt, die von terroristischen Akten kaum noch zu unterscheiden waren. Die Parolen von der »Massenillegalität«, dem »permanenten Bürgerkrieg« und von der Notwendigkeit, sich »militärisch« gegen den bürgerlichen Staat zu organisieren, waren in achtbaren akademischen Kreisen – so auch in Negris eigenem Blatt *Rosso* – eifrig aufgegriffen worden. Ein Jahr nach der Entführung und Ermordung Moros schrieb Negri zur Feier der »Vernichtung des Feindes«: »Die Qualen meines Feindes berühren mich nicht: Proletarische Gerechtigkeit verfügt über die produktive Kraft der Selbstaffirmation und der Fähigkeit zur logischen Überzeugung.«[12]

Der Gedanke, daß politischer Gewalttätigkeit die »produktive Kraft der Selbstaffirmation« innewohnen könne, war natürlich in der modernen italienischen Geschichte etwas durchaus Bekanntes. Was Negri bekräftigte und was die Roten Brigaden und deren Freunde praktizierten, unterschied sich nicht von der Idee der »reinigenden Kraft der Gewalt«, die die Faschisten verherrlicht hatten. Wie in Deutschland, so in Italien: der Haß der äußersten Linken auf den »bürgerlichen Staat« hatte sie zur »proletarischen« Gewalt der antidemokratischen Rechten geführt. Im Jahre 1980 waren in Italien die Ziele und Methoden der Linksterroristen von denen der Rechtsterroristen nicht mehr zu unterscheiden. Tatsächlich waren die Roten Brigaden und deren Ableger auf keinen Fall für alle Gewalttaten der »anni di piombo« (bleiernen Jahre) Italiens verantwortlich. Die konspiratorische, antirepublikanische Rechte trat in diesen Jahren wieder in Erscheinung (und verübte das schrecklichste Verbrechen dieser Zeit, einen Bombenanschlag auf den Bologneser Bahnhof, bei dem 85 Menschen ums Leben kamen und 200 weitere verletzt wurden); im Mezzogiorno griff auch die Mafia in ihrem Kampf gegen Justizbehörden, Polizei und Lokalpolitiker zu einer aggressiveren Strategie des Terrors.

Doch in dem Maße, wie die Wiederkehr des neofaschistischen Terrors und das Wiederaufleben der Mafiagewalt die Verwundbarkeit demokratischer Institutionen deutlich machte und steigerte, interpretierte die Linke auch diese Aktionen – vielleicht zu Recht – als Beweise für ihren eigenen Erfolg. Die Extremisten auf beiden Seiten versuchten den Staat zu destabilisieren, indem sie das normale öffentliche Leben unerträglich gefährlich machten – mit dem Unterschied, daß die Rechte auf ein gewisses Maß an Schutz und Unterstützung durch jene Ordnungskräfte rechnen konnte, die sie untergraben wollte. Schattenhafte konspirative Netze, die bis in die höheren Ränge der Polizei, des Bankwesens und der herrschenden Democrazia Cristiana reichten, billigten die Ermordung von Richtern, Staatsanwälten und Politikern.[13]

Daß Demokratie und Rechtsordnung in Italien diese Jahre überdauerten, ist von nicht geringer Bedeutung. Von 1977 bis 1982 war das Land extremer Gewalt von der äußersten Linken, äußersten Rechten und der organisierten Kriminalität ausgesetzt – in diesen Jahren ermordeten Mafia und andere kriminelle Vereinigungen Polizeichefs, Politiker, Staatsanwälte, Richter und Politiker, manchmal beinahe ungestraft. Zwar ging die größere Bedrohung von der extremen Rechten aus – da sie weitaus besser organisiert war und den inneren Machtzirkeln des Staates viel näher stand –, doch die größere Wirkung auf die öffentliche Phantasie übten die »roten« Terroristen aus. Zum Teil lag dies daran, daß sie sich, wie die Rote Armee Fraktion in Deutschland, auf eine weitverbreitete Sympathie für radikale Vorstellungen stützen konnte. Funktionäre der Kommunisten sahen in dieser Aneignung des revolutionären Erbes den größten Aktivposten der Terroristen, zugleich aber auch ein Symptom der Gefahr, die sie für die Glaubwürdigkeit der traditionellen Linken darstellten.

Ironischerweise, und ohne Wissen der einheimischen Kommunisten, wurden die Roten Brigaden und die Rote Armee Fraktion – wie die ähnlich motivierten, doch wirkungslosen Cellules Communistes Combattantes in Belgien, Action Directe in Frankreich und weitere, kleinere Gruppierungen in anderen Ländern – teilweise mit Geldern des sowjetischen Geheimdienstes finanziert. Die Verteilung dieser Geldmittel folgte nicht einer schlüssigen Strategie, sondern sehr allgemeinen Prinzipien: Die Feinde unserer Feinde sind, wie absurd und bedeutungslos sie auch sein mögen, stets unsere Freunde. Doch in diesem Falle ging der Schuß nach hinten los: Der einzige unbestreitbare Erfolg, den der linke Terrorismus in diesen Jahren zu verzeichnen hatte, bestand darin, daß er in den Gesellschaften dieser Länder alle Restbestände an revolutionären Illusionen gründlich beseitigte.

Alle traditionellen politischen Organisationen der Linken, die Kommunisten allen voran, sahen sich gezwungen, sich von Gewalt jeder Art zu distanzieren. Zum Teil war dies eine spontane Reaktion auf die Bedrohung, die der Terror auch für sie selbst bedeutete – Gewerkschafter und andere Vertreter der traditionellen Arbeiterbewegung zählten zu den meistgeschmähten Zielen der Untergrundnetzwerke. Zum Teil lag es aber auch daran, daß die »bleiernen Jahre« alle daran erinnerten, wie anfällig die liberalen Demokratien eigentlich waren – ein Umstand, der in der hitzigen Atmosphäre der sechziger Jahre gelegentlich vernachlässigt worden war. Alles in allem gelang es in diesen Jahren der pseudorevolutionären Subversion im Herzen Mitteleuropas nicht, die Gesellschaft zu polarisieren, wie die Terroristen es beabsichtigt und erwartet hatten, statt dessen sahen sich die Politiker jeder Couleur veranlaßt, aufeinander zuzugehen und sich auf dem sicheren Boden des Kompromisses und der Verständigung zu treffen.

Psychologisch waren die siebziger Jahre das deprimierendste Jahrzehnt des 20. Jahrhunderts. Das läßt sich zum Teil den Umständen zuschreiben, die in diesem Kapitel geschildert wurden: Der abschüssige und anhaltende wirtschaftliche Niedergang verstärkte in Verbindung mit der weitverbreiteten politischen Gewalt das Gefühl, Europas »gute Zeiten« seien, vielleicht auf Jahre, vorbei. Den meisten jungen Leuten ging es jetzt weniger darum, die Welt zu verändern, als einen Arbeitsplatz zu finden: Die Begeisterung für kollektive Ziele wich der obsessiven Beschäftigung mit privaten Bedürfnissen. In einer bedrohlicher gewordenen Welt lagen einem die eigenen Interessen näher am Herzen als gemeinsame Anliegen.

Zweifellos war dieser Stimmungsumschwung auch eine Reaktion auf die hemmungslose Genußsucht des vorangegangenen Jahrzehnts. Europäer, die sich eben noch an einer nie dagewesenen Eruption von Energie und Kreativität in Musik, Mode, Kino und Kunst ergötzt hatten, konnten nun in Muße die Kosten dieser turbulenten Zeit überschlagen. Weniger der Idealismus der sechziger Jahre schien sich so rasch überlebt zu haben als vielmehr die *Unschuld* jener Tage: das Gefühl, daß alles, was vorstellbar war, auch getan werden könne, daß alles, was machbar war, auch besessen werden dürfe und daß Grenzüberschreitungen – moralischer, politischer, rechtlicher, ästhetischer Art – ihren Reiz und Wert in sich selbst trügen. Waren die Sechziger geprägt vom naiven, selbstgefälligen Wunsch zu glauben, daß alles, was geschah, neu – und daß alles Neue bedeutsam – sei, so waren die siebziger Jahre eine Zeit des Zynismus, verlorener Illusionen und gedämpfter Erwartungen.

Mittelmäßige Zeiten, schrieb Albert Camus in *Der Fall*, bringen nichtssagende Propheten hervor. Die siebziger Jahre boten sie in reicher Auswahl. Sie waren eine Periode, die in dem bedrückenden Bewußtsein lebte, *nach* den hochfliegenden Hoffnungen und ehrgeizigen Ideen der jüngsten Vergangenheit zu kommen und nichts anderes als überhastete, wenig überzeugende Neuauflagen und Variationen alter Ideen bieten zu können, eine Periode, die sich schmerzlich bewußt war, in jeder Hinsicht »post-« zu sein und eine mehr als ungewisse Zukunft zu haben. Der amerikanische Soziologe Daniel Bell meinte damals: »Die Verwendung der Vorsilbe ›post‹ mit Bindestrich deutet auf das Empfinden hin, in einer Zwischenzeit zu leben.« Als Beschreibung der realen Welt – »post-kolonial«, »post-kommunistisch« und, in jüngster Zeit, »post-industriell« – hatten solche Begriffsprägungen durchaus ihren Sinn, selbst wenn ungewiß blieb, was folgen mochte. Doch wenn man gedankliche Kategorien – etwa »post-marxistisch«, »post-strukturalistisch« und vor allem, und am wenigsten faßbar, »post-modern« – mit diesem Präfix versieht, trägt es nur zu der Unverständlichkeit einer ohnehin schon verworrenen Zeit bei.

Die Kultur der sechziger Jahre war rationalistisch gewesen. Trotz weicher Drogen und utopischer Entwürfe bewegte sich das gesellschaftliche Denken jener Zeit, ebenso wie ihre Musik, in einer vertrauten und verständlichen – nur eben »erweiterten« – Dimension. Es war auch eine strikt gemeinschaftliche Zeit: Man ging davon aus, daß Studenten, genauso wie »Arbeiter«, »Bauern«, »Neger« und andere Kollektive, bestimmte Interessen und Wesensverwandtschaften gemeinsam hätten, so daß sie durch besondere Beziehungen miteinander und – wenn auch antagonistisch – mit der Gesellschaft als ganzer verbunden seien. Die Entwürfe der Sechziger setzten, so phantastisch sie sein mochten, eine Beziehung zwischen dem einzelnen und der Klasse, der Klasse und der Gesellschaft, der Gesellschaft und dem Staat voraus, die formal, wenn auch nicht inhaltlich, allen Theoretikern und Aktivisten des 19. Jahrhunderts vertraut erschienen wären.

Die Kultur der siebziger Jahre hatte nicht das Kollektiv, sondern das Individuum im Visier. Wie die Anthropologie die Philosophie als Urdisziplin der Sechziger abgelöst hatte, so trat nun die Psychologie an die Stelle der Philosophie. Im Laufe der sechziger Jahre war der Begriff des »falschen Bewußtseins« von jungen Marxisten aufgegriffen worden, um zu erklären, warum es den Arbeitern und anderen betroffenen Klassen nicht gelang, sich von der Identifikation mit den Interessen des Kapitals zu befreien. Eine verzerrte Spielart dieser Vorstellung bildete, wie gesehen, die Kernthese des linken Terrorismus. Doch sie führte auch ein seltsames Nachleben in politisch weniger aktiven Kreisen: Selbsternannte »Post-Freudianer« peppten Freudsche Themen mit marxistischem Jargon auf und verkündeten die Notwendigkeit, nicht gesellschaftliche Klassen, sondern Anhäufungen individueller Subjekte zu befreien.

Nun meldeten sich in Westeuropa und Nordamerika Befreiungstheoretiker zu Wort, die den Menschen nicht mehr von seinen gesellschaftlich bedingten Fesseln, sondern von seinen selbst erschaffenen Illusionen befreien wollten. Die sexuelle Spielart dieses Themas – die Idee, daß gesellschaftliche und sexuelle Repression untrennbar miteinander verbunden seien – war bereits in bestimmten Milieus der sechziger Jahre ein Gemeinplatz gewesen. Doch Herbert Marcuse oder Wilhelm Reich standen eindeutig in der Nachfolge von Freud *und* Marx – wenn sie versuchten, kollektive Veränderung durch individuelle Befreiung zu erzielen. Dagegen waren die Anhänger von Jacques Lacan oder zeitgenössischer Feminismus-Theoretikerinnen wie Kate Millett und Annie Leclerc zugleich weniger und mehr ambitioniert. Sie interessierten sich nicht sonderlich für die traditionellen sozialrevolutionären Projekte (die von den Feministinnen völlig zu Recht als politische Bewegungen von Männern für Männer angesehen wurden), sondern versuchten statt dessen, das Menschenbild in Frage zu stellen, das ihnen zugrunde lag.

Diese Ansätze gingen von zwei Annahmen aus, die von den Intellektuellen der Zeit weitgehend geteilt wurden. Die erste besagte, daß Macht nicht – wie die meisten Sozialphilosophen seit der Aufklärung vertreten hatten – auf der Kontrolle über die natürlichen und menschlichen Ressourcen beruhe, sondern auf der *Monopolisierung* von Wissen – Wissen über die natürliche Welt, Wissen über die öffentliche Sphäre, Wissen über das eigene Selbst und, vor allem, Wissen über die Art und Weise, wie das Wissen selbst produziert und legitimiert wird. Nach dieser Lesart beruht Machterhaltung darauf, daß diejenigen, die das Wissen kontrollieren, in der Lage sind, die Kontrolle auf Kosten anderer zu bewahren, indem sie subversive »Wissensfelder« unterdrücken.

Damals wurde diese Auffassung der Conditio humana weithin und zu Recht mit den Schriften von Michel Foucault in Verbindung gebracht. Doch trotz seiner gelegentlichen Ausflüge in den Obskurantismus war Foucault im Grunde seines Herzens ein Rationalist. Seine frühen Schriften standen ganz im Zeichen der altgedienten marxistischen These, nach der man, um den Arbeiter von den Ketten den Kapitalismus zu befreien, zunächst eine andere Erklärung der Geschichte und der Ökonomie an die Stelle der interessengebundenen Darstellung der bürgerlichen Gesellschaft setzen müsse. Kurzum, es gelte, Herrschaftswissen durch revolutionäres Wissen zu ersetzen oder, mit den Worten des noch wenige Jahre zuvor so beliebten Antonio Gramsci, die »Hegemonie« der herrschenden Klasse zu bekämpfen.

Die zweite Annahme, von noch stärkerem Einfluß auf die intellektuellen Moden, ging erheblich weiter. Sie äußerte sich in der verführerischen Aufforderung, nicht nur alte Gewißheiten, sondern jegliche Gewißheit in Frage zu stellen.

Da alle Verhaltensweisen, Meinungen, Erkenntnisse gesellschaftlich bedingt und folglich politisch instrumentalisiert seien, müsse man sie mit äußerstem Argwohn betrachten. Der bloße Gedanke, Urteile und Bewertungen könnten unabhängig von der Person sein, die sie vorgebracht habe, galten in gewissen Kreisen schon an sich als Ausdruck und Anzeichen für eine parteiische (und implizit konservative) gesellschaftliche Haltung.

Auf diese Weise ließen sich im Prinzip alle Bewertungen oder Überzeugungen relativieren. Sogar kritische Intellektuelle konnten dergestalt »positioniert« sein. Nach den Worten des französischen Soziologieprofessors Pierre Bourdieu, des einflußreichsten europäischen Vertreters der neuen Wissenssoziologie, ist der »professorale Diskurs« lediglich der Ausdruck des »dominierten Teils der dominierenden Klasse«. Diese lustvoll subversive Art, alle Erkenntnisse und Meinungen zu positionieren, erklärte allerdings nicht, wie denn zu entscheiden sei, ob ein Diskurs wahrer als ein anderer sei: ein Dilemma, das man löste, indem man die »Wahrheit« selbst als eine sozial positionierte Kategorie behandelte – eine Haltung, die bald zu einer verbreiteten Mode wurde. Die natürliche Folge solcher Entwicklungen war grundsätzliches Mißtrauen gegenüber *allen* rationalen sozialen Argumenten. Der französische Philosoph Jean-François Lyotard fing in seinem Essay *Das postmoderne Wissen* wohl sehr deutlich ein, wie der Zeitgeist zu diesem Thema stand: »In äußerster Vereinfachung kann man sagen: ›Postmoderne‹ bedeutet, daß man den Metaerzählungen keinen Glauben mehr schenkt.«

Die tiefere und meist nicht eingestandene Quelle dieser vorwiegend unter französischem Einfluß stehenden geistigen Strömungen war, wie so häufig in den zurückliegenden Jahrzehnten, deutsch. Der italienische Autor Elio Vittorini hat einmal geschrieben, Frankreich habe sich seit Napoleon als unzugänglich für jeden ausländischen Einfluß mit Ausnahme der deutschen romantischen Philosophie erwiesen. Was richtig war, als er es 1957 schrieb, galt auch noch zwanzig Jahre später. Während humanitäre Gefühle eine frühere Generation in die Arme von Marx und Hegel getrieben hatten, waren die selbstzweiflerischen Siebziger einer dunkleren Seite des deutschen Denkens verfallen. Michel Foucaults radikaler Skeptizismus war in hohem Maße eine Nietzsche-Rezeption. Andere einflußreiche französische Autoren, vor allem der Literaturkritiker Jacques Derrida, orientierten sich an Martin Heidegger, um ihre Kritik am menschlichen Tun zu formulieren und die »Dekonstruktion«, wie man fortan sagte, des erkennenden menschlichen Subjekts und seiner textuellen Gegenstände zu betreiben.

Forschern, die sich eingehender mit Heidegger oder seinem deutschen Zeitgenossen Carl Schmitt (dessen historizistischer Realismus unter Studenten des Völkerrechts einige Beachtung fand) beschäftigten, erschien dieses Interesse äußerst befremdlich. Immerhin wurden sowohl Heidegger als auch Schmitt mit dem Nationalsozialismus in Zusammenhang gebracht – besonders Heidegger, der in der NS-Zeit ein politisches Amt an der Universität bekleidet hatte. Doch die erneute Tendenz, optimistische Einschätzungen des Fortschritts zu kritisieren und die Grundlagen des aufgeklärten Rationalismus sowie seine politischen und erkenntnismäßigen Folgen in Frage zu stellen, schufen eine gewisse Wesensverwandtschaft zwischen Denkern wie Heidegger, die Anfang des 20. Jahrhunderts die Moderne und den technischen Fortschritt kritisiert hatten, und den desillusionierten Skeptikern der »Postmoderne« – was Heidegger und andere weitgehend rehabilitierte.

Als die deutsche Philosophie schließlich auf dem Umweg über die Pariser Gesellschaftstheorie in die englische Kulturkritik Eingang gefunden hatte – als welche sie den meisten Lesern dieser Zeit vertraut war –, hatte ihr schon von Haus aus schwieriges Vokabular einen solchen Grad an sprachlicher Unverständlichkeit erreicht, daß sie auf eine neue Generation von Studenten und Dozenten eine geradezu unwiderstehliche Anziehungskraft ausübte. Die jüngeren Universitätslehrer, die eingestellt wurden, um den Bedarf der damals stark expandierenden Universitäten zu decken, hatten ihr eigenes Studium überwiegend in den sechziger Jahren abgeschlossen und waren mit den Moden und Debatten dieses Jahrzehnts aufgewachsen. Doch während sich die europäischen Universitäten in den vergangenen zehn Jahre mit bedeutenden Fragen befaßt hatten – Gesellschaft, Staat, Sprache, Geschichte, Revolution – war das, was bei der nächsten Generation ankam, vor allem die Beschäftigung mit der Theorie an sich. Seminare über »Kulturtheorie« und »Allgemeine Theorie« hoben die Grenzen zwischen den Disziplinen auf, in denen sich noch einige Jahre zuvor selbst radikale akademische Debatten bewegt hatten. »Schwierigkeit« wurde zum Maß für intellektuelle Ernsthaftigkeit. In ihrem nüchternen Kommentar zum Erbe des »Antihumanistischen Denkens« meinten die französischen Autoren Luc Ferry und Alain Renault bissig: »Die größte Leistung der Denker aus den sechziger Jahren lag darin, ihr Publikum davon zu überzeugen, daß Unverständlichkeit ein Zeichen von Größe sei.«

Vor einer gefügigen Hörerschaft an den Universitäten verliehen frisch gekürte Theoretiker wie Lacan und Derrida den Kapricen und Paradoxien der Sprache den Status von Philosophien, die unendlich flexible Schablonen für die textliche und politische Exegese lieferten. An Instituten wie dem Centre for Comtemporary Cultural Studies der Universität Birmingham verbanden sich diese neuen Theorieentwürfe nahtlos mit den alten. Der Marxismus wurde von seiner peinlich atavistischen Verknüpfung mit ökonomischen Kategorien und politischen Institutionen befreit und in dieser erneuerten Form zur Kulturkritik. Das ärgerliche Widerstreben des revolutionären Proletariats, sich gegen die kapitalistische Bourgeoisie aufzulehnen, störte nicht mehr. Stuart Hall, in jenen Jahren der führende britische Vertreter der Cultural Studies, schrieb 1976: »Die Vorstellung vom ›Verschwinden der Klasse als Ganzes‹ wird durch das weit komplexere und differenziertere Bild eines Prozesses ersetzt, in dessen Verlauf die verschiedenen Sektoren und Schichten einer Klasse durch ihre bestimmenden sozioökonomischen Umstände in verschiedene Richtungen und Optionen getrieben werden.«

Hall selbst sollte in späteren Jahren einräumen, daß sein Zentrum »eine Zeitlang mit diesen schwierigen theoretischen Problemen überbeschäftigt« war. Tatsächlich aber war dieses narzißtische Spiel mit dem Schwer- und Unverständlichen in hohem Maße zeittypisch: Die extreme Realitätsferne belegte, daß sich hier eine geistige Tradition restlos erschöpft hatte. Im übrigen gab es noch mehr Symptome für den kulturellen Substanzverlust dieser Jahre. Sogar die brillante Originalität, die den französischen Film in den sechziger Jahre ausgezeichnet hatte, verzettelte sich in selbstverliebter Kunstfertigkeit. 1974 drehte Jacques Rivette, der geistreiche und originelle Regisseur von *Paris Nous Appartient* (Paris gehört uns; 1960) und *La Réligieuse* (Die Nonne), den Film *Céline et Julie vont en bateau* (Céline und Julie fahren Boot). Mit seiner Länge von 193 Minuten erweist sich *Céline und Julie* als stilisierte, handlungslose und unfreiwillige Parodie auf die französische Nouvelle Vague und markiert das Ende einer Ära. Das Theoretisieren über Kunst ersetzte die Kunst.

Bestand das Erbe der sechziger Jahre zur einen Hälfte aus kultureller Präpotenz, so war die andere deren direkte Umkehrung, eine eiskalte, zynische Oberflächlichkeit. Die relative Unschuld des Rock 'n' Roll wurde in zunehmendem Maße von mediengerechten Popgruppen verdrängt, deren Repertoire eine höhnische Übernahme und Entartung des Stils bedeutete, der von ihren unmittelbaren Vorgängern geprägt worden war. Etwa so, wie sich früher einmal Trivialliteratur und Boulevardjournalismus aus Profitgründen die Alphabetisierung der Massen zunutze gemacht hatten, entstand in den siebziger Jahren der Punkrock, um auf dem Markt für Popmusik zu profitieren. Als »Gegenkultur« präsentiert, schmarotzte er in Wirklichkeit am kulturellen Mainstream und griff – häufig aus durchsichtigen kommerziellen Gründen – zu blutrünstigen Metaphern und einer radikalen Sprache.

Die bewußt politisierte Sprache der Punkrockbands, beispielsweise in dem Hit *Anarchy in the UK* der Sex Pistols aus dem Jahr 1976, traf die verbitterte Stimmung der Zeit. Doch die Politik der Punkbands war ebenso eindimensional wie ihre musikalische Bandbreite, letztere allzuoft auf drei Akkorde und einen einzigen Rhythmus beschränkt, so daß allein die Lautstärke für die Wirkung sorgen mußte. Wie die Rote Armee Fraktion, so wollten auch die Sex Pistols und andere

Punkbands in erster Linie *schockieren*. Selbst das antibürgerliche Erscheinungsbild und Gebaren wurde durch Ironie und bewußte Übersteigerung gebrochen. »Weißt du noch, die Sechziger?« schienen sie sagen zu wollen. »Ob's dir gefällt oder nicht, wir sind alles, was übriggeblieben ist.« Musikalische Subversion beschränkte sich nun auf zornige Songs, in denen die »Hegemonie« beklagt wurde, wobei die verlogenen politischen Inhalte den stetigen Schwund der musikalischen Form verschleiern sollten.[14]

Mochte die Politik und Musik der Punkgeneration auch hohl und falsch sein, ihr *Zynismus* jedenfalls war echt. Sie bildete den verbitterten und zumeist untalentierten Rand eines breitgefächerten Spektrums der Respektlosigkeit – Respektlosigkeit gegenüber der Vergangenheit, jeder Form von Autorität, den Persönlichkeiten des öffentlichen Lebens und dem Staat. In ihren geistreicheren Formen orientierte sich diese Verachtung für Wichtigtuerei und Tradition an den jungen britischen Politsatirikern, die vor fast zwei Jahrzehnten erstmals in Erscheinung getreten waren: das Kabarett *Beyond The Fringe*, die BBC-Late-Night-Show *That Was The Week That Was* und das Satireblatt *Private Eye*. *Monty Python* und seine Nachfolger und Nachahmer, die sich die enormen Zuwachsraten des Fernsehpublikums und den unaufhaltsamen Rückzug der Zensur zunutze machten, schufen eine Mischung aus Slapstick, motzig-frecher Gesellschaftskritik und bissigem Politspott – eine Mischung, wie sie wohl zuletzt die scharfen politischen Karikaturen von James Gillray oder George Cruikshank gezeigt hatten. Die enge Wechselbeziehung zwischen Rockmusik und der neuen Burleske kommt in der Finanzierung zweier Python-Filme, *Monty Python and the Holy Grail* (Die Ritter der Kokosnuss; 1975) und *Life of Brian* (Das Leben des Brian; 1979) augenfällig zum Ausdruck: Die Haftung übernahmen in dem einen Fall Pink Floyd und Led Zeppelin, in dem anderen George Harrison von den Beatles.

Der Ansehensverlust bei Persönlichkeiten des öffentlichen Lebens gab reichlich Anlaß zu einer Nachlese in wöchentlichen Fernsehsendungen wie *Spitting Image* oder der französischen *Bebête Show*, in denen führende Politiker regelmäßig mit einem Maß an Spott und Verachtung überschüttet wurden, wie es wenige Jahre zuvor noch undenkbar gewesen wäre (und in den USA noch immer ist). Satiriker und Politkomiker lösten Schriftsteller und Künstler als intellektuelle Leitfiguren ab: Als französische Studenten Anfang der achtziger Jahre gefragt wurden, welche Persönlichkeit des öffentlichen Lebens sie am meisten bewunderten, waren ältere Kommentatoren entsetzt zu erfahren, daß Jean-Paul Sartre durch Coluche ersetzt worden war, einen frechen und zuweilen obszönen Fernsehkomiker names Michel Colucci, der sein neuerworbenes Ansehen mit der spöttischen Bemerkung zur Kenntnis nahm, nun werde er sich um das Präsidentenamt seines Landes bewerben.

Doch die gleichen öffentlich-rechtlichen Fernsehkanäle, auf denen die pointierten und respektlosen Parodien zur Pop- und Alltagskultur zu sehen waren, lieferten den Satirikern reichlich Munition. Die vielleicht beliebteste Zielscheibe für Hohn und Spott war der »Eurovision Song Contest«, ein jährlich vom Fernsehen übertragener Schlagerwettbewerb, den es seit 1970 gibt. Die Sendung, eine kommerzielle Veranstaltung, mit der angeblich die technische Möglichkeit, ein Fernsehereignis gleichzeitig in verschiedene Länder übertragen zu können, festlich eingeführt werden sollte, lockte Mitte der siebziger Jahren mehrere hundert Millionen Zuschauer vor die Mattscheibe. Dieses Ereignis, bei dem zweitklassige Schlagersternchen und völlig unbekannte Sänger aus fast allen europäischen Ländern dümmliche und läppische Liedchen trällerten, um anschließend fast immer wieder in der Versenkung zu verschwinden, aus der sie kurzfristig aufgetaucht waren – war so unvorstellbar trivial in Anlage und Durchführung, daß es jeder Parodie spottete. Der Wettbewerb wäre schon 15 Jahre zuvor ein alter Hut gewesen. Doch genau aus diesem Grunde kündigte er etwas Neues an.

Die Begeisterung, mit der der Eurovision Song Contest ein hoffnungslos veraltetes Format und einen endlosen Strom talentloser Interpreten präsentierte und feierte, war Ausdruck einer nostalgischen Grundstimmung, die zugleich wehmütig und ernüchtert war. Wenn Punk, postmodern und Parodie eine Antwort auf die geistige Verwirrung einer desillusionierten Dekade waren, so war »retro« eine andere. Beispielsweise trat die französische Popgruppe Il était une Fois (Es war einmal) in Kleidern der dreißiger Jahre auf. Es gab viele solcher Moderecyclings, von »Omas Röcken« bis zur »neuen Romantik«, den Frisuren vom Anfang des 20. Jahrhunderts, die damit schon zum zweitenmal in 30 Jahren ausgegraben wurden. In Kleidung und Musik (und Architektur) ersetzte der Rückgriff auf alte Stilmittel – nebst ihrer ängstlichen Mischung und Modifikation – jegliche Innovation. Die siebziger Jahre, eine Zeit der Verunsicherung und Verwirrung, blickten zurück, nicht nach vorn. Auf das Zeitalter des Wassermanns folgte eine Epoche des Plagiats.

XV
Politik in neuer Tonlage

Je déclare avoir avorté.
(Ich erkläre, daß ich abgetrieben habe.)

Simone de Beauvoir (und 342 andere Frauen), 5. April 1971

Binnen einer Generation spätestens werden die Kommunistischen Parteien Frankreichs und Italiens entweder ihre Beziehungen zu Moskau abbrechen oder zur Bedeutungslosigkeit schrumpfen.

Denis Healey (1957)

... mit diesem Vertrag geht nichts verloren, was nicht längst verspielt worden war.

Bundeskanzler Willy Brandt, August 1970

Wenn zwei Staaten ihre Beziehungen verbessern wollen, suchen sie oft nach dem größten gemeinsamen Nenner an Platitüden.

Timothy Garton Ash

In den siebziger Jahren begannen sich in der politischen Landschaft Westeuropas Brüche und Verwerfungen aufzutun. Seit dem Ende des Ersten Weltkrieges hatten im wesentlichen zwei politische »Familien« die Politik unter sich aufgeteilt, die Linke und die Rechte – jede für sich intern in »Gemäßigte« und »Radikale« gespalten. Nach 1945 waren die beiden Seiten näher aneinandergerückt, doch das Muster hatte sich nicht grundlegend verändert. Das Spektrum der politischen Optionen, das sich europäischen Wählern 1970 darbot, wäre ihren Großeltern nicht unvertraut erschienen.

Die Langlebigkeit der politischen Parteien Europas erwuchs aus einer bemerkenswerten Kontinuität in der Ökologie der Wählerschaft. Die Wahl zwischen Labour und Konservativen in Großbritannien oder zwischen Sozialdemokraten und Christdemokraten in der Bundesrepublik brachte nicht mehr tiefreichende Unterschiede der politischen Meinung zum Ausdruck, geschweige denn tiefe »Lebensstilpräferenzen«, wie sie bald genannt wurden. Meist waren sie das Echo tiefverwurzelter, generationsübergreifender Wahlgewohnheiten, die eher durch

Schicht, Religion oder regionale Herkunft der Wähler als durch Parteiprogramme bestimmt wurden. Männer und Frauen wählten, wie ihre Eltern gewählt hatten – entscheidend war, wo sie lebten, wo sie arbeiteten und wieviel sie verdienten.

Doch unter der Oberfläche der Kontinuität fand eine tektonische Verschiebung in der politischen Soziologie der europäischen Wähler statt. Der Wählerblock der weißen, männlichen, beschäftigten Arbeiterklasse – die universelle Stammwählerschaft der kommunistischen und sozialistischen Parteien – schrumpfte und splitterte. Ganz ähnlich konnte der »idealtypische« konservative Wähler – älteren Jahrgangs, weiblich, Kirchgänger – nicht mehr automatisch zu den Stammwählern der christdemokratischen und konservativen Parteien gezählt werden. Es gab sie zwar weiterhin, doch als Gruppe bildeten diese traditionellen Wähler nicht mehr die Mehrheit. Warum?

Erstens hatte während der Nachkriegsjahrzehnte die soziale und geographische Mobilität die festen sozialen Kategorien fast bis zur Unkenntlichkeit aufgeweicht. Der christliche Wählerblock in den ländlichen Gebieten Westfrankreichs oder in den Kleinstädten des Veneto, die proletarischen Hochburgen in den Industriegebieten Südbelgiens und Nordenglands zeigten jetzt Risse und Sprünge. Männer und Frauen lebten nicht mehr am selben Ort wie ihre Eltern und gingen häufig ganz anderen Berufen nach. Kein Wunder, daß sie auch die Welt ganz anders sahen; diese Veränderungen begannen sich ebenfalls in ihren politischen Präferenzen auszudrücken, wenn auch zunächst ganz langsam.

Zweitens hatten der Wohlstand und die sozialen Reformen in den sechziger und Anfang der siebziger Jahre die Programme und Visionen der traditionellen Parteien praktisch erschöpft. Der Erfolg hatte die Politiker der gemäßigten Linken und Rechten, besonders nach der Flut liberaler Reformen in den Sechzigern, um ein glaubhaftes Parteiprogramm gebracht. Die Institutionen des Staates selbst wurden ebensowenig in Frage gestellt wie die allgemeinen Ziele der Wirtschaftspolitik. Was blieb, waren ordnungspolitische Feinkorrekturen, Gesetze gegen Diskriminierung auf dem Wohnungs- und Arbeitsmarkt, Ausbau des Bildungssystems und ähnliches: ernsthaftes politisches Tagesgeschäft, aber kaum Stoff für große politische Debatten.

Drittens gab es jetzt alternative Bestimmungsfaktoren für politische Bindungen. Ethnische Minderheiten, als Migranten oft wenig willkommen in Europas weißer Arbeiterschicht, wurden nicht immer in örtliche politische und gewerkschaftliche Organisationen aufgenommen, eine Ausgrenzung, die sich in ihren politischen Einstellungen widerspiegelte. Und schließlich hatte der politisierte Generationskonflikt der sechziger Jahre Inhalte in die öffentliche Diskussion getragen, die in der älteren politischen Kultur völlig unbekannt waren. Der »Neuen

Linken« hatte vielleicht ein Programm gefehlt, aber an Themen hatte sie keinen Mangel. Vor allem aber brachte sie neue Wählergruppen. Die Faszination durch Sex und Sexualität führte natürlich zur Sexualpolitik; Frauen und Homosexuelle, in traditionellen radikalen Parteien untergeordnet beziehungsweise unsichtbar, meldeten sich jetzt als legitime historische Subjekte mit Rechten und Forderungen zu Wort. Jugend und die Begeisterung der Jugend rückten in den Vordergrund, vor allem da vielerorts das Wahlalter auf 18 gesenkt wurde.

Der Wohlstand der Zeit hatte den Fokus vieler Menschen verschoben – von der Produktion zum Konsum, vom Lebensnotwendigen zur Lebensqualität. In der Hektik der Sechziger machten sich nur wenige Menschen Gedanken über die moralischen Dilemmata des Wohlstands – seine Nutznießer hatten alle Hände voll zu tun, die Früchte ihres Glücks zu genießen. Doch binnen weniger Jahre begannen viele – besonders die gebildeten jungen Erwachsenen Nordwesteuropas – die Kommerzialisierung und den materiellen Wohlstand der fünfziger und sechziger Jahre als problematische Altlast zu begreifen, die vor allem eine billige Warenwelt und falsche Werte hervorgebracht hatte. Der Preis der Modernität erschien zumindest ihren Hauptnutznießern ziemlich hoch, die »verlorene Welt« ihrer Eltern und Großeltern dagegen sehr anziehend.

Die Politisierung dieser Gruppe und ihres Unbehagens an der Kultur wurde in der Regel von Aktivisten übernommen, die mit der Taktik der traditionelleren Parteien vertraut waren, weil sie selbst oder Familienangehörige einmal darin mitgearbeitet hatten. An der Logik der Politik änderte das wenig: Auch hier ging es darum, Gleichgesinnte für einen Maßnahmenkatalog zu mobilisieren, dem der Staat Gesetzeskraft verleihen sollte. Neu waren die Voraussetzungen der Organisation. Bislang hatten sich in Europa Stammwähler aus dem Wahlverhalten großer Gruppen gebildet, die durch Schicht- oder Berufszugehörigkeit bestimmt wurden und sich gemeinsamen, ererbten und häufig abstrakten Prinzipien und Zielen verpflichtet fühlten. Inhalte der Politik zählten weniger als Parteiverbundenheit.

Doch in den siebziger Jahren rückten die *politischen Ziele* in den Vordergrund. »Ein-Punkt«(Single-Issue)-Parteien und -Bewegungen entstanden, deren Wählerschaft durch eine veränderliche Geometrie gemeinsamer Interessen geprägt wurde: häufig eng begrenzt, manchmal schrullig. Ein typisches Beispiel ist Großbritanniens bemerkenswert erfolgreiche Campaign For Real Ale (CAMRA). 1971 gegründet, um den Trend zu kohlesäurehaltigem, homogenisiertem »Lagerbier« (und zu den ähnlich standardisierten, »modernisierten« Pubs, wo es verkauft wurde) umzukehren, rechtfertigte diese Mittelschichts-Pressure-Group ihr Anliegen mit einem neomarxistischen Begründungszusammenhang: Da wurde die handwerkliche Brautradition von massenproduzierenden Monopolisten übernommen, die um der Unternehmensgewinne willen die Biertrinker manipulierten: Entfremdung der Kundschaft von ihren Geschmacksknospen durch betrügerischen Ersatz.

In ihrer ziemlich wirksamen Mischung aus ökonomischer Analyse, Umweltbewußtsein, ästhetischem Scharfblick und reiner Nostalgie lieferte CAMRA einen Vorgeschmack auf viele der Ein-Punkt-Bürgerbewegungen der kommenden Jahre und auf die Vorliebe manch eines gutbetuchten Bürger-Bohemiens für das kostspielig »Authentische«.[1] Doch ihr etwas archaischer Charme, ganz zu schweigen von dem Mißverhältnis zwischen dem leidenschaftlichen Engagement der Aktivisten und dem eher belanglosen Gegenstand ihrer Begeisterung, ließ diese besondere Ein-Punkt-Bewegung natürlich etwas wunderlich erscheinen.

Doch keineswegs wunderlich oder schrullig wirkten viele andere politische Ein-Punkt-Netzwerke, die meisten von ihnen, wie CAMRA, von und für die Mittelschicht organisiert. In Skandinavien bildeten sich Anfang der siebziger Jahre eine Vielzahl von Protestparteien, vor allem die Finnische Landvolkpartei, Mogens Glistrups Dänische Fortschrittspartei und Anders Langes Norwegische Fortschrittspartei. Sie alle hatten sich zunächst leidenschaftlich und ausschließlich der Steuersenkung verschrieben – der Gründungstitel der norwegischen Partei hatte 1973 »Anders Langes Partei für eine drastische Reduzierung der Steuern, Abgaben und Staatsintervention« gelautet und das Parteiprogramm aus einem einzigen Blatt bestanden, auf dem die im Parteinamen enthaltenen Forderungen wiederholt wurden.

In Skandinavien lag wohl eine besondere Situation vor – nirgends waren die Steuern so hoch und die Sozialleistungen so umfassend. Sicherlich hat keine Ein-Punkt-Partei außerhalb Skandinaviens jemals so gut abgeschnitten wie Glistrups Partei, die bei den Wahlen zum dänischen Parlament 15,9 Prozent der Stimmen errang. Doch Steuerprotestparteien waren nicht neu. Ihr Vorbild war Pierre Poujades Partei, die 1953 gegründete Union de défense des commerçants et artisans, die kleine Ladenbesitzer gegen Steuern und Supermärkte schützen wollte. Sie brachte es zu kurzzeitigem Ruhm, als sie 12 Prozent der Stimmen in den französischen Wahlen von 1956 bekam. Doch Poujades Bewegung war singulär und kurzlebig. Die meisten Protestparteien, die nach 1970 entstanden, erwiesen sich als beständig – die Norwegische Fortschrittspartei erreichte ihr bislang bestes Wahlergebnis 1997, ein Vierteljahrhundert nach ihrer Gründung.

Die Steuer- und Agrarprotestparteien der Zwischenkriegszeit in Europa waren in erster Linie negative Verweigerungsparteien – sie waren gegen mißliebige Veränderungen und verlangten von dem Staat vor allem, daß er sie von den als ungerechtfertigt empfundenen Steuerlasten befreite. Andere Ein-Punkt-Parteien stellten positivere Forderungen an den Staat, das Rechtssystem oder die Institutionen. Ihre Anliegen reichten von der Reform des Strafvollzugs und der Psychiatrie über die Garantie sicherer Lebensmittel und öffentlicher Einrichtungen bis zur Verbesserung der städtischen Umwelt und einem besseren Zugang zum kulturellen Angebot. Alle waren »konsensfeindlich«, da sie es ablehnten, die Anliegen traditioneller Wählergruppen zu bedienen, und – notgedrungen – bereit waren, alternative Methoden zur Propagierung ihrer Anliegen in Betracht zu ziehen.

Drei der neuen politischen Gruppierungen – die Frauenbewegung, Umweltschutz und Friedensbewegung – sind wegen ihrer Größenordnung und ihrer überdauernden Wirkung von besonderer Bedeutung. Aus naheliegenden Gründen war die Frauenbewegung am vielfältigsten und weitreichendsten. Neben den Interessen, welche Frauen mit Männern teilten, hatten sie ganz eigene Anliegen, die gerade erst in die europäische Gesetzgebung Eingang fanden: Kinderbetreuung, Lohngleichheit, Scheidung, Schwangerschaftsabbruch, Empfängnisverhütung, häusliche Gewalt.

In diesen Zusammenhang gehört auch die Aufmerksamkeit, die radikalere Frauengruppen den Rechten von Homosexuellen (Lesben) schenkten, und der feministische Protest gegen Pornographie. Hierbei kommt die veränderte moralische Geographie der Politik sehr deutlich zum Ausdruck: Sexuell explizite Darstellungen in Literatur und Film waren erst kürzlich dank der gemeinsamen Bemühungen von alten Liberalen und neuen Linken teilweise von der Zensur befreit worden. Doch binnen zehn Jahren waren sie abermals Angriffen ausgesetzt, dieses Mal durch das Netzwerk der Frauengruppen, häufig von Koalitionen aus radikalen Feministinnen und traditionellen Konservativen angeführt, die sich in dieser Frage zusammenfanden.

Die Frauenbewegung war von Anfang an eine wechselnde Mischung aus sich überschneidenden Zielsetzungen. 1950 gingen in der Bundesrepublik ein Viertel der verheirateten Frauen einer Erwerbstätigkeit außer Haus nach, 1970 hatte sich dieser Anteil auf eine von zwei verheirateten Frauen erhöht; von anderthalb Millionen Beschäftigten, die zwischen 1972 und 1980 neu auf den Arbeitsmarkt kamen, waren 1,25 Millionen Frauen. Mitte der neunziger Jahre stellten Frauen 40 Prozent der Gesamtzahl der (offiziell) Beschäftigten in allen europäischen Ländern, mit Ausnahme von Portugal und Italien. Viele der neuen Arbeitnehmerinnen waren Teilzeitkräfte oder als Anfängerinnen in Büroberufen bei reduziertem Gehalt beschäftigt. Die Flexibilität der Teilzeitarbeit kam den Bedürfnissen vieler berufstätiger Mütter entgegen, doch war das unter den angespannten wirtschaftlichen Verhältnissen der siebziger Jahre kein Ausgleich für niedrige Löhne und unsichere Arbeitsplätze. Gleicher Lohn und Kinderbetreuung am Arbeitsplatz gehörten daher schon früh zu den dringlichsten Forderungen der meisten berufstätigen Frauen im Westen und haben seither nichts von ihrer Bedeutung verloren.

Berufstätige (und nichtberufstätige) Frauen suchten zunehmend Unterstützung für die Betreuung ihrer Kinder, wünschten sich aber nicht unbedingt mehr eigene Kinder. Mit wachsendem Wohlstand und längeren Arbeitszeiten wollten sie sogar weniger haben – oder zumindest mehr Mitspracherecht in dieser Frage. Die Forderung nach Zugang zu Informationen über Empfängnisverhütung und empfängnisverhütende Mittel geht bis zum Beginn des 20. Jahrhunderts zurück, verschärfte sich aber in den zehn Jahren, in denen der Babyboom seinen Höhepunkt erreichte. Die französische Association Maternité wurde 1956 gegründet, um das Recht auf Empfängnisverhütung durchzusetzen; vier Jahre später folgte ihr die Mouvement Français pour le Planning Familial. Die veränderte Namensgebung bringt auch einen Stimmungswechsel zum Ausdruck.

Als mit den Liberalisierungen der sechziger Jahre auch die Forderung nach sexuellen Freiheiten aller Art immer lauter wurde, wurden die gesetzlichen Vorschriften zur Regelung der Empfängnisverhütung überall gelockert (ausgenommen einige osteuropäische Länder wie Rumänien, in denen staatliche »Reproduktionsstrategien« sie auch weiterhin verboten). Anfang der Siebziger waren Verhütungsmittel in Westeuropa weitgehend erhältlich, wenn auch nicht in entlegenen ländlichen Gebieten, in denen die katholische Kirche die einheimische Bevölkerung noch fest im Griff hatte. Doch auch in den Klein- und Großstädten profitierten die Frauen aus der Mittelschicht am stärksten von der neuen Freiheit; für viele verheiratete Frauen aus der Arbeiterschicht und für die weit überwiegende Mehrheit der unverheirateten Frauen blieb die häufigste Form der Geburtenkontrolle die, die sie schon lange kannten: die Abtreibung.

Daher kann es nicht überraschen, daß die Forderung nach einer Reform der Gesetze zur Regelung des Schwangerschaftsabbruchs ein Leitmotiv der neuen Frauenpolitik wurde – einer der seltenen Schnittpunkte zwischen der Politik des radikalen Feminismus und den Bedürfnissen apolitischer Durchschnittsfrauen. In Großbritannien wurde der Schwangerschaftsabbruch, wie erwähnt, 1967 entkriminalisiert. Doch in vielen anderen Ländern galt er immer noch als Straftat: In Italien standen fünf Jahre Haft darauf. Doch legal oder nicht, Schwangerschaftsabbrüche gehörten zur Lebenswirklichkeit von Millionen Frauen – im winzigen Lettland kamen 1973 60 000 Schwangerschaftsabbrüche auf 34 000 Lebendgeburten. Wo die Abtreibung illegal war, verbanden die damit einhergehenden juristischen und medizinischen Risiken alle Frauen, unabhängig von Schicht, Alter und politischer Zugehörigkeit.

Am 5. April 1971 veröffentlichte die französische Wochenzeitschrift *Le Nouvel Observateur* einen Aufruf, in dem die 343 Frauen, die ihn unterzeichnet hatten, erklärten, daß sie abgetrieben hätten, folglich straffällig geworden seien und daher eine Änderung des Strafrechts verlangten. Die Unterzeichnerinnen waren bekannte Persönlichkeiten des öffentlichen Lebens, einige sogar sehr prominent: die Schriftstellerinnen Simone de Beauvoir und Françoise Sagan, die Schauspielerinnen Catherine Deneuve, Jeanne Moreau und Marie-France Pisier, die Juristinnen und politischen Aktivistinnen Yvette Roudy und Gisèle Halimi. Hinzu kamen unbekannte militante Aktivistinnen aus der Frauenbewegung, die nach 1968 entstanden war. Obwohl im Jahr zuvor mehr als 300 Frauen wegen Abtreibung verurteilt worden waren, verzichteten die französischen Behörden klugerweise darauf, die Unterzeichnerinnen des offenen Briefs strafrechtlich zu verfolgen.

Die Erklärung war von der im Jahr zuvor gegründeten Mouvement de Libération des Femmes (MLF) organisiert worden. Die politische Aufregung, die ihre Aktion auslöste, veranlaßte Halimi und de Beauvoir, eine politische Organisation zu gründen, Choisir, mit der die Aufhebung des Abtreibungsverbots durchgesetzt werden sollte. Im Januar 1973 räumte der französische Staatspräsident Georges Pompidou auf einer Pressekonferenz ein, das französische Gesetz sei hinter der Entwicklung der öffentlichen Meinung zurückgeblieben. Ihm blieb kaum etwas anderes übrig: 1972/73 waren mehr als 35 000 französische Frauen nach Großbritannien gereist, um sich einem legalen Schwangerschaftsabbruch zu unterziehen. Pompidous Nachfolger Valéry Giscard d'Estaing wies seine Gesundheitsministerin Simone Weil an, dem Parlament einen Novellierungsentwurf des Gesetzes vorzulegen, woraufhin die Assemblée Nationale den Schwangerschaftsabbruch (bis zur zehnten Schwangerschaftswoche) am 17. Januar 1975 legalisierte.

Das französische Beispiel wurde von Frauen in ganz Westeuropa interessiert zur Kenntnis genommen. In Italien gelang es der neu gegründeten Movimento della Liberazione delle Donne Italiane (Befreiungsbewegung Italienischer Frauen) in Zusammenarbeit mit der kleinen Radikalpartei, 800 000 Unterschriften unter eine Bittschrift zur Änderung des Abtreibungsgesetzes zu sammeln, eine Aktion, die im April 1976 durch den Marsch von 50 000 Frauen auf Rom unterstützt wurde. Drei Jahre nach der verspäteten Einführung eines neuen »Familiengesetzes« im Jahr 1975, welches die Regelung der Faschisten ersetzte, verabschiedete das italienische Parlament am 29. Mai 1978, drei Wochen nachdem Aldo Moros Leiche aufgefunden worden war, ein Gesetz zur Legalisierung des Schwangerschaftsabbruchs.

Diese Entscheidung wurde im Mai 1981 indirekt bei einem landesweiten Volksentscheid bestätigt, als Italiens Wähler gleich zwei Vorschläge ablehnten: die Forderung, die bestehenden Einschränkungen des legalen Schwangerschaftsabbruch weiter zu lockern, und den Antrag einer neu gegründeten Pro-Vita-Bewegung, die Abtreibung wieder zu kriminalisieren. Wenn das Reformtempo in Italien etwas hinter dem in Großbritannien oder Frankreich herhinkte, lag das nicht so sehr am Widerstand der katholischen Kirche als vielmehr daran, daß viele italienische Feministinnen sich sehr stark für die außerparlamentarische »autonome« Linke engagierten (beispielsweise hatte sich das erste Manifest der Lotta Femminista auf die Forderung nach Löhnen für Hausarbeit konzentriert, eine rituelle Übertragung älterer »operaistischer« Vorstellungen – die moderne Gesellschaft als riesige Fabrik – auf den häuslichen Bereich). Daher brauchten sie etwas länger, um die etablierten politischen Institutionen für die Durchsetzung ihrer Ziele zu nutzen.

In Spanien wurde die französische Strategie noch genauer befolgt, beschleunigt durch die Energien, die durch den Zusammenbruch des alten Regimes freigesetzt wurden. Die erste feministische Demonstration fand im Januar 1976 statt, zwei Monate nach Francos Tod. Zwei Jahre später wurde der Ehebruch entkriminalisiert und die Empfängnisverhütung legalisiert. 1979 unterzeichneten 1 000 Frauen, unter ihnen prominente Persönlichkeiten des öffentlichen Lebens, eine öffentliche Erklärung, in der sie sich selbst bezichtigten, durch einen Schwangerschaftsabbruch das Gesetz übertreten zu haben – was daran erinnerte, daß Spanien unter Francos Herrschaft eine der höchsten Abtreibungsquoten in Europa gehabt hatte, vergleichbar mit denen in Osteuropa und verursacht durch die gleiche autoritäre, pronatalistische Ablehnung aller Formen der Geburtenkontrolle. Doch selbst im postfranquistischen Spanien gab es noch starke Widerstände gegen eine Reform des Abtreibungsparagraphen; als die Cortes im Mai 1985 schließlich ein Gesetz verabschiedeten, das den Schwangerschaftsabbruch gestattete, beschränkten sie die Erlaubnis auf Fälle von Vergewaltigung, Mißbildung des Fötus und Gefahr für das Leben der Mutter.

Zusammen mit dem Recht auf Scheidung gehörte der siegreiche Kampf um das Abtreibungsrecht zu den größten Erfolgen der politischen Frauengruppen in diesen Jahren. Dadurch wurden die privaten Lebensumstände von Millionen Frauen unschätzbar verbessert. Die legale Möglichkeit zur Abtreibung in Verbindung mit wirksamen und verfügbaren Empfängnisverhütungsmitteln verbesserten nicht nur die Lebenschancen vieler, besonders armer Frauen, sondern bot auch berufstätigen Frauen die Möglichkeit, ihr erstes Kind auf einen historisch späten Zeitpunkt ihres gebärfähigen Alters zu verschieben.

Das Ergebnis war ein steter Rückgang der Geburtenziffern. In Spanien sank die Kinderzahl zwischen 1960 und 1996 pro Frau um fast 60 Prozent; dicht dahinter folgten Italien, die Bundesrepublik und die Niederlande. Wenige Jahre nach den Reformen der Siebziger hatte *kein* westeuropäisches Land, Irland ausgenommen, noch Geburtenziffern, die ausreichten, um die vorhergehende Generation zu ersetzen. In Großbritannien fiel die durchschnittliche Kinderzahl in den drei Jahrzehnten nach 1960 von 2,71 Kinder pro Frau auf 1,84, in Frankreich von 2,73 auf 1,73. Immer mehr verheiratete Frauen entschieden sich für ein Kind oder überhaupt keines – hätte es nicht die unehelichen Geburten gegeben, wären die Zahlen noch niedriger gewesen: Ende der achtziger Jahre machten die unehelichen Geburten im Verhältnis zu allen Geburten eines Jahres in Österreich 24 Prozent aus, in Großbritannien 28 Prozent, in Frankreich 29 Prozent und in Schweden 52 Prozent.

Mit nachlassender Konjunktur und zunehmender Emanzipation der Frauen veränderte sich die Demographie Europas – mit schicksalhaften Folgen für den Wohlfahrtsstaat in den kommenden Jahren. Die sozialen Veränderungen, die durch die Frauenbewegung erstritten wurden, schlugen sich jedoch nicht in der Politik selbst nieder. Es entstand keine »Frauenpartei«, die Stimmen abgeschöpft und ihre Vertreterinnen ins Parlament gebracht hätte. Frauen blieben eine Minderheit in den Parlamenten und Regierungen.

Die Linke stand der Kandidatur von Frauen generell aufgeschlossener gegenüber als die Rechte (aber nicht überall – in Belgien wie in Frankreich stellten viele Jahre lang die christlichen Mitte-rechts-Parteien Frauen häufiger in sicheren Wahlkreisen auf als ihre sozialistischen Gegner), doch der zuverlässigste Vorhersagefaktor für die Aussichten von Frauen im öffentlichen Leben war nicht die Ideologie, sondern die Geographie. Zwischen 1975 und 1990 stieg der Anteil der Frauen in Finnlands Parlament von 23 Prozent auf 39 Prozent; in Schweden von 21 auf 38 Prozent; in Norwegen von 16 auf 36 Prozent; und in Dänemark von 16 auf 33 Prozent. Weiter südlich, in den Parlamenten von Italien und Portugal, war 1990 nur jeder zwölfte Abgeordnete eine Frau. Im britischen Unterhaus machten sie lediglich 7 Prozent der Gesamtzahl aus; in der französischen Assemblée Nationale sogar nur 6 Prozent.

Die Umweltschützer, Männer wie Frauen, hatten erheblich mehr Erfolg, ihre Vorstellungen in parlamentarische Politik umzusetzen. Auf einer Ebene war Umweltbewußtsein tatsächlich ein Neuanfang: der kollektive Ausdruck von Mittelschichtängsten über Kernkraftwerke, galoppierende Verstädterung, Autobahnen und Luftverschmutzung. Doch die Grünenbewegung wäre nie so wirksam gewesen, wäre sie nur eine Fußnote der Sechziger gewesen: gutbetuchte Wochenend-Maschinenstürmer in stonewashed Naturfasern, hin und her gerissen zwischen ihren Instinkten und Interessen. Die Sehnsucht nach einer »natürlicheren« Welt und die Suche nach einer persönlichen Politik der »Authentizität« besaß zu beiden Seiten des ideologischen Grabens tiefe Wurzeln, die bis in die

Romantik und ihr Entsetzen über die Auswüchse des frühen Industrialismus zurückreichten. Anfang des 20. Jahrhunderts hatten die Linken wie die Rechten ihre Radfahrvereine, vegetarische Restaurants und Wandervogelbewegungen, in denen verschiedene sozialistische oder nationalistische Träume von Emanzipation und Rückkehr zur Natur zum Ausdruck kamen.

Die deutsche Sehnsucht nach charakteristisch *deutschen* Landschaften, nach den Bergen und Bächen des Harz und der Pfalz, kurzum, nach *Heimat*; der nationalistische französische Traum von der bäuerlichen Harmonie in »la France profonde«, unbefleckt von Städten und Kosmopolitismus; das englische Ideal einer ewigen ländlichen Harmonie, Blakes verlorenes Jerusalem – sie alle hatten mehr gemein, als ihre Anhänger wohl zugegeben hätten. Während die Linke viele Jahrzehnte lang bewundernd verfolgte, wie sich der Kommunismus bemühte, die Produktion des Westens zu überflügeln, wurden in den Siebzigern bei den Linken wie den Rechten Stimmen laut, die ein gewisses Unbehagen an den Folgekosten von Fortschritt, Produktivität und »Modernität« äußerten.[2]

Die moderne ökologische Revolution profitierte also doppelt: Sie brach mit den rücksichtslosen Patentrezepten der jüngeren Vergangenheit – und orientierte sich an einer ferneren Vergangenheit, im Dunklen, aber atavistisch tröstlich. Im Kielwasser der ökologischen Bewegung und des Pazifismus erstarkte häufig ein Nationalismus – oder Regionalismus –, aber mit menschlichem Antlitz. Die »Alternative Liste« in Westberlin oder die Kernkraftgegner in Österreich, die 1978 ein Referendum gewannen, das die Regierung daran hinderte, ein Kernkraftwerk in Zwentendorf in Betrieb zu nehmen, hätten sich nie als Nationalisten oder auch nur Patrioten bezeichnet. Aber ihr Zorn auf die Belastung vor allem der *heimischen* Umwelt (und ihre relative Gleichgültigkeit gegenüber ähnlichen Schäden anderswo) macht diese Vermutung doch plausibel. Diese für die Anfangszeit der ökologischen Bewegung charakteristische politische Egozentrik – »aber doch nicht vor meiner Haustür« – wies auf ein älteres Modell zurück.

So lag kein Widerspruch darin, daß Portugals alternder Diktator António Salazar voller Begeisterung die gleichen Umweltkontrollen durchsetzte, die die radikalen Post-Achtundsechziger in Wien oder Amsterdam ihren demokratischen Regierungen abtrotzten. Mißtrauisch gegenüber allem »Materialismus« und entschlossen, das 20. Jahrhundert jenseits der Landesgrenzen zu halten, war Salazar auf seine Weise ein begeisterter Anhänger ökologischer Zielsetzungen – die er allerdings höchst simpel dadurch erreichte, daß er seine Landsleute in einen Zustand beispielloser wirtschaftlicher Totenstarre versetzte. Sicherlich hätte er sich über den Erfolg der französischen Protestbewegung gefreut, die 1971 einen geplanten Militärstützpunkt auf dem Plateau von Larzac im südlichen Zentralmassiv verhinderte.

Die symbolische Wirkung von Larzac – wo ein rebellisches Häuflein Umweltschützer menschenleeres, ödes Weideland gegen die geballte Macht des französischen Staates verteidigte – war ungeheuer, und nicht nur in Frankreich: ein emotionaler Sieg, der weniger für die auf der Hochebene des Massivs heimischen Schafe errungen worden war als vielmehr für die dort nicht herstammenden Schäfer, viele von ihnen junge Radikale, die erst kürzlich Paris oder Lyon verlassen hatten, um als Bauern in dieser rauhen Gegend der »France profonde« neue Menschen zu werden. Die Frontlinie hatte sich – zumindest in Westeuropa – eindeutig verlagert.

In Osteuropa war die Umwelt durch die Doktrin der uneingeschränkten Grundstoffproduktion – und dem Fehlen offiziellen Widerspruchs – natürlich der Willkür offizieller Umweltsünder aller Art ausgeliefert. Während Österreich durch innenpolitischen Widerstand zur Aufgabe der Kernkraft veranlaßt sein mochte, kannten seine kommunistischen Nachbarn keine solchen Skrupel: Sie bauten Kernreaktoren in der Tschechoslowakei, planten riesige Staudämme donauabwärts in der Tschechoslowakei und Ungarn, erhöhten in Nowa Huta, Polens nur einige Dutzend Kilometer weiter nördlich gelegener und allein zu diesem Zweck erbauter Stahlstadt, stetig Produktion und Luftverschmutzung. Doch trotz allem waren die moralischen und menschlichen Kosten solcher hemmungslosen industriellen Verschmutzung und Verschandelung der Umwelt im Ostblock nicht unbemerkt geblieben.

So rief die zynische Gleichgültigkeit des nach '68 in Prag eingesetzten Husák-Regimes – seine Bereitschaft, den gemeinsamen Grenzfluß Donau zu verwüsten, um einheimischen Strom zu produzieren – wachsenden Widerstand bei den politisch sonst sehr unauffälligen Ungarn hervor. So unwahrscheinlich das früher auch gewesen wäre, der geplante Gabčíkovo-Nagymaros-Staudamm wurde Anlaß zu beträchtlicher innenpolitischer Opposition auch gegen das Budapester Regime selbst und zu einer sehr peinlichen Trübung der Beziehungen zwischen den benachbarten »Bruderstaaten«.[3]

In der Tschechoslowakei hatte sich eine alte Abneigung gegen die moderne Technik durch die Schriften der Philosophen Jan Patočka und vor allem Václav Bělohradský auf eine neue Generation von Intellektuellen übertragen; letzterer schrieb seit 1970 im italienischen Exil, doch seine neoheiderggerschen Gedankengänge waren in seinem Heimatland im Samisdat nachzulesen. Die Vorstellung, daß die Unterwerfung und Beherrschung der Natur zum Nutzen des Menschen – das Projekt der Aufklärung – möglicherweise seinen Preis nicht wert sei, war Lesern zu beiden Seiten des Eisernen Vorhangs bereits aus den Schriften der Frankfurter Schule vertraut, vor allem durch die *Dialektik der Aufklärung* von Theodor W. Adorno und Max Horkheimer aus dem Jahr 1944. Mit einer Heideggerschen Wendung – der These, der Kommunismus selbst, mit seiner vermessenen Illusion vom endlosen materiellen Fortschritt, sei aus dem Westen eingeschmuggelt worden – bildeten diese Ideen das Fundament einer intellektuellen Opposition, die in den Siebzigern an die Öffentlichkeit trat und ethischen Dissenz mit ökologischer Kritik verband. Angeführt wurde sie von Patočka und einem der begeistertsten Leser Bělohradskýs, dem Dramatiker Václav Havel.[4]

Nach und nach diente die gemeinsame ökologische Kritik als eine Brücke zwischen neuen Formen des Protestes in Ost und West. Doch unter den Bedingungen, die zu Anfang der siebziger Jahre herrschten, wußten beide Seiten wenig über die Ansichten und Probleme der jeweils anderen – und im Westen war man daran auch nicht sonderlich interessiert. Die westeuropäischen Umweltaktivisten waren viel zu sehr damit beschäftigt, sich im eigenen Land eine politische Gefolgschaft zu schaffen, um der internationalen Politik große Aufmerksamkeit zu schenken, solange diese nicht das großartige Ziel ihres Interesses beeinträchtigte. Doch ihr Vorgehen war außerordentlich erfolgreich.

1973 bewarben sich die ersten »ökologischen« Kandidaten bei Regionalwahlen in Frankreich und Großbritannien – im selben Jahr wurde der Bauernkongreß in der Bundesrepublik als Vorläuferorganisation der Grünen gegründet. Mit Hilfe der ersten Ölkrise gelangte die westdeutsche Umweltbewegung rasch ins Zentrum des politischen Geschehens. Nach den Sit-ins, Protestmärschen und Bürgerinitiativen zu Anfang des Jahrzehnts hatten es die Grünen – abwechselnd von Bauern, Umweltschützern, Friedensbewegten und städtischen Hausbesetzern unterstützt – bis 1979 geschafft, in zwei Länderparlamenten vertreten zu sein. Vier Jahre später, im Kielwasser der zweiten Ölkrise, legten sie bei den Bundestagswahlen 1983 kräftig zu, von 568 000 auf 2 165 000 (5,6 Prozent der Stimmen), so daß sie (mit 27 Sitzen) zum erstenmal in den Bundestag einziehen konnten. 1985 waren die Grünen sogar in einer Landesregierung – in Hessen bildeten sie zusammen mit der SPD eine Koalition (und der junge Politiker Joschka Fischer wurde der hessische Minister für Umwelt und Energie).

Der Erfolg der deutschen Grünen konnte in anderen Ländern nicht so ohne weiteres wiederholt werden, obwohl sich die Österreicher und vor allem die Franzosen achtbar schlugen. Die Bundesrepublik war vielleicht ein Sonderfall. In diesen Jahren faßten die Deutschen eine wachsende Abneigung gegen die Ursachen ihres eigenen Nachkriegsaufschwungs: Zwischen 1966 und 1981 fiel der Bevölkerungsanteil derer, die die Technik und ihre Errungenschaften positiv beurteilten, steil ab, von 72 Prozent auf 30 Prozent. Außerdem profitierten die Grünen vom Verhältniswahlrecht der Bundesrepublik, dank dessen selbst relativ kleine Parteien in Landesparlamente und den Bundestag gelangen können – obwohl ein ungefähr vergleichbares Wahlsystem in Italien der dortigen Umweltpartei wenig nützte: 1987 konnten die italienischen Grünen weniger als 1 Million Stimmen auf sich vereinigen und nur 13 von 630 Sitzen erringen. In Belgien vermochten die beiden ökologischen Parteien (die eine französischsprachig, die andere flämisch) ebenfalls stetige Zuwächse zu verzeichnen: von 4,8 Prozent der Stimmen, als sie sich 1981 zum erstenmal zur Wahl stellten, auf mehr als 7,1 Prozent 1987. In Großbritannien dagegen ist das Wahlsystem so angelegt, daß es kleine und marginale Parteien benachteiligt, und genau das tat es dann auch.

In Skandinavien wurden die Chancen für Ein-Punkt-Parteien wie Umweltschützer (Pazifisten oder Feministen) durch die programmatische Bandbreite der vorhandenen politischen Gruppierungen begrenzt – warum seine Stimme verschwenden, wenn die Sozialdemokraten oder die Agrarparteien angeblich die gleichen Anliegen vertraten? Die Umweltbewegung in Norwegen fand dort beispielsweise mindestens so großen Zuspruch wie in Deutschland – bereits 1970 entwickelte die Regierung der Arbeiterpartei Pläne, Nordeuropas größten Wasserfall in Mardola am Nördlichen Polarkreis für die Stromgewinnung zu nutzen. Sie provozierte damit in weiten Teilen des Landes gewalttätige Ausschreitungen und bewirkte die Entstehung einer Umweltbewegung in Norwegen. Doch weder die Mardola-Affäre noch die späteren Proteste gegen die Pläne für Kernkraftwerke formierten sich jemals zu einer eigenständigen politischen Bewegung: Proteste – und Kompromisse – wurden innerhalb der Regierungsmehrheit ausgehandelt.

Ein bißchen besser schnitten die Grünen in Schweden ab, wo sie 1988 schließlich ins Parlament einzogen; und in Finnland, wo einzelne Umweltaktivisten 1987 zunächst gewählt wurden und sich erst im folgenden Jahr zur Umweltpartei der Grünen zusammenschlossen (keine Überraschung dürfte sein, daß die finnischen Grünen weit besser im wohlhabenden, städtischen, von »Yuppies« bewohnten Süden des Landes abschnitten als in den ärmeren, ländlichen Gebieten der Mitte und des Nordens). Doch Finnland und Schweden fielen aus dem Rahmen: Pazifisten, Umweltschützer, Behinderte und andere Ein-Punkt-Aktivisten waren sich so sicher, im kulturellen Milieu ihres Landes mit einem grundsätzlichen Verständnis für ihre Anliegen rechnen zu können, daß sie es sich leisten konnten, sich vom Mainstream zu lösen. Denn selbst wenn sie Gefahr liefen, ihre Anhängerschaft zu spalten, setzten sie damit weder die Regierungsmehrheit noch die Chancen des eigenen Programms aufs Spiel.

Ein-Punkt-Parteien bildeten sich, wie gesehen, häufig im Gefolge einer Krise, eines Skandals oder eines unpopulären Vorhabens. So verdankten Österreichs Umweltschützer ihren Aufstieg zu einer nationalen Kraft einer erbitterten Konfrontation mit den Behörden über einen aus dem Jahr 1984 stammenden Plan zum Bau eines Wasserkraftwerks in einem Donau-Auenwald bei Hainburg im Osten Österreichs. Durch die anschließende Konfrontation zwischen der sozialistisch geführten Koalitionsregierung und Umweltaktivisten erhielt die Sache der Grünen starken Auftrieb. Obwohl die Regierung anschließend einen Rückzieher machte, verzeichneten die Grünen nach dem Vorfall einen großen Zulauf von enttäuschten Sozialistenwählern, vor allem unter Intellektuellen und liberalen Freiberuflern.

Die starke Zunahme von Ein-Punkt-Parteien und -Programmen und ihr stetiges Aufgehen in den Hauptströmungen des öffentlichen Lebens zehrten in besonderem Maße an der Substanz der traditionellen linken Organisationen. Die kommunistischen Parteien Westeuropas waren besonders anfällig – unterhöhlt vom ständigen Abbröckeln ihrer proletarischen Wählerschaft und durch die Invasion in der Tschechoslowakei in Mißkredit geraten. Die Kommunistische Partei Frankreichs wurde von mehr oder weniger unbelehrbaren Stalinisten geführt, die sich nie wirklich von den Ereignissen des Jahres 1956, geschweige denn denen von 1968, distanziert hatten. Zutiefst konservativ und mißtrauisch gegen alle Probleme oder Personen, die sie nicht in den Griff bekommen oder kontrollieren konnte, mußte die Partei zusehen, wie ihr Stimmanteil mit jeder Wahl dahinschmolz: von den stolzen 28 Prozent des Nachkriegsgipfels im Jahr 1946 auf 18,6 Prozent 1977 und von da an in einem schwindelerregenden Absturz auf unter 10 Prozent in den Wahlen der achtziger Jahre.

Die italienischen Kommunisten schlugen sich wesentlich besser. Während sich die Hierarchie der französischen Kommunisten fast durchgehend durch Mittelmäßigkeit und wenig Ausstrahlung auszeichnete – darin, wie in fast jeder anderen Hinsicht, das sowjetische Beispiel widerspiegelnd – hatte die KPI das Glück, über intelligente und sogar charismatische Führer zu verfügen – von Palmiro Togliatti bis Enrico Berlinguer (Parteisekretär von 1972 bis zu seinem frühen Tod, mit 62, im Jahr 1984). Beide Parteien waren, wie alle anderen kommunistischen Organisationen, weitgehend abhängig von sowjetischen Finanzhilfen: Zwischen 1971 und 1990 ließen sowjetische Stellen den französischen Kommunisten 50 Millionen Dollar und den italienischen 47 Millionen Dollar zukommen.[5] Doch die Italiener mißbilligten zumindest öffentlich die ungeheuerlichen sowjetischen Fehltritte – besonders die Invasion der Tschechoslowakei.

Die (relative) Selbständigkeit der italienischen Kommunisten wurde noch verstärkt, als sich Berlinguer 1973 entschloß, seine Partei zur Verteidigung der italienischen Demokratie einzusetzen, auch auf die Gefahr hin, seine entschiedene Opposition zu den Christdemokraten aufgeben zu müssen: das war der sogenannte »historische Kompromiß«. Zum Teil ging dieser Entschluß auf den Schock des chilenischen Staatsstreichs aus dem Jahr 1973 zurück, der Berlinguer und andere kommunistische Intellektuelle davon überzeugte, daß die Amerikaner beziehungsweise ihre Verbündeten in Italiens Militär, Wirtschaft und Kirchenhierarchie den Kommunisten, selbst wenn sie eine parlamentarische Mehrheit errängen, niemals gestatten würden, eine eigene Regierung zu bilden. Doch es war auch, wie im vorhergehenden Kapitel geschildert, eine Reaktion auf die sehr reale Bedrohung der italienischen Demokratie durch die rechten und linken Terroristen, für die die kommunistische Partei genauso ein Feind war wie der italienische Staat selbst.

Diese Umstellung wurde bei Wahlen zunächst honoriert. Die Stimmanteile der italienischen Kommunisten wuchsen ständig an – von 6,7 Millionen bei den Wahlen von 1958 auf 9 Millionen 1972, bis vier Jahre später bei den Wahlen im Juni 1976 der Höhepunkt erreicht wurde, als die KPI 12,6 Millionen Stimmen und 228 Parlamentssitze einfuhr. Mit 34,4 Prozent der abgegebenen Stimmen lag sie nur 4 Prozent und 34 Sitze hinter den regierenden Christdemokraten, ein beispielloses Ergebnis für eine westliche KP. Die KPI machte einen glaubhaften Versuch, sich als »Systempartei« zu präsentieren, vielleicht sogar (wie Henry Kissinger und viele ausländische Beobachter fürchteten) als »Government-in-Waiting«, als alternative Regierung im Wartestand.[6]

Die neue Haltung der italienischen Partei und der weitaus weniger überzeugende Versuch der französischen Partei, den Erfolg der Italiener, wenn auch nicht ihre Ideen, nachzuahmen, wurde als »Eurokommunismus« bezeichnet – ein Begriff, der im November 1975 auf einem Treffen der italienischen, französischen und spanischen Kommunisten geprägt und 1977 durch den Essay *Eurokommunismus und Staat* von Santiago Carrillo, dem Generalsekretär der spanischen Kommunisten, in Umlauf gebracht wurde. Nach Jahren im Untergrund formierte sich die spanische Partei gerade wieder, und ihre Führer brannten darauf, ihre demokratische Glaubwürdigkeit unter Beweis zu stellen. Wie ihre italienischen Genossen begriffen sie, daß sie das am besten erreichten, indem sie sich von der Sowjetunion in deren gegenwärtiger Erscheinungsform, aber auch von ihrer gemeinsamen leninistischen Vergangenheit distanzierten.

Der »Eurokommunismus« entfaltete vorübergehend einen gewissen Reiz, wenn auch weniger für Wähler als für Intellektuelle und Akademiker, die als politische Renaissance des Marxismus mißverstanden, was in Wahrheit ein Ausdruck doktrinärer Erschöpfung war. Hätten die westlichen Kommunisten den Ballast ihrer Geschichte abschütteln und wirklich zu einer – *der* – demokratischen Bewegung der Linken werden wollen, hätten sie mehr hinter sich lassen müssen als nur die »Diktatur des Proletariats« und andere rhetorische Dogmen, die während der siebziger Jahre in einem Feuerwerk der ideologischen Eitelkeiten abgebrannt wurden. Sie hätten auch in aller Öffentlichkeit ihrer Verbindung mit dem Sowjetkommunismus abschwören müssen, und das war etwas, wozu weder Berlinguer noch Carrillo in der Lage waren.

So war der Eurokommunismus, trotz aller Bemühungen seiner Sprecher, ein Widerspruch in sich. Unterordnung gegenüber Moskau war, wie Lenin immer gewollt hatte, das primäre Erkennungszeichen jeder kommunistischen Partei. Bis zum Zusammenbruch der Sowjetunion selbst waren die kommunistischen Parteien Westeuropas an sie gekettet, wenn schon nicht nach ihrer eigenen Auffassung, dann doch ganz gewiß in den Augen ihrer Wähler. In Italien, wo es der KPI wie keiner ihrer Schwesterparteien gelungen war, sich in einigen Regionen als die selbstverständliche (regionale) Regierungspartei zu etablieren, erhielten die Kommunisten auch weiterhin beträchtliche Stimmanteile, wenn sie auch nie wieder an die Erfolge von 1976 anknüpfen konnten. Doch in den anderen Ländern setzte sich der Niedergang des Eurokommunismus unaufhaltsam fort. So sank die Stimmausbeute der spanischen Kommunisten, die ihn erfunden hatten, 1982 auf 4 Prozent.

Ironischerweise segnete Leonid Breschnew in Moskau höchstpersönlich den Versuch der Eurokommunisten ab, ihre einheimische Stellung dadurch zu festigen, daß sie sich von ihm distanzierten. Der sowjetische Schachzug, ein Nebeneffekt der Strategie internationaler Entspannung, die damals verfolgt wurde, nützte den kommunistischen Möchtegernreformern herzlich wenig. Doch damals verlor die sowjetische Führung trotz aller finanziellen und materiellen Unterstützung, die sie gewährten, das Interesse an den kommunistischen Parteien im Westen, die nur begrenzten politischen Einfluß hatten und nicht den Eindruck erweckten, als könnten sie in absehbarer Zeit die Macht übernehmen. Bei den Sozialdemokraten jedoch, besonders bei denen in einflußreichen Positionen, sah das ganz anders aus. Und die Sozialdemokraten in Deutschland, immer noch der Brennpunkt eines geteilten Kontinents, waren von ganz besonderem Interesse.

In der Bundestagswahl von 1969 errang die Sozialdemokratische Partei Deutschlands (SPD) unter Führung von Willy Brandt zwar nicht die Mehrheit, übernahm aber in einer Koalition mit der Freien Demokratischen Partei (FDP) die Regierung und verwies damit die Christlich Demokratische Union (CDU) zum erstenmal seit Gründung der Bundesrepublik in die Opposition. Brandt war bereits drei Jahre Außenminister in Kiesingers Großer Koalition gewesen und hatte in diesem Amt zusammen mit Egon Bahr, dem Leiter seines Planungsstabs, unter dem Stichwort »Ostpolitik« die Ansätze zu einem Neuanfang der deutschen Außenpolitik und für neue Beziehungen zum sowjetischen Block entwickelt.

Bislang war die westdeutsche Außenpolitik von Adenauers Auffassung bestimmt, daß die neue Republik, durch die Westeuropäische Union, die Europäische Wirtschaftsgemeinschaft und die Nato fest in den Westen eingebunden, unerschütterlich an der Weigerung, die Deutsche Demokratische Republik (DDR) in ihrem Osten anzuerkennen, festhalten müsse. Mit dem Anspruch, die Bundesrepublik allein vertrete Deutschland, hatte Adenauer sich auch geweigert, Staaten anzuerkennen, die diplomatische Beziehungen zur DDR unterhielten – davon ausgenommen war nur die Sowjetunion. Adenauers Nachfolger Ludwig Erhard hatte Handelsvertretungen in Bukarest, Sofia, Warschau und Budapest eröffnet; doch die erste wirkliche Bresche wurde 1967 geschlagen, als Bonn auf Brandts Drängen diplomatische Beziehungen zunächst zu Rumänien und ein Jahr später zu Jugoslawien aufnahm.

Adenauer war nie von der Auffassung abgewichen, daß zunächst die Teilung Deutschlands und die ungeklärten Grenzfragen im Osten gelöst werden müßten, bevor in Mitteleuropa an Entspannung oder Truppenentflechtung zu denken sei. Doch indem sie 1961 nichts gegen den Bau der Berliner Mauer unternahmen, hatten die Vereinigten Staaten gezeigt, daß sie nicht gewillt waren, einen Krieg zu riskieren, um Berlin offenzuhalten. Und Amerika werde, wie Präsident Lyndon Johnson im Oktober 1966 klargestellt hatte, es nicht länger zulassen, daß es mit seiner Außenpolitik für eine prinzipiell mögliche, künftige Wiedervereinigung Deutschlands zu bürgen habe. Die Botschaft war unmißverständlich: Statt auf die Lösung des »deutschen Problems« als einer Voraussetzung der Entspannung zu beharren, würde eine neue Generation deutscher Diplomaten diese Punkte ihrer Prioritätenliste überdenken müssen, wenn sie ihre Ziele erreichen wollte.

Wenn Willy Brandt bereit war, mit den Konventionen der westdeutschen Politik zu brechen, so lag das im wesentlichen an seiner Erfahrung als Bürgermeister von Westberlin. Sicherlich ist es kein Zufall, daß einige der entschiedensten Fürsprecher der Ostpolitik in allen ihren Formen ehemalige Berliner Bürgermeister waren – neben Brandt selbst der zukünftige Bundespräsident Richard von Weizsäcker und Hans-Jochen Vogel, Brandts Nachfolger als SPD-Chef. Für diese Männer war es klar, daß die Westalliierten keine unvernünftigen Risiken eingehen würden, um die Teilung Europas zu überwinden – eine Einschätzung, die durch die passive Haltung des Westens bei der Invasion der Tschechoslowakei durch den Warschauer Pakt bestätigt wurde. Wenn die Westdeutschen das Patt in Mitteleuropa auflösen wollten, mußten sie es selbst tun, durch direkte Verhandlung mit den Machthabern im Osten.

Von diesen Voraussetzungen ausgehend, entwarfen Brandt und Bahr die neue Haltung gegenüber dem Osten, durch die erreicht werden sollte, was Bahr »Wandel durch Annäherung« nannte. Das Ziel war, durch eine Vielzahl von Kontakten – diplomatischen, institutionellen, menschlichen – »Jalta zu überwinden« und dadurch die Beziehungen zwischen den beiden deutschen Staaten und in Europa zu »normalisieren«, ohne Beunruhigung zu Hause oder im Ausland schaffen.

Mit einem charakteristischen rhetorischen Schlenker verzichtete Brandt stillschweigend darauf, weiter auf der Unrechtmäßigkeit der DDR und der unabdingbaren Forderung nach Wiedervereinigung zu beharren. Fortan unterstrich Bonn zwar nach wie vor die grundsätzliche Einheit des deutschen Volkes, erkannte aber auch die unbestreitbare *Faktizität* Ostdeutschlands an: »Eine deutsche Nation, zwei deutsche Staaten.«[7]

Zwischen 1970 und 1974 handelten Brandt und sein Außenminister Walter Scheel von den Freien Demokraten eine Reihe diplomatischer Abkommen aus und unterzeichneten sie: 1970 Verträge mit Moskau und Warschau, in denen die faktische Existenz und Unverletzlichkeit der innerdeutschen und deutsch-polnischen Nachkriegsgrenzen anerkannt wurden (»Die Bundesrepublik Deutschland und die Volksrepublik Polen stellen übereinstimmend fest, daß die bestehende Grenzlinie ... die westliche Staatsgrenze der Volksrepublik Polen bildet«) und eine neue Beziehung zwischen Deutschland und seinen östlichen Nachbarn eröffneten: »... und gehen dabei von der in diesem Raum [Europa] bestehenden wirklichen Lage aus«; 1971 ein Viermächteabkommen über Berlin, in dem sich Moskau verpflichtete, dort keine einseitigen Veränderungen vorzunehmen und den Grenzverkehr zu erleichtern; dann der 1973 vom Bundestag ratifizierte Grundlagenvertrag, in dem Bonn seinen langjährigen Anspruch aufgab, die *einzige* legitime Vertretung aller Deutschen zu sein, obwohl es auch weiterhin jedem Bewohner der DDR, dem es gelang, in den Westen zu kommen, automatisch die Staatsbürgerschaft gewährte; der Prager Vertrag (1973); und der Austausch »Ständiger Vertreter« mit der DDR im Mai 1974.

Für diese Leistungen und im Anschluß an eine bewegende Pilgerfahrt nach Warschau, wo er im Gedenken an die Opfer des Warschauer Ghettos niederkniete, erhielt Willy Brandt den Friedensnobelpreis. Auch zu Haus triumphierte er – in der Wahl 1972 ging seine SPD zum erstenmal als stärkste Partei des Bundestags hervor. Obwohl Willy Brandt sich über viele langjährige Vorgaben Bonns hinwegsetzte – daß die Grenzen und Völker betreffenden Regelungen nicht endgültig seien, daß die in Jalta verabredete Teilung Europas nicht rechtsgültig sei und daß an der juristischen Fiktion des Fortbestands der deutschen Grenzen vom Dezember 1937 festgehalten werden müsse – war Willy Brandt in Deutschland sehr beliebt.[8] Und nicht nur im Westen: 1970, auf seiner Reise nach Erfurt, der ersten eines bundesdeutschen Spitzenpolitikers in die DDR, wurde Bundeskanzler Brandt von einer begeisterten Menge begrüßt.

Nachdem Brandt 1974 infolge einer Spionageaffäre hatte zurücktreten müssen, wichen seine Nachfolger im Kanzleramt – der Sozialdemokrat Helmut Schmidt und der Christdemokrat Helmut Kohl – nie von der Generallinie der Ostpolitik ab. Nicht nur in der offiziellen Diplomatie, sondern durch vielfältige formelle und informelle Verbindungen setzten sie um, was dazu diente, die menschlichen Kontakte zu erleichtern, die Beziehungen zu vereinfachen, die Furcht vor dem westdeutschen Revanchismus abzubauen, die Beziehungen Bonns zu seinen östlichen Nachbarn generell zu »normalisieren« und auf diese Weise anzuerkennen – wie Brandt nach der Unterzeichnung des Moskauer Vertrags sagte, der Deutschlands Nachkriegsgrenzen festschrieb –, daß »mit diesem Vertrag ... nichts verloren[geht], was nicht längst verspielt worden war«.

Es gab drei unterschiedliche Zielgruppen, welche die Architekten der Ostpolitik in Betracht ziehen mußten, wenn sie mit ihrem Vorhaben Erfolg haben wollten. Westeuropa mußte davon überzeugt werden, daß sich Deutschland nicht nach Osten wandte. Die erste Reaktion des französischen Präsidenten Georges Pompidou auf den Moskauer Vertrag bestand darin, daß er Großbritannien verlockende Offerten machte – die britische Mitgliedschaft in der europäischen Gemeinschaft versprach nun ein Gegengewicht zu einem weniger nachgiebigen Deutschland zu bieten. Die Franzosen ließen sich schließlich durch das deutsche Versprechen besänftigen, die Bundesrepublik fester denn je in den westeuropäischen Institutionen zu verankern (ganz so, wie Pompidous Nachfolger beruhigt waren, als sich Deutschland bei der Wiedervereinigung zwei Jahrzehnte später auf eine gemeinsame europäische Währung festlegte); doch in Paris wie in Washington wurden Bemerkungen wie die von Finanzminister Helmut Schmidt aus dem Jahr 1973 über eine »veränderliche Welt«, in der die traditionelle Einteilung in Ost und West an Bedeutung verlöre, nicht so bald vergessen.

Die zweite Zielgruppe waren die Deutschen zu beiden Seiten des Eisernen Vorhangs. Vielen von ihnen brachte Brandts Ostpolitik reale Vorteile. Kontakte und Kommunikation zwischen beiden deutschen Staaten nahmen außerordentlich zu. 1969 waren nur 0,5 Millionen Telefonate von West- nach Ostdeutschland geführt worden. 20 Jahre später waren es rund 40 Millionen. Telefonkontakte zwischen den beiden Hälften Berlins, die 1970 so gut wie gar nicht stattfanden, waren 1988 auf 10 Millionen Anrufe pro Jahr angeschwollen. Mitte der achtziger Jahre hatten die Ostdeutschen praktisch ungeschränkten Zugang zum Westfernsehen. Die DDR-Behörden gingen sogar so weit, Kabel ins »Tal der Ahnungslosen« im Raum Dresden verlegen zu lassen (so genannt, weil dort aus topographischen Gründen der Empfang des Westfernsehens besonders schwierig war), in der naiven Annahme, daß DDR-Bürger, die das Westfernsehen zu Hause empfangen könnten, kein Verlangen verspürten, das Land zu verlassen. Diese und andere Regelungen, unter anderem die Familienzusammenführung und die Entlassung politischer Gefangener in den Westen, erhöhte das Ansehen der Ostpolitik und brachte das wachsende Vertrauen der Kommunisten in die westdeutsche Politik der Stabilität und Berechenbarkeit zum Ausdruck.

Die Regierenden in der DDR hatten besonders gute Gründe, über diese Entwicklungen erfreut zu sein. Im September 1973 nahmen die Vereinten Nationen Ost- und Westdeutschland als souveräne Staaten in den Kreis ihrer Staaten auf; binnen eines Jahres wurde die Deutsche Demokratische Republik von achtzig Ländern diplomatisch anerkannt, unter anderem den Vereinigten Staaten. Ein ironisches Echo auf den Wandel in Bonn war der Umstand, daß die DDR-Führung nun nicht mehr von »Deutschland« sprach, sondern mit wachsendem Selbstvertrauen von der DDR als selbstständigem und legitimem *deutschem* Staat mit einer eigenen Zukunft – das seine Wurzeln nun nicht mehr nur, wie es hieß, in der »guten« antifaschistischen Tradition Deutschlands, sondern auch im Boden und Erbe Preußens habe. Wenn in der DDR-Verfassung von 1968 noch die Verpflichtung zur »Vereinigung auf der Grundlage der Demokratie und des Sozialismus« die Rede war, fehlte diese Wendung in der Fassung von 1974, wo sie ersetzt wurde durch das Gelöbnis, »für immer und unwiderruflich mit der Union der Sozialistischen Sowjetrepubliken verbündet« zu bleiben.

Es gab auch konkretere und gewinnsüchtigere Gründe für das offizielle Interesse der DDR an der Ostpolitik. Seit 1963 »verkaufte« die DDR politische Gefangene gegen Bargeld an Bonn, wobei die Kaufsumme von dem »Wert« und den Qualifikationen des Kandidaten abhing. 1977 zahlte Bonn für die Freilassung politischer Häftlinge aus ostdeutschen Gefängnissen pro Kopf 96 000 DM. Zu den diplomatischen Erfolgen der neuen Politik gehörte auch die Institutionalisierung der Familienzusammenführung über die Grenze der beiden deutschen Staaten hinweg: Dafür erhoben die Pankower Behörden eine zusätzliche Gebühr von 4500 DM pro Kopf (ein Schnäppchen – 1983 hatte der rumänische Diktator Nicolae Ceauşescu von Bonn 8000 DM für jede deutschstämmige Person verlangt, die Rumänien verlassen durfte). Nach einer Schätzung belief sich die Gesamtsumme, welche die DDR 1969 der Bundesrepublik für die Entlassung von 34 000 Gefangenen, die Vereinigung von 2 000 Kindern mit ihren Eltern und die Abwicklung von 250 000 Familienzusammenführungen in Rechnung stellte, auf fast 3 Milliarden DM.[9]

Eine der unbeabsichtigten Folgen dieser Entwicklungen war der Umstand, daß »Vereinigung« von der politischen Tagesordnung Deutschlands praktisch gestrichen wurde. Gewiß, die Wiedervereinigung des geteilten Landes blieb die »Lebenslüge« der Bundesrepublik, wie Brandt es ausdrückte. Mitte der achtziger Jahre vermochte die Wiedervereinigung, wenige Jahre, bevor sie unerwartet stattfand, das Interesse der großen Masse nicht mehr zu mobilisieren. Umfragen aus den fünfziger und sechziger Jahren ließen erkennen, daß bis zu 45 Prozent der Westdeutschen die Wiedervereinigung für die »wichtigste« Frage der Zeit hielten. Ab Mitte der Siebziger überstieg diese Zahl nie wieder 1 Prozent.

Die dritte Zielgruppe des neuen Bonner Politikansatzes war natürlich die Sowjetunion. Von Willy Brandts ersten Verhandlungen mit Breschnew im Jahr 1970 bis zu Gorbatschows Besuch in Bonn fast 20 Jahre später, mußten alle westdeutschen Pläne zur »Normalisierung« die Moskauer Hürde nehmen, und alle wußten das. Natürlich, so Helmut Schmidt, hätten die deutsch-sowjetischen Beziehung im Mittelpunkt der Ostpolitik gestanden. Sobald sich die Westdeutschen und die Russen über den Fortbestand von Polens neuen Grenzen geeinigt hatten (womit zwar eine lange bestehende europäische Praxis anerkannt wurde, aber die Polen selbst nicht nach ihren Wünschen gefragt wurden) und Bonn sich einverstanden erklärt hatte, die Volksdemokratien anzuerkennen, entdeckten die Westdeutschen und die Russen tatsächlich viele Gemeinsamkeit.

Als Leonid Breschnew im Mai 1973 nach Bonn kam, der erste derartige Besuch eines sowjetischen Parteiführers, vermochten Helmut Schmidt und er sogar freundliche Erinnerungen an den gemeinsam erlebten Krieg auszutauschen – wobei Schmidt sich passenderweise daran erinnerte, daß er bei Tag für Deutschland gekämpft und in der Nacht insgeheim Hitlers Niederlage herbeigewünscht habe. Willy Brandt, der das Dritte Reich wirklich von Anfang bis Ende bekämpft hatte, bemerkt in seinen Erinnerungen kühl: »Wenn Kriegserinnerungen ausgetauscht werden, liegen Täuschung und echte Lüge sehr dicht beieinander.« Doch mochten die Erinnerungen auch getrogen haben, die gemeinsamen Interessen waren real genug.

Die UdSSR drängte seit vielen Jahren auf die offizielle Anerkennung ihrer Nachkriegsgewinne und der neuen Grenzen in Europa, vorzugsweise durch eine offizielle Friedenskonferenz. Die Westalliierten, allen voran die USA, hatten lange Zeit wenig Bereitschaft gezeigt, über eine De-facto-Anerkennung des Status quo hinauszugehen, vor allem, solange die »Deutsche Frage« noch offen war. Doch jetzt, da die Deutschen selbst ihren östlichen Nachbarn Avancen machten, mußte sich die westliche Position zwangsläufig ändern; die sowjetischen Führer schickten sich an, ihre Hoffnungen zu verwirklichen. Im Rahmen ihrer ehrgeizigen Entspannungspolitik mit der UdSSR und China waren Präsident Richard Nixon und sein Sicherheitsberater Henry Kissinger für Verhandlungen mit Moskau offener als ihre Vorgänger – und vielleicht auch unbekümmerter, was den Charakter des Sowjetregimes anging: So führte Kissinger vor dem Senatsausschuß für auswärtige Beziehungen am 19. September 1974 aus, die internationale Entspannung dürfe nicht von innenpolitischen Reformen in der Sowjetunion abhängig gemacht werden.

Im Dezember 1971 trafen sich die Nato-Minister in Brüssel und einigten sich im Prinzip darauf, an einer europäischen Sicherheitskonferenz teilzunehmen. Im folgenden Jahr fanden multilaterale Vorbereitungsgespräche in Helsinki statt. Im

Juli 1973 dann wurde wiederum in Helsinki die offizielle Konferenz über Sicherheit und Zusammenarbeit in Europa eröffnet. 35 Länder (einschließlich der USA und Kanadas) nahmen teil – nur Albanien lehnte ab. Im Laufe der folgenden zwei Jahre setzten die Konferenzteilnehmer in Helsinki Konventionen auf, entwarfen Abkommen, schlugen »vertrauensbildende Maßnahmen« vor, um die Ost-West-Beziehungen zu verbessern und vieles andere mehr. Im August 1975 wurden die Abkommen von Helsinki einstimmig gebilligt und unterzeichnet.

Oberflächlich betrachtet, war die Sowjetunion der Hauptnutznießer der Abkommen. In der Schlußakte hieß es unter »Prinzip I«: »Die Teilnehmerstaaten werden gegenseitig ihre souveräne Gleichheit und Individualität sowie alle ihrer Souveränität innewohnenden und von ihr umschlossenen Rechte achten, einschließlich insbesondere des Rechtes eines jeden Staates auf rechtliche Gleichheit, auf territoriale Integrität sowie auf Freiheit und politische Unabhängigkeit.« Darüber hinaus gelobten die Teilnehmerstaaten in »Prinzip VI«, »sich ungeachtet ihrer gegenseitigen Beziehungen jeder direkten oder indirekten, individuellen oder kollektiven Einmischung in die inneren oder äußeren Angelegenheiten [zu] enthalten, die in die innerstaatliche Zuständigkeit eines anderen Teilnehmerstaates fallen«.

Mehr hätten sich Breschnew und seine Kollegen gar nicht wünschen können. Damit war die politische Aufteilung im Nachkriegseuropa nicht nur offiziell und öffentlich anerkannt sowie die Souveränität und territoriale Unverletzlichkeit der DDR und anderer Satellitenstaaten formell bestätigt, sondern die Westmächte hatten auch zum erstenmal »jeder Form der bewaffneten Intervention oder der Androhung einer solchen Intervention gegen einen anderen Teilnehmerstaat« abgeschworen. Nun waren allerdings die Aussichten, daß die Nato oder die Vereinigten Staaten jemals in den sowjetischen Block einmarschieren würden, schon seit langem vernachlässigenswert. Das *einzige* Land, das seit 1948 eine solche bewaffnete Intervention vorgenommen hatte, war die Sowjetunion selbst – und zwar zweimal.

Doch es war sehr erhellend für Moskaus chronische Unsicherheit, daß es diesen Klauseln im Helsinki-Abkommen zusammen mit dem »Prinzip IV« – »Die Teilnehmerstaaten werden die territoriale Integrität eines jeden Teilnehmerstaates achten« – eine solche Bedeutung beimaß. Durch die Verträge mit der Bundesrepublik und der in den Helsinki-Abkommen rückwirkend festgeschriebenen Bestätigung und Anerkennung von Potsdam hatte die Sowjetunion endlich ihre Ziele erreicht und konnte gelassen in die Zukunft blicken. Als Gegenleistung hatten die westlichen Teilnehmer der Konferenz, so schien es, kaum mehr als brave Scheinklauseln bekommen: gesellschaftliche, kulturelle und wirtschaftliche Zusammenarbeit, Jugendaustausch, einvernehmliche Zusammenarbeit, um noch ungelöste oder künftige Meinungsverschiedenheiten zu klären, usw., usw.

Doch im sogenannten »dritten Korb« der Prinzipien von Helsinki befand sich eine Liste der Rechte, die nicht nur Staaten, sondern auch Personen und Völker hatten, zusammengefaßt unter dem »Prinzip VII« (»Achtung der Menschenrechte und Grundfreiheiten, einschließlich der Gedanken-, Gewissens-, Religions- oder Überzeugungsfreiheit«) und »Prinzip VIII« (»Gleichberechtigung und Selbstbestimmungsrecht der Völker«). Die meisten Politiker, die diese Klauseln unterzeichneten, schenkten ihnen wenig Aufmerksamkeit. Auf beiden Seiten des Eisernen Vorhangs nahm man im allgemeinen an, sie seien diplomatische Kosmetik, zur Beschwichtigung der öffentlichen Meinung zu Hause bestimmt und auf keinen Fall durchsetzbar: Nach den Prinzipien IV und VI konnte keine außenstehende Macht in die inneren Angelegenheiten eines Signatarstaates eingreifen. Das war gemeint, als ein erbitterter tschechischer Intellektueller damals meinte, Helsinki sei praktisch eine Rückkehr zum »cuius regio, eius religio«: Innerhalb ihrer Grenzen waren die Herrschenden abermals berechtigt, mit ihren Bürgern nach Belieben zu verfahren.

Doch es kam anders. Die meisten der Helsinki-Prinzipien und -Protokolle von 1975 waren nur hübsche Verpackungen für bereits bestehende internationale Vereinbarungen. Doch Prinzip VII verpflichtete die Signatarstaaten darauf, »die Menschenrechte und Grundfreiheiten einschließlich der Gedanken-, Gewissens-, Religions- oder Überzeugungsfreiheit für alle ohne Unterschied der Rasse, des Geschlechts, der Sprache oder der Religion« zu achten. Ferner erlegte es allen 35 Staaten auf, »die wirksame Ausübung der zivilen, politischen, wirtschaftlichen, sozialen, kulturellen sowie der anderen Rechte und Freiheiten« zu fördern und zu ermutigen sowie die Freiheit des Individuums anzuerkennen und zu achten, »sich allein oder in Gemeinschaft mit anderen zu einer Religion oder einer Überzeugung in Übereinstimmung mit dem, was sein Gewissen ihm gebietet, zu bekennen und sie auszuüben«.

Aus dieser wortreichen und, wie es schien, harmlosen Liste von Rechten und Pflichten wurde die Helsinki-Menschenrechtsbewegung. Ein Jahr nachdem die Sowjetführer ihr lang erwartetes Konferenzabkommen unter Dach und Fach gebracht hatten, sahen sie sich einer unübersehbaren Zahl von Zirkeln, Vereinen, Netzwerken, Chartas und Einzelpersonen gegenüber, die »lediglich« verlangten, ihre Regierung solle sich an das Abkommen halten, in dem sie – wie in der Schlußakte festgehalten – versprochen hatte, sie werde »ihre Verpflichtungen erfüllen, wie diese festgelegt sind in den internationalen Erklärungen und Abkommen auf diesem Gebiet«. Breschnew hatte recht gehabt, als er sich darauf verließ, daß Henry Kissinger und seine nüchternen Nachfolger im Amt die Nichteinmischungsklauseln von Helsinki ernst nehmen würden. Allerdings wäre ihm niemals (genausowenig wie Kissinger) in den Sinn gekommen, daß andere die eher utopischen Paragraphen, die folgten, nicht weniger ernst nehmen würden.[10]

Kurzfristig konnten die Behörden in der Sowjetunion und in anderen osteuropäischen Staaten mühelos jede Stimme zum Schweigen bringen, die sich für individuelle oder kollektive Rechte erhob: 1977 wurden die Führer einer ukrainischen Gruppe, die »Helsinki-Rechte« einforderte, festgenommen und zu Haftstrafen zwischen 3 und 15 Jahren verurteilt. Doch die Bedeutung, welche die kommunistischen Führer »Helsinki« als Begründung ihrer internationalen Legitimität beimaßen, fiel nun auf sie zurück. Durch Berufung auf Moskaus unlängst eingegangene Verpflichtungen konnten Kritiker (zu Hause und im Ausland) jetzt öffentlichen Druck auf die sowjetischen Regimes ausüben. Gegen eine Opposition dieser Art war gewaltsame Unterdrückung nicht nur wirkungslos, sondern in dem Maße, wie sie öffentlich bekannt wurde, auch kontraproduktiv.

In der Falle ihres eigenen Zynismus gefangen, hatten Leonid Breschnew und seine Kollegen versehentlich eine Bresche in ihre eigene Verteidigungslinie geschlagen. Wider alles Erwarten sollte sie sich als tödlich erweisen.

XVI
Zeit des Übergangs

Rückblickend war unser größter Fehler, daß wir die Wahlen haben laufen lassen. Darauf läßt sich unser Sturz zurückführen.

Brigadegeneral Otelo Saraiva de Carvalho

Spanien ist das Problem, Europa die Lösung.

Ortega y Gasset

In Europa geht es nicht nur um materielle Ergebnisse, es geht auch um Geistiges. Europa ist ein geistiger Staat.

Jacques Delors

In Nordeuropa vollzogen sich innen- und außenpolitische Veränderungen unweigerlich vor dem allgegenwärtigen Hintergrund der Großmachtpolitik und der Ost-West-Teilung des Kontinents. Im europäischen Mittelmeerraum dagegen bestimmten innenpolitische Probleme das Bild. Bis Anfang der siebziger Jahre waren Spanien, Portugal und Griechenland für Europa in mehr als nur geographischer Hinsicht peripher. Obwohl die drei Länder, gemessen an den Bündniskonstellationen des Kalten Krieges, »westlich« waren (Portugal und Griechenland waren Nato-Mitglieder), standen sie ansonsten ziemlich abseits. Ihre Volkswirtschaften – in hohem Maße von den Geldsendungen der überzähligen und im Ausland beschäftigten Landarbeiter und einer wachsenden Tourismusindustrie abhängig – ähnelte denen anderer Länder an Europas Südrand: Jugoslawien oder der Türkei. Der Lebensstandard in Südspanien, dem größten Teil Portugals und in Griechenland war mit dem in Osteuropa und manchen Entwicklungsländern vergleichbar.

Alle drei Staaten wurden Anfang der siebziger Jahre von autoritären Herrschern regiert, wie man sie eher aus Lateinamerika als aus Westeuropa kannte; die politischen Umgestaltungen der Nachkriegszeit schienen sie weitgehend unberührt gelassen zu haben. In Portugal – 1932 bis 1970 von António Salazar beherrscht – und Spanien, wo General Franco 1936 seinen Militärputsch durchgeführt hatte und von 1939 bis zu seinem Tod im Jahr 1975 unangefochten herrschte, waren Machtstrukturen aus einer anderen Epoche konserviert worden. In Griechenland hatte eine Militärrevolte 1967 König und Parlament abgesetzt; fortan wurde das Land von einer Obristenjunta regiert. Das Gespenst ihrer instabilen Vergangenheit schwebte bedrückend über den wenig verheißungsvollen Zukunftsaussichten aller drei Länder.

Griechenlands jüngere Geschichte lag, wie die Spaniens, im düsteren Schatten des Bürgerkriegs. In den Jahren nach dem Zweiten Weltkrieg terrorisierte die kommunistische KKE die Dörfer in ihrem Machtbereich und hinterließ ein Vermächtnis des Schreckens, das in der Erinnerung vieler Griechen die radikale Linke mit Unterdrückung und Greueltaten gleichsetzte. Nachdem die Kommunisten den Kampf im Oktober 1949 aufgegeben hatten, waren sie an der Reihe, für lange Zeit unterdrückt zu werden. Partisanen aus dem Krieg (darunter viele, die in früheren Jahren gegen die Deutschen gekämpft hatten) wurden auf Jahrzehnte ins Exil getrieben. Denjenigen, die blieben, waren nebst ihren Kindern und sogar Enkeln bis weit in die siebziger Jahre hinein alle Stellungen im öffentlichen Dienst verwehrt. In dem gefürchteten Gefängnis auf der Insel Makronisos verbüßten Kommunisten lange Strafen und wurden mit berüchtigter Brutalität behandelt.[1]

Doch die politischen Fraktionen Griechenlands wurden, so sauber sie auch in die Kategorien des Kalten Krieges zu passen schienen, immer von besonderen einheimischen Aspekten beherrscht. Im März 1949, auf der Höhe des Machtkampfes zwischen Tito und Stalin, schickte die sklavisch moskautreue KKE (von Bukarest aus) Radiobotschaften durch den Äther, mit der sie sich der Forderung eines unabhängigen Mazedonien anschloß. Durch Befürwortung der territorialen Zerstückelung Jugoslawiens wollte sie Tito schwächen, erzielte aber eine ganz andere Wirkung. Für die Dauer einer Generation untergrub die KKE damit die Glaubwürdigkeit der griechischen Kommunisten *im eigenen Land*, ließ sich doch aus ihren Radiobotschaften herauslesen, daß im Falle eines kommunistischen Sieges der mazedonische Norden mit seinen slawischen und albanischen Minderheiten in die Selbständigkeit entlassen und damit die Einheit des griechischen Staats zerschlagen würde.

Das spielte eine so große Rolle, weil der griechische Nationalismus selbst nach regionalen Maßstäben eigenartig unsicher war. Ständig auf Konflikte mit ihrer einstigen Kolonialmacht Türkei gefaßt, seit 1940 im Kriegszustand mit Albanien (eine Situation, die bis 1985 bestehenblieb) und nicht bereit, auch nur zuzugeben, daß eine große slawische Volksgruppe diesseits der Grenzen zu Jugoslawien und Bulgarien lebte, legten Griechenlands konservative Nachkriegspolitiker weit größeren Wert auf Ordnung und Stabilität als auf Demokratie und Nachkriegsaussöhnung. Indem sie alte griechische Interessen mit neuen internationalen Einteilungen verbanden, präsentierten sich der griechische König, seine Armee und seine Minister dem Westen als die zuverlässigsten Verbündeten in einer instabilen Region.

Sie wurden für ihre Treue gut belohnt.[2] Im Februar 1947 verpflichtete sich Italien mit dem Vertrag von Paris, den Dodekanes an Athen abzutreten. Griechenland war ein Hauptnutznießer amerikanischer Hilfe, sowohl nach Verkündung der »Truman-Doktrin« als auch unter dem Marshall-Plan. 1952 wurde das Land in die Nato aufgenommen, und die griechischen Streitkräfte kamen in den Genuß großzügiger planerischer und materieller Militärhilfe. Und die Rolle der Armee sollte sich als entscheidend erweisen. Ursprünglich hatten die Briten gehofft, dem befreiten Griechenland eine weitgehend unpolitische Armee und eine moderne Polizeitruppe hinterlassen zu können; doch unter den gegebenen zeitlichen und örtlichen Verhältnissen erwies sich das als unmöglich. Nach acht Kriegsjahren präsentierte sich die griechische Armee vielmehr als entschieden antikommunistisch, royalistisch und undemokratisch, mit einer Bindung an die Nato und die amerikanischen Kollegen, die weit stärker war als ihre Verpflichtung gegenüber den politischen Institutionen oder den Gesetzen des eigenen Landes.

Tatsächlich verstanden die griechischen Offiziere – darin dem traditionellen spanischen Offizierskorps sehr verwandt – sich *selbst* und nicht die vergänglichen Verfassungsurkunden, die zu verteidigen sie vereidigt worden waren, als Wächter der Nation und deren Unverletzlichkeit. Die Armee war im Nachkriegsgriechenland von Anfang an im politischen Leben aktiv: Aus den griechischen Wahlen zu Beginn der fünfziger Jahre ging die »Hellenistische Sammlungsbewegung« unter Marschall Alexandros Papagos, Befehlshaber der Regierungstruppen im Bürgerkrieg, als Sieger hervor. Ohne Vorbehalte unterstützte das Militär bis 1963 Konstantinos Karamanlis, der die umbenannte »Hellenistische Sammlungsbewegung« (jetzt die Nationalradikale Union) 1956, 1958 und noch einmal 1961 zu Wahlsiegen führte – obwohl man ihn nach dem letzten und größten dieser Erfolge eines massiven Wahlbetrugs verdächtigte.

Karamanlis selbst war weder ein ideologischer Antikommunist, noch stand er den Streitkräften besonders nah. Doch es war nicht ohne Bedeutung, daß er in Griechisch-Mazedonien geboren und zutiefst antislawisch war. Von bäuerlicher Herkunft und orthodoxen Glaubens, war er von Haus aus provinziell, nationalistisch und konservativ – ein typischer Repräsentant seines Landes und ein zuverlässiger Mann in den Augen amerikanischer Diplomaten und griechischer Offiziere gleichermaßen, der keine Gelüste zeigte, das Militär ziviler Aufsicht zu unterwerfen oder die immer lauter werdenden Gerüchte von antiparlamentarischen politischen Netzwerken und Verschwörungen in höchsten Kreisen allzu genau untersuchen zu lassen. Unter Karamanlis blieb Griechenland stabil, wenn auch wirtschaftlich stagnierend und mehr als ein bißchen korrupt.

Doch im Mai 1963 wurde auf den linken Parlamentarier Grigoris Lambrakis bei einer Friedenskundgebung in Thessaloniki ein Attentat verübt. Als er fünf Tage später starb, hatten die Linke und die gerade entstehende Friedensbewegung in Griechenland einen Märtyrer, während die vorsätzliche Unfähigkeit der Behörden, den trüben Hintergrund des Mordes an Lambrakis aufzuklären, weithin Argwohn erregte.[3] Sechs Monate später verlor Karamanlis die Wahl knapp gegen Georgios Papandreous Zentrumsunion, eine Partei der Mitte, die von der wachsenden städtischen Mittelschicht des Landes getragen wurde. Bei Neuwahlen im folgenden Jahr schnitten Papandreous Partei und ihre Koalitionspartner noch besser ab: Sie gewannen die absolute Mehrheit und erhöhten ihren Stimmanteil von 42 Prozent auf 52,7 Prozent.

Die neue parlamentarische Mehrheit verlangte eine Untersuchung der Wahlmanipulationen von 1961, woraufhin es zu Spannungen zwischen dem Parlament und dem jungen König Konstantin kam. Die konservativen politischen Sympathien des Königs waren öffentlich bekannt, und er wurde von der Rechten immer stärker unter Druck gesetzt, Papandreou zu entlassen, der schließlich dazu gebracht wurde, seinen Rücktritt zu erklären. Ihm folgten eine Reihe von Interimsministerpräsidenten, von denen keiner eine stabile parlamentarische Mehrheit bilden konnte. Die Beziehungen zwischen Parlament und König verschlechterten sich noch weiter, als eine Gruppe von liberal gesinnten Offizieren angeklagt wurde, mit Georgios Papandreous Sohn Andreas eine Verschwörung geplant zu haben. 20 von ihnen wurden im März 1967 vor ein Kriegsgericht gestellt.

Inzwischen gab es die parlamentarische Regierung in Griechenland nur noch dem Namen nach. Konservative und Heeresoffiziere warnten dunkel vor wachsenden »kommunistischen« Einflüssen überall im Lande. Der König wollte nicht mit der Zentrumsunion, der Mehrheitsfraktion, zusammenarbeiten, weil er ihr vorwarf, sie sei von den Stimmen der extremen Linken abhängig, während die oppositionelle Nationalradikale Union sich weigerte, mehrere Versuche zu unterstützen, eine »Übergangsregierung« einzusetzen. Im April 1967 bildete die Nationalradikale Union schließlich selbst eine Minderheitsregierung, die gerade so lange im Amt blieb, wie der König brauchte, um das Parlament aufzulösen und Neuwahlen auszuschreiben.

Die Verärgerung der Öffentlichkeit über das parlamentarische Patt und der verbreitete Eindruck, der König habe eine unerträglich parteiische Rolle gespielt, ließen darauf schließen, daß die bevorstehenden Wahlen noch einen weiteren Linksruck bringen würden. Mit exakt dieser Entschuldigung – der seit 1949 unablässig beschworenen »kommunistischen Gefahr« – und dem Verweis auf die unbestreitbare Unzulänglichkeit der demokratischen Institutionen Griechenlands sowie die Unfähigkeit der politischen Klasse übernahm am 21. April eine Offiziersclique aus den schon lange innerhalb des Heeres existierenden rechten Netzwerken die Macht.

Unter der Leitung von Oberst Georgios Papadopoulos ließen sie Panzer und Fallschirmjäger in den Straßen von Athen und anderen griechischen Großstädten auffahren, verhafteten Politiker, Journalisten, Gewerkschafter und andere Persönlichkeiten des öffentlichen Lebens, sicherten sich die Kontrolle der üblichen Stützpunkte und erklärten sich zu den Rettern der Nation. Die »Demokratie«, so versicherten sie, werde »fest an die Leine genommen«. König Konstantin ließ es untätig, wenn auch ohne Begeisterung, geschehen und nahm den Putschisten den Amtseid ab. Acht Monate später, nach einem halbherzigen »Gegenputsch«, flohen Konstantin und seine Familie nach Rom. Niemand trauerte ihm nach. Die Junta ernannte einen Regenten, und Papadopoulos wurde zum Ministerpräsidenten ernannt.

Der Obristenputsch war ein klassisches »Pronunciamento«. Anfänglich gewalttätig und immer repressiv, entließen Papadopoulos und seine Kollegen fast 1 000 Staatsbedienstete, inhaftierten oder vertrieben Politiker der Linken und der Mitte und warfen Griechenland sieben erdrückende Jahre auf sich selbst zurück. Antimodern bis an die Grenzen der Parodie, zensierten die Obristen die Presse, verboten Streiks und moderne Musik nebst Miniröcken. Verboten war auch die wissenschaftliche Beschäftigung mit der Soziologie, dem Russischen und Bulgarischen, mit Sophokles, Euripides und Atistophanes. »Populistisch« im Stil, aber paternalistisch in der Praxis, waren sie auf Äußerlichkeiten fixiert. Unter der Herrschaft der Obristen waren lange Haare verboten. Die Uniformen der Palastwachen und ähnlicher zeremonieller Funktionsträger wurden durch farbenprächtige »traditionelle« griechische Nationaltracht ersetzt. Vor allem Athen nahm ein geordnetes, martialisches Aussehen an.

Die wirtschaftlichen Folgen des griechischen Putsches waren gemischt. Der Tourismus litt nicht – Reisende mit politischem Bewußtsein, die das Griechenland der Obristen boykottierten, wurden rasch durch Touristen ersetzt, die sich von den erschwinglichen, wenn auch erstickend überreglementierten Touristenorten angezogen fühlten. Auslandsinvestitionen, die in Griechenland erst rund zehn Jahre vor dem Putsch eingesetzt hatten, und eine stetige Zunahme des Bruttosozialprodukts – seit 1964 mit einer jährlichen Steigerungsrate von ungefähr 6 Prozent – wurden von der politischen Entwicklung nicht berührt: Wie in Spanien boten ein niedriges Lohnniveau (begünstigt durch die Unterdrückung aller Arbeiterproteste) und ein Regime, das auf »Recht und Ordnung« pochte, ausländischem Kapital eine zuträgliche Umwelt. Anfangs genoß die Junta in den ländlichen Gebieten, aus denen die Obristen überwiegend kamen, sogar verbreitete Unterstützung, vor allem, nachdem sie den Bauern 1968 alle Schulden erlassen hatte.[4]

Doch die auf wirtschaftliche Unabhängigkeit bedachten Obristen brachten eine Rückkehr zum altgewohnten Importverzicht des Landes – zugunsten ineffizienter einheimischer Produktionsbetriebe, die minderwertige Produkte herstellten und gegen ausländische Konkurrenz geschützt wurden. Das mußte das Militärregime über kurz oder lang mit den Angehörigen der städtischen Mittelschicht des Landes in Konflikt bringen, deren Interessen als Konsumenten wie als Produzenten nach einigen Jahren die anfängliche Erleichterung über die Ablösung der zerstrittenen Politiker in Vergessenheit bringen sollten. Und die Obristen, mittelmäßig selbst nach den anspruchslosen Maßstäben ihresgleichen, hatten nichts Zukunftsweisenderes vorzuschlagen: keine Pläne für die griechische Integration in die expandierende Europäische Gemeinschaft, keine Strategie für eine Rückkehr in rechtsstaatliche Verhältnisse.[5]

Hinzu kam, daß das Regime, das zwar zu Hause fest im Sattel saß, im Ausland zunehmend in Isolation geriet – im Dezember 1969 faßte der Europarat den einstimmigen Beschluß, Griechenland auszuschließen. Zwei Monate später brach die EWG alle Verhandlungen mit der Junta ab. Verstockter denn je vertrauten die Obristen nur noch auf Gewalt. So war es nur logisch, daß die Junta nach einem ungeschickten Versuch, Gewalt auch jenseits ihrer Grenzen anzuwenden, um das uralte Zypernproblem zu lösen, die Macht verlor.

Die Insel Zypern, seit 1571 zum Osmanischen Reich gehörig, stand seit 1878 unter britischer Verwaltung und wurde bei Ausbruch des Ersten Weltkrieges von Großbritannien annektiert. Ganz im Osten des Mittelmeers nahe der türkischen Provinz Anatolien gelegen und weit vom griechischen Festland oder einer der vorgelagerten Inseln entfernt, besitzt Zypern dennoch eine griechischsprechende, griechisch-orthodoxe Mehrheit, die immer stärker nach der Vereinigung mit dem griechischen Staat strebte. Die türkische Minderheit, rund 18 Prozent der Inselbevölkerung, lehnte eine solche Regelung verständlicherweise ab und wurde in diesem Widerstand lautstark von den Politikern in Ankara unterstützt. Das Schicksal Zyperns – das angesichts der britischen Bestrebungen, eine lästige imperiale Altlast loszuwerden, und der uralten griechisch-türkischen Zerstrittenheit höchst ungewiß war – blieb während der Fünfziger ein ungelöstes Problem.

Da ihr die ersehnte »Enosis« – die Vereinigung mit Griechenland – versagt blieb, gab sich die Mehrheit der griechisch-zypriotischen Führung etwas resigniert mit der Unabhängigkeit zufrieden, die Großbritannien 1960 gewährte, wobei es sich lediglich bestimmte Transitrechte und einen strategisch wichtigen

Luftwaffenstützpunkt vorbehielt. Die neue Republik Zypern, deren Souveränität und Verfassung Großbritannien, die Türkei und Griechenland garantierten, wurde im Rahmen einer griechisch-türkischen »Partnerschaft« regiert. Über allem thronte als Präsident Erzbischof Makarios III., der, einst als bewaffneter und gewaltbereiter Terrorist von London in die Verbannung geschickt, jetzt der allseits geachtete Vertreter »vernünftiger« griechisch-zypriotischer Ansprüche war.

Inzwischen lebten die griechischen und türkischen Gemeinden in mißtrauischer Ungewißheit nebeneinander her, die hin und wieder von Gewaltausbrüchen zwischen den Volksgruppen unterbrochen wurde. Die Regierungen in Athen und Ankara spielten sich beide als Schutzmächte ihrer Landsleute auf und drohten gelegentlich mit Intervention. Doch Vorsicht und internationaler Druck hielt sie davon ab, auch wenn Angriffe auf türkische Zyprioten 1963 zum Einsatz einer US-Friedenstruppe im folgenden Jahr führten. Obwohl die griechischen Zyprioten fast ein Monopol auf die Stellen im Staatsdienst und einflußreiche Ämter hatten (nicht unähnlich der Situation in Ulster, wo die Katholiken durch die Protestanten von allen Privilegien und wichtigen Posten ausgeschlossen wurden) – erschien die Situation auf Zypern trotzdem – oder gerade deswegen – stabil. Doch wenn Zypern auch kein Krisenherd mehr war, so blieb es doch eine »Frage«.

Als 1973 Studenten in Athen (zunächst der juristischen Fakultät, dann auch der Technischen Hochschule) die Obristen dadurch in Verlegenheit brachten, daß sie zum erstenmal öffentlichen Protest gegen deren Herrschaft äußerten, fiel den Militärs nichts Besseres ein, als die Aufmerksamkeit umzulenken und die Unterstützung der Öffentlichkeit für die neuerliche Erhebung des griechischen Anspruchs auf Zypern zu suchen. General Ioannides, ein »Hardliner«, der Papadopoulos nach den Kundgebungen an der Technischen Hochschule als Juntachef abgelöst hatte, konspirierte mit Georgios Grivas und anderen griechisch-zypriotischen Nationalisten, um Makarios zu stürzen und die Insel mit Griechenland »wiederzuvereinigen«. Am 15. Juli 1974 griffen Einheiten der Zypriotischen Nationalgarde zusammen mit handverlesenen griechischen Offizieren den Präsidentenpalast an, vertrieben Makarios (der ins Ausland floh) und setzten in der Erwartung, daß die Insel in Zukunft sowieso von Athen aus regiert würde, eine Marionettenregierung ein.

Bei diesem Stand der Dinge bekundete die türkische Regierung ihrerseits die Absicht, in Zypern einzumarschieren, um die Interessen der türkisch-zypriotischen Volksgruppe zu verteidigen, was sie dann auch am 20. Juli umgehend tat. Binnen einer Woche war zwei Fünftel der Insel in türkischer Hand. Unfähig, diesen Schritt der weit überlegenen türkischen Streitkräfte zu verhindern oder zu beantworten, erschien die Junta hilflos: Mal ordnete sie die Generalmobilmachung an, am nächsten Tag widerrief sie sie. Angesichts der allgemeinen Empörung über diese nationale Demütigung wandten sich die griechischen Diktatoren selbst an den alternden Karamanlis und forderten ihn auf, aus seinem Pariser Exil nach Griechenland zurückzukehren. Am 24. Juli war der Exministerpräsident wieder in Athen und leitete die Rückkehr des Landes zu einer zivilen Regierung in die Wege.

Der Übergang vollzog sich bemerkenswert reibungslos. Karamanlis' Neue Demokratische Partei errang im November 1974 einen überwältigenden Wahlsieg und wiederholte diesen Erfolg drei Jahre später. Eine neue Verfassung wurde im Juni 1975 gebilligt, obwohl die Oppositionsparteien ursprünglich gegen die vermehrte Machtfülle protestierten, die dem Präsidenten der Republik eingeräumt wurde (ein Amt, das Karamanlis seit 1980 innehatte). Unerwartet rasch übernahm die griechische Innenpolitik das vertraute europäische Profil: die Stimmen zu ungefähr gleichen Teilen verteilt auf eine Mitte-rechts-Partei (Neue Demokratie) und eine Mitte-links-Partei (die Panhellenische Sozialistische Bewegung, an deren Spitze Andreas Papandreou stand, der in den Vereinigten Staaten ausgebildete Sohn des verstorbenen Georgios Papandreou).

Daß Griechenland so reibungslos zur Demokratie zurückkehrte, lag zum Teil an Karamanlis' Fähigkeit, mit seiner eigenen Vergangenheit zu brechen, während er gleichzeitig den Eindruck von Erfahrung, Kompetenz und Kontinuität vermittelte. Statt auf seine ins Zwielicht geratene Zentrumsunion zurückzugreifen, hatte er eine neue Partei gegründet. Im Dezember 1974 ließ er in einem Referendum über die wenig geliebte Monarchie abstimmen, und als sich 69,2 Prozent der Wähler für die Abschaffung entschieden, wurde unter seiner Aufsicht eine Republik geschaffen. Um das Militär nicht zu reizen, ging er auf die Forderungen nach einer Säuberung der Armee nicht ein, sondern schickte die kompromittierten höheren Offiziere lieber früher in den Ruhestand, während er die loyalen Militärs belohnte und beförderte.[6]

Nachdem die Monarchie aus dem Wege und die Armee neutralisiert war, mußte sich Karamanlis noch um die unerledigte Zypern-Affäre kümmern. Weder er noch seine Nachfolger dachten im Traum daran, die Enosis-Frage noch einmal anzuschneiden, konnten aber die türkische Präsenz auf der Insel nicht öffentlich ignorieren, auch nicht, nachdem Makarios im Dezember 1974 dorthin zurückgekehrt war. Mit einer weitgehend symbolischen Maßnahme, mit der er sich die innenpolitische Zustimmung von links wie von recht sicherte, erklärte Karamanlis aus Protest gegen das Verhalten eines anderen Mitgliedstaates Griechenlands Austritt aus der Militärorganisation der Nato, in die das Land erst sechs Jahre später wieder zurückkehrte. Das war der Beginn einer Eiszeit in den griechisch-türkischen Beziehungen, in deren Verlauf im Februar 1975 die türkische Minderheit einseitig einen Türkischen Bundesstaat Zypern ausrief – der nur von der Türkei selbst anerkannt wurde – und wiederholt diplomatische Streitigkeiten über territoriale Forderungen in der östlichen Ägäis ausbrachen.

Zypern selbst wurde ein internationales Sorgenkind; Diplomaten und Juristen der UN unternahmen jahrzehntelang ergebnislose Anstrengungen, die Probleme der geteilten Insel zu lösen. Derweilen waren die griechischen Politiker von der Verantwortung für das Schicksal der Insel entbunden (obwohl sie aus innenpolitischer Rücksichtnahme auch weiterhin gezwungen waren, ein anhaltendes Interesse an der Zypernfrage zu bekunden) und konnten sich verheißungsvolleren Horizonten zuwenden. Kaum ein Jahr nach dem Sturz der Obristen, im Juni 1975, stellte die Regierung in Athen den formellen Antrag auf Aufnahme in die EWG. Am 1. Januar 1981 wurde Griechenland Vollmitglied der Gemeinschaft – ein Ereignis, das viele Brüsseler Politiker als einen bedauernswerten Triumph der Hoffnung über die Klugheit ansahen.

Im Gegensatz zu Griechenland verfügte Portugal in jüngerer Zeit nicht einmal über rudimentärste Demokratieerfahrungen. Salazars autoritäre Herrschaft war selbst nach den Maßstäben, die herrschten, als er 1932 die Macht übernahm, bewußt rückwärtsgewandt gewesen – mit seiner Mischung aus strengem Klerikalismus, kollektiven Institutionen und ländlicher Unterentwicklung wies Portugal große Ähnlichkeit mit Österreichs Situation nach 1934 auf. Passenderweise wurde das Nachkriegsportugal von pensionierten Franzosen sehr geschätzt, die sich nostalgisch an Vichy-Frankreich erinnert fühlten – Charles Maurras, der in Ungnade gefallene Führer der Action Française, wurde von Salazar sehr bewundert und führte bis zu seinem Tode im Jahr 1952 einen Briefwechsel mit dem portugiesischen Diktator.[7]

Der durchschnittliche Lebensstandard in Salazars Portugal war eher für das kontemporäre Afrika als das kontinentale Europa charakteristisch: Das jährliche Pro-Kopf-Einkommen betrug 1960 gerade einmal 160 Dollar (verglichen mit beispielsweise 219 Dollar in der Türkei oder 1 453 Dollar in den USA). Dafür waren die Reichen wirklich reich, starben die Säuglinge häufiger als in jedem anderen Land Europas und waren 32 Prozent der Bevölkerung Analphabeten. Salazar, der Wirtschaftswissenschaftler war und einige Jahre an der Universität Coimbra gelehrt hatte, war nicht nur völlig ungerührt von Portugals Rückständigkeit, sondern sah in ihr auch einen Schlüssel zu Stabilität – als man ihm mitteilte, daß man in Portugals angolanischen Besitzungen Öl gefunden habe, lautete sein einziger Kommentar: »Schade.«

Wie der rumänische Diktator Ceauşescu war Salazar besessen von der Idee, Schulden zu vermeiden, daher sorgte er jedes Jahr gewissenhaft für einen ausgeglichenen Haushalt. Fanatischer Merkantilist, der er war, sammelte er eine ungewöhnlich hohe Goldreserve an, die er weder für Investitionen noch Importe angriff. Infolgedessen versank sein Land in Armut, der größte Teil der Bevölkerung arbeitete auf kleinen Familienhöfen im Norden des Landes and auf Latifundien weiter südlich. Ohne Inlandskapital zur Finanzierung der einheimischen Industrie und angesichts der abweisenden Haltung gegenüber ausländischen Investoren hing Portugal weitgehend von der Ausfuhr oder Wiederausfuhr von Grundprodukten, einschließlich seiner Menschen, ab.

Bis zu seinem Tod im Jahr 1970 war es Salazars größter Stolz, daß er Portugal nicht nur aus den verheerenden ausländischen Kriegen des Jahrhunderts herausgehalten hatte, sondern daß er das Land auch zwischen der Scylla des raubgierigen Marktkapitalismus und der Charybdis des Staatssozialismus hatte hindurchsteuern können. Tatsächlich hat sein einziger Erfolg darin bestanden, daß er seinen Untertanen die schlimmsten Seiten beider zu spüren gab: Materielle Ungleichheit und Ausbeutung um des Profites willen war in Europa nirgendwo so schlimm wie in Portugal, während der autoritäre Staat in Lissabon alle unabhängigen Meinungen und Initiativen im Keim erstickte. 1969 besaßen gerade einmal 18 Prozent der erwachsenen Bevölkerung das aktive Wahlrecht.

Mangels einer einheimischen Opposition erwuchs Widerstand gegen Salazar nur aus dem Militär, der einzigen unabhängigen Einrichtung des Landes. Die portugiesischen Streitkräfte wurden schlecht bezahlt – doch statt knappe Mittel für Gehälter auszugeben, ermunterte Salazar mittellose Offiziere ausdrücklich, in das wohlhabende Bürgertum einzuheiraten. Bis 1961 konnte das Regime jedoch trotz zweier erfolgloser und mühelos niedergeschlagener Militärputschversuche, 1947 und 1958, zumindest auf die passive Loyalität der Offiziere zählen. Reformgewillte jüngere Heeres- oder Marineoffiziere mochten sich über den allgegenwärtigen Stillstand ärgern, doch es fehlte ihnen an Verbündeten oder Rückhalt im Volk.

All das änderte sich 1961, als Delhi gewaltsam Portugals Besitzung Goa auf dem indischen Subkontinent annektierte und in der afrikanischen Kolonie Angola ein bewaffneter Aufstand ausbrach. Goas Verlust war schon eine nationale Demütigung, die Rebellion in Afrika aber bei weitem schlimmer. Zu Portugals ansehnlichen afrikanischen »Provinzen«, wie sie hießen, gehörten Angola, Guinea-Bissau, die Kapverdischen Inseln vor Westafrika und Mozambique im Südosten. Von diesen war Angola mit fast einer halben Million Europäern bei einer Gesamtbevölkerung von nicht einmal sechs Millionen die bei weitem wichtigste Besitzung. Seine unerschlossenen Bodenschätze – Eisen, Diamanten und das unlängst entdeckte Öl vor der Küste – hatten einen widerstrebenden Salazar bewogen, Auslandsinvestitionen zuzulassen (vor allem durch das US-Unternehmen

Gulf Oil). Im Laufe der sechziger Jahre hatte das Gebiet wachsende wirtschaftliche Bedeutung für Portugal gewonnen.

Außerdem befand es sich in offenem Aufruhr. Um die wachsende nationalistische Bewegung Angolas zu zerschlagen, entwickelte Lissabon 1967 eine »Gegenstrategie« zur Unterdrückung der Revolten. Dazu wurde die Bevölkerung in großen, kontrollierbaren Dörfern untergebracht: 1974 hatte man auf diese Weise mehr als eine Million Bauern umgesiedelt. Dem Plan gelang es zwar nicht, die Revolte zu beenden, dafür richtete er aber schwere, bleibende Schäden in Angolas Gesellschaft und Landwirtschaft an. Außerdem befremdete er mehr und mehr die Soldaten, die doch gerufen worden waren, um ihn durchzusetzen – sowohl die mittellosen Offiziere, die in die Kolonialarmee eingetreten waren, weil sie sich davon einen gesellschaftlichen Aufstieg erhofften, wie auch die widerwilligen Wehrpflichtigen, die nach Übersee geschickt worden waren, um die Rebellen zu unterdrücken.

In Angola waren die Rebellen in mehrere Fraktionen zerstritten, daher konnte die portugiesische Armee sie in Schach halten, zumindest eine Zeitlang. Doch in Mozambique, wo 60 000 portugiesische Soldaten alle Hände voll damit zu tun hatten, knapp 100 000 europäische Siedler zu schützen, oder in Guinea und auf den Kapverdischen Inseln, wo der charismatische Amílcar Cabral mit 10 000 Aufständischen 30 000 portugiesische Soldaten in einen undankbaren Kleinkrieg verwickelt hielt, war die Situation unhaltbar. Zu Beginn der siebziger Jahre mußte das ärmste Land Europas für die afrikanischen Kriege die Hälfte seines jährlichen Verteidigungsetats aufwenden. Jeder vierte Portugiese im wehrfähigen Alter wurde für den Dienst in Afrika eingezogen – nach 1967 für mindestens vier Jahre. 1973 waren dort 11 000 von ihnen ums Leben gekommen: eine Todesrate, die, gemessen an der Gesamtbevölkerung, höher war als die der US Army auf der Höhe des Vietnamkriegs.

Portugals Verteidigung seiner kolonialen Besitzungen war kostspielig, blutig und zunehmend hoffnungslos; niemand wußte das so gut wie die Streitkräfte. Außerdem hatten sie noch andere Gründe für Frustration. Um die eigene Macht zu sichern und die Aufmerksamkeit von den überseeischen Schwierigkeiten des Landes abzulenken, hatte Marcello Caetano – Salazars Kronprinz und Nachfolger – die Kreditbeschränkungen gelockert, massive Auslandsanleihen aufgenommen und Importe gefördert. In den Jahren 1970 bis 1973 erlebte das Land, zusätzlich durch die Geldsendungen der im Ausland arbeitenden Portugiesen begünstigt, einen kurzen Konsumboom. Doch schon bald folgte im Kielwasser der Ölkrise eine galoppierende Inflation. Die Lohnentwicklung im öffentlichen Sektor blieb weit hinter den Preissteigerungen zurück.

Zum erstenmal seit vielen Jahren wurde Portugal von Streiks heimgesucht.

Die Bewohner der Slums rund um die Hauptstadt, viele von ihnen erst kürzlich aus dem verarmten Alentejo eingetroffen, litten weniger unter der eigenen chronischen Not als unter dem Eindruck eines neuen, protzigen Reichtums im nahen Lissabon. Der Armee widerstrebte es zunehmend, in fernen Ländern die »schmutzigen Kriege« für eine ungeliebte Regierung nicht gewählter Technokraten zu führen, und ihre Unzufriedenheit fand jetzt ein weitverbreitetes Echo im Heimatland. Die Verärgerung der jüngeren Offiziere und ihrer Familien, die angesichts der Inflation nicht von ihren ohnehin schon niedrigen Löhnen leben konnten, wurde nun von immer mehr Geschäftsleuten geteilt, die von der Inkompetenz der Regierenden frustriert waren und erkannten, daß die Zukunft ihres Landes in Europa, nicht in Afrika lag.[8]

Am 25. April jagten Offiziere und einfache Soldaten der Bewegung der Streitkräfte Movimento das Forças Armadas (MFA) Marcello Caetano und seine Kollegen aus dem Amt und setzten eine provisorische Regierung ein, deren erklärte Ziele Demokratisierung, Entkolonisierung und Wirtschaftsreformen waren. Der Staatsstreich stieß (wie das Pronunciamento der jungen Offiziere, das Salazar 1926 an die Macht gebracht hatte) auf wenig Widerstand. Den Führern des alten Regimes gestattete man die Flucht ins Exil – zunächst nach Madeira, dann nach Brasilien. General António de Spínola, ehemaliger stellvertretender Generalstabschef des portugiesischen Heeres und 1968 bis 1972 Gouverneur von Guinea, wurde von seinen Mitverschwörern zum Chef der Junta ernannt. Die Geheimpolizei wurde abgeschafft, alle politischen Gefangenen freigelassen, die Pressefreiheit wiederhergestellt, den Führern der Sozialistischen und Kommunistischen Partei Portugals die Rückkehr aus dem Exil gestattet und ihre Organisationen zum erstenmal seit fast einem halben Jahrhundert gesetzlich zugelassen.

Die Revolution wurde von der gesamten Bevölkerung begeistert begrüßt.[9] Spínola holte Zentristen und Sozialisten in sein provisorisches Kabinett und gab im Juli öffentlich die Absicht bekannt, daß man den afrikanischen Kolonien uneingeschränkte Selbstbestimmung anbieten wolle. Binnen eines Jahres waren die Kolonien alle unabhängig – und Indonesien hatte sich die Kontrolle über das portugiesische Osttimor angeeignet. Die Entkolonisierung war mehr als nur ein wenig chaotisch – die Guerilleros in Guinea und Moçambique kümmerten sich nicht um Spínolas Aufforderung, zunächst die Waffen niederzulegen, woraufhin Angola rasch im Bürgerkrieg versank – doch aus portugiesischer Sicht vorteilhaft war ihre schnelle Abwicklung. Diese beschleunigte allerdings nach dem Abziehen des Militärs und nach gewalttätigen Zusammenstößen in Angolas Hauptstadt Luanda auch die Rückkehr von rund 750 000 Europäern nach Portugal. Viele von ihnen siedelten sich in Portugals konservativerem Norden an und sollten in den kommenden Jahren eine wichtige Rolle in der Politik des Landes spielen.

Diese raschen Veränderungen gingen Spínola gegen den Strich, dessen konservative Instinkte sich gegen die immer radikaleren Vorhaben seiner jüngeren Kollegen sträubten, woraufhin er im September 1974 zurücktrat. Während der nächsten 14 Monate schien sich Portugal auf eine regelrechte Sozialrevolution zuzubewegen. Mit der begeisterten Unterstützung der MFA und Álvaro Cunhals kompromißlos leninistischer PCP wurden Banken und Großindustrie verstaatlicht und eine umfassende Agrarreform durchgeführt, vor allem im Alentejo, der getreideproduzierenden Region im Süden des Landes, wo die meisten Ländereien noch Großgrundbesitzern gehörten, die häufig gar nicht auf ihren Gütern wohnten.

Die Verstaatlichung wurde in den Städten begrüßt, während die Agrarreform im Süden – im wesentlichen die Kollektivierung des Landes – ursprünglich durch »spontane« Besetzungen und Inbesitznahmen einheimischer Pächter und Landarbeiter ausgelöst wurde, Ereignisse, die von den Kommunisten und ihren Verbündeten initiiert wurden, wobei insbesondere die Kommunisten von ihrem wohlverdienten Ruf zehrten, die bestorganisierte und effizienteste Untergrundarbeit gegen das alte Regime geleistet zu haben. Diese Praktiken waren jedoch im mittleren und nördlichen Teil des Landes, wo der Grundbesitz bereits in Tausende von kleinen Familienbetrieben aufgeteilt war, ausgesprochen unwillkommen. Die ländlichen und kleinstädtischen Regionen Nordportugals waren überdies (und sind noch immer) ausgeprägt katholisch, 1972 mit einem Priester für je 500 Seelen; in der südlichen Mitte Portugals beträgt dieses Verhältnis 1 zu 4500 und noch weniger im tiefen Süden des Landes. So stießen die antiklerikalen Kollektivierungsprojekte der kommunistischen Gewerkschafter und der Führer der Bauernorganisationen auf heftigen und lautstarken Widerstand im dichtbesiedelten Norden des Landes.

Im großen und ganzen wiederholten die portugiesischen Revolutionäre von 1974 die Fehler, welche die Agrarradikalen in den dreißiger Jahren in der Spanischen Republik begangen hatten. Durch das Bestreben, eine kollektivistische Landreform, die sich an den sozialen Verhältnissen des Südens orientierte, den Landbesitzenden und effizienter wirtschaftenden Kleinbauern der nördlichen Landesteile aufzuzwingen, brachten die Revolutionäre diese gegen sich auf. Bei den Wahlen zur verfassunggebenden Versammlung im April 1975 bekamen die Kommunisten nur 12,5 Prozent der Stimmen. Parteien rechts von der Mitte schnitten besser ab, doch der große Gewinner war die zwei Jahre zuvor von Mário Soares im Exil gegründete Sozialistische Partei Portugals, der mit dem Slogan »Sozialismus, ja! Diktatur, nein!« einen äußerst erfolgreichen Wahlkampf führte und 38 Prozent der Stimmen gewann.

Die MFA und die Kommunisten waren über das Wahlergebnis nicht sehr glücklich, und Álvaro Cunhal erklärte öffentlich, wenn der parlamentarische Weg zur Macht versperrt sei, müsse vielleicht ein anderer eingeschlagen werden. Cunhal 1975 in einem Interview mit einem italienischen Journalisten: »Eine Demokratie, wie Sie sie im Westen haben, ist nicht möglich … Portugal wird kein Land mit demokratischen Freiheiten und Monopolen sein. Das wird es nicht zulassen.« Von April bis November nahmen die Spannungen zu. Ausländische Beobachter warnten vor einem kommunistischen Putsch, während Portugals Nato-Verbündete und westeuropäische Handelspartner Wirtschaftshilfe und Einbindung versprachen, falls das Land der marxistischen Revolution abschwöre.

Ende des Jahres spitzten sich die Dinge zu. Am 8. November wurde die verfassunggebende Versammlung von Bauarbeitern belagert, und zwei Wochen lang hielten sich Gerüchte von einer bevorstehenden »Lissabonner Kommune« und sogar einem Bürgerkrieg zwischen Nord und Süd. Am 25. November versuchten Gruppen radikaler Soldaten einen Putsch. Ursprünglich handelten sie mit stillschweigender Billigung der PCP, der Kommunistischen Partei Portugals, doch als sich herausstellte, daß das Gros der Streitkräfte und sogar einige linke Offiziere den Aufstand ablehnten, machte auch Cunhal einen Rückzieher. Wie einige MFA-Führer später zugaben, hatten die Wahlergebnisse vom April 1975 die Ziele der revolutionären Offiziere von vornherein diskreditiert: Die Linke konnte eine parlamentarische Demokratie haben oder einen revolutionären »Übergang«, aber nicht beides.

Im Februar 1976 übergab das portugiesische Militär, das fast zwei Jahre nach dem Staatsstreich das Land praktisch noch immer unter Kontrolle hielt, die Macht offiziell den zivilen Institutionen. Das Land wurde nun gemäß einer im April 1976 gebilligten Verfassung regiert, in der noch immer die Rhetorik und die Bestrebungen der nach 1974 herrschenden politischen Stimmung nachklangen: Da wurde Portugal verpflichtet auf den »Übergang zum Sozialismus durch die Schaffung von Voraussetzungen für die demokratische Machtausübung durch die Arbeiterklasse«. In den Parlamentswahlen des gleichen Monats wurden die Sozialisten abermals die stärkste Partei, wenn auch mit leichten Stimmeneinbußen, und Mario Soares bildete Portugals erste demokratisch gewählte Regierung seit fast einem halbem Jahrhundert.

Die Aussichten der portugiesischen Demokratie blieben ungewiß – Willy Brandt war nur einer von vielen wohlwollenden Beobachtern, die in Soares eine Art Kerenski sahen, einen ahnungslosen Strohmann undemokratischer Kräfte, die ihn bei der ersten Gelegenheit absetzen würden. Doch Soares überlebte – und mehr! Die Streitkräfte blieben in den Kasernen, während die Rolle ihrer politisierten Randgruppen immer unbedeutender wurde. Zwar stieg der Stimmanteil der Kommunisten – von 14,6 Prozent im Jahr 1976 auf 19 Prozent drei Jahre später, da die wirtschaftliche Situation sich verschlechterte und Soares' gemäßigter Kurs die Parteilinken frustrierte, denen er die Zerschlagung des Kapitalismus in einem sozialistischen Portugal versprochen hatte –, doch mußten sie dafür auf ihre revolutionären Ambitionen verzichten.

1977 verabschiedete das Parlament ein Gesetz zur Agrarreform, das die Landkollektivierung der unmittelbaren Vergangenheit bestätigte, aber die Geltung auf den Süden beschränkte und den Umfang der Enteignungen individuell begrenzte. Dieser Schritt beseitigte die Gefahr von Agrarkonflikten und einem konservativen Gegenschlag, konnte kurzfristig aber wenig gegen das wirtschaftliche Chaos ausrichten, welches das demokratische Portugal geerbt hatte. Ohne die billigen Rohstoffe aus den früheren Kolonien (und ohne den monopolistischen Markt, den es sich dort als Anbieter seiner ansonsten nicht konkurrenzfähigen Exportgüter geschaffen hatte), unfähig, wie in der Vergangenheit ungelernte Arbeiter nach Westeuropa zu exportieren, und, durch die Bedingungen der unentbehrlichen IWF-Kredite, zu ausgeglichenem Haushalt und Ausgabendisziplin gezwungen, durchlitt Portugal Jahre der Arbeitslosigkeit und der Unterversorgung.

Ganz hatte das Militär den Schauplatz des politischen Geschehens noch nicht verlassen: Nach der Verfassung von 1976 behielt ein »Revolutionsrat«, der aus nichtgewählten Vertretern der Streitkräfte bestand, ein Vetorecht. 1980 lehnte er 23 Gesetzesvorlagen ab, unter anderem den Plan der in diesem Jahr gewählten Mitte-rechts-Regierung, die einheimischen Banken zu reprivatisieren. Doch erhob er keine Einwände, als das Parlament im Laufe der nächsten beiden Jahre die Verfassung abänderte, die Macht der Exekutive beschnitt (1982 sogar den Revolutionsrat selbst abschaffte) und stillschweigend die antikapitalistische Strömung in der ursprünglichen Fassung beseitigte.

Während der nächsten zwanzig Jahre wechselten sich die Sozialisten und ihre Gegner, die zentristischen Sozialdemokraten unter der Führung von Aníbal Cavaco Silva, im Amt ab. Mario Soares selbst, der seine antikapitalistische Rhetorik längst aufgegeben hatte, wurde 1986, in dem Jahr, als Portugal in die Europäische Gemeinschaft aufgenommen wurde, Präsident des Landes. Nach westeuropäischen Maßstäben blieb Portugal äußerst arm, noch immer Salazars langlebiges Vermächtnis. Doch wider alle Erwartung hatte Portugal den »Weißen Terror« wie den »Roten Terror« vermieden. Die Kommunisten hatten zwar noch immer ihre Anhänger im ländlichen Süden und in Lissabons Industrievororten, verfolgten aber unter dem alternden Cunhal, der die Partei bis 1992 führte, unbeirrt ihren harten Kurs. Doch der Einfluß der Partei ging ständig zurück. Die repatriierten Kolonialportugiesen schafften es nicht, eine rechtsextreme Partei verbitterter Nationalisten zu gründen. Unter diesen Umständen war die Bildung eines demokratischen Portugals eine sehr ansehnliche Leistung.

Einem Besucher, der beispielsweise 1970 von Frankreich nach Spanien reiste, dürfte die Kluft, welche die beiden Seiten der Pyrenäen trennte, immens erschienen sein. Francos dreißigjährige Herrschaft hatte die soziale Rückständigkeit und kulturelle Isolation, in der Spanien seit mehr als zwei Jahrhunderten lebte, noch verstärkt, und sein autoritäres Regime schien jetzt einen noch stärkeren Kontrast zur modernen politischen Kultur Europas zu bilden als zu Anfang. Auf den ersten Blick entstand der Eindruck, die Sechziger wären an Spanien vollkommen spurlos vorübergegangen: strenge Zensur, strikte Durchsetzung der Gesetze, die die Kleidung und das Verhalten in der Öffentlichkeit regelten, eine allgegenwärtige Polizei und drakonische Strafen für politische Kritik – all das ließ an ein Land denken, das in der Zeit erstarrt war und dessen historische Uhr beim Jahr 1939 stehengeblieben war.[10]

Doch bei näherem Hinsehen veränderte sich Spanien – oder zumindest Nordspanien und die Großstädte – ziemlich rasch. Franco war ein unnachgiebiger und wahrhaft reaktionärer Diktator, aber im Gegensatz zu seinem Nachbarn Salazar ein ökonomischer Realist. 1959 gab Spanien die auf Autarkie gerichtete Praxis der zurückliegenden zwei Jahrzehnte auf und folgte auf Betreiben einer Gruppe von Opus-Dei-Mitgliedern einem Nationalen Stabilisierungsplan, der die chronische Inflation in den Griff bekommen und das Land für Handel und Investitionen öffnen sollte. Die anfänglichen wirtschaftlichen Auswirkungen des Plans waren hart: Abwertung, Haushaltskürzungen, Einfrieren von Krediten und Lohneinschränkungen – sie alle entschlossen und kompromißlos umgesetzt – dämpften zwar die Inflation, veranlaßten aber auch Zehntausende von Spaniern, sich Arbeit im Ausland zu suchen.

Doch der private Sektor, bislang durch korporatistische Vorschriften und eine langjährige Politik des Importverzichts eingeschränkt, konnte sich jetzt freier entfalten. Zölle wurden gesenkt; Spanien wurde Mitglied der Weltbank, des IWF, des GATT und OECD-Beitrittskandidat (1962 bewarb sich Franco sogar – erfolglos – um die Mitgliedschaft in der EWG). Der Zeitpunkt für Francos neue Wirtschaftspolitik war günstig gewählt. Die spanische Nachkriegswirtschaft, die in den ersten Jahren des europäischen Nachkriegsbooms gegen Wettbewerb geschützt worden war, öffnete sich jetzt aber gerade rechtzeitig dem Außenhandel. Seit 1961 begann das Bruttosozialprodukt stetig zu steigen. Der Prozentsatz der in der Landwirtschaft Beschäftigten – 50 Prozent im Jahr 1950 – ging stark zurück, als Landarbeiter aus dem Süden und Westen nach Norden zogen, um in Fabriken oder der boomenden Tourismusbranche zu arbeiten: 1971 war nur noch jeder fünfte Spanier in der Landwirtschaft verblieben. Bereits Mitte der sechziger Jahre galt Spanien nach UN-Kriterien nicht mehr als »Entwicklungsland«.

Francos »Wirtschaftswunder« sollte allerdings nicht überschätzt werden. Spanien war nicht mit den Resten eines Kolonialreichs belastet und mußte folglich auch nicht die wirtschaftlichen und sozialen Kosten der Entkolonisierung bewältigen. Die meisten Devisenzuflüsse während der sechziger Jahre stammten nicht aus dem Export spanischer Produkte, sondern aus den Geldsendungen spanischer Arbeiter, die im Ausland beschäftigt waren, oder von Urlaubern aus Nordeuropa. Kurz, Spaniens wirtschaftliche Modernisierung war weitgehend ein Nebenprodukt des Wohlstands anderer Nationen. Außerhalb Barcelonas, der Costa Brava, Teilen des Baskenlands und (in geringerem Maße) Madrids hinkten Verkehrs-, Bildungs-, Gesundheits- und Dienstleistungseinrichtungen des Landes noch weit hinterher. Sogar 1973 war das Pro-Kopf-Einkommen Spaniens insgesamt niedriger als das Irlands und noch nicht einmal halb so hoch wie das der EWG im Durchschnitt.

Trotzdem waren die sozialen Konsequenzen selbst begrenzter wirtschaftlicher Modernisierung äußerst bedeutsam. Vor dem Fernsehzeitalter wäre Spanien vielleicht weitgehend gegen die *kulturellen* Einflüsse der sechziger Jahre, wie sie sich in anderen Ländern präsentierten, abgeschirmt gewesen, doch die wirtschaftlichen Ungleichheiten und Probleme, die der Stabilisierungsplan bewirkte, rief verbreitete Unzufriedenheit unter den Arbeitnehmern hervor. Vom Ende der Sechziger bis zu Francos Tod wurden Streiks, Aussperrungen, Demonstrationen und allgemeine Forderungen nach kollektiven Tarifverhandlungen und gewerkschaftlicher Vertretung zu vertrauten Erscheinungen des spanischen Lebens. Unerbittlich lehnte das Regime politische Konzessionen jeglicher Art ab. Doch in einer Zeit, als immer mehr Ausländer das Land besuchten – von 17,3 Millionen im Jahr 1966 stieg die Zahl auf 34 Millionen im Jahr vor Francos Tod an, durfte sich das Regime in der Öffentlichkeit nicht zu repressiv gebärden. Auch konnten die spanischen Behörden nicht auf die Kooperation und die Fertigkeiten einer wachsenden städtischen Arbeiterschaft verzichten. Daher waren sie gezwungen, de facto die Entstehung einer Arbeiterbewegung anzuerkennen, die überwiegend in Katalonien und in der Schwerindustrie des Baskenlandes beheimatet war. Zusammen mit den inoffiziellen Gewerkschaften, die von Angestellten des öffentlichen Dienstes, der Banken und anderer sich nun vergrößernder Wirtschaftssektoren gegründet wurden, verfügten dieses halb im Untergrund arbeitende Netzwerk von Arbeiter- und Angestelltenvertretern über eine fast zehnjährige Erfahrung mit gewerkschaftlicher Arbeit, als Franco starb.

Doch Arbeitsproteste in Spanien blieben strikt auf Grundforderungen beschränkt. In den letzten Jahren beruhte Francos Herrschaft – ähnlich wie das Regime von Janos Kádár in Ungarn – nicht auf offener und gewaltsamer Unterdrückung, sondern auf einer Art erzwungener passiver Duldung, einer jahrzehntelangen Entpolitisierung der Kultur. Protestierenden Studenten, die sich seit 1956 für größere Selbständigkeit der Universitäten sowie eine Lockerung der Moralvorschriften und anderer Einschränkungen einsetzten, wurden innerhalb fest umrissener Grenzen gewisse Freiheiten zu Organisation und Protest eingeräumt. Sie durften sogar auf gewisse Sympathien von seiten interner Regimekritiker rechnen – unter anderem von reformorientierten Katholiken und enttäuschten »Sozial-Falangisten«. Doch jede aktive Sympathie oder Zusammenarbeit über Sektorengrenzen hinweg – etwa mit streikenden Bergleuten – war streng verboten.[11] Gleiches galt für die erwachsenen Kritiker des Regimes.

Alle im engeren Sinne politischen Meinungen wurden konsequent unterdrückt und politische Parteien verboten. Bis 1967 besaß das Land noch nicht einmal eine Verfassung. Entsprechende Rechte und Verfahren hatten, soweit es sie gab, vor allem kosmetische Funktion und sollten Spaniens westliche Partner ruhigstellen. Franco, der offiziell nur ein »Regent« für die vorübergehend außer Kraft gesetzte Monarchie war, hatte den jungen Juan Carlos, Enkel des letzten spanischen Königs, als seinen Nachfolger bestimmt, doch nach Meinung der meisten Beobachter spielte die Frage der Monarchie keine nennenswerte Rolle in der spanischen Politik. Sogar die Kirche, immer noch ein wichtiger Faktor im Alltag vieler Spanier, war in der öffentlichen Politik kaum von Bedeutung.

Spaniens traditionelle Rolle als Bollwerk der christlichen Zivilisation gegen Materialismus und Atheismus war zwar ein Lieblingsthema des Elementarschulunterrichts, doch die katholische Hierarchie selbst wurde (anders als die sich modern gebenden Kryptomönche von Opus Dei) von den Schaltstellen der Macht sorgfältig ferngehalten, in deutlichem Gegensatz zum ersten Jahrzehnt des Regimes, als der »Nationalkatholizismus« in den Geist der Kreuzzüge zurückfiel.[12] Im Juni 1968 gewährte Franco, sich der modernen Wirklichkeit fügend, zum erstenmal den Grundsatz der Religionsfreiheit, das heißt, er erlaubte den Spaniern, ihren Glauben in einer Kirche ihrer Wahl ungehindert zu praktizieren. Allerdings befand sich die Religion schon selbst im Niedergang. In einem Land, das zu Beginn der sechziger Jahre noch 8 000 Seminaristen vorzuweisen hatte, gab es 12 Jahre später noch nicht einmal mehr 2 000. Zwischen 1966 und 1975 verließen ein Drittel aller spanischen Jesuiten den Orden.

Auch das Militär wurde vorsichtig auf Distanz gehalten. Da Franco selbst durch einen Militärputsch an die Macht gekommen war, wußte er sehr wohl, wie gefährlich es war, sich eine Militärkaste zum Feind zu machen, die von Haus aus in der übertriebenen Überzeugung lebte, sie sei für die Bewahrung des spanischen Staates und seiner traditionellen Werte verantwortlich. Die ganzen Nachkriegsjahre hindurch wurde die spanische Armee gehätschelt und verwöhnt. Ihr Sieg im Bürgerkrieg wurde alljährlich in den Straßen aller großen Städte gefeiert, seiner

Verluste im Tal der Gefallenen, das 1959 fertiggestellt wurde, monumental gedacht. Die Ränge und Auszeichnungen stiegen sprunghaft an: Als das Regime stürzte, gab es 300 Generale, und das Verhältnis von Offizieren zu gemeinen Soldaten betrug 1 zu 11, das höchste in Europa. 1967 wurden die Streitkräfte per Verfassungsgesetz beauftragt, die Einheit und territoriale Unverletzlichkeit der Nation zu wahren sowie sein »konstitutionelles System« zu verteidigen.

Doch in der Praxis waren die Streitkräfte überflüssig geworden. Seit Jahrzehnten hatte Franco seiner Armee Auslandseinsätze oder Kolonialkriege erspart. Im Gegensatz zur französischen oder portugiesischen Armee hatte die spanische keine demütigenden Niederlagen oder erzwungenen Rückzüge hinnehmen müssen. Spanien sah sich keinen militärischen Bedrohungen von außen gegenüber, und für die innere Sicherheit sorgten Polizei, Gendarmerie und Sondereinheiten, die für die Bekämpfung – realer und imaginärer – Terroristen ausgebildet worden waren. Die Armee, die vorwiegend zeremonielle Aufgaben wahrnahm, war risikoscheu geworden. Ihre traditionell konservative Haltung äußerte sich vor allem in der Begeisterung über die Rückkehr der Monarchie, einer Identifikation, die sich ironischerweise als vorteilhaft für den Übergang der Nation zur Demokratie erweisen sollte.

Die Geschicke des Landes lagen in den Händen eines kleinen Netzwerks von Juristen, katholischen Professoren und Beamten, von denen viele ein geschäftliches Interesse an den durch ihre Politik begünstigten Privatunternehmen hatten. Doch da jede offizielle politische Opposition verboten war, entstanden in diesen herrschenden Kreisen – und nicht unter den Intellektuellen, deren führende Vertreter im Exil weilten – die Reformideen und der Veränderungsdruck. Sie waren durch den Frust über die Ineffizienz der heimischen Institutionen, die ausländische Kritik und das Beispiel von Vatikanum II hervorgerufen worden.

Schließlich starb Franco am 20. November 1975 mit 82 Jahren. Bis zum Schluß weigerte er sich, an ernsthafte Liberalisierung oder Machtdelegation auch nur zu denken, so daß er die eigene Nützlichkeit mittlerweile selbst in den Augen seiner Anhänger überlebt hatte, von denen viele durchaus Sympathien empfunden hatten, als wenige Monate zuvor für Presse- und Koalitionsfreiheit demonstriert worden war. Daher wurde der Übergang zur Demokratie von Francos eigenen Ministern und Günstlingen organisiert, was teilweise erklärt, warum er sich so schnell und so erfolgreich vollzog. In den Anfangsstadien der Abkehr vom Franquismus spielten die Kräfte, die demokratische Veränderungen normalerweise vorantreiben – liberale Sozialisten, Kommunisten, Gewerkschaften –, in Spanien nur eine untergeordnete Rolle.

Zwei Tage nach Francos Tod wurde Juan Carlos zum König gekrönt. Zunächst behielt er Francos letzten Ministerpräsidenten Carlos Arias Navarro und seine

Kabinettskollegen im Amt, um der Armee und anderen zu signalisieren, daß es keinen plötzlichen Bruch mit der Vergangenheit geben würde. Doch im April 1976 zog sich Arias königlichen Zorn zu, als er gegen die neugebildete Demokratische Koordination vorging – eine Koalition noch nicht genehmigter Parteien der Linken – und ihre Führer verhaftete. Nach zwei Monaten ersetzte der König Arias durch einen von dessen Ministern: Adolfo Suárez González.

Der 44jährige Suárez war ein typischer Technokrat der späten Franco-Ära. Ein Jahr lang hatte er sogar die falangistische Nationalbewegung des Caudillo geführt. Suárez erwies sich als bemerkenswert kluge Wahl. Er bildete eine neue Partei, die Union des Demokratischen Zentrums (UCD) und forderte die tagende franquistische Versammlung zur Genehmigung eines landesweiten Referendums über politische Reformen auf, in denen es im wesentlichen um das allgemeine Wahlrecht und ein Zweikammernparlament ging. Dergestalt von jemandem überrumpelt, den sie für einen der ihren gehalten hatten, stimmte Francos alte Garde zu – und der Volksentscheid vom 15. Dezember 1976 fand eine Zustimmung von 94 Prozent.

Im Februar 1977 genehmigte Suárez die Rückkehr der Sozialistischen Partei Spaniens (PSOE), der ältesten politischen Organisation des Landes, jetzt unter der Leitung des jungen Felipe González Márquez aus Sevilla, der seit Anfang seines zwanzigsten Lebensjahres in der Untergrundbewegung tätig gewesen war. Gleichzeitig wurden die Gewerkschaften legalisiert und erhielten das Streikrecht. Am 1. April verbot Suárez die einst von ihm selbst geführte Nationalbewegung und löste sie auf. Eine Woche später legalisierte er die Kommunistische Partei Spaniens (PCE), die von Santiago Carrillo geführt wurde und sich (in krassem Gegensatz zu ihren portugiesischen Genossen) bereits dazu verpflichtet hatte, im Rahmen des Übergangs zur parlamentarischen Demokratie zu operieren.[13]

Im Juni 1977 fanden die Wahlen zu einer verfassunggebenden Versammlung statt. Die Wahl – die erste in Spanien seit 1936 – brachte eine Mehrheit für Suárez' UCD, die 165 Sitze in den Cortes gewann. González' Sozialisten schafften lediglich 121, alle anderen Parteien teilten die verbleibenden 67 Sitze unter sich auf.[14] In mancherlei Hinsicht war dies das bestmögliche Ergebnis: Suárez' Sieg gab den Konservativen (die ihn überwiegend gewählt hatten) die Gewißheit, daß es keinen scharfen Linksruck geben würde, während er durch das Fehlen einer klaren Mehrheit gezwungen war, mit den linken Abgeordneten zusammenzuarbeiten, die auf diese Weise ebenfalls Verantwortung für die neu zu entwerfende Verfassung übernehmen mußten.

Die Verfassung (im Dezember 1978 durch ein zweites Referendum bestätigt) war in den meisten Punkten ziemlich konventionell. Spanien wurde eine parlamentarische Monarchie; es gab keine Staatsreligion (obwohl der Katholizismus in einem bewußten Zugeständnis an die Kirche als »soziales Faktum« anerkannt wurde); das Wahlalter wurde auf 18 Jahre herabgesetzt und die Todesstrafe abgeschafft. Ein entscheidender Bruch mit der jüngeren Vergangenheit bestand jedoch darin, daß die verfassungsgebende Versammlung in der neuen Verfassung die Autonomie der historischen Regionen des Landes festschrieb, vor allem Kataloniens und des Baskenlandes.

In Artikel 2 heißt es, die spanische Verfassung gründe »sich auf die unauflösliche Einheit der spanischen Nation, gemeinsames und unteilbares *Vaterland* aller Spanier«; dann aber fährt dieser Artikel fort: »... sie anerkennt und gewährleistet das Recht auf Autonomie der Nationalitäten und Regionen, aus denen sie sich zusammensetzt, und auf die Solidarität zwischen ihnen.« Die nachfolgenden Autonomiebestimmungen anerkannten die altbekannte Tatsache der Sprachenvielfalt und des regionalen Selbstverständnisses in dem bis dahin extrem zentralistischen Staat. Weiterhin trugen sie dem überproportionalen Bevölkerungsanteil, speziell Kataloniens, Rechnung und berücksichtigten die starken Autonomiebestrebungen des Baskenlandes und Kataloniens. Doch was einigen Spaniern gewährt wurde, konnte anderen schlecht vorenthalten werden. Binnen vier Jahren war Spanien in 17 autonome Regionen unterteilt, jede mit eigener Flagge und Hauptstadt. Nicht nur die Katalanen und Basken, sondern auch die Galizier, Andalusier, die Kanaren, Valencier, Navarresen und viele andere wurden als eigen- und selbständig anerkannt.[15]

Doch nach der neuen Verfassung behielt sich Madrid die Verantwortung für Verteidigung, Justiz und Außenpolitik vor, ein nicht hinnehmbarer Kompromiß, vor allem für die baskischen Nationalisten. Wie geschildert, verschärfte die ETA ihre Gewaltkampagne ganz bewußt in den Monaten, als über die neue Verfassung beraten wurde, indem sie Polizisten und Soldaten als Ziele auswählte, weil sie hoffte, dadurch eine staatliche Gegenreaktion zu provozieren und einen demokratischen Prozeß zum Erliegen zu bringen, der die Anliegen der Extremisten zunehmend zu schwächen schien.

Im Jahr 1981 hätten sie vielleicht Erfolg haben können. Am 29. Januar, als die Unzufriedenheit mit der wirtschaftlichen Entwicklung einen Höhepunkt erreichte (siehe unten) und Katalonien, das Baskenland und Andalusien separatistische Experimente mit dem Autonomiestatus machten, wurde Suárez zum Rücktritt gezwungen. Die eigene Partei warf ihm nicht etwa Versagen vor (1979 hatten allgemeine Wahlen unter der neuen Verfassung einen weiteren Sieg für die UCD gebracht), sondern sie nahm ihm seine Leistungen übel – und seinen autokratischen Führungsstil. Bevor ihm ein anderer UCD-Politiker, Leopoldo Calvo-Sotelo Bustelo, im Amt nachfolgen konnte, wurde ein Generalstreik im

Baskenland ausgerufen. Den rechten Kritikern erschien das demokratische Spanien führerlos und im Begriff zu zerfallen.

Am 23. Februar 1981 besetzte Oberstleutnant Antonio Tejero Molína von der Guardia Civil die Cortes mit Waffengewalt. Gleichzeitig rief General Jaime Milans del Bosch, Kommandeur des Militärbezirks Valencia, den Ausnahmezustand aus und forderte den König auf, die Cortes aufzulösen und eine Militärregierung einzusetzen. Obwohl die Aktion rückblickend eher theatralisch und possenhaft erscheint, hatten Tejero und Milans Bosch sicherlich Tradition und Vorbilder auf ihrer Seite. Im übrigen hätten die Cortes selbst oder die verschiedenen politischen Parteien und ihre Anhänger wenig tun können, um einen militärischen Staatsstreich zu verhindern, und es war keineswegs sicher, wo die Sympathien der Armee lagen.[16]

Entschieden wurde der Ausgang der Ereignisse und der weitere Verlauf der spanischen Geschichte durch König Juan Carlos I., der die Forderungen der Verschwörer vorbehaltlos ablehnte, sich in einer Fernsehansprache bedingungslos zur Verfassung bekannte und erklärte, er und die Monarchie stünden ohne Wenn und Aber auf Seiten der demokratischen Mehrheit des Landes. Beide Lager waren wahrscheinlich gleichermaßen von dem Mut eines jungen Königs überrascht, der bis dahin im Schatten seiner Ernennung durch einen verstorbenen Diktator gelebt hatte; doch nun hatte er sein Schicksal unauflöslich mit dem der parlamentarischen Demokratie verbunden. Da es den vielen Polizisten, Soldaten und anderen Gruppen, die sich nach dem alten Regime zurücksehnten, an einer Institution oder Symbolfigur fehlte, die zum Sammelpunkt ihrer Kräfte hätte werden können, ließen die meisten alle Träume von Revolte oder Restauration fahren und beschränkten sich statt dessen darauf, Manuel Fragas Volksallianz zu unterstützen, eine neugebildete Partei, die es sich zur Aufgabe gemacht hatte, »Spaniens gefährlichste Feinde zu bekämpfen: den Kommunismus und den Separatismus« – aber auf dem Boden des Rechtsstaats.

Nachdem Tejero seine »Sache« in Verruf gebracht hatte, bot sich den Cortes zunächst die Möglichkeit, den Militärhaushalt zu kürzen und ein längst überfälliges Gesetz zur Legalisierung der Scheidung zu verabschieden. Doch die UCD-Mehrheit wurde zunehmend von zwei Kräften in die Zange genommen, auf der einen Seite von einer klerikalistischen und nationalistischen Rechten, die an dem Tempo der Veränderungen, den regionalen Autonomiebestrebungen und der Lockerung der öffentlichen Moral im neuen Spanien Anstoß nahm, und auf der anderen von einer selbstbewußten Linken, die in Verfassungsfragen zwar offen für Kompromisse war, sich aber gegenüber der aufsässigen Arbeiterbewegung und der wachsenden Zahl von Arbeitslosen im Lande einen radikalen Anstrich gab.

Wie in Portugal war der politische Übergang zu einem wirtschaftlich ungünstigen Augenblick eingetreten. Im wesentlichen war das die Schuld der letzten Regierungen während der Franco-Zeit, die zwischen 1970 und 1976 versucht hatten, sich dadurch beliebt zu machen, daß sie die öffentlichen Ausgaben steigerten, mehr Arbeitsplätze im öffentlichen Dienst schufen, die Energiekosten subventionierten, die Preise einfroren, die Löhne erhöhten und sich um die langfristigen Folgen wenig Gedanken machten. 1977 begannen die Folgen dieser Sorglosigkeit spürbar zu werden: Im Juni dieses Jahres, zur Zeit der allgemeinen Wahlen, betrug die Inflationsrate 26 Prozent pro Jahr, die Staatskassen (die schon lange unter Francos regressiver Steuerpolitik gelitten hatten) leerten sich unaufhaltsam und die Arbeitslosigkeit begann eine lange Aufwärtsentwicklung. Zwischen 1973 und 1982 verlor das Land etwa 1,8 Millionen Arbeitsplätze.[17]

Wie in der kurzlebigen Republik der dreißiger Jahre schuf Spanien auch jetzt wieder eine Demokratie inmitten einer wirtschaftlichen Rezession, und es war häufig zu hören, daß Spanien dem Beispiel Argentiniens folgen und mit indexierten Löhnen und staatlich subventionierten Preisen in eine Hyperinflation abgleiten werde. Wenn dies vermieden wurde, so ist das großenteils das Verdienst der Unterzeichner des sogenannten Moncloa-Paktes vom Oktober 1977, der ersten einer Reihe von Vereinbarungen, die in Verhandlungen zwischen Politikern, Gewerkschaftsführern und Arbeitgebern getroffen wurden und in denen sich die Beteiligten auf eine Vielzahl von Reformen einigten: Abwertung der Währung, eine Einkommenspolitik, Kontrollen der Staatsausgaben und Strukturreformen des riesigen und unwirtschaftlichen staatlichen Sektors.

Die Moncloa-Pakte und ihre Folgevereinbarungen (die letzte wurde 1984 unterzeichnet) bewirkten keine Wunder. Teilweise lag es am zweiten Ölschock, daß die Zahlungsbilanzkrise des Landes sich ständig verschärfte; viele kleinere Firmen machten Bankrott, während Arbeitslosigkeit und Inflation gemeinsam in die Höhe kletterten, was einerseits eine Streikwelle auslöste und andererseits zu erbitterten Zerwürfnissen in den linken Gewerkschaften und der kommunistischen Partei führte, denen es widerstrebte, weiterhin die Verantwortung für die sozialen Kosten des Übergangs zur Demokratie mitzutragen. Doch ohne die Pakte wären diese Spaltungen und ihre sozialen Folgen sicherlich noch schlimmer gewesen.

In den Wahlen vom Oktober 1982, auf dem Höhepunkt der wirtschaftlichen Schwierigkeiten, errang die sozialistische Partei die absolute Mehrheit im Parlament, und Felipe González wurde Ministerpräsident, ein Posten, den er während der nächsten 14 Jahre innehaben sollte. Suárez' Demokratisches Zentrum, das beim Übergang vom Franquismus zur Demokratie die entscheidende Rolle gespielt hatte, war mit gerade noch zwei Sitzen jetzt fast ganz aus dem Parlament hinausgedrängt. Die kommunistische Partei gewann vier Sitze, eine demütigende Niederlage, die Santiago Carrillo zum Rücktritt bewog. Fortan folgte Spaniens Politik dem Muster der anderen westeuropäischen Länder, indem sie sich um eine Mitte-links- und eine Mitte-rechts-Partei neu orientierte, in diesem Falle Fragas Volksallianz (1989 in Volkspartei umbenannt), die einen überraschenden Stimmanteil von 26,5 Prozent auf sich vereinigen konnte.

Die Sozialistische Partei hatte ihren Wahlkampf mit einem populistischen und antikapitalistischen Programm bestritten, indem sie unter anderem versprach, Arbeitsplätze und Kaufkraft zu erhalten und Spanien aus der Nato austreten zu lassen. Doch sobald González an der Macht war, behielt er den wirtschaftlichen Sparkurs bei, begann die Modernisierung (und später die progressive Privatisierung) des spanischen Industrie- und Dienstleistungssektors und besiegte 1986 viele seiner eigenen Anhänger in einem Volksentscheid über die Frage der Nato-Mitgliedschaft, die er jetzt befürwortete.[18]

Dieser Richtungswechsel machte González bei den altgedienten Sozialisten, deren Partei er nun aus den traditionellen marxistischen Gefilden hinausführte, nicht eben beliebt.[19] Doch für einen Politiker, dessen Wählerschaft sich zunehmend aus Männern und Frauen rekrutierte, die zu jung waren, um sich noch an den Bürgerkrieg zu erinnern, und der sich offen zu dem Ziel bekannte, Spaniens Rückständigkeit (den viel diskutierten »Atraso«) zu überwinden, welche die iberische Halbinsel seit dem Ende des Goldenen Zeitalters heimsuchte, war die alte ideologische Linke ein Teil des Problems, nicht die Lösung. Nach González' Einschätzung lag Spaniens Zukunft nicht im Sozialismus, sondern in Europa. Am 1. Januar 1986 wurde Spanien, zusammen mit Portugal, Vollmitglied in der Europäischen Gemeinschaft.

Der Übergang zur Demokratie im europäischen Mittelmeerraum war die bemerkenswerteste und überraschendste Entwicklung in dieser Epoche. Anfang der achtziger Jahre hatten Spanien, Portugal und Griechenland nicht nur einen friedlichen Wandel zur parlamentarischen Demokratie hinter sich gebracht, sondern in allen drei Ländern war die einheimische sozialistische Partei, die noch wenige Jahre zuvor jeweils im Untergrund und erklärtermaßen antikapitalistisch gewesen war, jetzt die vorherrschende politische Kraft und praktisch in der Mitte des politischen Spektrums angesiedelt. Die Regime von Salazar und Franco verschwanden nicht nur aus dem politischen Leben, sondern auch aus dem Gedächtnis, als eine neue Generation von Politikern um die Wählergunst junger, »moderner« Bevölkerungsgruppen konkurrierten.

Dafür gab es mehrere Gründe. Einer war, wie bereits angemerkt, daß insbesondere in Spanien die politische Situation und nicht die Gesellschaft im allgemeinen so rückständig war. Die wirtschaftliche Entwicklung in Francos letztem Jahrzehnt und die umfassende soziale und geographische Mobilität, die sie bewirkte, hatten zur Folge, daß sich Alltag und Erwartungen in Spanien weit stärker verändert hatten, als es außenstehende Beobachter vermutet hätten, die das Land noch immer durch die Brille der Jahre 1936 bis 1956 betrachteten. Junge Menschen im europäischen Mittelmeerraum paßten sich mühelos den sozialen Verhältnisse an, die weiter im Norden schon längst eine Selbstverständlichkeit waren; tatsächlich hatten sie diesen Prozeß schon vor den politischen Umwälzungen vollzogen. Obwohl sie voller Ungeduld die Befreiung von den Einschränkungen einer anderen Epoche erwarteten, begegneten sie der politischen Rhetorik von rechts wie links mit der gleichen Skepsis und waren unempfänglich für die alten politischen Rezepte. Wer Lissabon oder Madrid in den Jahren nach dem Übergang besuchte, war erstaunt, daß es weder in der Politik noch in der Kultur die geringsten Hinweise auf die jüngere Vergangenheit gab.[20]

Die nun einsetzende Bedeutungslosigkeit der dreißiger Jahre wurde hellsichtig in *La guerre est finie* (Der Krieg ist aus) eingefangen, Alain Resnais' traurigem, elegischem Film aus dem Jahr 1966, in dem der emigrierte spanische Kommunist Diego – dargestellt von dem unvergleichlichen Yves Montand – heimlich von Paris nach Madrid reist, um dort subversive Literatur und Pläne für einen »Arbeiteraufstand« zu überbringen, von dem er weiß, daß er nie stattfinden wird. »Versteht ihr nicht?« versucht er seinen in Paris lebenden Parteioberen zu erläutern, die davon träumen, die Hoffnungen von 1936 wiederaufleben zu lassen. »Spanien ist zum lyrischen Sammelplatz der Linken geworden, ein Mythos für die Veteranen der letzten Kriege. Inzwischen machen jedes Jahr 14 Millionen Touristen Urlaub in Spanien. Die Wirklichkeit der Welt ist gegen uns.« Es ist kein Zufall, daß der Drehbuchautor des Films Jorge Semprún war, der selbst viele Jahrzehnte spanischer Kommunist und im Untergrund für die Partei tätig war, bevor er sie, entsetzt über ihre verblendete Nostalgie, verließ.

Anfang der achtziger Jahre war die Abneigung speziell junger Spanier, sich noch länger der jüngeren Vergangenheit verpflichtet zu fühlen, unübersehbar, was sich vor allem in der demonstrativen Abkehr von den alten Normen öffentlichen Verhaltens äußerte: in Sprache, Kleidung und vor allem sexuellen *Sitten*. Die populären Filme von Pedro Almodóvar bieten eine Art bewußter Umkehr von fünfzig Jahren verstaubter autoritärer Herrschaft, eine leicht verdauliche Einführung in die neuen Konventionen der Gegenkultur. Diese Filme versehen ihr Thema mit einem geschickten existentialistischen Anstrich und zeigen in der Regel verstörte junge Frauen in sexuell besetzten Situationen. In *Pepi, Luci, Bom Y Otras Chicas Del Montón* (1980), der drei Jahre nach den ersten freien Wahlen des Landes entstand, lachen die Figuren verständnissinnig über *erecciones generales* statt *elecciones generales* – also über »allgemeine Erektionen« statt über »allgemeine Wahlen« – und ähnliche Scherze.

Zwei Jahre später, in *Laberinto de pasiones* (Labyrinth der Leidenschaft; 1982), erzählen sich schwule Terroristen und Nymphomaninnen derbe Witze, bis sie irgendwann darüber diskutieren, ob ihre »kleinen, schwulen Affären vor oder nach der Zukunft einer Nation« kommen. Mit jedem Film wird die Kulisse glänzender, das städtische Umfeld schicker. 1988 hatte Almodóvar endlich ein überzeugendes kinematographisches Format für eine hektische und bewußt *moderne* Gesellschaft gefunden, die sich verzweifelt bemühte, die verlorene Zeit aufzuholen.[21]

Es liegt schon eine ziemliche Ironie darin, daß alle diese Veränderungen nicht durch kulturelle oder politische Radikale und Neuerer ermöglicht wurden, sondern durch konservative Staatsmänner des alten Regimes. Konstantin Karamanlis, António de Spínola und Adolfo Suárez waren alle – Michail Gorbatschow einige Jahre später – charakteristische Produkte des Systems, zu dessen Sturz sie entscheidend beitrugen. Karamanlis war zwar während der Obristen-Junta im Exil, aber er war durch und durch Nationalist und so engstirnig wie irgendeiner von der alten Garde, im übrigen war er unmittelbar für die Fälschung der Wahl von 1961 verantwortlich, womit er entscheidenden Anteil am Renommeeverlust des politischen Nachkriegssystems und der Machtergreifung der Armee hatte.

Doch eben weil diese Männer so beruhigend auf die eigenen Wähler wirkten, konnten sie die autoritären Institutionen demontieren, denen sie einst treu gedient hatten. Auf sie folgten dann Sozialisten – Soáres, González, Papandreou –, die ihren Anhängern überzeugend den Eindruck ungebrochener radikaler Gesinnung vermittelten, während sie gemäßigte und häufig unpopuläre wirtschaftspolitische Maßnahmen trafen, die ihnen von den Umständen aufgezwungen wurden. Der Übergang verlangte mit den Worten eines bedeutenden spanischen Kommentators »Francisten, die vorgaben, nie welche gewesen zu sein, und linke Kompromißler, die vorgaben, nach wie vor linken Prinzipien verpflichtet zu sein«.[22]

So zwangen die Zeitumstände viele dazu, praktisch über Nacht lange vertretenen Grundsätzen abzuschwören. Der vertraute Geruch vorsätzlich gebrochener Versprechen und zweckdienlicher Amnesien hing in diesen Jahren schwer über dem öffentlichen Leben am Mittelmeer und kann sicherlich bis zu einem gewissen Grade in allen drei Ländern die skeptische, apolitische Stimmung einer neuen Generation erklären. Doch wer unverbrüchlich und unverbesserlich an den Treueschwüren der Vergangenheit festhielt, den ließen, egal ob er Kommunist oder Falangist war, die Ereignisse rasch hinter sich. Konstanz war kein Ersatz für Relevanz.

Im übrigen waren Spanien, Portugal und Griechenland trotz ihrer selbstverschuldeten politischen Isolation so mühelos in der Lage, sich dem »Westen« einzugliedern oder wiedereinzugliedern, weil ihre Außenpolitik stets mit derjenigen der Nato oder der EWG-Staaten vereinbar – ja sogar deckungsgleich – gewesen war. Die Institutionen des Kalten Krieges, gar nicht zu reden von einem gemeinsamen Antikommunismus, hatten die Kommunikation und Zusammenarbeit zwischen den pluralistischen Demokratien und den militärischen oder klerikalistischen Diktaturen erleichtert. Nachdem Nordamerikaner und Westeuropäer viele Jahre lang mit ihren nichtgewählten Kollegen konferiert, verhandelt, geplant oder einfach Geschäfte gemacht hatten, nahmen sie schon lange keinen Anstoß mehr an den innenpolitischen Verhältnissen in Madrid, Athen oder Lissabon.

Für die meisten Beobachter – darunter viele ihrer einheimischen Kritiker – waren die unerfreulichen Regimes Südeuropas nicht so sehr moralisch bankrott als vielmehr institutionell anachronistisch. Natürlich waren ihre Volkswirtschaften in wesentlichen Aspekten denen anderer westlicher Nationen sehr ähnlich und bereits weitgehend in die internationalen Geld-, Güter- und Arbeitsmärkte integriert. Sogar Salazars Portugal war unverkennbar ein Teil des internationalen Kapitalismus –, nur am falschen Ende. Vor allem in Spanien richtete sich die entstehende Mittelschicht in Ansprüchen und Kleidung an den Managern, Geschäftsleuten, Ingenieuren, Politikern und Beamten Frankreichs, Italiens oder Großbritanniens aus. Bei aller Rückständigkeit gehörten die Gesellschaften des mediterranen Europas bereits zu einer Welt, in die sie jetzt gleichberechtigt aufgenommen werden wollten. Sie fanden vor allem deshalb einen Ausweg aus der autoritären Herrschaft, weil man ihnen die Möglichkeit dazu gab. Ihre einst so entschlossen rückwärts gewandten Eliten blickten jetzt nach Norden. Die Geographie, so schien es, hatte über die Geschichte gesiegt.

Zwischen 1973 und 1986 durchlief die Europäische Gemeinschaft einen ihrer periodischen Schübe von Aktionismus und Expansion – Phasen, die ein Historiker ihre »Folge von unregelmäßigen Big Bangs« genannt hat. Der französische Präsident Georges Pompidou, den Charles de Gaulles Tod von der Hypothek der Mißbilligung seines Meisters erlöste – und der, wie gesehen, ziemlich bestürzt über die strategischen Implikationen von Willy Brandts neuer Ostpolitik war – ließ erkennen, daß er Großbritanniens Mitgliedschaft in der EG begrüßen würde. Im Januar 1972 billigte Brüssel offiziell den Beitritt von Großbritannien, Irland, Dänemark und Norwegen, der ein Jahr später vollzogen wurde.

Das erfolgreiche britische Beitrittsgesuch war das Werk des konservativen Premierministers Edward Heath, des einzigen britischen Spitzenpolitikers, der nach dem Zweiten Weltkrieg entschlossen und begeistert daran arbeitete, das Schicksal seines Landes mit dem seiner kontinentalen Nachbarn zu verknüpfen. Als die Labour Party 1974 ins Amt zurückkehrte und zu einem Referendum über Großbritanniens Mitgliedschaft in der Gemeinschaft aufrief, billigten die Briten sie mit 17300000 zu 8400000 Stimmen. Doch selbst Heath konnte die Briten – insbesondere die Engländer – nicht dazu bringen, europäisch zu »fühlen«. Ein beträchtlicher Anteil der Wähler, links wie rechts, bezweifelte auch weiterhin, daß es Vorteile hätte, »in Europa« angekommen zu sein. Die Norweger waren sogar ganz entschieden der Ansicht, daß sie besser dran seien, wenn sie draußen blieben: In einem Volksentscheid vom September 1972 lehnten 54 Prozent des Landes die EG-Mitgliedschaft ab und entschieden sich statt dessen für ein Freihandelsabkommen mit der Gemeinschaft, eine Entscheidung, die 20 Jahre später mit einem fast identischen Wahlergebnis bestätigt wurde.[23]

Die britische Mitgliedschaft wurde in späteren Jahren zu einem strittigen Punkt, als sich Premierministerin Margaret Thatcher Plänen zu einer immer engeren Union widersetzte und verlangte, Großbritannien müsse für »Überzahlungen« in den gemeinsamen Haushalt entschädigt werden. Doch in den siebziger Jahren hatte London seine eigenen Probleme. Trotz der preisinflationären Auswirkungen der Mitgliedschaft war es erleichtert, Teil einer Handelszone zu sein, die jetzt für ein Drittel der ausländischen Direktinvestitionen in Großbritannien einstand. Die ersten direkten Wahlen zu einem europäischen Parlament fanden 1979 statt – bis dahin wurden die Mitglieder der Parlamentarischen Versammlung in Straßburg von den nationalen Parlamenten bestimmt –, stießen aber auf wenig öffentliches Interesse. In Großbritannien war die Wahlbeteiligung erwartungsgemäß niedrig, gerade einmal 31,6 Prozent. Aber auch in anderen Ländern war sie nicht besonders hoch – in Frankreich gingen nur drei von fünf Wahlberechtigten an die Urnen, in den Niederlanden waren es noch weniger.

Die Eingliederung dreier nördlicher Länder in die EG war für die neuen wie alten Mitglieder relativ unproblematisch. Irland war arm, aber klein, während Dänemark und Großbritannien wohlhabend waren und daher als Nettozahler zum gemeinsamen Haushalt beitrugen. Gleiches galt für die nächste Beitrittsrunde 1995, als Österreich, Schweden und Finnland der Organisation beitraten, die inzwischen Europäische Union hieß. Die Neuen mehrten Geld und Einfluß der expandierenden Gemeinschaft, ohne die Kosten nennenswert zu erhöhen oder auf sensitiven Feldern mit anderen Mitgliedern zu konkurrieren. Anders verhielt es sich mit den Neuankömmlingen aus dem Süden.

Griechenland war, wie Irland, klein und arm, und seine Landwirtschaft stellte für die französischen Bauern keine Bedrohung dar. Trotz gewisser institutioneller Hemmnisse – die orthodoxe Kirche hatte einen offiziellen und einflußreichen Status, so war die Ziviltrauung, um nur ein Beispiel zu nennen, bis 1992 nicht erlaubt – gab es keine gewichtigen Argumente gegen seinen Beitritt, der unter anderem von dem französischen Präsidenten Giscard d'Estaing befürwortet wurde. Doch als es dann um Portugal und (vor allem) Spanien ging, leisteten die Franzosen heftigen Widerstand. Wein, Olivenöl, Südfrüchte und andere landwirtschaftliche Produkte lassen sich südlich der Pyrenäen weit kostengünstiger anbauen und vermarkten. Mit Spaniens und Portugals gleichberechtigtem Zugang zum gemeinsamen Europäischen Markt wäre den französischen Erzeugern in den iberischen Landwirten starke Konkurrenz erwachsen.

So brauchten Portugal und Spanien neun Jahre, um Zugang zur EG zu erhalten (während Griechenlands Bewerbung in weniger als sechs Jahren durchging). In diesem Zeitraum erlebte das öffentliche Frankreichbild, das auf der Iberischen Halbinsel traditionell positiv war, einen raschen Verfall: 1983, als zwei Drittel der erbitterten Beitrittsverhandlungen hinter den Beteiligten lagen, hatten nur noch 39 Prozent der Spanier einen »vorteilhaften« Eindruck von Frankreich – ein wenig verheißungsvoller Anfang für die gemeinsame Zukunft. Zum Teil lag das Problem darin, daß der Beitritt der Mittelmeerländer weitaus mehr mit sich brachte als die bloße Entschädigung Frankreichs mit einer weiteren Erhöhung der Subventionszahlungen an die französischen Bauern, sondern daß Spanien, Portugal und Griechenland weitere 58 Millionen Menschen in die Gemeinschaft einbrachten, die meisten von ihnen arm und daher berechtigt, eine Vielzahl von Brüssel finanzierter Programme und Beihilfen in Anspruch zu nehmen.[24]

Für den EU-Agrarfonds ergaben sich durch den Beitritt dreier armer Agrarländer tatsächlich schwere Belastungen – und Frankreich hörte auf, sein Hauptnutznießer zu sein. Daher mußten verschiedene Abmachungen sorgfältig ausgehandelt werden, um Frankreich für seine »Verluste« zu entschädigen. Die neuen Länder ihrerseits erhielten gebührende Reparationen für die Nachteile und für die lange, von den Franzosen durchgesetzte Übergangsperiode, die eingehalten werden mußte, bevor die neuen Länder ihre Erzeugnisse zu gleichen Bedingungen nach Europa exportieren durften. Die »Integrierten Mittelmeerprogramme« – de facto, wenn auch nicht dem Namen nach, Regionalsubventionen –, die Spanien und Portugal bei ihrem Beitritt 1986 zugestanden wurden, waren Griechenland 1981 nicht gewährt worden. Daraufhin verlangte Andreas Papandreou erfolgreich ihre Ausdehnung auf sein Land, wobei er sogar mit Griechenlands Austritt aus der EG drohte, falls diesem Begehren nicht stattgegeben würde![25]

In diesen Jahren erwarb sich die Europäische Gemeinschaft ihren wenig schmeichelhaften Ruf, eine Art institutionalisierter Viehmarkt zu sein, auf dem die beteiligten Länder politische Allianzen für materielle Belohnungen verhökerten. Und die Belohnungen waren nicht schlecht. Die Spanier und Portugiesen holten einiges aus »Europa« heraus (wenn auch nicht soviel wie die Franzosen). Besonders die spanischen Verhandlungsführer entwickelten ein beträchtliches Geschick darin, ihrem Land finanzielle Vorteile zu verschaffen. Doch am besten schnitt Athen ab: Obwohl es während der achtziger Jahre hinter den anderen Ländern der Gemeinschaft zurückblieb (und Portugal 1990 als ärmstes Mitglied der Gemeinschaft ersetzte), profitierte Griechenland außerordentlich von seiner Mitgliedschaft.

Eben *weil* Griechenland so arm war – 1990 lagen die Hälfte der ärmsten Regionen der Europäischen Gemeinschaft in Griechenland – schnitt es so gut ab. Für Athen lief die EG-Mitgliedschaft auf einen zweiten Marshall-Plan hinaus: Allein in den Jahren 1985 bis 1989 erhielt Griechenland 7,9 Milliarden Dollar aus EG-Fonds, anteilsmäßig mehr als jedes andere Land. Solange keine weiteren armen Länder auf Aufnahme warteten, konnte dieses Niveau an Umverteilungsgroßzügigkeit – der Preis für Griechenlands Einverständnis mit den Entscheidungen der Gemeinschaft – von den Zahlmeistern der EG, vor allem der Bundesrepublik, verkraftet werden. Doch mit der kostspieligen Wiedervereinigung Deutschlands und der Aussicht auf eine Reihe weiterer notleidender und beitrittswilliger Kandidaten aus Osteuropa sollten sich die großzügigen Präzedenzfälle der mediterranen Beitritte, wie wir sehen werden, als belastend und strittig erweisen.

Je größer die Europäische Gemeinschaft wurde, desto schwerer war sie zu handhaben. Die Einstimmigkeit, die zu Beschlüssen des regierungsübergreifenden Ministerrats erforderlich war, stürzte diesen in endlose Debatten. Manchmal dauerte es Jahre, bis Entscheidungen Zustimmung fanden – eine Richtlinie zur Definition von Mineralwasser und die Ausführungsverordnung brauchten elf Jahre, um die Kammern des Rates zu durchlaufen. Irgend etwas mußte geschehen. Man war sich seit langem darüber einig, daß das europäische »Projekt« neuer Ziele und Energien bedürfe. Eine Konferenz in Den Haag im Jahr 1969 war die erste einer Reihe von unregelmäßigen Tagungen, die das Ziel hatten, »Europa wieder auf den Weg zu bringen« – und die persönliche Freundschaft zwischen Frankreichs Präsidenten Valéry Giscard d'Estaing und dem deutschen Kanzler Helmut Schmidt förderte ein solches Vorhaben in den Jahren 1975 und 1981.

Doch Fortschritte ließen sich leichter durch negative wirtschaftliche Integration erzielen – durch die Beseitigung von Zoll- und Handelsschranken, die Subventionierung benachteiligter Regionen und Zonen – als durch Einigung auf sinnvolle Kriterien, die positives *politisches* Handeln verlangt hätten. Die Gründe waren einfach. Solange genügend Geld vorhanden war, das umverteilt werden konnte, ließ sich die wirtschaftliche Zusammenarbeit als Gewinn für alle Beteiligten darstellen. Jede Maßnahme indessen, die in Richtung europäische Integration oder Koordination ging, bedrohte indirekt die nationale Autonomie und schränkte die innenpolitische Handlungsfreiheit ein. Nur wenn einflußreiche Führer maßgeblicher Staaten sich aus eigennützigen Gründen auf eine Zusammenarbeit im Dienste gemeinsamer Zielsetzungen einigten, ließen sich Veränderungen bewirken.

So waren es Willy Brandt und Georges Pompidou, die mit der »Währungsschlange« das erste System monetärer Koordinierung ins Leben riefen, Helmut Schmidt und Giscard d'Estaing, die es zum Europäischen Währungssystem (EWS) ausbauten, sowie Helmut Kohl und François Mitterrand, ihre jeweiligen Nachfolger, die den Maastrichter Vertrag 1992 entwarfen und damit die Europäische Union ins Leben riefen. Giscard d'Estaing und Helmut Schmidt erfanden auch die »Gipfeldiplomatie« als eine Möglichkeit, die Hemmnisse der schwerfälligen übernationalen Bürokratie in Brüssel zu umgehen – ein weiterer Hinweis darauf, daß, wie schon in der Vergangenheit, die französisch-deutsche Zusammenarbeit eine notwendige Voraussetzung für die Einigung Westeuropas war.

Der Impuls, der den französisch-deutschen Schritten in den siebziger Jahren zugrunde lag, waren wirtschaftliche Besorgnisse. Die europäische Wirtschaft wuchs langsam, wenn überhaupt, die Inflation war allgegenwärtig und die Unsicherheit, die aus dem Zusammenbruch des Systems von Bretton Woods erwuchs, hatte zur Folge, daß die Wechselkurse großen Schwankungen ausgesetzt waren und unvorhersagbar wurden. Die Währungsschlange, das EWS und der ECU, die im Grunde genommen nur zweitbeste – weil regionale statt internationale – Reaktionen auf das Problem waren, ersetzten nacheinander den Dollar durch die Deutsche Mark als stabile Referenzwährung für europäische Banker und Märkte. Als einige Jahre später die Landeswährungen durch den Euro ersetzt wurden, war das, trotz aller beunruhigenden Symbolik, nur der nächste logische Schritt. So war die Entstehung einer gemeinsamen europäischen Währung am Ende das Ergebnis pragmatischer Reaktionen auf wirtschaftliche Probleme und keine beabsichtigte strategische Maßnahme auf dem Weg zu einem vorgegebenen europäischen Ziel.

Dennoch, indem sich viele Beobachter – zumal die bislang skeptischen Sozialdemokraten – davon überzeugen ließen, daß wirtschaftliche Erholung und Prosperität nicht mehr auf einzelstaatlicher Ebene zu erlangen waren, diente die erfolgreiche währungspolitische Zusammenarbeit der westeuropäischen Länder als unverhoffter Impuls zu weiteren Formen gemeinsamen Handelns. Da es keinen prinzipiellen Widerstand einflußreicher Wählergruppen gab, unterzeichneten die Staats- und Regierungschefs 1983 eine »Feierliche Erklärung«, in der sie sich zu einer künftigen Europäischen *Union* bekannten. Die exakte Form einer solchen Union wurde dann in den Verhandlungen ausgearbeitet, die zur Einheitlichen Europäischen Akte (EEA) führten. Diese wurde im Dezember 1985 vom Europäischen Rat gebilligt und trat im Juli 1987 in Kraft.

Die Akte war die erste wesentliche Revision der ursprünglichen Römischen Verträge. In Artikel eins heißt es unmißverständlich: »Die Europäischen Gemeinschaften und die europäische politische Zusammenarbeit verfolgen das Ziel, gemeinsam zu konkreten Fortschritten auf dem Wege zur Europäischen Union beizutragen.« Indem sie einfach »Gemeinschaft« durch »Union« ersetzten, taten die Staatschefs der 12 Mitgliedsländer im Prinzip einen entscheidenden Schritt vorwärts. Allerdings vermieden oder verschoben die Signatarstaaten alle wirklich kontroversen Fragen, vor allem die wachsende Last des Agrarhaushaltes der Union. Vorsichtig klammerten sie auch den peinlichen Mangel an einer gemeinsamen Verteidigungs- und Außenpolitik aus. Auf der Höhe des »Neuen Kalten Krieges« der achtziger Jahre und an der Schwelle zu folgenreichen Entwicklungen, die sich ein paar Dutzend Kilometer östlich von ihnen anbahnten, hielten die Staaten der Europäischen Union den Blick unverwandt auf die inneren Angelegenheiten eines weitgehend gemeinsamen Marktes gerichtet, wenn er auch viel mehr als 300 Millionen Menschen umfaßte.

Allerdings einigten sie sich darauf, zielstrebig auf einen gemeinsamen Binnenmarkt für Güter und Arbeit hinzuarbeiten (der 1992 in Kraft gesetzt werden sollte) und ein System der »Beschlußfassung mit qualifizierter Mehrheit« für die Entscheidungsprozesse der Union zu übernehmen – »qualifiziert«, das hieß nichts anderes, als daß sich die großen Mitgliedsländer (insbesondere Großbritannien und Frankreich) das Recht vorbehalten wollten, Vorschläge abzublocken, die ihrer Meinung nach den nationalen Interessen ihrer Länder zuwiderliefen. Das waren reale Veränderungen, auf die man sich einigen konnte, weil im Grunde alle einen gemeinsamen Markt billigten, von Margaret Thatcher bis zu den Grünen, wenn auch aus ganz unterschiedlichen Gründen. So gelang es ihnen, die echte wirtschaftliche Integration der nächsten Dekade einzuleiten und vorwegzunehmen.

Die Abkehr vom Vetorecht im Europäischen Rat war unumgänglich, wenn überhaupt noch irgendwelche Entscheidungen in einer zunehmend schwerfälligen Staatengemeinschaft getroffen werden sollten, die sich in nur 13 Jahren verdoppelt hatte und sich bereits auf die Beitrittsgesuche von Schweden, Österreich und anderen vorbereitete. Je mehr sie anwuchs, desto attraktiver – und irgendwie unvermeidlicher – wurde die künftige Europäische Union für die Staaten, die ihr noch nicht beigetreten waren. Für die Bürger ihrer Mitgliedsstaaten war jedoch das wichtigste Merkmal der europäischen Union in diesen Jahren nicht die Art und Weise, wie sie regiert wurde (worüber die meisten überhaupt nichts wußten), oder die Pläne, die ihre Staatschefs für eine engere Integration hegten, sondern die Geldmenge, die durch die Brüsseler Kassen floß, und die Art und Weise ihrer Verteilung.

Der Vertrag von Rom sah ursprünglich nur eine Institution vor, die den Auftrag hatte, hilfsbedürftige Regionen innerhalb ihrer Mitgliedstaaten zu bestimmen und ihnen Gelder der Gemeinschaft zuzuteilen: die Europäische Investitionsbank, die auf Italiens Verlangen gegründet worden war. Doch eine Generation später waren Regionalausgaben in Form von Barsubventionen, Direkthilfen, Existenzgründungsfonds und anderen Investitionsanreizen ein wesentlicher Grund der Aufblähung des Brüsseler Haushalts und das bei weitem wirksamste Druckmittel, das der Gemeinschaft zur Verfügung stand.

Die Gründe hierfür lagen im Zusammenfließen regionalistischer Politik *innerhalb* der einzelnen Mitgliedsländer und im Größerwerden der Unterschiede zwischen den Staaten selbst. In der frühen Nachkriegszeit waren die europäischen Staaten noch einheitlich; sie hatten eine Zentralregierung, die sich um regionale Unterschiede oder Traditionen herzlich wenig kümmerte. Nur die neue italienische Verfassung von 1948 trug dem Umstand Rechnung, daß es gute Gründe für eine regionale Gliederung gab, und dennoch existierten die in der Verfassung fixierten Bezirksregierungen ein Vierteljahrhundert lang allein auf dem Papier. Doch als die von den Regionen erhobenen Autonomieforderungen in ganz Europa zu einem ernstzunehmenden Faktor der jeweiligen innenpolitischen Erwägungen wurden, schuf die EG aus eigenen Erwägungen heraus ein System von Regionalfonds, das 1975 mit dem EFRE, dem Europäischen Fonds für Regionale Entwicklung, in Kraft gesetzt wurde.

Aus Sicht der Brüsseler Eurokraten dienten der EFRE und weitere Fonds zweierlei Zwecken. Zunächst einmal galt es, das Problem wirtschaftlicher Rückständigkeit und Ungleichheit anzupacken, in einer Gemeinschaft, die noch immer von der an »Wachstum« orientierten Nachkriegskultur bestimmt war, wie aus der Einheitlichen Europäischen Akte in aller Deutlichkeit hervorgeht. Jede neu hinzukommende Mitgliedergruppe brachte neue Ungleichheiten mit, die Beachtung und Ausgleich verlangten, wenn europäischer Integration ein Erfolg beschieden sein sollte. Italiens Mezzogiorno war nicht mehr, wie früher noch, die einzige Armutsregion: fast ganz Irland, große Teile Großbritanniens (Ulster, Wales, Schottland sowie Nord- und Nordwestengland), der größte Teil Griechenlands und Portugals, Süd-, Zentral- und Nordwestspanien – alles von Armut geprägte Landstriche, die bedeutende Subventionen und Umschichtungen zentraler Hilfen benötigten, wenn sie jemals gleichziehen sollten.

Setzt man das Durchschnittseinkommen innerhalb der Europäischen Gemeinschaft gleich 100, so stand Dänemark, das reichste Mitgliedsland, im Jahre

1982 bei 126 und Griechenland lediglich bei 44. 1989 war der Pro-Kopf-Anteil am BSP in Dänemark immer noch mehr als doppelt so hoch wie in Portugal (in den USA betrug die Kluft zwischen den reichen und armen Bundesstaaten nur zwei Drittel davon). Und dies waren nationale Durchschnittswerte – die regionalen Unterschiede waren noch größer. Selbst wohlhabende Länder hatten bedürftige Gegenden: Als Schweden und Finnland Mitte der neunziger Jahre der Union beitraten, brachten die arktischen Gebiete beider Länder – unterbevölkert und vollkommen von Unterstützungszahlungen und anderen Subventionen aus Stockholm und Helsinki anhängig – alle Voraussetzungen mit, in den Genuß von Brüsseler Beihilfen zu kommen. Um geographische und Marktverzerrungen zu korrigieren, auf Grund derer das spanische Galicien oder das schwedische Västerbotten in die Abhängigkeit geraten waren, stellten die Brüsseler Behörden beträchtliche Summen zur Verfügung – die den Regionen zweifellos Vorteile brachten, aber aus abwicklungstechnischen Gründen auch für das Entstehen teurer, schwerfälliger und bisweilen korrupter örtlicher Bürokratien sorgten.[26]

Die zweite Triebfeder hinter den ungemein kostenträchtigen Fonds zur regionalen Finanzausstattung – von denen die verschiedenen Struktur- und Kohäsionsfonds am Ende des Jahrhunderts 35 Prozent aller EU-Aufwendungen aufzehrten – war die Absicht, der Europäischen Kommission in Brüssel die Möglichkeit zu geben, unkooperative Zentralregierungen zu umgehen und mit den regionalen Interessenten in den Mitgliedsländern unmittelbar zusammenzuarbeiten. Diese Strategie erwies sich als sehr erfolgreich. Seit Ende der sechziger Jahre hatten regionalistische Tendenzen allenthalben zugenommen (beziehungsweise waren in Einzelfällen neu belebt worden). Ex-68er, die politische Dogmatik nun durch Hinwendung zum Regionalismus ersetzten, versuchten in Südwestfrankreich die alte okzitanische Sprache der Vergessenheit zu entreißen und als Umgangssprache durchzusetzen. Wie ihre Mitstreiter in der Bretagne entdeckten sie Gemeinsamkeiten mit katalanischen und baskischen Separatisten, schottischen und flämischen Nationalisten, norditalienischen Separatisten und vielen anderen, die allesamt durch Unmutsäußerungen über die »Mißregierung« in Madrid, Paris, London oder Rom geeint wurden.

Die neue regionalistische Politik ließ sich vielen einander überschneidenden Subkategorien zuweisen – historisch, linguistisch, religiös, Autonomiebestrebungen, Verlangen nach Selbstverwaltung oder gar voller staatlicher Unabhängigkeit –, doch war sie generell unterteilt nach den wohlhabenden Provinzen, die es ärgerte, die kargen Regionen des eigenen Landes subventionieren zu müssen, und nach den historisch benachteiligten oder neuerdings de-industrialisierten Gebieten, die es wütend machte, von teilnahmslosen Vertretern der Zentralgewalt vernachlässigt zu werden. Zur ersten Kategorie gehörten Katalonien, die

Lombardei, Belgisch-Flandern, Baden-Württemberg oder Bayern sowie die Rhône-Alpen-Region in Südostfrankreich (die 1990 gemeinsam mit der Île de France für knapp 40 Prozent des französischen BSP verantwortlich war). In die andere Kategorie fielen Andalusien, ein großer Teil Schottlands, die französischsprachige Wallonie und viele weitere.

Beide Kategorien konnten durch die europäische Regionalpolitik nur gewinnen. Wohlhabende Regionen wie Katalonien oder Baden-Württemberg richteten sich in Brüssel Landesvertretungen ein und lernten sehr schnell, im Sinne der eigenen Interessen Einfluß zu nehmen, sei es beim Akquirieren von Investitionen oder bei der Politik der Gemeinschaft, regionale Institutionen zulasten gesamtstaatlicher Einrichtungen zu begünstigen. Ebenso schnell waren politische Repräsentanten benachteiligter Regionen, wenn es darum ging, Zuschüsse und andere Hilfen aus Brüssel zur Steigerung der eigenen Popularität im Lande zu »organisieren« – und auf diese Weise willfährige Regierungen in Dublin oder London dazu zu treiben, Brüssel in seiner Freigebigkeit noch zu bestärken oder die Zuschüsse sogar aus eigener Tasche aufzubessern. Diese politischen Arrangements kamen jedermann gelegen: Europäische Kassen konnten Millionen lockermachen, um im entvölkerten Westen Irlands den Tourismus zu subventionieren oder um steuerliche Anreize zu garantieren, um Investoren in Gebiete wie Lothringen oder Glasgow zu locken, die von chronischer Arbeitslosigkeit geplagt wurden; doch selbst wenn es nur aus aufgeklärtem Eigeninteresse geschah, die Begünstigten wurden zu loyalen »Europäern«. Irland gelang es auf diese Weise, seine Infrastruktur im Transportwesen und der Kanalisation zu erneuern beziehungsweise zu modernisieren, und es war nicht das einzige Land unter den ärmeren randständigen Mitgliedsstaaten.[27]

Gemäß der Einheitlichen Europäischen Akte dehnte die Gemeinschaft ihre Kompetenzen auf viele Politikfelder aus – Umwelt, Arbeitswelt, regionale Initiativen in Sachen Forschung und Entwicklung – mit denen die EG zuvor nicht befaßt gewesen war. Doch sie alle zogen die Verteilung von Brüsseler Geldern an örtliche Stellen unmittelbar nach sich. Diese kumulative »Regionalisierung« Europas war bürokratisch und kostspielig. Nehmen wir ein kleines Beispiel, das für Hunderte steht: Die norditalienische Region Oberetsch/Südtirol an der österreichischen Grenze wurde von Brüssel 1975 offiziell (und zweifelsfrei) als »gebirgig« eingestuft; dreizehn Jahre später erfolgte die offizielle Einstufung als zu mehr als 90 Prozent »ländlich« (was jedem zufälligen Besucher des Landstrichs sofort ins Auge springt) oder – um sich des Brüsseler Jargons zu bedienen – als ein »Ziel-5-b-Gebiet«. In dieser doppelten Eigenschaft war Oberetsch nun berechtigt zum Zugriff auf den Umweltschutzfonds, auf Beihilfen zur Förderung der Landwirtschaft, auf Zuschüsse zur Verbesserung der Berufsausbildung, auf

Gelder zur Förderung des traditionellen Kunsthandwerks und auf Zuschüsse zur Verbesserung der Lebensbedingungen, um die einheimische Bevölkerung am Abwandern zu hindern.

Dementsprechend erhielt das winzige Südtirol in den Jahren zwischen 1993 und 1999 den Gegenwert von insgesamt 96 Millionen ECU (praktisch gleich Euro). In der sogenannten »Dritten Phase« der europäischen Ausgestaltung der Strukturfonds, für die eine Laufzeit von 2000 bis 2006 vorgesehen ist, werden der Provinz weitere 57 Millionen Euro zur Verfügung gestellt. Gemäß »Ziel zwei« waren diese Gelder auszuzahlen zum alleinigen Nutzen jener 83 000 Bewohner der Region, die in »ausschließlich« gebirgigen oder ländlichen Gebieten lebten. Seit 1990 ist eine Dienststelle in der Provinzhauptstadt Bozen einzig und allein dazu eingerichtet worden, die ansässige Bevölkerung darüber zu informieren, wie »Europa« und europäische Ressourcen zum eigenen Nutzen in Anspruch genommen werden können. Seit 1995 unterhält die Provinz auch ein Büro in Brüssel (sie teilt es sich mit den italienischsprachigen Nachbarn im Trentino und den Landsleuten im österreichischen Teil Tirols). Auf der offiziellen Website von Oberetsch/Südtirol (abgefaßt in italienischer, deutscher, englischer, französischer und ladinischer Sprache, einem Dialekt des Rätoromanischen) gibt die Region einer rückhaltlosen europhilen Begeisterung Ausdruck.

Das Ergebnis war in Südtirol und anderswo, daß die Integration des Kontinents »von unten nach oben« – ob kostspielig oder nicht – offenbar funktionierte, wie es seine Fürsprecher behaupteten. Als der Rat (später die Versammlung) der europäischen Regionen 1985 ins Leben gerufen wurde, umfaßte er bereits 107 Mitglieder, und viele sollten noch hinzukommen. Und wirklich begann sich eine Art vereintes Europa abzuzeichnen. Regionalismus, einst eine Angelegenheit von einer Handvoll Sprachtraditionalisten und nostalgischer Folkloristen, bot jetzt eine alternative, »subnationale« Identität. Sie ersetzte die Nation, und das um so legitimer, als sie mit offizieller Billigung aus Brüssel und – wenn auch deutlich weniger begeistert – aus den nationalen Hauptstädten versehen war.

Die Bewohner dieser immer stärker parzellierten Gemeinschaft, deren Bürger nun in ihrem Wählerverhalten von vielfältigen kulturellen Neigungen und alltäglichen Aspekten bestimmt wurden, waren wohl weniger eindeutig »Italiener«, »Briten« oder »Spanier« als in den vergangenen Jahrzehnten, fühlten sich deshalb aber nicht unbedingt »europäischer«, trotz der wildwuchernden Zunahme an »europäischen« Bezeichnungen, Wahlen und Institutionen. Das undurchdringliche Dickicht der Behörden, Medien, Institutionen, Abgeordneten und Fonds brachte viele Vergünstigungen, gewann aber wenig Freunde. Ein Grund war möglicherweise die Fülle von offiziellen Stellen, die für die Verteilung der Gelder und die Beaufsichtigung der europäischen Freigebigkeit verantwortlich waren. Der ohnehin komplexe Apparat moderner Staatsführung mit seinen Ministerien, Kommissionen und Direktorien wurde nun noch von oben (Brüssel) und unten (der Provinz oder Region) verdoppelt und verdreifacht.

Das Ergebnis war nicht nur eine Bürokratie von nie dagewesenem Ausmaß, sondern auch Korruption, die durch das bloße Volumen der zur Verfügung stehenden Mittel geweckt und gefördert wurde. Das System verlangte großenteils die Übertreibung und sogar Erfindung regionaler Bedürfnisse und war insofern fast verantwortlich für jene Formen betrügerischen, lokalen Mißbrauchs, der von den Vertretern der Gemeinschaft in Brüssel zwar nicht bemerkt wurde, aber das Ansehen ihrer Arbeit sogar in den Augen der Nutznießer herabsetzte. Gebeutelt von dem Ruf, da werde von fernen, nichtgewählten Beamten Politik gemacht, und den hartnäckigen Gerüchten über politische Günstlingswirtschaft und Schiebereien, tat sich »Europa« in diesen Jahren mit dem, was es zustande brachte, keinen großen Gefallen.

Die bekannten Mängel der Lokalpolitik – Nepotismus, Korruption und Manipulation –, welche die besser regierten Nationalstaaten glaubten überwunden zu haben, kehrten jetzt in kontinentalem Maßstab zurück. Die Verantwortung für gelegentliche »Euroskandale« wurde von nationalen Politikern in der Öffentlichkeit geschickt auf eine unsichtbare Klasse von nichtgewählten »Eurokraten« abgewälzt, deren Ruf ruiniert werden durfte, ohne daß es politische Konsequenzen hatte. Währenddessen wurde der aufgeblähte Haushalt der Gemeinschaft von seinen Empfängern und Befürwortern im Namen grenzübergreifender »Harmonisierung« oder gerechter Ausgleichszahlungen verteidigt (und aus den scheinbar unerschöpflichen Fonds der Gemeinschaft gespeist).

Kurzum, »Europa« begann für ein beträchtliches »moralisches Risiko« zu stehen, wie vor allem seine nörgelnden Kritiker in Großbritannien schadenfroh feststellten. Das jahrzehntelange Bemühen, kontinentale Uneinigkeit durch rein technische Maßnahmen zu überwinden, wirkte zwar entschieden politisch, doch fehlte ihm die versöhnende Legitimität eines herkömmlichen politischen Projekts, das von einer gewählten Klasse vertrauter Politiker verfolgt wurde. Soweit »Europa« ein erkennbares Ziel hatte, wurzelte seine wirtschaftliche Strategie noch immer in den Überlegungen und Bestrebungen der fünfziger Jahre. Was europäische Politik anging, so war der selbstgewisse, interventionistische Ton der Europäischen Kommission – sowie die Autorität und die gezückten Scheckhefte, mit denen die europäischen Experten in fernen Regionen auftraten – noch fest in der sozialdemokratischen Blütezeit der frühen sechziger Jahre verankert.

Trotz aller lobenswerten Bemühungen, die Mängel des nationalpolitischen Kalküls zu überwinden, waren die Männer und Frauen, die in den Siebzigern und Achtzigern »Europa« aufbauten, immer noch merkwürdig provinziell. Ihre größte übernationale Leistung dieser Zeit, das Schengener Abkommen, das im Juni 1985 unterzeichnet wurde, ist in dieser Hinsicht sehr aufschlußreich. Nach diesem Übereinkommen heben Frankreich, Westdeutschland und die Benelux-Länder ihre gemeinsamen Grenzen auf und führen einheitliche Grenz- und Paßkontrollen ein. Fortan sollte die Einreise, beispielsweise von Deutschland nach Frankreich, genauso leicht sein, wie sie es schon lange zwischen, sagen wir, Belgien und Holland war.

Andererseits mußten sich die Schengener Signatarstaaten zu strengsten Visa- und Zollkontrollen an den Außengrenzen mit Drittstaaten verpflichten. Wenn die Franzosen ihre Grenzen beispielsweise für jemanden öffneten, der aus Deutschland einreiste, mußten sie sicher sein, daß Deutschland an *seinen* Grenzübergängen die Kriterien sorgfältig angewendet hatte. Während das Abkommen also die Binnengrenzen zwischen einigen EU-Staaten öffnete, machte es seine Außengrenzen gegenüber Drittländern dafür um so undurchlässiger. So konnten zivilisierte Europäer die Grenzen mühelos überschreiten – aber die »Barbaren« wurden entschlossen draußen gehalten.[28]

XVII

Der neue Realismus

So etwas wie die Gesellschaft gibt es nicht. Es gibt einzelne Männer und Frauen, und es gibt Familien.

Margaret Thatcher

Allmählich begreifen die Franzosen, daß es die Wirtschaft ist, die Wohlstand schafft, über unseren Lebensstandard entscheidet und unseren Rang in der Welt bestimmt.

François Mitterrand

Am Ende des Mitterrand-Experiments schien die französische Linke weniger Ideen, Hoffnungen und Zuspruch zu haben als jemals zuvor in ihrer gesamten Geschichte.

Donald Sassoon

Jeder politisch bedeutsamen Umwälzung geht ein Wandel der geistigen Landschaft voraus. Die europäischen Umbrüche der achtziger Jahre waren keine Ausnahme. Die Wirtschaftskrise der frühen Siebziger versetzte dem Optimismus der Nachkriegszeit einen entscheidenden Schlag, zersplitterte die konventionellen politischen Parteien und katapultierte ungewohnte Probleme ins Zentrum der öffentlichen Debatte. Politische Argumente zu beiden Seiten des Eisernen Vorhangs brachen ein für allemal mit geistigen Gewohnheiten, die in Jahrzehnten verkrustet waren – um mit verblüffender Geschwindigkeit neue zu bilden. Ob zum Guten oder zum Schlechten, ein neuer Realismus war geboren.

Das erste Opfer des Stimmungsumschwungs war der Konsens, der bislang den Nachkriegsstaat getragen hatte, und die neokeynesianische Wirtschaft, die den Stoff für ihre geistigen Auseinandersetzungen geliefert hatte. Ende der siebziger Jahre begann der europäische Wohlfahrtsstaat die Kosten des eigenen Erfolgs zu bilanzieren. Die Babyboomer der Nachkriegszeit kamen in die Jahre, und die statistischen Ämter warnten bereits vor den Kosten, die sie im Rentenalter verursachen würden – ein Problem, das sich vor dem Hintergrund der Finanzierbarkeit bereits überdeutlich abzeichnete, weil das Renteneintrittsalter allgemein gesenkt worden war. 1960 gingen beispielsweise in der Bundesrepublik von den

Männern zwischen 60 und 64 Jahren noch 72 Prozent einer Vollzeitbeschäftigung nach; zwanzig Jahre später waren es nur noch 44 Prozent dieser Altersgruppe. In den Niederlanden gingen diese Zahlen von 81 Prozent auf 58 Prozent zurück.

Binnen weniger Jahre würde die größte Altersgruppe in der dokumentierten Geschichte Europas aufhören, Steuern an den Fiskus zu zahlen und ihm statt dessen riesige Summen entziehen – entweder direkt, in Form von staatlichen Pensionen, oder indirekt, aber mit vergleichbarer Wirkung, in Form von Belastungen der staatlichen Gesundheits- und Sozialsysteme. Da im übrigen noch keine Generation so gut genährt und gepflegt wurde wie diese, war damit zu rechnen, daß sie höchstwahrscheinlich auch länger leben würde. Zu dieser Sorge gesellten sich jetzt auch noch die wachsenden Aufwendungen für die Arbeitslosenunterstützung, 1980 in allen europäischen Staaten ein gewichtiger Haushaltsposten.

Diese verbreiteten Ängste waren nicht unbegründet. Die Wohlfahrtsstaaten der Nachkriegszeit beruhten auf zwei impliziten Annahmen: daß Wirtschaftswachstum und Schaffung von Arbeitsplätzen (und damit die Staatseinnahmen) das hohe Niveau der fünfziger und sechziger Jahre beibehalten würden; und daß die Geburtenraten weit über dem Ersatzniveau lägen, so daß genügend neue Steuerzahler vorhanden wären, um für ihre Eltern – und Großeltern – im Ruhestand zu zahlen. Beide Annahmen waren jetzt in Frage gestellt, wobei die demographische Fehlkalkulation weit schwerer zu Buche schlug. Zu Beginn der achtziger Jahre wurde in Europa die Reproduktionsziffer von 2,1 Kindern pro Frau nur in Griechenland und Irland erreicht. In der Bundesrepublik lag die durchschnittliche Kinderzahl bei 1,4. In Italien gingen die Zahlen noch stärker zurück: Während 1950 26,1 Prozent der Italiener, also gut jeder vierte, unter 14 Jahre alt war, lag diese Zahl 1980 bei 20 Prozent oder jedem fünften. 1990 war sie auf 15 Prozent gesunken, fast nur noch einer von sieben.[1]

Im wohlhabenden Westeuropa sah es also ganz so aus, als würde es dort in zwei Jahrzehnten nicht mehr genügend Menschen geben, um die Rechnungen zu bezahlen – und schuld daran schien die Prosperität selbst zu sein, neben zuverlässigen Empfängnisverhütungsmitteln und einer wachsenden Zahl von berufstätigen Frauen.[2] Das Ergebnis waren noch höhere Belastungen für diejenigen, die zur Zahlung herangezogen werden konnten. In einigen Ländern (besonders in Frankreich) waren die Arbeitgeber durch ihre Beteiligung an den Sozialversicherungsbeiträgen der Arbeitnehmer erheblich belastet – ein schwerwiegender Gesichtspunkt in Zeiten hoher Arbeitslosigkeit. Doch die direkten Belastungen des Staatshaushalts waren von noch größerer unmittelbarer Bedeutung. In Prozent des Bruttoinlandprodukts erreichte die Staatsverschuldung Mitte der achtziger Jahre ein historisches Hoch – in Italien 85 Prozent. In Schweden wurde 1977 ein Drittel des Sozialprodukts von Sozialausgaben verschlungen, eine Haushaltsbelastung, die sich nur durch Verschuldung auffangen ließ oder indem man bei genau den Wählergruppen Steuern erhob – Arbeitnehmern, Beamten und Selbständigen –, von denen der sozialdemokratische Konsens bislang getragen wurde.

Seit 1930 beruhte die Ordnungspolitik auf einem allgemein akzeptierten »keynesianischen« Konsens. Dem lag die feste Überzeugung zugrunde, daß Wirtschaftsplanung, Defizitfinanzierung und Vollbeschäftigung prinzipiell wünschenswert und wechselseitig förderlich seien. Ihre Kritiker erhoben zwei Einwände. Der erste besagte ganz einfach, daß die Vielzahl von Sozialsystemen und -leistungen, an die sich die Westeuropäer gewöhnt hätten, nicht mehr finanzierbar sei. Das zweite Argument wurde mit besonderem Nachdruck in Großbritannien vorgebracht – wo die Volkswirtschaft in den Nachkriegsjahrzehnten praktisch von einer Krise in die andere taumelte – und lautete: Der interventionistische Staat sei, ob finanzierbar oder nicht, ein Hemmnis für das Wirtschaftswachstum.

Der Staat, so diese Kritiker, müsse sich so weit wie möglich aus dem Markt für Güter und Dienstleistungen zurückziehen. Er dürfe keine Produktionsmittel besitzen, keine Ressourcen verteilen, keine Monopole innehaben oder fördern und weder Preise noch Einkommen festsetzen. Nach Auffassung dieser »Neoliberalen« ließen sich die meisten Dienstleistungen, die derzeit vom Staat erbracht würden – Versicherung, Wohnungen, Pensionen, Gesundheits- und Bildungswesen –, weit besser privat anbieten und von den Bürgern aus Einkommen bezahlen, die nicht mehr (fehlgeleitet) in die öffentlichen Kassen flössen. Nach Ansicht eines führenden Vertreters des marktwirtschaftlichen Liberalismus, des Österreichers Friedrich August von Hayek, sind selbst ideal regierte Staatswesen nicht in der Lage, Daten effektiv zu verarbeiten und in gute Politik umzusetzen: Die bloße Erhebung wirtschaftlicher Informationen führe bereits zu deren Verzerrung.

Das waren keine neuen Ideen. Es waren die Patentrezepte einer früheren Generation von präkeynesianischen Liberalen, die mit den neoklassischen Lehren der freien Marktwirtschaft aufgewachsen waren. Die Fachleute kannten diese Thesen in jüngerer Zeit aus den Werken von Hayek und seinem amerikanischen Schüler Milton Friedman. Doch mit der Depression der dreißiger Jahre und dem nachfragebedingten Boom der fünfziger und sechziger Jahre wurden solche Ansichten in der Regel (zumindest in Europa) als politisch kurzsichtig und wirtschaftlich anachronistisch abgetan. Doch seit 1973 meldeten sich die Theoretiker des freien Marktes wieder lautstark und selbstbewußt zu Wort, um die Schuld an Wirtschaftsrezession und allen mißlichen Begleiterscheinungen dem »Big Government« und der Erblast an Besteuerung und Planung zuzuschreiben, die alle Tatkraft und Initiative freier Bürger ersticken würden. Vielerorts verfehlte diese Polemik nicht ihre Wirkung auf junge Wähler, die keine unmittelbaren Erfahrungen mit den verhängnisvollen Auswirkungen solcher Ansichten hatten – waren diese doch zum letztenmal vor einem halben Jahrhundert tonangebend gewesen. Jedoch nur in Großbritannien waren Hayek, Friedman und ihre politischen Schüler in der Lage, sich der Wirtschaftspolitik zu bemächtigen und einen radikalen Wandel in der politischen Kultur des Landes zu bewirken.

Es liegt nicht wenig Ironie darin, daß dies ausgerechnet in Großbritannien geschah, denn die Wirtschaft im Vereinigten Königreich war, mochte sie auch stark reguliert sein, die wohl am wenigsten »geplante« in Europa. Es gab fortwährende staatliche Manipulationen in Form von Preismechanismen und »Steuersignalen«; doch der einzige ideologisch bestimmte Teil des britischen Wirtschaftslebens waren die Verstaatlichungen, die von der Labour-Regierung nach 1945 durchgeführt worden waren. Obwohl die Forderung nach »Staatseigentum an den Mitteln der Produktion, der Verteilung und des Geldverkehrs« (Klausel IV der Statuten der Labour Party von 1918) als Teil des Parteiprogramms erhalten blieb, zollten ihm, wenn überhaupt, nur wenige führende Labour-Politiker mehr als Lippendienst.

Den Kern des britischen Wohlfahrtsstaates lag nicht im wirtschaftlichen »Kollektivismus«, sondern in den allumfassenden Sozialsystemen, ein Werk des Reformismus, den Keynes liberale Zeitgenossen Anfang des 20. Jahrhunderts betrieben. Was für die meisten britischen Wähler von links wie rechts gleichermaßen zählte, war nicht Wirtschaftsplanung oder Staatseigentum, sondern kostenlose medizinische Versorgung, kostenloses Bildungswesen und subventionierte öffentliche Verkehrsmittel. Diese Einrichtungen waren nicht sehr gut – die Kosten des Wohlfahrtsstaates in Großbritannien lagen niedriger als anderswo, dank unterfinanzierter Sozialsysteme, knapp bemessener Pensionen und miserabler Wohnungen –, wurden aber weithin als staatliche Notwendigkeit angesehen. So heftig solche Sozialeinrichtungen auch von neoliberalen Kritikern als ineffizient und unzulänglich gebrandmarkt wurden, politisch blieben sie unantastbar.

Die moderne Konservative Partei, von Winston Churchill bis Edward Heath, hatte sich Großbritanniens »Gesellschaftsvertrag« fast genauso begeistert wie die keynesianischen »Sozialisten« der Labour Party zu eigen gemacht und viele Jahre nicht an ihm gerüttelt (immerhin war es Churchill gewesen, der im März 1943 gesagt hatte: »Kein Gemeinwesen kann eine klügere Investition vornehmen, als Milch in Babys zu füllen«). Als Edward Heath 1970 einige Anhänger der Freien Marktwirtschaft in Selsdon Park bei London zusammenrief, um die wirtschaftlichen Strategien für eine künftige konservative Regierung zu erörtern, zog er sich durch seinen kurzen und entschieden ambivalenten Flirt mit ihren ziemlich gemäßigten Vorschlägen einen höhnischen Gewittersturm vernichtender Kritik zu. Beschuldigt, die Rückkehr in die primitive Neandertalerwelt des wirtschaftlichen Dschungels anzustreben, ruderte der »Selsdon-Mensch« hastig zurück. Wenn in den kommenden zehn Jahren der politische Konsens in Großbritannien zerbrach, so lag es nicht an einer ideologischen Konfrontation, sondern daran, daß Regierungen *aller* Schattierungen beharrlich daran scheiterten, eine erfolgreiche wirtschaftliche Strategie zu erkennen und durchzusetzen. Von der Überlegung ausgehend, daß die wirtschaftlichen Probleme Großbritanniens das Ergebnis von chronischer Unterinvestition, ineffizienter Unternehmensführung und permanenten Arbeitskämpfen um Löhne und Arbeitsplatzbeschreibungen seien, versuchten sowohl Labour- wie konservative Regierungen die Anarchie der britischen Arbeitsbeziehungen durch einen geplanten Konsens nach austro-skandinavischem oder deutschem Vorbild zu ersetzen – »Preis- und Einkommenspolitik«, wie sie in Großbritannien mit charakteristischem empirischem Minimalismus hieß.

Sie scheiterten. Die Labour Party war nicht in der Lage, eine Betriebsverfassung durchzusetzen, weil ihre Geldgeber in den Industriegewerkschaften nach Art des 19. Jahrhunderts innerbetriebliche Konfrontationen bevorzugten – hatten sie doch gute Aussichten, sie zu gewinnen. In der Downing Street unterschriebene Tarifverträge hätten ihnen auf Jahre hinaus die Hände gebunden. Die Konservativen, zumal Edward Heaths Regierung von 1970 bis 1974, hatten noch weniger Erfolg, weil in bestimmten Teilen der britischen Arbeiterklasse – vor allem bei den Kohlebergleuten – ein wohlbegründetes, historisch bedingtes Mißtrauen gegen alle Kompromisse mit Toryregierungen herrschte. Als Heath 1973 vorschlug, eine Anzahl unwirtschaftlicher Kohlezechen zu schließen, und versuchte, die Möglichkeit der Gewerkschaften, Arbeitkämpfe vom Zaun zu brechen, gesetzlich zu beschneiden (etwas, was die Labour Party schon vor Jahren vorgeschlagen, dann aber wieder hatte fallen lassen), wurde seine Regierung von einer Streikwelle ausgehebelt. Daraufhin rief er Neuwahlen aus, um darüber entscheiden zu lassen, wie er sagte, »wer das Land regiert«, und verlor sie knapp gegen Harold Wilson, der klugerweise darauf verzichtete, den Kampf fortzusetzen.

Erst unter der Labour-Regierung von Wilsons Nachfolger James Callaghan – 1976 bis 1979 – begann sich eine neue Politik abzuzeichnen. Getrieben von der Verzweiflung und einem Kredit des IWF, organisierten Callaghan und sein Schatzkanzler (der imponierende Denis Healey) die Abkehr von den politischen Patentrezepten der Nachkriegszeit. Sie leiteten ein Umstrukturierungsprogramm ein, das ein bestimmtes Maß an Arbeitslosigkeit akzeptierte, die sozialen Transferzahlungen und Arbeitskosten dadurch reduzierte, daß es die Facharbeiter zwar absicherte, aber gleichzeitig die Entstehung einer benachteiligten Randgruppe von ungesicherten, gewerkschaftlich nicht organisierten Teilzeitarbeitnehmern hinnahm und sich bemühte, die Inflation und die Staatsausgaben in den Griff zu bekommen, selbst wenn das wirtschaftliche Härten und langsameres Wachstum bedeutete.

Keines dieser Ziele wurde offen eingestanden. Bis zum Schluß behauptete die Labour-Regierung, sie halte an ihren Grundwerten fest und verteidige die Institutionen des Wohlfahrtsstaates, selbst dann noch, als sie schon längst den Ausbruch plante und insgeheim jene Reformen in Angriff nahm, denen ihre Vorgänger keine gesetzliche Form hatten verleihen können. Die Strategie war erfolglos: Es gelang der Labour-Regierung lediglich, die eigenen Anhänger vor den Kopf zu stoßen, ohne daß ihre Verdienste gewürdigt wurden. Im August 1977 gab es in Großbritannien, teilweise infolge der entschlossenen Kürzungen der öffentlichen Ausgaben, mehr als 1,6 Millionen Arbeitslose, und die Zahl stieg stetig. Im folgenden Jahr – in Großbritanniens »Winter der Unzufriedenheit« 1978/1979 – inszenierten große Gewerkschaften eine Reihe wütender, konzertierter Streiks gegen ihre »eigene« Regierung: Der Müll blieb liegen, die Toten unbegraben.[3]

Premierminister James Callaghan schien unter Realitätsverlust zu leiden: Auf die Frage eines Journalisten nach der wachsenden Unruhe in der Industrie erklärte er unbekümmert, es gebe überhaupt keinen Anlaß zur Sorge, womit er den Stoff für eine berühmte Schlagzeile lieferte – »Krise? Welche Krise?«. Wohl mit ein Grund, warum er die Wahl verlor, die er im folgenden Frühjahr 1979 ansetzen mußte. Es lag schon eine ziemliche Ironie darin, daß sich Labour bei der historischen Wahl von 1979 zu der Behauptung gezwungen sah, es habe *keine* soziale Krise durch die radikale Abkehr von der wirtschaftlichen Konvention heraufbeschworen – obwohl in Wirklichkeit genau dies der Fall war –, während die Konservative Partei unter der energischen Führung einer Frau, die unverblümt erklärte, nur eine solche Radikalbehandlung könne Großbritannien aus seiner verfahrenen Situation befreien, wieder an die Macht kam.

Auf den ersten Blick schien Margaret Thatcher kaum die richtige Person für die revolutionäre Rolle zu sein, die sie spielen sollte. Sie wurde in Grantham, einem verschlafenen Provinznest in Lincolnshire, als Tochter eines ernsten Methodistenpaares geboren, das einen Kolonialwarenladen betrieb. Von jeher war sie konservativ. Schon ihr Vater saß als Konservativer im Stadtrat. Die junge Margaret Roberts (wie sie damals hieß) bekam ein Stipendium für Oxford – wo sie Chemie studierte – und brachte es zur Präsidentin der Konservativen Gesellschaft der Universität. 1950, mit 25, kandidierte sie (erfolglos) bei den nationalen Wahlen als jüngste Kandidatin des Landes. Sie arbeitete als Chemikerin, später als Steueranwältin und zog 1959 zum erstenmal ins Parlament ein, als sie einen Sitz in dem überwiegend konservativen Wahlkreis Finchley gewann, dessen Abgeordnete sie blieb, bis sie 1992 ins Oberhaus wechselte.

Bevor sich Margaret Thatcher 1975 gegen viel profiliertere Konservative durchsetzte und Parteichefin wurde, kannte man sie in Großbritannien vor allem als Bildungsministerin im konservativen Heath-Kabinett, das, um seine Sparziele zu erreichen, die kostenlose Milchausgabe in den britischen Schulen abschaffte, eine (nur widerwillig getroffene) Entscheidung, die ihr den Spottreim »Maggie Thatcher Milk Snatcher« (Maggie Thatcher Milchdieb) eintrug und einen ersten Hinweis auf ihr künftiges Wirken lieferte. Doch dieses entschieden unvorteilhafte Bild in der Öffentlichkeit vermochte Mrs. Thatchers Aufstieg nicht aufzuhalten – ihre Bereitschaft, Unpopularität in Kauf zu nehmen und zu ertragen, schadete ihr nicht nur nicht bei ihren Kollegen, sondern machte vielleicht sogar einen Teil ihrer Anziehungskraft aus.

Und sie war zweifellos anziehend. Tatsächlich erklärte eine erstaunliche Anzahl hartgesottener Staatsmänner aus Europa und den Vereinigten Staaten, wenn auch hinter vorgehaltener Hand, sie fänden Mrs. Thatcher ziemlich sexy. François Mitterrand, der sich auf diesem Gebiet auskannte, hat einmal gesagt, sie habe »die Augen von Caligula, aber den Mund von Marilyn Monroe.« Sie konnte die Menschen unbarmherziger tyrannisieren und einschüchtern als irgendein britischer Politiker seit Churchill, aber sie vermochte sie auch um den Finger zu wickeln. Von 1979 bis 1990 führte Margaret Thatcher die britischen Wähler – sie tyrannisierend, einschüchternd und um den Finger wickelnd – in eine politische Revolution.

»Thatcherismus« stand für verschiedene Dinge: Steuersenkung, freier Markt, freies Unternehmertum, Privatisierung von Industrie und Dienstleistungssektor, »Viktorianische Werte«, Patriotismus, »das Individuum«. Einige dieser Punkte – die wirtschaftspolitischen Maßnahmen – waren nur eine Erweiterung von Vorschlägen, die in konservativen und Labour-Kreisen längst die Runde machten. Andere Punkte, vor allem die »moralischen« Themen, waren bei treuen Anhängern der Konservativen Partei in ländlichen Wahlkreisen beliebter als bei den Wählern im allgemeinen. Doch solche Forderungen paßten in das Klima der Zeit – die Gegenreaktion auf die Freizügigkeit der sechziger Jahre – und fanden viel Anklang bei den Bewunderern von Mrs. Thatcher in der Arbeiterklasse und der unteren Mittelschicht. Viele dieser Männer und Frauen hatten sich in der Gesellschaft der progressiven Intellektuellen, die in den Jahren davor das öffentliche Geschehen bestimmt hatten, nie sehr wohl gefühlt.

Doch mehr als für alles andere stand der Thatcherismus für den »smack of firm government« (den Klaps der strengen Regierung). Ende der Siebziger gab es viel ängstliches Gerede über Großbritanniens angebliche »Unregierbarkeit«, den verbreiteten Eindruck, die politische Klasse habe die Kontrolle verloren, nicht nur in der Wirtschaftspolitik, sondern auch auf dem Arbeitsmarkt und sogar den Straßen. Die Labour Party, traditionell dem Vorwurf mangelnder wirtschaftspolitischer Kompetenz ausgesetzt, wurde nun, nach dem »Winter der Unzufriedenheit«, vorgeworfen, sie könne noch nicht einmal den Staat regieren. Im Wahlkampf 1979 sammelten die Tories ihre Stimmen nicht nur mit der Forderung nach wirtschaftspolitischer Härte und einer zweckdienlichen Finanzpolitik, sondern auch mit der offenkundigen Sehnsucht des Landes nach einer starken, selbstbewußten Führung.

Margaret Thatchers erster Wahlsieg war nach historischen Maßstäben nicht besonders beeindruckend. Tatsächlich hat die Konservative Partei unter Mrs. Thatchers Führung nie sehr viele Stimmen bekommen. Sie hat die Wahlen weniger gewonnen als vielmehr zugesehen, wie Labour sie verloren hat, denn viele Labour-Wähler wechselten zu liberalen Kandidaten oder gingen gar nicht an die Urnen. So gesehen, stand Margaret Thatchers radikales Programm und die Entschlossenheit, es parlamentarisch durchzusetzen, anscheinend in keinem Verhältnis zu ihrem nationalen Mandat, ein unerwarteter und sogar riskanter Bruch mit der altehrwürdigen britischen Tradition, so nahe wie möglich an der politischen Mitte zu regieren.

Rückblickend scheint jedoch klar zu sein, daß genau dies Margaret Thatchers Erfolg erklärte. Ihre Weigerung, den Kurs zu ändern, als ihre monetaristische Politik zu scheitern drohte (den Konservativen, die sie im Oktober 1980 baten, eine politische Kehrtwendung zu vollziehen, erwiderte sie: »Kehren Sie um, wenn Sie wollen. *The lady's not for turning*« (Anspielung auf ein Stück von Christopher Fry, »The Lady's not for Burning«); die Freude, mit der sie sich nach sowjetischem Vorbild »die Eiserne Lady« nennen ließ; das sichtliche Vergnügen, das sie empfand, als sie sich mit einer langen Reihe von Gegnern anlegte und sie niedermachte, von der argentinischen Militärjunta im Falklandkrieg bis zu Arthur Scargill, dem Gewerkschaftsführer der Bergleute; die Handtasche, die sie aggressiv gegen die versammelten Staatschefs der Europäischen Gemeinschaft schwang, als sie forderte: »Wir wollen unser Geld zurück« – all das zeigt unmißverständlich, daß ihr größter politischer Aktivposten eben jener Eigensinn war, jene halsstarrige Weigerung, irgendwelche Kompromisse zu schließen, die ihre Kritiker so auf die Palme brachte. Wie alle Meinungsumfragen erkennen ließen, hegten selbst diejenigen, die nichts für den Thatcherismus übrig hatten, eine gewisse widerwillige Bewunderung für die Frau selbst. Die Briten wurden endlich wieder regiert – *beherrscht*.

Trotz der vielen Ausführungen über das Individuum und den freien Markt fand unter Margaret Thatcher eine bemerkenswerte und etwas befremdliche Renaissance des britischen Staates statt. In der Verwaltung hatte sie einen instinktiven Hang zum Zentralismus. Um sicherzugehen, daß ihre Politik bis in die letzten Winkel des Landes getragen wurde, beschnitt sie die Macht und die Mittel der Kommunalverwaltungen (mit dem Local Government Act von 1986 entmachtete sie die britischen Stadtverwaltungen zugunsten Londons ausgerechnet zu einem Zeitpunkt, als der Rest Europas damit beschäftigt war, die politische Macht umfassend zu *dezentralisieren*). Die direkte Kontrolle der Bildungspolitik und der regionalen Wirtschaftsplanung lag wieder in den Händen zentraler Regierungsabteilungen, während die Ministerien in ihrer traditionellen Handlungsfreiheit von einer Premierministerin zunehmend beschnitten wurden, die sich weit mehr auf eine kleine Clique von Freunden und Ratgebern verließ als auf die traditionellen Eliten der höheren Staatsdiener.

Diesen begegnete Margaret Thatcher instinktiv (und zu Recht) mit Mißtrauen, zogen sie doch wie ihre arrivierten Amtskollegen im Bildungswesen und in der Justiz den alten, staatlich subventionierten Paternalismus vor. Nach den komplizierten Konventionen der klassenbewußten britischen Politik war Margaret Thatcher – eine Parvenue aus der unteren Mittelschicht mit einer Schwäche für neureiche Geschäftsleute – nicht sehr beliebt bei der ehrwürdigen herrschenden Elite des Landes, und sie gab diese Gefühle mit Eifer zurück. Ältere Tories waren schockiert über ihre unsentimentale Verachtung für Tradition und überholte Praktiken. Auf dem Höhepunkt der Privatisierungswut beschuldigte sie der frühere Premierminister Harold Macmillan, das »Familiensilber« zu verkaufen. Ihr Amtsvorgänger Edward Heath, der einst zornig die in der Öffentlichkeit breitgetretenen Praktiken eines korrupten britischen Geschäftsmanns als ›die unerwünschte Kehrseite des Kapitalismus‹ bezeichnet hatte, verabscheute sowohl Thatcher wie ihre Politik. Nichts hätte ihr gleichgültiger sein können.

Die thatcheristische Revolution stärkte den Staat, förderte den Markt – und durchtrennte alle Verbindungen, die sie einst zusammengeschweißt hatten. Ein für allemal machte sie Schluß mit dem öffentlichen Einfluß, den die britischen Gewerkschaften ausgeübt hatten, indem sie Gesetze durchsetzte, die die Möglichkeit der Gewerkschaftsführer beschnitten, Streiks zu organisieren, und sie sorgte dafür, daß diese in den Gerichtssälen auch angewendet wurden. Hohen Symbolwert hatte eine Konfrontation aus den Jahren 1984/85, als sie den bewaffneten Staat gegen eine zum Untergang verurteilte Gruppe des Industrieproletariats aufmarschieren ließ: Sie zerschlug einen gewaltsamen und emotional aufgeladenen Ausstand der National Union of Miners, der sich gegen die Regierungspolitik – Schließung unwirtschaftlicher Zechen und Streichung der Subventionen für die Kohleindustrie – richtete.

Die Bergleute waren schlecht beraten, ihr Fall hoffnungslos, ihr Streik zog sich mehr aus Verzweiflung als aus Kalkül in die Länge. Doch die Tatsache, daß Margaret Thatcher eine Schlacht gewann, die Edward Heath verloren hatte (und daß die nachfolgenden Labour-Führer gekniffen hatten) gab ihr enormen Rückhalt –

wie auch der erfolglose Versuch der Provisorischen IRA, sie während des Streiks zu ermorden. Wie alle guten Revolutionäre hatte Thatcher Glück mit ihren Feinden. Dank ihrer durfte sie behaupten, ganz allein für die frustrierten, überreglementierten kleinen Leute zu sprechen, die sie von der jahrzehntelangen Herrschaft der verbrieften Rechte und der subventionierten, parasitären Nutznießer von Steuervorteilen befreie.

Ganz zweifellos hat sich Großbritanniens Wirtschaftsleistung während der Thatcher-Jahre nach einem anfänglichen Rückgang zwischen 1979 und 1981 *tatsächlich* verbessert. Dank einer Gesundschrumpfung ineffizienter Firmen, verstärktem Wettbewerb und Beschneidung der gewerkschaftlichen Macht stiegen Produktivität und Gewinne der Wirtschaft steil an. Die Staatskasse wurde mit dem Verkauf von staatlichen Vermögenswerten aufgefüllt (ein einmaliger Akt). Das gehörte nicht zum ursprünglichen Thatcher-Programm von 1979, noch war die Privatisierung an sich eine ideologisch besetzte Idee – schließlich war es die Labour Party gewesen, die 1976 (auf Geheiß des IWF) die staatliche Beteiligung an British Petroleum verkauft hatte. Doch 1983 veranlaßten die politischen wie finanziellen Gewinne aus der Liquidation der im staatlichen Besitz oder unter staatlicher Leitung stehenden Vermögenswerte die Premierministerin, eine zehn Jahre währende Auktion einzuläuten – zur »Befreiung« von Erzeugern und Verbrauchern gleichermaßen.

Alles, oder fast alles, kam unter den Hammer. In der ersten Phase waren es kleine Firmen und Unternehmen, zumeist Produktionsbetriebe, an denen der Staat eine kleinere oder eine Mehrheitsbeteiligung hatte. Ihnen folgten die bislang »selbstverständlichen« Monopole wie die Telekommunikation, Energieversorgung und Luftfahrt, eine Phase, die 1984 durch den Verkauf der British Telecom eingeläutet wurde. Außerdem verkaufte die Regierung einen großen Teil des nach dem Kriege errichteten staatseigenen Wohnungsbestands: zunächst an die derzeitigen Mieter, dann an alle Interessenten. Zwischen 1984 und 1991 entfiel von allen weltweit getätigten Veräußerungen von Staatsvermögen (wertmäßig) ein Drittel allein auf das Vereinigte Königreich.

Trotz dieser scheinbaren Demontage des öffentlichen Sektors war der Anteil des britischen Bruttoinlandsprodukts, der 1988 von Ausgaben der öffentlichen Hand verschlungen wurde, praktisch genauso groß wie zehn Jahre zuvor (42,5 Prozent), und das, obwohl Mrs. Thatcher versprochen hatte, »die Menschen von der Last des Staates zu befreien«. Der Grund war, daß die konservative Regierung nie dagewesene Summen an Arbeitslosenunterstützung zahlen mußte. Die »skandalös« hohe Zahl von 1,6 Millionen Arbeitslosen, die Callaghans Regierung 1977 so beschädigt hatte, war 1985 auf 3,25 Millionen geklettert und blieb, solange Mrs. Thatcher im Amt war, eine der höchsten in Europa.

Viele von den Menschen, die in ineffizienten (und einst staatlich subventionierten) Wirtschaftszweigen wie Stahlindustrie, Kohlebergbau, Textilien und Schiffbau ihren Arbeitsplatz verloren, sollten nie wieder Arbeit finden und ihr Leben lang, wenngleich nicht nominell, vom Staat abhängig bleiben. Wenn ihre einstigen Arbeitgeber in einigen Fällen (hauptsächlich auf dem Stahlsektor) sich zu gewinnträchtigen Privatunternehmen mauserten, so war daran weniger das Wunder des Privateigentums schuld als vielmehr die Tatsache, daß Margaret Thatchers Regierung sie von den hohen Lohnfestkosten befreit hatte, indem sie die Aufwendungen für überschüssige Arbeitskräfte als staatlich subventionierte Arbeitslosigkeit vergesellschaftete.

Verweilen wir noch kurz bei der Privatisierung bestimmter öffentlicher Wirtschaftszweige und Dienstleistungseinrichtungen. Viele Jahre lang befand sich wichtiges Anlagevermögen in öffentlicher Hand, ohne daß man sich viel Gedanken um Investitionen oder Modernisierung gemacht hätte. Diese Unternehmen bekamen kein Geld, ihre Effizienz wurde gegen den Druck von Konkurrenten und Konsumenten gleichermaßen abgeschirmt, ihre Manager durch bürokratische Schwerfälligkeit und politische Einmischung behindert.[4] Dank Mrs. Thatcher entstand in Großbritannien ein sehr viel größerer Markt für Güter, Dienstleistungen und schließlich auch Arbeit. Es gab eine größere Auswahl und mehr Preiswettbewerb (obwohl der einer längeren Anlaufzeit bedurfte und eingeschränkt blieb). Als ihr Nachfolger John Major Großbritannien aus dem »sozialen Kapitel« des EU-Vertrags heraushielt, warf ihm Präsident Jacques Delors vor, er habe »Großbritannien zu einem Paradies für ausländische Investitionen gemacht«: eine Anklage, deren sich alle Anhänger des Thatcherismus zu Recht und voller Stolz schuldig bekennen konnten.

Als *Volkswirtschaft* war das thatcherisierte Großbritannien also leistungsfähiger geworden. Doch als *Gesellschaft* erlebte es eine Kernschmelze mit katastrophalen langfristigen Folgen. Durch Geringschätzung und Abwicklung aller in öffentlicher Hand befindlichen Ressourcen, durch die lautstarke Propagierung einer individualistischen Ethik, die einzig und allein quantifizierbare Werte gelten ließ, fügte Margaret Thatcher dem Gefüge des öffentlichen britischen Lebens schweren Schaden zu. Bürger mutierten zu Aktienbesitzern oder »Anlegern«, ihre Beziehung untereinander und zur Gesamtheit wurde in Aktivposten und Ansprüchen statt in Verdiensten oder Pflichten gemessen. Da sich von den Busunternehmen bis zu den Stromversorgern alles in den Händen konkurrierender Privatfirmen befand, wurde der öffentliche Raum zum Marktplatz.

Wenn es – wie Mrs. Thatcher behauptete – »so etwas wie die Gesellschaft nicht gibt«, mußten die Menschen über kurz oder lang die Achtung vor sozial definierten Gütern verlieren. Und dies trat ein, als das spätthatcheristische Großbritannien einige der weniger attraktiven Charakterzüge des amerikanischen Vorbilds annahm, das die Eiserne Lady so bewunderte. Einrichtungen, die in der öffentlichen Hand blieben, wurden die Mittel gestrichen, während sich beträchtlicher Reichtum in den »befreiten« Wirtschaftszweigen ansammelte – vor allem in der City of London, wo die Investmentbanker und Börsenmakler mächtig vom »Big Bang« des Jahres 1986 profitierten, als Großbritanniens Finanzmärkte dereguliert und für den internationalen Wettbewerb geöffnet wurden. Die öffentlichen Räume wurden vernachlässigt. Klein- und Schwerkriminalität stiegen mit dem Anteil der Bevölkerung, der in ständiger Armut lebte. Privater Wohlstand ging wie so oft mit öffentlicher Verwahrlosung einher.[5]

Doch auch Margaret Thatchers Wirkungsbereich war begrenzt. Der typische »Thatcher-Wähler« – karikiert als etwas über dreißig, Immobilienmakler in den östlichen Vororten von London, von bescheidener Bildung, aber erheblichem Einkommen, mit Vermögenswerten (Haus, Auto, Auslandsurlaub, einige Beteiligungen an Investmentfonds und ein privater Pensionsplan), von denen seine Eltern nur träumen konnten – mochte ja in die Welt des thatcheristischen Individualismus Eingang gefunden haben. Doch seine Familie und er waren in wichtigen Dienstleistungsbereichen noch immer vollkommen von den staatlichen Leistungen abhängig: kostenlosem Bildungssystem, weitgehend kostenlosem Gesundheitswesen und subventionierten öffentlichen Verkehrsmitteln. Als Mrs. Thatcher und ihr Nachfolger John Major andeuteten, daß sie den National Health Service privatisieren oder Schulgeld für die staatlichen Schulen erheben wollten, verflüchtigte sich die öffentliche Zustimmung – und zwar genau in jenen zu neuem Wohlstand gelangten, aber durchaus nicht unverwundbaren Bevölkerungssegmenten, die sich ursprünglich zum Thatcherismus hingezogen fühlten.

Fünf Jahre nach Mrs. Thatchers Ausscheiden gelang es John Major tatsächlich, die Privatisierung der Eisenbahnunternehmen durchzudrücken. Die Konservativen bauten auf weitere Erlöse aus dem Verkauf öffentlichen Eigentums an Privathand; doch ihr wichtigster Beweggrund war wohl, daß Major *irgend etwas* privatisieren mußte. Mrs. Thatcher hatte zu diesem Zeitpunkt bereits fast alles andere verkauft, aber Privatisierung war nun einmal das einzige Programm der Konservativen Partei. Doch die Inkompetenz und die fragwürdigen Umstände der Abwicklung sowie die Katastrophen, die folgten – tragischer Höhepunkt waren eine Reihe offenbar vermeidbarer Zugunglücke – trugen nicht nur zwei Jahre später zur Wahlniederlage der konservativen Regierung bei, sondern beendeten auch die Privatisierungswelle und ließen die extremeren Erscheinungsformen des Thatcherismus in der Rückschau in einem wesentlich schlechteren Licht erscheinen.

Zu den vorrangigen Opfern Margaret Thatchers gehörte ihre eigene Konservative Partei. Als die Eiserne Lady mit ihr fertig war, hatte die Tory-Partei – seit fast hundert Jahren Großbritanniens »naturgegebene« Regierungspartei – kein Programm, keine Führer und, wie es vielen erschien, keine Seele mehr. Das mag als hartes Urteil bei einer Frau erscheinen, die ihre Partei zu drei Wahlsiegen hintereinander geführt und fast zwölf Jahre lang praktisch allein regiert hatte. Doch das ist natürlich der springende Punkt: Margaret Thatcher regierte *allein*. Mit den Worten von Friedrich dem Großen: »Das Volk sagt, was es möchte, und dann tue ich, was ich möchte.« Jeder Kollege, der in irgendeiner wichtigen Frage anderer Meinung als sie oder nicht »einer von uns« war, wurde kaltgestellt.

Mrs. Thatchers Altersgenossen in der Partei, ganz zu schweigen von der Gruppe der *Elder Statesmen*, die sie ausbootete, sobald sie sich traute, waren echte *Konservative*, in vielen Fällen alt genug, um sich noch an die tiefen politischen Gräben der Zwischenkriegsjahre zu erinnern, und voller Sorge, die Geister des Klassenkampfes wieder aufzustören. Thatcher war eine *Radikale*; sie drängte auf Zerstörung und Erneuerung und verachtete den Kompromiß. Für sie war der Klassenkampf, zeitgemäß aktualisiert, der eigentliche Inhalt der Politik. Ihre Maßnahmen, häufig sehr kurzfristig ersonnen, waren ihren Zielen untergeordnet; und diese wiederum waren in hohem Maße von ihrem Stil abhängig. Beim Thatcherismus stand das *Wie* des Regierens im Vordergrund, und die Sachfragen kamen erst in zweiter Linie. Ihre glücklosen konservativen Nachfolger, die es in die verödete Landschaft des Postthatcherismus verschlug, hatten keine politischen Vorstellungen, keine Ziele – und keinen Stil.[6]

Margaret Thatcher mag ja die Konservative Partei zerstört haben, aber sie hat zweifellos das Verdienst, für die Rettung und Wiedergeburt der Labour Party verantwortlich zu sein. Kurzfristig hat sie ihre Labour-Gegner natürlich zermalmt; nie hätte sie die Veränderungen durchsetzen können, die sie bewirkte, wären jene nicht so phänomenal unfähig gewesen. Zwar erkannten einige Köpfe der Labour Party 1979 die Probleme, vor denen sie standen, konnten diese Überzeugung aber ihren Anhängern nicht vermitteln. Als Thatcher an die Macht kam, ging die britische Labour Party turbulenten Zeiten entgegen. Der militante und gewerkschaftliche Kern der Partei sah die Welt ganz so wie Mrs. Thatcher, nur von der anderen Seite des Spiegels: Großbritannien mußte sich zwischen einem protektionistischen, kollektivistischen, egalitären, regulatorischen Staat einerseits und offenen Märkten, ungebremstem Wettbewerb, reprivatisierten Ressourcen und einem Minimum an gemeinsamen Gütern und Dienstleistungen andererseits entscheiden. Dank der Eisernen Lady gab es wieder eine eindeutige Alternative: Sozialismus oder Kapitalismus.

Die traditionell Gemäßigten bei Labour waren, wie ihresgleichen bei den Konservativen, in Not. Einige von ihnen – insbesondere Roy Jenkins, Expräsident der Europäischen Kommission – verließen Labour und gründeten eine kurzlebige Sozialdemokratische Partei, die schon bald mit den Liberalen verschmolz, Großbritanniens ewiger dritter Partei. Die meisten blieben, wenn auch sehr beklommen. Ihr Pessimismus war wohl begründet. Unter der Leitung des intellektuell bestechenden, aber politisch wirkungslosen Michael Foot bestritt die Partei die Unterhauswahlen von 1983 mit einem schamlos anachronistischen Programm, das versprach, nicht nur den Thatcherismus rückgängig zu machen, sondern auch noch viele der Kompromisse, die frühere Labour-Regierungen geschlossen hatten. Danach wäre Großbritannien von der internationalen Wirtschaftsbühne abgetreten (und hätte dem amerikanischen Verbündeten die unverbrüchliche Treue aufgekündigt). Das Land hätte nichts mehr mit Privatisierung, offenen Märkten, »Europa« oder anderen fremdartigen Projekten zu tun gehabt. Sicher hinter den protektionistischen Mauern einer geschlossenen Wirtschaft, hätten die *Little Englanders,* die Parteigänger eines »Klein-Englands«, trotzig an ihrem Neuen Jerusalem gebaut, das von ihren Kollegen so oft geschmäht worden war.

Labours Wahlprogramm von 1983 wurde von einem mutlosen Parlamentarier knapp und hellsichtig als der längste je geschriebene »Abschiedsbrief eines Selbstmörders« bezeichnet. Beflügelt von ihrem kürzlich errungenen Sieg im Falklandkrieg, mit dem sie das »Patriotismusmonopol« ihrer Partei begründet und ein weiteres Mal ihre ungewöhnliche Leidenschaft für Konfrontationen unter Beweis gestellt hatte,[7] gewann Mrs. Thatcher die Wahlen vom Juni 1983 fast mit einem Rekordergebnis. Die Labour Party verlor mehr als drei Millionen Wähler und 160 Sitze im Parlament. Ihr Stimmanteil fiel auf 27,6 Prozent, das schlechteste Abschneiden der Partei seit dem Ersten Weltkrieg. Ob das britische Volk begehrte, was Mrs. Thatcher ihm verkaufen wollte, blieb unklar (die Konservativen bekamen nicht mehr Stimmen als vorher); aber es begehrte ganz zweifellos *nicht* die Alternative, die im Angebot war.

Vierzehn Jahre und drei verschiedene Führer brauchte die Labour Party, um sich von der Katastrophe des Jahres 1983 zu erholen. Politisch mußte die Partei die Trotzkisten und andere »harte« linke Aktivisten in einigen ihrer regionalen Hochburgen (vor allem Liverpool) isolieren und ausschalten. Soziologisch mußte sie ihre Unfähigkeit aufarbeiten, mit den Interessen und Bestrebungen einer neuen Mittelklasse Schritt zu halten, ohne deren Unterstützung sie nie wieder ins Amt gewählt werden würde und die den schwindenden Kern des Industrieproletariats und der öffentlichen Bediensteten ersetzte, auf die sich Labour (wie alle sozialdemokratischen Parteien) traditionell stützte. Intellektuell mußten die Labour-Spitzen neue politische Ziele entwickeln – und eine neue Sprache, um sie zu präsentieren.

Mitte der neunziger Jahre waren diese Ziele erreicht – wenn auch nur kosmetisch. 1996 veränderte die Partei ihren Namen in *New* Labour, ein Jahr nachdem ihr neuer Führer Tony Blair seine Kollegen endlich dazu bewogen hatte, die strittige Klausel IV zu streichen, welche die Partei auf die Verstaatlichung festlegte. Als Labour 1997 endlich wieder an die Macht kam, indem sie eine ausgelaugte Konservative Partei gründlich besiegte, war keine Rede mehr davon, die Thatcher-Revolution rückgängig zu machen. Statt dessen wandte sich der Wahlkampf von New Labour fast ausschließlich an Wähler vom »weichen Rand« der konservativen Partei, indem er gegen hohe Steuern, Korruption und Ineffizienz zu Felde zog – genau die Mißstände, gegen die Mrs. Thatcher eine Generation zuvor gewettert hatte.

Wenn Tony Blair und seine Kollegen einen diskreten Schleier des Vergessens über die Thatcher-Ära breiteten, so geschah das nicht zufällig. Blairs Erfolge beruhten unmittelbar auf einem dreifachen Vermächtnis von Mrs. (nun Lady) Thatcher. Erstens »normalisierte« sie den radikalen Abbau des öffentlichen Sektors von Industrie und Dienstleistungen und seine Ersetzung durch das »privatisierte« unternehmerische Großbritannien, dessen Lob Blair so unermüdlich sang. Zweitens hatte sie dabei die alte Labour Party zerstört und damit die Aufgabe derer erleichtert, die um ihre Reform kämpften: Blair brauchte nur die Früchte ihres Wirkens zu ernten. Und drittens hatte, wie gesehen, ihre Schroffheit und Unduldsamkeit gegenüber abweichenden Meinungen ihre Partei gespalten und unwählbar gemacht.

Auf Thatchers Spuren wandelnd, teilte Tony Blair auch viele ihrer Vorurteile, verkündete sie aber sozialverträglicher. Wie sie hatte er eine ausgeprägte Abneigung gegen das alte politische Vokabular. In seinem Fall bedeutete das den Verzicht auf den Begriff der »Klasse«, eine veraltete soziale Kategorie, die im rhetorischen Textbaukasten von New Labour durch »Rasse« oder »Geschlecht« ersetzt wurde. Wie Mrs. Thatcher hatte Blair wenig übrig für dezentralisierte Entscheidungsfindung oder parteiinterne Meinungsvielfalt. Wie sie umgab er sich am liebsten mit Geschäftsleuten aus der Privatwirtschaft.[8] Obwohl New Labour vage der »Gesellschaft« verpflichtet blieb, hegte die Blairsche Führungsgilde den gleichen instinktiven Argwohn gegen »den Staat« wie die doktrinärsten Thatcher-Anhänger.

So also bemißt sich Margaret Thatchers Leistung. Sie hat nicht nur den Nachkriegskonsens zerstört, sie hat auch einen neuen geschaffen. Bevor sie an die Macht kam, hielt man es für selbstverständlich, daß der Staat der naturgegebene Ursprung von Legitimität und Initiative sei. Als sie von der politischen Bühne abtrat, wurde diese Ansicht selbst in der extrem auf den Staat fixierten Labour Party eine Minderheitenposition. Zum erstenmal seit zwei Generationen wurde die Rolle des Staates zur Diskussion gestellt, und immer weniger und weniger Stimmen erhoben sich zu seiner Verteidigung, zumindest in den maßgeblichen politischen Kreisen. Natürlich gab es genügend Politiker, die auch weiterhin glaubten, die Thatcher-Revolution habe Unheil angerichtet, und eine Rückkehr zum Staat als Betreiber der öffentlichen Dienste (wenn schon nicht als Eigentümer der Produktionsmittel) sei noch immer wünschenswert. Doch nach Frau Thatcher waren solche Auffassungen nicht glaubhaft zu begründen – und fanden, sofern sie sich nicht auf fundamentale Dinge des Gemeinwohls wie Bildungs- und Gesundheitswesen bezogen, kaum noch offene Ohren.

Manchmal ist der Einwand zu hören, Thatchers Rolle bei dieser Veränderung werde übertrieben, die Umstände hätten Großbritannien in jedem Falle in eine »thatcheristische« Richtung getrieben, kurzum, der Gesellschaftsvertrag der Nachkriegszeit sei ohnehin schon saft- und kraftlos geworden. Mag sein. Aber selbst rückblickend ist kaum zu erkennen, wer denn außer Mrs. Thatcher die Rolle des Totengräbers hätte übernehmen können. Was wir in Rechnung zu stellen haben, ist das bloße *Ausmaß* der Veränderungen, die sie, zum Guten oder Schlechten, bewirkt hat. Jedem, der im England des Jahres 1978 eingeschlafen und zwanzig Jahre später erwacht wäre, wäre das Land wohl fremd erschienen: völlig anders, als es einst war – und deutlich verschieden vom Rest Europas.

Auch Frankreich veränderte sich im Laufe dieser Jahre grundlegend, in mancher Hinsicht mit den gleichen Folgen. Doch während in Großbritannien die Grundannahmen des Nachkriegskonsenses einer Revolution von rechts zum Opfer fielen, wurde in Frankreich das feste politische Schema durch eine Renaissance und Verwandlung der nichtkommunistischen *Linken* aufgebrochen. Viele Jahre stand die französische Politik vollkommen im Bann der entgegengesetzten Anziehungskräfte der Kommunistischen Partei auf der linken und der Gaullisten auf der rechten Seite. Zusammen mit ihren linken beziehungsweise rechten Juniorpartnern verkörperten und verlängerten Kommunisten und Gaullisten getreulich eine besondere französische Tradition politischer Bindung, die durch Region, Beruf und Religion verkörpert wurde.

Diese starren Strukturen der politischen Soziologie in Frankreich, die seit der Mitte des 19. Jahrhunderts ungebrochen hielten, waren, wie gesehen, durch die sozialen und kulturellen Verschiebungen der sechziger Jahre bereits ins Wanken geraten. Die Linke konnte sich nicht mehr auf einen proletarischen Wählerblock verlassen. Die Rechte wurde nicht mehr durch die Person und Aura de Gaulles zusammengehalten, der 1970 starb; und die Grundkonstante des politischen Konservatismus in Frankreich – die Tendenz konservativer Wähler zum praktizierenden Katholizismus – begann durch den Rückgang der öffentlichen Religionsausübung brüchig zu werden, weil die Kirchen in den französischen Dörfern und Kleinstädten ihre Gemeindemitglieder – und vor allem deren Kinder – an die Metropolen verloren.

Doch es vollzog sich ein noch tieferer Wandel. Im Laufe der siebziger und Anfang der achtziger Jahre erschien es den Franzosen, als verschwände die traditionelle französische Gesellschaft und eine ältere Lebensweise – unterschiedlich und liebevoll beschrieben und erinnert als »la France profonde, la douce France, la bonne vieille France, la France éternelle« – unmittelbar vor ihren Augen. Die Modernisierung der Landwirtschaft in den fünfziger und sechziger Jahren, die Abwanderung der Bauernsöhne und -töchter in die Städte hatte das ländliche Frankreich stetig entvölkert. Die wiederbelebte Volkswirtschaft brachte einen Wandel des Berufslebens, des Reise- und Freizeitverhaltens einer neuen Klasse von Stadtbewohnern. Straßen und Schienen, auf denen sich seit Jahren Unkraut und Schmutz gesammelt hatten, wurden erneuert, renaturiert oder durch ein weitgehend neues Netz von landesweiten Verkehrswegen ersetzt. Klein- und Großstädte, die schon lange im schäbigen urbanen Morast von Verfall und Unterinvestitionen verkamen, füllten sich plötzlich wieder mit Menschen und Tatkraft.

Nicht alle Franzosen fanden Gefallen an dem Tempo der Veränderung. Politische Bewegungen entstanden und protestierten gegen die Beschleunigung und Verstädterung des sozialen Lebens, das Wachstum der Städte und die Entvölkerung der ländlichen Regionen. Ein Vermächtnis der sechziger – das erneuerte Interesse an lokalen und regionalen Sprachen und Kulturen – schien die territoriale Unverletzlichkeit und Einheit Frankreichs zu bedrohen. Ängstliche Zeitgenossen hatten den Eindruck, ihr Land würde sich zugleich modernisieren und auflösen. Doch der Staat schwebte über allem Streit. In Großbritannien erschien vielen Beobachtern jene Beziehung zwischen einem allumfassenden Staat und einer ineffizienten Wirtschaft, für die Margaret Thatcher nichts als Hohn und Verachtung übrig hatte, selbstverständlich. Doch in Frankreich verfügte der Staat selbst offenbar über den Schlüssel zum wirtschaftlichen Wiedererstarken des Landes. Seine Manager waren die geistige Elite des Landes; seine Planer verstanden sich als eine Klasse von unvoreingenommenen Staatsdienern, die von den kurzlebigen ideologischen Leidenschaften und sozialen Eruptionen der Nation unbeeindruckt blieben. Erbitterten politischen Streit gab es in der französischen Nation über die Frage, *wer* an die Macht käme und mit welchen sozialen Zielen; doch hinsichtlich der Frage, *wie* diese Macht ausgeübt werden sollte, herrschte ein bemerkenswerter praktischer Konsens.

Von 1958 bis 1969 war der französische Staat von Charles de Gaulle regiert worden. Der bewußt traditionelle Stil des Präsidenten und sein eingestandenes Desinteresse an den Details wirtschaftlicher Planung hatten sich nicht als Hindernis für Veränderungen erwiesen. Ganz im Gegenteil: Ausgerechnet unter der Tarnkappe einer halbautoritären Verfassung, die auf die Bedürfnisse eines charismatischen militärischen Autokraten zugeschnitten war, hatte Frankreich mit jener radikalen Modernisierung begonnen, die ein Grund für die Proteste von 1968 gewesen waren – tatsächlich wurden diese Proteste durch die beunruhigende Mischung aus altmodischer paternalistischer Autorität und destabilisierenden sozialen Veränderungen ausgelöst.

De Gaulles Gegner und Kritiker machten viel Aufhebens von der »undemokratischen« Art und Weise, wie der General sich die Macht angeeignet hatte und wie er sie ausübte – »le coup d'état permanent«, wie François Mitterrand in einer 1965 veröffentlichten Broschüre schrieb – doch die Mittel und der Glanz eines mit praktisch unbegrenzter Macht ausgestatteten Präsidentenamtes erwiesen sich für seine Nachfolger, gleich welcher Couleur, als genauso unwiderstehlich. Das besondere System der direkten Präsidentschaftswahl warf einen Schatten auf die alle fünf Jahre stattfindenden Parlamentswahlen des Landes, weil die politischen Fähigkeiten und Persönlichkeitsmerkmale einzelner Kandidaten im Vordergrund standen, um die sich die politischen Parteien notgedrungen scharen mußten. Das war der Kontext, in dem der imponierende Mitterand unvergleichlich aufzutreten wußte.

François Mitterrand war, wie Margaret Thatcher, ein höchst ungewöhnlicher Kandidat für die Rolle, die er in den Angelegenheiten seines Landes spielen sollte. Als Sohn einer Familie praktizierender Katholiken in Frankreichs konservativem Südwesten geboren, war er in den dreißiger Jahren ein rechtsgerichteter Jurastudent und Aktivist in einigen der extremsten antidemokratischen Bewegungen der Zeit. Den größten Teil des Zweiten Weltkrieges verbrachte er als junger Staatsbeamter in den Diensten der kollaborierenden Vichy-Regierung und wechselte die Seiten gerade rechtzeitig, um sich nach dem Krieg als Widerstandskämpfer ausgeben zu können. Seine Laufbahn als Parlamentarier und Minister in der Vierten Republik bestritt er in verschiedenen kleinen Mitte-links-Parteien, von denen keine auch nur die geringste Bindung zur marxistischen Hauptströmung aufwies.

Selbst als er sich 1965 erfolglos mit Unterstützung der Parteien der offiziellen Linken um das Präsidentenamt bewarb, war Mitterrand keineswegs ihr Kandidat und legte Wert darauf, die Distanz zu ihnen zu wahren. Erst nach dem Zusammenbruch der alten Parti Socialiste im Jahr 1969 im Anschluß an die demütigende Wahlniederlage von 1968 begann Mitterrand, seine Rolle bei ihrer Renaissance zu planen. 1971 erfolgte ein Übernahmeangebot durch eine neue Sozialistische Partei, geführt von Mitterrand und einer neuen Generation von ehrgeizigen jungen Männern, die angetreten waren, ihm zu dienen.

Die Beziehung, die Mitterand mit dem einst so stolzen französischen Sozialismus verband, war von wechselseitigen Nützlichkeitserwägungen bestimmt. Die Partei brauchte Mitterrand. Sein gutes Abschneiden bei der Präsidentschaftswahl von 1965, als er die Stimmen von 27 Prozent der registrierten Wähler bekam (darunter viele konservative Hochburgen im Osten und Westen) und de Gaulle in eine Stichwahl zwang, zeigten, daß er ein Stimmenmagnet war – bereits 1967, bei einer *Parlamentswahl*, waren Mitterrand-Plaketten und -Fotos sehr begehrt gewesen. Das Land trat in ein neues Zeitalter der fernsehgerechten, personalisierten Politik ein, was Michel Durafour, den Bürgermeister von Saint-Etienne, 1971 zu dem düsteren Kommentar veranlaßte: »Frankreich lebt nur in Vorwegnahme der nächsten Präsidentschaftswahl.« Mitterrand war eine Trumpfkarte für die Linke.

Mitterrand seinerseits brauchte die Sozialisten. Da er keine eigene Organisation hatte und mehr als ein bißchen angeschlagen war von den Kompromissen und Skandalen der Vierten Republik, in deren Regierungen er als Minister mitgewirkt hatte, benutzte dieser gerissene Opportunist die Sozialistische Partei, um sich ein neues Image zuzulegen, das des engagierten Linken, ohne sich indessen mit dem doktrinären Ballast zu beschweren, der die Linke so unbeweglich machte. Einmal hat er seine religiöse Bindung folgendermaßen beschrieben: »Je suis né chrétien, et je mourrai sans doute en cet état. Dans l'intervalle …« (Ich bin als Christ geboren und werde zweifellos als solcher sterben. Aber dazwischen …). Im gleichen zynischen Fahrwasser hätte er hinzufügen können, daß er als Konservativer geboren wurde und als solcher sterben würde, daß es ihm aber in der Zwischenzeit gelungen sei, Sozialist zu werden.

Diese Vernunftehe klappte besser, als sich wohl beide Seiten vorgestellt hatten. Im Laufe der siebziger Jahre, als die britische Labour Party ihren vernichtenden Niedergang erlebte, standen Frankreichs Sozialisten an der Schwelle ihres größten Erfolges. Das Doppelhindernis, das der Wiederkehr einer linken Mehrheit in Frankreich im Weg gestanden hatte, war de Gaulles Charisma und die Angst vieler Wähler, daß eine Regierung der Linken von den Kommunisten beherrscht würde. 1970 war de Gaulle tot; und zehn Jahre später waren es auch die Chancen der Kommunisten. Jenes konnte Mitterrand sich nicht als direktes Verdienst anrechnen, dieses war fraglos seine Leistung.

Die Logik des Notwendigen anerkennend und frei von den ideologischen Spitzfindigkeiten seiner wirklich sozialistischen Vorgänger, ließ Mitterand seine neue Sozialistische Partei zunächst zusammen mit den Kommunisten marschieren. 1972 ging er ein Wahlbündnis mit ihnen ein, das sich ein gemeinsames Programm aus verschwommen formulierten antikapitalistischen Thesen zulegte. Bei den Wahlen von 1977 blieben die Kommunisten, die führende Partei der Linken seit 1945, zehn Prozent hinter Mitterands Sozialisten zurück. Erst da wurde Georges Marchais, dem farblosen Generalsekretär der KPF, langsam klar, welchen Fehler seine Partei begangen hatte, indem sie ihr Schicksal mit dem von Mitterands junger und tatkräftiger Partei verknüpft hatte – eine Entscheidung, die teilweise unter dem optimistischen, ökumenischen Einfluß des »Eurokommunismus« gefällt worden war –, aber da war es zu spät.

Als Mitterrand bei den Präsidentschaftswahlen von 1974 als Kandidat der vereinigten Linken sein Ergebnis von 1965 noch übertroffen hatte und nur knapp von Giscard d'Estaing geschlagen worden war, hatte er sich eine perfekte Wahlmaschine geschaffen, indem er die Sozialistische Partei in eine Allzweckbewegung umgeformt hatte, die das ganze Spektrum der französischen Gesellschaft abdeckte – Katholiken, Frauen, Landwirte und kleine Ladeninhaber, alles Leute, die den Sozialisten bis dahin feindselig gegenübergestanden hatten.[9] Sein eigenes Image war mit dem Alter milder geworden: Riesige Wahlplakate im Frühjahr 1981 zeigten Mitterrands Porträt mit Weichzeichner, vor der gleichen zeitlos-idyllischen Landschaft, mit der einst Pétain für sich geworben hatte, und darunter das Versprechen »La Force Tranquille« – die ruhige Kraft.

Die Kommunisten waren inzwischen schwach geworden – die sowjetische Invasion in Afghanistan 1979 war ebenso peinlich wie ihre fortwährenden Verluste in den Umfrageergebnissen. Während der siebziger Jahre hatte die Kommunistische Partei ihre Stellung als Fixstern am ideologischen Firmament eingebüßt. Ihr Prestige war mit ihren Stimmenanteilen geschwunden, sogar im »Roten Industriegürtel« von Paris, den sie seit Mitte der zwanziger Jahre beherrscht hatte. Trotzdem war Marchais entschlossen, sich für die bevorstehenden Präsidentschaftswahlen als Kandidat aufstellen zu lassen: teils aus Gewohnheit, teils aus Selbstüberschätzung, vor allem aber aus der wachsenden Erkenntnis heraus, daß sich die KPF unbedingt aus der tödlichen Umarmung ihrer sozialistischen Genossen lösen mußte.

Im ersten Urnengang der Präsidentschaftswahlen von 1981 vereinigten die beiden konservativen Kandidaten Giscard d'Estaing und der junge Jacques Chirac zusammen mehr Stimmen auf sich als Mitterrand und Marchais (dieser erhielt nur 12,2 Prozent der Stimmen). Doch zwei Wochen später bei der Stichwahl zwischen den beiden bestplazierten Kandidaten, bei der sich Mitterrand die Unterstützung der Sozialisten, Kommunisten, Umweltschützer und sogar der normalerweise unkooperativen Trotzkisten sicherte, erhöhte er seinen Stimmenanteil aus dem ersten Wahlgang um mehr als das Doppelte und wurde damit das erste direkt gewählte sozialistische Staatsoberhaupt Europas. Umgehend löste er die Nationalversammlung auf und setzte Parlamentswahlen an, in der seine eigen Partei die Kommunisten und Rechten gleichermaßen vorführte und ganz allein die absolute Mehrheit in der Assemblée Nationale gewann. Die Sozialisten regierten unangefochten über Frankreich.

Die spontanen Feiern, mit denen der Sieg der Sozialisten begrüßt wurde, sind ohne Beispiel. Für die Zehntausende (überwiegend jungen) Mitterrand-Anhänger, die auf den Straßen tanzten, war es der »Grand Soir«, der Vorabend der Revolution, die Schwelle eines radikalen Bruchs mit der Vergangenheit. Aufgrund des Wahlergebnisses allein wäre das eine merkwürdige Behauptung gewesen. Wie bei erdrutschartigen Ergebnissen früherer Wahlen – dem Sieg der französischen Volksfront im April 1936, mit dem Mitterrands Erfolg sofort verglichen wurde, oder Margaret Thatchers Triumph von 1979 – gab es in der französischen Wahl von 1981 keine vollkommene Neuverteilung der französischen Stimmen. Tatsächlich schnitt Mitterrand im ersten Wahlgang sogar *schlechter* ab als bei seinen früheren Bewerbungen um das Präsidentenamt 1965 und 1974.

Der Unterschied zu früher zeigte sich in der Disziplin der linken Wähler, die sich beim zweiten Wahlgang diesmal geschlossen hinter Mitterrand versammelten, statt sich in sektiererischem Eigensinn in den Schmollwinkel zurückzuziehen, und in der Uneinigkeit der *Rechten*. Von den Wählern, die sich im ersten Durchgang der Präsidentschaftswahlen von 1981 für Chirac entschieden hatten, stimmten 16 Prozent zwei Wochen später für Mitterrand – und nicht für die Wiederwahl des scheidenden Präsidenten Giscard d'Estaing, eines Mannes, der von Chiracs gaullistischen Anhängern zutiefst verabscheut wurde. Wäre die Rechte nicht so uneins gewesen, hätte es keinen Präsidenten Mitterrand, keinen sozialistischen Kantersieg bei den nachfolgenden Parlamentswahlen – und keinen »Grand Soir« hochfliegender radikaler Träume gegeben.

Es lohnt sich, darauf hinzuweisen, weil so viel vom Ergebnis dieser Wahlen abzuhängen schien. Rückblickend ist klar, daß Mitterands Leistung 1981, wie er es auch selber sah, darin bestand, den Politikwechsel in der französischen Republik zu »normalisieren«, die Sozialisten als normale Regierungspartei gesellschaftsfähig zu machen. Doch Mitterrands Anhänger hatten 1981 eine ganz andere Vorstellung davon. Ihr Ziel bestand nicht darin, den Wechsel der Macht für die Zukunft zu normalisieren, sondern sie hier und jetzt zu ergreifen und zu nutzen. Sie nahmen die Versprechen ihres Führers für bare Münze, glaubten an die radikalen Veränderungen und daran, daß er nicht nur die Korruption und den *Ennui* der Giscard-Jahre, sondern auch das kapitalistische System selbst beseitigen würde. Die militanten Sozialisten Frankreichs waren so lange von der Macht ausgeschlossen gewesen, daß sie ungehindert ihren Traum von der Revolution träumen durften.

Denn die Linken waren seit vielen Jahrzehnten nicht mehr in der Regierung gewesen; ja, sie hatten die Macht nie ungehindert ausüben können, frei von Koalitionspartnern, unkooperativen Bankern, Devisenproblemen, internationalen

Notfällen und einer Vielzahl anderer Entschuldigungen für ihre Unfähigkeit, den Sozialismus zu verwirklichen. 1981, so schien es, griff keine von ihnen, und es würde keine Ausreden für einen Rückfall geben. Außerdem war die Gleichsetzung von Kontrolle des Staates und Durchsetzung revolutionärer Veränderungen so tief in der radikalen politischen Kultur Frankreichs verwurzelt, daß die bloße Tatsache des Wahlsiegs schon als Garant für künftige soziale Konfrontationen genommen wurde.

Wie Marx selbst setzte die französische Linke jede reale politische Veränderung mit einer politischen Revolution im allgemeinen und der großen Französischen Revolution im besonderen gleich. So wurden begeisterte Vergleiche zu 1871 und sogar 1791 gezogen. Tatsächlich hat Mitterrand während des Wahlkampfes nichts gesagt, was geeignet gewesen wäre, die Engagierten unter seinen Anhängern von solchen Hoffnungen abzubringen. Um den Kommunisten und den Linken in seiner eigenen Partei »die Schau zu stehlen«, hatte er sich so revolutionär wie sie gebärdet. Sein Wahlkampf hatte Erwartungen geweckt, die er nun erfüllen sollte.

So begannen die Mitterrand-Jahre mit einem ehrgeizigen und radikalen Programm: einer Mischung aus moralischem Aufschwung und überfälligen sozialen Reformen (unter denen die Abschaffung der Todesstrafe die bedeutendste war) und einer abenteuerlichen Liste von »antikapitalistischen« Gesetzesvorhaben. Die Löhne wurden angehoben, das Ruhestandsalter gesenkt, die Arbeitszeiten gekürzt. Doch der entscheidende Punkt des Programms war ein beispielloser Verstaatlichungsplan. In seinem ersten Amtsjahr unterwarf die neue sozialistische Regierung unter Ministerpräsident Pierre Mauroy unter anderem folgende Unternehmen staatlicher Kontrolle: 36 Geschäftsbanken, 2 große Kreditbanken, 5 der bedeutendsten französischen Industrieunternehmen (unter anderem Thomson-Brandt, den größten Hersteller von Elektrogeräten und Unterhaltungselektronik in Frankreich) sowie Usinor und Sacilor, Frankreichs riesige Eisen- und Stahlkonzerne.

Diesen Maßnahmen lag keine durchdachte wirtschaftliche Strategie zugrunde. Zwar war die Rede davon, daß man die träge französische Wirtschaft durch staatliche Finanzspritzen auf Trab bringen wolle, doch das war keine neue und keine besonders sozialistische Idee: Premierminister Chirac hatte Mitte der siebziger Jahre kurzzeitig ähnlich nachfrageorientierte Projekte für mehr Wirtschaftwachstum verfolgt. Hauptaufgabe der Verstaatlichungen 1981/82 war die gleiche, wie die der begleitenden Devisenkontrollen: Sie sollten der antikapitalistischen *Absicht* der neuen Regierung symbolischen Ausdruck verleihen, unter Beweis stellen, daß die Wahlen von 1981 tatsächlich mehr verändert hatten als nur das Personal der Regierung.

Tatsächlich war von Anfang an klar, daß beispielsweise die Manager in den staatlichen Banken ihre Aufgabe nur erfüllen konnten, wenn man ihnen »vollkommene Entscheidungs- und Handlungsfreiheit« einräumte und damit eben jene regulatorischen und der sozialen Umverteilung dienenden Zielsetzungen aufhob, mit denen man die Übernahme dieser Unternehmen ursprünglich gerechtfertigt hatte. Diese pragmatische Konzession zeigt, mit welch allgemeinen Hindernissen Mitterrands »Revolution« zu tun bekam. Ein Jahr lang bemühte sich die neue Regierung tapfer, Frankreich und der Welt ein radikales Gesicht zu zeigen. Zuerst gelang das auch ganz überzeugend – Jacques Attali, ein enger Berater von Mitterrand, berichtete, offizielle Stellen der Vereinigten Staaten (wie immer auf der Suche nach solchen ideologischen Rückfällen) hätten behauptet, es gebe kaum einen Unterschied zwischen der französischen Wirtschaftspolitik und derjenigen der Sowjetunion.

Doch ein »sozialistischer« Weg hätte für Frankreich 1982 nicht nur bedeutet, Devisenkontrollen vorzunehmen, sondern ein ganzes Spektrum von ordnungspolitischen Maßnahmen, die das Land von seinen Handelspartnern losgelöst und praktisch zur Autarkie gezwungen hätte. Damals wäre der Versuch, Frankreich aus den internationalen Finanzmärkten herauszunehmen, vielleicht kein so unvorstellbares Unterfangen gewesen, wie es das später werden sollte: 1977 war allein der Marktwert von IBM doppelt so hoch wie die Kapitalisierung der gesamten Pariser Börse. Von größerer Bedeutung war der Umstand, daß ein solcher Schritt Frankreichs Loslösung und vielleicht sogar Ausscheiden aus der Europäischen Gemeinschaft bewirken hätte können. Die Abkommen der EG über die Angleichung von Zollsätzen, Marktordnungen und Währungen, von den Plänen für einen gemeinsamen Markt ganz zu schweigen, schränkten die Handlungsspielräume der Mitgliedsstaaten bereits erheblich ein.

Diese Überlegungen scheinen Mitterrand stark beschäftigt zu haben – zweifellos verstärkt durch Indizien für eine wachsende Panik in Wirtschaftskreisen und Anzeichen dafür, daß Valuta, Wertgegenstände und Menschen immer rascher ins Ausland abwanderten und eine Wirtschaftskrise auslösten. Am 12. Juni 1982 beschloß der Präsident eine Kehrtwendung. Die Ratschläge seiner radikaleren Berater in den Wind schlagend, ermächtigte Mitterrand seine Regierung, Preise und Löhne für die Dauer von vier Monaten einzufrieren, die öffentlichen Ausgaben (die im Jahr zuvor großzügig erhöht worden waren) zu kürzen, die Steuern zu erhöhen, dem Kampf gegen die Inflation Vorrang einzuräumen (statt neues Geld zu drucken, wozu er zuvor gezwungen war) – kurzum, mehr oder weniger die Wirtschaftsstrategie des konservativen Wirtschaftswissenschaftlers Raymond Barre zu übernehmen, nach dessen nie verwirklichtem »Plan« 1977, avant l'heure, eine Dosis Thatcherismus in Frankreich eingeführt werden sollte, und man sich fortan jeder Erwähnung eines »französischen Wegs zum Sozialismus« zu enthalten hatte.

Die kommunistischen Verbündeten des Präsidenten und einige seiner sozialistischen Parteifreunde waren tief geschockt. Doch eigentlich hätten sie nicht überrascht sein dürfen. Der extreme Pragmatiker Mitterrand begriff ziemlich rasch, daß es für Frankreich völlig undenkbar war, auch nur die Möglichkeit in Erwägung zu ziehen, sich zwischen dem Verbleib im wirtschaftlichen (und politischen) Einflußbereich des Westens und einem zweifelhaften und unsicheren Mittelweg zwischen Kapitalismus und Kommunismus zu entscheiden. Aus einer flüchtigen Notwendigkeit eine dauerhafte Tugend zimmernd, stilisierte er sich selbst zum führenden »Europäer« hoch. Fortan würde Frankreich eine bessere Gesellschaft *durch* die Europäische Vereinigung schaffen und nicht gegen sie. Statt gegen den Kapitalismus zu kämpfen, würde Frankreich eine überlegene Version erfinden.

1984 hatte Mitterrand die vier kommunistischen Minister aus seiner Regierung entfernt, sich öffentlich zu den Vorzügen einer »Mischwirtschaft« bekannt, mit Laurent Fabius einen jungen, technokratischen Ministerpräsidenten ernannt, die Verantwortung für Wirtschaft, Finanzen und Haushalt Jacques Delors übertragen, mit der Maßgabe, die französische Wirtschaft zu stabilisieren,[10] und in einer berühmten Rede vom April desselben Jahres rief er sogar zu einer Modernisierung Frankreichs »à l'américaine« auf.

Mitterrand hatte Frankreich auf seiner Seite – 1983 bedauerten nur 23 Prozent seiner sozialistischen Wähler, daß er den »Sozialismus nicht in die Tat umgesetzt« hatte. Ob sie mit der gleichen Begeisterung seine »Modernisierung« wünschten, wissen wir nicht, aber auf jeden Fall modernisierte er – ohne die weniger strittigen früheren Reformen ausdrücklich aufzugeben: Dezentralisierung der Verwaltung, Erneuerung der Sozialsysteme, Sicherung der Rechte von Frauen am Arbeitsplatz und eine langerwartete Justizreform. Mitterrand widmete seine lange Regierungszeit (er nahm 1995 nach zwei 7jährigen Amtszeiten als Präsident seinen Abschied und starb ein Jahr später mit achtzig Jahren) den kostspieligen öffentlichen Bauvorhaben von zweifelhaftem ästhetischem und praktischem Wert, der Wiederbelebung internationaler französischer Initiativen[11] … und der Aufsicht über die Rückführung vieler Dienstleistungs- und Industrieunternehmen in private Hände, obwohl diese erst kürzlich der öffentlichen Kontrolle unterstellt worden waren.

Der erste Anstoß zur Privatisierung von Frankreichs riesigem öffentlichem Sektor kam von der konservativen Parlamentsmehrheit, die siegreich aus den Wahlen von 1986 hervorging. Doch die nachfolgenden Regierungen, gleich welcher Couleur, setzten diese Bestrebungen fort – die sozialistischen Regierungen in Mitterands letzten Jahren waren sogar die tatkräftigsten Privatisierer von allen. Die ersten Unternehmen, die an private Bieter verkauft wurden – nach britischem Vorbild durch öffentliche Zeichnungsangebote – waren die Großbanken und TF1, einer von drei staatlichen Fernsehsendern. Es folgten öffentliche Holding-Gesellschaften, Versicherungsgesellschaften, Chemie- und Pharmaunternehmen und die riesigen Ölkonglomerate Total und Elf.

Im Gegensatz zu Mrs. Thatcher und ihren Erben gingen die Franzosen jedoch beim Verkauf von Verkehrs- und Versorgungsbetrieben oder »strategischen« Unternehmen wie dem Autohersteller Renault (der erst kürzlich durch eine gewaltige staatliche Kapitalspritze vor dem Bankrott gerettet worden war) vorsichtig zu Werke. Auf ihren Märkten wie in ihren Gärten begegneten die Franzosen allem Wildwuchs mit Mißtrauen. Sie zogen es vor, sich eine gewisse Interventionsmöglichkeit zu erhalten, meist indem sie an den privatisierten Firmen eine Staatsbeteiligung behielten. Die Privatisierung war also eine klar geregelte Angelegenheit – Mehrheitsbeteiligungen wurden vorsichtig an Unternehmen und Firmen abgegeben, auf die sich der Staat verlassen konnte, während man ausländischen Investoren viele Jahre lang verständlicherweise mit Mißtrauen begegnete. Trotzdem waren die Veränderungen nach französischen Maßstäben gewaltig und brachten das Land schlagartig auf Kurs mit den europäischen und internationalen Entwicklungen.

Vielleicht ist es an der Zeit, ein paar Worte über die Privatisierungswelle zu verlieren, die in den achtziger Jahren die Küsten Westeuropas erreichte und in dem nachfolgenden Jahrzehnt Europa überrollte. Sie kam nicht wirklich aus heiterem Himmel. British Petroleum war, wie erwähnt, seit 1977 Stück um Stück veräußert worden; die Bundesrepublik hatte sich bereits 1959 des Chemiekonzerns Preussag durch eine Aktienemission entledigt und ihre Volkswagenanteile einige Jahre später verkauft. Sogar der österreichische Staat hatte während der fünfziger Jahre 40 Prozent seiner Anteile an zwei verstaatlichten Banken verkauft and sich 1972 von seiner beträchtlichen Beteiligung an Siemens getrennt.

Doch das waren sporadische und gewissermaßen *pragmatische* Privatisierungen. Was in den achtziger Jahren geschah, war völlig verschieden und den Regierungen aus ganz anderen Richtungen aufgezwungen. Erstens stellte die beschleunigte technische Entwicklung – vor allem auf dem Gebiet der Telekommunikation und der Finanzmärkte – die alten, »naturgegebenen« Monopole in Frage. Wenn die Staaten die Nutzung der Ätherwellen oder der Kapitalbewegungen nicht mehr exklusiv für sich beanspruchen konnten, hatte es wenig Sinn für sie, sie zu »besitzen«. Der Staat mochte zwar gewichtige politische oder soziale Gründe haben, einen Teil eines gegebenen Sektors zu behalten – etwa einen öffentlich-rechtlichen Fernsehsender oder die Post –, aber der Wettbewerb war jetzt nicht mehr zu vermeiden.

Zweitens waren Regierungen gelegentlich gezwungen, öffentliches Eigentum wegen kurzfristiger wirtschaftlicher Erfordernisse zu verkaufen. Unter dem Druck der Inflation, der Ölkrise von 1979/80, großer Haushaltsdefizite und wachsender Staatsverschuldung hatte der Verkauf von Staatseigentum für Finanzminister einen doppelten Vorteil. Der Staat konnte sich verlustbringender Industrie- oder Dienstleistungsunternehmen entledigen, und das auf diese Weise eingenommene Geld konnte – wenn auch nur einmalig – zum Ausgleich des Staatshaushalts beitragen. Selbst wenn ein Industrie- oder Dienstleistungsunternehmen teilweise im Besitz der öffentlichen Hand blieb (in der Regel behielt der Staat die unrentablen Teile, welche die privaten Käufer nicht wollten), konnten die Geldspritzen aus Anteilsverkäufen für künftige Investitionen verwendet werden. Aus diesem Grund waren sogar viele Manager des öffentlichen Sektors begeisterte Anhänger solcher Teilverkäufe, denn sie waren schon lange verschnupft darüber, daß mit ihren Gewinnen Löcher im Staatshaushalt gestopft wurden.

In Europa gab es erhebliche Unterschiede in Form und Ausmaß öffentlichen Eigentums und staatlicher Kontrolle. Der öffentliche Industriesektor war in Holland, Dänemark und Schweden am kleinsten, in Italien, Frankreich, Spanien und Österreich am umfassendsten. Die Gesundheits- und Sozialsysteme nicht mitgerechnet, erstreckte sich der Anteil der Arbeitskräfte, die direkt beim Staat beschäftigt waren, von 15 Prozent in der Bundesrepublik über 28 Prozent in Italien bis zu fast einem Drittel in Österreich. In einigen Ländern – Österreich, Spanien und Italien – war der öffentliche Sektor in riesigen Holding-Gesellschaften organisiert, von denen Italiens IRI die größte war.[12]

In anderen Ländern wurden die staatlichen Interessen durch eine Nationale Investitionsbank und einen Industriellen Garantiefonds wahrgenommen – so in den Niederlanden – oder durch deren belgisches Äquivalent, die Société Nationale d'Investissement. Allein die Stahlindustrie wurde auf vielfältigste Weise unterstützt: In Großbritannien schrieb das Schatzamt regelmäßig die Schulden der staatlichen Unternehmen ab; in Frankreich gewährte die Regierung Kredite zu niedrigen Zinsen und intervenierte politisch, um einheimische Produzenten gegenüber ausländischer Konkurrenz zu bevorzugen; in der Bundesrepublik bekamen die privaten Stahlunternehmen direkte Barsubventionen.

Angesichts einer von Land zu Land so verschiedenen Handhabung divergierten natürlich auch die Privatisierungsformen in Europa erheblich. Doch in jedem Falle zogen sie eine gewisse Deregulierung, die Liberalisierung der Märkte und die Einführung neuer Finanzinstrumente nach sich, um die Verkäufe und Wiederverkäufe von Aktien an Unternehmen zu erleichtern, die teilweise oder ganz privatisiert wurden. In der Bundesrepublik waren die wichtigsten Exportfelder

(Autos, Maschinen- und Apparatebau, Chemie- und Elektronikunternehmen) bereits in privater Hand. Dort wurden Effizienz und Wettbewerb nicht durch staatliche Kontrolle, sondern durch hohe Fixkosten und Arbeitsmarktvorschriften behindert. Die Privatisierung fiel, als sie dann kam, vorwiegend in die Verantwortung der Treuhandgesellschaft, einer Körperschaft des öffentlichen Rechts, die 1990 gegründet wurde, um ehemalige staatliche DDR-Unternehmen abzuwickeln.[13]

In Italien waren das Haupthindernis auf dem Weg zur Privatisierung nicht die Interessen des Staates, sondern die der politischen Parteien. Vor allem die Christdemokraten und Sozialisten benutzten den öffentlichen Sektor und öffentliche Holding-Gesellschaften, um Parteifreunde zu belohnen und Anhänger zu bestechen, häufig, indem sie sie mit öffentlichen Verträgen begünstigten oder sie in den »Sottogoverno« aufnahmen, die informelle Machtstruktur, die sich unterhalb der offiziellen Regierung entfaltete. Doch trotz dieser mächtigen Hemmschwelle wuchs der italienische Privatsektor in dieser Periode unablässig; vor allem die Produktionsbetriebe, die weniger als 100 Personen beschäftigten – Firmen, die in Italien weit zahlreicher waren als in Großbritannien, Frankreich oder der Bundesrepublik.

Bereits 1976 hatte der italienische Verfassungsgerichtshof das Monopol des RAI beendet, des staatlichen Radio- und Fernsehsenders. Einige Jahre später wurde Alfa Romeo, das damals noch unter der Ägide einer öffentlichen Holding-Gesellschaft stand, Fiat »vermacht«. Binnen sechs Jahren waren auch die großen Holding-Gesellschaften selbst – IRI, INA, ENI, und ENEL[14] – alle in öffentliche Aktiengesellschaften umgewandelt worden. Sie stellten keinen Wert an sich dar – ganz im Gegenteil: 1984 verlor IRI 4,5 Millionen Lire pro Jahr an jedem seiner 500000 Mitarbeiter. Aber sie konnten Schuldverschreibungen geben, die in Aktien jener ihrer Kontrolle unterstehenden Unternehmen umgewandelt werden konnten, die jetzt zur Privatisierung anstanden.

Die Situation in den Ländern, die unlängst ihre autoritären Regime abgeschüttelt hatten, stellte sich ganz anders dar. Beispielsweise *expandierte* der öffentliche Sektor im postfranquistischen Spanien. Die öffentlichen Ausgaben in Prozent des Bruttosozialprodukts stiegen ständig, da die Zentristen in der Regierung von 1976 bis 1982 die Strategie des alten Regimes fortsetzten: Man vermied soziale Konfrontationen, indem man gescheiterte Privatunternehmen einfach in den Staatsbesitz überführte. Ihnen blieb kaum etwas anderes übrig. Aus unterschiedlichen Gründen fand Verstaatlichung in dieser Form den einhelligen Beifall der Arbeiter, Eigentümer und Politiker der Zentral- und Regionalregierungen. Auf jeden Fall traf das Hauptargument für die Reduzierung des öffentlichen Sektors – daß der Unterhalt des Wohlfahrtsstaats, den er verkörpere, zu teuer sei – weder auf Spanien noch auf Portugal oder Griechenland zu. Es gab keinen Wohlfahrtsstaat, den man hätte abbauen können.

Doch auch so, ohne Sozialsysteme von europäischem Niveau, war der öffentliche Sektor – belastet mit der wertlosen, unrentablen Hinterlassenschaft des noch unausgereiften, verwöhnten spanischen Kapitalismus – hoffnungslos überfordert. Bereits 1976 hielt allein das Instituto Nacional de Industria, INI, Aktienbesitz an 747 zumeist unrentablen Industrieunternehmen und Mehrheitsanteile an 379 anderen. Ein gewisses Maß an Privatisierung und Deregulierung war unumgänglich, wenn Spanien jemals solvent werden wollte. Wie in Frankreich war es eine sozialistische Regierung, die diesen Prozeß einleitete, indem sie 1987 private Pensionsfonds einführte und zwei Jahre später das staatliche Fernsehmonopol abschaffte.

Im postrevolutionären Portugal verboten der Artikel 85 der Verfassung und ein 1977 verabschiedetes Gesetz ausdrücklich Privatunternehmen im Bank-, Versicherungs- und Verkehrswesen, bei Post und Telekommunikation, von Stromerzeugung und -verteilung, Ölraffinierung und Waffenindustrie. Das sozialistische Kabinett von Mario Soares versuchte 1983 eine gewisse Flexibilität einzuführen, indem es dem Privatsektor gestattete, mit staatlichen Banken und Versicherungen zu konkurrieren, und die Gründung von Aktiengesellschaften in der Stahl-, Petro-, Chemie und Waffenindustrie genehmigte. Doch es sollte noch einige Zeit vergehen, bis die verbleibenden geschützten Sektoren auch nur für begrenzten Wettbewerb geöffnet wurden.

Die europäischen Mittelmeerländer hätten wahrscheinlich – wie das postkommunistische Mitteleuropa einige Jahre später – noch länger gezögert, die staatlichen Kontrollen zu lockern, wäre nicht der Druck der Europäischen Gemeinschaft/Union gewesen. Die festen Wechselkursparitäten des Europäischen Währungssystems (EWS) nach 1979 kamen einer ersten Zwangsmaßnahme gleich; ein Grund, warum die Mitterrand-Regierungen damit begannen, Staatseigentum zu veräußern, war das Bestreben, die Devisenmärkte zu beruhigen und auf diese Weise den Franc im EWS auf seinem vereinbarten Kurs zu halten. Doch Brüssels wichtigstes Druckmittel waren die Regeln, die für das Funktionieren eines gemeinsamen europäischen Markts aufgestellt worden waren. Diese verpflichteten alle Unternehmen, sich – egal, ob öffentlich oder privat – an die Normen eines offenen Wettbewerbs zunächst landesintern und letztlich grenzübergreifend zu halten. Es sollte keine Bevorzugung nationaler »Lieblingsunternehmen« mehr geben, keine versteckten Subventionen oder andere Begünstigungen staatlicher oder staatlich gelenkter Unternehmen, die um Verträge oder Kunden konkurrierten.

Viele dieser Regeln wurden jedoch in der Praxis umgangen, da ihre bloße Existenz die staatlichen Firmen dazu verpflichtet hätte, sich auf dem Markt genauso zu verhalten wie private Firmen – wodurch dann aber für den Staat eigentlich jeder Grund entfallen wäre, die staatliche Beteiligung an deren Belangen aufrechtzuerhalten. Die italienische Reaktion darauf war typisch für viele Mitgliedstaaten der Gemeinschaft: 1990 nahm Italien in das Landesrecht Vorschriften auf, die den betreffenden Klauseln der Einheitlichen Europäischen Akte entsprachen und von allen staatlichen Unternehmen verlangten, bei allen ihren Geschäftsvorfällen die Grundsätze des offenen und gleichberechtigten Wettbewerbs anzuwenden – ausgenommen der Fall, daß Betriebe und Unternehmen, bei denen ein Staatsmonopol »entscheidenden Einfluß auf den Unternehmenszweck« habe, eine Klausel, deren Dehnbarkeit und Unschärfe es den Ländern erlaubte, die europäischen Normen zu übernehmen, gleichzeitig aber auf internen Druck angemessen zu reagieren.

Obwohl man in Brüssel (und London) aufgeregt von vermehrter Offenheit und »Wettbewerbsfähigkeit« sprach, hat das europäische Privatisierungsfieber dieser Jahre sicherlich weniger Veränderung bewirkt, als seine Befürworter versprachen oder erwarteten. Kritiker hatten zu Bedenken gegeben, daß das Ergebnis nicht mehr Wettbewerb, sondern einfach eine Verlagerung konzentrierter wirtschaftlicher Macht vom öffentlichen auf den privaten Bereich sein würde, und genau dies geschah. Dank komplizierter Schachtelbeteiligungen ahmten in Frankreich beispielsweise viele große private Firmen das Verhalten der alten Staatsunternehmen nach. Sie deckten ganze Sektoren ab und waren ihren kleinen »Anlegern« gegenüber nicht verantwortlicher, als sie es unter staatlicher Kontrolle den Steuerzahlern oder Konsumenten gegenüber gewesen waren.

Ironischerweise wirkten sich Privatisierung und vermehrter Wettbewerb auch kaum auf die Größe des staatlichen Sektors aus. In Thatchers Großbritannien konnten wir bereits sehen, daß sich der Aktionsradius des Staates tatsächlich *vergrößerte*. Genauso verhielt es sich in anderen Ländern. Zwischen 1974 und 1990 wuchs (teilweise durch die in der Privatwirtschaft verbreitete Arbeitslosigkeit) der Anteil der im öffentlichen Sektor Beschäftigten an: in der Bundesrepublik von 13 auf 15,1 Prozent; in Italien von 13,4 auf 15,5 Prozent; in Dänemark von 22,2 Prozent auf 30,5 Prozent. Die meisten dieser Staatsbediensteten waren jetzt jedoch im tertiären Sektor und nicht mehr in der Herstellung tätig: Sie wiesen Dienstleistungen (finanzieller, bildungsmäßiger, medizinischer und verkehrstechnischer Art) vor und erbrachten sie bei Bedarf, erzeugten aber keine Sachwerte mehr.

Die wirtschaftliche Liberalisierung signalisierte nicht das Ende des Wohlfahrtsstaates, noch nicht einmal seinen unaufhaltsamen Niedergang – so sehr ihn dessen Theoretiker auch herbeisehnen mochten. Sie beleuchtete allerdings eine grundsätzliche Verlagerung der Mittel und des Unternehmungsgeists vom öffentlichen auf den privaten Sektor. Diese Veränderung ging weit über die Sachfrage hinaus, wem welche Fabriken gehörten oder inwieweit dieser oder jener Industriezweig zu reglementieren sei. Fast ein halbes Jahrhundert lang hatten die Europäer beobachtet, wie der Staat und seine Institutionen eine immer wichtigere Rolle in ihren ureigensten Angelegenheiten übernommen hatte. Dieser Prozeß war so selbstverständlich geworden, daß seine Prämisse – der aktivistische Staat sei die unerläßliche Voraussetzung von Wirtschaftswachstum und sozialer Emanzipation – weitgehend als unumstößlich hingenommen wurde. Ohne die Demontage dieses Arguments in den letzten Jahrzehnten des Jahrhunderts wäre weder der Thatcherismus noch Mitterrands Kehrtwendung möglich gewesen.

XVIII
Die Macht der Ohnmächtigen

Der Marxismus ist nicht eine Philosophie der Geschichte, sondern die Philosophie der Geschichte, und ihm abzuschwören heißt, die Vernunft in der Geschichte zu Grabe zu tragen.

Maurice Merleau-Ponty

Ich spreche über Rechte, weil sie allein uns ermöglichen werden, diese Laterna-magica-Vorführung zu verlassen.

Kazimierz Brandys

Eine totalitäre Gesellschaft ist der Zerrspiegel der ganzen modernen Zivilisation.

Václav Havel

Der Druck des Staatsapparates ist nichts im Vergleich zum Druck eines überzeugenden Arguments.

Czesław Miłosz

Die lange »Stunde der Sozialdemokratie« in Westeuropa wurde nicht nur bestimmt vom pragmatischen Glauben an den öffentlichen Sektor oder dem treulichen Festhalten am keynesianischen Wirtschaftsprinzip, sondern auch von einer Zeitstimmung, die selbst potentielle Kritiker beeinflußte und zum Schweigen brachte. Diese weithin übereinstimmende Wahrnehmung der jüngeren europäischen Vergangenheit war eine Mischung aus der Erinnerung an die Depression, den Kampf zwischen Demokratie und Faschismus, die moralische Legitimität des Wohlfahrtsstaates und – für viele Menschen zu beiden Seiten des Eisernen Vorhangs – der Erwartung sozialen Fortschritts. Es ist die »Meistererzählung« des 20. Jahrhunderts. Als ihre Kernthesen abbröckelten und zerfielen, riß sie bei ihrem Untergang nicht nur eine Handvoll staatlicher Unternehmen mit sich, sondern eine ganze politische Kultur und vieles mehr.

Sucht man nach einem symbolischen Augenblick, der diesen Wandel zum Ausdruck brachte, nach einem Punkt, an dem sich die Umkehr im Selbstverständnis Nachkriegseuropas vollzog, so war es der 28. Dezember 1973 in Paris, als die erste Ausgabe von Solschenizyns *Archipel GULAG* im Westen erschien. In einer Kritik der englischen Übersetzung im *Guardian* schrieb W. L. Webb: »Wer heute lebt und dieses Werk nicht kennt, macht sich zu einer Art historischem Narren, bringt er sich doch um einen entscheidenden Teil des Bewußtseins seiner Zeit.« Wie Solschenizyn selbst erkannte, lag die Ironie darin, daß die Botschaft des Buches – der »real existierende Sozialismus« sei ein barbarischer Betrug, eine totalitäre Diktatur, die sich auf Sklavenarbeit und Massenmord gründe – keineswegs neu war.

Solschenizyn selbst hatte schon vorher über das Thema geschrieben, ebenso wie zahllose Opfer, Überlebende, Beobachter und Wissenschaftler. *Der Archipel GULAG* ergänzte frühere Zeugnisse um einige hundert Seiten Details und Daten, dürfte aber in seiner moralischen und emotionalen Wirkung kein gewichtigeres Zeugnis sein als Jewgenia Ginsburgs Erinnerungsbuch *Gratwanderung* (1980), dessen englische Ausgabe 1967 erschien; Margarete Buber-Neumanns Erinnerungen an ihre Erfahrungen in sowjetischen und nationalsozialistischen Lagern, die 1957 auf deutsch veröffentlicht wurden; Wolfgang Leonhards desillusionierter Bericht über seinen eigenen irregeleiteten Glauben, der 1955 erschien; oder noch frühere Demontagen des sowjetischen Mythos durch Viktor Serge and Boris Suwarin.[1]

Doch der Zeitpunkt war entscheidend. An intellektuellen Kritikern des Kommunismus hatte nie Mangel geherrscht; doch ihre Wirkung war viele Jahre abgeschwächt worden, weil es in Westeuropa (und in Osteuropa, wie gesehen, bis in die sechziger Jahre) das verbreitete Verlangen gab, einen Silberstreif, wie schwach auch immer, in den Gewitterwolken des Staatssozialismus zu entdcken, die sich seit ihrer Entstehung 1917 in Rußland über große Teile des Kontinents ausgebreitet hatten. Der »Antikommunismus« litt, egal, welche realen oder unterstellten Beweggründe er hatte, unter dem bedauerlichen Handikap, daß er anscheinend die wahre Natur von Geschichte und Fortschritt in Frage stellte, daß er das »größere Bild« aus den Augen verlor, daß er die Wesensverwandtschaft des demokratischen Wohlfahrtsstaates (wie unvollkommen auch immer) mit dem kollektivistischen Projekt des Kommunismus (mit welchen Makeln auch immer behaftet) leugnete.

Das ist der Grund, warum die Gegner des Nachkriegskonsenses so ins Abseits gedrängt wurden. Wer wie Hayek und andere die Ansicht vertrat, daß markteinschränkende Pläne im Interesse des Gemeinwohls zwar beste Absichten verraten mochten, aber nicht nur wirtschaftlich ineffizient, sondern auch und vor allem ein erster Schritt in Richtung Leibeigenschaft seien, der zerriß die Landkarte, die dem 20. Jahrhundert den Weg in eine bessere Zukunft zeigen sollte. Sogar Gegner der kommunistischen Diktatur wie Arthur Koestler, Raymond Aron, Albert

Camus oder Isaiah Berlin, die Wert legten auf die Unterscheidung zwischen sozialdemokratischen Reformen zum Nutzen der Allgemeinheit und Parteidiktaturen im Namen eines kollektivistischen Mythos, brachten in den Augen vieler ihrer »progressiven« Kritiker nur die voreingenommene politische Parteilichkeit des Kalten Krieges zum Ausdruck.

Infolgedessen befanden sie sich im Widerspruch zu der verbreiteten Abneigung, besonders in der Generation der sechziger Jahre, den radikalen Katechismus aufzugeben. Es war eine Sache, wissend über Stalin zu spotten, der schon lange tot und sowieso bei seinen Erben in Verruf geraten war. Eine ganz andere Sache war es, die Tatsache anzuerkennen, daß nicht der Mann, sondern das System schuld war. Wer noch einen Schritt weiterging und die Verantwortung für die Vergehen und Verbrechen des Leninismus dem Projekt des radikalen Utopismus selbst gab, der untergrub die Stützpfeiler der modernen Politik. In diesem Sinne schrieb der britische Historiker E. P. Thompson, so eine Art Kultfigur für eine jüngere Generation von »postkommunistischen Marxisten«, vorwurfsvoll an Leszek Kołakowski (nachdem Kołakowski nach 1968 eine fulminante Verurteilung des Sowjetkommunismus veröffentlicht hatte): »*Ihre* Ernüchterung ist eine Bedrohung *unseres* sozialistischen Glaubens.«

Doch 1973 sah sich dieser Glaube heftigen Angriffen nicht nur der Kritiker, sondern der Ereignisse selbst ausgesetzt. Als der *Archipel GULAG* in Frankreich erschien, machte die kommunistische Tageszeitung *l'Humanité* kurzen Prozeß mit dem Buch, indem sie ihre Leser daran erinnerte, daß das Wiederkäuen von all *dem*, da doch »jeder« bereits alles über Stalin wisse, nur von »Antisowjetismus« diktiert sein könne. Doch der Vorwurf des »Antisowjetismus« verlor an Wirkung. Nach der sowjetischen Invasion Prags und ihrer repressiven Nachwehen und nach den Berichten, die über die chinesische Kulturrevolution durchsickerten, klang Solschenizyns vernichtendes Urteil über das gesamte kommunistische Projekt glaubhaft – auch und vielleicht sogar besonders für einstige Sympathisanten.

Der Kommunismus, das wurde deutlich, hatte sein radikales Erbe besudelt und geschändet. Und er fuhr damit fort, wie der Genozid in Kambodscha und das in den Medien vielbeachtete Trauma der vietnamesischen »Boat People« bald dokumentieren sollten.[2] Sogar die vielen Westeuropäer, die vor allem den Vereinigten Staaten die Schuld an den Katastrophen in Vietnam und Kambodscha gaben und deren Antiamerikanismus nur drei Monate vor Erscheinen des *Archipel GULAG* weitere Nahrung durch die von den USA eingefädelte Ermordung des Chilenen Salvador Allende erhielt, zeigten sich im Gegensatz zu früher immer weniger zu dem Schluß geneigt, daß das sozialistische Lager die moralische Überlegenheit gepachtet habe. Der amerikanische Imperialismus war zweifellos schlimm, aber die andere Seite war schlimmer, vielleicht viel schlimmer.

Die »progressive« Tendenz, Angriffe gegen den Kommunismus als implizite Bedrohung *aller* Zielsetzungen aufzufassen, die den gesellschaftlichen Fortschritt wollten – das heißt, die Behauptung, Kommunismus, Sozialismus, Sozialdemokratie, zentrale Planwirtschaft und der Einsatz progressiver Sozialtechniken seien Elemente eines gemeinsamen politischen Projekts –, begann sich als kontraproduktiv zu erweisen. Wenn Lenin und seine Erben den Brunnen der sozialen Gerechtigkeit vergiftet hatten, dann, so lautete das Argument, hatten *alle* Schaden genommen. Im Licht der Geschichte des 20. Jahrhunderts schien der Staat weniger die Lösung als das Problem zu sein, und nicht allein oder auch nur in erster Linie aus wirtschaftlichen Gründen. Was mit zentralisierter Planung beginnt, endet mit zentralisiertem Morden.

Das ist natürlich eine sehr »intellektuelle« Form der Schlußfolgerung, doch damals spürten die Intellektuellen diesen Rückzug vom Staat auch am unmittelbarsten – was durchaus einleuchtend ist, da die Intellektuellen den gesellschaftlichen Fortschritt von oben anfangs auch am eifrigsten vertreten und betrieben haben. So schrieb der tschechische Schriftsteller Jiří Gruša 1984: »Wir [die Schriftsteller] haben den modernen Staat glorifiziert.« Es liegt in der Natur der modernen Tyrannei – wie Ignazio Silone anmerkte –, daß sie auf die Mitarbeit von Intellektuellen angewiesen ist. So war es nur logisch, daß die Enttäuschung der europäischen Intellektuellen über die großartige Fortschrittserzählung die nachfolgende Lawine auslöste. Irgendwie paßt es auch ins Bild, daß diese Ernüchterung in Paris am größten war, wo die Erzählung zwei Jahrhunderte zuvor erstmals ihre geistige und politische Form annahm.

Das Frankreich der siebziger und achtziger Jahre war nicht mehr Arthur Koestlers »Brennglas der abendländischen Kultur«, trotzdem zeigten die französischen Denker noch immer eine ungewöhnliche Bereitschaft, sich mit Fragen von universeller Bedeutung auseinanderzusetzen. Autoren und Kommentatoren in Spanien, der Bundesrepublik oder Italien wurden weitgehend von innenpolitischen Problemen in Anspruch genommen – obwohl die terroristische Bedrohung, die sie beschäftigte, das Ihrige dazu beitrug, den radikalen Utopismus ins Zwielicht zu bringen. Die Intellektuellen in Großbritannien, die nie sehr anfällig für den Reiz des Kommunismus waren, ließ sein Niedergang ziemlich kalt, daher wurden sie von der neuen kontinentalen Stimmung auch kaum erfaßt. In Frankreich dagegen brachte man dem kommunistischen Projekt schon seit langem viel Sympathie entgegen. Als der Antikommunismus in der öffentlichen Diskussion Frankreichs an Bedeutung gewann, begünstigt durch den stetigen Rückgang des Stimmenanteils und Einflusses der KPF, bekam er weitere Nahrung durch Erinnerungen und Beispiele aus der französischen Geschichte. Eine neue Generation französischer Intellektueller sagte sich mit verblüffender

Leichtigkeit vom Marxismus los, manchmal von einem geradezu unziemlichen Eifer beseelt, dem eigenen Engagement früherer Tage abzuschwören.

In ihrer Verurteilung der Verirrungen des radikalen Utopismus waren die jungen Leute in Paris, die sich Mitte der siebziger Jahre wie André Glucksmann oder Bernard-Henri Lévy als »neue Philosophen« zu Wort meldeten, in vielerlei Hinsicht nicht sehr originell. Es gab wenig in Glucksmanns Schrift *Les Maîtres Penseurs* – die im März 1977 mit viel Beifall aufgenommen wurde (*Die Meisterdenker.* Reinbek, 1978) –, was Raymond Aron in seinem Buch *Opium für Intellektuelle* zwanzig Jahre zuvor nicht besser gesagt hätte; und nichts in Lévys *Barbarie à Visage Humain*, zwei Monate nach Glucksmanns Essay erschienen (*Die Barbarei mit menschlichem Gesicht.* Reinbek, 1978), was französische Leser nicht in Albert Camus' Essaysammlung *L'Homme révolté* (*Der Mensch in der Revolte.* Reinbek, 1953) hätten finden können. Doch während Camus' Aufsätze bei ihrem Erscheinen 1951 von Jean-Paul Sartre erbarmungslos verrissen wurden, brachten es Lévys und Glucksmanns Bücher zu einflußreichen Bestsellern. Die Zeiten hatten sich geändert.

Die vatermörderische Qualität dieses lokalen Intellektuellenaufstands ist unverkennbar. Sein offenkundiges Ziel war der unheilvolle marxistische Irrweg des westlichen Denkens; doch zum Teil richtete sich seine leidenschaftliche Kritik auch gegen die geistigen Vaterfiguren der Nachkriegszeit in Frankreich und anderswo, die, den Blick auf die Arenen der Geschichte gerichtet, den Gewinnern zujubelten und die Augen höflich von den Opfern abwandten. Sartre, bei weitem der bekannteste dieser politischen Mitläufer, fiel in diesen Jahren selbst in Ungnade, noch vor seinem Tod im Jahr 1980, da er die Erinnerung an sein bedeutendes Werk erst durch die Verteidigung des Sowjetkommunismus und dann des Maoismus trübte.[3]

Der Klimawechsel in Frankreich beschränkte sich nicht darauf, alte Rechnungen mit einer Generation politisch engagierter Intellektueller zu begleichen. 1978 erschien Karl Poppers Werk *Logik der Forschung* zum erstenmal in französischer Sprache, Vorbote einer ganzen Reihe von philosophischen und sozialwissenschaftlichen Werken aus dem angloamerikanischen Raum, die von der Hauptströmung der französischen Kultur absorbiert werden sollten, nachdem sie von dieser jahrzehntelang fast gar nicht zur Kenntnis genommen worden waren. Im gleichen Jahr veröffentlichte der Historiker François Furet sein bahnbrechendes Werk *Penser la Révolution Française* (*1789, Jenseits des Mythos.* Hamburg, 1989), in dem er den »revolutionären Katechismus«, mit dessen Hilfe man die Franzosen viele Jahrzehnte gelehrt hatte, ihr Land und ihre Geschichte zu verstehen, systematisch demontierte.

Nach diesem »Katechismus« war die Französische Revolution, so Furets Analyse, das Urmoment der Modernität: die Konfrontation, die Frankreichs Teilung in die entgegengesetzten politischen Kulturen von links und rechts bewirkte, scheinbar durch die Klassenzugehörigkeit der Antagonisten bestimmt. Diese Geschichte, die auf zwei Säulen ruhte – dem liberalen Optimismus vom Anfang des 19. Jahrhunderts und der marxistischen Vision von der radikalen Umgestaltung der Gesellschaft – war nach Furets Ansicht gescheitert, nicht zuletzt, weil der Sowjetkommunismus, der vermeintliche Erbe der Revolution, in dieser Moritat von der geplanten gesellschaftlichen Radikalkur rückwirkend das ganze Vermächtnis kontaminiert hatte. Die Französische Revolution war, so Furet, »tot«.

Furets These hatte enorme politische Bedeutung, wie ihr Urheber sehr wohl begriff. Die Schwächen des Marxismus als Politik waren eine Sache und ließen sich immer mit Pech oder den Umständen entschuldigen. Doch wenn der Marxismus als »Große Erzählung« in Frage gestellt wurde – wenn weder Notwendigkeit noch Vernunft in der Geschichte walteten –, dann ließen sich alle stalinistischen Verbrechen, alle Leben, die vernichtet, und alle Ressourcen, die verschleudert wurden, um die Gesellschaft unter der Herrschaft des Staates zu verändern, alle Fehler und Mängel der radikalen Experimente, die im 20. Jahrhundert unternommen wurden, um Utopia per *Diktat* einzuführen, nicht mehr »dialektisch« als falsche Schritte auf einem richtigen Weg erklären. Statt dessen wurden sie einfach das, was ihre Kritiker schon immer von ihnen behauptet hatten: Verluste, Vergeudung, Fehler und Verbrechen.

Furet und seine jüngeren Zeitgenossen verschmähten es, Zuflucht in der Geschichte zu suchen, die seit Anfang der dreißiger Jahren das politische Engagement der europäischen Intellektuellen so sehr bestimmt hatte. Es gebe, so erklärten sie, keine »Meistererzählung«, die das menschliche Handeln leite, und daher auch keine Möglichkeit, öffentliches Handeln oder politische Maßnahmen zu rechtfertigen, die reales Leiden in der Gegenwart unter Berufung auf einen spekulativen Nutzen in der Zukunft verursachten. Aus zerbrochenen Eiern kann man gute Omelette machen, doch aus zerbrochenen Menschen keine bessere Gesellschaft. Rückblickend erscheint das ein triviales Schlußwort für Jahrzehnte intensiver theoretischer und politischer Debatten zu sein, aber gerade deshalb vermittelt es einen ziemlich zutreffenden Eindruck vom Ausmaß der Veränderung.

In *Ma Nuit Chez Maud* (Meine Nacht bei Maud; 1969), einem Film aus Eric Rohmers Zyklus der »Moralischen Geschichten«, diskutieren ein kommunistischer Philosoph und sein katholischer Kollege ausführlich über zwei unterschiedliche Wetten, die von Pascal auf Gott und die der Marxisten auf die Geschichte. Verblüffend in der Rückschau ist nicht das Gespräch selbst, das jedem vertraut sein wird, der alt genug ist, um sich an die sechziger Jahre in Kontinentaleuropa zu erinnern, sondern wie ernst es nicht nur von den Protagonisten auf der Leinwand genommen wurde, sondern auch von Millionen damaliger Zuschauer. Zehn Jahre später war das Thema, wenn nicht gar der Film selbst, bereits ein Zeitdokument, ein Kostümfilm. Die Geschichte als Entschuldigung für anrüchige politische Entscheidungen wirkte mittlerweile moralisch naiv, wenn nicht sogar gefühllos. Viele Jahre zuvor hatte Camus schon geschrieben: »La responsabilité envers l'Histoire dispense de la responsabilité envers les êtres humains.«[4]

Die neue Unsicherheit bezüglich *der* »Geschichte« (und der Geschichte) bescherte den westeuropäischen Intellektuellen ein unangenehmes Jahrzehnt, waren sie sich doch schmerzlich bewußt, daß der Zerfall der großen historischen Entwürfe und Meistererzählungen nichts Gutes für die geschwätzigen Klassen verhieß, die so wesentlich zu deren Verbreitung beigetragen hatten und nun selbst – so schien es vielen von ihnen – demütigender Gleichgültigkeit ausgesetzt waren. Im September 1986 beklagte der französische Soziologe Pierre Bourdieu in einer aufschlußreichen solipsistischen Seitenbemerkung gegenüber einem französischen Journalisten das gesunkene Ansehen des politisch engagierten öffentlichen Denkers: »Wenn es denn heute noch eine große Sache gibt, ist sie nach meinem Dafürhalten die Verteidigung der Intellektuellen.«[5]

Intellektuelle Selbstverleugnung vor der Geschichte wurde einst von Isaiah Berlin als der »schreckliche deutsche Weg« beschrieben, »sich der Bürde der moralischen Entscheidung zu entledigen«. Das ist ein bißchen ungerecht gegenüber den Deutschen, waren sie doch kaum die einzigen Europäer, die demütig vor dem Altar der historischen Notwendigkeit knieten, allerdings wurzelt diese Idee in der deutschen romantischen Philosophie. Doch es offenbarte ein wachsendes Vakuum im politischen Denken Europas: Wenn es keine »großen Sachen« mehr gab, wenn das Vermächtnis der progressiven Entwürfe gescheitert war, wenn man sich nicht mehr glaubwürdig auf die Geschichte oder die Notwendigkeit berufen konnte, um eine Handlung, eine Politik oder ein Programm zu verteidigen, wie sollte man dann die großen Dilemmata des Zeitalters lösen?

Dieses Problem stellte sich den thatcheristischen Radikalen nicht, für die die öffentliche Politik einfach eine Fortsetzung privater Interessen und der Markt ein notwendiger und hinreichender Schiedsrichter für Werte und Resultate war. Auch für Europas traditionalistische Konservative waren es keine besonders beunruhigenden Zeiten, denn für die blieb das Maß für Gut und Böse fest in den religiösen Normen und sozialen Konventionen verankert, die von dem »Tsunami« der Sechziger zwar erschüttert, aber nicht völlig fortgeschwemmt worden waren. Nur die progressive *Linke*, die immer noch tonangebend im politischen und kulturellen Meinungsbetrieb Europas war, brauchte dringend einen neuen Text.

Was sie zu ihrer kollektiven Überraschung fand, war eine neue politische Sprache – oder vielmehr eine sehr alte, die eine vollkommene Neuentdeckung für sie war. Die Sprache der Rechte oder Freiheiten, die in jeder europäischen Verfassung festgeschrieben waren, nicht zuletzt in denen der Volksdemokratien. Doch im Kontext politischer Ideen war das »Gerede über Rechte« in Europa viele Jahre lang völlig aus der Mode gekommen. Nach dem Ersten Weltkrieg hatten Rechte – vor allem das Selbstbestimmungsrecht – eine entscheidende Rolle in den internationalen Debatten über eine Nachkriegsregelung gespielt, und die meisten der an der Versailler Friedenskonferenz beteiligten Parteien hatten lautstark auf ihre Rechte gepocht, als sie die Großmächte mit ihren Forderungen bedrängten. Doch das waren *kollektive* Rechte – die Rechte von Nationen, Völkern, Minderheiten.

Hinzu kommt, daß die Berichte über die Durchsetzung kollektiver Rechte nicht sehr erfreulich klingen. Wo die Rechte von mehr als einer ethnischen oder religiösen Gruppe aufeinanderprallten, meist wegen strittiger territorialer Ansprüche, war niederschmetternd offenkundig, daß die Gewalt und nicht das Recht das einzig wirksame Mittel war, Präzedenzfälle zu schaffen. Minderheitenrechte ließen sich weder innerhalb von Staaten schützen noch die Rechte schwacher Staaten gegen die Forderungen ihrer mächtigeren Nachbarn wahren. Im Gedenken an die gescheiterten Hoffnungen von Versailles gelangten die Sieger von 1945, wie beschrieben, zu dem Schluß, daß den *kollektiven* Interessen besser durch eine schmerzliche, aber effektive territoriale Neuordnung gedient wäre (ethnische Säuberung, wie man später sagte). Staatenlose sollten nicht mehr als juristische Anomalien in einer Welt der Staaten und Nationen behandelt werden, sondern als individuelle Opfer von Verfolgung oder Ungerechtigkeit.

Nach 1945 diskutierte man Rechte also in bezug auf das Individuum. Auch das war eine Lektion des Krieges. Obwohl Männer und Frauen wegen ihrer kollektiven Identität verfolgt wurden (Juden, Zigeuner, Polen usw.), litten sie als Individuen; und als Individuen mit individuellen Rechten wollten die neu gegründeten Vereinten Nationen sie schützen. Die verschiedenen Konventionen über Menschenrechte, Völkermord, soziale und wirtschaftliche Rechte, die ins Völkerrecht und internationale Verträge Eingang fanden, hatten eine kumulative Wirkung auf die öffentliche Sensibilität. In ihnen verbanden sich zwei Tendenzen: die angloamerikanische Betonung individueller Freiheiten aus dem 18. Jahrhundert und ein Mitte des 20. Jahrhunderts entstandener Sinn für die Pflicht des Staates, einem breiten Spektrum von größeren und kleineren Ansprüchen zu genügen – vom Recht auf Leben bis zum »Recht« auf »Wahrheit in der Werbung« und noch mehr.

Was dieser juristischen Rhetorik von den Rechten des einzelnen Eingang in die Realität der Politik verschaffte, war der Zufall, daß der Marxismus mit der internationalen Konferenz über Sicherheit und Zusammenarbeit in Europa, die in dem Jahr eröffnet wurde, als *Der Archipel GULAG* in Paris erschien, an Boden verlor.

Bis dahin hatte die Diskussion über »Rechte« bei den linken Intellektuellen Europas lange Zeit wenig Anklang gefunden, hatte doch Marx die »sogenannten Menschenrechte« als egoistisch und »bourgeois« verurteilt. In progressiven Kreisen wurden Begriffe wie »Freiheiten«, »Rechte« oder andere Abstraktionen, die mit dem »Menschen im allgemeinen« assoziiert wurden, nur ernst genommen, wenn ihnen ein adjektivisches Attribut wie »bourgeois«, »proletarisch« oder »sozialistisch« beigesellt wurde.

So kritisierte eine Gruppe Intellektueller vom linken Flügel der französischen Parti Socialiste Unifié 1969 ihre eigene Partei (die damals von Michel Rocard und Pierre Mendès-France geführt wurde), weil sie die Prager Reformer unterstützte. Diese, so die Kritiker, seien »die willfährigen Opfer kleinbürgerlicher Ideologien (Humanismus, Freiheit, Gerechtigkeit, Fortschritt, allgemeiner, freier und geheimer Wahlen usw.)«. Das war kein Einzelfall. Im Laufe der sechziger Jahre mieden viele linksgerichtete Kommentatoren im Westen, die in ihrer politischen Einstellung sonst durchaus gemäßigt waren, Wörter wie »Rechte« oder »Freiheiten«, um nicht naiv zu erscheinen. Auch in Osteuropa hatten die Reformkommunisten und ihre Anhänger dieses Vokabular umgangen – dort aber, weil es durch die offizielle Rhetorik besudelt und entwertet war.

Ab der Mitte der siebziger Jahre konnte man in den Reden und Schriften des gesamten politischen Spektrums Westeuropas immer häufiger beobachten, daß sich die Autoren auf »Menschenrechte« und »persönliche Freiheiten« beriefen. So bemerkte ein italienischer Beobachter 1977, die Idee und das Ideal der »unteilbaren« Freiheit werde in der Linken zum erstenmal seit dem Krieg »ohne Verschleierung und Demagogie« erörtert.[6] Das fand nicht sofort Ausdruck in der Politik – denn über weite Strecken der achtziger Jahre wurstelten sich die westeuropäischen Arbeiter- und sozialistischen Parteien ziemlich hilflos durch, indem sie sich in vielen Fällen klammheimlich die Programme ihrer Gegner aneigneten, um ihre Blößen zu verhüllen. Doch ihre neue Offenheit für das Vokabular der Rechte und Freiheiten verschaffte den westeuropäischen Wissenschaftlern und Intellektuellen Zugang zu der veränderten Sprache der politischen Opposition in *Osteuropa* und eine Möglichkeit der Verständigung über den Eisernen Vorhang hinweg – gerade noch rechtzeitig, denn die wirklich neuen und bedeutsamen Veränderungen vollzogen sich jetzt *östlich* der politischen Wasserscheide.

1975 schrieb Zdeněk Mlynář – einer der Führer des Prager Frühlings – einen »Offenen Brief an die Kommunisten und Sozialisten Europas«, der sich vor allem an die Eurokommunisten wandte und ihre Unterstützung gegen die Repression der Dissidenten in der Tschechoslowakei erbat. Die Illusionen des Reformkommunismus starben einen zähen Tod. Doch Mlynář war bereits Repräsentant einer Minderheit; sein Glaube an den Sozialismus und an seine westlichen Sympathisanten wurde von den meisten Kritikern innerhalb des Ostblocks bereits mit Befremden aufgenommen.

Diese Kritiker, die noch nicht »Dissidenten« genannt wurden (ein Ausdruck, der bei denen, die er meinte, meist auf Ablehnung stieß), hatten sich größtenteils schon von dem Regime und seiner »sozialistischen« Sprache abgewandt. In der Zeit nach 1968 hatte diese Sprache mit ihrer hölzernen Vorliebe für Vokabeln wie »Frieden«, »Gleichheit« und »brüderlicher Verständigung« einen falschen Klang, vor allem in den Ohren der Aktivisten, die in den sechziger Jahren an sie geglaubt hatten. Diese – überwiegend Studenten, Wissenschaftler, Journalisten, Dramatiker und Schriftsteller – waren die bevorzugten Repressionsopfer geworden, vor allem in der Tschechoslowakei, wo die Partei unter Führung von Gustav Husák (dem »Präsidenten des Vergessens«) zu Recht darauf gebaut hatte, daß sich die »Ordnung« am ehesten dadurch wiederherstellen lasse, daß man die öffentliche Unzufriedenheit mit materiellen Verbesserungen besänftigte, während man alle kritischen Stimmen und Hinweise auf die jüngste Vergangenheit entschlossen zum Schweigen brachte.

In den Untergrund getrieben – in der Tschechoslowakei ganz wörtlich, wo viele entlassene Professoren und Schriftsteller als Heizer und Kesselreiniger arbeiten mußten –, konnten die Regimegegner kaum eine *politische* Debatte mit ihren Unterdrückern anfangen. Statt dessen gaben sie das marxistische Vokabular und die revisionistischen Debatten früherer Jahrzehnte auf, machten eine Tugend aus ihrer Schwäche und wandten sich ganz bewußt »unpolitischen« Themen zu. Unter denen waren dank der Helsinki-Abkommen die »Rechte« besonders naheliegend.

Alle Ostblock-Verfassungen trugen formell den Rechten und Pflichten des Bürgers Rechnung; der »Korb« mit den zusätzlichen und ziemlich spezifischen Rechten, auf die man sich in Helsinki geeinigt hatte, brachte die einheimischen Kommunismuskritiker also in eine strategisch günstige Ausgangsposition. In diesem Zusammenhang meinte der tschechische Historiker Petr Pithart, es sei entscheidend gewesen, nicht irgendwelche noch nicht bewilligten Rechte zu fordern – womit man nur weitere Repressionen herausgefordert hätte –, sondern jene Rechte zu verlangen, die das Regime bereits zugestanden und in seine Gesetze aufgenommen hatte, was der »Opposition« einen gemäßigten, fast konservativen Anstrich gab und die Partei in die Defensive drängte.

Den Buchstaben des »sozialistischen« Rechts ernst zu nehmen, war mehr als nur eine Taktik, es war ein Mittel, die kommunistischen Machthaber in Verlegenheit zu bringen. In einer geschlossenen Gesellschaft, wo alles politisch – und die Politik daher ausgeschlossen – war, boten die »Rechte« einen Ausweg, einen ersten Riß in dem Vorhang des Pessimismus, der Osteuropa in den »stummen Siebzigern« einhüllte, ein Mittel, um das Monopol des Regimes auf Sprache-als-Macht zu beenden. Außerdem legen die verfassungsmäßigen Rechte der Menschen ihrem Wesen nach formelles Zeugnis für die Existenz der Menschen an sich ab, mit Ansprüchen aneinander und an die Gesellschaft. Sie definieren einen Raum zwischen hilflosen Individuen und dem allmächtigen Staat.

Die Bewegung für Rechte (»Menschenrechte«) war, wie der junge ungarische Theoretiker Miklós Haraszti einräumte, das Eingeständnis, daß das notwendige Korrektiv für die Mängel des Kommunismus nicht ein besserer Kommunismus war, sondern die Konstituierung – oder Wiederherstellung – der Zivilgesellschaft (das heißt, der »bürgerlichen« Gesellschaft). Die Ironie, die darin lag, daß damit das Programm des Marxismus umgekehrt wurde, daß man versuchte, den sozialistischen Staat durch die bourgeoise Gesellschaft zu ersetzen, entging den Intellektuellen in Prag oder Budapest keineswegs. Doch wie Harasztis ungarischer Kollege Mihály Vajda erläuterte, sei die Vorherrschaft des Bourgeois entschieden der in beider Heimat gemachten »unerträglichen historischen Erfahrung der Willkürherrschaft des Proletariats« vorzuziehen.

Zu den Bemühungen um die Wiederherstellung der Zivilgesellschaft – ein nebulöser Ausdruck, der ein unbestimmtes Ziel beschrieb, das aber ab Mitte der siebziger Jahre von der intellektuellen Opposition in Osteuropa weithin übernommen wurde – kam es, weil man nach 1968 eingesehen hatte, daß die Wiederherstellung des Einparteienstaates unmöglich war. Nur wenige Kritiker erwarteten ernsthaft, daß sich Husák in Prag oder Honecker in Berlin (von den Sowjets selbst gar nicht zu reden) der Logik der »Rechte-Diskussion« beugen und ihre eigenen Verfassungen ernst nehmen würden. Man sprach in der Theorie über Rechte, eben um ihre Abwesenheit in der Praxis zu verdeutlichen, um die Beobachter zu Hause und im Ausland daran zu erinnern, wie unfrei diese Gesellschaften tatsächlich waren. Statt sich an die kommunistischen Behörden zu wenden, redete die neue Opposition absichtlich an ihnen vorbei.

Für Dissidenten wie Haraszti oder Adam Michnik in Polen, der 1976 in seinem Essay »Neuer Evolutionismus« die Strategie der polnischen Opposition in den kommenden Jahren weitgehend darlegte, war dies eine radikale Abkehr von dem Engagement ihrer Jugend für den Marxismus und seine sozioökonomischen Prioritäten. All denjenigen, die sich, wie Václav Havel, nie im entferntesten an den marxistischen Debatten beteiligt hatten, fiel der Übergang sehr viel leichter. Als Sohn eines wohlhabenden Prager Geschäftsmanns, dessen Familie nach 1948 von der kommunistischen Regierung enteignet wurde, teilte Havel die jugendlich-revolutionäre Begeisterung seiner engagierten Zeitgenossen nicht im mindesten und spielte vor 1968 auch keine sehr aktive Rolle in den Reformbemühungen. Havels Beziehung zu den kommunistischen Behörden war immer feindselig, aber nie politisch, was großenteils an seiner bürgerlichen Herkunft lag.

Im Laufe der siebziger und achtziger Jahre, als man Havel wegen seiner Aktivitäten schikanierte, festnahm und schließlich inhaftierte, wurde er eine eminent politische Figur. Doch seine »Botschaft« blieb entschieden unpolitisch. Entscheidend sei nicht, so meinte er, mit den Machthabern zu streiten. Es gehe noch nicht einmal in erster Linie darum, die Wahrheit zu *sagen*, obwohl das in einem Regime, das sich auf Lügen gründe, auch wichtig sei. Das einzige, was unter den gegebenen Zeitumständen wichtig sei, schrieb er, sei »in der Wahrheit zu leben«. Alles andere sei Kompromiß: »Einfach dadurch, daß man eine politische Gruppe bildet, ist man gezwungen, ein Machtspiel zu spielen, statt der Wahrheit den Vorrang zu geben.«

Das Ziel müsse, wie Havel 1984 in einem Essay über die Ziele und Taktik der schwachen tschechoslowakischen Opposition schrieb, darin bestehen, selbständig zu handeln, egal, was das Regime einem aufzuzwingen versuche, so zu leben *als ob* man wirklich frei wäre. Das war kaum ein Rezept für die Mehrheit, wie Havel sehr wohl begriff: »Das sind in der heutigen Welt vielleicht unpraktische Methoden, die im Alltag sehr schwer anzuwenden sich. Indes, ich kenne keine bessere Alternative.«

Havels Position war selbst in jüngerer Zeit nicht ohne Vorbilder. Ludvík Vaculík hatte in einer Rede vor dem 4. Kongreß des tschechoslowakischen Schriftstellerverbands seinen Kollegen schon 1967 eine ähnliche Als-ob-Strategie empfohlen. Vakulík: »Wir müssen die Staatsbürger spielen … Reden halten, als ob wir erwachsen und rechtlich unabhängig wären.« Doch in der optimistischeren Atmosphäre der Sechziger konnten Vaculík und andere immerhin auf ein gewisses Entgegenkommen und Einlenken der Mächtigen hoffen. Als Michnik und Havel später ähnliche Argumente vorbrachten, hatten sich die Verhältnisse gründlich verändert. Es ging nicht mehr darum, der Regierung zu raten, wie sie herrschen sollte, sondern der Nation – durch das eigene Beispiel –, wie sie leben sollte.

Unter den Bedingungen der Siebziger mochte die Vorstellung, die osteuropäischen Intellektuellen könnten »der Nation vorschlagen«, wie sie sich verhalten sollte, etwas sehr ambitioniert erscheinen – die meisten Intellektuellen waren nicht in der Lage, sich auch nur gegenseitig Ratschläge zu erteilen, von der Mehrheit ihrer Mitbürger gar nicht zu reden. Die Intellektuellen, insbesondere in Ungarn und Polen, wußten herzlich wenig über die Lebensbedingungen und Vorstellungen in den Industriezentren, und noch ferner war ihnen die Welt der Landbevölkerung. Man könnte sogar sagen, daß dank dem Kommunismus – einem politischen System, das mit den Worten der ungarischen Dissidenten Iván Szelényi und Györgi Konrád die »Intellektuellen auf den Weg zur Klassenmacht« gebracht hatte – die alte mitteleuropäische Unterscheidung zwischen »Intellektuellen« und »Volk« (in aristokratischen Gesellschaften wie Ungarn und Polen eher spürbar als in plebejischen wie der Tschechoslowakei, aber auch dort nach 1948 künstlich eingeführt) in einer akuten Form wieder aufgebrochen war.

Die Polen waren die ersten, die diese Kluft überbrücken sollten. 1976, nach einer Streikwelle aus Protest gegen eine sprunghafte Erhöhung der Lebensmittelpreise, reagierte das System mit äußerster Härte, indem es Industriearbeiter im Warschauer Stadtteil Ursus und in Radom niederknüppelte und inhaftierte. In einer Reaktion, die einen ganz bewußten Bruch mit der noch wenige Jahre zuvor herrschenden wechselseitigen Gleichgültigkeit von Arbeiter- und Intellektuellenprotesten darstellte, verkündeten Jacek Kuroń und einige Kollegen im September 1976 die Gründung von KOR; das (polnische) Akronym steht für Arbeiterschutzkomitee. Das KOR und die wenige Monate später gegründete Bewegung für Verteidigung der Menschen- und Bürgerrechte (ROPCiO) hatten sich zum Ziel gesetzt, Übergriffe gegen die bürgerlichen Freiheiten der Arbeiter publik zu machen, ihnen juristischen Beistand bei Gerichtsverfahren zu leisten und mit den Arbeitern eine gemeinsame Front zu bilden. Drei Jahre später, im Dezember 1979, zeichneten die intellektuellen Führer des KOR – einige Juden, einige Katholiken, einige Exkommunisten, keine anderen – für den Entwurf und die Veröffentlichung einer »Charta der Arbeiterrechte« verantwortlich.

Die Schaffung – oder vielmehr die Durchsetzung – einer autonomen Zivilsphäre in Polen erwuchs also aus sozialer Konfrontation. Jenseits der Grenze, in der Tschechoslowakei, wo die politischen Verhältnisse noch unerfreulicher waren, entstand sie durch Nutzung einer rechtlichen Gelegenheit. Im Januar 1977 unterzeichnete eine Gruppe tschechischer Bürger ein Dokument (ursprünglich als Manifest in einer bundesdeutschen Zeitung veröffentlicht), in dem sie ihre Regierung kritisierten, weil es ihr nicht gelungen war, die Menschenrechtsartikel der tschechoslowakischen Verfassung, die in der Schlußakte von Helsinki fixierten Übereinkünfte und die Satzungsklauseln der Vereinten Nationen als politische, bürgerliche, wirtschaftliche und kulturelle Rechte in die Praxis umzusetzen, obwohl Prag alle diese Verträge und Statuten unterzeichnet – und im Falle der Verfügung 120 von Helsinki formell in das tschechische Zivilrecht aufgenommen – hatte.[7]

Die Unterzeichner dieses Dokuments (das dann als »Charta 77« bezeichnet wurde) beschrieben sich selbst als eine »freie informelle und offene Gemeinschaft von Menschen verschiedener Überzeugungen, verschiedener Religionen und verschiedener Berufe, verbunden durch den Willen, sich einzeln und gemeinsam für die Respektierung der Bürger- und Menschenrechte« einzusetzen. Sie wiesen nachdrücklich darauf hin, daß Charta 77 keine Organisation sei, keine

Statuten und keine ständigen Organe habe und »keine Basis für oppositionelle politische Tätigkeit« bilde, eine Bestimmung, mit der sie sich verpflichteten, auf dem Boden des tschechischen Rechts zu bleiben.

Die Charta 77 blieb immer auf ein winziges Netzwerk couragierter einzelner beschränkt, die niemanden als sich selbst repräsentierten: 243 Personen unterzeichneten das Originaldokument, und im Laufe des folgenden Jahrzehnts schlossen sich ihnen lediglich 1621 weitere an (bei einer Bevölkerung von 15 Millionen). Die ersten Sprecher der Charta waren Havel, Jiří Hajek (unter Dubček Außenminister seines Landes) und der schon etwas ältere Jan Patocka, der namhafteste Philosoph der Tschechoslowakei. Sie alle waren isolierte Intellektuelle ohne öffentliches Ansehen oder Einfluß, doch das hinderte die Machthaber nicht, mit heftiger Wut auf das Manifest zu reagieren: »Ein staatsfeindliches, antisozialistisches, demagogisches, beleidigendes Dokument«. In einer Sprache, die einen wörtlichen Rückgriff auf die Schauprozesse der fünfziger Jahre darstellte, wurden die einzelnen Unterzeichner beschrieben als »Verräter und Renegaten«, als »ein Handlanger und Agent des Imperialismus«, »ein gescheiterter Politiker« und »ein internationaler Abenteurer«. Gegen sie wurde eine Vielzahl von Vergeltungs- und Einschüchterungsmaßnahmen aufgeboten: Man kündigte ihnen, ließ ihre Kinder nicht weiter zur Schule gehen, zog ihren Führerschein ein, wies sie aus und erkannte ihnen die Staatsbürgerschaft ab, nahm sie in Untersuchungshaft, machte ihnen den Prozeß und verurteilte sie zu Haftstrafen.

Daß der tschechoslowakische Staat so rauh mit den Unterzeichnern der Charta 77 umsprang und eine neue Generation junger Musiker (insbesondere die Rockband *The Plastic People of the Universe*) rachsüchtig verfolgte, führte im April 1978 zur Entstehung einer Hilfsorganisation, des »Ausschusses zur Verteidigung der zu Unrecht Verfolgten« (VONS), dessen Zielsetzung der des KOR ähnelte. Auf diese jüngste Entwicklung reagierte das Prager Regime damit, daß es sechs der führenden VONS-Mitlieder, darunter Havel, festnahm und im Jahr darauf der Subversion anklagte. Im Oktober 1979 wurden sie zu bis zu fünf Jahren Gefängnis verurteilt.

In der Zeit nach 1968 hatten alle kommunistischen Regime (Ceauşescus Rumänien ausgenommen) praktisch Kadárs ungarische Methode übernommen. Sie erweckten noch nicht einmal mehr den Anschein, als wären sie an echter Loyalität ihrer Untertanen interessiert, sondern verlangten lediglich, daß die Leute die äußerlichen Symbole einer öffentlichen Anpassung erkennen ließen. So war es eines der Ziele der Charta, wie auch des VONS – oder des KOR –, die daraus resultierende zynische Gleichgültigkeit ihrer Landsleute gegenüber öffentlichen Angelegenheiten zu überwinden. Insbesondere Havel betonte, man müsse verhindern, daß der Staat weiterhin voller Genugtuung zusehen könne, wie sich die

Menschen bedenkenlos erniedrigten, um ungeschoren davonzukommen. Sonst, so schrieb er, könnte das Regime damit rechnen, »in jedem Bürger einen Vorposten« zu haben – diesem Thema widmete er sich in seinem klassischen Essay »Die Macht der Ohnmächtigen« und illustrierte es am Beispiel des Gemüsehändlers, der sein Ladenfenster feierlich mit dem Schild dekoriert: »Proletarier aller Länder, vereinigt euch!«

Für dieses Bemühen, die allgemeine Apathie und Furcht zu überwinden, eigneten sich manche Anliegen der aufmüpfigen Intellektuellen besser als andere. Dazu gehörten die Hinweise auf die nahende Umweltkatastrophe, von der in Kapitel XV schon die Rede war. Sogar nach dem amtlichen Zahlenmaterial waren 1982 in der Slowakei 45 Prozent der 5600 Flußkilometer des Landes »gefährlich« verschmutzt. Vier Fünftel des Brunnenwassers im Ostteil der Republik waren als Trinkwasser für den Menschen nicht mehr nutzbar. Dies rührte zum großen Teil daher, daß die landwirtschaftlichen Produktionsgenossenschaften übermäßig viel Dünger ausbrachten und so den Ackerboden vergifteten. Mißernten wie in den Schwarzerdgebieten der Sowjetunion waren die Folge.

In den frühen Achtzigern litt Nordböhmen infolge des (billigen) Braunkohleeinsatzes in der Industrie und in der Elektrizitätserzeugung unter der schlimmsten Luftverschmutzung Europas. Von den 73,5 Milliarden Kilowattstunden, die in der Region erzeugt wurden, entfielen 64 Milliarden auf E-Werke, die hochschweflige Brennstoffe verfeuerten. Als unmittelbare Folge waren 1983 etwa 35 Prozent aller tschechischen Wälder bereits tot oder im Absterben begriffen, und ein Drittel aller tschechischen Wasserläufe war so verschmutzt, daß ihnen nicht einmal mehr Brauchwasser für die Industrie zu entnehmen war. In Prag selbst mußte der Staat spezielle Kinderkrankenhäuser einrichten, die nur für Erkrankungen der Luftwege zuständig waren. Ivan Klíma beschreibt in der Kurzgeschichte *Eine Weihnachtsverschwörung*, wie es war, wenn man in der tschechischen Hauptstadt auf die Straße trat: »Der düstere, kalte Dunst roch nach Rauch, Schwefel und Reizempfindlichkeit.«

Unter dem Sozialismus war der Staat der Umweltverschmutzer. Leiden aber mußte die Gesellschaft, daher war Umweltverschmutzung ein Thema, das alle interessierte. Es war auch implizit politisch: Die Umwelt ließ sich so schwer schützen, weil niemand ein Interesse an präventiven Maßnahmen hatte. Nur wirksame und konsequente staatliche Sanktionen hätten Verbesserungen erzwingen können, doch diese Schritte hätten von denselben staatlichen Stellen kommen müssen, welche die Umweltverschmutzung billigten und förderten. Jeder Betriebsleiter in Industrie oder Landwirtschaft, der so unvernünftig gewesen wäre, seine »Normerfüllung« durch Maßnahmen zur Schadstoffkontrolle aufs Spiel zu setzen, hätte ernste Schwierigkeiten bekommen. Das kommunistische Wirtschaftssystem war, wie immer mehr Menschen einsahen, seinem Wesen nach ein ökologischer Risikofaktor.[8]

Autoren und Wissenschaftler hatten vernünftigerweise stets die Zensur im Sinn. Die Hindernisse, auf die Veröffentlichungen oder Vorführungen trafen, waren in den kommunistischen Ländern höchst unterschiedlich. In der Tschechoslowakei war der Staat seit 1969 unerhört repressiv: nicht nur, daß Tausende Männer und Frauen mit Publikations- oder Auftrittsverbot belegt waren, es gab auch eine Vielzahl von Themen, Personen und Ereignissen, die nicht einmal erwähnt werden durften. In Polen dagegen bot die katholische Kirche mit ihren Institutionen und Zeitschriften einen halbwegs geschützten Raum, in dem sich ein gewisses Maß an literarischer und geistiger Freiheit entfalten konnte, wenn auch mit der gebotenen Vorsicht.

Hier und in Ungarn trat das Problem häufig als *Selbstzensur* in Erscheinung. Um ihr Publikum überhaupt erreichen zu können, waren Intellektuelle, Künstler oder Wissenschaftler immer versucht, ihre Argumente anzupassen, zu stutzen oder aufzuweichen, um in vorauseilendem Gehorsam offiziellen Einwänden zuvorzukommen. Die beruflichen und sogar materiellen Vorteile einer solchen Anpassung waren in Gesellschaften, in denen Kultur und Kunst sehr ernst genommen wurden, nicht zu verachten, doch konnte sie in erheblichem Maße zu Lasten der Selbstachtung gehen. 150 Jahre zuvor hatte Heine das Phänomen in Worten beschrieben, die vielen europäischen Intellektuellen sofort bekannt vorgekommen wären: »Diese Geisteshenker machen uns selbst zu Verbrechern, und der Schriftsteller ... begeht ... sehr oft einen Gedankenkindermord, eben aus wahnsinniger Angst vor dem Richtschwerte des Zensors.« [! H. Heine: Einleitung zu »Kahldorf über den Adel« (1831)]

Dies war die eine Art partieller Mittäterschaft. Schweigen – die innere Emigration des »Ketman-Prinzips« in *Verführtes Denken* von Czesław Miłosz – eine andere. Doch wer sich äußerte und seine Arbeit unter der Hand in Form von Kohlepapierdurchschlägen zirkulieren ließ, mußte sich mit der wenig erfreulichen Aussicht abfinden, daß die eigenen Gedanken, seine Kunst, auf ein winziges, streng limitiertes Publikum beschränkt blieben – und erlebte dabei bestenfalls das, was ein tschechischer Intellektueller grämlich publizistische Selbstbefriedigung nannte: Samisdat für die zweitausend Intellektuellen, die dergleichen selbst schrieben.

Hinzu kam, daß Mut an sich noch nicht für Qualität bürgte. Die nonkonformistische, oppositionelle und häufig gefahrvolle Seite der Untergrundliteratur verhalf ihr (besonders bei ihren Bewunderern im Westen) zu einer romantischen Aura und einer gelegentlich übertriebenen Bedeutung. Originelle und radikale Gedanken konnten auf dem verrottenden Komposthaufen des Sowjetblocks tatsächlich blühen und gedeihen – Havels und Michniks Schriften sind der beste, wenngleich keineswegs einzige Beweis für diese *Fleurs du Mal* des Kommunismus.[9] Doch für viele andere galt, daß Publikationsverbot noch längst nicht Qualität bedeutete. Es gibt keine »Muse der Zensur« (George Steiner). Nur weil das Regime einen nicht mochte, mußte man nicht unbedingt Talent haben.

So verdorrte und verkümmerte sogar der Ruf einiger sehr bekannter oppositioneller Intellektueller, als sie sich auf dem freien Markt der Ideen behaupten mußten. Der Ungar Györgi Konrád – dessen etwas wilde Essays über »Antipolitik« in den achtziger Jahren weithin bewundert wurden – gehörte zu den vielen, die nach 1989 sang- und klanglos von der Bildfläche verschwanden. Andere, wie die ostdeutsche Schriftstellerin Christa Wolf, begriffen sehr genau, daß sie den besonderen Schwierigkeiten einer literarischen Existenz unter dem Kommunismus sowohl ihr Thema wie ihre Energie (und ihr öffentliches Ansehen) verdankten. Das war einer der Gründe, warum so viele Intellektuelle in kommunistischen Gesellschaften die Möglichkeit zu Emigration und Exil nicht wahrnahmen – lieber verfolgt und bedeutend als frei und unbedeutend.

Die Furcht vor Bedeutungslosigkeit lag einem weiteren Programmpunkt dieser Jahre zugrunde, der verbreiteten Forderung nach einer »Rückkehr« in den Schoß Europas. Wie die Zensur, so beschäftigte auch dieser Punkt nur die Intellektuellen – eigentlich vorwiegend Autoren aus den westlichen Provinzen des früheren Habsburgerreiches, wo die von den Sowjets verordnete Rückständigkeit und Unterentwicklung besonders schmerzlich empfunden wurde. Am besten brachte dieses Empfinden wohl der tschechische Romancier und Drehbuchautor Milan Kundera zum Ausdruck, der im Pariser Exil schrieb und die Tragödie *Mitteleuropas* (ein geographischer Begriff, den er eigens wiederbelebte, um sein Anliegen zu verdeutlichen) darin sah, daß es von einer fremden, asiatischen Diktatur unterworfen wurde.

Kundera selbst wurde in seiner Heimat nicht besonders geschätzt, denn weder Exil noch Erfolg wurde ihm von jenen Kollegen gegönnt, die (nach eigenem Bekunden) auf beides verzichtet hatten. Aber seine Hauptthese wurde weithin gebilligt, besonders insoweit sie sich an seine westlichen Leser richtete, denen er vorwarf, den »anderen« Westen in ihrem Osten zu vernachlässigen und zu ignorieren – ein Thema, das in den fünfziger Jahren schon Miłosz skizziert hatte, als er schrieb: »Ein Kapitel in einem hypothetischen Buch über die polnische Nachkriegsdichtung hätte die Aufgabe, die westeuropäischen, vor allem die französischen Intellektuellen mit Ironie oder sogar Hohn zu bedenken.«

Nach Auffassung Kunderas, der Bürgerinitiativen wie der der Charta 77 skeptisch gegenüberstand, war die Lage der Tschechen unter dem Kommunismus nur die Fortsetzung des älteren Problems nationaler Identität und Existenz in der

Mitte Europas, wo kleine Völker und Volksgruppen seit jeher vom Verschwinden bedroht waren. Ziel intellektueller Opposition dort und im Ausland, so meinte er, müsse es sein, *dieser* Befürchtung internationale Beachtung zu verschaffen, und keine Zeit mit dem Versuch zu verschwenden, Moskaus »byzantinisches« Reich zu verändern. Außerdem sei Mitteleuropa »das Schicksal des Westens in konzentrierter Form«. Havel war der gleichen Meinung: Kommunismus war der blinde Spiegel, den die Geschichte dem Westen vorhielt.

Polen wie Michnik verwendeten den Begriff »Mitteleuropa« nicht und redeten auch nicht viel über die »Rückkehr nach Europa«: teils, weil sie im Gegensatz zu den Tschechen in der Lage waren, näherliegende, erreichbare Ziele zu verfolgen. Das soll nicht heißen, die Polen hätten nicht davon geträumt, eines Tages die Vorzüge der neuen Europäischen Gemeinschaft zu genießen – den bankrotten Mythos »Sozialismus« gegen die erfolgreiche Fabel »Europa« einzutauschen. Sie hatten nur dringlichere Prioritäten, wie wir sehen werden.

Auch die Deutschen in der DDR hatten ihre eigenen Sorgen. Ein Paradoxon der *Ostpolitik*, wie sie von Brandt und seinen Nachfolgern praktiziert wurde, lag darin, daß sie, indem sie große Summen harter Währung in den Osten transferierten und die DDR mit Anerkennung, Beachtung und Hilfe überschütteten, unabsichtlich jede Chance auf internen Wandel, eingeschlossen die Reform des umweltbelastenden, veralteten industriellen Wirtschaftssektors, unterbanden. Durch »Brückenschlag«, Städtepartnerschaften, Achtungs- und Gunstbeweise sowie Distanzierung von westlicher Kritik an den Regimes des Ostblocks vermittelte das offizielle Bonn der DDR-Führung ein trügerisches Gefühl von Stabilität und Sicherheit.

Durch »Freikauf« politischer Gegner und Gefangener entzog die Bundesrepublik zudem der ostdeutschen Opposition einige ihrer bekanntesten Dissidenten. Keine andere kommunistische Gesellschaft hatte einen westlichen Doppelgänger, der dieselbe Sprache sprach. Daher war die Versuchung, sich abzusetzen, immer vorhanden, weshalb das »Recht auf Freizügigkeit« ganz oben auf der Liste der Rechte stand, welche die Schriftsteller und Künstler in der DDR beschäftigten. Doch viele »interne« Kritiker entschieden sich, weder ihr Vaterland noch ihre alten Überzeugungen aufzugeben. Ende der siebziger Jahre war die DDR tatsächlich der *einzige* kommunistische Staat in Europa, der sich immer noch einer informellen und sogar parteiinternen marxistischen Opposition rühmen konnte. Die bekanntesten Dissidenten attackierten den Kommunismus alle von *links* – eine Haltung, die dazu führte, daß sie in anderen osteuropäischen Ländern nicht ernst oder gar nicht zur Kenntnis genommen wurden, wie der tschechische Schriftsteller Jiří Pelikán bissig bemerkte.

So wurde Rudolf Bahro, der nach Jahren der Verfolgung 1979 in den Westen abgeschoben wurde, bestens bekannt durch seinen Essay »Die Alternative«, eine ausdrücklich marxistische Kritik des »real existierenden Sozialismus«. Robert Havemann, ein Altkommunist, der in diesen Jahren verfolgt und verurteilt wurde, weil er für den (1976 abgeschobenen) Liedermacher Wolf Biermann eingetreten war, geißelte die herrschende Partei nicht, weil sie das Recht beugte, sondern weil sie ihre Ideale verriet und die Bürger zu Massenkonsum und Privateigentum an Konsumgütern ermunterte. Wolfgang Harich, ein führender Kopf in den philosophischen Zirkeln der DDR und langjähriger Kritiker der »bürokratischen« Verirrung des Regimes, sprach sich ebenso vehement gegen die »Illusion des Konsumdenkens« aus; die Aufgabe der herrschenden Partei sah er in einer Umerziehung des gemeinen Volks.

Was es in der DDR an Opposition gegen den Kommunismus an sich gab, sammelte sich wie in Polen zumeist im Umfeld der Kirche – in Deutschland im *Bund der Evangelischen Kirchen*. Hier vereinigte sich die neue Sprache der Rechte und Freiheiten mit dem Wort der Kirche und gewann (wiederum wie in Polen) durch die Verbindung mit der einzigen überdauernden vorsozialistischen Institution an Kraft. Der Einfluß der Kirchen erklärt auch, warum die »Friedensfrage« in ostdeutschen Dissidentenkreisen eine so große Rolle spielte.

In anderen Ländern Osteuropas wurden »Friedensbewegte« und Kernwaffengegner mit ziemlichem Argwohn betrachtet. Im besten Fall hielt man sie für naive Träumer, meist aber für törichte Werkzeuge der sowjetischen Drahtzieher.[10] Václav Havel zum Beispiel glaubte, die wachsende westeuropäische Antikriegsbewegung der frühen achtziger Jahre diene nur dazu, die Intellektuellen im Westen zu beschäftigen, abzulenken und zu *neutralisieren*. »Frieden«, so erklärte er mit Nachdruck, sei keine Option in Ländern, in denen sich der Staat in permanentem Kriegszustand mit seiner Bevölkerung befinde. Friede und Abrüstung unter den gegebenen Verhältnissen würden Europa in Freiheit und Unabhängigkeit belassen, während Osteuropa unter sowjetischer Kontrolle bliebe. Es sei ein Fehler, die »Friedensfrage« von der Forderung nach Rechten und Freiheiten zu trennen. Oder mit den Worten von Adam Michnik: »Die Vorbedingung für die Verringerung der Kriegsgefahr ist die uneingeschränkte Achtung der Menschenrechte«.

In der DDR jedoch fand die Friedensbewegung großen Anklang. Teilweise hatte das zweifellos mit den Verbindungen zur Bundesrepublik zu tun. Doch nicht nur das. Die DDR – ein Zufallsstaat ohne Geschichte und Identität – konnte mit einem gewissen Recht den Frieden, oder zumindest die »friedliche Koexistenz«, als ihre eigentliche Existenzberechtigung bezeichnen. Zugleich aber war sie der bei weitem militärischste und militaristischste aller sozialistischen Staaten: Seit 1977 war »Wehrerziehung« ein Pflichtfach an den Schulen der DDR, und die Staatsjugend war, selbst nach sowjetischen Maßstäben, außerordentlich paramilitärisch ausgerichtet. Die Spannung, die aus diesem augenfälligen Widerspruch erwuchs, kam in einer Oppositionsbewegung zum Ausdruck, die ihre Unterstützung großenteils dem Umstand verdankte, daß sie sich auf die Frage von Frieden und Abrüstung konzentrierte.

1962 hatte das DDR-Regime einen 18monatigen obligatorischen Grundwehrdienst für alle Männer im Alter zwischen 18 und 50 Jahren eingeführt. Doch zwei Jahre später wurde das Gesetz mit einem Schlupfloch versehen: Wer aus moralischen Gründen keinen Waffendienst leisten mochte, konnte *Bausoldat* werden und eine Art Arbeitsdienst leisten. Obwohl die Zugehörigkeit zu diesen Einheiten im späteren Leben einige Nachteile brachte, bedeutete deren bloße Existenz, daß die DDR das Vorhandensein und die Legitimität einer Kriegsdienstverweigerung aus Gewissensgründen anerkannte. 1980 absolvierten Tausende junge DDR-Deutsche ihren Dienst als Bausoldaten und bildeten damit ein beachtliches Potential für ein Netzwerk von Friedensaktivisten.

Als lutherische Pastoren 1980 begannen, den ersten Friedensaktivisten Schutz und Hilfe zu bieten, konnten sie das mit einer gewissen Freiheit tun, ohne sich die Mißbilligung des Staates zuzuziehen. Die junge Friedensbewegung griff von den Kirchen auf die Universitäten über, was zwangsläufig nicht nur zu der Forderung nach Abrüstung führte, sondern auch zu dem Begehren, diese Forderung ungehindert zu äußern. Auf diesem indirekten Wege fanden die Dissidenten der DDR verspätet dann doch noch eine Möglichkeit, mit der Opposition in anderen Ländern des Blocks Kontakt aufzunehmen (und zu ihnen aufzuschließen).

Dieses Glück hatten die Rumänen nicht. Die Veröffentlichung der Charta 77 veranlaßte den Schriftsteller Paul Goma und sieben andere rumänische Intellektuelle zu einem mutigen Solidaritätsschreiben, doch alle acht wurden sofort zum Schweigen gebracht. Ansonsten blieb Rumänien stumm – wie seit dreißig Jahren. Goma wurde abgeschoben: niemand nahm seinen Platz ein. Daran trug auch der Westen eine gewisse Schuld – selbst wenn es eine rumänische Charta 77 oder etwas Ähnliches wie die polnische »Solidarität« gegeben hätte (siehe Kapitel XIX), hätten sie im Westen wahrscheinlich nicht viel Unterstützung gefunden. Kein amerikanischer Präsident hat den Diktator Nicolai Ceauşescu je aufgefordert: »Laß Rumänien Rumänien sein«.

Sogar die Sowjetunion gestand gewissen Intellektuellen – meist prominenten Wissenschaftlern, einer stets privilegierten Gruppe – eine exakt abgegrenzte Handlungsfreiheit zu. Der Biologe Zhores A. Medwedjew, dessen Buch *Der Fall Lyssenko* (1969) lange Zeit als Samisdat unter der Hand kursierte, wurde zunächst wiederholt schikaniert, dann ausgebürgert. Er siedelte 1973 nach England über. Andrej Sacharow jedoch, der bekannteste Kernphysiker der Landes und seit

Jahren unermüdlicher Regimekritiker, blieb auf freiem Fuß – bis er durch seine öffentliche Kritik am Einmarsch in Afghanistan unhaltbar wurde. Sacharow war zu unbequem, um ihn zu ignorieren (er hatte 1975 den Nobelpreis erhalten), aber auch zu wichtig, um ihn auszuweisen. Statt dessen wurden er und seine Frau Jelena Bonner in die Verbannung nach Gorki, die verbotene Stadt, geschickt.

Sacharow legte jedoch stets großen Wert auf die Feststellung, er habe die Sowjetunion lediglich aufgefordert, die Verantwortung für ihre Fehler und die Verfolgung ihrer Kritiker zu übernehmen, aber nie ihren Umsturz angestrebt – womit er eine Position irgendwo zwischen einer älteren Generation von Reformkommunisten und den neuen mitteleuropäischen Dissidenten bezog. Andere, weniger prominente und erklärtermaßen antisowjetische Regimekritiker wurden sehr viel härter angefaßt. Die Lyrikerin Natalja Gorbanewskaja verbrachte drei Jahre auf der psychiatrischen Station eines Gefängniskrankenhauses, da man bei ihr wie bei Hunderten anderer eine »latente Schizophrenie« diagnostiziert hatte. Wladimir Bukowski, der bekannteste der jüngeren Radikalen, verbrachte zwölf Jahre in sowjetischen Gefängnissen, Arbeitslagern und psychiatrischen Anstalten, ehe unüberhörbarer internationaler Protest schließlich dazu führte, daß er 1976 gegen Luis Corvalán, einen chilenischen Kommunisten, ausgetauscht wurde.

Abgesehen von solchen gelegentlichen Protesten zugunsten einzelner und einer konzertierten Aktion für das Ausreiserecht sowjetischer Juden, kümmerte sich der Westen herzlich wenig um die *inneren* Angelegenheiten der UdSSR – man schenkte ihnen weit weniger Interesse, als man etwa zu Beginn der achtziger Jahre der inneren Opposition in Polen oder gar in der Tschechoslowakei entgegengebracht hatte. Erst 1983 trat die Sowjetunion aus dem Weltverband für Psychiatrie (World Psychiatric Association) aus, als dieser – beschämend spät – endlich gegen den Mißbrauch der Psychiatrie protestierte.

Doch mit oder ohne äußeren Druck, die überwältigende Mehrheit der sowjetischen Intelligenz machte nie den geringsten Versuch, dem Beispiel anderer osteuropäischer Länder zu folgen. Die Furcht, die Stalins Schreckensherrschaft erzeugt hatte, lag noch drei Jahrzehnte nach seinem Tod wie ein Leichentuch über der moralischen Landschaft, auch wenn niemand wirklich davon sprach. Bis auf die freimütigsten und couragiertesten Kritiker bemühten sich alle, peinlich genau innerhalb der Grenzen staatlich sanktionierter Themen und Äußerungen zu bleiben. Verständlicherweise gingen sie davon aus, daß die Sowjetunion Bestand haben würde. Schriftsteller wie Andrej Amalrik, dessen Essay *Wird die Sowjetunion bis 1984 überdauern?* zunächst 1970 im Westen erschien und in erweiterter Fassung zehn Jahre später neu aufgelegt wurde, waren zwar mit prophetischer Gabe gesegnet, aber atypisch. Im Gegensatz zu den Marionettenregimes, welche die

Sowjetunion an ihren Rändern errichtet hatte, gab es sie selbst 1983 schon länger, als die meisten ihrer Bürger zurückdenken konnten, und erschien unerschütterlich.

Die unmittelbare Wirkung der intellektuellen Opposition in Mitteleuropa war sehr begrenzt. Was niemanden überraschte: Zum neuen Realismus der Dissidenten in den Siebzigern gehörte nicht nur eine klare Vorstellung vom Versagen des Sozialismus, sondern auch eine nüchterne Einschätzung der gegebenen Machtverhältnisse. Außerdem konnte man keine unbegrenzten Erwartungen an die Menschen stellen – in seinem *Essay über die Tapferkeit* argumentiert der Tscheche Ludvík Vaculík überzeugend, man könne nur so viel Kampfgeist von gewöhnlichen Menschen verlangen, wie sie brauchten, um den Alltag zu bewältigen. Die meisten Menschen lebten in einer Art moralischer »Grauzone«, einem sicheren, aber erstickenden Raum, in dem Enthusiasmus durch Akzeptanz ersetzt werde. Aktiver, riskanter Widerstand gegen die Obrigkeit sei schwer zu rechtfertigen, weil er – wiederum den meisten gewöhnlichen Menschen – unnötig erscheine. »Unheroisches, realistisches Handeln« sei alles, was man erwarten dürfe.

Die Intellektuellen redeten meist nur untereinander, statt die Bevölkerung im allgemeinen anzusprechen. In manchen Fällen korrigierten sie stillschweigend ihre früheren Schwärmereien. Außerdem waren sie die Erben (in manchen Fällen buchstäblich die Kinder) der herrschenden Klasse, jener ersten Generation, die ihren Besitz an sozialistischer Macht, an Bildung und Privilegien mehr oder weniger direkt – vor allem in Polen und Ungarn – an ihre Nachkommen weitergegeben hatten. Das machte diese der breiten Masse der Bevölkerung nicht unbedingt sympathischer. Wie in der Vergangenheit, als sie *für* das Systems eingetreten waren, gegen das sie nun opponierten, waren sie eine winzige Minderheit der Bevölkerung und sprachen nur für sich selbst.

Wenn also György Konrád etwas schulmeisterlich schrieb: »Kein denkender Mensch sollte andere von Positionen politischer Macht zu verdrängen suchen, um sie selbst einzunehmen«, trug er damit einer einfachen Tatsache Rechnung – »kein denkender Mensch« war dort und damals imstande, dergleichen zu tun. Diese nüchterne Einstellung zu den Realitäten des Lebens bildete auch den Hintergrund für den entschiedenen Gewaltverzicht der Opposition: nicht nur in der Tschechoslowakei, wo Passivität gegenüber der Staatsmacht eine lange Geschichte hatte, oder in der DDR, wo die lutherische Kirche in oppositionellen Kreisen zunehmend an Einfluß gewann, sondern auch in Polen, wo der Gewaltverzicht für Michnik und andere eine pragmatische und ethische Schranke war, die sie vor gefährlichen und sinnlosen »Abenteuern« bewahrte.

Die Leistungen der neuen Opposition lagen auf anderem Gebiet. Im Osten wie im Westen waren die siebziger und achtziger Jahre eine Zeit des Zynismus. Die Energien der Sechziger waren erloschen, ihre politischen Ideale hatten an moralischer Glaubwürdigkeit verloren, und das Engagement für das Gemeinwohl war dem Interesse an persönlichen Vorteilen gewichen. Durch die Diskussion über Rechte, durch Fokussierung der Aufmerksamkeit auf den ziemlich verschwommenen Begriff der »Zivilgesellschaft«, durch unablässige Thematisierung des Verschweigens von Vergangenheit und Gegenwart Mitteleuropas – gewissermaßen durch schamloses öffentliches Moralisieren – schufen Havel und seine Mitstreiter eine Art »virtuellen« Ersatz für den vom Kommunismus zerstörten öffentlichen Raum.

Wenn es ein Thema gab, das die Intellektuellen der Dissidentenszene *nicht* anschnitten, dann war es die Wirtschaft. Auch darin äußerte sich ein gewisser Realismus. Seit Stalin war Wirtschaftswachstum – oder besser gesagt, Wachstum der Industrie – jederzeit zugleich Ziel und wichtigster Erfolgsmaßstab des Sozialismus gewesen. Die Wirtschaft war, wie in Kapitel XIII gesehen, die vorrangige Sorge einer früheren Generation von reformorientierten Intellektuellen gewesen: Sie hielten dem kommunistischen Regime den Spiegel seiner eigenen Obsessionen vor und machten sich eine Annahme zueigen, die von Marxisten und vielen Nichtmarxisten geteilt wurde: daß es in der Politik letztlich immer *um* die Wirtschaft geht. Kritische Erörterungen in Form von Empfehlungen für wirtschaftliche Reformen stellten in der revisionistischen Dekade zwischen 1956 und 1968 die größtmögliche Annäherung an eine erlaubte Opposition dar.

Um die Mitte der siebziger Jahre fiel es jedem wohlinformierten Beobachter des Sowjetblocks schwer, die Chancen einer Wirtschaftsreform von innen heraus ernst zu nehmen, und das nicht nur, weil die Sprache der marxistischen Wirtschaftswissenschaft nach Jahrzehnten groben Mißbrauchs völlig verschlissen war. Seit 1973 fielen die Volkswirtschaften Osteuropas sogar weit hinter die verminderten Wachstumsraten Westeuropas zurück. Abgesehen von einer kurzlebigen Verbesserung der Finanzlage in der ölreichen UdSSR aufgrund gestiegener Energiepreise, brachten die Inflation der siebziger Jahre und die »Globalisierung« des Handels und der Dienstleistungen in den Achtzigern den Sowjetblock hoffnungslos ins Hintertreffen. Im Jahr 1963 hatte der Außenhandel der Comecon-Länder 12 Prozent des Welthandels ausgemacht. 1979 war der Anteil auf 9 Prozent gefallen und sank weiterhin rasch.[11]

Qualitativ konnten die Ostblockländer mit den hochindustrialisierten Volkswirtschaften des Westens nicht konkurrieren, auch verfügte außer derjenigen der Sowjetunion keine von ihnen über ein nachhaltiges Angebot an Rohstoffen, die man dem Westen hätte verkaufen können, so daß sie nicht einmal mit den unterwickelten Ländern mithalten konnten. Das geschlossene System des Comecon schloß jede Teilhabe an den neuen Handelsverbindungen Westeuropas und des GATT aus, und kommunistische Staaten konnten in keinem Falle ihre Volkswirtschaften auf die Weltmarktpreise einstellen, ohne den Zorn der inländischen Verbraucher zu riskieren (der sich 1976 in Polen entlud).

Der lähmende Mangel der kommunistischen Volkswirtschaften lag damals in einer chronischen, ideologisch bedingten Ineffizienz. Weil der Sowjetblock stur an der Auffassung festhielt, der Güterausstoß in der Primärindustrie sei entscheidend für den »Aufbau des Sozialismus«, versäumte es der Sowjetblock, von der extensiven zur intensiven Hochwertproduktion zu wechseln. Dieser Strukturwandel der Volkswirtschaften hatte im Westen während der sechziger und siebziger Jahre stattgefunden. Statt dessen verließ sich der Ostblock weiterhin auf ein viel älteres Modell wirtschaftlicher Tätigkeit, das an Detroit oder das Ruhrgebiet der zwanziger Jahre erinnerte oder an das Manchester des ausgehenden 19. Jahrhunderts.

Daher war die Tschechoslowakei – ein Land mit äußerst geringen Eisenerzvorkommen – im Jahr 1981 pro Kopf der Bevölkerung der drittgrößte Stahlexporteur der Welt. Bis zu ihrem bitteren Ende plante die DDR eine immer unfangreichere Produktion von veralteten Gütern der Schwerindustrie. Keiner hätte freiwillig tschechischen Stahl oder DDR-Maschinen gekauft, wären diese nicht massiv subventioniert gewesen: daher wurde mit Verlust produziert und verkauft. Im Endeffekt wurde nach sowjetischem Muster ein *Minderwert* erwirtschaftet – die Rohstoffe, die importiert oder gefördert wurden, waren mehr wert als die Endprodukte, in die sie eingingen.

Selbst auf Gebieten mit komparativem Vorteil verlangte die Sowjetwirtschaft ihren Tribut. So, wie Ungarn innerhalb des Comecon mit der Produktion von Lastwagen und Bussen beauftragt war, hatte man der DDR in den achtziger Jahren die Herstellung von Computern zugewiesen. Die dort produzierten Geräte waren nicht nur unzuverlässig und veraltet, das zentralisierte System war nicht einmal imstande, sie in ausreichender Zahl herzustellen. 1989 hatte die DDR (bei einer Bevölkerung von 16 Millionen) einen Ausstoß von nur einem Fünftel der Anzahl der in Österreich (Bevölkerung: 7,5 Millionen) hergestellten Geräte – und als Anbieter von Computern fiel Österreich auf dem internationalen Markt kaum ins Gewicht. Der »komparative Vorteil« war in diesem Falle daher ausgesprochen relativ – die DDR steckte Millionen Ostmark in die Produktion von nicht nachgefragten Gütern, die zu niedrigeren Kosten und in besserer Qualität auf dem Weltmarkt zu haben waren.

Hauptsächlich verantwortlich für alle diese Probleme waren die systembedingten Mängel der zentralen Planung. Ende der siebziger Jahre wies Gosplan, die zentrale Planungsbehörde der Sowjetunion, 40 Abteilungen für die verschiedenen Branchen der Wirtschaft auf; es gab 27 verschiedene Ministerien für je einen schmalen Wirtschaftssektor. Die zwanghafte Fixierung auf numerische Planziele hatte schon fast parodistische Qualität: Timothy Garton Ash nennt als Beispiel den »Wirtschaftsplan des Volkes für den Stadtbezirk Prenzlauer Berg« (in Ostberlin), wo erklärt wurde, daß die »Bestände in den Bibliotheken von 350 000 Bänden auf 450 000 Bände zu vermehren« und »die Anzahl der Entleihungen … um 108,2 Prozent zu steigern« seien.[12]

Ein System fester Preise machte es unmöglich, die wahren Kosten zu ermitteln, auf Bedarf zu reagieren oder Anpassungen an Ressourcenverknappung vorzunehmen. Bürokraten auf allen Ebenen der Wirtschaftslenkung scheuten Risikoübernahme und Innovationen aus Furcht, sie könnten kurzfristig den Gesamtoutput reduzieren. Auf keinen Fall verspürten sie irgendeinen Anreiz: Dank Breschnews wohlbekannter Vorliebe für die »Stabilität der Kader« (seit 1971 die amtliche Parole) saßen sie warm und trocken auf ihren Posten, egal, wie inkompetent sie waren. Unterdessen gaben sich Vorarbeiter und Betriebsleiter in der Industrie die allergrößte Mühe, Reserven an Material und Arbeitskraft sorgsam vor den Behörden zu *verbergen*, damit sie, falls von oben neue Normen angeordnet wurden, diese auch erfüllen konnten. Vergeudung und Verknappung bedingten sich gegenseitig.

Die vorhersehbaren Folgen eines solchen Systems waren nicht nur Begünstigung von Stagnation und Ineffizienz, sondern auch die Institutionalisierung von Korruption. Es gehört zu den Paradoxien des sozialistischen Projekts, daß fehlendes Privateigentum nicht etwa zu weniger, sondern zu vermehrter Korruption führt. Macht, Rang und Privilegien können nicht unmittelbar gekauft werden, sondern hängen von Beziehungen ab, in denen sich Patronage und Vetternwirtschaft wechselseitig verstärken. Legale Rechte werden durch Speichelleckerei ersetzt, die mit Arbeitsplatzsicherheit und Beförderung angemessen belohnt wird. Um selbst bescheidene und legitime Ziele zu erreichen – ärztliche Behandlung, materielle Absicherung, Bildungschancen –, sind die Menschen gezwungen, das Recht auf vielerlei Arten zu beugen, immer nur ein wenig, aber immer korrupt.

Das erklärt großenteils, warum der Zynismus in diesen Jahren so zunahm. Ein Beispiel mag für viele stehen: Traktorenfabriken oder -hersteller machten sich nicht die Mühe, Ersatzteile in ausreichender Menge herzustellen, weil sie ihre »Normen« einfacher erfüllen konnten, indem sie große Maschinen bauten. Ergebnis: wenn diese Großgeräte defekt wurden, waren keine Ersatzteile erhältlich. Das offizielle Datenmaterial erfaßte nur die Anzahl der auf einem bestimmten Sektor produzierten Maschinen jeglicher Art; daraus ging nicht hervor, wie viele in betriebstüchtigem Zustand waren. Die Arbeiter wußten es natürlich besser.

Der sozialistische Gesellschaftsvertrag läuft im Endeffekt auf einen beliebten Witz hinaus: »Ihr tut so, als ob ihr arbeitet. Wir tun so, als ob wir euch bezahlen.« Viele Arbeiter, vor allem die ungelernten, waren an solchen Vereinbarungen – als Gegenleistung für politisches Wohlverhalten – interessiert, da sie soziale Sicherheit bei geringem Erfolgsdruck am Arbeitsplatz boten. Das offizielle *Kleine politische Wörterbuch* der DDR formuliert das mit unfreiwilliger Ironie folgendermaßen: »Im Sozialismus ist der für den Kapitalismus typische Widerspruch zwischen Arbeit und Freizeit aufgehoben.«

Die einzigen Segmente der typischen kommunistischen Volkwirtschaft, die 1980 relativ effizient arbeiteten, waren die High-Tech-Verteidigungsindustrie und die sogenannte »zweite Wirtschaft« – der Schwarzmarkt für Güter und Dienstleistungen. Die Bedeutung dieser Schattenwirtschaft – deren Existenz offiziell natürlich nicht zugegeben werden durfte – bezeugte den traurigen Zustand der offiziellen Wirtschaft. Man schätzt, daß zu Beginn der achtziger Jahre in Ungarn annähernd sechzig Prozent der im Lande nachgefragten Dienstleistungen, von Klempnerarbeiten bis hin zur Prostitution, durch lediglich 84 000 Menschen erbracht wurden, die ausschließlich im privaten Sektor tätig waren.

Rechnet man die private Erzeugung landwirtschaftlicher Produkte hinzu, ferner die öffentlichen Ressourcen (Ziegelsteine, Kupferdraht, Typensätze), die von Arbeitern für private Verwendung »abgezweigt« wurden, so wird erkennbar, daß der Kommunismus sowjetischer Prägung – etwa so wie der italienische Kapitalismus – auf die Schattenwirtschaft angewiesen war, um überleben zu können.[13] Die Beziehung war symbiotisch: Der kommunistische Staat konnte sein öffentliches Monopol nur aufrechterhalten, indem er der privaten Sphäre all die Tätigkeiten und Bedürfnisse zuleitete, die er selber weder leugnen noch befriedigen konnte. Umgekehrt war die Schattenwirtschaft bei der Beschaffung der Ressourcen auf die offizielle Wirtschaft angewiesen; vor allem aber war es genau die Ineffizienz des öffentlichen Sektors, die der Schattenwirtschaft einen Markt garantierte, ihren Wert erhöhte und damit auch ihre Gewinne steigerte.

Die wirtschaftliche Stagnation allein widerlegte fortwährend die Behauptung des Kommunismus, dem Kapitalismus überlegen zu sein. Wenn sie vielleicht auch kein Anlaß für Opposition war, so doch gewiß ein Grund für Staatsverdrossenheit. Für die meisten Menschen, die unter dem Kommunismus lebten, bedeutete die Breschnew-Ära, die Zeit vom Ende der sechziger bis zum Anfang der achtziger Jahre, nicht mehr Terror oder Repression, aber sie war grau und freudlos. Die Erwachsenen bekamen immer weniger Kinder, sie tranken mehr – der Pro-Kopf-Verbrauch an alkoholischen Getränken in der Sowjetunion vervierfachte sich in diesen Jahren –, und sie starben jung. Die öffentliche Architektur des Kommunismus war nicht nur ästhetisch reizlos, sondern auch schludrig und unbequem, ein getreuliches Spiegelbild des abgewirtschafteten Systems selbst. Sagte doch ein Budapester Taxifahrer einmal zum Verfasser, indem er auf die dichtgeschlossenen Reihen düsterer, verrußter Wohnblocks wies, welche die äußeren Vororte der Stadt verunstalten: »Da wohnen wir. Typisch kommunistische Bauweise – im Sommer heiß, im Winter bitterkalt.«

Wohnraum war, wie so vieles andere im Ostblock, ausgesprochen billig (die Miete machte in der UdSSR im Durchschnitt 4 Prozent eines normalen Haushalteinkommens aus), weil die Anpassung der Wirtschaft nicht über den Preis, sondern über Knappheit erfolgte. Das war für die Behörden durchaus vorteilhaft – durch die willkürliche Verteilung knapper Güter ließ sich Loyalität steuern –, barg jedoch auch ein ernstes Risiko, das die meisten kommunistischen Führer sehr wohl erkannten. Seit Ende der sechziger Jahre deutlich geworden war, daß sich die Bevölkerung durch die Verheißung des »Sozialismus« nicht mehr an das Regime binden ließ, hatten sich die kommunistischen Machthaber darauf verlegt, ihre Untertanen als Konsumenten zu behandeln und die für morgen in Aussicht gestellte (sozialistische) Utopie durch materiellen Überfluß heute zu ersetzen.

Diese Entscheidung wurde ganz bewußt getroffen. So erklärte Vasil Bilak, einer der tschechischen Hardliner, die 1968 die Sowjetunion zur Invasion ihrer Heimat aufgefordert hatten, im Oktober 1970 vor der Ideologie-Kommission seiner Partei: »[1948] hatten wir Plakate in den Schaufenstern, die zeigten, wie der Sozialismus einmal aussehen würde, und die Leute waren dafür empfänglich. Das war eine andere Stimmung und eine andere historische Zeit. Heute können wir keine Plakate anbringen, die zeigen, wie der Sozialismus einmal aussehen wird, heute müssen die Schaufenster schon voller Waren sein, damit wir dokumentieren können, daß wir auf dem Weg zum Sozialismus sind und daß wir hier den Sozialismus haben.«[14]

Der Konsum sollte also als Erfolgsmaßstab des Sozialismus dienen. Das war nicht die gleiche Auffassung, die Chruschtschows 1959 in der berühmten »Küchendebatte« mit Nixon vertreten hatte, als er dem amerikanischen Vizepräsidenten versicherte, in absehbarer Zukunft werde der Kommunismus den Kapitalismus überholen. Derartige Illusionen hatte Bilák nicht – so wenig wie Kadár in Ungarn. Ihm genügte es, daß der Kommunismus ein schwacher Abklatsch des Kapitalismus war, solange das Warenangebot die Konsumenten glücklich machte. Als Erich Honecker 1971 Walter Ulbricht, dem niemand eine Träne nachweinte, als Staatsoberhaupt der DDR ablöste, schickte auch er sich an, den DDR-Bürgern das bundesdeutsche Wirtschaftswunder der fünfziger Jahre in einer etwas bescheideneren Ausführung zu liefern.

Diese Strategie war eine Zeitlang einigermaßen erfolgreich. Der Lebensstandard in der Tschechoslowakei, in Ungarn und Polen verbesserte sich im Laufe der siebziger Jahre, zumindest gemessen am Einzelhandelsumsatz. Die Anzahl der Pkw und Fernsehempfänger – die begehrtesten Gebrauchsgüter jener Epoche – stieg ständig: in Polen vervierfachte sich zwischen 1975 und 1989 die Zahl der Privatwagen pro Kopf der Bevölkerung. Ende der achtziger Jahre kamen in Ungarn auf je 10 Personen vier Fernsehgeräte; die Zahlen in der Tschechoslowakei waren ähnlich. Wenn der Käufer sich an dürftiger Qualität, einfallsloser Formgebung und geringer Auswahl nicht stieß, konnte er gewöhnlich finden, was er suchte, entweder in den offiziellen Geschäften oder auf dem »privaten« Sektor. Doch in der Sowjetunion waren solche »optionalen« Produkte schwerer aufzutreiben – und im Vergleich auch teurer.

Das gleiche galt für die Grundbedürfnisse. Im März 1979 hätte ein Kunde in Washington 12,5 Stunden arbeiten müssen, um einen typischen Warenkorb Grundnahrungsmittel (Wurst, Milch, Eier, Kartoffeln, Kohl, Tee, Bier und so fort) bezahlen zu können. Derselbe Warenkorb hätte in London 21,4 Arbeitsstunden »gekostet«, in Moskau jedoch trotz der hohen Subventionsniveaus 42,3 Stunden.[15] Außerdem mußte der sowjetische oder osteuropäische Verbraucher weitaus mehr Stunden aufwenden, um Nahrungsmittel und andere Waren zu finden und zu kaufen. Egal, ob in Zeit und Mühe oder in Rubel, Kronen und Forint gerechnet, das Leben unter dem Kommunismus war so teuer wie anstrengend.

Der Versuch, den Kommunismus über den Erfolg zu definieren, den er bei der Deckung des privaten Bedarfs erzielt, ist insofern problematisch, als die gesamte Volkswirtschaft, wie erwähnt, darauf ausgerichtet sein muß, möglichst viele Industriemaschinen und Rohstoffe zu erzeugen. Von den Nahrungsmitteln abgesehen, produzierte die kommunistische Wirtschaft nicht die Waren, die der Konsument sich wünschte (auch in der Nahrungsmittelproduktion war sie nicht besonders erfolgreich – die Sowjetunion war seit langem bei Getreide ein *Nettoimporteur* und verdreifachte ihre Importe allein zwischen 1970 und 1982). Die einzige Möglichkeit, dieses Hemmnis zu umgehen, wäre der Import von Konsumgütern aus dem Ausland gewesen, doch solche Waren hätte man mit harter Währung bezahlen müssen. Die ließ sich aber nur über Exporte beschaffen: Nun hatte der Weltmarkt aber, vom sowjetischen Öl abgesehen, keinen Bedarf an sowjetischen Erzeugnissen, es sei denn, sie wurden unter Gewährung hoher Rabatte angeboten, und in vielen Fällen half nicht einmal das. In der Praxis gab es nur eine Möglichkeit, um die Regale zu füllen: Der Osten mußte beim Westen Geld borgen.

Der Westen war natürlich nur zu gern gefällig. IWF, Weltbank und Geschäftsbanken waren allesamt glücklich, wenn sie den Ostblockländern Geld leihen konnten: Die Rote Armee war eine sichere Garantie für Stabilität, und die kommunistischen Offiziellen fälschten die Zahlen über Produktion und Ressourcen äußerst überzeugend.[16] Im Laufe der siebziger Jahre stiegen die Hartwährungsschulden allein der Tschechoslowakei um das Zwölffache. Polens Schulden in harter Währung wuchsen um etwa 3000 Prozent, als der Erste Sekretär Edward Gierek und seine Genossen importierte Westwaren subventionierten, teure neue Sozialversicherungsprogramme für die Bauern einführten und die Lebensmittelpreise auf dem Niveau von 1965 einfroren.

Sobald man einmal damit angefangen hatte, in diesem Umfang zu borgen, war es schwer, Maß zu halten. Giereks Lebensmittelpreise von 1976 lösten wütenden Aufruhr aus und wurden rasch wieder rückgängig gemacht. Statt dessen erhöhte das Regime seine Anleihen: zwischen 1977 und 1980 wurde die Kreditlinie Polens im Ausland zu einem Drittel in Anspruch genommen, um den Inlandsverbrauch zu subventionieren. Kommunistische Wirtschaftsfachleute in Prag empfahlen, die Subventionen auslaufen zu lassen und »echte« Preise einzuführen, doch ihre politischen Oberherren fürchteten die sozialen Folgen eines solchen Rückziehers und zogen es statt dessen vor, ihre Schulden zu erhöhen. Wie in der Zwischenkriegszeit liehen die instabilen kleinen Länder Osteuropas wieder Kapital im Westen, um ihre unabhängigen Wirtschaften zu finanzieren und durchgreifende Maßnahmen zu vermeiden.

Miklós Németh, der letzte kommunistische Ministerpräsident Ungarns, mußte das einige Jahre später bekennen. Eine Anleihe von einer Milliarde DM, aufgenommen im Oktober 1987 und von den bundesdeutschen Politikern als Beitrag zu Ungarns »Wirtschaftsreform« gefeiert, wurde, so Németh, in Wirklichkeit folgendermaßen ausgegeben: »Wir benötigten zwei Drittel davon für Zinsen, und für den Rest importierten wir Konsumgüter, um den Eindruck einer Wirtschaftskrise abzuschwächen.« Im Jahr 1986 belief sich Ungarns *offizielles* Leistungsbilanzdefizit auf 1,4 Milliarden Dollar pro Jahr. Zwischen 1971 und 1980 waren Polens Schulden in harter Währung von einer Milliarde auf 20,5 Milliarden Dollar angestiegen. Schlimmeres stand noch bevor. Nach eigenen Berechnungen gab die DDR in ihren letzten Jahren mehr als 60 Prozent ihrer jährlichen Exporterlöse aus, um allein die (sehr großzügig ermäßigten) Zinsen ihrer Westkredite zu bezahlen. Jugoslawien, stets ein bevorzugter Kunde (von 1950 bis 1964 hatten die USA drei Fünftel des jährlichen Belgrader Defizits abgedeckt) erhielt großzügige Kredite und Bereitstellungszusagen auf der Grundlage eines offiziellen Zahlenmaterials, das nicht einmal eine entfernte Ähnlichkeit mit der Realität aufwies.

Insgesamt kletterten Osteuropas Schulden in Hartwährungsländern, die 1971 6,1 Milliarden Dollar betragen hatten, bis 1980 auf 66,1 Milliarden Dollar. 1988 sollten sie sogar 95,6 Milliarden Dollar erreichen. Diese Zahlen schlossen Rumänien nicht ein, wo Ceaușescu die Auslandskredite seines Landes auf dem Rücken seiner leidgeprüften Untertanen abgelöst hatte; und sie hätten noch höher sein können, wäre in Ungarn nicht im Laufe der siebziger Jahre ein gewisser Spielraum bei der Preisfestsetzung eingeräumt worden. Doch die Botschaft war klar: Das kommunistische System lebte nicht nur auf Kredit, sondern auch auf geborgte Zeit. Früher oder später würde es nicht umhin können, wirtschaftliche Anpassungen vorzunehmen, die schmerzlich waren und sozialen Sprengstoff bargen.

In späteren Jahren sollte Markus Wolf, der Spionagechef der DDR, behaupten, er habe schon Ende der siebziger Jahre gewußt, daß die DDR nicht »funktionieren« würde, und er stand damit nicht allein. Wirtschaftswissenschaftler wie der Ungar Tamás Bauer und sein polnischer Altersgenosse Leszek Balcerowicz wußten sehr gut, wie wackelig das kommunistische Kartenhaus geworden war. Aber solange die Kapitalisten die Gewährleistung dafür übernahmen, konnte der Kommunismus überleben. Leonid Breschnews »Ära der Stagnation« (Michail Gorbatschow) nährte viele Illusionen, und nicht nur im eigenen Land. Als ein Weltbankbericht 1978 zu dem Ergebnis kam, die DDR habe einen höheren Lebensstandard als Großbritannien, dürfte Fürst Potemkin in seinem fernen Grab zufrieden gelächelt haben.

Doch die Kommunisten wußten etwas, was den Bankern im Westen entgangen war. Die Wirtschaftsreform im Ostblock war nicht einfach aufgeschoben worden, sie kam überhaupt nicht in Frage. Wie Amalrik in seinem Essay *Kann die Sowjetunion das Jahr 1984 erleben?* vorausgesagt hatte, betrachtete die kommunistische Elite »das Regime als das kleinere Übel, verglichen mit dem schmerzlichen Prozeß seiner Veränderung«. Wirtschaftsreformen, und mochten sie örtlich noch so begrenzt und in ihrer Wirkung eingeschränkt sein, mußten unmittelbare politische Konsequenzen haben. Die Wirtschaftssysteme des Sozialismus waren kein autonomes Gebiet, sondern tief in das politische Regime selbst verflochten.

Es war kein Zufall, daß die osteuropäischen Satellitenstaaten alle von alternden, konservativen Opportunisten regiert wurden. In einem neuen Zeitalter des Realismus waren Edward Gierek in Warschau (geboren 1913), Gustav Husák in Prag (geboren 1913), Erich Honecker in Berlin (geboren 1912), János Kádár in Budapest (geboren 1912) und Todor Schiwkow in Sofia (geboren 1911) – gar nicht zu reden von Enver Hoxha in Tirana (geboren 1908) und Josip Broz Tito in Belgrad (geboren 1892) – die realistischsten von allen. Wie Leonid Breschnew – geboren 1906, sieben Leninorden, viermal Held der Sowjetunion, Träger des Lenin-Friedenspreises, Generalsekretär und, seit 1977, Staatsoberhaupt – waren diese Männer auf die alte Weise alt geworden. Sie verspürten wenig Lust, sich selbst den Boden unter den Füßen fortzuziehen, und waren fest entschlossen, im Bett zu sterben.[17]

Der Umstand an sich, daß der »real existierende Sozialismus« nicht funktionierte und in Verruf geraten war, hat sein Schicksal nicht besiegelt. Aufrüttelnd verkündete Alexander Solschenizyn 1971 in seiner Nobelpreisrede (die in seiner Abwesenheit verlesen wurde): »Sobald die Lüge entlarvt ist, wird sich die Gewalt in ihrer nackten, abstoßenden Gestalt zeigen, und dann wird sie hinfällig werden und in sich zusammenstürzen.« Doch das stimmte nicht ganz. Die Nacktheit der sowjetischen Gewalt hatte sich schon längst gezeigt – und sollte noch einmal 1979 in der desaströsen Afghanistaninvasion offenbar werden. Was die Lüge des Kommunismus anging, so war sie in den Jahren nach 1968 immer deutlicher enthüllt und entlarvt worden.

Aber das System war noch nicht in sich zusammengestürzt. Lenins unverwechselbarer Beitrag zur europäischen Geschichte hatte darin bestanden, sich das zentrifugale Erbe des europäischen Radikalismus anzueignen und es durch ein innovatives System monopolisierter Kontrolle an die Macht zu bringen: entschlossen und gewaltsam an einem Ort konzentriert. Das kommunistische System mochte sich ja an den Rändern zersetzen, doch der Anstoß zu seinem endgültigen Zusammenbruch konnte nur vom Zentrum kommen. In der Geschichte vom Hinscheiden des Kommunismus war das bemerkenswerte Aufblühen einer neuen Form von Opposition in Prag oder Warschau nur das Ende vom Anfang. Die Entstehung eines neuen Führungsstils in Moskau selbst war jedoch der Anfang vom Ende.

Ein Fahndungsplakat der Baader-Meinhof-Gruppe, 1972 (Ulrike Meinhof und Andreas Baader oben links). »Außerparlamentarische« Radikale wandten sich in Deutschland dem Terrorismus zu, um der Bundesrepublik »den Schleier abzureißen« und die zivilisierte Vernichtungstechnologie der Neuen Ordnung von Bretton Woods zu enthüllen.

Tag des Prozeßbeginns im April 1982: 63 Angehörige der Roten Brigaden sind des Mordes an dem früheren italienischen Ministerpräsidenten Aldo Moro angeklagt. In Italien legten die Terroristen der Linken Nachdruck auf ihre (eingebildeten) Verbindungen zum Proletariat, doch waren es die Rechts-Terroristen, welche die größere Gefahr bedeuteten (und mehr Menschen umbrachten).

»Ich nahm einen großen Stein und warf ihn auf einen Soldaten ... ich besorg' mir ein Gewehr, sobald ich etwas älter bin ...« (Übersetzung eines Belfaster Kinderlieds, um 1976). Die 30 Jahre währende, dreiseitige Auseinandersetzung zwischen Mordkommandos der IRA, protestantischen Mordkommandos und britischen Soldaten hatte annähernd 2000 Tote zur Folge.

Angehörige der ETA (Baskenland und Freiheit), 1982. Enttäuscht über ihre zunehmende Isolierung von einer wohlhabenden regionalen Bevölkerung (viele stammten aus anderen Landesteilen Spaniens), die vom Trugbild eines »unabhängigen Baskenlandes« ungerührt blieb, brachten die Mordkommandos der ETA während der achtziger Jahre im Jahresdurchschnitt 34 Menschen um.

Italienische Frauen demonstrieren für eine Reform des Ehescheidungsrechts, 1974. In der Nachkriegszeit begünstigte die Sozialgesetzgebung in Westeuropa hauptsächlich die arbeitende Bevölkerung und die Familien. Probleme von besonderer Bedeutung für Frauen – Abtreibung, Empfängnisverhütung, Scheidung – wurden in Nordeuropa erst in den sechziger Jahren aufgegriffen, in anderen Ländern erst in den Siebzigern.

Portugiesische Arbeiter bei der Ankunft in Frankreich, 1970. Im Jahre 1973 stellten Ausländer 11 Prozent der arbeitenden Bevölkerung Frankreichs. In der Bundesrepublik waren knapp 3 Millionen »Gastarbeiter« beschäftigt, die zumeist aus den Mittelmeerländern stammten. Europa verdankt sein »Wirtschaftswunder« in hohem Maße dem Beitrag dieser Migranten.

Francisco Franco und sein von ihm bestimmter Nachfolger, Prinz Juan Carlos, Oktober 1971. Der Generalissimus (1975 verstorben) wäre von seinem Schützling sehr enttäuscht gewesen: als König vereitelte Juan Carlos 1981 einen Militärputsch und erwies sich als zuverlässiger und beliebter Verteidiger eines demokratischen Spaniens.

Erstmals Parlamentswahlen in Portugal, 1975. In der Rückschau erscheint der Übergang zur parlamentarischen Demokratie im mediterranen Europa reibungslos und sogar unausweichlich gewesen zu sein. Damals erwarteten jedoch große Teile der Linken wie der Rechten etwas ganz anderes und waren vom Ergebnis überrascht (und enttäuscht).

Bundeskanzler Willy Brandt – und DDR-Ministerpräsident Willi Stoph – in Erfurt, März 1970, anläßlich der ersten innerdeutschen Gespräche. Brandts *Ostpolitik* ermöglichte Kontakte und minderte die Spannungen in Mitteleuropa – doch manchen Kritikern in der Bundesrepublik erschien dies als Legitimierung und gar Stabilisierung der kommunistischen Nachbarländer.

»Die Augen Caligulas und Marilyn Monroes Mund«. Daß es Margaret Thatcher gelang, Großbritanniens EWG-Beitrag erheblich zu vermindern, war zum großen Teil ihrer Geschicklichkeit zu verdanken, nicht nur die britische Wählerschaft, sondern selbst hartgesottene Zyniker wie François Mitterrand um den Finger zu wickeln und einzuschüchtern.

Johannes Paul II. bei seinem ersten Polenbesuch als Papst im Juni 1979. Obwohl Karol Wojtyła den Niedergang des Kommunismus nicht allein bewirkte – wie viele törichterweise glaubten – leistete er einen enormen Beitrag zur Diskreditierung des polnischen Regimes.

Adam Michnik in Danzig, 1984. Michnik war einer der couragiertesten und frühesten Kritiker des Kommunismus in Osteuropa. Von besonderer Wirkung war der Nachdruck, den er auf Gewaltlosigkeit legte, und seine Entschlossenheit, den Sturz der kommunistischen Staatsmacht nicht durch Konfrontation anzustreben, sondern sie von innen her zu zermürben.

Michail Gorbatschow beim Bad in der Menge, April 1987 in Prag. Der letzte Führer der Sowjetunion war zu Hause nie so populär wie weiter westlich; doch sein Erfolg im Ausland ermutigte ihn, im eigenen Lande den Weg zu Reformen einzuschlagen, was anfänglich vielleicht gar nicht seinen Absichten entsprochen haben mochte.

Ostdeutsche Flüchtlinge in einem versiegelten Zug auf der Fahrt durch Prag in den Westen, November 1989. Die Bolschewistische Revolution begann damit, daß Lenin in einem versiegelten Zug durch Deutschland geschleust wurde, insofern war es durchaus stimmig, daß Bürger eines kommunistischen Landes auf gleichem Wege in die Freiheit entlassen wurden.

Prag, November 1989. Selbst die »samtene Revolution« hatte ihr blutiges Vorspiel. Doch von Rumänien abgesehen, vollzogen sich die Übergänge weitgehend ohne Gewalt – vielleicht, weil viele kommunistische Kader besser als ihre Kritiker verstanden, daß diese Regime zum Untergang verurteilt waren.

Alexander Dubček und Václav Havel, am 24. November 1989 in Prag. Ein Plan, Dubček zum ersten Präsidenten der postkommunistischen Tschechoslowakei zu ernennen, wurde schnell fallengelassen: für die Revolutionäre von 1989 – die sich statt für ihn für Václav Havel entschieden – war der Held des »Reformkommunismus« ebenso bedeutungslos und unzeitgemäß wie der Stalinismus selbst.

V. I. LENIN

XIX
Ende der alten Ordnung

So können wir nicht weiterleben.

Michail Gorbatschow (zu Raissa Gorbatschow, März 1985)

Die gefährlichste Zeit für eine schlechte Regierung kommt, wenn sie beginnt, sich zu reformieren.

Alexis de Tocqueville

Wir haben nicht die Absicht, der DDR Schaden zuzufügen oder sie zu destabilisieren.

Heinrich Windelen,
Minister für innerdeutsche Beziehungen

Die historische Erfahrung zeigt, daß die Kommunisten manchmal durch die Umstände gezwungen wurden, sich rational zu verhalten und Kompromisse zu schließen.

Adam Michnik

Volk, deine Regierung ist zu dir zurückgekehrt.

Václav Havel,
Antrittsrede im Präsidentenamt, 1. Januar 1990

Die konventionelle Erzählung vom endgültigen Zusammenbruch des Kommunismus beginnt mit Polen. Am 16. Oktober 1978 wurde Karol Wojtyła, Kardinal und Erzbischof von Krakau, als Johannes Paul II. zum Papst gewählt, der erste Pole, der in dieses Amt gelangte. Die Erwartungen, die mit seiner Wahl geweckt wurden, waren ohne Beispiel in der Neuzeit. Einige Würdenträger der katholischen Kirche hielten ihn für einen potentiellen Radikalen – er war jung (gerade einmal 58, als er gewählt wurde, nachdem er bereits mit 44 Jahren zum Erzbischof von Krakau berufen worden war), aber bereits ein Veteran des Zweiten Vatikanischen Konzils. Dynamisch und charismatisch, war er der Mann, der das Werk der Päpste Johannes' XXIII. und Pauls VI. vollenden und die Kirche in eine neue Zeit führen konnte, ein Seelenhirte und kein Kurienbürokrat.

Unterdessen schöpften die konservativen Katholiken Trost aus Wojtyłas Ruf unbeugsamer theologischer Festigkeit und dem moralischen und politischen Absolutismus, den er durch seine Erfahrungen als Priester und Prälat unter dem Kommunismus erworben hatte. Obwohl er als »Papst der Ideen« galt, war er ein Kirchenmann, der, so offen er auch für intellektuellen Austausch und gelehrte Debatten war, keine Kompromisse mit den Feinden der Kirche eingehen würde. Wie Kardinal Joseph Ratzinger, der einflußreiche Präfekt der Katholischen Kongregation für die Glaubenslehre (und sein Nachfolger als Papst), war Wojtyła durch das radikale Nachbeben der Reformen von Johannes XXIII. aus seiner anfänglichen Reformbegeisterung gerissen worden. Zur Zeit seiner Wahl gehörte er bereits administrativ wie dogmatisch zum konservativen Lager.

Karol Wojtyłas polnische Herkunft und die Tragik seiner jungen Jahre erklären bis zu einem gewissen Grade die ungewöhnliche Festigkeit seiner Überzeugungen und den besonderen Charakter seines Pontifikats. Die Mutter verlor er mit acht Jahren (das einzige Geschwister, seinen älteren Bruder Edmund, drei Jahre später; sein Vater, der einzige noch lebende nahe Verwandte, starb während des Krieges, als Wojtyła 19 Jahre alt war). Nach dem Tod der Mutter nahm ihn der Vater mit zum Marien-Sanktuarium in Kalwaria Zebrzydowska, wohin er in den folgenden Jahren häufige Pilgerfahrten unternahm – Zebrzydowska ist wie Tschenstochau ein wichtiges Zentrum der Marienverehrung im modernen Polen. Mit 15 war Wojtyła bereits Präsident der Marianischen Sodalität in Wadowice, seiner Heimatstadt, ein erster Hinweis auf seinen Hang zum Marienkult (der seinerseits zu seiner zwanghaften Fixierung auf Ehe und Abtreibung beitrug).

Die christliche Vision des neuen Papstes war in dem besonderen messianischen Stil des polnischen Katholizismus verwurzelt. Im modernen Polen sah er nicht nur das umkämpfte östliche Grenzland des wahren Glaubens, sondern auch ein Land und ein Volk, das auserwählt war, als Beispiel und Schwert der Kirche im Kampf gegen östlichen Atheismus und westlichen Materialismus gleichermaßen zu dienen.[1] Zusammen mit seiner langen Amtszeit in Krakau, wo er von den theologischen und politischen Entwicklungen im Westen abgeschnitten war, ist dies vermutlich der Grund für seinen Hang zu kurzsichtigen und gelegentlich befremdenden polnisch-christlichen Auffassungen.[2]

Es erklärt aber auch die beispiellose Begeisterung, die ihm in seinem Geburtsland entgegengebracht wurde. Von Anfang an brach der Papst mit der römisch-kosmopolitischen Haltung seines Vorgängers, dieser Akzeptanz von Modernität, Säkularismus und Kompromiß. Seine unermüdliche Reisetätigkeit – mit den sorgfältig inszenierten Auftritten in riesigen offenen Stadien, den überdimensionalen Kruzifixen und dem gewaltigen Aufwand an Licht- und Toneffekten und theatralischem Timing – geschah nicht ohne tiefere Absicht. Die Botschaft lautete: Dies ist ein großer Papst, der sich und seinen Glauben der Welt darbringt: Brasilien, Mexiko, den Vereinigten Staaten, den Philippinen, Italien, Frankreich und Spanien, vor allem aber Polen selbst.

Johannes Paul II., der die vorsichtige »Ostpolitik« seiner Vorgänger aufgab, traf am 2. Juni 1979 zur ersten von drei spektakulären »Pilgerfahrten« ins kommunistische Polen in Warschau ein. Er wurde von riesigen, hingebungsvollen Mengen empfangen. Seine Anwesenheit bekräftigte und verstärkte den Einfluß der katholischen Kirche in Polen; doch der Papst gab sich nicht damit zufrieden, einfach das passive Überleben des Christentums unter dem Kommunismus zu unterstützen. Nicht immer zur Freude seiner eigenen Bischöfe riet er den Katholiken in Polen und überall in Osteuropa von jedem Kompromiß mit dem Marxismus ab und bot ihnen seine Kirche nicht nur als verschwiegene Zufluchtstätte an, sondern auch als Gegenpol, als eine alternative moralische und gesellschaftliche Autorität.

Wie Polens Kommunisten nur zu gut begriffen, konnte sich dieser Positionswechsel der katholischen Kirche – vom Kompromiß zum Widerstand – destabilisierend im Lande auswirken und eine offene Herausforderung für das Herrschaftsmonopol der Partei bedeuten. Zum Teil lag es daran, daß Polen überwiegend und begeistert katholisch geblieben war. Doch großenteils lag es an dem Mann selbst. Allerdings gab es sehr wenig, was die Partei tun konnte – dem Papst die Polenbesuche oder seine Reden dort zu verbieten, hätte seine Anziehungskraft nur noch weiter verstärkt und Millionen seiner Bewunderer dem Staat noch tiefer entfremdet. Selbst nach Verhängung des Kriegsrechts sprach der Papst, als er im Juni 1983 nach Polen zurückkehrte, zu seinen »Landsleuten« in der Johanneskathedrale in Warschau von ihrer »Enttäuschung und Demütigung, ihrem Leiden und Freiheitsverlust«, während sich die kommunistische Führung das tatenlos anhören mußte. »Polen«, so erläuterte er einem sichtlich unbehaglichen General Jaruzelski in einer Rede, die im Fernsehen übertragen wurde, »muß den ihm gebührenden Platz unter den Nationen Europas zwischen dem Osten und dem Westen einnehmen«.

Der Papst hat, wie Stalin einmal gesagt hat, keine Divisionen. Doch Gott ist nicht immer auf der Seite der starken Bataillone: Seinen Mangel an Soldaten machte Johannes Paul II. durch öffentliche Präsenz … und Timing wett. 1978 befand sich Polen bereits am Rande des sozialen Aufruhrs. Seit den Arbeiteraufständen von 1970 und 1976, die beide durch starke Erhöhungen der Lebensmittelpreise ausgelöst wurden, hatte sich der Erste Sekretär Edward Gierek nach Kräften bemüht, die Unzufriedenheit im Lande abzuwenden – überwiegend, wie beschrieben, durch hohe Auslandskredite, die er dazu nutzte, die Polen mit subventionierten Lebensmitteln und Konsumgütern zu versorgen. Doch die Strategie scheiterte.

Dank der Gründung von Jacek Kurońs KOR kooperierten die intellektuelle Opposition und die Arbeiterführung nun weit besser als in der Vergangenheit. In Reaktion auf das vorsichtige Auftreten »freier« (das heißt, illegaler) Gewerkschaften in einer Anzahl von Industrie- und Küstenstädten, zunächst in Kattowitz und Danzig, setzte die Führung des KOR im Dezember 1979 eine »Charta der Arbeiterrechte« auf: Zu ihren Forderungen gehörte das Recht auf selbständige, parteiunabhängige Gewerkschaften und das Streikrecht. Die Obrigkeit reagierte, wie zu erwarten war: Sie verhaftete die intellektuellen Aktivisten und entließ die aufmüpfigen Arbeiter – unter anderem den damals noch unbekannten Elektriker Lech Wałęsa und 14 weitere bei Elektromontaż in Danzig Beschäftigte.

Ob die halb im Untergrund tätige Bewegung für Arbeiterrechte weiterhin angewachsen wäre, bleibt unklar. Ihre Sprecher waren sicherlich ermutigt durch den jüngsten Papstbesuch und die Erwartung, daß das Regime aus Furcht vor internationaler Mißbilligung auf eine gewaltsame Reaktion verzichten würde. Doch das Netzwerk der Aktivisten war noch winzig und schwach. Seine massenhafte Unterstützung verdankte es dem Umstand, daß die Kommunistische Partei am 1. Juli 1980 zum drittenmal in einem Jahrzehnt versuchte, ihre wirtschaftlichen Schwierigkeiten durch die Bekanntgabe einer sofortigen Erhöhung der Fleischpreise zu lösen.

Am Tag nach der Bekanntgabe erklärte sich das KOR zum »Streikinformationsbüro«. In den nächsten drei Wochen griffen die Streiks vom Ursus-Traktorenwerk (Schauplatz der Proteste von 1976) auf alle großen Industriestädte des Landes über und erreichten Danzig und die dortige Leninwerft am 2. August. Schiffbauer besetzten die Werft und organisierten sich in der inoffiziellen Gewerkschaft *Solidarność* (Solidarität) – unter Führung von Wałęsa, der am 14. August 1980 über die Werftmauer kletterte und in die Führung einer landesweiten Streikbewegung aufrückte.

Nachdem die instinktive Reaktion der Behörden – die »Rädelsführer« zu verhaften und die Streikenden zu isolieren – fehlgeschlagen war, beschlossen sie statt dessen, Zeit zu gewinnen und die Front ihrer Gegner zu spalten. In einer beispiellosen Aktion wurden Vertreter des Politbüros nach Danzig entsandt, um mit »vernünftigen« Arbeiterführern zu verhandeln, während Jacek Kuroń, Adam Michnik und andere KOR-Spitzen vorübergehend inhaftiert und verhört wurden. Doch andere Intellektuelle – unter anderem der Historiker Bronisław Geremek und der katholische Jurist Tadeusz Mazowiecki – fuhren nach Danzig, um den Streikenden bei den Verhandlungen zu helfen, und diese selbst bestanden darauf, von Sprechern eigener Wahl vertreten zu werden: vor allem vom bekannter werdenden Wałęsa.

Das Regime mußte einlenken. Am 1. September 1980 entließ die Polizei alle

Verhafteten, und zwei Wochen später bewilligte der Polnische Staatsrat offiziell die Hauptforderungen der Streikenden, das Recht, freie Gewerkschaften zu bilden und anzumelden. Binnen acht Wochen hatte sich das informelle Netz von Streiks und provisorischen Gewerkschaften, das sich über ganz Polen erstreckt hatte, zu einer einzigen Organisation zusammengeschlossen, deren Existenz die Behörden nicht länger verleugnen konnten: Am 10. November 1980 wurde die Solidarität mit einer geschätzten Zahl von 10 Millionen Mitgliedern die erste offiziell eingetragene unabhängige Gewerkschaft in einem kommunistischen Land. Auf dem Gründungskongreß des Landesverbandes im folgenden September wurde Wałęsa zum Präsidenten gewählt.

Von November 1980 bis Dezember 1981 lebte Polen in einem aufgeregten, unwirklichen Zwischenzustand. In Erinnerung an die Fehler der Vergangenheit und aus Furcht, die gedemütigte kommunistische Führung zu einer Gegenreaktion zu provozieren, mahnten Wałęsas Ratgeber nachdrücklich zur Vorsicht. Es sollte eine »selbstbeschränkte Revolution« werden. Jacek Kuroń, der die Lehren von 1956 und 1968 nicht vergessen hatte, beteuerte seine unverbrüchliche Treue dem »sozialistischen System« gegenüber und unterstrich immer wieder, daß die Gewerkschaft der Solidarität die »führende Rolle der Partei« akzeptiere – niemand wollte den Machthabern in Warschau oder Moskau einen Vorwand liefern, die Panzer in Marsch zu setzen.

Die selbst auferlegten Einschränkungen zahlten sich aus, mit einer Ausnahme. Ausgesprochen politische Fragen – Abrüstung oder Außenpolitik – wurden nicht in das öffentliche Programm der Solidarität aufgenommen, die sich statt dessen an die von KOR vorgegebene Strategie, »Gesellschaft zu praktizieren«, hielt: Man knüpfte Verbindungen zur katholischen Kirche (worauf Adam Michnik besonderen Wert legte, da er entschlossen war, den traditionellen Antiklerikalismus der polnischen Linken zu überwinden und eine Allianz mit der zu neuer Tatkraft erwachten katholischen Führung einzugehen); bildete örtliche Gewerkschaften und Betriebsräte; setzte sich für Selbstbestimmung und soziale Rechte am Arbeitsplatz ein (letztere wörtlich den Konventionen der in Genf ansässigen Internationalen Arbeitsorganisation entlehnt).

Doch unter dem Kommunismus mußten selbst solche vorsichtigen und »unpolitischen« Taktiken irgendwann mit dem Widerstreben der Partei in Konflikt geraten, *irgendwelche* wirkliche Autorität oder Autonomie zu gewähren. Hinzu kam, daß der Zusammensturz der Wirtschaft anhielt: Im Laufe des Jahres 1981 kollabierte die Produktivität der Industrie, da Polens neuerdings gewerkschaftlich organisierte Arbeiter ständig Versammlungen, Proteste und Streiks abhielten, um ihre Forderungen durchzusetzen. Von Warschau – und vor allem Moskau – aus gesehen, driftete das Land ab und verlor das Regime die Kontrolle.

Außerdem bot es seinen Nachbarn ein schlechtes Beispiel. Trotz größter Anstrengungen seiner vorsichtigen Führer mußte es die Geister von Budapest und Prag beschwören.

General Wojciech Jaruzelski war im Februar 1981 vom Verteidigungsminister zum Ministerpräsidenten aufgestiegen und hatte den in Ungnade gefallenen Gierek ersetzt. Im Oktober folgte er Stanisław Kania im Amt des Parteisekretärs nach. In der Gewißheit, die Unterstützung der Armee zu besitzen, und von der sowjetischen Führung ermutigt, entschlossen zu handeln, um Polen an einem weiteren gefährlichen Abdriften zu hindern, schritt er rasch zur Tat, um eine Situation zu beenden, von der beide Seiten wußten, daß sie nicht endlos andauern konnte. Am 13. Dezember 1981, gerade als die Vereinigten Staaten und die Sowjetunion ihre Gespräche über nukleare Abrüstung in Genf aufnahmen, verhängte Jaruzelski in Polen das Kriegsrecht, angeblich, um einer sowjetischen Intervention zuvorzukommen. Die Führer und Ratgeber der Solidarität wurden ins Gefängnis verfrachtet (obwohl die Gewerkschaft selbst erst im folgenden Jahr offiziell verboten wurde, woraufhin sie in den »Untergrund« ging[3]).

Blickt man von der Warte nach 1989 zurück, so erscheint der Aufstieg der Solidarität als das Eröffnungsgefecht im Entscheidungskampf gegen den Kommunismus. Doch die polnische »Revolution« von 1980/81 ist eher als der letzte Paukenschlag eines anschwellenden Crescendos von Arbeiterprotesten zu verstehen, die 1970 begannen und sich gegen die repressive und unfähige Wirtschaftspolitik der Partei richteten. Zynische Inkompetenz, Karrierismus und vergeudete Leben; Preiserhöhungen, Proteststreiks und Repression; die spontane Entstehung von örtlichen Gewerkschaften und das aktive Engagement dissidenter Intellektueller; die Sympathie und Unterstützung der katholischen Kirche – das sind die vertrauten Etappen der Wiedergeburt einer Zivilgesellschaft, bewegend porträtiert von Andrzej Wajda in seinen Filmen *Der Mann aus Marmor* (1977) und *Der Mann aus Eisen* (1981), den didaktischen kinematographischen Berichten über verratene Illusionen und wiedergeborene Hoffnungen im kommunistischen Polen.

Doch mehr waren sie nicht. Für sich genommen, kündigten sie nicht den Zusammenbruch der kommunistischen Macht an. Wie Michnik, Kuroń und andere immer wieder betonten, vor oder nach Verhängung des Kriegsrechts mochte der Kommunismus zwar von innen und von unten erodieren, doch gestürzt werden konnte er nicht. Die offene Konfrontation hätte katastrophale Folgen gehabt, wie die Geschichte überzeugend belegte. Gewiß, mit dem Kriegsrecht (das bis zum Juli 1983 in kraft blieb) und dem anschließenden »Kriegszustand« räumte das Regime ein gewisses Versagen ein – kein anderer Staat hatte bislang zu solchen Maßnahmen greifen müssen. Michnik nannte es »eine Katastrophe für den totalitären Staat« (während er gleichzeitig einräumte, daß sie ein ernsthafter »Rückschlag für die unabhängige Gesellschaft« waren). Doch im Kommunismus ging es um Macht, und die Macht befand sich nicht in Warschau, sondern in Moskau. Die Entwicklungen in Polen waren ein aufregender Prolog zur Erzählung vom Zusammenbruch des Kommunismus, aber sie blieben eine Episode. Die eigentliche Geschichte ereignete sich anderswo.

Das scharfe Vorgehen in Polen trug weiter zur stetigen Abkühlung der Ost-West-Beziehungen bei, die Ende der siebziger Jahre begann. Der »Zweite Kalte Krieg«, wie er genannt wurde, sollte nicht übertrieben werden. Obwohl es eine Zeit gab, in der sich Leonid Breschnew und Ronald Reagan gegenseitig vorwarfen, einen Nuklearkrieg in Betracht zu ziehen oder sogar zu planen, führten weder die Sowjetunion noch die Vereinigten Staaten dergleichen im Schilde.[4] Mit dem Abschluß der Helsinki-Abkommen hatten *sowohl* Washington *wie* Moskau den Eindruck, den Kalten Krieg zu ihrem eigenen Vorteil beendet zu haben. Die Situation sagte nämlich beiden Großmächten zu, wobei sich die Vereinigten Staaten jetzt fast wie das zaristische Rußland in den Jahrzehnten nach Napoleons Niederlage im Jahr 1815 verhielten, das heißt, als eine Art kontinentaler Polizist, dessen bloße Anwesenheit dafür sorgte, daß es keine weitere Störungen des Status quo durch irgendeine aufmüpfige revolutionäre Macht geben würde.

Trotzdem verschlechterten sich die Ost-West-Beziehungen. Die sowjetische Invasion in Afghanistan im Dezember 1979, die vor allem auf Betreiben des sowjetischen Außenministers Andrej Gromyko vorgenommen wurde, um wieder ein stabiles und gefügiges Regime an der empfindlichen Südgrenze der Sowjetunion einzusetzen, bewog die Vereinigten Staaten, die bevorstehenden Olympischen Spiele von 1980 in Moskau zu boykottieren (eine Geste, die der Sowjetblock bei den Olympischen Spielen 1984 in Los Angeles mit gleicher Münze heimzahlte), und veranlaßte Präsident Jimmy Carter, seine »Meinung über die Ziele, welche die Sowjetunion letztlich verfolgt« öffentlich zu revidieren (*The New York Times*, 1. Januar 1980). Die Invasion bestärkte die westlichen Staatschefs auch in ihrer Überzeugung, daß es klug und richtig gewesen sei, auf dem Natogipfel nur zwei Wochen zuvor die Stationierung von 108 neuen Pershing II und 464 Cruise-Missiles in Westeuropa beschlossen zu haben – eine Reaktion darauf, daß Moskau eine neue Generation von SS-20-Mittelstreckenraketen in der Ukraine aufgestellt hatte. Ein neues Wettrüsten schien an Tempo zu gewinnen.

Niemand, am allerwenigsten die politischen Führer Westeuropas, deren Staaten als erste unter einem nuklearen Schlagabtausch zu leiden gehabt hätten, machte sich irgendwelche Illusionen über den Wert von Raketen mit nuklearen Sprengköpfen. Zum Kriegseinsatz waren solche Waffen nicht im entferntesten zu gebrauchen – im Gegensatz zu Speeren konnte man sie lediglich horten. Doch als Abschreckungsmittel hatte ein Kernwaffenarsenal durchaus seinen Nutzen – vorausgesetzt, man konnte seinen Gegner davon überzeugen, daß es letztlich auch eingesetzt würde. Im übrigen gab es keine andere Möglichkeit, Westeuropa gegen einen Warschauer Pakt zu schützen, der Anfang der achtziger Jahre mehr als 50 Infanterie- und Panzerdivisionen, 16 000 Panzer, 26 000 Kampffahrzeuge und 4 000 Kampfflugzeuge aufbieten konnte.

Das war der Grund, warum die britischen Premierminister (sowohl Margaret Thatcher wie auch ihr Vorgänger James Callaghan), die Bundeskanzler (Schmidt und Kohl) und die Staatschefs Belgiens, Italiens und der Niederlande alle die neuen nuklearen Gefechtsfeldwaffen begrüßten und der Stationierung auf ihrem Boden zustimmten. Besonders überschwenglich zeigte sich der französische Präsident François Mitterrand in seiner neu entdeckten Begeisterung für das westliche Bündnis: In einer dramatischen Rede vor dem Bundestag legte er im Januar 1983 den einigermaßen überraschten deutschen Abgeordneten dringend ans Herz, treu zum Bündnis zu stehen und die neuesten amerikanischen Raketen zu stationieren.[5]

Der »neue« Kalte Krieg erzeugte in den Köpfen ein Schreckensszenario, das in keinem erkennbaren Verhältnis zu den Fragen stand, um die es ging – oder zu den Absichten der meisten Beteiligten. In Westeuropa erlebte die Friedensbewegung durch den Protest gegen Kernwaffen eine Renaissance, verstärkt durch eine neue Generation von »grünen« Aktivisten. In Großbritannien organisierte ein ausgesprochen englischer Mix aus Feministinnen, Umweltschützern und Anarchisten zusammen mit ihren Freunden und Verwandten eine längere Belagerung der Cruise-Missiles-Stellung in Greenham Common – sehr zur Bestürzung der ohnehin bedauernswerten amerikanischen Garnison.

Am heftigsten gebärdete sich der Widerstand in der Bundesrepublik, wo der sozialdemokratische Kanzler Helmut Schmidt einen Rückzieher machen mußte, nachdem der linke Flügel seiner eigenen Partei gegen die neuen Raketen gestimmt hatte – die dann von seinem christdemokratischen Nachfolger Helmut Kohl gebilligt und stationiert wurden.[6] Die Illusion einer atomwaffenfreien, neutralen Zone in Mitteleuropa lag vielen Deutschen noch immer sehr am Herzen, daher schlossen sich viele prominente westdeutsche Grüne und Sozialdemokraten den offiziellen DDR-Appellen gegen Kernwaffen an. Auf einer Bonner Demonstration im Oktober 1983 forderte Exkanzler Willy Brandt die Bundesregierung unter dem Jubel von 300 000 Demonstranten auf, einseitig auf die Stationierung neuer Raketen zu verzichten. Der sogenannte »Krefelder Appell« gegen die Stationierung von Cruise-Missiles und Pershings in der Bundesrepublik erhielt 2,7 Millionen Unterschriften.

Weder die Invasion Afghanistans noch der »Kriegszustand« in Polen vermochte in Westeuropa, selbst in offiziellen Kreisen nicht, eine vergleichbare Anteilnahme auszulösen (Bundeskanzler Helmut Schmidt schickte sogar in einer ersten Reaktion auf Jaruzelskis Verhängung des Kriegsrechts im Februar 1982 einen hochrangigen persönlichen Vertreter nach Warschau, um zur Überwindung der polnischen »Isolation« beizutragen[7]). Was nun die »Friedensbewegten« anging, so bekümmerte sie die Repression in Warschau weit weniger als die kriegerische Rhetorik aus Washington. Obwohl die Nato-Entscheidung, neue Raketen zu stationieren, mit dem Angebot einherging, über die Reduzierung dieser Waffen zu verhandeln (der sogenannte »Doppelbeschluß«), schien immer deutlicher zu werden, daß die Vereinigten Staaten unter ihrem neuen Präsidenten einen neuen und aggressiven Kurs einschlugen.

Großenteils war das Säbelrasseln in Washington nur Rhetorik – als Ronald Reagan etwa verlangte, Polen solle »Polen bleiben«, oder als er Moskau als das »Reich des Bösen« bezeichnete (im März 1983), war das für das heimische Publikum bestimmt. Schließlich leitete derselbe Präsident Gespräche über die Verringerung von Kernwaffen ein und bot den Rückzug seiner eigenen Mittelstreckenraketen für den Fall an, daß die Sowjets die eigenen abbauten. Allerdings nahmen die Vereinigten Staaten sehr wohl ein größeres Aufrüstungsprogramm in Angriff. Im August 1981 erklärte Reagan, die Amerikaner würden sich einen Vorrat an Neutronenbomben anlegen. Das MX-System (landgestützte Interkontinentalraketen mit je 10 Gefechtsköpfen), ein Bruch der SALT-Verträge zur Begrenzung von Anzahl und Art der strategischen Atomraketen, wurde im November 1982 angekündigt. Fünf Monate später folgte die Strategische Verteidigungsinitiative SDI bzw. »Star Wars«, die einen sowjetischen Protest aus dem einleuchtenden Grund auslöste, daß sie eine Verletzung des 1972 geschlossenen ABM-Vertrages über Systeme zur Abwehr ballistischer Interkontinentalraketen darstelle. Die offizielle Militärhilfe und heimliche Unterstützung in Afghanistan und Zentralamerika wurden ständig erhöht. 1985 nahmen die amerikanischen Verteidigungsausgaben um sechs Prozent zu, eine beispiellose Steigerung in Friedenszeiten.[8]

Bereits im September 1981 hatte Reagan warnend darauf hingewiesen, daß es ohne ein überprüfbares Kernwaffenabkommen zu einem Wettrüsten käme und daß die Vereinigten Staaten, wenn dieses Wettrüsten stattfände, als Gewinner daraus hervorgehen würden. Und so kam es. Im nachhinein gab man die enormen amerikanischen Verteidigungsanstrengungen als eine raffiniert geplante Maßnahme aus, die das sowjetische System in den Bankrott und letztlich den Zusammenbruch trieb. Das ist jedoch nicht ganz richtig. Zwar konnte sich die Sowjetunion das Wettrüsten, auf das sie sich bereits 1974 eingelassen hatte, überhaupt nicht leisten. Doch der Bankrott allein hätte den Kommunismus nicht in die Knie gezwungen.

Der Zweite Kalte Krieg und Amerikas öffentliches Säbelrasseln erhöhten zweifellos die Belastungen, denen das marode und funktionsunfähige System ausgesetzt war. Die Sowjetunion hatte einen Militärapparat aufgebaut, der Hitler besiegt hatte, halb Europa besetzte und dem Westen vierzig Jahre lang Waffe um Waffe Paroli bot – allerdings um einen fürchterlichen Preis. Auf dem Höhepunkt flossen 30 bis 40 Prozent des sowjetischen Haushalts in die militärischen Ausgaben, ein Anteil, der vier- bis fünfmal so hoch war wie der amerikanische. Vielen sowjetischen Experten war bereits klar, daß ihr Land eine solche Belastung nicht unbegrenzt tragen konnte. Auf lange Sicht würde die Wirtschaft die Rechnung für diese seit Generationen andauernde militärische Aufrüstung begleichen müssen.

Doch kurzfristig trugen die außenpolitischen Spannungen eher zur Stützung des Regimes bei. Mochte die Sowjetunion auch ein Potemkinsches Dorf von kontinentalen Ausmaßen sein – »Obervolta mit Raketen« nach Helmut Schmidts prägnanter Beschreibung –, doch es hatte diese Raketen, und sie verschafften ihren Eigentümern einen gewissen Status und Respekt. Im übrigen nahmen die alternden Sowjetführer, allen voran der KGB-Chef Juri Andropow, die amerikanische Bedrohung sehr ernst. Wie ihre Gegenspieler in Washington glaubten sie ernsthaft, die andere Seite erwäge einen präventiven Nuklearkrieg. Reagans harte Linie, insbesondere sein SDI-Programm, trug nicht eben zur Kompromißbereitschaft der Altmännergarde im Kreml bei.

Doch das wirkliche militärische Dilemma, dem sich die Sowjetführer gegenübersahen, lag weder in Europa noch in Washington, sondern in Kabul. Ohne Jimmy Carters spät entdeckter Sensibilität für die strategischen Ambitionen der Sowjetunion zu nahe treten zu wollen, die Afghanistan-Invasion des Jahres 1979 eröffnete keine neue Front in dem strategischen Ringen des Kommunismus mit der freien Welt. Sie wurde vielmehr aus innenpolitischen Ängsten geboren. Die sowjetische Volkszählung von 1979 offenbarte einen beispiellosen Zuwachs der (größtenteils muslimischen) Bevölkerung in den zentralasiatischen Gebieten der Sowjetunion. Im sowjetischen Kasachstan und den Republiken, die an die afghanische Grenze stießen – Turkmenistan, Usbekistan und Tadschikistan – waren die Bevölkerungszahlen seit 1970 um 25 Prozent gestiegen. Im Laufe des folgenden Jahrzehnts vermehrte sich die Bevölkerung in Tadschikistan fast um die Hälfte, die in der Ukraine dagegen nur um vier Prozent. Das europäische Rußland war, so schien es seinen Führern, von seinen inneren Minderheiten demographisch bedroht. So bekannte der erkrankte Leonid Breschnew im Februar 1981 auf dem XVI. Parteitag der KPdSU, es gebe noch »Nationalitätenfragen«, die angegangen werden müßten.

Wäre es durch die Besetzung Afghanistans gelungen, ein zuverlässiges, freundlich gesinntes Regime in Kabul einzusetzen, hätten die Sowjetführer einen doppelten Erfolg verbuchen können. Sie hätten Moskaus schwindende Präsenz im Nahen Osten neu festigen können, und gleichzeitig hätten sie einer jungen Generation von sowjetischen Muslimen, die versucht sein mochten, dem Traum von der Unabhängigkeit nachzuhängen, eine »klare Botschaft« geschickt. Aber wie wir alle wissen, scheiterten die Sowjets in Afghanistan. Breschnew, Gromyko und ihre Generale versäumten es nicht nur, die Lehren des Vietnamkriegs zu beherzigen, sondern wiederholten auch viele amerikanische Fehler. Sie vergaßen auch, welche Fehlschläge das zaristischen Rußland 80 Jahre zuvor in derselben Region hatte hinnehmen müssen. Statt dessen provozierte der verhängnisvolle Versuch der UdSSR, in einem fremden, feindseligen Gebiet ein Marionettenregime zu stützen, den erbitterten Widerstand von Guerilleros und Glaubenseiferern (Mudschahedin), die vom Ausland bewaffnet und finanziert wurden. Statt die Nationalitätenfragen des Riesenreichs »anzugehen«, diente dieses imperiale Abenteuer nur dazu, sie anzuheizen. Die von den Sowjets unterstützten »marxistischen« Machthaber in Kabul taten wenig für Moskaus Ansehen in der islamischen Welt, weder zu Hause noch im Ausland.

Kurzum, Afghanistan war eine Katastrophe für die Sowjetunion. Ihre traumatischen Auswirkungen auf eine Generation von eingezogenen Soldaten sollten sich erst später zeigen. Anfang der neunziger Jahre schätzte man, daß jeder fünfte Veteran des Afghanistankrieges ein chronischer Alkoholiker war. Im postsowjetischen Rußland drifteten viele dieser ehemaligen Soldaten, unfähig, eine regelmäßige Arbeit zu finden, in rechtsextreme nationalistische Organisationen ab. Doch schon lange vorher konnte auch die sowjetische Führung das Ausmaß ihres Fehlgriffs erkennen. Neben den Verlusten an Menschen und Material bedeutete der zehn Jahre währende Abnutzungskrieg in den afghanischen Bergen eine internationale Blamage. Damit war auf absehbare Zukunft jede Operation der Roten Armee außerhalb der sowjetischen Grenze ausgeschlossen. Wie das Politbüromitglied Jedor Ligatschew später gegenüber einem amerikanischen Journalisten zugab, konnte nach Afghanistan keine Rede mehr davon sein, Gewalt in Osteuropa anzuwenden.

Es ist recht aufschlußreich für die prinzipielle Anfälligkeit der Sowjetunion, daß sie so empfindlich auf die Wirkung eines – wenn auch spektakulär erfolglosen – neokolonialen Abenteuers reagierte. Doch auch das Desaster in Afghanistan hätte so wenig wie die Kosten des beschleunigten Wettrüstens Anfang der achtziger Jahre allein genügt, um den Zusammenbruch des Systems herbeizuführen. Gestützt auf Furcht, Beharrungsvermögen und den Eigennutz der alten Männer, die es leiteten, hätte Breschnews »Ära der Stagnation« endlos fortdauern können.

Ganz gewiß gab es keine Gegenmacht, keine Dissidentenbewegung – weder in der Sowjetunion noch in ihren Satellitenstaaten – die sie hätte in die Knie zwingen können. Das konnte nur ein Kommunist tun. Und ein Kommunist tat es auch.

Das Leitprinzip des kommunistischen Projekts war sein Glaube an die Gesetze der Geschichte und das Interesse am Kollektiv, das den Motiven und Handlungen von Individuen immer überzuordnen sei. So lag eine ironische Folgerichtigkeit darin, daß sein Schicksal am Ende von dem Geschick einzelner Menschen bestimmt werden sollte. Am 10. November 1982 gab Leonid Breschnew mit 76 Jahren endlich den Geist auf, dem er schon seit langem glich. Sein Nachfolger Juri Andropow war bereits 68 Jahre alt und nicht bei bester Gesundheit. Nach gut einem Jahr, bevor er eine der geplanten Reformen verwirklichen konnte, starb Andropow und wurde von Konstantin Tschernenko als Generalsekretär ersetzt. Auch er war schon 72 und gesundheitlich so angeschlagen, daß er kaum seine Rede bei Andropows Beerdigung im Februar 1984 beenden konnte. 13 Monate später war er ebenfalls tot.

Der Tod, der in rascher Folge die drei alten Kommunisten, alle vor dem Ersten Weltkrieg geboren, dahinraffte, war irgendwie symptomatisch. Die Generation der Parteiführer, die noch Erinnerungen aus erster Hand an die bolschewistischen Ursprünge der Sowjetunion hatten und deren Leben und Karrieren von Stalin vergiftet worden waren, trat ab. Sie hatte eine autoritäre, gerontokratische Bürokratie geerbt und geleitet, deren absolut vorrangiges Ziel das eigene Überleben gewesen war: In der Welt, in der Breschnew, Andropow und Tschernenko aufgewachsen waren, war die bloße Tatsache, im Bett zu sterben, keine unbedeutende Leistung. Doch fortan sollte diese Welt von jüngeren Männern regiert werden, deren autoritäre Instinkte nicht geringer waren, die aber kaum eine andere Möglichkeit hatten, als die Probleme der Korruption, Stagnation und Ineffizienz anzupacken, die das Sowjetsystem von oben bis unten durchzogen.

Tschernenkos Nachfolger, der am 11. März 1985 zum Generalsekretär der Kommunistischen Partei der Sowjetunion berufen wurde, war Michail Sergejewitsch Gorbatschow. 1931 in einem Dorf in der südlichen Region Stawropol geboren, wurde er mit 41 Jahren ins Zentralkomitee gewählt. Nun, nur 13 Jahre später, war er Parteichef. Gorbatschow war nicht nur 20 Jahre jünger als seine sowjetischen Vorgänger, er war auch jünger als jeder amerikanische Präsident vor Bill Clinton. Gorbatschow, dessen rascher Aufstieg von Andropow vorbereitet und gefördert worden war, galt allgemein als potentieller Reformer.

Als Reformer, aber kaum als Radikaler. Michail Gorbatschow war durch und durch Apparatschik. Er hatte eine typische Parteikarriere hinter sich: 1956 Erster Sekretär des Komsomol, des kommunistischen Jugendverbandes im Distrikt Stawropol, dann Sekretär des regionalen Kolchos-Komitees, schließlich Mitglied des Obersten Sowjets (seit 1970). Das neue Staatsoberhaupt verkörperte viele Gefühle und Einstellungen seiner kommunistischen Generation. Ohne jemals offene Kritik an der Partei oder ihrer Politik zu üben, war er dennoch sehr entsetzt über die Enthüllungen des Jahres 1956, enttäuscht von den Fehlern der Chruschtschow-Ära und ernüchtert über die Repression und Unbeweglichkeit der folgenden Breschnew-Jahrzehnte gewesen.

So gesehen war Michail Gorbatschow ein klassischer Reformkommunist. Es war kein Zufall, daß er Anfang der fünfziger Jahre an der juristischen Fakultät der Moskauer Universität eng mit Zdeněk Mlynář befreundet war, der später eine entscheidende Rolle im Prager Frühling von 1968 spielen sollte. Doch wie alle Reformkommunisten seiner Generation war Gorbatschow in erster Linie Kommunist und erst in zweiter Reformer. Wie er im Februar 1986 der französischen kommunistischen Zeitung *L'Humanité* in einem Interview bekannte, sei für ihn Lenins Kommunismus immer ein großartiges, unbeflecktes Ideal geblieben. Der Stalinismus? »Ein Begriff, der von Gegnern des Kommunismus erfunden wurde und dazu diente, die Sowjetunion und den Sozialismus in großem Maßstab zu diffamieren.«[9]

Natürlich *mußte* ein Generalsekretär der sowjetischen Partei genau das sagen, selbst 1986 noch. Doch Gorbatschow glaubte sicherlich daran, und die Reformen, die er einleitete, waren ihrer Absicht nach vollkommen leninistisch – oder »sozialistisch«. Gorbatschow könnte es ideologisch sogar ernster gemeint haben als einige seiner sowjetischen Vorgänger. Es ist sicherlich kein Zufall, daß Nikita Chruschtschow einmal den berühmten Ausspruch tat, er hätte die Tories gewählt, wenn er Brite gewesen wäre, während Michail Gorbatschows Favorit unter den ausländischen Staatsmännern Felipe González aus Spanien war, dessen Spielart der Sozialdemokratie dem sowjetischen Staatschef später der eigenen politischen Auffassung am nächsten zu kommen schien.

Die Hoffnungen, die auf Gorbatschow gesetzt wurden, zeigten, daß es überhaupt keine innenpolitische Opposition in der Sowjetunion gab. Nur die Partei selbst konnte die Mißwirtschaft beseitigen, die sie angerichtet hatte, und glücklicherweise hatte sie einen Mann zu ihrem Führer gewählt, der die Energie und die administrative Erfahrung besaß, um den Augiasstall auszumisten. Abgesehen davon, daß Gorbatschow für einen sowjetischen Spitzenbürokraten ungewöhnlich gebildet und belesen war, besaß er auch noch eine ausgesprochen leninistische Qualität: Er war bereit, Abstriche an seinen Idealen vorzunehmen, um seine Ziele zu erreichen.

Es war nichts Geheimnisvolles an den Schwierigkeiten, die Gorbatschow als Generalsekretär der KPdSU geerbt hatte. Beeindruckt von dem, was er in den siebziger Jahren auf seinen Reisen in Westeuropa gesehen hatte, beabsichtigte der neue Parteiführer von Anfang an, vor allem die marode sowjetischen Wirtschaft zu überholen und das Dickicht von Ineffizienz und Korruption im kopflastigen Staatsapparat zu lichten. Die Auslandsschulden stiegen unablässig, da der Weltmarktpreis des Erdöls, des wichtigsten Exportartikels der UdSSR, nach dem Höchststand am Ende der siebziger Jahre nun nachzugeben begann: Waren es 1986 noch Schulden in Höhe von 30,7 Milliarden Dollar gewesen, erreichten sie 1989 54 Milliarden Dollar. Die Wirtschaft, die bereits in den siebziger Jahren kaum noch Wachstum gezeigt hatte, schrumpfte nun sogar: Die sowjetische Produktion, die qualitativ ständig hinterherhinkte, fiel auch quantitativ zurück. Willkürliche Planzielvorgaben, verbreitete Knappheit, Versorgungsengpässe und das Fehlen von Preis- oder Marktindikatoren lähmten jede Initiative.

Der Ausgangspunkt einer »Reform« innerhalb eines solchen Systems konnte, wie ungarische und andere kommunistische Wirtschaftsfachleute längst erkannt hatten, nur darin bestehen, die Prozesse der Preisgestaltung und Entscheidungsfindung zu dezentralisieren. Doch gerade dies stieß auf beinahe unüberwindliche Hindernisse. Außerhalb des Baltikums hatte fast niemand praktische Erfahrungen mit freier Land- oder Marktwirtschaft: wie man etwas produziert, einen Preis ermittelt oder einen Abnehmer findet. Selbst als 1986 ein Gesetz zur Regelung individueller Erwerbstätigkeit verabschiedet wurde, das erlaubte, (kleinere) Privatunternehmen zu gründen und zu betreiben, machten erstaunlich wenige Menschen davon Gebrauch. Drei Jahre später gab es gerade einmal 300000 Geschäftsleute in der gesamten Sowjetunion, bei einer Bevölkerung von 290 Millionen Menschen.

Außerdem stand jeder potentielle Wirtschaftsreformer vor dem berühmten Prioritätsproblem: War zuerst das Huhn oder das Ei da? Ob nun die Wirtschaftsreform bei der Dezentralisierung der Entscheidungsprozesse ansetzte oder ob sie damit begann, lokalen Unternehmen Selbständigkeit einzuräumen und auf Weisungen von oben zu verzichten – wie sollten Produzenten, Betriebsleitung oder Handel operieren, wenn es keinen Markt gab? Kurzfristig mußte das nicht etwa zu weniger, sondern zu *mehr* Knappheit und Engpässen führen, da jeder auf die Selbstversorgung im Rahmen der regionalen Möglichkeiten und den lokalen Tauschhandel zurückgeworfen würde. Andererseits konnte man einen »Markt« nicht einfach verordnen. Der Begriff allein schon stieß in einer Gesellschaft, in der der »Kapitalismus« seit Jahrzehnten offiziell verteufelt und verabscheut wurde, auf ernsthafte politische Schwierigkeiten (Gorbatschow selbst vermied jede Erwähnung der Marktwirtschaft bis Ende 1987, und selbst dann sprach er nur von einem »sozialistischen Markt«).

Der Reformgeist mußte Kompromisse eingehen: Er mußte mit der – von oben verordneten – Gründung einiger weniger bevorzugter Unternehmen experimentieren, die frei von bürokratischen Hemmnissen waren und denen eine zuverlässige Versorgung mit Rohstoffen und qualifizierten Arbeitskräften zugesichert war. Diese Unternehmen, so die Überlegungen, würden als erfolgreiche und sogar gewinnträchtige Vorbilder für ähnliche Gründungen dienen. Das Ziel hieß kontrollierte Modernisierung und zunehmende Anpassung von Preisfindung und Produktion an die Nachfrage. Doch dieser Ansatz war schon durch seine Prämisse zum Scheitern verurteilt – nämlich die Erwartung, daß die Staatsmacht durch einen Verwaltungsakt effiziente Unternehmen schaffen könne.

Indem die Partei ein paar Musterkolchosen, Stahlwerken, Fabriken oder Dienstleistungsbetrieben knappe Ressourcen zuteilte, konnte sie tatsächlich vorübergehend lebensfähige und sogar scheinbar gewinnbringende Unternehmen vortäuschen – doch nur aufgrund massiver Subventionen und um den Preis, an anderer Stelle weniger begünstigte Betriebe auszuhungern. Resultat des ganzen waren noch gröbere Verzerrungen und Mißerfolge. Unterdessen gingen die Betriebsleiter von Kolchosen wie Produktionsbetrieben, ungewiß, woher der Wind wehte, kein Risiko ein und häuften aus Furcht, die Zentrale könnte die Kontrolle wieder verschärfen und Plansolls verhängen, von allem, was ihnen in die Finger kam, Reserven an.

Für Gorbatschows konservative Kritiker war das ein alter Hut. Seit 1921 hatte noch jedes sowjetische Reformprogramm auf diese Weise begonnen und war, angefangen mit Lenins Neuer Ökonomischer Politik, aus den immer gleichen Gründen gescheitert. Ernstgemeinte Wirtschaftsreformen setzten die Lockerung oder Aufhebung von Kontrolle voraus. Doch dies verschärfte zunächst nicht nur die Probleme, die gelöst werden sollten, es bedeutete auch das, was der Begriff beinhaltete: Kontrollverlust. Nun beruhte aber der Kommunismus auf Kontrolle: Wirtschaftskontrolle, Wissenskontrolle, Kontrolle der Bewegungsmöglichkeit, der Meinungen und der Menschen. Alles übrige war Dialektik, und Dialektik – so erläuterte ein kampferprobter Altkommunist dem jungen Jorge Semprun in Buchenwald – »ist die Kunst und Fertigkeit, immer auf die Füße zu fallen«.[10]

Sehr bald wurde Gorbatschow bei seinem Ringen mit der sowjetischen Wirtschaft klar, daß er sich, wenn er auf die Füße fallen wollte, damit abfinden mußte, daß das Rätsel der Sowjetökonomie nicht isoliert angegangen werden konnte. Dieses Rätsel war nur das Symptom eines größeren Problems. An der Spitze der Sowjetunion standen Männer, die das Recht auf die politischen und institutionellen Druckmittel der Kommandowirtschaft beanspruchten; aus den kleinen Absurditäten und der alltäglichen Korruption des Systems bezogen sie ihre Autorität und Macht. Um die Wirtschaft reformieren zu können, mußte sich die Partei zunächst einmal selbst reformieren.

Auch das war nicht gerade eine neue Idee – die regelmäßigen Säuberungen unter Lenin und seinen Nachfolgern hatten in der Regel ähnliche Ziele verkündet. Aber die Zeiten hatten sich geändert. Egal, wie repressiv und rückständig die Sowjetunion sein mochte, eine mörderische totalitäre Tyrannei war sie nicht mehr. Dank Chruschtschows monumentalen Wohnungsbauprojekten lebten die meisten sowjetischen Familien in ihren eigenen Wohnungen. Diese Wohnungen waren zwar häßlich und unpraktisch, aber die Mieten waren niedrig, und ihre Mieter, Durchschnittsbürger, genossen dort ein Maß an Privatsphäre und Sicherheit, das frühere Generationen nicht gekannt hatten. Sie waren nicht mehr Informanten ausgeliefert und liefen auch nicht mehr Gefahr, von Nachbarn oder Schwiegereltern an die Behörden verraten zu werden. Für die meisten Menschen war das Zeitalter des Terrors vorbei, und zumindest für Gorbatschows Generation war eine Rückkehr zur Zeit der Massenverhaftungen und Parteisäuberungen undenkbar.

Um den Würgegriff des *Parteiapparats* zu durchbrechen und seine Pläne für die wirtschaftliche Umgestaltung voranzutreiben, entschied sich der Generalsekretär statt dessen für *Glasnost* – Offenheit –, die offizielle Ermunterung öffentlicher Diskussionen über sorgfältig ausgewählte Themen. Indem Gorbatschow und seine Anhänger die Aufmerksamkeit der Menschen auf die bevorstehenden Veränderungen lenkten und ihre Erwartungen erhöhten, schufen sie sich ein Werkzeug, mit dem sie den offiziellen Widerstand gegen ihre Pläne aushebeln konnten. Auch das war eine alte List, der sich schon Reformzaren bedient hatten. Wie dringlich die offizielle Offenheit war, wurde Gorbatschow jedoch erst durch die katastrophalen Ereignisse vom 26. April 1986 vor Augen geführt.

An diesem Tag explodierte nachts um 1 Uhr 23 einer der vier riesigen Graphitreaktoren im Kernkraftwerk von Tschernobyl (Ukraine) und setzte 120 Millionen Curie radioaktiven Materials in die Atmosphäre frei – mehr als die hundertfache Strahlung von Hiroschima und Nagasaki *zusammengenommen*. Die Wolke radioaktiven Niederschlags wurde nordwestlich nach Westeuropa und Skandinavien getrieben, gelangte bis nach Wales und Schweden und setzte schätzungsweise fünf Millionen Menschen ihrer Wirkung aus. Neben den 30 Einsatzkräften, die auf der Stelle getötet wurden, sind seither rund 30 000 Menschen an den Folgen der Strahlenexposition von Tschernobyl gestorben, unter anderem 2 000 unmittelbare Anwohner, die an Schilddrüsenkrebs erkrankten.

Tschernobyl war nicht die erste Umweltkatastrophe der Sowjetunion. In Tscheljabinsk-40, einem geheimen Forschungsstandort bei Jekaterinburg im Ural, explodierte 1957 ein Behälter mit radioaktivem Müll und verursachte eine schwere radioaktive Kontamination eines Gebietes von acht Kilometer Breite und hundert Kilometer Länge. 76 Millionen Kubikmeter radioaktiv verseuchtes

Wasser gelangten in das Flußsystem des Urals und kontaminierten es auf Jahrzehnte hinaus. Am Ende wurden 10 000 Menschen evakuiert und 23 Dörfer mit Bulldozern dem Erdboden gleichgemacht. Der Reaktor in Tscheljabinsk gehörte zur ersten Generation des sowjetischen Atomkraftwerkprogramms und war 1948 bis 1951 von Zwangsarbeitern erbaut worden.[11]

Zu weiteren von Menschenhand bewirkten Umweltkatastrophen von vergleichbarer Größenordnung gehörten die Verschmutzung des Baikalsees, die allmähliche Zerstörung des Aralsees, die Versenkung von Hunderttausenden Tonnen schrottreifer Kriegsschiffe und ihrer radioaktiven Bestandteile im Nordpolarmeer und in der Barentssee sowie die Kontamination mit Schwefeldioxid eines Gebietes von der Größe Italiens um das sibirische Norilsk, im Zentrum der Nickelproduktion. Diese und andere Umweltkatastrophen waren die unmittelbare Folge von Gleichgültigkeit, Mißmanagement und der sowjetischen Methode, Rohstoffe nach dem »Brandrodungsprinzip« abzubauen. Sie erwuchsen aus einer Kultur der Geheimniskrämerei. Die Explosion in Tscheljabinsk-40 wurde jahrzehntelang offiziell nicht zugegeben, obwohl sie sich nur wenige Kilometer von einer Großstadt entfernt zutrug – derselben Stadt, wo 1979 etliche hundert Menschen an Milzbrand starben, dessen Erreger aus einer Fabrik für biologische Waffen im Stadtzentrum entwichen.

Insidern waren die Probleme der sowjetischen Kernreaktoren durchaus bekannt. Zwei unabhängige KGB-Berichte aus den Jahren 1982 und 1984 warnten vor der »maroden« Technik (die aus Jugoslawien stammte) und ernsthaften Mängeln der Tschernobyl-Reaktorblöcke 3 und 4 (letzterer explodierte 1986). Doch wie diese Informationen geheimgehalten (und keine Maßnahmen ergriffen) wurden, so bestand auch die erste instinktive Reaktion der Parteiführung auf die Explosion vom 26. April darin, nichts über sie verlauten zu lassen – immerhin wurden damals im ganzen Land vierzehn Kernkraftwerke vom Tschernobyl-Typ betrieben. Erstmals räumte Moskau vier Tage nach dem Ereignis ein, daß etwas Ungewöhnliches geschehen war, und beschränkte sich dabei auf ein offizielles Kommuniqué von zwei Sätzen.

Doch Tschernobyl ließ sich nicht geheimhalten: Die internationale Furcht und die Unfähigkeit der Sowjets, den Schaden einzudämmen, zwangen Gorbatschow zwei Wochen später, zunächst eine offizielle Erklärung abzugeben und dann um die Hilfe ausländischer Fachleute zu bitten. Und wie seinen Mitbürgern auf diese Weise zum erstenmal das Ausmaß offizieller Inkompetenz und Gleichgültigkeit gegenüber Leben und Gesundheit der Menschen zu Bewußtsein gebracht wurde, so sah Gorbatschow sich gezwungen, die Probleme seines Landes in ihrem ganzen Ausmaß zur Kenntnis zu nehmen. Die Unfähigkeit, die Verlogenheit und der Zynismus der Männer, die für das Unglück und den Versuch, es zu vertuschen, verantwortlich waren, ließen sich nicht als bedauerliche Entartung sowjetischer Werte abtun, sondern *waren* die sowjetischen Werte, wie der sowjetische Staatschef einsehen mußte.

Ab August 1986 veränderte Gorbatschow die Gangart. Im Dezember desselben Jahres wurde der Hausarrest von Andrej Sacharow, dem bekanntesten Dissidenten der Welt, in Gorki (Nischni Nowgorod) aufgehoben, ein Vorbote der im folgenden Jahr einsetzenden umfassenden Entlassung politischer Gefangener in der Sowjetunion. Die Zensur wurde gelockert – 1987 erfolgte die lange hinausgeschobene Veröffentlichung von Wassilij Grossmans Roman *Leben und Schicksal* (26 Jahre, nachdem M. A. Suslow, der Chefideologe der Partei prophezeit hatte, das Buch müsse »zwei oder drei Jahrhunderte« unter Verschluß gehalten werden). Die Polizei erhielt den Auftrag, ausländische Radiosender nicht mehr zu stören. Und der Generalsekretär der KPdSU nutzte die Gelegenheit einer im Fernsehen übertragenen Rede vor dem Zentralkomitee der Partei im Januar 1987, um über die Köpfe der Parteikonservativen hinweg, direkt an die Nation gewandt, mehr Demokratie zu fordern.

1987 verfügten neun von zehn sowjetischen Haushalten über einen Fernsehapparat, daher war Gorbatschows Taktik zunächst ein bemerkenswerter Erfolg: Indem er de facto einen öffentlichen Raum für eine fast offene Debatte über die Probleme des Landes schuf und das Informationsmonopol der Regierungskaste durchbrach, zwang er die Partei, ihm zu folgen, und verschaffte den bislang schweigenden Reformern innerhalb des Systems die Möglichkeit, sich zu äußern und ihn zu unterstützen. Im Laufe der Jahre 1987 und 1988 zog sich der Generalsekretär auf diese Weise fast gegen seinen Willen eine Anhängerschaft heran, der der Sinn nach Veränderung stand.

Überall entstanden informelle Organisationen – vor allem der »Club Perestroika«, der 1987 am Mathematischen Institut in Moskau gegründet wurde und seinerseits zur Entstehung von »Gedenken« führte, einer Gruppe, deren Mitglieder sich das Ziel setzten, »die Erinnerung an die Opfer« der stalinistischen Vergangenheit lebendig zu halten. Anfänglich erschrocken über die eigene Existenz – die Sowjetunion war schließlich noch immer eine Einparteiendiktatur –, schossen sie schon bald wie Pilze aus dem Boden. 1988 erhielt Gorbatschow vermehrt Unterstützung außerhalb der Partei, von der neu entstehenden öffentlichen Meinung des Landes.

Die Logik von Gorbatschows Reformzielen und seine Entscheidung, sich über die konservativen Kritiker im Apparat hinwegzusetzen und sich direkt an die Nation zu wenden, hatte die Dynamik der Perestroika verändert. Nachdem er als Reformer innerhalb der herrschenden Partei begonnen hatte, arbeitete ihr Generalsekretär nun zunehmend gegen sie, oder zumindest versuchte er, den Widerstand der Partei gegen Veränderung zu umgehen. Im Oktober 1987 sprach Gorbatschow zum erstenmal öffentlich über die stalinistischen Verbrechen und warnte die Partei, daß sie ihre führende Rolle in der Gesellschaft verlieren werde, wenn sie die Reformen nicht unterstütze.

Auf der Parteikonferenz im Juni 1988 wiederholte er sein Bekenntnis zur Reform und zur Lockerung der Zensur und rief zur Vorbereitung offener (das heißt, demokratischer) Wahlen zu einem Kongreß der Volksdeputierten im folgenden Jahr auf. Im Oktober 1988 schaltete er einige seiner führenden Gegner aus – vor allem Jegor Ligatschow, einen hartnäckigen Kritiker – und ließ sich selbst zum Präsidenten des Obersten Sowjets (das heißt, zum Staatsoberhaupt) wählen, womit er Andrej Gromyko, den letzten Dinosaurier, ersetzte. Innerhalb der Partei mußte er sich noch gegen heftige Rückzugsgefechte der Opposition behaupten; doch in der breiten Bevölkerung erreichte seine Beliebtheit einen neuen Höhepunkt, der Grund, warum er die Reformen vorantreiben konnte – ihm blieb auch kaum etwas anderes übrig.[12]

Die Wahlen vom Mai/Juni 1989 waren die ersten mehr oder weniger freien Wahlen in der Sowjetunion seit 1918. Es waren keine Mehrparteienwahlen, zu denen kam es erst 1993, als die Sowjetunion selbst schon lange untergegangen war – und das Ergebnis war weitgehend vorgegeben, weil man viele Sitze Parteikandidaten vorbehielt und internen Parteiwettbewerb verbot, aber der Kongreß, der gewählt wurde, umfaßte viele unabhängige und kritische Stimmen. Seine Sitzungen wurden einem Publikum von rund 100 Millionen Zuschauern zugänglich gemacht. Die Forderungen von Sacharow und anderen nach weitergehenden Veränderungen – vor allem nach Entmachtung der zunehmend in Verruf geratenen Partei – ließen sich nicht unter den Teppich kehren, selbst nicht von dem zunächst widerstrebenden Gorbatschow. Langsam zerfiel das Machtmonopol der Kommunisten, und auf Gorbatschows Betreiben stimmte der Kongreß im folgenden Februar brav für die Aufhebung der wichtigsten Bestimmung der sowjetischen Verfassung – des Artikels VI, welcher der Kommunistischen Partei eine »führende Rolle« zuwies.[13]

Erleichtert wurden die innenpolitischen Umwälzungen der Sowjetunion in den Jahren 1985 bis 1989 durch einen grundlegenden Kurswechsel der sowjetischen Außenpolitik unter Gorbatschow und seinem neuen Außenminister Eduard Schewardnadse. Von Anfang an ließ Gorbatschow keinen Zweifel an seiner Entschlossenheit aufkommen, die UdSSR zumindest von ihren größeren militärischen Lasten zu befreien. Einen Monat nach seinem Machtantritt stoppte er die Stationierung der sowjetischen Raketen und bot Verhandlungen ohne Vorbedingungen über Kernwaffen an, die er mit dem Vorschlag eröffnete, daß beide Supermächte ihre strategischen Arsenale halbieren sollten. Im Mai 1986 nach einem überraschend erfolgreichen Gipfeltreffen mit Reagan in Genf (dem ersten von fünf beispiellosen Begegnungen dieser Art) erklärte sich Gorbatschow einverstanden, die amerikanischen Forward Based Systems (FBS) aus den Unterredungen über strategische Waffen auszuklammern, wenn dies dazu beitrage, die Verhandlungen in Gang zu bringen.

Der zweite Gipfel fand im Oktober 1986 in Reykjavik statt, wo Reagan und Gorbatschow zwar keine Übereinkunft über nukleare Abrüstung erzielten, trotzdem aber die Basis für künftige Erfolge legten. Ende 1987 hatten Schewardnadse und der amerikanische Außenminister George Schultz den Vertrag über Mittelstreckenraketen, Intermediate Range Nuclear Forces Treaty (INF), aufgesetzt, der im folgenden Jahr unterzeichnet und ratifiziert wurde. Dieser Vertrag, der Ronald Reagans früheres Konzept einer »Null-Lösung« umsetzte, bedeutete das sowjetische Eingeständnis, daß ein Nuklearkrieg in Europa nicht zu gewinnen sei – und den Prolog zu einem noch wichtigeren Vertrag, der 1990 unterzeichnet wurde und die Stationierung wie Operation *konventioneller* Streitkräfte auf dem europäischen Kontinent streng eingrenzte.

Von Washingtons Warte betrachtet, mußten Gorbatschows Rüstungszugeständnisse natürlich als Sieg für Reagan erscheinen – und damit nach der Nullsummenrechnung der Kalten Krieger eine Niederlage für Moskau. Doch für Gorbatschow, dessen Prioritäten bei der Innenpolitik lagen, bedeutete schon die Sicherung stabilerer internationaler Beziehungen ein Sieg. Dadurch verschaffte er sich Zeit und Unterstützung im eigenen Lande. Die eigentliche Bedeutung dieser Treffen und Abkommen lag in der Einsicht der Sowjetunion, daß militärische Konfrontation im Ausland nicht nur kostspielig, sondern auch kontraproduktiv war. So sagte Gorbatschow im Oktober 1986 bei einem Besuch in Frankreich, die »Ideologie« sei keine geeignete Basis für die Außenpolitik.

In diesen Ansichten kamen die Ratschläge zum Ausdruck, die er von einer neuen Generation außenpolitischer Fachleute erhielt, vor allem von seinem Kollegen Alexander Jakowlew, der erkannt hatte, daß die UdSSR in ihren außenpolitischen Beziehungen mehr durch kalkulierte Zugeständnisse als durch fruchtlose Konfrontation erreichen konnte. Im Gegensatz zu den schwierigen Problemen zu Hause war die Außenpolitik ein Feld, auf dem Gorbatschow direkte Kontrolle ausüben konnte und daher hoffen durfte, unmittelbare Verbesserungen zu erzielen. Außerdem sollten wir die Großmachtdimension der sowjetischen Außenpolitik nicht überschätzen. Mindestens so großen Wert wie auf sein Verhältnis zu den Vereinigten Staaten legte Gorbatschow auf seine Beziehungen zu Westeuropa – häufig reiste er dorthin und verstand sich gut mit González, Kohl und Thatcher (die ihn in einer berühmten Bemerkung als einen Mann bezeichnete, mit dem sie »Geschäfte machen« konnte).[14]

In wichtigen Punkten verstand sich Gorbatschow nämlich als *europäischer* Staatsmann mit europäischen Prioritäten. Die Fokussierung auf die Beendigung des nuklearen Wettrüstens und der Anhäufung von Kernwaffen war eng mit dem neuen Selbstverständnis der Sowjetunion als ausgesprochen *europäischer* Macht verknüpft. 1987 erklärte Gorbatschow: »Rüstung sollte auf ein Niveau verringert werden, das ausschließlich Verteidigungszwecken dient. Die beiden Militärbündnisse sollten ihre strategischen Konzepte endlich so abändern, daß sie stärker auf Verteidigungsziele ausgerichtet sind. Jede Wohnung im ›europäischen Haus‹ hat das Recht, sich gegen Einbrecher zu schützen, aber sie darf dabei nicht das Eigentum ihrer Nachbarn zerstören.«

In einem ähnlichen Geist und aus den gleichen Gründen erkannte der sowjetische Staatschef von Anfang an die Notwendigkeit, die sowjetischen Truppen aus Afghanistan abzuziehen, der »blutigen Wunde«, wie er im Februar 1986 auf einem Parteitag sagte. Fünf Monate später gab er den Abzug von 6000 sowjetischen Soldaten bekannt, einen Truppenrückzug, die im November desselben Jahres abgeschlossen war. Im Mai 1988, nach einem Abkommen, das in Genf mit Afghanistan und Pakistan geschlossen und von beiden Großmächten garantiert wurde, begannen die Sowjettruppen aus Afghanistan abzurücken. Die letzten verbliebenen Soldaten der Roten Armee verließen das Land am 15. Februar 1989.[15]

Statt die sowjetische Nationalitätenfrage zu klären, hatte das afghanische Abenteuer sie, wie sich jetzt allzu deutlich zeigte, noch verschärft. Wenn es die UdSSR mit einer Reihe höchst schwieriger nationaler Minderheiten zu tun bekam, hatte sie sich das Problem teilweise selbst zuzuschreiben. Schließlich hatten Lenin und seine Nachfolger die verschiedenen »Teilnationen« erfunden, denen sie entsprechende Regionen und Republiken zuwiesen. Ähnlich der kolonialen Praxis anderer Staaten hatte Moskau – an Orten, wo von Nationalität und Nationenstatus seit fünfzig Jahren keine Rede war – die Entstehung nationaler städtischer Zentren oder »Hauptstädte« gefördert, in denen sich Institutionen und Intellektuelle konzentrierten. Die Ersten Sekretäre der Kommunistischen Partei im Kaukasus oder in den zentralasiatischen Republiken stammten in der Regel aus den dort vorherrschenden ethnischen Gruppen. Um ihre Pfründe zu sichern, neigten diese Männer verständlicherweise dazu, sich mit »ihrem« Volk zu identifizieren, vor allem als erste Risse im zentralen Apparat auftraten. Die Partei begann unter den zentrifugalen Kräften regionaler Administratoren zu zerreißen, die ängstlich bestrebt waren, ihre Interessen zu wahren.

Gorbatschow scheint diesen Prozeß nie richtig verstanden zu haben. »Genossen«, teilte er der Partei 1987 mit, »wir dürfen mit Fug und Recht behaupten, daß wir das Nationalitätenproblem gelöst haben.« Vielleicht hat er auch nicht ganz an die eigenen Behauptungen geglaubt; aber er dachte sicherlich, daß es genügen würde, die zentrale Kontrolle etwas zu lockern und auf langjährige Klagen einzugehen (1989 wurde den Krimtataren beispielsweise gestattet, nach vielen Jahrzehnten asiatischer Verbannung in ihre Heimat zurückzukehren). In einem Imperium von kontinentalen Ausmaßen mit mehr als hundert ethnischen Gruppen von der Ostsee bis zum Ochotskischen Meer, von denen die meisten lange zurückreichende Klagegründe hatten, die zu äußern sie jetzt durch Glasnost ermutigt wurden, erwies sich diese Überlegung als eine fatale Fehlkalkulation.

Eigentlich hätte es niemanden verwundern dürfen, daß Gorbatschows Reaktionen auf die Autonomieforderungen an den fernen Rändern des sowjetischen Riesenreichs als unzulänglich empfunden wurden. Gorbatschow war, wie gezeigt, von Anfang an »Reformkommunist«, wenn auch ein höchst ungewöhnlicher: aufgeschlossen für den Veränderungs- und Erneuerungsbedarf, aber im Grunde nicht gewillt, die Kernthesen des Systems in Frage zu stellen, unter dem er aufgewachsen war. Wie viele Angehörige seiner Generation in der Sowjetunion und anderswo glaubte er aufrichtig, daß der einzige Weg zum Fortschritt die Rückkehr zu den leninistischen »Prinzipien« sei. Die Idee, daß das leninistische Projekt möglicherweise selbst ein Irrweg sei, kam dem Sowjetführer sehr spät – erst 1990 gestattete er offen antileninistischen Autoren wie Alexander Solschenizyn, ihre Schriften in der Sowjetunion zu veröffentlichen.

Der Geist der ersten Gorbatschowschen Zielsetzungen äußert sich herrlich in dem unnachahmlichen Ton der neu entdeckten offiziellen Toleranz für Popmusik, etwa wenn es im Oktober 1986 in der *Prawda* heißt: »Rock 'n' Roll hat durchaus seine Existenzberechtigung, aber nur wenn er melodiös, sinnvoll und gut dargeboten ist.« Genau das wollte Michail Gorbatschow, einen melodiösen, sinnvollen und gut dargebotenen Kommunismus. Notwendige Reformen sollten durchgeführt und angemessene Freiheiten garantiert, aber keine hemmungslose Permissivität zugelassen werden – noch im Februar 1988 ging die Regierung streng gegen unabhängige Verlage und Druckereien vor.

Es gehört zu den Merkwürdigkeiten der kommunistischen Reformer, daß sie stets wie Don Quijote vorgingen: Sie reformierten einige Aspekte ihres Systems und ließen andere unangetastet – führten marktorientierte Anreize ein, erhielten aber die planwirtschaftlichen Kontrollen aufrecht oder erlaubten größere Freiheiten der Meinungsäußerung, beharrten aber auf dem Wahrheitsmonopol der Partei. Doch Teilreformen oder die Reform eines Sektors unter Ausklammerung anderer war ein Widerspruch in sich. »Kontrollierter Pluralismus« oder »sozialistischer Markt« waren Konzepte, die von Anfang an zum Untergang verurteilt waren. Die Idee, die »führende Rolle« der Kommunistischen Partei lasse sich bewahren, während diese selbst nur die pathologischen Auswüchse von 70 Jahren absoluter Machtausübung abwerfen müsse, zeigt, daß Gorbatschow nicht frei von politischer Naivität war. In einem autoritären System ist die Macht unteilbar – lockert man sie in Teilen, verliert man sie am Ende ganz. 400 Jahre zuvor hatte der Stuartkönig Jakob I. diesen Zusammenhang wesentlich besser begriffen – wie in der knappen Abfuhr zum Ausdruck kam, die er schottischen Presbyterianern erteilte, als sie gegen die Machtfülle seiner Bischöfe protestierten: »Kein Bischof, kein König.«

Gorbatschow und seine kontrollierte Revolution wurden am Ende von der Fülle der Widersprüche weggefegt, die sie erzeugt hatten. Im Rückblick meinte er ein wenig bedauernd: »Natürlich bin ich bekümmert, daß es mir nicht gelang, den gesamten Prozeß der Perestroika im Rahmen meiner Absichten zu halten.« Doch die Absichten und der Rahmen waren unvereinbar. Sobald das stützende Gerüst von Zensur, Kontrolle und Repression fortfiel, brach alles, was in dem Sowjetsystem von Bedeutung war – Planwirtschaft, öffentliche Rhetorik, Parteimonopol – einfach zusammen.

Gorbatschow hat sein Ziel nicht erreicht, einen reformierten und effizienten Kommunismus zu schaffen, der von seinen Mängeln befreit war. Er scheiterte sogar gründlich. Doch die Leistungen waren trotzdem beeindruckend. In der UdSSR gab es keine unabhängigen oder auch nur halbautonomen Institutionen, die Kritiker oder Reformer für ihre Anliegen hätten mobilisieren können. Das Sowjetsystem konnte nur von innen und durch Initiativen von oben demontiert werden. Als Gorbatschow zunächst ein Element der Veränderung einführte, dann ein nächstes und wieder eines, untergrub er nach und nach das System, dem er seinen Aufstieg verdankte. Indem er die ungeheuren Machtbefugnisse des Generalsekretärs einsetzte, höhlte er die Diktatur der Partei von innen aus.

Das war eine bemerkenswerte und beispiellose Tat. Niemand hätte sie 1984, als Tschernenko starb, vorhersagen können. Gorbatschow war nach Ansicht eines seiner engsten Berater »ein genetischer Fehler des Systems«.[16] Rückblickend erscheint sein Aufstieg genau zum richtigen Zeitpunkt erfolgt zu sein – als das Sowjetsystem ins Schlingern geriet, erwuchs ihm ein Führer, der verstand, was geschah, und einen Weg fand, wie das Land die Rolle des Imperiums abschütteln konnte. Der richtige Mann zur richtigen Zeit? Vielleicht. Jedenfalls war Michail Gorbatschow gewiß nicht einfach ein weiterer Apparatschik.

Aber er hatte gewiß keine Vorstellung, was er da anrichtete, und wäre entsetzt gewesen, hätte er es gewußt. Seine Kritiker waren hellsichtiger. Auf der einen Seite empfanden die Parteihardliner verständlicherweise eine tiefe Abneigung gegen Gorbatschow – viele von ihnen ganz auf der Linie des berüchtigten Briefes in der Zeitung *Sowjetskaja Rossija* vom 13. März 1988, in der die Leningrader Lehrerin Nina Andrejewa zornig (und mit Recht, wie sich herausstellte) davor warnte, daß die neuen Reformen das Land unaufhaltsam in den Kapitalismus zurückführen würden. Auf der anderen Seite hatte Gorbatschow nie die rückhaltlose Unterstützung der radikalen Reformer genossen, die angesichts seiner scheinbaren Unentschlossenheit zunehmend ungeduldig wurden. Eine von Gorbatschows Schwächen bestand darin, daß er sich, um die Ereignisse unter Kontrolle zu halten, nach Möglichkeit immer wieder auf den goldenen Mittelweg zurückzog, das heißt, er förderte neue Ideen, flüchtete sich dann aber stets, wenn ihn radikale Reformer wie Jakowlew und Boris Jelzin drängten, die eingeschlagene Richtung entschlossen weiterzuverfolgen, wieder in die Arme der Parteikonservativen. Dieses schwankende Erscheinungsbild, Gorbatschows scheinbares Widerstreben, seine Initiativen konsequent fortzusetzen, und seine Scheu, zu rasch zu weit zu gehen, stieß viele seiner anfänglichen Bewunderer vor den Kopf.

Die Schwierigkeit lag darin, daß Gorbatschow, wenn er das Monopol der Partei auf Macht und Initiative lockerte, damit in gleichem Maße den eigenen Einfluß verringerte. Daher war er gezwungen, taktische Bündnisse einzugehen und einen Mittelkurs zwischen den extremen Positionen anderer zu steuern. Für demokratische Politiker eine selbstverständliche, wenn auch unbequeme Notwendigkeit; doch in den Augen einer Nation, die seit 70 Jahren an eine Diktatur gewöhnt war, erweckte Gorbatschows Manövrieren den Anschein von Schwäche. Von den ersten Monaten des Jahres 1989 an fielen die Beliebtheitswerte des sowjetischen Präsidenten in den Meinungsumfragen unaufhörlich. Im Herbst 1990 hatte Gorbatschow nur noch die Unterstützung von 21 Prozent der Öffentlichkeit.

Lange vor seinem politischen Fall fiel Gorbatschow also schon in Ungnade. Allerdings nur zu Hause: Im Ausland stand die »Gorbymanie« in voller Blüte. Bei seinen immer häufigeren Besuchen im Ausland wurde Gorbatschow von westeuropäischen Politikern gefeiert und von begeisterten Massen frenetisch bejubelt. Ende 1988 verkündete Margaret Thatcher – eine von Gorbatschows glühendsten Verehrerinnen – das »Ende« des Kalten Krieges. Von Osteuropa aus betrachtet, mochte das etwas verfrüht erscheinen, aber auch dort war Michail Gorbatschow außerordentlich beliebt.

In den »Volksdemokratien« zählten die innenpolitischen Schwierigkeiten des Sowjetführers, obwohl sehr wohl zur Kenntnis genommen, weniger als seine außenpolitischen Erklärungen, vor allem eine vielbeachtete Rede vor den Vereinten Nationen am 7. Dezember 1988. Nachdem er eine einseitige Truppenreduzierung der konventionellen sowjetischen Streitkräfte in Europa in Aussicht gestellt hatte, erklärte Gorbatschow seinen Zuhörern: »Entscheidungsfreiheit ist ein universelles Prinzip. Es darf keine Ausnahmen geben.« Das war mehr als nur ein Verzicht auf die »Breschnew-Doktrin«, das war die feierliche Erklärung, daß Moskau keine Gewalt anwenden würde, um Bruderstaaten seine Version des »Sozialismus« aufzuzwingen. Was Gorbatschow den Satellitenstaaten damit zugestand – und was auch sofort als ein solches Zugeständnis verstanden wurde –, war die Freiheit, ihre eigenen – sozialistischen oder nichtsozialistischen – Wege zu gehen. Osteuropa war im Begriff, wieder in die Geschichte einzutreten.

Unter Michail Gorbatschows Führung hatte sich die Sowjetunion seit 1985 nach und nach von der direkten Kontrolle seiner Satellitenstaaten zurückgezogen. Doch die Konsequenzen dieser wachsenden Distanzierung blieben unklar. Die Volksdemokratien wurden noch immer von autoritären Parteicliquen beherrscht, deren Macht auf einem massiven Unterdrückungsapparat beruhte. Ihre Polizei und Nachrichtendienste waren weitgehend von dem Sicherheitsapparat der Sowjetunion abhängig und operierten halbwegs unabhängig von der Staatsmacht des eigenen Landes. Während die Regierenden in Prag, Warschau oder Ostberlin allmählich begriffen, daß sie nicht mehr auf Moskaus bedingungslose Unterstützung rechnen konnten, hatten weder sie noch ihre Bürger eine klare Vorstellung von dem, was das bedeutete.

Auch die Situation in Polen wies diese Ungewißheiten auf. Einerseits hatte die Verhängung des Kriegsrechts die autoritäre Herrschaft der Kommunistischen Partei wieder gefestigt. Andererseits waren die grundsätzlichen Probleme des Landes nicht dadurch behoben worden, daß man die Solidarität unterdrückt und ihre Führer mundtot gemacht hatte. Ganz im Gegenteil. Polen war noch immer verschuldet, doch seine Machthaber waren jetzt – da die Repression international verurteilt wurde – nicht mehr in der Lage, sich durch weitere Auslandskredite aus den Schwierigkeiten herauszulavieren. Tatsächlich sah sich Polens Führung dem gleichen Dilemma gegenüber wie in den siebziger Jahren, dieses Mal aber mit weit weniger Optionen.

Inzwischen mochte es zwar gelungen sein, die Opposition zu kriminalisieren, nicht aber, sie in Luft aufzulösen. Die Publikationstätigkeit im Untergrund ging weiter, genau wie die Vorträge, Diskussionen, Theateraufführungen und vieles mehr. Die Solidarität selbst bewahrte sich, obwohl verboten, eine virtuelle Existenz, besonders nachdem ihr bekanntester Sprecher, Lech Wałęsa, im November 1982 aus der Haft entlassen worden war (und im folgenden Jahr in Abwesenheit den Friedensnobelpreis erhalten hatte). Das Regime konnte nicht riskieren, im Juni 1983 einen erneuten Besuch des Papstes zu verbieten, woraufhin die Kirche sich noch stärker an Untergrund- und halb offiziellen Aktivitäten beteiligte.

Die politische Polizei förderte die Repression. In einem berüchtigten Fall inszenierte sie 1984 die Verschleppung und Ermordung des bekannten radikalen Priesters Pater Jerzy Popiełuszko – *pour décourager les autres*. Doch Jaruzelski und die meisten seiner Kollegen hatten bereits begriffen, daß solche Provokationen und Konfrontationen nichts mehr brachten. Zu Popiełuszko Begräbnis strömte eine Menge von 350 000 Menschen zusammen. Statt die Opposition abzuschrecken, zeigte der Vorfall nur, wie groß die Unterstützung der Kirche und der Solidarität, legal oder nicht, im Volk war. Mitte der achtziger Jahre hatte sich zwischen einer widerspenstigen Gesellschaft und einem immer verzweifelteren Staat eine weite Kluft aufgetan.

Der erste Impuls der Parteiführung war (in Warschau wie in Moskau), »Reformen« vorzuschlagen. 1986 entließ Jaruzelski, der jetzt Staatspräsident war, Adam Michnik und andere Solidaritätsführer aus der Haft und ließ durch ein neu eingerichtetes Ministerium für Wirtschaftsreform ein bescheidenes Angebot an wirtschaftlichen Veränderungen unterbreiten, die unter anderem dazu dienen sollten, zum Ausgleich für Polens Staatsschulden, die jetzt rasch auf 40 Milliarden Dollar zusteuerten, neue Devisen ins Land zu holen.[17] In einem bizarren Flirt mit der Demokratie ermittelte die Regierung 1987 durch eine Umfrage in der Bevölkerung, was für eine »Wirtschaftsreform« sie wünsche: »Was wäre Ihnen lieber«, wurde da beispielsweise gefragt, »eine 50%ige Erhöhung des Brotpreises und eine 100%ige des Benzinpreises oder eine 60%ige Erhöhung des Benzinpreises und eine 100%ige des Brotpreises?« Wen überrascht es, daß die Bevölkerung im wesentlichen antwortete: »Keines von beidem.«

Die Frage – und die Entscheidung, sie zu stellen – zeigt hinlänglich, daß Polens kommunistische Herrscher politisch und wirtschaftlich am Ende waren. Wie sehr die Autorität der Staatsmacht erschüttert war, beweist auch der Umstand, daß Polens Mitgliedschaft im IWF teilweise durch die *Zustimmung* der Solidarität ermöglicht wurde. Obwohl verboten, war es der Gewerkschaft gelungen, ihre Organisation im Ausland weiterzuführen. So kam es, daß das Brüsseler Büro der Solidarität dem Direktor des IWF im September 1985 riet, Polen aufzunehmen – während es gleichzeitig erklärte, Jaruzelskis Teilverbesserungen seien von vornherein zum Scheitern verurteilt; nur ein Gesamtpaket durchgreifender Reformen könne die Probleme des Landes in den Griff bekommen.[18]

1987 war der faszinierendste Aspekt der polnischen Situation die vollkommene Hilflosigkeit der Partei und ihrer Organe. Ohne einer greifbaren Bedrohung ihres Machtmonopols ausgesetzt zu sein, driftete die Polnische Vereinigte Arbeiterpartei in die Bedeutungslosigkeit ab. Die »Gegengesellschaft«, ein theoretisches Konstrukt, das Michnik und andere zehn Jahre zuvor entworfen hatten, bildete sich de facto als Träger von Autorität und Initiative heraus. Nach 1986 hatte man in der polnischen Opposition weniger diskutiert, wie man die Gesellschaft lehren solle, frei zu sein, als vielmehr, in welchem Umfange sich die Opposition an der Regierung beteiligen solle, und zu welchem Zweck.

Eine Gruppe junger Wirtschaftswissenschaftler von der Warschauer Hochschule für Planung und Statistik entwickelte bereits unter Führung von Leszek

Balcerowicz Pläne für einen unabhängigen privaten, von staatlicher Planung befreiten Wirtschaftssektor – einen Markt also; diese und andere Anregungen wurden unter »inoffiziellen« Polen und im Ausland viel diskutiert. Doch die Richtlinien des politischen »Realismus« und die »Selbstbeschränkung« der Zielsetzung von 1980/81 blieben in Kraft – Konfrontation und Gewalttätigkeit, die den Hardlinern in der Partei nur in die Hände spielen konnten, wurden sorgsam und erfolgreich gemieden. Gespräche waren das eine, »Abenteuer« etwas ganz anderes.

Auslöser für den endgültigen Niedergang der Partei war jedoch, wie nicht anders zu erwarten, ein weiterer Versuch, die Wirtschaft zu »reformieren« – oder, bescheidener formuliert, die unerträglichen Schulden des Landes zu verringern. 1987 waren die Verbraucherpreise um etwa 25 Prozent gestiegen, 1988 um weitere 60 Prozent. Und es kam wie 1970, 1976 und 1980: Die sprunghaften Preiserhöhungen lösten eine Streikwelle aus, die im Frühjahr und Sommer 1988 in einer Massenbewegung mit Betriebsstillegungen und -besetzungen gipfelte. In der Vergangenheit hatten die kommunistischen Machthaber, da sie gegenüber der Arbeiterschaft über keinerlei Druckmittel verfügten, entweder ihre Versuche, eine Preiserhöhung durchzusetzen, aufgegeben oder Gewalt angewendet – oder beides. In der gegenwärtigen Situation stand ihnen jedoch noch eine dritte Möglichkeit offen – sie konnten sich um Hilfe an die Arbeiterführer wenden. Im August 1988 forderte General Czesław Kiszczak Lech Wałęsa – offiziell Privatmann, doch inoffiziell Führer einer nicht anerkannten Organisation – dringend zu einem Treffen auf, um über eine Beendigung der Arbeiterproteste im Lande zu verhandeln. Wałęsa war zunächst unentschlossen, erklärte sich schließlich aber einverstanden.

Wałęsa hatte wenig Mühe, die Streikenden mit seinem Appell zu erreichen – die moralische Autorität der Solidarität war in den Jahren seit 1981 noch gewachsen –, doch die grundlegenden Probleme waren unverändert: Die Inflationsrate betrug mittlerweile fast 1 000 Prozent pro Jahr. In den folgenden vier Monaten blieb es bei sporadischen inoffiziellen Kontakten zwischen Solidarität und Regierung, doch die verstärkten den Ruf der Öffentlichkeit nach »Reformen«. Die Staatsmacht, hilflos ins Schwimmen geraten, schwankte zwischen leeren Gesten und Drohungen: Sie wechselte Minister aus, bestritt alle Verhandlungsabsichten, verhieß wirtschaftlichen Wandel, drohte mit Schließung der Danziger Großwerft. Das Vertrauen der Öffentlichkeit in den Staat, so wie er sich präsentierte, war dahin.

Am 18. Dezember 1988 – bezeichnenderweise, aber rein zufällig nur eine Woche nach Gorbatschows folgenschwerer Rede vor der UN-Vollversammlung – wurde von der Solidarität in Warschau ein »Bürgerkomitee« gebildet, um grundsätzliche Verhandlungen mit der Regierung vorzubereiten. Jaruzelski, dessen

Handlungsspielraum offenbar erschöpft war, schickte sich schließlich in das Unvermeidliche und veranlaßte das noch etwas widerstrebende Zentralkomitee, in Verhandlungen einzuwilligen. Am 6. Februar 1989 erkannten die Kommunisten die Gewerkschaft Solidarität offiziell als Verhandlungspartner an und nahmen mit deren Vertretern die Gespräche am runden Tisch auf. Die zogen sich bis zum 5. April hin. An diesem Tage (wieder genau eine Woche nach bedeutsamen Ereignissen in der Sowjetunion, dieses Mal nach den freien Wahlen zum Kongreß der Volksdeputierten), einigten sich alle Seiten auf die Zulassung unabhängiger Gewerkschaften, weitreichende Wirtschaftsgesetze und, vor allem, Neuwahlen zur Nationalversammlung des Sejm.

Rückblickend läßt sich feststellen, daß in den Gesprächen am runden Tisch die Beendigung des Kommunismus in Polen ausgehandelt wurde, und mindestens einigen der Gesprächsteilnehmer war dies bereits klar. Doch niemand ahnte, welches das Tempo diese *Dénouements* entfalten sollten. Die Wahlen waren für den 4. Juni angesetzt, und obwohl sie erstmals eine echte Wahlmöglichkeit boten, waren sie doch so manipuliert, daß den Kommunisten eine Mehrheit zufiel: Die Wahlen zum Senat waren wirklich frei, doch im Sejm, der Nationalversammlung, war die Hälfte der Sitze »offiziellen« (das heißt, kommunistischen) Kandidaten vorbehalten. Außerdem hoffte die Regierung, durch die kurzfristige Ansetzung der Wahlen aus der Unordnung und Unerfahrenheit ihrer Gegner Kapital zu schlagen.

Das Ergebnis übertraf alle Erwartungen. Unterstützt von Adam Michniks improvisiertem neuem Tageblatt *Gazeta Wyborcza* (Wahlkampfzeitung) gewann die Solidarität 99 der 100 Sitze des Senats und sämtliche nichtreservierten Mandate für den Sejm. Nur zwei der kommunistischen Kandidaten, die »reservierte« Sitze hatten, bekamen die 50 Prozent der Stimmen, die sie eigentlich gebraucht hätten, um in den Sejm einzuziehen. Angesichts der vernichtenden Niederlage und der beispiellosen öffentlichen Demütigung standen die kommunistischen Machthaber Polens vor der Alternative, sich über das Votum hinwegzusetzen und erneut das Kriegsrecht zu verhängen oder aber die Niederlage hinzunehmen und auf die Macht zu verzichten.

So auf den Punkt gebracht, stand die Entscheidung fest – was Gorbatschow in einem privaten Telefongespräch Jaruzelski auch unmißverständlich klarmachte: Das Wahlergebnis galt. Zunächst versuchte Jaruzelski noch, das Gesicht zu wahren, und bot der Solidarität an, eine Koalitionsregierung mit ihm zu bilden. Er erhielt eine Abfuhr. Nachdem noch einige Wochen weiterverhandelt worden war und die Kommunisten erfolglos versucht hatten, einen eigenen Ministerpräsidenten durchzusetzen, fügte sich die Parteiführung ins Unvermeidliche. Am 12. September 1989 wurde Tadeusz Mazowiecki als erster nichtkommunistischer polnischer Ministerpräsident der Nachkriegszeit bestätigt (obwohl die Kommunisten sich einige Schlüsselministerien vorbehalten hatten).

In einem geschickten politischen Schachzug wählte die Parlamentariergruppe der Solidarität Jaruzelski zum Staatsoberhaupt, womit sie die »gemäßigten« Kommunisten in den nachfolgenden Wandlungsprozeß einbezogen und ihre Blamage abmilderten. Im folgenden Monat verkündete die Regierung Mazowiecki ihre Pläne zur Einrichtung einer »Marktwirtschaft«, und zwar im Rahmen eines Stabilisierungsprogramms – des sogenannten Balcerowicz-Plans –, das am 28. Dezember vom Sejm gebilligt wurde. Einen Tag später wurde »die führende Rolle« der polnischen Kommunisten formell aus der Landesverfassung gestrichen. Vier Wochen später, am 27. Januar 1990, wurde die Partei selbst aufgelöst.

Die stürmische Entwicklung in den letzten Monaten des kommunistischen Polens sollte nicht über die lange, langsame Vorbereitungsphase hinwegtäuschen. Die meisten Akteure des dramatischen Jahres 1989 – Jaruzelski, Kiszczak, Wałęsa, Michnik, Mazowiecki – beherrschten die politische Bühne schon seit Jahren. Nach einer kurzen Zeit relativer Freiheit war das Land 1981 unter Kriegsrecht gestellt worden; dem folgte ein längeres, ungewisses Fegefeuer repressiver Semitoleranz, bis sich schließlich die Wirtschaftskrisen des voraufgegangenen Jahrzehnts wiederholten. Obwohl die katholische Kirche eine starke Position hatte, obwohl die Solidarität im ganzen Lande beliebt war und das polnische Volk seine kommunistischen Machthaber aus tiefster Seele haßte, klammerten sich diese so hartnäckig an die Macht, daß ihr Sturz am Ende doch fast überraschend kam. Es war ein langer Abschied gewesen.

In Polen enthüllten das Kriegsrecht und dessen Nachwirkungen die Grenzen und Unzulänglichkeiten der Partei; doch während die Repression die Opposition zwar festigte, veranlaßte sie diese auch zu größerer Vorsicht. In Ungarn erwuchs eine ähnliche Vorsicht aus ganz anderen Erfahrungen. Zwei Jahrzehnte mehrdeutiger Toleranz hatten die exakten Grenzen offiziell erlaubter Dissidenz verschwimmen lassen. Immerhin war Ungarn der kommunistische Staat, in dem Hilton im Dezember 1976 sein erstes Hotel hinter dem Eisernen Vorhang eröffnete, wo Billy Graham im Laufe der achtziger Jahre nicht nur einmal, sondern *dreimal* auf Missionstour ging und der in ein und demselben Jahrzehnt von zwei amerikanischen Außenministern sowie Vizepräsident George Bush besucht (und stillschweigend begünstigt) wurde. 1988 hatte das kommunistische Ungarn ein ausgesprochen »gutes« Image.

Nicht zuletzt deshalb dauerte es lange, bis sich in der Öffentlichkeit Widerstand gegen das Parteiregime regte. Verstellung und List schienen der Tapferkeit besserer Teil zu sein, insbesondere in den Augen aller, die 1956 nicht vergessen hatten; und das Leben in János Kádárs Ungarn war erträglich, wenn auch fad und freudlos. In Wahrheit war die Staatswirtschaft, wie wir im vorigen Kapitel gesehen haben, auch nicht besser in Schuß als in Polen, trotz verschiedener Reformen und eines »Neuen Ökonomischen Mechanismus«. Gewiß, die Schatten- oder »Parallelwirtschaft« ermöglichte manchem Ungarn einen etwas höheren Lebensstandard als in den Nachbarländern üblich. Allerdings zeigten Untersuchungen ungarischer Sozialstatistiker bereits deutlich, daß Einkommen, Gesundheits- und Wohnungswesen in Ungarn erhebliche Unterschiede aufwiesen; soziale Mobilität und Wohlfahrt hinkten weit hinter dem Westen her; lange Arbeitszeiten (manche Menschen hatten zwei oder sogar drei Jobs), auffällig hohe Werte bei Alkoholismus und psychischen Störungen sowie die höchste Selbstmordrate in Osteuropa waren der Preis, den die Bevölkerung zahlte.

Es gab also genügend Grund zur Unzufriedenheit. Dennoch fand sich keine organisierte *politische* Opposition. Zwar traten einige unabhängige Gruppierungen im Laufe der achtziger Jahre in Erscheinung, doch beschränkten sie sich zumeist auf Umweltfragen oder Proteste gegen die Behandlung und Benachteiligung der ungarischen Minderheit in Rumänien – in dieser Frage konnten sie auf die stillschweigende Sympathie der ungarischen Kommunisten rechnen (daher die offizielle Duldung des eindeutig nationalistischen Ungarischen Demokratischen Forums, das sich im September 1987 gebildet hatte). Ungarn blieb eine »sozialistische Republik« (wie in der Verfassungsrevision 1972 offiziell festgestellt). Dissidenz und Kritik blieben größtenteils auf die herrschende Partei beschränkt, obwohl bei den Wahlen von 1975 erstmals Kaditaten verschiedenster Gruppierungen zugelassen waren und eine Handvoll offiziell anerkannter Unabhängiger tatsächlich gewählt wurden. Doch ernsthafte Veränderungen traten erst 1988 ein.

Der Katalysator, der in Ungarn den Wandel einleitete, war die Frustration junger »Reformkommunisten« – begeisterter Anhänger der Veränderungen, die Gorbatschows in der KPdSU bewirkt hatte – über den Starrsinn der eigenen, alternden Parteiführung. Im Mai 1988 gelang es schließlich auf einer eigens zu diesem Zweck einberufenen Sonderkonferenz der Kommunistischen Partei, den 79-jährigen Kádár von der Parteispitze zu entfernen und durch Ministerpräsidenten Károly Grósz zu ersetzen. Rein praktisch blieben die Konsequenzen dieses Parteiputsches zwar auf ein wirtschaftliches Sparprogramm zur Stärkung der »Marktkräfte« beschränkt, doch wohnte ihm große Symbolkraft inne.

János Kádár regierte in Ungarn seit dem Aufstand von 1956, an dessen Niederschlagung er maßgeblich beteiligt gewesen war. Trotz seines recht hohen Ansehens im Ausland verkörperte er für die Ungarn die offizielle Lüge, die dem »Gulaschkommunismus« zugrunde lag: daß die ungarische Reformbewegung nichts anderes als eine »Konterrevolution« gewesen sei. Zudem war Kádár die lebende Symbolfigur jener Verschwörung des Schweigens, die das Schicksal Imre Nagys umgab: die Entführung dreißig Jahre zuvor, den Geheimprozeß sowie die noch geheimere Hinrichtung und Bestattung.[19] Die Entfernung Kádárs schien also darauf hinzudeuten, daß sich die Gewichte im öffentlichen Leben Ungarns entschieden verschoben hatten – der Eindruck wurde bestätigt, als die Nachfolger nicht nur zuließen, daß eine Gruppe junger kommunistischer Dissidenten mit anderen die Organisation *Fidesz* (Junge Demokraten) gründeten, sondern im November 1988 auch noch über das Auftreten unabhängiger politischer Parteien hinwegsahen.

In den ersten Monaten des Jahres 1989 beschloß das kommunistische Parlament eine Reihe von Maßnahmen, die das Recht auf Versammlungsfreiheit bestätigten, den »Übergang« zu einem Mehrparteiensystem offiziell billigten und, im April den »demokratischen Zentralismus« innerhalb der Partei selbst offiziell fallenließen. Von noch größerer Bedeutung war, daß die kommunistischen Machthaber Ungarns ihre Absicht bekanntgaben – in stillschweigendem Eingeständnis, daß ihre Partei nicht hoffen durfte, die Macht im Lande zu erhalten, wenn sie sich nicht zur Vergangenheit bekannten – die sterblichen Überreste Imre Nagys zu exhumieren und zu bestatten. Gleichzeitig konnten Imre Pozsgay und andere Reformer im ungarischen Politbüro ihre Genossen dazu bewegen, einen Untersuchungsausschuß einzusetzen, der die wahren Ereignisse von 1956 erforschen sollte, und deren Umbenennung vorzunehmen: Nun war es keine »Konterrevolution« mehr, sondern nach offizieller Lesart ein »Volksaufstand gegen eine oligarchische Herrschaft, die das Volk geknechtet hatte«.

Am 16. Juni 1989 – der 31. Wiederkehr seines Todestages – wurden die Gebeine von Imre Nagy und vier seiner Mitstreiter feierlich als Volkshelden beigesetzt. Etwa 300000 Ungarn säumten die Straßen, Millionen weitere verfolgten das Geschehen an ihren Fernsehgeräten. Zu den Rednern am offenen Grabe gehörte auch Viktor Orbán, der jugendliche Führer der Jungen Demokraten, der es sich nicht nehmen ließ, darauf hinzuweisen, daß einige der Trauergäste bei Nagys Wiederbestattung eben jene Kommunisten waren, die nur wenige Jahre zuvor noch eifrig die Revolution verleumdet hatten, die sie nun priesen.

Wohl wahr. Eine Merkwürdigkeit der ungarischen Abkehr vom Kommunismus lag darin, daß sie von den Kommunisten selbst vorgenommen wurde – erst im Juni wurden in bewußter Nachahmung des polnischen Vorbilds Gespräche am Runden Tisch mit der Opposition anberaumt. Das löste eine gewisse Skepsis bei antikommunistischen Ungarn aus, für die Nagys Auferstehung wie seine frühere Hinrichtung eine innerparteiliche Angelegenheit ohne große Bedeutung für die vielen Opfer des Kommunismus war. Doch man darf die symbolische Kraft der Wiederbestattung von Nagy nicht unterschätzen. Sie war das Eingeständnis einer Niederlage, das Bekenntnis, daß die Partei und ihre Führung eine Lüge gelebt, gelehrt und durchgesetzt hatten.

Als János Kádár drei Wochen später starb – an dem Tag, als der Oberste Gerichtshof Ungarns Nagys vollständige Rehabilitation bekanntgab –, starb der ungarische Kommunismus mit ihm. Man brauchte sich nur noch über die Formalitäten seines Ablebens einigen. Die »führende Rolle« der Partei wurde aufgehoben, für den folgenden März wurden Mehrparteienwahlen angesetzt und am 7. Oktober tauften sich die Kommunisten – die Ungarische Sozialistische Arbeiterpartei – in Ungarische Sozialistische Partei um. Am 23. Oktober beschloß das Parlament, überwiegend noch immer aus kommunistischen Abgeordneten zusammengesetzt, die unter dem alten Regime gewählt worden waren, das Land selbst in Ungarische Republik umzubenennen.

Die ungarische »Revolution« von 1989 weist zwei charakteristische Merkmale auf. Erstens war Ungarn, wie geschildert, das einzige Land, in dem der Übergang von einem kommunistischen Regime zu einem echten Mehrparteiensystem von innen heraus bewirkt wurde. Zweitens sollte die ungarische Wende – während die Bedeutung der Ereignisse von 1989 in Polen wie später in der Tschechoslowakei und anderswo weitgehend auf die betroffenen Länder selbst beschränkt blieb – eine entscheidende Rolle für die Auflösung eines weiteren kommunistischen Regimes spielen, und zwar dessen der DDR.

Außenstehenden Beobachtern erschien die Deutsche Demokratische Republik von allen kommunistischen Regimen am stabilsten, und das nicht nur, weil allgemein angenommen wurde, daß kein Sowjetführer jemals seinen Sturz zulassen würde. Der Zustand der DDR, vor allem seiner Städte, mochte billig und baufällig erscheinen; die allgegenwärtige Schnüffelei des Staatssicherheitsdienstes, der Stasi, war berüchtigt und die Berliner Mauer blieb ein moralischer und ästhetischer Skandal. Trotzdem war man allgemein der Meinung, die ostdeutsche Wirtschaft sei besser in Schuß als die ihrer sozialistischen Nachbarn. Als der Erste Sekretär, Erich Honecker, im Oktober 1989 bei den Feiern zum 40. Jahrestag der DDR prahlte, das Land gehöre zu den zehn leistungsfähigsten Volkswirtschaften der Welt, soll sein Gast Michail Gorbatschow spöttisch gehüstelt haben; auf eines jedoch verstand sich das Regime – auf die Herstellung und den Export frisierter Daten. Viele westliche Beobachter glaubten Honecker aufs Wort.

Die größten Bewunderer der DDR fanden sich in der Bundesrepublik. Der scheinbare Erfolg der *Ostpolitik* beim Abbau der Spannungen, den menschlichen Erleichterungen und der wirtschaftlichen Zusammenarbeit zwischen den beiden deutschen Staaten hatte praktisch die ganze politische Klasse dazu veranlaßt, ihre Hoffnung auf eine unbegrenzte Verlängerung dieser Politik zu setzen. Die offiziellen Repräsentanten der Bundesrepublik schürten nicht nur die Illusionen in der Nomenklatura der DDR, sondern wiegten sich auch selbst in trügerischen Hoffnungen. Durch die ständige Wiederholung der These, die Ostpolitik baue die Spannungen mit dem Osten ab, überzeugten sie sich schließlich selbst von ihr.

Viele Westdeutsche waren so auf »Frieden«, »Stabilität« und »Ordnung« fixiert, daß sie am Ende den Standpunkt der osteuropäischen Politiker teilten, mit denen sie zu tun hatten. Der prominente Sozialdemokrat Egon Bahr erklärte im Januar 1982 (unmittelbar nach der Verhängung des Kriegsrechts in Polen), die Deutschen hätten im Interesse des Friedens auf die Forderung nach nationaler Einheit verzichtet, und die Polen müßten nun im Namen derselben »höchsten Priorität« *ihre* Forderung nach Freiheit fallenlassen. Fünf Jahre später erklärte der einflußreiche Schriftsteller Peter Bender auf einem Symposion der SPD über »Mitteleuropa« stolz, daß man in dem Wunsch nach Entspannung mehr mit Belgrad und Stockholm, aber *auch mit Warschau und Berlin* gemein habe als mit Paris und London.

In späteren Jahren zeigte mehr als ein führender SPD-Politiker die Neigung, gegenüber hochrangigen DDR-Besuchern im Westen vertrauliche und entschieden kompromittierende Verlautbarungen abzugeben. 1987 pries Björn Engholm die Innenpolitik der DDR als »historisch«, während sein Kollege Oskar Lafontaine im folgenden Jahr versprach, alles in seiner Macht stehende zu tun, um die westdeutsche Unterstützung ostdeutscher Dissidenten zum Verstummen zu bringen. Die Sozialdemokraten müßten, wie er seinen Gesprächspartnern versicherte, alles vermeiden, was diese Kräfte stärken könne. In einem sowjetischen Bericht an das DDR-Politbüro hieß es im Oktober 1984: »Viele Argumente, die den Vertretern der SPD zuvor von uns entgegengehalten wurden, haben diese jetzt übernommen.«[20]

Bei den westdeutschen Sozialdemokraten sind solche Illusionen ja vielleicht noch verständlich. Aber sie wurden mit dem gleichen Eifer auch von vielen Christdemokraten vertreten. Helmut Kohl, seit 1982 Bundeskanzler, war auf gute Beziehungen zur DDR sicherlich genauso erpicht wie seine Opponenten. Auf der Beisetzung von Juri Andropow im Februar 1984 traf und sprach er in Moskau mit Erich Honecker – und wiederholte diese Unterhaltung beim Begräbnis von Tschernenko im folgenden Jahr. Die beiden Seiten vereinbarten Kulturaustausch und die Beseitigung von Minen an der innerdeutschen Grenze. Im September 1987 besuchte Honecker als erstes Staatsoberhaupt der DDR die Bundesrepublik. Währenddessen wurden die deutschen Finanzhilfen für die DDR eifrig aufgestockt (jedoch kein Pfennig an Unterstützung für die wachsende innere Opposition im Osten Deutschlands gezahlt).

Mit westdeutscher Zuwendung gesegnet, auf Moskauer Unterstützung bauend und mit der Möglichkeit, seine unbequemen Dissidenten nach Belieben in den Westen zu exportieren, hätte das ostdeutsche Regime vielleicht endlos überleben können. Ganz gewiß schien es gegen Veränderung immun zu sein. Als im Juni DDR-Bürger in Ostberlin gegen die Mauer demonstrierten und Sprechchöre zum Lob von Gorbatschow intonierten, wurden sie ohne viel Federlesen auseinandergetrieben. Im Januar 1988 zögerte die DDR-Regierung nicht, mehr als hundert Demonstranten zu inhaftieren und auszuweisen, die des Mordes an Rosa Luxemburg und Karl Liebknecht im Jahr 1919 gedachten, indem sie Schilder schwenkten, auf denen Luxemburg selbst zitiert wurde: »Freiheit ist auch die Freiheit des Andersdenkenden.« Im September 1988 rühmte Honecker bei einem Moskaubesuch öffentlich Gorbatschows Perestroika – vermied es aber nach seiner Heimkehr sorgfältig, sie in der DDR einzuführen.[21]

Trotz der beispiellosen Entwicklungen in Moskau, Warschau und Budapest, fälschten die ostdeutschen Kommunisten ihre Wahlergebnisse auch weiterhin, wie sie es seit den fünfziger Jahren gewöhnt waren. Im Mai 1989 war das offizielle Ergebnis der DDR-Kommunalwahlen – 98,85 Prozent für die Kandidaten der Regierung – ein so offenkundiger Betrug, daß sie landesweit den Protest von Geistlichen, Unweltgruppen und sogar Kritikern in der herrschenden Partei auslösten. Das Politbüro überhörte sie geflissentlich. Doch jetzt hatten die DDR-Bürger zum erstenmal eine Alternative. Sie mußten nicht mehr den Status quo hinnehmen, eine Verhaftung riskieren oder einen gefährlichen Fluchtversuch in den Westen unternehmen. Am 2. Mai 1989, als in Ungarn die Einschränkungen der Freizügigkeit und freien Meinungsäußerung gelockert wurden, hatten die Machthaber in Budapest auch die Elektrozäune an der Westgrenze des Landes entfernt, obwohl die Grenze des Landes offiziell geschlossen blieb.

Scharenweise reisten die Ostdeutschen nach Ungarn. Am 1. Juli 1989 fuhren 25 000 DDR-Bürger zum »Urlaub« in das Bruderland. Viele tausend folgten, von denen eine große Anzahl vorübergehend Zuflucht in den deutschen Botschaften von Prag und Budapest suchten. Einige wenige entkamen über die immer noch geschlossene österreichisch-ungarische Grenze, ohne von den Grenzern aufgehalten zu werden, doch die meisten blieben in Ungarn. Anfang September hielten sich 60 000 DDR-Bürger in Ungarn auf und warteten. Als der ungarische Außenminister Gyula Horn am 10. September in den ungarischen Fernsehnachrichten gefragt wurde, wie er reagieren würde, wenn einige dieser Menschen sich in Richtung Westen in Bewegung setzen würden, antwortete er: »Wir werden sie anstandslos durchlassen, und ich nehme an, die Österreicher werden sie reinlassen.« Damit stand die Tür zum Westen offiziell offen: Binnen 72 Stunden waren rund 22 000 DDR-Bürger hindurchgeeilt.

Die DDR-Regierung protestierte empört – die ungarische Maßnahme bedeutete eine Verletzung des langjährigen Abkommens zwischen kommunistischen Regierungen, ihre Länder nicht als Fluchtrouten aus Bruderstaaten benutzen zu lassen. Doch die Regierung in Budapest verwies lediglich darauf, daß sie durch ihre Unterschrift unter die Schlußakte von Helsinki gebunden sei. Die Menschen nahmen sie beim Wort. Im Laufe der nächsten drei Wochen erlitt die DDR eine wahre Image-Katastrophe, als Zehntausende DDR-Bürger die neue Route nutzten, um ihrem Staat den Rücken zu kehren.

In dem Versuch, die Ereignisse wieder unter Kontrolle zu bringen, boten die DDR-Machthaber den ostdeutschen Flüchtlingen in den Botschaften von Prag und Warschau die ungehinderte Fahrt in einem versiegelten Zug durch ihr Staatsgebiet auf dem Weg in die Bundesrepublik an. Das führte jedoch nur zu einer neuen, noch schlimmeren Demütigung des Regimes. Als der Zug durch die DDR fuhr, wurde er von Zehntausenden jubelnden und neidischen Landsleuten begrüßt. Etwa fünftausend Menschen versuchten bei einem kurzen Halt in Dresden, den Zug zu stürmen. Als die Polizei die Menge mit Schlagstöcken zurücktrieb, erhob sich ein wütender Aufruhr – und das Ganze vor den Augen der internationalen Medien.

Die Schwierigkeiten des Regimes ermutigten seine Kritiker. Einen Tag, nachdem Ungarn seine Grenzen geöffnet hatte, gründete eine Gruppe ostdeutscher Dissidenten in Ostberlin das Neue Forum. Wenige Tage später folgte eine weitere Bürgerbewegung: Demokratie Jetzt. Beide Gruppen setzten sich für eine demokratische »Umgestaltung« der DDR ein. Am Montag, dem 2. Oktober 1989, demonstrierten 10 000 Menschen, enttäuscht über die Weigerung des Honecker-Regimes, sich zu reformieren – die größte öffentliche Versammlung in Ostdeutschland seit der unglückseligen Volkserhebung am 17. Juni 1953 in Berlin. Der 77-jährige Honecker blieb unbeirrt. DDR-Bürger, die auszuwandern suchten, so erklärte er, würden durch Verlockungen, Versprechungen und Drohungen erpreßt, den Grundsätzen und fundamentalen Werten des Sozialismus abzuschwören. Mit wachsender Furcht registrierten seine jüngeren Kollegen – die das Ausmaß der Probleme nicht länger leugnen konnten –, wie hilflos die Führung wirkte: auf ihren Stühlen erstarrt. Am 7. Oktober, anläßlich des 40. Jahrestags der DDR-Gründung, kam Michail Gorbatschow und ermahnte seine versteinert lauschenden Gastgeber mit den denkwürdigen Worten: »Wer zu spät kommt, den bestraft das Leben.« Vergebens: Honecker bekundete seine Zufriedenheit mit den Dingen, so wie sie waren.

Durch den Besuch des sowjetischen Führers ermutigt – von den Entwicklungen im Ausland gar nicht zu reden –, begannen Demonstranten in Leipzig und anderen Städten regelmäßige Kundgebungen und »Nachtwachen« (Vigilien) für die Wende abzuhalten. Die Teilnehmerzahl der Montagsdemonstrationen in Leipzig, die jetzt zu einer regelmäßigen Einrichtung wurden, war in der Woche nach Gorbatschows Rede auf 90000 angewachsen, wobei die versammelte Menge den Satz »Wir sind das Volk« intonierte und »Gorbi« um Hilfe anrief. In der folgenden Woche stieg die Zahl abermals an; in wachsender Aufregung verlangte Honecker jetzt, jede weitere Äußerung von Opposition mit Gewalt niederzuschlagen.

Die Aussicht auf eine direkte Konfrontation scheint bei Honeckers parteiinternen Kritikern den Ausschlag gegeben zu haben. Am 18. November inszenierten einige seiner Kollegen unter Führung von Egon Krenz einen Staatstreich und setzten den alten Mann nach 18jähriger Herrschaft ab.[22] Krenz' erste Amtshandlung bestand darin, nach Moskau zu fliegen, Gorbatschow seiner (und sich selbst dessen) Unterstützung zu versichern und nach Berlin zurückzukehren, um eine vorsichtige ostdeutsche Perestroika in die Wege zu leiten. Doch es war zu spät. Auf der jüngsten Leipziger Montagsdemonstration waren rund 300000 Menschen zusammengekommen, um die Wende zu fordern; am 4. November versammelten sich eine halbe Million Ostdeutsche in Berlin und verlangten sofortige Reformen. Am selben Tag öffnete die Tschechoslowakei ihre Grenzen. Während der nächsten 48 Stunden nutzen 30000 Menschen diesen Weg in den Westen.

Jetzt waren die Machthaber wirklich in Panik. Am 5. November schlug die DDR-Regierung ein leicht liberalisiertes Reisegesetz vor, nur um sich von ihren Kritikern anzuhören, daß es hoffnungslos unzulänglich sei. Daraufhin folgte ein spektakulärer Rücktritt erst des DDR-Kabinetts und dann des Politbüros. Am Abend danach – dem 9. November 1989, dem Jahrestag der Abdankung des Kaisers und der Reichspogromnacht (»Kristallnacht«) – schlugen Krenz und seine Kollegen ein weiteres Reisegesetz vor, um einen wilden Ansturm zu verhindern. Auf einer Pressekonferenz, die live im DDR-Fernsehen und Radio übertragen wurde, erklärte Günter Schabowski, nach den neuen Bestimmungen seien mit sofortiger Wirkung Auslandsreisen ohne vorherigen Antrag gestattet und der Durchgang an den Grenzübergängen nach Westdeutschland erlaubt. Kurzum, die Mauer war offen.

Noch vor Ende der Übertragung befanden sich die Menschen auf den Straßen Ostberlins und eilten in Richtung Grenze. Binnen Stunden waren 50000 Menschen nach Westberlin geströmt: einige für immer, andere nur, um zu schauen. Am Morgen danach hatte sich die Welt verändert. Wie jeder sehen konnte, war die Mauer durchbrochen, und es gab keinen Weg zurück. Vier Wochen später wurde das Brandenburger Tor, das direkt auf der Ostwestgrenze stand, wiedereröffnet; während der Weihnachtsferien 1989 besuchten 2,4 Millionen Ostdeutsche (jeder sechste DDR-Bürger) den Westen. Das hatte entschieden *nicht* in der

Absicht der DDR-Regierung gelegen. Wie Schabowski selbst später erklärte, hätten die Machthaber »keinen Hinweis« darauf gehabt, daß die Maueröffnung den Sturz der DDR bewirken würde – ganz im Gegenteil, sie hatten sich davon den Beginn der »Stabilisierung« erwartet.

Als sich die DDR-Spitze zögernd dazu entschloß, die Grenze zu öffnen, hatte sie gehofft, nur ein Sicherheitsventil zu öffnen, vielleicht ein bißchen Popularität und vor allem genügend Zeit zu gewinnen, um ein »Reformprogramm« vorzuschlagen. Schließlich hatte sie die Mauer aus dem gleichen Grund geöffnet, aus dem sie eine Generation zuvor errichtet und geschlossen worden war: um eine demographische Blutung zu stillen. 1961 hatte die verzweifelte Maßnahme Erfolg gehabt; auch 1989 klappte sie so einigermaßen – überraschend wenige Ostdeutsche blieben dauerhaft in Westberlin oder wanderten nach Westdeutschland ab, sobald sie sich sicher waren, daß sie bei ihrer Rückkehr nicht wieder verhaftet wurden. Doch der Preis für diese Gewißheit war, daß mehr als nur das Regime wegbrach.

Nach dem Mauerfall durchlief die SED die – mittlerweile vertrauten – letzten Rituale einer sterbenden kommunistischen Partei. Am 1. Dezember beschloß die Volkskammer ohne Gegenstimmen (bei fünf Enthaltungen), aus der DDR-Verfassung die Klausel zu streichen, nach der der Staat »unter der Führung der Arbeiterklasse und ihrer marxistisch-leninistischen Partei« stehe. Vier Tage später trat das Politbüro abermals zurück; mit Gregor Gysi wurde ein neuer Führer gewählt und der Name der Partei den neuen Verhältnissen angepaßt: Partei des Demokratischen Sozialismus (PDS). Die Mitglieder der alten kommunistischen Führungsriege (einschließlich Honecker und Krenz) wurden aus der Partei ausgestoßen, Gespräche am Runden Tisch mit den Vertretern des Neuen Forums (nach allgemeinem Dafürhalten der wichtigsten Oppositionsgruppe) aufgenommen und frei Wahlen angesetzt.

Doch noch bevor die neueste (und letzte) DDR-Regierung unter dem Dresdener Parteichef Hans Modrow ein »Aktionsprogramm« aufsetzte, wurden alle ihre Handlungen und Absichten nahezu bedeutungslos. Die Ostdeutschen hatten schließlich eine Option, die anderen Völkern nicht zur Verfügung stand – es gab keine »Westtschechoslowakei« und kein »Westpolen« –, und die wollten sie sich keinesfalls nehmen lassen. Die Ziele verlagerten sich: Im Oktober 1989 hatten die Leipziger Demonstranten noch »Wir sind das Volk« gerufen, im Januar 1990 intonierte dieselbe Menge einen leicht veränderten Text: »Wir sind *ein* Volk«.

Da der Tod des deutschen Kommunismus, wie wir im nächsten Kapitel sehen werden, auch den Tod eines deutschen Staates beinhaltete – ging es im Januar 1990 nicht mehr nur darum, aus dem Sozialismus *herauszukommen* (noch viel weniger darum, ihn zu »reformieren«), sondern in die Bundesrepublik *hineinzukommen*, wobei in der Rückschau nicht ganz klar ist, wie die Hoffnungen der Massen zu deuten sind, die im Herbst 1989 die DDR zu Fall brachten. *Klar* ist indessen, daß weder die Partei (wie in Ungarn) noch die Opposition (wie in Polen) für sich in Anspruch nehmen kann, wesentlich für den Gang der Ereignisse verantwortlich zu sein. Wie gesehen, hat die Partei lange gebraucht, um ihre prekäre Lage zu erfassen; doch ihre intellektuellen Kritiker waren auch nicht viel schneller.

Am 28. November veröffentlichten Stefan Heym, Christa Wolf und andere ostdeutsche Intellektuelle einen Appell »Für unser Land«, um den Sozialismus und die DDR zu retten und eine geschlossene Front gegen den »glitzernden Tinnef« des Westens zu bilden, wie Heym ihn nannte. Bärbel Bohley, die führende Repräsentantin des Neuen Forums, bezeichnete die Öffnung der Berliner Mauer sogar als »unglücklich«, weil sie die »Reform« vereitle und überstürzte Wahlen heraufbeschwöre, bevor die Parteien oder die Wähler »bereit« seien. Wie viele intellektuelle »Dissidenten« in Ostdeutschland (von ihren westdeutschen Bewunderern ganz zu schweigen) hofften Bohley und ihre Kollegen noch immer auf einen reformierten Sozialismus, befreit von Stasi und Parteiherrschaft, aber in sicherem Abstand von dem räuberischen Kapitalismus des Doppelgängers im Westen. Wie die Ereignisse zeigen sollten, war das mindestens so unrealistisch wie Erich Honeckers Traum von der Rückkehr zu neostalinistischem Gehorsam. Damit verurteilte sich das Neue Forum selbst zur politischen Bedeutungslosigkeit, und seine Führer konnten nur noch mißmutig über den unbedachten Leichtsinn der Massen räsonieren.[23]

Die deutsche Erhebung von 1989 war vielleicht der einzige Volksaufstand – das heißt, die einzige Massenrevolution – dieses Jahres (und die einzige erfolgreiche Volkserhebung der deutschen Geschichte).[24] Der Sturz des Kommunismus in der benachbarten Tschechoslowakei ereignete sich zwar zur selben Zeit wie die Wende in Ostdeutschland, folgte aber einem ganz anderen Muster. In beiden Ländern war die Parteiführung starrsinnig und repressiv, daher war Gorbatschows Aufstieg dem Regime in Prag mindestens so unwillkommen wie dem in Pankow. Doch damit enden die Parallelen.

Wie in Ungarn, so war auch in der Tschechoslowakei die kommunistische Herrschaft auf den totgeschwiegenen Erinnerungen einer gestohlenen Vergangenheit erbaut worden. Doch während es Janós Kádár in Ungarn halbwegs gelungen war, sich und seine Partei von der stalinistischen Erblast zu distanzieren, war den tschechoslowakischen Führern dieser Übergang nicht gelungen. Sie hatten noch nicht einmal den Versuch unternommen. Die Invasion des Warschauer Paktes im Jahr 1968 und die anschließende »Normalisierung« lebten in der Person

Gustav Husáks fort, der seit 1969 an der Macht war. Selbst als Husák, inzwischen 75 Jahre alt, als Generalsekretär zurücktrat (aber Staatspräsident blieb), wurde er von Miloš Jakeš abgelöst – der zwar jünger war, sich aber vor allem durch seine Rolle bei den Massensäuberungen Anfang der siebziger Jahre einen Namen gemacht hatte.

Tatsächlich gelang es den tschechoslowakischen Kommunisten ziemlich erfolgreich, bis zum Ende die totale Kontrolle zu behalten. Weder die katholische Kirche (die für die Tschechen, im Gegensatz zu den Slowaken, immer eine unbedeutende Rolle gespielt hatte) noch die intellektuelle Opposition fanden nennenswerten Rückhalt in der breiten Gesellschaft. Die Säuberungen wurden so brutal und wirksam durchgeführt, daß der größte Teil der Intellektuellen des Landes – Dramatiker, Historiker, bis hin zu den Reformkommunisten der Sechziger – nicht nur aus ihren Stellungen, sondern auch aus dem Bewußtsein der Öffentlichkeit entfernt worden waren. Bis 1989 waren die vehementesten inländischen Kritiker des Kommunismus, allen voran Václav Havel selbst, im Ausland besser bekannt als in der Tschechoslowakei. Wie im letzten Kapitel erwähnt, konnte Havels Bürgerbewegung Charta 77 in einer Bevölkerung von 15 Millionen Menschen keine 2 000 Unterschriften zusammenbringen.

Natürlich hatten die Menschen Angst, das Regime offen zu kritisieren; aber es ist auch festzuhalten, daß die meisten Tschechen und Slowaken nicht unbedingt mit ihrem Schicksal haderten. Die tschechoslowakische Wirtschaft war wie die meisten anderen osteuropäischen Volkswirtschaften seit Anfang der Siebziger gezielt darauf getrimmt worden, elementare Konsumgüter zu liefern, und im tschechischen Falle sogar etwas mehr. Tatsächlich ahmte die kommunistische Tschechoslowakei bestimmte Aspekte der westlichen Konsumgesellschaft bewußt nach – besonders die Fernsehprogramme und beliebte Freizeitaktivitäten, wenn auch auf einem bescheideneren Niveau. Das Leben in der Tschechoslowakei war langweilig, die Umwelt verkam, und besonders die jüngeren Leute waren genervt von der Allgegenwart und Schnüffelei der Staatsmacht. Doch wer die Konfrontation mit dem Regime vermied und seiner geschwollenen Rhetorik die verlangten Lippendienste leistete, wurde in Ruhe gelassen.

Jedes Anzeichen von abweichender Meinung wurde energisch und sogar brutal zum Schweigen gebracht. Demonstranten, die sich im August 1988 in Prag oder anderen Städten versammelten, um an den 20. Jahrestag der Invasion zu erinnern, wurden verhaftet, inoffizielle Versuche, ein »Ost-West-Seminar« in Prag abzuhalten, im Keim erstickt. Im Januar 1989, am 20. Jahrestag von Jan Palachs Selbstmord auf dem Wenzelplatz, wurden Havel und 13. weitere Aktivisten der Charta 77 festgenommen und abermals inhaftiert (allerdings wurde Havel – jetzt eine international bekannte Persönlichkeit, deren Mißhandlung auf seine

Kerkermeister hätte zurückfallen können – im Gegensatz zu der rüden Behandlung, die er in früheren Jahren erfuhr, bereits im Mai wieder auf freien Fuß gesetzt).

Während des Frühlings und Sommers 1989 bildeten sich überall im Land informelle Netzwerke und Gruppen, die hoffnungsvoll die Entwicklungen in den Nachbarländern nachahmten. Nach dem »John-Lennon-Friedensklub« folgten im Mai 1989 die Proteste der »Prager Mütter«, im Monat darauf die Umweltdemonstrationen in Bratislava, dem einstigen Preßburg. Keine dieser winzigen und flüchtigen Bürgerinitiativen stellten die geringste Gefahr für die Polizei oder das Regime dar. Doch im August, als Tadeusz Mazowiecki die Pläne für seine Regierung in Warschau gerade abschloß und kurz bevor die ungarischen Grenzen geöffnet wurden, strömten Demonstranten auf die Straßen der tschechischen Hauptstadt, um ein weiteres Mal an die Niederschlagung des Prager Frühlings zu erinnern.

Diesmal verhielt sich die tschechische Polizei entschieden zurückhaltender. Das Jakeš-Regime hatte beschlossen, vorsichtig zu operieren, indem es zumindest den Anschein erweckte, den Stimmungswandel in Moskau zur Kenntnis zu nehmen, ohne indessen substantielle Veränderungen an seiner Regierungsweise vorzunehmen. Das gleiche Kalkül erklärt zweifellos die Zurückhaltung der Staatsmacht bei der nächsten größeren öffentlichen Demonstration am 28. Oktober, dem Jahrestag der tschechoslowakischen Staatsgründung im Jahr 1918 (die seit 1948 offiziell nicht mehr zur Kenntnis genommen wurde). Trotzdem wurde noch immer kein großer öffentlicher Druck auf die kommunistische Führung ausgeübt – selbst als die Regierung am 15. November bekanntgab, daß für Reisen in den Westen keine Ausreisevisa mehr erforderlich seien, war das weniger eine Reaktion auf Forderungen als vielmehr eine strategische Nachahmung von Veränderungen in anderen Ländern.

Es war dieser offensichtliche Mangel an echtem Reformwillen auf seiten der Parteispitze und das Fehlen einer überzeugenden parteiexternen Opposition – die Sommerdemonstrationen entbehrten gemeinsamer Ziele, und kein Führer war bislang in Erscheinung getreten, der die Unzufriedenheit aufgreifen und durch ein Programm kanalisieren hätte können –, die zu dem weitverbreiteten Verdacht führten, die folgenden Ereignisse wären bis zu einem gewissen Grad ein »Komplott« gewesen: ein Versuch von Möchtegernreformern in der Verwaltung und Polizei, der moribunden Partei einen Schub in Richtung einer tschechischen Perestroika zu geben.

Das ist nicht so bizarr, wie es sich im nachhinein vielleicht anhört. Am 17. November billigte die Prager Polizei offiziell einen studentischen Demonstrationszug durch die Innenstadt, um an ein weiteres trübes Datum zu erinnern, den

50. Jahrestag des Nazimords an dem tschechischen Studenten Jan Opletal. Doch als die Studenten antikommunistische Parolen intonierten, griff die Polizei an, zerstreute die Menge und knüppelte isolierte Opfer nieder. Daraufhin hätte die Polizei, so diese Lesart, selbst das Gerücht in die Welt gesetzt, einer der Studenten sei – gewissermaßen in einer Neuauflage des Mordes an Opletal – erschossen worden. Wie später eingeräumt wurde, war es eine Falschmeldung. Aber zunächst einmal habe sie den vorhersagbaren Effekt gehabt, die Studenten in Empörung zu versetzen. Im Laufe der nächsten 48 Stunden wurden Zehntausende von Studenten mobilisiert, die Universität wurde besetzt, und riesige Menschenmengen versammelten sich zum Protest auf den Straßen. Jetzt stand die Polizei untätig daneben.

Wenn das Ganze wirklich nur eine inszenierte Farce war, ging der Schuß zweifellos nach hinten los. Gewiß, die Ereignisse vom 17. November und ihre Folgen stürzten die neostalinistische Führung der kommunistischen Partei: Binnen einer Woche war das gesamte Präsidium, allen voran Jakeš, zurückgetreten. Doch ihre Nachfolger entbehrten jeglicher Glaubwürdigkeit und gingen in der stürmischen Entwicklung der Ereignisse sang und klanglos unter. Am 19. November 1989 war Václav Havel, der praktisch unter Hausarrest im ländlichen Nordböhmen gelebt hatte, in eine Hauptstadt zurückgekehrt, die sich in hellem Aufruhr befand, wo die Kommunisten zusehends die Macht verloren, aber bislang niemand zur Stelle war, um sie ihnen aus den Händen zu nehmen.

Sinnigerweise schlug Havel sein Hauptquartier in einem Prager Theater auf, wo er mit seinen Freunden das Občanské Fórum (Bürgerforum) bildete, ein informelles und fließendes Netzwerk, das sich innerhalb weniger Tage aus einem Debattierklub zunächst in eine Bürgerinitiative und dann in ein Schattenkabinett verwandelte. Die Diskussion des Bürgerforums kreiste teilweise um die langjährigen Ziele seiner bekanntesten Mitglieder, wurde aber vor allem von dem beschleunigten Verlauf der Ereignisse draußen auf den Straßen vorangetrieben. Als erstes forderte das Forum den Rücktritt der Männer, die für die Invasion von 1968 und ihre Folgen verantwortlich waren.

Am 25. November, dem Tag, an dem die Parteiführung ihren geschlossenen Rücktritt bekanntgab, versammelten sich eine halbe Millionen Menschen im Prager Letná-Stadion, weniger, um bestimmte Reformen zu verlangen, als vielmehr, um nach zwei Jahrzehnten erzwungenen öffentlichen Schweigens sich und anderen zu beweisen, daß es sie noch gab. Noch in derselben Nacht gab Havel im tschechischen Fernsehen ein Interview, ein beispielloser Vorgang. Am folgenden Tag sprach er zu einer Menge von 250 000 Menschen auf dem Wenzelplatz, wobei er das Podium mit dem kommunistischen Ministerpräsidenten Ladislav Adamec ... und Alexander Dubček teilte.

Mittlerweile war der gerade entstehenden Führung des Bürgerforums klar geworden, daß sie, ohne es eigentlich zu wollen, an der Spitze einer Revolution stand. Um irgendeine Richtung vorzugeben – und um der versammelte Menge draußen überhaupt etwas mitteilen zu können –, setzte eine Gruppe um den Historiker und Präsidenten des tschechischen Senats, Petr Pithart, die »Programmatischen Grundsätze des Bürgerforums« auf. Die enthielten eine kurze Zusammenfassung der allgemeinen Zielsetzungen des Forums und eine interessante Einführung in die Stimmung und Prioritäten der Männer und Frauen von 1989. »Was wollen wir?« fragt das Programm. 1: Einen Rechtsstaat. 2: Freie Wahlen. 3: Soziale Gerechtigkeit. 4: Eine saubere Umwelt. 5: Ein gebildetes Volk. 6: Wohlstand. 7: Rückkehr nach Europa.

Die Mischung aus klischeehaften politischen Forderungen, kulturellen und ökologischen Idealen und der Beschwörung »Europas« ist typisch für die Tschechen und stellte in vielerlei Hinsicht einen Rückgriff auf verschiedene Verlautbarungen der Charta 77 in den letzten zehn Jahren dar. Doch der Ton des Programms fing ziemlich genau die Stimmung der Massen in diesen hitzigen Novembertagen ein: pragmatisch, idealistisch, ungeheuer ambitioniert und das alles zugleich. Die Stimmung in Prag und im Rest des Landes war optimistischer als in den anderen kommunistischen Ländern während der »Wende«. Das war ein Effekt der beschleunigten Entwicklung.[25]

Eine Woche nach der blutigen Niederschlagung der Studentendemonstration war die Parteiführung zurückgetreten. Wieder eine Woche später waren Bürgerforum und Öffentlichkeit gegen Gewalt (VPN – die slowakische Partnerorganisation) legalisiert und verhandelten mit der Regierung. Am 29. November fügte sich die Bundesversammlung widerstandslos einer Forderung des Bürgerforums und entfernte aus der tschechoslowakischen Verfassung die weitreichende Klausel, welche der kommunistischen Partei ihre »führende Rolle« garantierte. An diesem Punkt schlug die Adamec-Regierung als Kompromiß eine neue Regierungskoalition vor, doch das Bürgerforum – jetzt von großen und entschlossenen Massen unterstützt, die ständig die Straßen besetzt hielten – lehnte den Vorschlag kurzerhand ab.

Nun konnten die Kommunisten die Ereignisse im Ausland kaum noch übergehen: Abgesehen davon, daß ihre Kollegen von der einstigen DDR-Führung am 3. Dezember abgesetzt worden waren, dinierte Michail Gorbatschow mit Präsident Bush auf Malta, und die Warschauer-Pakt-Staaten distanzierten sich öffentlich von der Invasion der Tschechoslowakei im Jahr 1968. Von den eigenen Geldgebern fallen gelassen und in Verruf gebracht, traten die verbliebenen tschechischen und slowakischen Kommunisten der Husák-Gruppe, einschließlich Ministerpräsident Adamec, zurück.

Nach zweitägigen Gesprächen am Runden Tisch (dem kürzesten Runden Tisch des Jahres) erklärten sich die Führer des Bürgerforums nun bereit, sich an einem Kabinett zu beteiligen. Zwar war der Ministerpräsident, der Slowake Marían Čalfa, noch immer Parteimitglied, doch die meisten Minister waren – zum erstenmal seit 1948 – Nichtkommunisten. Vorgesehen waren: Jiří Dienstbier von der Charta 77 (noch fünf Wochen zuvor Heizer) als Außenminister, der katholische Jurist Jan Čarnogurský von der VPN als stellvertretender Ministerpräsident, Vladimír Kusý vom Bürgerforum als Informationsminister und der bislang wenig hervorgetretene Marktwirtschaftler Václav Klaus als Finanzminister. Die neue Regierung wurde am 10. Dezember 1989 vom Präsident Gustav Husák vereidigt, der daraufhin sofort zurücktrat.

Da Alexander Dubček nach 20 Jahren der Vergessenheit wieder ins Licht der Öffentlichkeit trat, ergab sich die Möglichkeit, ihn anstelle von Husák zum Präsidenten zu wählen – teils als Symbol für die Kontinuität mit den Hoffnungen, die 1968 gescheitert waren, teils um die Gefühle der Kommunisten zu schonen, teils vielleicht auch, um die Hardliner in der Polizei und anderen Teilen des Staatapparates zu beschwichtigen. Doch sobald der arme Dubček anfing, öffentliche Reden zu halten, wurde klar, daß er ein Anachronismus war. Sein Vokabular, sein Stil, sogar seine Gestik entstammten dem reformkommunistischen Repertoire der sechziger Jahre. Offenbar hatte er nichts aus seinen bitteren Erfahrungen gelernt, sondern sprach noch immer davon, für die Tschechoslowakei einen freundlicheren, sanfteren Weg in den Sozialismus zu finden. Für die vielen Zehntausend jungen Menschen in den Straßen Prags, Brünns oder Breslaus war er zunächst eine historische Kuriosität, wurde aber schon bald eine ärgerliche Belanglosigkeit.[26]

Man entschloß sich zu einem Kompromiß und wählte Dubček zum Vorsitzenden (das heißt, Sprecher) der Bundesversammlung. Präsident wurde Václav Havel selbst – eine Vorstellung, die noch fünf Wochen zuvor so unwahrscheinlich erschienen wäre, daß er den Vorschlag freundlich abtat, als er zum erstenmal in den Sprechchören der jubelnden Mengen auf Prags Straßen kundgetan wurde: »Havel na Hrad!« (Havel auf die Burg). Am 7. Dezember war der Dramatiker jedoch zu der Erkenntnis gelangt, daß das Land vielleicht am besten aus dem Kommunismus herausfinden würde, wenn er den Posten annähme. Am 28. Dezember 1989 wählte dieselbe kommunistische Versammlung, welche einst gehorsam die Gesetze abgesegnet hatte, dank denen Havel und andere auf Jahre hinter Gefängnismauern geschickt worden waren, diesen selben Mann zum Präsidenten der Tschechoslowakischen Sozialistischen Republik. Am Neujahrstag 1990 amnestierte der neue Präsident 16000 politische Gefangene. Am folgenden Tag wurde die politische Polizei aufgelöst.

Die bemerkenswert rasche und friedliche Abkehr der Tschechoslowakei vom Kommunismus – die sogenannte »samtene Revolution« – wurde durch ein Zusammenspiel verschiedener Umstände ermöglicht. Wie in Polen beruhte der Zusammenhalt der intellektuellen Opposition vor allem auf der Erinnerung an vergangene Niederlagen und der Entschlossenheit, direkte Konfrontationen zu vermeiden – nicht von ungefähr nannte sich die führende Bürgerorganisation der Slowakei »Öffentlichkeit gegen Gewalt«. Wie in der DDR wurde der vollkommene Bankrott der herrschenden Partei so rasch offenkundig, daß sich fast von Anfang an der Gedanke an ein geordnetes Rückzugsgefecht verbot.

Doch Havels Rolle war ebenso wichtig. In keinem anderen kommunistischen Land präsentierte sich eine Persönlichkeit von vergleichbarem öffentlichem Ansehen. Zwar hätten die meisten praktischen Ideen und sogar politisch-taktischen Maßnahmen des Bürgerforums wohl auch ohne Havel entwickelt werden können, doch war er es, der die öffentliche Stimmung erfaßte und kanalisierte, der seine Kollegen ermunterte und gleichzeitig die Erwartungen der Massen in realistischen Grenzen hielt. Der Einfluß Havels und seine öffentliche Beliebtheit lassen sich kaum überbewerten. Wie einst Tomáš Masaryk, mit dem er jetzt immer häufiger verglichen wurde, galt der unwahrscheinlich charismatische Havel nun weithin als eine Art nationaler Erlöser. Ein Prager Studentenposter stellte den kommenden Präsidenten mit einem Begleittext dar, der eine höchst treffende, wenn auch möglicherweise unbeabsichtigte religiöse Konnotation hatte: »Er gab sich uns hin.«

Havel wurde nicht nur wegen seiner häufigen Haftstrafen und seinem unerschütterlichen Widerstand gegen den Kommunismus so auf das Podest erhoben, es war auch seine entschieden unpolitische Haltung. Nicht trotz seiner Theatertätigkeit gewann er die Herzen seiner Landsleute, sondern dank ihren. So meinte ein italienischer Kommentator zu Havels Rolle auf der politischen Bühne der Tschechoslowakei, seine unverwechselbare Stimme erlaube ihm, die Gefühle einer zum Schweigen gebrachten Nation zu artikulieren: »Se un popolo non ha mai parlato, la prima parole che dice è poesia.«[27] Aus eben diesen Gründen war allein Havel – der (im Gegensatz zu seinem Finanzminister Klaus) bekanntermaßen skeptisch gegenüber den Verführungen des Kapitalismus war – in der Lage, den Graben zu überbrücken, der den verlogenen, aber verführerischen Egalitarismus des untergegangenen Kommunismus von den unbequemen Realitäten des freien Marktes trennte.

In der Tschechoslowakei war eine solche Brücke wichtig. Obwohl in vielerlei Hinsicht der westlichste der kommunistischen Staaten Europas, besaß die Tschechoslowakei eine ausgeprägt egalitäre und linksgerichtete Kultur. Immerhin war sie das einzige Land der Welt, in dem fast zwei Fünftel der Wähler jemals in freien Wahlen kommunistisch gewählt hatten – nämlich 1946. Trotz 40 Jahren »real existierendem Sozialismus« – und 20 Jahren abstumpfender »Normalisierung« – hatte ein Teil dieser politischen Kultur überdauert. Bei den ersten postkommunistischen Wahlen im Juni 1990 entschieden sich 14 Prozent der Wähler für die Kommunistische Partei. Diese hartnäckige und nicht unbeträchtliche Kerngruppe kommunistischer Wähler – und die viel größere Dunkelziffer apolitischer Bürger, die nicht unzufrieden genug waren, um gegen ihre Lebensbedingungen zu protestieren – hatte oppositionelle Autoren wie Ludvík Vaculík veranlaßt, die Wahrscheinlichkeit größerer Veränderungen in der unmittelbaren Zukunft zu bezweifeln. Die Geschichte schien gegen die Tschechen und Slowaken zu sein. Seit 1938 war es der Tschechoslowakei nie so richtig gelungen, ihr Schicksal selbst zu bestimmen.

Als das Volk im November 1989 schließlich die Initiative ergriff, erschien die anschließende samtene Revolution fast zu schön, um wahr zu sein. Daher das Gerede über Polizeiverschwörungen und manipulierte Krisen, als hätte die tschechoslowakische Gesellschaft so wenig Selbstvertrauen, daß sogar die Initiative zur Zerstörung des Kommunismus vom Kommunismus selbst ausgehen müßte. Solche Skepsis war fast mit Sicherheit unangebracht – alle Belege, die inzwischen aufgetaucht sind, sprechen dafür, daß am 7. November die tschechische Sicherheitspolizei den Bogen einfach überspannt hat. Es gab kein »Komplott«, um die herrschende Clique zum Handeln zu zwingen. 1989 hat das Volk der Tschechoslowakei sein Schicksal wirklich selbst in die Hand genommen.

Anders die Rumänen. Offensichtlich war im Dezember 1989 eine Fraktion innerhalb der herrschenden Arbeiterpartei Rumäniens zu dem Schluß gelangt, daß die beste Überlebenschance in der gewaltsamen Absetzung der Führungsclique um Nicolae Ceauşescu lag. Natürlich war Rumänien kein typischer kommunistischer Staat. Wenn die Tschechoslowakei der westlichste der kommunistischen Satellitenstaaten war, so war Rumänien der »orientalischste«. Unter Ceauşescu war Rumänien vom nationalen Leninismus zu einer Art neostalinistischer Satrapie verkommen, in der die byzantinisch anmutende Herrschaft von Vetternwirtschaft und Inkompetenz von einer allgegenwärtigen Geheimpolizei aufrechterhalten wurde.

Verglichen mit Gheorghe Gheorghiu-Dejs bösartiger Diktatur der fünfziger Jahre, war Ceauşescus Herrschaft bei weitem nicht von so offener Brutalität; doch die seltenen Bekundungen von öffentlichen Protesten – etwa die Streiks der Bergarbeiter des Schitals im August 1977 oder 10 Jahre später der Arbeiter in den Traktorwerken Roter Stern in Kronstadt – wurden gewaltsam und wirksam niedergeschlagen. Außerdem konnte Ceauşescu nicht nur damit rechnen, daß die rumänische Bevölkerung eingeschüchtert war, sondern auch damit, daß seine innenpolitischen Handlungen im Ausland bemerkenswert wenig Kritik erfuhren: Acht Monate nachdem der rumänische Diktator die Streikführer aus dem Schital inhaftiert (und ihre führenden Köpfe ermordet) hatte, besuchte er als Gast des Präsidenten Jimmy Carter die Vereinigten Staaten. Durch die Distanzierung von Moskau – wie gesehen, hatte sich Rumänien 1968 nicht an der Invasion der Tschechoslowakei beteiligt – erkaufte er sich Handlungsspielräume und sogar den Beifall des westlichen Auslands, besonders in der Anfangsphase des »neuen« Kalten Krieges in den achtziger Jahren. Da der rumänische Machthaber die Russen mit Vergnügen kritisierte (und seine Athleten zu den Olympischen Spielen nach Los Angeles schickte), äußerten sich die Amerikaner und andere Staaten nicht über seine innenpolitischen Verbrechen.[28]

Rumänien aber zahlte einen schrecklichen Preis für Ceauşescus privilegierte Stellung. Um die Bevölkerungszahl zu erhöhen – eine typisch rumänische Obsession –, verbot er den Schwangerschaftsabbruch bei Frauen unter 40 mit weniger als vier Kindern (1986 wurde die Altersgrenze auf 45 heraufgesetzt). 1984 wurde das Heiratsalter für Frauen auf 15 Jahre gesenkt. Für alle Frauen im gebärfähigen Alter wurden monatliche medizinische Pflichtuntersuchungen angeordnet, um Abtreibungen zu verhindern, die, wenn überhaupt, nur in Anwesenheit eines Parteifunktionärs gestattet wurden. Ärzten in Bezirken mit sinkenden Geburtenraten wurde das Gehalt gekürzt.

Zwar nahmen die Bevölkerungszahlen nicht zu, aber die Sterblichkeitsziffern infolge von Abtreibungen lagen weit über den Zahlen jedes anderen europäischen Landes. Als einzige verfügbare Form der Geburtenkontrolle wurden weithin illegale Abtreibungen vorgenommen, oft unter entsetzlichen und gefährlichen Bedingungen. Während der folgenden 23 Jahre verursachte das Gesetz von 1966 den Tod von mindestens 10 000 Frauen. Die tatsächliche Säuglingssterblichkeit war so hoch, daß seit 1985 die Geburten nicht offiziell registriert wurden, bevor das Kind nicht die 4. Lebenswoche überstanden hatte – die Apotheose kommunistischer Kontrolle. Als Ceauşescu gestürzt wurde, hatte die Sterblichkeitsrate Neugeborener 2,5 Prozent erreicht, und es gab mehr als 100 000 Heimkinder.

Die Voraussetzung für diese nationale Tragödie war eine Wirtschaft, die absichtlich abwärtsorientiert war, vom Existenzminimum ins Elend. Anfang der achtziger Jahre beschloß Ceauşescu, das internationale Ansehen seines Landes noch weiter zu verbessern, indem er Rumäniens riesige Auslandsschulden beglich. Die Institutionen des internationalen Kapitalismus – allen voran der Internationale Währungsfonds – waren entzückt und konnten den rumänischen Diktator gar nicht genug preisen. Bukarest wurde eine komplette Umschuldung seiner Auslandskredite gewährt. Um seine westlichen Gläubiger zu befriedigen, erlegte er dem inländischen Konsum unerbittliche und nie dagewesen Einschränkungen auf.

Im Gegensatz zu kommunistischen Machthabern anderer Länder, die hemmungslos im Ausland borgten, um ihre Untertanen mit wohlgefüllten Regalen zu ködern, versuchte der rumänische »Conducator« alle Inlandprodukte nach Möglichkeit zu exportieren. Die Rumänen wurden gezwungen, zu Hause 40-Watt-Birnen zu verwenden (falls überhaupt elektrischer Strom vorhanden war), damit Energie nach Italien und Deutschland exportiert werden konnte. Fleisch, Zucker, Butter, Eier und vieles mehr wurden streng rationiert. Um die Produktivität zu steigern, wurden feste Quoten für Pflichtarbeit an Sonn- und Feiertagen eingeführt (»Corvée«, Frondienst, nannte man das im Frankreich des Ancien régime).

Der Benzinverbrauch wurde auf ein Minimum eingeschränkt. 1986 wurde ein Pferdezuchtprogramm eingeführt, um einen Ersatz für Motorfahrzeuge zu schaffen. Pferdekarren avancierten zum wichtigsten Transportmittel, und die Ernte wurde mit Sense und Sichel eingebracht. Das war wirklich etwas Neues: Alle sozialistischen Systeme beruhten auf der zentralen Steuerung systembedingter Verknappung, doch in Rumänien wurde ein Wirtschaftssystem, das auf einer Überinvestition in nicht nachgefragter industrieller Hardware fußte, erfolgreich in ein System umgewandelt, das auf einer vorindustriellen landwirtschaftlichen Subsistenzwirtschaft beruhte.

Ceauşescus Politik besaß eine gewisse makabre Logik. Rumänien zahlte seine internationalen Kreditgeber tatsächlich aus, wenn auch um den Preis, daß es die rumänische Bevölkerung der Not und Armut auslieferte. Doch ein irrwitziges Wirtschaftssystem war nicht das einzige Merkmal, das Ceauşescus Herrschaft in seinen letzten Jahren kennzeichnete. Um besser in der Lage zu sein, die ländliche Bevölkerung seines Landes zu kontrollieren – und die Kleinbauern zur Produktion von Nahrungsmitteln für den Export zu zwingen –, leitete das Regime eine sogenannte »Systematisierung« der ländlichen Regionen Rumäniens in die Wege. Die Hälfte der 13 000 Dörfer des Landes (darunter unverhältnismäßig viele Minderheitengemeinden) sollten zwangsweise dem Erdboden gleichgemacht und ihre Bewohner in 558 »Agrostädte« umgesiedelt werden. Wäre Ceauşescu genügend Zeit geblieben, um sein Projekt durchzuführen, wäre das wenige, was von dem ursprünglichen Gesellschaftsgefüge des Landes geblieben war, auch noch zerstört worden.

Das ländliche »Systematisierungsprojekt« erwuchs aus dem progressiven Größenwahn des rumänischen Diktators. Unter Ceauşescu entartete der leninistische Drang, jede Einzelheit des Alltags zu kontrollieren, zu zentralisieren und zu planen, in eine zwanghafte Fixierung auf Homogenität und Größe, die selbst Stalins Ehrgeiz noch übertraf. Die überdauernde materielle Verkörperung dieses monomanischen Triebs sollte die Hauptstadt des Landes werden, für die eine imperiale Umgestaltung von einer Größenordnung geplant war, wie die Welt sie seit Nero nicht mehr erlebt hatte. Dieses »Renovierungsprojekt« für Bukarest wurde durch den Staatsstreich im Dezember 1989 verhindert. Trotzdem hatte sich Ceauşescus Ehrgeiz, unauslöschliche Spuren im Antlitz der zeitgenössischen Stadt zu hinterlassen, hinlänglich manifestiert. Ein historisches Stadtviertel von der Größe Venedigs im Zentrum Bukarests war vollständig eingeebnet worden. 40 000 Gebäude sowie Dutzende von Kirchen und andere Baudenkmäler waren abgerissen worden, um einem neuen »Haus des Volkes« und der fünf Kilometer langen, 150 Meter breiten Siegesallee des Sozialismus zu weichen.

Das ganze Projekt war reine Fassade. Hinter den strahlend weißen Häuserfronten des Boulevards Sieg des Sozialismus wurden die üblichen schmutzig-häßlichen Plattenbauten hochgezogen. Doch die Fassade war aggressiv, einschüchternd, unerbittlich, gleichförmig, ein visuelles Sinnbild totalitärer Herrschaft. Das Haus des Volkes, von einer 25jährigen Architektin (Anca Petrescu) als Ceauşescus persönlicher Palast entworfen, war selbst nach den Maßstäben seiner Gattung unbeschreiblich, einzigartig häßlich. In seiner grotesken, grauenhaften und geschmacklosen Formgebung war er vor allem eines: *groß* (dreimal so groß wie das Schloß von Versailles ...). Ceauşescus Palast, vor dem sich ein halbkreisförmiger Platz mit Raum für eine halbe Millionen Menschen erstreckt und dessen Empfangsbereich die Größe eines Fußballfelds hat, war (und bleibt) eine monströse Metapher für maßlose Tyrannei, Rumäniens höchst eigener Beitrag zum totalitären Städtebau.

In seinen letzten Jahren war der rumänische Kommunismus höchst unselig im Schnittpunkt von Brutalität und Parodie angesiedelt. Die Porträts des Parteiführers und seiner Frau waren allgegenwärtig; sein Lob wurde in dithyrambischen Übertreibungen besungen, die wohl selbst Stalin peinlich gewesen wären (Nordkoreas Kim Il Sung vermutlich weniger, mit dem der rumänische Diktator manchmal verglichen wurde). Es folgt eine unvollständige Liste der Epitheta, deren Verwendung zum Lob seiner Leistungen und Errungenschaften von Ceauşescu persönlich gebilligt worden war: der Architekt, der Glaubensgestalter, der weise Steuermann, der höchste Mast, der Nimbus des Sieges, der Visionär, der Titan, der Sohn der Sonne, eine Donau der Gedankenfülle, das Genie der Karpaten.

Was Ceauşescus kriecherische Kollegen von all dem hielten, sagten sie wohlweislich nicht. Doch es ist klar, daß im November 1989, als er nach 67 stehenden Ovationen zum Generalsekretär der Partei wiedergewählt wurde und stolz erklärte, es werde keine Reformen geben – eine Anzahl von ihnen Ceauşescu als Belastung anzusehen begannen: abgehoben und ohne Kontakt nicht nur zur Zeitstimmung, sondern auch zur wachsenden Verzweiflung seiner Untertanen. Doch solange Ceauşescu die Unterstützung der Geheimpolizei Securitate besaß, erschien er unangreifbar.

Sinnigerweise war es dann die Securitate selbst, die den Sturz des Regimes auslöste, als sie im Dezember 1989 in der westlich gelegenen Stadt Temeswar versuchte, den protestantischen Pastor Lázsló Tökés, der zur ungarischen Volksgruppe gehörte und sehr beliebt war, aus dem Amt zu entfernen. Die ungarische Minderheit, die bei Ceauşescu besonders unter Vorurteilen und Repressionen zu leiden hatte, war durch die Ereignisse gleich jenseits der Grenze in Ungarn ermutigt und daher auch besonders empört über die Benachteiligungen, die sie im eigenen Lande auch weiterhin erdulden mußte. Tökés wurde zum Symbol und Fokus ihrer Frustrationen. Als das Regime ihn am 15. Dezember aus der Kirche holen wollte, in der er Zuflucht gesucht hatte, war sie von Gemeindemitgliedern umringt, die dort eine Nachtwache zu seinem Schutz hielten.

Als sich die Nachtwache am folgenden Tag unerwartet in eine Demonstration gegen das Regime verwandelte, rückten Polizei und Armee an und schossen in die Menge. Die Stimme Amerikas und Radio Freies Europa erhielten übertriebene Berichte über das »Massaker«, die daraufhin im ganzen Land verbreitet wurden. Um die Proteste nie dagewesenen Ausmaßes niederzuschlagen, die inzwischen von Temesvar auf Bukarest übergegriffen hatten, kehrte Ceauşescu von einem Staatsbesuch im Iran zurück. Am 21. Dezember erschien er auf einem Balkon der Parteizentrale, um in einer Rede die »Minderheit« von »Störenfrieden« zu verurteilen. Doch der schockierte und entsetzte Diktator wurde von der wütenden Menge niedergeschrien und zum Verstummen gebracht. Nachdem Ceauşescu am folgenden Tag noch einen zweiten erfolglosen Versuch gemacht hatte, sich an die versammelte Menge zu wenden, flohen er und seine Frau mit einem Hubschrauber vom Dach des Parteigebäudes.

Von diesem Punkt an entwickelten sich die Machtverhältnisse rasch zu ungunsten des Regimes. Zunächst hatte es so ausgesehen, als würde die Armee den Diktator unterstützen, denn sie hatte die Straßen der Hauptstadt besetzt und auf Demonstranten geschossen, die versuchten, die Studios des Staatsfernsehens zu besetzen. Doch am 22. Dezember übernahmen die Soldaten, die jetzt von der Front zur nationalen Rettung (FSN) geführt wurden, das Fernsehgebäude, wechselten die Seiten und sahen sich unversehens schwer bewaffneten Securitate-Truppen gegenüber. Inzwischen wurden die Ceauşescus aufgespürt, verhaftet und im Schnellverfahren abgeurteilt. Schuldig gesprochen, »Verbrechen gegen den Staat« begangen zu haben, wurden sie am ersten Weihnachtsfeiertag des Jahres 1989 in aller Eile hingerichtet.[29]

Die FSN wandelte sich selbst in eine provisorische Regierung um und ernannte – nachdem sie das Land einfach in »Rumänien« umgetauft hatte – ihren eigenen Führer Ion Iliescu zum Präsidenten. Iliescu war, wie seine Kollegen in der Rettungsfront, ein ehemaliger Kommunist, der einige Jahre zuvor mit Ceauşescu gebrochen hatte und eine gewisse Glaubwürdigkeit als »Reformer« für sich in Anspruch nehmen konnte, und wenn nur aufgrund seiner Bekanntschaft mit Michail Gorbatschow aus Studententagen. Doch Iliescus wirkliche Eignung zur Führung des Post-Ceauşescu-Rumäniens erwies sich in seiner Fähigkeit, die bewaffnete Staatsmacht zu kontrollieren, vor allem die Securitate, deren letzte Widerstandsnester den Kampf am 27. Dezember 1989 aufgaben. Abgesehen davon, daß der neue Präsident am 3. Januar 1990 politische Parteien wieder zuließ, tat er wenig, um die Institution des alten Regimes zu beseitigen.

Wie die späteren Ereignisse zeigen sollten, blieb der Apparat, der unter Ceauşescu geherrscht hatte, bemerkenswert intakt, nachdem er sich lediglich von der Ceauşescu-Familie selbst und ihren schwerer belasteten Mittätern befreit hatte. Gerüchte, nach denen Tausende von Menschen während der Proteste und Kämpfe im Dezember getötet worden sein sollten, erwiesen sich als übertrieben – die Zahl lag weit eher bei 100 –, und es stellte sich heraus, daß trotz allen Mutes und aller Begeisterung der riesigen Mengen in Temeswar, Bukarest und anderen Städten der entscheidende Kampf zwischen den »Realisten« um Iliescu und der alten Garde in Ceauşescus Gefolge stattgefunden hatte. Der Sieg jener bescherte Rumändien eine reibungslose – sogar verdächtig reibungslose – Abkehr vom Kommunismus.

Mit den absurden Auswüchsen der späten Ceauşescu-Ära wurde zwar aufgeräumt, doch die Polizei, die Bürokratie und große Teile der Partei blieben intakt und an der Macht. Die Namen wurden verändert – die Securitate offiziell abgeschafft –, nicht aber die stillschweigenden Voraussetzungen und Praktiken: Iliescu tat nichts, um Krawalle in Târgu Mureş zu verhindern, bei denen am 19. März im Zuge organisierter Übergriffe auf die einheimische ungarische Minderheit 8 Menschen getötet und rund 300 verletzt wurden. Nachdem Iliescus Front zur nationalen Rettung bei den Wahlen im Mai 1990 (die nicht in Frage zu stellen sie zuvor versprochen hatte) eine überwältigende Mehrheit errungen hatte und er selbst offiziell zum Präsidenten wiedergewählt war, zögerte er nicht, Bergarbeiter mit Bussen nach Bukarest fahren zu lassen, damit sie protestierende Studenten zusammenknüppelten: 21 Demonstranten wurden getötet und rund 650 verletzt. Rumänien hatte noch einen weiten Weg vor sich.

Wenn schon die rumänische Revolution Ähnlichkeit mit einer »Palastrevolution« hatte, so trat dieser Charakter weiter im Süden noch stärker zutage, wo das Zentralkomitee der Kommunistischen Partei Bulgariens Todor Schiwkow im fortgeschrittenen Alter von 78 Jahren höchst unzeremoniell aus dem Amt entfernte. Der dienstälteste Machthaber des kommunistischen Blocks – er war 1954 zum Parteiführer aufgestiegen – hatte sich, wie es bulgarischer Art entsprach, möglichst eng an das russische Modell gehalten: Anfang der achtziger Jahre hatte er einen »Neuen Ökonomischen Mechanismus« eingeführt, um die Produktion zu verbessern, und im März 1987, wiederum im Kielwasser Moskaus, das Ende der »bürokratischen« Wirtschaftskontrolle ausgerufen und der Welt versichert, daß Bulgarien nun eine eigene Perestroika einführen werde.

Doch als die bulgarische Wirtschaft nicht auf die Beine kam und die kommunistische Führung keine Klarheit über den Kurs in Moskau gewinnen konnte, sah sich Schiwkow veranlaßt, nach einer anderen Begründung seiner innenpolitischen Legitimität zu suchen, und er verfiel auf den ethnischen Nationalismus. Die beträchtliche türkische Minderheit (rund 900 000 bei einer Gesamtbevölkerung von knapp 9 Millionen) war ein verlockendes Ziel: Sie war nicht nur ethnisch verschieden und von anderer Religion, sondern auch Erbe und Symbol der verhaßten osmanischen Herrschaft, die erst jetzt langsam aus der unmittelbaren Erinnerung schwand. Es war in Bulgarien wie im benachbarten Jugoslawien: Eine Parteiautokratie, die den Boden unter den Füßen verlor, lenkte die ganze Wut ethnischer Vorurteile gegen einen hilflosen einheimischen Sündenbock.

1984 wurde offiziell bekanntgegeben, daß die bulgarischen Türken gar keine »Türken« seien, sondern unter Zwang konvertierte Bulgaren, die nun ihre wahre Identität zurückerhalten sollten. Muslimische Riten (etwa die Beschneidung) wurden eingeschränkt und kriminalisiert, die Verwendung der türkischen Sprache in Massenmedien und im Bildungswesen verboten und alle Bulgaren mit türkischen Namen angewiesen (eine besonders empörende und verhaßte Maßnahme), fortan richtige »bulgarische« Namen anzunehmen. Das Ergebnis war ein Desaster. Es gab beträchtlichen türkischen Widerstand – der seinerseits eine gewisse Gegenreaktion bei bulgarischen Intellektuellen auslöste. Die internationale Gemeinschaft protestierte lautstark, und Bulgarien wurde von den Vereinten Nationen und dem Europäischen Gerichtshof verurteilt.

Inzwischen gingen die kommunistischen Oligarchen im Ausland auf Distanz zu Schiwkow. 1989 waren die bulgarischen Kommunisten isolierter denn je und nicht wenig verstört über den Gang der Ereignisse im benachbarten Jugoslawien, wo die Partei die Kontrolle zu verlieren schien. Einem Höhepunkt steuerte das Geschehen zu, als im Sommer 1989 ein Exodus von rund 300 000 ethnischen Türken in die Türkei erfolgte – ein weiterer katastrophaler Imageverlust für das Regime und ein wirtschaftliches Desaster dazu, da dem Land die Arbeitskräfte für die einfachen Tätigkeiten auszugehen begannen.[30] Als die Polizei am 26. Oktober bei einer kleinen Versammlung von Umweltschützern in einem Park in Sofia überreagierte – Aktivisten der Ekoglasnost-Gruppe, die eine kleine Bittschrift in Umlauf brachte, wurden zusammenknüppelt und verhaftet –, beschlossen die Parteireformer unter Führung von Außenminister Petar Mladenow zu handeln. Am 10. November (nicht zufällig am Tag nach der Maueröffnung) entfernten sie den glücklosen Schiwkow aus dem Amt.

Es folgte der inzwischen vertraute Gang der Dinge: Freilassung der politischen Gefangenen, Genehmigung politischer Parteien, Streichung der »führenden Rolle« der Kommunisten aus der Verfassung, ein »Runder Tisch« zur Vorbereitung freier Wahlen, ein neuer Name für die alte Partei, die jetzt »Bulgarische Sozialistische Partei« hieß, und zu gegebener Zeit die Wahlen selbst, die, wie in Rumänien, die Kommunisten mühelos gewannen (vielfach war von Wahlbetrug die Rede).

In Bulgarien entstand die politische »Opposition« großenteils erst im nachhinein, und wie in Rumänien gab es Gerüchte, daß sie von kommunistischen Abweichlern gelenkt wurde. Doch die Veränderungen waren trotzdem real. Zumindest gelang es Bulgarien, die Katastrophe zu vermeiden, die Jugoslawien erwartete. Am 29. Dezember erhielten trotz wütender nationalistischer Proteste Muslime und Türken vollständige und gleiche Bürgerrechte. 1991 hatte eine vorwiegend türkische Partei, die Bewegung für Rechte und Freiheit, genügend Wählerstimmen erhalten, um für eine ausgewogene Sitzverteilung in der Nationalversammlung des Landes zu sorgen.

Warum brach der Kommunismus 1989 so plötzlich zusammen? Wir dürfen nicht dem Sirenengesang des rückblickenden Determinismus erliegen, mag er noch so verführerisch sein. Auch wenn der Kommunismus durch seine inneren Widersinnigkeiten zum Untergang verurteilt gewesen sein mochte, so haben doch nur wenige Beobachter den Zeitpunkt und die Art seines Sturzes vorhergesagt. Gewiß, die Leichtigkeit, mit der sich die Illusion der kommunistischen Macht verflüchtigte, offenbarte, daß diese Regime noch schwächer waren, als irgend jemand vermutete, und das wirft ein neues Licht auf ihre frühe Geschichte. Doch illusorisch oder nicht, der Kommunismus dauerte lange. Warum dauerte er nicht noch länger?

Eine Antwort ist eine Spielart der »Dominotheorie«. Sobald die kommunistische Führung in einem Lande stürzte, war ihre Legitimität in anderen fatal geschwächt. Die Glaubwürdigkeit des Kommunismus beruhte teilweise auf seiner Behauptung, die Notwendigkeit zu verkörpern, das logische Produkt des historischen Fortschritts, eine Tatsache des politischen Lebens, eine unvermeidliche Gegebenheit der modernen Landschaft zu sein. Als diese Behauptung augenfällig widerlegt wurde – in Polen zum Beispiel, wo die Gewerkschaft der Solidarität die Geschichte offenbar umgekehrt hatte –, warum sollte man da noch in Ungarn oder der Tschechoslowakei an sie glauben? Wie gesehen, spielte das Beispiel anderer offenkundig eine große Rolle.

Trotzdem war der auffälligste Aspekt des kommunistischen Zusammenbruchs in Europa nicht die Ansteckung an sich. Alle Revolutionen breiten sich auf diese Weise aus und zersetzen die Legitimität der herrschenden Macht durch das kumulative Beispiel. So geschah es 1848, 1919 und in abgeschwächter Form 1968. Das Neue an 1989 war das *Tempo* dieses Vorgangs. Noch im Oktober 1989 bildeten sich Imre Pozsgay in Ungarn oder Egon Krenz in der DDR ein, sie könnten ihre Version der Perestroika kontrollieren und steuern. In der Regel teilten die meisten ihrer Gegner diese Ansicht und suchten nach irgendeinem vorübergehenden Kompromiß. 1980 hatte Adam Michnik geschrieben, es sei durchaus »eine Mischgesellschaft denkbar, in der eine totalitäre Staatsorganisation mit demokratischen Gesellschaftsinstitutionen koexistiert«. Bis zum Sommer 1989 hatte er wenig Grund, etwas anderes zu erwarten.

Ein neuer Faktor war die Rolle der Massenmedien. Besonders die Ungarn, Tschechen und Deutschen waren in der Lage, ihre eigene Revolution jeden Abend in den Fernsehnachrichten zu sehen. Für die Bevölkerung von Prag stellten die Wiederholungen der Ereignisse vom 17. November im Fernsehen eine Art unmittelbarer politischer Erziehung dar, die ihnen eine doppelte Botschaft einhämmerte: »Sie sind machtlos« und »Wir haben es getan«. Infolgedessen verlor der Kommunismus seinen entscheidenden Aktivposten, Informationskontrolle und -monopol. Die Furcht, allein zu sein – die Unmöglichkeit zu wissen, ob die eigenen Gefühle von anderen geteilt wurden – war für immer dahin. Sogar in Rumänien war die Einnahme der staatlichen Fernsehstudios der entscheidende Augenblick des Aufstandes. Nicht umsonst wurde das schauerliche Schicksal der Ceauşescus gefilmt und landesweit ausgestrahlt. Das war natürlich kein neues Verhaltensmuster – das ganze 20. Jahrhundert hindurch waren Radiosender und Postämter von Dublin bis Barcelona immer die ersten Ziele revolutionärer Massen gewesen. Aber das Fernsehen ist *schnell*.

Das zweite besondere Merkmal der Revolutionen von 1989 war ihr pazifistischer Charakter. Rumänien war natürlich die Ausnahme, die aber, bedenkt man, welcher Natur Ceauşescus Regime war, zu erwarten war. Die eigentliche Überraschung bestand darin, daß sogar in Temeswar und Bukarest das Ausmaß des Blutvergießens viel geringer war als allgemein befürchtet. Teilweise war auch das eine Funktion des Fernsehens. Da die ganze Bevölkerung – vom Rest der Welt gar nicht zu reden – jede Maßnahme beobachtete, waren den kommunistischen Regimen die Hände gebunden. Allein die Tatsache, auf diese Weise beobachtet zu werden, bedeutete einen Autoritätsverlust und schränkte die Bandbreite ihrer Wahlmöglichkeiten erheblich ein.[31]

Derartige Überlegungen kümmerten die kommunistischen Machthaber in China natürlich nicht, die am 4. Juni desselben Jahres 1989 Hunderte friedlicher Demonstranten auf dem Platz des Himmlischen Friedens niederschießen ließen. Nicolae Ceauşescu hätte nicht gezögert, dem Pekinger Beispiel zu folgen, wenn er gekonnt hätte. Und wie gesehen, hat Erich Honecker etwas Ähnliches zumindest in Erwägung gezogen. Doch für die meisten ihrer Kollegen war das keine Option mehr. An irgendeinem entscheidenden Moment schwanken alle untergehenden autoritären Regime zwischen Repression und Kompromiß. Im Falle der Kommunisten verflüchtigte sich das Vertrauen auf ihre Fähigkeit zu herrschen so rasch, daß die Aussicht, sich durch Gewalt allein an die Macht zu klammern, gering und die Vorteile eines solchen Vorgehens keineswegs überzeugend erschienen. Nach dem eigennützigen Kalkül der meisten kommunistischen Bürokraten und Parteiapparatschiks lagen die Vorteile in der entgegengesetzten Vorgehensweise – besser mit dem Strom zu schwimmen als von einer Flutwelle der Veränderung fortgeschwemmt zu werden.

Dieses Kalkül hätte vielleicht anders ausgesehen, wenn die Massen wütend oder ihre Führer voll aggressiver Entschlossenheit gewesen wären, Rache an der alten Ordnung zu nehmen. Doch aus vielen Gründen – unter anderem wegen des Beispiels auf dem Platz des Himmlischen Friedens, das am Tag der polnischen Wahlen im Fernsehen gezeigt wurde – vermieden die Männer und Frauen von 1989 ganz bewußt die Gewalt. Nicht nur die polnische Revolution bewies diese »Selbstbeschränkung«. In Jahrzehnten voller Gewalt hatten die kommunistischen Regime ihren Ruf ruiniert und trotz aller Waffen und Kugeln, die auf ihrer Seite waren, ihre Bürger gelehrt, wie untauglich und unvorsichtig es ist, Gewalt anzuwenden. Obwohl die Polizei noch in den letzten Stunden der alten Regime in Berlin und Prag Demonstrantenköpfe blutig schlug, waren die Slowaken nicht die einzige »Öffentlichkeit gegen Gewalt«.

Abneigung gegen Gewalt war alles, was viele Revolutionäre von 1989 gemeinsam hatten. Sie waren eine ungewöhnlich gemischte Gruppe, selbst nach dem Maßstab der meisten früheren Aufstände. Die Mischung war von Ort zu Ort verschieden, doch in der Regel umfaßte das »Volk« Reformkommunisten, Sozialdemokraten, liberale Intellektuelle, Marktwirtschaftler, katholische Aktivisten, Gewerkschaftler, Pazifisten, einige traditionelle Trotzkisten und viele andere. Diese große Vielfalt war ein Teil ihrer Stärke: Sie konstituierten de facto exakt jenen informellen Komplex aus zivilen und politischen Organisationen, der Gift für den Einparteienstaat ist.

Zumindest eine wichtige Bruchlinie ließ sich bereits entdecken – diejenige, die liberale Demokraten von populistischen Nationalisten trennte, die beispielsweise Mazowiecki von Wałęsa oder Ungarns linksgerichtete Freie Demokraten (unter

Führung von János Kis und anderen intellektuellen Dissidenten) von den traditionellen Nationalisten im Demokratischen Forum unterschied. In den Massen von 1989 gab es auch (wie gesehen) einen deutlichen Generationsaspekt. Viele der altgedienten Führer in der intellektuellen Opposition hatten eine gemeinsame Geschichte mit den parteiinternen Kritikern des Regimes. Für die Studenten und andere jungen Leute gehörten sie daher in den gleichen Topf: Teil einer Vergangenheit, die nicht wiederbelebt werden konnte und sollte. Nach der Vorstellung ihres 26jährigen Führers Viktor Orbán war die politische Partei Fidesz (Jungdemokraten) in Ungarn ursprünglich nur für Menschen unter dreißig gedacht.[32]

Die Erinnerungen und Illusionen der »Dubček-Generation« wurden nicht von ihren Kindern geteilt, die wenig Interesse bekundeten, sich an 1968 zu erinnern oder die »guten« Seiten der DDR zu retten. Die neue Generation war weniger daran interessiert, ihre Machthaber in Diskussionen zu verstricken oder ihnen radikale Alternativen für ihre Herrschaft vorzuschlagen, als vielmehr, sie einfach abzuschütteln. Das trug zu den karnevalesken Aspekten von 1989 bei, die einigen Beobachtern in Polen und der Tschechoslowakei auffielen. Und es trug auch zum Desinteresse an gewaltsamer Vergeltung bei. Kaum noch ein Hindernis, verkam der Kommunismus rasch zur Bedeutungslosigkeit.

Das läßt sich am besten an der Sprache erkennen, in der die Ziele von 1989 im allgemeinen zum Ausdruck gebracht wurden. Das Thema der »Rückkehr nach Europa« war nicht neu. Schon lange vor dem Kommunismus war die Osthälfte des Kontinents jenes Europa, das Anerkennung und Bestätigung suchte. *Westeuropa* war das Europa, das sich seiner selbst »gewiß« war und von dem die Anerkennung so sehnsüchtig erwartet wurde.[33] Mit der Entstehung des Sowjetblocks wurde das Gefühl, von den europäischen Wurzeln abgeschnitten zu sein, zu einem Leitmotiv der intellektuellen Dissidenten und Oppositionellen dieser Region.

Doch die Klage um ihre verlorene europäische Identität nahm in jüngerer Zeit eine besondere Bedeutung für die Osteuropäer an, weil im Westen etwas Neues entstand: ein institutionelles Gebilde, eine »Europäische Gemeinschaft«, eine »Europäische Union«, auf bewußt europäische Werte gegründet, mit denen sich Osteuropäer ohne Mühe identifizieren konnten – individuelle Rechte, bürgerliche Pflichten, freie Meinungsäußerung und Freizügigkeit. Die Diskussion über »Europa« wurde weniger abstrakt und unter anderem deshalb interessanter für junge Leute. Sie war nicht mehr einfach das Wehklagen über die verlorene Kultur des alten Prags oder Budapests, sondern manifestierte sich jetzt als eine Reihe konkreter und erreichbarer politischer Ziele. Das Gegenteil von Kommunismus war nicht »Kapitalismus«, sondern »Europa«.

Das war mehr als nur eine Frage der Rhetorik. Während die alten kommunistischen Kader überzeugend (und sogar mit Überzeugung) auf den räuberischen

Charakter einer Abstraktion namens »Kapitalismus« verweisen konnten, hatten sie keinen Ersatz für »Europa« zu bieten – weil es keine ideologische Alternative, sondern einfach eine politische Norm darstellte. Manchmal wurde der Gedanke als »Marktwirtschaft« und manchmal als »Zivilgesellschaft« dekliniert, in jedem Fall aber stand er klar und einfach für Normalität und moderne Lebensweise. Der Kommunismus war jetzt nicht mehr die Zukunft – seit sechs Jahrzehnten seine immer gleiche Trumpfkarte –, sondern die Vergangenheit.

Natürlich gab es Unterschiede. Nationalisten und sogar einige politische und religiöse Konservative – 1989 vielfach aktiv und einflußreich – waren weniger geneigt, in den Kategorien Europas als vielmehr Polens oder Ungarns zu denken. Einige mochten weniger an Freiheit und individuellen Rechten interessiert sein als andere. Auch die unmittelbaren Prioritäten der Masse unterschieden sich von Land zu Land. Mit der Idee, auf irgendeine Weise nach Europa zurückzukehren, ließen sich, um ein offenkundiges Beispiel zu nehmen, die Gefühle der Menschen in der Tschechoslowakei eher mobilisieren als in Rumänien, wo der Wunsch, einen Diktator zu stürzen und Essen auf den Tisch zu bekommen, Vorrang hatte. Während einige der Führer von 1989 von Anfang an bestrebt waren, die Marktwirtschaft einzuführen (als Tadeusz Mazowiecki 1989 seine erste Regierung bildete, sagte er den denkwürdigen Satz: »Ich suche meinen Ludwig Erhard!«), konzentrierten sich andere – vor allem Havel – lieber auf die zivilgesellschaftlichen Grundlagen der Demokratie.

Die Bedeutung dieser Nuancen zeigte sich erst später. Vielleicht sollten wir hier jedoch kurz auf die Rolle der *Vereinigten Staaten* in dieser Geschichte eingehen. Die Osteuropäer, besonders die Ostberliner, waren sich durchaus darüber im klaren, welche Bedeutung die USA für die Eindämmung der Sowjetunion spielten. Sie begriffen auch die Feinheiten, welche die westeuropäischen Politiker – die überwiegend bereit waren, mit dem Kommunismus zu leben, solange er sie unbehelligt ließ – von amerikanischen Politikern wie Ronald Reagan unterschieden, der ihn offen als »Reich des Bösen« beschrieb. Die Gewerkschaft Solidarność wurde überwiegend von den Vereinigten Staaten finanziert, und die waren es auch, welche die Demonstranten in Berlin und anderen Ländern entschlossen unterstützten – sobald klar war, daß sie wahrscheinlich Erfolg haben würden.

Doch daraus sollte nicht, wie gelegentlich geschehen, der Schluß gezogen werden, daß sich die unfreien Völker Osteuropas danach sehnten … Amerikaner zu werden; noch viel weniger, daß amerikanische Ermutigung oder Unterstützung die Befreiung beschleunigt oder erleichtert hätte.[34] Die Vereinigten Staaten hatten bemerkenswert wenig Anteil an den dramatischen Ereignissen des Jahres 1989, zumindest vor ihrer Beendigung. Und das amerikanische Gesellschaftsmodell selbst – der »freie Markt« – wurde nur gelegentlich als Objekt der Bewunderung oder Nachahmung von den Massen oder ihren Sprechern postuliert. Für die meisten Menschen, die unter dem Kommunismus gelebt hatten, bedeutete Befreiung keineswegs das Verlangen nach ungehindertem wirtschaftlichem Wettbewerb und natürlich noch weniger den Verlust von kostenlosen Sozialleistungen, Beschäftigungsgarantie, niedrigen Mieten oder irgendwelchen anderen mit dem Kommunismus verknüpften Vergünstigungen. Einer der Vorzüge des »Europa« nämlich, das sich der Osten vorstellte, lag in der Aussicht auf Wohlstand *und* Sicherheit, Freiheit *und* Schutz. Man glaubte, alles haben zu können: Sozialismus und Freiheit.

Solche Euroträume waren die ersten Vorboten der unausweichlichen Enttäuschung. Das aber begriffen damals nur wenige. Auf dem Markt der alternativen Modelle stellte der amerikanische Way of Life noch einen Minderheitengeschmack dar, und Amerika war trotz seines weltweiten Einflusses weit weg. Die andere Supermacht dagegen stand unmittelbar vor der Tür. Die Satellitenstaaten Osteuropas waren alle Kolonien des kommunistischen Imperiums mit Sitz in Moskau. Daher lassen sich die Veränderungen von 1989 gar nicht so sehr den einheimischen gesellschaftlichen oder politischen Kräften zuschreiben – egal ob den katholischen Organisationen im slowakischen Untergrund, Rockbands in Polen oder freidenkenden Intellektuellen überall. Letztlich zählte immer nur Moskau.

In den stürmischen Nachbeben der Befreiung schmälerten viele Osteuropäer die Bedeutung Moskaus, um ihren eigenen Beitrag herauszustreichen. Im Januar 1992 beklagte József Antall, damals Führer des Demokratischen Forums, heute ungarischer Ministerpräsident, vor einem ungarischen Publikum, daß der Westen die heldenhafte Rolle der Mitteleuropäer beim Sturz des Kommunismus nicht genügend würdige: »Es muß ein Ende haben mit dieser unerwiderten Liebe, denn wir blieben auf unseren Posten, wir kämpften unsere Kämpfe, ohne einen Schuß abzugeben, und wir haben den Dritten Weltkrieg für sie gewonnen.« Antalls bitteres Fazit mag ja für seine Zuhörer sehr schmeichelhaft gewesen sein, geht aber an der historischen Wahrheit von 1989 vorbei. Wenn Osteuropas Massen, Intellektuelle und Gewerkschaftsführer »den Dritten Weltkrieg gewonnen haben«, dann ganz einfach, weil Michail Gorbatschow sie gewähren ließ.

Am 6. Juli 1989 hielt Gorbatschow eine Rede in Straßburg vor dem Europarat und teilte seinen Zuhörern mit, die Sowjetunion werde Reformen in Osteuropa nicht im Wege stehen. Das bleibe »ganz allein den Menschen dort überlassen«. Am 7. Juli 1989 auf einer Konferenz der Ostblockführer in Bukarest versicherte der sowjetische Staatschef, daß jeder sozialistische Staat das Recht habe, ohne äußere Einmischung seinen eigenen Weg zu gehen. Fünf Monate später sagte er Präsident Bush in einer Kabine der *Maxim Gorki* vor der Küste Maltas zu, daß kein Versuch gemacht werde, die kommunistischen Regime Osteuropas mit Gewalt an der Macht zu halten. Er ließ keinen Zweifel an seiner Haltung. Gorbatschow war, wie Michnik es 1988 formulierte, »der Gefangene seiner außenpolitischen Erfolge«. Nachdem die Metropole eines Imperiums so öffentlich erklärt hatte, daß sie nicht an ihren kolonialen Randgebieten festhalten werde, festhalten könne – und für diese Erklärung weltweit bejubelt worden war –, waren ihre Kolonien verloren und mit ihnen die einheimischen Kollaborateure des Imperiums. Zu klären blieb nur noch, wie und wohin sie fallen würden.

Die Kollaborateure begriffen sicherlich, was da vor sich ging: Zwischen Juli 1988 und Juli 1989 trafen Károly Grósz und Miklós Németh, die führenden Reformer in der ungarischen Partei, bei vier verschiedenen Besuchen in Moskau mit Michail Gorbatschow zusammen. Auch ihr Kollege Rezsõ Nyers führte am 7. Juli 1989, dem Tag nach Kádárs Tod, ein Gespräch in Bukarest mit Gorbatschow, zu einem Zeitpunkt, als bereits klar war, daß ihre Sache verloren war. Gorbatschow tat nichts, was die Revolutionen von 1989 direkt beschleunigt oder gefördert hätte. Er sah einfach zu. 1849 hatte die russische Intervention das Schicksal der ungarischen und anderer Revolutionen dieses Jahres besiegelt. 1989 sicherte die russische Untätigkeit ihren Erfolg.

Doch Gorbatschow tat mehr, als die Kolonien einfach ihrem Schicksal zu überlassen. Indem er andeutete, daß er nicht intervenieren würde, nahm er den Machthabern in den Satellitenstaaten die einzige Basis ihrer politischen Legitimität: das Versprechen (oder die Androhung) einer Moskauer Militärintervention. Ohne diese Drohung waren die einheimischen Regime politisch entblößt. Wirtschaftlich hätten sie vielleicht noch ein paar Jahre weiterwursteln können, doch auch in diesem Punkt war der sowjetische Rückzug unerbittlich. Sobald Moskau begonnen hätte, für seine Exporte in Comecon-Länder Weltmarktpreise zu verlangen (was es 1990 tat), wäre diese Staaten, da in hohem Maße von imperialen Subventionen abhängig, ohnehin zusammengebrochen.

Dieses letzte Beispiel legt den Schluß nahe, daß Gorbatschow den Kommunismus in Osteuropa aufgab, um ihn in Rußland selbst zu retten – so wie Stalin einst die Satellitenstaaten nicht um ihrer selbst willen schuf, sondern um seine Westgrenze zu sichern. Taktisch verrechnete sich Gorbatschow hoffnungslos; zwei Jahre später sollten die Lehren Osteuropas in der Heimat des Befreiers gegen ihn selbst verwendet werden. Doch strategisch war seine Leistung ungeheuer und ohne Beispiel. Kein anderes Großreich der dokumentierten Geschichte hat seine Besitzungen jemals so rasch, so bereitwillig und mit so wenig Blutvergießen aufgegeben. Zwar kann Gorbatschow für die Ereignisse von 1989 kein direktes Verdienst in Anspruch nehmen – er hat sie nicht geplant und ihre langfristige Bedeutung nur verschwommen erahnt –, aber er war ihre bereitwillige und beschleunigende Ursache. Es war Gorbatschows Revolution.

Vierter Teil
Nach dem Zusammenbruch: 1989–2005

XX
Ein Kontinent in Auflösung

> Ich brauche gar nichts zu tun, um es aufzuhalten; die Sowjets werden es für mich tun. Sie werden dieses größere Deutschland niemals vor ihrer Haustür dulden.
>
> *François Mitterrand, 28. November 1989*

> Als wir anfingen, haben wir nicht begriffen, wie groß die Probleme sind, denen wir uns gegenübersahen.
>
> *Michail Gorbatschow, 1990*

> Unser Land hat kein Glück gehabt. Man hat entschieden, dieses marxistische Experiment an uns auszuprobieren. Am Ende haben wir bewiesen, daß es keinen Raum für diese Idee gibt – sie hat uns einfach von dem Weg abgebracht, den die zivilisierten Länder der Welt eingeschlagen haben.
>
> *Boris Jelzin, 1991*

> Die Existenz der tschechischen Nation war nie gewiß, und genau diese Ungewißheit ist ihr auffälligstes Merkmal.
>
> *Milan Kundera*

Vom Kommunismus befreit, erlebte Osteuropa einen zweiten, noch verblüffenderen Wandel. Im Laufe der neunziger Jahre verschwanden vier überkommene Staaten von der Landkarte des Kontinents, während zugleich vierzehn andere neu entstanden – oder wieder Gestalt annahmen. Die sechs westlichsten Republiken der Sowjetunion – Estland, Lettland, Litauen, Weißrußland, Ukraine und Moldawien – wurden, wie Rußland auch, zu unabhängigen Staaten. Die Tschechoslowakei zerfiel in zwei voneinander geschiedene Staaten, nämlich in die Slowakei und die Tschechische Republik. Und Jugoslawien zerbrach in seine ehemals konstituierenden Länder: Slowenien, Kroatien, Bosnien-Herzegowina, Serbien-Montenegro und Mazedonien.

Dieses Entstehen und Zerbrechen von Staaten war von der Größenordnung her mit den Auswirkungen der Pariser Vorortverträge nach Ende des Ersten Weltkriegs vergleichbar – in gewisser Hinsicht aber noch dramatischer. Die Nationalstaaten, die sich in Versailles formierten, bildeten den Höhepunkt und Abschluß einer langwierigen Entwicklung, die in der Mitte des 19. Jahrhunderts und teilweise noch früher begonnen hatte, und ihr Entstehen war deshalb keine Überraschung. Doch daß sich am Ende des 20. Jahrhunderts Ähnliches ereignen könnte, wurde von niemandem vorausgesehen. Tatsächlich waren drei dieser Staaten, die während der neunziger Jahre verschwinden sollten – die Tschechoslowakei, Jugoslawien und die UdSSR – ein Produkt des Ersten Weltkrieges.

Nun ist es kein Zufall, daß es sich bei allen dreien um die als letzte verbliebenen föderativen Vielvölkerstaaten der Region handelte. Der territoriale Zerfall in den Neunzigern ging mit dem Zusammenbruch des letzten der vier kontinentalen Kaiserreiche einher – dem Rußlands. Es war im Endeffekt das hinausgeschobene Nachspiel der postimperialen Staatenbildung, die im Anschluß an den Zusammenbruch der drei übrigen erfolgt war: der osmanischen Türkei, des habsburgischen Österreich und des Wilhelminischen Deutschlands. Doch die Logik des imperialen Zerfalls hätte nicht von sich aus die institutionelle Neugliederung Osteuropas ausgelöst. Wie schon so oft in der Vergangenheit wurde das Schicksal der Region von Ereignissen bestimmt, die in Deutschland ihren Ursprung hatten.

Das Verdienst der Wiedervereinigung Deutschlands – in einem Jahrzehnt der Trennungen ein einmaliger Fall von Zusammenführung – gebührt in erster Linie Helmut Kohl. Der Bundeskanzler zauderte zunächst wie jeder andere auch – am 28. November 1989 legte er dem Bundestag ein Fünfjahresprogramm vorsichtiger Schritte in Richtung deutscher Einheit vor. Doch nachdem er die ostdeutschen Massen vernommen (und sich der Unterstützung Washingtons versichert) hatte, glaubte Kohl, daß eine Vereinigung Deutschlands nun nicht bloß möglich, sondern unter Umständen sogar dringend geboten sei. Fest stand, daß dem Drang westwärts (seinerzeit täglich 2 000 Menschen) nur Einhalt zu gebieten war, wenn sich der Westen nach Osten ausdehnte. Um die Ostdeutschen am Verlassen ihres Landes zu hindern, schickte sich der deutsche Kanzler an, es abzuschaffen.

Wie im 19. Jahrhundert sollte die deutsche Einheit auch jetzt in erster Linie durch eine Währungsunion erreicht werden, doch die politische Einheit folgte unweigerlich auf dem Fuße. Anfängliches Gerede von einer »Konföderation«, welche die Westdeutschen zunächst befürworteten und die Hans Modrows DDR-Kabinett eifrig anstrebte, wurde rasch aufgegeben. Bei den eilig für März 1990 anberaumten Parlamentswahlen setzten die Kandidaten der Christdemokraten auf die Karte der Einheit. Ihr »Bündnis für Deutschland« errang 48 Prozent der abgegebenen Stimmen: für die Sozialdemokraten, die sich durch ihre offen an den Tag gelegten Vorbehalte selbst ausmanövriert hatten, stimmten gerade einmal 22 Prozent.[1] Die Kommunisten, die frühere SED – die sich nun Partei des Demokratischen Sozialismus (PDS) nannte – vereinigten respektable 16 Prozent auf sich, und das Bündnis '90, ein Zusammenschluß ehemaliger Dissidenten, dem auch Bärbel Bohleys Neues Forum angehörte, mußte sich mit 2,8 Prozent begnügen.[2]

Die erste Maßnahme der neuen Mehrheit in der Volkskammer der DDR, eine Koalition aus CDU, SPD und Liberalen unter dem Ministerpräsidenten Lothar de Maizière, bestand darin, das Land auf die deutsche Einheit festzulegen.[3] Am 18. Mai 1990 wurde der Staatsvertrag über eine »Währungs-, Wirtschafts- und Sozialunion« von den beiden deutschen Staaten unterzeichnet, dessen entscheidende Bestimmung – Einbeziehung der DDR ins Währungsgebiet der Deutschen Mark – am 1. Juli in Kraft trat. Nun konnten die Ostdeutschen ihre praktisch wertlosen Ostmark – bis zu maximal DM 4000 – im ungemein vorteilhaften Verhältnis 1:1 umtauschen. Löhne und Gehälter wurden ab sofort zum selben Kurs in DM ausgezahlt – zunächst eine äußerst wirkungsvolle Maßnahme, um die Ostdeutschen in ihrem Landesteil zu halten, langfristig jedoch mit schlimmen Folgen für die Arbeitsplätze im Osten und den Staatshaushalt der Bundesrepublik.

Nach voraufgegangenen Verhandlungen mit Bonn stimmte die Volkskammer am 23. August dem Beitritt zur Bundesrepublik Deutschland zu. Eine Woche später wurde der »Vertrag zwischen der Bundesrepublik Deutschland und der Deutschen Demokratischen Republik über die Herstellung der Einheit Deutschlands« (Einigungsvertrag) unterzeichnet, durch den die DDR in der Bundesrepublik aufging – wie bei den Märzwahlen von den Wählern gebilligt und nach Artikel 23 Grundgesetz zulässig. Am 3. Oktober wurde der Vertrag rechtswirksam: Die DDR war der Bundesrepublik »beigetreten« und hatte aufgehört zu existieren.

Da die Teilung Deutschlands das Werk der Sieger des Zweiten Weltkriegs gewesen war, konnte die Wiedervereinigung des Landes im Jahre 1990 nur mit deren Ermutigung oder Einverständnis erfolgen. Die DDR war ein Satellitenstaat der Sowjetunion, in dem 1989 noch immer 360000 Rotarmisten stationiert waren. Bei all ihrer Unabhängigkeit stand es auch der Bundesrepublik nicht frei, in *dieser* Angelegenheit autonom zu entscheiden. Was nun Berlin anging, so blieb das Schicksal der Stadt bis zum Abschluß eines Friedensvertrages formal von den einstigen Besatzungsmächten – Frankreich, Großbritannien, USA und Sowjetunion – abhängig.

Weder die Briten noch die Franzosen hatten es mit der Wiedervereinigung Deutschlands besonders eilig. Soweit die Westeuropäer überhaupt an ein vereinigtes Deutschland glaubten, gingen sie – durchaus berechtigt – davon aus, daß ein wiedervereinigtes Deutschland am *Ende* eines langen Wandlungsprozesses in Osteuropa stehen würde, aber nicht gleich an dessen Beginn. So bemerkte Douglas Hurd (damals britischer Außenminister) im Hinblick auf das unmittelbar bevorstehende Ende des Kalten Krieges: »Das war ein System ..., unter dem wir vierzig Jahre lang recht glücklich gelebt haben.«

Margaret Thatcher, seine Ministerpräsidentin, machte aus ihren Befürchtungen kein Hehl. In ihren Memoiren berichtet sie von einer hastig anberaumten Konferenz mit dem französischen Präsidenten François Mitterrand: »Daraufhin holte ich aus meiner Handtasche eine Landkarte, auf der Deutschland in seinen vielfältigen Konfigurationen der Vergangenheit abgebildet war. Diese Veränderungen waren im Hinblick auf die Zukunft nicht sonderlich beunruhigend ... [Mitterrand sagte] Frankreich [habe] in Augenblicken großer Gefahr stets besondere Beziehungen zu Großbritannien entwickelt. Nun habe er das Gefühl, eine solche Zeit sei wieder gekommen ... Auch wenn wir noch nicht herausgefunden hatten, wie wir den deutschen Moloch in die Schranken weisen konnten, so hatten wir doch offenbar den Willen dazu.«

Mrs. Thatcher sorgte sich auch – und damit stand sie nicht allein –, daß die deutsche Vereinigung die Position Michail Gorbatschows erschüttern, vielleicht sogar zu dessen Sturz führen könnte (vergleichbar mit Chruschtschow, der durch die im Zuge der Kubakrise erlittene Demütigung in Ungnade gefallen war). Doch trotz aller ihrer Befürchtungen hatten die Briten nichts zu bieten, was den Ereignissen in Deutschland eine andere Richtung hätte geben können, und so fügten sie sich ins Unvermeidliche. Mitterrand war nicht so leicht zu besänftigen. Mehr als alle anderen Länder beunruhigte die Franzosen der Zusammenbruch der stabilen und vertrauten Verhältnisse in Deutschland und im Ostblock überhaupt.[4]

Die erste Reaktion in Paris war der Versuch, jeden weiteren Schritt in Richtung deutsche Einheit abzublocken – Mitterrand ging sogar so weit, der DDR im Dezember 1989 einen Staatsbesuch abzustatten, um ihre Souveränität demonstrativ zu unterstreichen. Die Einladung Helmut Kohls, einer Feier aus Anlaß der Wiedereröffnung des Brandenburger Tors beizuwohnen, schlug er aus und versuchte die sowjetische Führung davon zu überzeugen, daß Frankreich und Rußland, seit jeher verbündet, ein gemeinsames Interesse hätten, den deutschen Ambitionen einen Riegel vorzuschieben. Tatsächlich rechneten die Franzosen in der Frage der deutschen Einheit mit Gorbatschows Veto – so erläuterte Mitterrand am 28. November 1989 seinen Beratern: »Ich brauche gar nichts zu tun, um es aufzuhalten; die Sowjets werden es für mich tun. Sie werden dieses größere Deutschland niemals vor ihrer Haustür dulden.«

Doch sobald seine Fehleinschätzung deutlich wurde – und nach dem überwältigenden Sieg Helmut Kohls bei den Wahlen in der DDR – wechselte der französische Präsident die Taktik. Die Deutschen könnten ihre Einheit haben, doch nicht gratis und franco. Es müsse vollkommen außer Zweifel stehen, daß das vergrößerte Deutschland keine eigenen Wege gehe, und schon gar nicht in Richtung seiner alten mitteleuropäischen Interessensgebiete. Kohl müsse sich darauf festlegen, das Europa-Projekt unter deutsch-französischer Ägide weiterzuverfolgen, und Deutschland müsse in eine »immer engere« Union eingebunden werden – deren Bedingungen, insbesondere die einer gemeinsamen europäischen Währung, in einem neuen Vertrag festzulegen sei (der Vertrag sollte im Folgejahr im holländischen Maastricht ausgehandelt werden).[5]

Die Deutschen gingen bereitwillig auf alle französischen Bedingungen ein (obwohl die Taktlosigkeit der diplomatischen Manöver Frankreichs eine Zeitlang für eine Abkühlung der Beziehungen sorgte) – ein Echo früherer Tage, als Bonn sich nach 1955 einverstanden erklärte, »Europa« auf die sechs Gründungsmitglieder der Gemeinschaften zu beschränken, um die Besorgnisse zu zerstreuen, welche die Franzosen hegten, als Deutschland die vollständige Souveränität erhalten sollte. In den folgenden Monaten machte Kohl außerdem noch eine Reihe von geringfügigen Konzessionen Paris gegenüber, um es für sein Einverständnis zu belohnen.[6] Im Interesse der Einheit war er durchaus bereit, die nervös gewordenen europäischen Nachbarn Deutschlands zu beschwichtigen. Jedenfalls war Kohl – in Ludwigshafen gebürtig und als Pfälzer, wie der Rheinländer Adenauer, instinktiv westwärts orientiert – nicht über Gebühr bekümmert bei dem Gedanken, Deutschland noch fester an die Europäische Gemeinschaft zu binden.

Am wichtigsten aber war, daß der deutsche Kanzler Rückenwind spürte, wie jeder Photograph jener Zeit gerne bestätigen wird: Die deutsche Einheit besaß die vollständige Unterstützung der Vereinigten Staaten. Wie alle anderen, so war auch die Regierung des Präsidenten Georg Bush zunächst im Einvernehmen mit ihren Verbündeten davon ausgegangen, daß die deutsche Einheit erst zustande kommen könne, wenn die Umwälzungen in der UdSSR und in Osteuropa ihr nicht vorhersagbares Ende gefunden hätten – und auch dann nur mit sowjetischer Einwilligung. Aber Washington erfaßte die vorherrschende Stimmung schneller, insbesondere nach einer Umfrage im Februar 1990, die ergeben hatte, daß 58 Prozent der Bundesdeutschen ein vereintes und *neutrales* Deutschland befürworteten. Dies wäre nun genau die Folge gewesen, welche die USA (und zugleich viele Politiker der Bundesrepublik) am meisten fürchteten: ein vergrößertes Deutschland, neutral und ungebunden in der Mitte Europas, das seine Nachbarn zu beiden Seiten destabilisierte und beunruhigte.

Die USA engagierten sich daher ohne Wenn und Aber für Kohls Ziele, um zu gewährleisten, daß von den Deutschen zu keiner Zeit die Wahl zwischen Einheit und westlichem Bündnis verlangt werde. Unter dem Druck Washingtons waren die Franzosen und Briten schließlich bereit, sich mit den Russen und Vertretern der beiden deutschen Staaten zusammenzusetzen, um die Bedingungen für die Entstehung eines neuen Deutschlands auszuhandeln. Diese sogenannten Zwei-plus-vier-Gespräche, die von den Außenministern von Februar bis September 1990 geführt wurden, mündeten in einen »Vertrag über die abschließende Regelung in bezug auf Deutschland«, der am 12. September in Moskau unterzeichnet wurde.

Mit diesem Vertrag, der die Außengrenzen der beiden derzeitigen Staaten als die künftigen Grenzen Gesamtdeutschlands anerkannte, endete am 2. Oktober 1990 um 24 Uhr auch der Viermächtestatus der Stadt Berlin. Die Sowjetunion gestand dem vereinigten Deutschland den Verbleib in der Nato zu, außerdem wurden Vereinbarungen getroffen, die den Abzug der Roten Armee aus Deutschland und die Auflösung aller fremden Garnisonen in Berlin betrafen (nach dem Ende des auf vier Jahre angelegten Truppenabzugs sollte zukünftig nur ein kleines Kontingent von Nato-Verbänden auf deutschem Boden stationiert sein).

Warum ließ Michail Gorbatschow die deutsche Wiedervereinigung so bereitwillig geschehen? Jahrzehntelang war es das vorrangige strategische Ziel der Sowjetunion gewesen, den territorialen Status quo in Mitteleuropa zu erhalten: Moskau hatte sich – wie London, Paris und Washington – mit dem geteilten Deutschland längst arrangiert und schon lange Stalins Nachkriegsziel aufgegeben, Bonn aus dem westlichen Bündnis herauszulösen. Doch anders als die Franzosen und Briten war die sowjetische Führung noch immer in der Lage, den Wiedervereinigungsprozeß zu blockieren, zumindest im Prinzip.

Doch Gorbatschow mußte sich, wie jeder andere im Jahre 1990, auf einen Blindflug einlassen. Niemand im Osten oder Westen, hatte einen Plan für den Fall, daß die DDR zerfiel; und Entwürfe für die deutsche Einheit gab es schon gar nicht. Doch anders als seine westlichen Amtskollegen hatte der Staatschef der Sowjetunion keine vernünftigen Alternativen. Realistischerweise konnte er nicht darauf hoffen, die deutsche Einheit zu verhindern, ohne seine friedlichen öffentlichen Verlautbarungen Lügen zu strafen und seine Glaubwürdigkeit schwer zu schädigen. Anfangs hatte er sich gegen das Aufgehen des ganzen Deutschland in der Nato gewehrt,[7] und selbst als er in diesem Punkt im Prinzip schon nachgegeben hatte, bestand er nach wie vor darauf, daß Nato-Truppen bei einer Verlegung ostwärts einen Abstand von 300 Kilometern zur polnischen Grenze wahren müßten – was der amerikanische Außenminister James Baker seinem sowjetischen Kollegen im Februar 1990 auch wirklich versprach. Doch als es dann später zum Bruch dieses Versprechens kam, fehlte Gorbatschow die Möglichkeit zur Intervention.

Was er indes herausschlagen *konnte*, das war ein Preis für seine Zugeständnisse. Wie der Bundeskanzler richtig vorhergesehen hatte, war die UdSSR für finanzielle Überzeugungsarbeit nicht unempfänglich. Zunächst hatte Gorbatschow versucht, den Fortgang der Einigungsverhandlungen an ein Unterpfand von 20 Milliarden Dollar zu knüpfen, bevor er sich schließlich mit ungefähr acht Milliarden und weiteren knapp zwei Milliarden als zinslosem Kredit einverstanden erklärte. Insgesamt transferierte Bonn in den Jahren 1990 bis Ende 1994 den Gegenwert von 71 Milliarden Dollar in die Sowjetunion (beziehungsweise Rußland) und weitere 36 Milliarden in die ehemals kommunistischen Länder Osteuropas. Um die sowjetische (und polnische) Furcht vor »großdeutschen« Bestrebungen zu zerstreuen, war Kohl sogar bereit, die Ostgrenzen Deutschlands als bleibend anzuerkennen und dieser bindenden Zusage im Jahr darauf die Form eines Vertrages mit Polen zu geben.

Nachdem Moskau die bestmöglichen Konditionen durchgesetzt hatte, war es bereit, die DDR aufzugeben. Im Pokerspiel mit Washington machte die Sowjetunion das beste aus ihrer schlechten Karte und gab – offiziell protestierend, aber ohne ehrliches Bedauern – ihren empörten ostdeutschen Trabanten preis. Es war weitaus sinnvoller, mit einem neuen Deutschland, das freundlich gesinnt und dankbar war, eine strategische Beziehung zu begründen, als es sich zum Feind zu machen, und aus sowjetischer Sicht war ein vereintes Deutschland, das in der Umklammerung des Westens dauerhaft festgehalten – und eingedämmt – war, gar kein so schlechtes Ergebnis.

Die DDR war nicht sonderlich beliebt. Doch schied sie nicht vollkommen unbetrauert dahin. Nicht nur bundesdeutsche Intellektuelle wie Günter Grass und Jürgen Habermas, die sich um die Seele eines wiedervereinigten »größeren« Deutschland sorgten,[8] auch viele Ostdeutsche, die kein anderes Vaterland gekannt hatten, verfolgten mit gemischten Gefühlen, wie ihnen »ihr« Deutschland unter den Füßen fortgezogen wurde. Zwei Generationen waren in der DDR herangewachsen. Mag sein, daß sie den teilweise abenteuerlich übertriebenen Selbstdarstellungen des Staates nicht getraut hatten, aber gänzlich unbeeindruckt von der offiziellen Propaganda konnten sie auch nicht geblieben sein. So war es wenig verwunderlich, daß noch lange nach 1989 ostdeutsche Sekundarschüler der Meinung waren, ostdeutsche Truppen hätten Seite an Seite mit der Roten Armee gekämpft, um ihr Land von Hitler zu befreien.

Diese indoktrinierte Wahrnehmungsverzerrung war ein wesentlicher Teil der DDR-Identität und trug nicht gerade dazu bei, den desorientierten Exbürgern die »Rückkehr« nach Deutschland zu erleichtern, zumal »ihr« Deutschland systematisch aus den offiziellen Registern gelöscht wurde. Die Namen von Städten, Straßen, Gebäuden, Stadt- und Landkreisen wurden geändert, was oftmals die Rückkehr zu den Bezeichnungen der Zeit vor 1933 bedeutete. Rituale und Gedenktage wurden wieder ausgegraben. Dies war jedoch nicht die Rettung der

Geschichte, sondern ihre Vernichtung – es war, als hätte es die DDR niemals gegeben. Als Erich Mielke wegen Mordes vor Gericht gestellt und verurteilt wurde, geschah das nicht etwa für Verbrechen, die er als Chef der Stasi befohlen hatte, sondern wegen eines politischen Verbrechens, das er 1931 begangen hatte und dessen Beweise aus NS-Ermittlungsakten stammten.

Mit anderen Worten, statt sich mit der düsteren Geschichte der DDR auseinanderzusetzen, wurden ihre früheren Staatsbürger nun aufgefordert, diese Geschichte zu vergessen – eine ironische Neuauflage jenes Vergessens, das die fünfziger Jahre der Bundesrepublik prägte. Wie in den Anfangsjahren der Bundesrepublik sollte auch nach 1989 der Wohlstand die Antwort sein. Deutschland wollte sich von der Geschichte freikaufen. Kein Zweifel, die DDR war ein Therapiefall. Nicht nur ihre Institutionen brachen weg – ein Großteil ihrer materiellen Infrastruktur war ebenfalls schrottreif. 40 Prozent des Wohnungsbestands waren vor 1914 erbaut (in der Bundesrepublik waren es 1989 keine 20 Prozent); ein Viertel aller Häuser besaß kein Bad, ein Drittel verfügte lediglich über Außentoiletten, und in mehr als 60 Prozent der Wohnungen gab es keinerlei Zentralheizung.

Wie zuvor bei den Abmachungen mit Moskau, so reagierte Bonn auch auf dieses Problem mit enormem Geldaufwand. In den ersten drei Jahren nach der Wiedervereinigung flossen umgerechnet 1200 Milliarden Euro von West nach Ost; Ende 2003 hatten die in die ehemalige DDR investierten Gelder die Marke von 1,2 Billiarden Euro erreicht. Die Ostdeutschen wurden auf dem Subventionswege in die Bundesrepublik integriert: Arbeitsplätze, Renten, Transport- und Bildungswesen, Wohnraum wurden durch eine gewaltige Steigerung der Staatsausgaben gesichert. Kurzfristig half dies – und bestärkte die Ostdeutschen weniger im Vertrauen auf den freien Markt als vielmehr im Glauben an die schier unerschöpflichen öffentlichen Kassen der Bundesrepublik. Doch nachdem die erste Wiedervereinigungseuphorie verflogen war, fühlten sich viele »Ossis« von der gönnerhaften Großspurigkeit der Brüder und Schwestern aus dem Westen abgestoßen – eine Empfindung, die sich die Exkommunisten in künftigen Wahlen mit beträchtlichem Erfolg zunutze machten.

Um seine westdeutschen Wähler – welche die Wiedervereinigung keineswegs geschlossen mit ungetrübter Begeisterung begrüßt hatten – nicht zu verprellen, hatte Kohl inzwischen beschlossen, auf eine Steuererhöhung zu verzichten. Statt dessen hatte die Bundesrepublik – die bisher stets beträchtliche Leistungsbilanzüberschüsse verzeichnet hatte – keine andere Wahl, als den Weg in die Verschuldung anzutreten, um den neuen enormen Verpflichtungen nachkommen zu können. Die Bundesbank, entsetzt über die inflationsfördernde Wirkung einer solchen Politik, begann daher 1991 – genau in dem Augenblick, als die Deutsche

Mark für immer an die geplante europäische Gemeinschaftswährung gebunden wurde – mit einer stetigen Leitzinserhöhung. Die unmittelbare Folge dieser Zinssätze – ansteigende Arbeitslosigkeit und Verlangsamung des Wirtschaftswachstums – wurden nicht nur in Deutschland spürbar, sondern im ganzen Europäischen Währungssystem. Im Endeffekt exportierte Helmut Kohl die Kosten der Wiedervereinigung seines Landes und halste Deutschlands europäischen Partnern einen Teil der Lasten auf.

Michail Gorbatschows Entgegenkommen gegenüber Deutschland trug sicherlich zu einer Schwächung seiner Stellung im eigenen Lande bei – er hatte sogar James Baker gegenüber besorgt geäußert, ein vereinigtes Deutschland im Rahmen der Nato könne das »Ende der Perestroika bedeuten«. Der Verlust der anderen osteuropäischen Satellitenstaaten ließ sich einem Mißgeschick zuschreiben, doch der Verzicht auf Deutschland wirkte leichtfertig. Der sowjetische Verteidigungsminister Marschall Sergej F. Achromejew war davon überzeugt, Gorbatschow hätte beim Westen bessere Konditionen herausholen können, hätte er sich des Problems nur rechtzeitig angenommen. Mit dieser Auffassung stand der Marschall nicht allein. Doch genau darin lag natürlich Gorbatschows Problem: Ende der achtziger Jahre war er von innenpolitischen Schwierigkeiten so in Anspruch genommen, daß er, wie geschildert, auf die rasche Entstehung von Problemen im »Nahen Westen« der Sowjetunion reagierte, indem er diese in zunehmendem Maße sich selbst überließ.

Doch freundliche Vernachlässigung war keine Option, als es darum ging, auf ähnliche Herausforderungen innerhalb der Grenzen der Sowjetunion zu reagieren. Das russische Reich hatte sich im Laufe der Jahrhunderte durch Eroberung und Zuwachs vergrößert, und vieles, was einmal fremdes Territorium gewesen war, war nun auf das engste mit dem Mutterland verbunden. Eine »Freigabe« in dem Sinne, wie etwa Polen oder Ungarn »freigegeben« worden waren, erschien ausgeschlossen. Doch ihre jüngsten Eroberungen schien die Sowjetunion nur halb verdaut zu haben, zudem waren diese, wie gezeigt, für fremde Einflüsse und Vorbilder nicht unempfänglich: So verhielt es sich mit Mittelasien, dem Kaukasus und vor allem am äußersten westlichen Rand des Sowjetimperiums mit den baltischen Republiken.

Die drei Ostseerepubliken der Union – Estland, Lettland und Litauen – unterschieden sich in dreierlei Hinsicht deutlich von den übrigen. Zunächst einmal waren sie dem Westen näher als jede andere Region der eigentlichen Sowjetunion. Insbesondere Estland stand in Kontakt mit den skandinavischen Ländern, es konnte seit den siebziger Jahren finnisches Fernsehen empfangen und bewußt den Gegensatz zwischen den eigenen Verhältnissen und den Gegebenheiten in den wohlhabenden Nachbarländern verfolgen. Den Litauern, die sich aus historischen und geographischen Gründen vor allem am Nachbarland Polen orientierten, konnte kaum entgangen sein, daß die Polen selbst unter dem Kommunismus erheblich freier und besser gestellt waren als sie selbst.

Zum anderen waren die baltischen Republiken, obwohl sie im Vergleich zu ausländischen Nachbarn wenig schmeichelhaft abschnitten, nach sowjetischen Maßstäben dennoch wohlhabende Länder. Sie waren innerhalb der Sowjetunion auf zahlreichen Gebieten die Hauptlieferanten von Industriegütern – Eisenbahnwaggons, Radioapparate, Papiererzeugnisse – und führend bei der Versorgung mit Fisch, Molkereiprodukten und Textilien. Mit den von ihnen selbst erzeugten Waren und den in ihren Ostseehäfen angelandeten Auslandsprodukten kamen die Litauer, Letten und Esten zumindest flüchtig mit Lebensweisen und Lebensstandards in Berührung, von denen die restliche Bevölkerung der Sowjetunion bestenfalls träumen konnte.

Das dritte und bei weitem bedeutsamste Unterscheidungsmerkmal der baltischen Republiken lag darin, daß sie als einzige auf eine Zeit echter Unabhängigkeit in jüngerer Vergangenheit zurückblicken konnten. Nachdem sie 1919 im Zuge des Zusammenbruchs des Zarenreiches zunächst die Freiheit gewonnen hatten, wurden sie zwanzig Jahre später gemäß dem geheimen Zusatzprotokoll des Deutsch-Sowjetischen Nichtangriffspakts von den sowjetischen Erben der Romanows wieder gewaltsam einverleibt. Doch die Invasion von 1940 war im Bewußtsein der Bevölkerung noch lebhaft gegenwärtig. Im Baltikum führte Gorbatschows *Glasnost* – die an anderer Stelle in der Sowjetunion das Verlangen nach größeren bürgerlichen und wirtschaftlichen Freiheiten auslöste – unvermeidlich wieder zur Frage der staatlichen Unabhängigkeit. *Samisdat* hatte in dieser Region immer und zwangsläufig eine nationalistische Tonlage.

Ein weiterer Grund dafür lag in der »Russen-Frage«. 1945 war die Bevölkerung der drei baltischen Staaten völlig homogen gewesen, das heißt, die Einwohner hatten größtenteils zur vorherrschenden Bevölkerungsgruppe gehört und die einheimische Sprache gesprochen. Doch zu Beginn der achtziger Jahre war die Bevölkerung, vor allem in den beiden nördlichen Republiken, weit stärker durchmischt, weil während und nach dem Kriege Vertreibungen stattgefunden hatten und russische Soldaten, Verwaltungsangestellte und Arbeiter ins Land geströmt waren. In Litauen waren 80 Prozent der Wohnbevölkerung Litauer, doch in Estland waren schätzungsweise nur noch 64 Prozent ethnische und estnischsprachige Esten. In Lettland dagegen betrug der Anteil der gebürtigen Letten bei einer Gesamtbevölkerung von 2,5 Millionen nach der Erfassung von 1980 lediglich 1,35 Millionen: gerade einmal 54 Prozent. Die ländlichen Regionen waren nach wie vor von Letten bevölkert, doch die Städte wurden zunehmend russifiziert, so war Russisch dort auch die vorherrschende Sprache: ein Wandel, der die einheimische Bevölkerung empörte.

Die ersten regionalen Proteste galten daher auch Fragen der Sprache und Volkszugehörigkeit und der damit verbundenen Erinnerung an die von den Sowjets veranlaßten Deportationen von Tausenden einheimischen »subversiven Elementen« nach Sibirien. Am 23. August 1987 fanden in Wilna, Riga und Tallinn gleichzeitig Demonstrationen statt, um an den Jahrestag des Hitler-Stalin-Pakts zu erinnern; drei Monate später gedachte Riga mit einer öffentlichen Veranstaltung der lettischen Unabhängigkeitserklärung von 1918. Ermutigt von diesem Erfolg – oder, besser gesagt, von der ungewohnten Toleranz, mit der die Behörden auf diesen öffentlichen Ausdruck unausgesprochener Dissidenz reagierten –, bildeten sich überall im Lande unabhängige Gruppen und Menschenansammlungen.

So versammelten sich am 25. März 1988 in Riga Hunderte von Menschen, um an die lettischen Deportationen von 1949 zu erinnern; im Juni folgte eine Demonstration aus Anlaß der Vertreibungen von 1940. Der schloß sich eine außergewöhnlich lebhafte Versammlung des bis dahin eher braven lettischen Schriftstellerverbandes an, auf welcher der Plan einer »Lettischen Volksfront« erörtert wurde. Ein paar Wochen später wurde, unter der Ägide des vorgeblich apolitischen »Clubs zur Verteidigung der Umwelt« (VAK), die Lettische Nationale Unabhängigkeitsbewegung ins Leben gerufen. In Estland entwickelten sich die Ereignisse praktisch nach dem gleichen Muster: Nach den Gedenkveranstaltungen von 1987 und einer Reihe von umweltbezogenen Protesten entstand als erstes die »Gesellschaft des Estnischen Erbes«, die sich die Erhaltung und Wiederherstellung einheimischer Kulturdenkmäler zum Ziel gesetzt hatte; im April 1988 bildete sich dann die »Estnische Volksfront« und im August schließlich – einen Monat nach dem lettischen Vorbild – die Estnische Nationale Unabhängigkeitsbewegung.

Das Spektakulärste an diesen überall sich bildenden politischen Bewegungen in Estland und Lettland war die bloße Tatsache ihrer Existenz – und ihre explizit subversiven Namen. Doch ausgerechnet in Litauen, wo die russische Präsenz weit weniger erdrückend war, wurde die Kampfansage an die Sowjetmacht unmißverständlich zum Ausdruck gebracht. Am 9. Juli 1988 kamen in Wilna 100 000 Menschen zusammen, um für Umweltschutz, Demokratie und größere Autonomie zu demonstrieren und die neugegründete SAJUDIS, Bewegung zur Unterstützung der Perestroika, zu ermutigen. Sie kritisierte die Kommunistische Partei Litauens offen wegen ihrer »Unterwürfigkeit« gegenüber Moskau, und auf ihren Transparenten forderte sie unübersehbar den Abzug der Roten Armee. Im Februar 1989 hatte sich SAJUDIS zu einer im ganzen Lande vertretenen politischen Partei entwickelt. Im folgenden Monat gewann sie bei den sowjetischen Wahlen zum Kongreß der Volksdeputierten 36 der auf Litauen entfallenden 42 Sitze.

Diese Wahlen führten in allen drei Republiken zu einem deutlichen Sieg der unabhängigen Kandidaten und weckten ein wachsendes Bewußtsein für einen gemeinsamen baltischen Weg. Dieser wurde am 23. August 1989 noch einmal symbolisch beschworen, als sich von Wilna über Riga bis Tallinn eine 650 Kilometer lange Menschenkette (»Hand in Hand durchs Baltikum«) bildete, um an den 50. Jahrestag des Hitler-Stalin-Pakts zu erinnern. Es beteiligten sich schätzungsweise 1,8 Millionen Menschen – ein Viertel der gesamten Bevölkerung der Region. Da die estnischen und lettischen Unabhängigkeitsbewegungen nun dem litauischen Beispiel folgten und in aller Offenheit die staatliche Unabhängigkeit forderten, schien eine Konfrontation mit Moskau unvermeidlich.

Doch die ließ auf sich warten. Das Jahr 1989 verbrachten die baltischen Unabhängigkeitsbewegungen damit, wider den Stachel zu löcken. Als die neuerdings unabhängig gesinnten Obersten Sowjets zunächst Litauens, dann auch Lettlands ein estnisches Gesetz vom 18. Oktober 1989 aufgriffen und in Kraft setzten, das die Privatisierung einheimischer Staatsbetriebe vorsah, erklärte Moskau den Beschluß für ungültig – wie schon im Falle der estnischen Initiative. Ansonsten enthielt sich die Unionsregierung jeder weiteren Einmischung. Als die lettische Volksfront am 18. Oktober 1989 (einen Tag nachdem Gorbatschow in Berlin öffentlich gemahnt hatte: »Wer zu spät kommt, den bestraft das Leben«) ihre Absicht bekundete, die volle Souveränität anzustreben, waren die sowjetischen Behörden zu sehr mit der eskalierenden Krise in Deutschland beschäftigt, als daß sie darauf hätten reagieren können.

Am 18. Dezember kam es zu einer Spaltung der Kommunistischen Partei Litauens; eine überwältigende Mehrheit sprach sich für sofortige Unabhängigkeit aus. Nun konnte Gorbatschow nicht mehr schweigend zusehen. Am 11. Januar 1990 fuhr er nach Wilna, um sich gegen den beabsichtigten Abfall zu erklären und dringend »Mäßigung« anzuraten. Indessen wirkte sich – und dies nicht zum ersten Male – sein eigenes Beispiel zu seinen Ungunsten aus. Ermutigt von dem Wahlsieg der SAJUDIS und dem Erfolg des sowjetischen Präsidenten, der erreicht hatte, daß das Zentralkomitee der KPdSU ihre von der Verfassung verbriefte »führende Rolle«[9] aufgab, und bestärkt von den gerade eingeleiteten Vier-plus-zwei-Verhandlungen, stimmten alle 124 Abgeordneten des Obersten Sowjets Litauens für die Wiederherstellung der litauischen Unabhängigkeit. Die Verfassung des Staates Litauen von 1938 wurde symbolisch wieder in Kraft gesetzt und die Geltung der Verfassung der UdSSR auf dem Territorium der Republik Litauen für null und nichtig erklärt.

Es sagt eine Menge über den unsicheren Stand der Dinge im Jahre 1990 aus – als sogar die Regierung der russischen Republik nun auf Unabhängigkeit pochte und den Vorrang russischer Gesetze gegenüber sowjetischem Recht geltend machte –, daß die Moskauer Machthaber auf die Deklaration von Wilna mit nichts Bedrohlicherem als der Verfügung eines Wirtschaftsboykotts reagierten. Unfähig, einer Abspaltung Litauens entgegenzuwirken, war Gorbatschow immerhin noch imstande, jenes militärische Eingreifen zu verhindern, das viele der Hardliner unter seinen Kollegen nun forderten. Auch der Boykott selbst wurde im Juni aufgehoben als Gegenleistung für das litauische Einverständnis, die volle Rechtswirksamkeit der Unabhängigkeitserklärung einstweilen »auszusetzen«.

Nach sechs Monaten Hektik, in denen praktisch jede andere größere Sowjetrepublik ihre »Souveränität«, wenn nicht sogar ihre volle Unabhängigkeit erklärte, wurde Gorbatschows Position unhaltbar. Seine Bemühungen, die baltischen Initiativen einzudämmen, hatten seinem Ruf als »Reformer« geschadet, während seine Unfähigkeit, die Forderungen nach Autonomie, Souveränität und Unabhängigkeit zu unterdrücken, unter seinen Kollegen und – weitaus bedrohlicher – in den Reihen des Militärs und der Staatssicherheit beträchtlichen Unmut weckte. Am 20. Dezember 1990 trat Gorbatschows Außenminister Eduard Schewardnadse zurück und warnte öffentlich vor der drohenden Gefahr eines Staatsstreichs.

Am 10. Januar 1991 – die USA und ihre Verbündeten waren vom Golfkrieg mit dem Irak gründlich in Anspruch genommen und abgelenkt – verlangte Gorbatschow in seiner Eigenschaft als Präsident der Union ultimativ von Litauen die künftige Respektierung der Verfassung der UdSSR. Am folgenden Tag brachten Elitetruppen des KGB und des sowjetischen Innenministeriums in Wilna die öffentlichen Gebäude in ihre Gewalt und setzten ein Komitee zur nationalen Errettung Litauens ein. 24 Stunden später griffen sie die Radio- und Fernsehstudios in der Innenstadt an und schossen auf Demonstranten, die sich in großer Zahl dort eingefunden hatten: 14 Zivilisten wurden getötet, 700 verwundet. Eine Woche später stürmten dieselben Einheiten das lettische Innenministerium in Riga und brachten 4 Menschen um.

Die blutigen Ereignisse im Baltikum waren das Zeichen für die Eröffnung des großen Finales in der Sowjetunion. Innerhalb einer Woche hatten sich mehr als 150 000 Menschen in Moskau versammelt, um gegen die Schießereien zu demonstrieren. Boris Jelzin, ehemaliger Sekretär des Moskauer Stadtsowjets und – seit Mai 1990 – Vorsitzender des russischen Obersten Sowjets, begab sich nach Tallinn. Fast den ganzen Sowjetapparat übergehend, unterzeichnete er die wechselseitige Anerkennung der »Souveränität« Rußlands und der baltischen Staaten. Im März 1991 bewiesen Volksentscheide in Lettland und Estland, daß die

Wähler auch dort mit überwältigender Mehrheit für die volle Unabhängigkeit eintraten. Gorbatschow, der nur halbherzig damit begonnen hatte, auf die widerspenstigen Republiken Druck auszuüben, revidierte nun seine ursprüngliche Einstellung und versuchte statt dessen vergeblich, mit ihnen zu einem Modus vivendi zu gelangen.

Doch der sowjetische Präsident wurde nun von beiden Seiten angegriffen. Sein Zaudern, die Balten endgültig zur Raison zu bringen, befremdete seine militärischen Verbündeten (zwei der Generäle, welche die Angriffe in Wilna und Riga befehligten, spielten bei dem späteren Staatsstreich in Moskau eine führende Rolle). Doch auch seine früheren Freunde und Bewunderer trauten ihm nicht mehr. Im März 1991 prangerte Jelzin öffentlich Gorbatschows »Lügen und Täuschungen« an und forderte ihn zum Rücktritt auf, womit er sich über offizielle Anweisungen hinwegsetzte, die ihn bei Androhung einer Amtsenthebung zum Stillschweigen aufgefordert hatten. Das baltische Beispiel wurde inzwischen von anderen Republiken aufgegriffen.

Solange die übergreifenden Strukturen der Sowjetmacht intakt waren, hatten die kommunistischen Herrscher von der Ukraine bis Kasachstan ihre »Reformen« auf eine vorsichtige Nachahmung Gorbatschows beschränkt. Doch nach dem Debakel im Baltikum signalisierten dieselben hochempfindlichen Antennen, die sie auf die Perestroika eingestellt hatten, daß nun die Union selbst zum Untergang verurteilt sein könnte; auf jeden Fall war für alle erkennbar, daß der sowjetische Präsident für bestimmte maßgebliche Kreise bereits erledigt war. Während in der neuen Politik der baltischen Republiken eine echte nationale Wiedergeburt stattfand, lavierten die vielen anderen Republiken mit einer wechselnden Mischung aus Nationalgefühl und Selbsterhaltungstrieb der Nomenklatura, um ihre »Souveränität« zu erhalten. Eine gehörige Portion Furcht kam hinzu: Wenn Sicherheit und Autorität in der Staatsspitze abhanden kämen – oder, schlimmer noch, von Gorbatschows Feinden einseitig und gewaltsam wieder hergestellt würden –, könnte es wohl besser sein, die wichtigen Machtmittel in den Händen Einheimischer zu wissen. Am Ende begann sich unter den sowjetischen Wirtschaftsführern die Erkenntnis durchzusetzen, daß im Falle eines Zusammenbruchs des Machtzentrums eine gewaltige Menge wertvollen öffentlichen Vermögens jedem Zugriff offenstehe: Parteivermögen, Schürfrechte, Staatsgüter, Fabriken, Steuereinnahmen und so weiter.

Die bei weitem wichtigste der künftig »souveränen« Republiken, die Ukraine,[10] machte nun ihre besonderen Forderungen geltend. Wie die Ostseerepubliken, so blickt auch die Ukraine auf eine lange (wenn auch wechselvolle) Geschichte der Unabhängigkeit zurück, die in den Nachwehen des Ersten Weltkriegs zuletzt bestätigt wurde und prompt wieder verlorenging. Sie war zudem mit der Geschichte Rußlands auf das engste verknüpft: In den Augen vieler russischer Nationalisten gehörte die Kiewer »Rus« – das mittelalterliche Großfürstentum um die Hauptstadt Kiew reichte von den Karpaten bis an die Wolga – ebenso untrennbar zum nationalen Selbstverständnis wie Rußland selbst. Doch von näherliegender und praktischerer Bedeutung waren die materiellen Ressourcen der Region.

Die Ukraine, durch die Rußlands Zugänge zum Schwarzen Meer (und damit zum Mittelmeer) sowie nach Mitteleuropa führten, war die Hauptstütze der sowjetischen Wirtschaft. Sie umfaßte nur 2,7 Prozent der Landmasse der UdSSR, beherbergte aber 18 Prozent der Gesamtbevölkerung und trug mit knapp 17 Prozent zum BSP bei; nur der russische Beitrag war größer. In den letzten Jahren der Sowjetunion gebot die Ukraine über 60 Prozent der Kohlevorkommen und den größeren Teil der nationalen Titanproduktion (von besonderer Bedeutung für die Stahlproduktion). Der ungewöhnlich fruchtbare Boden des Landes brachte den Gegenwert von mehr als 40 Prozent aller sowjetischen Agrarprodukte hervor.

Daß die Ukraine eine besondere Rolle in der russischen und sowjetischen Geschichte gespielt hatte, spiegelte sich auch in der sowjetischen Führung wider. Nikita Chruschtschow und Leonid Breschnew waren Russen, die aus der östlichen Ukraine stammten – Chruschtschow kehrte in den dreißiger Jahren als Erster Sekretär der ukrainischen Partei wieder dorthin zurück. Konstantin Tschernenko war Sohn eines ukrainischen Kulaken, der nach Sibirien verschleppt wurde, und Juri Andropow war an die Partei- und Staatsspitze gelangt, weil er zuvor den strategisch äußerst wichtigen Posten des KGB-Chefs der Ukraine innegehabt hatte. Doch diese enge Verbindung zwischen der ukrainischen Republik und der sowjetischen Führung brachte der Bevölkerung keine Vorzugsbehandlung.

Ganz im Gegenteil. Über große Teile ihrer Geschichte als Sowjetrepublik wurde die Ukraine wie eine innere Kolonie behandelt: ihre natürlichen Ressourcen wurden ausgebeutet, die Bevölkerung schärfstens überwacht (und in den dreißiger Jahren strafweise Repressionen unterworfen, die fast auf einen Völkermord hinausliefen). Ukrainische Erzeugnisse – hauptsächlich Nahrungsmittel und Ferrometalle – wurden in die übrigen Regionen der Union zu massiv subventionierten Preisen geliefert, eine Praxis, die beinahe bis zum Schluß beibehalten wurde. Nach dem Zweiten Weltkrieg wurde die Ukraine durch Annexion des zu Polen gehörigen Ostgaliziens sowie des westlichen Wolyniens erheblich vergrößert. Die alteingesessene polnische Bevölkerung wurde, wie geschildert, nach Westen vertrieben und durch Zwangsansiedlung von Ukrainern aus Polen ersetzt.

Dieser Bevölkerungsaustausch – nebst der Vernichtung eines großen Teils der jüdischen Gemeinden während des Krieges – führte dazu, daß die Bevölkerung der Region nach sowjetischen Maßstäben recht homogen war. Während 1990 in der Russischen Sowjetrepublik noch mehr als 100 ethnische Minderheiten anzutreffen waren, von denen dreißig in »autonomen Gebieten« lebten, stellten die Ukrainer 84 Prozent der Bevölkerung ihrer Republik. Beim größten Teil der übrigen Bevölkerung handelte es sich um Russen (11 Prozent), dazu kamen einige wenige Moldauer, Polen, Ungarn, Bulgaren und die Juden, die überlebt hatten. Wichtiger ist vielleicht, daß die einzige nennenswerte Minderheit – die Russen eben – schwerpunktmäßig im industrialisierten Osten des Landes und in der Hauptstadt Kiew ansässig waren.

In der Zentral- und der Westukraine, insbesondere im Gebiet um Lemberg, der zweitgrößten Stadt, dominierten die ukrainische Sprache und, konfessionell gesehen, die orthodoxe Kirche des Ostens beziehungsweise die mit Rom unierte Kirche griechisch-katholischen Ritus. Dank der relativen Toleranz der Habsburger war den »Ruthenen« (Ukrainern) in Galizien die Pflege ihrer Muttersprache nicht verwehrt. Je nach Wohnbezirk diente sie daher dort noch 1994 zwischen 78 und 91 Prozent der Bevölkerung als Verkehrssprache, während in den Landesteilen, die zum Zarenreich gehört hatten, selbst den Leuten, die sich als Ukrainer betrachteten, das Russische geläufiger war.

Wie gezeigt, wies die sowjetische Verfassung den Bewohnern der einzelnen Republiken eine eigene nationale Identität zu und definierte zudem alle Unionsbürger nach ethnisch-nationalen Kriterien. Wie andernorts, so wohnte diesem Umstand auch in der Ukraine – insbesondere in der unlängst annektieren West-Ukraine – eine Art selbsterfüllende Prophezeiung inne. In früherer Zeit, als die eigentliche Landessprache fast ausschließlich auf dem flachen Lande gesprochen wurde, während sich die sowjetisch dominierten Städte ans Russische hielten, war der theoretisch dezentrale und föderale Charakter dieser Union von eigenstaatlichen Republiken bestenfalls für Wissenschaftler und Sowjetapologeten von Interesse. Doch mit der wachsenden Zahl der ukrainischsprechenden Stadtbewohner, Medien, die sich des Ukrainischen bedienten, und einer politischen Elite, die sich nun bewußt mit »ukrainischen« Anliegen identifizierte, wurde der ukrainische Nationalismus nun, wie nicht anders zu erwarten, zu einer festen Größe im sowjetischen Auflösungsprozeß.[11]

Eine nicht parteigebundene Bewegung – RUCH (Volksbewegung für Perestroika) – wurde im November 1988 in Kiew gegründet und sollte für lange Zeit die einzige autonome ukrainische politische Organisation bleiben. Sie gewann beträchtlichen politischen Rückhalt, insbesondere in den größeren Städten und bei den Reformkommunisten der Sechziger-Ära. Doch in deutlichem Gegensatz zu den Unabhängigkeitsbewegungen im Baltikum konnte RUCH nicht automatisch mit massenhafter Unterstützung der Bevölkerung rechnen und brachte daher auch keinerlei Grundströmung nationaler Gefühle zum Ausdruck. Bei den Wahlen zum Obersten Sowjet der Ukraine im März 1990 sicherten sich die Kommunisten eine klare Mehrheit, RUCH gewann nicht einmal ein Viertel der Sitze.

Daher waren es nicht etwa ukrainische Nationalisten, welche die Initiative ergriffen, sondern die Kommunisten selbst. Im Obersten Sowjet der Ukraine stimmten die Kommunisten am 16. Juli 1990 für die Erklärung der ukrainischen »Souveränität« und bekräftigten das Recht der Republik, eigene Truppen zu unterhalten und den eigenen Gesetzen Vorrang zu geben. Und so geschah es unter der Leitung von Leonid Krawtschuk – einem kommunistischen Apparatschik und ehemaligen Parteisekretär für Fragen der Ideologie –, daß die Ukrainer sich im März 1991 an einem Allunions-Referendum beteiligten und ihre dauerhafte Unterstützung eines föderalen, wenngleich »erneuerten« Systems (Gorbatschows Formulierung) zum Ausdruck brachten. Nur in der West-Ukraine, wo man die Wähler fragte, ob sie eine unmittelbare Unabhängigkeit befürworteten oder eine föderationsinterne Souveränität, wurden die Kommunisten von den Anhängern eines vollständigen Bruchs mit Moskau überflügelt: 88 Prozent gaben der Unabhängigkeit den Vorzug. Krawtschuk und seine Genossen in der Parteiführung nahmen dies sehr wohl zur Kenntnis, während sie zugleich wachsam auf die Ergebnisse der Entwicklung in anderen Republiken warteten.

Dieser Ablauf der Ereignisse wiederholte sich in den kleineren westlichen Sowjetrepubliken, variierte jedoch je nach örtlichen Gegebenheiten. Weißrußland (oder »Belarus«), im Norden der Ukraine gelegen, besaß keine vergleichbare nationale Identität oder Tradition. Die äußerst kurzlebige unabhängige Belorussische (*sic*) Volksrepublik von 1918 wurde von niemandem anerkannt, und viele Bürger des Landes fühlten sich Rußland oder auch Polen und Litauen verbundener als einem eigenen Staatswesen. Nach dem Zweiten Weltkrieg, der die Annexion eines gewissen Teils Ostpolens zur Folge hatte, lebte in den Grenzen der Belorussischen Sozialistischen Sowjetrepublik nun eine bedeutende Minderheit an Russen, Polen und Ukrainern. Die Weißrussen selbst ließen – obwohl die bei weitem größte Sprachgemeinschaft der Republik – durch nichts erkennen, daß sie eine wie immer geartete Souveränität erstrebten oder erwarteten. Auf eine echte Unabhängigkeit konnten die Bewohner dieses massiv von Rußland abhängigen Landes schon gar nicht hoffen.

Weißrußland, ein armes, großenteils versumpftes Land, das sich zur Viehzucht besser geeignet hätte als zu großräumiger Landwirtschaft, hatte unter dem Krieg schwer gelitten. Sein bedeutsamster Beitrag zur Nachkriegswirtschaft in der Sowjetunion waren Chemikalien und Flachs – hinzu kam die strategische Bedeutung, da die wichtigsten Gas-Pipelines und Versorgungslinien zwischen Moskau und der Ostsee das Land durchqueren mußten. Die größte Ähnlichkeit mit einer Unabhängigkeitsbewegung hatte noch Adradschenne (Wiedergeburt), eine Organisation, die 1989 in Erscheinung trat, in Minsk ihren Ursprung hatte und in ihrem Programm der ukrainischen Organisation RUCH stark ähnelte. Die einheimische Nomenklatura agierte in Minsk nicht minder besonnen als die in Kiew und wartete den Gang der Ereignisse in Moskau ab.

Das sowjetische Gebiet Moldawien, eingeklemmt zwischen der Ukraine und Rumänien, war ein anderer und eher noch interessanterer Fall. Das in Rede stehende Gebiet – seit der Zarenzeit unter dem Namen »Bessarabien« bekannt – ging im Laufe von gut hundert Jahren und je nach Kriegsglück zwischen Rußland und Rumänien mehrfach hin und her. Seine 4,5 Millionen Bewohner waren überwiegend Moldawier (Moldauer), doch gab es auch große russische und ukrainische Minderheiten sowie zahlreiche Bulgaren, Juden, Zigeuner und Gagausen (eine an der Schwarzmeerküste lebende Volksgruppe orthodoxer Konfession und türkischer Sprache). In diesem typisch imperialen Völkergemisch sprach die große Mehrheit rumänisch, doch unter sowjetischer Herrschaft wurden die Bürger Moldawiens – um sie besser von den benachbarten Rumänen trennen zu können – gezwungen, ihre Muttersprache in kyrillischen Buchstaben zu schreiben und sich selbst nicht mehr als Rumänen, sondern als »Moldawier« zu bezeichnen.

Die nationale Identität war infolgedessen mehr als nur ein bißchen ungewiß. Einerseits sprachen große Teile der Bevölkerung, insbesondere in der Hauptstadt Chişinau (Kischinjow), gut russisch und hielten sich für Sowjetbürger, andererseits bedeutete die Verbindung mit dem rumänischen Volkstum (in Geschichte und Sprache) den Brückenschlag nach Europa und die Grundlage für immer häufigere Forderungen nach Ausbau der Autonomie. Als 1989 eine Volksfrontbewegung in Erscheinung trat, war ihr vorrangiges Ziel die Forderung, Rumänisch zur Amtssprache der Republik zu machen, ein Zugeständnis, das die kommunistischen Behörden der Region noch im selben Jahr gewährten. Angeheizt wurde die Stimmung durch spekulative und von Bukarest entschieden dementierte Gerüchte, Moldawien wolle sich Rumänien von sich aus »wiederangliedern«.

Nach den Wahlen von 1990, bei denen der Volksfront eine Mehrheit zufiel, war die erste Maßnahme der neuen Regierung die Umbenennung der Republik. Aus der Moldawischen Sowjetischen Sozialistischen Republik wurde die Sowjetische Sozialistische Republik Moldawien (später schlicht »Republik Moldawien«), die sich im Juni für souverän erklärte. Diese weitgehend symbolischen Schritte lösten in der russischsprachigen Bevölkerung und der winzigen gagausischen Volksgruppe wachsende Befürchtungen aus und ließen Pläne zu einer präventiven Sezession aufkommen. Nach einem Volksentscheid zur Frage der Autonomie rief in Tiraspol – der bedeutendsten Stadt im östliche Moldawien jenseits des Dnjestr, wo Russen und Ukrainer die Mehrheit der Einwohnerschaft bildeten – die dortige kommunistische Führung im Herbst 1990 eine Moldauische Autonome Sozialistische Sowjetrepublik aus. Sie schloß sich damit der Ausrufung einer ähnlich »autonomen« Gagausischen Autonomen Sozialistischen Sowjetrepublik im Südosten des Landes an.

Bedenkt man, daß es höchstens 160 000 Gagausen gibt und daß es sich bei Transnistrien um einen bananenförmigen Streifen Land von gerade einmal 4 000 Quadratkilometern Fläche und nicht einmal 500 000 Bewohnern handelt, müßte die Ausrufung solcher »autonomen Republiken« widersinnig erscheinen, als reductio ad absurdum »erfundener Traditionen« und »imaginärer Völker«. Doch während die Gagausische Republik nie über die Proklamation ihrer Existenz hinausgelangte (der künftige Staat Moldawien sollte die Republik zu gegebener Zeit auf friedliche Weise wieder angliedern, unter Vorbehalt des Rechtes, sich wieder abzutrennen, falls sich Moldawien jemals Rumänien »wiederanschließen« sollte). Die »Unabhängigkeit« der Transnistrischen Moldauischen Republik hingegen wurde durch die Anwesenheit der sowjetischen (später russischen) 14. Armee gewährleistet, die ihrem Schützling half, alle Annexionsversuche Moldawiens abzuwehren.

In jener Zeit wachsender Ungewißheit zögerten die sowjetischen (und später russischen) Stellen nicht einen Augenblick, einem solchen Mikrostaatswesen Schutz und Hilfe anzubieten, das Moskau gegenüber notgedrungen loyal war – hing es doch vollkommen vom guten Willen Rußlands ab. Die Machthaber dieser Gebilde waren einheimische kommunistische Satrapen, die sich im Lande der Herrschaft bemächtigt hatten und es über kurz oder lang in eine sichere Zuflucht für Schmuggler und Geldwäscher verwandeln sollten. Da Transnistrien den moldawischen Elektrizitätsbedarf zu 90 Prozent deckte, verfügten die neuen Herrscher sogar rechtmäßig über eine wirtschaftliche Ressource, mit deren Entzug sie drohen konnten, sollte Chişinau sich einmal der Kooperation verweigern.

Weder Moldawien noch sonst jemand hat jemals die Unabhängigkeit Transnistriens diplomatisch anerkannt: Nicht einmal Moskau ging so weit, der abtrünnigen Region offiziell Legitimität zu gewähren. Doch die im winzigen Moldawien sichtbar gewordenen Autonomiebestrebungen gaben einen Vorgeschmack auf weitaus ernstere Schwierigkeiten, die sich ein paar hundert Kilometer weiter ostwärts, im Kaukasus, ergeben sollten. Der uralte Gegensatz zwischen Armeniern und Aserbaidschanern, der besonders dadurch noch kompliziert wurde, daß in Aserbaidschan in der Region Berg-Karabach eine erhebliche armenische Minderheit lebte, hatte schon zu blutigen Zusammenstößen 1988 zwischen den beiden Volksgruppen, aber auch mit sowjetischen Truppen geführt, bei denen Hunderte von Menschen ums Leben kamen.[12] In Baku, der Hauptstadt Aserbaidschans, ereigneten sich im Januar des folgenden Jahres 1989 weitere schwere Zusammenstöße.

Im benachbarten Georgien wurden in der Hauptstadt Tiflis bei Zusammenstößen zwischen Nationalisten und Militär im April 1989 zwanzig Demonstranten erschossen, nachdem die Spannungen zwischen einer Menschenmenge, welche die Loslösung von der Union forderte, und den Behörden, die nach wie vor an ihr festhalten mußten, außer Kontrolle geraten waren. Doch das sowjetische Georgien war, ebenso wie die benachbarten Sowjetrepubliken Armenien und Aserbaidschan, geographisch zu exponiert und ethnisch zu komplex, um die Ungewißheit, die mit einem Zusammenbruch des Sowjetreichs verknüpft war, gelassen abwarten zu können. Daher beschlossen die örtlichen Behörden, dieser Situation zuvorzukommen, indem sie sie selbst herbeiführten. Entsprechend bezeichneten sich die herrschenden kommunistischen Parteien fortan als Freiheitsbewegungen und ihre regionalen Chefs – unter denen der Georgier Eduard Schewardnadse der bei weitem bekannteste war – brachten sich in Position, um die Macht zu ergreifen, sobald sie herrenlos würde.

Im Frühjahr 1991 warteten die gesamte Peripherie gespannt darauf, was sich im Zentrum tun würde. Der Schlüssel lag natürlich in der Hand Rußlands – der bei weitem wichtigsten Republik der Union, auf die die Hälfte der Gesamtbevölkerung entfiel, die drei Fünftel des BSP erwirtschaftete und drei Viertel des Territoriums abdeckte. In gewissem Sinne gab es das Land »Rußland« gar nicht. Seit Jahrhunderten war es ein Imperium, entweder tatsächlich oder dem Anspruch nach. Über elf Zeitzonen ausgedehnt und Dutzende verschiedener Völker umfassend, war »Rußland« stets zu groß gewesen, um auf eine einzige Identität oder ein gemeinsames Ziel festgelegt werden zu können.[13]

Im und nach dem Großen Vaterländischen Krieg hatten die sowjetischen Machthaber auf die russische Karte gesetzt, an den Nationalstolz appelliert und »den Sieg des russischen Volkes« verherrlicht. Aber dem russischen Volk wurde niemals der Status einer »Nation« zugebilligt, wie etwa den Kasachen, den Ukrainern oder Armeniern, die nach sowjetischem Sprachgebrauch offiziell »Völker« waren. Es gab noch nicht einmal eine eigenständige »russische« Kommunistische Partei. Russisch zu sein bedeutete sowjetisch zu sein. Es gab eine natürliche Komplementarität zwischen den beiden Adjektiven: in einem postimperialen Zeitalter lieferte die Sowjetunion der russischen Kolonialmacht den Deckmantel, wohingegen »Rußland« die Sowjetunion mit der historischen und territorialen Legitimität versah. Die Grenzen zwischen »Rußland« und der »Sowjetunion« wurden daher (bewußt) verschwommen gehalten.[14]

Zu Gorbatschows Zeiten gab es eine deutliche Aufwertung des »Russentums«, wohl aus ganz ähnlichen Gründen, wie sie den ostdeutschen Staat bewogen, sich voller Stolz auf Friedrich den Großen zu berufen und an der Deutschen Demokratischen Republik die wahren *deutschen* Tugenden zu preisen. In den Jahren, als es mit den Volksrepubliken bergab ging, diente der Patriotismus als nützlicher Ersatz für den Sozialismus. Und genau aus diesem Grunde war er die mildeste und ungefährlichste Form der politischen Opposition. In Rußland, in der DDR oder in Ungarn mochten intellektuelle Kritiker verfolgt werden, doch gedämpfter Ausdruck des Nationalismus wurde nicht zwangsläufig unterdrückt oder auch nur mißbilligt – solche Tendenzen ließen sich zum Vorteil der Machthaber kanalisieren. Das Wiederaufleben des »Großrussischen Chauvinismus« in den Publikationen und Medien der Sowjetunion muß in diesem Licht betrachtet werden. Er war aber natürlich auch eine zusätzliche Quelle der Besorgnis in den Augen exponierter ethnischer Minderheiten.

Das waren die Voraussetzungen für den unverhofften Auftritt von Boris Jelzin. Dieser, ein gewöhnlicher *Apparatschik* der Breschnew-Ära, der sich auf Industrieanlagenbau spezialisiert hatte, ehe er Sekretär des Zentralkomitees wurde, war unaufhaltsam durch die Ränge der Partei aufgestiegen – bis er 1987 plötzlich zurückgestuft wurde, da er seine Kritik an ranghöheren Genossen übertrieben hatte. An diesem kritischen Punkt bewies Jelzin, der genügend Gelegenheit gehabt hatte zu beobachten, wie wirkungsvoll Partei und Staatsbürokratie jeden wirklichen Wandel zu verhindern wußten, den politischen Instinkt, sich als ausgewiesener *russischer* Politiker zu präsentieren: nach den Märzwahlen von 1990 trat er zunächst als Deputierter der Russischen Föderation in Erscheinung, dann als Vorsitzender des Russischen Obersten Sowjets – das heißt, des russischen Parlaments.

In dieser einflußreichen und öffentlichkeitswirksamen Position wurde Boris Jelzin zum führenden Reformer seines Landes; im Juli 1990 trat er demonstrativ aus der kommunistischen Partei aus und nutzte seine Machtbasis im *russischen* Moskau, um sich auf ehemalige Genossen gewissermaßen einzuschießen, die ihm im *sowjetischen* Moskau im Wege waren. Sein vorrangiges Ziel war nun Gorbatschow selbst (obwohl Jelzin anfangs ein entschiedener Befürworter des sowjetischen Präsidenten gewesen war, in dessen Heimatregion Swerdlowsk Jelzin länger als ein Jahrzehnt gewirkt hatte). Die Fehlgriffe des sowjetischen Staatschefs wurden immer schmerzlicher erkennbar – und dessen Beliebtheit nahm rasch ab, was Jelzin nicht verborgen bleiben konnte.

Gorbatschow hatte in der Innenpolitik den großen taktischen Fehler begangen, das Entstehen einer landesweit wirksamen und landesweit sichtbaren gesetzgebenden Versammlung zu fördern, die über echte Macht und beträchtliche Unabhängigkeit verfügte. Jelzin und seine russischen Sympathisanten erfaßten viel schneller als Gorbatschow, daß dieser neue, frei gewählte Sowjet nun das natürliche Forum darstellte, um Unzufriedenheit und Unbehagen aller Art zur Sprache zu bringen; besondere Geschicklichkeit entwickelte Jelzin überdies darin, die russischen Eigeninteressen mit denen der verschiedenen Völker und Republiken in Einklang zu bringen. Gorbatschow war sich der Bedrohung, die solche Allianzen für die Union selbst bedeuteten, durchaus bewußt: doch nun war es zu spät, um noch etwas anderes zu tun, als widerwillig und nicht überzeugend auf die Linie der Sowjetfunktionäre einzuschwenken, die dem alten Machtmonopol der Partei nachtrauerten – demselben Monopol, zu dessen Zerschlagung Gorbatschow selbst entscheidend beigetragen hatte.

Und während Gorbatschow noch zwischen dem Wünschenswerten und dem Machbaren hin und her gerissen wurde und einem »kontrollierten Föderalismus« (eine der typischen Gorbatschowschen Kompromißformeln) das Wort redete, verteidigte Jelzin öffentlich und voller Leidenschaft den Kampf der Balten um ihre Unabhängigkeit. Im April 1991 gestand Gorbatschow im Rahmen einer neuen Verfassung widerstrebend den Republiken das Recht auf Sezession zu; doch diese Verbeugung vor der Realität schwächte ihn nur zusätzlich und überzeugte seine konservativen Feinde davon, daß Gorbatschow entfernt werden müsse, um die Ordnung im Lande wiederherzustellen. Zwischenzeitlich, am 12. Juni 1991, war Jelzin, der Gorbatschow landesweiten Meinungsumfragen zufolge an Beliebtheit längst weit hinter sich gelassen hatte, zum Präsidenten der Russischen Sowjetrepublik gewählt worden – womit er der erste jemals demokratisch gewählte politische Führer Rußlands war.[15]

Im folgenden Monat, am 12. Juli, votierte der Oberste Sowjet der UdSSR zugunsten einer Umstrukturierung der Union: Dezentral sollte sie fortan sein und Mitgliedsstaaten mit abweichenden Meinungen einen beträchtlichen Freiraum einräumen. Dies und die Wahl des nun erklärten Antikommunisten Jelzin brachten schließlich das Faß zum Überlaufen. Die konservativen Kräfte in der Partei waren zum Äußersten entschlossen, und eine Gruppe von hochrangigen Amtsträgern – darunter der Ministerpräsident, der Verteidigungsminister, der Innenminister und KGB-Chef Wladimir A. Krjutschkow – begannen mit der Planung eines Staatsstreichs. Daß sich etwas derartiges zusammenbraute, war in Moskau inzwischen ein offenes Geheimnis – schon am 20. Juni hatte der amerikanische Botschafter Gorbatschow vor einer Verschwörung gewarnt, doch vergeblich.

Der Putsch selbst war zeitlich so geplant, daß er mit Gorbatschows Jahresurlaub auf der Krim zusammenfiel. Der letzte Parteichef, der gewaltsam aus dem Amt entfernt worden war, Nikita Chruschtschow, hielt sich ebenfalls zur Erholung im Süden des Landes auf, als seine Moskauer Genossen seine überraschende Absetzung inszenierten. Die Verschwörer von 1991 griffen also dreist auf eine bewährte sowjetische Praxis zurück. Demgemäß wurde Gorbatschow am 17. August aufgefordert, seine Vollmachten als Präsident auf ein »Notstandskomitee« zu übertragen. Als er sich weigerte, verkündete das Notstandskomitee am 19. August, der Präsident sei »aus gesundheitlichen Gründen« nicht in der Lage, seine Amtsgeschäfte auszuüben und das Komitee werde daher alle seine Vollmachten übernehmen. Der Vizepräsident der Sowjetunion, Gennadi Janajew, unterzeichnete ein Dekret, das Gorbatschow aller seiner Amtsbefugnisse entkleidete, außerdem wurde für sechs Monate der Ausnahmezustand verhängt.

Doch obwohl Gorbatschow hilflos war, so gut wie gefangen in seinem Landhaus mit Blick aufs Schwarze Meer am südlichen Randgebirge der Krim, waren die Verschwörer kaum in einer besseren Lage. Zunächst einmal bewies die bloße Tatsache, daß sie den Ausnahmezustand erklären und praktisch das Kriegsrecht verhängen mußten, um einen kommunistischen Führer durch einen anderen zu ersetzen, wie weit die gewohnten Strukturen der Sowjetunion sich bereits aufgelöst hatten. Die Verschwörer verfügten keineswegs über die uneingeschränkte Unterstützung ihrer eigenen Ministerien und Dienststellen – besonders kritisch war, daß die Mehrheit der ranghohen KGB-Offiziere Krjutschkow die Gefolgschaft verweigerte. Und während es nicht den geringsten Zweifel gab, *wogegen* die Verschwörer waren, konnten sie zu keiner Zeit auch nur andeutungsweise klarmachen, *wofür* sie eintraten.

Hinzu kam, daß die Verschwörer selbst unfreiwillige Karikaturen alles dessen waren, was so störend an der sowjetischen Vergangenheit war: alte, graue Männer aus der Breschnew-Ära, langsam und hölzern in ihrer Redeweise, ohne jeden Kontakt mit dem Wandel in einem Lande, dessen Uhr sie unbeholfen um dreißig Jahre zurückzustellen versuchten. In der Vergangenheit waren diese Männer, wenn sie Ränke schmiedend im Kreml saßen, den Blicken der Öffentlichkeit entzogen gewesen; nur gelegentlich sah man sie bei offiziellen Anlässen in der Ferne auf Tribünen stehen. Jetzt aber mußten sie sich dem Fernsehen und der Presse präsentieren, um ihr Handeln zu erläutern und zu verteidigen – und das Publikum hatte reichlich Gelegenheit, die senile Physiognomie des offiziellen Sozialismus in Großaufnahme zu besichtigen.

Inzwischen nutzte Boris Jelzin die Gunst der Stunde. Sein Ansehen war weiter gestiegen, nachdem er nur drei Wochen zuvor persönlich mit dem amerikanischen Präsidenten George Bush zusammengetroffen war, als dieser der Sowjetunion einen Besuch abgestattet hatte. Jetzt, am 19. August, brandmarkte er die Machtübernahme des Kreml als illegalen Staatsstreich, stellte sich an die Spitze der Gegner, leitete von seinen Amtsräumen im russischen Parlament aus die Gegenmaßnahmen und mobilisierte die Menge, die das Gebäude umringten, um die Demokratie gegen die aufgefahrenen Panzer zu verteidigen. Zur gleichen Zeit führte Jelzin im Scheinwerferlicht der versammelten internationalen Medienvertreter lange, ausführliche Gespräche und Verhandlungen mit den führenden Persönlichkeiten der Weltpolitik – die ihm – mit einer Ausnahme – alle ihre volle öffentliche Unterstützung zusicherten und den zunehmend isolierten Verschwörern jede Anerkennung versagten.[16]

Der Widerstand war keine bloße Formalität: In der Nacht vom 20. auf den 21. August kamen drei Demonstranten bei Zusammenstößen mit dem Militär ums Leben. Doch die Verantwortlichen des Staatsstreichs – denen die Initiative in der Öffentlichkeit entglitten war – begannen die Nerven zu verlieren. Sie verfügten nicht über den breiten Rückhalt in den Streitkräften, der nötig gewesen wäre, um das Land in ihre Gewalt zu bringen, und mit jeder Stunde der Ereignislosigkeit in den Straßen Moskaus (und Leningrads) verminderte sich ihr wichtigster Aktivposten: die Furcht. Statt von den Entwicklungen im Kreml abgeschreckt zu werden, fühlten sich Demokraten wie Nationalisten durch sie nur ermutigt. Inmitten der allgemeine Ungewißheit erklärte Estland am 20. August seine Unabhängigkeit, Lettland schloß sich einen Tag später an. Einer der Putschisten, Boris Pugo (der Innenminister und ehemalige KGB-Chef Lettlands), beging am 21. August Selbstmord; seine Mitverschwörer wurden auf Jelzins Geheiß festgenommen. Noch am selben Tage wurde ein erschöpfter und beunruhigter Gorbatschow nach Moskau zurückgeflogen.

Formell nahm Gorbatschow alle seine Befugnisse wieder auf, doch in Wirklichkeit hatte sich alles unwiderruflich verändert. Die Kommunistische Partei der Sowjetunion (KPdSU) war endgültig in Verruf geraten – erst am 21. August hatten sich Parteisprecher vom Putschversuch ihrer Genossen öffentlich distanziert, doch zu dieser Zeit waren die Verschwörer bereits in Haft, und Jelzin hatte das verhängnisvolle Zaudern der Partei dazu genutzt, ihr jede weitere Betätigung innerhalb der Russischen Föderation zu verbieten. Gorbatschow, der bei Auftritten in der Öffentlichkeit benommen und unsicher wirkte, begriff die Tragweite dieser Entwicklung verständlicherweise nur langsam. Statt Jelzin, dem russischen Parlament oder der russischen Bevölkerung für ihren Erfolg seine Anerkennung auszusprechen, ließ sich Gorbatschow vor laufenden Kameras über Perestrojka und die unverzichtbare Rolle der Partei aus, die fortfahren müsse, sich zu erneuern, Reformen zu fördern etc.

Diese Stellungnahme kam im Westen immer noch gut an, wurde dort doch weithin angenommen (und gehofft), daß nach dem fehlgeschlagenen Staatsstreich alles mehr oder weniger weitergehen würde wie bisher. Doch in der Sowjetunion selbst wirkte Gorbatschows anachronistisches Beharren auf verfehlten Zielen und seine augenscheinliche Undankbarkeit gegenüber seinen Rettern wie eine Enthüllung. Da stand ein Mann, den die Geschichte überholt hatte, ohne daß er es bemerkt hatte. Für viele Russen waren die Ereignisse vom August eine wahre Revolution gewesen, eine echte Volkserhebung nicht etwa *für* die Reformer und deren Partei, sondern *gegen* sie: Die KPdSU sei, wie die Demonstranten

Gorbatschow bei seinem verspäteten Auftreten vor dem russischen Parlament entgegenriefen, eine »kriminelle Vereinigung«, deren Minister versucht hätten, die Verfassung außer Kraft zu setzen. Ernüchtert begriff Gorbatschow, was die Stunde geschlagen hatte. Doch als er die KPdSU auflöste und (am 24. August) als deren Generalsekretär zurücktrat, war es bereits zu spät. Der Kommunismus war bedeutungslos geworden und mit ihm Michail Gorbatschow.

Gewiß, der frühere Generalsekretär war noch immer Präsident der Sowjetunion. Doch die Bedeutung der Union selbst war nun in Frage gestellt. Der fehlgeschlagene Putsch war der letzte und ausschlaggebende Impuls für den Abfall der Republiken. Zwischen dem 24. August und dem 21. September sagten sich die Ukraine, Weißrußland, Moldawien, Aserbaidschan, Usbekistan, Georgien, Tadschikistan und Armenien, dem Beispiel der baltischen Staaten folgend, von der Sowjetunion los und erklärten ihre staatliche Unabhängigkeit – die meisten während der Turbulenzen und der Ungewißheit in den Tagen nach Gorbatschows Rückkehr.[17] Krawtschuks Beispiel in der Ukraine folgten die regionalen Ersten Sekretäre Nursultan Nasarbajew in Kasachstan, Askar Akajew in Kirgistan, Ilham Alijew in Aserbaidschan, Stanislaw Schuschkjewitsch in Weißrußland und andere. Gerissen, wie sie waren, distanzierten sie sich von ihren langjährigen Bindungen an die Partei, stellten sich an die Spitze ihrer neuen Staaten und verstaatlichten umgehend das gesamte regionale Parteivermögen.

Gorbatschow und dem Obersten Sowjet in Moskau blieb nichts weiter übrig, als die Realität zur Kenntnis zu nehmen, die neuen Staaten anzuerkennen und lahm gegen eine weitere »neue« Verfassung zu protestieren, welche die unabhängigen Republiken als eine Art konföderative Struktur umgreifen sollte. Unterdessen hoben Boris Jelzin und das russische Parlament, nur wenige hundert Schritte entfernt, ein unabhängiges Rußland aus der Taufe. Im November hatte Jelzin praktisch jede finanzielle und wirtschaftliche Tätigkeit auf russischem Territorium unter die Kontrolle Rußlands gebracht. Die Sowjetunion war nur noch die leere Hülse eines Staates, aller Macht und Mittel entkleidet.

Zu dieser Zeit befanden sich die zentralen Institutionen der UdSSR entweder in der Hand unabhängiger Staaten oder existierten nicht mehr: Am 24. Oktober wurde sogar der KGB offiziell abgeschafft. Als Gorbatschow einen neuen »Vertrag über die Wirtschaftsgemeinschaft Souveräner Staaten« vorlegte, verweigerten die meisten unabhängigen Republiken einfach ihre Unterschrift. Bei den Oktobersitzungen des Obersten Sowjets der UdSSR waren die westlichen Republiken nicht anwesend. Am 8. Dezember 1991 übernahmen es schließlich die Präsidenten und Ministerpräsidenten von Rußland, der Ukraine und Weißrußland – slawische Kernstaaten des Sowjetreichs – bei einem Treffen in der Nähe von Minsk, den Unionsvertrag von 1922 aufzukündigen und damit die Sowjetunion de facto aufzulösen. An ihrer Stelle regten sie die Gründung einer Gemeinschaft Unabhängiger Staaten (GUS) an.

Als Gorbatschow dies in Moskau zu Ohren kam, verurteilte er diesen Schritt aufgebracht als »illegal und gefährlich«. Doch die Ansichten des Präsidenten der Sowjetunion waren für niemanden mehr von Belang: Wie Gorbatschow endlich klar wurde, war er praktisch für gar nichts mehr zuständig. Neun Tage später, am 17. Dezember, trafen Gorbatschow und Jelzin zu einem Gespräch zusammen, in dem sie sich darauf einigten (oder besser: in dem sich Gorbatschow damit abfand), daß die Sowjetunion formell aufgelöst werden müsse: Ihre Ministerien, Auslandsvertretungen und Streitkräfte seien Rußland zu unterstellen, ihr völkerrechtlicher Status gehe auf die Russische Republik über.

24 Stunden später gab Gorbatschow seine Absicht bekannt, als Präsident der Sowjetunion zurückzutreten. Am Weihnachtstag 1991 wurden die Staatssymbole der Sowjetmacht über dem Kreml durch die Flagge Rußlands ersetzt: Michael Gorbatschow übergab seine Befugnisse als Oberkommandierender der Streitkräfte dem Präsidenten Rußlands, Boris Jelzin, und trat von seinen Ämtern zurück. Innerhalb von 48 Stunden hatte Gorbatschow seine Amtsräume geräumt, in die nun Jelzin einzog. Am 31. Dezember 1991 Schlag Mitternacht hörte die Union der Sozialistischen Sowjetrepubliken auf zu existieren.

Das Verschwinden der Sowjetunion war ein bemerkenswerter Vorgang, ohne Beispiel in der modernen Geschichte. Es gab keinen Krieg mit einer fremden Macht, keine blutige Revolution, keine Naturkatastrophe. Ein großer Industriestaat – eine militärische Supermacht – brach einfach zusammen: Ihre Macht verflüchtigte sich, ihre Institutionen lösten sich auf. Der Zerfall der Sowjetunion ging nicht gänzlich gewaltlos vonstatten, wie wir in Litauen und im Kaukasus gesehen haben, und manchen der nun unabhängigen Republiken standen in den kommenden Jahren noch etliche Kämpfe bevor. Doch überwiegend trat das größte Land der Erde beinahe widerspruchslos von der politischen Bühne ab. Diesen Vorgang als unblutigen Abschied vom Imperium zu beschreiben, ist sicherlich richtig, wird aber nicht annähernd der erstaunlichen *Leichtigkeit* des Geschehens gerecht.

Warum also verlief alles so offenkundig schmerzlos? Warum implodierte die erste sozialistische Gesellschaftsordnung der Erde, die jahrzehntelang auf interne Gewaltanwendung und äußerer Aggression gesetzt hatte, ohne auch nur den Versuch zu machen, sich zur Wehr zu setzen? Eine Antwort lautet natürlich, daß sie eigentlich nie existierte, oder, wie der Historiker Martin Malia sagte: »So etwas wie den Sozialismus gibt es gar nicht, und die Sowjetunion hat ihn aufgebaut.« Doch wenn dies für den Scheincharakter der kommunistischen Macht in den Satellitenstaaten gilt, die lediglich durch den drohenden Schatten der Roten

Armee am Leben erhalten wurden, so erklärt es doch nicht hinreichend, was im Mutterland des Imperiums selbst geschah. Selbst wenn die *Gesellschaft*, die der Kommunismus vorgab geschaffen zu haben, nicht viel mehr als ein Trugbild war, so war doch der leninistische *Staat* zweifellos real. Und er war ein einheimisches Produkt.

Zum Teil ergibt sich die Antwort daraus, daß Michail Gorbatschow so viel unbeabsichtigten Erfolg hatte, als er den administrativen und repressiven Apparat schwächte, auf dem der Sowjetstaat fußte. Sobald der feste Griff der Partei gelokkert war, sobald deutlich wurde, daß Militär oder KGB nicht gnadenlos eingesetzt würden, um Regimekritiker zum Schweigen zu bringen und Abweichler zur Rechenschaft zu ziehen – und dies wurde erst 1991 deutlich –, begannen sich die zentrifugalen Tendenzen des riesigen Festlandsreiches zu entfalten. Da erst zeigte sich – obwohl seit siebzig Jahren unermüdlich das Gegenteil behauptet würde –, daß es tatsächlich keine kommunistische Gesellschaft gab: nur einen siechen Staat und seine eingeschüchterten Bürger.

Aber – und dies ist der zweite Aspekt der Erklärung – faktisch ist der Sowjetstaat *nicht* verschwunden. Die UdSSR zersplitterte statt dessen in eine Vielzahl kleiner Nachfolgestaaten, größtenteils von altgedienten kommunistischen Autokraten regiert, denen es vorrangig darum ging, das System und die Macht zu reproduzieren und durchzusetzen, die sie aus ihrer bisherigen Tätigkeit als sowjetische Führungskräfte kannten. Es gab in den meisten Nachfolgerepubliken keinen »Übergang zur Demokratie«; der kam – wenn überhaupt – irgendwann später. Die autokratische Staatsgewalt, die einzige Regierungsform, welche die meisten Bewohner des Sowjetreichs jemals kennengelernt hatten, wurde weniger abgeschafft als vielmehr auf ein kleineres Format zurechtgestutzt. Von außen betrachtet, mochten das dramatische Veränderungen sein, doch aus der Sicht der Betroffenen waren ihre Folgen lange nicht so radikal.

Hinzu kam, daß die kommunistischen Parteisekretäre der einzelnen Republiken, die sich so reibungslos in Präsidenten von Nationalstaaten verwandelten, gute Gründe hatten, um den Erhalt ihrer Pfründe zu kämpfen, während die sowjetischen Machthaber im Zentrum kein eigenes Territorium besaßen, dessen Besitz sie hätten sichern können. Ihnen blieb allenfalls die Rückkehr zu den morschen Strukturen, die Gorbatschow so energisch niedergerissen hatte. Kein Wunder, daß es ihnen am Willen fehlte, den Kampf fortzusetzen.[18] Der einzige ehemalige kommunistische Führer, der in Moskau eine eigene Machtbasis besaß, hieß Boris Jelzin. Er handelte zwar entschlossen, doch galt sein Bestreben, wie gesehen, der Renaissance »Rußlands«.

Daher sollte die plötzliche Entstehung der vielen Nachfolgestaaten nicht als Beweis dafür gewertet werden, daß die Sowjetunion unter dem Gewicht eines bis dahin latenten, nun aber wiedererwachten Nationalismus in die sie konstituierenden Republiken auseinandergebrochen wäre. Mit Ausnahme der baltischen Staaten, deren Entwicklung viel stärker derjenigen ihrer westlichen Nachbarn ähnelte, waren die Sowjetrepubliken ein Ergebnis sowjetischer Planung und, wie gezeigt, in der Regel ethnisch ziemlich vielfältig. Selbst in den neuerdings unabhängigen Staaten gab es viele exponierte Minderheiten (besonders die allgegenwärtigen Russen) – ehemalige Sowjetbürger, die allen Grund hatten, den Fortfall des »imperialen« Schutzes zu bedauern, und daher die neuen Verhältnisse mit sehr gemischten Gefühlen betrachteten.

Sie standen nicht allein mit dieser Besorgnis. Als Präsident George W. Bush am 1. August 1991 Kiew besuchte, legte er der Ukraine ausdrücklich den Verbleib in der Sowjetunion ans Herz. Bush: »Einige Leute haben die Vereinigten Staaten gedrängt, sich zu entscheiden, ob sie Präsident Gorbatschow oder die in der UdSSR nach Unabhängigkeit strebenden Führer unterstützen wollen. Ich halte dies für eine falsche Alternative. Präsident Gorbatschow hat Erstaunliches erreicht ... Wir werden so eng wie möglich mit der sowjetischen Regierung von Präsident Gorbatschow zusammenarbeiten.« Dieser recht ungeschickte Versuch, dem angeschlagenen sowjetischen Präsidenten den Rücken zu stärken, lief zwar nicht ganz auf eine Unterstützung der UdSSR hinaus – kam ihr aber doch gefährlich nahe.

Die Vorsicht, die der amerikanischen Präsident bei dieser Gelegenheit öffentlich anriet, ist eine weitere heilsame Erinnerung an die recht bescheidene Rolle, welche die USA im Zuge dieser Entwicklungen spielten. Ich möchte ja die selbstzufriedenen Illusionen nicht zerstören, die das Bild dieser Ereignisse im öffentlichen Bewußtsein Amerikas bestimmen, muß aber doch darauf hinweisen, daß Washington den Kommunismus nicht »zu Fall gebracht« hat – der Kommunismus implodierte ohne äußeren Anlaß. Wenn sich Bushs ukrainisches Publikum aber über seinen Ratschlag hinwegsetzte und ein paar Monate später mit überwältigender Mehrheit für ein endgültiges Ausscheiden aus der Union votierte, so nicht in einem jähen Anfall patriotischer Begeisterung. Für die Unabhängigkeit der Ukraine, Moldawiens oder auch Georgiens war weniger der Wunsch nach Selbstbestimmung als der Selbsterhaltungstrieb ausschlaggebend – eine gesunde Basis für die Staatenbildung, wie sich herausstellte, doch eine schlechte Grundlage für die Demokratie.

Nichts verdiente die Sowjetunion mehr, als daß man sie verließ. Ganz Ähnliches galt für das Auseinanderbrechen der Tschechoslowakei, die sogenannte »samtene Scheidung« von Tschechen und Slowaken, die in Frieden und Freundschaft am 1. Januar 1993 vollzogen wurde. Auf den ersten Blick könnte dies als Schulbeispiel dafür aufgefaßt werden, daß das vom Kommunismus hinterlassene Vakuum von ethnischen Gefühlen besetzt wurde: Die »Rückkehr der Geschichte« als Renaissance nationaler Bestrebungen. Genau so wurde dieser Vorgang auch von vielen einheimischen Protagonisten hingestellt. Doch bei näherem Hinsehen zeigt die Aufspaltung der Tschechoslowakei in die beiden selbständigen Staaten Slowakei und Tschechische Republik – in weit kleinerem Rahmen und im Zentrum Europas – einmal mehr die Grenzen einer solchen Interpretation.

Ganz gewiß herrschte kein Mangel an »Geschichte«, auf die man sich hätte berufen können. Tschechen und Slowaken, so wenig unterscheidbar sie einem verwirrten Beobachter auch erscheinen mochten, blickten auf eine höchst unterschiedliche Geschichte zurück. Böhmen und Mähren – die historischen Landschaften, die das tschechische Staatsgebiet ausmachen – haben nicht nur in Mittelalter und Renaissance eine bemerkenswerte Vergangenheit im Zentrum des Heiligen Römischen Reiches vorzuweisen, sondern waren auch wesentlich an der Industrialisierung Westeuropas beteiligt. In der österreichischen Hälfte des Habsburgerreiches zeichneten sich die Tschechen nicht nur durch zunehmende Autonomie, sondern auch durch ausgeprägten Wohlstand aus. Prag, die größte Stadt des Landes – eines der architektonischen Glanzstücke des Kontinents – war 1914 ein bedeutendes Zentrum der modernen Kunst und Literatur.

Dagegen hatten die Slowaken wenig, dessen sie sich rühmen konnten. Jahrhunderte lang von Budapest regiert, fehlte es ihnen an einer eigenen nationalen Geschichte – innerhalb der ungarischen Reichshälfte galten sie nicht als »Slowaken«, sondern als slawisch sprechende Bauern des ländlichen Nordungarn. Die städtische Bevölkerung der slowakischen Region setzte sich hauptsächlich aus Deutschen, Ungarn oder Juden zusammen; so war es kein Zufall, daß die größte Stadt der Gegend, ein wenig reizvoller Ballungsraum einige Kilometer östlich von Wien gelegen, von den Deutschen Preßburg und von den Ungarn Pozony genannt wurde. Erst als die Tschechoslowakei 1918 unabhängig wurde und ihr die Slowaken nicht ganz freiwillig zugeschlagen wurden, erhielt die nun zweitgrößte Stadt des neuen Staates ihren slawischen Namen Bratislava.

Die Tschechoslowakei der Zwischenkriegszeit war nach den vorherrschenden regionalen Maßstäben demokratisch und liberal, doch die zentralstaatlichen Institutionen begünstigten die Tschechen erheblich; diese hatten fast alle Positionen inne, die mit Macht und Einfluß verbunden waren. Die Slowakei war nicht mehr als eine Provinz, und eine arme und benachteiligte dazu. Der gleiche Grund, der viele der drei Millionen Deutschen im Lande bewog, den nationalsozialistisch gesinnten Separatisten Gehör zu schenken, veranlaßte einen Teil der 2,5 Millionen Slowaken, die Forderungen slowakischer Populisten nach Autonomie und sogar Unabhängigkeit wohlwollend in Betracht zu ziehen. Im März

1939, als Hitler die tschechischen Regionen zum Reichsprotektorat Böhmen und Mähren machte, wurde die Slowakei als autoritärer, klerikalistischer Marionettenstaat unter Monsignor Jozef Tiso selbständig. Der erste unabhängige Staat der Slowaken wurde also auf Hitlers Geheiß über dem Leichnam der Tschechoslowakischen Republik errichtet.

Wie beliebt die »Unabhängigkeit« der Slowakei während des Krieges war, ist im nachhinein schwer zu entscheiden. Nach dem Krieg stand sie lange Jahre in sehr schlechtem Ruf, einerseits wegen ihrer Bilanz (sie hatte praktisch ihre gesamte jüdische Bevölkerung, 140000 Menschen, in Todeslager deportiert), andererseits wegen der engen Beziehungen zu ihren NS-Oberherren. Nach der Befreiung wurde die Tschechoslowakei als Einheitsstaat wiederhergestellt, und jede Äußerung des slowakischen Nationalismus stieß auf barsche Ablehnung. In den ersten Jahren des Stalinismus gehörte der Vorwurf des »bürgerlichen slowakischen Nationalismus« zu den beliebtesten Anklagepunkten, die man gegen die Opfer der damaligen Schauprozesse erhob – Gustav Husák verbrachte aufgrund dieser Anklage sechs Jahre in Haft.

Im Laufe der Zeit erkannten die Kommunisten in der Tschechoslowakei – wie in anderen Ländern –, daß die Förderung eines maßvollen Nationalgefühls durchaus Vorteile hatte. So verliehen die Reformer von 1968 (unter denen sich viele Slowaken befanden) einem grundsätzlichen Wunsch Bratislavas Ausdruck, als sie, wie geschildert, eine neue föderale Verfassung vorschlugen, die zwei eigenständige Republiken, eine tschechische und eine slowakische, vorsah. Von all den bedeutsamen Neuerungen, die während des Prager Frühlings erwogen oder vorgenommen wurden, war dies die einzige, welche die anschließende »Normalisierung« überdauerte. Nachdem sie anfangs die katholische, ländliche Slowakei als Feindesland behandelt hatten, begannen die Parteioberen diesen Landstrich nun fast zu bevorzugen (siehe Kapitel XIII).

Die Rückständigkeit der Slowakei – oder besser, das Fehlen einer unfangreichen gebildeten und städtischen Mittelschicht – wirkte sich nun zu ihrem Vorteil aus. Da es in der Slowakei weniger Autos, Fernsehgeräte und Verkehrsverbindungen gab als in den fortschrittlicheren westlichen Provinzen, waren die Slowaken offenbar weniger anfällig für ausländische Einflüsse als die in Prag konzentrierten Radikalen und Dissidenten mit ihrem Zugriff auf westliche Medien. So litten sie weitaus weniger unter der Repression und Säuberung der siebziger Jahre. Jetzt waren es die *Tschechen*, welche die offizielle Ungnade zu spüren bekamen.[19]

Angesichts dieser Geschichte könnte das Auseinanderbrechen der Tschechoslowakei wenn nicht als unausweichliche Konsequenz, so doch zumindest als logisches Ergebnis jahrelanger Feindseligkeiten erscheinen, die unter dem Kommunismus unterdrückt und ausgenützt, aber nie vergessen wurden. Das war aber nicht der Fall. In den drei Jahren zwischen dem Ende des Kommunismus und der endgültigen Trennung bewies jede Meinungsumfrage, daß ein gemeinsamer tschecho-slowakischer Staat von der Mehrheit der Tschechen *und* der Slowaken bevorzugt wurde. Auch die politische Klasse war in dieser Frage nicht sonderlich uneins: In Prag wie in Bratislava herrschte von Anfang an breites Einvernehmen, daß die neue Tschechoslowakei eine Föderation sein würde, innerhalb welcher man beiden Landesteilen ein erhebliches Maß an Autonomie gewähren wollte. Und der neue Präsident, Václav Havel, glaubte felsenfest daran und bekundete öffentlich, daß Tschechen und Slowaken unter einem Dach bleiben würden.

Die anfängliche Bedeutungslosigkeit der »nationalen« Frage läßt sich an den Ergebnissen der ersten freien Wahlen im Juni 1990 ablesen. In Böhmen und Mähren erhielt Havels Bürgerforum die Hälfte aller Stimmen, den größten Teil der restlichen Stimmen teilten sich Kommunisten und Christdemokraten. In der Slowakei zeigte sich ein etwas komplexeres Bild: Die Öffentlichkeit gegen Gewalt, eine Schwesterorganisation des Bürgerforums, trat als stärkste Gruppierung hervor, doch ein beträchtlicher Teil der abgegebenen Stimmen entfiel auf Christdemokraten, Kommunisten, Ungarische Christdemokraten und Grüne.[20] Doch die unlängst wiedererstandene Slowakische Volkspartei errang nur 13,9 Prozent bei den Wahlen zum Slowakischen Nationalrat, 11 Prozent bei der Wahl der Delegierten zur Bundesversammlung (dem Parlament). Nicht einmal jeder siebte Slowake stimmte also für die einzige Partei, die sich offen für eine Spaltung des Landes in zwei ethnisch verschiedene Teile aussprach.

Im Laufe des Jahres 1991 zeigte das Bürgerforum Auflösungserscheinungen. Ein Bündnis, das gegen einen gemeinsamen Feind (Kommunismus) und für einen populären Führer (Havel) geschlossen worden war, mußte nun auf beide verzichten: Der Kommunismus war tot, und Havel war Präsident der Republik und damit scheinbar dem politischen Streit entrückt. Differenzen zwischen ehemaligen politischen Weggefährten traten nun in den Vordergrund, wobei die eingeschworenen Marktwirtschaftler unter der Führung von Finanzminister Václav Klaus (der sich selbst als Thatcherist bezeichnete) zunehmend an Einfluß gewannen. Im April 1991, nachdem ein umfassendes Gesetz zur Privatisierung staatseigener Unternehmen das Parlament passiert hatte, spaltete sich das Bürgerforum, und Klaus' Gefolgsleute (die Mehrheit) wurden zur Demokratischen Bürgerpartei (ODS).

Klaus war fest entschlossen, das Land rasch in Richtung »Kapitalismus« voranzubringen. Doch während in den tschechischen Regionen eine solche Zielsetzung viel Anklang fand, war das in der Slowakei keineswegs der Fall. Privatisierung, freier Markt und ein zurückgestutzter staatlicher Sektor erschien den meisten

Slowaken wenig verlockend, die in weit höherem Maße als die Tschechen von ihren Arbeitsplätzen in unrentablen, veralteten »volkseigenen« Fabriken, Zechen und Hütten abhängig waren – »Unternehmen«, deren bislang geschützte Absatzmärkte nicht mehr existierten und höchstwahrscheinlich weder ausländisches Kapital noch private Investoren locken konnten. Nach Ansicht mancher Vertreter aus Prager Politik- und Wirtschaftskreisen war die Slowakei zu einer hinderlichen Erblast geworden.

Unterdessen hatte sich die Partei Öffentlichkeit gegen Gewalt ebenfalls gespalten, und zwar aus ähnlichen Gründen. Die öffentlichkeitswirksamste Figur war nun Vladimír Mečiar, ein Exboxer, der bei den Ereignissen von 1989 zwar eine relativ untergeordnete Rolle gespielt hatte, seither aber viel geschickter als seine Parteifreunde die Klippen der demokratischen Politik zu umschiffen verstand. Nach der Juni-Wahl hatte er im Slowakischen Nationalrat eine Regierung gebildet, doch seine schroffe, abstoßende Art führte zum Bruch seiner Koalition; Mečiar wurde durch den katholischen Politiker Ján Čarnogurský ersetzt. Mečiar kehrte der *Öffentlichkeit gegen Gewalt* den Rücken und gründete statt dessen seine eigene *Bewegung für eine Demokratische Slowakei.*

Von Herbst 1991 bis zum Sommer 1992 führten Vertreter der tschechischen und slowakischen Regionalregierungen ausgedehnte Gespräche mit dem Ziel, eine einvernehmliche Basis für eine dezentrale, föderale Verfassung zu finden – und entsprachen damit den Wünschen der großen Mehrheit der Politiker und Wähler beider Volksgruppen. Doch Mečiar setzte nun, um sich und seiner Partei eine Anhängerschaft zu verschaffen, auf die Karte des slowakischen Nationalismus – ein Thema, an dem er zuvor kein übermäßiges Interesse bekundet hatte. Die Slowaken, so ließ er seine Zuhörerschaft wissen, würden von allem bedroht, angefangen bei den tschechischen Privatisierungsabsichten über den ungarischen Separatismus bis hin zum geplanten Aufgehen in »Europa«. Die nationale Existenz der Slowaken (von ihrem Lebensunterhalt gar nicht zu reden) stehe also auf dem Spiel.

Mečiar, der mit solcher Rhetorik und seinem grell-populistischen, aber durchaus charismatischen Auftreten viel Zustimmung in der Öffentlichkeit erhielt, führte seine Partei bei den Wahlen zum föderalen Parlament im Juni 1992 mit annähernd 40 Prozent der slowakischen Stimmen zu einem eindeutigen Sieg. Unterdessen hatte im tschechischen Landesteil Václav Klaus' Demokratische Bürgerpartei, im Bündnis mit den Christdemokraten, gleichfalls einen Wahlsieg errungen. Mit Klaus als dem neuen Ministerpräsidenten der tschechischen Regionen waren nun beide autonome Hälften der föderalen Republik in den Händen von Männern, die – aus unterschiedlichen, aber einander ergänzenden Gründen – nichts gegen eine Spaltung des Landes einzuwenden hatten. Nur der

Präsident der Föderation vertrat noch aus Verfassungsgründen und aus persönlicher Überzeugung das Ideal einer vereinten, föderalen Tschechoslowakei.

Doch Václav Havel war nicht mehr so populär – und daher einflußreich – wie noch knapp zwei Jahre zuvor. Sein erster Antrittsbesuch als Präsident hatte nicht Bratislava, sondern der Bundesrepublik Deutschland gegolten – eine verständliche Geste angesichts der alten tschechisch-deutschen Reibereien und der Notwendigkeit, in Europa Freunde zu gewinnen, dennoch ein taktischer Fehler, legt man die slowakischen Empfindlichkeiten zugrunde. Und Havel bewies auch nicht immer viel Geschick bei der Auswahl seiner Mitarbeiter: Im März 1991 erklärte sein Sprecher Michael Zántovský, die slowakische Politik liege mehr und mehr in Händen von Exkommunisten und »Leuten, die den slowakischen Staat für die Goldene Zeit des slowakischen Volkes halten«.[21]

Žantovskýs Behauptung wurde nicht gänzlich mißverstanden, doch im Kontext gelesen, erwies sie sich dann doch weitgehend als selbsterfüllende Prophezeiung. Wie viele tschechische Exdissidenten hatten Havel und seine Parteigänger nicht immer eine besonders hohe Meinung von den Slowaken. Vielmehr hielten sie sie für kleinkarierte Chauvinisten: bestenfalls Naivlinge, die dem Trugbild ihrer Souveränität nachjagten, schlimmstenfalls Nostalgiker des Marionettenstaats der Kriegsjahre. Ironischerweise teilte Klaus diese Vorurteile der Liberalen nicht, auch kümmerte ihn die zwielichtige Vergangenheit der Slowakei nicht im mindesten. Wie Mečiar war er Realist. Die beiden Männer, die nun die in ihren jeweiligen Regionen mächtigsten Persönlichkeiten waren, verbrachten die nächsten paar Wochen damit, angeblich die Bedingungen eines Staatsvertrages über eine föderale Tschechoslowakei auszuhandeln.

Es ist unwahrscheinlich, daß sie jemals zu einer Übereinkunft hätten kommen können: Mečiar verlangte die Lizenz zum Gelddrucken und Kreditrechte für eine praktisch souveräne Slowakische Republik; ein Moratorium bei der Privatisierung; die Wiedereinführung der unter dem Kommunismus gewährten Subventionen und eine lange Reihe weiterer Maßnahmen – lauter Ketzereien nach Klaus' Auffassung, der stur an seinem Plan zum Gewaltmarsch in die freie Marktwirtschaft festhielt. Im Grunde genommen handelte es sich bei den Zusammenkünften der beiden im Juni und Juli 1992 gar nicht um Verhandlungen: Klaus tat so, als wäre er verwundert und bestürzt über Mečiars Forderungen, dabei dürften sie ihm angesichts der vielen Reden Mečiars zu diesem Thema keinesfalls unbekannt gewesen sein. In Wirklichkeit war es Klaus, der den Slowaken raffiniert veranlaßte, den Bruch zu vollziehen, nicht umgekehrt.

Obwohl die Mehrheit der slowakischen Abgeordneten im Slowakischen Nationalrat und in der Bundesversammlung durchaus bereit gewesen wäre, einen Staatsvertrag zu ratifizieren, der jeder Landeshälfte volle Autonomie und

Gleichberechtigung in einem Bundesstaat zugestanden hätte, wurden sie vor vollendeten Tatsachen gestellt. Mit dem Einfrieren der Verhandlungen gab Klaus seinen slowakischen Gesprächspartner im Endeffekt zu verstehen: Da wir anscheinend zu keiner Übereinkunft fähig sind, können wir genausogut diese fruchtlosen Bemühungen abbrechen und unserer eigenen Wege gehen. Den Slowaken, denen damit ihre Wünsche scheinbar erfüllt wurden, blieb nichts anderes als die Zustimmung – in vielen Fällen wider besseres Wissen.

Am 17. Juli 1992 stimmte der Slowakische Nationalrat also für die Annahme einer neuen Landesflagge, einer neuen Verfassung und eines neuen Namens: Slowakische Republik. Eine Woche später verständigten sich Klaus und Mečiar – dieser immer noch ein bißchen benommen von seinem »Erfolg« – auf den 1. Januar 1993 als Stichtag der Teilung des Landes. An diesem Tag verschwand die Tschechoslowakei von der Landkarte und machte zwei unabhängigen neuen Staaten Platz, deren Ministerpräsidenten Mečiar beziehungsweise Klaus waren. Václav Havel, dessen Versuche, das Land zusammenzuhalten, zunehmend hilflos gewirkt hatten – und der in den letzten Monaten fast vollständig ignoriert worden war – verlor damit sein Amt als Präsident der Tschechoslowakei und verkörperte nun den Präsidenten der geschrumpften Tschechischen Republik.[22]

Ob die Trennung den beiden ehemaligen Partnern zum Vorteil gereichte, blieb einige Zeit unklar – weder die Tschechische Republik noch die Slowakei erlebten in der ersten postkommunistischen Dekade einen Aufschwung. Klaus' »Schocktherapie« und Mečiars Nationalkommunismus waren beide ein Fehlschlag, wenn auch auf unterschiedliche Weise. Obwohl die Slowaken später bedauerten, auf Mečiar gesetzt zu haben, und Klaus' Stern in Prag zu sinken begann, fanden sich doch kaum Hinweise auf eine Tschechoslowakei-Nostalgie. Das Auseinanderbrechen der Tschechoslowakei war ein manipuliertes Geschehen, bei dem die tschechischen Rechten bewerkstelligten, was sie angeblich gar nicht beabsichtigt hatten, während die slowakischen Populisten viel mehr erreichten, als sie vorgehabt hatten. Das Ergebnis wurde nicht mit übertriebener Freude aufgenommen, aber auch nicht mit nachhaltigem Bedauern. Wie beim Zerfall der Sowjetunion, wurde auch hier die Staatsmacht und der politische Apparat, den sie hervorgebracht hatte, nicht in Frage gestellt, sondern bloß verdoppelt.

Die Teilung der Tschechoslowakei war ein Produkt des Zufalls und der Umstände. Sie war aber auch Menschenwerk. Hätten andere Leute das Heft in der Hand gehabt – bei anderen Wahlergebnissen in den Jahren 1990 und 1992 –, wäre die Geschichte wohl anders verlaufen. Eine gewisse Rolle dürfte auch die Ansteckung gespielt haben: Das Beispiel der Sowjetunion – und Ereignisse, die sich auf dem Balkan anbahnten – trugen dazu bei, daß die Aufspaltung der beiden »nationalen Republiken« eines kleinen europäischen Landes weniger absurd oder unzulässig erschien, als es sonst vielleicht der Fall gewesen wäre. Hätte man 1992 einen Bundesstaat vertraglich vereinbart – hätte die Tschechoslowakei ein paar Jahre länger durchgehalten –, hätte wohl niemand in Prag oder Bratislava viel Sinn in einer Fortsetzung der Streitigkeiten gesehen, weil alle viel zu sehr mit den Aussichten einer Aufnahme in die Europäische Union beschäftigt gewesen wären und weil das Beispiel der blutigen Massaker im nahen Bosnien seine abschreckende Wirkung entfaltet hätte.

XXI
Die Abrechnung

Der nächste Krieg wird von irgendeiner ganz lächerlichen Angelegenheit auf dem Balkan ausgelöst werden.

Otto von Bismarck

Es hat den Anschein, als hätten diese in Fehde liegenden Bauern die Invasion ihres Landes kaum abwarten können, um einander zu jagen und umzubringen.

Milovan Djilas, Wartime (1977)

Wir haben keine Aktien in diesem Krieg.

James A. Baker, US-Außenminister (Juni 1991)

Das Schlimmste am Kommunismus ist das, was hinterher kommt.

Adam Michnik

Wahrheit ist immer konkret.

G. W. F. Hegel

Die friedliche Teilung der Tschechoslowakei steht in krassem Gegensatz zu der Katastrophe, die im selben Jahr über Jugoslawien hereinbrach. Zwischen 1991 und 1999 wurden Hunderttausende von Bosniern, Kroaten, Serben und Albanern von ihren Landsleuten getötet, vergewaltigt oder gefoltert, Millionen von ihrem Besitz und aus ihrer Heimat vertrieben. In dem Bemühen, Gründe für Massaker und Bürgerkriege in einer Größenordnung zu finden, wie es sie seit 1945 nicht gegeben hatte – und das in einem Land, das von westlichen Radikalen lange Zeit als eine Art sozialistische Vorzeigegesellschaft angesehen wurde –, haben ausländische Kommentatoren in der Regel zwei entgegengesetzte Erklärungen vorgeschlagen.

Nach der einen Ansicht, die vielfach in westlichen Medien verbreitet und in den öffentlichen Äußerungen europäischer und amerikanischer Politiker übernommen wurde, war der Balkan ein hoffnungsloser Fall, ein Hexenkessel rätselhafter Streitereien und alter Haßgefühle. Jugoslawien war »zum Untergang verurteilt«. Nach einem vielzitierten Bonmot bestand es aus sechs Republiken, fünf Nationen, vier Sprachen, drei Religionen und zwei Alphabeten – das Ganze zusammengehalten durch eine Partei. Danach war ganz einfach, was nach 1989 geschah: Kaum war der Deckel entfernt, explodierte der Kessel.

Nach dieser Lesart waren es »jahrhundertealte« Konflikte – in Regionen, die der Marquis de Salaberry 1791 als die »ungeschliffenen Extremitäten« Europas bezeichnet hatte –, die jetzt hochkochten, wie sie es schon in vergangenen Jahrhunderten getan hatten. Mörderischer Haß, von Erinnerungen an begangenes Unrecht und Rachegefühlen gespeist, ergriff eine ganze Nation. Diese Ansicht brachte der US-Außenminister Lawrence S. Eagleburger zum Ausdruck, als er 1992 sagte: »Ehe die Bosnier, Serben und Kroaten nicht beschließen, sich nicht mehr umzubringen, kann die Außenwelt nichts dagegen unternehmen.«

Ganz anders die Auffassung einiger Historiker und ausländischer Beobachter, nach der die Tragödie auf dem Balkan größtenteils die Schuld Außenstehender war. Durch Interventionen und imperiale Ambitionen war das Gebiet des ehemaligen Jugoslawien im Laufe der letzten 200 Jahre immer wieder von anderen Mächten zum eigenen Vorteil besetzt, geteilt und ausgebeutet worden – der Türkei, Großbritannien, Frankreich, Rußland, Österreich, Italien und Deutschland. Wenn es böses Blut zwischen den Völkern dieser Region gab, dann war dies eher auf imperiale Einwirkungen als auf ethnische Feindseligkeit zurückzuführen. Durch die unverantwortliche Einmischung ausländischer Mächte, so diese Argumentation, verschärften sich die Probleme vor Ort. Hätte der deutsche Außenminister Hans-Dietrich Genscher beispielsweise 1991 nicht darauf bestanden, die Unabhängigkeit von Slowenien und Kroatien »verfrüht« anzuerkennen, wären die Bosnier vielleicht nie gefolgt, hätte Belgrad keinen Anlaß zum Eingreifen gesehen und wäre dem ganzen Land ein desaströses Jahrzehnt erspart geblieben.

Gleichgültig, wie man zu diesen beiden Lesarten der Balkangeschichte steht, verblüffend ist, daß sie trotz ihrer scheinbaren Unvereinbarkeit ein wichtiges Merkmal gemein haben. Beide verringern oder übergehen die Rolle der Jugoslawen selbst, indem sie sie als Opfer entweder des Schicksals oder der Manipulationen und Fehler anderer hinstellen. Gewiß, es war viel Geschichte in den Bergen des ehemaligen Jugoslawiens vergraben – und viele böse Erinnerungen. Und Außenstehende haben auch entscheidend zur Tragödie des Landes beigetragen, wenn auch vor allem durch unverantwortliche Duldung einheimischer Verbrechen. Doch die Teilung Jugoslawiens hatten – nicht anders als die Zerschlagung anderer ehemaliger kommunistischer Staaten – Menschen und nicht das Schicksal bewirkt. Und die Hauptverantwortung für die jugoslawische Tragödie trugen nicht irgendwelche Staatsmänner in Bonn oder irgendeiner anderen ausländischen Hauptstadt, sondern die Politiker in Belgrad.

Als Josip Broz Tito mit 87 Jahren 1980 starb, hatte das von ihm vereinigte Jugoslawien eine reale Existenz. Seine einzelnen Republiken waren eigenständige Einheiten in einem Bundesstaat, dessen Regierung Vertreter aller sechs Republiken und zweier autonomer Regionen in Serbien (der Wojwodina und des Kosovo) umfaßte. Die geschichtlichen Hintergründe der verschiedenen Regionen waren sehr unterschiedlich. Slowenien und Kroatien im Norden waren vorwiegend katholisch und hatten einst zum österreichisch-ungarischen Reich gehört – genauso Bosnien, wenn auch nicht so lange. Der südliche Landesteil (Serbien, Mazedonien, Montenegro und Bosnien) war jahrhundertelang unter osmanisch-türkischer Herrschaft gewesen, was die große Zahl von Muslimen neben den vorwiegend orthodoxen Serben erklärt.

Doch diese historischen Unterschiede – obwohl durchaus vorhanden und durch die Erfahrungen des Zweiten Weltkriegs noch verstärkt – waren in den nachfolgenden Jahrzehnten abgeschliffen worden. Wirtschaftliche Veränderungen führten in Städten wie Vukovar oder Mostar zu gelegentlich etwas schwierigen Kontakten zwischen bislang isolierten ländlichen Bevölkerungsgruppen, sorgten aber auch für eine beschleunigte Integration über alte soziale und ethnische Grenzen hinweg.

Um den kommunistischen Mythos von der brüderlichen Einheit aufrechtzuerhalten, mußte man sich zwar blind und taub für die Erinnerungen und Konflikte aus der Kriegszeit stellen – die Geschichtsbücher in Titos Jugoslawien schwiegen sich klugerweise über die blutigen Bürgerkriege aus, welche die gemeinsame Vergangenheit des Landes geprägt hatten –, und die Vorteile dieses offiziellen Schweigens waren durchaus real. Die nach dem Krieg aufwachsende Generation wurde ermuntert, sich als »jugoslawisch« und nicht »kroatisch« oder »mazedonisch« zu begreifen. Und bei vielen Menschen, besonders wenn sie jünger, gebildeter und der wachsenden Zahl von Stadtbewohnern zuzurechnen waren – fruchtete diese Politik.[1] Jüngere Intellektuelle in Ljubljana oder Zagreb hatten kein großes Interesse mehr an der heroischen oder beklagenswerten Vergangenheit ihrer ethnischen Vorfahren. 1981 bezeichneten sich im kosmopolitischen Sarajevo, der Hauptstadt Bosniens, 20 Prozent der Einwohner als »Jugoslawen«.

Bosnien war immer die ethnisch vielfältigste Region Jugoslawiens und insofern vielleicht nicht typisch gewesen. Doch das ganze Land war ein Geflecht aus einander überschneidenden Minderheiten. Die 580 000 Serben, die 1991 in Kroatien lebten, machten rund 12 Prozent der Bevölkerung dieser Republik aus. Bosnien wies im selben Jahr 44 Prozent Muslime, 31 Prozent Serben und 17 Prozent Kroaten auf. Sogar das winzige Montenegro hatte ein Bevölkerungsgemisch aus Montenegrinern, Serben, Muslimen, Albanern und Kroaten – ganz zu schweigen von denen, die sich bei der Volkszählung als »Jugoslawen« bezeichneten. Häufig

Jugoslawien 1945-1991

war den Bewohnern ethnisch gemischter Regionen die Nationalität oder Religion ihrer Freunde oder Nachbarn kaum bewußt. »Mischehen« wurden immer häufiger.

Tatsächlich waren die »ethnischen« Grenzlinien in Jugoslawien nie ganz exakt definiert. Das läßt sich stellvertretend an den Sprachunterschieden zeigen. Albaner und Slowenen sprechen unterschiedliche Sprachen. Makedonier sprechen Makedonisch (das heißt, ein leicht abgewandeltes Bulgarisch). Doch die Unterschiede zwischen den »serbischen« und »kroatischen« Formen des »Serbokroatischen«, wie es von der überwältigenden Mehrheit der Bevölkerung gesprochen wird, sind wirklich geringfügig. Die Serben benutzen das kyrillische, die Kroaten (und Bosnier) das lateinische Alphabet; doch abgesehen von einigen literarischen und wissenschaftlichen Begriffen, gelegentlichen orthographischen Abweichungen und einer unterschiedlichen Aussprache des Buchstabens »e« (kroatisch: »ye« in »Iékavian«, serbisch: »e« in »Ekavian«), sind die beiden »Sprachen« identisch. Die Montenegriner schreiben übrigens kyrillisch (wie die Serben), bleiben in der Aussprache aber bei »Iékavian« wie die Kroaten und Bosnier – und die serbischen Bewohner Bosniens auch. Nur die angestammten Bewohner des eigentlichen Serbiens verwenden die »Ekavian«-Variante – und als die serbischen Nationalisten in Bosnien nach 1992 versuchten, den anderen bosnischen Serben in der Zone, die sie aus Bosnien herausgeschnitten hatten, die offizielle »serbische« Aussprache (das heißt, »Ekavian«) vorzuschreiben, begegneten sie erbittertem Widerstand.

So war die »kroatische« Sprache, die 1974 offiziell als Sprache der Republik Kroatien anerkannt wurde – entsprechend den Forderungen einer »Deklaration über die Sprache«, die 1967 von einer Gruppe Zagreber Intellektueller aufgesetzt wurde –, vor allem ein »Erkennungszeichen«: eine Möglichkeit für die Kroaten, dagegen zu protestieren, daß Tito in seinem Bundesstaat jeden Ausdruck nationaler Identität unterdrückte. Gleiches galt für das zwanghafte Bestreben einiger serbischer Schriftsteller, das »reine« Serbische zu bewahren oder wiederzubeleben. So ergibt sich der Schluß, daß – im Gegensatz zu den üblichen Unterschieden zwischen Dialekten einer einzigen Nationalsprache, die regional erheblich differiert, aber von den gebildeten Eliten überwiegend in einer gemeinsamen »korrekten« Form verwendet wird – im früheren Jugoslawien die breite Masse eine einzige austauschbare Sprache verwendete, während eine Minderheit von Nationalisten bemüht war, sich dadurch zu unterscheiden, daß sie den Narzißmus der kleinen Unterschiede kultivierte.

Die vielbemühten religiösen Unterscheidungen sind nicht weniger irreführend. Beispielsweise hatte der Kontrast zwischen katholischen Kroaten und orthodoxen Serben weit mehr Gewicht in früheren Jahrhunderten – oder im Zweiten Weltkrieg, als die Ustascha in Zagreb den Katholizismus als Waffe gegen

Serben und Juden gleichermaßen einsetzte.[2] In den neunziger Jahren war die Religionsausübung in den rasch wachsenden Städten Jugoslawiens rückläufig. Nur auf dem Lande spielte die traditionelle Entsprechung zwischen religiösen und nationalen Empfindungen noch eine Rolle. Viele angebliche Muslime Bosniens waren vollkommen säkularisiert – und hatten in jedem Fall wenig gemeinsam mit den muslimischen Albanern (obwohl keineswegs alle Albaner Muslime waren, was allerdings ihren Feinden weitgehend verborgen blieb). Zwar kann es keinen Zweifel daran geben, daß die alte osmanische Praxis, die Nationalität durch die Religion zu definieren, Spuren hinterlassen hatte, vor allem dadurch, daß sie dem orthodoxen Christentum bei den Südslawen einen überhöhten Rang verlieh, doch ließ die Bedeutung dieses Aspekts deutlich nach.

Obwohl eine ältere Generation von Jugoslawen an vielen Vorurteilen früherer Zeiten festhielt – der künftige kroatische Präsident Franjo Tudman war berüchtigt unparteiisch in seinen Vorurteilen, er verabscheute Muslime, Serben und Juden gleichermaßen –, richtete sich in jüngerer Zeit wahrscheinlich die einzige generelle Diskriminierung gegen die albanische Minderheit im Süden, die von vielen Slowenen, Kroaten, Serben, Makedoniern und Montenegrinern als kriminell und faul diffamiert wurde. Am stärksten waren diese Vorurteile in Serbien.[3]

Dafür gab es verschiedene Gründe. Die Albaner verzeichneten von allen Bevölkerungsgruppen im Lande das rascheste Wachstum. Während sie 1931 nur 3,6 Prozent der jugoslawischen Bevölkerung ausmachten, waren es 1948 bereits 7,9 Prozent (dank den Einwanderern aus dem eigentlichen Albanien in der Nachkriegszeit). 1991 stellten die rund 1 728 000 Albaner infolge einer weit höheren Geburtenrate (elfmal so hoch wie die der serbischen oder kroatischen Volksgruppen) in Jugoslawien 16,6 Prozent der Gesamtbevölkerung. Die meisten albanischen Bürger Jugoslawiens lebten in Serbien, in der autonomen Region Kosovo, wo sie 82 Prozent der Bevölkerung ausmachten und die 194 000 Serben zahlenmäßig weit in den Schatten stellten – obwohl diese die besseren Stellungen, Wohnungen und andere soziale Privilegien hatten.

Der Kosovo hatte für die serbischen Nationalisten historische Bedeutung, weil er im mittelalterlichen Serbien das letzte Bollwerk gegen die vorrückenden Türken war und mit dem Amselfeld den Schauplatz einer Entscheidungsschlacht aus dem Jahr 1389 beherbergte. Daß dort die Albaner weit in der Überzahl waren, wurde daher von einigen serbischen Intellektuellen und Politikern als demographische Beunruhigung und historische Provokation empfunden – zumal es an die Verdrängung der Serben durch die Muslime als der größten Minderheit in der benachbarten bosnischen Republik erinnerte. Die Serben, so schien es, verloren an Boden – gegenüber bislang untergeordneten Minderheiten, die von Titos rigoroser Durchsetzung föderaler Gleichheit profitiert hatten.[4] Aus Gründen, die mit »jahrhundertealten« Balkanfehden zu tun hatten, barg der Kosovo also erheblichen politischen Sprengstoff. Bereits in den sechziger Jahren hatte André Malraux einem jugoslawischen Besucher hellsichtig erklärt: »Le Kosovo c'est votre Algérie dans l'Orléanais.«

Während die serbische Abneigung gegen die Albaner aus Nähe und Furcht erwuchs, war die zunehmende Verachtung im Norden Jugoslawiens für den untüchtigen Süden ethnisch neutral und hatte keine nationalen, sondern wirtschaftliche Gründe. Wie in Italien wuchs auch in Jugoslawien der Groll des wohlhabenden Nordens auf die verarmten Bewohner des Südens, die, wie es schien, durch Transferzahlungen und Subventionen ihrer produktiveren Mitbürger unterhalten wurden. Der Gegensatz zwischen Wohlstand und Armut in Jugoslawien war ziemlich ausgeprägt – und korrelierte auf provozierende Weise mit der Geographie.

Obwohl auf Slowenien, Mazedonien und Kosovo jeweils etwa der gleiche Anteil (8 Prozent) an der Gesamtbevölkerung entfiel, kam das winzige Slowenien 1990 für 29 Prozent der jugoslawischen Exporte auf, während Mazedonien gerade einmal vier und Kosovo nur 1 Prozent erzeugten. Soweit den offiziellen jugoslawischen Zahlen zu entnehmen, war in Slowenien das Bruttoinlandprodukt pro Kopf der Bevölkerung doppelt so hoch wie in Serbien, dreimal so hoch wie in Bosnien und achtmal so hoch wie im Kosovo. Im alpinen Slowenien gab es 1988 weniger als 1 Prozent Analphabeten, in Mazedonien und Serbien waren es je 11 Prozent, im Kosovo 18 Prozent. Ende der achtziger Jahre lag die Säuglingssterblichkeit in Slowenien bei 11 Todesfällen je 1000 Lebendgeburten, im benachbarten Kroatien waren es 12. In Bosnien lag die Rate bei 16 Promille, in Serbien schon bei 22 Promille, in Mazedonien bei 45 und im Kosovo bei 52 Todesfällen pro 1 000 Lebendgeburten.

Wie die genannten Zahlen ausweisen, waren Slowenien und (in etwas geringerem Maße) Kroatien schon mit den weniger wohlhabenden Ländern der Europäischen Gemeinschaft zu vergleichen, während Kosovo, Mazedonien und das ländliche Serbien auf diesem Gebiet eher Teilen Asiens oder Südamerikas entsprachen. Wenn die Slowenen und Kroaten in ihrem gemeinsamen jugoslawischen Heimatland nun zunehmend aufsässiger wurden, so waren dafür keine tiefverwurzelten religiösen oder sprachlichen Empfindungen verantwortlich, auch kein neuer ethnischer Partikularismus. Die Ursache lag in ihrer Überzeugung, daß es ihnen viel besser ginge, wenn sie ihre Belange selbst in die Hand nähmen und keine Rücksicht auf die Bedürfnisse und Interessen der leistungsschwachen südlicheren Landesteile nehmen müßten.

Titos persönliche Autorität und seine energische Unterdrückung jeglicher ernstgemeinter Kritik sorgten dafür, daß abweichende Meinungen und Auffassungen dieser Art nicht in die Öffentlichkeit gelangten. Doch nach seinem Tode verschlechterte sich die Lage rasch. Während der sechziger und zu Beginn der siebziger Jahre, als das boomende Westeuropa jugoslawische Arbeitskraft abschöpfte und beträchtliche Überweisungen in harter Währung zurückflossen, warfen Übervölkerung und Unterbeschäftigung in den südlichen Landesteilen praktisch keine Probleme auf. Seit Ende der siebziger Jahre jedoch begann die jugoslawische Wirtschaft zu kränkeln. Jugoslawien war, nicht anders als andere kommunistische Länder, im Westen tief verschuldet, doch während Warschau oder Budapest darauf mit weiterer Auslandsverschuldung reagierten, rückte man in Belgrad dem Problem mit der Druckpresse zu Leibe. Im Laufe der achtziger Jahre versank das Land immer tiefer in Hyperinflation. 1989 belief sich die jährliche Inflationsrate auf 1240 Prozent, Tendenz steigend.

Die wirtschaftspolitischen Fehler wurden in Belgrad begangen, doch die Konsequenzen zeigten sich vor allem in Zagreb und Ljubljana und weckten dort neuen Groll. Viele Kroaten und Slowenen, Kommunisten und Nichtkommunisten gleichermaßen, glaubten, daß es für sie besser wäre, wenn sie ihre wirtschaftlichen Entscheidungen selbst träfen und mit Korruption und Nepotismus des in der Bundeshauptstadt herrschenden Klüngels nichts zu schaffen hätten. Dieses Empfinden wurde durch die wachsende Furcht verstärkt, daß eine kleine Gruppe von Apparatschiks in dem politischen Vakuum, das sich nach Titos Tod auftat, die Macht an sich reißen würde – und zwar dadurch, daß sie das serbische Nationalgefühl schürte und manipulierte. Diese Gruppe sammelte sich um Slobodan Miloševič, den bis dahin unbedeutenden Präsidenten des Bundes der Kommunisten in seinem heimatlichen Serbien.

Miloševičs Verhalten war in diesen Jahren für einen kommunistischen Führer nicht ungewöhnlich. In der DDR versuchten die Kommunisten, wie gezeigt, Punkte zu sammeln, indem sie das 18. Jahrhundert und Preußens Gloria beschworen, und auch in Jugoslawiens Nachbarländern Bulgarien und Rumänien war einige Jahre lang der »Nationalkommunismus« sehr in Mode gewesen. Wenn Miloševič demonstrativ eine patriotische Denkschrift der Serbischen Akademie der Künste und Wissenschaften begrüßte oder im Jahr darauf der Kosovo besuchte, um Verständnis für serbische Klagen über albanischen »Nationalismus« zu demonstrieren, so unterschied sich sein Kalkül nicht wesentlich von dem anderer osteuropäischer Kommunistenführer jener Zeit. In der Gorbatschow-Ära, als die ideologische Legitimität des Kommunismus und seiner herrschenden Partei rasch dahinschwand, war der Patriotismus ein alternatives Mittel der Machtsicherung.

Doch während im übrigen Osteuropa der Rückgriff auf Nationalismus und nationale Erinnerungen lediglich mit dem Risiko verbunden war, Besorgnis im

Ausland zu wecken, wurde in Jugoslawien der Preis für diese Politik im Land selbst fällig. 1988 begann Milošević, um seine Position innerhalb der serbischen Teilrepublik zu stärken und zu festigen, in aller Offenheit nationalistische Veranstaltungen zu unterstützen, bei denen zum erstenmal seit vier Jahrzehnten wieder die Insignien der Četniks aus dem Weltkrieg offen gezeigt wurden – eine Erinnerung an die von Tito unterdrückte Vergangenheit und eine kalkulierte Maßnahme, um vor allem die Kroaten einzuschüchtern.

Nationalismus diente Milošević dazu, Serbien in den Griff zu bekommen – was sich bestätigte, als er im Mai 1989 zum Präsidenten der serbischen Teilrepublik gewählt wurde. Doch um Serbiens Einfluß auf Jugoslawien als Ganzes zu erhalten und zu stärken, mußte er das föderale System selbst umgestalten. Das sorgsam austarierte Interessengleichgewicht zwischen den zahlreichen konstitutiven Republiken wurde zunächst durch Titos charismatischen Führungsstil und nach ihm durch den turnusmäßigen Wechsel im Präsidentenamt gewahrt. Im März 1989 begann Milošević, diese Ordnung zu zerstören.

Indem er einen Zusatz zur serbischen Landesverfassung durchpeitschte, »verleibte« er die bis dahin autonomen Provinzen Kosovo und Vojvodina dem eigentlichen Serbien ein – wobei er ihnen jedoch ihre beiden Sitze im Bundespräsidium beließ. Fortan konnte Serbien bei jeder Kontroverse auf vier Stimmen (Serbien, Kosovo, Vojvodina und die willfährige proserbische Republik Montenegro) von acht Stimmen in diesem Gremium zählen. Da Milošević das Ziel verfolgte, einen einheitlichen Gesamtstaat (unter serbischer Führung) zusammenzuschweißen – eine Absicht, der sich die übrigen vier Republiken natürlich widersetzten – war das föderale Regierungsprinzip nachhaltig blockiert. Aus Sicht Sloweniens und speziell Kroatiens ließ der Gang der Ereignisse nur eine Lösung zu: Da beide nicht erwarten konnten, daß ein funktionsunfähiges föderales System ihre Interessen wahren oder befördern würde, lag ihre einzige Hoffnung darin, von Belgrad abzurücken, wenn nötig durch Erklärung ihrer vollkommenen Unabhängigkeit.

Warum hatten sich die Dinge Ende 1989 so hoffnungslos entwickelt? In allen anderen Ländern wurde die Abkehr vom Kommunismus durch »Demokratie« geleistet: Parteifunktionäre und Bürokraten von Rußland bis zur Tschechischen Republik wandelten sich innerhalb weniger Monate von Jasagern der Nomenklatura zu geschickten Akteuren pluralistischer Parteienpolitik. Das politische Überleben hing davon ab, daß man seine öffentlichen Bekenntnisse den parteipolitischen Erfordernissen einer liberalen politischen Kultur anpaßte. So unglaubwürdig diese Wendemanöver in Einzelfällen auch sein mochten, insgesamt funktionierten sie. Es gab einfach keine andere Möglichkeit. In den postkommunistischen Ländern war die »Klasse« keine Option mehr, und die internen ethnischen Verschiedenheiten waren nicht ausgeprägt genug, um sie ausschlachten zu können. Daher wurde die neue politische Landschaft jetzt größtenteils von anderen politischen Kategorien beherrscht – »Privatisierung«, »Zivilgesellschaft« oder »Demokratisierung« (beziehungsweise »Europa«, was alle drei einschloß).

In Jugoslawien verhielt es sich jedoch anders. Dort waren die verschiedenen Völkerschaften in so starkem Maße durchmischt worden (und hatten weder Genozid noch Verschiebungen erlebt, wie sie Polen und Ungarn in früheren Jahrzehnten tiefgreifend verändert hatten), daß sie Demagogen wie Milošević oder Franjo Tudman, seinem kroatischen Gegenstück, ein reiches Betätigungsfeld boten. Indem sie *ihre* Abkehr vom Kommunismus auf eine neue politische Klientel zuschnitten, konnten sie auf die ethnische Karte setzten, die in Europa sonst nirgendwo mehr stach – und dadurch das Bemühen um Demokratie ersetzen.

In den baltischen Ländern, der Ukraine oder in der Slowakei konnten postkommunistische Politiker die Überwindung der kommunistischen Vergangenheit mit der Forderung nach staatlicher Unabhängigkeit bestreiten – und einen neuen Staat und eine neue Demokratie zugleich aufbauen –, ohne sich viel Gedanken um ethnische Minderheiten machen zu müssen. In Jugoslawien jedoch bedeutete der Zerfall der Föderation in ihre konstitutiven Republiken, daß in jedem Falle, von Slowenien abgesehen, eine Minderheit oder verschiedene Minderheiten im Land einer anderen Bevölkerungsgruppe übrigbleiben würden. Wenn eine Republik ihre Unabhängigkeit erklärte, mußten sich unter diesen Umständen andere genötigt fühlen, dem Beispiel zu folgen. Kurzum, Jugoslawien stand nun vor denselben unlösbaren Schwierigkeiten, an denen Woodrow Wilson und seine Kollegen siebzig Jahre zuvor in Versailles gescheitert waren.

Wie von vielen vorausgesehen, spielte der Kosovo die Rolle des Katalysators. Während der achtziger Jahre hatte es dort, vor allem in der Provinzhauptstadt Priśtina, immer wieder albanische Demonstrationen und Proteste wegen schlechter Behandlung und Benachteiligung gegeben. Die Einrichtungen der Albaner waren geschlossen, die Verantwortlichen entlassen, ihre täglichen Aktivitäten durch scharfe Kontrollen und im März 1989 sogar durch eine Sperrstunde beeinträchtigt worden. Die Zusätze zur serbischen Verfassung hatten den Albanern, ohnehin schon unterdrückt und benachteiligt, jegliche Autonomie und politische Vertretung entzogen – eine Entwicklung, die Milošević durch einen Besuch in der Provinz zur 600-Jahr-Feier der »Schlacht auf dem Amselfeld« im Juni 1989 billigte und unterstrich.

In seiner Rede vor fast einer Million Menschen versicherte Milošević den im Kosovo ansässigen Serben, sie hätten »ihre staatliche, nationale und religiöse Unversehrtheit wiedererlangt ... Bisher fühlten sich [die Serben] dank ihrer Führer und Politiker und ihrer Vasallenmentalität vor sich selbst und anderen schuldig. Dieser Zustand hielt Jahrzehnte an, jahrelang, und hier sind wir nun auf dem Amselfeld, um festzustellen, daß es damit ein für allemal vorbei ist«. Ein paar Monate später, nach blutigen Zusammenstößen zwischen Polizei und Demonstranten, die zu zahlreichen Todesopfern und Verletzten geführt hatten, löste Belgrad das Provinzialparlament auf und unterstellte die Region der Belgrader Zentralregierung.

Diese Entwicklung im tiefen Süden Jugoslawiens beeinflußte auf direkte Weise die Beschlüsse, die in den nördlichen Republiken gefaßt wurden. Ljubljana und Zagreb, die bestenfalls einen Anflug von Mitgefühl für die Probleme der Albaner hegten, bereitete die autoritäre Haltung der Serben viel größeres Kopfzerbrechen. Bei den Wahlen in Slowenien im April 1990 stimmte eine Mehrheit der Wähler, obwohl sie eigentlich den Verbleib in Jugoslawien befürworteten, für die nichtkommunistischen Kandidaten der Opposition, ungeachtet der Tatsache, daß diese die gegebene föderale Ordnung offen kritisierten. Im folgenden Monat errang im benachbarten Kroatien eine neue nationalistische Partei eine überwältigende Mehrheit, und der Parteiführer, der ehemalige kommunistische Apparatschik Franjo Tudjman, übernahm das Präsidentenamt der Republik.

Das Maß war voll, als die serbische Führung in Belgrad im Dezember 1990 auf Miloševićs Anweisung, aber ohne Berechtigung, 50 Prozent der Ziehungsrechte der jugoslawischen Föderation nutzte, um Erstattungen und Gratifikationen für Bundesbedienstete und Arbeiter der Staatsbetriebe abzudecken. Die Slowenen – die mit 8 Prozent der Gesamtbevölkerung ein Viertel des gesamten Bundeshaushalts aufbrachten – waren ganz besonders aufgebracht. Im Monat darauf kündigte das slowenische Parlament an, man werde sich aus dem Fiskalsystem des Bundes zurückziehen, und erklärte die Republik für unabhängig, ohne jedoch zunächst Maßnahmen zur Loslösung einzuleiten. Innerhalb eines Monats folgte das kroatische Parlament dem slowenischen Beispiel (wenig später auch das mazedonische Parlament in Skopje).

Die Folgen dieser Entwicklung blieben zunächst unklar. Die beträchtliche serbische Minderheit im südöstlichen Kroatien – insbesondere in der alten Grenzregion serbischer Besiedlung, der Krajina – hatte bereits Zusammenstöße mit der kroatischen Polizei und wandte sich an Belgrad um Hilfe gegen ihre »Ustascha«-Unterdrücker. Doch die Entfernung zwischen Slowenien und Belgrad und der Umstand, daß weniger als 50000 Serben in der Republik ansässig waren, gab Anlaß zur Hoffnung, daß ein friedlicher Ausgang möglich wäre. Das Ausland war geteilter Meinung. Washington, das wegen des serbischen Vorgehens im Kosovo jede Wirtschaftshilfe für Jugoslawien ausgesetzt hatte, sprach sich trotzdem öffentlich gegen alle Sezessionsbestrebungen aus.

Einige Wochen vor Präsident Bushs Besuch in Kiew reiste Außenminister James Baker im Juni 1991 nach Belgrad und sicherte den Machthabern dort zu, die USA würden ein »demokratisches und vereintes Jugoslawien« befürworten. Doch zu diesem Zeitpunkt war ein »demokratisches und vereintes Jugoslawien« schon ein Widerspruch in sich. Fünf Tage nach Bakers Äußerungen nahmen Slowenien und Kroatien die Kontrolle ihrer Grenzen in die eigene Hand und vollzogen den einseitigen Austritt aus der Föderation. Die überwältigende Mehrheit der Bevölkerung begrüßte diesen Schritt, der insgeheim von zahlreichen prominenten europäischen Staatsmännern unterstützt wurde. Als Reaktion darauf marschierte die Bundesarmee an der neuen slowenischen Grenze auf. Der Jugoslawische Krieg stand unmittelbar vor seinem Ausbruch.

Besser gesagt, die Jugoslawischen *Kriege*, denn es wurden ihrer fünf. Der jugoslawische Angriff auf Slowenien dauerte nur einige Wochen an, danach zog die Armee ab und überließ den sezessionistischen Staat friedlich seinem Schicksal. Daraufhin folgte der weitaus blutigere Krieg zwischen Kroatien und seiner rebellischen serbischen Minderheit (unterstützt von der Armee »Jugoslawiens« – de facto Serbiens und Montenegros), der sich hinzog, bis die Vereinten Nationen zu Beginn des folgenden Jahres einen unsicheren Waffenstillstand vermittelten. Nachdem die bosnischen Kroaten und Muslime im März 1992 für die Unabhängigkeit votiert hatten, erklärten die bosnischen Serben dem neuen Staat den Krieg und schickten sich an, wiederum mit Unterstützung der serbischen Armee, eine Serbische Republik (Republika Srpska) aus dem bosnischen Territorium herauszuschneiden. Dazu belagerten sie eine Reihe bosnischer Städte, vor allem die Hauptstadt Sarajewo selbst.

Unterdessen brach im Januar 1993 der Bürgerkrieg zwischen den bosnischen Kroaten und Muslimen aus, in dessen Verlauf einige Kroaten kurzzeitig versuchten, aus einem Scheibchen der kroatisch beherrschten Herzegowina einen Kleinststaat zu bilden. Und schließlich, als die genannten Konflikte schon alle beendet waren (jedoch erst, nachdem der kroatisch-serbische Krieg 1995 erneut ausgebrochen war und von Kroatien genutzt wurde, um die drei Jahre zuvor an Serbien verlorene Krajina zurückzuerobern), wurde der Kosovo vom Krieg ereilt. Nachdem Miloševič praktisch überall den kürzeren gezogen hatte, wandte er sich dem Kosovo zu und wurde an der Vernichtung oder Vertreibung der albanischen Bevölkerung nur durch eine noch nie dagewesenen Nato-Intervention gehindert, die im Frühjahr 1999 mit ihren Truppen Serbien selbst angriff.

Bei allen diesen Konflikten gab es sowohl eine innere Dynamik als auch eine äußere Einmischung. Die slowenische und kroatische Unabhängigkeit wurde, wie gezeigt, von wohlbegründeten innenpolitischen Überlegungen vorangetrieben. Doch es war die eilige Anerkennung durch die Deutschen – und dann durch die Europäische Gemeinschaft –, welche die offizielle Existenz der beiden Staaten für Freund und Feind erkennbar bestätigten. Da es nun ein unabhängiges

Kroatien gab, konnte die hysterische Propaganda der Belgrader Radio- und Fernsehsender die Ängste der im neuen Staatsgebilde ansässigen Serben nutzen, indem sie die Massaker aus der Kriegszeit erinnerte und die Serben dazu aufforderte, gegen ihre Ustascha-Nachbarn zu den Waffen zu greifen.

In Bosnien, wo eine größere Anzahl Serben lebte, weckte die Aussicht auf staatliche Unabhängigkeit unter einer kroatisch-muslimischen Bevölkerungsmehrheit ähnliche Befürchtungen. Ob die Unabhängigkeit Bosniens unvermeidlich war, bleibt offen: Bosnien war die integrierteste der Vorkriegsrepubliken und hatte am meisten zu verlieren, sobald es gewaltsam versuchte, seine Bevölkerungsgruppen voneinander zu trennen; denn diese verteilten sich wie ein Flikkenteppich über das ganz Land, und vor Miloševičs Aufstieg hatte keine der ethnischen oder religiösen Minderheiten größeres Interesse an einer Trennung der staatlichen Institutionen gezeigt. Doch nachdem die nördlichen Nachbarn ausgeschieden waren, stellte sich genau diese Frage.

Nach 1991 mußten die bosnischen Kroaten und Muslime die Unabhängigkeit in einem souveränen Staat dem Minderheitenstatus in jenem Staatsgebilde vorziehen, das von Miloševičs Jugoslawien übriggeblieben war. Entsprechend entschieden sie sich bei einem Volksentscheid im Februar 1992. Die bosnischen Serben jedoch, denen Belgrad nun schon seit einigen Monaten nicht nur mit seinen Geschichten von den Ustascha-Massakern in den Ohren lag sondern auch mit der Warnung vor einem bevorstehenden muslimischen Dschihad, zogen es verständlicherweise vor, mit Serbien einen Bundesstaat zu bilden, zumindest aber sich als autonome Region anzugliedern, statt als Minderheit in einem von Sarajewo aus regierten muslimisch-kroatischen Staat fortzubestehen. Sobald sich Bosnien (genauer: die politischen Führer der Muslime und Kroaten – die Serben hatten sowohl das Referendum als auch die Parlamentsabstimmung boykottiert) im März 1992 für unabhängig erklärte, war sein Schicksal besiegelt. Im folgenden Monat riefen die Führer der bosnischen Serben die Serbische Republik (Republika Srpska) aus, und die jugoslawische Armee marschierte ein, um ihnen bei der Sicherung und »Säuberung« des Staatsgebiets behilflich zu sein.

Die serbisch-kroatischen und serbisch-bosnischen Kriege brachten ihren Völkern schreckliche Verluste bei. Obgleich es sich anfangs um einen einigermaßen offenen Krieg zwischen mehr oder weniger regulären Streitkräften gehandelt hatte, insbesondere in und um strategisch bedeutsame Orte wie Sarajewo und Vukovar, wurde ein großer Teil der Kämpfe von irregulären Kräften, insbesondere serbischen Irregulären ausgetragen. Dabei handelte es sich praktisch um organisierte Banden von Schlägern und Kriminellen, die von Belgrad bewaffnet und teils von Berufsverbrechern wie »Arkan« (Zeljko Raznjatović) geführt wurden. Dessen »Serbische Freiwilligengarde« (die »Tiger«) massakrierten in den östlichen Bezirken Kroatiens und Bosniens Hunderte von Menschen. Teils standen an ihrer Spitze aber auch ehemalige jugoslawische Heeresoffiziere wie Oberstleutnant Ratko Mladić (ein »charismatischer Mörder«, wie der amerikanische Diplomat Richard Holbrooke einmal sagte). 1992 hatte er das Kommando über die Truppen der bosnischen Serben übernommen und mitgeholfen, die ersten Überfälle auf kroatische Dorfbewohner zu organisieren, die in den von Serben dominierten Gemeinden in der Krajina lebten.

Das vorrangige strategische Ziel war nicht so sehr, die gegnerischen Streitkräfte zu besiegen, als vielmehr in den Gebieten, welche die Serben für sich beanspruchten, die nichtserbischen Bürger aus ihren Häusern, von ihrem Land, aus ihren Geschäften zu vertreiben.[5] An diesen »ethnischen Säuberungen« – ein neuer Begriff für eine alte Praxis – beteiligten sich alle Kriegsparteien, doch die serbischen Truppen wüteten bei weitem am schlimmsten. Neben den Ermordeten (am Ende des Bosnien-Krieges schätzungsweise 300 000 Menschen) wurden Millionen außer Landes getrieben. Die Zahl der Asylanträge, die an die Europäische Gemeinschaft gerichtet waren, erhöhte sich in den Jahren 1988 bis 1992 um mehr als das Dreifache. 1991 suchten allein in Deutschland 256 000 Flüchtlinge Asyl. Im ersten Jahr des Krieges in Kroatien und Bosnien flohen mehr als drei Millionen Menschen aus Jugoslawien (ein Achtel der Vorkriegsbevölkerung) ins Ausland.

Der internationalen Gemeinschaft konnte die jugoslawische Tragödie insofern kaum verborgen bleiben – ohnehin war sie in Echtzeit auf den Fernsehschirmen in aller Welt zu verfolgen, mit grausigen Bildern von verhungernden Muslimen in serbischen Gefangenenlagern und Schlimmerem. Die Europäer versuchten als erste zu intervenieren, sie schickten eine Ministerialdelegation der EG im Juni 1991 nach Jugoslawien – bei dieser Gelegenheit tat der glücklose luxemburgische Außenminister Jacques Poos den unsterblichen Ausspruch, »die Stunde Europas« habe geschlagen. Doch trotz der Einsetzung hochrangiger Kommissionen, um zu untersuchen, zu schlichten, Vorschläge zu unterbreiten, erwiesen sich die Europäische Gemeinschaft und ihre verschiedenen Behörden als vollkommen hilflos – nicht zuletzt, weil ihre Mitglieder sich nicht einig waren: die einen, etwa Deutschland und Österreich, waren auf der Seite der abgefallenen Republiken, während andere, geführt von Frankreich, die Staaten erhalten und bestehende Grenzen gewahrt wissen wollten und unter anderem aus diesem Grund Serbien gewogen waren.

Da sich die USA (und daher auch die Nato) aus den Konflikten entschieden heraushielten, blieben nur noch die Vereinten Nationen. Doch schienen auch sie kaum mehr tun zu können, als Sanktionen gegen Belgrad zu verhängen. In der Vergangenheit waren Truppen unter UN-Kommando in Kriegsgebiete entsandt worden, um Frieden zu sichern und zu wahren. Doch in Jugoslawien gab es keinen Frieden, der zu wahren gewesen wäre, noch gab es den Willen oder die Möglichkeit, ihn zustande zu bringen. Wie im vergleichbaren Fall des Spanischen Bürgerkriegs begünstigte eine angeblich neutrale Haltung den Aggressor. Auch das internationale Waffenembargo, das über das ehemalige Jugoslawien verhängt worden war, trug in keiner Weise dazu bei, den Serben Einhalt zu gebieten, da sie auf die beachtliche Rüstungsindustrie der alten Föderation Zugriff hatten. Dafür behinderte das Embargo die bosnischen Muslime entscheidend an der Abwehr der Aggression und ist weitgehend schuld an ihren militärischen Verlusten zwischen 1992 und 1995.

Der einzige praktische Erfolg, den die internationale Gemeinschaft bis 1995 vorzuweisen hatte, war die Entsendung einer 14 000 Mann starken UN-Schutztruppe nach Kroatien, um dort Kroaten und Serben voneinander zu trennen, nachdem die Kämpfe abgeklungen waren. Danach wurden Detachements von ein paar hundert Mann uniformierter UN-Friedenstruppen (Blauhelme) in ausgesuchte Städte Bosniens geschickt – die als »Schutzzonen« bezeichnet wurden – um die wachsende Anzahl der in diesen Gebieten zusammenströmenden (zumeist muslimischen) Flüchtlinge zu schützen. Später wiesen die Vereinten Nationen sogenannte »Flugverbotszonen« in Teilen Bosniens aus, die das Ziel hatten, Jugoslawiens Möglichkeiten einzuschränken, Zivilisten aus der Luft zu bedrohen (oder von den UN verhängte Sanktionen zu unterlaufen).

Langfristig von größerer Bedeutung war vielleicht das Internationale Kriegsverbrechertribunal, das im Mai 1993 in Den Haag eingerichtet wurde. Die bloße Existenz eines solchen Gerichtshofes bestätigte, was nun offenkundig war – daß Kriegsverbrechen und Schlimmeres nur wenige Kilometer südlich von Wien an der Tagesordnung waren. Doch solange mutmaßliche Kriegsverbrecher wie Mladić und sein bosnisch-serbischer Landsmann Radovan Karadžić (der Präsident der Republika Srpska) ihren Verbrechen weiterhin ungestraft nachgingen, blieb der Gerichtshof bis auf weiteres eine spukhafte und bedeutungslose Randerscheinung.

Erst 1995 änderte sich die Lage. Bis dahin war jeder Vorschlag einer ausländischen Intervention von französischen und britischen Offizieren innerhalb und außerhalb der Nato mit der energischen Behauptung abgewürgt worden, die bosnischen Serben wären stark, kampfentschlossen und bestens bewaffnet. Man solle sie nicht provozieren: Jeder ernstgemeinte Versuch, in Bosnien eine Friedensregelung gegen den Willen oder die Interessen der Serben zu erzwingen, so wurde zu verstehen gegeben, wäre nicht nur ungerecht, sondern könnte die Lage noch verschärfen … eine Auffassung, die von Miloševič in Belgrad geschickt bekräftigt wurde, obwohl er etwas unglaubwürdig behauptete, mit den Beschlüssen seiner serbischen Landsleute in Bosnien kaum etwas zu tun zu haben.

Zwar hatten die bosnischen Serben auf diese Weise praktisch freie Hand,[6] trotzdem überspannten sie den Bogen. Obwohl von der internationalen Gemeinschaft (eingeschlossen eine »Kontaktgruppe« ausländischer Diplomaten, die sich ständig um eine Übereinkunft bemühten) vereinbart wurde, daß eine »muslimisch-kroatische« Föderation (die im März 1994 in Washington gebildet wurde und den Kämpfen zwischen Muslimen und Kroaten ein Ende machte) 51 Prozent des Territoriums eines neuen, föderalen Bosnien erhalten sollte und den Serben 49 Prozent verblieben, nahmen die in der Stadt Pale residierenden serbischen Führer davon keine Notiz und setzten die Kämpfe fort. Im Februar 1994 hatten ihre Truppen von den umliegenden Berghängen ein Mörsergeschoß in steilem Bogen auf den Marktplatz von Sarajewo einschlagen lassen, 68 Tote und Hunderte von Verwundeten waren die Folge. Daraufhin drohte die Nato – mit dem Segen der UN – Luftschläge für den Fall weiterer Angriffe an, woraufhin einstweilen Ruhe einkehrte.

Doch im Mai 1995 nahmen die Serben die Beschießung Sarajewos wieder auf – als Vergeltung für einige bosnische Geländegewinne und die erfolgreiche Rückeroberung der Krajina durch Kroatien (die damit den Mythos von der militärischen Tüchtigkeit der Serben Lügen straften). Als Nato-Kampfflugzeuge daraufhin serbische Einrichtungen bombardierten, nahmen die Serben 350 UN-Blauhelme als Geiseln. Besorgt um das Schicksal ihrer Soldaten, lagen die westlichen Regierungen den UN und der Nato in den Ohren, von weiterem Vorgehen Abstand zu nehmen. Die internationale Aufmerksamkeit bot den Serben, die überhaupt nicht an Mäßigung dachten, nun zusätzliche Rückendeckung.

Durch diesen Beweis westlichen Kleinmuts bestärkt, marschierten am 11. Juli bosnisch-serbische Truppen unter Mladić dreist in eine der sogenannten UN-Schutzzonen ein, die ostbosnische Stadt Srebrenica, die zu jener Zeit mit verängstigten muslimischen Flüchtlingen überfüllt war. Srebrenica war nicht nur offiziell durch eine UN-Erklärung, sondern auch durch 400 bewaffnete holländische Blauhelme »geschützt«. Doch als Mladićs Männer eintrafen, legte das holländische Bataillon die Waffen nieder und leistete nicht den geringsten Widerstand, als die serbischen Truppen damit begannen, die Muslime zu durchkämmen und Männer und Jungen von den übrigen abzusondern. Nachdem Mladić sein »Ehrenwort als Offizier« gegeben hatte, daß den Männern nichts geschehen würde, führten seine Soldaten am nächsten Tage die männlichen Muslime, darunter auch Jungen, die älter als dreizehn Jahre alt waren, auf die Felder am Rande Srebrenicas hinaus. Im Laufe der nächsten vier Tage wurden sie fast alle – insgesamt 7400 – umgebracht. Die niederländischen Soldaten kehrten unbeschadet nach Hause zurück.

Srebrenica war der schlimmste Massenmord in Europa seit dem Zweiten

Weltkrieg, ein Kriegsverbrechen von der Größenordnung dessen in Oradour-sur-Glane 1944, in Lidice oder in Katyns, begangen unter den Augen internationaler Beobachter. Innerhalb weniger Tage war die Meldung dessen, was sich in Srebrenica offenkundig zugetragen hatte, weltweit verbreitet worden. Doch die einzige unmittelbare Reaktion war eine offizielle Warnung der Nato an die Adresse der Serben, daß die Luftschläge wieder aufgenommen würden, sollten weitere »Schutzzonen« angegriffen werden. Erst am 28. August, volle sieben Wochen später, raffte die internationale Gemeinschaft sich zu einer Reaktion auf – und auch das nur, weil die bosnischen Serben, die allen Grund zu der Annahme hatten, sie hätten eine Blankovollmacht, um nach Belieben Massaker zu veranstalten, den Fehler machten, den Marktplatz von Sarajewo ein zweites Mal zu beschießen. Dabei wurden weitere 38 Zivilisten getötet, darunter viele Kinder.

Nun endlich handelte die Nato. Präsident Clinton überwand den hartnäckigen Widerstand der UN-Führung, gewisser europäischer Staats- und Regierungschefs und selbst einiger seiner eigenen Militärs und genehmigte einen schweren, fortgesetzten Bombenkrieg in der Absicht, den Serben jede Möglichkeit zu nehmen, weiteren Schaden anzurichten. Der Entschluß kam spät, zeigte aber Wirkung. Die über den grünen Klee gelobte serbische Militärmaschinerie geriet sofort ins Stocken. Unter anhaltenden, unbefristeten Angriffen auf ihre Stellungen und ohne Rückenstärkung von Miloševič (der nun beflissen auf Distanz zu den Männern in Pale ging) brachen die bosnischen Serben zusammen.

Nachdem die Serben auf diese Weise von der Bildfläche verschwunden waren und die Amerikaner das Geschehen bestimmten, erwies es sich als verblüffend einfach, auf dem Balkan Frieden zu schaffen – oder doch wenigstens den Kriegszustand zu beenden. Am 5. Oktober verkündete Präsident Clinton einen Waffenstillstand mit dem Hinweis, die Konfliktparteien hätten sich zu einer Beteiligung an Friedensgesprächen in den USA bereit erklärt. Am 1. November begannen die Friedensverhandlungen auf dem Luftwaffenstützpunkt Dayton in Ohio. Drei Wochen später wurden sie mit einer Vereinbarung abgeschlossen, die am 14. Dezember 1995 im Paris unterzeichnet wurde.[7] Tudjman vertrat Kroatien, Alija Izetbegović die bosnischen Muslime und Slobodan Miloševič sowohl Jugoslawien als auch die bosnischen Serben.

Aus amerikanischer Sicht verfolgte »Dayton« das Ziel, den jugoslawischen Krieg mit einer Lösung zu beenden, die keine Aufteilung Bosniens brachte. Jede Teilung hätte einen Sieg der Serben bedeutet (die danach versucht hätten, ihren Teil dem eigentlichen Serbien zuzuschlagen, um so das Großserbien ihrer nationalistischen Träume zu schaffen); sie wäre zugleich auch die internationale Billigung »ethnischer Säuberungen« als Methode der Staatenbildung gewesen, sozusagen das Imprimatur der internationalen Gemeinschaft. Statt dessen wurde ein kompliziertes System dreigeteilter Regierungsausübung eingerichtet, innerhalb dessen Serben, Muslime und Kroaten jeweils zu einem gewissen Grade über administrative und territoriale Autonomie im Rahmen eines einzigen bosnischen Staates verfügten, dessen Außengrenzen unverändert blieben.

Formal also hatte Bosnien den Bürgerkrieg überdauert. Doch die Auswirkungen von Terror und Vertreibung konnten nicht ungeschehen gemacht werden. Viele der von Haus und Hof Vertriebenen (Muslime vor allem) kehrten nie wieder zurück, obgleich ihnen von örtlichen Behörden wie internationalen Institutionen Zusicherungen gemacht und Anreize geboten wurden. Es sollte jedoch zu weiteren »Säuberungen« kommen – diesmal betrafen sie die Serben, die von Zagreb systematisch aus der wiedergewonnenen Krajina vertrieben oder auch von ihren eigenen bewaffneten Milizen gezwungen wurden, ihre Wohnsitze in Sarajewo und andernorts aufzugeben und sich in überwiegend von Serben bewohnten Landstrichen »wiederanzusiedeln«. Doch im großen und ganzen hielt der Frieden und Bosnien blieb ungeteilt – gesichert durch eine 60 000 Mann starke Nato-Truppe im Lande, zunächst als IFOR (Implementation Force), dann als SFOR (Stabilisation Force) und einen Zivilisten als Hohem Beauftragten der UN, der zur Verwaltung des Landes ermächtigt war, bis Bosnien-Herzegowina die Verantwortung für die eigenen Belange wieder selbst übernehmen konnte.

Sowohl der Hohe Beauftragte als auch die internationalen Truppen befanden sich noch im Lande, als dieses Buch geschrieben wurde (zehn Jahre nach »Dayton«) – ein Indiz für die katastrophalen Verhältnisse in der Region als Folge des Krieges sowie für die Feinseligkeit und mangelnde Kooperation unter den drei Volksgruppen.[8] Bosnien wurde zum Wirtsland zahlreicher internationaler Behörden und Einrichtungen: staatliche, zwischenstaatliche und staatsferne. Doch die bosnische Wirtschaft hing seit 1995 beinahe ausschließlich von der Anwesenheit und den Aufwendungen dieser Dienststellen ab. Eine Schätzung der Weltbank von Januar 1996 ging davon aus, daß es, über drei Jahre verteilt, 5,1 Milliarden Dollar brauchte, damit Bosnien sich erholte. Dies hat sich als extrem optimistisch erwiesen.

Sobald der bosnische Krieg beendet war und die verschiedenen internationalen Stellen vor Ort waren, um bei der Friedenssicherung mitzuhelfen, erlosch das internationale Interesse. Die Europäische Union war wie gewöhnlich gelähmt durch ihre eigenen institutionellen Probleme, während Clinton, zunächst in Anspruch genommen von der Hektik des amerikanischen Wahlkampfes, dann von der Nato-Erweiterung und der Instabilität in Jelzins Rußland, die Balkan-Krise aus den Augen verlor. Doch obwohl Slowenien, Kroatien und Bosnien nun angeblich unabhängige Staaten waren, war das Jugoslawien-Problem damit noch nicht gelöst. Slobodan Miloševič war immer noch an der Macht in den Teilen, die ihm von seinem Land geblieben waren, und das Problem, das ihn einst an die Macht gebracht hatte, stand kurz vor der Explosion.

Die Albaner in Serbien litten weiterhin unter Diskriminierung und Unterdrückung – da die Aufmerksamkeit der internationalen Öffentlichkeit von der Krise im Norden abgelenkt wurde, war ihre Lage noch prekärer geworden. Nach »Dayton« hatte sich Miloševićs internationale Stellung entschieden verbessert: Obwohl es ihm nicht gelungen war, die Aufhebung aller Sanktionen zu erwirken (sein Hauptanliegen, weswegen er so bereitwillig bei den friedenschaffenden Maßnahmen der Amerikaner in Bosnien mitgewirkt hatte), war Jugoslawien doch nicht mehr, wie noch vor kurzem, der von allen gemiedene Paria. Und so wandte sich Milošević, auf dessen Konto eine Reihe von Niederlagen gingen und der von den nationalistischen Politikern Serbiens wegen seines Kompromisses mit »Serbiens Feinden« kritisiert wurde, wieder dem Kosovo zu.

Im Frühjahr 1997 warnte Elisabeth Rehn, Sonderbeauftragte der UN für Menschenrechte, bereits vor einer Katastrophe, die der Provinz Kosovo drohte, denn Belgrad hatte den Druck auf die albanische Mehrheit dort erhöht, wies jedes Verlangen nach regionaler Autonomie zurück und hatte der Bevölkerung selbst ihre minimale institutionelle Vertretung entzogen. Eine jüngere Generation von Albanern – bewaffnet und unterstützt von Albanien selbst – gab ihren gewaltlosen Widerstand auf und wandte sich, vorbei an der hilflosen, gedemütigten Regierung des moderaten Ibrahim Rugowa, mehr und mehr der UÇK (Befreiungsarmee des Kosovo) zu.

Die 1992 in Mazedonien gegründet UÇK hatte sich dem bewaffneten Kampf um die Unabhängigkeit Kosovos (und einer möglichen Vereinigung mit Albanien) verschrieben. Ihre Kampftaktik – zumeist guerillaähnliche Feuerüberfälle auf einsame Polizeiposten – boten Milošević einen willkommenen Vorwand, *jeglichen* albanischen Widerstand als »terroristisch« zu verurteilen und eine Kampagne zunehmender Gewalttätigkeiten anzuordnen. Im März 1998, nachdem serbische Truppen – mit Granatwerfern bewaffnet und von Kampfhubschraubern unterstützt – Dutzende Menschen bei Massakern in Drenica und anderen albanischen Dörfern getötet und verwundet hatten, bequemte sich die internationale Gemeinschaft schließlich dazu, auf Rugowas Bitten einzugehen und die Vorgänge schärfer ins Auge zu fassen. Doch als die Vereinigten Staaten wie die Europäische Union erklärten, sie seien »entsetzt und abgestoßen von den gewalttätigen Polizeiaktionen im Kosovo«, gab ein kriegerischer Milošević warnend zur Antwort, daß der »Terrorismus, der die Internationalisierung der Frage anstrebt, sich am schädlichsten für die auswirken wird, die zu diesem Mittel gegriffen haben«.

Die Führung der Kosovo-Albaner – die meisten von ihnen im Exil oder untergetaucht – gelangte daraufhin zu dem Schluß, daß nur die vollständige Loslösung von Serbien ihre Volksgruppe retten könne. Inzwischen hatten die USA und die an der »Kontaktgruppe« beteiligten Länder zwischen Milošević und den Albanern zu vermitteln versucht – teils, um eine »gerechte« Lösung zu vermitteln; teils, um einen größeren Krieg auf dem südlichen Balkan zu verhindern. Diese Furcht war nicht unbegründet: Wenn Jugoslawien nicht dazu gebracht werden konnte, seine albanischen Mitbürger anständig zu behandeln – und diese sich für eine Loslösung entschieden –, hätte dies ernste Konsequenzen für das benachbarte Mazedonien haben können, das seinerseits eine große, unglückliche Minderheit von Albanern in seinen Grenzen hatte.

Das neuerdings unabhängige Mazedonien, das auf griechisches Verlangen »Ehemalige Jugoslawische Republik Mazedonien« hieß,[9] war seit je eine sensible Region. Seine Grenzen mit Bulgarien, Griechenland und Albanien waren vor und nach beiden Weltkriegen stets umstritten. Alle seine Nachbarn – von denen der kleine Binnenstaat in Hinblick auf Handel und Zugang zur Außenwelt in höchstem Maße abhängig ist – betrachteten Mazedonien mit Argwohn. Und seine staatliche Existenz nach dem Zerfall Jugoslawiens war keineswegs gesichert. Doch wenn Mazedonien zusammenbrach, hätten Albanien, Bulgarien, Griechenland und vielleicht sogar die Türkei in den Konflikt einbezogen werden können.

So mußte sich Milošević durch die fortgesetzten Mißhandlungen – Massaker – an der albanischen Bevölkerung im Kosovo die Mißbilligung und letztlich die Intervention der Westmächte zuziehen. Merkwürdigerweise scheint er das nie so richtig begriffen zu haben, obwohl er im Sommer 1998 von der US-Außenministerin Madeleine Albright (die sagte, sie werde ihn »persönlich verantwortlich« machen), dem französischen Präsidenten Jacques Chirac und Nato-Generalsekretär Javier Solana mehrfach gewarnt wurde. Wie Saddam Hussein einige Jahre zuvor, war Milošević von den westlichen Meinungen isoliert und sich allzu sicher, die ausländischen Staatschefs manipulieren und gegeneinander ausspielen zu können.

Das war nicht allein Miloševićs Schuld. Von den häufigen Besuchen amerikanischer Diplomaten geschmeichelt, die sich allzuviel auf ihr Verhandlungsgeschick zugute hielten, hatte Milošević guten Grund zu der Annahme, er gelte im Westen nicht als starrsinniger Gegner, sondern als bevorzugter Verhandlungspartner.[10] Außerdem wußte der jugoslawische Diktator genau, daß die internationale Gemeinschaft vor allem daran interessiert war, jede weitere Veränderung von Staatsgrenzen zu vermeiden. Noch im Juli 1998, als längst klar war, daß die Situation im Kosovo unhaltbar war, schloß die Kontaktgruppe der Außenminister die Unabhängigkeit als Lösung aus.

Milošević begriff nicht, daß die bosnische Katastrophe die internationale Meinung grundlegend verändert hatte. Die Menschenrechte – besonders die ethnischen Säuberungen – standen jetzt überall ganz oben auf den Prioritätenlisten, wenn vielleicht auch nur, weil die Weltgemeinschaft unter dem kollektiven Schuldgefühl litt, das letzte Mal nicht rechtzeitig gehandelt zu haben. Im Juni 1998 erklärte sich das Kriegsverbrechertribunal in Den Haag zuständig für die Verfolgung der im Kosovo verübten Verbrechen. Die Chefanklägerin Louise Arbour gab bekannt, daß Ausmaß und Art die Kämpfe in der Provinz nach Völkerrecht als bewaffneten Konflikt auswiesen, und am 19. Juli drängte der US-Senat die Verantwortlichen in Den Haag, Miloševič wegen »Kriegsverbrechen, Verbrechen gegen die Menschlichkeit und Völkermord« anzuklagen.

Die Belege für diese Anklage häuften sich rasch. Es wurden jetzt nicht nur Hunderte albanischer »Terroristen« von serbischen Sondereinheiten der Polizei umgebracht, sondern es gab auch immer mehr Anhaltspunkte dafür, daß Belgrad unter dem Deckmantel dieses Konfliktes plante, die albanische Bevölkerung zum Verlassen des Landes zu »ermuntern«, das heißt, sie zu zwingen, ihren Besitz und ihr Land zu verlassen, um das nackte Leben zu retten. Den ganzen Winter 1998/99 hindurch gab es Berichte über serbische Polizeiaktionen – manchmal in Reaktion auf UÇK-Angriffe, meist aber im Zusammenhang mit Massenhinrichtungen einer oder mehrerer Großfamilien, um ganze Gemeinden so in Schrekken zu versetzen, daß sie ihre Dörfer aufgaben und über die Grenze nach Albanien oder Mazedonien flohen.

In der internationalen Gemeinschaft zeichneten sich jetzt zwei Meinungen ab. Die Vereinigten Staaten und die meisten ihrer Nato-Partner befürworteten bereits im Oktober 1998 offen eine Militärintervention zugunsten der bedrängten Albaner. Doch in den Vereinten Nationen (die zu einer solchen Intervention in die angeblich »inneren« Angelegenheiten eines souveränen Staates ermächtigen mußten) gab es heftigen Widerstand von China und Rußland – dessen Parlament eine Resolution verabschiedete, die jede künftige Nato-Aktion als »illegale Aggression« bezeichnete. Innerhalb von EU und Nato selbst widersetzte sich Griechenland aus eigenen Gründen jeder Einmischung in die jugoslawischen Angelegenheiten. Die Ukraine und Weißrußland boten ihren slawischen »Brüdern« sogar »bedingungslose Solidarität« und »moralische Unterstützung« an.

Dieses augenscheinliche Patt hätte endlos andauern können, hätte Belgrad nicht Anfang 1999 den Einsatz mit einer Reihe brutaler Massenmorde erhöht, zunächst am 15. Januar in dem Dorf Racak im südlichen Kosovo, im März dann in der gesamten Provinz. Der Angriff auf Racak, bei dem 45 Albaner getötet wurden (23 von ihnen offensichtlich hingerichtet), rüttelte die internationale Gemeinschaft – wie das Massaker auf dem Marktplatz von Sarajewo – endlich zum Handeln auf.[11] Nach fruchtlosen Verhandlungen in Rambouillet zwischen Madeleine Albright und einer jugoslawischen Delegation, die, wie nicht anders zu erwarten, mit einer Weigerung Belgrads endete, seine Streitkräfte aus dem Kosovo abzuziehen und dort ausländische Militärpräsenz zu akzeptieren, wurde die Intervention unausweichlich. Obwohl keine formelle UN-Ermächtigung vorlag, ging die Nato am 24. März mit ihren Schiffen, Flugzeugen und Raketen gegen Jugoslawien vor, das heißt, sie erklärte dem Belgrader Regime praktisch den Krieg.

Der letzte Jugoslawienkrieg dauerte knapp drei Monate, in deren Verlauf die Nato-Kräfte in Serbien selbst erheblichen Schaden anrichteten, aber nur begrenzten Erfolg in ihrem Bemühen hatten, die anhaltende Vertreibung der albanischen Bevölkerung aus dem Kosovo zu verhindern: Im Laufe des Krieges flohen 865 000 Menschen (die Hälfte der albanischen Bevölkerung im Kosovo) in provisorische Lager jenseits der Grenzen in Montenegro, Bosnien, Albanien und die von ethnischen Albanern bewohnten Regionen im westlichen Mazedonien. Doch trotz Präsident Clintons unkluger öffentlicher Erklärung, daß man keine Bodentruppen der Nato einsetzen werde – was die Allianz zwang, einen Luftkrieg mit den unvermeidlichen Fehlschlägen zu führen, die ein gefundenes Fressen für die jugoslawische Propaganda und den serbischen Opferkult war – stand das Ergebnis von vornherein fest. Am 9. Juni erklärte sich Belgrad einverstanden, seine Streit- und Polizeikräfte aus dem Kosovo abzuziehen, die Nato-Angriffe wurden ausgesetzt und die Vereinten Nationen erteilten ein Mandat zur »vorübergehenden« Besetzung der Provinz durch eine Kosovo Force (KFOR) unter Führung der Nato.

Die Besetzung des Kosovo markierte das Ende des zehn Jahre währenden Zyklus jugoslawischer Kriege – und auch für Milošević den Anfang vom Ende. Seine Glaubwürdigkeit wurde durch diesen letzten und schlimmsten Rückschlag für die serbisch-nationalistische Sache so erschüttert, daß er bei den jugoslawischen Präsidentschaftswahlen im September 2000 eine vernichtende Niederlage gegen seinen Gegenkandidaten Vojislav Koštunica erlitt. Als Milošević zynisch einräumte, Koštunica habe zwar mehr Stimmen, aber der Vorsprung sei so gering, daß eine Stichwahl erforderlich sei, zog er sich schließlich doch noch den wütenden Unmut der langmütigen Serben zu. Zehntausende von Demonstranten gingen auf die Belgrader Straßen, bis Milošević am 5. Oktober schließlich seine Niederlage eingestand und zurücktrat. Sechs Monate später willigte die Regierung Serbiens, das zunehmend auf westliche Wirtschaftshilfe angewiesen war, in die Verhaftung Milošević ein und lieferte ihn dem Haager Tribunal aus, das ihn wegen Völkermords und Kriegsverbrechen anklagte.

Wen traf die Schuld an der Tragödie Jugoslawiens? Zweifellos gab es viele Verantwortliche. Die Vereinten Nationen zeigten zunächst wenig Interesse – der unfähige und gleichgültige Generalsekretär Boutros Boutros-Ghali bezeichnete

Bosnien als einen »Krieg des reichen Mannes« –, und als die UN-Vertreter endlich auf dem Balkan eintrafen, verbrachten sie ihre Zeit vorwiegend damit, jede wirksame militärische Aktion gegen die schlimmsten Übeltäter zu verhindern. Die Europäer waren kaum besser. Besonders Frankreich weigerte sich beharrlich, Serbien irgendeine Schuld am Verlauf der Ereignisse zu geben – und zeigte bemerkenswert wenig Neigung, sich überhaupt zu beteiligen.

Als Washington im September 1990 versuchte, Jugoslawien auf die Tagesordnung des bevorstehenden OSZE-Gipfels in Paris zu setzen, warf François Mitterrand den Amerikanern »Überdramatisierung« vor und weigerte sich, auf den Vorschlag einzugehen. Vier Monate später, als sich die Frage abermals stellte, erklärte das französische Außenministerium, nun sei es »zu spät« für eine ausländische Intervention ... So unkooperativ verhielt sich Paris auch, nachdem internationale Kräfte gezwungen waren, in der Region zu operieren. Der französische General Bernard Janvier, Kommandeur der UN-Schutztruppen in Bosnien, verbot höchstpersönlich alle Luftschläge gegen die Streitkräfte der bosnischen Serben in Srebrenica.[12] Die holländische Regierung ging sogar so weit, *alle* Nato-Schläge gegen Stützpunkte der bosnischen Serben abzulehnen, bevor die holländischen UN-Soldaten sicher außer Landes waren.

Andere Länder machten ihre Sache etwas besser, aber nicht sehr. Obwohl London schließlich das amerikanische Drängen auf eine Intervention unterstützte, hatte sich die britische Regierung während der ersten entscheidenden Jahre des Jugoslawienkonflikts damit begnügt, jede direkte Beteiligung der EG oder Nato in aller Stille zu verhindern. Die Behandlung, welche die jugoslawischen Flüchtlinge in Großbritannien erfuhren, war eine Schande. Im November 1992, als der Strom verzweifelter, aus ihrer Heimat vertriebener Bosnier immer stärker anschwoll, erklärte London, kein Bosnier könne ohne Visum in Großbritannien einreisen. Das war das perfide Albion in seiner zynischsten Spielart. Da es in Sarajewo keine britische Botschaft gab, mußte eine bosnische Familie sich zu einer britischen Botschaft in einem Drittland durchschlagen, um ein Visum zu bekommen, woraufhin der britische Staat sich auf den Standpunkt stellte, da sie bereits in einem anderen Land Asyl gefunden habe, brauche ihr Großbritannien keines mehr zu gewähren. Während Deutschland, Österreich und die skandinavischen Länder zwischen 1992 und 1995 Hunderttausende jugoslawische Flüchtlinge großzügig aufnahmen, verzeichnete Großbritannien im gleichen Zeitraum sogar einen *Rückgang* der Asylbewerber.

Obwohl Washington sehr lange brauchte, um sich für die Ereignisse auf dem Balkan zu interessieren, machten die Vereinigten Staaten eine weitaus bessere Figur, sobald sie sich dort engagierten. Der Umstand, daß jede Phase der internationalen Intervention erst auf amerikanische Initiative zustande kam, war ausgesprochen beschämend für die westeuropäischen Alliierten. Doch auch die Vereinigten Staaten konnten sich nur schwer aufraffen – vor allem, weil das amerikanische Militärestablishment nicht bereit war, Risiken einzugehen, und weil viele US-Politiker weiterhin der Meinung waren, ihr Land hätte »keine Aktien« in diesem Krieg. Die Vorstellung, daß die Nato in dieser neuen Rolle agieren könnte – oder daß sich die Vereinigten Staaten einseitig in die inneren Angelegenheiten eines souveränen Staates einmischen könnten – ließ sich nur schwer vermitteln. Es war, wie Außenminister Warren Christopher auf dem Höhepunkt des Bosnienkrieges erklärte, »ein Problem aus der Hölle«.

Was die Jugoslawen selbst angeht, so ging keiner von ihnen ehrenhaft aus dem Ereignissen hervor. Der Zusammenbruch des föderalen Systems Jugoslawiens wurde von Belgrad beschleunigt, aber auch Ljubljana und Zagreb weinten ihm keine Träne nach. Gewiß, die bosnischen Muslime hatten nur begrenzte Möglichkeiten, ihrerseits Kriegsverbrechen zu begehen, größtenteils waren sie den Aggressionen anderer ausgeliefert. Sie haben die schlimmsten Verluste erlitten – und die Zerstörung Sarajewos ist ein besonderer Grund zur Trauer. In ihrem bescheidenen Maßstab war die bosnische Hauptstadt eine wahrhaft kosmopolitische Stadt. Vielleicht das letzte der multiethnischen, polyglotten, ökumenischen Stadtzentren, die einst die Glanzpunkte Mitteleuropas und der Levante waren. Man wird es wieder aufbauen, aber erholen wird es sich nie.

Dagegen waren bewaffnete Kroaten für unzählige Gewaltakte an Zivilisten verantwortlich – unter direktem Befehl von Zagreb und aus eigenem Antrieb. In Mostar, einer Stadt im westlichen Bosnien mit einem ungewöhnlich hohen Prozentsatz an konfessionellen Mischehen, vertrieben kroatische Extremisten gezielt Muslime und Familien mit muslimischen Angehörigen aus der westlichen Hälfte der Stadt. Dann ersetzten sie sie durch kroatische Bauern, die es in die Stadt verschlagen hatte und die durch eigene Erfahrungen mit ethnischen Säuberungen in ihren Dörfern radikalisiert waren. Mit ihnen zusammen belagerten sie die im Osten der Stadt gelegenen muslimischen Viertel. Im November 1993 zerstörten sie systematisch die aus dem 16. Jahrhundert, also aus osmanischer Zeit, stammende Brücke über die Neretva, ein Symbol für die gemeinsame, ökumenische Vergangenheit der Stadt.

Es gab also wenig, dessen sich die Kroaten hätten rühmen können – und von allen postkommunistischen Führern, die aus dem Zusammenbruch auferstanden, gehörte Franjo Tudjman entschieden zu den unerfreulichsten. Mehr als jeder andere sah er es als seine persönliche Aufgabe an, die jugoslawische Vergangenheit aus dem Gedächtnis seiner Mitbürger zu löschen. Im März 1993 wurde sogar das Wort »Jugoslawien« aus allen Lehrbüchern, Aufsatzsammlungen, Enzyklopädien, Buchtiteln und Karten gestrichen, die im neuen Kroatien veröffentlicht wurden. Erst nach Tudjmans Tod konnte der kroatische Staat, den er gegründet hatte, sich glaubhaft als Kandidat für die Mitgliedschaft in der internationalen Gemeinschaft präsentieren.

Doch die Hauptschuld an der jugoslawischen Katastrophe muß den Serben und ihrem gewählten Führer Slobodan Miloševič angelastet werden. Miloševičs Machtgelüste trieben die anderen Republiken aus der Föderation. Miloševič ermutigte seine serbischen Landsleute in Kroatien und Bosnien, territoriale Enklaven auszugrenzen, und unterstützte sie mit seiner Armee. Und Miloševič autorisierte und befahl die anhaltenden Angriffe auf die albanische Bevölkerung Jugoslawiens, die zum Krieg im Kosovo führten.

Belgrads Aktionen wirkten sich für die Serben überall katastrophal aus. Sie verloren ihr Land in Kroatiens Krajina; sie mußten ein unabhängiges Bosnien akzeptieren und alle Pläne aufgeben, sich einen souveränen serbischen Staat aus dessen Territorium herauszuschneiden; sie wurden im Kosovo besiegt, aus dem inzwischen der größte Teil der serbischen Bevölkerung in berechtigter Furcht vor albanischer Vergeltung geflohen ist; und im Rumpfstaat Jugoslawien (aus dem selbst Montenegro ausscheiden wollte) ist ihr Lebensstandard auf ein Allzeittief gefallen. Dieser Gang der Ereignisse hat die traditionelle Neigung der Serben zu kollektivem Selbstmitleid über die Ungerechtigkeit der Geschichte noch verstärkt, und auf lange Sicht könnte sich durchaus erweisen, daß sie die größten Verlierer der jugoslawischen Kriege sind. Es sagt etwas über die Lebensbedingungen in Serbien aus, daß es gegenwärtig nach Lebensstandard und Zukunftsaussichten noch hinter Bulgarien und Rumänien rangiert.

Doch diese Ironie der Geschichte darf uns nicht blind für die serbische Verantwortung machen. Die sadistische Grausamkeit der kroatischen und bosnischen Kriege – die systematische Erniedrigung, Folterung, Vergewaltigung und Ermordung Hunderttausender von Landsleuten – war das Werk meist junger serbischer Männer, die durch Propaganda und den Einfluß ihrer örtlichen Anführer zu maßlosem Haß und Gleichgültigkeit gegen das Leid ihrer Opfer aufgehetzt wurden, wobei das Geschehen letztlich von Belgrad aus gesteuert und veranlaßt wurde. Was dann folgte, war gar nicht so ungewöhnlich: Es hatte sich nur wenige Jahrzehnte zuvor in ganz Europa ereignet – als absolut gewöhnliche Menschen, vom Krieg ermutigt und gedeckt, höchst ungewöhnliche Verbrechen begingen.

Zweifellos ist richtig, daß es, vor allem in Bosnien, eine Geschichte gab, die sich die serbische Propaganda zunutze machen konnte – eine Geschichte vergangener Leiden, die unmittelbar unter der irreführend friedlichen Oberfläche des jugoslawischen Nachkriegslebens schlummerte. Doch die Entscheidung, diese Erinnerung zu wecken, sie für politische Zwecke zu manipulieren und auszuschlachten, wurde von Menschen getroffen – von einem vor allem. Während der Dayton-Gespräche räumte Slobodan Milošević einem Journalisten gegenüber unaufrichtig ein, er hätte nie erwartet, daß die Kriege in seinem Land so lange dauern würden. Das ist zweifellos wahr. Doch diese Kriege entstanden nicht durch ethnische Selbstentzündung. Jugoslawien fiel nicht, es wurde gestoßen. Es starb nicht, es wurde umgebracht.

Jugoslawien war der schlimmste Fall, aber der Postkommunismus war überall schwierig. Der Weg vom autoritären zum demokratischen Staat war in Portugal oder Spanien von der beschleunigten Modernisierung einer rückständigen Agrarwirtschaft begleitet – eine Kombination, welche dem Rest Westeuropas aus der eigenen Geschichte vertraut war. Doch für die Abkehr vom Kommunismus gab es keinen Präzedenzfall. Der unablässig antizipierte Übergang vom Kapitalismus zum Sozialismus wurde in den Akademien, Universitäten und Cafeterias von Belgrad bis Berkeley bis zum Überdruß durchdekliniert; doch niemand war je auf die Idee gekommen, einen Entwurf für den Übergang vom Sozialismus zum Kapitalismus auszuarbeiten.

Von den vielen Erblasten des Kommunismus war die wirtschaftliche Hinterlassenschaft am spürbarsten. In den veralteten Industrieanlagen der Slowakei, Siebenbürgens oder Schlesiens paarten sich wirtschaftliche Ineffizienz mit ökologischer Unverantwortlichkeit. Beide Aspekte hingen eng miteinander zusammen: Die Vergiftung des Baikalsees, das Sterben des Aralsees, der saure Regen auf die Wälder Nordböhmens sind nicht nur Umweltkatastrophen, sondern auch eine gewaltige Hypothek auf die Zukunft. Bevor dort in neue Industrien investiert werden kann, müssen die alten beseitigt und die von ihnen verursachten Schäden von irgend jemand behoben werden.

In den neuen Bundesländern Deutschlands wurde die Rechnung für die Beseitigung der Schäden, die der Kommunismus angerichtet hatte, von der Bundesregierung beglichen. Die Treuhand (vgl. Kapitel XVII) wendete im Laufe der nächsten vier Jahre Milliarden D-Mark auf, um obsolete Betriebe und Fabriken aufzukaufen und zu veräußern, ihre nicht mehr gebrauchten Mitarbeiter auszuzahlen und – wenn möglich – die Konsequenzen ihrer Tätigkeit rückgängig zu machen. Doch obwohl die Ergebnisse Flickwerk blieben und die Staatskasse fast ruinierten, konnten sich die Ostdeutschen noch glücklich schätzen: *Ihr* Weg aus dem Kommunismus wurde von der stärksten Volkswirtschaft Westeuropas bezahlt. In anderen Ländern mußten die Kosten für die Neuschöpfung des Wirtschaftslebens von den Opfern selbst aufgebracht werden.

Die grundsätzliche Entscheidung, vor der die postkommunistischen Regierungen standen, hieß: entweder über Nacht den abrupten Übergang vom subventionierten sozialistischen Wirtschaftssystem zum marktorientierten Kapitalismus voranzutreiben – die Radikallösung – oder behutsam zu verfahren, die besonders schlecht funktionierenden Sektoren der »Planwirtschaft« abzubauen oder zu verkaufen, aber gleichzeitig die Merkmale so lange wie möglich beizubehalten, die den Menschen am wichtigsten waren: niedrige Mieten, sichere Arbeitsplätze, kostenlose Sozialleistungen. Die erste Strategie entsprach den marktwirtschaftlichen Theorien, die von den neuen postkommunistischen Ökonomen und Geschäftsleuten so geschätzt wurden; die zweite war politisch vorsichtiger. Das Problem lag darin, daß jeder Ansatz auf kurze Sicht (und vielleicht auch auf gar nicht so kurze Sicht) zu schmerzlichen Einbußen führen mußte: In Boris Jelzins Rußland, wo *beide* Ansätze zur Anwendung kamen, schrumpfte die Wirtschaft acht Jahre lang extrem – der größte Einbruch in Friedenszeiten, den eine große Volkswirtschaft in der Neuzeit erlebte.

Es war in Polen, wo unter der entschlossenen Leitung Leszek Balcerowiczs (zunächst als Finanzminister, danach als Chef der polnischen Staatsbank) diese »Radikallösung« zuallererst und mit größter Konsequenz angewandt wurde. Sein praktisch insolventes Land könne, so Balcerowicz, ohne internationale Hilfe nicht wieder auf die Beine kommen. Doch diese Unterstützung werde nur gewährt, wenn Polen überzeugende Strukturen jener Art schaffe, die westliche Banken und Kreditanstalten beruhigten. Dabei erzwang nicht der Internationale Währungsfond die strengen Maßnahmen in Polen, sondern dieses selbst wollte sich im Vorgriff auf die erwartete Kritik des IWF die benötigte Hilfe verdienen. Das mußte *schnell* gehen, weil es nur durchführbar war, solange die postkommunistische Aufbruchstimmung anhielt und ehe die Leute merkten, wie schmerzhaft dieser Prozeß sein würde.

So schickte sich also am 1. Januar 1990 die erste postkommunistische Regierung in Polen an, ein ehrgeiziges Reformprojekt in Kraft zu setzen: Man legte Devisenreserven an, schaffte Preiskontrollen ab, verschärfte die Kreditbedingungen und kürzte Subventionen (das heißt, ermöglichte den Konkurs von Firmen) – und all das auf Kosten der inländischen Reallöhne, die auf der Stelle um etwa vierzig Prozent sanken. Abgesehen davon, daß man die Unvermeidlichkeit der Arbeitslosigkeit anerkannte (abgefedert durch einen Fonds zur Unterstützung und beruflichen Umschulung der Menschen, die ihren Arbeitsplatz verloren), unterschied sich dies nicht sehr von den Maßnahmen, die in den siebziger Jahren zweimal, und zwar ohne jeden Erfolg, getroffen worden waren. Allerdings hatte sich das politische Klima verändert.

In der benachbarten Tschechoslowakei verfolgte man unter der Ägide des Finanzministers (und nachmaligen Ministerpräsidenten) Václav Klaus ein ähnlich ehrgeiziges Programm – mit zusätzlichem Nachdruck auf Konvertibilität der

Währung, Liberalisierung des Außenhandels und Privatisierung – all das im Einklang mit dem Thatcherismus, zu dem Klaus sich offen bekannte. Wie Balcerowicz und einige der jungen Wirtschaftsfachleute im Kreml trat Klaus für eine »Schocktherapie« ein. Da er am kommunistischen Wirtschaftssystem nichts Erhaltenswertes entdecken konnte, sah er auch keinerlei Sinn darin, den Wechsel zum Kapitalismus hinauszuzögern.

Das andere Extrem repräsentierten Männer wie Mečiar in der Slowakei, Rumäniens Iliescu und der ukrainische Ministerpräsident und spätere Staatspräsident Leonid Kutschma. Darauf bedacht, die eigene Wählerschaft nicht zu verunsichern, schoben sie alle den Beginn des Wandels so lange wie möglich hinaus – das erste »Wirtschaftsreformprogramm« der Ukraine wurde im Oktober 1994 angekündigt – und sträubten sich hartnäckig, die Binnenmärkte zu liberalisieren oder den staatlichen Anteil am Wirtschaftgeschehen zu reduzieren. Im September 1995 verteidigte Kutschma seine Haltung – mit Begriffen, die den Historikern der Region noch durchaus vertraut waren – indem er nämlich dringend davon abriet, »ausländische Erfahrungen blind zu kopieren«.

Zu Beginn der neunziger Jahre hatten die ersten postkommunistischen Staaten die Talsohle wirtschaftlicher Verzagtheit durchschritten und präsentierten sich in einigermaßen konsolidierter Gestalt, so daß sie für westliche Investoren interessant wurden und an eine mögliche Aufnahme in die Europäische Union denken konnten. Der Erfolg der polnischen oder estnischen Wirtschaftsstrategien, verglichen mit den Verhältnissen in Rumänien oder der Ukraine, fällt jedem Besucher sofort auf – eigentlich haben die erfolgreicheren osteuropäischen Länder im Bereich des Mittelstandes oder des öffentlichen Optimismus sogar besser abgeschnitten als die ehemalige DDR, allen ihren offenkundigen Vorteilen zum Trotz.

Daraus könnte man schließen, daß die »fortgeschritteneren« postkommunistischen Länder wie Polen – oder die Tschechische Republik, Estland, Slowenien und vielleicht auch Ungarn – im Laufe weniger schwieriger Jahre die Kluft zwischen Staatssozialismus und Marktwirtschaft überwunden haben, wenn auch mit gewissen Härten für die älteren und bedürftigeren Landsleute, während sich eine zweite Gruppe von Ländern im Schatten der erfolgreicheren Staaten vergebens abmühte, weil eine inkompetente und korrupte Elite weder fähig noch willens war, die notwendigen Veränderungen in Betracht zu ziehen.

In groben Zügen verhielt es sich auch so. Doch selbst ohne Klaus, Balcerowicz und ihre gleichgestimmten Kollegen in Ungarn oder Estland waren manche ehemals kommunistische Länder von vornherein besser für den Übergang zur Marktwirtschaft gerüstet als andere: entweder weil sie damit schon, wie gezeigt, vor 1989 begonnen hatten oder weil die Auswüchse der Sowjet-Ära nicht so pathologisch waren wie bei ihren weniger glücklichen Nachbarn (so ist etwa der Vergleich zwischen Ungarn und Rumänien sehr aufschlußreich). Und natürlich gelangten die Wunder der wirtschaftlichen Wende, die in den Hauptstädten gewisser Länder zu bestaunen waren – in Prag, Warschau oder Budapest etwa –, nicht immer bis in die entlegenen Provinzen. Es war das altbekannte Bild: Die wahren Grenzen in Mittel- und Osteuropa verlaufen nicht zwischen Staaten, sondern zwischen den wohlhabenden städtischen Zentren und einem ländlichen Hinterland, das vernachlässigt und verarmt ist.

Noch aufschlußreicher als die Unterschiede zwischen den postkommunistischen Erfahrungen dieser Länder sind die Ähnlichkeiten. Schließlich standen die herrschenden Eliten in jedem dieser Staaten vor der gleichen strategischen Alternative. Die »marktwirtschaftliche Romantik«, wie sie der russische Premier Wiktor S. Tschernomyrdin im Januar 1994 abfällig nannte, war universell.[13] Das waren auch die allgemeinen wirtschaftlichen Ziele: Liberalisierung der Wirtschaft, Übergang zu einem wie auch immer gearteten freien Markt und Zugang zur Europäischen Union – mit ihrem verlockenden Versprechen auf ausländische Konsumenten, Investitionen und Fonds zur Regionalentwicklung, um den schmerzhaften Abschied von der Kommandowirtschaft etwas zu erleichtern. Solche Ergebnisse wurden von beinahe jedermann bejaht – und in jedem Fall schien es nach Ansicht der meisten Experten keine Alternative zu geben.

Wenn doch tiefere Unterschiede in der öffentlichen Ordnung der postkommunistischen Gesellschaften auftraten, so nicht etwa, weil es verbreitete Meinungsdifferenzen in der Frage gegeben hätte, welchen Weg diese Länder beschreiten und wohin er sie führen sollte. Das wahre Problem lag in der Verfügbarkeit von Ressourcen. Die Volkswirtschaften der kommunistischen Staaten mögen pervertiert und ineffizient gewesen sein, verfügten aber über ungeheure und potentiell einträgliche Vermögenswerte: Energie, Bodenschätze, Waffen, Immobilien, Telekommunikationsmedien, Straßen- und Eisenbahnnetze und vieles andere mehr. Hinzu kam noch, daß in den postsowjetischen Gesellschaften die einzigen Menschen, die wußten, wie man ein Forschungslaboratorium, einen landwirtschaftlichen Großbetrieb oder ein Industrieunternehmen leitet, die über Außenhandelserfahrung verfügten oder schon einmal eine große Institution geführt hatten, kurzum, die Erfahrung darin hatten, etwas zu bewegen, Leute aus der Partei waren: Intellektuelle, Bürokraten und Mitglieder der Nomenklatura.

Diese Leute standen in ihren Ländern nach 1989 genauso in der Verantwortung wie vorher – zumindest so lange, bis eine neue, postkommunistische Generation herangewachsen war. Doch präsentierten sie nun in neuer Verkleidung: Statt für die Partei zu arbeiten, wetteiferten sie in verschiedenen politischen Parteien um die Macht. Und statt vom Staat bezahlt zu werden, waren sie nun unabhängige, miteinander konkurrierende Akteure auf einem Markt für Fertigkeiten, Güter und Kapital. Als der Staat seine Beteiligung an allem und jedem verkaufte, von Bohrrechten bis zu Wohnblocks, waren sie die Männer (es waren tatsächlich zumeist Männer, wobei die spätere ukrainische Ministerpräsidentin Julia Timoschenko die bemerkenswerte Ausnahme bildete), die als Verkäufer – und Käufer – auftraten.

Der Kapitalismus, als das Evangelium, das im postkommunistischen Europa verbreitet wurde, befaßt sich mit Märkten. Und Märkte bedeuten Privatisierung. Die Notverkäufe von Eigentum der öffentlichen Hand im Osteuropa der Jahre nach 1989 waren einmalig in der Geschichte. Die Privatisierungswelle, die in Westeuropa seit den späten Siebzigern um sich griff (vgl. Kapitel XVI), lieferte dem Osten das Vorbild für die überhastete Veräußerung von Staatseigentum; doch ansonsten gab es wenig Gemeinsames. Der Kapitalismus, so, wie er sich jenseits des Atlantiks und in Westeuropa im Laufe von vier Jahrhunderten geformt hatte, wurde begleitet von Gesetzen, Institutionen, Vorschriften und Praktiken, von denen sein Funktionieren und seine Legitimität in entscheidendem Maße abhingen. In vielen postkommunistischen Ländern waren solche Gesetze und Institutionen völlig unbekannt – und wurden von den spätberufenen Marktwirtschaftlern dort gefährlich unterschätzt.

Das Resultat hieß Privatisierung in Gestalt einer Kleptokratie. In ihrer schamlosesten Form, unter der Herrschaft Boris Jelzins und seiner Freunde, ging die russische Wirtschaft der Nachwendezeit in die Hände einer kleinen Gruppe von Männern über, die es so zu einem ungeheuren Reichtum brachten – im Jahre 2004 besaßen die 36 russischen Milliardäre (die »Oligarchen«) schätzungsweise 110 Milliarden Dollar, ein Viertel des gesamten Inlandsprodukts ihres Landes. Der Unterschied zwischen Privatisierung, Korruption und unverhohlenem Diebstahl war praktisch aufgehoben: Es gab ja so viel zu stehlen – Öl, Gas, Bodenschätze, Edelmetalle, Pipelines – und nichts und niemanden, der den Diebstahl verhindert hätte. Vermögenswerte und Institutionen der öffentlichen Hand – alles, was sich legal an Dritte veräußern ließ – wurde von den offiziellen Repräsentanten des Staates entflochten und Mitgliedern des Klüngels zugeschoben.

Rußland war der schlimmste Fall, aber die Ukraine stand ihm nicht viel nach. Kutschma und andere Politiker wurden gewählt, weil »Geschäftsleute« sie mit ungeheuren Summen unterstützten – als Anzahlung auf künftige Megaeinkommen: In der postsowjetischen Ukraine verhalf Macht zu Geld, nicht etwa umgekehrt, wie diese Leute nur zu gut begriffen hatten. Öffentliches Eigentum, Staatsanleihen oder Subventionen flossen aus der Hand der Regierung unmittelbar in die Taschen einiger weniger Clans, die das Geld dann zum großen Teil auf überseeische Privatkonten transferierten. Die neuen »Kapitalisten« in diesen

Ländern taten eigentlich gar nichts; sie wuschen bloß öffentliche Vermögenswerte zu ihrem privaten Vorteil.

Die Vetternwirtschaft florierte, wie sie es unter dem Kommunismus getan hatte, allerdings zu weitaus größerem privatem Nutzen: Als das ukrainische Kombinat Kryworischstal – einer der weltgrößten Stahlkonzerne mit 42 000 Beschäftigten und einem Jahresgewinn vor Steuern von 300 Millionen Dollar (in einem Land, wo das Durchschnittseinkommen bei monatlich 95 Dollar liegt) – im Juni 2004 verspätet zum Verkauf ausgeschrieben wurde, war niemand in Kiew überrascht, als bekannt wurde, daß es sich bei dem erfolgreichen Bewerber um Wiktor Pintschuk, den Schwiegersohn des ukrainischen Präsidenten, handelte.

In Rumänien und Serbien widerfuhr dem Staatsvermögen entweder ein ähnliches Schicksal, oder es wurde gar nicht abgestoßen, da die einheimischen Drahtzieher der Politik die anfänglichen Debatten um Privatisierung aussaßen und es vorzogen, sich Macht und Einfluß auf die herkömmliche Art zu bewahren. Wie den Albanern, so wurden auch den Rumänen, die den sofortigen Erfolg am Markt suchten, hochspekulative Schneeballsysteme angeboten, die kurzfristig riesige Gewinne ohne jedes Risiko versprachen. Auf seinem Höhepunkt hatte »Caritas«, ein ausgemachter Schwindel, der von April 1992 bis August 1994 organisiert wurde, etwa vier Millionen Teilnehmer – annähernd jeder Fünfte der rumänischen Bevölkerung war den Betrügern also aufgesessen.

Wie die »rechtmäßige« Privatisierung, so dienten diese Schneeballsysteme (die auch in Rußland weit verbreitet waren) hauptsächlich dazu, die mafiosen Strukturen, hinter denen sich alte Parteikader und Mitarbeiter der früheren Sicherheitsdienste verbargen, mit Barvermögen zu versorgen. 14 Jahre nach dem Sturz Ceauşescus befanden sich immer noch 66 Prozent der rumänischen Wirtschaft in Staatseigentum, obwohl einige der profitableren und attraktiveren Unternehmen in private Hand gelangt waren. Ausländische Investoren hüteten sich aus verständlichen Gründen viele Jahre lang, ihr Kapital in solchen Ländern aufs Spiel zu setzen: Gegen die Aussicht auf beachtliche Gewinne stand der chronischen Mangel an Rechtssicherheit.

In anderen Ländern Mitteleuropas fühlten sich ausländische Investoren nach Abwägung der Risiken eher ermutigt, und sei es nur, weil die Aussicht auf EU-Mitgliedschaft die unerläßlichen Reformen der Institutionen und Rechtsgrundlagen beschleunigte. Trotzdem erschöpfte sich ein Großteil der anfänglichen Privatisierungen in Ungarn oder Polen entweder in der Umwandlung von Schwarzmarktgeschäften der kommunistischen Ära in rechtmäßige Wirtschaftsunternehmen oder in dem raschen Verkauf offensichtlich überlebenstüchtiger Teile staatlicher Unternehmen und Betriebe an einheimische Unternehmer, die ausländisches Kapital im Rücken hatten. Drei Jahre nach der Revolution waren in Polen erst 16 Prozent der staatseigenen Betriebe in private Hand verkauft worden. In der Tschechischen Republik wollte man mit Hilfe eines raffinierten Gutscheinsystems, das den Leuten Gelegenheit bot, eine Aktienbeteiligung an Staatsunternehmen zu erwerben, die Bevölkerung in ein Volk von Kapitalisten verwandeln. Doch vor allem schuf dieses Systems die Voraussetzungen für künftige Skandale und bewirkte eine heftige Gegenreaktion auf die ausufernden »Schiebereien«.

Ein Grund für die Unregelmäßigkeiten und Verzerrungen im Zuge der Privatisierungen des postkommunistischen Europas war der Mangel an westlichem Engagement. Sicherlich, in Moskau oder Warschau wimmelte es anfangs von jungen amerikanischen Ökonomen, die darauf brannten, ihren Gastgebern den Kapitalismus beizubringen, und speziell deutsche Unternehmen zeigten sich schon früh an relativ leistungsfähigen volkseigenen Betrieben interessiert, wie etwa dem tschechischen Autohersteller Škoda.[14] Doch es gab praktisch kein staatliches Engagement des Auslands, keinen Marshall-Plan und nichts, was ihm im entferntesten ähnelte, abgesehen von Rußland, wo beträchtliche Gelder als Zuschüsse und Anleihen von Washington nach Moskau flossen, um Jelzins Regime über Wasser zu halten – und dort direkt in die Taschen von Jelzins Freunden und Hintermännern flossen.

Auslandsinvestitionen hatten keinerlei Ähnlichkeit mit den kontinuierlichen Bemühungen nach dem Zweiten Weltkrieg, die den Wiederaufbau Westeuropas ermöglichten, sondern glichen eher dem sporadischen Engagement des privaten Sektors nach den Verträgen von Versailles. In guten Zeiten investierte man, um auszusteigen, sobald es nicht mehr so gut lief.[15] Nicht anders als in der Vergangenheit müssen daher die Osteuropäer, denen einheimisches Kapital und ausländische Märkte fehlen, mit dem Westen unter höchst ungleichen Voraussetzungen konkurrieren und können nur Nahrungsmittel und Rohstoffe bei kleinen Gewinnspannen exportieren, ansonsten vielleicht noch Industrieprodukte und Konsumgüter, sofern sie dank niedriger Löhne und öffentlicher Subventionen billig genug angeboten werden.

Es überrascht daher nicht, daß viele der neuen postkommunistischen Staaten wie ihre Vorläufer in der Zwischenkriegszeit versucht waren, sich gegen die politischen Risiken dieser Ausgangslage durch Einführung von Schutzmechanismen abzusichern – im vorliegenden Fall durch eine Gesetzgebung, die Ausländern den Erwerb von Eigentum an Grund und Boden und an Wirtschaftsunternehmen erheblich erschwerte. Von der ausländischen Kritik ziemlich zu Unrecht als »nationalistisch« verketzert, bewirkten diese Versuche erwartungsgemäß, ähnlich den Autarkiebestrebungen in der Zwischenkriegszeit, so gut wie nichts. Durch Verhinderung ausländischer Investitionen und Verzerrung des Binnenmarkts machten sie den Privatisierungsprozeß nur noch anfälliger für die Korruption.[16]

So kamen auf jeden betrügerischen russischen Oligarchen mit Zweitwohnung in London oder Cannes oder auf den dynamischen jungen polnischen Geschäftsmann mit BMW und Handy Millionen von verbitterten Rentnern und freigesetzten Arbeitern, für die der Wechsel zum Kapitalismus bestenfalls eine zweischneidige Wohltat war – ganz zu schweigen von den Millionen Bauern, die weder auf eine neue Tätigkeit umgeschult noch in die Lage versetzt werden konnten, den Eigenbedarf zu decken. In Polen trug die Landwirtschaft am Ende des 20. Jahrhunderts gerade einmal 3 Prozent zum Bruttoinlandsprodukt bei, obwohl noch jeder fünfte der arbeitsfähigen Bevölkerung auf dem Lande beschäftigt war. In weiten Teilen des Landes herrschte Arbeitslosigkeit – und mit dem Verlust des Arbeitsplatzes endeten auch die preiswerten Vergünstigungen und sonstigen Vorteile, die in diesen Ländern mit einem festen Arbeitsverhältnis traditionell verbunden waren. Bei ständig steigenden Preisen – infolge der Inflation[17] oder der erwarteten Aufnahme in die Europäische Union – hatte jeder, der auf ein Festeinkommen oder eine staatliche Rente angewiesen war (also die meisten Lehrer, Ärzte und Ingenieure, die einmal der Stolz des Sozialismus gewesen waren), guten Grund, der Vergangenheit nachzutrauern.

Viele Osteuropäer – insbesondere alle, die älter als vierzig Jahre waren – beklagten bitter, was ihnen an materieller Sicherheit und niedrigen Mieten und billigen Grundnahrungsmitteln und Sozialleistungen genommen worden war, doch hieß dies nicht notwendig, daß sie die Rückkehr zum Kommunismus wollten. 2003 teilte eine 50jährige Russin, gelernte Militäringenieurin im Ruhestand, die mit ihrem pensionierten Ehemann über 448 Dollar monatlich verfügte, ausländischen Journalisten mit: »Wir wollen, daß unser Leben so einfach ist wie in der Sowjetunion, dazu die Garantie einer guten, gesicherten Zukunft und niedrige Preise – aber gleichzeitig diese Freiheit, die es vorher nicht gab.«

Meinungsumfragen bei Letten, die bei der Vorstellung, unter russische Herrschaft zurückzukehren, entsetzt waren, ließen dennoch darauf schließen, daß vor allem die Landbevölkerung davon überzeugt war, es sei ihr zu sowjetischen Zeiten viel besser ergangen. Das dürfte zutreffen, nicht nur im Falle der bäuerlichen Bevölkerungsteile. Ende der achtziger Jahre, noch vor den Umwälzungen, waren die Osteuropäer fleißige Kinogänger. 1997 waren die Kinobesuche in Lettland um 90 Prozent zurückgegangen. Das gleiche war auch in anderen Ländern zu beobachten: in Bulgarien ein Rückgang um 93 Prozent, in Rumänien um 94 Prozent, in Rußland gar um 96 Prozent. Interessanterweise verringerte sich in der fraglichen Zeit der Kinobesuch in Polen nur um 77 Prozent, in der Tschechei um 71 und in Ungarn um 51 Prozent. In Slowenien war so gut wie kein Rückgang zu verzeichnen. Diese Zahlenangaben deuten auf einen direkten Zusammenhang zwischen Wohlstand und Filmbesuchen hin und bestätigen die Erklärung dieses Phänomens, die eine bulgarische Umfrage zum Rückgang der Besucherzahlen in den Kinos des Landes lieferte. Seit dem Zusammenbruch des Kommunismus ist das Angebot an Filmen besser … nur konnten die Leute sich die Eintrittspreise nicht mehr leisten.

Die Umstände dieses schwierigen und unvollständigen wirtschaftlichen Umbaus Osteuropas gaben wohl Anlaß zu der anmaßenden Bemerkung, er sei zwar nicht besonders gelungen, aber man sei überrascht, daß er überhaupt stattgefunden habe. Gleiches ließe sich vom Übergang zur Demokratie sagen. Mit Ausnahme der Tschechoslowakei hatte keine der ehemaligen kommunistischen Gesellschaften zwischen Wien und Wladiwostok persönliche Erinnerungen an echte politische Freiheit, daher äußerten sich viele einheimische Kommentatoren skeptisch über die Aussichten pluralistischer Politik. Wenn der Kapitalismus ohne gesetzliche Auflagen allzu leicht in Diebstahl ausarte, dann, so fürchtete man, laufe die Demokratie – ohne allseitig anerkannte Grenzen öffentlicher Rhetorik und politischen Wettbewerbs – Gefahr, in eine wettbewerbsorientierte Demagogie abzugleiten.

Diese Furcht war nicht unbegründet. Durch Konzentration von Macht, Information, Initiative und Verantwortung in den Händen des Einparteienstaates hatte der Kommunismus eine Gesellschaft von Individuen hervorgebracht, die nicht nur einander mit Mißtrauen und allen offiziellen Behauptungen oder Versprechungen mit Skepsis begegneten, sondern auch so gut wie keine Erfahrung mit individueller oder kollektiver Initiative hatten und über keinerlei Grundlagen verfügten, um sachlich begründete öffentliche Entscheidungen zu treffen. Daher war es kein Zufall, daß die wichtigste journalistische Initiative in den postsowjetischen Staaten die Gründung von Zeitungen war, die versprachen, sachliche Informationen zu liefern: *Fakten und Argumente* in Moskau, *Fakten* in Kiew.

Am schwersten fiel es den älteren Menschen, den Übergang in eine offene Gesellschaft zu bewerkstelligen. Die jüngere Generation hatte leichteren Zugang zu Informationen – durch ausländische Fernseh- und Radiosendungen sowie zunehmend durchs Internet. Das machte viele junge Wähler in diesen Ländern zwar kosmopolitischer und kultivierter, riß aber auch eine Kluft zu ihren Eltern und Großeltern auf. Eine Erhebung unter jungen Slowaken rund zehn Jahre nach der Unabhängigkeit ihres Landes offenbarte eine deutliche Generationslücke. Die jungen Menschen hatten überhaupt keine Beziehung mehr zur Vergangenheit vor 1989 und wußten auch sehr wenig über sie. Umgekehrt klagten sie darüber, daß ihre Eltern in der schönen neuen Welt der postkommunistischen Slowakei orientierungs- und hilflos seien: Sie hatten ihren Kindern weder Hilfe noch Rat zu bieten.

Diese Generationslücke hatte überall politische Konsequenzen: In regelmäßigen Abständen erwiesen sich ältere und ärmere Wähler von Parteien angezogen, die nostalgische oder ultranationalistische Alternativen zum neuen liberalen Konsens boten. Wie nicht anders zu erwarten, war dieses Problem am schlimmsten in Teilen der ehemaligen Sowjetunion, wo die Brüche und Verwerfungen am schlimmsten und demokratische Verhältnisse bislang unbekannt waren. Entsetzlich arm, einer ungewissen Zukunft ausgeliefert und voller Groll auf den protzigen neuen Reichtum einer winzigen Minderheit fühlten sich ältere, aber auch weniger alte Wähler in Rußland und der Ukraine in besonderem Maße von autoritären Politikern angesprochen. Während es in den postkommunistischen Ländern nicht weiter schwer war, vorbildliche Verfassungen und demokratische Parteien zu erfinden, erwies es sich als weit weniger leicht, kritische Wähler heranzubilden. Die ersten Wahlen begünstigten in der Regel die liberalen oder rechts von der Mitte angesiedelten Wahlbündnisse, die den Sturz des alten Regimes vermittelt hatten; doch die Rückschläge, die sich aus wirtschaftlicher Not und unvermeidlichen Enttäuschungen ergaben, arbeiteten den ehemaligen Kommunisten in die Hände, die ihre Karrieren in nationalistischer Verkleidung fortsetzten.

Diese Verwandlung der alten Nomenklatura war weniger seltsam, als sie außenstehenden Beobachtern erscheinen mochte. Nationalismus und Kommunismus hatten mehr miteinander gemein als einer von ihnen mit der Demokratie. Sie hatten sozusagen die gleiche politische »Syntax« – während der Liberalismus eine ganz andere Sprache war. Zumindest hatte der Sowjetkommunismus und die traditionellen Nationalisten einen gemeinsamen Feind – den Kapitalismus oder den »Westen« –, und ihre Erben verstanden sich darauf, einen verbreiteten neidmotivierten Egalitarismus (»damals waren wir wenigstens *alle* arm«) so zu manipulieren, daß er die ganze postkommunistische Misere ausländischer Einmischung anlastete.

So bedeutete beispielsweise der Aufstieg von Corneliu Vadim Tudor keine besondere Überraschung. Er war ein bekannter literarischer Speichellecker am Hofe von Nicolae Ceauşescu, der sich der Abfassung von Oden zum höheren Ruhm des »Conducators« gewidmet hatte, bevor er vom Nationalkommunismus zum Ultranationalismus umschwenkte. Mit den Geldern von Auslandsrumänen gründete er 1991 die Großrumänienpartei, deren Wahlprogramm eine Mischung aus irredentistischer Nostalgie, Angriffen auf die ungarische Minderheit und offenem Antisemitismus war. Bei den Präsidentschaftswahlen vom Dezember 2000 zog jeder dritte Wähler Tudor der einzigen zur Verfügung stehenden Alternative vor, dem ehemaligen kommunistischen Apparatschik Ion Iliescu.[18]

Selbst wenn nationalistische Politiker als Kritiker des Kommunismus begannen, wie im Falle der russischen »national-patriotischen« Bewegung Pamjat (Gedenken), schwenkten sie relativ mühelos auf eine symbiotische Sympathie mit der sowjetischen Vergangenheit ein, indem sie eine Art nationalistische Verbitterung mit der nostalgischen Rückbesinnung auf das sowjetische Erbe und seine Monumente vermischte. Die gleiche Verschmelzung patriotischer Rhetorik mit wehmütiger Trauer über die verlorene Welt sowjetisch-autoritärer Verhältnisse erklärte den Erfolg der neuen Nationalisten in der Ukraine, Weißrußland, Serbien und der Slowakei – und ihrer Entsprechungen in Form verschiedener Bauern- und »Volks«-Parteien, die Ende der neunziger Jahre in Polen entstanden, vor allem Andrzej Leppers Partei »Selbstschutz«, die weithin Anklang findet.

Obwohl sich exkommunistische Wendehälse überall mit echten Nationalisten verbündeten,[19] erwies sich die Anziehungskraft des ungeschminkten Nationalismus am stärksten und dauerhaftesten in Rußland. Das konnte nicht überraschen. Mit den Worten von Wladimir W. Schirinowski, einem hitzigen Demagogen, der seine Wähler mit dreistem Rückgriff auf altrussischer Fremdenfeindlichkeit umwarb: »Keine Nation auf unserem Planeten ist so gedemütigt worden wie das russische Volk.« Trotz aller Einschränkungen ist die Sowjetunion eine Weltmacht gewesen, ein territorialer und kultureller Riese, der legitime Erbe und Nachfolger des imperialen Rußlands. Der Zerfall der Sowjetunion war eine tiefe Demütigung für ältere Russen, von denen viele den Groll teilten, den das sowjetische Militär empfand, als die Nato Rußlands »Nahen Westen« vereinnahmte und das eigene Land es nicht verhindern konnte. Der Wunsch, ein wenig internationalen »Respekt« zurückzugewinnen war ein starkes Motiv der postsowjetischen Außenpolitik Moskaus und erklärt sowohl den Charakter der Präsidentschaft Wladimir Putins als auch die breite Unterstützung, die er gewinnen konnte – trotz (und wegen) des zunehmend illiberalen Zuschnitts seiner Innenpolitik.

Aus naheliegenden Gründen waren die Bürger in Rußlands ehemaligen mitteleuropäischen Satellitenstaaten weniger anfällig für solche nostalgischen Anwandlungen. Doch die verlorene Welt des Kommunismus übte sogar in den neuen Ländern der Bundesrepublik einen gewissen Reiz aus, wo Umfragen Mitte der neunziger Jahre ergaben, daß trotz der Beschränkungen des Reiseverkehrs, der elektronischen Medien und der Meinungsfreiheit das Leben vor 1989 besser gewesen sei. In anderen Ländern lösten sogar die Medienerzeugnisse aus kommunistischer Zeit nostalgische Gefühle aus – 2004 waren die beliebtesten Sendungen des tschechischen Fernsehens Wiederholungen von *Major Zeman*, einer Krimiserie aus den frühen siebziger Jahren, deren Drehbücher kaum mehr als Propagandaerzeugnisse im Dienst der »Normalisierung« nach 1968 waren.

Nur in der Tschechischen Republik blieb die Kommunistische Partei (wie in Frankreich und den Staaten der ehemaligen UdSSR) trotzig bei ihrem alten Namen. Doch in jedem postkommunistischen Land Mitteleuropas entschied sich in etwa jeder fünfte Wähler für vergleichbare »Antiparteien« – antiamerikanische, antieuropäische, antiwestliche, Antiprivatisierungsparteien, wobei die meisten ihren Widerstand gegen alle diese Aspekte zugleich proklamierten. Besonders auf dem Balkan waren »Antiamerikanismus« und »Antieuropäismus« in der Regel Codewörter für Antikapitalismus, ein Deckmantel für Exkommunisten, die ihre Nostalgie für die alten Zeiten nicht offen äußern konnten, sie sich aber in ihren verschleierten öffentlichen Äußerungen trotzdem zunutze machten.

Diese Protestwähler waren ein Indiz für den unausweichlich Konsens, der den politischen Mainstream einte: Es gab nur eine einzige mögliche Zukunft für die Region, und die lag im Westen, in der europäischen Union und in der Globalisierung, egal was es kostete. Was diese Ziele anging, gab es wenig Unterschiede zwischen den großen konkurrierenden Parteien, die ihre Wahlen alle dadurch gewannen, daß sie die »gescheiterte« Politik ihrer Gegner kritisierten und sich dann anschickten, ein verblüffend ähnliches Programm umzusetzen. Das führte in Mittel- und Osteuropa zu einer neuen »hölzernen« Sprache auf dem Gebiet der Rechts- und Wirtschaftsordnung – »Demokratie«, »Markt«, »Haushaltsdefizit«, »Wachstum«, »Wettbewerb« –, die vielen Bürgern wenig sagte oder bedeutete.

Daher wurden Wähler, die ihren Protest oder ihren Kummer zum Ausdruck bringen wollten, zu den Rändern des politischen Spektrums abgedrängt. Anfang der Neunziger sahen Beobachter im Aufstieg der nationalpopulistischen Randparteien und ihrer demagogischen Führer im postkommunistischen Europa eine gefährliche antidemokratische Reaktion, den atavistischen Rückzug einer ohnehin schon zurückgebliebenen Region, die ein halbes Jahrhundert in einer Zeitschleife gefangen saß. In jüngeren Jahren hat jedoch der Erfolg von Jörg Haider in Österreich, Jean-Marie Le Pen in Frankreich und ihresgleichen von Norwegen bis zur Schweiz dafür gesorgt, daß den westeuropäischen Beobachtern ihre Kommentare nicht mehr ganz so herablassend von den Lippen kommen. Der Atavismus achtet keine Grenzen.

Der Erfolg der politischen Demokratie in vielen ehemaligen kommunistischen Ländern hatte unterschiedliche Konsequenzen für die Intellektuellen, die so entscheidend zu ihrem Sieg beigetragen hatten. Einige, wie Adam Michnik in Polen, verschafften ihrer Stimme als Journalisten auch weiterhin Gehör. Andere, wie János Kis in Ungarn, wechselten aus der Rolle des intellektuellen Dissidenten in die des parlamentarischen Politikers (als Chef des neuen Bündnisses Freier Demokraten), um nach einigen turbulenten Jahren im Rampenlicht der Öffentlichkeit wieder ins akademische Leben zurückzukehren. Doch den meisten oppositionellen Intellektuellen der frühen Jahre mißlang die Verwandlung in postkommunistische Politiker oder Persönlichkeiten des öffentlichen Lebens, abgesehen von kurzen Auftritten als Galionsfiguren. Viele, die es versuchten, erwiesen sich auch als hoffnungslos ungeeignet. Václav Havel war die große Ausnahme – und selbst er war nicht besonders erfolgreich.

Was Edmund Burke geringschätzig über eine frühere Generation von revolutionären Aktivisten bemerkt hatte, galt immer noch: »Die besten waren nur Männer der Theorie.« Die meisten waren für das unübersichtliche politische Geschäft und die schwierigen Sachfragen des kommenden Jahrzehnts nur schlecht gerüstet. Sie waren auch schlecht auf den enormen Ansehensverlust der Intellektuellen im allgemeinen vorbereitet, da sich die Lesegewohnheiten veränderten und eine jüngere Generation kaum noch Interesse an den traditionellen Quellen der Orientierung und Meinungsbildung zeigte. Mitte der neunziger Jahre waren einige der Periodika, die bei einer älteren Generation von Intellektuellen einst sehr einflußreich gewesen waren, zu trauriger Bedeutungslosigkeit herabgesunken.

Barbara Toruńczyks *Zeszyty Literackie*, eine vielbewunderte Literaturzeitschrift, die eine Exilpolin der 68er-Generation in Paris herausgab, hatte eine wesentliche Rolle in der polnischen Kulturdebatte vor 1989 gespielt. Jetzt, nach ihrer triumphalen Umsiedlung in die Hauptstadt ihres befreiten Heimatlandes, konnte sie nur noch mit Mühe 10 000 Leser bei der Stange halten. *Literární Noviny*, der ältesten und einflußreichsten kulturellen Wochenzeitschrift tschechischer Sprache, erging es kaum besser mit einer Auflage von weniger als 15 000 Exemplaren im Jahr 1994. Diese Zahlen wären, gemessen an der Gesamtbevölkerung, den Herausgebern literarischer Zeitschriften und Periodika in den meisten westlichen Ländern gar nicht so schlecht erschienen; doch in Mitteleuropa bedeutete ihre zunehmend marginale Rolle eine traumatische Verlagerung der kulturellen Prioritäten.

Einer der Gründe für den gesellschaftlichen Bedeutungsverlust der Intellektuellen lag darin, daß die häufig kommentierte Fixierung auf die *Ethik* des Antikommunismus, das Bedürfnis, eine moralisch bewußte Zivilgesellschaft zu schaffen, um den anomischen Raum zwischen Individuum und Staat zu füllen, nun von den praktischen Problemen verdrängt wurde, die sich bei der Schaffung einer Marktwirtschaft ergaben. Innerhalb weniger Jahre war die »Zivilgesellschaft« in Mitteleuropa zu einem archaischen Begriff geworden, der nur noch eine Handvoll ausländischer Soziologen interessierte. Etwas ganz Ähnliches war in Westeuropa nach dem Zweiten Weltkrieg geschehen (vgl. Kapitel III), als sich der hohe moralische Ton des Widerstands verflüchtigte, weil er zuerst von den praktischen Aufgaben des Wiederaufbaus und dann vom Kalten Krieg verdrängt wurde. Doch während französische und italienische Schriftsteller in diesen Jahren ein beträchtliches Publikum hatten – teilweise dank ihres laut verkündeten politischen Engagements –, hatten ihre ungarischen und polnischen Berufskollegen weniger Glück.

Die Intellektuellen, denen der Sprung ins öffentliche Leben tatsächlich gelang, waren in der Regel »Technokraten« – Juristen oder Wirtschaftswissenschaftler –, die in der Dissidentenszene vor 1989 keine auffällige Rolle spielten. Da sie keine heroische Vergangenheit hatten, waren sie für ihre ebenso unheroischen Mitbürger beruhigendere Vorbilder. Kurz nachdem Václav Klaus 2003 Havel im Präsidentenamt abgelöst hatte, brachte jener das in einer Rede ganz unverblümt zum Ausdruck: »Ich bin ein bißchen wie ihr alle. Weder Exkommunist noch Exdissident, weder ein Handlanger noch ein Moralist, dessen bloße Existenz euch an den Mut erinnert, den ihr nicht gehabt habt, mit einem Wort, ich bin nicht euer schlechtes Gewissen.«

Hinweise auf das schlechte Gewissen warfen die beunruhigende Frage nach Vergeltung auf – danach, was die Menschen in kommunistischer Vergangenheit getan hatten und was jetzt mit ihnen geschehen sollte (wenn überhaupt). Das erwies sich für fast jedes postkommunistische Regime als traumatisches Dilemma. Einerseits herrschte allgemeine Übereinstimmung, und nicht nur unter moralisierenden Intellektuellen, daß politische Verbrechen, die in der Sowjetzeit begangen worden waren, ans Licht gebracht und die Verantwortlichen bestraft werden müßten. Falls die Wahrheit über die kommunistische Vergangenheit nicht öffentlich bekannt wurde, mußte der ohnehin schon problematische Übergang zur Freiheit noch schwieriger werden. Die Apologeten des alten Regimes würden ihre Hände in Unschuld waschen und die Menschen vergessen, worum es 1989 gegangen war.

Andererseits waren die Kommunisten in allen diesen Ländern mehr als 40 Jahre an der Regierung gewesen – 50 Jahre in den baltischen Staaten, 70 in der Sowjetunion selbst. Der Einparteienstaat hatte ein Machtmonopol ausgeübt. Seine Gesetze, Institutionen und seine Polizei waren die einzige Macht im Staat gewesen. Wer wollte rückblickend behaupten, daß die Kommunisten nicht die legitime Regierung gewesen wären? Auf jeden Fall wurden sie von anderen Staaten als solche anerkannt, und kein internationaler Gerichtshof, kein Tribunal hatte den Kommunismus jemals zu einem verbrecherischen Regime erklärt. Wie konnte dann jemand rückwirkend dafür bestraft werden, daß er kommunistischen Gesetzen gehorcht oder für den kommunistischen Staat gearbeitet hatte?

Hinzu kam, daß diejenigen, die anfangs am lautesten nach Vergeltung für die Taten während der kommunistischen Tyrannei riefen, selbst oft genug einen fragwürdigen Hintergrund hatten – der Antikommunismus überschnitt sich in der verwirrten Stimmung Anfang der neunziger Jahre oft mit einer gewissen wehmütigen Sehnsucht nach den Regimen, welche die Kommunisten ersetzt hatten. Es war nicht immer leicht, die Verurteilung des Kommunismus von der Rehabilitierung seiner faschistischen Vorgänger zu unterscheiden. Viele vernünftigen Leute räumten ein, daß es notwendig sei, einen Schlußstrich unter die stalinistische Ära zu ziehen: Es war zu spät, um die Menschen zu bestrafen, die an den Putschen und Schauprozessen der fünfziger Jahre teilgenommen hatten. Die meisten ihrer Opfer waren tot.

Diese Fragen, so die Auffassung, sollte man am besten Historikern überlassen, die jetzt Zugang zu den Archiven bekämen und die Geschichte zum Nutzen künftiger Generationen zurechtrücken könnten. Was die poststalinistischen Jahrzehnte anging, herrschte jedoch breites Einverständnis, daß hier eine gewisse öffentliche Abrechnung mit den schlimmsten Straftaten und Straftätern stattfinden müsse – mit den führenden tschechischen Kommunisten, die an der Niederschlagung des Prager Frühlings mitgewirkt hatten, den polnischen Polizisten, die für die Ermordung von Pater Jerzy Popiełuszko verantwortlich waren (vgl. Kapitel XIX), den ostdeutschen Amtsträgern, welche die Todesschüsse an der Mauer befahlen und so fort.

Das ließ allerdings noch zwei sehr viel schwierigere Dilemmata ungelöst. Was sollte mit den ehemaligen kommunistischen Parteimitgliedern und den Polizeibeamten geschehen? Sollten sie, wenn sie nicht bestimmter Verbrechen angeklagt wurden, irgendeine Strafe für all ihre früheren Taten bekommen? Sollte ihnen erlaubt sein, am öffentlichen Leben teilzunehmen – als Polizisten, Politiker oder gar Präsidenten? Warum nicht? Schließlich hatten viele von ihnen aktiv an der Beseitigung des eigenen Regimes mitgewirkt. Doch wenn nicht, wenn man die bürgerlichen und politischen Rechte dieser Leute doch einschränken wollte, wie lange sollten diese Einschränkungen dann gelten und wie weit sollten sie in den Rängen der alten Nomenklatura hinabreichen? Ganz ähnlichen Fragen sahen sich die alliierten Besatzungsmächte im Nachkriegsdeutschland gegenüber, als sie versuchten, ihr Entnazifizierungsprogramm durchzuführen – nur daß die Entscheidungen 1989 nicht von einer Besatzungsarmee, sondern von den Betroffenen selbst getroffen wurden.

Das war ein heikles Problem. Das zweite war in gewisser Weise noch komplizierter und zeigte sich erst im Laufe der Zeit. Die kommunistischen Regime zwangen ihre Herrschaft nicht nur widerstrebenden Bürgern auf, sondern veranlaßten die Menschen auch, sich insgeheim an ihrer eigenen Unterdrückung zu beteiligen, indem sie mit den Sicherheitsdiensten zusammenarbeiteten und über die Aktivitäten und Meinungen ihrer Kollegen, Nachbarn, Bekannten, Freunde und Verwandten berichteten. Dieses Untergrundnetz von Spionen und Informanten unterschied sich in seinem Umfang zwar von Land zu Land, war aber überall vorhanden.

Die Folge war, daß auf der einen Seite die ganze Gesellschaft in Verdacht geriet – jeder konnte, möglicherweise unwissentlich, irgendwann für die Polizei oder das Regime gearbeitet haben –, daß es aber andererseits schwierig wurde, käufliche oder sogar profitgierige Mitarbeit von einfacher Feigheit zu unterscheiden, oder sogar dem Bestreben, die Familie zu schützen. Der Preis für die Weigerung, mit der Stasi zusammenzuarbeiten, konnte die Zukunft der eigenen Kinder sein. So lagen viele persönliche Entscheidungen hilfloser Individuen in der Grauzone moralischer Vieldeutigkeit.[20] Wer konnte da in der Rückschau – von einer Handvoll heroischer und standhafter Dissidenten abgesehen – dem strengen Urteil standhalten? Auffällig ist, daß sich viele dieser ehemaligen Dissidenten – allen voran Adam Michnik – gegen die Bestrafung ihrer Mitbürger aussprachen.

Obwohl alle postkommunistischen Staaten mit diesen Schwierigkeiten zu tun bekamen, ging jeder auf seine eigene Weise mit ihnen um. In Ländern, in denen es nie eine richtige Wende gab – wo die Kommunisten und ihre Freunde unter einer neuen Nomenklatur und mit »westlich« getrimmten Programmen die Macht behielten – blieb die Vergangenheit unangetastet. In Rußland, in der Ukraine, Moldawien oder dem, was von Jugoslawien blieb, stellte sich die Frage der Vergeltung nie wirklich, und hochrangige Vertreter des alten Regimes wurden stillschweigend wieder in einflußreiche Stellungen befördert. Unter Wladimir Putin stellten die Siloviki (Staatsanwälte, Polizisten und Militärs oder Sicherheitsbeamte) der kommunistischen Ära mehr als die Hälfte des informellen Kabinetts des Präsidenten.

In Deutschland dagegen hatten die Enthüllungen über Größe und Ausmaß des Staatssicherheitsapparates die Nation verblüfft. Wie sich herausstellte, beschäftigte die Stasi neben 85 000 hauptamtlichen noch rund 60 000 »inoffizielle Mitarbeiter«, 110 000 regelmäßige Informanten und mehr als eine halbe Million »Teilzeitinformanten«, von denen viele überhaupt nicht wissen konnten, daß sie in diese Kategorie fielen.[21] Ehemänner spionierten ihre Frauen aus, Professoren berichteten über ihre Studenten, Geistliche bespitzelten ihre Gemeindemitglieder. Es gab Akten über sechs Millionen Bürger der ehemaligen DDR, das heißt, über jeden dritten. Im Grunde war die ganze Gesellschaft von ihren selbsternannten Wächtern durchdrungen, atomisiert und vergiftet.

Um die Eiterbeule aus gegenseitigen Ängsten und Verdächtigungen aufzustechen, ernannte die Bundesregierung den ehemaligen protestantischen Pfarrer Joachim Gauck zum Bundesbeauftragten für die Stasiunterlagen (BstU oder »Gauck-Behörde«) mit dem Auftrag, die Stasiakten zu verwalten und ihren Mißbrauch zu verhindern. Bürger konnten erfragen, ob über sie eine »Akte« angelegt war und sie, wenn sie es wünschten, einsehen. So erfuhren die Menschen – gelegentlich mit verheerenden familiären Konsequenzen –, wer sie bespitzelt hatte. Der breiten Öffentlichkeit stand das Material aber nicht zur Verfügung. Das war ein unbefriedigender Kompromiß, der aber, wie sich herausstellte, sehr erfolgreich war. 1996 hatten 1 145 000 Menschen einen Antrag auf Akteneinsicht gestellt. Es gab zwar keine Möglichkeit, die Verletzungen im zwischenmenschlichen Bereich rückgängig zu machen, doch da die Gauck-Behörde Vertrauen genoß und ihr niemand unterstellte, ihre Macht zu mißbrauchen, wurden die Informationen, die sie verwaltete, kaum jemals für politische Zwecke mißbraucht.

Die Furcht vor solchem Mißbrauch verhinderten ähnliche Verfahren in anderen Ländern Osteuropas. In Polen wurde der Kollaborationsvorwurf zu einem probaten Mittel, um politische Gegner zu diskreditieren – im Jahr 2000 wurde sogar Lech Wałęsa verdächtigt, mit den einstigen Sicherheitsdiensten zusammengearbeitet zu haben, obwohl der Verdacht nie erhärtet werden konnte. Ein postkommunistischer Innenminister drohte sogar damit, die Namen aller seiner politischen Gegner zu veröffentlichen, auf denen der Verdacht der Kollaboration laste. Eben weil Michnik und andere genau solche Verhaltensweisen besorgt vorhergesehen hatten, waren sie dafür gewesen, einfach einen Schlußstrich unter die kommunistische Vergangenheit zu ziehen und nach vorne zu schauen. Gemäß dieser Auffassung widersetzte sich Michnik 2001 sogar Bemühungen, den (damals 78jährigen) kommunistischen Präsidenten Jaruzelski vor Gericht zu stellen, weil er 1970 befohlen hatte, auf streikende Arbeiter zu schießen. 1989 waren die Erinnerungen an das Kriegsrecht und seine Folgen noch so frisch, daß es unklug erschien, die Vergangenheit aufzurollen und Schuld zu bemessen. Als später diese Gefahr nicht mehr bestand, war die Gelegenheit verstrichen. Die öffentliche Aufmerksamkeit galt anderen Dingen, und das Bemühen um eine verspätete juristische Vergangenheitsbewältigung hätte verdächtig nach politischem Opportunismus ausgesehen.

In Lettland wurde verfügt, daß jeder Bürger, dem eine KGB-Verstrickung nachgewiesen werden konnte, zehn Jahre von allen öffentlichen Ämtern ausgeschlossen blieb. Ab 1994 stand es den lettischen Bürgern nach deutschem Vorbild frei, ihre Polizeiakten aus kommunistischer Zeit einzusehen; doch die Inhalte wurden nur dann veröffentlicht, wenn sich jemand um ein Staatsamt oder eine Stelle in der Justiz bewarb. In Bulgarien verfuhr man ähnlich wie in Frankreich nach dem Vichy-Regime – speziell eingerichtete Tribunale konnten Menschen, die im Namen des Vorgängerregimes bestimmte Vergehen begangen hatten, die bürgerlichen Ehrenrechte aberkennen.

In Ungarn, wo die kommunistische Partei am eigenen Abschied von der Macht mitgewirkt hatte, ließ sich nur schwer rechtfertigen, sie für frühere Sünden zu säubern oder zu bestrafen – zumal im Ungarn nach Kádár der entscheidende Streitpunkt natürlich 1956 war, ein Datum, das für die Mehrheit der Bevölkerung schon bald der grauen Vorzeit angehören würde.

Im benachbarten Rumänien, wo es tatsächlich reichlich Grund zu Vergeltung gab, scheiterte der Versuch, eine eigene Version der Gauck-Behörde einzurichten, einige Jahre lang am unerbittlichen Widerstand der postkommunistischen politischen Elite, deren Spitzen (angefangen bei Präsident Iliescu selbst) in vielen Fällen bei einer ernsthaften Untersuchung der Aktivitäten des Ceauşescu-Regimes sicherlich belastet worden wären. Schließlich wurde ein »Staatliches Institut zur Untersuchung des Securitate-Archivs« eingerichtet, das aber nie die Autorität des deutschen Vorbilds gewinnen konnte.

In keinem dieser Länder wurde das Problem, mit der kommunistischen Vergangenheit ins reine zu kommen, vollkommen gerecht oder zur allgemeinen Zufriedenheit gelöst. Doch in der Tschechoslowakei zog die Lösung, für die man sich entschied, eine Kontroverse nach sich, die weit über die Grenzen des Landes hinausreichte. Der Stalinismus war hier später heimisch geworden und hatte länger gedauert als anderswo, und die häßlichen Erinnerungen an die »Normalisierung« waren noch immer sehr lebendig. Gleichzeitig war der Kommunismus in der tschechischen Region tiefer verwurzelt als in irgendeinem anderen osteuropäischen Land. Schließlich gab es eine Art nationales Unbehagen angesichts der Erinnerung an die wiederholten Male, bei denen die Tschechoslowakei offenbar ihre Unfähigkeit bewies, der Tyrannei zu widerstehen: 1938, 1948 und 1968. Aus dem einen oder anderen Grund – so schien es seinen kompromißloseren einheimischen Kritikern – litt das ganze Land unter einem schlechten Gewissen. Václav Klaus wußte, wovon er sprach.

Der erste postkommunistische Gesetzgebungsakt in der Tschechoslowakei – ein Gesetz aus dem Jahr 1990, das jeden zwischen 1948 und 1989 rechtswidrig verurteilten tschechischen Bürger rehabilitierte und insgesamt 100 Millionen Euro Entschädigung aussetzte – war relativ unumstritten. Doch dann folgte ein »Lustrationsgesetz«[22] (1996 auf fünf Jahre erneuert und, als es Anfang des 21. Jahrhunderts auslief, noch einmal verlängert), das verfügte, alle Inhaber öffentlicher Ämter oder Bewerber um solche Ämter auf ihre Verbindungen zu den alten Sicherheitsdiensten zu durchleuchten. Diese legitim klingende Absicht bot jedoch Gelegenheit zu vielfältigem Mißbrauch. Wie sich herausstellte, handelte es sich bei vielen Namen, die man in alten Informantenlisten der Geheimpolizei entdeckte, lediglich um »Kandidaten« – Männer und Frauen, von denen das Regime hoffte, sie zur Mitarbeit zwingen zu können. Dazu gehörten eine Anzahl der bekanntesten tschechischen Schriftsteller, einige von ihnen noch nicht einmal im Land ansässig.

Die Listen der Geheimpolizei gelangten in die Presse und wurden von Politikern und Bewerbern um Parlamentssitze publiziert und bekannt gemacht, die hofften ihre Gegner in Verruf bringen zu können. Im Zuge dieser Schlammschlacht hieß es einmal sogar, Havel sei als Kandidat für die staatlichen Spitzeldienste erwähnt worden. Einige Kritiker wiesen warnend darauf hin, daß die Akten der Geheimpolizei zwar reichlich Daten über die Leute lieferten, die man zu Mitarbeit gewinnen wollte, sich aber praktisch gänzlich über die Identität der Polizisten ausschwiegen, die als Anwerber tätig waren. Eine Karikatur in der Tageszeitung *Lidové Noviny* zeigte zwei Männer, die sich vor dem Parlament in Prag unterhalten: »Ich mache mir keine Sorgen wegen der Lustrationen«, sagte der eine. »Ich war kein Informant. Ich habe nur Befehle gegeben.«[23]

Die Lustration war zwar kein Strafverfahren, brachte aber viele der Opfer, die zu Unrecht benannt und bloßgestellt wurden, in eine höchst peinliche Situation. Schwerer wog vermutlich, daß sie von Anfang an augenscheinlich eine politische Waffe war. Sie war eine der Fragen, an denen das Bündnis des alten Bürgerforums zerbrach – altgediente Dissidenten (unter ihnen auch Havel) widersetzten sich dem neuen Gesetz, während Klaus es begeistert als eine Möglichkeit begrüßte, zu klären, »wer wo steht«, (und seine Kritiker unter den Exdissidenten zu beschämen, von denen einige früher Reformkommunisten gewesen waren). Es ist anzumerken, daß sich auch Vladimir Mečiar in der Slowakei gegen das Lustrationsgesetz aussprach, nicht zuletzt, weil über seine eigenen Verbindungen zur früheren Geheimpolizei viel gemunkelt wurde, obwohl er, nachdem er sein Land in die Unabhängigkeit geführt hatte, die Informationen in den Polizeiakten unbedenklich für seine politischen Zwecke nutzte.

In den ersten zwölf Jahren seiner Geltung richtete das Lustrationsgesetz wenig unmittelbaren Schaden an. Es wurde auf rund 300 000 Menschen angewendet, die eine Unbedenklichkeitsbescheinigung beantragten. Rund 9000 fielen durch, eine verblüffend geringe Zahl, verglichen mit der halben Million Tschechen und Slowaken, die nach 1968 ihren Arbeitsplatz verloren und aus der Partei ausgeschlossen wurden. Doch vor allem hinterließ die Gesetzgebung einen schlechten Nachgeschmack, der in der tschechischen Gesellschaft zu einem verbreiteten Zynismus beitrug, was die Nachwirkungen der »samtenen Revolution« anging. Die »Lustration« schien in der Tschechischen Republik eher dazu zu dienen, die kommenden Eliten zu legitimieren, als der scheidenden Vergangenheit ehrlich auf den Grund zu gehen.

Im Juli 1993 verabschiedete das tschechische Parlament ein »Gesetz über die Rechtswidrigkeit des kommunistischen Regimes und über den Widerstand gegen dieses Regime«, das die Kommunistische Partei praktisch zu einer kriminellen Vereinigung erklärte. Theoretisch hätte dies Millionen ehemaliger Parteimitglieder kriminalisieren müssen, doch es blieb in seiner Wirkung rein rhetorisch, ohne daß irgendwelche Maßnahmen folgten. Statt den Kommunismus zu diskreditieren und seinen Sturz zu legitimieren, verstärkte das Gesetz nur die skeptische Distanz der Öffentlichkeit, für die es bestimmt war. Zehn Jahre nach der Verabschiedung des Gesetzes zeigten Meinungsumfragen, daß jeder fünfte tschechische Wähler die unveränderte (und vollkommen legale) Kommunistische Partei bevorzugte, die mit 160 000 Mitgliedern die größte politische Organisation des Landes blieb.

XXII
Das alte Europa – und das neue Europa

Man muß sich fragen, warum Europa außerstande zu sein scheint, auf dem eigenen Schauplatz entschlossen zu handeln.

Richard Holbrooke

Si c'était à refaire, je commençerais par la culture. (Könnte ich noch einmal von vorn anfangen, begänne ich mit der Kultur.)

Jean Monnet

Es ist immer möglich, eine größere Menge von Menschen in Liebe aneinander zu binden, wenn nur andere für die Äußerung der Aggression übrigbleiben.

Sigmund Freud

Wie erklärt sich diese merkwürdige Mischung aus einer dauerhaften Arbeitslosigkeit von elf Prozent der Bevölkerung und dem allgemeinen Empfinden eines relativen Wohlstands bei der Mehrheit der Bevölkerung?

Beatrice Webb (Tagebucheintrag, Juni 1925)

Das gereizte politische Klima der Neunziger war nicht auf die Länder des ehemaligen kommunistischen Ostens beschränkt. Das gleiche Bedürfnis, die Fesseln zentralisierter Regierungsgewalt abzuwerfen – oder sich von der Verantwortung für verarmte Mitbürger in fernen Provinzen loszusagen –, wurde auch im Westen empfunden. Von Spanien bis Großbritannien wurden die traditionellen Gebietskörperschaften Westeuropas einer umfassenden administrativen Dezentralisierung unterworfen, obwohl es ihnen allen mehr oder weniger gelang, zumindest die Form des konventionellen Nationalstaates zu bewahren.

In einigen Ländern hatte sich diese zentrifugale Tendenz, wie in Kapitel XVI erwähnt, bereits einige Jahrzehnte zuvor gezeigt. In Spanien, wo eine neue Verfassung die langjährigen Forderungen nach Autonomie in Katalonien und im Baskenland berücksichtigt hatte, hatte sich speziell Katalonien innerhalb einer Generation zum Staat im Staate entwickelt, mit eigener Sprache, eigenen Behörden und Regierungsinstitutionen. Kraft eines Gesetzes zur sprachlichen Normalisierung (*sic*) von 1983 wurde das Katalanische zur »vorherrschenden Unterrichtssprache«. Zehn Jahre später verfügte das katalanische Parlament, die Generalitat, daß man in Kindergärten und Vorschulen ausschließlich Katalanisch sprach. Zwar war das kastilische Spanisch noch überall präsent, doch verständlicherweise wurde vielen jungen Leuten das Katalanisch nun vertrauter.

Keine andere spanische Region erreichte ein so hohes Maß an nationaler Eigentümlichkeit, aber keine andere spielte auch eine so wichtige Rolle für das ganze Land. 1993 trug Katalonien ein Fünftel zum Bruttosozialprodukt des Landes bei. Mehr als ein Viertel aller Auslandsinvestitionen Spaniens gingen nach Katalonien, ein Großteil davon in die prosperierende Gebietshauptstadt Barcelona; das Pro-Kopf-Einkommen der Provinz lag insgesamt mehr als 20 Prozent über dem nationalen Durchschnitt. Wäre Katalonien ein unabhängiges Land, gehörte es zu den wohlhabenderen Staaten des europäischen Kontinents. Einer der Gründe für die Entstehung eines ausgeprägten katalanischen Identitätsgefühls war eine leicht zu schürende Verbitterung über den beträchtlichen Beitrag, den die Katalanen an die Staatskasse entrichten sollten – zum Teil über einen interterritorialen Ausgleichsfonds, aus dem Spaniens ärmste Regionen unterstützt werden sollten. Doch Katalonien profitierte – wie das Baskenland, Galicien, Navarra und andere Provinzen, die neuerdings auf ihre Autonomie pochten – auch von der Aushöhlung des »Spanischtums«. Bis zum Exzeß hatte Franco das traditionelle Arsenal nationaler Begriffe strapaziert – den Ruhm des Reiches, die Ehre des Militärs, die Autorität der spanischen Kirche –, so daß viele Spanier nach dem Ende der Franco-Ära nur noch ein spärliches Interesse an der Rhetorik des nationalen Erbes oder der Tradition aufbringen konnten.

Statt dessen hatten sie, wie eine frühere Generation postautoritärer Deutscher, entschiedene Hemmungen gegenüber »nationalen Bekenntnissen«. Die Identifikation mit der Region oder Provinz dagegen war noch nicht mit autoritären Assoziationen besetzt. Ganz im Gegenteil, sie war vom alten Regime verfolgt worden und ließ sich daher glaubhaft als legitimer Aspekt des Übergangs zur Demokratie präsentieren. Weniger deutlich war diese Verbindung von Autonomie, Separatismus und Demokratie im Fall des Baskenlands, wo die ETA ihren mörderischen Weg fortsetzte (und 1995 sogar Attentate auf den König und den Ministerpräsidenten versuchte). Hinzu kam, daß die alten Industriereviere des Baskenlands verfielen, während sechs Millionen Katalanen in zunehmendem Wohlstand lebten. Die Arbeitslosigkeit grassierte, und die Einkommen waren niedriger als in Katalonien, etwa auf dem Niveau des nationalen Durchschnitts.

Wenn es den baskischen Nationalisten nicht gelang, sich diese Probleme zunutze zu machen, so lag es in hohem Maße daran, daß von den zwei Millionen Einwohnern des Gebietes viele Neuankömmlinge waren – 1998 konnte nur noch jeder vierte die baskische Sprache Euskera sprechen. Kein Wunder, daß sie wenig Interesse an separatistischen Bewegungen zeigten: Gerade einmal 18 Prozent der Basken strebte noch nach Unabhängigkeit, die übrigen zogen die bereits erreichte regionale Autonomie vor. Das galt auch für eine Mehrheit der Wähler der Baskischen Nationalpartei. Wie Herri Batasuna, der politische Arm der ETA, verlor sie Stimmen an moderate Autonomisten und sogar die großen spanischen Parteien. Am Ende des Jahrzehnts war sie zu einem Auffangbecken für Randgruppen mutiert: enttäuschte Grüne, Feministinnen, Marxisten und Globalisierungsgegner.

In Spanien wurde die Aufsplitterung des Nationalstaates durch die Erinnerung an die Vergangenheit bewirkt. In Italien kam sie häufiger durch aktuelle Unzufriedenheit zustande. Die traditionell widerspenstigen Regionen Italiens lagen weit im Norden: Grenzgebiete, in denen der ansässigen Bevölkerung erst in jüngerer Zeit eine italienische Identität verpaßt worden war – häufig infolge von Kriegen und gegen ihren Willen – und in denen die meisten Bewohner noch immer lieber französisch, deutsch oder slowenisch sprechen als italienisch. In diesen Regionen ist die Unzufriedenheit weitgehend durch eine Reihe neuer Autonomieabkommen ausgeräumt worden: das Aostatal in den Nordwestalpen, wo Italien, Frankreich und die Schweiz aneinanderstoßen; Trentino-Südtirol, das an das österreichische Tirol grenzt, und Friaul-Julisch Venetien, in dem ethnisch gemischten Grenzgebiet zu Jugoslawien (später Slowenien). Solche Regionen profitierten auch (wie am Beispiel Südtirols geschildert) von einer Anzahl Regionalfonds und anderen Hilfen der Europäischen Gemeinschaft (der späteren Union) in Brüssel. In den neunziger Jahren waren Italiens nördliche Grenzgebiete dank des Alpentourismus und des Zeitfaktors aus dem politischen Blickfeld verschwunden: regionale Nester eines regionalisierten Kontinents.

Ihr Platz war aber von einer entschieden bedrohlicheren Form des regionalen Separatismus eingenommen worden. Seit 1970 war Italien – durch verspätete Umsetzung einer Bestimmung der Nachkriegsverfassung – in 15 Regionen und 5 autonome Regionen (die 3 Grenzgebiete sowie Sardinien und Sizilien) unterteilt worden. Es gab sicherlich genügend Präzedenzfälle. Piemont, Umbrien oder die Emilia-Romagna hatten mindestens soviel Anspruch auf historische Eigenständigkeit wie Katalonien oder Galicien, und obwohl sich die regionalsprachlichen Unterschiede, die noch einige Jahre zuvor sehr auffällig gewesen waren, allmählich abschliffen, waren sie noch nicht vollständig verschwunden.

Allerdings waren die neuen Regionen Italiens – im Gegensatz zu denen Spaniens – großenteils eine administrative Fiktion. Obwohl sich die regionalen Einheiten Italiens mit gewählten Parlamenten und eigenen Behörden schmückten – und eine große Anzahl von Angestellten beschäftigten –, konnten sie weder die extrem lokalpatriotische Identifikation der Italiener mit ihrem Heimatdorf oder ihrer Geburtsstadt noch den politischen und vor allem finanziellen Einfluß der Hauptstadt brechen. Eines indessen bewirkte die Einrichtung der Regionen: Sie erinnerte die Italiener an die fundamentale und permanente Kluft zwischen dem wohlhabenden Norden und dem abhängigen Süden – und sie bot dem daraus resultierenden Groll eine politische Ausdrucksmöglichkeit.

Das Ergebnis war die Entstehung eines ganz neuen Phänomens, zumindest in der italienischen Geschichte – des Separatismus der Wohlhabenden. Der italienische Norden – besonders die industriell und unternehmerisch geprägten Ortschaften und Großstädte Piemonts und der Lombardei sowie die prosperierenden landwirtschaftlichen Betriebe und Kleinbetriebe in Bologna and seinem Hinterland – war seit Jahrzehnten erheblich wohlhabender als der Rest des Landes, wobei sich diese Tendenz noch verstärkte. Ende der achtziger Jahre betrug das *Bruttoregionalprodukt* pro Kopf der Bevölkerung in der Lombardei rund um Mailand 132 Prozent des nationalen Durchschnitts. In Kalabrien, der Spitze des italienischen Stiefels, waren es 56 Prozent. Die Armutsrate im Mezzogiorno war Ende der achtziger Jahre dreimal so hoch wie in Norditalien. Während der Norden und der nördliche Teil Mittelitaliens in Hinblick auf Wohlstand und Entwicklung zur Dienstleistungsgesellschaft mit Frankreich und Großbritannien vergleichbar waren, war der Süden noch weiter zurückgefallen und hatte dadurch einen Graben aufgerissen, der großteils durch erhebliche Transferzahlungen an den Süden überbrückt wurde.

Im Laufe der achtziger Jahre gewann ein neues politisches Bündnis, die Lega Lombarda (später Lega Nord) an Zulauf, indem sie sich die verbreitete Überzeugung zunutze machte, daß der »Süden« sich schon zu lange am Wohlstand des Nordens mäste. Die Lösung lag nach Auffassung Umberto Bossis, des charismatischen Gründers und Chefs der Liga darin, Rom seine fiskalische Macht zu entziehen, den Norden vom Rest des Landes loszulösen, auf lange Sicht die Unabhängigkeit der Lombardei und seiner Nachbarn durchzusetzen und es dem verarmten, »parasitären« Rumpfstaat zu überlassen, für sich selbst zu sorgen. Die Parallelen zu Katalonien (Slowenien oder auch der Tschechischen Republik unter Václav Klaus) sind unübersehbar.

In nationalen Wahlen konnte die Nordliga in den neunziger Jahren bei landesweiten Wahlen in der Lombardei und Venetien genügend Stimmen erringen, um in konservative Regierungskoalitionen Eingang zu finden. Ironischerweise hing der Verbleib der Liga in der Regierung von ihrem Bündnis mit Silvio Berlusconis Forza Italia und der Nationalen Allianz des Exfaschisten Gianfranco Fini ab – die beide (besonders letztere) auf die Unterstützung durch die armen, subventionierten und von der Liga so geschmähten Wähler aus dem Süden angewiesen waren. Trotz dieser wechselseitigen Antipathien und der Illusionen von Bossis fanatischeren Anhängern war nie ernsthaft die Rede davon, daß Italien zerbrechen oder eine seiner Provinzen unabhängig werden könnte.

Das galt im wesentlichen auch für Frankreich, wo unter Mitterrands Präsidentschaft eine begrenzte Verwaltungsdezentralisierung vorgenommen und ziemlich oberflächliche Anstalten getroffen wurden, Institutionen und Ressourcen in die Provinz zu verlagern. Was die Regionen als neu gegründete Gebietskörperschaften des Landes anging, so zeigten noch nicht einmal das Elsaß oder das französische Baskenland trotz ihrer eigenständigen historischen Identität Interesse daran, die Bindungen an Paris zu kappen. Nur auf der Insel Korsika entstand eine national-separatistische Bewegung, die mit einigem Recht auf ihre sprachliche und historische Besonderheit verwies und weit weniger überzeugend behauptete, die Insel würde nach der Unabhängigkeit vom Festland einen wirtschaftlichen Aufschwung nehmen. Doch wie bei der ETA sorgte bei den korsischen Nationalisten der Hang zur Gewalt (und zur Blutrache) dafür, daß ihre Anziehungskraft auf eine Minderheit von radikalen Wählern beschränkt blieb.

Einen Punkt gab es indessen, in dem sich Frankreich von anderen Ländern unterschied. Während überall in Europa Politiker und Kommentatoren Lippenbekenntnisse zu den Vorzügen der Autonomie und der regionalen Selbstverwaltung ablegten, löste in Paris auch die leiseste Regung von regionalem Separatismus eine Lawine neojakobinischer Geringschätzung aus, die sich über das ganze politische Spektrum erstreckte. Hinzu kam, daß ausgerechnet die französischen Provinzen mit dem ausgeprägtesten Bedürfnis nach Eigenständigkeit – die Bretagne zum Beispiel oder die kaum bewohnten Gebirge des Haut-Languedoc –, seit Jahrzehnten von der Großzügigkeit der Regierung besonders abhängig waren. Alles – von der Finanzierung der Hochgeschwindigkeitsbahnen bis zu den Steuervergünstigungen für ausländische Direktinvestitionen – kam aus Paris, daher fanden die wenigen verbliebenen bretonischen oder provenzalischen Separatisten, meist alternde Militante der sechziger Jahre, welche die abebbende Welle der Begeisterung zurückgelassen hatte, wenig Unterstützung. Umgekehrt hätten wohlhabende Regionen wie Rhône-Alpes im Umland von Lyon und Grenoble sehr gut allein zurechtkommen können, hatten aber schon lange jede Erinnerung an Unabhängigkeit verloren und zeigten nicht den mindesten politischen Ehrgeiz, sie zurückzugewinnen.

Jenseits des Ärmelkanals jedoch, in Großbritannien, hatten die keltischen Randgebiete, obwohl wirtschaftlich in hohem Maße von London abhängig, eine Art nationaler Wiedergeburt erlebt. In Wales beschränkte sich diese Entwicklung weitgehend auf kulturelle Ausdrucksformen, vor allem das Verlangen nach Walisisch in Schulen und Medien. Nur in den gebirgigen und wenig bewohnten

Gegenden von Nordwales fand die Forderung nach vollständiger Unabhängigkeit, wie von der Walisischen Partei des Nationalisten Plaid Cymru formuliert wurde, tatsächlich eine positive Resonanz. Der städtische Süden mit seinen besseren Verkehrsverbindungen nach England und den traditionellen politischen Verbindungen zur überregionalen Gewerkschaftsbewegung sowie der Liberalen Partei und der Labour Party, begegneten den separatistischen Bestrebungen der Waliser Nationalisten mit Skepsis.

Infolgedessen konnten die Kandidaten von Plaid Cymru, obwohl sie bei den Unterhauswahlen 1974 einen anfänglichen Durchbruch erzielten und im englischen Parlament auch später bescheiden, aber sichtbar vertreten blieben, ihre Landsleute nie von dem nationalistischen Anliegen überzeugen. Die Minderheit von Walisern, die sich 1979 an einer Wahl über Regionalisierung und die Einrichtung von Regionalparlamenten beteiligte, sprach sich überwiegend dagegen aus. Als die Regionalisierung zwei Jahrzehnte später doch eingeführt wurde, geschah es nicht auf Verlangen einheimischer Nationalisten. Was sich im Rahmen einer Verwaltungsreform der ersten New-Labour-Regierung von Tony Blair ereignete, war ein Schachzug, der – ziemlich gerissen, wie sich herausstellte – darauf baute, daß die begrenzte Macht, die einem neuen walisischen Parlament in Cardiff eingeräumt wurde, fast mit Sicherheit den Leuten in die Hände fallen würde, die sie bereits in Westminster ausübten.

Das Ergebnis – ein walisisches Parlament von beträchtlichem Symbolwert, aber wenig realer Macht – schien dennoch allen Bedürfnissen nach separater nationaler Identität zu genügen, die in dem Fürstentum vorhanden waren. Immerhin wurde Wales bereits 1536 während der Regierungszeit von Heinrich VIII., selbst Sproß einer walisischen Dynastie, England eingegliedert und untergeordnet. Zwar ist das jüngste Wiederaufleben des Interesses an der Sprache und Geschichte der Region durchaus real, sollte aber nicht mit einer umfassenden Renaissance des Nationalbewußtseins verwechselt werden. Wenn sich unter der Oberfläche des öffentlichen Lebens in Wales Ärger oder Verbitterung regten, dann wegen wirtschaftlicher Probleme und nicht, weil nationale Bestrebungen durchkreuzt wurden. Hätten die Waliser zwischen einem unabhängigen Wales und einer englischen Regierung wählen können, die für die Wiederherstellung der im Zuge der Deindustrialisierung und Arbeitslosigkeit verödeten Bergbautäler und -dörfer und -häfen eingetreten wäre, hätte wohl kaum einer von ihnen gezögert.

Anders sah es in Schottland aus. Auch dort hatte der Niedergang der alten Industrien schwerwiegende Konsequenzen gehabt, doch die Schottische Nationalpartei (SNP), die in den siebziger Jahren gegründet wurde, konnte viermal so viele einheimische Stimmen auf sich vereinigen wie ihr walisisches Pendant. In den zwei Jahrzehnten seit ihrem Durchbruch als Ein-Punkt-Partei bei den Unterhauswahlen 1974, als sie elf Parlamentssitze errang, hat die SNP die Konservativen überholt und auch die traditionellen Labour-Hochburgen unter Druck gesetzt. Anders als die Waliser befürworteten die schottischen Wähler durchaus eine Dezentralisierung der Macht. Zwar mußte das schottische Parlament auf seine Gründung bis 1997 warten, spricht nun aber in Edinburgh unmißverständlich für ein Land, das sich als unverwechselbare und separate Nation, wenn nicht gar als Staat begreift.

Der schottische Nationalismus war Nutznießer der zufälligen Entdeckung von Öl und Gas an der Ostküste der Region – die Wohlstand nach Aberdeen und den Nordosten brachte – und der europäischen Regionalpolitik, die schottischen Verwaltungsbeamten und Geschäftsleuten ermöglichte, London zu übergehen und direkte Verbindungen nach Brüssel zu knüpfen. Obwohl von England 1707 durch einen Act of Union (Vereinigungsgesetz) eingegliedert, war Schottland immer ein Land für sich geblieben. Sein Selbstverständnis gründete sich weniger auf sprachliche oder religiöse Besonderheiten, die zwar durchaus real waren, sich aber bei den meisten Schotten abgeschliffen hatten, als vielmehr auf eine merkwürdige Mischung aus Überheblichkeit und Ressentiment.

Wie viele Klassiker der modernen englischen Literatur in Wirklichkeit *Iren* sind, so gilt, daß seit der Aufklärung einige der größten Denker englischer Sprache auf dem Gebiet der politischen und sozialen Theorie – David Hume, Adam Smith, John Stuart Mill und viele andere – in Wirklichkeit *Schotten* waren. Wir können nicht nur feststellen, daß Edinburgh in gewisser Weise die intellektuelle Hauptstadt des frühindustriellen Britanniens und Glasgow Anfang des 20. Jahrhunderts der radikale Kern der britischen Arbeiterbewegung war, sondern auch, daß schottische Geschäftsleute, schottische Manager und schottische Auswanderer wesentlich an der Gründung, Konsolidierung und Verwaltung des englischen Kolonialreichs mitgewirkt haben. Ferner hat Schottland stets eine eigene, separate Identität gefordert und durchgesetzt. Selbst auf dem Höhepunkt zentralisierter Machtausübung von London aus bewahrte es sein eigenes Bildungs- und Rechtssystem.

Ein unabhängiges Schottland wäre also ein durchaus plausibler Vorschlag – besonders in der Europäischen Union, in der es keineswegs der kleinste Nationalstaat wäre. Ob die Mehrheit der schottischen Bevölkerung, nachdem sie viel vom Erscheinungsbild und einiges von der Substanz der Unabhängigkeit durchgesetzt hat, jemals den Wunsch verspüren wird, noch weiter zu gehen, ist weniger gewiß. Die Begrenztheit von Geographie, Demographie und Ressourcen – Grund der Abhängigkeit Schottlands von Großbritannien – ist noch immer gegeben. Ende der neunziger Jahre schien es Grund zur Annahme zu geben, daß in

Schottland – wie in anderen Regionen – dem Nationalismus allmählich die Luft ausging.

Ob das gleiche für die Nachkommen der schottischen Auswanderer galt, die sich nach Irland begaben, war weniger klar. Der Kanal, der Schottland von Nordirland trennt, ist keine 80 Kilometer breit, doch der Graben zwischen den Mentalitäten der beiden Volksgruppen immens. Während der schottische Nationalismus vor allem aus dem Wunsch entspringt, den Engländern zu widerstehen und sie zurückzuschlagen, besteht der Patriotismus der Protestanten in Ulster vor allem aus der eisernen Entschlossenheit, unter allen Umständen an der »Union« festzuhalten. Die Tragödie der irischen Schwierigkeiten liegt in den entgegengesetzten, aber ansonsten identischen Zielen der Ultras auf beiden Seiten: der Provisorischen IRA, die versuchte, die Repräsentanten der britischen Macht aus Ulster zu vertreiben und die Provinz mit einem unabhängigen, katholischen Irland zu vereinigen; sowie der protestantischen Unionisten und ihrer paramilitärischen Volunteers, die fest entschlossen waren, die »Papisten« zu unterdrücken und die 300jährige Bindung an London unbegrenzt aufrechtzuerhalten (vgl. Kapitel XIV).

Wenn Unionisten und Provisionals am Ende des Jahrhunderts doch noch zu einem Kompromiß gedrängt wurden, lag es nicht an mangelnder Entschlossenheit der Extremisten beider Seiten. Doch aus den gleichen Gründen, aus denen die Massaker in Bosnien und im Kosovo zur Intervention von Drittländern führten, verspielten die bewaffneten Militanten in Ulster durch den endlosen Kreislauf von Gewalt und Gegengewalt nicht nur die Sympathien der Volksgruppen, die sie angeblich vertraten, sondern zwangen auch London, Dublin und sogar Washington, mit größerer Energie als bisher einzuschreiten und den verfeindeten Parteien zumindest ein vorläufiges Abkommen abzuringen.

Ob das im April 1998 unterzeichnete Karfreitagsabkommen die nationale Frage in Irland lösen konnte, blieb unklar. Die Zwischenlösung, auf die sich beide Seiten widerstrebend einigten, ließ viele Fragen offen. Die Bedingungen dieses Abkommens, die von den Premierministern Irlands und Großbritanniens unter Mitwirkung von Präsident Clinton ausgehandelt wurden – regionale Selbstverwaltung durch ein Parlament in Ulster, garantierte Vertretung der katholischen Minderheit, Beendigung des protestantischen Monopols auf Ämter in Polizei und Politik, vertrauensbildende Maßnahmen über die Grenzen beider Bevölkerungsgruppen hinweg, eine ständige British-Irish Intergovernmental Conference, ein bilaterales Gremium der Regierungen Großbritanniens und der Republik Irland, um die Erfüllung des Abkommens zu kontrollieren –, enthielten vieles, was mit gutem Willen auf beiden Seiten schon 20 Jahre zuvor hätte ersonnen werden können. Doch als Waffenstillstand in Irlands hundertjährigem Krieg schien das Abkommen eine Zeitlang halten zu können. Wie öfter unter solchen Umständen, hatten sich die alternden Radikalen an den Spitzen der Rebellion von der Aussicht auf Ämter offenbar milde stimmen lassen.

Hinzu kam, daß die Republik Irland im Laufe der neunziger Jahre selbst einen beispiellosen sozioökonomischen Wandel erlebte und kaum noch Ähnlichkeit mit dem »Eire« der nationalistischen Ideale hatte. Aus der Perspektive des jugendlichen Dublin, ganz von seiner neuentdeckten Rolle als multikultureller, steuergünstiger Vorreiter einer postnationalen Euro-Prosperität in Anspruch genommen, erschienen die sektiererischen Fixierungen der Provisorischen IRA mittlerweile nicht anders, als die imperialen, unionistischen Obsessionen des Oranier-Ordens in London gesehen wurden: als bizarre altertümliche Relikte eines anderen Zeitalters.

Jedem, der mit der früheren Geschichte der großen Staaten Westeuropas vertraut war, mußte die neue Politik des subnationalen Partikularismus schlicht als Umkehrung der Zentralisierungsprozesse des vorigen Jahrhunderts erscheinen. Sogar die auffällige Ausnahme im zeitgenössischen Europa bestätigt die Regel: Deutschland, der größte europäische Staat westlich der ehemaligen Sowjetunion, erlebte *kein* vergleichbares Aufflackern separatistischer Neigungen. Das lag nicht an den Besonderheiten seiner Geschichte, sondern daran, daß das postnationalsozialistische Deutschland *bereits* eine echte föderale Republik war.

Ob sie die Grenzen alter Staaten direkt übernommen hatten (wie im Falle Bayerns) oder einst unabhängige Fürstentümer und Republiken zu Gebietseinheiten zusammengefaßt hatten (wie Baden-Württemberg oder Nordrhein-Westfalen), die Bundesländer des modernen Deutschlands besaßen ein beträchtliches Maß an finanzieller und administrativer Autonomie in den politischen Bereichen, die ganz unmittelbar auf das tägliche Leben der Menschen einwirken: Bildung, Kultur, Umwelt, Tourismus, regionale Rundfunk- und Fernsehsender. In dem begrenzten Maße, in dem Deutsche eine *territorial* definierte Identitätspolitik wünschen mochten – hier dürfte die besondere Geschichte Deutschlands als Hemmnis gewirkt haben –, konnten ihnen die Bundesländer als brauchbarer Ersatz dienen.

Tatsächlich war es nicht Westeuropas größtes Land, sondern eines seiner kleinsten, in dem die Politik des nationalen Separatismus in seiner krassesten Form auftrat. Belgien, ein Land von der Größe Wales', mit einer Bevölkerungsdichte, die nur noch von den benachbarten Niederlanden übertroffen wurde, wurde von einer inneren Zerrissenheit gebeutelt, die eine gewisse Ähnlichkeit mit den zeitgenössischen Entwicklungen im postkommunistischen Osten aufwies. Die Geschichte dieses Landes kann möglicherweise die Gründe erhellen, warum die Nationalstaaten *Westeuropas* intakt blieben, nachdem die separatistische Welle Ende des 20. Jahrhunderts abgeebt war.

In den neunziger Jahren waren Städte und Täler Walloniens vom postindustriellen Niedergang betroffen. Kohlebergbau, Stahlerzeugung, Schieferabbau und metallurgische Industrie, Textilproduktion – die traditionelle Grundlage des belgischen Wohlstands – waren praktisch verschwunden. Die belgische Kohleförderung betrug 1998 nicht einmal 2 Millionen Jahrestonnen, 1961 waren es noch 21 Millionen Tonnen gewesen. Was einmal Europas gewinnträchtigstes Industrierevier gewesen war, bestand nur noch aus den altersschwachen Stahlwerken im Tal der Maas oberhalb Lüttichs und den verlassenen, stillgelegten Zechen um Mons und Charleroi. Die meisten der in diesen Gemeinden ansässigen ehemaligen Bergleute und Stahlkocher waren nebst ihren Familien von den Leistungen der Sozialfürsorge abhängig, die von der zweisprachigen Landeshauptstadt verwaltet und – jedenfalls nach Auffassung flämischer Nationalisten – von den Steuern der erwerbstätigen Flamen finanziert wurden.

Denn Flandern hatte eine Hochkonjunktur erlebt. 1947 waren noch 47 Prozent der flämischen Erwerbstätigen in der Landwirtschaft beschäftigt; 50 Jahre später bezogen nur noch 3 Prozent der flämischsprachigen Belgier ihr Einkommen aus der Bewirtschaftung des Landes. In den 10 Jahren von 1966 bis 1975 wuchs die flämische Wirtschaft mit einer nie dagewesenen Jahresrate von 5,3 Prozent; selbst während der Wirtschaftsflaute der späten siebziger und frühen achtziger Jahre hielt das Wachstum an; die Jahresrate zu dieser Zeit war beinahe doppelt so hoch wie bei den Wallonen. Unbehindert von industriellen Altlasten oder einer beschäftigungslosen Arbeiterschaft, erblühten Städte wie Antwerpen oder Gent durch das Wachstum auf Sektoren wie Dienstleistungen, Technologie und Handel. Dabei half ihnen ihre geographische Lage quer zu Europas »Goldener Banane«, einem Streifen, der sich von Mailand bis an die Nordsee erstreckte. Im Lande gab es nun mehr Menschen flämischer als französischer Muttersprache (im Verhältnis 3:2), und sie produzierten und verdienten pro Kopf auch mehr als ihre französischsprachigen Landsleute. Der belgische Norden hatte den Süden als die privilegierte, dominierende Region überholt. Mit diesem Wandel ging eine enorme Zunahme der flämischen Forderungen einher, die das frisch gewonnene wirtschaftliche Übergewicht auch mit einer entsprechenden Zunahme an politischer Bedeutung paaren wollten.

Kurzum, in Belgien vereinten sich alle in Europa anzutreffenden Aspekte nationalistischer und separatistischer Bewegungen: eine sehr alte Teilung des Landes,[1] verstärkt durch eine gleichermaßen traditionelle, offenbar unüberwindliche Sprachgrenze (wobei viele Bewohner der flämischen Region zumindest passive Französischkenntnisse besitzen, die meisten Wallonen jedoch nicht das Flämische beherrschen) und untermauert durch krasse wirtschaftliche Gegensätze. Und es gab noch eine weitere Erschwernis. Über den größten Teil der nur kur-

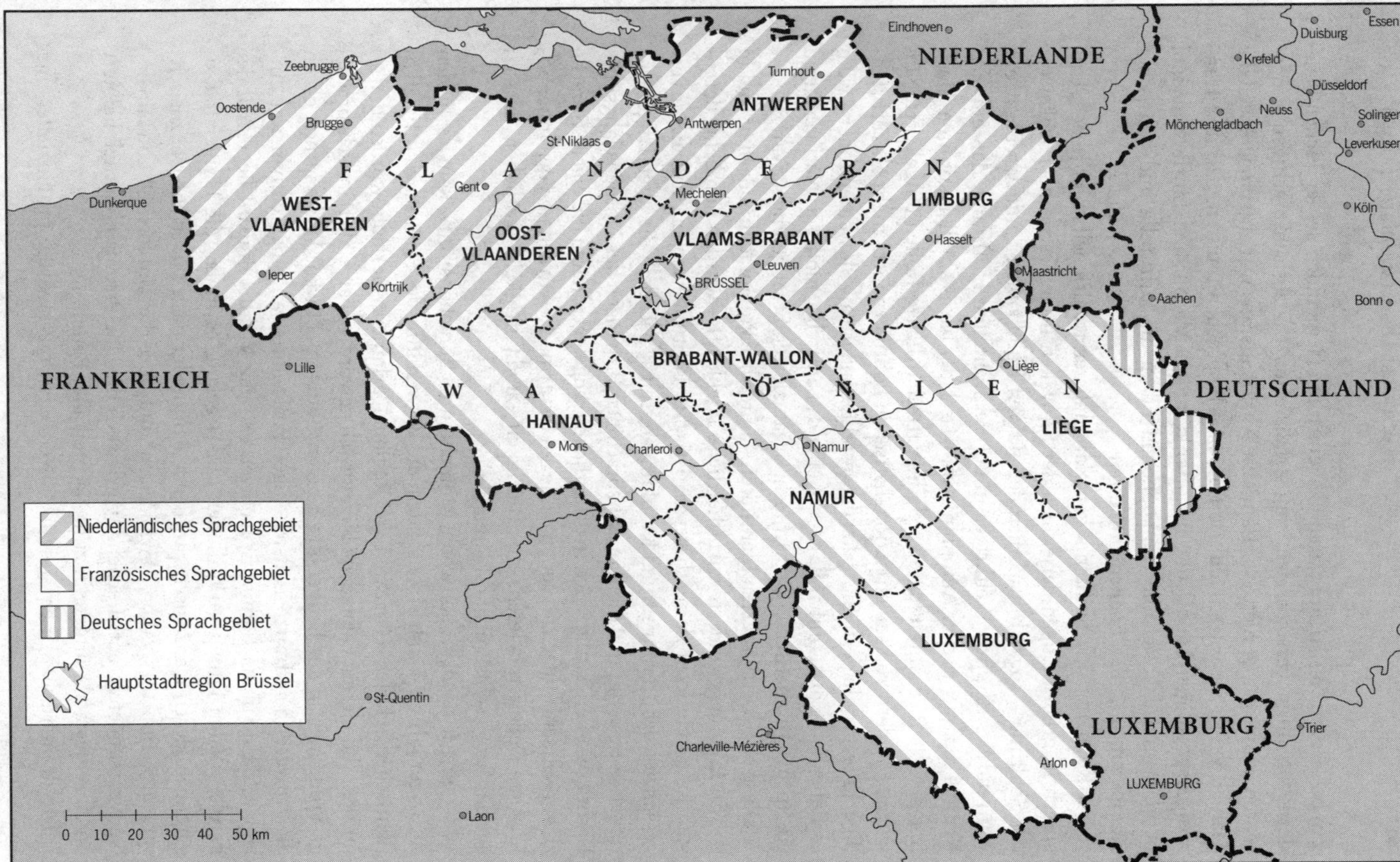

Belgien 2005

zen belgischen Geschichte waren die verarmten Gemeinden des ländlichen Flandern von ihren verstädterten, industrialisierten französischsprachigen Landsleuten dominiert worden. Der flämische Nationalismus war entstanden, weil die Flamen verbittert waren, daß sie französisch sprechen mußten, daß ihre französischsprachigen Landsleute ein offenkundiges Macht- und Einflußmonopol besaßen und daß sich die frankophonen Eliten die kulturelle und politischer Kompetenz auf allen Ebenen anmaßten.

Die Rolle, die sich die flämischen Nationalisten traditionell zuschrieben, entsprach in groben Zügen derjenigen der Slowaken in der Tschechoslowakei vor der Spaltung – sogar hinsichtlich der aktiven Kollaboration mit den Besatzern während des Zweiten Weltkriegs in der verzweifelten Hoffnung, daß ein paar Krümel separatistischer Autonomie vom Tisch der Nazis abfallen könnten. Doch in den sechziger Jahren hatten sich die wirtschaftlichen Rollen umgekehrt. Nun wurde Flandern von seinen nationalistischen Politikern nicht mehr als rückständige, unterprivilegierte Slowakei dargestellt, sondern als Slowenien (oder – wem es lieber ist – als Lombardei) – als eine dynamische, moderne Nation, die in einem anachronistischen und schlecht organisierten Staat gefangen war.

Diese selbstattribuierten Identitäten – unterdrückte Sprachminderheit und in der Entfaltung gehinderte wirtschaftliche Triebkraft – wurden nun beide dergestalt in das Geflecht flämisch-separatistischer Politik verwoben, daß die unvergessenen Verbitterungen und Kränkungen, selbst nachdem die alten Ungerechtigkeiten beseitigt und die flämischsprachigen Provinzen des Nordens längst das Recht erworben hatten, auch in öffentlichen Angelegenheiten die eigene Sprache zu verwenden, einfach an neuen Anliegen festgemacht wurden und den innenpolitischen Debatten Belgiens eine Heftigkeit – und Giftigkeit – verliehen, die sich aus der Sache selbst nicht erklären ließ.

Zu einem hochsymbolischen Moment im »Sprachenstreit« kam es in den sechziger Jahren – 50 Jahre, nachdem die Verwendung des Flämischen offiziell in flämischen Schulen, Gerichten und Regionalparlamenten erlaubt worden und 40 Jahre nachdem sein Gebrauch obligatorisch geworden war –, als flämischsprachige Studenten an der Universität Leuven/Louvain (Löwen) Widerspruch gegen die Anwesenheit französischsprachiger Professoren an einer Universität einlegten, da sie in der flämischsprachigen Provinz Vlaams Brabant liege. Mit der Parole »Walen buiten!« (Wallonen raus!) gelang es ihnen, die Universität zu sprengen, deren französischsprechende Mitglieder nach Süden ins französischsprachige Brabant-Wallon abwanderten und dort die Universität Louvain-la-Neuve gründeten (entsprechend wurde auch die Universitätsbibliothek halbiert und ihre Bestände aufgeteilt, zum Nachteil aller Beteiligten).

Die dramatischen Ereignisse in Löwen – ein merkwürdig provinzielles und chauvinistisches Echo der damaligen Studentenproteste in anderen Ländern – brachten eine Regierung zu Fall und führten im Laufe der nächsten 30 Jahren direkt zu einer Reihe von Verfassungsänderungen (sieben insgesamt). Obwohl diese von moderaten Politikern als Konzessionen gedacht waren, welche die Forderungen der Separatisten befriedigen sollten, verstanden letztere die Verfassungsänderungen immer nur als Schritte auf dem Weg zur endgültigen Teilung des Landes. Am Ende erreichte zwar keine Seite ihre Ziele ganz, aber sie standen kurz davor, den einheitlichen belgischen Staat zu zerschlagen.

Das Ergebnis war von byzantinischer Komplexität. Belgien wurde in drei »Regionen« unterteilt: Flandern, Wallonien und Brüssel, jede mit einem eigenen, gewählten Parlament (neben dem nationalen Parlament). Dann gibt es drei formelle »Gemeinschaften«: die flämisch-, französisch- und deutschsprachige (letztere mit rund 65 000 deutschsprachigen Mitgliedern, die in Ostwallonien nahe der deutschen Grenze leben). Auch die Gemeinschaften erhielten eigene Parlamente.

Die Regionen und Sprachgemeinschaften entsprechen sich nicht genau – es gibt deutschsprachige Bewohner Walloniens und zahlreiche französischsprachige Städte (oder Stadtviertel) in Flandern. In allen diesen Fällen wurden spezielle Privilegien, Konzessionen und Schutzbestimmungen geschaffen, die für alle Seiten einen ständigen Stein des Anstoßes darstellten. Zwei der Regionen, Flandern und Wallonien, waren, von den genannten Ausnahmen abgesehen, praktisch einsprachig. Brüssel erhielt offiziell den Status der Zweisprachigkeit, obwohl mindestens 85 Prozent der Bevölkerung französisch sprechen.

Neben den Regionen und Sprachgemeinschaften wurde Belgien ferner in 10 Provinzen unterteilt (je 5 in Flandern und Wallonien). Auch ihnen wurden administrative und politische Funktionen zugewiesen. Doch im Zuge der verschiedenen Verfassungsänderungen konzentrierte sich die Regierungsgewalt immer stärker in den Händen entweder der Region (in Fragen der Stadtentwicklung, Umwelt, Wirtschaft, in den öffentlichen Angelegenheiten, des Verkehrs und Außenhandels) oder in den Händen der Sprachgemeinschaft (Bildung, Sprache, Kultur und einige soziale Dienstleistungen).

Das Ergebnis aller dieser Veränderungen war von komischer Umständlichkeit. Beispielsweise verlangt jetzt die sprachliche Korrektheit (und die Verfassung), daß jede nationale Regierung, gleich welcher Couleur, ein »ausgewogenes Verhältnis« von flämisch- und französischsprachigen Ministern aufweisen muß, wobei der Ministerpräsident als einziger zweisprachig zu sein hat (der daher in der Regel aus Flandern kommt). In ähnlicher Weise wurde Sprachgleichheit am Schiedshof (Verfassungsgericht) vorgeschrieben, wobei die Präsidentschaft jährlich einmal über die Sprachbarriere wechselt. In Brüssel saßen also fortan die vier Mitglieder der regionalen Exekutive zusammen und entschieden (in einer Sprache ihrer Wahl) über Fragen von gemeinsamem Interesse, doch wenn es um Angelegenheiten der flämisch- oder französischsprachigen »Gemeinschaft« ging, saßen sie, jeweils zu zweit, separat.

Infolgedessen war Belgien nicht mehr ein oder auch zwei Staaten, sondern ein unregelmäßiger Flickenteppich aus einander überschneidenden und miteinander konkurrierenden Gewalten. Eine Regierung zu bilden war schwierig: Es verlangte Vielparteienabkommen innerhalb und zwischen Regionen, »Symmetrien« innerhalb von nationalen, regionalen, gemeinschaftlichen, provinziellen und kommunalen Parteienkoalitionen, eine regierungsfähige Mehrheit in den beiden großen Sprachgruppen und sprachliche Parität auf jeder politischen und administrativen Ebene. Und wenn dann tatsächlich eine Regierung gebildet war, hatte sie wenig Handlungsspielraum. Sogar die Außenpolitik – theoretisch eine der letzten verbliebenen Aufgaben der Staatsregierung – liegt praktisch in den Händen der Regionen, da sie im heutigen Belgien vorwiegend auf Handelsabkommen mit dem Ausland hinauslaufen, und die sind ein Vorrecht der Regionen.

Die politischen Geschicke dieser konstitutionellen Umbrüche waren fast so verschlungen wie die Verfassungsreformen selbst. Auf der flämischen Seite entstanden extreme nationalistische und separatistische Parteien, drängten auf Veränderungen und profitierten von den neuen Möglichkeiten, die sie eröffneten. Als der Vlaams Blok, der geistige Erbe der Ultranationalisten aus Kriegszeiten, zur Mehrheitspartei in Antwerpen und einigen flämischsprachigen Vororten in Brüssels Norden aufstieg, fühlten sich die traditionelleren flämischsprachigen Parteien bemüßigt, sektiererische Positionen zu beziehen, um konkurrieren zu können.

Entsprechend wählten in Wallonien und Brüssel die Politiker der großen französischsprachigen Parteien eine härtere »sprachgemeinschaftliche« Gangart, um den Wünschen der wallonischen Wähler gerecht zu werden, die über die politische Vorherrschaft der Flamen verbittert waren. Infolgedessen waren am Ende alle großen Parteien gezwungen, sich, dem Grenzverlauf der Sprachgemeinschaften folgend, aufzuteilen. Daher gibt es heute in Belgien die Christdemokraten (seit 1968), die Liberalen (seit 1972) und die Sozialisten (seit 1978) alle in doppelter Ausführung, das heißt, eine Partei jeder Art für jede Sprachgemeinschaft. Das unvermeidliche Ergebnis war eine weitere Vertiefung der Kluft zwischen den Gemeinschaften, da die Politiker sich nur noch an »Ihresgleichen« wandten.[2]

So wurde ein hoher Preis bezahlt, um die Sprach- und Regionalseparatisten zu besänftigen. In erster Linie war es ein wirtschaftlicher Preis. Nicht umsonst hatte Belgien Ende des 20. Jahrhunderts das höchste Verhältnis zwischen Staatsverschuldung und Bruttoinlandprodukt in Westeuropa – es ist kostspielig, jeden sozialen Dienst, jeden Zuschuß, jede Subvention, jedes Verkehrsschild in doppelter

Ausführung zur Verfügung zu stellen. Die übliche Praxis, mit öffentlichen Geldern (einschließlich der Zuwendungen aus den Regionalfonds der EU) die Klientel der verschiedenen »Stützen der Gesellschaft« im Proporz zu belohnen, wurde nun auf die Politik der Sprachgemeinschaften übertragen: Minister, Staatssekretäre, deren Mitarbeiter, deren Budgets und deren Freunde, das gibt es überall, aber nur in Belgien hat jeder auch einen sprachlichen Doppelgänger.

Ende des Jahrhunderts führte »Belgien« nur noch eine Pro-forma-Existenz. Dem Reisenden, der das Land auf der Straße erreichte, konnte schwerlich ein Vorwurf daraus gemacht werden, wenn er die Alibi-Schilder nicht bemerkte, auf denen in winziger Schrift ein »België« oder »Belgique« geschrieben stand. Kaum übersehen konnte der Besucher indessen die großen farbigen Tafeln, die ihm mitteilten, in welche Provinz er gerade gelangt war (sagen wir, Liège oder West-Vlaanderen), noch weniger die ausladenden Hinweisschilder, die (auf flämisch oder französisch, aber nicht in beidem) bekanntgaben, daß er sich in Flandern oder Wallonien befand. Es war, als hätte man die üblichen Verhältnisse einfach auf den Kopf gestellt. Die Außengrenzen des Landes waren eine bloße Formalität, während die inneren Grenzen sehr konkret und real waren. Warum teilte sich Belgien also nicht einfach auf?

Es gibt drei Faktoren, die erklären können, warum Belgien trotz allem überlebte und, allgemeiner, warum alle westeuropäischen Staaten in ihren alten Grenzen fortbestanden. Erstens, mit dem Generationswechsel und den Verfassungsreformen verloren die separatistischen Anliegen an Dringlichkeit. Die alten »Säulen« der Sprachgemeinschaften – hierarchisch organisierte soziale und politische Netze, die den Nationalstaat ersetzten – verloren bereits an Bedeutung. Eine jüngere Generation von Belgiern war für die Beschwörung sektiererischer Zugehörigkeiten weit weniger empfänglich, auch wenn ältere Politiker das nur langsam begriffen.

Der Rückgang der Religionsausübung, der Zugang zur höheren Bildung und die Migration vom Land in die Stadt schwächten den Einfluß der traditionellen Parteien ab. Aus naheliegenden Gründen galt dies in besonderem Maße für die »neuen« Belgier, die Hunderttausenden von Einwanderern der zweiten und dritten Generation aus Italien, Jugoslawien, der Türkei, Marokko oder Algerien. Wie die neuen Basken hatten diese Menschen wichtigere Sorgen und wenig Interesse an den verstaubten Parteiprogrammen alternder Separatisten. Meinungsumfragen während der neunziger Jahre ließen darauf schließen, daß für die meisten Menschen, sogar in Flandern, die regionalen oder sprachlichen Fragen nicht mehr an erster Stelle rangierten.

Zweitens, Belgien war *reich*. Der offenkundige Unterschied zwischen Belgien und anderen, weniger bevorzugten Teilen Europas, wo Nationalisten in der Lage waren, sich die Gefühle von Volksgruppen erfolgreich zunutze zu machen, lag darin, daß für die große Mehrheit der Einwohner des modernen Belgiens das Leben ruhig und auskömmlich war. Das Land lebte in Frieden – wenn nicht mit sich selbst, so doch mit seinen Nachbarn –, und der gleiche Wohlstand, der für das »flämische Wunder« verantwortlich war, wirkte sich auch mäßigend auf die Politik des sprachlichen Ressentiments aus. Ganz ähnlich verhielt es sich in Katalonien und sogar Teilen Schottlands, wo die extremeren Parteigänger der nationalen Unabhängigkeit immer wieder erleben mußten, daß ihre Argumente von der Wirkung des ungewohnten Wohlstands aufgeweicht wurden.

Der dritte Grund für das Überleben Belgiens – und anderer innerlich zerrissener westeuropäischer Nationalstaaten – hat weniger mit wirtschaftlichen als mit geographischen Aspekten zu tun, wobei anzumerken ist, daß die beiden in enger Beziehung stehen. Wenn Flandern oder Schottland sich am Ende mühelos damit abfinden konnten, Teile von Belgien oder dem Vereinigten Königreich zu bleiben, so lag es nicht daran, daß ihr Nationalgefühl weniger heftig gewesen wäre als das in den postkommunistischen Staaten. Ganz im Gegenteil: Der Wunsch nach Selbstverwaltung war in Katalonien deutlich stärker als, sagen wir, in Böhmen; und die Kluft, welche die Flamen von den Wallonen trennte, war weit tiefer als die zwischen Tschechen und Slowaken und selbst die zwischen Serben und Kroaten. Der Unterschied lag darin, daß die Staaten Westeuropas keine vollkommen selbständigen staatlichen Entitäten mehr waren, die ein Monopol auf die Ausübung der Staatsgewalt gegenüber ihren Bürgern hatten. Sie waren auch, und zwar in zunehmendem Maße, Teil eines größeren Ganzen.

Der formelle Mechanismus, der den Übergang zur echten Europäischen *Union* bewirken sollte, wurde in der Einheitlichen Europäischen Akte (EEA) von 1987 schriftlich niedergelegt, doch es war das Ende des Kalten Krieges, das diesen Prozeß wirklich vorantrieb. Die EEA hatte die zwölf Mitglieder der Gemeinschaft dazu verpflichtet, bis 1992 den freien Verkehr von Gütern, Dienstleistungen, Kapital und Menschen zustande zu bringen – kaum ein Durchbruch, denn diese Ziele waren im Prinzip bereits Jahrzehnte zuvor ins Auge gefaßt worden. Doch der Vertrag von Maastricht aus diesem Jahr und der Amsterdamer Vertrag, der fünf Jahre später folgte, drängten die Mitglieder der Union in einen wahrhaftig neuartigen Komplex von institutionellen und finanziellen Vereinbarungen, und diese waren das unmittelbare Ergebnis radikal veränderter äußerer Gegebenheiten.

Die Maastrichter Übereinkunft, eine gemeinsame europäische Währung zu schaffen und in Umlauf zu bringen, fand viel Beachtung in der Öffentlichkeit. Um die Befürchtungen zu beschwichtigen, die durch die deutsche Vereinigung ausgelöst wurden, banden die Franzosen die Bundesrepublik fest in den »We-

Von der EWG bis zur EU: Europa 1957–2003

sten« ein, indem sie Bonn dazu brachten, die Deutsche Mark zugunsten einer einzigen europäischen Währungseinheit – des Euro – aufzugeben, und indem sie den vergrößerten deutschen Staat darauf festlegten, sich im Rahmen der Europäischen Union zu bewegen, die ihrerseits durch ein immer engmaschigeres Netz von Gesetzen, Regeln und Vereinbarungen klare Kontur erhielt. Im Gegenzug bestand Bonn darauf, daß die neue Währung ein Ebenbild der alten Deutschen Mark wurde – wie die deutsche Währung von einem autonomen Gremium von Zentralbankern gehütet und den fiskalischen Grundsätzen der deutschen Bundesbank verpflichtet: niedrige Inflation, knappes Geld, minimale Defizite. Die deutschen Verhandlungsführer – argwöhnisch gegenüber den spendablen Mitgliedsländern des »Club Méditerranée« wie etwa Italien und Spanien – setzten strenge Auflagen durch, indem sie die Europäische Kommission ermächtigten, nachlässigen Staaten Bußgelder aufzuerlegen.

Auf Bonner Betreiben wurden die Finanzminister, wie einst Odysseus, an den Euro-Mast gebunden: unfähig, auf die Sirenengesänge der Wähler und Politiker zu reagieren, die es nach billigem Geld und vermehrten Staatsausgaben gelüstete. Diese Bedingungen, ersonnen, um den Euro ebenso inflationsresistent wie die Deutsche Mark zu machen, wurden nicht überall begrüßt – in den ärmeren Mitgliedsländern befürchtete man nicht ohne Grund, daß dadurch die Grundsätze der Wirtschaftsordnung eingeschränkt und Wachstum möglicherweise verhindert würde. Um ihnen die Bedingungen des Maastrichter Vertrages etwas schmackhafter zu machen, wurden widerspenstigen Regierungen daher Vergütungen in Aussicht gestellt. Praktisch bestach Jacques Delors, der Präsident der Europäischen Kommission, die Finanzminister Griechenlands, Spaniens, Portugals und Irlands, indem er beträchtliche Aufstockungen der EU-Strukturfonds versprach, wenn sie den Vertrag unterzeichneten.

Großbritannien und Dänemark setzten ihre Unterschrift zwar unter den Hauptteil des Vertrages, wahrten aber Distanz gegenüber der beabsichtigten gemeinsamen Währung – teils, weil sie ihre ökonomisch restriktive Wirkung vorhersahen, teils weil sie die symbolische Wirkung eines solchen Schrittes auf ihre Länder scheuten, in denen das Widerstreben, die Elemente der Souveränität an übernationale Institutionen abzutreten, ohnehin schon sehr ausgeprägt war. Bei Großbritannien kam noch hinzu, daß dort, wie so oft in der Vergangenheit, der Weg in die Union die Angst auslöste, damit einen weiteren Schritt in Richtung eines europäischen Superstaates zu tun.[3]

Sicherlich, der Maastrichter Vertrag machte viel Aufhebens von »Subsidiarität« – gewissermaßen ein Ockhamsches Rasiermesser für Eurokraten, denn es heißt in dem Vertrag, daß die Union »weder auf zentraler noch auf regionaler oder lokaler Ebene ausreichend verwirklicht werden kann, sondern vielmehr wegen ihres Umfangs oder ihrer Wirkung auf Unionsebene besser zu verwirklichen ist«. Doch selbst dieser Passus wurde höchst unterschiedlich aufgefaßt: In Frankreich bedeutete er, daß die Macht supranationaler Körperschaften eingeschränkt wurde, die der Pariser Kontrolle entzogen waren; für die Deutschen beinhaltete er besondere Vorrechte und Befugnisse für die Regierungen der Länder; für die Briten stellte er eine willkommene Möglichkeit dar, die institutionelle Integration zu blockieren.

Maastricht zeitigte drei bedeutsame Nebenwirkungen. Eine war die unvorhergesehene Aufwertung, welche die Nato erhielt. Wegen der restriktiven Bedingungen des Vertrages war klar, daß die gerade befreiten Länder Osteuropas aller Wahrscheinlichkeit nach nicht in unmittelbarer Zukunft (wie zumindest von den Franzosen beabsichtigt) der Europäischen Union beitreten konnten, weil weder ihre instabilen rechtlichen und fiskalischen Institutionen noch ihre rekonvaleszenten Volkswirtschaften im entferntesten in der Lage waren, unter den rigorosen fiskalischen und anderen Bedingungen zu arbeiten, welche die Mitgliedstaaten der Union von allen gegenwärtigen und künftigen Unterzeichnern verlangte.

Statt dessen wurde auf den Fluren in Brüssel erwogen, Polen, Ungarn und ihre Nachbarn gewissermaßen als Entschädigung eine baldige Nato-Mitgliedschaft anzubieten – ein Trostpflaster. Trotzdem war der Symbolwert einer solchen Nato-Erweiterung keineswegs zu unterschätzen; aus diesem Grunde wurde die Anregung von den neuen Kandidatenländern sofort aufgegriffen. Die praktischen Vorteile waren weniger augenfällig (anders als der Schaden, den die Beziehungen mit Moskau nahmen, denn der trat real und unverzüglich ein). Doch da Washington seine eigenen Gründe hatte, die Gemeinschaft der Atlantikpaktstaaten zu vergrößern, wurde die erste Gruppe mitteleuropäischer Länder ein paar Jahre später in aller Form aufgenommen.[4]

Der zweite Nebeneffekt betraf das öffentliche Bewußtsein Europas. Der Vertrag von Maastricht weckte ein beispielloses Interesse am bisher verborgenen Wirken der Europäischen Union und ihrer anonymen Bürokratie. Denn obwohl der Vertrag überall gebilligt wurde, wo er Gegenstand eines Volksentscheids wurde (in Frankreich allerdings nur mit 50,1 Prozent der Stimmen), rief er so viel Widerstand hervor, daß die »Europafrage«, oft zum erstenmal, auf die Tagesordnung der Innenpolitik kam. Vier Jahrzehnte lang waren Institutionen und Regelwerk in politisch bedeutungslosen Benelux-Städten in aller Stille geplant und beschlossen worden, ohne auf Wünsche der Öffentlichkeit oder ein demokratisches Prozedere Rücksicht zu nehmen. Doch das hatte nun, so schien es, ein Ende.

Die dritte Konsequenz von Maastricht bestand darin, daß es das Zusammenrücken wenn nicht Europas, so doch wenigstens seiner westlichen Hälfte vorbereitete. Das Ende des Kalten Krieges und die Festlegung der Europäischen Gemeinschaft auf einen Gemeinsamen Markt räumten die Hindernisse beiseite, die einer Mitgliedschaft der verbliebenen Beteiligten an der alten Europäischen Freihandelszone im Wege standen.[5] Schweden, Finnland und Österreich bemühten sich um Mitgliedschaft, da sie durch ihre Verpflichtung zur Neutralität (und im Falle Finnlands durch die Notwendigkeit, Moskau gegenüber Wohlverhalten zu zeigen) nicht mehr eingeengt waren und ihre Besorgnis wuchs, vom gemeinsamen europäischen Wirtschaftsraum ausgeschlossen zu bleiben.

Die Beitrittsverhandlungen mit den neuen Bewerbern waren schon nach drei Monaten abgeschlossen, erleichtert durch den Umstand, daß alle drei Länder nicht nur stabil und klein waren (die Bevölkerungen insgesamt entsprachen zahlenmäßig nicht einmal einem Viertel der Deutschen), sondern auch ausgesprochen reich. Dasselbe hätte auch für die beiden letzten Verweigerer, Norwegen und die Schweiz, gegolten. Doch trotz einer proeuropäischen Stimmung in der Geschäftswelt stimmten die Bürger beider Länder gegen eine Mitgliedschaft – aus Furcht, ihre Selbständigkeit und Entscheidungsfreiheit an eine supranationale Föderation zu verlieren, und skeptisch gegenüber den Vorteilen einer Teilhabe an der neuen Währung.

Eine vergleichbare Skepsis kennzeichnete den knappen Ausgang der schwedischen Wahlentscheidung im November 1994, als man die Frage einer EG-Mitgliedschaft durch ein Referendum klären ließ. Lediglich 52,3 Prozent stimmten dafür, und auch dies nur unter dem Vorbehalt, daß das Land der Gemeinschaftswährung fernblieb (als die Regierung in Stockholm zehn Jahre später dem Land nahelegte, die Krone fallenzulassen und sich dem Euro anzuschließen, erhielt sie in einem Referendum eine deutliche, beschämende Abfuhr, ebenso wie die dänische Regierung, als sie im September 2000 die Bevölkerung vor dieselbe Alternative stellte). Die Reaktion von Per Gahrton, einem Abgeordneten der Grünen im schwedischen Reichstag, brachte eine weitverbreitete Besorgnis der Skandinavier zum Ausdruck: »Dies ist der Tag, an dem der Reichstag beschloß, Schweden aus einem unabhängigen Staat in die Provinz einer expandierenden Supermacht und sich selbst aus einer gesetzgebenden Körperschaft in eine Art Beratungsgremium zu verwandeln.«

Gahrtons Gefühle wurden von vielen Nordeuropäern geteilt, darunter auch etlichen, die trotzdem für die Mitgliedschaft stimmten. Selbst die Angehörigen der politischen und wirtschaftlichen Eliten in der Schweiz oder in Skandinavien, die Anschluß an die Union suchten, um nicht auf die Vorteile des einheitlichen Marktes verzichten zu müssen, machten keinen Hehl aus den wirtschaftlichen und politischen Kosten dieser Option. Im privaten Gespräch räumten sie ein, daß es keine totale Katastrophe für das Land wäre, wenn gegen die Mitgliedschaft gestimmt würde. In Schweden – oder Norwegen oder selbst in Dänemark und

Großbritannien – hielt man die Europäische Union (von der Gemeinschaftswährung ganz zu schweigen) für eine Möglichkeit, nicht für eine Notwendigkeit.

In Mittel- und Osteuropa war die Mitgliedschaft in »Europa« allerdings die einzige in Frage kommende Möglichkeit. Egal, welche Gründe sie hatten – die Modernisierung der Volkswirtschaft, die Erschließung neuer Märkte, das Verlangen nach Auslandshilfe, die Stabilisierung der Innenpolitik, den Wunsch, das eigene Land an den »Westen« zu ketten, oder einfach nur das Bemühen, den Rückfall in den Nationalkommunismus zu verhindern –, die neuen Regierenden von Tallinn bis Tirana hielten die Augen fest auf Brüssel gerichtet. Die Aussicht auf Anschluß an die EU mit allen damit verbundenen Verheißungen von Wohlstand und Sicherheit wurde der befreiten Wählerschaft im postkommunistischen Europa verlockend in Aussicht gestellt. Laßt euch nicht einreden, unter dem alten System wäre es besser gewesen, mahnte man sie. Das Ziel ist alle Unannehmlichkeiten der Übergangszeit wert: Eure Zukunft ist Europa.[6]

Aus Brüsseler Sicht bot sich indes ein gänzlich anderes Bild. Von Anfang an war das Projekt Europa zutiefst zwiespältig. Einerseits stand es, auch kulturell, allen Völkern Europas offen. Die Teilhabe an der Europäischen Wirtschaftsgemeinschaft, der Europäischen Gemeinschaft und schließlich an der Europäischen Union selbst zählte zu den Rechten eines jeden europäischen Staates, »dessen Regierungssystem auf demokratischen Grundsätzen beruht« und der bereit war, die Bedingungen der Mitgliedschaft zu akzeptieren.

Andererseits aber war die Union in funktioneller Hinsicht ein exklusiver Club. Jede neue Vereinbarung, jeder weitere Vertrag hatte die Anforderungen kompliziert, die an die Mitgliedschaft als Voraussetzung für die Einbindung in die »europäische Familie« gestellt wurden. Und diese Verordnungen und Bestimmungen insgesamt dienten nur dazu, immer höhere Hürden zu schaffen, um Länder und Völker auszuschließen, welche die Bedingungen nicht erfüllten. So war das Schengener Abkommen von 1985 ein Segen für die Vertragsstaaten, die sich nun, von Grenzen unbehindert, nach Belieben zwischen souveränen Staaten bewegen konnten. Die Bevölkerung der Länder, die nicht zum Schengen-Club gehörten, standen – buchstäblich – Schlange, um eingelassen zu werden.

Wenn Maastricht auf den strengen Bedingungen für die gemeinsame Währung bestand und verlangte, daß die angehenden Mitgliedsländer den »Acquis communautaire«, dieses wuchernde Regelwerk der europäischen Alltagspraxis, formal in ihre Regierungssysteme integrierten, so erwies es sich als das ultimative bürokratische Sperrgebiet. Es legte den nordischen Bewerbern und Österreich keine Steine in den Weg, baute aber vor allem für potentielle Kandidaten aus dem Osten kaum überwindliche Hürden auf. Die Europäische Union, die nach Maßgabe ihrer eigenen Charta gehalten war, die neuen Europäer in ihrem Geltungsbereich willkommen zu heißen, versuchte in Wirklichkeit, sie so lange wie möglich auszuschließen.

Dafür gab es gute Gründe. Selbst die wohlhabendsten unter den neuen Aspiranten – etwa Slowenien oder die Tschechische Republik – waren deutlich ärmer als irgendein EU-Mitglied, und die meisten von ihnen waren wirklich arm. Die Kluft, die in Europa Ost und West voneinander trennte, war in jeder Hinsicht enorm: Die Säuglingssterblichkeit in den baltischen Staaten war 1996 doppelt so hoch wie der Durchschnitt der 15 EU-Mitgliedsländer. Die Lebenserwartung der Männer blieb in Ungarn 8 Jahre unter dem EU-Durchschnitt, in Lettland 11 Jahre.

Wenn Ungarn, die Slowakei oder Slowenien – nicht zu reden von Polen mit seiner 38-Millionen-Bevölkerung – zu den Bedingungen der bereits dazugehörenden Mitglieder in die Union aufgenommen worden wären, hätten die Aufwendungen für Subventionen, Regionalhilfen, Infrastrukturförderungsmittel und andere Transferzahlungen ganz gewiß zum Zusammenbruch des EU-Haushalts geführt. Im Dezember 1994 veröffentlichte die Bertelsmann-Stiftung eine Studie, die auswies, daß, wenn die 6 mitteleuropäischen Länder (Polen, Ungarn, Slowakei, Tschechische Republik, Rumänien und Bulgarien) zu denselben Bedingungen wie die vorhandenen Mitglieder aufgenommen worden wären, auf den Strukturfonds allein Aufwendungen von jährlich mehr als 30 Milliarden D-Mark zugekommen wären.

Dies, so wurde allgemein befürchtet, würde auf die Wählerschaft jener Länder durchschlagen, die ohnehin für den Löwenanteil der EU-Kosten aufkamen und von denen man sicherlich verlangt hätte, noch mehr in die gemeinsame Kasse einzuzahlen: die Niederlande und Großbritannien, aber ganz besonders, und noch folgenschwerer, Deutschland. Jedenfalls waren die Empfängerländer im Osten nicht in der Lage, auch nur das Minimum an verrechenbaren Geldmitteln zu hinterlegen, das nach den aktuellen EU-Richtlinien erforderlich war. Das postkommunistische Europa benötigte eigentlich einen Marshall-Plan, doch den bot ihnen niemand an.

Die neuen Kandidaten wären nicht nur teuer, sondern auch schwierig gewesen. Ihre Rechtssysteme waren korrupt oder funktionsunfähig, ihre politischen Führer unerprobt, ihre Landeswährungen instabil und ihre Außengrenzen durchlässig. Die bedürftigen, mittellosen Bürger dieser Länder würden, so stand zu befürchten, entweder auf der Suche nach Wohlfahrt und Arbeit westwärts strömen oder aber zu Hause bleiben, sich mit lächerlich niedriger Entlohnung abfinden – und ausländische Investoren und Unternehmer in Versuchung führen, aus den Altländern der Union dorthin abzuwandern. Beides stellte eine Bedrohung dar. In Westeuropa war die Befürchtung zu hören, »überrannt« zu werden – was von fern, aber unverkennbar an Herders Furcht vor den »wilden Völkern« Osteuropas erinnerte. Niemand bezweifelte, daß die Union in Osteuropa Wunder bewirken konnte. Aber was konnte Osteuropa der Union bringen?

Angesichts dieser Befürchtungen zauderten die Westeuropäer entsprechend. Unmittelbar nach den Ereignissen von 1989 hatte der deutsche Außenminister Hans-Dietrich Genscher angeregt, die Union sollte möglichst alle Länder Osteuropas aufnehmen, um einem nationalistischen Rückschlag vorzubeugen. Doch er mußte schon bald zurückrudern; und obwohl Margaret Thatcher unablässig mit Verve auf frühe Erweiterung drängte (wobei sie im Hinterkopf hatte, daß eine erweiterte Union unweigerlich zu dem paneuropäischen Freihandelsgebiet britischer Vorstellungen verwässert werden würde), setzte sich in der EU-Strategie schließlich die französische Auffassung durch.

François Mitterrands erste Reaktion bestand darin, eine locker geknüpfte »Europäische Konföderation« vorzuschlagen – eine Art äußeren Ring assoziierter Mitglieder, offen für alle Hinzukommenden, ohne Auflagen, bei minimalen materiellen Vorteilen. Später sollten französische Diplomaten darüber klagen, daß dieser Vorschlag nur wenig Unterstützung gefunden habe, und bedauern, daß man sich eine Gelegenheit zu »gelassener Zusammenarbeit« mit dem Ziel einer vergrößerten Union habe entgehen lassen. Doch damals begriff man den Vorschlag zu Recht als durchsichtiges Manöver, um die befreiten osteuropäischen Staaten in eine »Ersatz-EG« zu zwängen, womit man dann einen Vorwand gehabt hätte, sie bis in alle Ewigkeit von der eigentlichen Gemeinschaft fernzuhalten. Václav Havel durchschaute dies von Anfang an, weshalb er den Vorschlag auch augenblicklich zurückwies (und folglich für eine Weile im Elysée-Palast Persona non grata war).

Statt dessen blieben die Beziehungen zwischen Ost- und Westeuropa während der nächsten Jahre auf der Ebene bilateraler Devisen- und Handelsabkommen stecken, wobei manchen Ländern – Ungarn, Polen, der Tschechei und der Slowakei – ein eng begrenzter »Assoziiertenstatus« gegenüber der EU zugestanden wurde, mehr jedoch nicht. Der Moskauer Staatsstreich von 1991 und die Balkan-Kriege, die wenig später ausbrachen, öffneten dem Westen die Augen für die Risiken, die damit verbunden waren, die postkommunistischen Länder weiter in Ungewißheit zu lassen; daher kam man im Juni 1993 beim Gipfeltreffen der Europäischen Union in Kopenhagen überein, daß im Prinzip – und zu einer noch zu bestimmenden Zeit – »die assoziierten mittel- und osteuropäischen Länder, die dies wünschen, Mitglieder der Europäischen Union werden können«.

Dies trug kaum dazu bei, die Frustration der beitrittswilligen Staaten zu verringern, deren Verhandlungen mit Brüssel und den Hauptstädten des Westens »enttäuschend« verlaufen waren, wie die polnische Ministerpräsidentin Hanna Suchocka stark untertreibend meinte. So verbrachten die Staatschefs Osteuropas die meiste Zeit bis zum Ende des Jahrzehnts mit dem geduldigen und frustrierenden Bemühen, ihren widerstrebenden westlichen Partnern feste Zusagen abzuringen. Während sie der heimischen Öffentlichkeit versprachen, die EU-Mitgliedschaft bleibe auf der Tagesordnung, versuchten sie ihre ausländischen Gesprächspartner dazu zu bewegen, sie erst einmal darauf zu setzen.

Doch die Aufmerksamkeit des Westens galt anderen Dingen. In allen westeuropäischen Hauptstädten war die Hauptsorge, die neue Gemeinschaftswährung einzuführen und die in Maastricht beschlossenen Pläne zur institutionellen Integration umzusetzen. In Deutschland wuchs die Besorgnis bezüglich der Kosten und Schwierigkeiten, welche die Integration der neuen Bundesländer bereitete. Unterdessen hatte sich die Katastrophe in Jugoslawien – die den Staatsmännern des Westens zunächst nur vor Augen geführt hatte, wie gefährlich es war, die postkommunistischen Probleme zu unterschätzen – zu einer Herausforderung entwickelt, die alle ihre Kräfte ihn Anspruch nahm.

Der Blick prominenter Intellektueller – ein verläßliches Barometer flüchtiger politischer Modeerscheinungen – hatte sich längst anderen Dingen zugewandt. Es war erst ein paar Jahre her, daß westliche Kommentatoren »Mitteleuropa« wiederentdeckt und Havel, Kundera, Michnik und ihre Mitstreiter von Paris bis New York die Leitartikel und die anspruchsvolleren Zeitschriften beherrscht hatten. Aber die Geschichte kennt keinen Stillstand: Prag und Budapest, deren wundersame Abkehr von der Tyrannei bereits eine verblassende Erinnerung war, gehörten jetzt den Touristen und Geschäftsreisenden. Bernard-Henri Lévy oder Susan Sontag konnte man eher in Sarajewo begegnen. Mitteleuropas Fünf-Minuten-Ruhm war vorüber und mit ihm jeder öffentliche Druck, der den Osteuropäern den Zugang zu den westlichen Institutionen erleichtert hätte. Öffentlich bekundeten Politiker und Wirtschaftsführer in Brüssel weiterhin mit Nachdruck, daß sie die Osterweiterung der Union wünschten – sobald die Verhältnisse »reif« seien. Hinter vorgehaltener Hand waren sie ehrlicher. So erklärte Mitte der neunziger Jahre ein Eurokrat auf Kommissionsebene: »Niemand denkt hier ernsthaft an Erweiterung«.

Die Erweiterung der Union stand dennoch auf der Tagesordnung. Nach ihren eigenen Spielregeln kann die Union keinem Land das Recht verwehren, sich um Mitgliedschaft zu bewerben. Die Europäische Kommission war dementsprechend gehalten, Anträge von Ungarn und Polen im Jahre 1994, von Rumänien, der Slowakei, Lettland, Estland, Litauen und Bulgarien 1995 und von Slowenien und der Tschechischen Republik im Jahre 1996 entgegenzunehmen. Zu den 10 ehemals kommunistischen Ländern kamen noch Malta und Zypern hinzu, die beide schon 1989 ihre Anträge eingereicht hatten, und die Türkei (deren Antrag seit 1987 unerledigt bei den Akten lag). Alle diese Kandidaten warteten nun in einem ziemlich überfüllten Vorzimmer darauf, daß die Union ihnen ihre Aufmerksamkeit schenkte.

Der Vertrag von Amsterdam erweiterte 1997 den Vertrag von Rom um eine Reihe von Zusätzen technischer Art, die den Zielsetzungen von Maastricht Rechnung trugen und verschiedene Punkte eines von der Union angestrebten Programms behandelte: die europäische Staatsbürgerschaft, die Einrichtung von Institutionen für die Arbeitsmarkt-, Gesundheits- und Umweltpolitik und die eklatante Abwesenheit einer gemeinsamen Außenpolitik. Mit der Festlegung auf 1999 als Zeitpunkt für die Einführung der Gemeinschaftswährung, hatte die Union jetzt ein Jahrzehnt innerer Integration abgeschlossen, das alle ihre bürokratischen Energien in Anspruch genommen hatte. Nun gab es keinerlei Ausflüchte mehr, die weitaus schwierigere Frage der Erweiterung noch länger hinauszuschieben.

Einige Staatschefs und viele hohe Beamte der Europäischen Kommission hätten es wohl vorgezogen, die Beitrittsverhandlungen auf die »harmlosen Fälle« zu beschränken: kleine Länder wie Slowenien oder Ungarn, unmittelbare Nachbarn an den aktuellen Grenzen der Union mit relativ modernisierten Volkswirtschaften, die für den institutionellen Rahmen und den Haushalt der EU höchstens ein begrenztes Problem darstellten. Doch bald zeigte sich, daß dies politisch unklug gewesen wäre – ein Ausschluß Rumäniens oder Polens hätte beide Länder in gefährlich undemokratische Fahrwasser abdrängen können –, daher setzte die Union 1998 gleichzeitig für alle zehn osteuropäischen Kandidaten und Zypern – Malta kam wenig später hinzu – den Beitrittsprozeß offiziell in Gang. Die Türkei blieb jedoch ausgeschlossen.

Von da an entwickelte die Erweiterung eine Eigendynamik, ungeachtet aller weiterhin bestehenden Befürchtungen zahlreicher alter Mitgliedsstaaten und eines verbreiteten Mangels an Begeisterung, den die Bevölkerungen dieser Länder in Meinungsumfragen bekundeten. Bilaterale Beitrittsverhandlungen wurden in Angriff genommen, zunächst mit einem vermeintlichen inneren Kern der Kandidaten: Zypern, Tschechei, Estland, Ungarn, Polen und Slowenien; ein Jahr später, waren die übrigen an der Reihe: Bulgarien, Rumänien, Slowakei, Lettland, Litauen und Malta. Daß Polen der ersten Gruppe zugeschlagen wurde – trotz der daraus folgenden wirtschaftlichen Schwierigkeiten – wurde mit dessen Größe und Bedeutung erklärt. Im Gegensatz dazu stufte man die Slowakei in die zweite Liga zurück – in Reaktion auf die Stagnation und Korruption, die sich unter der autoritären Herrschaft Mečiars entwickelten, und als warnendes Beispiel für andere Länder.

Es folgten fünf Jahre intensiver und gelegentlich erbitterter Verhandlungen. Brüssel fiel über die Hauptstädte der Kandidatenländer her, überschwemmte sie mit Beratern, Empfehlungen, Beispielen, Programmen und Instruktionen, um die Institutionen, Gesetze, Vorschriften, Praktiken und Ämter auf ein Niveau zu bringen, das einem Vergleich mit den entsprechenden Einrichtungen in den Unionsländern einigermaßen standhielt. Die Bewerber hingegen drängten nach Kräften auf die Zusicherung, daß ihnen freier Zugang zu den Märkten der EU gewährt würde, während sie ihre Inlandsmärkte abzuschotten versuchten, damit sie nicht von den attraktiveren Waren und Dienstleistungen des Westens überschwemmt würden.

Der Kampf wurde mit denkbar ungleichen Waffen geführt. War die EU das langersehnte und offen eingestandene Ziel östlicher Wünsche, hatten die Kandidaten als Gegenleistung wenig mehr als die Zusage ihres Wohlverhaltens zu bieten. Zwar wurden den Neuen einige wenige begrenzte Zugeständnisse gemacht – darunter befristete Einschränkung ausländischen Landerwerbs, ein politisch äußerst sensibler Punkt –, dennoch mußten sie hinnehmen, daß die EU ihnen trotz der Festlegung auf einen gemeinsamen Markt erhebliche Beschränkungen auferlegte, was den Export von Gütern und vor allem Menschen betraf.

Nach grob übertriebenen Schätzungen der erwarteten Migrationsbewegungen (2000 sprach ein Bericht der Europäischen Kommission von jährlich 335 000 Menschen aus den 10 östlichen Beitrittsländern, die in den Westen strömen würden, wenn die Grenzen ohne Einschränkungen geöffnet würden) bestanden die meisten westlichen Mitgliedsländer darauf, die Osteuropäer, die es westwärts zog, einer Quotenregelung zu unterwerfen – ein eklatanter Verstoß gegen den Geist und den Buchstaben der Proklamationen und Verträge, die seit 10 Jahren verabschiedet wurden. Deutschland, Österreich und Finnland ordneten für 2 Jahre einschränkende Auflagen an mit der Option, diese um weitere 5 Jahre zu verlängern. Belgien, Italien und Griechenland schlossen sich an. Nur Großbritannien und Irland waren bereit, den Unions-Prinzipien der »offenen Tür« zu genügen – während sie aber gleichzeitig verlauten ließen, daß die Sozialleistungen bei Arbeitsuchenden aus Osteuropa auf ein Minimum beschränkt würden.

Auch die ostwärts fließenden Subventionen für die Landwirtschaft und andere Beihilfen hielten sich in engen Grenzen. Was zum Teil, wie es im *Transition Report 2003* der Kommission hieß, an der Fähigkeit der Beitrittsländer lag, »die nach dem Beitritt fälligen Zuwendungen aus dem Kohäsions- und Strukturfonds der Union in Anspruch zu nehmen und effizient zu nutzen«. Der Hauptgrund war jedoch einfach, daß man die Kosten der Erweiterung und die Konkurrenz der westlichen Produzenten minimieren wollte. Erst 2013 – wenn, wie erhofft, die meisten osteuropäischen Bauern schon im Ruhestand sein oder die Landwirtschaft aufgegeben haben dürften – werden sie in den Genuß der Subventionen gelangen, die im Westen schon jetzt gezahlt werden.

Als die Verhandlungen abgeschlossen, die Bedingungen akzeptiert und die 97000 Seiten des *Acquis communautaire* der Union in das geltende Recht der Betrittswilligen eingegangen waren, war die eigentliche Erweiterung eine Art Antiklimax. Nachdem die meisten Länder 15 Jahre auf die Aufnahme gewartet hatten, ist es verständlich, daß ihnen die Begeisterung fehlte, die sie 10 Jahre früher noch empfunden hätten. Jedenfalls wurden viele praktische Vorteile des westlichen Engagements schon gar nicht mehr als solche wahrgenommen – insbesondere in der Fahrzeugindustrie nicht, wo die ehemals kommunistischen Länder mit einem Angebot an billigen, gut ausgebildeten Arbeitskräften aufwarten konnten und wo Unternehmen wie Volkswagen, Renault und Peugeot-Citroën in den neunziger Jahren massiv investiert hatten. Zwischen 1989 und 2003 beliefen sich die ausländischen Direktinvestitionen in Osteuropa auf insgesamt 117 Milliarden Dollar.

Mit Beginn des 21. Jahrhunderts nahmen die Auslandsinvestitionen in den ehemals kommunistischen Ländern Europas tatsächlich ab. Ironischerweise war dies hauptsächlich auf die bevorstehende EU-Erweiterung zurückzuführen. Nach dem Eintritt in die Union würde es sicherlich leichter sein, in und mit Ländern wie Polen oder Estland Geschäfte zu machen. Und diese würden ihrerseits mehr im Westen absetzen können: Polen rechnete damit, innerhalb von drei Jahren nach dem Beitritt seine Lebensmittelexporte in die Union zu verdoppeln. Doch das waren die Früchte einer relativen Rückständigkeit. In der Union würden Löhne und andere Kosten in den Ländern Osteuropas allmählich auf westliches Niveau klettern. Der Kostenvorteil der Region gegenüber Fabriken in Indien oder Mexiko wäre dahin. Die Gewinnmargen – zumindest auf dem produzierenden Sektor – würden schmaler werden.

Noch lag Osteuropa aber, da massive Kosten beim Entflechten der kommunistischen Volkswirtschaften entstanden, am Vorabend des Beitritts weit hinter den EU-Ländern zurück. Das Bruttoinlandsprodukt pro Kopf der Bevölkerung war selbst in den erfolgreichsten neuen Mitgliedsländern weit geringer als bei ihren Nachbarn im Westen. In Slowenien betrug es 69 Prozent des EU-Durchschnitts, in der Tschechei 59 Prozent, in Ungarn 54 Prozent. In Polen waren es sogar nur 41 Prozent, in Lettland, dem ärmsten Neumitglied, 33 Prozent. Selbst wenn die Volkswirtschaften in den neuen EU-Staaten weiterhin im Durchschnitt um 2 Prozent schneller wachsen sollten als in den alten Mitgliedsländern,[7] würde Slowenien 21 Jahre benötigen, um zu Frankreich aufzuschließen. Bei Litauen würde es mehr als 57 Jahre dauern. Die Bürger der früheren kommunistischen Länder kannten diese Zahlen natürlich nicht. Doch die meisten machten sich kaum Illusionen über die vor ihnen liegenden Schwierigkeiten. Als die Tschechen im Jahre 2000 in einer Reihe von Erhebungen befragt wurden, wie lange es ihrer Auffassung nach dauern würde, bis ihre Lage sich »besserte«, meinten 30 Prozent »zehn Jahre«, 30 Prozent »fünfzehn Jahre oder länger«, und der Rest sagte »nie«.

Doch bei allen berechtigten Zweifeln der Nutznießer, die formale Bedeutung der »plötzlichen« EU-Erweiterung war real genug. Als der Beitrittsvertrag, im April 2003 in Athen unterzeichnet, am 1. Mai 2004 in Kraft trat, wuchs die Union mit einem Schlag von 15 auf 25 Mitglieder an (Rumänien und Bulgarien waren noch nicht so weit, deren Beitritt ist für 2007 vorgesehen). Die Bevölkerung nahm um ein Fünftel zu (obschon die Wirtschaft nur um weniger als fünf Prozent expandierte); die Landmasse der Union vergrößerte sich etwa um den gleichen Bruchteil. Und die Grenzen »Europas«, die 1989 noch nicht über Triest hinausgegriffen hatten, reichten jetzt bis in den Machtbereich der ehemaligen UdSSR hinein.

Zu Beginn des 21. Jahrhunderts stand die Europäische Union vor einer Vielzahl entmutigender Probleme. Einige waren alt, einige neu und einige hausgemacht. Die wirtschaftlichen Schwierigkeiten waren vermutlich am vertrautesten und bereiteten die geringsten Sorgen. Mit oder ohne die neuen Mitglieder gab die EU noch immer – wie von Anfang an – gewaltige und völlig unverhältnismäßige Summen für ihre Bauern aus. 40 Prozent des Unionshaushalts – das heißt, 52 Milliarden Dollar im Jahre 2004 – flossen in die politisch motivierte Agrarförderung und kamen zum Teil vollmechanisierten Agro-Industrien in Frankreich oder Spanien zugute, die kaum der Hilfe bedurften.

Selbst als man sich darauf geeinigt hatte, diese Subventionen zu kürzen und das Gemeinsame Programm für die Landwirtschaft zusammenzustreichen, wurde erwartet, daß die Stützung der landwirtschaftlichen Erzeugerpreise immer noch bis weit ins zweite Jahrzehnt des neuen Jahrhunderts hinein mehr als ein Drittel der Gesamtausgaben der EU in Anspruch nehmen und damit eine untragbare Haushaltsbelastung darstellen würde. Das Problem lag nicht darin, daß die Union arm war. Ganz im Gegenteil: Der kollektive Wohlstand und die Ressourcen der Mitgliedsländer sind mit den Verhältnissen der USA zu vergleichen. Doch der Haushalt ist, um es mit den Worten eines unabhängigen Gutachtens zu sagen, das von Brüssel 2003 in Auftrag gegeben wurde, ein »historisches Relikt«.

Begonnen hatte die Union ein halbes Jahrhundert zuvor als Zollunion – als »gemeinsamer Markt« –, durch nichts zusammengehalten als einen gemeinsamen Außenzolltarif. Ihr Finanzgebaren wurde zunächst angetrieben, dann eingeschränkt durch Abkommen über Tarife, Preise, Subventionen und Stützungsmaßnahmen. Im Laufe der Jahre hatte der Ehrgeiz der Gemeinschaft auch auf Gebiete wie Kultur, Recht und die Institutionen der Politik und des öffentlichen

Die Union wird immer größer (2004)

Lebens übergegriffen, während sie sich selbst – in Brüssel und andernorts – so manches Attribut einer konventionellen Regierung zugelegt hatte.

Doch während es konventionellen Regierungen freisteht, Geld aufzunehmen oder aufzubringen, um erwarteten Ausgaben begegnen zu können, besitzt die Europäische Union nur sehr wenige eigene Möglichkeiten, Steuern oder Abgaben zu erheben. Die Einkünfte der Union resultieren aus festgeschriebenen Anteilen an Zolleinnahmen, Agrarabschöpfungen, einer unionsweiten indirekten Umsatzsteuer (MwSt.) und, vor allem, Beitragszahlungen der Mitgliedsländer, die auf lediglich 1,24 Prozent des Bruttovolkseinkommens begrenzt sind. Folglich werden die Einkünfte der Europäischen Union nur zu einem sehr kleinen Teil von der eigenen Administration kontrolliert – alle Einkünfte aber sind anfällig gegenüber dem innenpolitischen Druck in den einzelnen Mitgliedsländern.

Die meisten Mitglieder profitieren von der Großzügigkeit der EU, statt zu ihrem Haushalt beizutragen. Im Jahre 2004, nach der Osterweiterung, erhielten 19 Mitgliedsländer von Brüssel Vergütungen, die ihre Beitragsleistungen überstiegen. Die »Betriebskosten« der Union werden im Prinzip von den Nettobeiträgen aus 6 Ländern gedeckt: Großbritannien, Frankreich, Schweden, Österreich, den Niederlanden und Deutschland. Die Zukunftsaussichten der Union scheinen nicht sehr rosig zu sein, da alle diese 6 Länder im Dezember 2003 bei der Kommission eine Reduzierung der Beiträge von 1,24 auf 1,0 Prozent beantragt haben.

Die Haushaltsmittel der Union, winzig selbst im Vergleich zu denen der kleinsten Mitgliedsländer und größtenteils zur Finanzierung von Strukturfonds, Preisstützungsmaßnahmen und der eigenen kostspieligen Bürokratie gedacht, sind daher ständig den Interessen der Nettozahler und der Nehmerländer ausgeliefert. Der Wirtschaftmechanismus der Union kann also nur effizient funktionieren, wenn alle seine Teile einvernehmlich zusammenarbeiten. Wo alle mehr oder weniger mit dem Grundsatz und Nutzen einer gegebenen Politik einverstanden waren – offene Binnengrenzen oder freie Märkte für Güter und Dienstleistungen –, hat die EU bemerkenswerte Fortschritte erzielt. Beim Widerstand einer Handvoll Mitgliedsstaaten (oder auch eines einzigen, vor allem wenn es sich um einen wichtigen Beitragszahler handelt) gerät hingegen die ganze Politik ins Stocken: Steuerharmonisierung und Rückführung der Agrarsubventionen stehen beispielsweise seit Jahrzehnten auf der Tagesordnung.

Und manchmal gehen die Uhren auch rückwärts. Nachdem Brüssel sich 20 Jahre lang bemüht hatte, nationale Subventionen für favorisierte inländische »Hoffnungsträger« zu unterbinden und so die wirtschaftlichen Voraussetzungen für einen freien unionsinternen Wettbewerb zu schaffen, gab der EU-Kommissar für den Binnenmarkt (der Holländer Frits Bolkestein) 2004 seiner Verwunderung Ausdruck, als er bemerkte, daß Frankreich und Deutschland auf die »protektionistischen« Methoden der siebziger Jahre zurückgriffen, um bedrohten inländischen Firmen beizuspringen. Doch schließlich haben Berlin und Paris steuerzahlende Wähler, die sie, anders als die von niemandem gewählten Kommissare in Brüssel, nicht ignorieren können.

Diese Unionsparadoxa kommen in den Euro-Problemen sehr schön zum Ausdruck. Die Schwierigkeit bei der Schaffung einer Gemeinschaftswährung lag nicht in der technischen Aufgabe, eine Vielzahl von Landeswährungen durch eine einzige Referenzeinheit zu ersetzen – dieser Prozeß war längst in die Wege geleitet, bevor der Franc, die Lira oder die Drachme abgeschafft wurde, und erwies sich als überraschend reibungs- und schmerzlos –,[8] sondern darin, daß zuvor die Wirtschaftspolitik der einzelnen Länder harmonisiert werden mußte. Um der moralischen Versuchung und den praktischen Gefahren des Trittbrettfahrens vorzubeugen, hatte Bonn, wie gezeigt, auf dem sogenannten »Wachstums- und Stabilitätspakt« bestanden.

Länder, die sich am Euro beteiligen wollten, waren verpflichtet, ihre Staatsschulden unter 60 Prozent und laufende Haushaltsdefizite unter 3 Prozent des Bruttoinlandsprodukts zu halten. Einem Land, das diesen Kriterien nicht genügte, drohten Sanktionen, unter anderem empfindliche Geldstrafen, welche die Union gegebenenfalls verhängen sollte. Durch diese Maßnahmen wollte man sicherstellen, daß kein Staat der Euro-Zone seine fiskalische Disziplin vernachlässigte, mutwillig die Haushaltsgrenzen überschritt und auf diese Weise die Volkswirtschaften der anderen Mitglieder innerhalb der Euro-Zone unbillig belastete, die dann letztlich für die Stabilität der gemeinsamen Währung sorgen mußten.

Zur allgemeinen Überraschung erwiesen sich die traditionell verschwenderischen südlichen Randstaaten als erstaunlich diszipliniert. Spanien »qualifizierte« sich für den Eintritt in die Euro-Zone durch eine Kombination aus »fortuna y virtu«, wie ein spanischer Beobachter bissig kommentierte: Ein Wirtschaftsaufschwung erlaubte es dem Land, seine Staatsschulden 1999 gerade noch rechtzeitig vor der Einführung des Euro zu tilgen. Selbst Italien schaffte es, den teutonischen Kriterien zu genügen (viele Italiener argwöhnten zu Recht, daß die Deutschen sich diese Stolpersteine nur ausgedacht hatten, um die Italiener auszuschließen), obwohl es zu diesem Zwecke kräftig mit Zahlen jonglieren und Staatsvermögen veräußern mußte. Im Jahre 2003 umfaßte die Euro-Zone 12 Länder und reichte von Irland bis Griechenland.

Doch begannen sich – wie von vielen Skeptikern vorhergesagt – die Belastungen der Einheitswährung schon bald bemerkbar zu machen. Von Beginn an hielt die neugegründete Europäische Zentralbank in Frankfurt am Main an einem relativ hohen Zinssatz fest, um die neue Währung zu stützen und gegen inflationäre Tendenzen abzusichern. Doch die Volkswirtschaften der Euro-Zone unterschieden sich hinsichtlich ihres Entwicklungsstands wie ihrer Position im Wirtschaftszyklus: Manche, wie Irland, hatten Hochkonjunktur, andere – Portugal ganz besonders – hinkten weit hinterher und hätten den Schub für die Binnennachfrage und die Exportwirtschaft gut gebrauchen können, den man üblicherweise erzielt, indem man die Zinssätze senkt und die Währung »aufweicht«.

Der Möglichkeit beraubt, zu solchen Maßnahmen zu greifen, war die portugiesische Regierung nach Maßgabe des »Pakts« gezwungen, die Staatsausgaben zu verringern oder erhebliche Bußgelder in Kauf zu nehmen – und das in einem Augenblick, da sie, nach herkömmlicher Wirtschaftstheorie, die Rezession durch Ausgabenerhöhung hätte überwinden sollen. Das machte sie im Lande nicht gerade beliebt, doch zumindest konnte das Land sich rühmen, die Verpflichtungen eingehalten zu haben, die sie bei der Beteiligung an der neuen Währung eingegangen war. Im Jahre 2003 hatte Lissabon seine Schuldenquote erfolgreich auf 59,4 Prozent des Bruttoinlandprodukts reduziert und das jährliche Haushaltsdefizit mit 2,8 Prozent unter die offizielle Obergrenze gedrückt.

Im Jahr darauf kam Frankreich jedoch auf ein Defizit von fast 4,1 Prozent – dicht gefolgt von Deutschland, dessen alternde Wirtschaft letztlich die Kosten der Vereinigung zu tragen hatte, mit 3,9 Prozent und einer Schuldenquote von annähernd 65 Prozent. Angesichts des Umfangs ihrer jeweiligen Volkswirtschaften bedeutete die Tatsache, daß weder Frankreich noch Deutschland sich an die selbstverordneten Regeln hielten, eine schwere Belastung der gesamten Vereinbarung. Doch in diesem Falle machten Paris und Berlin, als die Kommission das Bußgeldverfahren in Gang setzen wollte, entschieden deutlich, daß sie diese »momentanen« Defizite als wirtschaftlich unabwendbar ansähen und nicht die Absicht hätten, Strafgelder zu zahlen oder sich auch nur zu einem deutlich besseren Wirtschaften im nächsten Jahr zu verpflichten.

Die kleineren Staaten der Union – sowohl jene, die wie Griechenland oder Portugal nach Kräften und beinahe um jeden Preis versucht hatten, den Bestimmungen des Pakts gerecht zu werden, als auch die anderen wie Holland und Luxemburg, die sich um die Stabilität der Währung sorgten, die nun auch die ihre war – protestierten entsprechend, doch die Lektion war klar. Nicht einmal 10 Jahre nach seiner Einführung war der Wachstums- und Stabilitätspakt tot. Unklar war nur noch, inwieweit der Euro tatsächlich in Mitleidenschaft gezogen wurde, wenn man den Partnerländern in ihrem Haushaltsgebaren etwas mehr Freiheiten zugestand. Viele glaubten, das Problem liege nicht im Verhalten der einzelnen Regierungen, sondern in der starren und unbeweglichen Politik der Europäischen Zentralbank, die starrsinnig auf ihrer völligen Unabhängigkeit bestehe und immer noch die antiinflationären Schlachten der siebziger Jahre schlage.

Die Schwierigkeiten des Euro ließen eine allgemeinere Schwäche des europäischen Projekts erkennen: sein außerordentlich schwerfälliges Verwaltungssystem. Das Problem lag in der ursprünglichen Konzeption. Jean Monnet und seine Erben hatten bewußt auf jeden Versuch verzichtet, ein demokratisches oder föderales System zu entwerfen oder gar zu realisieren. Statt dessen sah ihr Projekt die Modernisierung Europas von oben vor: eine Strategie für Produktivität, Effizienz und Wirtschaftswachstum nach dem Vorbild von Saint-Simon, von Fachleuten und Beamten verwaltet, die sich weitgehend über die Wünsche der Nutznießer hinwegsetzten. Die Befürworter und Vertreter des Systems widmeten ihre Energien den komplizierten *technischen* Dimensionen, die der »Aufbau Europas« aufwies. Wer andere Anliegen und Wünsche äußerte, wurde regelmäßig vertröstet.

In den neunziger Jahren wurde die Union noch immer nach Maßgaben geführt, die Jahrzehnte zuvor festgelegt worden waren und hauptsächlich der Bequemlichkeit der damaligen Führung dienten. Die von niemandem gewählte Kommission in Brüssel verwaltete eine gewaltige Bürokratie, leitete Maßnahmen ein, setzte Agenden und Beschlüsse in Kraft und ließ sie vom Ministerrat der Mitgliedsländer absegnen. Ein schwerfälliges Europäisches Parlament, das mal in Straßburg, mal in Brüssel tagte und erst seit 1979 unmittelbar gewählt wird, weitete seine Kontrollfunktion langsam aus (im Vertrag von Rom war ihm ursprünglich nur eine rein konsultative Rolle zugedacht worden), besaß jedoch keinerlei gestaltende Befugnisse.

Unstrittige Entscheidungen wurden in der Regel von den Brüsseler Fachleuten und Beamten getroffen. Maßnahmen, die geeignet waren, Wähler zu beeindrukken oder nationalen Interessen zu dienen, wurden im Ministerrat beschlossen und führten zu komplizierten Kompromissen oder kostspieligen Übereinkünften. Fragen, in denen sich keine Lösungen oder Einigungen erzielen ließen, blieben in der Schwebe. Zwar konnten die bestimmenden Mitgliedsstaaten – Großbritannien, Deutschland und vor allem Frankreich – nicht immer damit rechnen, daß sie auch wirklich bekamen, was sie wollten, aber wenn sie irgend etwas wirklich *nicht* wollten, dann kam es auch nicht zustande.

Das war eine ganz besondere Situation, die nicht mit den Bedingungen der eigenständigen Staaten Nordamerikas im Jahr 1776 zu vergleichen war. Sie waren alle als Satelliten eines einzigen Landes, Großbritanniens, entstanden, dessen Sprache Kultur und Rechtssystem sie teilten. Auch war sie nicht wirklich mit der Schweizer Eidgenossenschaft vergleichbar, obwohl dieser Vergleich gelegentlich bemüht wird. In ihrem jahrhundertealten Geflecht aus einander überschneidenden Souveränitäten, administrativen Enklaven und lokalen Rechten und Privilegien haben die Schweizer Kantone weit größere Ähnlichkeit mit dem Ancien régime Frankreichs ohne König.[9]

Die Mitgliedstaaten der Europäischen Union blieben dagegen vollkommen unabhängige und separate Entitäten in einem freiwilligen Zusammenschluß, dem sie im Laufe der Zeit eine Reihe zusammengewürfelter Befugnisse und Rechte einräumten, ohne jemals klar zu sagen, welches Prinzip dem Ganzen zugrunde lag und wie weit das gemeinsame Unterfangen gehen sollte. »Brüssel« – eine angemessen anonyme Zentrale für eine undefinierte, weder demokratische noch autoritäre Verwaltungsentität – regierte nur durch das Einverständnis der Mitgliedsregierungen. Von Anfang an hatte es sich offen als Positivsummenspiel zu erkennen gegeben: Die Gemeinschaft/Union sollte zum Wohle ihrer Mitglieder wirken, ohne ihnen einen nennenswerten Teil ihrer Unabhängigkeit zu nehmen. Das ließ sich jedoch nicht ungegrenzt fortsetzen.

Letztlich ausschlaggebend war allerdings nicht das prinzipiell komplizierte und gewinnorientierte Funktionsprinzip der Union, sondern die Unmöglichkeit, es mit fünfundzwanzig Mitgliedern beizubehalten. Bislang wechselte der Vorsitz im Ministerrat alle sechs Monate, wobei jeder Staat Gelegenheit erhielt, turnusmäßig als Gastgeber einer zweimal im Jahr stattfindenden und vor allem der Selbstdarstellung dienenden Europakonferenz zu fungieren – ein System, das sich bereits zu diesem Zeitpunkt höchster Unbeliebtheit bei den Beamten der Union erfreute. Die Vorstellung, daß ein solcher Zirkus durch 25 verschiedene Hauptstädte, von Lissabon bis Ljubljana, tingeln sollte, war vollkommen absurd. Außerdem mußte ein System der Entscheidungsfindung, das für 6 Mitgliedstaaten gedacht und bei 12 schon recht schwerfällig war, von 15 ganz zu schweigen, bei 50 Europakommissaren (2 aus jedem Land) oder einem Europäischen Rat, der 25 Mitgliedstaaten vertrat – alle mit Vetorecht –, zwangsläufig zum Erliegen kommen.

Welche Schwierigkeiten auf die Union zukamen, deutete sich auf einem Treffen vom Dezember 2000 in Nizza unübersehbar an. Angeblich anberaumt, um die Grundlagen für die Erweiterung zu schaffen und ein neues Abstimmungssystem im EU-Ministerrat zu entwickeln – eines, bei dem die Stimmen der Mitgliedsstaaten nach der Bevölkerungszahl gewichtet, aber gleichzeitig das Prinzip der Mehrheitsentscheidung erhalten werden sollte –, endete die Konferenz in einem erbitterten und überaus peinlichen Kuhhandel. Die Franzosen bestanden auf Gleichstellung mit Deutschland (trotz eines Bevölkerungsunterschieds von 20 Millionen Menschen), während Länder wie Spanien und Polen (letzteres mit Beobachtungsstatus bei der Konferenz) das eigene künftige Stimmgewicht zu maximieren trachteten, indem sie ihre Unterstützung an den Meistbietenden verkauften.

Das peinliche Gerangel um Einfluß in Nizza, bei dem führende europäische Staatschefs wie Tony Blair, Jacques Chirac und Gerhard Schröder sich die Nächte um die Ohren schlugen, weil sie um Status und Macht in ihrem gemeinsamen europäischen Haus verhandelten und schacherten, macht deutlich, welchen Preis man jetzt dafür zahlen mußte, daß man sich bislang nicht um die verfassungsrechtlichen Kleinigkeiten gekümmert hatte. Nizza führte, nachdem es die Union auf einen neuen Tiefstand gebracht hatte, direkt zur Einrichtung eines Europäischen Konvents, einer Art verfassunggebender Versammlung, die befugt war, ein praktisches Regierungssystem für ein erweitertes »Europa« zu entwerfen und, so hoffte man, eine glaubhafte Erklärung für den Zweck des Ganzen zu finden. Nach ein bißchen (mittlerweile vertrauter) Einflußnahme aus Paris wurde die Präsidentschaft des Konvents dem alternden, aber immer noch großspurigen Valéry Giscard d'Estaing übertragen.

Nach zweijährigen Beratungen brachte der Konvent etwas zustande, was mehr als ein erster Entwurf, aber entschieden weniger als eine Verfassung war. Abgesehen von ihrer hochgestochenen Giscardschen Präambel (die sofort und zu ihrem Nachteil mit der eleganten Kürze ihrer Jeffersonschen Vorgängerin verglichen wurde), hatte die Konvention im Sinne klassischer Verfassungsklauseln wenig zu bieten – keine umfassende Definition persönlicher Freiheit, keine klar umrissenen Aussagen zur Gewaltenteilung und so fort. In dieser Hinsicht war sie, wie viele vorhergesagt hatten, eine Enttäuschung.

Doch Giscard d'Estaings Text – der nach einiger Diskussion 2004 in Rom als Vertrag über eine Verfassung in Europa angenommen wurde – lieferte eine praktikable Grundlage für die Arbeit der Union: verbesserte Systeme zur Koordination der Verteidigung und Einwanderung, vereinfachte und vereinheitlichte Zusammenfassung des EU-Rechts, eine Charta der Grundrechte für EU-Bürger, mit dem Ziel, die Autorität der europäischen Gerichte in Zukunft zu stärken, eine klare und sogar ehrgeizige Definition der formellen Kompetenzen und Befugnisse der Union.

Vor allem brachte die neue EU-Verfassung ein Abkommen, welches das kopflastige System nationaler Repräsentation in der Kommission allmählich reduzieren sollte; außerdem entwarf sie ein Abstimmungsverfahren für den Europäischen Rat, das nach einigem Feilschen von allen Parteien akzeptiert wurde und demographische Ausgewogenheit garantierte. Ob die neuen Regelungen in schwierigen Fragen tatsächlich klare Mehrheiten hervorbringen würden, blieb offen – zumal bei wirklich strittigen Themen wie Steuern und Verteidigung auf Drängen Großbritanniens, aber zur unausgesprochenen Erleichterung vieler anderer Länder, vereinbart wurde, das alte gaullistische Verfahren des nationalen Vetorechts beizubehalten. Niemand hatte den geringsten Zweifel daran, daß trotz der sorgfältigen Verteilung gewichteter Stimmen, die wirkliche Macht bei den größten Ländern bleiben würde. In diesem Zusammenhang hatte Ortega y

Gasset bereits 1930 festgestellt, daß »Europa« praktisch »die Dreieinigkeit Frankreich, England, Deutschland« sei. Doch immerhin bot eine Verfassung die Möglichkeit, Entschlüsse zu fassen – vorausgesetzt, sie wurde von allen Mitgliedstaaten ratifiziert, was keineswegs ausgemacht war.

2004 hatte die Europäische Union also – zur Überraschung vieler Beobachter – die praktischen Schwierigkeiten, die sich bei der Lenkung einer schwerfälligen und noch im Entstehen begriffenen Gemeinschaft von 25 selbständigen Staaten ergaben, scheinbar überwunden oder doch wenigstens verringert. Doch was ihr nicht gelungen war – was weder Giscard d'Estaings Konvent noch die verschiedenen Verträge, noch die Europäische Kommission oder ihre mannigfaltigen Berichte und Programme, noch die aufwendigen Veröffentlichungen und Websites, die Europas Bürger über die Union und ihr Wirken informieren sollten, auch nur ansatzweise geschafft hatten –, das waren irgendwelche Erfolge in dem Bemühen, etwas gegen das chronische Desinteresse der europäischen Öffentlichkeit auszurichten.

Nachdem sich die Technokraten, welche die Institutionen des neuen »Europas« gezimmert hatten, hochmütig über die Meinungen der breiten Öffentlichkeit hinweggesetzt hatten, wurde ihnen diese Gleichgültigkeit nun auf Heller und Pfennig zurückgezahlt. Der britische Premierminister Clement Attlee, dem die Fixierung seiner Kollegen aus der Labour Party auf die parteipolitischen Techniken und Regeln entschieden gegen den Strich ging, warnte vor dem »grundsätzlichen Trugschluß«, zu meinen, man könne »durch Vervollkommnung der Maschinerie der Notwendigkeit entgehen, seinen Mitmenschen zu vertrauen.«[10] Doch das war genau die Prämisse, auf der die Institutionen zur Einigung des Nachkriegseuropas errichtet worden waren – mit Konsequenzen, die jetzt sichtbar wurden. Die EU litt unter einem ernsten »Demokratiedefizit«.

Mit jeder Direktwahl zum Europäischen Parlament fiel die Wahlbeteiligung; die einzigen Ausnahmen von dieser Regel waren die Fälle, in denen nationale und europäische Wahlen zusammenfielen und die Wähler, durch regionale oder nationale Fragen mobilisiert, bei dieser Gelegenheit auch für einen europäischen Kandidaten votierten. Ansonsten war der Rückgang unaufhaltsam – in Frankreich fiel die Beteiligung von 60 Prozent im Jahr 1979 auf 43 Prozent 2004, in Deutschland von 66 auf 43 Prozent, in den Niederlanden von 58 auf 39 Prozent.[11]

Besonders aufschlußreich ist der Kontrast zwischen dem Interesse der Wähler an der Politik ihres eigenen Landes und der wachsenden Gleichgültigkeit gegenüber dem Parlament in Straßburg. Bei den Europawahlen im Juni 2004, den ersten seit der Erweiterung der EU, lag die Wahlbeteiligung in Großbritannien um 20 Prozent hinter derjenigen der letzten nationalen Wahlen, in Spanien um 23 Prozent, in Portugal um 24 Prozent, in Finnland um 39 Prozent, in Österreich um 42 und in Schweden um 43 Prozent (dort sank die Beteiligung von 80 Prozent bei den Reichstagswahlen auf 37 Prozent bei den Europawahlen).

Das Muster ist viel zu durchgängig, um auf besondere lokale Verhältnisse zurückgeführt werden zu können. Außerdem wiederholte es sich – was weit bedeutsamer für die Zukunft der Union sein dürfte – exakt in den neuen Mitgliedsstaaten des Ostens, obwohl die Menschen dort zum erstenmal Gelegenheit hatten, jenes europäische Parlament zu wählen, in das Eingang zu finden sie so lange gewartet hatten. In Ungarn blieb die Beteiligung an der Europawahl 2004 um 32 Prozent hinter derjenigen der letzten nationalen Wahlen zurück, in Estland um 31 Prozent, in der Slowakei, wo die Wahlbeteiligung beim letzten nationalen Urnengang bei 70 Prozent lag, betrug der Anteil der Wahlberechtigten, die sich die Mühe machten, ihre Stimme in der Europawahl abzugeben, 17 Prozent. In Polen bedeutete die Wahlbeteiligung von lediglich 20 Prozent einen Rückgang von 26 Prozent gegenüber den nationalen Wahlen von 2001 und war die niedrigste seit dem Sturz des Kommunismus.

Warum waren die Europäer, »alte« und »neue« gleichermaßen, so außerordentlich gleichgültig gegenüber den Angelegenheiten der Europäischen Union? Großenteils wegen der verbreiteten Überzeugung, sie nicht beeinflussen zu können. Die meisten europäischen Regierungen hatten nie darüber abstimmen lassen, ob das Land sich der EU beziehungsweise der Euro-Zone anschließen sollte oder nicht – nicht zuletzt, weil die Frage in den Ländern, in denen sie zum Gegenstand eines landesweiten Volksentscheid gemacht wurde, entweder verneint oder denkbar knapp bejaht worden war. Die Union wurde von ihren Bürgern also nicht »angenommen« – sie schien irgendwie nicht zu den üblichen Einrichtungen der Demokratie zu gehören.

Ferner herrschte in der europäischen Öffentlichkeit die verbreitete (und zutreffende) Auffassung, daß von allen Institutionen der EU die 732 Abgeordneten des europäischen Parlaments am unwichtigsten seien. Die eigentliche Macht lag bei einer Kommission, die von den nationalen Regierungen ernannt wurde, und einem Ministerrat, der sich aus Vertretern derselben Regierungen zusammensetzte. Kurzum, bei den *nationalen* Wahlen wurden die entscheidenden Weichen gestellt. Warum sollte man als Wähler also seine Zeit damit verschwenden, den Affen zu bestimmen, wenn man statt dessen den Leierkastenmann wählen konnte?

Andererseits merkte jetzt auch der gleichgültigste Bürger immer deutlicher, daß die »gesichtslosen« Männer und Frauen in Brüssel richtige Macht ausübten. Alles wurde nun in Brüssel entschieden, von der Form der Gurken bis zur Farbe und dem Wortlaut im Paß eines Menschen. »Brüssel« gab (von Milchsubventionen bis zu Studienstipendien), und »Brüssel« nahm (die Landeswährung des

Bürgers, sein Recht, Mitarbeiter zu entlassen, sogar das Etikett auf seinem Käse). Und jede nationale Regierung hatte es irgendwann während der letzten 20 Jahre für opportun gehalten, »Brüssel« für unpopuläre Gesetze oder Steuern verantwortlich zu machen oder ihm die Schuld an wirtschaftspolitischen Maßnahmen zu geben, die sie heimlich befürwortete, für die sie aber nicht verantwortlich gemacht werden wollte.

Unter diesen Umständen könnte das Demokratiedefizit der Union leicht aus Gleichgültigkeit in Feindseligkeit umschlagen, in das Gefühl, daß »dort« Entscheidungen getroffen wurden, die sich für uns »hier« nachteilig auswirkten und an denen »wir« kein Mitspracherecht hatten. Ein Vorurteil, das von gedankenlosen bürgerlichen Politikern genährt und von nationalistischen Demagogen geschürt wurde. Nicht zufällig gaben bei den Europawahlen des Jahres 2004, bei denen das Wählerinteresse so stark nachließ, viele von den Wählern, die doch zu den Urnen fanden, ihre Stimme Kandidaten mit einem offen – manchmal fanatisch – EU-feindlichen Programm.

In Westeuropa trug die Erweiterung zur Auslösung dieses Rückschlags bei. In Großbritannien errangen die europhobe UK Independence Party und die rechtsextreme British National Party zusammen 21 Prozent der Stimmen mit dem Versprechen, Großbritannien auf Distanz zu Europa zu halten und es vor dem prophezeiten Ansturm von Einwanderern und Asylbewerbern zu schützen. Ganz ähnliche Töne schlugen der Vlaams Blok in Belgien, die Dansk Folkeparti in Dänemark und die Lega Nord in Italien an – was sie schon in der Vergangenheit getan hatten, aber noch nie mit soviel Erfolg wie bei dieser Gelegenheit.

In Frankreich vertrat Jean-Marie Le Pens Front National ähnliche Ansichten. Doch die französischen Zweifel an der europäischen Erweiterung beschränkten sich nicht auf die politischen Extreme. Es war ein offenes Geheimnis, daß die politische Klasse Frankreichs seit langem dagegen war, die EU zu erweitern und dadurch den französischen Einfluß zu verwässern: Mitterrand, Chirac und ihre diplomatischen Vertreter bemühten sich nach Kräften, das Unvermeidliche so lange wie möglich hinauszuschieben. Die öffentliche Meinung spiegelte diese Ansichten wider: In einer Umfrage, die vier Monate vor dem Beitrittstermin der neuen Mitglieder durchgeführt wurde, erklärten 70 Prozent der französischen Wähler, die EU sei »unvorbereitet« auf die neuen Länder, während 55 Prozent ganz gegen ihren Beitritt waren (gegenüber 35 Prozent der EU-Wähler insgesamt).[12]

Doch auch in Osteuropa spielte die Ablehnung der EU durchaus eine Rolle. In der Tschechischen Republik war die Demokratische Bürgerpartei – ganz auf der Linie von Václav Klaus und unverhohlen skeptisch gegenüber der EU und ihrem »übermächtigen« Einfluß – der klare Sieger von 2004 mit 38 Prozent der

Sitze im Europaparlament. Im benachbarten Polen schnitten die euroskeptischen Parteien vom ganz rechten Spektrum besser als die regierende Mitte-links-Koalition ab – nicht unbedingt überraschend, wenn man bedenkt, daß in einer Eurobarometer-Umfrage wenige Monate zuvor nur wenig mehr als die Hälfte der polnischen Wähler die Ansicht vertreten hatten, die Europäische Union sei eine »gute Sache«.

Und *dennoch* ist, alles in allem, die EU eine gute Sache. Die wirtschaftlichen Vorteile des gemeinsamen Marktes sind durchaus real, wie selbst der hartgesottenste britische Euroskeptiker inzwischen zugeben mußte, vor allem seit die sich die »Harmonisierungs«-Wut gelegt hatte, welche die Präsidentschaft von Jacques Delors kennzeichnete. Die Freiheit, nach Belieben in der Union zu reisen, zu arbeiten und zu studieren, war besonders für junge Leute äußerst attraktiv. Aber das war nicht alles. Relativ gesehen, war die sogenannte »soziale« Komponente des EU-Haushalts winzig – weniger als 1 Prozent des Bruttosozialprodukts im EU-Raum. Doch seit Ende der achtziger Jahre weisen die Haushalte der Europäischen Gemeinschaft und Union trotzdem einen ausgesprochene Umverteilungscharakter auf, das heißt, sie verlagern Mittel von wohlhabenden Regionen in ärmere und tragen zu einer ständigen Verringerung der Kluft zwischen Reich und Arm bei, wobei sie im Grunde die eigenstaatlichen sozialdemokratischen Programme einer früheren Generation ersetzen.[13]

Unlängst haben die Bürger Europas sogar ein eigenes Gericht bekommen. Der Europäische Gerichtshof (EuGH), der 1952 durch denselben Vertrag von Paris gegründet wurde, der auch die Europäische Gemeinschaft für Kohle und Stahl ins Leben rief, hatte zunächst nur die begrenzte Aufgabe, dafür zu sorgen, daß EG-Recht (»Gemeinschaftsrecht«) in jedem Mitgliedsstaat auf die gleiche Weise ausgelegt und angewendet wurde. Doch am Ende des Jahrhunderts waren seine Richter – ursprünglich einer aus jedem Mitgliedsstaat – befugt, Rechtsstreitigkeiten zwischen Mitgliedstaaten und EU-Institutionen zu schlichten und über Einsprüche zu befinden, die gegen Entscheidungen unterer Gerichte oder sogar nationaler Regierungen eingelegt wurden. Praktisch verkörperte der EuGH viele Befugnisse und Eigenschaften eines paneuropäischen Berufungsgerichts.[14]

Wie das Beispiel des Europäischen Gerichtshofs erkennen läßt, hatte die ziemlich indirekte und häufig unbeabsichtigte Art, in der die Institutionen der Union entstanden, durchaus ihre Vorteile. Nur sehr wenige Juristen und Gesetzgeber wären selbst in den europafreundlichsten Staaten des europäischen »Kerns« bereit gewesen, auf Teile ihrer Rechtshoheit zu verzichten, hätte man das gleich zu Anfang von ihnen verlangt. Und hätte man einen klar formulierten »Europaplan«, der die Zielsetzungen und Institution beschrieben hätte, wie sie sich später herausbildeten, den Europäern jemals in nationalen Wahlen zur Entscheidung vorgelegt, hätten sie ihn sicherlich abgelehnt.

Der Vorteil der europäischen Idee in den Jahrzehnten nach dem Zweiten Weltkrieg lag also genau in ihrer Ungenauigkeit. Wie »Wachstum« oder »Frieden« – mit denen sie nach der Vorstellung ihrer Befürworter eng verknüpft war – war auch »Europa« viel zu positiv besetzt, um großen Widerstand wachzurufen.[15] Anfang der siebziger Jahre, als der französische Präsident Georges Pompidou erstmals unbestimmt von einer »Europäischen Union« sprach, fragte Außenminister Michel Jobert seinen Kollegen Édouard Balladur (den künftigen französischen Ministerpräsidenten) einmal, was denn darunter zu verstehen sei. »Nichts«, erwiderte Balladur, »aber das ist ja das Schöne daran.« Pompidou selbst tat den Begriff als »vage Formel« ab, »um lähmende doktrinäre Dispute zu vermeiden«.[16]

Natürlich ist es diese formelhafte Unbestimmtheit, die in Verbindung mit den allzu exakten Details der EU-Rechtsbestimmungen zum Demokratiedefizit geführt hat. Es fällt den Europäern schwer, Sympathien für eine Union aufzubringen, deren Identität so lange unklar war, die aber gleichzeitig auf jeden Aspekt ihrer Existenz einzuwirken scheint. Und trotzdem hat die Union, trotz all ihrer Fehler als ein System indirekter Regierung, sicherlich interessante und originäre Eigenschaften. Entscheidungen und Gesetze können auf überstaatlicher Ebene verabschiedet werden, müssen aber von nationalen Institutionen in Kraft gesetzt werden. Alles muß einvernehmlich übernommen werden, da keine Zwangsmittel zur Verfügung stehen. Es gibt keine Steuerbehörden und keine EU-Polizisten. So betrachtet, stellt die Europäische Union einen ungewöhnlichen Kompromiß dar: internationale Regierungsgewalt, durch nationale Regierungen ausgeübt.

Zwar hat die Europäische Union weder Mittel noch Mechanismen, um seine Mitgliedsstaaten an Händeln zu hindern, doch ihre bloße Existenz läßt die Idee ziemlich absurd erscheinen. Die Einsicht, daß der Krieg ein zu hoher Preis für politische oder territoriale Vorteile ist, hatte den Siegern bereits nach dem Ersten Weltkrieg gedämmert, doch es bedurfte eines zweiten Krieges, um die Lektion auch den Verlierern klarzumachen. Doch nur weil ein dritter innereuropäischer Krieg eine Katastrophe und möglicherweise das Ende überhaupt bedeutet hätte, muß das nicht heißen, daß er nicht hätte stattfinden können – zumindest während der ersten Nachkriegsjahre.

Am Ende des Jahrhunderts waren die Eliten und Institutionen der Europäischen Union jedoch so miteinander verflochten und voneinander abhängig, daß ein bewaffneter Konflikt, wenn auch nicht ganz unmöglich, so doch irgendwie unvorstellbar geworden war. Das ist der Grund, warum »Europa« ein solches Objekt der Begierde für Kandidatenländer wie Lettland oder Polen war – ein

Fluchtweg aus ihrer Vergangenheit und eine Versicherungspolice für die Zukunft. Das war aber auch ironischerweise der Grund, warum sich die EU-Repräsentanten so lächerlich hilflos erwiesen, als sie sich mit der Realität des Krieges auf dem Balkan konfrontiert sahen.

Die Demütigung im Jugoslawienkonflikt[17] zeigt, daß die Europäische Union den Schwächen ihrer Tugenden nicht entrinnen kann. Da die Union eben *kein* Staat ist, konnte sie 450 Millionen Menschen mit erstaunlich wenig Widerspruch in eine einzige, lose definierte Gemeinschaft einbinden. Doch da sie kein Staat ist – weil die Loyalität ihrer Bürger in erster Linie dem Land gehört, in dem sie leben, dessen Gesetzen sie gehorchen, dessen Sprache sie sprechen und dessen Steuern sie bezahlen –, hat die EU keinen Mechanismus, um ihre eigenen Sicherheitsinteressen zu bestimmen oder durchzusetzen.

Dies bedeutet nicht, daß »Europa« keine gemeinsame Außenpolitik hätte. Im Gegenteil, die Europäische Gemeinschaft und ihre Nachfolgerin, die EU, haben viele Jahrzehnte lang mit äußerstem Erfolg ihre Interessen auf internationaler Ebene vertreten und gegen ausländische Wettbewerber verteidigt. Doch diese Interessen waren von Anfang überwiegend wirtschaftlich – oder genauer, protektionistisch – definiert. Die europäischen Wirtschaftsminister und Freihandelskommissare haben sich in offener Feldschlacht mit Washington angelegt, weil sie beanstandeten, daß amerikanische Exporteure Steuerbegünstigung erhielten oder europäische Produkte mit Importbeschränkungen belegt wurden.

Noch widersprüchlicher: Die EU setzt sich sehr erfolgreich dafür ein, daß die hohen Außenzölle zum Schutz der subventionierten europäischen Bauern beibehalten wurden – so wurde beispielsweise der freie Handel mit Gütern wie etwa Zucker unterbunden, sehr zum Schaden von Bauern in Afrika oder Mittelamerika.[18] Doch während es den EU-Mitgliedsstaaten – sogar den mächtigsten – gefiel, Brüssel die Verantwortung für die Vertretung ihrer wirtschaftlichen Anliegen in der Welthandelsorganisation (WTO) und anderen Institutionen zu überlassen, haben sie sich die entscheidenden Attribute eines modernen Staatswesens selbst vorbehalten. Die Europäische Union hat keine Armee.

Zum Teil ist das ein historischer Zufall. Zu Beginn der fünfziger Jahre glaubten viele, die Westeuropäer könnten und sollten in Zukunft ihre militärischen Belange gemeinsam regeln – auf einer Sitzung der Beratenden Versammlung des Europarats im August 1950 trat der Franzose Paul Reynaud sogar für die Schaffung eines europäischen Kriegsministeriums ein. Doch als der Vorschlag scheiterte, eine Europäische Verteidigungsgemeinschaft (EVG) zu gründen (vgl. Kapitel VIII), und als die Bundesrepublik in die Nato aufgenommen wurde, wurden solche Überlegungen eine Generation lang auf Eis gelegt. Statt dessen richtete sich Westeuropa unter dem amerikanischen Atomschirm ein.

Nach dem Ende des Koreakrieges und mit dem Beginn der Entkolonialisierung kürzte jedes westeuropäische Land seinen Verteidigungshaushalt. Mit dem Fall des Kommunismus sanken die Militärausgaben auf einen neuen Tiefstand. Ende der achtziger Jahre ging bei den Nato-Mitgliedern der durchschnittliche Anteil der Verteidigungsausgaben am Bruttosozialprodukt auf 3,4 Prozent zurück. 2003 gab Dänemark lediglich 1,6 Prozent des Bruttosozialprodukts für die Verteidigung aus, Italien 1,5 Prozent, Spanien 1,4 Prozent. Allein die Franzosen und Briten wandten erheblich mehr auf, doch in keinem Falle gingen die Ausgaben über 5 Prozent hinaus – nach historischen Maßstäben vernachlässigenswert.

Außerdem standen keine der von den europäischen Ländern unterhaltenen Truppen unter dem Befehl »Europas« und dürften ihm in absehbarer Zukunft auch nicht unterstellt werden, obwohl im Jahre 2000 Pläne zum Aufbau einer europäischen »Schnellen Eingreiftruppe« angekündigt worden waren. Zwar gab es schon seit etlichen Jahre einen Europakommissar für auswärtige Angelegenheiten, doch haben sich seine Funktionen inzwischen verdoppelt (und seine Befugnisse entsprechend verringert), denn seit dem Vertrag von Amsterdam gibt es außerdem einen Hohen Beauftragten für die Gemeinsame Außen- und Sicherheitspolitik, der allein dem EU-Ministerrat verantwortlich ist. Allerdings kann weder der Kommissar noch der Hohe Beauftragte eigene politische Schritte einleiten, Truppen in Marsch setzen oder sich in außenpolitischen Fragen an Stelle von Ministern der Mitgliedsländer äußern, ohne entsprechende Anweisungen erhalten zu haben. Die sarkastische Frage, die Henry Kissinger früher einmal stellte – »Was für eine Nummer muß ich wählen, wenn ich Europa anrufen will?« – hat nichts von ihrer Wirkung eingebüßt.

Diese Einschränkungen jedoch – die Tatsache, daß die Europäische Union trotz ihrer Größe und ihres Reichtums kein Staat ist, geschweige denn eine Großmacht – trugen paradoxerweise zu ihrem Ansehen bei, und zwar innerhalb ihrer Grenzen wie im Ausland. In dieser Hinsicht zumindest ähnelte die EU der Schweiz: ein Zentrum internationaler Behörden und Zusammenarbeit, ein Beispiel »postnationaler« Strategien für Problemlösung und sozialen Zusammenhalt – weniger ein Geflecht von Institutionen oder eine Gesetzessammlung als vielmehr ein Komplex von Werten, »europäischen Werten«, niedergelegt in der neuen Charta der Grundrechte.

Wenn die Werte und Normen dieses neuen Europas am Ende des 20. Jahrhunderts unter Druck gerieten, so ging dieser nicht von den etablierten Nationalstaaten aus, denen man die europäische Idee traditionell, aber fälschlicherweise gegenübergestellte. Statt dessen sahen sich die Union *und* ihre zahlreichen Mitgliedsländer nun einer beispiellosen Welle von wirtschaftlichen und sozialen Schwierigkeiten ausgesetzt – verursacht durch Kräfte, die sich ihrer Einflußnahme großenteils entzogen. Die meisten dieser Probleme standen auf die eine oder andere Weise mit einem Phänomen in Verbindung, das man gemeinhin als Globalisierung bezeichnet.

Die Globalisierung war nicht besonders rätselhaft. Sie war noch nicht einmal vollkommen neu – das Netz von Transport- und Kommunikationsmöglichkeiten, das sich Ende des 19. Jahrhunderts rasch herausgebildet hatte, wirkte sich mindestens so dramatisch aus wie der Wandel, der hundert Jahre später durch Internet, Deregulierung und Liberalisierung der Finanzmärkte stattfand. Auch der Umstand, daß sich die Vorteile des liberalisierten Handels ungerecht auf dem Globus verteilten, war nicht neu – Ende des 20. Jahrhunderts richteten sich die internationalen Handelsregime keineswegs stärker an den Interessen der Reichen und Mächtigen aus als in den Jahren vor 1914.

Doch aus europäischer Perspektive waren die jüngsten Veränderungen der Weltwirtschaft in einer bestimmten Hinsicht schon bemerkenswert. Ende des 19. Jahrhunderts begannen die europäischen Staaten gerade erst, ihren Einflußbereich im Landesinneren auszuweiten. Mit der Zeit besaßen, betrieben oder lenkten viele von ihnen weite Wirtschaftssektoren. Die Staatsausgaben – aufgebracht durch Erhebung neuer, progressiver Steuern – stiegen dramatisch, teilweise, weil es Kriege zu finanzieren galt, zunehmend aber, um soziale und caritative Bedürfnisse zu finanzieren, für die der Staat nun mehr und mehr die Verantwortung übernahm.

Die wirtschaftliche Internationalisierung in den neunziger Jahren jedoch erfolgte unmittelbar nach dem Abebben der ersten großen europäischen Privatisierungswelle, die den Auftakt zu weiteren bildete (vgl. Kapitel XVII). Der europäische Staat befand sich auf dem Rückzug – zunächst in Großbritannien, dann in einem großen Teil Westeuropas und schließlich im ehemals kommunistischen Osten. Dieser Vorgang wurde durch die Bestimmungen der Einheitlichen Europäischen Akte noch begünstigt, die 1987 umgesetzt wurden und den freien Wettbewerb innerhalb und außerhalb der Grenzen förderten. Durch Fusionen, Käufe und die Internationalisierung ihres Geschäftsbetriebes arbeiteten Unternehmen und Konzerne nun in globalem Maßstab. Produktion und Distribution von Gütern entzog sich fortan oftmals der Kontrolle der einzelnen Länder.

Was das Geld angeht, so begann es sich nun auf eine Art und Weise zu vermehren und zu vagabundieren, die wenige Jahre zuvor noch völlig undenkbar gewesen wäre. 1980 beliefen sich die im Jahresverlauf kumulierten internationalen Kreditaufnahmen auf 324 Milliarden Dollar; 1991 war die Zahl auf 7,5 Billionen angeschwollen – eine 2000-prozentige Steigerung in lediglich gut 10 Jahren. Und das war erst der Anfang. Kontrollen der Kapitalbewegungen – die von den meisten europäischen Staaten zu Beginn der achtziger Jahre abgeschafft worden waren – erschienen nun ebenso antiquiert wie Lebensmittelrationierung. Der »Crash« im September 1992 – als zunächst Großbritannien, dann Italien von privaten Spekulanten und institutionellen Anlegern zum Ausscheiden aus dem Europäischen Währungssystem und zur Abwertung gezwungen worden waren – war ein höchst symbolträchtiger Moment.

Welche Vorteile diese Revolutionierung der Weltwirtschaft hatte, lag auf der Hand. Investitionskapital, das von Landesgrenzen, Wechselkursregimen oder inländischen Devisenbestimmungen nun nicht mehr behindert wurde, floß unkontrolliert dorthin, wo es benötigt wurde (und wo mit Profit zu rechnen war) – im Jahre 1990 stammten bereits 34 Prozent der deutschen Staatsschulden von ausländischen Gläubigern. Doch gab es auch Nachteile: Den europäischen Produzenten, deren Gewinnmargen durch die hohen Löhne und die indirekten Kosten der Beschäftigung qualifizierter Arbeitskräfte in Deutschland, Frankreich oder Schweden verringert wurden, stand es nun frei, nicht nur internationale Investoren zu suchen, sondern auch, sich eine gefügigere und weniger teure ausländische Belegschaft zuzulegen.

Statt sich aus den armen Ländern billige Arbeitskräfte nach Europa hereinzuholen – wie in der Vergangenheit geschehen – fanden es deutsche, britische oder französische Unternehmen nun effizienter, ihre Betriebe ins Ausland zu verlegen. Man baute in Brasilien oder Nigeria, Portugal oder Rumänien Produktionsstätten auf und verkaufte von dort aus die Fertigprodukte auf allen Märkten der Welt. Dies beschleunigte die Deindustrialisierung Westeuropas zusätzlich, trug zu der bereits chronischen Arbeitslosigkeit in vielen Regionen bei – und vergrößerte die Belastungen des Staates durch Arbeitslosenunterstützung und andere Sozialleistungen.

Als die letzte französische Kohlenzeche – in Creutzwald an der Mosel – im April 2004 stillgelegt wurde, tat man nicht einmal mehr so, als ob die ehemaligen Bergleute noch einmal regelmäßige Arbeit finden könnten. Die Arbeitslosigkeit im Département Moselle lag bei etwa 10 Prozent der arbeitsfähigen Bevölkerung, weiter nördlich, in den ehemaligen Bergbaustädten an der belgischen Grenze, waren es 15 Prozent. In den letzten 3 Jahrzehnten des vorigen Jahrhunderts verlor Frankreichs Industrie 1,5 Millionen Arbeitsplätze, die meisten davon seit 1980. Spanien, das rasch jeden komparativen Vorteil als eine der rückständigeren Volkswirtschaften Westeuropas eingebüßt hatte, verlor in den 20 Jahren seit dem Übergang zur Demokratie 600 000 Arbeitsplätze. Auf der Höhe der Rezession Mitte der neunziger Jahre waren 44 Prozent der Arbeitsfähigen unter 25 Jahren arbeitslos.

Arbeitslosigkeit war nichts Neues. Doch da es in den meisten EU-Ländern ein engmaschiges soziales Netz gab, hatte die Arbeitslosigkeit auf den einzelnen wie auf das Gemeinwesen nicht mehr solche ruinösen Auswirkungen wie in der Zwischenkriegszeit (die seelischen Folgen stehen auf einem anderen Blatt). Die sozialen Kosten, welche die wirtschaftliche Zerrüttung am Ende des 20. Jahrhunderts verursachte, wiesen allerdings eine Besonderheit auf: Sie fielen in einer Zeit des Überflusses an. Privatisierung und Öffnung der Finanzmärkte hatten zu großem Wohlstand geführt, wenn er auch auf relativ wenige beschränkt blieb. An manchen Orten – London zum Beispiel oder Barcelona – waren die Folgen besonders auffällig. Dank schrumpfender Entfernungen und wachsender Schnelligkeit der Telekommunikation – per Computer oder elektronische Medien – standen Informationen über die Lebensweise und Verhältnisse anderer Menschen unmittelbar und in Fülle jedermann zur Verfügung.

Dieser unübersehbare Gegensatz von Reichtum und Armut, wirtschaftlicher Blüte und unsicheren Verhältnissen, privatem Überfluß und öffentlicher Verwahrlosung nährte in Europa wachsende Zweifel an den überschwenglich gepriesenen Vorzügen deregulierter Märkte und ungehemmter Globalisierung – obwohl viele Europäer die mittelbaren Nutznießer dieser von ihnen beklagten Veränderungen waren. In der Vergangenheit hätten solche Vorbehalte – im Zusammenwirken mit dem Druck der organisierten Arbeiterschaft und dem Eigeninteresse der Politiker – vielleicht zu einem Rückzug in eine moderate Form des Protektionismus geführt.

Doch den Regierungen waren nun die Hände gebunden, und eine organisierte Arbeiterschaft im traditionellen Sinne gab es nicht mehr. Nur in Frankreich gelang es den gewerkschaftlich engagierten Belegschaften mit Hilfe der öffentlichen Meinung, den Ausverkauf von Unternehmen der öffentlichen Hand vorübergehend zu blockieren – und auch dies nur in einigen wenigen Sonderfällen wie Electricité de France, Sinnbild des nach dem Kriege verstaatlichten Wirtschaftssektors, deren Beschäftigte zu den wenigen verbliebenen Mitgliedern der einst gigantischen (kommunistisch geführten) Confédération Générale du Travail (CGT) zählten. Als in den letzten Jahren des Jahrhunderts sogar der europäische Energiemarkt dereguliert wurde, blieb EdF trotzdem weiterhin Staatseigentum.

Doch die CGT, einst die führende Arbeitergewerkschaft in Frankreich, war nur noch ein Schatten ihrer selbst – die französische Gewerkschaftsbewegung insgesamt hatte seit 1980 zwei Drittel ihrer Mitglieder verloren –, und die Arbeiter, die sie vertrat, waren keineswegs mehr als typische Repräsentanten der arbeitenden Bevölkerung Frankreichs oder irgendeines anderen Landes. Die Arbeit selbst hatte sich gewandelt. An vielen Stellen bildete sich nun ein bisher unbekanntes Vierklassensystem aus. Ganz oben die Schicht der Hochschulabsolventen und Selbständigen: großstädtisch, weltläufig, reich, gebildet – oftmals mit

Kontakten zu Banken und anderen Finanzinstituten, die Hauptnutznießer der neuen, globalisierten Wirtschaft. Es folgte die Schicht der traditionellen Angestellten – die Beschäftigten in der Industrie, dem Dienstleistungssektor und dem öffentlichen Dienst, deren Arbeitsplätze ziemlich sicher waren und deren traditionelle Vergünstigungen und Zusicherungen unangetastet blieben.

Die dritte Schicht bildeten Kleinhändler und Dienstleister – Ladenbesitzer, Reiseveranstalter, Schneider, Elektronik-Techniker –, wobei Eigentümer und Personal recht oft schon Migranten oder deren Nachkommen waren (Araber in Frankreich, Türken oder Kurden in Deutschland, Südasiaten in Großbritannien). Dazu wäre auch die recht umfangreiche und in der Regel familiär betriebene »graue« Wirtschaft Südeuropas zu rechnen. In Italien, wo oftmals von Schuhen über Textilien bis hin zu Maschinenteilen so ziemlich alles unterhalb der amtlichen Wahrnehmungsschwelle hergestellt und abgesetzt wurde, machte dieser »informelle« Sektor 1997 schätzungsweise ein Viertel des Bruttoinlandsprodukts aus. In Portugal waren es landesweit – natürlich auch geschätzt – 22 Prozent, doch in manchen Gegenden, etwa in Braga weit im Norden des Landes, stellten die »inoffiziellen« Arbeiter 45 Prozent der einheimischen Arbeitskräfte.

Und dann gab es die vierte, unterste und am raschesten wachsende Schicht: Menschen, die (wenn überhaupt) in Dienstverhältnissen beschäftigt waren, denen sowohl die langfristige Arbeitsplatzsicherheit der Gelernten wie auch jene Vergünstigungen fehlten, die in der Hochkonjunktur der fünfziger und sechziger Jahre zur Norm geworden waren. Sicherlich, in manchen Ländern – in Großbritannien oder den Niederlanden etwa – sanken die Arbeitslosenzahlen schließlich auf ein erfreulich niedriges Niveau. Der Beweis, wie weithin behauptet wurde, für das reibungslose Funktionieren eines unbehinderten, globalisierten Marktes. Doch viele von denen, die von der Arbeitslosenstatistik nicht mehr erfaßt wurden – insbesondere Frauen und junge Leute – gingen nun schlechtbezahlten Teilzeitbeschäftigungen ohne jede Vergünstigung nach oder hatten Zeitarbeitsverträge im Rahmen von Arbeitsbeschaffungsmaßnahmen, die vom Staat bezuschußt oder gänzlich finanziert wurden.

Wer nicht genug verdiente, um den eigenen Lebensunterhalt und den der Familie zu bestreiten, konnte sich immer noch an den Wohlfahrtsstaat wenden, und vielen blieb nichts anderes übrig. In Großbritannien, wo der von den Thatcheristen entfesselte Sturm auf Staat und Gesellschaft am heftigsten zu spüren war, lebten 14 Millionen Menschen, darunter 4 Millionen Kinder, unter der Armutsgrenze.[19] Jeder Sechste war auf Einkommenszuschüsse oder Familienbeihilfen für Berufstätige angewiesen, um nicht unter die Armutsgrenze zu rutschen. Obdachlosigkeit, die in Nordeuropa, zumindest Ende der fünfziger Jahre, erfolgreich beseitigt worden war, befand sich wieder auf dem Vormarsch. Während der

Thatcher-Jahre stieg die Anzahl der Londoner Obdachlosen allein auf das Zehnfache. Mitte der neunziger Jahre waren es schon 80 000. Im Umkreis von wenigen Kilometern um die teuersten Immobilien der Welt begannen manche Viertel der britischen Hauptstadt dem »Outcast London« zu ähneln, das es gegen Ende des viktorianischen Zeitalters zu so trauriger Berühmtheit gebracht hatte.[20]

In der Vergangenheit hatten wirtschaftliche Aufschwünge in der Regel viele Arme in besser bezahlte und sichere Arbeitsverhältnisse gebracht, damit war es nun vorbei. In Europa entstand mit anderen Worten inmitten des Überflusses eine »Underclass«, eine extrem unterprivilegierte Schicht. Bereits in den sechziger Jahren hatte der französische Soziologe André Gorz vorausgesagt, daß am Ende des Industriezeitalters eine neue Kaste von Hilfs- und Gelegenheitsarbeitern entstehen würde – eine »Nichtklasse von Nichtarbeitern« –, am Rande und zugleich irgendwie im Zentrum des modernen Lebens.[21]

Wie ihr amerikanisches Äquivalent wurde die europäische Underclass nicht nur durch Armut und Arbeitslosigkeit (oder Unterbeschäftigung) definiert, sondern auch und in zunehmendem Maße durch die Rasse: Mitte der neunziger Jahre lag die Arbeitslosenrate für junge männliche *Schwarze* bei 51 Prozent. Die Armen waren am Ende des Jahrhunderts, wie Europa insgesamt, auffällig multinational – oder »multikulturell«, wie man jetzt gerne sagte, um dem Umstand Rechnung zu tragen, daß viele dunkelhäutige Holländer, Deutsche oder Briten als Kinder oder sogar Enkelkinder ursprünglich marokkanischer, türkischer oder pakistanischer Einwanderer geboren wurden. Städte wie Rotterdam oder Leicester waren mittlerweile in einer Weise vielsprachig und vielfarbig, die jeden erstaunt hätte, der nach einer Abwesenheit von nur zwei Jahrzehnten zurückgekehrt wäre. 1998 bildeten weiße Kinder in den innerstädtischen staatlichen Sekundarschulen Londons eine Minderheit.

Europas Metropolen, vor allem London, waren wahrhaft kosmopolitisch. Wenn die hochbezahlten Stellungen in der City von London auch weiterhin weiße Europäer (und Nordamerikaner) innehatten, wurden inzwischen alle Niedriglohnjobs, von der Straßenreinigung bis zur Kinderbetreuung, nicht mehr von den traditionellen Europäern »zweiter Klasse« aus dem Alentejo oder Mezzogiorno erledigt, sondern von den – häufig schwarzen oder braunen – Angehörigen der »Minderheiten«, von denen viele ohne Papiere arbeiteten. Nach offiziellen Angaben hat die Gesamtzahl der in London und Südostengland lebenden Ausländer in den Jahren von 1992 bis 2002 um 700 000 zugenommen. Die tatsächliche Zahl war aber erheblich höher.

Obwohl die Zuwanderung in ganz Westeuropa ständig erschwert und streng kontrolliert wurde, war sie noch immer ein gewichtiger demographischer Faktor. Von den erwähnten Kindern, die 1998 innerstädtische Londoner Schulen besuchten, verwendeten nur ein Drittel Englisch als erste Sprache. Das waren häufig Kinder von Flüchtlingen, »Asylbewerbern« im Jargon der Zeit, deren Zahl nach den jugoslawischen Kriegen gewaltig in die Höhe schnellte, aber auch arbeitsuchende Migranten aus Zentral- und Südasien, dem Nahen Osten und großen Teilen Afrikas – viele von ihnen illegal und unregistriert.

In Deutschland, dessen Asylrecht das bei weitem großzügigste in Europa war (und ist),[22] wo es aber für Zuwanderer seit jeher sehr schwierig war, die vollständige Staatsbürgerschaft zu erhalten, schätzte man Ende des Jahrhunderts die Zahl dieser Menschen – Familienangehörige eingerechnet – auf 5 Millionen. Die Mehrheit der Asylbewerber kam Anfang des neuen Jahrhunderts aus Irak, der Türkei und den Ländern des ehemaligen Jugoslawien, doch gab es auch eine wachsende Zahl aus Iran, Afghanistan, Rußland und Vietnam.

Die Furcht, Westeuropa könnte von »Wirtschaftsflüchtlingen«, illegalen Einwanderern, Asylbewerbern und dergleichen »überrannt« werden, war für einen weitverbreiteten Mangel an Begeisterung für die EU-Erweiterung verantwortlich. Bereits in den achtziger Jahren waren in vielen britischen und deutschen Baufirmen polnische Schwarzarbeiter in großer Zahl beschäftigt. Doch das Problem waren weniger Polen, Ungarn oder die anderen um Beitritt bemühten Staaten Mitteleuropas, sondern deren östliche Nachbarn. 1992 hatte Polen selbst 290 000 »irreguläre« Einwanderer, überwiegend aus Bulgarien, Rumänien und der ehemaligen UdSSR. Ungarn mit seinen gerade einmal 10 Millionen Einwohnern beherbergte mehr als 100 000 Asylbewerber. Das Leben dort – oder in der Slowakei oder in der Tschechischen Republik – war zwar schwierig, aber nicht unerträglich, und die Kluft, die diese Länder von ihren westlichen Nachbarn trennte, wurde bereits, wenn auch langsam, überbrückt. Die Kluft zwischen Mitteleuropa und dem Rest des postkommunistischen Europa hatte sich jedoch erheblich vertieft.

Während Ende der neunziger Jahre der Durchschnittslohn in Polen und der Tschechischen Republik bereits fast 400 Dollar erreichte, lag er in Weißrußland, der Ukraine und Rumänien bei etwa 80 Dollar, in Bulgarien unter 70 Dollar und in Moldawien bei lediglich 30 Dollar – selbst ein irreführender Durchschnitt, da außerhalb der Hauptstadt Kischinjow die Einkommen in einer Bevölkerung, die zu 48 Prozent in der Landwirtschaft beschäftigt war, noch niedriger waren. Im Gegensatz zu Polen oder sogar Bulgarien verbesserten sich die Lebensbedingungen in den ehemaligen Sowjetrepubliken nicht: Im Jahr 2000 verdiente jeder zweite Moldawier weniger als 220 Dollar im Jahr – noch nicht einmal 19 Dollar im Monat.

Unter diesen Umständen war die einzige Hoffnung für Moldawier – oder Ukrainer oder auch viele Russen außerhalb der großen Ballungsräume –, Arbeit im Westen zu finden. Eine alarmierende Zahl von ihnen – vor allem junge Frauen

– gerieten dabei in die Gewalt krimineller Organisationen und wurden über Rumänien und den Balkan in die Europäische Union geschleust, wo sie im günstigsten Fall als Kontraktarbeiter in Fertigungsbetrieben und Restaurants, im ungünstigsten und häufigeren Fall als Prostituierte beschäftigt wurden: in Deutschland oder Italien – oder auch in Bosnien, wo sie einer gutverdienenden Klientel von westlichen Soldaten, Verwaltungsbeamten und »Entwicklungshelfern« zu Diensten waren. So nahmen die unfreiwilligen moldawischen und ukrainischen »Gastarbeiter« mit den Roma (Zigeunern) die unterste Stufe des multikulturellen Völkergemischs in Europa ein.[23]

Die Opfer des Sexhandels waren weitgehend unsichtbar – wie frühere Generationen weißer Migranten von den Rändern Europas mischten sie sich unauffällig unter die einheimische Mehrheitsbevölkerung, weshalb es für die Polizei und Behörden so schwierig war, sie aufzuspüren. Doch die meisten Menschen, die von französischen Soziologen und Kulturkritikern seit einiger Zeit als die »Exclus«, die »Ausgeschlossenen« oder »Ausgegrenzten«, bezeichnet wurden, waren durchaus sichtbar. Die neue Unterklasse bestand aus Menschen, die weniger von der Arbeit als vielmehr von *Lebenschancen* ausgeschlossen waren: Personen, die nicht am normalen Wirtschaftsleben teilnehmen konnten, deren Kinder eine unzulängliche Schulbildung genossen, deren Familien in Mietskasernen am Rande der Großstädte hausten, ohne Einkaufsmöglichkeiten, Sozialdienste und Verkehrsanbindung. 2004 kam eine Studie des französischen Innenministeriums zu dem Ergebnis, daß rund 2 Millionen Betroffene in städtischen Ghettos lebten, sozial ausgegrenzt, ethnisch diskriminiert und unter einem hohen Maß an häuslicher Gewalt leidend. In einigen dieser »Quartiers chauds« hatte die Jugendarbeitslosigkeit 50 Prozent erreicht; am schlimmsten waren junge Leute algerischer oder marokkanischer Abstammung betroffen.

Allzu oft unterschied sich die Unterklasse nicht nur durch die Hautfarbe, sondern auch durch den Glauben. Denn die Europäische Union war nicht nur multikulturell, sondern auch zunehmend multireligiös. Die Christen blieben, wenn auch in den meisten Fällen nichtpraktizierend, in der überwältigenden Mehrheit. Juden waren jetzt eine kleine Minderheit, deren Zahl nur noch in Rußland, Frankreich und – in weit geringerem Maße – in Großbritannien und Ungarn ins Gewicht fiel. Dagegen bildeten Hindus und vor allem Moslems jetzt einen erheblichen und auffallenden Teil der Bevölkerung in Großbritannien, Belgien, den Niederlanden und Deutschland sowie in den Großstädten Skandinaviens, Italiens und Mitteleuropas. Außerdem gelang es dem Islam – als einziger der großen Weltreligionen in Europa – die Zahl seiner Anhänger rasch zu vergrößern.

In den ersten Jahren des 21. Jahrhunderts gab es etwa 6 Millionen Muslime in Frankreich (überwiegend nordafrikanischer Herkunft) und fast ebenso viele in

Deutschland (meist mit türkischem oder kurdischem Hintergrund). Zusammen mit den fast 2 Millionen Muslimen in Großbritannien (vor allem aus Pakistan and Bangladesch) und einer beträchtlichen Gruppe in den Benelux-Staaten und Italien, ließen diese Zahlen auf rund 15 Millionen Muslime in der gesamten Union schließen.

Die Anwesenheit von Muslimen in Orten und Städten, die bislang überwiegend säkular waren, warf schwierige Fragen der Sozialpolitik auf. Welche Vorschriften sollten für das Tragen religiöser Kleidungsstücke oder Symbole in öffentlichen Schulen gelten? In welchem Maße sollte der Staat separate kulturelle Institutionen und Einrichtungen fördern (oder verhindern)? War es politisch klug, die multikulturelle Gesellschaft zu fördern (und damit die ethnischen Gruppen praktisch zu trennen), oder empfahl es sich, die Integration zu fördern und sogar zu erzwingen? Die offizielle Politik in Frankreich wählte die kulturelle Integration und verbot die Zurschaustellung religiöser Symbole in der Schule. In anderen Ländern, vor allem in Großbritannien und den Niederlanden, gab es eine weit größere Toleranz gegenüber kultureller Verschiedenheit und offensive religiöse Selbstidentifikation. Doch die Meinungen waren überall geteilt (vgl. Kapitel XXIII).

Wenn diese Fragen in den einzelnen Ländern ganz oben auf die Tagesordnung gesetzt wurden und in den Debatten über Einwanderung und Asylrecht eine immer wichtigere Rolle spielten, so lag es daran, daß auf dem ganzen Kontinent die Angst vor der Entstehung einer neuen Generation fremdenfeindlicher Parteien wuchs. Einige dieser Parteien wurzelten in einem früheren Zeitalter sektiererischer oder nationalistischer Politik; andere – wie die überraschend erfolgreiche Dansk Folkeparti oder die Lijst Pim Fortuyn in den Niederlanden – waren erst in jüngerer Zeit entstanden. Doch alle hatten ein unerwartetes Geschick darin bewiesen, sich die »Zuwandererfeindlichkeit« zunutze zu machen.

Ob sie wie die British National Party über »ethnische Minderheiten« herzogen, wie der Front National von Jean-Marie Le Pen die »Einwanderer« aufs Korn nahmen oder wie in Deutschland gegen die »Ausländer« wetterten – überall konnten die Parteien der extremen Rechten in diesen Jahren satte Stimmengewinne erzielen. Einerseits sorgte das verlangsamte Wirtschaftswachstum in Verbindung mit einer erhöhten Anfälligkeit gegenüber den globalen wirtschaftlichen Kräften dafür, daß viele Berufstätige einem Maß an wirtschaftlicher Unsicherheit ausgesetzt waren, wie man es seit Menschengedenken nicht mehr kannte. Auf der anderen Seite standen die alten Organe der politischen *Linken* nicht mehr zur Verfügung, um diese Verunsicherung unter dem Banner der Arbeiterklasse zu sammeln und zu mobilisieren. Nicht zufällig erzielte die französische Front National ihre besten Ergebnisse oft in Wahlbezirken, die früher Hochburgen der KPF gewesen waren.

Die wachsende Präsenz einer sichtbaren und kulturell fremden Minderheit in ihrer Mitte – und die Aussicht, daß sich noch mehr Ausländer am Wohlfahrtstrog mästen oder »uns« die Arbeitsplätze wegnehmen könnten, sobald die Schleusentore nach Osten geöffnet würden – war Wasser auf die Mühlen der neuen Rechten. Mit dem Vorwurf, daß das »Boot voll« sei – oder daß ihre Regierungen die Kontrolle ihrer Grenzen an »kosmopolitische Interessen« oder die »Brüsseler Bürokraten« abgetreten hätten –, versprachen populistische Demagogen, der Einwanderung Einhalt zu gebieten, »Ausländer« rückzuführen und den Staat seinen bedrohten weißen Bürgern, Außenseitern im eigenen Land, zurückzugeben.

Im Vergleich zum Faschismus eines früheren Zeitalters mochte diese jüngste Manifestation der Fremdenfeindlichkeit relativ harmlos erscheinen – obwohl Anfang der neunziger Jahre der Ausländerhaß zu einer Reihe von Anschlägen gegen Asylsuchende und Minderheiten geführt hatte, die einige Kommentatoren veranlaßten, grundsätzlichere Befürchtungen zu äußern. Anklagend verwies Günter Grass auf die egozentrische Gleichgültigkeit der politischen Kultur in Westdeutschland und die kurzsichtige Begeisterung des Landes über eine »unverdiente« Einheit und vertrat die Auffassung, daß die Verantwortung für die rassistische Gewalt (vor allem in den verfallenden, toten Industriestädten der DDR, wo die fremdenfeindlichen Gefühle am heftigsten wüteten) ausschließlich der selbstgefälligen und amnestischen politischen Elite des Landes anzulasten sei.

Doch selbst wenn die Gewalt eingedämmt wurde, war das Maß an öffentlicher Unterstützung für die neue Rechte Anlaß zu ernsthafter Besorgnis. Unter Jörg Haider, ihrem jugendlichen und telegenen Chef, verzeichnete die Freiheitliche Partei im benachbarten Österreich – Nachfolgerin der Nachkriegspartei Verband der Unabhängigen (VdU), aber angeblich von deren NS-Residuen gesäubert – stetige Zuwächse in den Meinungsumfragen. Sie präsentierte sich als Anwältin der »kleinen Leute«, die auf der Strecke blieben bei der dem wechselseitigen Vorteil dienenden Zusammenarbeit der beiden großen Parteien und von den in ihre Heimat einfallenden Horden der »Kriminellen«, »Drogenkonsumenten« und anderem »ausländischen Gesindel« bedroht würden.

Um nicht mit dem Gesetz in Konflikt zu kommen, achtete Haider in der Regel sorgfältig darauf, alle Verhaltensweisen zu vermeiden, die ihn allzu offensichtlich mit der Nazinostalgie in Berührung brachte. Meistens offenbarte der Österreicher (wie Jean-Marie Le Pen) seine Vorurteile nur indirekt, indem er etwa als Beispiele aus dem öffentlichen Leben, die ihn empörten, Menschen nannte, die zufällig Juden waren. Weniger Hemmungen hatten er und seine Zuhörer, wenn es um neuere Angriffsziele wie die Europäische Union ging. Die Österreicher sollten sich nicht der EU verpflichtet fühlen, so Haider, nicht Maastricht, nicht irgendeiner internationalen Idee, sondern ihrem Heimatland.

1986 errangen Haiders Freiheitliche bei den österreichischen Parlamentswahlen 9,7 Prozent der Stimmen. Vier Jahre später waren es sogar 17 Prozent. Bei den Wahlen vom Oktober 1994 erschütterten sie das Wiener Establishment mit einem Ergebnis von 23 Prozent, nur vier Punkte hinter der ÖVP, die das Land während der ersten 25 Jahre nach dem Krieg regiert hatte und nach wie vor die ländlichen Gebiete Österreichs beherrschte. Noch besorgniserregender war der Umstand, daß Haider große Gewinne bei der traditionell sozialistischen Wählerschaft in der Wiener Arbeiterschicht erzielt hatte. Wenn man indessen bedenkt, daß (laut Meinungsumfragen aus dem Jahr 1995) jeder dritte Österreicher mit Haider der Meinung war, daß »Gastarbeiter« und andere Ausländer in Österreich zu viele Vergünstigungen und Privilegien genössen, ist das kaum überraschend.

Seinen Höhepunkt erreichte Haiders Einfluß ganz am Ende des Jahrhunderts, nach den Wahlen im Oktober 1999, als sich 27 Prozent der österreichischen Wähler für seine Partei entschieden, womit sie die Volkspartei auf den dritten Platz verdrängte und bis auf 290 000 Stimmen an die führenden Sozialisten herankam. Im Februar 2000 bildete die Volkspartei unter den etwas übertriebenen Entsetzensbekundungen der europäischen Partner Österreichs eine Koalitionsregierung mit der Freiheitlichen Partei (wenn auch ohne Haider selbst). Doch der neue österreichische Kanzler Wolfgang Schüssel ging von einem gerissenen Kalkül aus: Die Freiheitspartei war eine Protestbewegung, eine Antipartei, die sich an die »betrogenen und belogenen kleinen Leute« wandte (um Pierre Poujade zu zitieren, den Prototyp des rechtsextremen Populisten). Einmal in der Regierung, den Verschleißerscheinungen des Amtes ausgesetzt und gezwungen, die Verantwortung für unpopuläre Maßnahmen mitzutragen, würde sie rasch ihre Anziehungskraft verlieren. Bei den Wahlen 2002 errang die FPÖ nur noch 10,1 Prozent der Stimmen (während die Volkspartei (ÖVP) auf fast 43 Prozent kletterte). Bei den Europawahlen 2004 schrumpfte Haiders Partei auf 6,4 Prozent der Stimmen.

Der Aufstieg und Niedergang von Haider (der trotzdem ein beliebter Landeshauptmann in seinem heimatlichen Bundesland Kärnten blieb) war typisch für das Schicksal fremdenfeindlicher Parteien in anderen Ländern. Zunächst gewann die Lijst Pim Fortuyn bei der Wahl 2002 nach der Ermordung ihres Chefs 17 Prozent der Stimmen und brachte es kurzzeitig zu einer Beteiligung an der holländischen Regierung, nur um bei der nächsten Wahl auf 5 Prozent der Stimmen und von 42 auf 8 Parlamentssitze zurückzufallen. In Italien führte die Regierungsbeteiligung der Lega Nord unter den Fittichen von Berlusconi zu einem stetigen Rückgang ihrer Wahlergebnisse.

In Dänemark war die Dansk Folkeparti von unbedeutenden Anfängen im Jahr 1995 zur drittgrößten parlamentarischen Gruppe des Landes im Jahr 2001 aufgestiegen. Da sich die Partei und ihre Chefin Pia Kjærsgaard nicht an der Regierung beteiligten und sich fast ausschließlich auf die Einwanderungsfrage konzentrierten, konnten sie einen Einfluß ausüben, der in keinem Verhältnis zu ihrer Größe stand. Die beiden führenden dänischen Parteien – die Liberalen und die Sozialdemokraten – begannen einen edlen Wettstreit, um sich gegenseitig in ihrer neuentdeckten »Festigkeit« hinsichtlich des Asyl- und Ausländerrechts zu übertrumpfen. »Wir«, sagte Kjærsgaard, nachdem ihre Partei bei den Wahlen 2001 ganze 12 Prozent der Stimmen gewonnen hatte, »sind in der Verantwortung«.[24]

Sie hatte insofern recht, als es jetzt fast keinen Politiker aus dem bürgerlich linken oder rechten Lager gab, der es gewagt hätte, in diesen Fragen noch »weich« zu erscheinen. Sogar die winzige, äußerst rüde British National Party vermochte ihren Schatten auf die Politik der New-Labour-Regierung in Großbritannien fallen zu lassen. Nach durchgehend marginalen Ergebnissen – das beste Abschneiden bis dahin waren 7 Prozent bei den Wahlen 1997 in einem Bezirk im Osten Londons, wo Juden als die bestimmende ethnische Minderheit des Viertels von Bengalen verdrängt worden waren – errang die BNP 4 Jahre später 11 643 Stimmen (14 Prozent) in zwei Wahlbezirken Oldhams, einer ehemaligen Textilstadt in Lancashire, wo kurz vor den Wahlen Rassenunruhen ausgebrochen waren.

Das waren, verglichen mit den Entwicklungen auf dem Kontinent, vernachlässigenswerte Zahlen, und die BNP bekam nirgends annähernd genug Stimmen, um einen Parlamentssitz zu ergattern. Doch da ihre Anliegen (laut Meinungsumfragen) eine im ganzen Land verbreitete Sorge zum Ausdruck zu bringen schienen, konnte die extreme Rechte Premierminister Tony Blair immerhin so unter Druck setzen, daß er die ohnehin schon kleinlichen Bestimmungen für Einwanderungswillige und Flüchtlinge noch weiter verschärfte. Es sagt einiges über die Stimmung dieser Zeit aus, daß eine New-Labour-Regierung mit einer überwältigenden Parlamentsmehrheit und fast 11 Millionen Stimmen bei der Wahl 2001 sich trotzdem bemüßigt fühlte, in dieser Weise auf die Propaganda einer neofaschistischen Clique zu reagieren, die im ganzen Land gerade einmal 48 000 Stimmen auf sich vereinigen konnte – nur 0,2 Prozent der Stimmen insgesamt und nur 40 000 mehr als die von Monty Python inspirierte Monster Raving Loony Party.

In Frankreich sah die Situation anders aus. Dort hatte der Front National ein Thema (die Zuwanderer), massenhaften Zuspruch (2,7 Millionen Wähler bei den Wahlen zur Nationalversammlung im Jahr 1986) und einen charismatischen Führer, der sich hervorragend darauf verstand, eine allgemeine öffentliche Unzufriedenheit in gelenkte Wut und politische Vorurteile umzumünzen. Allerdings hätte die extreme Rechte wohl nie so gut abgeschnitten, hätte Mitterand nicht 1986 zynisch ein Verhältniswahlsystem in Frankreich eingeführt. Es war dazu gedacht, den parlamentarischen Erfolg (und damit die landesweite Präsenz) der Front National zu fördern und auf diese Weise Frankreichs bürgerlich-konservative Parteien zu teilen und zu schwächen.

Das ändert jedoch nichts an der Tatsache, daß 4,5 Millionen französische Wähler bei den Präsidentschaftswahlen Le Pen ihre Stimme gaben, eine Zahl, die im April 2002 noch auf 4,8 Millionen anwuchs, als der FN-Chef einen beispiellosen Erfolg erzielte, indem er in einer Präsidentschaftswahl mit 17 Prozent der Stimmen einen zweiten Platz errang und den Kandidaten der Linken, den glücklosen sozialistischen Ministerpräsidenten Lionel Jospin aus dem Rennen warf. Auch in Frankreich gelangten die bürgerlichen Politiker zu dem Schluß, daß sie Le Pen die Gunst der Wähler abspenstig machen müßten, indem sie sich seine Anliegen zueigen machten und harte Maßnahmen in puncto »Sicherheit« und Einwanderung versprachen, ohne damit explizit Le Pens Sprache oder sein Programm (»Frankreich den Franzosen« und Rückführung aller anderen) zu billigen.

Trotz Le Pens eigenen Verbindungen zu einer älteren Tradition extrem rechter Politik – durch die Unterstützung der Poujadisten in jungen Jahren, seine Mitgliedschaft in den Schattenorganisationen der extremen Rechten während des Algerienkrieges und seine sorgfältig formulierte Verteidigung Vichys und der Sache Henri Philippe Pétains – ließ sich seine Bewegung wie ihre Entsprechungen überall auf dem Kontinent nicht einfach als atavistische, nostalgische Auferstehung der faschistischen Vergangenheit Europas abtun. Ganz gewiß konnte man Fortuyn oder Kjærsgaard nicht in diese Schublade stecken. Beide legten Wert auf die Feststellung, daß sie die traditionelle Toleranz ihrer Länder bewahren wollten – und zwar vor der Gefahr, wie sie sagten, die von dem religiösen Fanatismus und der rückschrittlichen Kultur der muslimischen Minderheiten ausging.

Auch war Österreichs Freiheitliche Partei keine Nazibewegung und Haider kein Hitler. Ganz im Gegenteil, nur allzugern unterstrich er seine Zugehörigkeit zur Nachkriegsgeneration. 1950 geboren, wurde er der »Gnade der späten Geburt« teilhaftig, wie er seinen Zuhörern wiederholt versicherte. Zum Teil beruhte Haiders Erfolg – wie der von Christoph Blocher, dessen Schweizer Volkspartei (SVP) mit einem einwanderungs- und EU-feindlichen Programm bei den Schweizer Parlamentswahlen 28 Prozent der Stimmen gewann – auf der Fähigkeit, einen rassistischen Subtext unter dem Image des Modernisierers, des Nationalpopulisten liberaler Provenienz, zu verbergen. Das fand überraschenden Anklang bei Jungwählern: Vorübergehend stand die Freiheitliche Partei bei den Unterdreißigjährigen an erster Stelle.[25]

In Österreich wie in Frankreich war es die Furcht vor und der Haß auf die Einwanderer (in Frankreich auf die aus dem Süden, in Österreich auf die aus dem Osten, in beiden Fällen aus Ländern, über die sie einst geherrscht hatten), der die alten Zwangsvorstellungen – vor allem den Antisemitismus – als das verbindende Element der extremen Rechten ersetzte. Doch die neuen systemfeindlichen Parteien profitierten noch von einem anderen Umstand: ihren sauberen Westen. Da sie bis dahin noch nie an der Regierung beteiligt waren, blieben sie vom Makel der Korruption verschont, der Anfang der neunziger Jahre an den Wurzeln des europäischen Systems zu nagen schien. Nicht nur in Rumänien, Polen oder (vor allem) Rußland, wo man sie als Nebenkosten des Übergangs zum Kapitalismus verbuchen konnte, sondern auch in den demokratischen Kernländern des Kontinents.

In Italien, wo die Christdemokraten seit dem Krieg eine behagliche und einträgliche Beziehung zu Bankern, Geschäftsleuten, Bauunternehmern, Stadtvätern, Staatsbediensteten und – so ein verbreitetes Gerücht – zur Mafia unterhielten, begann eine neue Generation von jungen Richtern mutig mit den Jahrzehnten des erzwungenen öffentlichen Schweigens aufzuräumen. Ironischerweise kam die Sozialistische Partei zuerst zu Fall, ins Stolpern gebracht durch den *Tangentopoli*-Skandal (Tangentopoli bedeutet »Stadt der Schmiergelder«) im Jahr 1992, der ruchbar wurde, als man die Verwaltungspraxis der Partei in der Stadt Mailand untersuchte. Die Partei kam in Verruf und ihr Vorsitzender, Exministerpräsident Bettino Craxi, mußte übers Mittelmeer ins tunesische Exil fliehen.

Doch die sozialistischen Affären waren unauflöslich mit denen der Christdemokraten, ihres langjährigen Koalitionspartners, verflochten. Beide Parteien gerieten infolge der Welle von Verhaftungen und Prozessen in immer größere Schwierigkeiten und rissen bei ihrem Sturz das ganze Netz von politischen Arrangements und Absprachen mit sich, das Italiens Politik seit zwei Generationen geprägt hatte. Bei den Wahlen von 1994 wurden praktisch *alle* führenden politischen Parteien mit Ausnahme der früheren Kommunisten und Exfaschisten ausgelöscht – obwohl der einzige dauerhafte Nutznießer dieses politischen Erdbebens ein ehemaliger Schlagersänger war, der zwielichtige Medienzar Silvio Berlusconi, der eigentlich nicht in die Politik ging, um das italienische Gemeinwesen zu fördern, sondern um dafür zu sorgen, daß man ihm bei seinen *eigenen* Geschäften nicht zu sehr auf die Finger sah.

In Spanien war es ein Skandal ganz anderer Art, der die politische Karriere von Felipe González beendete. Mitte der neunziger Jahre wurde (durch eine enthusiastische jüngere Generation von investigativen Journalisten der Tageszeitungen *El Mundo* und *Diario 16*) enthüllt, daß diese Regierung in den Jahren 1983 bis 1987 einen »schmutzigen Krieg« gegen den baskischen Terrorismus geführt hatte, als sie staatlichen Todeskommandos gestattete, sowohl in Spanien als auch jenseits der Grenzen in den baskischen Regionen Frankreichs, von wo aus die

ETA häufig operierte, mit Entführung, Folter und Mord gegen Terroristen vorzugehen, (vgl. Kapitel XIV).

Angesichts des Rufs, den die ETA hatte, hätte dies möglicherweise nicht genügt, um den charismatischen González politisch zu erledigen – in der zynischen öffentlichen Stimmung der letzten Franco-Jahre waren viele seiner Altersgenossen mit einer höchst instrumentalistischen Einstellung zum Staat und seinen Gesetzen aufgewachsen – doch es gab zusätzliche Enthüllungen über aktive und passive Bestechungsfälle bei González' sozialistischen Kollegen, die stark an das italienische Beispiel erinnerten und die verbreiteten Befürchtungen über die moralischen Verhältnisse der noch in den Kinderschuhen steckenden spanischen Demokratie auslösten.

In Frankreich – Deutschland oder Belgien – weckten die vielen Skandale, die das öffentliche Leben in den neunziger Jahren erschütterten, weniger Zweifel an der Verläßlichkeit der Institutionen oder Sitten, vielmehr wiesen sie darauf hin, daß es zunehmend schwierig wurde, Demokratie unter modernen Bedingungen zu praktizieren. Politik – Mitarbeiter, Werbung, Beratung – ist kostspielig. Öffentliche Zuschüsse für politische Parteien waren in Europa durch Gesetz und Tradition streng eingeschränkt und wurden in der Regel nur für Wahlkampfzwecke genehmigt. Wenn die Politiker mehr brauchten, hatten sie sich in der Vergangenheit an ihre traditionellen Geldgeber gewandt: Parteimitglieder, Massengewerkschaften (auf der Linken) und private Geschäftsleute und Unternehmen. Doch diese Quellen versiegten. Die Zahlen der Parteimitglieder waren rückläufig, Massengewerkschaften schrumpften, und bei einem wachsenden parteiübergreifenden Konsens in wirtschaftspolitischen Fragen sahen Unternehmen und private Geschäftsleute kaum noch einen Grund, eine bestimmte Partei besonders zu unterstützen.

Da war es vielleicht verständlich, auf jeden Fall fast die Regel, daß die großen politischen Parteien Westeuropas andere Quellen der Parteienfinanzierung suchten – und zwar genau zu der Zeit, als durch die Abschaffung von Kontrollen und die Globalisierung der Wirtschaft eine Menge Geld im Umlauf war. Den Gaullisten *und* Sozialisten in Frankreich – wie den Christdemokraten in Deutschland und New Labour in Großbritannien – wurde nachgewiesen, daß sie sich 20 Jahre lang Gelder über eine Vielzahl von dunklen Kanälen beschafft hatten: indem sie Vergünstigungen verkauften, Bestechungsgelder nahmen oder traditionelle Geldgeber einfach stärker als in der Vergangenheit schröpften.

In Belgien lagen die Dinge nicht ganz so harmlos. Das mag ein Skandal unter vielen illustrieren – die sogenannte Dassault-Agusta-Affäre. Ende der achtziger Jahre vereinbarte die belgische Regierung mit der italienischen Firma Augusta den Kauf von 46 Kampfhubschraubern und erteilte dem französischen Unternehmen Dassault den Auftrag, die F-16-Kampfflugzeuge der belgischen Streitkräfte zu modernisieren. Konkurrierende Bewerber um die Verträge wurden kaltgestellt. An sich war das nicht ungewöhnlich, und der Umstand, daß drei Länder an dem Deal beteiligt waren, verlieh der Affäre sogar eine ökumenisch-paneuropäische Qualität.

Doch wie sich später herausstellte, hatte Belgiens Sozialistische Partei (die damals an der Regierung war) an beiden Geschäften hübsch verdient. Kurz darauf, 1991, wurde André Cools, ein sozialistischer Politiker, der zuviel wußte, auf einem Parkplatz in Lüttich ermordet. Ein anderer, Étienne Mange, wurde 1995 verhaftet, und ein dritter, Willy Claes, ehemaliger Ministerpräsident von Belgien und 1994 bis 1995 Generalsekretär der Nato und zur Zeit der Rüstungsgeschäfte Außenminister, wurde im September 1998 schuldig befunden, Bestechungsgelder für seine Partei angenommen zu haben. Ein vierter Verdächtiger, der frühere Heeresgeneral Jacques Lefèbvre, der tief in die Affäre verstrickt war, starb im März 1995 unter mysteriösen Umständen.

Wenn dies eine besonders typische belgische Geschichte ist (»La Belgique«, so Baudelaire, »est sans vie, mais non sans corruption«, so liegt es vielleicht daran, daß die Verdoppelung und Schwächung der Verfassungsorgane nicht nur die Regierungskontrolle aufgehoben, sondern auch zum Fastzusammenbruch großer Teile des Staatsapparats geführt hatte, unter anderem des Strafverfolgungssystems. In anderen Ländern, mit Ausnahme Italiens, von dem oben die Rede war, gab es überraschend wenig Anhaltspunkte für *persönliche* Vorteilsnahme – die meisten Verbrechen und Vergehen wurden buchstäblich zum Wohle der Partei begangen[26] – trotzdem wurden eine Anzahl sehr prominenter Männer gezwungen, unvermittelt von der politischen Bühne abzutreten.

Dazu gehörten nicht nur González, der französische Expremier Alain Juppé und die einstigen Führer der italienischen Christdemokraten, sondern auch Exkanzler Helmut Kohl, der Held der deutschen Vereinigung, auf dessen Ruf ein dunkler Schatten fiel, als er sich weigerte, die Namen der anonymen Gönner seiner Partei zu nennen. Ohne den Schutz seines Amtes wäre es dem französischen Präsidenten Jacques Chirac sicherlich nicht besser ergangen, da er zu einer Zeit Bürgermeister von Paris gewesen war, als die Stadt tief im Sumpf parteipolitischer Korruption und Günstlingswirtschaft gesteckt hatte.

Am erstaunlichsten an allen diesen Entwicklungen dürfte sein, das der Ruf des politischen Systems in Gänze unter diesen Entwicklungen relativ *wenig* gelitten hatte. Die sinkende Wahlbeteiligung stand sicherlich für einen allgemeinen Rückgang des Interesses an öffentlichen Angelegenheiten. Doch der ließ sich schon Jahrzehnte zuvor an einer Zunahme der Enthaltungen und einer sichtlichen Abschwächung des politischen Streits beobachten. Die eigentliche Überraschung ist nicht der Umstand, daß eine ganze Reihe rechtsorientierter, populistischer Parteien entstanden, sondern daß es ihnen nicht gelang, besser abzuschneiden als in der Vergangenheit, daß sie kein Kapital aus den Umbrüchen und der Unzufriedenheit seit 1989 schlagen konnten.

Dafür gab es einen guten Grund. Die Europäer mochten den Glauben an ihre Politiker verloren haben, doch das europäische Regierungssystem weist im Kern etwas auf, dem sich fast alle verpflichtet fühlen und das auch die systemfeindlichsten Parteien nicht offen in Frage zu stellen wagten. Dieses Etwas ist sicherlich nicht die Europäische Union, trotz ihrer vielfachen Verdienste. Auch nicht die Demokratie, die zu abstrakt, zu nebulös und vielleicht auch zu oft beschworen ist, um für sich allein als konkretes Objekt der Bewunderung dienen zu können. Noch sind es die Freiheit oder die Rechtsstaatlichkeit, die im Westen seit vielen Jahrzehnten nicht mehr ernstlich in Gefahr geraten sind und von einer jüngeren Generation Europäer in allen Mitgliedstaaten der EU bereits als selbstverständlich hingenommen werden. Was die Europäer verbindet, auch wenn sie einigen Aspekten dieses Phänomens äußerst kritisch gegenüberstehen, ist das, was man seit einiger Zeit – in ausdrücklichem, aber erhellendem Gegensatz zum »American Way of Life« – das »Europäische Gesellschaftsmodell« nennt.

Boris Jelzin und Michail Gorbatschow, Moskau 1991. Jelzins skandalträchtige Präsidentschaft sollte nicht seine Verdienste überschatten. Er begriff viel schneller als Gorbatschow, was geschah, und konnte sich auch besser darauf einstellen – vor allem auf das Wiedererstarken der Nationalstaaten in den Nachwehen des Zusammenbruchs.

Die erste Fuhre Big Macs am 1. Januar 1990 in Moskau. Das postkommunistische Vakuum füllte sich mit Waren und Kapital aus dem Westen. Doch die regellose Wirtschaft wurde sehr rasch zur Beute einer Handvoll von »Oligarchen«, die es zu außerordentlichem Reichtum brachten: Kapitalismus als Kleptokratie.

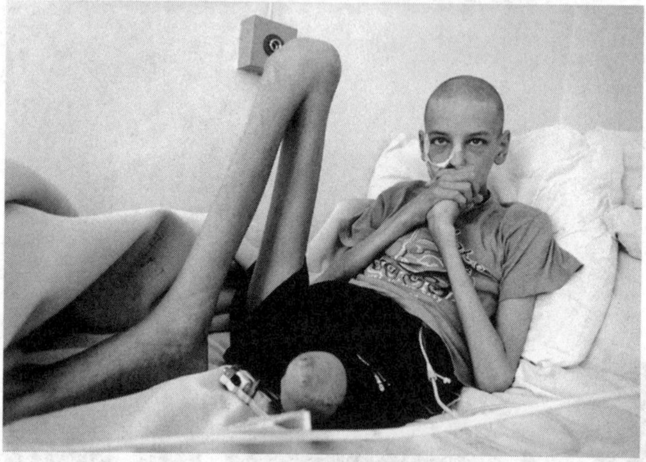

Minsk, Weißrußland, 1999: Kinderkrebskrankenhaus. 30 000 Menschen starben an den Folgen der Tschernobyl-Katastrophe von 1986. Jeder vierte Weißrusse war verstrahlt. Tschernobyl war nicht die erste Nuklearkatastrophe in der Geschichte der Sowjetunion – nur die schlimmste.

Der Aralsee, Usbekistan, Oktober 1997. Die kommunistische Industriepolitik verband wirtschaftliche Fehlfunktion mit verantwortungslosen Sünden an Natur und Umwelt. Das Sterben des Aralsees war – wie die Kontaminierung des Baikalsees – eine ökologische Katastrophe und eine ungeheure Hypothek auf die Zukunft.

Demonstranten in Kiew im September 1991 (eine Woche nach der ukrainischen Unabhängigkeit) zeigen Photos von NKWD-Opfern des Volkskommissariats für innere Angelegenheiten der DDR. In der Ukraine, der Stalin als Strafe eine Hungersnot verordnet hatte, war die Erinnerung an die sowjetische Repression besonders lebhaft.

Zigeuner (Roma) in Bukarest, 1996. In Europa gibt es schätzungsweise 5 Millionen Zigeuner, mindestens 2 Millionen von ihnen leben allein in Rumänien. Die Volksgruppe ist überall Vorurteilen und Übergriffen ausgesetzt (oder ihnen wird – wie in Großbritannien üblich – die Einreise verwehrt).

Diese Rumänin wurde im Dezember 2002 in Bukarest für 800 Dollar feilgeboten. Der Handel mit osteuropäischen Frauen hatte ein beängstigendes Ausmaß angenommen. Verbrechersyndikate führten Frauen und Mädchen aus Rumänien und der ehemaligen Sowjetunion durch falsche Versprechungen oder gewaltsam der Prostitution in Westeuropa und auf dem Balkan zu.

Während des Wartens auf seine EU-Mitgliedschaft trat Ungarn 1999 ersatzweise der Nato (als zweiter Wahl) bei und mußte prompt (wenn auch etwas widerwillig) zum Kriegseinsatz im Kosovo antreten.
Der Text des Transparents über dem Nato-Informationsstand auf der Internationalen Budapester Messe von 1997 lautet: »Am Tor der Nato«.

Im Juni 1989 begehen Serben den 600. Jahrestag der Schlacht auf dem Amselfeld, der Ort, an dem sich das mittelalterliche Serbien zum letzten Mal gegen die Türken aufgebäumt hatte. Slobodan Milošević schürte absichtlich historische Ressentiments, während er zugleich versprach, »die nationale und spirituelle« Integrität der Serben zu verteidigen.

Opfer des im Juli 1995 in Srebrenica verübten Massakers. Ein als UN-Friedenstruppe eingesetztes Kontingent bewaffneter holländischer Soldaten sah tatenlos zu, wie serbische Freischärler unter Radko Mladić 7000 bosnische Männer und Jungen aus der Stadt führten und erschossen.

Kosovo-Albaner, 21. März 1999. In der Schlußphase der jugoslawischen Sezessionskriege versuchte Milošević, die albanische Volksgruppe durch Terror zum Abzug zu bewegen. Diese offenkundige ethnische Säuberung veranlaßte die NATO erstmals in ihrer Geschichte zu einem – verspäteten – bewaffneten Eingreifen.

Die Türkei – ein überwiegend islamisches Land in Kleinasien – hat eine entschieden europäische »Berufung«. Bei seiner Rückkehr nach Ankara begrüßen seine Anhänger Ministerpräsident Erdogan im Dezember 2004 mit Fähnchen der Türkei und der EU, nachdem es ihm gelungen war, die EU auf ein Datum für den Beginn der Beitrittsverhandlungen festzulegen.

Frankreich – Gründungsmitglied der Europäischen Union – entschied sich in einem Referendum vom Mai 2005 gegen die vorgeschlagene Europäische Verfassung. Einige französische Wähler befürchteten zu geringe, andere zu starke europäische Eingriffe. Viele befürchteten auch einfach zuviel Europa – vor allem die Aufnahme der Türkei.

Jörg Haider, Vorsitzender der weit rechts stehenden Freiheitlichen Partei Österreichs. Trotz gelegentlicher Fehler distanzierte Haider sich mit Erfolg von Österreichs NS-Vergangenheit, während er zugleich andere Parteien und ausländisches »Gesindel« attackiert.

»Dänisch wählen!« Pia Kjærsgaard, deren Dänische Volkspartei 2001 bei den Wahlen einen Stimmanteil von 12 Prozent erreichte. Selbst in Skandinavien wurden die etablierten Parteien vom neuen Populismus genötigt, die eigene »Festigkeit« durch Einschränkung der Asylgewährung und der Ausländerrechte unter Beweis zu stellen.

Marokkaner im andalusischen Almería protestieren gegen spanischen Rassismus, Februar 2000. Obwohl weite Teile Westeuropas multikulturell geworden waren, gab es noch immer viele Vorurteile und Spannungen – insbesondere an der durchlässigen mediterranen Außengrenze der EU.

Somalische Frauen vor der Kirche Santa Maria Novella, Florenz 1997. Im Jahre 2000 lebten etwa 15 Millionen Muslime in der EU. Der Islam wies von allen Religionen Europas die höchsten Zuwachsraten auf – Ironie der Geschichte, verdankte das christliche Abendland diesen Umstand doch seiner imperialen Vergangenheit.

links: Tony Blairs »Dritter Weg« zwischen dem europäischen »Modell« und dem unbehinderten freien Markt – wie auch seine Versuche, zwischen der EU und Londons »besonderem Verhältnis« mit Washington einen Kompromiß zu finden – hatte nur bedingten Erfolg. Viele Briten begaben sich, wenn sie die Möglichkeit dazu hatten, zur ärztlichen Behandlung auf den Kontinent.

Jacques Chirac bei einer Feierstunde zum Gedenken an die Deportation von 13 000 Pariser Juden im Juli 1942. Chirac war, höchst anerkennenswert, der erste französische Staatspräsident, der sich zur Rolle Frankreichs bei der Endlösung bekannte. Er erklärte den Jahrestag zu einem Tag der »Trauer und Schande der Franzosen«.

Bundeskanzler Gerhard Schröder bei einer Rede zum 60. Jahrestag der Befreiung von Auschwitz. Die Vernichtung der europäischen Juden während des Krieges, in den ersten Nachkriegsjahrzehnten dem öffentlichen Bewußtsein auffallend weit entrückt, war ins Zentrum des offiziellen europäischen Gedenkens gerückt, in Deutschland wie in allen anderen Ländern.

XXIII
Die Vielgestaltigkeit Europas

Wir wären wahrlich weise, könnten wir die Zeichen unserer Zeit erkennen und durch Kenntnis ihrer Bedürfnisse und Vorteile unsere eigene Stellung in ihr vernünftig ausrichten. Blicken wir uns doch, statt wild in dunkle Fernen zu starren, ein Weilchen ruhig auf dem verworrenen Schauplatz um, auf dem wir uns befinden.

Thomas Carlyle

Der Schöpfer Europas machte es klein und teilte es sogar in winzige Stükke auf, so daß sich unsere Herzen nicht an der Größe, sondern an der Vielfalt erfreuten.

Karel Čapek

In Europa waren wir Asiaten, während wir in Asien zu den Europäern zählen.

Fjodor Dostojewski

Als der Kommunismus stürzte und die Sowjetunion zusammenbrach, rissen sie nicht nur ein ideologisches System, sondern auch die politischen und geographischen Koordinaten eines ganzen Kontinents mit sich. 45 Jahre lang – länger, als die Erinnerung der meisten Europäer reichte – wurde das unerfreuliche Resultat des Zweiten Weltkrieges eingefroren. Die willkürliche Teilung Europas hatte man, mit allem was sie nach sich zog, als unvermeidlich angesehen. Und jetzt war sie vollkommen aufgehoben. In der Rückschau bekamen die Nachkriegsjahrzehnte dadurch eine vollkommen andere Bedeutung. Einst als Beginn eines neuen Zeitalters permanenter ideologischer Polarisierung verstanden, wurden sie jetzt als das erkennbar, was sie wirklich waren: ein ausgedehnter Epilog des europäischen Bürgerkrieges, der 1914 begonnen hatte, ein 40jähriges Interregnum von Adolf Hitlers Niederlage bis zur endgültigen Beseitigung der Folgen, die sein Krieg hinterlassen hatte.

Mit dem Untergang der Welt von 1945 bis 1989 rückten ihre Illusionen deutlicher in den Blick. Das vielgepriesene »Wirtschaftswunder« im westlichen Nachkriegseuropa hatte die Region im Welthandel und der Produktion wieder auf den

Stand gebracht, den sie in den Jahren 1914 bis 1945 eingebüßt hatte, mit wirtschaftlichen Wachstumsraten, die im großen und ganzen mit denen Ende des 19. Jahrhunderts zu vergleichen waren. Das war keine geringe Leistung, aber auch nicht ganz der Durchbruch zu unendlich wachsendem Wohlstand, den die Zeitgenossen einst so frohgemut erwartet hatten.

Im übrigen war die wirtschaftliche Gesundung nicht trotz, sondern dank des Kalten Krieges erreicht worden. Wie einst die osmanische Gefahr ließ der Schatten des Sowjetreichs Europa zwar schrumpfen, versah aber den überlebenden Rumpf mit den Vorzügen der Einheit. Ohne die gefangenen Europäer in ihrem Osten konnten sich die Bürger Westeuropas frei entfalten – frei von jeder Verpflichtung, sich um die Armut und Rückschrittlichkeit in den Nachfolgestaaten der alten kontinentalen Reiche zu kümmern, und durch die amerikanische Schutzmacht gegen alle politischen Nachwirkungen abgesichert. Aus der Sicht des Ostens war das ein Tunnelblick. Nach dem Zusammenbruch des Kommunismus und dem Zerfall des Sowjetreichs ließ er sich nicht mehr aufrechterhalten.

Ganz im Gegenteil. Der schöne Kokon des westlichen Nachkriegseuropas – mit seinen Wirtschaftsgemeinschaften und Freihandelszonen, seinen beruhigenden außenpolitischen Bündnissen und überflüssigen Binnengrenzen – erschien plötzlich brüchig, war der Halbkontinent doch genötigt, auf die enttäuschten Erwartungen der prospektiven »Euro-Bürger« im Osten zu reagieren, und nicht mehr in der selbstverständlichen Beziehung zur Großmacht jenseits des westlichen Meeres verankert. Da die Westeuropäer beim Entwurf einer gemeinsamen europäischen Zukunft wieder gezwungen waren, die ausgedehnten östlichen Grenzgebiete einzubeziehen, wurden sie zwangsläufig in die gemeinsame europäische Vergangenheit zurückgeworfen.

Infolgedessen nahmen die Jahre 1945 bis 1989 einen eher beiläufigen Charakter an. Offener Krieg zwischen Staaten, 300 Jahre lang ein konstituierendes Element der europäischen Lebensweise, hatte zwischen 1913 und 1945 apokalyptische Ausmaße angenommen. Rund sechzig Millionen Europäer starben in der ersten Hälfte des 20. Jahrhunderts bei Kriegen oder staatlich gefördertem Töten. Doch von 1945 bis 1989 waren zwischenstaatliche Kriege von der europäischen Bildfläche verschwunden.[1] Zwei Generationen von Europäern wuchsen unter dem bislang unvorstellbaren Eindruck auf, daß der Frieden die natürliche Ordnung der Dinge sei. Als eine Fortsetzung der Politik wurde der Krieg (und die ideologische Konfrontation) in die sogenannte Dritte Welt verlagert.

Allerdings sollten wir darüber nicht vergessen, daß die kommunistischen Staaten zwar Frieden mit ihren Nachbarn hielten, aber eine charakteristische Form des Dauerkrieges gegen die eigenen Gesellschaften führten – meist als strenge Zensur, verordneter Mangel und repressive Überwachung, gelegentlich aber auch in Gestalt offener Konflikte, vor allem 1953 in Berlin, 1956 in Budapest, 1968 in Prag und von 1968 bis 1981 sporadisch in Polen, danach als Kriegsrecht. In Osteuropa stellen sich die Nachkriegsjahrzehnte im kollektiven Gedächtnis ganz anders (wenn auch nicht weniger parenthetisch) dar. Doch verglichen mit dem, was vorher war, hatte auch Osteuropa ein Zeitalter ungewöhnlicher, wenn auch ungewollter Ruhe durchlebt.

Ob die Zeit nach dem Zweiten Weltkrieg, die mit dem Beginn der neuen Welt(un)ordnungen jetzt rasch in Vergessenheit geriet, ein Objekt nostalgischer Sehnsucht und Wehmut wurde, hing in hohem Maße davon ab, wo und wann man geboren war. Zu beiden Seiten des Eisernen Vorhangs blickten die Kinder der sechziger Jahre – das heißt, die Kerngruppe der Babyboomer-Generation, die zwischen 1946 und 1951 geboren wurde – sicherlich liebevoll auf »ihr« Jahrzehnt zurück, hatten sie doch schöne Erinnerungen daran und eine übertriebene Vorstellung von seiner Bedeutung. Zumindest im Westen waren ihre in die Jahre gekommenen Eltern dankbar für die politische Stabilität und materielle Sicherheit der Epoche, verglichen mit den Schrecken, die vorangegangen waren.

Die Generation hingegen, die zu jung war, um sich an die sechziger Jahre zu erinnern, war häufig genervt von der solipsistischen Selbstbeweihräucherung der alternden Zeitzeugen. Viele ältere Menschen, die den größten Teil ihres Lebens unter dem Kommunismus verbracht hatten, erinnerten sich nicht nur an gesicherte Arbeitsplätze, billige Mieten und sichere Straßen, sondern auch und vor allem an ein graues Einerlei von vergeudeter Begabung und gescheiterten Hoffnungen. Zu beiden Seiten der politischen Wasserscheide gab es zudem Grenzen dessen, was sich aus den geschichtlichen Trümmern des 20. Jahrhunderts bergen ließ. Friede, Wohlstand und Sicherheit, gewiß, aber die optimistischen Überzeugungen eines früheren Zeitalters waren für immer dahin.

Bevor der Wiener Romancier und Kulturkritiker Stefan Zweig 1942 Selbstmord beging, schrieb er sehnsuchtsvoll von der verlorenen Welt Europas vor 1914 und meinte, man müsse »Mitleid« mit denen haben, die in jenen letzten Jahren der Zuversicht nicht jung gewesen seien. Sechzig Jahre später, am Ende des 20. Jahrhunderts war fast alles wiederhergestellt oder wiederaufgebaut. Doch die Zuversicht, mit der die Europäer der Zweigschen Generation in das Jahrhundert eingetreten waren, ließ sich nie ganz wiedergewinnen – zuviel war geschehen. Die Europäer der Zwischenkriegszeit, die sich noch an die Belle Époque erinnerten, mochten murmeln »wenn nur«, doch nach dem Zweiten Weltkrieg war das überwältigende Gefühl bei allen, die an die 30jährige Katastrophe des Kontinents dachten: »nie wieder«.[2]

Kurzum, es gab keinen Weg zurück. Der Kommunismus in Osteuropa war die falsche Antwort auf eine reale Frage gewesen. Der gleichen Frage – wie sich die

Katastrophe der ersten Hälfte des 20. Jahrhunderts überwinden lasse – hatte man sich in Westeuropa angenommen, indem man die jüngere Geschichte ganz ausklammerte, die Erfolge aus der zweiten Hälfte des *19. Jahrhunderts* teilweise wiederholte – innenpolitische Stabilität, erhöhte Produktivität der Wirtschaft, stetige Expansion des Außenhandels – und sie »Europa« nannte. Nach 1989 sah sich das wohlhabende, postpolitische Westeuropa erneut mit seinem östlichen Doppelgänger konfrontiert, und »Europa« mußte überdacht werden.

Die Aussicht, den Kokon aufzugeben, wurde, wie gezeigt, nicht überall freudig begrüßt. Jacek Kuroń übertrieb durchaus nicht, als er im März 1993 in der polnischen Zeitschrift *Polityka* die Vermutung äußerte, daß »sich einige westliche Politiker nach der alten Weltordnung und der UdSSR zurücksehnen«. Doch diese »alte Weltordnung« – der wohlvertraute *Stillstand* der letzten vier Jahrzehnte – war für immer dahin. Die Europäer waren jetzt nicht nur mit einer ungewissen Zukunft konfrontiert, sondern auch mit einer Vergangenheit, die sich rasch wandelte. Was einst ganz einfach war, wurde jetzt wieder ziemlich kompliziert. Am Ende des 20. Jahrhunderts begannen eine halbe Milliarde Menschen auf den westlichen Ausläufern der eurasischen Landmasse immer intensiver, nach ihrer Identität zu fragen. Wer ist Europäer? Was heißt es, Europäer zu sein? Was *ist* Europa – und wie soll es nach dem Willen der Europäer sein?

Der Versuch, das Wesen »Europas« herauszudestillieren, bringt wenig. Die »Idee Europas« – schon an sich ein strittiges Thema – hat eine lange, teilweise durchaus achtbare Geschichte. Doch obwohl eine gewisse »Idee« Europas – in einer Reihe von Konventionen und Verträgen beschworen – der Union zugrunde liegt, zu der heute die meisten Europäer gehören, vermittelt sie nur einen sehr partiellen Eindruck von dem Leben, das sie dort führen. In einem Zeitalter des demographischen Wandels und der Migration sind die Europäer heute zahlreicher und heterogener als je zuvor. Jede Erklärung ihrer gemeinsamen Lebensbedingungen am Ende des 21. Jahrhunderts muß zunächst diese Vielfalt anerkennen, die einander überschneidenden Umrisse und Bruchlinien europäischer Identität und Erfahrung kartieren.

Der Ausdruck »kartieren« ist bewußt gewählt. Europa ist schließlich ein geographischer Raum. Doch seine Grenzen sind seit jeher mehr als nur ein bißchen fließend. Die alten Grenzen – Rom und Byzanz, das Heilige Römische Reich und das christliche Europa – entsprechen späteren politischen Unterteilungen genügend, um auf echte Kontinuität schließen zu lassen. Die beunruhigenden Berührungspunkte des germanischen und slawischen Europas waren einem Autor aus dem 11. Jahrhundert wie Adam von Bremen schon genauso klar wie uns. Die mittelalterlichen Grenzen der katholischen und orthodoxen Christenheit von Polen bis Serbien verliefen weitgehend so, wie wir sie heute vorfinden; und das Konzept eines Europas, das durch die Elbe in Ost und West geteilt wird, wäre den Verwaltungsbeamten des Karolingerreichs schon vertraut gewesen, hätten sie in solchen Kategorien gedacht.

Doch ob solche seit alters existierenden Grenzen irgendeinen Anhaltspunkt bieten, wo denn *Europa* zu finden sei, hängt vom Standpunkt des Betrachters ab. Um einen bekannten Fall zu nehmen: Im 18. Jahrhundert waren die meisten Ungarn und Böhmen schon seit Jahrhunderten Katholiken und viele von ihnen deutschsprachig. Doch für die aufgeklärten Österreicher begann »Asien« trotzdem an der »Landstraße«, der östlichen Ausfallstraße Wiens. Als Mozart 1787 von Wien aus nach Prag fuhr, schrieb er, er habe eine *orientalische* Grenze überschritten. Ost und West, Asien und Europa waren immer ebensosehr Mauern in den Köpfen wie Linien auf der Erde.

Da Europa bis in die jüngere Zeit nicht in Staaten unterteilt, sondern Imperien eingegliedert war, ist es vielleicht einfach, sich die äußeren Markierungen des Kontinents nicht als Grenzlinien, sondern als unbestimmte Randgebiete, Regionen zu denken – Marken, Limes, Militärgrenzen, Krajina: Zonen imperialer Eroberung und Besiedlung, topographisch nicht immer exakt, aber doch einen wichtigen politischen und kulturellen Randbezirk bezeichnend. Vom Baltikum bis zum Balkan verstehen sich diese Regionen und ihre Bewohner seit Jahrhunderten als Außenposten der Zivilisation, die verwundbaren und empfindlichen Punkte, wo die vertraute Welt endet und wo es gilt, die Barbaren fernzuhalten.

Doch diese Grenzländer sind veränderlich und haben sich mit der Zeit und den Umständen oft verlagert. Die geographischen Konsequenzen können verwirrend sein. Polen, Litauer und Ukrainer haben sich in Literatur und politischen Mythen oft als Grenzwächter »Europas« (oder der Christenheit) dargestellt.[3] Doch schon ein kurzer Blick auf die Karte genügt, um zu erkennen, daß sich ihre Behauptungen gegenseitig ausschließen: Sie können nicht alle recht haben. Das gleiche gilt für die konkurrierenden ungarischen und rumänischen Erzählungen oder die Beteuerungen der Kroaten und Serben, es sei *ihre* südliche Grenze (mit den Serben beziehungsweise den Türken), welche die entscheidende äußere Verteidigungslinie des zivilisierten Europas bilde.

Diese Verwirrung zeigt, daß die betroffenen Staaten und Völker Europas Außengrenzen seit Jahrhunderten große Bedeutung beimessen, um ihre konkurrierenden Ansprüche auf Zugehörigkeit zu vertreten. »In« Europa zu sein, verlieh ein gewisses Maß an Sicherheit – die Gewißheit oder zumindest das Versprechen –, Zuflucht und Aufnahme zu finden. Im Laufe der Jahrhundert diente es in zunehmendem Maße als Ursprung kollektiver Identität. Ein »Grenzstaat« zu sein, lebendes Beispiel und Wächter der zentralen Werte europäischer Zivilisation, machte einen verwundbar, aber auch stolz. Daher war das Gefühl, von »Europa« ausgeschlossen und von ihm vergessen worden zu sein, und die sowjetische Herrschaft für viele mittel- und osteuropäische Intellektuelle besonders demütigend.

Im Falle Europas geht es also nicht in erster Linie um *absolute* Geographie – wo ein Land oder ein Volk sich tatsächlich befindet –, sondern um *relative* Geographie: wo sie sich relativ zu anderen befinden. Am Ende des 20. Jahrhunderts beteuerten Schriftsteller und Politiker in Ländern wie Moldawien, der Ukraine oder Armenien ihr »Europäertum«, nicht aus historischen oder geographischen Gründen (was plausibel sein könnte oder auch nicht), sondern in Abwehr *gegenüber* Geschichte und Geographie gleichermaßen. Pauschal vom moskowitischen Imperium freigegeben, bemühen sich diese postimperialen Waisenstaaten nun um eine andere »imperiale« Hauptstadt: Brüssel.[4]

Was sich diese peripheren Nationen von der vagen Aussicht auf Einbindung in das neue Europa erhofften, war weniger wichtig als das, was sie Gefahr liefen zu verlieren, wenn sie ausgeschlossen blieben. Die Folgen eines Ausschlusses waren in den ersten Jahren des neuen Jahrhunderts auch dem flüchtigsten Besucher ersichtlich. Alles, was einst an Städten wie Czernowitz in der Ukraine oder Kischinow in Moldawien kosmopolitisch und »europäisch« war, ist ihnen durch die nationalsozialistische und sowjetische Herrschaft ausgetrieben worden. Das umgebende Land war selbst jetzt noch »eine vormoderne Welt der schmutzigen Straßen und Pferdekarren, der Brunnen vor den Häusern und der Filzstiefel, des grenzenlosen Schweigens und der samtschwarzen Nächte«.[5] Bei der Identifikation mit »Europa« ging es nicht um eine gemeinsame Vergangenheit, die längst und gründlich zerstört war, sondern darum, die Forderung – wie ungewiß und verzagt auch immer – nach einer gemeinsamen Zukunft geltend zu machen.

Die Furcht, nicht in Europa aufgenommen zu werden, war nicht auf die äußeren Ränder des Kontinents beschränkt. Aus Sicht der rumänischsprachigen Moldawier waren ihre westlichen Nachbarn im eigentlichen Rumänien von der Geschichte gesegnet. Im Gegensatz zu Moldawien wurde Rumänien vom Westen als legitimer, wenn auch noch unzulänglicher Kandidat für die EU-Mitgliedschaft angesehen, womit ihm eine wirklich *europäische* Zukunft sicher war. Doch von Bukarest aus gesehen, ändert sich das Bild; da lief Rumänien Gefahr, ausgeschlossen zu werden. 1989, als Nicolae Ceauşescus Kollegen endlich Anstalten machten, ihn zu stürzen, setzten sie einen Brief auf, in dem sie dem *Conducator* vorwarfen, er versuche, die europäischen Wurzeln der Nation zu kappen: »Rumänien ist und bleibt ein europäisches Land … Sie haben angefangen, die Geographie der ländlichen Gebiete zu verändern, aber Sie können Rumänien nicht nach Afrika verlegen.« Im selben Jahr schrieb der alternde rumänische Dramatiker Eugène Ionescu, sein Geburtland sei »im Begriff, Europa auf immer zu verlassen, und das heißt, die Geschichte zu verlassen«. Das war durchaus keine neue Sorge. 1972 brachte E. M. Cioran in einem Rückblick auf die schreckliche Geschichte seines Landes eine verbreitete rumänische Unsicherheit zum Ausdruck: »Am meisten bedrückte mich eine Karte des Osmanischen Reichs. Als ich sie betrachtete, verstand ich unsere Vergangenheit und alles andere.«[6]

Die Rumänen haben – wie die Bulgaren, Serben und andere Völker – guten Grund zu der Annahme, daß der »Kern« Europas sie als Außenseiter sieht (wenn er sie überhaupt sieht) – hin und hergerissen zwischen der defensiven Beteuerung ihres Ureuropäertums (in Literatur, Architektur, Topographie etc.) einerseits und der Einsicht in die Hoffnungslosigkeit ihres Falls und der trotzigen Abwendung vom Westen andererseits. In der Zeit nach dem Kommunismus waren beide Reaktionen zu beobachten. Während der ehemalige rumänische Ministerpräsident Adrian Nastăse den Lesern von *Le Monde* im Juli 2001 den »Mehrwert« beschrieb, den Rumänien Europa bringen werde, stellten seine rumänischen Landsleute mehr als die Hälfte aller Ausländer, die beim Versuch gefaßt wurden, die polnisch-deutsche Grenze illegal zu überschreiten. In einer Umfrage, die Anfang des neuen Jahrhunderts durchgeführt wurde, gaben 52 Prozent der Bulgaren (und eine überwältigende Mehrheit der Unterdreißigjährigen) an, daß sie, hätten sie die Möglichkeit, aus Bulgarien auswandern würden – am liebsten nach »Europa«.

Dieses Gefühl, sich an der Peripherie der Mitte anderer zu befinden, gewissermaßen Europäer zweiter Klasse zu sein, ist heute weitgehend auf ehemals kommunistische Länder beschränkt, fast alle in jener Zone der kleinen Nationen, deren Entstehung Tomáš G. Masaryk vorhersah – vom Nordkap bis zum Kap Matapan auf dem Peloponnes. Doch das war nicht immer so. Vor nicht allzu langer Zeit waren die anderen Ränder des Kontinents genauso peripher – wirtschaftlich, sprachlich, kulturell. Der Dichter Edwin Muir beschrieb, daß er in seiner Kindheit 1901 von den Orkneys nach Glasgow gezogen sei und dabei »150 Jahre in einer zweitägigen Reise zurückgelegt« habe. Dieses Gefühl wäre auch noch 50 Jahre später nicht unangebracht gewesen. Bis weit in die achtziger Jahre hinein hatten die Hochebenen und Inseln an Europas Rändern – Sizilien, Irland, Nordschottland, Lappland – mehr miteinander und ihrer Vergangenheit gemein als mit den prosperierenden Ballungsgebieten der Mitte.

Selbst heute – sogar vor allem heute – ist kein Verlaß darauf, daß die Bruchlinien und Randgebiete auch wirklich den nationalen Grenzen folgen. Der Rat der Ostseestaaten ist ein gutes Beispiel. 1992 gegründet, umfaßt er die skandinavischen Länder – Dänemark, Finnland, Norwegen und Schweden –, die baltischen Länder der ehemaligen UdSSR – Estland, Lettland, Litauen –, außerdem Deutschland, Polen, Rußland (und seit 1995, unter Mißachtung der Geographie, aber auf skandinavisches Verlangen, Island). Diese symbolische Bekräftigung alter Handelsverbindungen wurde von einstigen Hansestädten wie Hamburg und Lübeck nachdrücklich begrüßt. Noch glücklicher waren die Stadtväter von Tallinn (Reval) und Danzig, die sich begeistert in der Mitte einer wiedererfundenen (und westlich geprägten) Ostseegemeinschaft positionierten und die Gelegenheit ergriffen, um von ihrem kontinentalen Hinterland und ihrer jüngeren Vergangenheit abzurücken.

Doch in anderen Regionen einiger Teilnehmerländer, vor allem Deutschland und Polen, bedeutet die Ostsee wenig. Im Gegenteil: In jüngeren Jahren hat die Aussicht auf Deviseneinkünfte aus dem Tourismus beispielsweise Krakau veranlaßt, seine südliche Lage zu betonen und seine einstige Rolle als Hauptstadt des habsburgischen »Galiziens« zu vermarkten. München und Wien konkurrieren zwar um grenzüberschreitende Industrieinvestitionen, haben aber trotzdem ihre gemeinsame alpine Tradition entdeckt, die zusätzlichen Auftrieb durch den Fortfall der Grenze zwischen Südbayern, Salzburger Land und Tirol erhält.

Regionale Kulturunterschiede spielen also ganz offensichtlich eine Rolle – wenn auch weniger als wirtschaftliche Unterschiede. Österreich und Bayern verbindet mehr als nur der süddeutsche Katholizismus und das Alpenpanorama. Im Laufe der letzten Jahrzehnte haben sich beide in Hochlohngebiete der Dienstleistungswirtschaft verwandelt, die stärker auf Technik als auf Arbeitskraft beruhen und an Produktivität und Prosperität die älteren Industrieregionen weiter nördlich übertreffen. Wie Katalonien, wie Italiens Lombardei und die Emilia-Romagna, Frankreichs Rhône-Alpes und die Île de France bilden Süddeutschland und Österreich – dazu die Schweiz, Luxemburg und Teile von Belgisch-Flandern – zusammen eine wirtschaftlich privilegierte Zone Europas.

Obwohl Armut und wirtschaftliche Benachteiligung im ehemaligen Ostblock nach absoluten Maßstäben noch immer am höchsten waren, traten die krassesten Gegensätze jetzt *innerhalb* der Länder auf, nicht zwischen ihnen. Sizilien, Mezzogiorno und Südspanien hinkten hinter dem boomenden Norden immer noch genauso weit her wie schon seit Jahrzehnten. Ende der neunziger Jahre war die Arbeitslosigkeit in Süditalien dreimal so hoch wie im Norden von Florenz, während der Abstand zwischen dem Bruttoinlandsprodukt pro Kopf im Norden und im Süden sogar größer als in den fünfziger Jahren war.

Auch in Großbritannien hatte sich der Abstand zwischen den wohlhabenden Regionen des Südostens und den ehemaligen Industrierevieren weiter im Norden in den letzten Jahren vergrößert. London hatte natürlich einen Aufschwung erlebt. Obwohl sich die britische Hauptstadt der Eurozone ferngehalten hatte, war sie jetzt das unangefochtene Finanzzentrum des Kontinents und entwickelte eine forsche, hochtechnisierte Energie, neben der andere europäische Großstädte blaß und alt aussahen. Angefüllt mit jungen Hochschulabsolventen und weit offener für die Gezeitenbewegungen der kosmopolitischen Kulturen und Sprachen als andere europäische Metropolen, schien London am Ende des 20. Jahrhunderts das Flair seiner Swinging Sixties wiedergefunden zu haben – opportunistisch verkörpert in dem neuen Namen, den die Blairisten für ihr Land fanden: »Cool Britannia«.

Doch der Glanz war hauchdünn. Auf dem aufgeblähten Immobilienmarkt der überfülltesten Metropole Europas konnten die Busfahrer, Krankenschwestern, Haus- und Gebäudereiniger, Lehrer, Polizisten und Kellner, die als Dienstleister für die neuen kosmopolitischen Briten tätig waren, es sich nicht mehr leisten, in deren Nähe zu wohnen, und waren gezwungen, ihre Wohnungen immer weiter und weiter entfernt zu suchen und sich als Pendler auf den meistbefahrenen Straßen Europas oder auf dem teuren und erneuerungsbedürftigen Schienennetz des Landes durchzuschlagen, so gut es ging. Jenseits der äußeren Grenzen von Groß-London, das seine Tentakel jetzt weit in den ländlichen Südwesten ausstreckte, kam es zu regionalen Kontrasten, wie es sie in der jüngeren englischen Geschichte noch nie gegeben hatte.

Am Ende des 20. Jahrhunderts waren es von den 10 Verwaltungsbezirken Englands nur 3 (London, South East und East Anglia), die das durchschnittliche Pro-Kopf-Vermögen des Landes erreichten oder übertrafen. Der gesamte Rest des Landes war ärmer, manchmal sogar erheblich ärmer. Der Nordosten Englands, einst das Kernland des Berg- und Schiffbaus, hatte nur 60 Prozent des Pro-Kopf-Bruttoinlandsprodukts von London. Nach Griechenland, Portugal, dem ländlichen Spanien, Süditalien und den neuen Bundesländern Deutschlands war Großbritannien im Jahr 2000 der größte Nutznießer der EU-Strukturfonds – mit anderen Worten, Teile Großbritanniens gehörten zu den notleidendsten Regionen der Europäischen Union. Die landesweit moderaten Beschäftigungszahlen, eine vielgerühmte Quelle des Stolzes für Thatcheristen und Blairisten gleichermaßen, wurden durch die unverhältnismäßig hohen Werte der prosperierenden Hauptstadt verzerrt. Die Arbeitslosigkeit im Norden Englands blieb immer in der Nähe der ärgsten Quoten Kontinentaleuropas.

Die ausgeprägten regionalen Unterschiede von Wohlstand und Armut in Großbritannien waren zwar durch eine schlecht geplante Wirtschaftspolitik noch verstärkt worden, ergaben sich aber auch zwangsläufig aus dem Ende des industriellen Zeitalters. Insofern waren sie gewissermaßen organisch. In Deutschland waren entsprechende Ungleichheiten jedoch die direkte, wenn auch unbeabsichtigte Folge einer politischen Entscheidung. Die Aufnahme der neuen Bundesländer in ein vereinigtes Deutschland hatte zwischen 1991 und 2004 mehr als 1 000 Milliarden Euro an Transferzahlungsgeldern und Subventionen gekostet. Doch statt den Westen einzuholen, begannen die östlichen Regionen Deutschlands Ende der neunziger Jahre noch weiter zurückzufallen.

Für deutsche Privatfirmen gab es keinen Anreiz, sich im Osten – in Sachsen oder Mecklenburg-Vorpommern – anzusiedeln, wenn sie bessere Arbeiter für geringere Löhne (neben geeigneteren Verkehrsinfrastrukturen und Dienstleistungssektoren) in der Slowakei oder Polen finden konnten. Alternde Bevölkerungsgruppen, schlechter Ausbildungsstand, geringe Kaufkraft, Abwanderung qualifizierter Arbeitskräfte nach Westen und eine tiefverwurzelte Feindseligkeit gegenüber Fremden bei denen, die zurückgeblieben waren, führten dazu, daß Ostdeutschland ausgesprochen unattraktiv für Investoren war, die jetzt viele andere Optionen hatten. 2004 betrug die Arbeitslosigkeit in den alten Bundesländern 8,5 Prozent, in den neuen mehr als 19 Prozent. Im September gewann die rechtsradikale NPD 9 Prozent der Stimmen und war mit 12 Abgeordneten im sächsischen Landtag vertreten.

Die Kluft wechselseitiger Abneigung, welche die »Wessis« von den »Ossis« trennte, betraf nicht nur Arbeitsplätze und Arbeitslosigkeit oder Wohlstand und Armut, obwohl dies aus östlicher Sicht das offenkundigste und schmerzlichste Symptom war. Die Deutschen wurden, wie alle anderen Nationen im neuen Europa, zunehmend durch eine Reihe neuer Kriterien getrennt, die quer zu den konventionellen geographischen oder wirtschaftlichen Grenzen verliefen. Auf der einen Seite stand eine kultivierte Elite von *Europäern*: Männer und Frauen, meist jung, weitgereist und hochgebildet, die oft an zwei oder drei verschiedenen Universitäten im europäischen Ausland studiert hatten. Ihre Qualifikationen und Berufe erlaubten ihnen, Arbeit überall in der Europäischen Union zu finden: von Kopenhagen bis Dublin, von Barcelona bis Frankfurt. Hohe Einkommen, niedrige Flugpreise, offene Grenzen und ein integriertes Schienennetz (siehe unten) begünstigten eine mühelose und ständige Mobilität. Zum Zwecke von Konsum, Freizeit und Unterhaltung, aber auch aus beruflichen Gründen reiste diese neue Klasse von Europäern unbekümmert und selbstsicher quer durch den Kontinent – wie die mittelalterlichen fahrenden Scholaren, die zwischen Bologna, Salamanca und Oxford unterwegs waren, verständigten sie sich in einer kosmopolitischen *Lingua franca* – damals Latein, heute Englisch.

Auf der anderen Seite des Grabens finden wir die nach wie vor weit überwiegende Mehrheit, die nicht am Leben dieses schönen neuen Kontinents teilnehmen kann oder sich (noch?) nicht dazu entschlossen hat: Millionen von Europäern, die durch Mangel an Fertigkeiten, Ausbildung, Qualifikation, Gelegenheit oder Mitteln bleiben müssen, wo sie sind. Diese Männer und Frauen, die *Leibeigenen* in Europas neuer mittelalterlicher Landschaft, konnten nicht so leicht vom gemeinsamen EU-Markt für Güter, Dienstleistungen und Arbeit profitieren. Vielmehr blieben sie an ihr Land oder ihre Gemeinde gebunden, eingeschränkt durch die Unvertrautheit mit fernen Möglichkeiten und fremden Sprachen und häufig »Europa« gegenüber weit feindseliger als ihre kosmopolitischen Mitbürger.

Dieser neue internationale Klassenunterschied, der die alten nationalen Gegensätze allmählich verwischte, wies zwei bemerkenswerte Ausnahmen auf. Für Handwerker und Gelegenheitsarbeiter aus Osteuropa standen die neuen Arbeitsmöglichkeiten in London, Hamburg oder Barcelona ganz in der alten Tradition der Wanderarbeit oder der saisonalen Beschäftigung im Ausland offen. Es hatte immer Männer gegeben (und es waren überwiegend Männer gewesen), die in ferne Länder reisten, um Arbeit zu finden – ohne Fremdsprachenkenntnisse, von ihren Gastgebern mit feindseligem Mißtrauen betrachtet und in jedem Fall gewillt, mit den sorgsam zusammengetragenen Ersparnissen wieder zurückzukehren. Daran war nichts besonders Europäisches, und bei slowakischen Anstreichern bestand – wie bei den türkischen Fließbandarbeitern und senegalesischen Hausierern vor ihnen – nur eine geringe Wahrscheinlichkeit, daß sie in Brüssel dinieren, in Italien Urlaub machen oder in London einkaufen würden. Trotzdem war auch ihnen jetzt eine unverkennbar *europäische* Lebensform eigen.

Die zweite Ausnahme waren die Briten – oder vielmehr die notorisch euroskeptischen Engländer. Von den meteorologischen Beeinträchtigungen der heimischen Breiten ins Ausland getrieben und in der Lage, mit einer post-thatcheristischen Flotte von Billigfliegern an jeden Ort Kontinentaleuropas zu gelangen, manchmal für weniger als den Preis eines einfachen Restaurantessens, gehörte eine neue Generation von Briten, die nicht gebildeter war als ihre Eltern, Anfang des 21. Jahrhunderts zu den reisefreudigsten, wenn auch nicht gerade kosmopolitischsten Europäern überhaupt. Die Ironie dieses Kontrastes zwischen der verbreiteten Verachtung und Skepsis der Engländer gegenüber den Institutionen und Bestrebungen »Europas« und dem überwältigenden Verlangen der Engländer, eben dort ihren Urlaub zu verbringen und ihr Geld auszugeben, entging den kontinentalen Beobachtern durchaus nicht, für die es eine verwirrende Kuriosität blieb.

Nun brauchten aber die Briten – wie die Iren – keine Fremdsprachen zu lernen. Sie sprachen bereits Englisch. In anderen Ländern wurde (wie erwähnt) die Fremdsprachenbeherrschung rasch zum primären Unterscheidungsmerkmal, zum Maß für die soziale Stellung des einzelnen und die kollektive kulturelle Leistungsfähigkeit. In kleinen Ländern wie Dänemark oder den Niederlanden hatte sich längst die Erkenntnis durchgesetzt, daß die Einsprachigkeit, noch dazu in einer Sprache, die niemand sonst sprach, ein Handikap war, das sich die Nation nicht mehr leisten konnte. An der Universität Amsterdam studierte man jetzt in englischer Sprache, so wie man von den meisten einfachen Bankangestellten in einer dänischen Provinzbank erwartete, daß sie eine Transaktion souverän auf englisch vorzunehmen vermochten. Hilfreich war dabei sicherlich der Umstand, daß in Dänemark und den Niederlanden – wie in vielen anderen kleinen europäischen Ländern – Studenten und Bankangestellte schon lange zumindest gute passive Sprachkenntnisse besaßen, weil sie im Fernsehen viele nichtsynchronisierte englischsprachige Sendungen sahen.

In der Schweiz, wo jeder Einwohner mit höherer Schulbildung drei und manchmal vier der einheimischen Sprachen beherrscht, hielt man es trotzdem für leichter und taktvoller, sich des Englischen zu bedienen (der Muttersprache keines der Beteiligten), wenn man sich mit jemandem aus einem anderen Teil des Landes unterhielt. Auch in Belgien, wo es, wie beschrieben, für Wallonen oder Flamen weit ungewöhnlicher ist, sich in der Sprache der anderen Gruppe ausdrücken zu können, verständigen sich beide Seiten meist auf englisch.

In Ländern, wo die Regionalsprachen – Katalanisch beispielsweise oder Baskisch – jetzt offiziell gelehrt wurden, war es für junge Leute (Generation E – für Europa –, wie man jetzt häufig sagte) nicht ungewöhnlich, daß sie pflichtgemäß die einheimische Sprache lernten, aber in ihrer Freizeit – aus jugendlicher Auflehnung, gesellschaftlichem Snobismus oder aufgeklärtem Eigeninteresse – englisch *sprachen*. Der Verlierer war nicht die Minderheitensprache oder der Dialekt – der ohnehin nur eine eingeschränkte regionale Vergangenheit und keine internationale Zukunft hatte –, sondern die Landessprache des umgebenden Staates. Da Englisch jetzt die übliche Verkehrssprache war, wurden andere bedeutende Sprachen in den Hintergrund gedrängt. In seiner Funktion als *europäische* Sprache wurde das Spanische, wie das Portugiesische oder das Italienische, außerhalb seines Heimatlandes kaum noch gelehrt. Als Kommunikationsmittel blieb es nur dank seines Status als offizielle Sprache der Europäischen Union erhalten.[7]

Auch Deutschland verlor rasch seinen Platz in der Oberliga der europäischen Sprachen. Die Fähigkeit, Deutsch zu lesen, war einst obligatorisch für jeden gewesen, der in der internationalen wissenschaftlichen Gemeinschaft Fuß fassen wollte. Zusammen mit dem Französischen war Deutsch auch eine Universalsprache der gebildeten Europäer gewesen – und bis zum Krieg war es sogar verbreiteter als das Französische, war es doch von Straßburg bis Riga in täglichem Gebrauch.[8] Doch mit der Vernichtung der Juden, der Vertreibung der Deutschen und der Ankunft der Sowjets wandten sich Mittel- und Osteuropa jäh von der deutschen Sprache ab. Eine ältere Generation in den Städten war zwar noch in der Lage, Deutsch zu lesen und – seltener – zu sprechen, und in den isolierten deutschen Volksgruppen von Siebenbürgen und anderen Regionen führte es noch eine marginale Existenz von geringer praktischer Bedeutung, doch alle anderen lernten Russisch – oder wurden zumindest darin unterrichtet.

Die Verknüpfung der russischen Sprache mit der sowjetischen Besatzung nahm ihr viel von ihrem Reiz, sogar in Ländern wie der Tschechoslowakei oder Polen, wo die sprachliche Verwandtschaft groß ist. Obwohl die Bürger der Satellitenstaaten gehalten waren, Russisch zu lernen, machten die meisten Menschen kaum Anstrengungen, die Sprache wirklich zu meistern, und schon gar nicht, sie zu sprechen, wenn sie nicht dazu gezwungen waren.[9] Wenige Jahre nach dem Sturz des Kommunismus war bereits klar, daß ein paradoxer Effekt der Besatzung durch Deutschland und die Sowjetunion darin bestand, jede noch erhaltene Vertrautheit mit den Sprachen der Besatzer auszulöschen. In den Ländern, die so lange zwischen Rußland und Deutschland eingezwängt waren, zählte jetzt nur noch eine Fremdsprache. »Europäisch« zu sein hieß nach 1989 in Osteuropa, vor allem für die jungen Menschen, *Englisch* zu sprechen.

Für deutsche Muttersprachler in Österreich, der Schweiz oder selbst in Deutschland war die ständige Provinzialisierung ihrer Sprache – in einem Maße, daß selbst Nationalitäten, wie die Holländer, deren Sprache sich direkt aus dem Deutschen entwickelt hatte, sie nicht mehr in größerem Umfang lernten oder verstanden – eine ausgemachte Tatsache und daher kein Anlaß, den Verlust zu beklagen. Im Laufe der neunziger Jahre machten große deutsche Firmen wie Siemens aus der Not eine Tugend und führten das Englische als verbindliche Verständigungssprache in ihrem Unternehmen ein. Deutsche Politiker und Manager erwarben sich den Ruf, sich besonders mühelos in englischsprachigen Kreisen bewegen zu können.

Anders verhielt es sich mit dem Bedeutungsverlust des Französischen. Als alltägliches Verständigungsmittel hatte es in Europa seit dem Niedergang der imperialen Aristokratien der alten Regimes keine nennenswerte Rolle mehr gespielt. Außerhalb Frankreichs sprachen nur einige Millionen Belgier, Luxemburger und Schweizer, dazu einige isolierte Volksgruppen in den italienischen Alpen und den spanischen Pyrenäen Französisch als Muttersprache – viele von ihnen in Dialektformen, die von den offiziellen Sprachwächtern der *Académie Française* hochmütig abgelehnt wurden. Rein statistisch betrachtet, war Französisch verglichen mit Deutsch – oder Russisch – schon lange an Europas sprachliche Peripherie abgedriftet.

Doch seit dem Niedergang des Lateins war Französisch *die* Sprache der gebildeten kosmopolitischen Eliten – und damit die *europäische* Sprache *par excellence*. Als Anfang des 20. Jahrhunderts vorgeschlagen wurde, Französisch als Studienfach in das moderne Sprachcurriculum der Oxford University aufzunehmen, erhob mehr als ein »Don« aus dem einleuchtenden Grunde Einspruch, daß jeder, der zum Studium an der Universität zugelassen werde, bereits fließend Französisch spreche. Bis zur Mitte des Jahrhunderts ging man noch in vielen

Hochschulen und Botschaften von ähnlichen – wenn auch nicht ganz so kühn formulierten – Prämissen aus. Der Verfasser des vorliegenden Buches kann bezeugen, daß Französisch noch 1970 bei Studenten von Barcelona bis Istanbul ein notwendiges und hinreichendes Verständigungsmittel war.

Binnen 30 Jahren hatte sich alles verändert. Im Jahr 2000 war Französisch selbst unter Eliten kein zuverlässiges Medium der internationalen Verständigung mehr. Nur in Großbritannien, Irland und Rumänien wurde es in den Schulen noch als erste Fremdsprache empfohlen – alle anderen lernten Englisch. In einigen Teilen des ehemals habsburgischen Europas wurde Französisch in den Schulen noch nicht einmal mehr als *zweite* Fremdsprache angeboten, sondern durch Deutsch ersetzt. Die »Frankophonie« – die Gesamtheit der französischsprachigen Staaten, die meisten von ihnen ehemalige Kolonien – blieb ein wichtiges Element der internationalen Sprachgemeinschaften, doch der Niedergang des Französischen in seiner europäischen Heimat war keine Frage und wahrscheinlich auch unwiderruflich.

Selbst am Sitz der Europäischen Kommission in Brüssel, wo Französisch in den ersten Jahren der Gemeinschaft die vorherrschende Sprache gewesen war und wo die französischen Muttersprachler daher in der Bürokratie einen erheblichen psychologischen und praktischen Vorteil genossen hatten, veränderten sich die Dinge. Es war nicht in erster Linie der Beitritt Großbritanniens, der die Veränderung brachte – die aus London abgestellten Beamten sprachen alle fließend Französisch –, sondern vielmehr die Ankunft der Skandinavier, die fließend Englisch sprachen, die Vergrößerung (dank der deutschen Vereinigung und dem Beitritt Österreichs) der deutschsprachigen Gruppe, die jetzt ihre Nachkriegszurückhaltung ablegte, und die Aussicht auf neue Mitglieder aus dem Osten. Trotz des Einsatzes von Simultandolmetschern (um die 420 möglichen Sprachkombinationen der 25 Mitgliedsstaaten abzudecken), war die Kommunikation in einer der drei Kernsprachen der Union unumgänglich für jeden, der wirklich Einfluß auf die Politik und ihre Gestaltung haben wollte. Die französischsprachige Gruppe war jetzt in der Minderheit.

Doch anders als die Deutschen wechselten die französischen Stellen nicht zum Englischen über, um ihre wirtschaftliche und politische Wirksamkeit zu sichern. Obwohl immer mehr junge Franzosen Englisch lernten und ins Ausland reisten, um es anzuwenden, wurde die offizielle Haltung entschieden defensiv, was zweifellos zum Teil daran lag, daß unglücklicherweise die rückläufige Verwendung der französischen Sprache mit einem internationalen Bedeutungsverlust des Landes zusammentraf – ein Schicksal, das Großbritannien erspart blieb, weil auch die Amerikaner Englisch sprachen.

Die erste französische Reaktion auf die sprachlichen Geländeverluste war die

Forderung, daß andere auch weiterhin französisch sprechen müßten. So hatte Präsident Georges Pompidou Anfang der siebziger Jahre erklärt: »Sollte Französisch jemals aufhören, die erste Verkehrssprache Europas zu sein, wird Europa selbst aufhören, europäisch zu sein.« Doch da sich das rasch als aussichtslose Sache herausstellte, entschieden sich die Intellektuellen und Politiker statt dessen für eine Festungsmentalität: Wenn Französisch schon nicht mehr jenseits der Grenzen gesprochen wurde, sollte es zumindest im Land ein ausschließliches Monopol haben. Eine Petition, die im Juli 1992 von 250 prominenten Persönlichkeiten unterzeichnet wurde – darunter den Autoren Régis Debray, Alain Finkielkraut, Jean Dutourd, Max Gallo und Philippe Sollers –, verlangte von der Regierung ein Gesetz, nach dem auf allen Konferenzen und Tagungen, die auf französischem Boden stattfänden, in allen Filmen, die mit französischen Mitteln finanziert würden und so fort, ausschließlich das Französische verwendet werden dürfe. Sonst, so warnten sie, würden »les angloglottes« sie alle englisch »oder vielmehr amerikanisch« sprechen lassen.

Dieser Aufforderung kamen die französischen Regierungen, gleich welcher Couleur, nur zu gerne nach, und wenn nur pro forma. »Eine Schlacht für das Französische ist unerläßlich«, erklärte die sozialistische Ministerin Catherine Tasca. »In internationalen Organisationen, in der Wissenschaft und sogar an den Mauern unserer Städte.« Zwei Jahre später griff der konservative Kulturminister Jacques Toubon das Thema wieder auf und sagte, was Tasca unausgesprochen gelassen hatte: daß die Furcht nicht nur dem Niedergang des Französischen gelte, sondern auch und vor allem der Hegemonie des *Englischen*. Es sei besser, wenn die Franzosen etwas anderes lernten – *irgend etwas* anderes. Toubon: »Warum sollen unsere Kinder ein verarmtes Englisch lernen – etwas was sie sich später in jedem Alter aneignen können –, wenn sie statt dessen gründlichere Kenntnisse des Deutschen, Spanischen, Arabischen, Japanischen, Italienischen, Portugiesischen oder Russischen erwerben könnten?«

Toubons Zielscheibe – das »Krämerenglisch«, wie er verächtlich sagte, welches das Französisch verdränge (»das wichtigste Kapital, das Symbol für die Würde des französischen Volkes«) – war schon außer Reichweite, als er sie anvisierte. Intellektuelle wie Michel Serres mochten bitterlich beklagen, daß die Straßen von Paris während der Besatzungszeit weniger deutsche Namen aufgewiesen hätten als heute englische, doch das war einer jüngeren Generation, die mit Film, Fernsehen, Videospielen, Websites und internationaler Popmusik aufgewachsen war und einen geschmeidigen französischen Slang voller englischer Anleihen sprach, herzlich gleichgültig.

Eine Gesetzgebung, welche die Franzosen dazu bringen wollte, untereinander französisch zu sprechen, mochte ja angehen – wenn sich auch kaum jemand daran hielt. Aber der Versuch, ausländische Wissenschaftler, Geschäftsleute, Berater, Juristen, Architekten und alle anderen Berufsgruppen zu zwingen, jedesmal, wenn sie sich auf französischem Boden trafen, französisch zu sprechen – oder es zu verstehen, wenn es von anderen gesprochen wurde –, konnte nur eine Konsequenz haben: Sie würden mit ihren Geschäften und Ideen woanders hingehen. An der Wende zum neuen Jahrhundert hatte sich die Erkenntnis endlich durchgesetzt, und die meisten (wenn auch keineswegs alle) französischen Repräsentanten des öffentlichen Lebens und der Politik hatten sich mit den rauhen Wirklichkeiten im Europa des 21. Jahrhunderts abgefunden. Die neuen europäischen Eliten konnten und wollten, egal woher sie kamen, kein Französisch mehr sprechen: »Europa« war kein französisches Projekt mehr.

Um zu verstehen, was für ein Raum Europa am Ende des 2. Jahrtausends war, ist man natürlich versucht, seine inneren Risse, Brüche und Verwerfungen nachzuzeichnen, wie wir es getan haben – und spiegelt unvermeidlich die tiefe Spaltung des Kontinents in der neueren Geschichte, die unbestreitbare Vielfalt seiner sich überschneidenden Völker, Identitäten und Geschichten wider. Doch das Empfinden, das den Europäern vermittelte, wer sie waren und wie sie lebten, wurde ebensosehr von dem geprägt, was sie verband, wie von dem, was sie trennte – und heute sind sie enger verbunden als jemals zuvor.

Der beste Beleg für die »immer engere Union«, zu der sich die Europäer zusammengeschlossen hatten – oder, genauer, zu der sie von ihren aufgeklärten politischen Führern zusammengeschlossen worden waren –, lieferte das immer dichtere Verkehrsnetz, das sie hervorgebracht hatte. Die Infrastruktur des innereuropäischen Verkehrs – Brücken, Tunnel, Straßen, Züge und Fähren – hatte sich während der letzten Dekaden des Jahrhunderts bis zur Unkenntlichkeit verändert. Die Europäer hatten jetzt das schnellste und (mit Ausnahme des zu Recht geschmähten britischen Schienennetzes) das sicherste Eisenbahnsystem der Welt.

Auf einem überfüllten Kontinent, dessen relativ kurze Entfernungen sich eher für den Boden- als den Luftverkehr eignen, war die Eisenbahn ein unbestrittenes Objekt nachhaltiger öffentlicher Investitionen. Die Länder, die sich in Schengen zusammengeschlossen hatten, legten jetzt – mit erheblicher EU-Unterstützung – ein ausgedehntes Streckennetz für Hochgeschwindigkeitszüge an, das von Madrid und Rom bis Amsterdam und Hamburg reichte, und planten, es nordwärts nach Skandinavien sowie ostwärts durch Mitteleuropa zu erweitern. Selbst in den Regionen und Ländern, denen die Segnungen von TGV, ICE oder ES möglicherweise immer versagt bleiben,[10] konnten Europäer durch ihren Kontinent reisen – nicht unbedingt viel schneller als 100 Jahre zuvor, aber mit weit weniger Hindernissen.

Wie im 19. Jahrhundert ging die Erneuerung des Schienennetzes in Europa auf Kosten jener Städte und Regionen, die nicht von ihm berücksichtigt wurden und die daher Gefahr liefen, Märkte und Einwohner zu verlieren und hinter ihren glücklicheren Konkurrenten zurückzubleiben. Doch jetzt gab es dort auch ein unfangreiches Netz von Schnellstraßen – abgesehen von der Bevölkerung der ehemaligen Sowjetunion, dem südlichen Balkan und den ärmsten Provinzen Polens und Rumäniens verfügten die meisten Europäer über ein Auto. Zusammen mit Tragflügelfähren und einem deregulierten Flugverkehr ermöglichten es diese Veränderungen den Menschen, in einer Stadt zu leben, in einer anderen zu arbeiten und in einer dritten einzukaufen oder die Freizeit zu verbringen – nicht immer billig, aber von beispielloser Effizienz. Für junge europäische Familien war es nichts Ungewöhnliches, etwa in Malmö (Schweden) zu wohnen und in Kopenhagen (Dänemark) zu arbeiten; man pendelte zwischen Freiburg (Deutschland) und Straßburg (Frankreich), zwischen London und Rotterdam (ungeachtet des Ärmelkanals) oder zwischen Bratislava (Slowakei) und Wien (Österreich), womit man eine zu Habsburger Zeiten viel befahrene Verkehrsverbindung wiederbelebte. Ein wirklich vereinigtes Europa zeichnete sich ab.

Die immer mobileren Europäer kannten sich jetzt besser als je zuvor. Und sie konnten gleichberechtigt reisen und kommunizieren. Trotzdem blieben einige Europäer entschieden gleicher als andere. Zweieinhalb Jahrhunderte nachdem Voltaire ein Europa, das »kennt«, einem Europa, das darauf warte, »gekannt zu werden«, gegenübergestellt hatte, bewies die Unterscheidung durchaus noch ihre Berechtigung. Macht, Wohlstand und Institutionen ballten sich weit im Westen des Kontinents. Die moralische Geographie Europas – das Europa in den Köpfen der Europäer – bestand aus einem Kern »echter« europäischer Staaten (teilweise, wie Schweden, geographisch ziemlich peripher), deren verfassungsmäßige, rechtliche und kulturelle Werte den nicht ganz so gleichen Europäern mit Anwärterstatus, die gewissermaßen bemüht waren, »echt« zu werden, als Beispiel vor Augen gehalten wurden.[11]

Von den Osteuropäern wurde also erwartet, daß sie über den Westen Bescheid wußten. Doch die Kenntnisse, die in die umgekehrte Richtung flossen, waren nicht immer sehr schmeichelhaft. Das lag nicht nur daran, daß die verarmten Ost- und Südeuropäer nach Norden und Westen reisten, um ihre Arbeitskraft und ihre Körper zu verkaufen. Am Ende des Jahrhunderts hatten sich einige osteuropäische Städte, nachdem sich ihr Reiz als wiederentdeckte Außenposten eines untergegangenen Mitteleuropas verschlissen hatte, in einer einträglichen Marktnische als billige und geschmacklose Urlaubsorte für den westlichen Massentourismus eingerichtet. Insbesondere Tallinn und Prag genossen einen zweifelhaften Ruf als bevorzugte Ziele britischer »Stag Flights« (feuchtfröhlicher

Herrenflüge) – Pauschalwochenenden für Engländer, die viel Alkohol und billigen Sex suchten.

Reisebüros und -veranstalter, deren Klientel sich früher mit Blackpool oder (in jüngerer Zeit) Benidorm begnügt hatte, berichteten jetzt von ungehemmter Begeisterung über die exotischen Genüsse, die der europäische Osten im Angebot hatte. Doch auch die Engländer waren auf ihre Weise peripher – der Grund, warum für so viele von ihnen Europa ein exotisches Objekt blieb. 1991 fragte die in Sofia erscheinende Wochenzeitschrift *Kultúra* die Bulgaren, welche ausländische Kultur ihnen am vertrautesten sei. 18 Prozent antworteten »die französische«, 11 Prozent »die deutsche« und 15 Prozent »die amerikanische«, aber nur 1,3 Prozent empfanden irgendeine Verwandtschaft mit »englischer Kultur«.

Die unstrittige *Mitte* Europas blieb, trotz aller Probleme nach der Vereinigung, Deutschland. Nach Bevölkerung und Produktion der bei weitem größte Staat in der EU, ist es das Herzstück des »europäischen Kerns«, wie jeder Bundeskanzler von Adenauer bis Schröder immer wieder betont hat. Deutschland war auch das einzige Land, das zu beiden Seiten der einstigen Teilungslinie lag. Dank Vereinigung, Zuwanderung und dem Umzug der Bundesregierung war Großberlin jetzt sechsmal größer als die Fläche von Paris – ein Symbol für die relative Bedeutung der beiden führenden Unionsmitglieder. Deutschland beherrschte die europäische Wirtschaft. Es war der größte Handelspartner der meisten EU-Mitgliedstaaten. Zwei Drittel der Nettoeinnahmen der Union stammten allein aus der Bundesrepublik. Obwohl die Deutschen am meisten zahlten – oder vielleicht aus diesem Grund –, blieben sie die engagiertesten Bürger der EU. In regelmäßigen Abständen schlugen deutsche Politiker für Staaten, die an einem vollständig integrierten föderalen Europa interessiert waren, ein »beschleunigtes Einigungsverfahren« vor, um jedesmal in unverhohlener Enttäuschung über das Zögern ihrer Partner wieder davon Abstand zu nehmen.

Wenn Deutschland – um das Voltairesche Beispiel noch ein bißchen zu bemühen – das Land war, das Europa am besten »kannte«, dann paßte es ins Bild, daß zwei andere ehemalige imperiale Staaten zu Beginn des 21. Jahrhunderts am eifrigsten bemüht waren, von ihm »erkannt« zu werden. Wie Deutschland spielten auch Rußland und die Türkei einst eine imperiale Rolle in der europäischen Politik. Viele Russen und Türken hatten überdies das unangenehme Schicksal der deutschen Volksgruppen in Europa geteilt: Sie waren jene versprengten Erben einer autokratischen Macht, die zu verhaßten und schutzlosen Minderheiten in fremden Nationalstaaten geworden waren, Strandgut, das der Rückzug der Imperien hinterlassen hatte. Ende 1990 schätzte man, daß mehr als 100 Millionen Russen außerhalb Rußlands in den unabhängigen Ländern Osteuropas lebten.[12]

Doch damit endet die Ähnlichkeit. Das postsowjetische Rußland war eher ein eurasisches Imperium als ein europäischer Staat. Von gewalttätigen Aufständen im Kaukasus in Anspruch genommen, geriet es durch die neuen Pufferstaaten Weißrußland, Ukraine und Moldawien sowie seine zunehmend illiberale Innenpolitik in Distanz zu Europa. Von einem Eintritt Rußlands in die EU konnte keine Rede sein. Wie gezeigt, wurde von Beitrittsländern erwartet, daß sie die »europäischen Werte« übernahmen – Rechtsstaatlichkeit, Bürgerrechte und -freiheiten und institutionelle Transparenz –, Werte, deren Anerkennung Wladimir Putin nicht in den Sinn kam, von ihrer Umsetzung gar nicht zu reden.[13] Auf jeden Fall war die russische Regierung eher daran interessiert, Pipelines zu bauen und Gas an die EU zu verkaufen, als ihr beizutreten. Viele Russen, einschließlich der Bewohner der westlichen Städte, begriffen sich instinktiv nicht als Europäer: Wenn sie nach Westen fuhren, sprachen sie (wie die Engländer) von »einer Reise nach Europa«.

Trotzdem war Rußland 300 Jahre lang eine aktive europäische Macht und blieb es auch. Russische Geschäftsleute betrieben gezielt die Übernahme lettischer Banken. Der litauische Präsident Rolandas Paksas wurde 2003 unter dem Verdacht, enge Verbindungen zur russischen Mafia zu unterhalten, zum Rücktritt gezwungen. Moskau behielt seine baltische Enklave rund um Königsberg und verlangte weiterhin uneingeschränkte Transitrechte (durch Litauen) für russischen Fracht- und Militärverkehr sowie Aufhebung des Visumzwangs bei Besuchsreisen russischer Bürger in die EU. Gewaschenes Geld aus den Transaktionen der russischen Oligarchen wurde durch die Immobilienmärkte Londons und der Riviera geschleust.

Kurzfristig war Rußland also eine ausgesprochen unangenehme Präsenz an Europas Außenrand. Doch es war keine Bedrohung. Das russische Militär war anderweitig beschäftigt und ohnehin in desolatem Zustand. Der Gesundheitszustand der russischen Bevölkerung gab zu ernster Besorgnis Anlaß – die Lebenserwartung, vor allem für Männer, fiel steil ab, so daß die internationalen Organisationen eine Zeitlang warnten, das Land erlebe eine Rückkehr der Tuberkulose und stehe am Rande einer Aidsepidemie – doch das war in erster Linie für die Russen selbst ein Grund zur Besorgnis. Auf absehbare Zeit hatte Rußland zweifellos mit sich selbst genug zu tun.

Auf lange Sicht mußte die bloße Tatsache, daß Rußland so nah und so riesig war und über so ungeheure Vorkommen an fossilem Brennstoff verfügte, notgedrungen einen Schatten auf die Zukunft des energiearmen europäischen Kontinents werfen. Bereits 2004 bezog Polen die Hälfte seines Erdgases und 95 Prozent seines Öls aus Rußland. Doch zunächst einmal verlangten die russische Regierung und einzelne Russen von Europa »Respekt«. Moskau wollte stärker in die innereuropäischen Entscheidungen eingebunden werden – in die Nato, die

Überwachung der Balkanregelungen oder Handelsabkommen (sowohl bilateral als auch über die Welthandelsorganisation): nicht weil es grundsätzlich befürchtete, daß Entscheidungen ohne russische Beteiligung unbedingt seinen Interessen zuwiderlaufen müßten, sondern aus Prinzip.

Damit war die europäische Geschichte, wie es vielen Beobachtern schien, wieder dort angekommen, wo sie begonnen hatte. Im 21. Jahrhundert bot sich die gleiche Situation wie im 18. Jahrhundert: Rußland war zugleich innerhalb und außerhalb Europas, Montesquieus »Nation d'Europe« und Gibbons »skythische Wildnis«. Für Rußland blieb der europäische Westen, was er schon seit Jahrhunderten war, ein widersprüchliches Objekt der Anziehung und Abstoßung, der Bewunderung und des Ressentiments. Rußlands Herrscher und Menschen blieben bemerkenswert empfindlich für Meinungen von außen, während sie gleichzeitig aller Kritik oder Einmischung aus dem Ausland mit tiefem Mißtrauen begegneten. Geschichte und Geographie hatten den Europäern einen Nachbarn hinterlassen, den sie nicht ignorieren, dem sie es aber auch nicht recht machten konnten.

Gleiches hätte man einmal von der Türkei sagen können. Fast 700 Jahre lang waren die osmanischen Türken immer Europas »andere«, nachdem sie die Araber ersetzt hatten, die diese Rolle zuvor ein halbes Jahrtausend lang innegehabt hatten. Viele Jahrhunderte hindurch begann »Europa« dort, wo die Türkei endete (weshalb Cioran so bekümmert war, als er an Rumäniens lange Jahre unter osmanischer Herrschaft erinnert wurde). Es war ein Gemeinplatz zu verkünden, das christliche Europa sei wiederholt – vor den Toren Wiens oder Budapests oder 1571 bei der Seeschlacht von Lepanto – aus den Klauen des türkischen Islams errettet worden. Seit der Mitte des 18. Jahrhunderts, seit die osmanische Türkei begann, ihre Macht zu verlieren, war die »Östliche Frage« – wie man auf den Niedergang des Osmanischen Reichs reagieren und was mit den Gebieten, die der türkischen Herrschaft entglitten, geschehen solle – die größte Herausforderung, der sich die europäischen Diplomaten gegenübersahen.

Die Niederlage der Türkei im Ersten Weltkrieg, die Absetzung der Osmanen und ihre Ablösung durch Kemal Atatürks demonstrativ säkularen, auf Modernisierung bedachten Staat hatten die Östliche Frage von der europäischen Tagesordnung entfernt. Inzwischen von Ankara aus regiert, hatten die Türken jetzt genügend eigene Schwierigkeiten. Zwar hatte ihre Vertreibung vom Balkan und aus den arabischen Gebieten des Nahen Ostens ein vielfältig verflochtenes Netz von Konflikten und Problemen mit erheblichen langfristigen Konsequenzen für Europa und die Welt hinterlassen, doch die Türken selbst waren nicht mehr an dem Problem beteiligt. Wäre nicht die strategische Lage der Türkei quer zum Seeweg der Sowjetunion ins Mittelmeer gewesen, hätte sich das Land vielleicht ganz aus dem Bewußtsein des Westens verabschiedet.

Statt dessen wurde Ankara für die Dauer des Kalten Krieges ein entgegenkommendes Mitglied der westlichen Allianz und stellte der Nato ein beträchtliches Truppenkontingent zur Verfügung. In der Türkei wurden Raketen und Stützpunkte als Teil des »Cordon sanitaire« errichtet, der die sowjetischen Grenzen von der Ostsee bis zum Pazifik umschloß; und die westlichen Regierungen unterstützten die Türkei nicht nur mit großzügig bemessenen Hilfsgeldern, sondern duldeten auch wohlwollend und unkritisch die diktatorischen Regime der Türkei – häufig das Resultat von Militärputschen – und ihre brutalen Verstöße gegen Minderheitenrechte (vor allem gegen die der Kurden weit im Osten des Landes, die ein Fünftel der Gesamtbevölkerung stellten). Inzwischen wanderten türkische »Gastarbeiter«, wie die restliche überzählige Landbevölkerung des Mittelmeerbeckens, auf der Suche nach Arbeitsplätzen in großer Zahl nach Deutschland und andere westeuropäische Staaten ab.

Doch das osmanische Erbe sollte das neue Europa wieder heimsuchen. Mit dem Ende des Kalten Krieges bekam die besondere Lage der Türkei eine andere Bedeutung. Das Land war kein Außenposten, kein Grenzstaat im Rahmen einer internationalen geopolitischen Konfrontation mehr, sondern nur noch ein Bindeglied zwischen Europa und Asien, mit Beziehungen und Affinitäten in beide Richtungen. Zwar war die Türkei offiziell eine säkulare Republik, doch die meisten ihrer 70 Millionen Bürger waren Muslime. Viele ältere Türken waren nicht besonders orthodox, doch mit dem Aufstieg des radikalen Islam gab es wachsende Ängste, daß sich sogar Atatürks unbarmherzig durchgesetzter säkularer Staat als hilflos gegenüber einer neuen Generation erweisen könnte, die gegen ihre verweltlichten Eltern rebellierte und nach ihren Wurzeln im älteren Vermächtnis des osmanischen Islam suchte.

Doch die gebildeten akademischen und wirtschaftlichen Eliten der Türkei lebten unverhältnismäßig zahlreich in der europäischen Großstadt Istanbul und identifizierten sich vehement mit westlicher Kleidung, Kultur und Lebensweise. Wie andere ehrgeizige Osteuropäer sahen sie in Europa – europäischen Werten, europäischen Institutionen, europäischen Märkten und Berufswegen – die einzig mögliche Zukunft für sich und ihr Land mit seiner ambivalenten Lage. Ihr Ziel war klar: der Geschichte zu entkommen und nach »Europa« zu gelangen. Hinzu kam, daß sie dieses Ziel mit dem traditionell einflußreichen Offizierskorps teilten, das sich gänzlich mit Atatürks Traum von einem säkularen Staat identifizierte und sehr ungehalten über die schleichende Islamisierung des öffentlichen Lebens in der Türkei war.

Doch Europa – oder zumindest Brüssel – erwies sich mehr als nur ein bißchen zögerlich. Der Antrag der Türkei auf Aufnahme in die Europäische Union blieb viele Jahre lang unbearbeitet liegen. Es gab gute Gründe für diese Vorsicht: Die

Gefängnisse der Türkei, ihr Umgang mit inländischen Kritikern und das unzulängliche Zivil- und Wirtschaftsrecht waren nur einige von vielen Problemen, die das Land lösen mußte, bevor es auf mehr als eine strikt wirtschaftliche Handelsbeziehung zu seinen europäischen Partnern hoffen durfte. Erfahrene EU-Kommissare wie der Österreicher Franz Fischler äußersten offen Zweifel an einer langfristigen demokratischen Entwicklung des Landes. Außerdem gab es auch praktische Schwierigkeiten: Als Mitgliedsstaat wäre die Türkei der zweitgrößte in der Union nach Deutschland und zugleich einer der ärmsten gewesen – der Kontrast zwischen seinem wohlhabenden westlichen Rand und dem riesigen verarmten Osten war gewaltig. Wenn die Möglichkeit geschaffen worden wäre, wären wohl Millionen Türken auf der Suche nach ausreichendem Lohn westwärts nach Europa gereist. Die Folgen für die einzelstaatliche Zuwanderungspolitik und den EU-Haushalt ließen sich kaum ignorieren.

Doch die eigentlichen Hindernisse lagen woanders.[14] Wenn die Türkei in die EU eingetreten wäre, hätte diese eine Außengrenze zu Georgien, Armenien, Iran, Irak und Syrien gehabt. Ob es geographisch sinnvoll war, »Europa« auf wenige hundert Kilometer an Mosul heranzurücken, war eine berechtigte Frage. Unter den Bedingungen der Zeit war es zweifellos ein Sicherheitsrisiko. Je weiter Europa seine Grenzen ausdehnte, desto stärker hatten viele – auch viele Väter des Verfassungsdokuments von 2004 – das Gefühl, die Union müsse explizit erklären, was ihr gemeinsames Haus definiere. Das wiederum veranlaßte eine Reihe von Politikern in Polen, Litauen, der Slowakei und anderen Ländern – ganz zu schweigen von dem polnischen Papst in Rom – zu dem erfolglosen Versuch, in der Präambel eines neuen europäischen Verfassungstextes darauf zu verweisen, daß Europa einmal ein *christliches* Europa war. Zu Recht erinnerte Václav Havel 1994 in einer Rede in Straßburg seine Zuhörer daran, daß sich die »Europäische Union auf eine Vielzahl von Werten gründet, die ihre Wurzeln in der Antike und im Christentum haben«.

Was immer die Türken sein mochten, Christen war sie gewiß nicht. Die Ironie lag darin, daß die beitrittswilligen europäischen Türken eben aus diesem Grund – weil sie sich nicht als christlich (oder jüdisch-christlich) bezeichnen konnten – mehr als andere dazu neigten, die säkularen, toleranten und liberalen Dimensionen der europäischen Identität zu betonen.[15] Auch versuchten sie mit steigendem Nachdruck, europäische Werte und Normen gegen reaktionäre Einflüsse im öffentlichen Leben der Türkei zu mobilisieren – ein Ziel, das die Mitgliedsstaaten selbst lange Zeit propagiert hatten.

Doch obwohl das türkische Parlament 2003 auf europäisches Verlangen viele der langjährigen Verbote aufhob, mit denen das kulturelle Leben und die politische Willensäußerung der Kurden eingeschränkt worden waren, forderte die lange Verzögerungstaktik, die von den Regierungen und Beamten in Brüssel praktiziert worden war, allmählich ihren Preis. Die türkischen Kritiker einer EU-Mitgliedschaft machten leidenschaftlich geltend, wie demütigend es für die einst imperiale Nation sei, vor der Tür Europas betteln und die Nationen, die ihr einst untertan waren, um Unterstützung der Kandidatur bitten zu müssen. Im übrigen sorgte der stetig wachsende Einfluß der Religion in der Türkei nicht nur für einen Wahlsieg der gemäßigten islamistischen Partei des Landes, sondern ermunterte das Parlament auch, eine Gesetzesinitiative zu diskutieren, nach welcher der Ehebruch wieder ein Straftatbestand werden sollte.

Nachdem Brüssel ausdrücklich gewarnt hatte, daß dadurch Ankaras Bewerbung erheblich in Gefahr geraten könnte, wurde die Vorlage zurückgezogen, und im Dezember 2004 erklärte sich die Europäische Union endlich bereit, Beitrittsgespräche mit Ankara aufzunehmen. Doch der Schaden war bereits angerichtet. Gegner der türkischen Mitgliedschaft – und davon gab es viele, in Deutschland[16] und Frankreich ebenso wie in der unmittelbaren Nachbarschaft, das heißt, in Bulgarien oder Griechenland – konnten wieder auf die EU-Untauglichkeit des Landes verweisen. 2004 warnte der scheidende EU-Kommissar Frits Bolkestein vor der kommenden »Islamisierung« Europas. Die Wahrscheinlichkeit reibungsloser Verhandlungen verringerte sich noch weiter – Günter Verheugen, der EU-Kommissar für die Erweiterung der EU, räumte ein, daß er den türkischen Beitritt nicht »vor 2015« erwarte. Inzwischen waren die Kosten einer künftigen Ablehnung und weiterer Verzögerungen – für den türkischen Stolz und für die politische Stabilität des verletzlichen Rands von Europa – weiter gestiegen. Die östliche Frage stand wieder zur Debatte.

Daß die Geschichte am Anfang des 21. Jahrhunderts so schwer auf der europäischen Politik lastete, war insofern ironisch, als die zeitgenössischen Europäer sie auffällig leicht nahmen. Das Problem war nicht in erster Linie die Erziehung – obwohl der Geschichtsunterricht oder die Geschichtsfälschung in den Schulen einiger südosteuropäischer Länder durchaus Grund zur Sorge gab –, sondern die einsetzende Instrumentalisierung der Geschichte für öffentliche Zwecke. In autoritären Gesellschaften war das natürlich altbekannt; doch Europa war nach seinem Selbstverständnis postautoritär. Regierungen übten kein Wissensmonopol mehr aus, daher ließ sich Geschichte nicht so ohne weiteres für den politischen Bedarf zurechtbiegen.

Und wurde es in den meisten Fällen auch nicht. Die Gefahr für die Geschichte in Europa erwuchs nicht aus der vorsätzlichen Entstellung der Vergangenheit für propagandistische Zwecke, sondern aus einem Phänomen, das auf den ersten Blick als natürliches Attribut historischen Wissens erscheinen könnte – aus der Nostalgie. Die letzten Dekaden des Jahrhunderts erlebten eine wachsende öffentliche Faszination durch die Vergangenheit als losgelöstes Artefakt, das nicht die Erinnerung an die jüngere, sondern an die *vergessene* Vergangenheit umschloß: Geschichte nicht so sehr als Werkzeug der Aufklärung, sondern eher als Beleg dafür, wie ganz anders die Dinge einmal waren. Geschichte auf dem Fernsehschirm – erzählt oder dargestellt; Geschichte in Themenparks; Geschichte in Museen – in allen Fällen wurde nicht betont, was die Menschen mit der Vergangenheit verband, sondern alles, was sie von ihr trennte. Die Gegenwart wurde nicht als Erbe der Geschichte dargestellt, sondern als ihr Waisenkind, abgeschnitten von der Art, wie die Dinge waren, und der Welt, die man verloren hatte.

In Osteuropa speiste sich die Nostalgie direkt aus dem Bedauern über die verlorenen Gewißheiten des Kommunismus, eines Kommunismus, der jetzt seiner Schattenseiten entkleidet war. 2003 zeigte das Museum für dekorative Kunst in Prag eine Ausstellung mit dem Titel »vorrevolutionäre Kleidung«: Stiefel, Unterwäsche, Kleider und dergleichen aus einer Welt, die erst 14 Jahre zuvor zu Ende gegangen war, aber bereits zum Gegenstand distanzierter Faszination geworden war. Die Ausstellung lockte viele ältere Menschen an, für die das graue Einerlei der nachlässig gefertigten Produkte noch eine frische Erinnerung sein mußte. Trotzdem ließen die Reaktionen der Besucher auf ein Maß an liebevollem Interesse und sogar wehmutsvollem Bedauern schließen, das die Kuratoren überraschte.

Die »Ostalgie«, wie das Phänomen in Deutschland hieß, lebte von einem ähnlichen Hang zu amnestischem Erinnern. Wenn wir bedenken, daß die DDR – in Abwandlung einer Beschreibung, die Mirabeau vom Preußen der Hohenzollern lieferte – kaum mehr als ein Sicherheitsdienst mit einem Staat war, bewies sie im verklärenden Glanz des Rückblicks eine bemerkenswerte Fähigkeit, Zuneigung und sogar Sehnsucht zu wecken. Während die Tschechen ihre alten Kleidungsstücke bewunderten, liefen die Deutschen scharenweise in *Goodbye Lenin*, einen Film, der sich zwar scheinbar über die Mängel, Dogmen und allgemeine Absurdität des Lebens unter Erich Honecker lustig machte, diese Tendenz aber ganz bewußt durch eine gewisse Sympathie für seinen Gegenstand und eine gehörige Portion Ambivalenz über dessen plötzlichen Verlust unterlief.

Doch die Deutschen und Tschechen hatten wie andere Mitteleuropäer allzuoft nationale Neuanfänge erlebt, die plötzlich und traumatisch erfolgten. Insofern war ihre selektive Nostalgie für alles, was sich aus den Trümmern verlorener Vergangenheiten retten ließ, mehr als verständlich – nicht zufällig lockte Edgar Reitz' Serie *Heimat* bei ihrer Ausstrahlung im Jahr 1984 durchschnittlich neun Millionen Zuschauer vor die Fernsehschirme. Die Nostalgiewelle, die in den letzten Jahren des alten Jahrhunderts über den Rest *Westeuropas* schwappte und zu einer profit- und erlebnisorientierten Aufarbeitung der Vergangenheit in Form von »Heritage Industries«: Gedenkstätten, Rekonstruktionen, Reenactments (Nachstellungen historischer Ereignisse) und Inszenierungen aller Art führte, läßt sich nicht so leicht erklären.

Was der Historiker Eric Hobsbawm 1995 das »große Zeitalter historischer Mythologie« nannte, war natürlich nicht neu – Hobsbawm selbst hatte brillant über die »Erfindung der Tradition« im Europa des 19. Jahrhunderts, zu Beginn des nationalen Zeitalters, geschrieben –, die Art von Ersatzkultur, die der schottischen Dichter Edwin Muir meint, wenn er in *Scotland 1941* Burns und Scott als »Scheinbarden für eine Scheinnation« bezeichnet. Einer ganz anderen Kategorie gehört die lebhafte Imagination der nationalen Vergangenheit in Frankreich und Großbritannien am Ende des 20. Jahrhunderts an.

Es war kein Zufall, daß Geschichte als Nostalgie in diesen beiden Nationen so besonders ausgeprägt war. Nachdem beide Länder als stolze Kolonialmächte in das 20. Jahrhundert eingetreten waren, verloren sie durch Krieg und Entkolonialisierung große Gebiete und Ressourcen. Die Zuversicht und Sicherheit des Weltreichs war durch problematische Erinnerungen und ungewisse Zukunftsaussichten ersetzt worden. Was es hieß, Franzose oder Brite zu sein, war einst sehr klar gewesen, doch damit war es vorbei. Die Alternative – zu enthusiastischen Europäern zu werden – fiel erheblich leichter in kleinen Staaten wie Belgien und Portugal oder in Ländern wie Italien und Spanien, wo man die jüngere nationale Vergangenheit am besten im dunkeln ließ.[17] Doch für Nationen, in denen noch die unmittelbare Erinnerungen an Größe und Ruhm fortlebte, mußte »Europa« immer ein unbehaglicher Übergang bleiben – ein Kompromiß und keine Entscheidung.

Institutionell betrachtet, begann die britische Hinwendung zur Nostalgie fast unmittelbar nach dem Zweiten Weltkrieg, als der Labour-Minister Hugh Dalton einen »National Land Fund« gründete, dessen Auftrag es war, Grundstücke und Gebäude, die sich durch »Schönheit und Geschichtsträchtigkeit« auszeichneten, für die Nation zu erwerben und durch einen National Trust verwalten zu lassen. Innerhalb einer Generation entwickelten »NT-Besitzungen« – Parks, Burgen, Schlösser und »Gebiete von außergewöhnlicher Naturschönheit« – zu beliebten Touristenattraktionen. Einige wurden noch von ihren ursprünglichen Eigentümern bewohnt, die ihre Erbstücke gegen erhebliche Steuerentlastungen der Nation überlassen hatten.

Von den fünfziger bis in die siebziger Jahre wurde eine harmlose Form der jüngeren Vergangenheit in Gestalt von Kriegs- oder Kostümfilmen und Kleidermoden aufgewärmt. Die Wiederverwertung der Gründerjahre in Modetrends, von den Teddyboys (die sich kleideten wie Prince »Teddy«, der spätere Eduard VII.)

bis zu den struppigen Gesichtsverzierungen, war ein besonderes Merkmal dieser Tendenzen, die 1977 in einer bewußt rückwärtsgewandten und nostalgischen Feier zum fünfundzwanzigjährigen Thronjubiläum der Königin gipfelten, mit Straßenfesten, Fotoausstellungen und einer landesweiten Beschwörung der alten und besseren Zeiten. Doch nach der Thatcher-Revolution der achtziger Jahre ging selbst dieses Element der Kontinuität verloren. Im Laufe dieses Jahrzehnts wurde das Britannien – oder genauer, das England – ausgelöscht, das noch zu einer gewissen sentimentalen Rückbesinnung auf die vierziger Jahre oder gar 1913 fähig war.

An seine Stelle trat ein Land, das außerstande war, sich auf seine unmittelbare Vergangenheit zu beziehen, es sei denn durch die unfreiwillige Ironie des Leugnens oder die sterile, abstrakte Form des »Heritage«, des »Erbes«. Dieser Leugnungsprozeß äußerte sich augenfällig in der Verunsicherung des alteingesessenen akademischen Establishments von Oxford und Cambridge, das in der neuen Atmosphäre Tony Blairs des egalitären Opportunismus gedemütigt seine »antielitäre« Gesinnung bekundete, oder in der grotesken Selbstherabsetzung von Institutionen wie Londons Victoria and Albert Museum, das in den neunziger Jahren gezwungen war, sich augenzwinkernd als »Spitzencafé mit einem netten Museum dabei« zu vermarkten.

Was das nationale Erbe anging, so wurde es ganz unverhohlen in ein Geschäftsprojekt, die »Heritage Industry«, umgewandelt, die von dem neuen »Department of National Heritage«, dem Ministerium für das Nationale Erbe, gefördert und finanziert wurde. Das Ministerium, ursprünglich von einer Labour-Regierung geplant, wurde 1992 von einer konservativen Regierung gegründet und später von Tony Blairs New-Labour-Regierung einem Ministerium mit dem vielsagenden Titel »Ministerium für Kultur, Medien und Sport« einverleibt. Der politisch neutrale Hintergrund ist charakteristisch: Das Erbe war kein politisches Projekt. Die Vergangenheit wurde nicht mißbraucht oder ausgebeutet, sondern desinfiziert und heiter angestrichen.

Barnsley im Herzen des einstigen Kohlereviers South Yorkshire ist ein schönes Beispiel dafür. Einst ein wichtiges Bergbauzentrum, hat sich die Stadt in der Zeit nach Thatcher bis zur Unkenntlichkeit verändert. Das Zentrum wurde entkernt, seine Wohngebiete abgerissen und durch geschmacklose Fußgängerzonen ersetzt und das Ganze von den Betonfassaden der Parkhäuser eingefaßt. Übrig blieben nur das Rathaus und eine Handvoll Nachbargebäude, isolierte architektonische Zeugnisse der städtischen Pracht, die Barnsley im 19. Jahrhundert besessen hatte und zu der die Besucher jetzt durch »altertümliche« Hinweisschilder geführt werden. Inzwischen spezialisierten sich Buchverkaufsstände auf dem örtlichen Markt darauf, einheimische Nostalgika an die Bewohner der Region zu verkaufen (Barnsley lag auf keiner der üblichen Touristenrouten): sepiafarbene Fotos und Drucke, Bücher mit Titeln wie *The Golden Years of Barnsley* oder *Memories of Old Doncaster* (eine Nachbarstadt) – Erinnerungen an eine Welt, die erst kürzlich untergegangen und schon halb vergessen war.

Wenige Kilometer von Barnsley entfernt, in der Nähe des Dorfes Orgreave, wurde 2001 die Schlacht von Orgreave noch einmal für das Fernsehen geschlagen. Die Auseinandersetzung, zu der es im Juni 1984 zwischen streikenden Bergarbeitern und der Polizei in Orgreave kam, war der gewalttätigste und erbittertste jener Zusammenstöße, die in diesem Jahr Margaret Thatchers Konfrontation mit der National Union of Miners kennzeichneten. Seither sind viele der Bergleute arbeitslos – einige von ihnen nahmen (gegen Bezahlung) in den »Kostümen« der Zeit an dem Reenactment teil. Diese Nachstellung berühmter Schlachten ist ein beliebter englischer Zeitvertreib. Daß aber Orgreave schon eine solche Heritage-Behandlung zuteil wurde, beweist, wie schnell sich die Historisierung heute vollzieht. Immerhin brauchten die Engländer 300 Jahre, um sich zur Nachstellung der Bürgerkriegsschlacht von Naseb, einige Stunden südlich, durchzuringen. Orgreave wurde bereits 17 Jahre später fürs Fernsehen nachgestellt.

Die Stadt Barnsley spielt eine ganz wichtige Rolle in dem Buch *Der Weg nach Wigan Pier*, in dem George Orwell unvergeßlich die tragische Arbeitslosigkeit der britischen Industriearbeiter in der Zwischenkriegszeit beschrieb. 70 Jahre später gibt es in Wigan nicht nur einen Pier (dessen Fehlen Orwell in seiner berühmten Schrift beklagt hatte), sondern auch ein Hinweisschild auf der nahen Schnellstraße, das den Vorbeifahrenden zu einem Besuch des Piers auffordert. Neben dem gesäuberten Kanal liegen das Museum *The Way We Were* und der *Orwell at Wigan Pier*, ein typischer moderner Pub, der Burger und Chips serviert. Orwells entsetzliche nördlichen Slums sind gründlich beseitigt – nicht nur von der Stadtkarte radiert, sondern auch aus dem Gedächtnis der Einheimischen: *Memories of Wigan 1930–1970*, ein Führer, der im Museum verkauft wird, zeigt hübsche sepiafarbene Bilder von züchtigen Verkäuferinnen und malerischen, längst vergessenen Läden. Doch von den Zechen und den Kumpeln, deren Lebensbedingungen Orwell dorthin zogen und Wigan seinen zweifelhaften Ruf verliehen, kein einziges Wort.

Nicht nur der Norden erhielt seine Heritage-Behandlung. In Englands West Midland Potteries District, einem Gebiet im Tal des oberen Trent, in dem die Steingut- und Porzellanindustrie ansässig ist, werden Touristen und Schulkinder ermuntert, sich zu informieren, wie Josiah Wedgwood, der Keramikfabrikant aus dem 18. Jahrhundert, sein berühmtes Steingut fertigte. Doch der Besucher wird vergebens nach Hinweisen suchen, die ihm verraten, wie die Arbeiter der Keramikwerkstätten lebten oder warum die Gegend Black Country genannt wurde (Orwell beschrieb, daß sogar der Schnee von dem Rauch aus hundert Schornsteinen schwarz gefärbt wurde). Derartige Beispiele – in denen man die Art, wie die Dinge waren (oder sind), durch die Art, wie sie hätten sein *sollen*, ersetzte – ließen sich zu Hunderten finden.

So ist die real existierende britische Eisenbahn ein allseitig bekannter Skandal. Doch im Jahr 2000 hatte Großbritannien mehr Dampflokomotiven und Dampflokmuseen als der Rest Europas zusammen: insgesamt 120, davon 91 allein in England. Die meisten dieser Züge fahren nicht mehr, aber selbst die, die es tun, verquicken Wirklichkeit und Phantasie mit beneidenswerter Sorglosigkeit: Sommerbesucher der alten Verwaltungsgrafschaft West Riding of Yorkshire werden aufgefordert, mit *Thomas the Tank Engine* (deutsch: *Thomas und seine Freunde*, eine Kinderserie, in der Thomas eine Lokomotive ist) die Strecke Keighley–Haworth zu fahren, um das Pfarrhaus der Familie Brontë zu besuchen.

Im zeitgenössischen England verschmelzen Geschichte und Fiktion also bruchlos. Industrie, Armut und Klassenkampf sind offiziell vergessen und unter den Teppich gekehrt. Tiefe soziale Gegensätze werden geleugnet oder geglättet. Und selbst die jüngste und umstrittenste Vergangenheit ist nur in nostalgischer Plastiknachbildung zu haben. Diese landesweite Säuberung und Verharmlosung der Erinnerung war ein typisches Werk der neuen politische Elite des Landes. Auf den Spuren von Mrs. Thatcher schaffte New Labour die Vergangenheit ab, während Englands blühende »Heritage Industry« sie eilfertig durch »die VERGANGENHEIT« ersetzte.

Die englische Fähigkeit, einen Garten des Vergessens anzulegen und zu pflegen, in dem man die Vergangenheit liebevoll beschwört, während man sie gleichzeitig beharrlich leugnet, ist einzigartig. In Frankreich herrschte zwar eine ganz ähnliche Fixierung auf das nationale Erbe – le Patrimoine –, nahm aber eine andere Form an. Dort begann man bereits vor vielen Jahrzehnten, sich angelegentlich mit den erhaltenswerten Objekten und Orten der nationalen Vergangenheit zu befassen; das begann zwischen den Kriegen mit landwirtschaftlichen Ausstellungen, die damals schon nostalgisch die verlorene Welt vor 1914 beschworen, und wurde durch das Bemühen der Vichy-Regierung verstärkt, die ungeliebte städtische Gegenwart durch eine idealisierte ländliche Vergangenheit zu ersetzen.

Nach dem Krieg wurden unter der IV. und V. Republik erhebliche Summen für die nationale und regionale Erhaltung von Kulturgütern ausgegeben, um ein »Patrimoine culturel« anzuhäufen, das als eine Art Pädagogik zum Anfassen geplant war: erstarrte zeitgenössische Zeugnisse, die (in den Nachwehen eines schmerzlichen und turbulenten Jahrhunderts) an die besondere Vergangenheit des Landes erinnerten. Doch in den letzten Dekaden des Jahrhunderts veränderte sich Frankreich – das Frankreich der Präsidenten Mitterrand und Chirac – bis zur Unkenntlichkeit. Jetzt wurden nicht die Verbindungen mit der ruhmreichen – oder tragischen – Vergangenheit beschworen, sondern die Brüche. Die Vergangenheit – die revolutionäre Vergangenheit, die bäuerliche Vergangenheit, die sprachliche Vergangenheit, aber vor allem die jüngere Vergangenheit, von Vichy bis Algerien – bot wenig Orientierung für die Zukunft. Von der demographischen Umwälzung und zwei Generationen soziogeographischer Mobilität überrollt, schien Frankreichs einst so kontinuierliche Geschichte im Begriff zu sein, vollkommen aus dem nationalen Gedächtnis zu verschwinden.

Die Verlustangst hatte zwei Effekte: zum einen, daß der Begriff des »Patrimoine« erweitert wurde – des unter öffentliche Fittiche genommenen Bestands an Baudenkmälern und Kunstwerken, die mit dem behördlichen Etikett des »Erbes« versehen wurden. 1988 wurde auf Geheiß von Mitterands Kulturminister Jack Lang die Liste der offiziell als »Patrimoine culturel« Frankreichs geschützten Objekte, die sich zuvor auf Dinge nach Art des Unesco-Weltkulturerbes beschränkten, etwa den Pont du Gard bei Nîmes oder die Stadtmauer Philips des Kühnen von Aigues-Mortes, außerordentlich erweitert.

Bezeichnend für die Vorgehensweise von Lang und seinen Nachfolgern ist der Umstand, daß zu Frankreichs neuem »Erbe« auch die bröckelnde Fassade des Hôtel du Nord am Pariser Quai de Jemappes gehörte, eine eingestandenermaßen nostalgische Hommage an Marcel Carnés Filmklassiker gleichen Namens aus dem Jahr 1938. Carné drehte diesen Film aber ausschließlich im Studio. Daher ließ sich die Erhaltung eines Gebäudes (oder der Fassade eines Gebäudes), das in dem Film niemals zu sehen war, je nach Geschmack entweder als subtile französische Übung in postmoderner Ironie ansehen oder aber als symptomatisch für die unvermeidliche Scheinnatur der Erinnerung, wenn sie den beamteten Kulturpräparatoren überlassen wird.

Mitterrands eigener unverwechselbarer Beitrag zum nationalen »Patrimoine« bestand nicht in erster Linie darin, es zu bewahren oder zu klassifizieren, sondern es in Echtzeit zu fabrizieren. Kein französischer Herrscher seit Ludwig XIV. hat seine Regierungszeit mit einer solchen Fülle von Gebäuden und Feierlichkeiten geschmückt. Die 14 Jahre der Mitterandschen Präsidentschaft waren nicht nur durch eine stetig steigende Zahl von Museen, Denkmälern, feierlichen Einweihungen, Bestattungen und Wiederbestattungen geprägt, sondern auch durch das herkulische Bemühen, den eigenen Platz im Erbe der Nation zu sichern: von dem entsetzlichen Grande Arche in La Défense, einem westlichen Stadtteil von Paris, über die elegante Pyramide vor dem Louvre und das aggressiv-modernistische Opernhaus an der Bastille bis zur umstrittenen neuen Nationalbibliothek auf dem Südufer der Seine.

Während Mitterand seinem steinernen Monumentalismus frönte, bemüht, sich buchstäblich im physischen Gedächtnis der Nation zu verewigen, sah sich Pierre Nora, ein namhafter Pariser Historiker, von dem beunruhigenden Gefühl, das Land verliere den Kontakt zu seinen Wurzeln, veranlaßt, *Les Lieux de Mémoire* herauszugeben, ein 3 Teile, 7 Bände und 5600 Seiten umfassendes kollektives Werk, das in den Jahren 1984 bis 1992 erschien – der Versuch, alles zu identifizieren und zu erklären, was einst Frankreichs gemeinsames Gedächtnis ausmachte: die Namen und Begriffe, die Orte und Menschen, die Projekte und Symbole, die Frankreich sind – oder waren –, von den Kathedralen bis zur Gastronomie, vom Boden bis zur Sprache, von der Stadtplanung bis zur Frankreichkarte in den Köpfen der Franzosen.

Keine vergleichbare Publikation wurde je für eine andere Nation ersonnen, und es läßt sich auch kaum vorstellen, daß das möglich wäre. Denn Noras *Lieux de Mémoire* bringt beides zum Ausdruck: einerseits die erstaunliche Gewißheit, daß es eine kollektive französische Identität gibt – die unbezweifelte Annahme, daß 800 Jahre nationaler Geschichte Frankreich eine Einzigartigkeit und ein gemeinschaftliches Erbe verliehen hätten, die eine mnemonische Darstellung dieser Art ermögliche, und andererseits die Besorgnis, wie der Herausgeber in seiner Einleitung erläutert, daß diese selbstverständlichen kollektiven Symbole einer gemeinsamen Vergangenheit für immer verlorengehen könnten.

Das ist Nostalgie als *Angst* – die Furcht, daß eines – nicht mehr fernen – Tages die erdfarbenen Informationstafeln an Frankreichs technisch perfekten, untadelig in die Landschaft eingefügten »Autoroutes« den Franzosen nichts mehr sagen könnten. Was für einen Sinn hätte es, zuerst mittels Symbolen und ein wenig später mittels Namen auf die Kathedrale von Reims, das Amphitheater von Nîmes, den Weinberg von Clos de Vougeot, die Montagne Sainte-Victoire oder die Schlachtfelder von Verdun zu verweisen, wenn diese Hinweise niemandem etwas sagten? Was bleibt von Frankreich, wenn der Durchreisende, der auf diese Namen stößt, jede Verbindung zu den Erinnerungen verloren hat, die sie wachrufen, und die Gefühle nicht mehr empfindet, die sie auslösen sollten?

Die »Heritage Industry« in England richtet den Blick zwanghaft auf die Art, wie die Dinge *nicht* waren – sie kultiviert gewissermaßen die nostalgische Sehnsucht nach einer verfälschten Vergangenheit. Im Gegensatz dazu hat Frankreichs Begeisterung für sein geistiges »Patrimoine« eine gewisse kulturelle Authentizität. »Frankreich« hat sich immer allegorisch dargestellt; das bezeugen die verschiedenen Abbildungen und Verkörperungen von »Marianne«, der Republik. Daher war es durchaus angemessen, daß sich der sehnsüchtige Wunsch nach den Schlüsseln zu einem verlorenen »Französischtum« auf einen formalen Bestand von materiellen und geistigen Symbolen konzentrierte. Sie »sind« Frankreich.

Wenn sie falsch eingeordnet werden oder kein gemeinsamer Besitz mehr sind, kann Frankreich nicht mehr es selbst sein – was Charles de Gaulle meinte, als er verkündete: »Frankreich kann nicht Frankreich ohne Ruhm sein.«

In dieser Ansicht sind sich Politiker, Intellektuelle und Menschen aller politischen Couleurs einig – das war der Grund, warum *Les Lieux de mémoire* so erfolgreich war, verkörperte es doch für Tausende Leser dieses verblassende »Französischtum«, dessen sie im französischen Alltag schon nicht mehr habhaft werden konnten. Daher ist es sehr aufschlußreich, daß zwar das Christentum – christliche Ideen, christliche Gebäude, Praktiken und Symbole – viel Raum in Noras Bänden einnimmt, daß es aber nur ein kurzes Kapitel über »Juden« gibt – meist als Objekte von Assimilation, Ausgrenzung oder Verfolgung – und überhaupt keinen Eintrag über »Muslime«.

Das war kein Versehen. Es gab im französischen Gedächtnispalast keine Ecke, die dem Islam vorbehalten war, und es hätte dem Zweck des Unterfangens widersprochen, eine solche Ecke im nachhinein einzurichten. Doch das Versäumnis zeigt trotzdem, welche Schwierigkeiten Frankreich – und seine Nachbarn – haben würde, die Millionen neuer Europäer in seiner Mitte aufzunehmen. Von den 105 Mitgliedern des Europäischen Konvents, die mit der Aufgabe betraut wurden, Europas Verfassung zu schreiben, hatte *nicht eines* einen außereuropäischen Hintergrund. Wie die übrige politische Elite des Kontinents repräsentierten sie vor allem das weiße, christliche Europa.

Oder, genauer, das ehemals christliche Europa. Zwar war die Vielfalt des Christentums in Europa nach wie vor sehr groß – von den unierten Ukrainern bis zu den walisischen Methodisten, von den griechischen Katholiken in Transkarpatien bis zu den norwegischen Lutheranern –, doch die Zahl der Christen, die tatsächlich ihre Religion ausübten, schrumpfte unaufhörlich. Auch in Spanien, das am Ende des 20. Jahrhunderts noch immer 900 Klöster vorzuweisen hatte – 60 Prozent der weltweit vorhandenen – war der praktizierte Glaube auf dem Rückzug, korrelierte er doch allzu eng mit Isolation, hohem Alter und ländlicher Rückständigkeit. In Frankreich gab nur jeder siebte Erwachsene an, überhaupt in die Kirche zu gehen, und dann im Durchschnitt auch nur einmal im Monat. In Skandinavien und Großbritannien lagen die Zahlen noch niedriger. Das Christentum war sogar in Polen im Schwinden begriffen, wo die Stadtbevölkerung immer weniger Sinn für die moralischen Ermahnungen der einst so einflußreichen katholischen Hierarchie zeigte. Um die Jahrhundertwende befürworteten mehr als die Hälfte aller Polen (und eine weit größere Mehrheit der Unterdreißigjährigen) einen legalen Schwangerschaftsabbruch.

Der Islam dagegen weitete seinen Einfluß aus – besonders bei jungen Menschen, für die er in wachsendem Maße zur Quelle gemeinschaftlicher Identität und kollektiven Stolzes wurde, wenn sie in Ländern lebten, in denen Bürger arabischer, türkischer oder afrikanischer Herkunft immer noch allgemein als »Fremde« angesehen und behandelt wurden. Während ihre Eltern und Großeltern große Anstrengungen unternommen hatten, sich zu integrieren und zu assimilieren, identifizierten sich junge Männer und Frauen in Antwerpen und Marseille oder Leicester jetzt lautstark sowohl mit ihrem Geburtsland – Belgien, Frankreich oder Großbritannien – *und* mit der Religion und Region, in denen ihre Familien wurzelten. Besonders Mädchen trugen wieder traditionelle Kleidung und religiöse Symbole – manchmal unter dem Druck der Familie, aber häufig auch in Auflehnungen gegen die Kompromisse einer älteren Generation.

Die staatlichen Reaktionen unterschieden sich, wie gezeigt, je nach den Traditionen und Verhältnissen des Landes. Nur die französische Nationalversammlung stimmte in einem Anfall von rechtschaffener, weltlich-republikanischer Gesinnung mit 494 zu 35 Stimmen für ein Verbot *aller* religiöser Symbole an staatlichen Schulen. Doch diese Maßnahme, die im Februar 2004 getroffen wurde und sich vor allem gegen das Kopftuch richtete, das von strenggläubigen muslimischen Mädchen getragen wird, ist in einem größeren und beunruhigenderen Kontext zu sehen. Vielerorts schlug die extreme Rechte politisches Kapital aus rassistischen Vorurteilen. Zum erstenmal seit mehr als 40 Jahren war in Europa auch der Antisemitismus wieder auf dem Vormarsch.

Auf der anderen Seite des Atlantiks, wo der Antisemitismus ein Lieblingsthema europhober Politiker und neokonservativer Welterklärer wurde, erkannte man in dem Antisemitismus in Frankreich, Belgien oder Deutschland sogleich eine Rückkehr des Kontinents zu seiner dunklen Vergangenheit. Im Mai 2002 bezeichnete der einflußreiche Kolumnist George Will in der *Washington Post* das Wiederaufleben antijüdischer Gefühle in Europa sogar als »die zweite – und endgültige? – Phase in dem Bemühen um eine ›Endlösung der Judenfrage‹«. Rockwell Schnabel, der amerikanische Botschafter bei der Europäischen Union, erklärte in Brüssel auf einer Sondersitzung des American Jewish Committee, daß der Antisemitismus in Europa »wieder an den Punkt gelangt, wo er so bösartig wie in den dreißiger Jahren wird«.

Diese aufgeregte Rhetorik war absolut auf dem Holzwege. Antijüdische Gefühle waren im zeitgenössischen Europa weitgehend unbekannt – *ausgenommen* bei Muslimen und insbesondere bei Europäern arabischer Herkunft, wo sie ein unmittelbares Ergebnis der schwelenden Nahostkrise sind. Arabische Fernsehsender, die jetzt per Satellit überall in Europa zu empfangen waren, berichteten regelmäßig über Gaza und das besetzte Westjordanland. Erbost über das, was sie sahen und hörten, und von offiziellen arabischen und israelischen Stellen gleichermaßen aufgefordert, Israel mit ihren einheimischen jüdischen Nachbarn gleichzusetzen, wandten sich junge Männer (zumeist) in den Vorstädten von Paris, Lyon oder Straßburg gegen ihre jüdischen Nachbarn. Sie kritzelten Graffiti auf jüdische Gemeindegebäude, schändeten Friedhöfe, legten Bomben in Schulen und Synagogen und griffen in einigen wenigen Fällen jüdische Jugendliche oder Familien an.

Die Übergriffe auf Juden und jüdische Institutionen – die in den ersten Jahren des neuen Jahrhunderts gehäuft verübt wurden – lösten nicht wegen ihrer Größenordnung oder ihres rassistischen Charakters Besorgnis aus, sondern wegen ihres implizit ethnischen Charakters. Das war nicht der alte europäische Antisemitismus. Wer jetzt nach Sündenböcken für seine Unzufriedenheit suchte, bevorzugte keine Juden mehr. Sie rangierten sogar ganz weit unten in der Rangordnung. Nach einer französischen Umfrage im Januar 2004 gaben zwar 10 Prozent der Befragten zu, keine Juden zu mögen, doch eine weit größere Zahl – 23 Prozent – äußerten ihr Mißfallen an »Nordafrikanern«. Rassistisch motivierte Angriffe gegen Araber – oder, je nach Land, gegen Türken, Inder, Pakistani, Bangladescher, Senegalesen und andere erkennbare Minderheiten – waren weit zahlreicher als Übergriffe gegen Juden. In einigen Städten waren sie fast an der Tagesordnung.

Der beunruhigende Aspekt an dem neuen Antisemitismus war der Umstand, daß zwar wieder die Juden die Opfer, daß aber Araber (oder Muslime) die Täter waren. Die einzige Ausnahme von dieser Regel schien Deutschland zu sein, wo sich der wiedererwachende Rechtsextremismus nicht die Mühe machte, zwischen Migranten, Juden und anderen »Nichtdeutschen« zu unterscheiden. Doch Deutschland war aus naheliegenden Gründen ein Sonderfall. In anderen Ländern sorgten sich die Behörden mehr um die wachsende Entfremdung der arabischen und anderer muslimischer Gruppen als um ein vermeintliches Wiedererwachen des Faschismus. Und sie taten vermutlich recht daran.

Im Gegensatz zu den Vereinigten Staaten, die »Islam« und Muslime auch weiterhin als ferne Herausforderung ansahen, die, fremd und feindlich, am besten durch erhöhte Sicherheitsvorkehrungen und »Präventivkriege« in Schach gehalten wurde, hatten Europas Regierungen gute Gründe, die Sache ganz anders zu sehen. Besonders in Frankreich war die Nahostkrise keine Angelegenheit der Außenpolitik mehr, sie war ein innenpolitisches Problem geworden. Das Übergreifen der Leidenschaft und Erbitterung von den verfolgten Arabern in Palästina auf ihre zornigen, mutlosen Brüder in Paris war eigentlich keine Überraschung, sondern einfach ein weiteres Vermächtnis des Kolonialreichs.

XXIV
Europa als geistige Lebensform

Ein kostenloses Gesundheitssystem ist ein leuchtendes Beispiel für die Überlegenheit kollektiven Handelns und öffentlicher Initiative in einem Bereich der Gesellschaft, wo sich die kommerziellen Prinzipien in ihrer schlimmsten Form zeigen.

Aneurin Bevan

Wir möchten, daß sich die Menschen bei Nokia alle als Partner fühlen, nicht als Vorgesetzte und Mitarbeiter. Vielleicht ist das eine europäische Arbeitsweise, doch bei uns klappt sie.

Jorma Ollila (Vorstandvorsitzender, Nokia)[1]

Europäer wollen sicher sein, daß es in Zukunft keine Abenteuer gibt. Davon hatten sie schon zu viele.

Alfons Verplaetse
(Direktor der Belgischen Nationalbank), 1996

Amerika ist das Land, in das man gehen muß, wenn man jung und alleinstehend ist. Doch wenn es Zeit wird, erwachsen zu werden, sollte man nach Europa zurückkehren.

Ungarischer Geschäftsmann
in einer Meinungsumfrage, 2004

Die moderne Gesellschaft … ist eine demokratische Gesellschaft, mit der man ohne Begeisterungs- oder Zornesausbrüche umgehen sollte.

Raymond Aron

Die unabsehbare Vielfalt Europas am Ende des 20. Jahrhunderts – die veränderliche Geometrie von Regionen, Ländern und Union, die gegensätzlichen Aussichten und Stimmungen von Christentum und Islam, den beiden Hauptreligionen des Kontinents, die beispiellose Geschwindigkeit von Kommunikation und Informationsaustausch innerhalb und außerhalb der europäischen Grenzen, die Vielzahl der Bruchlinien, die verwischen, was einst eindeutige nationale oder soziale Unterteilungen waren, Ungewißheit in Hinblick auf Vergangenheit und

Zukunft gleichermaßen –, alle diese Entwicklungen erschweren es, die Umrisse der kollektiven Erfahrung zu erkennen. Dem Ende des 20. Jahrhunderts fehlt jene Homogenität, die in den selbstgewissen Beschreibungen des Fin de siècle stillschweigend vorausgesetzt wurde.

Trotzdem *entstand* eine unverkennbare europäische Identität, die sich in vielen sozialen Bereichen abzeichnete. Auf dem Feld der Hochkultur – der darstellenden Künste vor allem – behielt der Staat, zumindest in Westeuropa, seine Rolle als Subventionsgeber bei. Museen, Kunstgalerien, Opernensembles, Orchester und Ballettgruppen – sie alle waren in hohem Maße, in einigen Ländern gänzlich, von großzügigen jährlichen Zuwendungen aus öffentlichen Mitteln abhängig. Die vermeintliche große Ausnahme, das post-thatcheristische Großbritannien, wo die Nationallotterie das Schatzamt teilweise von der Bürde der Kultursubventionen befreit hatte, war irreführend. Lotterien sind nur ein anderes Instrument zur Erhebung öffentlicher Einnahmen, mit der Einschränkung, daß sie sozial regressiver sind als die üblichen Steuerbehörden.[2] Die hohen Kosten solcher öffentlichen Finanzierung hatten Zweifel an der Möglichkeit geweckt, daß man sich weiterhin auf unbegrenzte Zeit so üppige Zuschüsse leisten könne – besonders in Deutschland, wo während der neunziger Jahre einige Länderregierungen die Größenordnung ihrer Zuwendungen in Frage zu stellen begannen. Die öffentlichen Zuschüsse in Deutschland deckten in der Regel mehr als 80 Prozent der Kosten eines Theaters oder Opernhauses ab. Kultur auf dieser Ebene stand aber in engem Zusammenhang mit Status und regionaler Identität. Die Stadt Berlin unterhielt trotz wachsender Defizite und stagnierender Einnahmen drei staatliche Bühnen: die Deutsche Oper (das ehemalige Westberliner Opernhaus), die Staatsoper (das ehemalige Ostberliner Opernhaus) und die Komische Oper, wozu noch das Berliner Kammerorchester und die Philharmonie kamen. Alle erhielten beträchtliche öffentliche Gelder. Frankfurt, München, Stuttgart, Hamburg, Düsseldorf, Dresden, Freiburg, Würzburg und viele andere deutsche Städte subventionierten weiterhin erstklassige internationale Ballett- oder Opernensembles mit festen Gehältern, Sozialleistungen und Pensionsansprüchen für Darsteller, Musiker und Bühnenarbeiter. 2003 waren 615 000 Menschen in Deutschland offiziell als hauptberufliche Künstler registriert.

Auch in Frankreich florierten die Künste (vor allem das Theater) in entlegenen Provinzstädten – im Falle Frankreichs dank direkter Finanzhilfe des Kulturministeriums in Paris. Abgesehen davon, daß Präsident Mitterand die nach ihm benannte Bibliothek und andere Baudenkmäler errichtete, gab er auch Summen in einer Größenordnung, wie sie in Frankreich seit der Regierungszeit von Ludwig XIV. unbekannt waren, nicht nur für den Louvre, die Opéra de Paris und die Comédie Française aus, sondern auch für regionale Museen, regionale Kunstzentren, Theatertruppen in der Provinz und ein landesweites Netzwerk von Cinematheken, in denen klassische und moderne Filme gesammelt und gezeigt wurden.

Während sich die Hochkultur in Deutschland betont kosmopolitisch gab (Vladimir Derevianko, der russische Ballettdirektor der Sächsischen Staatsoper Dresden, beauftragte den amerikanischen Choreographen William Forsythe mit Inszenierungen, die das deutsche Publikum zu Begeisterungsstürmen hinrissen), dienten die Kultursubventionen oft dem Zweck, die Vielfalt des nationalen Erbes – Frankreichs »Exception culturelle« – zu erhalten und zu unterstreichen. Die Hochkultur in Frankreich bewahrte eine allgemein anerkannte pädagogische Funktion, vor allem der Kanon des französischen Theaters war noch immer fest im staatlichen Curriculum verankert. Jane Brown, die Londoner Schulleiterin, die 1993 eine Schulaufführung von Romeo und Julia verbot – weil das Stück politisch unkorrekt sei (»aufdringlich heterosexuell«, wie sie sagte) –, hätte jenseits des Ärmelkanals keine berufliche Zukunft gehabt.

Der Umfang der staatlichen Zuwendungen war in Frankreich und Deutschland vielleicht am beeindruckendsten, aber der Staat war für die Künste in ganz Europa die wichtigste – und in den meisten Fällen die einzige – Finanzquelle. Tatsächlich war die »Kultur« der letzte wichtige Bereich des öffentlichen Lebens, in dem der Nationalstaat – statt der Europäischen Union oder der Privatwirtschaft – fast als einziger Anbieter auftreten konnte. Selbst in Osteuropa, wo die ältere Generation guten Grund hatte, sich mit Grausen daran zu erinnern, was dabei herauskommt, wenn man dem Staat die Kontrolle über die Kultur überläßt, war die verarmte Staatskasse die einzige Alternative zum verheerenden Einfluß der Marktkräfte.

Unter dem Kommunismus waren die darstellenden Künste ordentlich, aber nicht gerade aufregend – in der Regel technisch perfekt, allerdings fast immer vorsichtig und konservativ. Wer jemals die *Zauberflöte* in, sagen wir, Wien und Budapest gesehen hat, konnte den Unterschied kaum übersehen. Doch nach dem Zusammenbruch des Kommunismus gab es zwar eine ganze Menge Low-Budget-Experimente – vor allem Sofia wurde ein Zentrum für extravagante choreographische und dramatische Versuche –, aber fast keine Mittel, daher wanderten viele der besten Musiker, Tänzer und sogar Schauspieler in den Westen ab. Nach Europa gehen konnte auch bedeuten, provinziell zu werden.

Ein anderer Grund dafür war der Umstand, daß das Publikum für Europas hohe Künste jetzt selbst europäisch war. Nationale Ensembles in den Metropolen traten vor zunehmend internationalem Publikum auf. Die neue Kaste der übernationalen *Scholaren*, die sich mühelos über alle Landes- und Sprachgrenzen hinweg verständigten, hatten die Möglichkeit, ungehindert zu reisen, egal, ob es sie nach Unterhaltung und Erbauung oder Kleidung und Karriere verlangte. Die Kritiken einer Ausstellung, einer Theater- oder Opernpremiere erschienen oft in der Presse vieler verschiedener Länder. Eine erfolgreiche Aufführung in einer Stadt – sagen wir London oder Amsterdam – durfte darauf hoffen, Zuschauer und Besucher aus so fernen Orten wie Paris, Zürich oder Mailand anzulocken.

Ob das neue kosmopolitische Publikum wirklich kunstsinnig war – oder einfach gutbetucht –, blieb offen. Altehrwürdige Veranstaltungen wie die Salzburger Festspiele oder die regelmäßigen Ring-Aufführungen in Bayreuth lockten nach wie vor ein älteres Publikum an, das nicht nur mit den Stoffen, sondern auch mit den gesellschaftlichen Begleitritualen vertraut war. Doch man machte allgemein energische Anstrengungen, die traditionellen Repertoires für eine jüngere Zielgruppe zu popularisieren, bei der man nicht mehr voraussetzen konnte, daß sie mit den Klassikern (und den Originalsprachen) vertraut war – oder neue, verständlichere Werke für eine neue Generation in Auftrag zu geben.

Wer diese Entwicklung mit Wohlwollen betrachtete, für den bedeuteten die aktualisierten Operninszenierungen, »avantgardistischen« Tanzkompanien, »postmodernen« Kunstausstellungen einen Wandel der europäischen Kulturszene: jugendlich, innovativ, respektlos und vor allem populär – wie es einem Wirtschaftszweig gut zu Gesicht stand, der in so hohem Maße von der Großzügigkeit der Öffentlichkeit abhängig war und daher die Verpflichtung hatte, eine möglichst große Zielgruppe zu bedienen. Für ihre Kritiker hingegen bestätigten die neue Kunstszene in London (»Brit Art«), William Forsythes umstrittenes Ballett in Frankfurt oder die sehr eigenwilligen »Opernadaptionen«, die gelegentlich in Paris gezeigt wurden, ihre kulturpessimistische Prophezeiung, daß mehr nur schlechter bedeuten könnte.

So betrachtet, nutzte Europas »Hochkultur« – die einst darauf hatte bauen können, daß ihre Mäzene mit einem gemeinsamen Kanon von Kindesbeinen an vertraut waren – jetzt die kulturelle Unsicherheit eines unerfahrenen Publikums aus, das nicht immer zwischen Gut und Schlecht unterscheiden konnte (bei dem man aber sicher sein durfte, daß es begeistert jeder Moderichtung folgen würde). Das war durchaus nicht so neu, wie Kulturpessimisten gerne behaupteten – die vielseitig verwertbaren Ängste der ungebildeten »Nouveaux Riches« waren mindestens seit Molière eine beliebte Zielscheibe literarischen und theatralischen Spotts. Neu hingegen war die kontinentale Größenordnung des Kulturwandels. Die Zusammensetzung des Publikums von Barcelona bis Budapest war jetzt so erstaunlich gleichförmig wie die Stoffe, die geboten wurden. Die Kritiker fühlten sich dadurch natürlich bestätigt: Kunst und Publikum rissen sich engumschlungen gegenseitig in einen Abgrund der Geschmacklosigkeit, Eurokultur als Euromüll.

Ob der immer engere Zusammenschluß der Europäer wirklich zu einer kosmopolitischeren Perspektive ihrer Nutznießer beitrug oder ob sie einfach die separaten provinziell-regionalen Einstellungen mischte, war eine Frage, der man nicht nur in dem anspruchsvollen Feuilleton der *Frankfurter Allgemeinen Zeitung (FAZ)* oder der *Financial Times* (*FT*) nachging. *FAZ, FT, Le Monde* und, in geringerem Maße, Italiens *La Repubblica* waren jetzt echte europäische Zeitungen, die man gewöhnlich auf dem ganzen Kontinent bekommen und lesen konnte. Dagegen waren die auflagenstarken Boulevardzeitungen auch weiterhin auf nationale Sprachen und Grenzen festgelegt. Doch ihre Leserzahlen waren überall rückläufig – am stärksten in Großbritannien, am geringsten in Spanien –, daher spielten charakteristische nationale Traditionen des volkstümlichen Journalismus eine geringere Rolle als früher, ausgenommen wiederum in England, wo die populäre Presse europhobe Vorurteile verbreitete und bediente. In Osteuropa und auf der Iberischen Halbinsel hatte das lange Fehlen einer freien Presse dazu geführt, daß viele Menschen, besonders außerhalb der Großstädte, die Zeitungsära ganz übersprangen und direkt in das Zeitalter der elektronischen Medien übergingen.

Letztere – das Fernsehen vor allem – waren jetzt für die meisten Europäer die Hauptquelle für Informationen, Ideen und Kultur (Hoch- und Alltagskultur gleichermaßen). Es verhielt sich mit dem Fernsehen wie mit den Zeitungen. Auch hier zeigten die Briten die größte Bindung an das Medium, regelmäßig lagen sie an der Spitze der TV-Einschaltquoten, dicht gefolgt von Portugal, Spanien und – wenn auch mit einigem Abstand – den Osteuropäern. Die traditionellen öffentlich-rechtlichen Sender sahen sich der Konkurrenz des kommerziellen Antennen-, Kabel- und Satellitenfernsehens gegenüber, behielten aber einen erstaunlich hohen Zuschaueranteil. Außerdem folgten sie größtenteils dem Beispiel der Tagespresse und schränkten ihre Berichterstattung über Auslandsnachrichten erheblich ein.

Infolgedessen stellte das europäische Fernsehen am Ende des 20. Jahrhunderts ein merkwürdiges Paradox dar. Das Unterhaltungsangebot wies von einem Land zum nächsten kaum Unterschiede auf: importierte Filme und Sitcoms, »Realityshows« und andere Massenware von einem Ende des Kontinents bis zum anderen, mit dem einzigen Unterschied, daß die importierten Sendungen entweder synchronisiert (wie in Italien und Deutschland), mit Untertiteln versehen oder in der Originalsprache belassen waren (wie immer häufiger in kleinen oder mehrsprachigen Staaten). Der Darbietungsstil – in den Fernsehnachrichten beispielsweise – war bemerkenswert einheitlich, in vielen Fällen am Vorbild der amerikanischen Lokalnachrichten ausgerichtet.[3]

Andererseits blieb das Fernsehen ein ausgesprochen *nationales*, sogar isoliertes Medium. So war das italienische Fernsehen unverkennbar *italienisch* – von seinen seltsam altmodischen Varietéshows und gestelzten Interviews bis zur vielgerühmten Schönheit seiner Ansagerinnen und den charakteristischen Kamerawinkeln bei der Aufnahme knapp bekleideter junger Frauen. Im benachbarten Österreich kontrastierte der hochmoralische Ernst der im Lande produzierten Talkshows auffallend mit dem Rest des Programms, der fast ausschließlich ein deutsches Monopol war. In der Schweiz (wie in Belgien) hatte jede Region des Landes ihre eigenen Fernsehkanäle, die in unterschiedlichen Sprachen sendeten, von verschiedenen Ereignissen berichteten und ihre Programme höchst gegensätzlich gestalteten.

Die BBC hatte sich bitteren Vorwürfen ihrer Kritiker ausgesetzt, als sie in dem Bestreben, mit der privaten Konkurrenz Schritt zu halten, die ästhetischen Normen und journalistischen Ideale ihrer Anfänge über Bord geworfen und den Anspruch aufgegeben hatte, als der moralische Schiedsrichter und wohlwollende Pädagoge der Nation zu fungieren. Doch trotz dieser Zugeständnisse an den Massengeschmack (oder gerade ihretwegen) war die BBC britischer als je zuvor. Jeder Zweifler hätte nur einen Bericht, eine Debatte oder eine Vorführung in der BBC mit ähnlichen Sendungen in Frankreichs Antenne 2 oder TF1 vergleichen müssen. Was sich auf beiden Seiten des Ärmelkanals verändert hatte, fiel weit weniger ins Auge als das, was gleich geblieben war. Die geistigen oder politischen Anliegen, die gegensätzlichen Einstellungen zu Autorität und Macht waren noch immer so charakteristisch und unterschiedlich wie ein halbes Jahrhundert zuvor. In einem Zeitalter, in dem die meisten anderen kollektiven Aktivitäten und kommunalen Organisationen im Schwinden begriffen waren, wurde das Fernsehen zu dem, was die Masse der Bevölkerung noch gemeinsam hatte. Außerdem erwies es sich als sehr wirksames Mittel, nationale Unterschiede und ein hohes Maß an wechselseitiger Unwissenheit zu verstärken.

Doch von größeren Krisen abgesehen, zeigten die Fernsehsender bemerkenswert geringes Interesse an Ereignissen in benachbarten Ländern – weit weniger, wenn überhaupt, als in der Frühzeit des Fernsehens, als die technische Faszination und die Neugier auf die nahe Ferne zu zahlreichen Dokumentarfilmen und »Auslandsberichten« über exotische Städte und Seelandschaften führten. Doch da Europa jetzt als selbstverständlich hingenommen wurde und – mit Ausnahme seines von Unruhen heimgesuchten und verarmten Südosten – für die meisten Zuschauer alle Exotik verloren hatte, hatten sich Reisesendungen und andere Programme des europäischen Fernsehens schon lange »globalisiert«, indem sie sich ferneren Horizonten zuwandten und dem Rest Europas kaum noch Beachtung schenkten – diesem vermeintlich vertrauten, in der Praxis aber weitgehend unbekannten Gebiet.

Pompöse öffentliche Spektakel – imperiale öffentliche Begräbnisse in Frankreich, königliche Hochzeiten und Todesfälle in Großbritannien, Belgien, Spanien oder Norwegen, Wiederbestattungen, Gedächtnisfeiern und präsidiale Rechtfertigungen in verschiedenen postkommunistischen Ländern – waren rein nationale Ereignisse, die für das heimische Publikum übertragen wurden, aber nur von unbedeutenden Minderheiten in anderen Ländern angeschaut wurden.[4] Über Wahlergebnisse im europäischen Ausland wurde in nationalen Massenmedien nur berichtet, wenn sie Sensationswert oder transkontinentale Bedeutung hatten. Meistens hatten die Europäer kaum eine Ahnung, was in den Nachbarländern vor sich ging. Ihr extremes Desinteresse an europäischen Wahlen erwuchs nicht nur aus Mißtrauen oder Langeweile angesichts der Hirngespinste, die in Brüssel ausgeheckt wurden, sondern war auch ein natürliches Nebenprodukt des Umstandes, daß das geistige Universum der meisten Europäer weitgehend uneuropäisch war.

Es gab eine allgegenwärtige Ausnahme – den Sport. Der Satellitensender »Eurosport« übertrug eine breite Palette von Sportereignissen in verschiedenen europäischen Sprachen. Jede nationale Fernsehstation von Estland bis Portugal widmete einen beträchtlichen Teil ihrer Sendezeit der Übertragung von Sportwettkämpfen, von denen viele intereuropäisch waren und häufig noch nicht einmal unter Beteiligung der regionalen oder nationalen Mannschaften stattfanden. Die Lust am Zuschauersport war in den letzten Jahrzehnten des Jahrhunderts außerordentlich gestiegen, obwohl die Zahl der live anwesenden Zuschauer überwiegend zurückgegangen war. In drei Mittelmeerländern war die Nachfrage groß genug für die Existenz einer angesehenen, auflagenstarken Tageszeitung, die sich ausschließlich dem Sport widmete (*L'Équipe* in Frankreich, *Marca* in Spanien, *Gazzetta dello Sport* in Italien).

Obwohl viele Länder nach wie vor ihre besonderen nationalen Sportarten und Sportereignisse kultivierten – Eishockey in der Tschechischen Republik, Basketball (merkwürdigerweise) in Litauen und Kroatien, die Tour de France und das alljährlich stattfindende Tennisturnier in Wimbledon –, so waren sie doch, kontinental gesehen, Minderheitenveranstaltungen, obwohl gelegentlich durchaus in der Lage, Millionen von Zuschauern anzulocken (die Tour de France war das einzige Sportereignis, dessen Live-Zuschauerzahl im Laufe der Jahre zugenommen hatte). Stierkämpfe in Spanien fanden wenig Anklang bei jungen Spaniern, obwohl sie in den neunziger Jahren als eine Art einträglicher »Heritage Industry« wiederentdeckt wurden. Sogar Kricket, das legendäre Sommerspiel der Engländer, mußte sich, was den Unterhaltungswert anging, mit einer Nischenposition begnügen – trotz aller Versuche, es etwas interessanter und ereignisreicher zu machen und die gemütlichen, aber kommerziell tödlichen Fünf-Tage-Spiele zu beenden. Was Europa wirklich einte, war der Fußball.

Das war nicht immer der Fall gewesen. Das Spiel wurde zwar in jedem europäischen Land gespielt, doch in den ersten Jahrzehnten nach dem Krieg blieben die Spieler weitgehend in ihrer Heimat. Die Zuschauer verfolgten die Spiele der Fußballmannschaften ihrer Länder. Die relativ seltenen internationalen Spiele wurden mancherorts als stellvertretende, emotional besetzte Neuauflagen der Militärgeschichte betrachtet. Niemand, der in jenen Jahren Länderspiele, sagen wir, zwischen England und Deutschland oder zwischen Deutschland und den Niederlanden (von den Spielen zwischen Polen und Rußland ganz zu schweigen) gesehen hat, dürfte sich irgendwelchen Illusionen bezüglich des Vertrags von Rom und dem »immer engeren Zusammenschluß« hingegeben haben. Die entscheidende historische Bezugsgröße war bekundetermaßen der Zweite Weltkrieg.

In den ersten Nachkriegsjahrzehnten kannten sich die Spieler aus verschiedenen europäischen Ländern kaum und waren einander in der Regel noch nie auf dem Spielfeld begegnet. Als 1957 der walisische Stürmer John Charles in die Geschichte einging, weil er für die unerhörte Summe von 67 000 Pfund von Leeds United zu Juventus Turin wechselte, machte er damit in beiden Ländern Schlagzeilen. Bis zum Ende der sechziger Jahre war es äußerst ungewöhnlich für einen Vereinsspieler, in seiner Mannschaft mit einem Ausländer zusammen zu spielen, ausgenommen in Italien, wo innovative Manager bereits damit begannen, begabte Ausländer abzuwerben. Zwar hatte die ruhmreiche Mannschaft von Real Madrid während der fünfziger Jahre den unvergleichlichen Ferenc Puskás in ihren Reihen, aber Puskás war schwerlich ein repräsentativer Fall. Der Kapitän der ungarischen Nationalmannschaft war nach der sowjetischen Invasion aus Budapest geflohen und hatte die spanische Staatsbürgerschaft angenommen. Bis dahin war er wie fast jeder andere ungarische Fußballer außerhalb seines Landes praktisch unbekannt – in solchem Maße, daß ein englischer Spieler, als Puskás die Ungarn im November 1953 aufs Spielfeld des Londoner Wembley Stadium führte, gesagt haben soll: »Schau dir den fetten kleinen Burschen an. Den Kerl werden wir schlachten.« (Ungarn gewann 6:3, die erste Heimniederlage, die England überhaupt hinnehmen mußte).

Eine Generation später hatten Juventus, Leeds, Real Madrid und praktisch jeder andere große europäische Fußballclub einen kosmopolitischen Kader von Spielern aus vielen verschiedenen Ländern. Ein begabter junger Spieler aus der Slowakei oder Norwegen, der früher dazu verurteilt gewesen wäre, sein Fußballerleben in Kosice oder Trondheim zu fristen, von sporadischen Auftritten in seiner Nationalmannschaft abgesehen, durfte nun hoffen, in den großen Ligen zu spielen – das heißt, in Newcastle, Amsterdam oder Barcelona bekannt zu werden und ein sehr gutes Gehalt zu beziehen. 2005 war der Trainer der englischen Nationalmannschaft ein Schwede. Arsenal, die führende britische Fußballmannschaft am Anfang des 21. Jahrhunderts, wurde von einem Franzosen trainiert. Die erste Mannschaft des Nordlondoner Clubs umfaßte Spieler aus Frankreich, Deutschland, Schweden, Dänemark, Island, Irland, den Niederlanden, Spanien, der Schweiz, Brasilien, Elfenbeinküste und den Vereinigten Staaten – daneben einige wenige aus England. Fußball war für Spieler, Trainer und Zuschauer gleichermaßen ein Spiel ohne Grenzen. Clubs, die wie Manchester United hoch in der Zuschauergunst standen, münzten ihren Wettbewerbsvorteil in ein »Image« um, das mit gleichem Erfolg von Lancashire bis Lettland vermarktet werden konnte (und wurde).

Eine Handvoll Fußballstars – nicht unbedingt die begabtesten, sondern diejenigen, die gut aussahen, schöne Frauen hatten und in ihrem Privatleben nichts anbrennen ließen – spielten nun im öffentlichen Leben und den Massenmedien Europas eine Rolle, die bislang Filmsternchen und jüngeren Mitgliedern königlicher Häuser vorbehalten gewesen war. Als David Beckham (ein englischer Spieler von eher mittelmäßigen Fähigkeiten, aber einem unübertroffenen Talent zur Selbstinszenierung) 2003 von Manchester United zu Real Madrid wechselte, war das in allen Mitgliedstaaten der europäischen Union die Topmeldung der Fernsehnachrichten. Beckhams eher peinliches Abschneiden im folgenden Jahr bei den Fußballeuropameisterschaften in Portugal – der englische Mannschaftsführer vergab zwei Strafstöße und beschleunigte damit die schimpflich frühe Heimkehr seines Teams – vermochte die Begeisterung seiner Fans nicht zu dämpfen.

Noch bezeichnender: Englands Ausscheiden aus dem Wettbewerb hatte keine erkennbaren Auswirkungen auf die englischen Einschaltquoten bei den verbliebenen Spielen zwischen Mannschaften aus kleinen Ländern (Portugal, Niederlande, Griechenland und Tschechische Republik), an denen britische Fans eigentlich kein Interesse hatten. Trotz verstärkter Leidenschaften bei internationalen Spielen, trotz fliegender Fahnen, steigender Löwen und rivalisierender Schlachtengesänge war der Zwang zum Zuschauen – egal welchen Spiels – stärker als die Bindung an irgendeine Mannschaft.[5] Auf dem Höhepunkt lockten die Übertragungen der Spiele, die in diesem Sommer in Portugal stattfanden, allein in Großbritannien 25 Millionen Zuschauer vor die Fernsehschirme. »Euro.com«, die offizielle Website des Turniers, verzeichnete im Laufe der Spiele 40 Millionen Besucher und eine halbe Milliarde Seitenaufrufe.

Fußball eignete sich gut für seine neuentdeckte Popularität. Er war zweifellos ein egalitärer Zeitvertreib. Da man, abgesehen von irgendeinem Ball, keine Ausrüstung brauchte, ließ er sich überall von jedem spielen – anders als Tennis, Schwimmen oder Leichtathletik, wozu man entweder ein gewisses Einkommen oder öffentliche Einrichtungen jener Art brauchte, die nicht überall in europäischen Ländern vorhanden waren. Es war kein besonderer Vorteil, wenn man groß oder kräftig war – ganz im Gegenteil –, und das Spiel war nicht besonders gefährlich. Als Beruf war Fußball lange Zeit eine schlecht bezahlte Alternative für Arbeiterjungen in Industriestädten gewesen; jetzt war er ein Weg in die höheren Bereiche des vorstädtischen Wohlstands und darüber hinaus.

Hinzu kam, daß einzelne Fußballspieler, egal, wie begabt und beliebt sie sein mochten, zwangsläufig Teile ihrer Mannschaften waren. Sie ließen sich nicht so leicht, wie etwa der französische Radrennfahrer Raymond Poulidor, der »ewige Pechvogel«, in Symbole für das vergebliche Streben einer ganzen Nation verwandeln. Fußball war auch zu einfach, um sich für die metaphorische und fast metaphysische Überhöhung zu eignen, die dem Baseball in den Vereinigten Staaten gelegentlich widerfuhr. Nicht zuletzt stand das Spiel jedermann (und in wachsendem Maße jeder Frau) in einer Weise offen, wie sie für die professionellen Mannschaftssportarten Nordamerikas beispielsweise längst nicht mehr galt. Mit einem Wort, Fußball war ein sehr *europäisches* Spiel.

Als Gegenstand der öffentlichen europäischen Aufmerksamkeit habe der Fußball, so wurde gelegentlich gesagt, nicht nur den Krieg, sondern auch die Politik ersetzt. Zweifellos beanspruchte er sehr viel mehr Raum in den Zeitungen. Überall legten Politiker Wert darauf, ihre Achtung für Sporthelden zu bezeugen und zu dokumentieren, daß sie über ihre Leistungen informiert waren. Doch zu diesem Zeitpunkt hatte die Politik in Europa bereits ihren Wettbewerbsvorteil eingebüßt. Das Verschwinden der alten Meistererzählungen (Sozialismus gegen Kapitalismus, Proletarier gegen Eigentümer, Imperialisten gegen Revolutionäre) bedeutete nicht, daß bestimmte Fragen der öffentlichen Politik die öffentliche Meinung nicht mehr mobilisierten oder polarisierten. Aber es erschwerte die Beschreibung politischer Entscheidungen und Bindungen in herkömmlichen Parteikategorien.

Die alten politischen Extreme – »extreme Linke«, »extreme Rechte« – fanden jetzt häufig zusammen: meist in ihrem Widerstand gegen Ausländer und ihrer gemeinsamen Furcht vor der europäischen Einigung. Der Antikapitalismus – in der etwas unglaubwürdigen Verkleidung der Antiglobalisierung, als wäre ein strikt *inländischer* Kapitalismus irgendwie anders und weniger anstößig – war für provinzielle Reaktionäre ebenso attraktiv wie für internationalistische Radikale. Für die bürgerlichen Parteien hatten sich die alten Unterschiede zwischen Mitte-rechts und Mitte-links weitgehend verflüchtigt. In einer breiten Palette von zeitgenössischen Fragen dürften beispielsweise die schwedischen Sozialdemokraten und französischen Neogaullisten mehr miteinander als mit ihren jeweiligen ideologischen Ahnen gemein gehabt haben. Die politische Topographie Europas hatte sich im Laufe der beiden Jahrzehnte entscheidend verändert. Zwar dachte man aus Gewohnheit weiter in den Begriffen von »Links« und »Rechts«, aber was sie unterschied, war unklar.

Die politische Partei alten Stils war das Opfer dieser Veränderungen, mit rückläufigen Mitgliederzahlen und, wie gezeigt, sinkender Wahlbeteiligung. Ein anderer Leidtragender war eine fast ebenso altehrwürdige europäische Institution – der öffentliche Intellektuelle. Das vorangegangene Fin de siècle hatte die erste Welle politisch engagierter Intellektueller erlebt – in Wien, Berlin, Budapest, vor allem aber in Paris: Männer wie Theodor Herzl, Karl Kraus oder Léon Blum. Ein Jahrhundert später waren die Leute, die Anspruch auf ihre Nachfolge erhoben, zwar nicht vollkommen von der Bildfläche verschwunden, aber doch weitgehend bedeutungslos.

Es gab verschiedene Gründe für das Aussterben der kontinentalen Intellektuellen (die Spezies, die in Großbritannien seit jeher ziemlich selten war und dort gewöhnlich nur als Nebenprodukt des Exils auftrat, wie im Falle von Arthur Koestler oder Isaiah Berlin). In Mittel- und Osteuropa stießen die Fragen, die einst die politische Intelligenz mobilisiert hatten – Marxismus, Totalitarismus, Menschenrechte oder die Übergangswirtschaft –, bei jüngeren Generationen nur noch auf Langeweile und Gleichgültigkeit. Alternde Moralisten wie Havel – oder ephemere politische Helden wie Michnik – waren unwiderruflich mit einer Vergangenheit verknüpft, mit der sich kaum noch jemand beschäftigen wollte. Jener Unwillen, den Czesław Miłosz einst den »Ärger der osteuropäischen Intellektuellen« über die zwanghafte amerikanische Fixierung auf rein materielle Produkte genannt hatte, richtete sich jetzt zunehmend gegen ihre Mitbürger.

In Westeuropa war die Mahnfunktion des Intellektuellen noch nicht ganz aus dem öffentlichen Leben verschwunden – Leser der gehobenen Presseerzeugnisse in Deutschland und Frankreich wurden noch regelmäßig mit zürnenden politischen Predigten von Günter Grass oder Régis Debray versorgt –, doch sie hatten ihren Gegenstand verloren. Es gab noch viele Teilsünden, gegen welche die öffentlichen Moralisten wettern konnten, aber kein übergreifendes Ziel mehr, kein allgemein verpflichtendes Ideal, in dessen Namen sie ihre Anhänger hätten mobilisieren können. Faschismus, Kommunismus und Krieg waren zusammen mit Zensur und Todesstrafe vom Kontinent verbannt worden. Schwangerschaftsabbruch und Empfängnisverhütung waren fast universell verfügbar, Homosexualität war erlaubt und wurde offen praktiziert. Die Raubzüge des schrankenlosen kapitalistischen Marktes forderten überall heftige intellektuelle Kritik heraus. Doch da es an einem selbstbewußten antikapitalistischen Gegenprojekt fehlte, handelte es sich um eine Debatte, die sich eher für Denkfabriken als für Philosophen eignete.

Das einzige Feld, auf dem die europäischen Intellektuellen noch moralischen Ernst mit universellen politischen Rezepten verbinden konnten, war die Außenpolitik, die von den unübersichtlichen Kompromissen der innenpolitischen Entscheidungen frei war und in der es noch weitgehend um die Fragen von Recht und Unrecht, Leben und Tod ging. Während der Jugoslawienkriege ergriffen Intellektuelle aus West- und Osteuropa emsig Partei. Einige, wie Alain Finkielkraut in Paris, engagierten sich mit Leib und Seele für die kroatische Sache. Einige wenige – vor allem in Frankreich und Österreich – verurteilten die westliche Einmischung als einen von Amerika ausgehenden Angriff auf die serbische Autonomie, der sich (wie sie behaupteten) auf übertriebene oder sogar gefälschte Berichte über erfundene Verbrechen stützte. Die meisten unterstützten die Intervention in Bosnien oder dem Kosovo aufgrund von allgemeinen Prinzipien, indem sie die vor zwanzig Jahren begonnene Menschenrechtsdiskussion wieder aufgriffen, sie verallgemeinerten und auf die völkermordähnlichen Praktiken der serbischen Streitkräfte ausweiteten.

Doch trotz all seiner Dringlichkeit konnte auch Jugoslawien die Intellektuellen nicht wieder in den Mittelpunkt des öffentlichen Lebens rücken. Zwar wurde Bernard-Henri Lévy in den Elysée-Palast zu Konsultationen mit dem Präsidenten eingeladen, während sich Tony Blair gelegentlich mit bevorzugten Journalisten und anderen literarischen Höflingen zu Klausurtagungen zurückzog, aber diese sorgfältigen Inszenierungen zur Imagepflege blieben ohne politische Konsequenz. Weder Frankreich noch Großbritannien noch irgendeiner ihrer Verbündeten konnte durch den Druck von Intellektuellen bewogen werden, seine politischen Strategien in irgendeiner Weise zu verändern. Auch vermochten die öffentlich engagierten Intellektuellen ihre einst entscheidende Rolle für die Mobilisierung der öffentlichen Meinung nicht mehr wahrzunehmen, wie sich im Laufe des atlantischen Bruches im Jahr 2003 zeigte.

In diesem Jahr befand sich der weit überwiegende Teil der europäischen Öffentlichkeit (anders als einige europäische Staatsmänner) im Widerspruch zur amerikanischen Invasion in den Irak und zu den allgemeinen Richtlinien der Außenpolitik unter Präsident George W. Bush. Doch der Ausbruch von Besorgnis und Ärger, der sich in dieser Opposition manifestierte, war, obwohl er von vielen europäischen Intellektuellen geteilt und zum Ausdruck gebracht wurde, zu seiner Artikulation und Organisation nicht auf sie angewiesen. Einige französische Autoren – etwa Lévy und Pascal Bruckner – weigerten sich, Washington zu verurteilen, teilweise, weil sie nicht unreflektiert antiamerikanisch erscheinen wollten, und teilweise aus Sympathie für die amerikanische Haltung zum »radikalen Islamismus«. Doch ihr Appell verhallte praktisch ungehört.

Ehemals einflußreiche Persönlichkeiten wie Michnik und Glucksmann drängten ihre Leser, Washingtons Irakpolitik zu unterstützen, weil sie, von den eigenen Schriften über den Kommunismus ausgehend, die Auffassung vertraten, eine Politik des »liberalen Interventionimus« zur Verteidigung der Menschenrechte sei infolge allgemeiner Grundsätze überall gerechtfertigt und Amerika bilde wieder, wie schon so oft, die Vorhut im Kampf gegen das politisch Böse und den moralischen Relativismus. Nachdem sie sich dergestalt davon überzeugt hatten, daß der amerikanische Präsident *seine* Außenpolitik aus *ihren* Gründen betreibe, waren sie aufrichtig überrascht, als sie feststellten, daß sie von ihrem traditionellen Publikum im Stich gelassen und ignoriert wurden.

Doch die Bedeutungslosigkeit von Michnik oder Glucksmann erklärte sich nicht aus den besonderen Meinungen, die sie vertraten. Das gleiche Schicksal erwartete jene Intellektuelle, welche die entgegengesetzte Auffassung äußerten. Am 31. Mai 2003 veröffentlichten Jürgen Habermas und Jacques Derrida, zwei der bekanntesten Schriftsteller/Philosophen/Intellektuellen Europas in der *Frankfurter Allgemeinen Zeitung* einen Artikel mit dem Titel »Unsere Erneuerung. Nach dem Krieg: Die Wiedergeburt Europas«, in dem sie erklärten, Amerikas neuer und gefährlicher Weg müsse für Europa ein Warnsignal sein – müsse die Europäer veranlassen, ihre gemeinsame Identität zu überdenken, sich auf die gemeinsamen Werte der Aufklärung zu besinnen und in der Weltpolitik eine unverwechselbar europäische Position zu beziehen.

Ihr Aufsatz erschien zeitgleich mit ähnlichen Artikeln von ebenso bekannten Persönlichkeiten in ganz Westeuropa, Umberto Eco in *La Repubblica*, seinem italienischen Kollegen, dem Philosophen Gianni Vattimo, in *La Stampa*, dem Schweizer Präsidenten der Deutschen Akademie der Künste, Adolf Muschg, in der *Neuen Zürcher Zeitung*, dem spanischen Philosophen Fernando Savater in *El País* und einem einsamen Amerikaner, dem Philosophen Richard Rorty, in der *Süddeutschen Zeitung*. Zu fast jedem Zeitpunkt im vorigen Jahrhundert wäre eine intellektuelle Initiative solchen Ausmaßes, in so bekannten Zeitungen und von Persönlichkeiten vergleichbarer Bedeutung ein spektakuläres öffentliches Ereignis gewesen – ein Manifest und Aufruf, der in der gesamten politischen und kulturellen Welt Wellen geschlagen hätte.

Doch obwohl die Derrida-Habermas-Initiative Empfindungen zum Ausdruck brachte, die von vielen Europäern geteilt wurden, verhallte sie praktisch ungehört. Weder brachte sie es in die Nachrichten noch wurde sie von Sympathisanten zitiert. Niemand bat die Autoren, sich wieder mit der Feder zu bewaffnen und die Führung zu übernehmen. Zweifellos waren die Regierungen zahlreicher europäischer Staaten, darunter Frankreich, Deutschland, Belgien und später auch Spanien, mit den Ansichten, die in diesen Aufsätzen zum Ausdruck kamen, im großen und ganzen einverstanden. Doch keiner kam es in den Sinn, die Professoren Derrida oder Eco zu Konsultationen einzuladen. Das ganze Projekt verlief im Sande. 100 Jahre nach der Dreyfus-Affäre, 50 Jahre nach der Apotheose von

Jean-Paul Sartre hatten Europas führende Intellektuelle eine Bittschrift aufgesetzt – und niemand kam.

Sechs Jahrzehnte nach dem Ende des Zweiten Weltkriegs war das atlantische Bündnis zwischen Europa und den Vereinigten Staaten tief gestört. Zum Teil war das nach Beendigung des Kalten Krieges vorhersehbar – zwar wollten nur wenige die Nato auflösen oder verlassen, doch ihre derzeitige Form war ziemlich sinnlos und ihre künftige Zielsetzung unklar. Im Laufe der Jugoslawienkriege verschlechterte sich der Zustand des Bündnisses weiter, da die US-Generale wenig Neigung zeigten, ihre Entscheidungen mit europäischen Kollegen zu teilen, die nur ungern Initiative zeigten und bei den Kriegshandlungen kaum praktische Hilfe zu leisten vermochten.

Vor allem aber wurde die Nato durch Washingtons Reaktion auf die Anschläge vom 11. September 2001 einer beispiellosen Belastungsprobe ausgesetzt. Präsident Bushs kompromißlose und taktlose Einseitigkeit (»mit uns oder gegen uns«), die brüske Zurückweisung der Hilfsangebote von Nato-Partnern und der amerikanische Alleingang im Irakkrieg, trotz überwältigenden internationalen Widerstands und eines fehlenden UN-Mandats, sorgten dafür, daß die Vereinigten Staaten – in nicht geringerem Maße als der »Terror«, dem sie den bedingungslosen Krieg erklärt hatten – als eine gefährliche Bedrohung für Frieden und Sicherheit in der Welt angesehen wurden.

Die Unterscheidung zwischen dem »alten« und dem »neuen« Europa, die US-Verteidigungsminister Donald H. Rumsfeld im Frühjahr 2003 entdeckt zu haben behauptete, um einen Keil zwischen Washingtons europäische Verbündete zu treiben, traf die tatsächlichen innereuropäischen Unterschiede kaum und war eine fatale Fehleinschätzung. Nur in Polen konnte Amerika auf Anerkennung und Unterstützung in der Öffentlichkeit zählen. In den anderen Ländern Europas stießen die Vereinigten Staaten mit ihrer Irakpolitik und vielem mehr auf entschiedene Ablehnung.[6] Doch der Umstand, daß ein hochrangiger Vertreter der Vereinigten Staaten auf solche Weise versuchen konnte, die Europäer auseinanderzubringen, nachdem sie erst wenige Jahre zuvor so mühsam damit begonnen hatten, sich zusammenzufinden, brachte viele Europäer zu dem Schluß, daß die Amerikaner jetzt das ernsthafteste Problem seien, dem sich Europa gegenübersehe.

Die Nato war gegründet worden, um Westeuropas Unfähigkeit, sich ohne amerikanische Hilfe zu verteidigen, Rechnung zu tragen. Die Tatsache, daß alle Versuche der europäischen Regierungen scheiterten, eine eigene wirksame Militärmacht zu schaffen, sorgte für den Fortbestand des Bündnisses. Seit dem Maastrichter Vertrag von 1993 hatte die Europäische Union die Notwendigkeit einer gemeinsamen Außen- und Sicherheitspolitik zumindest anerkannt, obwohl unklar blieb, was und wie sie zu sein hätte. Zehn Jahre später stand die EU jedoch im Begriff, eine 60 000 Mann starke Schnelle Eingreiftruppe aufzustellen, die für Interventionen und friedenserhaltende Aufgaben gedacht war. Von Frankreich gedrängt – und von Washington offenkundig mißbilligt –, faßten die europäischen Staaten auch ein eigenes Verteidigungsbündnis ins Auge, das in der Lage sein sollte, außerhalb seines Vertragsbereichs und unabhängig von der Nato zu operieren.

Doch bei dem atlantischen Streit ging es nicht nur um die Streitkräfte. Es ging noch nicht einmal um wirtschaftliche Meinungsverschiedenheiten, obwohl die Europäische Union nun groß genug war, um auf den amerikanischen Kongreß und einzelne amerikanische Produzenten genügend Druck auszuüben, sich den Normen und Maßgaben der EU anzupassen oder Gefahr zu laufen, von deren Märkten verdrängt zu werden, eine Entwicklung, die so manchen amerikanischen Abgeordneten und Geschäftsmann verblüffte. Europa war nicht nur aus Amerikas Schatten hervorgetreten, sondern das Verhältnis hatte sich inzwischen womöglich sogar umgekehrt. Der Umfang der europäischen Direktinvestitionen in den USA hatte im Jahre 2000 nicht weniger als 900 Milliarden Dollar erreicht (gegenüber nicht einmal 650 Milliarden Dollar an amerikanischen Direktinvestitionen in Europa); annähernd 70 Prozent aller Investitionen in den USA wurden von Europa getätigt, und europäische Multis waren nun Eigentümer einer großen Zahl von »uramerikanischen« Erzeugnissen wie Brooks Brothers, Random House, Kent-Zigaretten, Pennzoil, Bird's Eye und des Baseball-Teams Los Angeles Dodgers.

Wirtschaftswettbewerb, so scharf er auch sein mochte, bedeutete dennoch eine gewisse Art der Nähe. Was die beiden Kontinente wirklich auseinanderdriften ließ, war die zunehmende Uneinigkeit in der Frage der »Werte«. Mit den Worten von *Le Monde*: »Die transatlantische Wertegemeinschaft bröckelt.« Aus europäischer Sicht wirkte Amerika, zu dem man im Zuge des Kalten Krieges eine oberflächliche Vertrautheit gewonnen hatte, mittlerweile sehr fremd. Die tiefe Gläubigkeit einer wachsenden Zahl von Amerikanern – exemplarisch verkörpert in ihrem »wiedergeborenen« Präsidenten – war den meisten europäischen Christen völlig unbegreiflich (den frömmeren muslimischen Nachbarn vermutlich weniger). Die amerikanische Vernarrtheit in Schußwaffen, Maschinenpistolen und Schnellfeuergewehre eingeschlossen, vermittelte den Eindruck, das Leben in den USA sei gefährlich und anarchisch, während die überwiegende Mehrheit der europäischen Beobachter die Überzeugung vertrat, Amerika habe mit der häufigen und ungerechtfertigten Verhängung der Todesstrafe den gemeinsamen Boden der modernen Zivilisation verlassen.[7]

Zu all dem kam noch Washingtons zunehmende Mißachtung völkerrechtlicher Verträge hinzu, seine von niemandem sonst geteilten Ansichten zu allem und jedem, von der globalen Klimaerwärmung bis zum Völkerrecht, und vor allem seine absolut parteiische Haltung zur Israel-Palästina-Krise. In keinem dieser Fälle hat der Umstand, daß Georg W. Bush im Jahre 2000 zum Präsidenten gewählt wurde, einen vollständigen Richtungswechsel der amerikanischen Politik bewirkt – die Vertiefung des atlantischen Grabens hatte schon viel früher begonnen –, doch der schärfere Tonfall der neuen amerikanischen Regierung bestärkte die europäischen Kommentatoren in einem Verdacht, den sie bereits seit längerem hegten: daß die Meinungsunterschiede nicht nur einzelne politische Fragen betrafen, sondern lauter Indizien für einen fundamentalen kulturellen Gegensatz waren.

Der Gedanke, daß Amerika kulturell anders – oder unterlegen oder bedrohlich – sei, war keineswegs neu. 1983 sah sich der französische Kulturminister Jack Lang zu der Warnung bemüßigt, die überaus beliebte Fernsehserie *Dallas* stelle eine ernstliche Bedrohung für die französische und die europäische Identität dar. Neun Jahre später, als *Jurassic Park* in die französischen Kinos kam, wurde die Warnung buchstabengetreu von einem seiner konservativen Nachfolger wiederholt. Nach der Eröffnung von Eurodisney im Frühjahr 1992 ging die radikale Pariser Theaterdirektorin Ariane Mnouchkine einen Schritt weiter und erklärte, der Vergnügenspark werde sich als ein »kulturelles Tschernobyl« erweisen. Doch das war der übliche leichtfertige Mix aus intellektuellem Hochmut und kultureller Verunsicherung, der sich – in Frankreich wie anderswo – mit einer gehörigen Portion chauvinistischer Nostalgie mischte. Zum 50. Jahrestag der Landung in der Normandie erklärte Gianfranco Fini, Chef der ehemals faschistischen Nationalen Allianz in Italien, in einem Interview mit der italienischen Tageszeitung *La Stampa*: »Ich hoffe, man wird mir nicht unterstellen, ich wolle den Faschismus rechtfertigen, wenn ich mich frage, ob Europa mit den amerikanischen Landungen nicht einen Teil seiner Identität verloren hat.«

Neu an der Situation zu Beginn des 21. Jahrhunderts war der Umstand, daß derartige Einstellungen alltäglich wurden und daß sie von den Rändern des geistigen und politischen Lebens ins Zentrum der europäischen Befindlichkeit wanderten. Die Tiefe und Breite antiamerikanischer Gefühle im zeitgenössischen Europa übertrafen bei weitem alles, was man während des Vietnamkriegs oder auf der Höhe der »Friedensbewegungen« Anfang der achtziger Jahre erlebt hatte. Obwohl eine Mehrheit der Menschen in den meisten Ländern immer noch glaubte, die atlantische Beziehung lasse sich bewahren, waren 3 von 5 Europäern 2004 der Meinung (viel mehr als in einigen Einzelstaaten, vor allem in Spanien, der Slowakei und, überraschenderweise, der Türkei), eine starke amerikanische Führungsrolle in der Welt sei »nicht wünschenswert«.

Ein Teil dieser Einstellungen ließ sich sicherlich darauf zurückführen, daß die Politik und Persönlichkeit von Präsident George W. Bush im Gegensatz zu seinem Vorgänger Bill Clinton vielfach abgelehnt wurde. Nun waren auch Ende der sechziger Jahre viele Europäer empört über Präsident Lyndon Johnson, doch ihre Einstellungen zum Krieg in Südostasien waren in der Regel nicht in eine Abneigung gegen Amerika oder Amerikaner im allgemeinen umgeschlagen. 40 Jahre später herrschte das weit verbreitete Empfinden auf dem gesamten Kontinent (speziell auch unter Briten, die ihrem Premierminister seine begeisterte Identifikation mit dem amerikanischen Verbündeten sehr übelnahmen), daß etwas nicht stimme mit dem Land, das Amerika im Begriff sei zu werden oder – wie viele jetzt behaupteten – schon immer gewesen sei.

Tatsächlich wurden die vermeintlich »unamerikanischen« Eigenschaften Europas sehr rasch zum wichtigsten gemeinsamen Faktor des europäischen Selbstverständnisses. Europäische Werte wurden mit amerikanischen Werten kontrastiert. Europa sollte alles sein, was Amerika nicht war – oder zumindest danach streben. Im November 1998 verkündete Jérôme Clément, der Intendant von Arte, einem französisch-deutschen Fernsehsender mit einem Kultur- und Kunstprogramm, die »europäische Kreativität« sei das einzige Bollwerk gegen die Sirenen des amerikanischen Materialismus, und nannte als Beispiel das postkommunistische Prag, eine Stadt, die seiner Meinung nach Gefahr lief, »une utopie libérale mortelle« (»einer tödlich liberalen Utopie«) zu erliegen – ein willenloses Opfer deregulierter Märkte und der Profitgier zu werden.

In den ersten postkommunistischen Jahren hätte sich Prag zweifellos schuldig bekannt, wäre ihm vorgeworfen worden, nach allem zu verlangen, was amerikanisch war – von der individuellen Freiheit bis zu materiellem Überfluß – wie der Rest Osteuropas auch. Und niemandem, der damals osteuropäische Hauptstädte, von Tallinn bis Ljubljana, besuchte, konnte die aggressive neue Elite der elegant gekleideten jungen Männer und Frauen entgehen, die in ihren teuren neuen Autos geschäftig zu Terminen und Einkaufsbummeln unterwegs waren und die tödlich liberale Utopie der Clémentschen Alpträume genossen. Doch selbst die Osteuropäer gingen auf Distanz zum amerikanischen Modell: teilweise aus Rücksicht auf ihre neue Verbindung zur Europäischen Union, teilweise aus wachsender Abneigung gegen Aspekte der amerikanischen Außenpolitik, zunehmend aber auch, weil die Vereinigten Staaten als Wirtschaftssystem und Gesellschaftsmodell nicht mehr der selbstverständliche Zukunftsentwurf zu sein schien.[8]

Extremer Antiamerikanismus blieb in Osteuropa eine Minderheitenposition. In Ländern wie Bulgarien oder Ungarn diente er jetzt als indirekte, politisch akzeptable Weise, nostalgische Sehnsucht nach einem nationalen Kommunismus zum Ausdruck zu bringen – und, wie so oft in der Vergangenheit, als zweckdienlicher Ersatz für Antisemitismus. Doch selbst bei Kommentatoren und Politikern aus dem bürgerlichen Lager war es längst nicht mehr alltäglich, amerikanische Institutionen und Praktiken als leuchtende und nachahmenswerte Beispiele hinzustellen. Lange war Amerika eine andere Zeit gewesen: Europas Zukunft. Jetzt war es ein anderer Ort. Gewiß, viele junge Leute träumten noch davon, nach Amerika zu gehen. Ein Ungar jedoch, der einige Jahre lang in Kalifornien gearbeitet hatte, erklärte in einem Interview: »Amerika ist das Land, in das man gehen muß, wenn man jung und alleinstehend ist. Doch wenn es Zeit wird, erwachsen zu werden, sollte man nach Europa zurückkehren.«

Die Vorstellung von Amerika als dem ewigen Land der Jugend und des Abenteuers – wobei dem Europa des 21. Jahrhunderts die Rolle eines nachsichtigen Paradieses für risikoscheue Menschen mittleren Alters zufiel – war weit verbreitet, vor allem in Amerika selbst. Und in der Tat, Europa *wurde* älter. Von den 20 Ländern in der Welt, die 2004 den höchsten Anteil an Menschen über 60 hatten, lagen alle bis auf eines (Japan) in Europa. Die Geburtenrate bewegte sich in vielen europäischen Ländern deutlich unter der Reproduktionsziffer. In Spanien, Griechenland, Polen, Deutschland und Schweden lag die durchschnittliche Kinderzahl unter 1,4 pro Frau. In Teilen Osteuropas (Bulgarien und Lettland beispielsweise oder Slowenien) erreichte sie mit fast 1,1 weltweit den niedrigsten Stand. Bis 2040 hochgerechnet, ließen diese Daten darauf schließen, daß die Bevölkerung in vielen europäischen Ländern um ein Fünftel oder mehr fallen würde.

Keine der herkömmlichen Erklärungen für den Geburtenrückgang schienen die beginnende demographische Krise Europas erklären zu können. Arme Länder wie Moldawien und reiche wie Dänemark sahen sich derselben Herausforderung gegenüber. In katholischen Ländern wie Italien oder Spanien lebten junge Leute (egal, ob verheiratet oder nicht) häufig noch mit dreißig bei ihren Eltern, während sie im protestantischen Schweden einen eigenen Hausstand hatten und vom Staat großzügig bemessene finanzielle Unterstützung in Form von Kindergeld und Erziehungsurlaub erhielten. Doch obwohl es in Skandinavien etwas mehr Kinder gab als in den Mittelmeerländern, waren die Unterschiede der Geburtenraten weniger auffällig als die Ähnlichkeiten. Die Zahlen wären noch niedriger ausgefallen, hätte es nicht die außereuropäischen Zuwanderer gegeben, die überall die Bevölkerungszahlen in die Höhe trieben, weil sie eine weit größere Reproduktionsbereitschaft aufwiesen. In Deutschland lag 1960 die Zahl der Kinder mit einem ausländischen Elternteil aufs Jahr gerechnet lediglich bei 1,3 Prozent. 40 Jahre später waren es 20 Prozent.

Eigentlich war die demographische Situation in Europa gar nicht so verschieden von der jenseits des Atlantiks – zu Beginn des neuen Jahrtausends war die durchschnittliche Kinderzahl der geborenen Amerikaner ebenfalls unter die Reproduktionsziffer gesunken. Nur war die Zahl der Zu- und Einwanderer in den Vereinigten Staaten so viel größer – und ihr Anteil an jungen Erwachsenen so unverhältnismäßig viel höher –, daß nach menschlichem Ermessen die Geburtenrate in den USA die Europas in absehbarer Zukunft deutlich übertreffen mußte. Obwohl die demographischen Einbrüche bedeuteten, daß sowohl Europa als auch Amerika Schwierigkeiten haben würden, in den kommenden Jahrzehnten Renten und andere Verpflichtungen zu finanzieren, waren die Sozialsysteme in Europa unvergleichlich viel großzügiger und daher weit größeren Gefahren ausgesetzt.

Die Europäer sahen sich einem scheinbar einfachen Dilemma gegenüber. Was würde geschehen, falls (wenn) es nicht genug junge erwerbstätige Menschen gab, um die Kosten eines Gemeinwesens mit immer mehr Menschen im Ruhestand zu bestreiten, die jetzt viel länger als früher lebten, keine Steuern bezahlten und obendrein noch das Gesundheitswesen enorm belasteten.[9] Eine Möglichkeit bestand darin, die Renten und Pensionen zu kürzen. Eine andere, das Rentenalter zu erhöhen – das heißt, die Menschen länger arbeiten zu lassen, bevor sie ihr Ruhegeld bekamen. Als dritte Möglichkeit bot sich an, die Menschen, die noch berufstätig waren, höher zu besteuern. Eine vierte Option, die ernsthaft nur in Großbritannien (und auch dort nur halbherzig) in Betracht gezogen wurde, war die Überlegung, dem Beispiel der Vereinigten Staaten zu folgen und die Menschen aufzufordern oder sogar zu zwingen, sich für das Alter privat zu versichern. Alle diese Wahlmöglichkeiten bargen eine Menge politischen Sprengstoff.

Für viele marktwirtschaftlich orientierte Kritiker des europäischen Wohlfahrtsstaates war das Hauptproblem Europas nicht der demographische Knick, sondern die wirtschaftliche Unbeweglichkeit. Nach dieser Auffassung lag die Schwierigkeit nicht darin, daß es zu wenige Arbeitnehmer gab oder geben würde, sondern daß zu viele Gesetze existierten, die ihre Löhne und Arbeitsplätze schützten oder so hohe Arbeitslosenunterstützungen und Renten garantierten, daß es keine Anreize mehr gab, überhaupt zu arbeiten. Wenn man diese »Arbeitsmarktbeschränkungen« aufhöbe, so diese Auffassung, und kostspielige Sozialleistungen verringere oder privatisiere, könnten mehr Menschen einen Arbeitsplatz finden, würden die Belastungen für Arbeitgeber und Steuerzahler gemindert und die »Eurosklerose« überwunden.

Als Diagnose war das richtig und falsch zugleich. Natürlich waren einige Vergünstigungen des Wohlfahrtsstaates, die auf der Höhe des Nachkriegsbooms ausgehandelt und festgeschrieben worden waren, jetzt eine ernsthafte Belastung.

Jeder deutsche Arbeitnehmer, der seinen Arbeitsplatz verlor, hatte während der nächsten 32 Monate Anspruch auf 60 Prozent seines letzten Gehalts (67 Prozent, wenn er ein Kind hatte). War das monatliche Arbeitslosengeld auf 53 Prozent (beziehungsweise 57 Prozent) des letzten Gehalts gefallen, wurde es unbegrenzt gezahlt. Ob dieses Sicherheitsnetz die Betroffenen davon abhielt, sich bezahlte Arbeit zu suchen, ist offen. Aber es kostete seinen Preis. Ein ganzer Schwanz von Vorschriften, die dazu bestimmt waren, die Interessen von Arbeitnehmern zu schützen, erschwerten es den Arbeitgebern in den meisten EU-Ländern (ganz besonders in Frankreich), Vollzeitkräfte zu entlassen. Ihr dadurch bedingtes Widerstreben, neue Arbeitskräfte einzustellen, trug zu einer langfristig erhöhten Jugendarbeitslosigkeit bei.

Anderseits bedeutete der Umstand, daß die europäischen Volkswirtschaften nach amerikanischen Maßstäben sehr reguliert und unbeweglich waren, nicht unbedingt, daß sie ineffizient oder unproduktiv waren. 2003 waren die Volkswirtschaften der Schweiz, Dänemarks, Österreichs und Italiens, gemessen in Produktivität pro Arbeitsstunde, alle mit den Vereinigten Staaten vergleichbar. Nach dem gleichen Kriterium waren Irland, Belgien, Norwegen, die Niederlande und Frankreich (sic) den USA sogar überlegen. Wenn Amerika insgesamt dennoch produktiver war – das heißt, wenn die Amerikaner mehr Güter, Dienstleistungen und Geld hervorbrachten –, so lag es daran, daß sie zu einem höheren Prozentsatz einer bezahlten Arbeit nachgingen, länger arbeiteten als Europäer (2000 im Durchschnitt dreihundert Stunden mehr pro Jahr) und weit weniger Urlaub hatten.

Während die Briten jährlich gesetzlichen Anspruch auf 23 bezahlte Urlaubstage hatten, die Franzosen auf 25, die Schweden auf 30 und mehr, mußten sich die Amerikaner teilweise mit weniger als der Hälfte an bezahlten Urlaubstagen begnügen, je nach dem Bundesstaat, in dem sie lebten. Die Europäer hatten sich bewußt entschieden, weniger zu arbeiten, weniger zu verdienen – und besser zu leben. Für ihre unvergleichlich hohen Steuern (in den Augen ihrer angloamerikanischen Kritiker ein weiteres Hemmnis für Wachstum und Innovation) kamen die Europäer in den Genuß eines kostenlosen oder fast kostenlosen Gesundheitssystems, gingen früher in Rente und konnten ein erstaunliches Maß an Sozialleistungen in Anspruch nehmen. Dank ihrer Sekundarschulen waren sie gebildeter als die Amerikaner. Sie lebten sicherer und – zum Teil aus diesem Grund – auch länger, sie erfreuten sich einer besseren Gesundheit (obwohl sie weit weniger für sie ausgaben[10]) und lebten in weit geringerer Zahl unterhalb der Armutsgrenze.

Das also war das »europäische Gesellschaftsmodell«. Es war ohne Frage sehr teuer. Doch für die meisten Europäer bedeuteten Arbeitsplatzsicherheit, progressive Besteuerung und beträchtliche soziale Transferzahlungen einen impliziten Vertrag zwischen Regierung und Bürgern einerseits und zwischen den einzelnen Bürgern andererseits. Nach den jährlichen Umfragen des »Eurobarometers« vertrat eine große Mehrheit der Europäer die Ansicht, daß Armut durch soziale Verhältnisse und nicht individuelles Verschulden bedingt sei. Sie äußerten auch ihre Bereitschaft, höhere Steuern zu bezahlen, wenn sie zur Linderung der Armut verwendet würden.

Wie zu erwarten, waren solche Einstellungen in Skandinavien weit verbreitet. Doch sie waren fast in gleichem Maße auch in Großbritannien, Italien und Spanien anzutreffen. Es gab einen breiten internationalen und schichtübergreifenden Konsens, daß der Staat die Pflicht habe, seine Bürger vor den Risiken des Lebens und der Märkte zu schützen: Weder die Firma noch der Staat dürfe Menschen als entbehrliche Produktionseinheiten behandeln. Soziale Verantwortung und wirtschaftlicher Vorteil schlössen einander nicht aus – »Wachstum sei wünschenswert«, aber nicht um jeden Preis.

Dieses europäische Modell gab es in mehreren Spielarten – als »nordisches«, »rheinländisches«, »katholisches« und innerhalb der einzelnen Kategorien noch mit verschiedenen Abwandlungen. Gemeinsam waren ihnen nicht einzelne Dienstleistungen, wirtschaftliche Verfahrensweisen oder ein gewisses Maß an staatlichem Engagement, sondern die Überzeugung – manchmal in Dokumenten und Gesetzen niedergelegt, manchmal nicht –, daß ein bestimmtes Maß an sozialen Rechten, mitmenschlicher Solidarität und kollektiver Verantwortung im modernen Staat angemessen und möglich sei. Das Ergebnis solcher Bestrebungen mochte etwa in Italien und Schweden höchst unterschiedlich aussehen. Doch der gesellschaftliche Konsens, den es verkörperte, galt in den Augen vieler Bürger als absolut verbindlich. Als 2004 der sozialdemokratische Kanzler der Bundesrepublik das Sozialhilfesystem veränderte, geriet er ins Kreuzfeuer gesellschaftlicher Proteste, genauso wie es einer gaullistischen Regierung zehn Jahre zuvor ergangen war, als sie ähnliche Reformen in Frankreich vorgeschlagen hatte.

Seit den achtziger Jahren hat es verschiedene Versuche gegeben, einen Kompromiß zwischen der sozialen Solidarität Europas und der wirtschaftlichen Flexibilität Amerikas zu finden. Eine jüngere Generation von Wirtschaftswissenschaftlern und Unternehmern, die einige Zeit in amerikanischen Business Schools oder Firmen verbracht hatten und von der Unbeweglichkeit der europäischen Wirtschaftswelt frustriert waren, forderten die Politik mit Nachdruck auf, die bürokratischen Verfahren »abzuspecken« und den Wettbewerb zu fördern. Die »Gauche Américaine«, wie man sie in Frankreich treffend nannte, bemühte sich, die Linke von ihrem antikapitalistischen Komplex zu befreien und gleichzeitig ihr soziales Gewissen zu bewahren. In Skandinavien wurde der hemmende Effekt hoher Besteuerung sogar in sozialdemokratischen Zirkeln diskutiert (wenn auch nicht immer zugegeben). Die Rechte hatte die Notwendigkeit von Sozialleistungen eingesehen, nun mußte die Linke die Vorzüge des Profits anerkennen.

Die Bemühungen, die Vorteile beider Seiten miteinander zu verbinden, überschnitt sich nicht zufällig mit der Suche nach einem Projekt, das an die Stelle der beendeten Debatte zwischen Kapitalismus und Sozialismus treten konnte, nachdem diese länger als ein Jahrhundert die Politik des Westens bestimmt hatte. Das Ergebnis, das sich Ende der neunziger Jahre abzuzeichnen begann, war der sogenannte »Dritte Weg«: Angeblich mischte sich darin die Begeisterung für uneingeschränkte kapitalistische Produktion mit gebührender Berücksichtigung ihrer sozialen Folgen und der Interessen der Allgemeinheit. Das war kaum etwas Neues: Im Grunde lief es auf die »Soziale Marktwirtschaft« hinaus, die Ludwig Erhardt in den fünfziger Jahren proklamiert hatte. Doch in der Politik, zumal in der postideologischen Politik, geht es um *Form*, und die Form des Dritten Weges, wie sie am Vorbild von Bill Clintons erfolgreicher »Vermittlung« zwischen Links und Rechts ausgerichtet und vor allem von Tony Blair, dem Paradepferd der New-Labour-Partei, formuliert wurde, beeindruckte die Beobachter.

Blair verfügte natürlich über gewisse Vorzüge, die den Erfordernissen von Zeit und Ort einzigartig entsprachen. Im Vereinigten Königreich hatte Margaret Thatcher die politischen Wegmarken ganz weit nach rechts gerückt, während Blairs Vorgänger in der Labour-Führung die schwierige Aufgabe übernommen hatten, die alte Parteilinke zu zerschlagen. Daher konnte sich Blair im post-thatcheristischen Großbritannien überzeugend progressiv und »europäisch« präsentieren, indem er einfach ein paar hübsch klingende Statements über die gerechte Verteilung von öffentlichen Dienstleistungen abgab. Zugleich rechnete man ihn fest dem »amerikanischen Lager« zu, weil er stets und öffentlichkeitswirksam betonte, er habe größte Hochachtung vor dem privaten Wirtschaftssektor und wolle mit seiner Politik ein wirtschaftsfreundliches Klima schaffen. Er sprach zwar mit Wärme davon, Großbritannien in den Schoß Europas zu führen, bestand aber trotzdem darauf, sein Land aus den sozialen Sicherungssystemen der europäischen Gesetzgebung und der fiskalischen Harmonisierung herauszuhalten, die mit dem »gemeinsamen Markt« der Union stillschweigend einherging.

Der Dritte Weg wurde *einerseits* als pragmatische Lösung wirtschaftlicher und sozialer Probleme propagiert und *andererseits* als entscheidender konzeptueller Durchbruch nach Jahrzehnten theoretischer Stagnation gefeiert. Seine Bewunderer auf dem Kontinent, denen völlig entfallen war, daß in ihrer nationalen Vergangenheit bereits »dritte Wege« beschritten und wieder verlassen worden waren – speziell der populäre »Dritte Weg« des Faschismus – waren ganz versessen darauf, sich anzuschließen. Unter Jacques Delors (1985–1995) hatte die

Europäische Kommission fast den Eindruck erweckt, sie sei hauptsächlich damit beschäftig, Normen und Vorschriften zu ersinnen und zu verhängen – »Europa« als Ersatz für das abhanden gekommene Erbe eines bürokratischen Sozialismus fabianischer Prägung. Auch Brüssel schien nach einem Dritten Weg zu suchen – einem positiven Impuls, einem Kompromiß zwischen institutioneller Unsichtbarkeit und regulatorischem Überschwang.[11]

Blairs neu gewandeter Politik war keine Zukunft beschieden, nachdem er die katastrophale Entscheidung getroffen hatte, seinen guten Ruf aufs Spiel zu setzen und sein Land 2003 in die Irak-Invasion zu verwickeln – ein Schritt, der ausländische Beobachter lediglich daran erinnerte, daß der »Dritte Weg« der New-Labour-Partei untrennbar mit der Abneigung Großbritanniens verbunden war, sich zwischen Europa und den Vereinigten Staaten zu entscheiden. Und der Beweis, daß es in Großbritannien, wie in den USA, eine dramatische Zunahme der Armut gab – im Gegensatz zu den übrigen Ländern der EU, wo die Armut, wenn überhaupt, nur in geringem Maße anstieg –, nahm dem britischen Modell viel von seiner Attraktivität. Doch der »Dritte Weg« hatte sich stets als nur kurzfristig begehbar erwiesen. Der Name selbst deutete schon auf die Existenz zweier Extreme hin – hier der unbeschränkte marktwirtschaftliche Kapitalismus, dort der Staatssozialismus –, die es aber beide nicht mehr gab (wobei ersterer immer nur ein doktrinäres Phantasiegebilde war). Es gab keinen Bedarf mehr für einen grundlegenden theoretischen (oder rhetorischen) Durchbruch.

Zu Beginn der achtziger Jahre war die Privatisierung noch umstritten gewesen und hatte heftige Diskussionen über Umfang und Legitimität des öffentlichen Wirtschaftssektors ausgelöst. Man hatte in Frage gestellt, ob sich die sozialdemokratischen Zielsetzungen erfüllen ließen und ob Gewinnstreben bei der Bereitstellung öffentlicher Güter eine Rolle spielen dürfe. Im Jahre 2004 war Privatisierung jedoch eine strikt pragmatische Angelegenheit. In Osteuropa war sie die unabdingbare Voraussetzung für die EU-Mitgliedschaft und stand im Einklang mit der Brüsseler Verurteilung marktverzerrender öffentlicher Subventionen. In Frankreich und Italien war der Verkauf von Staatsvermögen jetzt eine kurzfristige buchhalterische Maßnahme, um das jährliche Haushaltsdefizit zu verringern und weiterhin die Auflagen der Euro-Zone zu erfüllen.

Selbst Tony Blairs eigene Projekte dieses Dritten Weges – die Teilprivatisierung der Londoner U-Bahn beispielsweise oder die Einführung des Wettbewerbsprinzips im Krankenhauswesen – wurden als kostenwirksame Maßnahmen mit positiven Nebenwirkungen auf den Staatshaushalt begonnen. Soziale Einwände, die damit verknüpft waren, wurden als bedeutungslos und sekundär abgetan. Mit der Zeit verblaßte Blairs Stern (wie die drastisch reduzierte Größenordnung seines dritten Wahlsiegs im Mai 2005 zeigte). Trotz Kürzung der Staatsausgaben,

Ausstiegs aus der europäischen Sozialcharta, Senkung der Unternehmensbesteuerung und Akquisition ausländischer Direktinvestitionen durch Anreize jeglicher Art blieb Großbritannien unveränderlich unproduktiv. Gemessen am Output pro Stunde, konnte es mit seinen »verkalkten«, von Vorschriften und Richtlinien eingeengten Partnern in der Union nicht mithalten.

Überdies war ein neuer Plan der New-Labour-Partei, die bevorstehende Krise der unterkapitalisierten öffentlichen Pensionssysteme zu vermeiden – indem man die Haftung dem privaten Sektor zuschob –, schon zum Scheitern verurteilt, noch ehe zehn Jahre nach seiner stolzen Einführung verstrichen waren. In Großbritannien, wie in den USA, konnten Unternehmen, die ihre Pensionsrücklagen in einen nervösen Aktienmarkt investierten, kaum hoffen, den langfristigen Zahlungsverpflichtungen gegenüber ihrer Belegschaft nachkommen zu können, da diese Mitarbeiter – wie die Staatsbediensteten, die ihr Ruhegeld von der öffentlichen Hand bekamen – nun weitaus länger als früher lebten. Die meisten von ihnen, soviel wurde nun deutlich, würden niemals eine Betriebsrente in voller Höhe zu sehen bekommen – wenn der Staat nicht wieder ins Rentensystem einstieg, um für die Fehlbeträge aufzukommen. Der Dritte Weg bekam eine fatale Ähnlichkeit mit einem Hütchenspiel.

Am Beginn des 21. Jahrhunderts lautete das Dilemma, dem sich die Europäer gegenüber sahen, nicht Sozialismus oder Kapitalismus beziehungsweise Links, Rechts oder »Dritter Weg«. Es ging auch nicht um die Frage »Europa« oder »Amerika«, denn da hatten sich die meisten Menschen längst für Europa entschieden, es ging vielmehr um eine Frage – *die* Frage –, die nach 1945 von der Geschichte auf die Tagesordnung gesetzt worden war und die seither stillschweigend, aber hartnäckig die Aufmerksamkeit der Europäer in Anspruch nahm. Was für eine Zukunft erwartete die europäischen Nationalstaaten? *Hatten* sie überhaupt eine Zukunft?

Es gab keinen Weg mehr zurück in eine Welt autonomer, selbständiger Nationalstaaten, die mit ihrem Nachbarn außer der Grenze nichts gemein hatten. Polen, Italiener, Slowenen, Dänen – sogar die Briten – waren nun Europäer. Das waren aber auch Millionen Sikhs, Bengalen, Türken, Araber, Inder, Senegalesen und viele andere mehr. Jeder, dessen Heimatland zur Europäischen Union gehörte – oder gehören wollte –, war jetzt als Wirtschaftssubjekt unwiderruflich Europäer. Die Europäische Union war der weltweit größte einheitliche Markt, der größte Anbieter von Dienstleistungen und für die Mitgliedsstaaten die maßgebliche Quelle für wirtschaftliche und gesetzliche Regelungen.

In einer Welt, in welcher der komparative Vorteil bei begrenzter Mittelausstattung – mit Energie, Bodenschätzen, Ackerland, ja selbst Grundstücken –

weitaus geringer angesetzt wurde als bei einer Politik, die Bildung, Forschung und Investitionen förderte, kam es in höchstem Maße darauf an, daß die Union auf diesen Gebieten zunehmend die Initiative ergriff. Wie einst Einzelstaaten dynamische Märkte geschaffen hatten – durch Regelung von Güteraustausch, Beschäftigung und Freizügigkeit –, so stellte jetzt die Union solche Regeln auf; dank einer eigenen Währung hatte sie auch auf den Geldmärkten selbst fast eine Monopolstellung. Die einzige bedeutsame wirtschaftliche Tätigkeit, die als gesetzgeberische Kompetenz nicht auf die Union übertragen wurde, sondern bei den Nationalstaaten verblieb, war die Festlegung der Steuersätze – und dies auch nur, weil Großbritannien daran festhielt.

Doch Menschen leben nicht in Märkten, sondern in Gemeinschaften. Während der letzten Jahrhunderte hatten sich diese Gemeinschaften freiwillig oder (häufiger) gezwungenermaßen zu Staaten zusammengeschlossen. Nach den Erfahrungen in der Zeit von 1914 bis 1945 empfanden die Europäer alle ein dringendes Bedürfnis nach dem Staat. In den politischen und gesellschaftlichen Bestrebungen der vierziger Jahre war dieses Bedürfnis von ausschlaggebender Bedeutung. Angesichts von wirtschaftlichem Wohlstand, sozialem Frieden und internationaler Stabilität verflüchtigte es sich jedoch langsam. An seine Stelle trat das Mißtrauen gegen die Einmischung des Staates und der Wunsch nach individueller Autonomie und nach Aufhebung aller Einschränkungen privater Initiative. Mehr noch, im Zeitalter der Supermächte schien Europa sein Schicksal kaum noch in der Hand zu haben. Die europäischen Nationalstaaten waren offenbar weitgehend überflüssig. Indes, seit 1990 – und erst recht seit 2001 – kommt diesen Staaten offenbar wieder erhebliche Bedeutung zu.

Der frühneuzeitliche Staat hatte zwei eng miteinander verknüpfte Aufgaben: Steuern zu erheben und Krieg zu führen. Europa – die Europäische Union – ist kein Staat. Sie erhebt keine Steuern und ist nicht in der Lage, Krieg zu führen. Wie gezeigt, brauchte sie sehr lange, um auch nur die Ansätze zu militärischem oder gar außenpolitischem Handeln zu entwickeln. In den ersten 50 Jahren nach Beendigung des Zweiten Weltkriegs war das in der Regel keine Beeinträchtigung. Die Aussicht auf einen weiteren europäischen Krieg war für fast alle Europäer eine Schreckensvorstellung, und die Verantwortung für die Verteidigung gegen den einzigen Feind war an den Partner jenseits des Atlantiks abgetreten worden.

Doch in der Zeit nach dem 11. September 2001 traten die Grenzen eines postnationalen Entwurfs für eine bessere europäische Zukunft deutlicher zutage. Der traditionelle europäische Staat führte schließlich nicht nur Krieg im Ausland, sondern sorgte auch für Frieden zu Hause. Diesem Umstand verdankte er, wie Hobbes schon vor langer Zeit erkannt hatte, seine besondere und unersetzliche

Legitimität. In Ländern, in denen unlängst ein gewalttätiger politischer Krieg gegen unbewaffnete Zivilisten geführt worden war (Spanien, Großbritannien, Italien und Deutschland) hat man die Bedeutung des Staates – seiner Polizisten, seiner Armee, seiner Nachrichtendienste und seines Justizapparates – nie vergessen. In Zeiten des »Terrorismus« vermittelt das Gewaltmonopol des Staates den meisten seiner Bürger ein angenehmes Gefühl der Sicherheit.

Seinen Bürgern Sicherheit zu geben, ist also die Aufgabe des Staates. Es gab kein Anzeichen dafür, daß Brüssel (die Europäische Union) diese Verantwortung in absehbarer Zukunft übernehmen wollte oder konnte. In dieser entscheidenden Hinsicht blieb der Staat der legitime Repräsentant seiner Bürger, und das in einer Weise, von welcher der übernationale Zusammenschluß der Europäer trotz alle Pässe und Parlamente noch weit entfernt war. Gewiß, die Europäer hatten die Möglichkeit, über die Köpfe ihrer eigenen Regierungen hinweg europäische Gerichte anzurufen, und man war nicht wenig erstaunt, daß sich die nationalen Gerichte in Deutschland oder Großbritannien so rasch mit den Urteilen aus Straßburg oder Luxemburg abfanden. Doch wenn es galt, Mordschützen und Bombenleger zu bekämpfen, blieb die Verantwortung und damit die öffentliche Gewalt fest in den Händen von Berlin oder London. Was sollte ein europäischer Bürger auch machen, wenn jemand einen Molotowcocktail in sein Haus schleuderte? Einen Bürokraten anrufen?

Legitimität ist eine Funktion der Fähigkeiten. Nicht zuletzt weil der zerfallende, ultraföderative Staat Belgiens manchmal den Anschein erweckte, nicht mehr in der Lage zu sein, für die Sicherheit seiner Bürger zu sorgen, wurde seine Legitimität in Frage gestellt. Und obwohl die Fähigkeiten des Staates mit Waffen beginnen, enden sie dort auch heute nicht. Solange der Staat – und nicht irgendein überstaatliches Konstrukt – Renten zahlt, Arbeitslose versichert und Kinder einschult, wird sein Monopol auf eine bestimmte Art politischer Legitimität nicht in Frage gestellt werden. Im Laufe des 20. Jahrhunderts übernahm der europäische Nationalstaat beträchtliche Verantwortung für das Wohl, die Sicherheit und die Gesundheit seiner Bürger. In den letzten Jahren hat er sich von einigen seiner Funktionen getrennt – der moralischen Bevormundung seiner Bürger und einigen, wenn auch nicht allen, wirtschaftlichen Einflußmöglichkeiten. Alle anderen blieben intakt.

Legitimität ist auch eine Funktion des Territoriums. Die Europäische Union ist, wie viele Beobachter festgestellt haben, ein Unikum. Es ist territorial definiert, ohne eigentlich ein territoriales Gebilde zu sein. Seine Gesetze und Vorschriften gelten auf dem gesamten Territorium, doch seine Bürger können nicht an den nationalen Wahlen anderer Länder teilnehmen (wohl aber an Kommunal- und Europawahlen). Der geographische Geltungsbereich der Union wird konterkariert durch ihre relative Bedeutungslosigkeit für die alltäglichen Angelegenheiten der Europäer, gemessen an dem Stellenwert, den das Geburts- oder Aufenthaltsland besitzt. Gewiß, die Union hält wichtige Dienstleistungen wirtschaftlicher und anderer Art vor. Aber dadurch definiert sie ihre Bürger als Konsumenten und nicht als teilhabende Subjekte – »eine Gemeinschaft passiver Bürger ... von Fremden regiert« – und läuft so Gefahr, mit dem vordemokratischen Spanien oder Polen verglichen zu werden, oder mit dem Winterschlaf der politischen Kultur in Adenauers Bundesrepublik: wenig verheißungsvolle Vorläufer für ein so ehrgeiziges Unterfangen.

Staatsbürgerschaft, Demokratie, Rechte und Pflichten sind eng mit dem Staat verknüpft – vor allem in Ländern mit einer lebendigen Tradition aktiver bürgerlicher Teilhabe an öffentlichen Angelegenheiten. Physische Nähe spielt eine Rolle: Um an dem Staat teilzuhaben, muß man sich als Teil von ihm fühlen. Selbst im Zeitalter superschneller Züge und elektronischer Echtzeitkommunikation ist nicht ganz klar, wie jemand beispielsweise in Coimbra oder Rzeszów ein aktiver Bürger *Europas* sein kann. Wenn der Begriff irgendeine Bedeutung haben soll – und wenn die Europäer in irgendeinem vernünftigen Sinn politisch tätig bleiben sollen –, muß ihr Bezugspunkt in absehbarer Zukunft auch weiterhin Lissabon oder Warschau heißen, nicht Brüssel. Nicht zufällig sind in jüngerer Zeit die Riesenstaaten – China, Rußland oder die USA – entweder autoritär regiert worden oder entschieden zentrifugal geblieben, mit Bürgern, die der Bundeshauptstadt und allen ihre Maßnahmen mit einer gehörigen Portion Mißtrauen begegneten.

Doch der Schein trog. Die europäische Union hatte im Jahr 2005 die herkömmlichen territorialen Einheiten nicht verdrängt und würde es auf absehbare Zukunft auch nicht tun. Sechzig Jahre nach Hitlers Niederlage verhielt es sich gewiß so, daß sich die vielfältigen Identitäten, Souveränitäten und Territorien, die in ihrer Gesamtheit Europa und seine Geschichte definierten, stärker überlagerten und intensiver miteinander kommunizierten als in der Vergangenheit. Neu und daher für außenstehende Beobachter schwer zu erkennen war die Möglichkeit, daß man Franzose *und* Europäer, Katalane *und* Europäer oder Araber *und* Europäer sein konnte.

Die separaten Nationen und Staaten waren nicht verschwunden. Wie die Welt sich nicht auf eine einzige »amerikanische« Norm einigte – die entwickelten kapitalistischen Gesellschaften legten eine große Vielfalt sozialer Formen und ganz verschiedene Einstellungen sowohl zum Markt wie zum Staat an den Tag –, so bewahrte auch Europa seinen Geschmack an der Vielfalt der Völker und Traditionen. Die Illusion, daß wir in einer postnationalen oder poststaatlichen Welt leben, resultiert daraus, daß wir den »globalisierten« Wirtschaftsprozessen zu viel Aufmerksamkeit schenken … und annehmen, daß ähnliche transnationale Entwicklungen auch in allen anderen Lebensbreichen stattfinden müßten. Nur durch die Brille der Produktion und des Güteraustauschs betrachtet, war Europa tatsächlich zu einem Medium kontinuierlicher Wellenprozesse geworden. Doch unter dem Gesichtspunkt der staatlichen Gewalt, der politischen Legitimität oder der kulturellen Affinitäten blieb Europa, was es schon seit langem war: eine altvertraute Ansammlung einzelner Staat-Teilchen. Der Nationalismus war im wesentlichen gekommen und gegangen,[12] aber die Nationen und Staaten waren geblieben.

Wenn man bedenkt, was sich die Europäer in der ersten Hälfte des 20. Jahrhunderts angetan hatten, war das ziemlich bemerkenswert. An den Trümmern des Jahres 1945 war das sicherlich nicht abzulesen gewesen. Tatsächlich könnte man den Umstand, daß es den geschlagenen Völkern Europas gelang, sich wieder zu erholen und ihre je eigenen Kulturen und Institutionen aus den Trümmern von 30 Jahren Krieg zu bergen, durchaus höher einschätzen als den kollektiven Erfolg, der mit der Gründung einer transnationalen Union erzielt wurde. Für sie gab es schließlich schon lange vor dem Zweiten Weltkrieg verschiedene europäische Pläne, deren Verwirklichung durch die Verwüstungen sogar noch befördert wurde. Doch daß es Deutschland, Polen oder Frankreich, von Ungarn oder Litauen gar nicht zu reden, jemals gelingen könnte, sich zu erholen, war damals sehr viel weniger wahrscheinlich.

Noch weniger wahrscheinlich – einige Jahrzehnte zuvor sogar völlig undenkbar – war die Vorstellung, Europa könnte sich Anfang des 21. Jahrhunderts als beispielhafte Verkörperung internationaler Tugenden präsentieren: eine Wertegemeinschaft und ein System zwischenstaatlicher Beziehungen, das bei Europäern und Nichteuropäern gleichermaßen als leuchtendes Vorbild galt. Zum Teil lag das zwar an der wachsenden Enttäuschung über die amerikanische Alternative, trotzdem war die Anerkennung wohlverdient. Und es war eine beispiellose Chance. Doch ob Europas blitzeblankes neues Image – von alten Sünden und Schicksalsschlägen gereinigt – den Herausforderungen des kommenden Jahrhunderts gewachsen sein würde, hing in hohem Maße davon ab, wie die Europäer auf die Nichteuropäer in ihrer Mitte und an ihren Grenzen reagieren würden. In den schwierigen Anfangsjahren des 21. Jahrhunderts blieb das eine offene Frage.

170 Jahre früher, zu Beginn des nationalistischen Zeitalters, hatte der deutsche Dichter Heinrich Heine zwischen zwei Arten eines kollektiven Gefühls unterschieden:

»Man befahl uns [Deutschen] den Patriotismus und wir wurden Patrioten; denn wir tun alles was uns unsere Fürsten befehlen. Man muß sich aber unter diesem

Patriotismus nicht dasselbe Gefühl denken, das hier in Frankreich diesen Namen führt. Der Patriotismus der Franzosen besteht darin daß sein Herz erwärmt wird, durch diese Wärme sich ausdehnt, sich erweitert, daß es nicht mehr bloß die nächsten Angehörigen, sondern ganz Frankreich, das ganze Land der Zivilisation, mit seiner Liebe umfaßt; der Patriotismus des Deutschen hingegen besteht darin daß sein Herz enger wird, daß es sich zusammenzieht wie Leder in der Kälte, daß er das Fremdländische haßt, daß er nicht mehr Weltbürger, nicht mehr Europäer, sondern nur ein enger Deutscher sein will.«

Frankreich und Deutschland waren natürlich nicht mehr die entscheidenden Bezugsgrößen. Doch die Alternative, die Heine mit seinen beiden Patriotismen skizzierte, ließ sich durchaus auf die zeitgenössischen europäischen Verhältnisse übertragen. Falls Europa sich für die »deutsche« Version entschiede, falls es sich »wie Leder in der Kälte« zu einem defensiven Provinzialismus zusammenzöge – eine Möglichkeit, die sich im Frühjahr 2005 in den Volksentscheiden in Frankreich und den Niederlanden andeutete, als klare Mehrheiten die vorgeschlagene europäische »Verfassung« ablehnten –, wäre die Chance vertan, und die Europäische Union würde nie über ihre pragmatischen Anfänge hinausgelangen. Sie bliebe lediglich die Summe und der größte gemeinsame Faktor der separaten Egoismen ihrer Mitglieder.

Doch wenn der Patriotismus für Europa eine Möglichkeit fände, über sich selbst hinauszugelangen, sich im Geist von Heines idealisiertem Frankreich auszudehnen und zu erweitern, um »ganz Frankreich, das ganze Land der Zivilisation« mit Liebe zu umfassen, dann wäre mehr möglich. Das 20. Jahrhundert – Amerikas Jahrhundert – hatte Europa in den Abgrund stürzen sehen. Die Erholung des alten Kontinents war ein langsamer und ungewisser Prozeß gewesen. In gewisser Weise würde er nie abgeschlossen sein: Amerika würde weiterhin die größte Armee haben und China immer mehr und billigere Waren herstellen. Doch weder Amerika noch China hatten ein brauchbares Vorbild zu bieten, das sich zur universellen Nachahmung eignete. Trotz der Schrecken ihrer jüngeren Vergangenheit – und in hohem Maße dank ihrer – waren die *Europäer* jetzt in der besonderen Lage, der Welt in aller Bescheidenheit einige Ratschläge zu unterbreiten, wie sie die Wiederholung ihrer eigenen Fehler vermeiden könne. Was vor sechzig Jahren kaum jemand vorhergesagt hätte – das 21. Jahrhundert könnte das Jahrhundert Europas werden.

Epilog

Erinnerungen aus dem Totenhaus
Ein Versuch über das moderne europäische Gedächtnis

Das Problem des Bösen wird das grundlegende Problem des geistigen Lebens im Nachkriegseuropa sein – wie der Tod das grundlegende Problem des letzten Krieges wurde.

Hannah Arendt (1945)

Das Vergessen, ich würde sogar soweit gehen zu sagen, der historische Irrtum, ist ein entscheidender Faktor bei der Schaffung einer Nation; daher ist der Fortschritt der Geschichtswissenschaft häufig eine Gefahr für die nationale Identität … Das Wesen einer Nation liegt darin, daß alle Individuen viele Dinge gemeinsam, und auch darin, daß sie viele Dinge vergessen haben.

Ernest Renan

Alle historische Forschung über die Ereignisse dieser Epoche wird man in Beziehung zu den Ereignissen von Auschwitz durchführen oder betrachten müssen … Hier stößt alle Historisierung an ihre Grenzen.

Saul Friedlander

Für Juden, so Heinrich Heine, sei die Taufe ihr »Entreebillett« nach Europa. Doch das war 1825, als der Preis für den Eintritt in die moderne Welt der Verzicht auf ein bedrückendes Erbe jüdischer Andersartigkeit und Isolation war. Heute hat sich der Eintrittspreis für Europa verändert. Eine ironische Wendung der Geschichte, die Heine besser verstanden hätte als viele andere – stammen doch von ihm die prophetischen Worte »wilde, düstere Zeiten dröhnen heran« –, sorgt heute dafür, daß jeder, der zu Beginn des 21. Jahrhunderts wirklich Europäer werden will, zunächst ein neues und weit bedrückenderes Erbe auf sich nehmen muß. Heute ist die einschlägige europäische Bezugsgröße nicht die Taufe, sondern die Vernichtung.

Die Anerkennung des Holocaust ist zur europäischen Eintrittskarte geworden. 2004 bekannte sich der polnische Präsident Aleksander Kwaśniewski – bemüht, ein schmerzliches Kapitel der polnischen Vergangenheit abzuschließen und das Land in Einklang mit seinen EU-Partnern zu bringen – offiziell zu den Leiden der polnischen Juden während des Krieges und zur Mitschuld der Polen daran. Um seinem Land den Eintritt in die EU zu erleichtern, gab sogar Rumäniens scheidender Präsident Jon Iliescu zu, was er und seine Kollegen lange Zeit hartnäckig geleugnet hatten: daß auch Rumänien an der Vernichtung der europäischen Juden beteiligt gewesen war …

Natürlich gibt es noch andere Voraussetzungen für die vollständige Teilhabe an der europäischen Staatenfamilie. Der Umstand, daß die Türkei auch weiterhin den »Völkermord« leugnet, den sie 1915 an ihrer armenischen Bevölkerungsgruppe beging, wird sich als Hindernis für ihren EU-Beitritt erweisen, so wie auch Serbien weiterhin ausgeschlossen bleiben wird, ehe nicht seine politische Klasse die Verantwortung für die Massenmorde und andere Verbrechen der jugoslawischen Kriege übernommen hat. Doch der Grund, warum Verbrechen wie diese heute eine solche politische Bedeutung haben – und der Grund, warum »Europa« darauf dringt, daß ihnen solche Aufmerksamkeit geschenkt wird, warum ihm daran liegt, »Europäer« als Menschen zu definieren, die diese Aufmerksamkeit aufbringen –, liegt darin, daß sie (egal, ob vorher oder nachher geschehen) Sonderfälle *des* Verbrechens schlechthin sind: des Versuchs einer Gruppe von Europäern, jedes Mitglied einer anderen Gruppe von Europäern hier auf europäischem Boden zu vernichten, und das zu einer Zeit, die noch im Gedächtnis der Menschen lebendig ist.

Hitlers »Endlösung der Judenfrage« in Europa war nicht nur ein Ausgangspunkt für die Definition entscheidender Begriffe im Völkerrecht der Nachkriegszeit – »Völkermord« und »Verbrechen gegen die Menschlichkeit« –, sondern ist auch ein moralischer (und in manchen Ländern juristischer) Maßstab, nach dem man die Menschen beurteilt, die sich darüber äußern. Wer die *Schoah* – den Holocaust – leugnet oder beschönigt, disqualifiziert sich für den zivilisierten öffentlichen Diskurs. Das ist der Grund, warum bürgerliche Politiker die Gesellschaft von Demagogen wie Jean-Marie Le Pen nach Möglichkeit meiden. Der Holocaust ist heute weit mehr als nur ein weiterer unleugbarer Tatbestand der Vergangenheit, den die Europäer nicht länger verdrängen können. Während Europa sich anschickt, den Zweiten Weltkrieg endgültig hinter sich zu lassen – während die letzten Denkmäler eingeweiht und die letzten überlebenden Kriegsteilnehmer und Opfer geehrt werden –, ist die wiederentdeckte Erinnerung an Europas tote Juden Definition und Garantie für die wiedergefundene Humanität des Kontinents. Das war nicht immer so.

Von Anfang an war klar, was mit Europas Juden geschehen war. Wenige Monate nach Kriegsende war man sich allgemein einig, daß während des Zweiten Weltkriegs sechs Millionen von ihnen umgebracht worden waren. Die wenigen Überlebenden in den Lagern für Displaced Persons oder in ihren Herkunftsländern legten indirekt Zeugnis für die Zahl der Toten ab. Von 126 000 Juden, die in Österreich deportiert worden waren, kehrten nach dem Krieg 4 500 zurück. In den Niederlanden lebten vor dem Krieg 140 000 Juden, 110 000 wurden verschleppt: Es kamen keine 5 000 zurück. Von den 76 000 (meist im Ausland geborenen) Juden, die in den Jahren von 1940 bis 1944 in Frankreich deportiert wurden, überlebten weniger als 3 Prozent. Weiter im Osten sahen die Zahlen noch schlimmer aus: Von den mehr als drei Millionen Juden, die vor dem Krieg in Polen lebten, fielen 97,5 Prozent den Henkern zum Opfer. In Deutschland selbst gab es im Mai 1945 von den einstmals 600 000 Juden nur noch 21 450.

Die Überlebenden, die zurückkehrten, waren nicht sehr willkommen. Nach Jahren antisemitischer Propaganda, neigten die Einheimischen nicht nur zu der Behauptung, die »Juden« im allgemeinen seien selbst schuld an ihrem Schicksal, sondern sahen auch mit großem Bedauern die Männer und Frauen zurückkehren, deren Arbeitsplätze, Eigentum und Wohnungen sie sich angeeignet hatten. Im 4. Pariser Arrondissement protestierten am 19. April 1945 Hunderte von Menschen dagegen, daß ein deportierter Jude nach der Rückkehr seine (inzwischen belegte) Wohnung zurückverlangte. Bevor die Demonstration aufgelöst wurde, artete sie fast zu einem Rassenkrawall aus, als die Menge brüllte: »La France aux français!« Zu einer solchen Sprache hätte der ehrwürdige französisch-katholische Philosoph Gabriel Marcel sicherlich nicht gegriffen, aber er schämte sich keineswegs, einige Monate später in der Zeitschrift *Temoignage Chrétien* von der »überheblichen Anmaßung der Juden« zu schreiben und ihrem Trieb, »sich alles anzueignen«.

Kein Wunder, daß die spätere französische Ministerin Simone Weil über ihre Rückkehr aus Bergen-Belsen schreiben konnte: »Wir hatten das Gefühl, daß unser Leben nicht zählte; und dabei gab es von uns nur noch so wenige.« In Frankreich (wie in Belgien) wurden deportierte Widerstandskämpfer, die überlebt hatten und nun zurückkehrten, als Helden gefeiert, als Retter der nationalen Ehre. Die Juden, die nicht aus politischen Gründen, sondern wegen ihrer Rasse deportiert worden waren, ließen sich nicht für so nützliche Zwecke einspannen. Jedenfalls war de Gaulle (genau wie Churchill) merkwürdig blind für die rassische Besonderheit von Hitlers Opfern und begriff den Nationalsozialismus statt dessen im Kontext des preußischen Militarismus. In Nürnberg konnte sich der französische Ankläger François de Menthon nicht mit dem Begriff »Verbrechen gegen die Menschlichkeit« anfreunden – er sprach lieber von »Verbrechen gegen den Frieden« – und erwähnte während des ganzen Prozesses nicht ein einziges Mal die Deportation und Ermordung der Juden.[1]

Fast drei Jahre später gelang es einem Leitartikel in *Le Monde* vom 11. Januar

1948 mit dem Titel »Die Überlebenden der Todeslager«, in bewegenden Worten von den »280000 Deportierten, 25000 Überlebenden« zu sprechen, ohne ein einziges Mal das Wort »Jude« zu verwenden. Nach den Gesetzen, die 1948 verabschiedet wurden, fand der Begriff »Déportés« nur Anwendung auf französische Bürger oder Bewohner des Landes, die aus politischen Gründen oder als Widerstandskämpfer deportiert worden waren. Das Lager, in das jemand geschickt wurde, oder das Schicksal, das ihm nach seiner Ankunft zuteil wurde, fand keine Berücksichtigung. So wurden jüdische Kinder, die man in Züge gepfercht und zum Vergasen nach Auschwitz gefahren hatte, in offiziellen Dokumenten als »politische Deportierte« beschrieben. Mit bitterer, wenn auch unbeabsichtigter Ironie hieß es von diesen Kindern, meist Söhnen und Töchtern im Ausland geborener Juden, die französische Gendarmen ihren Eltern fortgerissen hatten, in Dokumenten und auf Gedenktafeln, sie seien »für Frankreich gestorben«.[2]

In Belgien wandten sich die katholischen Parteien im ersten Nachkriegsparlament gegen den Vorschlag, Entschädigungen an Juden zu zahlen, die »einfach aus einem rassischen Motiv inhaftiert« waren – seien sie doch, wie insinuiert wurde, vermutlich alle Schwarzhändler gewesen. In Belgien ging man beim Ausschluß der Juden von allen Nachkriegsentschädigungen sogar noch einen Schritt weiter. Da 95 Prozent der Juden, die aus Belgien deportiert wurden, Ausländer oder staatenlos waren, legte ein Nachkriegsgesetz fest, daß überlebende Juden, die sich nach dem Krieg in Belgien befanden, keinen Anspruch auf staatliche Hilfe hatten, wenn sie nicht in organisierten Widerstandsbewegungen gekämpft hatten. Im Oktober 1944 wiesen die belgischen Behörden jedem überlebenden Juden in Belgien, der seine belgische Staatsbürgerschaft nicht beweisen konnte, automatisch die Nationalität »deutsch« zu. Theoretisch wurden dadurch alle »rassischen« Unterscheidungen aufgehoben – die Überlebenden aber faktisch in feindliche Ausländer verwandelt, die man internieren konnte und deren Eigentum man beschlagnahmte (und erst im Januar 1947 zurückgab). Diese Regelungen hatten den zusätzlichen Vorteil, daß man diese Juden jetzt, da sie der NS-Verfolgung nicht mehr ausgesetzt waren, wieder nach Deutschland abschieben konnte.

In den Niederlanden, wo laut der holländischen Widerstandszeitung *Vrij Nederland* selbst die Nazis verblüfft darüber gewesen waren, wie bereitwillig die Einheimischen und Kommunalpolitiker an ihrer eigenen Erniedrigung mitgewirkt hatten, waren die wenigen zurückkehrenden Juden entschieden unwillkommen. Rita Koopman, eine von ihnen, zitierte die Worte, mit denen sie bei ihrer Rückkehr begrüßt wurde: »Es sind ja eine ganze Menge von euch zurückgekommen. Seid froh, daß ihr nicht hier wart – wir haben schrecklich gehungert!« Die Holländer haben tatsächlich im »Hungerwinter« 1944/45 sehr gelitten, und viele Häuser, die nach der Deportation ihrer jüdischen Besitzer, vor allem in Amsterdam, verwaist waren, erwiesen sich als wertvolle Bezugsquelle für Holz und andere Dinge. Doch obwohl die holländischen Beamten während des Krieges bei der Erfassung und Sammlung der einheimischen Juden eifrig mitgewirkt hatten, fühlten die Nachkriegsbehörden, da sie ein reines Gewissen hatten, keinerlei Verpflichtung, den Juden irgendwelche besonderen Entschädigungen zukommen zu lassen. Selbstgefällig weigerten sie sich, aus rassischen oder sonstigen Gründen Unterschiede zwischen holländischen Bürgern zu machen, und ließen die ermordeten Juden des Landes auf diese Weise rückwirkend in Anonymität und Vergessen verschwinden. In den fünfziger Jahren lehnten es die katholischen Ministerpräsidenten der Niederlande sogar ab, sich an einer geplanten internationalen Gedenkstätte in Auschwitz zu beteiligen, und diffamierten das Projekt als »kommunistische Propaganda«.

In Osteuropa machte man natürlich kaum Anstalten, die Leiden der Juden anzuerkennen, und noch viel weniger, sie zu entschädigen. In den ersten Jahren nach dem Krieg waren die Juden in dieser Region vor allem damit beschäftigt, am Leben zu bleiben. Witold Kula, ein nichtjüdischer Pole, schrieb im August 1946 anläßlich einer Zugreise, auf der er miterlebte, wie man über eine jüdische Familie antisemitisch spottete: »Der durchschnittliche polnische Intellektuelle macht sich nicht klar, daß ein Jude in Polen heute kein Auto fahren kann, keine Zugfahrt riskiert, nicht wagt, sein Kind auf einen Schulausflug zu schicken; er kann keine entlegenen Orte aufsuchen, zieht Großstädte Ortschaften mittlerer Größe vor und ist schlecht beraten, nach Einbruch der Dunkelheit noch spazieren zu gehen. Man müßte ein Held sein, um nach sechs Jahren Hölle in einer solchen Atmosphäre weiterleben zu wollen.«

Nach der deutschen Niederlage setzten viele Juden in Osteuropa ihre Überlebensstrategie aus der Kriegszeit fort: Sie verbargen ihre jüdische Identität vor den Kollegen, Nachbarn und sogar ihren Kindern, fügten sich, so gut es ging, in die Nachkriegswelt ein und nahmen zumindest äußerlich wieder ein normales Leben auf. Und das nicht nur in Osteuropa. In Frankreich, wo neue Gesetze die öffentliche antisemitische Rhetorik der Vorkriegszeit verboten, lebte Vichys Vermächtnis fort. Die Tabus einer späteren Generation hatten noch nicht Fuß gefaßt, und Verhaltensweisen, die später Anstoß erregt hätten, wurden damals noch hingenommen. Wie in den dreißiger Jahre war auch die Linke nicht dagegen immun. 1948 ließ sich der kommunistische Abgeordnete Arthur Ramette über einige prominente jüdische Politiker aus – Léon Blum, Jules Moch, René Mayer – und stellte ihnen die Abgeordneten der eigenen Partei gegenüber: »Wir Kommunisten haben nur französische Namen« (eine Behauptung, die so empörend wie unwahr war).

Unter diesen Umständen schien die Entscheidung für die meisten europäischen Juden klar zu sein: auswandern (nach Israel, sobald es gegründet war, beziehungsweise nach Amerika, nachdem es 1950 die Tore geöffnet hatte) oder stillhalten und so weit wie möglich unsichtbar bleiben. Natürlich empfanden viele einen überwältigenden Drang, zu berichten und Zeugnis abzulegen. So war Primo Levi, nach eigenem Bekunden, von einem »absoluten, krankhaften Erzählzwang« getrieben, alles aufzuschreiben, was er gerade erlebt hatte. Doch speziell Levis Schicksal ist sehr aufschlußreich. Als er 1946 das Manuskript von *Se questo è un uomo* (Ist das ein Mensch?), die Geschichte seiner Erlebnisse in Auschwitz, bei einem führenden linksgerichteten Verleger einreichte, wurde es sofort abgelehnt: Levis Erzählung von Verfolgung und Überleben, die mit seiner Deportation als Jude und nicht als Widerstandskämpfer begann, paßte so gar nicht ins Bild der erbaulichen italienischen Berichte über den landesweiten antifaschistischen Widerstand.

Se questo è un uomo wurde statt dessen von einer kleinen Druckerei in 2500 Exemplaren aufgelegt – von denen die meisten als Remittenden in einem Lagerhaus in Florenz landeten, wo sie 20 Jahre später bei einer Hochwasserkatastrophe vernichtet wurden. Levis Erinnerungen wurden in Großbritannien erst 1959 veröffentlicht, damals setzte man von *If This Is a Man* nur einige hundert Exemplare ab (und auch die amerikanische Ausgabe unter dem Titel *Survival in Auschwitz* begann sich erst 20 Jahre später gut zu verkaufen). Gallimard, der renommierteste französische Verlag, weigerte sich lange Zeit, irgend etwas von Levi zu veröffentlichen; erst nach seinem Tod im Jahr 1987 begann sich sein Werk – und seine Bedeutung – in Frankreich durchzusetzen. Wie sein Thema brauchte auch Primo Levi viele Jahre, um Gehör zu finden: Niemand wollte etwas davon wissen. 1955 notierte er, es sei »taktlos« geworden, von den Lagern zu sprechen: »Man setzt sich dem Vorwurf aus, sich als Opfer aufzuspielen oder ein Exhibitionist zu sein.« Giuliana Tedeschi, eine andere Auschwitz-Überlebende, machte die gleiche Erfahrung: »Ich bin Menschen begegnet, die gar nichts davon wissen wollten, weil die Italiener schließlich auch gelitten hatten, auch diejenigen, die nicht in den Lagern waren … Sie sagten: ›Um Himmels willen, das ist jetzt alles vorbei‹; da habe ich lange geschwiegen.«[3]

Sogar in Großbritannien wurde der Holocaust nicht öffentlich diskutiert. Wie Buchenwald mit seinen straff organisierten Komitees kommunistischer politischer Häftlinge für die Franzosen das repräsentative Konzentrationslager war, so war für die Briten in der Nachkriegszeit das typische Konzentrationslager der Nazis nicht Auschwitz, sondern Bergen-Belsen (das von britischen Truppen befreit wurde); und wenn man die zu Skeletten abgemagerten Überlebenden bei Kriegsende in den Wochenschauen zeigte, wurde in der Regel nicht erwähnt, daß es sich um Juden handelte.[4] Auch in Großbritannien zogen die Juden oft vor, nicht aufzufallen und ihre Erinnerungen für sich zu behalten. Als Jeremy Adler 1996 über seine englische Kindheit als Sohn eines Überlebenden der Lager schrieb, daß es zu Hause zwar keinerlei Tabus bei den Gesprächen über den Holocaust gab, daß das Thema aber überall sonst verpönt war: »Meine Freunde konnten sich damit brüsten, wie Daddy mit Monty in der Wüste gekämpft hatte. Über die Erlebnisse meines Vaters durfte man nicht sprechen. Bis vor kurzem waren sie kein erlaubtes Thema. Die öffentliche Meinung brauchte rund 50 Jahre, um den Zyklus von der Repression zur Obsession zu durchlaufen.«[5]

Rückblickend fällt am meisten auf, wie universell die Gleichgültigkeit und Mißachtung war. Der Holocaust der Juden wurde nicht nur dort aus dem Gedächtnis gestrichen, wo es gute Gründe gab, nicht an ihn zu denken – wie etwa in Österreich (das nur 10 Prozent der deutschen Vorkriegsbevölkerung ausmachte, aber 50 Prozent aller Wachmannschaften in Konzentrationslagern stellte) oder in Polen; aber auch in Italien, wo der größte Teil der Nation in dieser Hinsicht keinen Grund zur Scham hatte, oder in Großbritannien, wo man auf die Kriegsjahre mit Stolz und sogar einer gewissen Wehmut zurückblickte. Dazu trug natürlich der rasche Ausbruch des Kalten Krieges bei.[6] Doch es gab auch andere Gründe. Für die meisten Europäer war es im Zweiten Weltkrieg nicht um die Juden gegangen (oder nur insofern, als man sie selbst für die Verbrechen an den Juden verantwortlich machte), daher wurde jede Andeutung, dem jüdischen Leiden müsse möglicherweise Vorrang eingeräumt werden, mit Empörung aufgenommen.

Der Holocaust war nur eines von vielen Dingen, welche die Menschen zu vergessen suchten: In den fetten Jahren nach dem Krieg, so Hans-Magnus Enzensberger, hätten die Menschen sich hinter einer kollektiven Amnesie versteckt. Angesichts ihrer Kompromisse mit faschistischen Verwaltungen und Besatzern, ihrer Kollaboration mit Kriegsmächten und -herrschern, privater Erniedrigungen, materieller Not und privater Tragödien hatten Millionen Europäer gute Gründe, sich von der jüngeren Vergangenheit abzuwenden oder sich zum eigenen Vorteil Erinnerungstäuschungen hinzugeben. Was der französische Historiker Henry Rousso später das »Vichy-Syndrom« nennen sollte – die jahrzehntelange Schwierigkeit, die Dinge anzuerkennen, die während des Krieges geschehen waren, und der überwältigende Wunsch, die Erinnerung daran zu verdrängen oder sie so abzuwandeln, daß sie die brüchigen Bindungen der Nachkriegsgesellschaft nicht gefährdeten –, war keineswegs eine Besonderheit Frankreichs.

Jedes europäische Land, das besetzt gewesen war, entwickelte sein eigenes »Vichy-Syndrom«. So lenkten beispielsweise die Entbehrungen, die Italiener während des Krieges zu Hause oder in Gefangenenlagern erlitten hatten, die öffentliche Aufmerksamkeit von den Leiden ab, welche die Italiener anderen zugefügt hatten – auf dem Balkan beispielsweise oder in Italiens Afrikakolonien. Von den Geschichten, die sich die Holländer und die Polen über den Krieg erzählten, zehrte das nationale Selbstbild jahrzehntelang – besonders die Holländer legten großen Wert auf ihr Image als Nation, die widerstanden hatte, während sie gleichzeitig nach Kräften zu vergessen trachtete, daß 23 000 Holländer freiwillig in die Waffen-SS eingetreten waren und damit das größte Kontingent Westeuropas gestellt hatten. Sogar Norwegen mußte irgendwie die Erinnerung verarbeiten, daß mehr als 20 Prozent seiner Offiziere vor oder nach dem April 1940 freiwillig in Vidkun Quislings nationalsozialistische Nasjonal Samling (Nationale Sammlung) eingetreten waren. Doch während Befreiung, Widerstand und Deportationen – selbst heroische Niederlagen wie Dünkirchen oder der Warschauer Aufstand 1944 – alle in den Dienst kompensatorischer nationaler Mythenbildung gestellt werden konnten, wies der Holocaust keinerlei »verwertbare« Eigenschaften auf.[7]

In gewisser Hinsicht hatten die *Deutschen* es sogar leichter, das Ausmaß ihres Verbrechens anzuerkennen. Anfangs natürlich nicht: Wir haben gesehen, wie die »Entnazifizierung« fehlschlug. In den ersten Jahren der Bundesrepublik endete der Geschichtsunterricht mit dem Kaiserreich. Von seltenen Ausnahmen wie dem Politiker Kurt Schumacher abgesehen, der seine Landsleute bereits im Juni 1947 aufforderte, sie sollten besser lernen, über die Juden in Deutschland und der Welt zu sprechen, gelang es den Repräsentanten des öffentlichen Lebens in Deutschland während der vierziger und fünfziger Jahre, jede Erwähnung der Endlösung zu vermeiden. Wie der amerikanische Schriftsteller Alfred Kazin berichtete, war 1952 für seine Studenten in Köln »der Krieg vorüber. Er wurde nicht erwähnt. Nicht ein Wort sagten meine Studenten über den Krieg.« Wenn die Westdeutschen zurückblickten, dann auf die Erinnerungen an ihre eigenen Leiden: In Umfragen, die Ende der fünfziger Jahre durchgeführt wurden, bezeichnete eine überwiegende Mehrheit die alliierte Besetzung Nachkriegsdeutschlands als »die schlimmste Zeit in ihrem Leben«.

Wie einige Beobachter bereits 1946 vorhergesagt hatten, gelang es den Deutschen, sich von Hitler zu distanzieren. Indem sie der Welt den Führer als Sündenbock darbrachten, vermieden sie Strafe und moralische Verantwortung. Und die Deutschen waren wirklich empört über das, was Hitler angerichtet hatte – allerdings meinten sie das Unglück, das er über sie selbst gebracht hatte, nicht dasjenige, das er und sie anderen zugefügt hatten. Den Holocaust hielten viele Deutsche in diesen Jahren offenbar nicht für Hitlers größtes Verbrechen, sondern für seinen größten *Fehler*: In einer Erhebung aus dem Jahr 1952 hatten fast 40 Prozent der erwachsenen Befragten keine Scheu, den Interviewern zu erklären, sie fänden es »besser«, daß es auf deutschem Boden keine Juden mehr gebe.

Einstellungen wie diese fielen um so leichter, als es in unmittelbarer Nähe keine Erinnerungen an die Nazigreuel gab. Die Nationalsozialisten hatten ihre wichtigsten Todeslager weit entfernt vom »Alten Reich« errichtet. Nicht daß Nähe an sich eine Garantie für erhöhte Sensibilität gewesen wäre. Der Umstand, daß Dachau ein Vorort von München war, den man vom Stadtzentrum aus mit der Bahn erreichen konnte, trug bei den Einheimischen offenbar nicht zu einer tieferen Einsicht dessen bei, was dort geschehen war: Im Januar 1948 beschloß das bayrische Parlament einstimmig, das Nazilager in ein *Arbeitslager* für »arbeitsscheue, asoziale Elemente« umzuwandeln. Bei einem Deutschlandbesuch im Jahr 1950 merkte Hannah Arendt an: »Überall fällt einem auf, daß es keine Reaktion auf das Geschehene gibt, aber es ist schwer zu sagen, ob es sich dabei um eine irgendwie absichtliche Weigerung zu trauern oder um den Ausdruck einer echten Gefühlsunfähigkeit handelt.« 1955 sprach ein Frankfurter Gericht einen gewissen Dr. Peters frei, den Generaldirektor eines Unternehmens, das die SS mit dem Giftgas Zyklon B beliefert hatte, weil es nicht »genügend Beweise« dafür gäbe, daß die Substanz zur Tötung der Deportierten gedient habe ...

Gleichzeitig aber konnten die Deutschen – als einzige Nation Europas – nicht leugnen, was sie den Juden angetan hatten. Sie konnten vermeiden, es zu erwähnen, sie konnten auf ihre eigenen Leiden hinweisen, sie konnten die Schuld einer »Handvoll« Nazis in die Schuhe schieben. Aber sie konnten sich vor der Verantwortung für die Tat nicht drücken, indem sie das Verbrechen des Völkermords jemand anders anlasteten. Sogar Adenauer, der sich in der Öffentlichkeit damit begnügte, seine Sympathie für die jüdischen »Opfer« zum Ausdruck zu bringen, ohne jemals zu erwähnen, wer sie zu Opfern gemacht hatte, konnte nicht umhin, das Reparationsabkommen mit Israel zu unterzeichnen. Während weder die Briten noch die Franzosen oder selbst die Italiener das geringste Interesse an Primo Levis Erinnerungen zeigten, wurde *Das Tagebuch der Anne Frank* (zugegebenermaßen ein leichter zugängliches Dokument) der größte Taschenbucherfolg der deutschen Verlagsgeschichte mit mehr als 700 000 verkauften Exemplaren bis zum Jahr 1960.

Der Auslöser für die deutsche Selbstprüfung war, wie gezeigt, eine Reihe von Prozessen, die durch verspätete Untersuchungen der deutschen Verbrechen an der Ostfront zustande kamen. Diese Verhandlungen, die 1958 in Ulm mit Prozessen gegen Mitglieder der »Einsatzgruppen« begannen, mit der Verhaftung und Verurteilung von Adolf Eichmann fortgeführt wurden und in den Frankfurter Prozessen gegen die Wachmannschaften von Auschwitz gipfelten, boten den Überlebenden der Lager zum erstenmal seit Kriegsende Gelegenheit, öffentlich über ihre Erfahrungen zu sprechen. Gleichzeitig wurde die 20jährige Verjährungsfrist für Mord, die in der Bundesrepublik galt, verlängert (wenn auch noch nicht ganz aufgehoben).

Hauptgründe für diesen Stimmungsumschwung waren eine Welle antisemitischer Schmierereien und Zerstörungen Ende der fünfziger Jahre und Belege dafür, daß junge Deutsche kaum etwas über das Dritte Reich wußten. Ihre Eltern hatten ihnen nichts erzählt, und ihre Lehrer vermieden das Thema. Anfang 1962 beschlossen zehn Bundesländer, daß die Geschichte der Jahre 1933 bis 1945 – einschließlich der Judenvernichtung – in allen Schulen verbindlich zu behandeln sei. So wurde Konrad Adenauers ursprüngliche Nachkriegsprämisse auf den Kopf gestellt: Als Vorbedingung für die Gesundung der deutschen Demokratie galt nun, sich den Nationalsozialismus ins Gedächtnis zu rufen, statt ihn zu vergessen. Dabei richtete sich die Aufmerksamkeit jetzt stärker auf den Völkermord und die »Verbrechen gegen die Menschlichkeit« als auf die »Kriegsverbrechen«, mit denen man den Nationalismus bislang in erster Linie in Verbindung gebracht hatte. Einer neuen Generation sollte das Wesen – und das Ausmaß – der Nazigreuel zu Bewußtsein gebracht werden. Publikumszeitschriften wie *Stern* und *Quick* waren nicht mehr in der Lage, die Bedeutung der Lager zu beschönigen, wie sie es in den fünfziger Jahren getan hatten, oder das Loblied der »guten« Nazis zu singen. Langsam setzte sich im öffentlichen Bewußtsein die Erkenntnis durch, wie inakzeptabel und empörend die jüngere deutsche Vergangenheit war.

Der Wandel sollte nicht überbewertet werden. Während der sechziger Jahre gab es sowohl einen Bundeskanzler (Kurt Georg Kiesinger) als auch einen Bundespräsidenten (Heinrich Lübke), die ehemalige Nationalsozialisten waren – ein krasser Widerspruch zum Selbstbild der Bonner Republik, was jüngere Kommentatoren, wie in Kapitel zwölf erwähnt, entsprechend anmerkten. Die Wahrheit über den Nationalsozialismus zu sagen, war im übrigen etwas ganz anderes, als die kollektive Verantwortung des deutschen Volkes anzuerkennen, ein Thema, über das sich der größte Teil der politischen Klasse noch immer ausschwieg. Zwar fiel die Zahl der Westdeutschen, die der Meinung waren, Hitler wäre, »vom Krieg abgesehen«, einer der bedeutendsten deutschen Staatsmänner gewesen, von 48 Prozent im Jahr 1955 auf 32 Prozent 1967, doch war diese Zahl (wenn auch überwiegend ältere Befragte für sie verantwortlich waren) kaum beruhigend.

Der eigentliche Umschwung erfolgte im folgenden Jahrzehnt. Eine Reihe von Ereignissen – der arabisch-israelische Sechstagekrieg im Jahr 1967, der Kniefall von Bundeskanzler Willi Brandt am Denkmal des Warschauer Ghettos, die Ermordung der israelischen Sportler bei den Olympischen Spielen 1972 in München und 1979 schließlich die Ausstrahlung der Holocaust-Serie im deutschen Fernsehen – sorgten gemeinsam dafür, daß die Juden und ihr Leiden im öffentlichen Bewußtsein der Deutschen einen ganz besonderen Stellenwert bekamen. Von allen diesen Faktoren war die Fernsehserie bei weitem am einflußreichsten. Als exemplarisches Produkt des amerikanischen Kommerzfernsehens – einfache Geschichte, überwiegend zweidimensionale Charaktere, die Erzählstruktur auf maximale Gefühlswirkung angelegt – wurde »Holocaust« (wie in Kapitel XIV beschrieben) von europäischen Cineasten wie Edgar Reitz und Claude Lanzmann verurteilt und angeprangert. Da werde deutsche Geschichte zur amerikanischen Seifenoper verwurstet, sagten sie – und zugänglich und verständlich gemacht, was immer unsagbar und unergründlich bleiben müsse.

Doch eben diese Beeinträchtigungen erklären die Wirkung der Serie. Sie lief an vier aufeinanderfolgenden Abenden im öffentlich-rechtlichen Fernsehen der Bundesrepublik und wurde von ungefähr 20 Millionen Zuschauern gesehen – mehr als der Hälfte der erwachsenen Bevölkerung. Zufällig fiel die Ausstrahlung zeitlich mit einem weiteren Prozeß zusammen, dieses Mal gegen deutsche Mitglieder der Wachmannschaft im Vernichtungslager Majdanek, was den Fernsehzuschauern ins Gedächtnis rief, daß das alles noch nicht beendet war. Die öffentliche Wirkung war enorm. Fünf Monate später hob der Bundestag die Verjährungsfrist für Mord auf (wobei festzuhalten ist, daß unter den Abgeordneten, die gegen das Gesetz stimmten, auch der künftige Bundeskanzler Helmut Kohl war). Fortan gehörten die Deutschen zu den Europäern, die am besten über die Schoah informiert waren und die die größten Anstrengungen unternahmen, das singuläre Verbrechen ihres Landes fest im öffentlichen Bewußtsein zu verankern. Während 1968 nur 471 Schulgruppen Dachau besichtigt hatten, waren es Ende der siebziger Jahre mehr als 5 000 pro Jahr.

Zu wissen – und öffentlich einzugestehen –, was die Deutschen den Juden vier Jahrzehnte zuvor angetan hatten, war ein beträchtlicher Fortschritt; doch es in der deutschen und europäischen Geschichte einzuordnen, blieb ein schwieriges und ungelöstes Dilemma, wie der »Historikerstreit« in den achtziger Jahren beweisen sollte. Einige konservative Wissenschaftler, unter ihnen der bis dahin sehr renommierte Historiker Ernst Nolte, nahmen Anstoß daran, daß Hitler, seine Bewegung und seine Verbrechen als so singulär, als ein Geschehen sui generis, eingestuft wurden. Um den Nationalsozialismus zu verstehen, so Nolte, müßten wir ihn zeitlich und räumlich einordnen. Sein Aufstieg und einige seiner grausigen Praktiken seien vor allem eine Reaktion auf den Bolschewismus gewesen: Sie seien eine Folge und bis zu einem gewissen Grade Nachahmung des Beispiels und der Bedrohung, die Lenin und seine Erben dargestellt hätten. Dadurch ließen sich die NS-Verbrechen zwar nicht beschönigen, meinte Nolte in einem berüchtigten Artikel in der *Frankfurter Allgemeine Zeitung* im Juni 1986, aber ohne das bolschewistische Vorbild könne man sie nicht richtig erklären. Es sei an der Zeit, die NS-Zeit neu zu bewerten, indem man sie in den allgemeineren Zusammenhang der modernen Völkermorde einordne.

Die Antwort auf Nolte wurde vor allem von Jürgen Habermas vorgetragen, der – wie Enzensberger, Günter Grass und andere Mitglieder der »skeptischen Generation« – alt genug war, sich noch an den Nationalsozialismus zu erinnern, und daher jedem Versuch, die deutsche Verantwortung zu »begrenzen«, mit Argwohn begegnete. Alles Unsinn, hielt Habermas Nolte entgegen. Es gehe nicht darum, den Nationalsozialismus »einzuordnen« oder zu »historisieren« – das sei genau die Versuchung, der kein Deutscher jemals wieder erliegen dürfe. Das nationalsozialistische Verbrechen – das deutsche Verbrechen – sei einzig: einzig in seinem Ausmaß, einzig in seiner Größenordnung, einzig in seinem Ehrgeiz, einzig in seinem unergründlichen Bösen. Kotextualisierung im Nolteschen Sinne, mit der impliziten Relativierung der deutschen Schuld, die sich daraus ergebe, verbiete sich einfach.

Doch Habermas' kompromißloser Standpunkt setzte Maßstäbe, denen wohl nur wenige seiner Landsleute (unter anderem auch die Historiker, für die Vergleich und Einordnung das Wesen ihrer Disziplin ausmachen) auf Dauer gerecht werden konnten. Die hervorgehobene Rolle, die der Holocaust in der öffentlichen Diskussion Deutschlands spielte – ein Höhepunkt waren in den neunziger Jahren die wortreichen offiziellen Reuebekenntnisse für die Versäumnisse der Vergangenheit, bei denen sich die Deutschen einem Gefühl überließen, das der Schriftsteller Peter Schneider eine Art selbstgerechten »Selbsthaß« nannte –, konnte nicht unbegrenzt fortdauern. Jede neue Generation in Deutschland aufzufordern, sie solle ewig im Schatten Hitlers leben, die Verantwortung für die Erinnerung an Deutschlands singuläre Schuld übernehmen und sie zur Bezugsgröße ihrer nationalen Identität machen, war das mindeste, was man verlangen ... und viel mehr, als man erwarten konnte.

In anderen Ländern Westeuropas mußte der Prozeß der Erinnerung und Einsicht erst die selbstgerechten nationalen Illusionen überwinden – ein Prozeß, der in der Regel zwei Generationen und viele Jahrzehnte dauerte. In Österreich – wo die Serie »Holocaust« nur zwei Monate nach ihrer deutschen Ausstrahlung im Fernsehen gezeigt wurde, aber keine auch nur im entferntesten vergleichbare Wirkung erzielte – mußte erst Mitte der achtziger Jahre enthüllt werden, daß Kurt Waldheim, der Bundespräsident des Landes, an den brutalen Maßnahmen der Wehrmacht bei der Besetzung Jugoslawiens während des Krieges beteiligt war, bevor (einige) Österreicher anfingen, die nationalsozialistische Vergangenheit ihres Landes ernsthaft, wenn auch noch immer unvollständig, aufzuarbeiten. Der Umstand, daß Waldheim zuvor Generalsekretär der Vereinten Nationen gewesen war, ohne daß man in der internationalen Gemeinschaft Anstoß an seiner Tätigkeit im Krieg genommen hatte, nährte den Verdacht vieler Österreicher, daß sie an besonders hohen Maßstäben gemessen würden. Schließlich habe Österreich in der Nachkriegszeit einen jüdischen Kanzler gehabt (den Sozialisten Bruno Kreisky), was mehr sei, als Deutschland für sich in Anspruch nehmen könne.

Tatsächlich aber erwartete niemand sehr viel von den Österreichern. Ihre weitgehend ungestörte Beziehung zu ihrer jüngeren Geschichte – noch 1990 hielten fast 40 Prozent der Österreicher ihr Land für ein Opfer und nicht einen Komplizen Hitlers, und 43 Prozent äußerten die Ansicht, der Nationalsozialismus habe »gute und schlechte Seiten« gehabt – bestätigten lediglich die Vorurteile, die sie und andere in dieser Hinsicht hegten.[8] Anders verhielt es sich mit Österreichs alpinem Nachbarn, der Schweiz. 40 Jahre lang vermochte die Schweiz nach 1945 die Fiktion aufrechtzuerhalten, sie hätte sich während des Krieges vorbildlich verhalten. Man vergaß nicht nur, daß sie energische Anstrengungen unternommen hatte, keine Juden ins Land zu lassen, sondern stellte das Land sogar überall in Geschichten und Filmen als sichere Zuflucht dar, die jeden Verfolgten, der ihre Grenzen erreichte, mit offenen Armen aufnahm. Die Schweiz sonnte sich in ihrem guten Gewissen und der neidischen Bewunderung der Welt.

Tatsächlich hatte die Schweiz 1945 gerade einmal 28 000 Juden aufgenommen – 7 000 von ihnen vor Kriegsbeginn. Kriegsflüchtlinge erhielten keine Arbeitserlaubnis – ihren Unterhalt bestritt man von Abgaben, die wohlhabenden jüdischen Einwohnern auferlegt wurden. Erst im Juni 1994 gestand die Regierung in Bern offiziell ein, daß die Schweiz, als sie im Oktober 1938 das Gesuch an Berlin richtete, den Buchstaben »J« in alle Pässe deutscher Juden zu stempeln – um sie besser abweisen zu können –, einen Akt unerträglicher Rassendiskriminierung begangen habe. Hätte sich das Fehlverhalten der Schweiz darauf beschränkt, hätte man wohl kaum viel Aufhebens davon gemacht – London und Washington hatten zwar nie ein Erkennungszeichen in jüdischen Pässe verlangt, doch in Hinblick auf die Rettung jüdischer Flüchtlinge sah auch die britische und amerikanische Bilanz kaum besser aus. Die Schweiz war allerdings noch beträchtlich weiter gegangen.

Wie sich während der neunziger Jahre im Zuge offizieller Untersuchungen herausstellte, hatte die Schweiz nicht nur mit Beutegold gehandelt und einen erheblichen praktischen Beitrag zu den deutschen Kriegsanstrengungen geleistet (vgl. Kapitel III), sondern Schweizer Banken und Versicherungsgesellschaften hatten auch wissentlich ungeheure Geldbeträge gehortet, die rechtmäßig jüdischen Kontoinhabern oder den Begünstigten von Versicherungspolicen ermordeter Verwandter gehörten. In einem geheimen Nachkriegsabkommen mit dem kommunistischen Polen – das erst 1996 bekannt wurde – offerierte Bern den neuen Machthabern in Warschau sogar die Bankkonten toter polnischer Juden als Gegenleistungen für Entschädigungszahlungen an Schweizer Banken und Unternehmen, die nach der kommunistischen Machtübernahme enteignet worden waren.[9] Als diese Dinge langsam ruchbar wurden, bekam das glänzende Schweizer Renommee häßliche Flecken, die alle (widerwillig gewährten) Schadensersatzleistungen, Zahlungen und »Opferfonds« nicht so bald zum Verschwinden bringen können. Wenn es in einem Leitartikel der *Zeit* vom 13. September 1996 hieß, die Schweiz sei schließlich vom »langen Schatten des Holocaust« eingeholt worden, klang das zwar verdächtig nach Schadenfreude, war aber nichts als die Wahrheit.

Das glänzende Kriegszeit-Image Hollands – wo angeblich jeder »Widerstand« geleistet und das sein Bestes getan hatte, um die deutschen Pläne zu durchkreuzen – wurde schon etwas früher auf Veranlassung Einheimischer untersucht und widerlegt. Mitte der sechziger Jahre lieferten mehrbändige offizielle Geschichtswerke über den Zweiten Weltkrieg ausführliche Informationen über das *Was* der niederländischen Kriegserfahrungen, unter anderem auch über die Deportationen, vermieden aber sorgfältig, genauer über das *Wer*, das *Wie* und das *Warum* insbesondere der jüdischen Katastrophe Auskunft zu geben. Ohnehin wurden sie nur von wenigen Menschen gelesen. Doch im April 1965 veröffentlichte der holländische Historiker Jacob Presser *Ondergang* (Untergang), das erste vollständige Geschichtswerk über die Vernichtung der holländischen Juden. Allein 1965 wurde es 100 000mal verkauft und löste ein ungeheures öffentliches Interesse an seinem Gegenstand aus.[10] Kurz darauf setzte eine Flut von Dokumentarfilmen und anderen Sendungen über die Besatzungszeit ein – von denen eine, *De bezetting* (Die Besatzung), mehr als zwanzig Jahre lang lief –, während sich gleichzeitig auch die offizielle Haltung wandelte. 1965 erklärte sich eine holländische Regierung zum erstenmal bereit, einen Beitrag zur Gedenkstätte in Auschwitz zu leisten – obwohl weitere sieben Jahre ins Land gingen, bis die Niederlande schließlich bereit waren, den überlebenden deportierten Juden die Rente zu zahlen, die sie Widerstandskämpfern und anderen Naziopfern seit 1947 bewilligte.

Wie in Deutschland wurde das Interesse an der verdrängten Vergangenheit auch in Holland durch die israelischen und deutschen Prozesse Anfang der sechziger Jahre ausgelöst. In den Niederlanden und anderswo waren die »Babyboomer« der Nachkriegszeit neugierig auf die jüngere Vergangenheit und ziemlich skeptisch, was die Geschichten anging, die ihnen die »schweigende Generation« ihrer Eltern erzählt – oder vielmehr nicht erzählt – hatte. Der gesellschaftliche Wandel der sechziger Jahre half, eine Bresche in das offizielle Schweigen über die Besatzung zu schlagen. Der Bruch mit sozialen und sexuellen Tabus, die in Teilen der Niederlande, vor allem in Amsterdam, tiefgreifende Veränderungen in einer bislang konservativen Gesellschaft hervorriefen, weckten das Mißtrauen an überkommenen Gewohnheiten und kulturellen Binsenweisheiten. Eine neue Lesergeneration las den zentralen Text des holländischen Holocaust – das Tagebuch der Anne Frank – jetzt unter einer veränderten Perspektive. Schließlich wurden Anne und ihre Familie von holländischen Nachbarn an die Deutschen verraten.

Am Ende des Jahrhunderts war keine Epoche der holländischen Geschichte so gründlich untersucht worden wie die Jahre von 1940 bis 1945. Doch obwohl die Wahrheit über die Mitwirkung der Holländer an der Identifikation, Verhaftung, Deportation und Ermordung ihrer jüdischen Mitbürger bereits in den sechziger Jahren öffentlich bekannt wurde, dauerte es noch lange, bis die ganze Tragweite des Geschehens richtig ins Bewußtsein drang. Erst 1995 erkannte mit Königin Beatrice ein regierendes Staatsoberhaupt bei einem Staatsbesuch in Israel offiziell die Tragödie der holländischen Juden an. Möglicherweise setzte sich die Erkenntnis erst Mitte der neunziger Jahre richtig durch, angesichts der Bilder von bewaffneten holländischen UN-Friedenssoldaten, die untätig zusahen, wie serbische Milizionäre 7 000 Muslime in Srebrenica zusammentrieben und ermordeten. Endlich begann die lange aufgeschobene Debatte über den Preis, der für die holländischen Nationaltugenden Ordnungssinn, Kooperationsbereitschaft und Gehorsam zu entrichten war.

Zu ihrer Verteidigung konnten die Holländer – wie die Belgier, Norweger, Italiener (nach September 1943) und die meisten Länder des besetzten Osteuropas – geltend machen, die Initiative sei, so beschämend die Zusammenarbeit einzelner Bürokraten, Polizisten und anderer Landsleute mit den Besatzungsmächten auch gewesen sein mochte, immer von oben ausgegangen, von den Deutschen. Das ist nicht so wahr, wie man einst glaubte, und in manchen Ländern – etwa der Slowakei und Kroatien (oder Ungarn während der letzten Kriegsmonate), wo einheimische Marionettenregierungen ihre eigenen kriminellen Ziele verfolgten – war es immer nur eine Halbwahrheit gewesen. Doch im besetzten Westeuropa gab es mit einer bemerkenswerten Ausnahme keine gewählten, legitimierten Regime, die Regierungsgewalt ausübten und daher für ihr Handeln verantwortlich waren. Die Deutschen hätten im besetzten Norwegen, Belgien oder Holland ohne die Kollaboration der Einheimischen nicht tun können, was sie taten (in dem einzigen Land, in dem diese Kollaboration verweigert wurde, in Dänemark, überlebten die Juden). Doch in allen diesen Fällen waren es die Deutschen, welche die Befehle gaben.

Die Ausnahme war natürlich Frankreich. Seine gepeinigten, lange verleugneten und immer wieder als lückenhaft entlarvten Erinnerungen an die Kriegszeit – an das Vichy-Regime und dessen übereifrige Beteiligung an allen NS-Projekten, vor allem der Endlösung – überschatteten alle europäischen Nachkriegsbemühungen, den Zweiten Weltkrieg und den Holocaust aufzuarbeiten. Nicht daß sich Frankreich am schlimmsten aufgeführt hätte, aber es war von ausschlaggebender Bedeutung. Bis 1989 war Paris aus Gründen, die in diesem Buch erörtert wurden, noch immer die geistige und kulturelle Hauptstadt Europas – womöglich in höherem Maße als zu irgendeiner Zeit seit dem Zweiten Kaiserreich. Frankreich war der bei weitem einflußreichste Staat im Westen Kontinentaleuropas, weil Charles de Gaulle es glänzend verstanden hatte, seinem Land wieder im Konzert der internationalen Mächte Gehör zu verschaffen. Und es war Frankreich – französische Staatmänner, französische Institutionen und französische Interessen –, welches das Projekt eines vereinigten Kontinents nach französischen Bedingen vorantrieb. Solange sich Frankreich seiner Vergangenheit nicht zu stellen vermochte, lag ein Schatten über dem neuen Europa – der Schatten einer Lüge.

Das Vichy-Problem läßt sich ganz einfach formulieren. Marschall Henri-Philippe Pétains Regime war im Juli 1940 vom letzten Parlament der Dritten Republik Frankreichs gewählt worden. Damit war es die einzige Regierung, die im Kriege eine, wenn auch noch so flüchtige Kontinuität mit demokratischen Vorkriegsinstitutionen für sich in Anspruch nehmen konnte. Zumindest bis Ende 1942 hielten eine überwältigende Mehrheit französischer Männer und Frauen Vichy und seine Institutionen für die legitime französische Staatsmacht. Für die Deutschen bedeutete Vichy eine enorme Erleichterung, ersparte es ihnen doch die Mühe, eine eigene aufwendige Besatzungsregierung in einem so großen Land wie Frankreich zu installieren, während es ihnen gleichzeitig alles lieferte, was sie von einem solchen Regime erwarteten: Anerkennung der Niederlage, »Kriegsreparationen«, Rohstoffe, billige Arbeitskräfte ... und vieles mehr.

Denn Vichy tat mehr, als sich nur mit Frankreichs Niederlage abzufinden, seine Bürger zum Wohlverhalten aufzufordern und das Land im Sinne der Nazis zu regieren. Unter Pétain und seinem Ministerpräsidenten Pierre Laval rief Frankreich eigene Kollaborationsprojekte ins Leben: berüchtigt die Einführung der »Judengesetze« von 1940 und 1941 ohne jeden deutschen Druck und die Vereinbarung, nach der die französischen Behörden selbst die jüdische Bevölkerung (beginnend mit den vielen im Ausland geborenen Juden) zusammentrieben, um den Quoten zu genügen, die ihnen nach Beginn der Endlösung von den deutschen Stellen vorgegeben wurden. Nachdem die französische Verwaltung dergestalt ihre stolze Selbständigkeit behauptet hatte, erblickten die meisten Juden, die aus Frankreich deportiert wurden, nicht eine einzige ausländische Uniform, bis sie den Deutschen im Sammellager Drancy (im Norden von Paris) zum endgültigen Transport nach Auschwitz ausgehändigt wurden. Bis zu diesem Zeitpunkt lag alles in den Händen der Franzosen.

Trotz all der Vorwürfe, die Pétain und seinen Kollaborateuren nach der Befreiung gemacht wurden, kam der Beitrag des Regimes zum Holocaust kaum jemals zur Sprache, und ganz gewiß nicht auf Betreiben offizieller Stellen im Nachkriegsfrankreich. Dabei verbannten die Franzosen »Vichy« nicht einfach in einen vergessenen Winkel des nationalen Gedächtnisses und motteten es dort ein, sondern stellten nur die Verbindung zwischen Vichy und Auschwitz nicht her. Vichy hatte Frankreich verraten. Kollaborateure hatten Treuebruch und Kriegsverbrechen begangen. Doch »Verbrechen gegen die Menschlichkeit« gehörten nicht zum juristischen Wortschatz Frankreichs. Die gingen auf das Konto der Deutschen.

An dieser Situation hatte sich auch zwanzig Jahre später kaum etwas verändert. Als der Verfasser des vorliegenden Buches Ende der sechziger Jahre französische Geschichte in Großbritannien studierte, berücksichtigte die damalige wissenschaftliche Literatur über das Vichy-Frankreich die »jüdische« Dimension fast gar nicht. »Vichy-Studien« in Frankreich und im Ausland konzentrierten sich auf die Frage, ob das Pétain-Regime »faschistisch« oder »reaktionär« gewesen sei und wie weit es mit der republikanischen Vergangenheit des Landes in einer Beziehung der Kontinuität oder des Bruches gestanden habe. Es gab noch immer eine namhafte Schule französischer Historiker, welche die Meinung vertraten, der »Schild« Pétains habe Frankreich vor der »Polonisierung« geschützt – als habe Hitler jemals die Absicht gehabt, seine westlichen Eroberungen mit der barbarischen Grausamkeit zu behandeln, mit der er im Osten wütete. Jeder Zweifel am Mythos eines heroischen, landesweiten Widerstands war noch immer tabu – in der Geschichtsschreibung wie im nationalen Leben.

Die einzige Konzession, zu welcher der französische Staat in diesen Jahren gegenüber der veränderten Stimmung im Ausland bereit war, machte er im Dezember, als die Nationalversammlung verspätet die Kategorie »Verbrechen gegen die Menschlichkeit« (erstmals am 8. August 1945 bei den Londoner Abkommen definiert) in das französische Strafrecht aufnahm und eine Verjährungsfrist ausschloß. Doch das hatte nichts mit Vichy zu tun. Es war eine Reaktion auf den Auschwitz-Prozeß, der damals in Frankfurt stattfand, eine Maßnahme, die in Zukunft erleichtern sollte, (deutsche wie französische) Personen vor Gericht zu stellen, die direkt an der Vernichtungsmaschinerie der Nazis beteiligt waren. Wie weit das offizielle Denken trotzdem noch davon entfernt war, die Frage der *kollektiven* Verantwortung Frankreichs wieder auf die Tagesordnung zu setzen, zeigte sich 1969, als die Regierung dem französischen Fernsehen untersagte, *Le Chargrin et la Pitié* (Das Haus nebenan), einen neuen Film von Marcel Ophüls, zu zeigen.

Ophüls' Film, eine Dokumentation über die Besetzung der zentralfranzösischen Stadt Clermont-Ferrand während des Krieges, stützte sich auf Interviews mit französischen, britischen und deutschen Zeitzeugen. Dort ging es kaum um den Holocaust und Vichy, sondern vor allem um die verbreitete Käuflichkeit und

Kollaboration der Kriegsjahre. Ophüls' Film entlarvte die selbstgerechte Nachkriegsgeschichte vom Widerstand. Doch selbst das war zuviel für das offizielle Frankreich in den letzten Jahren der Präsidentschaft von Charles de Gaulle. Und nicht nur für das offizielle Frankreich: Als der Film zwei Jahre später doch gezeigt wurde, nicht im öffentlich-rechtlichen Fernsehen, sondern in einem kleinen Kino im Pariser Quartier Latin, sagte eine Frau mittleren Alters beim Verlassen des Kinos: »Eine Schande! Aber was soll man erwarten? Ophüls ist doch Jude, oder?«

Es ist nicht ohne Bedeutung, daß Frankreich auch insofern eine Sonderstellung einnimmt, als dort der Wandel zu einer ehrlicheren Auseinandersetzung mit der Geschichte der Kriegszeit durch das Werk ausländischer Historiker bewirkt wurde, von denen zwei – Eberhard Jäckel in Deutschland und Robert Paxton in den Vereinigten Staaten, deren wichtigste Bücher Ende der sechziger bis Mitte der siebziger Jahre erschienen – als erste mit deutschen Quellen belegten, in welchem Maße die Vichy-Verbrechen auf französische Initiative begangen wurden. Das war ein Thema, an das sich noch kein französischer Wissenschaftler herangewagt hatte – dreißig Jahre nach der Befreiung Frankreichs waren die nationalen Gefühle immer noch äußerst empfindlich. Noch 1976, als das Ministère des Anciens Combattants (Ministerium für Kriegsteilnehmer) von den Einzelheiten einer geplanten Ausstellung zum Gedenken an französische Opfer in Auschwitz erfuhr, verlangte es bestimmte Veränderungen – den Namen auf der Liste fehle »ein spezifisch französischer Klang«.[11]

Wie so oft im Frankreich jener Jahre, hatten solche Gefühle wahrscheinlich mehr mit verletztem Stolz als mit echtem Rassismus zu tun. 1939 war Frankreich noch eine Großmacht gewesen. Doch in kaum drei Jahrzehnten erlitt es eine militärische Niederlage, eine erniedrigende Besatzungszeit, zwei blutig erzwungene Rückzüge aus Kolonialgebieten und (1958) einen Regierungswechsel, der fast einem Staatsstreich glich. Die Grande Nation hatte seit 1914 so viele Niederlagen und Demütigungen hinnehmen müssen, daß die kompensatorische Neigung, die nationale Ehre bei jeder sich bietenden Gelegenheit hochzuhalten, tiefe Wurzeln geschlagen hatte. Episoden, die unrühmlich – oder Schlimmeres – waren, kamen in ein tiefes Erinnerungsloch. Vichy, war schließlich nicht das einzige, was die Franzosen möglichst rasch vergessen wollten – niemand wollte noch über die »schmutzigen Kriege« in Indochina und Algerien sprechen, von der Folter, die dort von den französischen Streitkräften praktiziert wurde, ganz zu schweigen.

Daran änderte auch de Gaulles Rücktritt wenig, obwohl eine jüngere Generation von Franzosen kaum noch Interesse an der nationalen Ehre zeigte und persönlich wenig Wert auf die Mythen legte, welche die jüngere französische Geschichte umgaben. In den kommenden Jahren traten der Holocaust und das Leiden der Juden im allgemeinen zweifellos stärker ins französische Bewußtsein

– nicht zuletzt durch die Empörung über de Gaulles berüchtigte Pressekonferenz vom 27. November 1967, als der französische Präsident nach Israels Sieg im Sechstagekrieg die Juden als ein »elitäres, selbstbewußtes und herrisches Volk« bezeichnete. Außerdem erzielte der Dokumentarfilm *Schoah* des französischen Regisseurs Claude Lanzmann 1985 eine außerordentliche Wirkung beim französischen Publikum, obwohl (oder vielleicht weil) er sich fast ausschließlich mit der Judenvernichtung im Osten beschäftigte.

Doch obwohl nun auch französische Historiker dem Beispiel ihrer ausländischen Kollegen folgten und zweifelsfrei bewiesen, daß die französische Kriegsregierung die Hauptverantwortung für das Schicksal der Juden trug, die aus Frankreich deportiert wurden, änderte sich die offizielle französische Haltung nie. Von Georges Pompidou (1969–1974 französischer Präsident) über Valéry Giscard d'Estaing (1974–1981) bis hin zu François Mitterrand (1981–1995) blieb die Haltung der Regierung gleich: Alles, was die Vichy-Regierung mittelbar oder unmittelbar veranlaßt hatte, betraf nur Vichy. Vichy mochte in Frankreich stattgefunden haben und das Werk einiger Franzosen gewesen sein. Doch Vichy war ein autoritärer Fremdkörper in der Geschichte der französischen Republik. Mit einem Wort, Vichy war nicht »Frankreich« und das öffentliche Gewissen Frankreichs daher unbelastet und rein.

Präsident Mitterrand, der letzte französische Staatschef, der den Zweiten Weltkrieg noch als Erwachsener erlebt hatte (er wurde 1916 geboren), hatte besondere Gründe, an dieser jesuitischen Unterscheidung festzuhalten. Als ehemaliger Beamter der Vichy-Regierung gründete Mitterand seine spätere politische Laufbahn weitgehend darauf, daß er die Kompromisse und Zweideutigkeiten seiner eigenen Biographie verschleierte und diese Zweideutigkeiten auf das ganze Land projizierte. Sorgfältig vermied er bei offiziellen Anlässen jeden Hinweis auf Vichy. Während er sich offen über den Holocaust im allgemeinen äußerte – egal ob 1982 in Jerusalem oder zu Hause anläßlich der fünfzigsten Wiederkehr jenes Julis 1942, als 12884 Pariser Juden zum Abtransport nach Osten zusammengetrieben wurden –, ließ er nie ein Wort darüber verlauten, daß es sich um eine Sache handeln könnte, in die auch Frankreich schuldhaft verstrickt sei.

Das Tabu, das Mitterrand verhängte, verkörperte und zweifellos mit ins Grab genommen hätte, wurde schließlich (wie so oft auf diesem Gebiet) durch eine Reihe von Prozessen gebrochen. Nachdem sich Paul Touvier, ein Mitglied der Vichy-Miliz, fast 50 Jahre lang versteckt hatte, wurde er 1994 gefaßt und angeklagt, 1944 bei Lyon sieben französische Juden ermordet zu haben. Touvier an sich war ohne Bedeutung: ein Rädchen im Getriebe der Vichy-Maschinerie und ein Kollaborateur Klaus Barbies, des Gestapo-Chefs von Lyon, der 1987 gefaßt und verurteilt worden war. Doch Touviers Prozeß – und die dort vorgelegten Beweise, daß die Vichy-Behörden mit der Gestapo zusammengearbeitet und eine maßgebliche Rolle bei der Deportation und Ermordung von Juden gespielt hatten – diente als eine Art von Ersatz für andere Gerichtsverhandlungen, die nie stattfanden: vor allem diejenige gegen René Bousquet, den Polizeichef von Vichy. Der Prozeß gegen Bousquet, der 1942 persönlich mit den deutschen Behörden über die Auslieferung der Juden verhandelt hatte, hätte Frankreich vielleicht Gelegenheit gegeben, sich der Wahrheit über Vichy zu stellen. Und nicht nur über Vichy, denn Bousquet hatte viele Jahrzehnte unbehelligt im Nachkriegsfrankreich gelebt, von sehr hochrangigen Freunden – darunter François Mitterrand selbst – geschützt. Doch bevor Bousquet vor Gericht gestellt werden konnte, wurde er im Juni 1993 praktischerweise (von einem »Geisteskranken«) ermordet.

Nachdem die französische Justiz Touvier verurteilt hatte und René Bousquets nicht mehr habhaft werden konnte, raffte sie sich (nach Mitterrands Tod) endlich dazu auf, mit Maurice Papon einen weiteren Hauptverantwortlichen zu verhaften und vor Gericht zu stellen. Papon, der unter de Gaulle zeitweise Minister und Polizeichef von Paris gewesen war, hatte während des Krieges als Generalsekretär der Präfektur Gironde gearbeitet. Das war ein reiner Verwaltungsposten gewesen, und seine Arbeit in den Diensten von Pétain hatte sich nach dem Kriege nicht als Hinderungsgrund für seine erfolgreiche Laufbahn als Staatsdiener ausgewirkt. Doch in der Präfektur Gironde in Bordeaux war Papon direkt dafür verantwortlich gewesen, daß die Juden der Region verhaftet und nach Paris verbracht wurden; mit anderen Worten, er hatte für ihre Deportation gesorgt. Für diese Taten – nach französischem Recht jetzt als Verbrechen gegen die Menschlichkeit definiert – wurde er 1997 vor Gericht gestellt.

Der sechs Monate dauernde Papon-Prozeß brachte keine neuen Beweise – abgesehen vielleicht von solchen über den Mann selbst, der einen verblüffenden Mangel an Mitleid oder Reue an den Tag legte. Natürlich kam der Prozeß 50 Jahre zu spät – zu spät, um den 80jährigen Papon für seine Verbrechen zu bestrafen, zu spät, um die Opfer zu rächen, und zu spät, um die Ehre seines Landes zu retten. Zahlreiche französische Historiker, die als Gutachter aussagen sollten, lehnten es ab, vor Gericht zu erscheinen. Ihre Aufgabe sei es, so erklärten sie, zu berichten und zu erklären, was vor 50 Jahren in Frankreich geschehen sei, und nicht, diese Erkenntnisse in einem Strafprozeß darzulegen.[12] Trotzdem war der Prozeß exemplarisch. Er bewies schlüssig, daß die schmale Trennungslinie zwischen »Vichy« und »Frankreich«, die die öffentliche Diskussion von de Gaulle bis Mitterrand bestimmt hatte, nie existiert hatte. Papon war ein Franzose, der dem Vichy-Regime und anschließend der französischen Republik gedient hatte. Beide hatten über die Art seiner Tätigkeit in der Präfektur Gironde genau Bescheid gewußt und keiner hatte daran Anstoß genommen.

Im übrigen war Papon kein Einzelfall – tatsächlich waren der Mann und seine Biographie ausgesprochen durchschnittlich. Wie so viele andere hatte er lediglich Todesurteile von Menschen unterzeichnet, denen er nie begegnet und deren Schicksal ihm gleichgültig war. Der interessanteste Aspekt an Papons (und auch Bousquets) Fall war die Frage, warum das offizielle Frankreich fast 50 Jahre gebraucht hatte, um sie auf dem eigenen Territorium aufzuspüren – und warum, ganz am Ende des Jahrhunderts, die Mauer des Schweigens doch noch aufbrach. Es gibt viele Erklärungen, die nicht alle schmeichelhaft für die politische Klasse und die Medien Frankreichs sind. Doch die wichtigsten Faktoren waren wohl der lange Zeitraum, der inzwischen verstrichen war, und die psychologische Bedeutung, die dem Ende eines Zeitalters innewohnt.

Solange François Mitterrand im Amt war, verkörperte er in seiner Person die Unfähigkeit der Nation, offen über die Schande der Besatzungszeit zu sprechen. Mit Mitterrands Rücktritt veränderte sich alles. Sein Nachfolger Jacques Chirac war erst elf Jahre alt, als Frankreich 1944 befreit wurde. Wenige Wochen, nachdem er das Amt übernommen hatte, am 53. Jahrestag der großen Sammlung Pariser Juden zum Abtransport in die Vernichtungslager, jenem Anlaß, bei dem Mitterrand immer so vorsichtig zu Werke gegangen war, brach Präsident Chirac ein 50jähriges Tabu und sprach zum erstenmal in aller Deutlichkeit über die Rolle, die sein Land bei der Vernichtung der europäischen Juden gespielt hatte. Zehn Jahre später, am 15. März 2005, erklärte Chiracs Ministerpräsident Jean-Pierre Raffarin im gerade eingeweihten Holocaust-Museum in Jerusalem feierlich: »La France a parfois été le complice de cette infamie. Elle a contracté une dette imprescriptible qui l'oblige.« (»Frankreich ist gelegentlich der Komplize dieser Schändlichkeit gewesen. Damit hat es eine ewige Schuld auf sich geladen, die es verpflichtet.«)

Am Ende des 20. Jahrhunderts schien sicher zu sein, daß der Holocaust von zentraler Bedeutung für die Identität und das Gedächtnis Westeuropas war. Gewiß, da gab es noch immer die vereinzelten Personen und Organisationen – die »Revisionisten« –, die hartnäckig zu beweisen trachteten, daß die Massenvernichtung der Juden gar nicht stattgefunden haben könnte (allerdings waren solche Bestrebungen in Nordamerika häufiger als in Europa selbst). Doch diese Leute waren an den extremen Rändern des politischen Spektrums angesiedelt – und durch die Beharrlichkeit, mit der sie auf die politische Undurchführbarkeit des Genozids pochten, bezeugten sie ungewollt die ungeheuren Ausmaße des Naziverbrechens. Doch die kompensatorische Allgegenwart, mit der die Europäer nun den Verlust ihrer Juden anerkannten, lehrten und erinnerten, barg andere Risiken.

Zunächst einmal bestand immer die Gefahr einer Gegenreaktion. Gelegentlich machten sogar bürgerliche deutsche Politiker ihrem Frust über die Last der nationalen Schuld Luft – bereits 1969 hatte CSU-Chef Franz Josef Strauß öffentlich geäußert: »Ein Volk, das diese wirtschaftlichen Leistungen vollbracht hat, hat ein Recht darauf, von Auschwitz nichts mehr hören zu wollen.« Politiker haben natürlich ihre eigenen Gründe.[13] Womöglich kennzeichnender für einen bevorstehenden Umschwung der öffentlichen Meinung war ein verbreitetes Bedürfnis zu Beginn des 21. Jahrhunderts, nach Jahren der öffentlichen Aufmerksamkeit, die den jüdischen Opfern gegolten hatte, die Frage der *deutschen* Leiden wieder auf die Tagesordnung zu bringen.

Künstler und Kritiker – unter ihnen Martin Walser, ein Altersgenosse von Habermas und eine einflußreiche literarische Stimme in der Bundesrepublik der Nachkriegszeit – begannen jetzt, eine andere »unbewältigte Vergangenheit« zu diskutieren: nicht die Vernichtung der Juden, sondern die nicht genügend berücksichtigte andere Seite der jüngeren deutschen Geschichte. Warum, so fragten sie, sollten wir nach all diesen Jahren nicht von den brennenden deutschen Städten berichten oder die unwillkommene Wahrheit aussprechen, daß das Leben in Hitlers Deutschland (für die Deutschen) gar nicht so unangenehm war, zumindest bis auf die letzten Jahre des Zweiten Weltkriegs? Weil wir statt dessen darüber sprechen sollten, was Deutschland den Juden angetan hat? Darüber reden wir doch schon seit Jahrzehnten; das ist Routine, Gewohnheit geworden. Die Bundesrepublik ist anerkanntermaßen eine der philosemitischsten Nationen der Welt; wie lange müssen wir (Deutschen) den Blick noch auf unsere Vergangenheit fixieren? Neue Bücher über die »Verbrechen der Alliierten« – die Bombardierung Dresdens, das brennende Hamburg und die Versenkung der deutschen Flüchtlingsschiffe (das Thema des 2002 erschienenen Romans *Im Krebsgang* von Günter Grass) – erzielten hohe Auflagen.

Sodann barg die herausgehobene Bedeutung, die der Holocaust neuerdings in dem offiziellen Geschichtsbild Europas einnahm, die Gefahr einer Verzerrung anderer Art. Denn die wirklich häßliche Wahrheit über den Zweiten Weltkrieg liegt darin, daß das, was den Juden zwischen 1939 und 1945 zustieß, für die meisten Protagonisten nicht annähernd so wichtig war, wie es der empfindsame Rückblick gerne hätte. Wenn es vielen Europäern jahrzehntelang gelang, das Schicksal ihrer jüdischen Nachbarn zu vergessen, so lag es nicht daran, daß sie von Schuldgefühlen verzehrt wurden und unerträgliche Erinnerungen verdrängten, sondern weil es im Zweiten Weltkrieg – von den Vorstellungen einiger hochrangiger Nazis abgesehen – nicht um die Juden ging. Und selbst für die Nazis war die Judenvernichtung nur Teil eines ehrgeizigeren Projekts rassischer Säuberung und Umsiedlung.

Die verständliche Versuchung, in die vierziger Jahre das Wissen und die Gefühle hineinzulesen, die wir 50 Jahre später haben, verlockt dazu, die Geschichtsbücher umzuschreiben – den Antisemitismus in den Mittelpunkt der europäischen Geschichte zu stellen. Wie sonst sollen wir erklären, was damals in Europa geschah? Doch das ist zu leicht – und in gewisser Weise auch zu tröstlich. Der Grund, warum beispielsweise Vichy nach der Niederlage von 1940 für die meisten Franzosen akzeptabel war, lag nicht darin, daß es ihnen gefiel, unter einem Regime zu leben, das die Juden verfolgte, sondern weil die Regierung Pétain den Franzosen ermöglichte, ihr Leben in einer Illusion von Sicherheit, Normalität und mit einem Minimum an Veränderung fortzusetzen. Wie das Regime die Juden behandelte, war ihnen gleichgültig; die Juden waren einfach nicht so wichtig. Gleiches galt für die meisten anderen besetzten Länder.

Heute empfinden wir diese Gleichgültigkeit als schockierend – als Symptom für einen schwerwiegenden Mangel der moralischen Befindlichkeit Europas in der ersten Hälfte des 20. Jahrhunderts. Zu Recht erinnern wir uns auch an jene Menschen in allen europäischen Ländern, die sehr wohl sahen, was mit den Juden geschah, und die sich nach Kräften bemühten, die Gleichgültigkeit ihrer Landsleute zu überwinden. Doch wenn wir diese Gleichgültigkeit ignorieren und stattdessen annehmen, die meisten Europäer hätten den Zweiten Weltkrieg erlebt, wie ihn die Juden erfahren haben – als Vernichtungskrieg –, dann legen wir uns eine neue Schicht von Erinnerungstäuschung zu. Rückblickend ist »Auschwitz« das wichtigste Ereignis des Zweiten Weltkriegs. Das war aber durchaus nicht der Eindruck, der damals vorherrschte.

Es war auch nicht der Eindruck, den man in Osteuropa hatte. Für die Osteuropäer, die nach 1989 verspätet von den offiziell verordneten kommunistischen Interpretationen des Zweiten Weltkriegs befreit wurden, war die Tatsache, daß sich der Westen am Ende des Jahrhunderts so intensiv mit dem Holocaust beschäftigte, äußerst verstörend. Einerseits hatte Osteuropa nach 1945 viel mehr zu erinnern – und zu vergessen. In der Osthälfte Europas hatten mehr Juden gelebt und waren mehr Juden umgebracht worden; die meisten Morde hatten in dieser Region stattgefunden, und viel mehr Einheimische hatten sich aktiv an ihnen beteiligt. Andererseits waren die Machthaber in Osteuropa aber auch viel bemühter gewesen, jede öffentliche Erinnerung an den Holocaust auszulöschen. Das soll nicht heißen, daß die Schrecken und Verbrechen des Krieges im Osten heruntergespielt wurden – ganz im Gegenteil, sie wurden in der offiziellen Rhetorik immer wieder aufgewärmt und überall in Denkmälern und Lehrbüchern verewigt. Nur die Juden gehörten nicht zu dieser Geschichte.

In Ostdeutschland, wo man die Verantwortung für den Nationalismus ganz allein den westdeutschen Erben Hitlers anlastete, zahlte das neue Regime Wiedergutmachung nicht an die Juden, sondern an die Sowjetunion. In den Schulbüchern der DDR figurierte Hitler als Werkzeug der Monopolkapitalisten, der seine Gebietseroberungen und Angriffskriege ganz in den Dienst des Großkapitals stellte. An dem Erinnerungstag, den Walter Ulbricht 1950 einführte, gedachte man nicht der deutschen Opfer, sondern der 11 Millionen toten »Kämpfer gegen den Hitlerfaschismus«. Die ehemaligen Konzentrationslager auf ostdeutschem Boden – vor allem Buchenwald und Sachsenhausen – wurden eine Zeitlang in spezielle »Isolierungslager« für politische Gefangene verwandelt. Viele Jahre später, nachdem Buchenwald in eine Gedenkstätte umgewandelt worden war, beschrieb der Touristenführer die erklärten Ziele des »deutschen Faschismus« als »Vernichtung des Marxismus, Rache für den verlorenen Krieg und brutalen Terror gegen alle Widerstandskämpfer«. In derselben Broschüre werden Fotos von der Selektionsrampe in Auschwitz mit einem Zitat des deutschen Kommunisten Ernst Thälmann versehen: »Es ist der Bourgeoisie ernst damit, die Partei und die ganze Avantgarde der Arbeiterklasse zu zerschmettern«.[14] Dieser Text wurde erst nach dem Fall des Kommunismus entfernt.

Der gleiche Ablauf der Ereignisse war im gesamten kommunistischen Europa zu beobachten. In Polen war es nicht möglich zu leugnen oder herunterzuspielen, was in den Vernichtungslagern von Treblinka, Majdanek oder Sobibor geschehen war. Doch diese Orte gab es nicht mehr – die Deutschen hatten sich große Mühe gegeben, jede Spur von ihnen zu beseitigen, bevor sie vor der heranrückenden Roten Armee geflohen waren. Wo die Beweise erhalten blieben – etwa in Auschwitz, wenige Kilometer von Krakau entfernt, Polens zweitgrößter Stadt –, gab man ihnen rückwirkend eine andere Bedeutung. Obwohl 93 Prozent der geschätzten 1,5 Millionen Menschen, die in Auschwitz ermordet wurden, Juden waren, listete das Regime die Opfer nur nach Nationalitäten auf: Polen, Ungarn, Deutsche und so fort. Polnische Schulkinder wurden zwar an den schockierenden Fotos vorbeigeführt, man zeigte ihnen die Berge von Schuhen, Haaren und Brillen, aber man sagte ihnen nicht, daß sie von Juden stammten.

Natürlich gab es das Warschauer Ghetto, dessen Existenz und Beseitigung man dort gedachte, wo es gestanden hatte. Doch die jüdische Revolte von 1943 wurde durch den Warschauer Aufstand der Polen, ein Jahr später, verdrängt. Im kommunistischen Polen leugnete zwar niemand, was die Deutschen den Juden angetan hatten, räumte dem Thema aber nicht viel Raum ein. Polens erneute »Gefangenschaft« unter den Sowjets zusammen mit der verbreiteten Überzeugung, die Juden hätten die kommunistische Machtübernahme begrüßt und sogar gefördert, trübte die öffentliche Erinnerung an die deutsche Besatzungszeit. Auf jeden Fall bewirkte das Leiden, das die Polen während der Kriegszeit alle erduldet hatten, daß der jüdische Holocaust nicht im Vordergrund des Interesses stand und sich gewissermaßen in einer Wettbewerbssituation befand: Diese »vergleichende Opfergeschichte« vergiftete die polnisch-jüdischen Beziehungen jahrzehntelang. Der Vergleich hinkte von Anfang an. 3 Millionen (nichtjüdische) Polen kamen im Zweiten Weltkrieg ums Leben, eine verhältnismäßig geringere Todesrate als in Teilen der Ukraine oder unter den Juden, trotzdem eine entsetzliche Ziffer. Und dennoch gab es einen Unterschied. Für Polen war es schwer, unter deutscher Besatzung zu überleben, aber im Prinzip möglich. Für Juden war es denkbar, daß sie unter deutscher Besatzung überlebten, aber im Prinzip unmöglich.

Wo eine einheimische Marionettenregierung mit den NS-Machthabern kollaboriert hatte, wurde ihrer Opfer gebührend gedacht, aber kaum erwähnt, daß es sich zum größeren Teil um Juden handelte. Man unterschied nach Nationalitäten (»Ungarn«) und vor allem sozialer Zugehörigkeit (»Arbeiter«), vermied aber sorgfältig alle ethnischen und religiösen Kennzeichnungen. Wie gezeigt (Kapitel VI) wurde der Zweite Weltkrieg als antifaschistischer Krieg etikettiert und vermittelt; seine rassistische Dimension wurde unterschlagen. In den siebziger Jahren machte sich die tschechoslowakische Regierung sogar die Mühe, auf den Wänden der Prager Altneuschul (Altneu-Synagoge) die Namen der in der Schoah umgekommenen tschechischen Juden übermalen zu lassen.

Als die kommunistischen Machthaber dieser Region in der Nachkriegszeit die jüngere Geschichte umschrieben, konnten sie auf einen hartnäckigen Bestand an antijüdischen Gefühlen zählen – ein Grund dafür, daß sie sich bemühten, die Belege dafür sogar rückblickend zu unterdrücken (während der siebziger Jahre strichen die polnischen Zensoren durchgehend alle Hinweise auf den polnischen Antisemitismus der Zwischenkriegszeit). Doch wenn die Osteuropäer der Not der Juden weniger Aufmerksamkeit schenkten, so heißt das nicht, daß sie ihr während der Deutschen Besatzung gleichgültig gegenüber standen oder nur mit dem eigenen Überleben beschäftigt waren. Es lag daran, daß die Kommunisten ihrerseits so viel Leid und Ungerechtigkeit verursachten, daß eine neue Schicht von Bitterkeit und Erinnerungen die alte überlagerte.

Zwischen 1945 und 1989 führte die Häufung der Deportationen, Verhaftungen, Schauprozesse und »Normalisierungen« dazu, daß fast alle Bewohner des Sowjetblocks entweder zu den Verlierern gehörten oder in irgendeiner Form mitschuldig am Verlust anderer wurden. Man hatte sich Wohnungen, Läden und anderes Eigentum toter Juden oder vertriebener Deutscher angeeignet, mußte es allerdings sehr häufig wieder hergeben, als es einige Jahre später im Namen des Sozialismus enteignet wurde – mit dem Ergebnis, daß sich nach 1989 die Frage der Entschädigung für frühere Verluste im hoffnungslosen Wirrwarr der zeitlichen Daten verlor. Sollte man die Menschen für das entschädigen, was sie verloren, als die Kommunisten an die Macht kamen? Und wenn man sich zu solchen Widergutmachungen entschloß, an wen sollten sie gezahlt werden? An diejenigen, die 1945, nach dem Krieg, in den Besitz dieses Eigentums gekommen waren und es wenige Jahre später wieder abgeben mußten? Oder sollte man die Erben der Menschen entschädigen, deren Betriebe oder Wohnungen man irgendwann zwischen 1938 und 1945 beschlagnahmt oder gestohlen hatte? Wann genau? 1938? 1939? 1941? Jedes Datum war mit politisch sensiblen Definitionen, nationalen beziehungsweise ethnischen Ansprüchen oder moralischen Wertungen verknüpft.[15]

Dann gab es noch die Dilemmata, die sich aus der inneren Geschichte des Kommunismus selbst ergaben. Sollten die Männer, welche die russischen Panzer riefen, um 1956 den Ungarnaufstand oder 1968 den Prager Frühling niederzuschlagen, für diese Verbrechen vor Gericht gestellt werden? Unmittelbar nach den Revolutionen wollten das viele. Wer verdiente die Aufmerksamkeit der Nachwelt? Unbekannte slowakische oder ungarische Bauern, die von ihrem Eigentum vertrieben wurden, oder die kommunistischen Apparatschiks, die sie vertrieben, aber dem System einige Jahre später selbst zum Opfer fielen? Welche Opfer – welche Erinnerungen verdienten Priorität? Wer sollte es entscheiden?

Der Zusammenbruch des Kommunismus setzte also eine Flut bitterer Erinnerungen frei. Heftige Debatten über die Frage, was mit geheimen Polizeiakten geschehen solle, war nur ein Aspekt der Angelegenheit (vgl. Kapitel XXI). Das eigentliche Problem war die Versuchung, die Erinnerung an den Kommunismus durch dessen Umkehrung zu überwinden. Was einst offizielle Wahrheit gewesen war, verdammte man nun in Bausch und Bogen – es wurde gewissermaßen offizielle Unwahrheit. Doch diese Art des Tabubruchs birgt ihre eigenen Risiken. Vor 1989 bekam jeder Antikommunist den »faschistischen« Stempel aufgedrückt. Doch wenn »Antifaschismus« einfach eine andere kommunistische Lüge gewesen war, lag jetzt eine große Versuchung darin, in der Rückschau mit Sympathie oder sogar Wohlwollen auf *alle* bislang diskreditierten Antikommunisten zurückzublicken, also auch auf die Faschisten. Nationalistische Autoren der dreißiger Jahre kamen wieder in Mode. Postkommunistische Parlamente in zahlreichen Ländern brachten Anträge zur Rehabilitation von Marschall Jon Antonescu und seinesgleichen in anderen Regionen des Balkans und Mitteleuropas ein. Noch vor kurzem als Nationalisten, Faschisten und Nazikollaborateure verschrien, errichtete man ihnen jetzt Denkmäler, um ihren Heldenmut während des Krieges zu ehren (das rumänische Parlament billigte Antonescu sogar eine Schweigeminute zu).

Auch andere Tabus fielen mit der mißliebig gewordenen Rhetorik des Antifaschismus. Die Rolle der Roten Armee und der Sowjetunion ließ sich jetzt in einem anderen Licht erörtern. Die gerade befreiten baltischen Staaten verlangten, daß Moskau die Unrechtmäßigkeit des Hitler-Stalin-Paktes anerkenne und zugebe, daß Stalin ihre Unabhängigkeit einseitig aufgehoben habe. Nachdem die Polen den Russen schließlich (im April 1995) das Eingeständnis abgerungen hatten, daß die 22 000 toten polnischen Offiziere, die in einem Wald bei Katyn entdeckt wurden, tatsächlich vom NKWD der sowjetischen Geheimpolizei und nicht von der deutschen Wehrmacht ermordet worden waren, verlangten sie die vorbehaltlose Öffnung der russischen Archive für polnische Forscher. Im April 2005 schien weder das baltische noch das polnische Ersuchen russische Zustimmung zu finden, und die Erinnerungen bleiben schwärende Wunden.[16]

Doch die Russen hatten auch ihre Erinnerungen. Aus Sicht der Satellitenstaaten war die sowjetische Spielart der jüngeren Geschichte offenkundig falsch, doch für viele Russen enthielt sie mehr als nur ein Körnchen Wahrheit. Der Zweite Weltkrieg *war* ein »Großer Vaterländischer Krieg«; sowjetische Soldaten und Zivilisten *fielen* ihm – in absoluten Zahlen – am häufigsten zum Opfer; die Rote Armee *befreite* große Gebiete Osteuropas vom Schrecken der deutschen Herrschaft; und Hitlers Niederlage *war* für die meisten Sowjetbürger – und viele andere auch – ein Grund zu ungetrübter Freude. Nach 1989 waren viele Russen aufrichtig bestürzt über die scheinbare Undankbarkeit einstiger Brudernationen, die 1945 unter großen Opfern der sowjetischen Streitkräfte vom deutschen Joch befreit worden waren.

Doch trotz allem war das russische Gedächtnis gespalten. Diese Spaltung wurde sogar institutionalisiert, als zwei zivile Organisationen gegründet wurden, um die kommunistische Vergangenheit des Landes kritisch, wenn auch diametral entgegengesetzt, zu bilanzieren. »Memorial« wurde 1987 von liberalen Dissidenten mit dem Ziel gegründet, die Wahrheit über die sowjetische Geschichte in Erfahrung zu bringen und zu veröffentlichen. Seine Mitglieder legten besonderen Wert auf die Menschenrechte und das Eingeständnis vergangenen Unrechts, um seine Wiederholung in Zukunft zu verhindern. Auch die »Pamjat«, die zwei Jahre zuvor gegründet worden war, wollte die Vergangenheit wiederentdecken und ehren (ihr Name ist das russische Wort für »Gedenken«), doch damit enden auch alle Ähnlichkeiten. Die Gründer der »Pamjat«, antikommunistische Dissidenten, die alles andere als liberal waren, strebten eine verbesserte Version der russischen Vergangenheit an: gereinigt von den sowjetischen »Lügen«, aber auch befreit von anderen fremden, vor allem »zionistischen« Einflüssen auf das russische Erbe. Nach wenigen Jahren hatte sich »Pamjat« ganz auf das Gebiet der nationalistischen Politik begeben und setzte Rußlands vernachlässigte und »mißbrauchte« Geschichte als Waffe gegen »kosmopolitische« Herausforderungen und Eindringlinge ein.

Die Politik der bitteren Erinnerungen – mochten sie sich im einzelnen auch noch so unterscheiden oder gar widersprechen – stellten das letzte verbliebene

Band zwischen dem ehemaligen sowjetischen Mutterland und seinen imperialen Besitzungen dar. Gemeinsam war ihnen das Gefühl, die Weltgemeinschaft wisse die Leiden und Verluste, die sie in der Vergangenheit erlitten hatten, nicht richtig zu würdigen. Was war mit den Opfern der GULAG? Warum wurden sie nicht wie die Opfer und Überlebenden des NS-Unrechts entschädigt und erinnert? Was war mit den Millionen, für die aus der nationalsozialistischen Unterdrückung der Kriegszeit ohne erkennbare Zäsur die kommunistische Unterdrückung der Nachkriegszeit wurde? Warum schenkte der Westen ihnen so wenig Aufmerksamkeit?

Der Wunsch, die kommunistische Vergangenheit zu vereinheitlichen – sie in Bausch und Bogen zu verurteilen und alles von Lenin bis Gorbatschow als gleichbleibende Geschichte von Diktatur und Verbrechen zu lesen, eine bruchlose Erzählung von Regimen und Repressionen, die von Außenstehenden oder von demokratisch nicht legitimierten Machthabern im Namen des Volkes begangen wurden –, birgt andere Gefahren. Erstens war das verfälschende Geschichtsbetrachtung, denn es unterschlug die aufrichtige Begeisterung und Überzeugung früherer Jahrzehnte. Zweitens hatte die neue Orthodoxie politische Konsequenzen für die Gegenwart. Wenn sich die Tschechen – Kroaten, Ungarn oder andere Nationen – einredeten, daß sie nicht aktiv an den dunklen Seiten ihrer jüngeren Vergangenheit beteiligt waren, daß Osteuropas Geschichte seit 1939 – oder, in Rußlands Fall, von 1917 bis 1991 – ausschließlich das Werk anderer war, dann mußte die gesamte Epoche eine Art Einschub in der nationalen Geschichte bleiben: der Stellung vergleichbar, die Vichy im Bewußtsein des französischen Nachkriegsbewußtseins innehatte, aber einen weit längeren Zeitraum und ein Archiv noch schlimmerer Erinnerungen umfassend. Mit ähnlichen Folgen: 1992 verboten die tschechoslowakischen Behörden, daß auf dem Karlsbader Filmfestival ein BBC-Dokumentarfilm gezeigt wurde, der das Attentat auf Reinhard Heydrich zeigte, weil er »inakzeptable« Bilder von Tschechen bei pro-nationalsozialistischen Demonstrationen enthalte.

Mit der postkommunistischen Neuordnung des Gedächtnisses in Osteuropa wurde das Tabu eines Vergleichs von Kommunismus und Nationalsozialismus allmählich aufgeweicht. Politiker und Wissenschaftler bestanden sogar auf ihn. Aber im Kern blieb diese Gegenüberstellung umstritten. Das betraf jedoch nicht den direkten Vergleich zwischen Hitler und Stalin – kaum jemand leugnete die Monstrosität beider Diktatoren. Doch die Auffassung, der Kommunismus selbst – vor und nach Stalin – gehöre in die gleiche Kategorie wie der Faschismus oder Nationalsozialismus, hatte unangenehme Konsequenzen für den Westen, und das nicht nur in Deutschland. Für viele westliche Intellektuelle war der Kommunismus eine irregeleitete Spielart eines gemeinsamen progressiven Erbes. Für ihre mittel- und osteuropäischen Zunftgenossen hingegen war er einfach die kriminelle Entartung der autoritären Regierungssysteme des 20. Jahrhunderts und sollte auch als solche erinnert werden. Europa mochte vereinigt sein, doch das europäische Gedächtnis blieb zutiefst asymmetrisch.

Der Westen löste das Problem der verstörenden europäischen Erinnerungen, indem er sie buchstäblich in Stein bannte. Zu Beginn des 21. Jahrhunderts waren überall in Westeuropa, von Stockholm bis Brüssel, Gedenktafeln, Mahnmale und Museen zur Erinnerung an die Opfer des Nationalsozialismus entstanden. In einigen Fällen waren sie, wie gesehen, ergänzte oder »verbesserte« Versionen bereits vorhandener Gedenkstätten; doch viele waren neu. Einige hatten eindeutig pädagogische Aufgaben: das Holocaust-Museum »Mémorial de la Shoah«, das im Januar 2005 in Paris eröffnet wurde und zwei bereits vorhandene Einrichtungen vereinigte, das »Denkmal für den unbekannten jüdischen Märtyrer« und ein jüdisches Dokumentationszentrum. Es hat eine Steinmauer mit den Namen von 76 000 Juden, die aus Frankreich in die Vernichtungslager der Nazis deportiert wurden. Es erinnert an die amerikanische Vietnam-Gedenkstätte, an das Holocaust Memorial Museum in Washington – obwohl erheblich kleiner – und an Yad Vashem in Jerusalem. Die überwiegende Zahl dieser Einrichtungen war in der Tat – teilweise oder ganz – der Erinnerung des Holocaust gewidmet. Die eindrucksvollste Gedenkstätte wurde am 10. Mai 2005 in Berlin eröffnet.

Die expliziten Aussagen der neueren Gedenkstätten unterscheiden sich deutlich von den Mehrdeutigkeiten und Ausflüchten der lapidaren Denkmäler früherer Zeit. Das Holocaust-Mahnmal in Berlin, das an auffälliger Stelle neben dem Brandenburger Tor eine Fläche von 19 000 Quadratmetern einnimmt, spricht von allen Gedenkstätten die deutlichste Sprache. Statt verwaschen die »Opfer des Nationalsozialismus« zu beklagen, ist es ausdrücklich ein »Denkmal für die ermordeten Juden Europas«.[17] In Österreich können sich junge Zivildienstleistende heute für den 1991 gegründeten staatlich finanzierten Gedenkdienst entscheiden, bei dem sie als Praktikanten und Führer in großen Holocaust-Einrichtungen eingesetzt werden. Zweifellos haben Westeuropäer heute genug Gelegenheit, sich den Schrecken ihrer jüngeren Vergangenheit in ihrem ganzen Ausmaß zu stellen. Am 60. Jahrestag der Befreiung von Auschwitz erklärte Bundeskanzler Gerhard Schröder: »Die Erinnerung an Krieg und Völkermord im Nationalsozialismus ist Teil unserer gelebten Verfassung geworden … diese Erinnerung [gehört] zu unserer nationalen Identität.«

In anderen Ländern blieben die Schatten. In Polen, wo ein neu gegründetes Institut des Nationalen Gedenkens sehr bemüht war, kontroverse historische Themen ernsthaft zu erforschen, hatte Polens reuiges Eingeständnis, seine jüdische Minderheit schändlich behandelt zu haben, heftige Proteste hervorgerufen. Dies zeigte in bedrückender Weise die Reaktion des Friedensnobelpreisträgers und Solidaritäts-Helden Lech Wałęsa auf das Buch *Neighbours* (Nachbarn. Der Mord an den Juden von Jedwahne, 2001), eine einflußreiche Studie des amerikanischen Historikers Jan Tomasz Gross. Er schildert, wie während des Krieges ein Massaker an Juden von ihren polnischen Nachbarn verübt wurde. Wałęsa in einem Rundfunkinterview: »Gross ist bestrebt, Zwietracht zwischen Polen und Juden zu säen.« Er sei ein »mittelmäßiger Autor – ein Jude, der Geld machen möchte«.

Wie schwer es ist, die Vernichtung der Juden im zeitgenössischen Gedächtnis des postkommunistischen Europas zu verankern, zeigt sich deutlich am Beispiel Ungarns. 2001 rief die Regierung von Viktor Orbán einen Holocaust-Gedenktag aus, der jedes Jahr am 16. April (dem Jahrestag der Einrichtung des Budapester Ghettos im Jahr 1944) begangen werden soll. Drei Jahre später eröffnete Peter Medgyessy, Orbáns Nachfolger als Ministerpräsident, eine Holocaust-Gedenkstätte in einem Budapester Haus, das einst dazu diente, Juden zu internieren. Doch meist herrscht in dieser Gedenkstätte gähnende Leere, ein spärliches Rinnsal von Besuchern – vielfach Ausländer – schiebt sich an den Exponaten und Informationstafeln vorbei. Währenddessen strömen Scharen von Ungarn auf der anderen Seite der Stadt in das »Terrorhaza«.

»Terrorhaza« (Haus des Schreckens) ist, wie sein Name sagt, ein Museum des Schreckens. Es erzählt die Geschichte der staatlichen Gewalt, Folter, Repression und Diktatur in Ungarn, und zwar von 1944 bis 1989. Die Daten sind bedeutsam. Die »Terrorhaza«-Geschichtsversion, wie sie den Tausenden von Schulkindern und anderen Besuchern präsentiert wird, die durch die düsteren, an Madame Tussaud erinnernden Nachbildungen von Polizeizellen, Folterwerkzeugen und Verhörräumen geschleust werden, die dort einst untergebracht waren (das Haus des Schreckens war die Zentrale der Sicherheitspolizei), macht keinen Unterschied zwischen den Schlägertruppen von Ferenc Szálasis Pfeilkreuzlern, die dort von Oktober 1944 bis April 1945 an der Macht waren, und dem kommunistischen Regime, das nach dem Krieg eingesetzt wurde. Den Pfeilkreuzlern – und der Vernichtung der 600 000 ungarischen Juden, an der sie kräftig mitgewirkt haben – sind lediglich drei Räume gewidmet. Der Rest des sehr großen Gebäudes ist einem reichlich illustrierten und entschieden parteiischen Katalog kommunistischer Verbrechen vorbehalten.

Die nicht sonderlich unterschwellige Botschaft lautet, daß Kommunismus und Faschismus gleichwertig sind. Nur daß sie es eben doch nicht sind: Präsentation und Inhalt des Budapester »Terrorhaza« lassen keinen Zweifel daran, daß der Kommunismus in den Augen der Kuratoren nicht nur länger dauerte, sondern auch viel mehr Unheil anrichtete als seine faschistischen Vorgänger. Für viele Ungarn einer älteren Generation ist das alles um so plausibler, als es sich mit ihrer eigenen Erfahrung deckt. Diese Tendenz wurde auch von der Gesetzgebung des postkommunistischen Ungarns bestätigt, welche die Zurschaustellung *aller* Symbole aus der undemokratischen Vergangenheit des Landes verbot, nicht nur das Haken- oder das Pfeilkreuz, sondern auch die bis dahin allgegenwärtigen kommunistischen Embleme: roter Stern sowie Hammer und Sichel. Statt die Unterschiede zwischen den durch diese Symbole repräsentierten Regimen zu bewerten, hat Ungarn, wie es Ministerpräsident Orbán bei der Eröffnung des Budapester Hauses des Schreckens am 24. Februar formulierte, einfach »die Tür zum kranken 20. Jahrhundert zugeschlagen«.

Doch so leicht läßt sich diese Tür nicht schließen. Ungarn ist, wie die anderen Länder Mittel- und Osteuropas seiner Vergangenheit noch lange nicht entronnen.[18] Die Baltischen Staaten, die Moskau doch so ungeduldig drängten, sein Fehlverhalten ihnen gegenüber einzugestehen, hatten es entschieden weniger eilig, ihre eigene Verantwortung zu beleuchten. In der Zeit ihrer Unabhängigkeit haben Estland, Lettland und Litauen noch nicht einen einzigen Prozeß gegen die überlebenden Kriegsverbrecher in ihrer Mitte angestrengt. In Rumänien hatte Expräsident Iliescu zwar die Beteiligung seines Landes am Holocaust eingestanden, doch die »Gedenkstätte für die Opfer des Kommunismus und des antikommunistischen Widerstands«, die 1997 in Sighet eröffnet (und teilweise vom Europarat finanziert) wurde, erinnert an recht fragwürdige Gruppierungen aus der Zwischenkriegs- und Kriegszeit: Mitglieder der Eisernen Garde sowie andere rumänische Faschisten und Antisemiten, die jetzt als Märtyrer kommunistischer Verfolgung gefeiert werden.

Um ihren Wunsch nach »Gleichwertigkeit« zu unterstreichen, verweisen die Kommentatoren in Osteuropa gerne auf den »Opferkult« in der politischen Kultur des heutigen Europas. Wir seien auf dem Weg von der Siegergeschichte zur Opfergeschichte, lautet ihre These. Nun gut, seien wir konsequent. Selbst wenn Nationalsozialismus und Kommunismus von ihrer Absicht her grundsätzlich verschieden wären – wenn, nach Raymond Arons Worten, »ein Unterschied besteht zwischen einer Philosophie, deren Logik entsetzlich ist, und einer, die entsetzlich interpretiert werden kann« –, wäre das nur ein schwacher Trost für ihre Opfer. Menschliches Leiden darf nicht an den Zielen der Täter gemessen werden. So gesehen, ist für diejenigen, die bestraft oder umgebracht werden, ein kommunistisches Lager nicht besser oder schlechter als ein nationalsozialistisches.

Daher lieferte der Nachdruck, der heute im Völkerrecht und in der politischen Rhetorik auf die »Rechte« (und die Entschädigung für ihre Verletzung) gelegt wird, jenen Menschen ein Argument, die finden, daß ihre Leiden und Verluste nicht genügend zur Kenntnis genommen – und wiedergutgemacht – werden. Einige Konservative in Deutschland haben, von der internationalen Empörung über die »ethnische Säuberung« ermutigt, die Forderung der deutschen Vertriebenenverbände wieder auf die Tagesordnung gebracht. Warum, so fragen sie, sollte ihr Opfer geringer gewesen sein? Habe sich denn das, was Stalin den Polen – oder, in jüngerer Zeit, Milošević den Albanern – antat, grundsätzlich von dem unterschieden, was der tschechoslowakische Präsident Beneš nach dem Zweiten Weltkrieg mit den Sudetendeutschen angestellt habe? In den ersten Jahren des neuen Jahrhunderts war in maßgeblichen Kreisen ernsthaft die Rede davon, in Berlin noch eine weitere Gedenkstätte, das »Zentrum gegen Vertreibungen«, einzurichten, ein Museum, das allen Opfern ethnischer Säuberungen gewidmet sein sollte.

Dieser neueste Vorstoß, der von der Annahme ausgeht, *alle* Formen kollektiven Leidens seien im wesentlichen vergleichbar oder sogar austauschbar und hätten daher auch das gleiche Anrecht, daß ihrer gedacht werde, erhielt eine energische Abfuhr von Marek Edelman, dem letzten überlebenden Anführer des Aufstands im Warschauer Ghetto, der 2003 einen Aufruf unterschrieb, der sich gegen das vorgeschlagene Zentrum wandte. »Welche eigene Erinnerung? Ist ihnen soviel schreckliches Unrecht angetan worden? Sie haben ihre Häuser verloren? Ja doch, aber die Juden haben sowohl ihre Häuser als auch all ihre Lieben verloren. Die Vertreibungen brachten Elend, aber es gibt soviel Elend in der Welt. Kranke Menschen leiden auch, und ihnen baut auch niemand ein Denkmal.« (*Tygodnik Powszechny*, 17. August 2003)

Edelmans Reaktion erinnert uns zu Recht an die Gefahr, in die wir geraten, wenn wir dem Gedenkkult übermäßig huldigen – und statt der Täter die Opfer in den Mittelpunkt der Aufmerksamkeit stellen. Einerseits gibt es grundsätzlich keine Erinnerungen und Erfahrungen, die des Gedenkens nicht würdig wären. Andererseits ist die Vergegenwärtigung des Vergangenen in Form von Gebäuden und Museen auch eine Möglichkeit, es einzudämmen und sogar zu vernachlässigen – und die Verantwortung für das Erinnern anderen zu überlassen. Solange es Männer und Frauen gab, die sich noch wirklich – aus persönlicher Erfahrung – erinnerten, spielte das vielleicht keine Rolle. Doch jetzt rief der 81jährige Jorge Semprun seine Mitüberlebenden am 10. April 2005, dem 60. Jahrestag der Befreiung von Buchenwald, ins Gedächtnis, daß sich der »Kreis der aktiven Erinnerung schließt«.

Selbst wenn es Europa irgendwie gelänge, die Erinnerung an die Verbrechen der Vergangenheit ewig lebendig zu halten – was Gedenkstätten und Museen ja, wie unzulänglich auch immer, bewirken sollen –, hätte es wenig Sinn. Erinnerungen sind von Natur aus strittig und parteiisch: Wozu sich einer bekennt, ist dem anderen entfallen. Das Gedächtnis ist ein schlechter Führer in die Vergangenheit. Das erste Nachkriegseuropa wurde auf einer vorsätzlichen Amnesie erbaut – Vergessen als Lebensform. Seit 1989 gründet sich Europa statt dessen auf eine kompensatorische Überfunktion des Gedächtnisses: das institutionalisierte öffentliche Erinnern als das zentrale Fundament der kollektiven Identität. Das erste konnte nicht Bestand haben – das zweite wird es nicht. Ein gewisses Maß an Vernachlässigung und sogar Vergessen sind notwendige Bedingungen für gesellschaftliche Gesundheit.

Damit möchte ich nicht der Amnesie als Lebensform das Wort reden. Eine Nation muß erst etwas zu erinnern haben, bevor sie etwas vergessen kann. Ehe die Franzosen Vichy nicht verstanden hatten, wie es war – und nicht, wie sie es gerne erinnert hätten –, konnten sie es nicht abhaken und sich Neuem zuwenden. Gleiches gilt für die Polen und die verschlungenen Wege ihrer Erinnerung an die Juden, die einst in ihrer Mitte lebten. Auch in Spanien wird es nicht anders sein, das seit 20 Jahren den stummen Schleier des Vergessens über die schmerzlichen Erinnerungen an den Bürgerkrieg breitet. Jetzt erst kommt die öffentliche Erinnerung an den Krieg und seinen Ausgang in Gang.[19] Erst nachdem die Deutschen die Ungeheuerlichkeit ihrer nationalsozialistischen Vergangenheit eingesehen und verarbeitet hatten – ein 60 Jahre währender Prozeß von Verleugnung, Erziehung, Diskussion und Konsens –, konnten sie anfangen, mit ihr zu leben, das heißt, sie hinter sich zu lassen.

Das Werkzeug der Vergegenwärtigung war in allen diesen Fällen nicht das Gedächtnis selbst. Es war die *Geschichte* in ihrer Doppelbedeutung: als Verstreichen der Zeit und als wissenschaftliches Studium der Vergangenheit – vor allem in letzterer Form. Das Böse, zumal das Böse in dem Maßstab, in dem es vom nationalsozialistischen Deutschland verübt wurde, kann niemals befriedigend erinnert werden. Die reine Größenordnung des Verbrechens verurteilt alle Erinnerungsversuche zur Unvollständigkeit.[20] Diese ihm eigene Unglaubwürdigkeit – die Schwierigkeit, es im ruhigen Rückblick zu begreifen – öffnet der Beschönigung und sogar Leugnung Tür und Tor. Da es uns unmöglich ist, das Verbrechen zu erinnern, wie es wirklich war, laufen wir zwangsläufig Gefahr, es zu erinnern, wie es nicht war. *Dieser* Herausforderung ist das Gedächtnis selbst nicht gewachsen: »Nur der Historiker mit der nüchternen Leidenschaft für Fakten, Beweise und Belege, die so wichtig für seinen Beruf sind, kann uns wirklich davor bewahren.«[21]

Anders als das Gedächtnis, das sich selbst bestätigt und bekräftigt, trägt die Geschichte zur Ernüchterung der Welt bei. Das meiste, was sie zu bieten hat, ist wenig erbaulich oder sogar verstörend – weshalb es nicht immer politisch klug ist, die Vergangenheit als moralischen Knüppel zu schwingen, um ein Volk für seine vergangenen Sünden zu prügeln und zu bestrafen. Doch die Geschichte muß gelernt – und in regelmäßigen Abständen wiedergelernt – werden. Laut eines beliebten Witzes aus der Sowjetzeit rief ein Hörer bei »Radio Eriwan« an und fragte: »Kann man die Zukunft vorhersagen?« Antwort: »Im Prinzip ja. Wir wissen genau, wie die Zukunft aussieht. Aber wir haben ein Problem mit der Vergangenheit: Sie verändert sich ständig.«

Das tut sie wahrlich – und nicht nur in totalitären Gesellschaften. Trotzdem, die strenge Untersuchung und Befragung der rivalisierenden Vergangenheiten Europas – und des Stellenwertes, den diese Vergangenheiten im kollektiven Selbstverständnis der Europäer einnehmen – ist eine der wenig beachteten Leistungen und Gründe des europäischen Einigungsprozesses während der letzten Jahrzehnte. Es ist allerdings auch eine Leistung, die vom Verfall bedroht ist, wenn sie nicht ständig erneuert wird. Die barbarische jüngere Geschichte Europas, der dunkle »andere«, gegen den das Nachkriegseuropa so mühsam errichtet wurde, ist im Gedächtnis der jungen Europäer bereits verblaßt. Innerhalb einer Generation werden die Gedenkstätten und Museen Staub ansammeln – wie heute auf den Schlachtfeldern der Westfront wird man dort nur noch die besonders Interessierten und die Angehörigen antreffen.

Wenn wir uns in kommenden Jahren erinnern möchten, warum es so wichtig war, ein bestimmtes Europa aus den Krematorien von Auschwitz zu bauen, kann uns nur die Geschichte helfen. Das neue Europa, durch die Zeichen und Symbole seiner schrecklichen Vergangenheit zusammengeschlossen, ist eine bemerkenswerte Leistung; doch es bleibt der Vergangenheit immer verpflichtet. Wenn die Europäer diesen lebenswichtigen Zusammenhalt bewahren wollen – wenn Europas Vergangenheit seiner Gegenwart auch weiterhin als Mahnung und moralische Zielvorgabe dienen soll, muß sie jeder Generation erneut *vermittelt* werden. Die »Europäische Union« kann eine Antwort auf die Geschichte sein, sie aber nicht ersetzen.

Anmerkungen

Vorwort und Dank

1 Die hier verwendeten Fußnoten sind meist traditioneller Art, das heißt, sie dienen als Erläuterung oder Ergänzung einer Textstelle und nicht als Quellenverweis. Um ein ohnehin sehr umfangreiches Buch, das sich an ein allgemeines Publikum richtet, nicht noch zusätzlich aufzublähen, habe ich hier auf einen richtigen Anmerkungsapparat mit Quellenangaben verzichtet. Statt dessen werden die von mir benutzten Quellen sowie alle bibliographischen Angaben demnächst auf der Website des Remarque Institute veröffentlicht [http://www.nyu.edu/pages/remarque/].

Erster Teil: Nachkriegszeit: 1945–1953

I. Das Vermächtnis des Krieges

1 Beziehungsweise von Stalin, der 23 000 polnische Offiziere in den Wäldern von Katyn ermorden ließ und das Massaker anschließend den Deutschen in die Schuhe schob.
2 Nur zum Vergleich: In Frankreich lag die tägliche Kalorienzufuhr im Jahr 1990 bei 3618.
3 Ihre Sorge war nicht unberechtigt. Die britische Armee in Österreich lieferte sie später an die jugoslawischen Behörden aus (gemäß einem alliierten Abkommen, wonach solche Kriegsgefangenen an den Staat zu überstellen waren, gegen den sie gekämpft hatten), und mindestens 40 000 von ihnen fanden den Tod.
4 Aber auch sie hatten kaum eine andere Wahl – in den Jahren der Weltwirtschaftskrise riskierte jeder Niederländer, der eine ihm in Deutschland angebotene Stelle ausschlug, den Verlust der Arbeitslosenunterstützung.
5 Am 9. Mai 1945 erklärte Benesch in Bratislava, daß Tschechen und Slowaken nicht mehr mit Ungarn und Deutschen in einem Staat leben wollten. Diese Haltung und die daraus resultierenden Maßnahmen belasten seit jener Zeit die tschechisch-deutschen und slowakisch-ungarischen Beziehungen.
6 Mit der signifikanten Ausnahme von Griechen und Türken, gemäß dem Vertrag von Lausanne 1923.
7 Ende Mai 1945 lieferten die Briten 10 000 slowenische Soldaten und Zivilisten, die nach Österreich geflohen waren, an die jugoslawischen Behörden aus. Die meisten von ihnen wurden in den Wäldern von Kocevje erschossen.

8 In dieser Division kämpften Ukrainer, die in der Zwischenkriegszeit polnische Staatsangehörige gewesen waren und deren Herkunftsregion nach Kriegsende an die UdSSR fiel. Sie wurden daher nicht in die Sowjetunion repatriiert, obwohl sie auf deutscher Seite gegen die Sowjetunion gekämpft hatten, und galten aus Sicht westlicher Behörden als Staatenlose.

9 Die Tschetniks leiteten ihren Namen von den Guerillagruppen her, die im achtzehnten Jahrhundert gegen die Osmanen gekämpft hatten.

10 Für die Verwaltung des Protektorats Böhmen-Mähren waren 1942 nur 1900 Beamte erforderlich. In dieser wie auch in anderer Hinsicht war die Tschechoslowakei zumindest partiell ein westeuropäisches Land.

II. Vergeltung

1 Noch 1960 hatten 62 von insgesamt 64 Provinzpräfekten dem faschistischen Regime gedient. Dasselbe galt für alle 135 Polizeichefs.

2 Die Domobran war die kroatische Heimatwehr. Natürlich hatten sich die titoistischen Partisanen oft nicht viel besser aufgeführt, aber sie waren die Sieger.

3 Wie überhaupt aus Sicht der Generation Winston Churchills die Stabilität Europas im letzten Drittel des 19. Jahrhunderts durch das preußische Deutschland bedroht worden war.

4 Der westdeutsche Länderrat empfahl 1946 den Alliierten, angesichts der Lebensmittelknappheit die Zuteilungen für DPs zu reduzieren. General Lucius Clay beschränkte sich in seiner Antwort auf den Hinweis, daß die fraglichen Rationen von europäischen Nationen bereitgestellt würden, die Opfer des deutschen Aggressionskriegs geworden seien.

5 Stephan Hermlin, *Rückkehr*. Erstdruck in: Freibeuter 18. Berlin, 1983.

III. Der Wiederaufbau Europas

1 Die letzten italienischen Partisanen wurden im Herbst 1948 in der Nähe von Bologna zur Aufgabe gezwungen.

2 Jean Monnet wurde 1888 als Sohn eines Cognac- und Weinhändlers in Cognac (Charente) geboren. Nach dem Schulabschluß lebte und arbeitete er jahrelang im Ausland, vor allem in London. 1919 wurde er zum Stellvertretenden Generalsekretär des Völkerbundes ernannt. Er war lange Jahre Wirtschaftsberater in den USA, während des Krieges leitete er die französisch-britische Kommission zur Beschaffung von kriegswichtigen Gütern in Amerika. Sein Engagement für Wirtschaftsplanung und sein späterer Beitrag zum Schuman-Plan für wirtschaftliche Zusammenarbeit in Europa stützte sich auf Erfahrungen mit staatlicher Organisation und internationaler Zusammenarbeit, die für einen Franzosen seiner Herkunft und Zeit ungewöhnlich waren.

3 Wie die Besucherin einer Wohnungsausstellung in London ausrief: »Ich suche so

dringend ein Haus, ich würde alles nehmen – vier Wände und ein Dach, mehr brauche ich nicht.« Zitiert in Maureen Waller, *London 1945*. 2004, S. 150.

4 Saul K. Padover, *Lügendetektor. Vernehmungen im besiegten Deutschland 1944/45*. Aus dem Amerikanischen von Matthias Fienbork. Die Andere Bibliothek, Frankfurt am Main 1999, S. 129.

5 Allerdings waren, trotz des offiziellen Neins der Partei, 40 Prozent der kommunistischen Wähler für den Marshall-Plan. Die französische Kritik war weniger politisch als vielmehr kulturell begründet. Viele Franzosen stießen sich an »den vielen geschmacklosen Fragebögen«, die von amerikanischen Agenturen verteilt wurden – eine besonders bittere Erinnerung an ihre Unterwerfung durch ein Land, das kulturell unter ihnen stand.

IV. Die unmögliche Lösung

1 1943 hatte Stalin die Beziehungen zur polnischen Exilregierung in London abgebrochen, nachdem diese eine internationale Untersuchung des Massakers von Katyn gefordert hatte. Die Deutschen, die den Schauplatz entdeckt hatten, sprachen (zutreffend) von einer Massenhinrichtung gefangener polnischer Offiziere durch die Rote Armee. Die Sowjets und ihre westlichen Freunde stritten 50 Jahre lang alles ab.

2 Indien und andere britische Überseegebiete hatten substantielle Sterling-Guthaben, die vor allem während des Krieges aufgebaut worden waren. Bei freier Konvertibilität des Pfunds wären diese Guthaben in der Nachkriegszeit vermutlich aufgebraucht worden und hätten den ohnehin fragilen Devisenbestand der Briten noch weiter dezimiert. Deshalb wurde, nach einem katastrophalen Experiment der Wechselkursfreigabe als Bedingung für einen amerikanischen Kredit, die Devisenbewirtschaftung 1947 wieder eingeführt.

3 Auf die Frage, wer am meisten für den Wiederaufbau Frankreichs tun werde, gaben im Februar 1945 ganze 25 Prozent die Sowjetunion und 24 Prozent die USA an.

4 Gemäß einem tschechisch-sowjetischen Geheimabkommen vom März 1945 wurden den Sowjets Schürfrechte für die Uranmine von Jachymow (Westböhmen) eingeräumt.

5 Die Polen fanden diese Haltung natürlich alles andere als beruhigend, eben weil sie so vertraut war.

6 Außenminister Eduard Schewardnadse soll 1990 gesagt haben, daß, wenn seine Enkel Krieg spielen, noch immer Deutschland der Feind sei – trotz 40 Jahren Kalten Krieges mit den Vereinigten Staaten.

7 Italien verlor alle seine Kolonien, leistete Reparationen in Höhe von 360 Millionen Dollar an die Sowjetunion, Jugoslawien, Griechenland, Albanien und Äthiopien und trat Istrien an Jugoslawien ab. Der Status von Triest wurde erst acht Jahre später endgültig geregelt.

8 Die Umstellung fiel ihnen nicht schwer. So stellte ein GI nach dem recht kühlen Empfang durch die Franzosen fest: »Menschenskind, die Leute hier [in Deutschland] sind sauberer und viel freundlicher als die Franzosen. Das sind unsere Leute.« Zitiert in

Earl Ziemke, *The U.S.Army in the Occupation of Germany, 1944–46*. Washington DC, 1985, S. 142.

9 Im September 1947 erklärte Andrej Shdanow auf dem Gründungskongreß des Kominform, daß sich die Truman-Doktrin mindestens ebenso gegen Großbritannien wie gegen die Sowjetunion richte, »denn sie führt dazu, daß Großbritannien seinen Einfluß im Mittelmeer und im Nahen Osten verliert«.

V. Der Kalte Krieg zieht herauf

1 Es war charakteristisch für diese Zusammenschlüsse, daß das Wort »kommunistisch« im Namen der neuen Partei nicht auftauchte.

2 Die Bulgaren hatten im Laufe der Jahre stark zwischen großer Deutschlandbegeisterung und Slawophilie geschwankt. Beides bekam ihnen nicht gut. Bulgarien, schrieb ein lokaler Kommentator seinerzeit, »zieht immer die falsche Karte und donnert sie dann auf den Tisch!«

3 Nicht zum erstenmal fanden wichtige Wahlen in Polen unter russischer Aufsicht statt. 1772, als die Polen Abgeordnete wählen sollten, die die Teilung des Landes bestätigen würden, standen fremde Soldaten Gewehr bei Fuß, um das gewünschte Resultat zu gewährleisten.

4 Die tschechische Bauernpartei und ihre Verbündete, die slowakische Volkspartei, wurden nach dem Krieg wegen ihrer Kooperation mit den Nazis verboten.

5 Auch Masaryks Tod am 10. März 1948 beeinflußte die öffentliche Meinung im Westen. Jan Masaryk soll aus dem Fenster seines Büros in den Hof des Außenministeriums »gefallen« sein – die genauen Umstände wurden nie geklärt.

6 Als Tito im Juli 1949, nach dem Bruch mit Stalin, die Grenze zu Griechenland schloß, brach der griechische Widerstand wenig später zusammen.

7 Die KPI konnte ihren Stimmenanteil zwar steigern, allerdings auf Kosten der Sozialisten, die deutliche Verluste erlitten. Die siegreichen Christdemokraten erhielten 4 Millionen Stimmen mehr als die beiden linken Parteien.

8 Es war kein Zufall, daß die sowjetischen Berater am 18. März 1948 aus Jugoslawien abgezogen wurden, nur 48 Stunden bevor der sowjetische Oberbefehlshaber in Deutschland, Marschall Sokolowski, den Alliierten Kontrollrat verließ.

9 Hätte er einen Krieg gewollt, hätte ihn kaum jemand daran hindern können. Im Frühjahr 1948 standen 300 sowjetische Divisionen im Umkreis von Berlin. Die USA hatten europaweit nur 60 000 Mann stationiert, in Berlin waren es knapp 7 000.

10 Das Grundgesetz war bewußt als Provisorium gedacht, das »dem staatlichen Leben für eine Übergangszeit [d. h. bis zur Wiedervereinigung, T. J.] eine neue Ordnung geben« sollte.

11 Der französische Finanzminister Henri Queuille beklagte sich gegenüber dem US-Botschafter über den »vollständigen Mangel an Loyalität« seitens der Briten.

12 Sehr schön zum Ausdruck kommt diese Haltung in den folgenden Zeilen, die ein unbekannter Verfasser nach dem Krieg während der Verhandlungen über einen US-Kredit notierte:

Lord Halifax sprach in Washington
Zu Lord Keynes im Flüsterton:
»Ganz recht, sie haben das Geld,
Doch das Hirn haben allein wir.»

13 Die Deutschen hatten begreiflicherweise andere Erinnerungen an den Krieg und reagierten noch auf Jahrzehnte hinaus mit Befremden, wenn sie von englischen Fußballfans oder der Boulevardpresse als »Hunnen« oder »Nazis« bezeichnet wurden.

VI. Im Wirbelsturm

1 In der DDR waren die staatlichen Einrichtungen, weil provisorisch, von besonderem Zuschnitt, doch in Geist und Praxis entsprachen sie ganz und gar orthodoxen Vorstellungen.
2 Die baltischen Staaten, inzwischen Teil der Sowjetunion, waren noch schlechter dran als die übrigen osteuropäischen Länder. 1949 mußten estnische Kolchosen unreifes Getreide abliefern, weil im südlicheren Lettland schon geerntet wurde. 1953 hatte sich die Situation in Estland, einem bislang blühenden Agrarland, so sehr verschlechtert, daß Kühe vor lauter Schwäche nicht mehr allein auf die Beine kamen.
3 Gründungsmitglieder waren Bulgarien, die Tschechoslowakei, Ungarn, Polen und die UdSSR. Bald darauf kamen Albanien und die DDR hinzu, später Jugoslawien, die Mongolei, die Volksrepublik China, Nordkorea und Nordvietnam. 1953 betrug der Anteil der Comecon-Staaten am Welthandel 12 Prozent, im Jahr 1979 lag er bei 9 Prozent – Tendenz fallend.
4 Nach der Verfassung von 1946 stand den Teilrepubliken – Serbien, Kroatien, Slowenien, Bosnien, Mazedonien und Montenegro – das Recht zu, aus der Föderation auszutreten. Sieben Jahre später wurde dieser Artikel gestrichen.
5 Bezeichnenderweise ließ Stalin seine Atomphysiker in Ruhe und mischte sich nicht ihre Arbeit ein. Er mag verrückt gewesen sein, dumm war er jedenfalls nicht.
6 Hingerichtet wurden sie trotzdem. Drei Wochen später wurde Petkows postumes »Geständnis« veröffentlicht, das aber so offenkundig gefälscht war, daß es selbst im kommunistischen Bulgarien bald für Verlegenheit sorgte. Von staatlicher Seite wurde es nie mehr erwähnt, und der Chef der bulgarischen Geheimpolizei, der die Veröffentlichung arrangiert hatte, wurde erschossen.
7 Noch 1966 hatten vier Fünftel der polnischen Staatsbediensteten nur die Volksschule besucht. Das Land wurde von einer bemerkenswert ungebildeten Beamtenkaste verwaltet.
8 1924 war der 27jährige Kostow von der bulgarischen Polizei verhaftet und gefoltert worden. Um seine Genossen im Untergrund nicht zu verraten, sprang er aus einem Fenster im vierten Stock des Polizeipräsidiums und zog sich dabei einen doppelten Beinbruch zu.
9 Eine jüdische Arbeiterbewegung, gegründet 1897 im zaristischen Rußland. In der Zwischenkriegszeit beschränkte sich ihre Aktivität auf Polen.

10 Vgl. Heda Margolius Kovaly, *Under a Cruel Star* (1986). In den anderthalb Jahren nach Kriegsende wurden in Polen, Ungarn und der Tschechoslowakei mehr Juden getötet als in den 10 Jahren vor Kriegsbeginn.

11 Joshua Rubenstein und Vladimir Naumov (Hg.), *Stalin's Secret Pogrom. The Postwar Inquisition of the Jewish Anti-Fascist Committee.* Yale University Press, 2002, S. 52. Komarow selbst wurde später, nach bekanntem Muster, verhaftet und hingerichtet.

12 Alle Überlebenden wurden Jahre später aus der Haft entlassen, aber erst 1968 vollständig rehabilitiert.

13 Das Drehbuch war überaus präzise. Als André Marty sich im Dezember 1952 inoffiziell vor dem Zentralkomitee der KPF verantworten mußte, warf ihm der »Ankläger« Léon Mauvais vor, von »trotzkistischer Internationale« statt von »trotzkistischem Abschaum« oder »Clique trotzkistischer Polizeispitzel« gesprochen zu haben, den unter Kommunisten »selbstverständlichen und üblichen« Bezeichnungen für Trotzkisten. Allein schon durch diesen sprachlichen Lapsus hatte sich Marty verdächtig gemacht.

14 Catherine Merridale, *Night of Stone. Death and Memory in 20th Century Russia* (2000), S. 249. Dt. *Steinerne Nächte. Leiden und Sterben in Rußland.* Aus dem Englischen von Enrico Heinemann, Karin Schuler und Karin Miedler. © 2001 Karl Blessing Verlag GmbH, München, S. 339.

VII. Kulturkrieg

1 Zdeněk Mlynář, *Nachtfrost.* Köln/Frankfurt, 1978, S. 8.

2 Brecht behielt natürlich seinen österreichischen Paß.

3 Die bekannteste Ausnahme war natürlich Arthur Koestler, den man aber genausogut als Ungarn, Österreicher, Franzosen oder Juden bezeichnen könnte.

4 In Vittorio de Sicas Film *Sciuscià* (1946) macht der Direktor einer Anstalt für junge Delinquenten nicht nur (aus Gewohnheit) den faschistischen Gruß, er spricht auch mit unverhohlener Nostalgie von der geringen Kriminalität zu Mussolinis Zeiten.

5 Trotz seiner Zweifel an der sowjetischen Kulturpolitik war Éluard nicht bereit, diese vor den Genossen seiner Parteizelle zu kritisieren. Gegenüber Claude Roy erklärte er: »Die Ärmsten, es würde sie nur entmutigen. Man darf diejenigen, die den Kampf führen, nicht in Verwirrung stürzen, sie würden es nicht verstehen.«

6 So schrieb Emanuel Mounier im Februar 1946 in *Esprit*: »Der Antikommunismus … ist die unabdingbare Kristallisationskraft für eine Rückkehr des Faschismus.«

7 Ebenso erreichte der westliche Mao-Kult seinen Höhepunkt während der Kulturrevolution, in deren Verlauf Schriftsteller, Künstler und Lehrer verfolgt wurden.

8 Eine unfreiwillige Karikatur dieser Haltung sind die Worte, die eine kommunistische Grundschullehrerin (im April 1948 in Prag) an ihre Erstkläßler richtete: »Kinder, ihr alle wißt, daß in Amerika die Menschen in Erdlöchern wohnen und Sklaven der wenigen Kapitalisten sind, die den Gewinn einstreichen. In der Sowjetunion dagegen sind die Menschen glücklich, und auch wir in Prag sind glücklich, was wir der Regierung von Klement Gottwald zu verdanken haben. Und jetzt, Kinder, sprecht mir laut nach: ›Wir sind sehr zufrieden mit der Regierung Gottwald‹.«

9 »In den Bereichen, die uns vertraut waren, haben wir uns über jede Dummheit aufgeregt«, schrieb der französische Dichter Claude Roy, der, nach einer Affäre mit der rechtsextremen Action Française, während des Krieges in die KPF eingetreten war. »Aber in den Bereichen, von denen wir nichts verstanden, haben wir zu Verbrechen geschwiegen.«

Coda:
Das Ende des alten Europas

1 Luc Sante, *The Factory of Facts* (1998), S. 27.

2 Die Ladeninhaberin war nicht die einzige, die einen persönlichen Bezug zur viktorianischen Epoche hatte. Der damalige Premierminister Winston Churchill wies gerne darauf hin, daß er im September 1898 in Omdurman (Sudan) an der letzten Attacke eines britischen Kavallerieregiments teilgenommen habe.

3 In Geschichtsbüchern der Oberstufe wurde diese Darstellung mit einer eindeutigen Botschaft unterlegt: »Die Zukunft Spaniens vereint sich nach drei Jahrhunderten mit der Bestimmung der Vergangenheit! … Die Entwicklung ist noch nicht zu Ende … Die Toten und die Lebenden schreiten voran, durchdrungen vom Christentum, in welchem eine orientierungslose, in katastrophalen Zuckungen liegende Welt ihren Mittelpunkt und Anker findet … Das ist die große Aufgabe, die dem Spanien von heute aufgegeben hat … Eine besondere Bestimmung … Durch das Königreich zu Gott!« Feliciano Cereceda, *Historia del imperio español y de la hispanidad,* Madrid 1943, S. 273 f.; zitiert in: Carolyn Boyd, *Historia Patria. Politics, History and National Identity in Spain, 1875–1975.* Princeton, 1997, S. 252.

4 Allerdings gab es in Frankreich mehr Veröffentlichungen zu kinematographischen Themen als in England und Italien zusammengenommen.

5 Trevor Grundy, *Memoir of a Fascist Childhood.* 1998, S. 19.

6 In Osteuropa wurde die Rationierung erst 1953 (in Ungarn, Polen, Bulgarien, Tschechoslowakei), 1957 (in Albanien) und 1958 (in Ostdeutschland) aufgehoben. Da die kommunistische Planwirtschaft aber systematisch Versorgungsmängel hervorbrachte, sind solche Vergleiche sinnlos.

Zweiter Teil: Wohlstand und Aufbegehren: 1953–1971

VIII. Beginnende Stabilität

1 J. H. Plumb, The Growth of Political Stability in Early-Eighteenth Century England 1675–1725. London, 1967, S. xvii.

2 Im März 1951 hatte sich die niederländische Regierung auf amerikanischen Druck – trotz starker pazifistischer Tendenzen im eigenen Land – bereit erklärt, den Verteidigungshaushalt zu verdoppeln und bis 1954 fünf Divisionen aufzustellen.

3 Die einzige Beschränkung, die der Bundesrepublik auferlegt wurde, war der absolute Verzicht auf Atomwaffen.

4 Die Neutralitätsklausel stand nicht im ursprünglichen Vertragstext; sie wurde vom österreichischen Parlament während der Debatte über den Staatsvertrag eingefügt.

5 Nicht nur die Amerikaner waren erschrocken. Für den britischen Premierminister Macmillan stand fest: »[Die Sowjets] haben keine Angst mehr vor einem Angriff. Ihr atomares Potential ist mindestens so groß wie das des Westens. Sie verfügen über Kommunikationseinrichtungen. Sie haben eine florierende Wirtschaft und werden die kapitalistische Gesellschaft im Rennen um materiellen Reichtum bald überholen.«

6 Welches Mitspracherecht die Briten bei deren Verwendung haben würden, blieb offen. In einem gemeinsamen Kommuniqué hieß es seinerzeit (1952) recht vage, daß »über die Nutzung dieser Stützpunkte im Ernstfall ... unter Berücksichtigung der gegebenen Situation gemeinsam entschieden werden« solle.

7 Der amerikanische Druck auf Briten und Franzosen, ihre Truppen im November 1956 aus Suez abzuziehen (vgl. Kapitel 9), führte zu Besorgnis unter Nato-Ländern, die USA könnten sich im Kriegsfall in ihre Hemisphäre zurückziehen und die bedrohten Europäer im Stich lassen. Aus diesem Grund versicherte Washington die Verbündeten immer wieder seiner Standhaftigkeit, erst in der Berlin-Frage, später in der Kuba-Frage.

8 Kennedys Bemerkung war so vertraulich, daß sie nicht einmal in den 30 Jahre später veröffentlichten Konferenzdokumenten erschien.

9 Wie sich 1990 zeigte, war ihre Sorge nicht unbegründet.

10 Chruschtschows Abneigung gegen einen Krieg war echt. Am 26. Oktober 1962, auf dem Höhepunkt der Kubakrise, schrieb er an Kennedy: »Sollte es tatsächlich zu einem Krieg kommen, läge es nicht in unserer Macht, ihn anzuhalten, denn so ist nun einmal die Logik des Krieges. Ich selbst habe an zwei Kriegen teilgenommen und weiß, daß der Krieg zu Ende ist, wenn er Städte und Dörfer überrollt und überall Tod und Zerstörung gebracht hat.«

11 Noch 1971 hatten 95 Prozent der Angestellten im höheren Dienst ihre Laufbahn vor dem Sturz Mussolinis begonnen.

12 Angesichts der italienischen Geschichte ist es allerdings nicht ganz fair, die amerikanische Außenpolitik für die institutionelle Korruption in Italien verantwortlich zu machen. Vgl. Eric J. Hobsbawm, *Das Zeitalter der Extreme.* Carl Hanser Verlag, München, 1995.

13 Bei den Wahlen von 1945 erhielten die österreichischen Kommunisten nur 174000 Stimmen (5 Prozent) und errangen vier Mandate. In der österreichischen Politik spielten sie später keine Rolle mehr.

14 Am Vorabend des Anschlusses lebten 189000 Juden in Wien. Nach der Befreiung 1945 waren weniger als 1000 übriggeblieben.

15 In Belgien gab sich die etablierte katholische Partei den Namen Christliche Volkspartei, um ihre überkonfessionelle, moderne, reformorientierte Ausrichtung zu unterstreichen. In den Niederlanden, wo konfessionelle Unterscheidungen noch eine größere Rolle spielten, hielt die katholische Partei an ihrem Namen fest.

16 Was Resnais wie folgt kommentierte: »Mir war nicht klar gewesen, daß das nationalsozialistische Regime in Cannes vertreten sein würde. Aber jetzt weiß ich es.«

17 Es ist aufschlußreich, daß er das Atomteststop-Abkommen als »Morgenthau-Plan hoch zwei« bezeichnete.

18 Viele führende deutsche Politiker von heute (darunter auch Exkanzler Gerhard Schröder und Exaußenminister Joschka Fischer) sind als Kinder alleinerziehender, berufstätiger Mütter in solchen Verhältnissen herangewachsen.

IX. Zerstörte Illusionen

1 Der portugiesische Diktator António de Oliveira Salazar antwortete 1968 (sieben Jahre nach Ausbruch des antikolonialen Aufstands in Angola) auf die Frage, wann er sich eine Unabhängigkeit für die portugiesischen Kolonien in Afrika vorstellen könne: »Das ist eine Frage von Jahrhunderten. In fünfhundert Jahren. Und bis dahin werden sie am Prozeß der Entwicklung teilnehmen müssen.« (Vgl. Tom Gallagher, *Portugal. A Twentieth-Century Interpretation.* 1983, S. 200). Aber schließlich war Salazar bekannt als halsstarriger Kämpfer gegen alles Moderne – noch bis weit in die fünfziger Jahre hinein ließ er Coca-Cola nicht in sein Land, was nicht einmal die Franzosen schafften.

2 Die Behauptung der Franzosen schien hier und da begründet. So war Félix Eboué, 1945 Generalgouverneur von Französisch-Äquatorialafrika, ein Schwarzer.

3 Einigen Quellen zufolge wandte sich de Gaulle gegen öffentliche Debatten über koloniale Selbstverwaltung, um zu verhindern, daß europäische Siedler, besonders in Algerien, die Gelegenheit nutzen und einen sezessionistischen Staat nach südafrikanischem Vorbild errichten. Wie die spätere Entwicklung zeigte, war seine Sorge nicht unbegründet.

4 Ho Chi Minhs Status als kommunistische Ikone fand am 14. Januar 1960 weltweite Bestätigung. An diesem Tag wurde die von ihm ausgerufene Demokratische Republik Vietnam zuallererst von Mao und Stalin anerkannt.

5 Gillo Pontecorvo schildert diese Ereignisse in seinem eindrucksvollen Film *Die Schlacht von Algier* (1965).

6 Dieses Referendum begründete die Fünfte Republik. Drei Monate später wurde de Gaulle zu ihrem ersten Präsidenten gewählt.

7 Als die Belgier 1960 aus dem Kongo abzogen, ließen sie für 4000 höhere Verwaltungsposten gerade einmal 30 kongolesische Universitätsabsolventen zurück.

8 Zwischen 1954 und 1962 dienten 2 Millionen französische Soldaten in Algerien, davon 1,2 Millionen Wehrpflichtige.

9 Zitiert in Fernand L'Huillier, *Dialogues Franco-Allemandes 1925–1933*. Straßburg, 1971, S. 35 f.

10 Daß der Kanal selbst auf ägyptischem Territorium lag und zu Ägypten gehörte, war nie strittig. Aber der größte Teil der Transitgebühren ging an die Suezkanalgesellschaft, die sich in ausländischem Besitz befand.

11 Zitiert in Alan Milward, *The European Rescue of the Nation-State.* University of California Press, 1992, S. 429.

12 Andrew Moravscik, *The Choice for Europe. Social Purpose and State Power from Messina to Maastricht.* Ithaca, Cornell University Press, 1998, S. 137.

13 Die stalinistische Führung blieb an der Macht, noch zwei Jahre lang fanden Geheimprozesse statt, und am 1. Mai 1955 wurde in Prag eine grotesk überdimensionale Stalin-Statue errichtet. Die Tschechoslowakei erlebte ihre Entstalinierung erst zehn Jahre später und mit dramatischen Auswirkungen.

14 János Kádár, den Nagy drei Jahre zuvor aus dem Gefängnis entlassen hatte, wurde am 25. Oktober zum Ersten Sekretär der Ungarischen Sozialistischen Arbeiterpartei ernannt. Er folgte auf Gerö, dessen Sicherheitskräfte am selben Tag auf unbewaffnete Demonstranten geschossen hatten.

15 Daß Chruschtschow schon am 28. Oktober davon wußte, drei Tage vor Beginn der anglo-französischen Invasion, zeigt, daß der sowjetische Geheimdienst noch besser war, als die Westmächte seinerzeit befürchteten.

16 Selbst Wladyslaw Gomułka akzeptierte die sowjetischen Argumente. Für die Polen war der Austritt Ungarns aus dem Warschauer Pakt tatsächlich Anlaß zu Besorgnis – aus Angst vor einem deutschen Revisionismus war Polen ganz besonders an dem Schutzbündnis mit der Sowjetunion interessiert. Wohlgemerkt versuchte Gomułka bei einem Treffen mit Chruschtschow im Mai 1957, ihn davon abzuhalten, Nagy vor Gericht zu bringen – ohne Erfolg.

17 In besonders rückständigen Parteien wie der französischen (die lange Zeit jede Kenntnis von Chruschtschows Abrechnung mit Stalin leugnete), traten viele Mitglieder nicht wegen der Ereignisse in Osteuropa aus, sondern weil die eigene Führung jede Diskussion darüber unterband.

X. Das Zeitalter des Wohlstands

1 Das Tempo, in dem das geschah, sollte nicht verklärt werden. Noch in den sechziger Jahren hielt es etwa die italienische Regierung für angebracht, zum Schutz der einheimischen Produzenten an den alten (schon unter den Faschisten eingeführten) Zolltarifen und Importquoten für ausländische Autos festzuhalten. In Großbritannien wurde ähnlich verfahren.

2 Ein Großteil dieses Gewinns kehrte in Form von Krediten in die Dritte Welt zurück, die nun an einer erdrückenden Zinslast trug.

3 In Großbritannien, wie so oft, lagen die Dinge anders. 1956 gingen 74 Prozent der britischen Exporte in außereuropäische Länder, überwiegend in die Kolonien und in den Commonwealth. Und noch 1973, als Großbritannien schließlich der EWG beitrat, ging nur ein Drittel seiner Exporte in die zwölf Länder, die 1992 die Europäische Union bildeten.

4 Zum Vergleich: 1950 waren in den USA 12 Prozent der Erwerbstätigen in der Landwirtschaft beschäftigt.

5 Schweden ist teilweise eine Ausnahme – der Schlüssel zum Nachkriegswohlstand war die Spezialisierung auf hochwertige Qualitätsprodukte. Die Schweden konnten aber jederzeit auf billige finnische Arbeitsmigranten zurückgreifen und verfügten über Wasserkraftwerke, die den Ölpreisschock dämpften. Wie die Schweiz, und aus ähnlichen Gründen, ist Schweden ein Sonderfall.

6 Der Unterschied zu früher ist aufschlußreich. In früheren Phasen der Industrialisierung hatten selbst die großen Pariser Investitionsbanken nicht über die Mittel verfügt, um die Modernisierung der Industrie zu finanzieren, und auch keine Hilfe von staatlicher Seite erhalten. Der Verfall, in dem sich Fabriken, Straßen, Eisenbahnnetz und Energieversorgung 1945 befanden, zeugte nachdrücklich von diesen Problemen.

7 Jugoslawien, Polen, Rumänien und Albanien waren 1950 die einzigen europäischen Länder, in denen mehr als eins von zehn Kindern innerhalb des ersten Lebensjahrs starb. In Westeuropa rangierte Portugal mit einer Kindersterblichkeit von 94,1 (im Jahr 1950) an letzter Stelle.

8 Im Jahr darauf, im März 1956, kamen alle französischen Arbeiter in den Genuß dieser Regelung. 1962 erhielten die Renault-Arbeiter eine vierte bezahlte Urlaubswoche, doch diesmal sollten sieben Jahre vergehen, bevor der Rest des Landes nachzog.

9 Mit dem Ergebnis, daß in Griechland Arbeitskräfte fehlten, als Ende der sechziger Jahre der Tourismus einsetzte.

10 1958, nur 15 Jahre zuvor, waren 25 000 Italiener, 4000 Jugoslawen und eine statistisch unerhebliche Zahl von Türken gezählt worden.

11 Diese drakonischen Maßnahmen entsprachen der Meinung in beiden großen Parteien. Aber nicht einmal eine Generation zuvor, im Juli 1948, hatte Labour-Premier Clement Attlee notiert: »Es ist gute Tradition, daß Untertanen der Krone, ob sie nun aus den Dominions oder den Kolonien stammen (und welcher Rasse oder Farbe auch immer), ungehindert in das Vereinigte Königreich einreisen können. Diese Tradition sollte meines Erachtens nicht leichtfertig aufgegeben werden, zumal in einer Zeit, in der wir ausländische Arbeitskräfte in großer Zahl importieren.«

12 Die Ausnahme war Italien, wo im Jahr 1971 weniger als 5 Prozent aller Einkäufe in den 538 Supermärkten des Landes getätigt wurden. Bevorzugt eingekauft wurde nach wie vor in kleinen, spezialisierten Läden. Zwanzig Jahre später galt das noch immer: Während 1991 die Zahl der Lebensmittelläden in Westdeutschland auf 37 000 und in Frankreich auf 21 500 gesunken war, gab es in Italien 182 432 solcher Geschäfte. Pro Kopf der Bevölkerung gab es nur in Polen mehr.

13 Es gab auch »kulturelle« Einwände. 1952 erklärte der kommunistische Autor Roger Vailland: »In einem Land wie Frankreich, wo es – bis auf zwei Monate im Jahr, aber nicht in jedem Jahr – immer so kalt ist, daß sich der Braten in einer Kiste auf dem Fensterbrett ein Wochenende und noch länger hält, ist ein Kühlschrank ein Symbol, ein amerikanischer Mythos.«

14 Erst 1963 begann Electricité de France mit der Modernisierung der städtischen Stromversorgung, die Landbewohner mußten noch ein paar Jahre warten.

15 Eine exponentielle Steigerung, die in der Eingangsszene von Fellinis *Achteinhalb* sehr schön eingefangen wird. Ein paar Jahre vorher wäre ein solcher Verkehrsstau völlig undenkbar gewesen.

16 Die Reaktion darauf entsprach nationaler Tradition: In England betrachteten Autofahrer die Parkgebühren als eine Form von illegaler Steuer, die zu bezahlen sie sich weigerten. In Paris wurden die Parkuhren geköpft.

17 Die ersten europäischen Großmärkte (definiert als Laden mit einer Verkaufsfläche von mindestens 2300 Quadratmetern auf einer Ebene) kamen Ende der sechziger

Jahre auf. 1973 gab es in Westeuropa etwa 750 dieser gigantischen Märkte, davon 620 allein in Frankreich und Westdeutschland. In Italien gab es nur drei. Zwanzig Jahre später gab es 8000 Groß- und Supermärkte in Frankreich … und in Italien noch immer nur 118.

18 Zwischen 1959 und 1973 stieg die Zahl der Spanienurlauber von 3 Millionen auf 34 Millionen. Bereits 1966 überstieg die Zahl der Spanienurlauber (17,3 Millionen) bei weitem die Zahl für Frankreich und Italien. In Teilen des Nordostens und an der spanischen Mittelmeerküste fand der Übergang von der bäuerlichen Gesellschaft in das Zeitalter der Kreditkarte innerhalb einer halben Generation statt. Ästhetisch und psychologisch war das Ergebnis nicht immer positiv.

19 Mit Ausnahme der Iberischen Halbinsel und des südlichen Balkan, wo 1960 ähnlich viele Radios vorhanden waren wie in Westeuropa 35 Jahre zuvor und wo die Leute noch immer in den Kaffeehäusern saßen und Nachrichten und Musik hörten.

20 Paul Ginsborg, *A History of Contemporary Italy. Society and Politics 1943–1988.* 1990, S. 240.

21 Jazz spielte tatsächlich nur eine marginale Rolle. Wie die amerikanische Folk Music in den sechziger Jahren wurde Jazz in Westeuropa nur von einer Minderheit geschätzt, gewöhnlich Akademikern oder Künstlern (oder beiden), die meist älter waren als der typische Rock'n'Roll-Fan. In Osteuropa sah es etwas anders aus. Dort war Jazz eine Musik aus Amerika (und von Schwarzen), also exotisch und subversiv, westlich und doch revolutionär – und besaß eine Energie, die ihm im Westen durchaus fehlte.

22 Der amerikanische Publizist William Stead veröffentlichte seine Schrift *The Americanization of the World* im Jahr 1902 – vielleicht etwas früh, aber nicht zu früh.

Anhang:
Eine Geschichte zweier Volkswirtschaften

1 1960 wuchs die deutsche Wirtschaft mit einer Rate von 9,0 Prozent pro Jahr, die britische mit einer Rate von 2,6 Prozent: die langsamste Rate in der entwickelten Welt, ausgenommen Irland – das zu diesem Zeitpunkt noch alles andere als »entwickelt« war.

2 Zitiert in: Peter Hennessy, *Never Again. Britain 1945–1951.* 1993, S. 117.

XI. Die Stunde der Sozialdemokratie

1 Die liberalen Parteien und Denker in Deutschland und Italien sowie der kleine marktwirtschaftliche Flügel der britischen konservativen Partei stimmten nicht in diesen Konsens ein. Doch damals – und teilweise aus diesem Grund – war ihr Einfluß gering.

2 Ganz anders Italien, wo es in derselben Periode 13 verschiedene Regierungen und 11 verschiedene Ministerpräsidenten gab – oder Frankreich, das zwischen 1945 und 1968 23 Regierungen und 17 Premierminister hatte. Lange Zeit amtierende Parteiführer waren eine schwedische Spezialität: Erlanders Vorgänger als Vorsitzender der Sozial-

demokratischen Partei Schwedens, Per Albin Hansson, hatte diesen Posten von 1926 bis 1946 inne.

3 Das Abkommen von Saltsjöbaden ähnelte in gewisser Hinsicht dem »Arbeitsfrieden«, der im Jahr zuvor in der Schweiz erreicht wurde und in dem sich Arbeitgeber und Arbeitnehmer auf ein konfliktfreies System kollektiver Tarifverhandlungen einigten, das sich als Eckpfeiler für die künftige Stabilität und Prosperität des Landes erweisen sollte. Doch während der Schweizer Arbeitsfrieden das Ziel hatte, den Staat aus den wirtschaftlichen Verhandlungen herauszuhalten, verpflichtete das Abkommen von Saltsjöbaden die Regierung, zum Wohle aller harmonisch mit Arbeitgebern und Arbeitnehmern zusammenzuarbeiten.

4 Die westeuropäische Selbstmordrate war 1973 tatsächlich in den am weitesten entwickelten und wohlhabendsten Ländern am höchsten: Dänemark, Österreich, Finnland und Westdeutschland. Am niedrigsten lag sie in den armen Randgebieten: Pro Kopf der Bevölkerung war die dänische Selbstmordrate 6 mal so hoch wie in Italien, 14 mal so hoch wie in Irland. Was das über den depressiven Effekt von Wohlstand, Klima, Breitengrad, Ernährung, Religion, Familienstruktur oder dem Wohlfahrtstaat verrät, blieb den Zeitgenossen verborgen und ist auch heute noch unklar.

5 Ironischerweise zeigten die schwedischen Sozialdemokraten lange Zeit größeres Interesse an Otto Bauer und Rudolf Hilferding, die Anfang des 20. Jahrhunderts wichtige Theoretiker des »Austromarxismus« waren. Ihre österreichischen Nachfolger ließen das alles in der Regel nur allzugern hinter sich zurück – ausgenommen gelegentliche Lippenbekenntnisse wie etwa im Parteiprogramm der Sozialistischen Partei Österreichs (SPÖ), wo es verschwommen hieß, daß der »demokratische Sozialismus eine Stellung zwischen Kapitalismus und Diktatur einnimmt …«

6 Die Abschaffung der selektiven Staatsschulen in England hatte lediglich zur Folge, daß noch mehr Angehörige der Mittelschicht ihre Kinder auf Privatschulen schickten. Damit verbesserten sich die Aussichten und Gewinne der Schulgeld erhebenden »Public Schools«, welche die Labour-Radikalen so verachteten. Die Auslese ging also weiter, nur daß sie sich nach dem Einkommen und nicht nach der Leistung richtete: Eltern, die es sich leisten konnten, kauften sich ein Haus in einem »guten« Schulbezirk und überließen die Kinder der Armen ihrem Schicksal, das heißt, den schwächsten Schulen und den schlechtesten Lehrern, womit sich ihre Chance auf »Aufstieg durch Bildung« wesentlich verschlechterte. Die »Vergesamtschulung« der britischen Sekundärschule war das sozial rückschrittlichste Gesetz im Großbritannien der Nachkriegszeit.

7 Mit der Beendigung der klerikalen Politik verlor der Antiklerikalismus seine Daseinsberechtigung – womit ein Teufelskreis von Konflikten und Obsessionen endete, der fast zwei Jahrhunderte angedauert hatte.

8 In Irland bestand die Autorität der Kirche und ihre Einmischung in die Tagespolitik noch sehr lange fort – bis weit in die neunziger Jahre.

9 In einer typischen Anwandlung nennt Osborne das britische Königtum »die Goldfüllung in einem Mund voller Karies«.

10 Jean-Luc Godard hatte einen ausgesprochen eklektischen Geschmack. Er soll von Nicholas Rays *Johnny Guitar* (1954) mit Joan Crawford in der Hauptrolle »hingerissen« gewesen sein.

11 Ohne jeden Zweifel konnten Italiener Autos *entwerfen*, wie jeder Liebhaber schneller Autos nur zu gut weiß. Die italienischen Karosseriebauer haben die kleinen Familienautos als erste von Kotflügeln, Trittbrettern und anderen überflüssigen Verziehungen befreit – so wie die mailändischen Schneider in denselben Jahren Hosenaufschläge beseitigten und die scharfen, klaren Konturen und Schnitte des italienischen Anzugs erfanden. Was den italienischen Autoproduzenten offenbar ständig mißlang, war die *Herstellung* der Automobile, die ihre Designer ersonnen hatten.

12 In einem bewundernden Kommentar eines Pariser Kritikers wurden die Tausende von identischen Wohnungen, die man in die neuen »Grands Ensembles« gequetscht hatte, »zu richtigen winzigen Häusern, die in einen senkrechten Bau eingegliedert sind wie viele verschiedene Flaschen in ein Weinregal«. Vgl. Pierre Agard, *L'Unité de résidence*, in: *Esprit*, Okt.-Nov. 1953. Ich danke Dr. Nicole Rudolph für den Hinweis.

13 Ganz anders Rotterdam: Von deutschen Bomben völlig zerstört und in den folgenden Jahrzehnten schrittweise wieder aufgebaut, wurde der holländische Hafen zu einer bewußt und wirklich »geplanten« Stadt.

XII. Das Gespenst der Revolution

1 Das galt natürlich nicht für kleine Elitehochschulen wie die französische École Polytechnique oder École Normale Supérieure, welche die Zulassung ihrer wenigen Studenten von einer außerordentlich selektiven Prüfung abhängig machten, ihnen dann aber eine wirklich ausgezeichnete Ausbildung angedeihen ließen. Doch diese Einrichtungen waren ungewöhnlich und sehr untypisch.

2 Mitte der sechziger Jahre erreichten nur 44 Prozent der italienischen Studenten einen Abschluß; diese Zahl sollte sich im Laufe der siebziger Jahre noch verschlechtern.

3 Im Ostblock hatten die »Sechziger« als Popkultur notgedrungen Second-Hand-Charakter. Doch sollten wir diesen Unterschied nicht übertreiben. Um das Maß aller Dinge aus dieser Zeit zu bemühen: Jeder Osteuropäer kannte die Beatles, und viele hatten ihre Musik schon gehört. Und nicht nur die Beatles: Als der französische Rockstar Johnny Hallyday 1966 in der kleinen slowakischen Stadt Kosice auftrat, kamen 24 000 Menschen, um ihn zu hören.

4 Die Beatles stammten aus der Liverpooler Arbeiterklasse – oder, wenn wir Paul McCartney nehmen, aus der unteren Mittelschicht. Die anderen Rock-Ikonen der Sixties, die Rolling Stones, waren in der Substanz eher Bohemiens der alten Schule, wie ihre Herkunft aus der Londoner Mittelschicht bezeugt – ein Handikap, das sie durch eine kalkulierte Grobheit des Auftretens und die betont zur Schau gestellte, werbewirksame Anstößigkeit ihres Privatlebens kompensierten.

5 Es sei aber darauf hingewiesen, daß es über weite Strecken der sechziger Jahre in vielen Teilen West- und auch Osteuropas verboten war, Informationen über Verhütungsmittel weiterzugeben. Großbritannien war eine Ausnahme, als es die Antibabypille 1961 freigab. Jenseits des Ärmelkanals verkaufte der Sänger Antoine 1966 eine Million Schallplatten mit der klagenden Sehnsucht nach einem Frankreich, in dem die Pille eines Tages »im Supermarkt zu haben ist«.

6 Allerdings kam diese Entwicklung mit einer gewissen Verzögerung in den entlegeneren Provinzen an, wo schwarze Baskenmützen, Ballonmützen und sogar Damenhüte noch an der Tagesordnung waren. So blieben die Kopfbedeckungen noch eine Zeitlang ein verläßlicher traditioneller Hinweis auf regionale Herkunft und Klassenzugehörigkeit.

7 Sie entwickelte sich auch ohne Mühe zum Skinhead-Outfit des folgenden Jahrzehnts weiter.

8 1960 war »Existentialismus« (wie »Strukturalismus« einige Jahre später) zu einem Allzweckschlagwort geworden, das in etwa dem »Bohemien« früherer Jahrzehnte entsprach: Die arbeitslosen Kunststudenten, die auf die Reeperbahn in Hamburg kamen, um sich die Beatles anzuhören, nannten sich »Exis«.

9 Weshalb es merkwürdig anmutet, daß der Psychoanalytiker und Modetheoretiker Jacques Lacan unter dieser Kategorie subsumiert wurde. Doch Lacan war ein Sonderfall. Selbst nach den laschen Standards im Paris der sechziger Jahre war Lacan erstaunlich unbedarft, was die neueren Entwicklungen in der Medizin, Biologie und Neurologie anging, was aber weder seiner Praxis noch seinem Ruf erkennbaren Abbruch tat.

10 Zur Zeit dieser Niederschrift gibt es die SPGB noch. Resistent gegen jede Veränderung und zu klein, um unter der eigenen Bedeutungslosigkeit zu leiden, wird es sie wahrscheinlich ewig geben.

11 So von Gramscis' Fastzeitgenossen Karl Korsch, dem deutschen Marxisten oder den austromarxistischen Autoren Otto Bauer und Rudolf Hilferding.

12 Althussers Behauptung beruhte auf einem bizarren, strukturalistischen Marx-Verständnis, deren aktuelle Attraktivität für jugendliche Theoriesucher in direktem Verhältnis zu ihrer jesuitischen Unverständlichkeit stand (ältere Marx-Kenner zeigten sich wenig beeindruckt). Doch der Autoritätsanspruch war unverkennbar: Es gibt nur eine richtige Art, über Marx zu denken, so lautete die Botschaft, und das ist meine. In Frankreich sank Althussers Stern mit dem Niedergang der Partei, deren Sache er zu seiner eigenen gemacht hatte; heute lebt dieser obskurantistische Ansatz in den angelsächsischen Ländern nur noch an den Rändern der akademischen Welt.

13 Sie hatten gar nicht so unrecht. Beispielsweise schrieb der belgische Situationist Raoul Vaneigem 1967: »Mit der Aussicht, eine Welt voll ekstatischer Lust zu gewinnen, haben wir nichts zu verlieren als unsere Langeweile.« Rückblickend läßt sich schwer entscheiden, ob solche Parolen witzig, unschuldig oder bloß zynisch waren. Jedenfalls waren sie kaum dazu angetan, den Status quo zu gefährden.

14 Das war seit langem ein virulenter Konfliktpunkt. Im Januar 1966 führte ein neuernannter Direktor nach monatelangem Streit im Studentenwohnheim Antony im Süden von Paris eine Regelung ein, die damals als äußerst progressiv galt. Junge Männer und Frauen über zwanzig durften fortan Angehörige des anderen Geschlechts auf ihren Zimmern empfangen. Wer unter zwanzig Jahre alt war, brauchte dazu eine *schriftliche* Erlaubnis seiner Eltern. Eine ähnliche Liberalisierung der Vorschriften gab es nirgendwo sonst.

15 Frankreichs Jugendminister François Missoffe besuchte Nanterre, um eine neue Sportstätte einzuweihen. Cohn-Bendit, einer der empörten Studenten dort, fragte den Erziehungsminister, warum er nichts im Wohnheimstreit unternehme (wegen

der »sexuellen Probleme«, wie er es ausdrückte). Der Minister reagierte auf die Provokation mit dem Vorschlag, Cohn-Bendit solle doch, wenn er sexuelle Probleme habe, in den prächtigen neuen Swimmingpool springen. Daraufhin der zur Hälfte deutsche Cohn-Bendit: »Das hat man schon bei der Hitlerjugend empfohlen.«

16 Um die französische Truppen in Deutschland zu besuchen, wie später durchsickerte, und sich ihrer Loyalität und Bereitschaft zu versichern, falls er auf sie zurückgreifen müsse. Doch das war damals noch nicht bekannt.

17 Das war eindeutig unwahr. Die Kommunistische Partei Frankreichs hatte 1968 keine klare Strategie, abgesehen von Hohn und Spott für die Studenten und dem Versuch, ihren Einfluß in der Arbeiterbewegung zu bewahren. Die politische Macht zu ergreifen lag weit jenseits ihrer Möglichkeit und Vorstellungskraft.

18 Unter den Studentenführern gab es keine Frauen. Zeitgenössische Aufnahmen und Wochenschauen zeigen Mädchen, die publikumswirksam auf den Schultern ihrer Freunde thronen, aber sie waren bestenfalls Fußsoldaten, Hilfskräfte der Studentenarmee. Die Jugendrevolte von 1968 sprach viel über Geschlechtsverkehr, aber wenig über Geschlechterrollen.

19 Zitiert in: Robert Lumley, *States of Emergency. Cultures of Revolt in Italy from 1968 to 1978*, London. 1990, S. 96.

20 Ganz Westberlin hatte damals das Flair einer Gegenkultur. Versteinert durch die besondere Isolation im Herzen internationaler politischer Spannungen, abhängig von massiver Unterstützung aus Bonn und Washington, die Zukunft von permanenter Vorläufigkeit, so befand sich die Stadt in einem Zustand räumlich-zeitlicher Unbestimmtheit. Das machte sie sehr reizvoll für Dissidenten, Radikale und andere Leute, die sich gerne an den Rändern des politischen und kulturellen Spektrums bewegten. Die Ironie der Westberliner Situation – daß das Überleben der Stadt als gegenkultureller Außenposten des Westens ausschließlich von der Präsenz amerikanischer Soldaten abhing – blieb vielen seiner jugendlichen Bewohner verborgen.

21 Echos dieser Umkehrung konnte man 1991 vernehmen, zur Zeit des ersten Golfkrieges, als seine deutschen Gegner sich nicht scheuten, die Amerikaner als die schlimmsten Kriegsverbrecher des 20. Jahrhunderts hinzustellen … und die Deutschen als ihre bedauernswertesten Opfer.

XIII. Das Ende der Affäre

1 Er wurde allerdings durch eine neue mythologisch verbrämte Version ersetzt, in der Stalin selbst und seine Verbrechen kaum erwähnt wurden.

2 Die Glaubwürdigkeit des Sowjetsystems beruhte in ganz ungewöhnlichem Maße auf seiner Fähigkeit, Erträge aus einer Landwirtschaft zu erzielen. Während des größten Teils ihrer achtzigjährigen Existenz befand sich die sowjetische Landwirtschaft aus diesem oder jenem Grunde in einer kritischen Lage. Das wäre einem europäischen Beobachter des 18. Jahrhunderts oder einem afrikanischen Beobachter des 20. Jahrhunderts nicht besonders ungewöhnlich erschienen; doch die Sowjetunion war auf höhere Ertragsnormen festgelegt.

3 Ein Jahr nach seiner Entlassung emigrierte Sinjawski nach Frankreich und lehrte russische Literatur an der Sorbonne. Daniel blieb in Rußland, wo er 1988 starb.

4 Zwar war der bekannteste Reformökonom der sechziger Jahre ein Tscheche, Ota Šik, trotzdem hatte die ungarische Schule den größten Einfluß und die stärkste praktische Wirkung.

5 Milovan Djilas saß vier Jahre in Haft, nachdem sein Buch *Die neue Klasse im Westen* erschienen war, und wurde kurz nach seiner Freilassung für weitere vier Jahre inhaftiert.

6 Richard Nixon war keineswegs der einzige Amerikaner, der sich von dem rumänischen Diktator einwickeln ließ. Von Nicolae Ceauşescu anläßlich eines Rumänienbesuchs im Jahr 1978 tief beeindruckt, pries ihn Senator George McGovern als einen »der wichtigsten Befürworter der Rüstungskontrolle in der Welt«; und noch im September 1983, als die schreckliche Wahrheit über Ceauşescus Regime bereits weithin bekannt war, bezeichnete ihn Vizepräsident George Bush bemerkenswerterweise noch als »einen von Europas guten Kommunisten«.

7 Die französische Übersetzung des *Offenen Briefs*, die im folgenden Jahr in Paris zirkulierte, wurde von der Jeunesse Communiste Révolutionnaire, einer trotzkistischen Organisation, in Umlauf gebracht.

8 Von den annähernd 30 000 Juden, die Mitte der sechziger Jahre ihn Polen lebten, gehörten weniger als 7 500 den offiziellen jüdischen Organisationen an.

9 1966 zirkulierte inoffiziell in Teilen der Partei, der Universitäten und des Militärs eine polnische Ausgabe der *Protokolle der Weisen von Zion*, einer antisemitischen Fälschung.

10 Novotný war nicht der einzige, der sich vor möglichen Reaktionen fürchtete. Am 5. April 1963 bat der italienische Kommunistenführer Palmiro Togliatti Novotný und dessen Kollegen in einem geheimen Schreiben, die Nachricht von der Rehabilitation Slánskýs und anderer Prozeßopfer erst nach den italienischen Wahlen bekanntzugeben. Denn der Chef der italienischen KP wußte sehr gut, daß nicht nur die Tschechen berechtigten Grund hatten, über die Mitwirkung ihrer Führer bei der Vertuschung von zahlreichen Justizmorden empört zu sein. Diese lagen gerade erst zehn Jahre zurück.

11 Im Dezember 1967 waren 16,9 Prozent der tschechoslowakischen Bevölkerung Parteimitglieder – der höchste Anteil in allen kommunistischen Staaten.

12 Jiří Pelikán (Hg.), *The Czechoslovak Political Trials. The Suppressed Report of the Dubcek Government's Commisson of Inquiry*, 1968. Stanford, 1971, S. 17.

13 Die Bitte war schwerlich spontan. Zwei Wochen zuvor – bei einem geheimen Treffen am Plattensee in Ungarn, zu dem János Kádár geladen hatte – erhielt Vasil Bilák (einer von Dubčeks Widersachern in der tschechischen Parteiführung) von Schelest den Rat, ein »Bittgesuch« an Moskau zu richten. Der nachfolgende Brief spricht ausdrücklich vom »Kontrollverlust« der Partei, der Wahrscheinlichkeit eines »konterrevolutionären Umsturzes« und den »Gefahren für den Sozialismus«, bevor er Moskau um »Intervention und allumfassende Unterstützung« bittet. Er endet mit den Worten: »Wir bitten Sie, unsere Mitteilung mit größter Verschwiegenheit zu behandeln, daher schreiben wir Ihnen persönlich auf russisch.«

14 Da Ceaușescu es ablehnte, sich an der Invasion zu beteiligen oder den Truppen des Warschauer Pakts Durchmarschrecht einzuräumen, mußte das bulgarische Kontingent per Luftbrücke in die Ukraine befördert werden. Ihre Präsenz rechtfertigte die Mühe kaum. Doch der Wunsch, die Verantwortung für den Angriff auf eine möglichst große Zahl von Bruderstaaten zu verteilen, überwog alle anderen Gesichtspunkte.

15 Nach 1989 stellte sich heraus, daß die tschechische Geheimpolizei in den Normalisierungsjahren eine Sondereinheit zur Überwachung der Juden bildete: ein Echo der tschechoslowakischen Vergangenheit und der polnischen Gegenwart. Es war den Behörden nicht entgangen, daß sich nur ein einziger von Dubčeks Kollegen aus der Parteiführung geweigert hatte, das Moskauer Dokument zum Widerruf seiner Handlungen zu unterzeichnen: František Kriegel – der einzige Jude in der Gruppe.

16 Milan Šimečka, *Obnovení Pořadku* (»Wiederherstellung der Ordnung«), Bratislava, 1984 – in Samisdat). 80 000 Tschechen und Slowaken flohen nach der sowjetischen Invasion ins Exil.

17 Die Generation der Babyboomer hatte nie Beschäftigungsprobleme. Erst ihre Nachfolger, die Jahrgänge, die nach 1953 geboren wurden, gelangten zu einem Zeitpunkt auf den Arbeitsmarkt, als das Stellenangebot knapper wurde. Kein Wunder, daß diese Nachfolgegeneration ganz andere politische Einstellungen hatte.

18 Nur in Spanien, wo die sozialen Proteste bis zur Mitte der siebziger Jahre anhielten, um dann mit der Bewegung zu verschmelzen, die für die Rückkehr zur parlamentarischen Demokratie stritt, kündigten die Unruhen der sechziger Jahre einen echten politischen Wandel an – eine Geschichte, auf die wir in Kapitel XVI zurückkommen werden.

19 Die Profumo-Affäre von 1963 – ein genüßlich in allen seinen Facetten ausgebreiteter Skandal um Sex, gesellschaftlichen Rang, Drogen, Rassenhaß, Politik und Spionage – wäre ein paar Jahre später in Großbritannien undenkbar gewesen. Die harmlosen Kavaliersdelikte einer gestrauchelten Elite mochten vielleicht weiterhin ein gewisses lüsternes Interesse wecken, doch nach dem Ende der sechziger Jahre hätten sie niemanden mehr *schockiert*.

Dritter Teil: Rezession: 1971–1989

XIV. Gedämpfte Erwartungen

1 Das Haushaltsdefizit der USA, 1965 noch 1,6 Milliarden Dollar, stieg auf 25,2 Milliarden Dollar im Jahr 1968.

2 Zum Vergleich: Auf dem Höhepunkt der Ölkrise 1973 entsprachen die US-amerikanischen Ölimporte nur 36 Prozent des Inlandverbrauchs.

3 Durchschnitt ist natürlich nur Durchschnitt. Im besonders düsteren Jahr 1976, als die Arbeitslosenzahl in Großbritannien erstmals nach dem Krieg die Millionengrenze überstieg und die jährliche Inflation sich der 25-Prozent-Marke näherte, hatten die Wachstumsraten überall einen Tiefpunkt erreicht – die italienische Volkswirtschaft schrumpfte sogar zum erstenmal seit Kriegsende.

4 National Association of Local Government Officers; National Union of Public Employees; Association of Scientific, Technical and Managerial Staffs.

5 Dieses Akronym diente einem bestimmten politischen Zweck: Indem es an den Namen einer französischen Silbermünze aus dem 18. Jahrhundert erinnerte, linderte es das Unbehagen ein bißchen, das man in Paris bei dem Gedanken empfand, Deutschland werde in Zukunft das entscheidende Wort in europäischen Angelegenheiten haben.

6 Zitiert in Harold James, *International Monetary Cooperation since Bretton Woods.* Oxford, NY, 1996, S. 180.

7 Besonders berüchtigt war der 17. Oktober 1961, als die französische Polizei schätzungsweise 200 Algerier nach einem Protestmarsch durch Paris ermordete; viele der Opfer ertranken in der Seine. Polizeichef war damals Maurice Papon, der später wegen Verbrechens gegen die Menschlichkeit angeklagt und verurteilt wurde, da er während des Krieges als Kollaborateur Juden zum Abtransport nach Auschwitz zusammengetrieben hatte. Siehe Epilog.

8 Die Provisorischen bezogen sich bei der Namensgebung auf die Dubliner Erklärung vom 24. April 1916, mit der die Aufständischen eine provisorische Regierung proklamiert hatten.

9 Man schätzt, daß sich die Kosten für den britischen Verbleib in Nordirland auf jährlich 3 Milliarden Pfund beliefen – und das zu einer Zeit, als das Vereinigte Königreich größte Mühe hatte, seinen Staatshaushalt auszugleichen.

10 Die französische Sozialistische Partei, die sich durch vorbildliche Gesetzestreue auszeichnet, bildete sogar einen »Ausschuß zur Verteidigung der Menschenrechte in der Bundesrepublik Deutschland« und bot Angeklagten, die vor deutschen Gerichten terroristischer Straftaten bezichtigt wurden, juristischen Beistand und praktische Hilfe an.

11 Wie in Deutschland, so hatte auch hier die Polizei die Köpfe der Bande irgendwann gefaßt, doch waren sie ihr wieder entwischt. Renato Curcio, 1974 verhaftet, floh im Februar 1975 aus der Haftanstalt, wurde jedoch elf Monate später wieder gefasst.

12 Zunächst wieder freigelassen, wurde Negri 1983 erneut verhaftet. Im Juni 1984 wurde er vor Gericht gestellt und zu dreißig Jahren Gefängnis verurteilt.

13 Eines dieser Netzwerke, die berüchtigte Loge »P2«, war ein mysteriöses, freimaurerisches Netz von rechtsgerichteten Politikern, Bankern, Militärs und Polizisten, das von Licio Gelli organisiert war, einem »alten Kämpfer«, der von 1943 bis 1945 in Mussolinis »Sozialrepublik« tätig gewesen war. Zu den 962 Mitgliedern der Loge gehörten 30 Generale, 8 Admirale, 43 Parlamentarier, 3 aktive Kabinettsminister und ein repräsentativer Querschnitt der höheren Ränge des katholischen Klerus, der Industrie und des Bankwesens.

14 Der westeuropäische Punk hinterließ in den letzten Jahren vor dem Zusammenbruch des Ostblocks einen besonders üblen Nachgeschmack. In dieser Zeit wurde er von nihilistischen Untergrundbands aufgegriffen, die die Tradition der politischen und musikalischen Dissidenten zu ihrem eigenen Vorteil ausschlachteten. In einer abstoßenden Mischung aus Pornographie und politischer Inkorrektheit nahmen die Spions, eine ungarische Punkgruppe, in den achtziger Jahren den Song »Anna Frank« auf:

Eine kleine Vergewaltigung, bevor sie kommen und dich holen, Anne Frank! Schlaf mit mir! Anne Frank! Schrei, du Schlampe! Anne Frank! Sonst laß ich dich sausen! Anne Frank – die Jungens warten schon auf dich.

XV. Politik in neuer Tonlage

1 In Großbritannien ließ sich dieser Trend an einer schon lange bestehenden Vorliebe für vegetarische Ernährung, »authentische« Bauweise und Kleidung und ähnlichen Bestrebungen festmachen – Gruppen, deren Klientel sich häufig mit der von sozialistischen Gesellschaften und Wandervereinen überschnitt: die Antwort der Linken auf die Jagd-, Schieß- und Angelleidenschaft der konservativen Kreise. In Kontinentaleuropa kam in den Kulturen der Linken und der Rechten eine ganz andere Geschichte zum Ausdruck. Während in Großbritannien der *Good Food Guide* von der sozialistischen Fabier-Gesellschaft gegründet und herausgegeben und von Beginn an als Klassenkampf an der gastronomischen Front verstanden wurde, diente der französische *Guide Michelin* immer und ausschließlich kommerziellen Zwecken, wenn er sich auch weitgehend an die gleiche Zielgruppe richtete.

2 1980 emittierte die Sowjetunion fast genausoviel Kohlendioxid in die Atmosphäre wie die Vereinigten Staaten – ein Umstand, der ihre Bewunderer noch kurz zuvor eher stolz als verlegen gemacht hätte.

3 In gewissen Grenzen bot Umweltprotest – wegen seines scheinbar apolitischen Charakters – einen sicheren Raum für politisches Handeln und nationale Selbstdarstellung unter ansonsten restriktiven Regimen. 1983 trieb das Problem der Wasserverschmutzung stattliche 10 Prozent der Sozialistischen Sowjetrepublik Litauen in einen Litauischen Naturschutzverband.

4 Diese Seite des Heideggerschen Existentialismus unterhielt noch eine weitere Verbindung zum Westen: Der französische Philosoph Emmanuel Mounier hatte viele Jahre zuvor behauptet, er sehe in dem Existentialismus seiner Zeitgenossen (etwa Sartres) eine »subjektive Barriere« gegen das, was er als »objektiven Materialismus« und »Technologie« geißelte. In späteren Jahrzehnten sollten Mouniers geistige Erben, die Autoren im Umfeld der französischen Zeitschrift *Esprit*, zu den ersten Westeuropäern gehören, die Havel und seine Mitdissidenten veröffentlichten und feierten.

5 Im diesen Jahren finanzierte Moskau sogar die winzige amerikanische KP mit rund vier Millionen Dollar, ein aufschlußreiches Beispiel für bedingungslose Großzügigkeit.

6 Am 13. April 1976, nur neun Wochen vor den italienischen Wahlen, erklärte Kissinger öffentlich, die Vereinigten Staaten würden eine kommunistische Mitwirkung in der italienischen Regierung »nicht begrüßen« – womit er Berlinguers Ahnungen bestätigte.

7 Nach dem Amtsamtritt im Jahr 1969 war eine von Brandts ersten Entscheidungen die Umbenennung des »Ministeriums für gesamtdeutsche Fragen« in »Ministerium für innerdeutsche Beziehungen«, um die ostdeutschen Befürchtungen zu beschwichtigen, die Bundesrepublik könnte weiterhin den Anspruch erheben, für alle Deutschen

zu sprechen, und um seine Bereitschaft zu signalisieren, mit der DDR als einem eigenständigen und dauerhaften Staatswesen zu verhandeln.

8 Diese juristische Fiktion und die emotionalen Probleme, die mit ihr verknüpft waren, sind der Grund dafür, daß die CDU 1973 zunächst zögerte, den Grundlagenvertrag zu unterzeichnen, der die Beziehungen zur DDR regelte – und auch dafür, daß sie bis 1990 darauf bestand, die Frage der Ostgrenzen offen zu halten.

9 Seit Beginn der Ostpolitik wurden »Volksdeutschen«, das heißt, Deutschen, die in Ost oder Süd noch immer außerhalb der deutschen Grenzen lebten, besondere Aufmerksamkeit und Privilegien zuteil. Durch familiäre oder ethnische Herkunft ausgewiesen, erhielten diese Menschen die volle Staatsbürgerschaft, wenn sie in die Bundesrepublik gelangen konnten. Hunderttausende von Bewohnern der Ukraine, Rußlands, Rumäniens, Ungarns und anderer Gebiete entdeckten plötzlich ihre deutsche Abstammung wieder, die sie während der zurückliegenden 50 Jahre hartnäckig geleugnet hatten.

10 Die erste »Helsinki-Gruppe« wurde am 12. Mai 1976 in Moskau gegründet. Zu den 11 Gründungmitgliedern gehörten Juri Orlow, Elena Georgievna Bonner und Anatoly Scharansky. Helsinki Watch, die internationale Dachorganisation, die speziell gegründet wurde, um Menschenrechtsverstöße in den Signatarstaaten von Helsinki zu veröffentlichen, entstand zwei Jahre später.

XVI. Zeit des Übergangs

1 Die Gewohnheit der Wärter in Makronisos, Kommunisten zur Reue zu zwingen und sich dann diejenigen vorzunehmen, die sich weigerten, erinnerte in bemerkenswerter Weise an die Methoden der rumänischen Kommunisten im Gefängnis von Pitesti etwa zur gleichen Zeit, auch wenn jene nicht ganz so bösartig waren. Siehe Kapitel VI.

2 Zunächst hofften die Vereinigten Staaten, wie überall in Europa Freunde und Verbündete in der rechten Mitte des politischen Spektrums Griechenlands zu finden, sahen sich aber bald eines Besseren belehrt und schlossen eine lange und dauernde Freundschaft mit den Nationalisten und der militärischen Rechten.

3 Und Constantin Costa-Gavras 1969 veranlaßte, seinen einflußreichen Film Z zu drehen, dem die Lambrakis-Affäre zugrunde liegt.

4 Die Offiziere, die ihre Ausbildung zumeist unter der Vorkriegsdiktatur von Ionnis Metaxas in Kadettenanstalten erhalten hatten, waren möglicherweise gar nicht so unbeliebt, wie ihre ausländischen Kritiker behaupteten. Aber ihnen wurde – zu Recht – unterstellt, daß sie die Sympathie (und vielleicht mehr) der Vereinigten Staaten besaßen. Was im Grunde genommen nur eine verspätete Fortsetzung des griechischen Bürgerkriegs der vierziger Jahre war, wurde statt dessen als die neueste »Cause célèbre« in Europas jahrhundertealtem Bürgerkrieg gesehen. »Griechenland« ersetzte jetzt »Spanien« als Wünschelrute für polarisierte politische Empfindungen.

5 Seit 1962 bestand ein Assoziationsabkommen zwischen Griechenland und der Europäischen Wirtschaftsgemeinschaft.

6 Die Junta selbst allerdings ging nicht straffrei aus. Elf ihrer Führer wurden im August

1975 angeklagt und verurteilt. Drei erhielten die Todesstrafe, die später in Gefängnis umgewandelt wurde. Papadopoulos starb 1999 in der Haft, bis zum Ende ohne jede Reue. Brigadegeneral Ioannides wurde in einem späteren Prozeß wegen der Niederschlagung der Revolte an der Technischen Hochschule verurteilt. Zum Zeitpunkt dieser Niederschrift befindet er sich noch in Haft.

7 Maurras war 84, als er 1952 starb. Salazar selbst wurde als Sohn eines Gutsverwalters am 28. April 1889 in Vimeiro geboren, nur eine Woche nach Hitler. Für einen Mann, der noch in den sechziger Jahren die Geschicke eines europäischen Staates lenkte, war er ungewöhnlich tief in den Sitten des vorigen Jahrhunderts verankert – seine Mutter wurde 1846 geboren.

8 1973 wickelte Portugal zwei Drittel seiner Importe und Exporte mit Westeuropa ab.

9 Die puritanischen jungen Offiziere und ihre linken Verbündeten waren jedoch nicht gerade erfreut über die Flut von Erzeugnissen, die in ihren Augen pornographische Schriften und Filme waren, als Portugal begann, sich für 50 Jahre kulturelle Gängelung zu entschädigen. Einmal versuchte man sogar die *Fados* zu verbieten, die traditionellen portugiesischen Volkslieder – da sie, wie die neuen Tugendwächter meinten, »Bitterkeit und Fatalismus« verbreiteten und damit ihren Zielen der Aufklärung und des sozialen Fortschritts schadeten.

10 Noch 1963 hatte der spanische Diktator keine Bedenken gehabt, Juan Grimau, einen gefangenen Kommunisten, trotz weltweiter Kritik hinrichten zu lassen.

11 Vgl. Kapitel VII. Infolgedessen waren einflußreiche Vertreter der katholischen Kirche, unbelastet von der franquistischen Vergangenheit, in der Lage, eine wichtige Rolle beim Übergang zur Demokratie zu spielen und als »Brücke« zwischen Radikalen und Konservativen zu dienen.

12 Eine ironische Konsequenz der sorgfältig zugemessenen Freiheit, die Franco den studentischen Aktivisten einräumte, bestand darin, daß die spanischen Studenten der sechziger Jahre in der Rückschau vielfach die Rolle übertrieben, die sie bei dem späteren Kampf um die Demokratie des Landes spielten.

13 Einen Monat, *bevor* die PCE als legal erklärt wurde, veranstaltete sie in Madrid eine öffentliche Konferenz der eurokommunistischen Parteien Westeuropas.

14 Die soziogeographische Analyse der Wahl von 1977 wies eine verblüffende Ähnlichkeit mit der Wahl von 1936 auf – die politische Kultur des Landes hatte vier Jahre lang praktisch auf Eis gelegen.

15 Artikel 151 der Verfassung bot jeder Region, die es verlangte, Autonomiestatus an.

16 1982 und 1985 gab es noch zwei weitere Verschwörungen gegen König und Parlament, die leicht verhindert werden konnten.

17 Mitte der achtziger Jahre ließen die offiziellen Arbeitslosenzahlen darauf schließen, daß mehr als ein Fünftel der Bevölkerung im arbeitsfähigen Alter ohne Beschäftigung war. Die tatsächliche Zahl dürfte näher an einem Viertel gelegen haben. In einem Land, in dem es noch immer kein funktionierendes soziales Netz gab und in dem nur wenige Menschen private Ersparnisse hatten, weisen diese Zahlen auf verbreitete soziale Not.

18 1982 lautete ein Wahlkampfslogan der PSOE »OTAN, de entrada no!« Vier Jahre später konnte man auf den Wahlplakaten derselben Partei lesen: »OTAN, de entrada si!«

19 Das traditionelle sozialistische Parteiprogramm der Verstaatlichung ließ sich kaum auf Spanien übertragen, wo der autoritäre Staat bereits einen Großteil der Unternehmen besessen hatte.

20 Spaniens neue Verfassung von 1978, die vor allem die Aufgabe hatte, die gegensätzlichen Pole der spanischen Geschichte zu versöhnen: links/rechts, Kirche/Antiklerikale, Zentrum/Peripherie, schwieg sich auffällig über das Regime aus, das sie ersetzte.

21 Seine Filme – jüngst *La Mala Educación* (Schlechte Erziehung; 2004) – sind auch ausgesprochen antiklerikal, wohl der einzige Punkt, in dem Almodóvar einer älteren Tradition folgt: der des spanischen Kulturprotestes.

22 Victor Perez-Diaz, *Spain at the Crossroads. Civil Society, Politics and the Rule of Law.* Cambridge, MA, 1999, S. 65.

23 Beide Male entschied sich die Hauptstadt Oslo mit großer Mehrheit dafür. Doch die Entscheidung brachte eine antieuropäische Koalition von Radikalen, Umweltschützern, »Sprachnationalisten«, Bauern aus den nördlichen und küstennahen Provinzen des Landes und Fischern, die darüber empört waren, daß die EWG-Richtlinien der norwegischen Küstenfischerei ein Fanggebiet von nur 12 Seemeilen Breite zugestanden. Durch Dänemarks Beitritt kam auch Grönland in die Gemeinschaft, das damals noch von Kopenhagen aus regiert wurde. Doch nachdem Grönland 1979 die Selbstverwaltung gewährt worden war, entschied sich das Land 1982, die EWG zu verlassen, und war damit der einzige Mitgliedsstaat, der diesen Schritt jemals vollzogen hat.

24 Das wurde allerdings durch neue Investitionsmöglichkeiten auf dem privaten Sektor ausgeglichen: Der Prozentsatz der in ausländischem Besitz befindlichen Aktien spanischer Unternehmen stieg in den Jahren zwischen 1983 und 1992 um 374 Prozent.

25 Mehr als eine einflußreiche Stimmte wurde in Brüssel laut, die von der Europäischen Gemeinschaft verlangte, ihn beim Wort zu nehmen …

26 Natürlich hatte die gemeinsame Agrarpolitik, der andere große Etatposten der EU, lange Zeit die Wirkung gehabt, eben die regionalen Verzerrungen zu verstärken, die man mit Hilfe des Kohäsionsfonds und anderer Zuwendungen nun zu beseitigen hoffte.

27 Reichere Länder fühlten sich typischerweise Brüssel weniger verpflichtet und hielten ihre Angelegenheiten fester unter eigener Kontrolle. In Frankreich blieben in haushaltsrechtlicher Hinsicht die Zügel unangefochten in Paris, obwohl »Dezentralisierung« in den im Laufe der achtziger Jahre erlassenen Gesetzen fest verankert wurde. Infolgedessen lagen die wohlhabenden Regionen Frankreichs im europäischen Trend und profitierten von ihren Verbindungen mit der EU, während die ärmeren Gebiete vor allem vom Staat abhängig blieben.

28 Inzwischen ist die »Schengen-Zone« erweitert worden, so daß sie weitere EU-Mitgliedstaaten umfaßt, doch Großbritannien hat entschieden davon Abstand genommen, und Frankreich hat sich, wie andere Unterzeichnerstaaten auch, das Recht vorbehalten, Grenzkontrollen aus Sicherheitsgründen wiedereinzuführen.

XVII. Der neue Realismus

1 Hätte es nicht die eindeutig nach oben zeigende Kurve der Geburtsraten in Einwanderergruppen aus Asien, Afrika und der Karibik gegeben, hätten die Zahlen noch niedriger gelegen.

2 In Osteuropa wies in diesen Jahren Ungarn, wo die »Schattenwirtschaft« (siehe Kapitel XVIII) vielen Menschen einen höheren Lebensstandard ermöglichte als in anderen Ländern des Ostblocks, eine vergleichsweise niedrige Geburtenrate auf.

3 Am stärksten waren Wut und Ärger in den Gewerkschaften des öffentlichen Dienstes, die die unterbezahlten Staatsbediensteten vom Müllmann bis zur Krankenschwester vertraten. Die großen *Industriegewerkschaften* sahen Callaghans Kürzungen sehr viel gelassener: Solange Labour sein Versprechen hielt und die traditionelle Klientel dieser Gewerkschaften, den industriellen Facharbeiter mit seinen Privilegien, ungeschoren ließ, waren ihre Führer nur zu gern bereit, die Ketzerei der Regierung zu dulden. Ziemlich entsetzt waren sie, als sie feststellten, daß sich mit Mrs. Thatcher keine solchen Absprachen treffen ließen.

4 Großbritanniens verstaatlichtes Einsenbahnnetz »rühmte« sich 1996 (im letzten Jahr seines Bestehens), die geringsten Subventionen aller Eisenbahnen in Europa zu bekommen. In diesem Jahr plante Frankreich für sein Schienennetz eine Investitionsrate pro Kopf der Bevölkerung von 21 Pfund Sterling; die Italiener von 33 Pfund; die Briten von gerade einmal 9 Pfund Sterling.

5 Und sie brachte auch private Armut. Indem Thatcher den Zusammenhang zwischen Ruhestandsgeld und Gehalt aufhob, verringerte sie die Altersversorgung ihrer Mitbürger drastisch. 1997 betrugen die Pensionen in Großbritannien nur noch 15 Prozent des Durchschnittsverdienstes: das niedrigste Verhältnis in der gesamten EU.

6 In den zehn Jahren nach Margaret Thatchers Ausscheiden durchliefen ihre Erben eine Abwärtsspirale von ermüdender Eintönigkeit (John Major) über aufgeblasene Unzulänglichkeit (William Hague) zu hoffnungsloser Unfähigkeit (Iain Duncan Smith). Nach der langen Herrschaft der Sonnenkönigin folgte die Flut der Mittelmäßigkeit.

7 Auf einem Parteitag der schottischen Torypartei am 14. Mai 1982 erklärte sie: »Es ist aufregend, mit einer echte Krise zu tun zu bekommen, wenn man sein halbes politisches Leben mit so langweiligen Fragen wie der Umwelt verbracht hat.«

8 Vielleicht mit einem Unterschied: Während für Margaret Thatcher die Privatisierung so etwas wie ein moralisches Gut war, hat Tony Blair einfach eine Schwäche für reiche Leute.

9 Eine Befragung von 1979 zeigte, daß das Wählerprofil von Mitterrands Parti Socialiste auf geradezu unheimliche Weise das des ganzen Landes widerspiegelte, etwas, was keine andere Partei von sich behaupten konnte.

10 Jacques Delors, einstiger Banker und Exberater des gaullistischen Ministerpräsidenten Jacques Chaban-Delmas, sollte von 1985 bis 1995 Präsident der Europäischen Kommission werden.

11 Selbst auf der Höhe der allgemeinen Unzufriedenheit mit der Regierungspolitik, mitten in der Wirtschaftskrise der achtziger Jahre, erklärten 57 Prozent der Wähler ihre Zufriedenheit mit Mitterrands *Außenpolitik*.

12 Das Instituto per la Ricostruzione Industriale (IRI) kontrollierte 1982, unter vielem anderen, Italiens Gußeisenindustrie, zwei Drittel der Stahlherstellung, ein Viertel seiner Speiseeiserzeugung und 18 Prozent der Produktion von geschälten Tomaten.

13 Das ursprüngliche Ziel der Treuhand bestand darin, möglichst viele der 9000 ostdeutschen Unternehmen (in denen 7 Millionen Männer und Frauen beschäftigt waren) in lebensfähige Unternehmen zu verwandeln und die anderen zu liquidieren. Doch unter politischen Druck geraten, zog sie es vor, viele der unrentablen Konzerne zu sanieren oder zu konsolidieren, wodurch sie ironischerweise einen neuen, halb öffentlichen Sektor schuf, der aus öffentlichen Mitteln subventioniert wurde. Vgl. Kapitel XXI.

14 Instituto per la Ricostruzione Industriale (IRI), Instituto Nazionale delle Assicurazioni (INA), Ente Nazionale Idrocarburi (ENI), Ente Nazionale per l'Energia Elettrica (ENEL).

XVIII. Die Macht der Ohnmächtigen

1 Jewgenia Ginsburg, *Gratwanderung.* München, Piper, 1980; Margarete Buber-Neumann, *Von Potsdam nach Moskau. Stationen eines Irrweges.* Stuttgart, Deutsche Verlags-Anstalt, 1957; Wolfgang Leonhard, *Die Revolution entläßt ihre Kinder.* Köln, Kiepenheuer und Witsch, 1955; Victor Serge, *Beruf Revolutionär. Erinnerungen,* Frankfurt, Fischer, 1967 (erstmalig 1951 in Paris: *Mémoires d'un révolutionnaire);* Boris Souvarine, *Stalin. Anmerkungen zur Geschichte des Stalinismus.* München, Bernard und Graefe, 1980 (erstmalig 1939 in Englisch: *Stalin. A Critical Survey of Bolshevism).*

2 Zwischen 1975 und 1981 nahm allein Frankreich 80000 Flüchtlinge aus Indochina auf.

3 1963 hielt der Autor der *Schmutzigen Hände,* lange nachdem er das Interesse an Frankreichs eigenen Kommunisten verloren hatte, vor einem befremdeten Publikum von tschechischen Schriftstellern und Intellektuellen eine begeisterte Rede über den sozialistischen Realismus.

4 »Die Verantwortung gegenüber der Geschichte entbindet von der Verantwortung gegenüber den Menschen.«

5 »Pour ma part, je pense que s'il y a une grande cause aujourd'hui, c'est la défense des intellectuals.« Siehe *Le Nouvel Observateur,* Nr. 1140, September 1986, »Les Grandes Causes, ça existe encore?«

6 Antonino Bruno, *Marxismo e Idealismo Italiano.* Florenz, 1970, S. 99–100.

7 Merkwürdigerweise war es der eigene Entschluß der tschechoslowakischen Regierung gewesen, die UN-Menschenrechtskonventionen 1976 – als 35. Staat – zu unterzeichnen, womit diese Verträge völkerrechtlich verbindlich wurden.

8 Doch selbst die Umweltbewegung hatte ihre internen Dissidenten. Der slowakische Schriftsteller Milan Šimečka forderte seine Kollegen, unter ihnen auch Havel, die Wohltaten der Moderne nicht zu unterschätzen: »Ich bin der Auffassung, daß selbst die Umweltbelastung, die mit industriellem Wohlstand einhergeht, immer noch besser ist als das Chaos und die Brutalität, unter denen jene Gesellschaften leiden, in

denen die Bevölkerung nicht einmal ihre Grundbedürfnisse befriedigen kann.« Milan Šimečka, »A With Utopias or Without Them«, *Cross-Currents, 3* (1984), S. 26.

9 Jugoslawien ist die Ausnahme, welche die Regel bestätigt: »Da in Jugoslawien niemals eine offizielle Kultur entwickelt hatte (was nicht ausschloß, daß es offizielle Vertreter des Kulturlebens gab), konnte es auch ihren natürlichen Gegner nicht geben, eine Gegen- oder Parallelkultur im Untergrund, wie sie in anderen sozialistischen Ländern hoch geschätzt wurde.« Dubravka Ugrešič, *The Culture of Lies.* Pennsylvania State University Press, 1998, S. 37 (Die Kultur der Lügen, Frankfurt am Main, Suhrkamp, 2000).

10 Nicht ohne Grund. Wie geschildert, war die Friedensbewegung in Großbritannien und in der Bundesrepublik großenteils vom sowjetischen und ostdeutschen Geheimdienst unterwandert.

11 In den achtziger Jahren geriet das Wirtschaftswachstum in Polen und der Tschechoslowakei in die Minuszone – die Volkswirtschaften schrumpften. Die der UdSSR selbst ging bereits seit 1979 zurück.

12 Timothy Garton Ash, *Ein Jahrhundert wird abgewählt.* München, Hanser, 1990, S. 9.

13 In der Landwirtschaft ähnelte ein großer Teil der Sowjetunion, Ungarns und Rumäniens wieder den großen Gütern des 19. Jahrhunderts: Schlecht bezahlte, wenig effiziente und völlig unzulänglich ausgerüstete Landarbeiter taten für ihre abwesenden Gutsherren nur das Allernötigste und schonten ihre Energien für die wirkliche Arbeit auf den kleinen Parzellen der Familie.

14 Für diesen Hinweis danke ich Dr. Paulina Bren.

15 In den Breschnew-Jahren kostete ein Pfund Rindfleisch 3,5 Rubel in der Produktion, ging jedoch für zwei Rubel über den Ladentisch. Die Europäische Gemeinschaft subventionierte ihre Bauern ebenfalls, und zwar in vergleichbaren Größenordnungen. Der Unterschied besteht natürlich darin, daß Westeuropa sich einen gemeinsamen Agrarmarkt leisten konnte, die Sowjetunion aber nicht.

16 Ungarn trat dem IWF im Mai 1982 bei, ein Schritt mit dem beide Seiten sehr zufrieden waren. Erst 1989 stellte sich heraus, daß die Regierung des Landes ihre Inlands- und Auslandsschulden für das zurückliegende Jahrzehnt viel zu niedrig ausgewiesen hatte.

17 Im übrigen gehörten sie wie Breschnew selbst zu den fleißigsten Konsumenten ihrer Zeit. In einem sowjetischen Witz aus dieser Zeit heißt es, der Sowjetführer habe seiner Mutter seine Datscha, seine Autos und seine Jagdhütten gezeigt. »Das ist ja alles ganz wundervoll, Leonid«, sagt sie. »Aber was ist, wenn die Kommunisten wieder an die Macht kommen?«

XIX. Ende der alten Ordnung

1 Natürlich gehört es zu den Pflichten der katholischen Kirche, gegen materielle Götzen und die Sünde des Hochmuts zu wettern. Doch Karol Wojtyła ging viel weiter. 1975, drei Jahre, bevor er Papst wurde, erklärte er bei seinen Fastenexerzitien im Vatikan ausdrücklich, daß von den beiden Bedrohungen der Kirche, Konsumdenken und

Verfolgung, erstere die bei weitem größere Gefahr und daher auch der schlimmere Feind sei.

2 So etwa seine anfängliche Unterstützung für den Plan, ein Karmeliterinnenkloster in Auschwitz zu errichten, ein Votum, das er angesichts internationaler Proteste später zurückzog. Seine gedankenlose Äußerung, Polen sei unter Kriegsrecht ein »riesiges Konzentrationslager« gewesen, läßt eine ähnliche Beschränkung erkennen.

3 Vom Vatikan ermuntert, ließen die Vereinigten Staaten der Solidarität in den Jahren ihrer Untergrundtätigkeit beträchtliche finanzielle Unterstützung zukommen – nach manchen Schätzungen bis zu 50 Millionen Dollar.

4 Allerdings äußerte Reagan einmal im November 1981, am Anfang seiner Amtszeit, beiläufig den Gedanken, daß ein Kernwaffenkrieg nicht unbedingt zu einem strategischen Schlagabtausch führen müsse. Da waren Washingtons westeuropäische Verbündete mindestens so alarmiert wie Moskau, und beide protestierten lautstark.

5 Natürlich war nie davon die Rede, Pershings oder Cruise-Missiles in Frankreich selbst zu stationieren …

6 Nach 1990 stellte sich heraus, daß mindestens 25 Bundestagsabgeordnete dieser Jahre bezahlte Agenten der DDR waren.

7 Am 13. Dezember 1981, dem Tag, als das Kriegsrecht in Polen verhängt wurde, hielt sich Kanzler Helmut Schmidt zu »Gipfelgesprächen« mit seinem Amtskollegen Erich Honecker in der DDR auf und war etwas verstimmt, weniger über die Inhaftierung von Hunderten polnischer Dissidenten als über die möglicherweise »destabilisierende« Wirkung der polnischen Entwicklungen auf die Verbesserung der innerdeutschen Beziehungen.

8 Dank eines fortwährend wachsenden Bruttoinlandsprodukts war der auf die Landesverteidigung entfallende Teil der amerikanischen Staatsausgaben seit Mitte der fünfziger Jahre, sogar während des Vietnamkriegs, bis Ende 1979 relativ gesunken. Doch dann stieg er dramatisch: 1987 war die prozentuale Beteiligung des Verteidigungshaushalt an den Staatsausgaben gegenüber 1980 um 24 Prozent angewachsen.

9 Tatsächlich hatte Gorbatschows eigene Familie massiv unter Stalin gelitten: Seine beiden Großväter waren im Zuge der stalinistischen Säuberungen verhaftet und verbannt worden. Doch das gab der neue Sowjetführer erst im November 1990 zu.

10 »Mais c'est quoi, la dialectique?« »C'est l'art et la manière de toujours retomber sur ses pattes, mon vieux!« Jorge Semprun, *Quel Beau Dimanche.* Paris, Grasset, 1980, S. 100.

11 Das beschreibt Zores Medvedev in seinem Buch *Bericht und Analyse der bisher geheimgehaltenen Atomkatastrophe in der UdSSR.* Hamburg, Hoffmann und Campe, 1979, das er im Exil veröffentlicht hat.

12 In einer Meinungsumfrage, die einige Monate später, im Januar 1990, durchgeführt wurde, rangierte Gorbatschow in der öffentlichen Gunst unmittelbar hinter Peter dem Großen – aber weit hinter Karl Marx und W. I. Lenin …

13 Es war Sacharow, der die Frage auf die Tagesordnung brachte, indem er – live im Fernsehen – verlangte, den Artikel VI aufzuheben und den Volksvertretern die Macht zurückzugeben, die ihnen 1918 von der Partei »gestohlen« worden sei. Als Gorbatschow selbst Sacharow das Mikrofon abschaltete, war es zu spät.

14 Bei Konstantin Tschernenkos Begräbnis im März 1985 in Moskau ließ Gorbatschow

es sich auch nicht nehmen, Alessandro Natta zu begrüßen, den Chef der Kommunistischen Partei Italiens, der in Moskau seit ewigen Zeiten in Ungnade gestanden hatte.

15 In einer ironischen Parallele zum amerikanischen Fiasko in Vietnam wurstelte sich das Marionettenregime in Kabul – nun der militärischen Unterstützung aus dem Ausland beraubt – noch bis 1992 durch, um dann (allen internationalen Garantien zum Trotz) den Streitkräften der Taliban zu erliegen.

16 Andrei Gratschew, zitiert in: Archie Brown, *Der Gorbatschow-Faktor.* Frankfurt am Main, 1977, S. 88.

17 1986 hoben die Vereinigten Staaten ihr Veto gegen die polnische Mitgliedschaft im IWF auf, im Gegenzug mußte Polen alle noch verbliebenen politischen Gefangenen auf freien Fuß setzen und eine Generalamnestie erlassen.

18 Vgl. Harold James, *International Monetary Cooperation since Bretton Woods.* IWF & Oxford University Press, 1996, S. 567.

19 Offiziell galt Nagys Grab dreißig Jahre lang als unbekannt, Tatsache ist jedoch, daß jedermann wußte, wer an der ungekennzeichneten Stelle in einem düsteren Winkel des Budapester Stadtfriedhofs lag.

20 Ich danke Professor Timothy Garton Ash für diesen Hinweis.

21 Offenbar hatte Honecker (mit einer gewissen Berechtigung) darauf gebaut, daß sich Gorbatschow nicht lange halten würde und deshalb getrost ignoriert werden könnte.

22 Drei Tage nach Gorbatschows Besuch empfing Honecker einen chinesischen Staatsgast und verglich die Unruhen in der DDR mit der jüngsten »Gegenrevolution« in China. Zumindest hat er wohl eine deutsche Wiederholung des Massakers auf dem Platz des Himmlisches Friedens erwogen – ein Grund, warum seine Kollegen beschlossen, ihn abzusetzen.

23 Fairerweise ist darauf hinzuweisen, daß die DDR-Dissidenten im November 1989 den Mut der Massen völlig zu Unrecht für ein Bekenntnis zu einer erneuerten sozialistischen Republik hielten. Andererseits war die Ursache ihrer Fehldeutung die Tatsache, daß sie nicht im mindesten begriffen, welche Bedeutung »Sozialismus« längst angenommen hatte – und ihr Engagement für sein Überleben.

24 In gewisser Hinsicht fand das polnische Äquivalent 1980/81 statt – die politische Wende in Polen zehn Jahre später beruhte weit eher auf Kalkulationen und Verhandlungen.

25 Der Autor, der damals in Prag war, kann das berauschende Gefühl bezeugen, daß damals und dort Geschichte gemacht wurde.

26 Eine Karikatur in einer der kurzlebigen Prager Studentenzeitungen vom Dezember 1989 fängt die Generationslücke wunderbar ein. Ein schmerbäuchiger Mann mittleren Alters im Unterhemd starrt voller Abscheu in seinen Rasierspiegel, der eine schlampige Frau zeigt, die in der Tür steht, einen schmutzigen Bademantel um die Schultern, Lockenwickler im Haar, eine Zigarette im Mund. »Erkennst du mich nicht?« verhöhnt sie ihn: »Ich bin dein Traum von 1968.«

27 »Wenn ein Volk noch nie gesprochen hat, sind die ersten Worte, die es äußert, Poesie.« Ferdinando Camon in: »Tutto Libri«, *La Stampa*, 16. Dezember 1989.

28 Zumindest bis zum Aufstieg von Michail Gorbatschow, danach hatte der Westen keine Verwendung mehr für einen antisowjetischen Außenseiter.

29 Prozeß und Hinrichtung wurden für das Fernsehen aufgenommen, aber erst zwei Tage später gezeigt.

30 Offiziell existierten die Türken natürlich nicht: »Es gibt keine Türken in Bulgarien.« (Dimitur Stojanow, Innenminister).

31 In entlegenen ländlichen Regionen und kleinen Provinzstädten spielten derartige Gesichtspunkte nicht immer eine Rolle, dort konnte die Polizei oft bis zum Ende ungehindert von Fernsehkameras oder öffentlicher Mißbilligung agieren.

32 Eine indirekte Verbeugung vor dem einzigen überdauernden Vermächtnis der Sechziger, der Idee, daß die Jugend an sich ein überlegener Zustand sei – mit den Worten von Jerry Rubin: Trau niemandem über dreißig.

33 Dieser Gedanke wurde unter anderen von Voltaire entwickelt und elegant von Larry Wolff expliziert in: *Inventing Eastern Europe*, Stanford, 1994.

34 Sogar Reagans anfängliche Reaktion auf die Verhängung des Kriegsrechts in Polen war ausgesprochen lau. Erst nach lautstarker öffentlicher Kritik (unter anderem von Henry Kissinger) machte sich das offizielle Washington die harte Linie zueigen, für die es besser bekannt wurde.

Vierter Teil: Nach dem Zusammenbruch: 1989–2005

XX. Ein Kontinent in Auflösung

1 Im August 1989 hatte ein stellvertretender Vorsitzender der SPD die Kohl-Regierung kritisiert, daß sie die Krise nur verschärfe, indem sie die DDR-Flüchtlinge, die über dic unlängst geöffnete ungarische Grenze in den Westen zu gelangen versuchten, willkommen heiße. In Berlin jedoch (einer traditionellen Hochburg der SPD) war die Partei bei den Wahlen von 1990 erfolgreicher, dort bekam sie 35 Prozent der Wählerstimmen.

2 Bärbel Bohley reagierte darauf mit der säuerlichen Bemerkung: »Wir hofften auf Gerechtigkeit – und haben den Rechtsstaat bekommen.«

3 De Maizières zweite Amtshandlung bestand darin, die Mitverantwortung Ostdeutschlands für den Holocaust anzuerkennen und 6,2 Millionen DM für Wiedergutmachungszwecke beizusteuern.

4 Es ist kein Zufall, daß Mitterrand der einzige maßgebliche Politiker in Westeuropa war, der sich, ohne zu zögern, mit dem vermeintlichen Sturz Gorbatschows beim gescheiterten Staatsstreich des folgenden Jahres abfand.

5 Ironischerweise müssen sich nun Mitterrands Amtsnachfolger mit den haushaltsrechtlichen Zwängen und sozialen Folgen eben dieses Vertrages herumschlagen.

6 Nicht zuletzt bei der Ernennung von Mitterrands *Amigo* Jacques Attali zum Chef einer neuen Institution – der Europäischen Bank für Wiederaufbau und Entwicklung (EBRD) –, die durch Investitionen beim Wiederaufbau Osteuropas helfen sollte. Nachdem er Millionen vergeudet hatte, um für sich selbst ein repräsentatives Dienstgebäude herzurichten – und sehr wenig für die eigentlich vorgesehenen Nutznießer

der Bank getan hatte – wurde Attali unehrenhaft aus dem Amt entfernt. Was seinem unerschütterlichen Selbstwertgefühl allerdings keinen Abbruch tat.

7 Einiges deutet darauf hin, daß Gorbatschow dieses entscheidende Zugeständnis unabsichtlich machte, als er im Mai 1990 auf Präsident Bushs Anregung einging, daß Deutschlands Recht auf Selbstbestimmung auch die Freiheit beinhalten sollte, seine »Bündnispartner zu wählen«.

8 Nach Grass' Auffassung besteht die neuere deutsche Geschichte aus einem ewigen Hang zu Aufblähung und Expansion, gefolgt von den verzweifelten Eindämmungsversuchen des restlichen Kontinents. Alle paar Jahre bekämen die Deutschen, so Grass, gegen ihre alldeutschen Verstopfungen einen Europaeinlauf.

9 Interessanterweise hatte Gorbatschow nur acht Wochen zuvor eine solche Veränderung weit von sich gewiesen.

10 Die fünf mittelasiatischen Republiken – Kasachstan, Kirgistan, Tadschikistan, Turkmenistan und Usbekistan – erstreckten sich zusammengenommen über eine größere Fläche (18 Prozent des gesamten sowjetischen Territoriums) als jede andere Republik, ausgenommen Rußland selbst, ihr gemeinsamer Anteil am BSP belief sich im September 1991 jedoch nur auf 9,9 Prozent. Die Darstellung ihrer Geschichte würde jedoch den Rahmen des vorliegenden Buches sprengen.

11 Was trotzdem ziemlich überraschend kam. Zu einer eindrucksvollen Ausnahme vgl. die Essays von Roman Szporluk, die er im Laufe der siebziger und achtziger Jahre verfaßt und gesammelt hat, in: *Russia, Ukraine and the Breakup of the Soviet Union.* Hoover Institution Press, Stanford 2000.

12 Da die Aserbaidschaner zu den Turkvölkern zählen, läßt sich die Ursache dieser Spannungen zum Teil auf die Massaker zurückführen, welche die osmanische Türkei im Ersten Weltkrieg an den Armeniern verübt hatte.

13 Das charakteristische russische Selbstverständnis, eine fatale Mischung aus Unsicherheit und Selbstüberschätzung, bringen die Worte des liberalen Philosophen Pjotr J. Tschaadajew aus seinen »Philosophischen Briefen« von 1836 trefflich zum Ausdruck: »Wir sind eines der Völker, die nicht unmittelbar zum Menschengeschlecht zu gehören scheinen, sondern nur vorhanden sind, um der Welt eine wichtige Lehre zu erteilen. Die Einsicht, die zu vermitteln, uns bestimmt ist, wird nicht umsonst sein, doch wer kennt den Tag, an dem wir endlich im Schoße der Menschheit aufgenommen werden, und das Maß an Unglück, das uns widerfahren wird, bevor sich unser Schicksal erfüllt.«

14 Dies war und ist der Grund, weshalb für viele Russen der Zusammenbruch der Sowjetunion ein Grund aufrichtiger Trauer ist. »Unabhängigkeit« bedeutete für alle anderen irgendeine Art von Gewinn: Für Rußland selbst war Unabhängigkeit ein unverkennbarer Verlust.

15 Jelzin erhielt 57 Prozent der Stimmen bei einer Wahlbeteiligung von 74 Prozent.

16 Diese Ausnahme bildete der französische Präsident François Mitterrand, dem die instabile Lage in Osteuropa noch immer nicht geheuer war und der es daher ein bißchen zu eilig hatte, den Erfolg der Verschwörer bei der Wiederherstellung des Status quo ante anzuerkennen.

17 Selbst in der Ukraine, wo ein Großteil der russischsprachigen Bevölkerung das Gere-

de über staatliche Unabhängigkeit mit Besorgnis aufgenommen hatte, wirkte sich der Staatsstreich vom August sehr nachdrücklich auf die allgemeine Stimmung aus: Am 24. August sprach sich der ukrainische Oberste Sowjet mit 346 zu 1 Stimmen für die Unabhängigkeit vorbehaltlich eines Volksentscheids aus. Als dieser am 1. Dezember stattfand, votierten 90,3 Prozent der Wähler (bei einer Beteiligung von 84 Prozent der Wahlberechtigten) für eine Loslösung von der Sowjetunion.

18 Der Wille wohl, die Mittel nicht. Hätte sich Gorbatschow – oder die August-Verschwörer – zum Einsatz des Militärs entschieden, um jede Opposition zu vernichten, so ist keineswegs davon auszugehen, daß der Versuch fehlgeschlagen wäre.

19 Unter den Tschechen löste das einige Empörung aus. Als der Autor 1985 Prag besuchte, unterhielten ihn liberale Tschechen mit Berichten über die Vergünstigungen, die das Regime der slowakischen Minderheit nun angedeihen ließ. Besonders grollte man den slowakischen Lehrern, die, zum Unterricht an Prager Grundschulen herangezogen, von den Eltern als hoffnungslos provinziell und ungeeignet empfunden wurden.

20 Im Auftreten einer eigenständigen ungarischen Partei kommt zum Ausdruck, daß auf dem Territorium der Slowakei etwa 500000 Ungarn leben, das sind 10 Prozent der Gesamtbevölkerung.

21 Zitiert in *Mlada Fronta Dnes* am 12. März 1991. Siehe Abby Innes, *Czechoslovakia: The Short Goodbye.* Yale University Press, Newhaven, 2001, S. 97.

22 Die politische Trennung war einfacher als die wirtschaftliche – erst 1999 einigte man sich über die endgültige Aufteilung des tschechoslowakischen Bundesvermögens.

XXI. Die Abrechnung

1 Zagreb, Belgrad und Skopje (die Hauptstadt von Mazedonien) gehörten zwischen 1910 und 1990 zu den mitteleuropäischen Städten mit dem raschesten Bevölkerungswachstum.

2 »Wir werden einige Serben töten, andere deportieren und die übrigen zwingen, zum Katholizismus überzutreten«, so der Religionsminister der Ustascha am 22. Juli 1941 in Zagreb.

3 Auf einem »Informationsbesuch« in Skopje kurz nach dem Kosovo-Krieg 1999 wurde dem Verfasser vom mazedonischen Ministerpräsidenten »vertraulich« versichert, daß den Albanern (einschließlich seiner Kabinettskollegen, die gerade den Raum verlassen hatten) nicht zu trauen sei: »Sie können ihnen nichts von dem, was sie sagen, glauben – sie sind eben nicht wie wir. Sie sind keine *Christen.*«

4 Ganz anders erschien die Situation natürlich Kroaten und anderen Volksgruppen, die auf die beherrschende Stellung der Serben in den Streitkräften des Bundes (1984 waren 60 Prozent des Offizierkorps Serben, zwar ein getreues Spiegelbild des serbischen Beitrags zur Gesamtbevölkerung, aber keinesfalls beruhigend) und Belgrads unverhältnismäßig hohen Anteil an Investitionen und Bundesausgaben verweisen konnten.

5 Da in Jugoslawien die Volkszugehörigkeit anhand von Aussehen oder Sprache nicht zu erkennen war, mußten die marodierenden Milizen sich auf Fingerzeige von Nach-

barn verlassen – Familien, mit denen die Opfer oft seit Jahren oder Jahrzehnten in Frieden und Freundschaft gelebt hatten.

6 Zwischen 1992 und 1994 hatten sich die UN-Organe auf dem Balkan beinahe zu Komplizen der Serben gemacht – indem sie ihnen zum Beispiel de facto ein Vetorecht einräumten, wenn es darum ging, was und wer in die belagerte Stadt Sarajewo hinein- und herausdurfte.

7 Frankreich hatte darauf bestanden, daß die feierliche Unterzeichnung des Vertrages in Paris stattfand – eine zeremonielle Überkompensation, die nur um so deutlicher unterstrich, wie hartnäckig sich die Franzosen zuvor geweigert hatten, etwas gegen die Serben zu unternehmen.

8 Die von der Nato geführte SFOR wurde am 2. Dezember 2004 von der EUFOR der Europäischen Union abgelöst.

9 Der alternde griechische Ministerpräsident Andreas Papandreou, der nationalistische Gefühle schürte, weil er sich davon Vorteile im Wahlkampf versprach, behauptete, der Name »Mazedonien« gehöre zum antiken Erbe seines Landes und könne nur auf die nördlichste Region Griechenlands bezogen werden. Wenn der aus dem südlichen Jugoslawien herausgetrennte Slawenstaat sich diesen Namen zulegen wolle, dann müsse er irredentistische Absichten hegen. Was Papandreou überhaupt nicht gelten lassen wollte, war die Tatsache, daß viele der »Griechen« in Griechisch-Mazedonien selbst von slawischer Herkunft sind – obwohl sie aus patriotischen Gründen offiziell hellenisiert wurden.

10 Im Winter 1996, nach offensichtlichen Fälschungen bei Kommunalwahlen, demonstrierten serbische Studenten drei Monate lang in den Straßen Belgrads, um gegen Milośevićs Diktatur zu protestieren und die Wende zu fordern. Doch sie erhielten weder Unterstützung noch Ermutigung von den Westmächten, die Milośević in den Jahren nach Dayton als stabilisierenden Faktor ansahen und nichts unternahmen, um seine Position zu schwächen.

11 Wie im Falle der Greueltat von Sarajevo behaupteten Belgrad und seine Apologeten auch in diesem Fall, daß gar nichts passiert sei oder, als die Beweise zu eindeutig wurden, daß es sich um eine inszenierte »Provokation« der Opfer selbst handele.

12 Janviers Verhalten ließ in Frankreich und anderen Ländern die Forderung laut werden, ihn wegen der Verantwortung für die nachfolgenden Massaker ebenfalls vor Gericht zu stellen.

13 In einer jüngeren Generation, die marktwirtschaftlich ausgerichtet und bemüht war, die lästige Vergangenheit ihres Landes abzuschütteln, brachte sie sogar einen neuen Konformismus hervor: Statt sich der hölzernen öffentlichen Sprache des Kommunismus zu bedienen, betete man die Mantras der neoklassischen Ökonomie herunter – in seliger Unkenntnis aller sozialen Kosten dieses Systems.

14 Die Übernahme weckte bei Nationalisten Befürchtungen, bedeutete sie in ihren Augen doch die erneute Einbeziehung Prags in eine »Großdeutsche Wohlstandssphäre«. Das war der Hintergrund eines damals beliebten Scherzes: »Zu den postkommunistischen Aussichten der Tschechoslowakei habe ich eine gute und eine schlechte Nachricht.« – »Wie lautet die gute?« – »Die Deutschen kommen.« – »Und die schlechte?« – »Die Deutschen kommen.«

15 Hier bildet Estland eine bemerkenswerte Ausnahme. Das Land profitierte enorm von dem Umstand, daß es von seinen skandinavischen Nachbarn praktisch adoptiert wurde. Bis 1992, als Estland aus der Rubelzone herausfiel, wickelte es seinen Außenhandel zu 92 Prozent mit der ehemaligen Sowjetunion ab. Fünf Jahre später entfielen drei Viertel auf den Westen, und zwar zu einem großen Teil auf die Länder jenseits der Ostsee.

16 Und für die Ineffizienz: Zu den ironischen Aspekten der ritualisierten Privatisierung in Osteuropa gehörte auch, daß die Kolchosen, sobald sie einmal in winzige Fleckchen Land parzelliert waren, nicht mehr per Traktor beackert, sondern nur noch von Hand bearbeitet werden konnten.

17 Man schätzt, daß 1993 die jährliche Inflationsrate in der postkommunistischen Ukraine 5,371 Prozent betrug.

18 Doch Rumänien ist vielleicht ein Sonderfall. 1998, bei den Bürgermeisterwahlen in Bukarest, klebte die Rumänische Arbeiterpartei die Stadt mit Plakaten von Nicolae Ceauşescu zu. »Sie haben mich erschossen«, stand dort zu lesen. »Geht es euch jetzt besser? Erinnert euch, was ich alles für das rumänische Volk getan habe.«

19 Gelegentlich sogar mit bekennenden Faschisten, die sich nach den besseren Zeiten des Zweiten Weltkriegs zurücksehnten, vor allem in Kroatien.

20 Was wohl weniger für das eigennützige Verhalten vieler prominenter Schriftsteller gilt – die wenig riskiert hätten, wenn sie ihre Dienste verweigert hätten. So für Christa Wolf, deren vielgerühmte literarische Ambivalenz im Lichte späterer Enthüllungen über ihre Zusammenarbeit mit der Stasi weit weniger bewundernswert erscheint.

21 Zum Vergleich: Die Gestapo hatte 1941 knapp 15 000 Mitarbeiter, um das gesamte Großdeutsche Reich zu überwachen.

22 Von tschechisch *lustrace*, »ans Licht bringen«, während der deutsche Begriff die Bedeutung der Reinigung stärker betont.

23 Ich danke Dr. Jacques Rupnik für den Hinweis.

XXII. Das alte Europa – und das neue Europa

1 Julius Caesars »Gallia Belgica« lag quer zur Scheidelinie zwischen den gallo-romanischen und den fränkischen Territorien und kennzeichnete seither das Grenzgebiet zwischen dem römisch geprägten Gebiet, dem französisch dominierten Teil Europas, und dem germanischen Norden.

2 Die größten Tageszeitungen, *Le Soir* und *De Standaard*, haben fast keine Leser außerhalb der französisch- beziehungsweise flämischsprachigen Gemeinschaft. Infolgedessen machen sie sich kaum die Mühe, Nachrichten über die andere Hälfte des Landes zu bringen. Wenn jemand flämisch im wallonischen Fernsehen spricht (und umgekehrt) erscheinen Untertitel. Selbst die automatischen Anzeigetafeln in den überregionalen Zügen des Landes schalten zwischen Flämisch und Französisch (oder, im Falle von Brüssel, beidem) hin und her, wenn sie Regionalgrenzen überqueren. Die Behauptung, heute sei Englisch die Verkehrssprache in Belgien, ist nur teilweise scherzhaft zu verstehen.

3 Der historisch interessierte Leser erinnert sich vielleicht an einen Abschnitt aus dem Buch *Mémorial de Sainte Hélène* des Comte de Las Cases, wo der verbannte Napoleon eine »Europäische Vereinigung« entwirft, mit »einem Kodex, einem Gerichtshof und einer Währung«.

4 Polen, Ungarn und die Tschechische Republik traten 1999 bei, gerade rechtzeitig, um (ein wenig widerstrebend) in das Nato-Engagement im Kosovo eingebunden zu werden. Bulgarien, Rumänien, Estland, Lettland, Litauen, die Slowakei und Slowenien wurden 2004 aufgenommen.

5 Die Rezession zu Beginn der neunziger Jahre trug insbesondere in Schweden zu der Einsicht bei, daß die Exporteure des Landes ohne ungehinderten Zugang zum europäischen Markt auf Dauer nicht überleben würden.

6 Vgl. Kapitel XXI. Die Nachteile waren offenkundig. Die osteuropäischen Länder büßten in den Jahren nach 1989 etwa 30–40 Prozent ihres Volkseinkommens ein. Den Stand von 1989 hatten als erste 1997 die Polen wieder erreicht, in anderen Ländern dauerte es bis zum Jahr 2000 oder länger.

7 Eine äußerst optimistische Annahme. In den Jahren nach dem Beitritt zur Union (1986) wuchsen die Volkswirtschaften Spaniens und Portugals im Durchschnitt nur zwischen 1,0 und 1,5 Prozent schneller als die der Gemeinschaft.

8 Am 1. Januar 2002 wurden insgesamt 600 Milliarden Euro Bargeld absolut problemlos verteilt und in der gesamten Eurozone als Zahlungsmittel eingeführt; eine höchst bemerkenswerte technische und organisatorische Leistung.

9 Wenn das ganze System noch reibungslos arbeitet, liegt das zumindest teilweise daran, daß die föderale Maschinerie so gut geölt ist, nicht zuletzt durch Geld. In den neunziger Jahren war die Schweiz immer noch nach den meisten üblichen Kriterien das reichste Land der Welt.

10 Zitiert in: Kenneth Harris, *Attlee*. London 1984, S. 63.

11 Der Rückgang der holländischen Wahlbeteiligung war ein besonders schlechtes Auspiz. Einst Vorreiter der Europabegeisterung und großzügiger Nettozahler in den EG- und EU-Fonds, haben sich die Niederlande in den letzten Jahren auf sich selbst zurückgezogen – eine Entwicklung, die durch den Aufstieg von Pim Fortuyn und seine anschließende Ermordung verdeutlicht und beschleunigt wurde.

12 Vielleicht ist in diesem Zusammenhang nicht uninteressant, daß 2004 nur jeder 50. französische Erwachsene 10 neue EU-Staaten nennen konnte.

13 Allerdings nicht überall: In Großbritannien ging – wie in den Vereinigten Staaten – die Einkommensschere zwischen den Wohlhabenden und der übrigen Bevölkerung seit Ende der siebziger Jahre immer weiter auseinander.

14 Der EuGH ist nicht mit dem Europäischen Gerichtshof für Menschenrechte zu verwechseln, der unter der Ägide des Europarats eingerichtet wurde, um die Europäische Konvention zum Schutze der Menschenrechte und Grundrechte durchzusetzen.

15 In Giscards »Verfassung für Europa«, Artikel 3(I) heißt es, die Ziele der Union seien es, »den Frieden, ihre Werte und das Wohlergehen ihrer Völker zu fördern«.

16 Zitiert in: Andrew Moravscik, *The Choice for Europe*, New York 1998, S. 265.

17 Damals bissig von dem amerikanischen Außenminister Lawrence Eagleburger vorausgesagt: die Europäer »werden es vermasseln, und das wird ihnen eine Lehre sein«.

18 Die EU stand mit der Subventionierung ihrer Bauern zum Schaden dritter nicht allein, sie war noch nicht einmal der schlimmste Übeltäter: Norwegen, die Schweiz, Japan und die USA subventionieren, pro Kopf gerechnet, weitaus mehr. Doch die EU wirkte irgendwie heuchlerischer. Während Brüssel weltweit Tugendhaftigkeit predigt, ist ihre eigene Praxis oft genug sehr selektiv. Den Osteuropäern, von denen verlangt wurde, eine ganze Bibliothek von Vorschriften der Europäischen Union zu übernehmen, dürfte kaum entgangen sein, wie häufig die westeuropäischen Länder sich Ausnahmen von ebendiesen Regeln gestatteten.

19 Wie eine UNICEF-Studie auswies, lebte 1995 jedes 5. britische Kind unterhalb der Armutsgrenze; in Deutschland jedes 10. und in Dänemark nur jedes 20. Kind.

20 Der Cambridger Politologe John Dunn, der von etwas anderen Kriterien ausgeht, aber zu einem ähnlichen Ergebnis gelangt, unterteilt die arbeitende Bevölkerung der wohlhabenden Länder in diejenigen, »die auf dem Markt individuell sehr gut für sich sorgen können ..., diejenigen, die ihren sozioökonomischen Status nur deshalb wahren können, weil sie überlebenden Zusammenschlüssen kollektiven Handelns mit einem Drohpotential angehören, das in keinem Verhältnis zum Wert der Arbeit der einzelne Mitglieder steht, und diejenigen, die bereits untergehen, weil niemand mehr bereit ist, viel für ihre Arbeit zu bezahlen.« Dunn, *The Cunning of Unreason. Making Sense of Politics.* London 2000, S. 333.

21 Wie es sich für einen Mann seiner Zeit und seiner Einstellung gehörte, ging Gorz davon aus, daß diese neue Klasse ihrerseits eine neue Generation radikaler sozialer Bewegungen ins Leben rufen würde. Bislang ist wenig davon zu merken.

22 Allein 1992 öffnete die Bundesrepublik ihre Tore für fast eine Viertelmillionen jugoslawische Flüchtlinge, während Großbritannien 4000 und Frankreich sogar nur 1000 aufnahmen.

23 Am Ende des 20. Jahrhunderts gab es ungefähr 5 Millionen Zigeuner in Europa: rund 50 000 in Polen, 60 000 in Albanien, eine 500 000 in Ungarn, je 600 000 in Bulgarien, dem ehemaligen Jugoslawien und der tschechischen Republik und mindestens 2 Millionen in Rumänien. In allen Ländern, in denen Zigeuner lebten, waren sie Vorurteilen und Übergriffen ausgesetzt (ganz zu schweigen von Ländern wie Großbritannien, wo man sie gar nicht erst hereinließ).

24 Die Dansk Folkeparti entstand durch Abspaltung von der Dänischen Fortschrittspartei, die ihrerseits ein Produkt der Steuerprotestbewegungen Anfang der 70er Jahre war (vgl. Kapitel vierzehn), aber von einer neuen Generation von Radikalen als zu »weich« hinsichtlich der EU und der Einwanderungsproblematik beurteilt wurde.

25 In der Schweiz, wo einwanderungsfeindliche Vorurteile in den deutschsprachigen Kantonen besonders verbreitet sind, blieb der Rassismus nicht immer auf den Subtext beschränkt: Ein Wahlplakat zeigte eine Reihe dunkelhäutiger Gesichter, darunter den Satz: »Wir Schweizer sind immer mehr die Neger.«

26 Mit einer Ausnahme: Edith Cresson, ehemalige sozialistische Ministerpräsidentin Frankreichs und dann EU-Kommissarin. Sie schädigte den Ruf der ganze Kommission, als ihr 1999 nachgewiesen wurde, daß sie ihre Macht in Brüssel mißbraucht hatte, um eine gutdotierte Beratungstätigkeit für ihren ehemaligen Zahnarzt zu erfinden.

XXIII. Die Vielgestaltigkeit Europas

1 Selbst wenn man die jugoslawischen Kriege der neunziger Jahre mitrechnet, bleibt die Zahl der Kriegstoten in Europa während der zweiten Hälfte des Jahrhunderts unter einer Million.

2 Raymond Aron (Jahrgang 1905) teilte einige von Zweigs wehmütigen Erinnerungen, wenn nicht gar seine Verzweiflung: »Seit das bürgerliche Europa unter der Julisonne in das Zeitalter der Kriege eintrat, haben die Menschen die Kontrolle über ihre Geschichte verloren.«

3 Allerdings ist anzumerken, daß viele Polen auch behaupten, ihr Land liege in der *Mitte* Europas – eine erhellende Unstimmigkeit.

4 Das gilt in vielerlei Hinsicht auch für die albanischen Kosovaren. Von serbischer Unterdrückung durch die Nato befreit, streben sie nach staatlicher Unabhängigkeit nicht in erster Linie aus nationalistischem Ehrgeiz, sondern als Versicherung gegen die Gefahr, *in* Serbien – und damit *außerhalb* Europas – zu bleiben.

5 Anna Reid, *Borderland. A Journey through the history of Ukraine.* 2000, S. 20. Daher der Stellenwert, den »Europa« in der Sprache und den Hoffnungen der ukrainischen Revolution vom Dezember 2004 hatte.

6 Vgl. Tony Judt, »Romania: Bottom of the Heap«. *New York Review,* 1. November 2001.

7 Doch als gemeinsame Sprache von vielen Millionen Menschen in Amerika – von Santiago bis San Francisco – stand die internationale Bedeutung des Spanischen natürlich außer Frage. Gleiches galt für das Portugiesische in seiner besonderen brasilianischen Form.

8 Ausgenommen Rumänien, wo die Situation umgekehrt war und Französisch weit größeren Zuspruch fand.

9 In diesem Fall war die Ausnahme Bulgarien, wo Rußland und seine Sprache stets eine freundlichere Aufnahme fand.

10 Das französische, deutsche beziehungsweise italienische Aushängeschild auf dem Feld der Hochgeschwindigkeitszüge.

11 Im Juni 2004 wurde der Verfasser von einem Mitarbeiter im Außenministerium in Zagreb mit folgenden Worten begrüßt: »Dinge hier gut. Kroatien hat Einladung zu EU-Mitgliedschaft. Das wird viele mentale Karten verändern.«

12 Die Ungarn auf den rumänischen, slowakischen und serbischen Staatsgebieten des 21. Jahrhunderts waren eine andere, kleinere postimperiale Minderheit – einst beherrschend, jetzt schutzlos. In der nordserbischen Region Wojwodina überfielen serbische Jugendliche wiederholt die Ungarn, die dort seit Jahrhunderten lebten, und verwüsteten ihr Eigentum. Die Reaktion der Regierung in Belgrad, die aus der Katastrophe der neunziger Jahre nichts gelernt und nichts vergessen zu haben schien, war beklemmend vorhersehbar: Die Angriffe seien nicht »ernsthaft«, und auf jeden Fall hätten »sie« damit angefangen.

13 Ganz im Gegenteil. Durch eine Reihe von Maßnahmen im Frühjahr und Sommer des Jahres 2004 beschnitten die Behörden die Rechte der Presse und die bereits eingeschränkten Möglichkeiten zu öffentlichem Protest. Rußlands kurzzeitiges Fenster

der Freiheit – eher ein Zustand der Auflösung und der Abwesenheit von Zwang als echte, von der Verfassung geschützte Freiheiten – schloß sich rasch wieder. Nach Schätzung russischer Beobachter saß 2004 auf jedem vierten zivilen Verwaltungsposten im Lande ein ehemaliges KGB-Mitglied.

14 Einschließlich des innenpolitischen Kalküls der griechischen Politiker, die in Brüssel mit ihrer Stimme viele Jahre lang jeden Fortschritt der türkischen Kandidatur blokkierten.

15 Außerdem waren sie gewohnt, unter »europäisch« einen idealisierten freien Markt zu verstehen und ihn mit der Korruption und Vetternwirtschaft der türkischen Wirtschaft zu vergleichen.

16 Die CDU sprach sich offiziell gegen den EU-Beitritt der Türkei aus.

17 Zwar entwickelte das demokratische Spanien eine »Heritage Industry«, die von ihrem »Patrimonio Nacional« gefördert wurde, doch die nahm sich des fernen Goldenen Zeitalters an und nicht der jüngeren Geschichte.

XXIV. Europa als geistige Lebensform

1 In T. R. Reid, The United States of Europe. The New Superpower and the End of American Supremacy. New York 2004, S. 131.

2 Großbritannien war kein Einzelfall. Im September 2004 nahm die spanische Nationallotterie El Gordo 5 920 293 Euro ein.

3 Allerdings nicht der amerikanischen Vorgabe verpflichtet, einen weißen Sprecher (Moderator) mit einem schwarzen (Sport), und eine weiße Sprecherin (»weiche« Nachrichten/Vermischtes) mit einem Wetteransager (Hautfarbe/Geschlecht beliebig) zusammenzustellen.

4 Zwar könnte einem der Tod und das makabre Weiterleben von Prinzessin Diana als Ausnahme von dieser Regel erscheinen, doch obwohl viele Europäer ihr Begräbnis im Fernsehen verfolgten, verloren sie schon recht bald das Interesse daran. Der bizarre Überschwang öffentlicher Trauer war eine rein britische Angelegenheit.

5 Die berüchtigte Ausnahme war ein winziger, aber sehr harter Kern von deutschen und (vor allem) englischen Fans (Hooligans), die – zu jedermanns größter Verwunderung – mit der ausdrücklichen Absicht zu internationalen Spielen anreisten, gewalttätige Auseinandersetzungen vom Zaun zu brechen.

6 Im Januar 2003 unterzeichneten acht europäische Regierungen (Großbritannien, Spanien, Portugal, Dänemark, Italien, Polen, Ungarn und die Tschechische Republik) auf Initiative des spanischen und des britischen Staatschefs eine gemeinsame Erklärung ihrer Solidarität mit den Vereinigten Staaten. Wenige Monate danach drückten die Ungarn und Tschechen unter der Hand ihr Bedauern aus und beklagten sich bitterlich, sie seien von dem spanischen Ministerpräsident José María Aznar zur Unterschrift »gedrängt« worden. Ein Jahr später wurde Aznar selbst von den spanischen Wählern aus seinem Amt entfernt, nicht zuletzt, weil er Spanien in die »Koalition« geführt hatte, die in den Irak einmarschiert war – etwas, was die Nation in ihrer Mehrheit abgelehnt hatte.

7 »Ja, die Amerikaner stellen riesige Reklametafeln hin, auf denen zu lesen steht ›Liebe deinen Nächsten‹, aber sie ermorden und vergewaltigen ihre Nächsten in einem Ausmaß, das in jedem europäischen Volk Entsetzen hervorrufen würde.« T. R. Reid, *The United States of Europe.* The New Superpower and the End of American Supremacy. New York 2004, S. 218.

8 Es ist anzumerken, daß die neue Wirtschaftsklasse in Osteuropa europäisch aß, gekleidet ging, telefonierte und Auto fuhr. Um modern zu sein, mußte man nicht mehr Amerikaner kopieren. Ganz im Gegenteil: Amerikanische Konsumgüter wurden häufig als »plump« und »fad« verachtet.

9 1960 kamen in Frankreich 4 Berufstätige auf jeden Rentner. 2000 waren es 2. 2020 wäre es, die aktuellen Trends hochgerechnet, nur noch 1.

10 2004 betrugen die Kosten des Gesundheitssystems in Schweden 8 Prozent des Bruttoinlandprodukts, in den Vereinigten Staaten dagegen 14 Prozent. Vier Fünftel der Kosten wurden vom schwedischen Staat getragen, weniger als 45 Prozent von der Bundesregierung in den USA. Den Rest mußten die amerikanische Wirtschaft und ihre Mitarbeiter schultern. 45 Millionen Amerikaner hatten keine Krankenversicherung.

11 Unter Jacques Delors' Nachfolgern schlug das Pendel in die Gegenrichtung aus: Die Kommission, aktiv wie eh und je, konzentriert ihre Bemühungen nun auf die *Deregulierung* der Märkte.

12 In Europa, nicht in Amerika. In internationalen Umfragen Ende des 20. Jahrhunderts gaben mehr als 75 Prozent der Amerikaner an, sie seien »sehr stolz« auf ihr Land. In Europa ließen nur die Iren und die Polen ähnlich patriotische Gefühle erkennen; in anderen Ländern bewegte sich der Anteil der »sehr stolzen« Bürger zwischen 49 Prozent (Lettland) und 17 Prozent (alte Bundesrepublik).

Epilog

Erinnerungen aus dem Totenhaus
Ein Versuch über das moderne europäische Gedächtnis

1 Rückblickend zeigte sich der amerikanische Ankläger Telford Taylor erstaunt darüber, gab aber zu, daß er das damals noch nicht einmal bemerkt habe – ein aufschlußreiches Eingeständnis. Vgl. Telford Taylor, *Die Nürnberger Prozesse.* München, Heyne, 1994.

2 In der Ortschaft Pithiviers bei Orléans, wo jüdische Kinder aus Paris untergebracht waren, bis sie nach Osten verschleppt wurden, errichtete man 1957 ein Denkmal mit der Inschrift »A nos déportés morts pour la France«. Erst 1992 ließ die Stadtverwaltung eine neue Gedenktafel anbringen, deren Text genauer, wenn auch noch trostloser war. Dort heißt es: »Zum Gedenken an die 2300 jüdischen Kinder, die vom 19. Juli bis 6. September 1942 im Lager Pithiviers interniert waren, bevor sie am 6. September 1942 nach Auschwitz deportiert und dort ermordet wurden.«

3 Giuliana Tedeschi, zitiert in: Nicola Caracciolo, *Uncertain Refuge. Italy and the Jews during the Holocaust.* University of Illinois Press, 1995, S. 121.

4 Im Nachkriegsengland sagte man von jemandem, der kränklich oder dünn war, gerne, er sehe aus »wie einer aus Belsen«. In Frankreich hießen die Schreckenskammern auf Rummelplätzen »Buchenwalds« – ein Appell an die voyeuristischen Instinkte.

5 The Times Literary Supplement, 4. Oktober 1996. Die Juden waren nicht die ersten, die in bezug auf den Holocaust Zurückhaltung übten. Die Kriegsregierung unter Churchill beschloß, in ihrer Propaganda gegen Deutschland keine Informationen über die Todeslager einfließen zu lassen, um die antisemitischen Gefühle nicht zu schüren, die laut der militärischen Spionageabwehr in einigen Teilen Londons ohnehin schon sehr ausgeprägt waren.

6 Vor allem in Amerika. 1950 erklärte die Displaced Persons' Commission des US-Kongresses: »Die Einheiten der Baltischen Waffen-SS sind in Hinblick auf Zweck, Ideologie, Operationen und Qualifikationen als eigenständig und von der Deutschen SS verschieden anzusehen. Daher hält die Kommission sie nicht für eine Bewegung, die der Regierung der Vereinigten Staaten feindlich gesinnt ist.« Die Baltische Waffen-SS hat sich bei der Folterung und Ermordung von Juden an der Ostfront auf besonders brutale und fanatische Weise hervorgetan; doch unter den neuen Verhältnissen des Kalten Krieges waren sie natürlich »unsere« Nazis. Ich danke Professor Daniel Cohen von der Rice University für diese Information.

7 Ausgenommen natürlich in Israel.

8 Im Oktober 1991, nach der Schändung von Gräbern auf dem jüdischen Friedhof in Wien, führte Gallup eine Umfrage zur Einstellung der Österreicher gegenüber Juden durch. 20 Prozent meinten, »einflußreiche Stellungen« sollten Juden verschlossen bleiben; 31 Prozent erklärten, sie würden »keinen Juden als Nachbarn haben wollen«; und stolze 50 Prozent entschieden sich für die Feststellung, daß die »Juden an ihrer früheren Verfolgung selbst schuld gewesen seien«.

9 Die Polen gingen nur zu gerne darauf ein – in diesem Fall hatte Warschau nichts dagegen, Juden als Polen gelten zu lassen …

10 *Ondergang* erschien 1968 unter dem Titel *Ashes in the Wind. The Destruction of Dutch Jews* auf Englisch.

11 Vgl. Sonia Combe, *Archives interdites: Les peurs françaises face à l'histoire contemporaine.* Paris, Albin Michel, 1994, S. 14.

12 Professor Paxton von der Columbia University, der 25 Jahre zuvor die historische Erforschung der Vichy-Verbrechen auf den Weg gebracht hatte (als sich die meisten seiner französischen Kollegen mit anderen Dingen beschäftigten), hatte eine nicht ganz so asketische Vorstellung von seinem Berufsethos und machte wichtige Aussagen in dem Papon-Prozeß.

13 Als Präsident Ronald Reagan 1985 die Bundesrepublik besuchte, riet man ihm, den Soldatenfriedhof in Bitburg zu meiden (weil sich dort eine Anzahl SS-Gräber befanden) und statt dessen lieber ein Konzentrationslager aufzusuchen. Daraufhin schrieb ihm Bundeskanzler Kohl, das könne ernsthafte psychologische Auswirkungen auf die freundlichen Gefühle des deutschen Volkes für die Vereinigten Staaten von Amerika haben. Brav kapitulierten die Amerikaner; Reagan besuchte Belsen *und* Bitburg …

14 Zitiert in: Ian Buruma, »Buchenwald«, *Granta*, 42, 1992.

15 Als das tschechische Parlament 1991 beschloß, das nach dem Krieg beschlagnahmte

Eigentum zurückzuerstatten, legte es ausdrücklich fest, daß diese Regelung nur für Enteignungen nach *1948* galt – um die Ansprüche der Sudetendeutschen auszuschließen, die 1945/46, vor der kommunistischen Machtergreifung, vertrieben wurden.

16 Unter Präsident Putin behauptet Rußland nach wie vor, die Balten seien von der Roten Armee befreit worden, woraufhin sie sich freiwillig der Union der Sozialistischen Sowjetrepubliken angeschlossen hätten.

17 Das Denkmal war nicht unumstritten. Von jenen abgesehen, denen seine abstrakte Konzeption mißfiel, gab es auch andere, wie Eberhard Diepgen, den christdemokratischen Bürgermeister der Stadt, die beklagten, es verwandle Berlin in die »Hauptstadt der Reue«.

18 Im März 2004 verließen 84 ungarische Autoren, darunter Peter Esterházy und György Konrád, den Schriftstellerverband des Landes aus Protest gegen dessen Duldung antisemitischer Äußerungen. Anlaß für den Austritt war ein Kommentar des Dichters Kornél Döbrentei, nachdem der Holocaust-Überlebende Imre Kertész den Nobelpreis für Literatur erhalten hatte. Der Preis sei, so Döbrentei, eine »heimliche Belohnung« für einen Autor, der Nachsicht zeigt gegenüber einer Minderheit, die »Geschmack am Terror findet«.

19 Francos letztes Standbild in Madrid wurde am 17. März 2005 im Morgengrauen ohne großes Aufheben vor knapp 100 Schaulustigen entfernt.

20 »Nicht wir, die Überlebenden, sind die wirklichen Zeugen … Wir Überlebenden sind … eine … anormale Minderheit: wir sind die, die aufgrund von Pflichtverletzungen, aufgrund ihrer Geschichtlichkeit oder ihres Glücks den tiefsten Punkt des Abgrundes nicht berührt haben. Wer ihn berührt, wer das Haus der Medusa erblickt hat, konnte nicht mehr zurückkehren, um zu berichten, oder er ist stumm geworden.« Primo Levi, *Die Untergegangenen und die Geretteten.* München, Hanser, 1990, S. 83–84.

21 Yosef Hayim Yerushalmi, *Zakhor – Jewish History and Jewish Memory.* Seattle, 1982, S. 116.

Bildnachweis

Bildteil eins (nach S. 82)

Seite 1, oben (Leichen in Bergen-Belsen): Georges Rodger/*Time Life*/Getty Images; unten (sowjetische Vergeltung, 1946): AKG Images.
Seite 2, oben (Prozeß gegen Mihailović): John Phillips/*Time Life*/Getty Images; unten (französische Vergeltung, 1944): Bettmann/Corbis.
Seite 3, oben (Wohlfahrtsschalter, London, 1946): Topical Press Agency/Getty Images; unten (Kohleknappheit, London, 1947): Harry Todd/Fox Photos/Getty Images.
Seite 4, oben (Zuckerlieferung im Rahmen des Marshall-Plans): Edward Miller/Keystone/Getty Images; Mitte (Marshall-Plan, Griechenland): Bettmann/Corbis; unten (Karikatur, UdSSR lehnt Hilfe durch Marshall-Plan ab): Alain Gescon/CIRIP.
Seite 5, oben (tschechischer Staatsstreich, 1948): Bettmann/Corbis; Mitte (Jugoslawiens Tito, 1948): Walter Sanders/*Time Life*/Getty Images; unten (Berliner Blockade, 1948): AKG Images.
Seite 6, oben (Rajk-Prozeß, 1949): Bettmann/Corbis; Mitte (Stalin mit Kind): Wostok Press; unten (17. Juni 1953): AKG Images.
Seite 7, oben (Schuman, Bevin und Acheson): Keystone/Getty Images; unten (GULAG-Zwangsarbeiter, 1949–1953): Wostok Press.
Seite 8, oben (Sartre in Leningrad, 1954): AFP/Getty Images; unten (Aron bei RFE, 1952): Familienarchiv, Raymond Aron, Radio Free Europe.

Bildteil zwei (nach S. 398)

Seite 1, oben (Chruschtschow in der UdSSR): Wostok Press; Mitte (Nagy, Tildy und Maléter): AFP/Getty Images; unten (Bau der Berliner Mauer, 1961): AKG Images.
Seite 2, oben (Fassbinder-Plakat): Ronald Grand Archive; Mitte (Adenauer und Berliner Mauer, 1961): AKG Images; unten (Abzug der Holländer aus Indonesien, 1949): Magnum/Henri Cartier Bresson.
Seite 3, oben (Suez-Protest, 1956): ECPAD; unten (französische Gefangene, Indochina, 1954): Gamma/J. C. Labbe Collection/Katz Pictures.
Seite 4, oben (Belgier verlassen den Kongo, 1960): Gamma/Keystone/Katz Pictures; unten (de Gaulle an der Macht, 1958): Loomis Dean/*Time Life*/Getty Images.
Seite 5, oben (British Empire von Vicky, 1962): Vicky/*Evening Standard*, 6.12 1962/Centre for the Study of Cartoons & Caricature, University of Kent; unten (OAS-Plakat): Alain Gesgon/CIRIP.

Seite 6, oben (Auto in der Tschechoslowakei, 1959): Bettmann/Corbis; Mitte (Auto in Großbritannien und Frauen, 1960): Magnum/Bruce Davidson; unten (Stadtplanung, Glasgow, 1953): Haywood Magee/Getty Images.

Seite 7, oben (die Bardot am Meer): George W. Hales/Getty Images; Mitte (Teddy Boys, 1955); unten (Beatles, 1964): John Leongard/*Time Life*/Getty Images.

Seite 8, oben (französischer Studentenstreik, 1968): Bettmann/Corbis; Mitte (demonstrierende italienische Arbeiter, 1969): Bettmann/Corbis; unten (Prager Frühling, 1968): Bettmann/Corbis.

Bildteil drei (nach S.670)

Seite 1, oben (Baader-Meinhof-Fahndungsplakat): AKG Images; unten (Terroristen der Roten Brigaden): Bettmann/Corbis.

Seite 2, oben (Belfaster Kinder, 1976): Davis Factor/Corbis; unten (ETA-Terroristen, 1982): Magnum/Harry Gruyaert.

Seite 3, oben (italienische Frauen beim Protest gegen das Scheidungsrecht, 1974): Contrasto/Katz Pictures; unten (portugiesische Arbeiter bei der Einreise in Frankreich, 1970): J. Pavlosky/Rapho.

Seite 4, oben (Juan Carlos und Franco, 1971): Bettmann/Corbis: unten (Lissabonner Zeitungsverkäuferin): Magnum/Jean Gaumy.

Seite 5, oben (Brandt in Erfurt, 1970): AKG Images; unten (Mitterrand und Thatcher, 1984): Bryn Colton/Assignments Photographers/Corbis.

Seite 6, oben (Johannes Paul II. in Polen, 1979): Topharn Picture Library; Mitte (Michnik in Danzig, 1984): Wostok Press; unten (Gorbatschow in Prag, 1987): Peter Turnley/Corbis.

Seite 7, oben (Zug mit DDR-Flüchtlingen): Marc Deville/Gamma/Katz Pictures; Mitte (Prager Studentenprotest, 1989) Lubomir Kotek/AFPI/Getty Images; unten (Havel und Dubček, 1989): Chris Niedenthal/*Time Life*/Getty Images.

Seite 8 (Lenin-Standbild, Ungarn, 1990): Wostok Press.

Bildteil vier (nach S.868)

Seite 1, oben (Jelzin und Gorbatschow, 1991): Wostok Press; unten (McDonald in Moskau, 1990): Sergei Guneyev/*Time Life*/Getty Images.

Seite 2, oben (die Folgen von Tschernobyl, Weißrußland): Magnum/Paul Fusco; Mitte (Umweltkatastrophe Aralsee): Magnum/Francesco Zizola; unten (ukrainische Demonstration, 1991): Alain Nogues/Sygma/Corbis.

Seite 3, oben (Armut der Zigeuner, Bukarest, 1996): Wostok Press; Mitte (osteuropäischer Menschenhandel, 2002): Sasha Bezzubov/Corbis; unten (die Nato auf einer ungarischen Messe, 1977): Wostok Press.

Seite 4, oben (serbische Gedenkfeier 1389–1989, 1989): Wostok Press; Mitte (Massengräber in Srebrenica): Danilo Krstanovic/Reuters; unten (albanische Flüchtlinge, 1999): David Brauchli/Getty Images.

Seite 5, oben (Türkei und EU, 2004): European Press Photo Agency/Kerim Okten; unten (französische »NON EU«-Plakate): Alternative Libertaire.

Seite 6, oben (Haider, 1995): Viennareport/Sygma/Corbis; Mitte (Kjærsgaard, 1998): Dean Francis/Sygma/Corbis; unten (Blair und NHS-Reform, 2004): David Bebber/Reuters/Corbis.

Seite 7, oben (Marokkaner in Spanien, 2000): J. M. Bendich/Sygma/Corbis; unten (somalische Migranten in Italien, 1977): Magnum/John Vink.

Seite 8, oben (Chirac bei Gedenkfeier): Jacques Langevin/Sygma/Corbis; unten (Schröder bei Gedenkfeier): Arnd Weigmann/Reuters.

Textnachweis

Wir danken den unten genannten Verlagen für die freundliche Genehmigung zum Abdruck folgender Motti bzw. Zitate:

S. 7: Thomas Mann, *Der Zauberberg*. Roman. © 1960/1974, S. Fischer Verlag GmbH, Frankfurt am Main.

S. 29: Norman Lewis, *Neapel '44. Ein Nachrichtenoffizier im italienischen Labyrinth*, aus dem Englischen von Peter Waterhouse. © 1996, Folio Verlag, Bozen/Wien.

S. 275: Max Frisch, *Die Tagebücher 1946–1949, 1966–1971*. © 1983, Suhrkamp Verlag, Frankfurt am Main.

S. 811: Sigmund Freud, *Gesammelte Werke*, Bd 14. © 1968, S. Fischer Verlag GmbH, Frankfurt am Main.

Register

Europa heute

WEDEN
FINNLAND
RUSSISCHE
FÖDERATION
Helsinki
St. Petersburg
kholm
Tallinn
ESTLAND
OSTSEE
LETTLAND
Riga
Moskau
RUSS.
ERATION
LITAUEN
Wilna
Kaliningrad
Danzig
Minsk
WEISSRUSSLAND
KASACHSTAN
Warschau
POLEN
Kiew
Charkow
Krakau
UKRAINE
SLOWAKEI
Bratislava
MOLDAU
Budapest
Chisinau
UNGARN
RUMÄNIEN
Sevastopol
greb
ATIEN
Belgrad
Tiflis
Baku
Bukarest
GEORGIEN
Schwarzes Meer
SERBIEN
&
MONTENEGRO
arajevo
BULGARIEN
Eriwan
Sofia
Tirana
Skopje
MAZEDONIEN
ALBANIEN
Istanbul
Ankara
IRAN
GRIECHENLAND
Ägäische
Meer
TÜRKEI
Athen
Izmir
isches
eer
IRAK
SYRIEN
ZYPERN
LIBANON
Kreta